बेनीपुरी ग्रंथावली-6

राजनैतिक पुस्तकें, 'जनता' के
संपादकीय और कुछ पत्र

बेनीपुरी ग्रंथावली
6

सामग्री संकलन

जितेन्द्र कुमार बेनीपुरी

संपादक

सुरेश शर्मा

राधाकृष्ण

ISBN : 978-81-7119-424-7

बेनीपुरी ग्रंथावली-6

पहला संस्करण : 1998
पहली आवृत्ति : 2013

मूल्य : ₹ 7200
(आठ खंडों का पूरा सेट)

प्रकाशक
राधाकृष्ण प्रकाशन प्राइवेट लिमिटेड
7/31, अंसारी मार्ग, दरियागंज, नई दिल्ली-110 002

शाखाएँ : अशोक राजपथ, साइंस कॉलेज के सामने, पटना-800 006
पहली मंजिल, दरबारी बिल्डिंग, महात्मा गांधी मार्ग, इलाहाबाद-211 001

वेबसाइट : www.radhakrishnaprakashan.com
ई-मेल : info@radhakrishnaprakashan.com

मुद्रक
बी.के. ऑफसेट
नवीन शाहदरा, दिल्ली-110 032

BENIPURI GRANTHAVALI-6
Edited by Dr. Suresh Sharma

1953 में किसान मार्च : जयप्रकाश, लोहिया और बेनीपुरी.

1957 के विधान सभा चुनाव में बैलगाड़ी
में अपना प्रचार कार्य करते हुए.

1957 का विधान सभा
चुनाव : साइकिल से प्रचार,
फुरसत में सिगरेट भी.

मुद्रिका सिंह के साथ.

विधान सभा चुनाव जीतने के बाद पत्नी के साथ.

भूमिका

बेनीपुरी ग्रंथावली के छठे खंड में बेनीपुरी की राजनीतिक विचारधारा का प्रतिनिधित्व करनेवाली सामग्री है। चीन और रूस की क्रांति पर लिखी पुस्तकों के अलावा इस खंड के अंतर्गत 1939 में 'जनता' साप्ताहिक में लिखे उनके संपादकीय, प्रकाशित-अप्रकाशित कुछ अन्य राजनैतिक लेख, च्यांग काई शेक की जीवनी तथा व्यक्तिगत पत्र शामिल हैं। ये पत्र उन्होंने अपने राजनीतिक साथियों तथा परिवारजनों को लिखे थे।

1917 की रूसी क्रांति बीसवीं सदी की सबसे बड़ी घटना थी। इसने विचार की दुनिया को झकझोरकर रख दिया तथा विश्व के अनेक राष्ट्रों में उथल-पुथल मचा दी। शोषितों के संघर्ष के स्वरूप में परिवर्तन हुआ और उनका संघर्ष नए लक्ष्यों से जुड़ा। मार्क्सवाद-लेनिनवाद को आधार बनाकर हुई रूसी क्रांति ने विश्व के अधिकांश बुद्धिजीवियों के सोच की दिशा बदल दी। इस क्रांतिकारी विचारधारा के मूल्यों से बेनीपुरी भी गहरे प्रभावित हुए। रूसी क्रांति के चौदह साल बाद 1931 में उन्होंने 'बिहार सोशलिस्ट पार्टी' की स्थापना की। 1937 में एक प्रकार से इसी का विस्तार 'कांग्रेस सोशलिस्ट पार्टी' के रूप में हुआ। इस पार्टी को उन दिनों हिंदी में 'अखिल भारतीय कांग्रेस साम्यवादी पार्टी' कहा जाता था। कांग्रेस सोशलिस्ट पार्टी और कम्युनिस्ट पार्टी के उद्देश्यों में समानता थी। कांग्रेस सोशलिस्ट पार्टी के लोग कांग्रेस में रहते हुए कांग्रेस के समझौतावादी नेतृत्व के विरोधी थे। गाँधीजी का सन् '20 और '30 का आंदोलन जिस तरह गतिरोध का शिकार हुआ उससे कांग्रेस के भीतर क्रांतिकारी रुझानवाले लोग बुरी तरह क्षुब्ध हुए। देश में किसान-मजदूर संगठित हो रहे थे। लेकिन कांग्रेस-नेतृत्व इस वर्ग के आंदोलन को क्रांतिकारी दिशा देने के विरुद्ध था। इन्हीं वजहों से कांग्रेस के भीतर कांग्रेस सोशलिस्ट पार्टी बनी, जिसका उद्देश्य कम्युनिस्ट पार्टी की तरह वर्ग-संघर्ष और स्वाधीनता के बाद किसान-मजदूर राज कायम करना था। डॉ. रामविलास शर्मा ने लिखा है : "कांग्रेस के भीतर किसानों और मजदूरों की नई चेतना के प्रतिनिधि के रूप में एक नया दल उभरने लगा, जो कांग्रेस सोशलिस्ट कहलाया। इस दल के अतिरिक्त कम्युनिस्ट भी इस समय कांग्रेस के भीतर रहकर काम कर रहे थे। इस समय की महत्त्वपूर्ण बात यह है कि कम्युनिस्ट और कांग्रेस सोशलिस्ट, दोनों मिलकर काम कर रहे थे, दोनों मार्क्सवाद को अपनी राजनीतिक कार्यवाही का आधार मानते थे और दोनों ही रूसी क्रांति और वहाँ के समाजवादी निर्माण के प्रबल समर्थक थे। उस समय के भारतीय इतिहास को समझने के लिए कांग्रेस सोशलिस्टों और कम्युनिस्टों के आपसी संबंधों को याद रखना जरूरी है; मार्क्सवाद और सोवियत संघ के प्रति उनके दृष्टिकोण को याद रखना बहुत जरूरी है।" (भारत में अंग्रेजी राज और मार्क्सवाद, भाग-1, पृ. 180)

यही वजह थी कि बेनीपुरी ने रूसी क्रांति और वहाँ के समाजवादी निर्माण पर 1940-'41 में दो अलग-अलग पुस्तकें लिखीं। यहाँ तक कि 1939 में उन्होंने चीन में माओ त्से तुंग के नेतृत्व में चलने वाले क्रांतिकारी संघर्ष पर भी पुस्तक लिखी। इसके साथ ही उन्होंने उन्हीं दिनों 'जनता' साप्ताहिक का भी संपादन किया जो उन दिनों कांग्रेस सोशलिस्टों तथा किसान-सभा के नेतृत्व में चलाए जा रहे संघर्ष का मुख्य संवाहक था। इसके अध्ययन से यह स्पष्ट होता है कि बेनीपुरी ने देश को समाजवादी क्रांति के लिए तैयार करने में कितना महत्त्वपूर्ण योगदान किया। उनका यह योगदान विलक्षण इसलिए है क्योंकि उन्होंने समाजवादी व्यवस्था कायम करने के लिए सिर्फ लेखन ही नहीं किया, बल्कि आधारक्षेत्रों में जाकर किसानों-मजदूरों को संगठित किया और इसके लिए जेल भी गए।

'लाल चीन' पुस्तक 1939 में ग्रंथमाला कार्यालय, बाँकीपुर, पटना से छपी थी। पुस्तक का मूल्य था दो रुपए। पुस्तक के प्रकाशक ने 'प्रकाशकीय' में लिखा है : "इस पुस्तक के लेखक बेनीपुरीजी ने साम्यवाद का काफी अध्ययन किया है और उसके विभिन्न पहलुओं की उन्हें खासी जानकारी है। केवल हिंदी में ही नहीं,

भारत की अन्य भाषाओं में भी इस विषय की कोई मौलिक पुस्तक नहीं है ।" चीन में क्रांति की प्रक्रिया और उसके विस्तार पर भारतीय भाषाओं की पहली पुस्तक होते हुए भी अपने में संपूर्ण है । 1939 के जमाने में चीन की क्रांति-प्रक्रिया पर इतनी प्रामाणिक सामग्री एकत्र करना आसान नहीं था । पुस्तक में क्रांति की परिस्थितियाँ, उसके प्रमुख नेता और क्रांतिकारी विचारधारा की पृष्ठभूमि पर गहराई से विचार किया गया है । पुस्तक की भूमिका जयप्रकाश नारायण ने लिखी है । वे लिखते हैं कि इस पुस्तक में "लाल चीन और उसके निर्माता हमारे सामने इतिहास के सूखे अस्थिपंजरों की तरह नहीं रखे गए हैं, बल्कि प्राणों की फड़कती हुई, वास्तविक जीवन की चलती-फिरती जानदार चीजों की तरह हमारे सामने आए हैं । इस तरह एमिल लुडविक की भाँति जिंदा इतिहास लिखने में बेनीपुरीजी की कितनी कामयाबी हुई, पाठक स्वयं देख लें ।"

'लाल चीन' के बाद बेनीपुरी उन्हीं दिनों 'खूनी जापान' पुस्तक भी लिखना चाहते थे । 'लाल चीन' के अंतिम पन्नों पर उन्होंने उसका विज्ञापन किया था । लेकिन लगता है इस योजना पर वे काम नहीं कर पाए ।

रूसी क्रांति पर बेनीपुरी ने दो पुस्तकें लिखी हैं : 'लाल रूस' और 'रूसी क्रांति' । 1940 के नवंबर-दिसंबर में उन्होंने 'लाल रूस' पुस्तक लिखी । तब वे हज़ारीबाग़ सेंट्रल जेल में थे । 1942 में यह पुस्तक नागरी प्रेस, दारागंज, प्रयाग से प्रकाशित हुई । पहला संस्करण एक हजार दो सौ पचास प्रतियों का था । कीमत थी डेढ़ रुपए । पुस्तक के मुद्रक थे रघुनाथप्रसाद वर्मा, नागरी प्रेस, दारागंज, प्रयाग । बेनीपुरी ने यह किताब 'साथी जयप्रकाश नारायण' को समर्पित की है । पुस्तक की 'कैफियत' में बेनीपुरीजी ने इस किताब को लिखने का जो उद्देश्य बताया है, उससे जाहिर हो जाता है कि वे किस तरह की समाज-व्यवस्था लाने के लिए प्रयत्नशील थे । उन्होंने लिखा है : "आशा है इस (पुस्तक) के पढ़ने के बाद, रूस की पृष्ठभूमि पर जो महान साम्यवादी प्रयोग हो रहा है, उसकी ओर हिंदी-भाषी जनता अधिकाधिक आकृष्ट होगी कि वह अपने देश में भी कुछ बनाने का सपना देख सकती है कि नहीं ।"

पुस्तक में रूसी क्रांति के बाद सोवियत संघ के निर्माण और विकास का परिचय दिया गया है । 'लाल रूस' पुस्तक लिखने के बाद बेनीपुरी ने महसूस किया कि रूसी क्रांति की प्रक्रिया के बारे में भी पुस्तक लिखनी चाहिए । इसे ध्यान में रखते हुए उन्होंने 1944 में हज़ारीबाग़ सेंट्रल जेल के अंतर्गत 'रूस की क्रांति' पुस्तक लिखी । सन् 1942 से ही वे वहाँ नजरबंद थे । लगता है, यह पुस्तक छपनी तो शुरू हुई, लेकिन प्रकाशित नहीं हो पाई । मुझे इस पुस्तक के छपे हुए एक सौ अट्ठाईस पृष्ठ मिले । उसके बाद दो सौ छः पृष्ठ खुले पन्नों पर लिखे थे । इसके काफी दिनों बाद हज़ारीबाग़ सेंट्रल जेल की उनकी दो कापियाँ मिलीं । कापी नं. 2 और कापी नं. 4 । कापी नं. 2 की सामग्री तो छपे हुए पृष्ठों में आ गई थीं । लेकिन कापी नं. 4 की सामग्री मुझे उपलब्ध पांडुलिपि से आगे की थी । इस चौथी कापी को शामिल करने के बाद 'रूस की क्रांति' पुस्तक एक प्रकार से संपूर्ण हो गई है । पैंसठ पृष्ठ और अठहत्तर पृष्ठ की इन कापियों के प्रत्येक पृष्ठ पर हज़ारीबाग़ सेंट्रल जेल की मुहर है । बेनीपुरी 'रूस की क्रांति' पुस्तक का नाम पहले 'लाल क्रांति' रखना चाहते थे । फिर उन्होंने इसका नाम 'रूस की उथल-पुथल' रखा । पुस्तक का नाम अंतिम रूप से 'रूस की क्रांति' देने से पहले ये दोनों नाम उन्होंने लिखकर काट दिए हैं । दोनों ही कापियों की जिल्द पर पुस्तक के इन हिस्सों के लिखे जाने की तारीखें लिखी हुई हैं । कापी नं. 4 पर लिखा है 9 अक्तूबर '44 से 25 अक्तूबर '44 । कापी नं 2 पर लिखा है । 20 अगस्त, '44 से 5 सितंबर, '44 । इसका अर्थ यह हुआ कि अनुपलब्ध कापी नं. 1 पर बेनीपुरी ने यह पुस्तक अगस्त 1944 के आरंभ में लिखना शुरू किया होगा । चौथी कापी पूरी होने की तिथि 25 अक्तूबर, '44 के हिसाब से पूरी पुस्तक लगभग तीन महीने में लिख ली गई । बेनीपुरी ने पुस्तक में 'रूसी क्रांति' की परिस्थिति, उसकी प्रक्रिया और घटनाओं का जीवंत चित्रण किया है । रूसी क्रांति पर तथ्यों से भरी इतनी महत्त्वपूर्ण और दिलचस्प पुस्तक कम ही लिखी गई है । पुस्तक में उन्होंने रूसी क्रांति को समग्रता और गहराई से देखने की कोशिश की है । अगर यह पुस्तक लिखे जाने के साथ ही प्रकाशित हो गई होती तो काफी चर्चित होती !

रूस और चीन की क्रांति पर पुस्तक लिखकर बेनीपुरी ने समाजवादी व्यवस्था कायम करने के लिए

लोगों का मानस तैयार करने की कोशिश की । इसी उद्देश्य से उन्होंने मार्क्स और रोजा लक्ज़ेम्बर्ग की जीवनियाँ भी लिखीं जो ग्रंथावली के पाँचवें खंड (जीवनी खंड) में संकलित हैं । उन्होंने पत्रकारिता के माध्यम से उस समय संगठित हो रहे किसान-मजदूर के संघर्ष को तेज करने का भी प्रयास किया । कांग्रेस सोशलिस्ट पार्टी का पत्र 'जनता' 1937 से तीन वर्षों तक निकला । उसके संपादक बेनीपुरी थे । हमें सिर्फ 1939 की जनता की फाइलें प्राप्त हो सकीं । इन अंकों में बेनीपुरी द्वारा लिखे गए संपादकीय उस दौर के किसान-मजदूर संघर्ष के ऐतिहासिक दस्तावेज हैं । उनसे उस दौर के सामाजिक संघर्षों की दिशा का पता चलता है । 'जनता' के उपलब्ध सभी संपादकीय ग्रंथावली में शामिल किए गए हैं । 1939 की फाइलों में बिहार के बकाश्त संघर्ष के वृत्तांत छापे गए हैं । किसानों और मजदूरों पर जमींदारों के अत्याचार के विवरण प्रकाशित हुए हैं ।

पत्रकारिता की दृष्टि से देखें तो 'जनता' उस दौर का एक संपूर्ण राजनीतिक साप्ताहिक था । समाचार और विचार, दोनों ही दृष्टियों से उसकी पठनीयता अद्वितीय थी । 'जनता' के मुखपृष्ठ पर सबसे ऊपर संपादक के रूप में बेनीपुरी का नाम छपता था । उसके नीचे हथकड़ी पहने किसान और हँसिया-हथौड़ा लिये सैकड़ों मजदूरों के जुलूस का रेखाचित्र । उसके बाद 'जनता' का 'मास्क हेड' छपता था । प्रकाशित होने के दूसरे वर्ष में इस साप्ताहिक का वार्षिक मूल्य तीन रुपया था । एक प्रति एक आने की । कभी चौबीस और कभी अट्ठाईस पन्नों का यह पत्र हर बृहस्पतिवार को निकलता था । आवरण पृष्ठ से ही सामग्री शुरू हो जाती थी । वह दूसरे विश्वयुद्ध का जमाना था । मुखपृष्ठ पर ज्यादातर महायुद्ध की खबरें रहती थीं या किसान-संघर्ष अथवा मजदूर-हड़ताल की । स्वाधीनता आंदोलन की खबरें भी प्रमुखता से छपती थीं । पत्र के विभिन्न पन्ने अनेक कालमों में बँटे हुए थे । इन कालमों के अंतर्गत जन-जीवन से संबंधित विविध सामग्री प्रकाशित होती थी । 'हँसिया और हथौड़ा' कालम में बिहार के किसान-मजदूर संघर्ष की खबरें नियमित रूप से प्रकाशित होती थीं । 'दुनिया के पर्दे पर' में विश्व राजनीति का विवेचन होता था । 'मजदूरों की समस्या' के अंतर्गत विभिन्न मिलों में मजदूरों की गति-विधियों का ब्योरा प्रकाशित होता था । 'जनता की पंचायत' में आम लोगों की रोजमर्रा की शिकायतें छापी जाती थीं । 'राजधानी और प्रांत' के अंतर्गत राजधानी पटना और बिहार के विभिन्न हिस्सों की खबरें होती थीं । इसी तरह 'अन्नदाता की अंगड़ाइयाँ' में किसानों की गतिविधियों का प्रकाशन होता था युवा-जगत के लिए 'तरुणाई का तकाजा' कालम था तथा जमींदारों और महंतों के अत्याचारों को पर्दाफाश करनेवाले दो कालम थे : 'जुल्म का चिराग' तथा 'महंती का नरक कुंड' । पाँचवें पृष्ठ पर हर बार सप्ताह के चर्चित विषयों पर संपादकीय होते थे । विभिन्न तबकों की समस्याओं को अलग-अलग आकर्षक कालमों में बाँटकर बेनीपुरी ने पत्रकारिता को आधुनिक बनाया । ऐसे राजनीतिक पत्रों के वैचारिक रूप से बोझिल हो जाने की संभावना रहती है । लेकिन बेनीपुरी के पत्रकार व्यक्तित्व की विलक्षणता के कारण 'जनता' की पठनीयता उसका सबसे बड़ा गुण रही । आज की पत्रकारिता बेनीपुरी की 'जनता' से बहुत-कुछ सीख सकती है ।

'जनता' के जो संपादकीय ग्रंथावली में शामिल हैं, उनके निर्भय क्रांतिकारी तेवर उल्लेखनीय हैं । बकाश्त संघर्ष तथा मजदूर हड़ताल को लेकर महत्त्वपूर्ण संपादकीय लिखे गए हैं । किसान आंदोलन के दौरान छपरा में महापंडित राहुल सांकृत्यायन को पुलिस द्वारा हथकड़ी पहनाने और रस्सी से बाँधने की घटना का कड़ा विरोध किया गया है । पंडित नेहरू के विचार और भावना के बीच चलनेवाले द्वंद्व को रेखांकित किया गया है । जमींदारों के प्रति सहानुभूतिपूर्ण रुख रखने के लिए पटेल की आलोचना की गई है । कांग्रेस से प्रगतिशील तत्त्वों को निकालने की साजिश का पर्दाफाश किया गया है । कांग्रेस के जमींदार-समर्थक रुख का विरोध किया गया है । बेनीपुरी कांग्रेस की 'सुधारपंथी राजनीति' के विरुद्ध और 'उग्रपंथी राजनीति' के पक्ष में थे । सुभाष के कांग्रेस से त्यागपत्र देने पर उन्होंने कांग्रेस की कड़ी आलोचना की और लोगों से सुभाष का साथ देने की अपील की ।

दूसरे महायुद्ध पर भी अनेक संपादकीय लिखे गए हैं । बेनीपुरी का आह्वान था कि 'यूरोप की लड़ाई और हमारी आजादी की लड़ाई साथ-साथ लड़ी जाएगी ।' चौथे दशक के उत्तरार्द्ध में सूबों के अंतर्गत बने

कांग्रेस मंत्रिमंडलों की भी कड़ी आलोचना की गई है। कांग्रेस ने अपने तत्कालीन कारनामों से अपने भविष्यत संकेत पहले ही दे दिए थे। 'जनता' के संपादकीय में बेनीपुरी ने दो टूक शब्दों में भारतीय समाज का विश्लेषण करते हुए अपने लक्ष्य की स्पष्ट घोषणा की है : "भारतीय किसानों और मजदूरों को दो मंजिलें तय करनी हैं। ब्रिटिश साम्राज्यशाही को मिटाकर हिंदुस्तान में जनतंत्र कायम करना और यहाँ की देशी सामंतशाही और पूँजीवाद को मिटाकर किसान-मजदूर राज बनाना है। हमारी कठिनाई और भी बढ़ जाती है जब हम देखते हैं—हमें एक साथ दोनों ही कार्यक्रम चलाने हैं। हम अपनी दोहरी लड़ाई को इस तरह चलाएँगे कि ब्रिटिश साम्राज्यशाही के हटते ही देश की संपत्ति, कारखानों, उत्पादन के साधनों और सरकार पर भी किसानों-मजदूरों का अधिकार हो जाए। हम तो भूरी नौकरशाही की जगह काली नौकरशाही बर्दाश्त नहीं करेंगे। हमें यह देखना है कि स्वराज्य होने पर किसान-मजदूर राज स्थापित करने के लिए हमें फिर दूसरी क्रांति, दूसरा गृहयुद्ध करने की जरूरत न पड़े।" लगभग साठ साल पहले घोषित इस उद्देश्य की आज जो परिणति हुई है, उसके जिम्मेदार लोगों और शक्तियों को पहचानने की जरूरत है।

'जनता के संपादकीय' के बाद दो लेख हैं। एक बुर्जुआ लोकतंत्र की सीमाओं पर है जो संभवतः अप्रकाशित है। दूसरा लेख 'भूदान यज्ञ' पर है। जयप्रकाश नारायण की तरह बेनीपुरी ने भी विनोबा के भूदान के अंतर्गत सामाजिक परिवर्तन के कुछ संकेत देखे थे।

इस खंड के परिशिष्ट-1 में पहले च्यांग काई शेक की जीवनी दी गई है। इसे राजनीतिवाले छठे खंड में इसलिए रखा, क्योंकि इसमें 'लाल चीन' पुस्तक शामिल थी। च्यांग की जीवनी इस खंड में दे देने से बेनीपुरी द्वारा चीन से संबंधित पुस्तकें एक ही खंड में आ गई हैं। च्यांग की जीवनी के अंत में बेनीपुरी ने चीन के दस विशिष्ट और प्रमुख व्यक्तियों का परिचय लिखा है। उनके नाम हैं : 1. च्यांग काई शेक (इनका परिचय तो जीवनी में ही दे दिया गया है), 2. श्रीमती च्यांग काई शेक, 3. श्रीमती सनयात सेन, 4. डॉ. कुंग, 5. टी.वी. सुंग 6. चांग स्यू ल्यांग, 7. माओ त्से तुंग, 8. चू तेह, 9. ली सुंग जेन, 10. पाई चुंग सी। पुस्तक में चीन के इन ऐतिहासिक व्यक्तियों के निजी जीवन और स्वभाव के बारे में नई जानकारियाँ दी गई हैं। इस परिचय से च्यांग के आसपास की निकटतम दुनिया की तसवीर सामने आती है। चौथे दशक के अंत और पाँचवें दशक के आरंभ के चीन को समझने के लिए इन व्यक्तियों से घिरे च्यांग की जीवनी को पढ़ना जरूरी है।

परिशिष्ट-2 में 'जयप्रकाश की विचारधारा' पुस्तक की बेनीपुरीजी द्वारा लिखी गई भूमिका दी जा रही है। यह पुस्तक बेनीपुरी ने जयप्रकाश नारायण की जीवनी लिखने के बाद संपादित की थी। आरंभिक जयप्रकाश के विचारों को समझने के लिए यह अद्वितीय पुस्तक है। इसमें कुछ ऐसे लेख भी हैं जिसे बेनीपुरी ने उनके भाषणों से स्वयं नोट लेकर बनाए थे। इसलिए यह सामग्री कहीं अन्यत्र उपलब्ध नहीं है। चौथे-पाँचवें दशक में समाजवाद के लिए संघर्ष का अध्ययन करनेवाले लोगों को इस पुस्तक से अनेक नई जानकारियाँ मिलेंगीं। ग्रंथावली की सीमा के कारण जयप्रकाशजी के उन लेखों को यहाँ शामिल करना संभव नहीं था। हम परिशिष्ट में उस पुस्तक की विषय-सूची जरूर दे रहे हैं। बेनीपुरी ने इस पुस्तक का संपादन भी वैज्ञानिक ढंग से किया है। उनका अद्वितीय शिल्प-कौशल उनके संपादन में भी दिखाई देता है। पठनीयता की दृष्टि से सामग्रियों का चयन और उनकी प्रस्तुति आकर्षक है।

परिशिष्ट-3 में बेनीपुरी के कुछ निजी पत्र शामिल किए गए हैं। जिनके लिए उन्होंने ये पत्र लिखे हैं, उनके नाम हैं : जयप्रकाश नारायण, समाजवादी नेता बसावन सिंह, ग्रुप कैप्टन जितेन्द्र कुमार बेनीपुरी, प्रो. महेन्द्र कुमार बेनीपुरी, लेखक ओंकार शरद, श्री गुरुप्रसाद तथा लेखक क्षेमचंद्र सुमन। इन पत्रों में बेनीपुरी के व्यक्तित्व के एक और आयाम से हम परिचित होते हैं। साहित्यिक और राजनीतिक अभिव्यक्ति से अलग इनमें उनकी नितांत निजी भावनाएँ व्यक्त हुई हैं। उनके व्यक्तित्व को संपूर्णता में समझने के लिए इन भावनाओं से परिचित होना जरूरी है। वे अपने राजनैतिक पत्रों में दो टूक और खरी बातें करते हैं। पारिवारिक पत्रों में उनके व्यक्तित्व के सघन मानवीय पक्ष का पता चलता है।

जयप्रकाश नारायण और बसावन सिंह को लिखे पत्र उनके सक्रिय जीवन के आखिरी महीनों की मानसिकता का आईना हैं। दिसंबर 1959 में उन्हें पक्षाघात हुआ। उसके बाद पूरी तरह वे कभी ठीक नहीं हुए और सात सितंबर 1968 को चल बसे। जीवन के अंतिम दिनों में अपने इलाके में गाँधीभूमि के अंतर्गत बागमती कॉलेज स्थापित करने की भागदौड़ ने उन्हें काफी थकाया था। उन दिनों वे अपनी पार्टी 'प्रजा समाजवादी पार्टी' की दुरवस्था से भी बेहद खिन्न थे और गहरी निराशा से भरे थे। जयप्रकाशजी दल छोड़कर सर्वोदयी हो गए थे। पार्टी में गुटबाजी शुरू हो गई थी। उसका कोई नेता और लक्ष्य नहीं रह गया था। बेनीपुरी को लगा, पार्टी के रूप में उनके पूरे जीवन की साधना और सृजन बिखर रहा है। पच्चीस साल पहले अपने साथियों के साथ उन्होंने इस पार्टी का निर्माण किया था। आज वह पार्टी मरणासन्न थी। इस दुरवस्था से बेनीपुरी का मानस गहरे तक उद्वेलित था। निश्चय ही यह उद्वेलन भी उनके दिमागी पक्षाघात का एक कारण बना होगा। 1957 में वे प्रजा सोशलिस्ट पार्टी के टिकट पर चुनाव लड़कर बिहार विधानसभा में गए थे। लेकिन उनकी पार्टी दिन-ब-दिन बिखर रही थी। इससे वे इतने आहत थे कि उन्होंने अपने 'फ्रैंड, फिलॉस्फर और गाइड' जयप्रकाश नारायण को भी नहीं बख्शा और उन्हें इस स्थिति का जिम्मेदार ठहराते हुए कड़ा पत्र लिखा। वह पत्र ग्रंथावली में दिया जा रहा है। प्रजा सोशलिस्ट पार्टी भारत में समाजवाद की रजत जयंती मनाने जा रही थी। जयप्रकाश नारायण को उस समारोह में बुलाया गया था। बेनीपुरी को जब यह सूचना मिली तो उन्होंने जे. पी. को यह पत्र लिखा। उन्होंने जे. पी. से कहा कि जिस पार्टी से 'पलायन' करके वे सर्वोदय में चले गए हैं, वह पार्टी नेतृत्व-विहीन है और बिखरकर खत्म होने जा रही है। एक रूपक का इस्तेमाल करते हुए उन्होंने कहा कि पार्टी की हालत एक कुष्ठरोगी की तरह हो गई है जिसका अंग-अंग गिरता जा रहा है। इसका जिम्मेदार जेपी को भी ठहराते हुए उन्होंने सलाह दी कि वे समाजवाद के रजय जयंती समारोह में बाजाब्ता प्रजा समाजवादी दल को भंग कर दें। दल के लिए यह एक सम्मानजनक स्थिति होगी कि टूट-टूटकर बिखरने के बजाय वह एक ही बार भंग हो जाए। उस पत्र में बेनीपुरी ने जे. पी. को एक महत्त्वपूर्ण सलाह थी : "आपने एक बार कहा था, अगली लड़ाई तानाशाही और जनतंत्र के बीच होगी। तानाशाही दिनोंदिन बढ़ती जा रही है। अतः क्यों नहीं आप जनतांत्रिक शक्तियों को एकत्र करने की दिशा में प्रयत्न करें। आज देश भी यही पुकार कर रहा है। प्रजा सोशलिस्ट पार्टी को यदि इस क्रम की पहली कड़ी बनाने का सौभाग्य आप दिला सकें तो इतिहास आपकी इस सेवा को कभी नहीं भूलेगा—जनतंत्र का एक मसीहा मानेगा।"

लगभग पन्द्रह साल बाद बेनीपुरी की इस सलाह में निहित स्वप्न पूरा हुआ। जयप्रकाशजी ने 1974 में बिहार आंदोलन के दौरान जनतांत्रिक शक्तियों को एकत्र किया और इंदिरा गाँधी की 'तानाशाही' के विरुद्ध निर्णायक लड़ाई लड़ी। इतिहास ने इस 'सेवा' के लिए उन्हें 'लोकतंत्र का मसीहा' मानकर लोकनायक की पदवी भी दी। बेनीपुरी की भविष्यवाणी शब्दशः सच हुई।

दल की दुरवस्था से वे बुरी तरह आहत थे। जे. पी. को उस पत्र में उन्होंने लिखा है : "इस पार्टी की दुर्गत देखकर मेरा कलेजा पसीज-पसीज उठता है—कई रातें मेरी अनिद्रा में ही कटी हैं····" इसके लगभग एक महीने बाद नवंबर 1959 में उन्होंने अपने दल के तत्कालीन 'चेयरमैन' बसावन सिंह को लिखा कि वे पार्टी को 'जहन्नुम' में ले जा रहे हैं। लेकिन जे. पी. और बसावन, दोनों को उन्होंने यह नहीं लिखा कि इस दुरवस्था में वे पार्टी छोड़ देंगे। उन्होंने दोनों से कहा कि वे अंतिम और अकेले सदस्य के रूप में भी पार्टी में बने रहेंगे, क्योंकि इस दल का उन्होंने निर्माण किया है। बसावन सिंह के पत्र के अंत की कुछ पंक्तियों में निराश बेनीपुरी एक प्रकार से अपने जीवन का कार्यकाल समाप्त होने की घोषणा करते हैं : "क्षमा कीजिए, मैं कुछ कठोर बातें भी कह गया। मैं उन लोगों में नहीं हूँ जो सामने एक बात और पीछे दूसरी बात कहते हैं!····साठ साल का हुआ। मुझे जो कुछ बनना था, बन-बना चुका। मेरे सारे अरमान पूरे हुए। देश में एक समाजवादी शासन बने, एकमात्र यही आकांक्षा पूरी नहीं हो सकी। इसके लिए जब तक जिंदा हूँ कोशिश करूँगा···।" लेकिन इसके अगले ही महीने हुए पक्षाघात ने उन्हें इस 'कोशिश' का मौका नहीं दिया।

इसके बाद बेनीपुरी जी द्वारा अपने परिवारजनों और साहित्यिक मित्रों को लिखे पत्र दिए गए हैं। अपने तीनों बेटों—देवेन्द्र कुमार बेनीपुरी, जितेन्द्र कुमार बेनीपुरी तथा महेन्द्र कुमार बेनीपुरी और बेटी प्रभा बेनीपुरी के नाम उन्होंने सैकड़ों पत्र लिखे। श्री जितेन्द्र बेनीपुरी और डॉ. महेन्द्र बेनीपुरी के नाम लिखे पत्रों में से कुछ चुने हुए पत्र ग्रंथावली में दिए जा रहे हैं। प्रभा बेनीपुरी ने बताया कि उनके नाम लिखे पत्र नष्ट हो चुके हैं।

पत्रों में दिखता है कि वे अपने परिवारजनों की आजादी का सम्मान करते हैं। उनकी भावनाओं को सर्वाधिक प्राथमिकता देते हैं। ग्रंथावली में शामिल जितेन्द्रजी के पत्रों में उनके व्यक्तित्व निर्माण के लिए दी गई सलाहें किसी भी युवा के लिए आदर्श सलाहें हैं। विधानसभा का चुनाव जीतने के बाद उन्होंने जितेन्द्रजी को लिखे एक पत्र में जनसेवा की अपनी संक्षिप्त योजना बताई है। पत्र में वे लिखते हैं, "जिन आशाओं से आबद्ध होकर लोगों ने मुझे जिताया है, उन्हें किस तरह पूरी कर सकूँगा। यह तो तय कर लिया है कि मुझे जो माहवार मिलेगा उसका उपयोग सिर्फ़ कुएँ बनवाने और नलकूप बिठाने में करूँगा। इसकी घोषणा भी कर दी है।" महेंद्र जी को लिखे पत्रों में भी दूर रहकर पढ़नेवाले बेटे के लिए एक पिता की स्नेह भावनाएँ तो व्यक्त हुई हैं। उनके व्यक्तित्व-निर्माण के लिए अनेक सुझाव दिए गए हैं। अधिकांश पत्रों में पत्नी रानी की चर्चा है कि वे ठीक हैं लेकिन बच्चों से दूर रहकर दुखी रहती हैं!

बेनीपुरी की जिंदादिली का स्वरूप देखना हो तो उनके साहित्यिक मित्रों के पत्रों को देखना चाहिए। ग्रंथावली में ओंकार शरद और क्षेमचंद्र सुमन जैसे लेखकों के कुछ पत्र शामिल किए गए हैं। जरूरत इस बात की है कि बेनीपुरी के हजारों बिखरे पत्रों का संकलन करके उन्हें प्रकाशित किया जाए। इनमें उनके समय और जीवन-संघर्ष का इतिहास दर्ज है।

बेनीपुरी पेशेवर राजनीतिज्ञ नहीं थे। वे समाजवाद के आग्रही विचारक और साहित्यकार थे। राजनीति उनके बाह्य जीवन का हिस्सा नहीं, उनकी भावना का भी अंग थी। इसीलिए अपने दल के बिखराव से वे एक हद तक टूट गए थे। लेकिन इस मनःस्थिति में भी बेनीपुरी निष्क्रिय नहीं हुए थे। उन दिनों अपने इलाके में उन्होंने 'बागमती कालेज' और 'गाँधी स्वाध्याय केंद्र' की स्थापना के लिए काफी मेहनत की। निराशा की स्थिति में भी 'अपने तरीके से' उनका रचनात्मक सामाजिक कार्य जारी था। अंतिम सक्रिय दिनों में वे अपने इलाके में किस तरह का रचनात्मक सामाजिक कार्यक्रम चलाना चाह रहे थे, उसका पूरा ब्योरा उन्हीं के द्वारा लिखे एक परिपत्र में मिलता है। इस खंड के परिशिष्ट-4 में वह परिपत्र संकलित है।

—सुरेश शर्मा

अनुक्रम

लाल चीन

[1939 ई.]

पाठकों से

राष्ट्र-जीवन-ग्रंथमाला के तृतीय पुष्प 'लाल चीन' को पाठकों के हाथ में देते हुए इसलिए विशेष हर्ष है कि यह पुस्तक अपने विषय की अनूठी और एकदम बेजोड़ है । केवल हिंदी ही में नहीं, वरन् भारत की अन्य भाषाओं में भी इस विषय की कोई मौलिक पुस्तक अभी तक प्रायः प्रकाशित नहीं है । इस पुस्तक के लेखक श्री बेनीपुरीजी ने साम्यवाद का काफी अध्ययन किया है और उसके विभिन्न पहलुओं की उन्हें खासी जानकारी है । हमें आशा है कि पाठकों को यह पुस्तक रोचक ही नहीं, वरन् बड़े काम की भी मालूम होगी ।

—प्रकाशक

भूमिका

लाल चीन ! बूढ़ा जर्जर चीन, मदक-अफीम का ख्यातिलब्ध चीन, हत्याकारों-डकैतों का चीन, चोटीवाले मर्दों का चीन, पैर-बँधी गुलाम स्त्रियों का चीन। क्या उसी विशाल मृतप्राय विगलित देश के एक कोने में नए खून का, सुर्ख, गरम, फड़कते हुए ख़ून का, नई जान का, नई जागृति और सभ्यता का संचार हो चुका है? क्या उसी पिछड़े हुए देश के एक हिस्से में, संसार के अधिकतम जाग्रत और उन्नत विचार, ऐसे दिमागों को जिन पर शताब्दियों की दकियानूसी ने ताला लगा रखा था, उकसा और सुलगा रहे हैं? क्या वहाँ के क्षुद्रतम व्यक्ति को भी सर्वोच्च मानसिक, सामाजिक, आर्थिक और राजनीतिक स्वतंत्रता प्राप्त हो चुकी है?—वैसी सुनहरी स्वतंत्रता जिसके सपने हम अपने देश के कुचले हुए किसानों, मज़दूरों को दिखाया करते हैं; जो अमेरिका, इंगलैंड जैसे उन्नत देशों की जनता के लिए भी अभी तक सपना मात्र ही है।

हाँ, बात ऐसी ही है। यह चमत्कार सही है। यह चमत्कार कैसे प्रकट हुआ और यह अद्‌भुत, और युग-महत्त्व रखनेवाला सत्य संसार की आँखों से किस प्रकार छुपाकर रखा गया, यह तो आप भाई बेनीपुरीजी के ग्रंथ में पढ़ें। वहाँ आप वर्तमान युग के इन चामत्कारिक विषयों के जीवित वर्णन के साथ भाषा-चमत्कार भी पाएँगे जो कम-से-कम मुझे तो अन्यत्र देखने को नहीं मिलता। जैसी जानदार चीज़ों और हस्तियों को लेखक ने आपके सामने रखा है—उसके उपयुक्त ही जान उनकी शैली में भी है। लाल चीन और उसके निर्माता हमारे सामने इतिहास के सूखे अस्थिपंजरों की तरह नहीं रखे गए हैं, बल्कि प्राणों से फड़कती हुई वास्तविक जीवन की चलती-फिरती जानदार चीजों की तरह हमारे सामने आए हैं। इस तरह एमिल लुडविक की भाँति जिंदा इतिहास लिखने में बेनीपुरीजी को कितनी कामयाबी हुई है, पाठक स्वयं देख लें।

सोवियत या लाल चीन अपना संदेश दुनिया के दूसरे अभागे गरीबों तक न पहुँचा सके, चीन के ही दूसरे हिस्से में उसकी विप्लवकारी गाथाएँ न फैलें, इसलिए चुप-चुप की एक ऊँची दीवार उसकी सरहदों पर खींच दी गई थी। जिस प्रकार अफ्रीका के अंधकारमय जंगलों के हब्शियों की खबरें अखबारों के परदों से छन-छनकर कभी-कभी हमारे पास न पहुँचती थीं उसी प्रकार सोवियत चीन की खबरें भी उलटे-सीधे रूप में हम तक गाहे-बगाहे आ जाती थीं। लेकिन सोवियत चीन का असली महत्त्व और हिंदुस्तान जैसे देशों के लिए उसका सबक तो जनसाधारण से छिपे ही हुए थे। जो विशेषरूप से उस विषय से दिलचस्पी रखते थे और विदेशों से परिश्रम करके उस पर मसाला इकट्ठा करते थे, उन्हें ये बातें मालूम थीं; लेकिन साधारणतः हम सब इनसे सर्वथा अनभिज्ञ ही थे। बेनीपुरीजी ने कई ग्रंथों का मंथन कर सोवियत चीन के जन्म और विकास का जीवित इतिहास हमारे सामने रखा है। हम इसके लिए उनके उपकृत हैं; क्योंकि चीनी सोवियत से हम भारतीय बहुत सी बातें सीख सकते हैं और उसके अनुभवों से अपनी राजनीति में बहुत बड़ी मदद ले सकते हैं। यह पुस्तक सिर्फ हमारी जिज्ञासा को ही पूरी नहीं करेगी, बल्कि हमारा पथप्रदर्शन भी करेगी। इस दृष्टि से इस पुस्तक का विशेष महत्त्व है। हिंदुस्तानी भाषाओं में तो ऐसी कोई पुस्तक नहीं है—जहाँ तक मैं जानता हूँ। अंग्रेजी में भी किसी एक पुस्तक में सब बातें नहीं मिल सकती हैं।

चीन भी भारत जैसा कृषि-प्रधान देश है और बहुत अंशों में इसी की तरह साम्राज्यशाही के बंधनों में फँसा है। एक कृषि-प्रधान देश में साम्यवाद को बुनियाद डालने में क्या दिक्कतें होती हैं, उद्योग-धंधों की कमी के कारण साम्यवादी इमारत कितनी कमजोर होती है, इसका सबक़ हमें सोवियत चीन से मिलता है। कृषकों पर ही आधारभूत सोवियत हुकूमत किस प्रकार की होती है, इसका भी ज्ञान हमें होता है। लेकिन जो सबसे बड़ा सबक़ लाल चीन से हमें मिलता है, वह है, समाजवाद और राष्ट्रवाद के पारस्परिक संबंध के विषय में।

चीन भारत जैसा गुलाम देश तो नहीं है, फिर भी मंचुओं और सामंतशाही की पराधीनता से छूटने पर

और वहाँ प्रजातंत्र कायम हो जाने के बाद भी, दुनिया के साम्राज्यशाही देशों के साथ, विशेषकर जापानी साम्राज्य के साथ तो उसको बराबर मुकाबला करना पड़ा है और उसकी जंजीरों को तोड़ने और उसकी बढ़ती हुई लोलुपता से बचने की कोशिश उसे बराबर करनी पड़ी है। इस प्रकार चीन की मुख्य राजनीतिक धारा 1911 ई. से राष्ट्रीयता की रही है। इसी राष्ट्रीयता की गोद में वहाँ समाजवाद का जन्म हुआ और आगे चलकर दोनों के बीच सर्वनाशी कलह हुआ। यह कलह कैसे बढ़ा और कैसे शांत हुआ यह हमारे लिए एक बहुत महत्त्व का ऐतिहासिक प्रकरण है।

मार्शल च्यांग काई शेक की कुओ मिन् तांग सरकार ने सोवियत को कुचलने की भरपूर कोशिश की। सोवियत भी उसके खिलाफ लड़ी, लेकिन वह बराबर इस बात पर जोर देती गई कि च्यांग काई शेक यदि जापान का मुकाबला करे तो सोवियत अपनी सारी शक्ति के साथ उसका साथ देगी और इस राष्ट्रीय मोरचे को दृढ़ करने के लिए जितनी शर्तें जरूरी होंगी उन्हें वह कबूल करेगी। लेकिन दुर्भाग्यवश च्यांग काई शेक की नीति जापान के साथ कमजोरी दिखाने की रही और सोवियत के साथ सख्ती की। लेकिन अंत में जनता और सोवियत के दबाव से मार्शल च्यांग जापान से लोहा लेने को तैयार हुआ! इस प्रसंग का रोचक वर्णन इस पुस्तक में आप पाएँगे। जब समाजवादियों और राष्ट्रवादियों का एक मोरचा हुआ तब उस मोरचे के लिए समाजवादियों ने कैसी-कैसी कुर्बानियाँ कीं, ये बातें भारत के समाजवादियों के लिए विशेष महत्त्व की हैं। चीनी सोवियत ने उसी मार्शल च्यांग को, जिसके साथ पहले भीषण लड़ाई थी, अपने संयुक्त मोरचे का जेनरलिस्समो—प्रधान सेनापति––बनाया और उसी की मातहत में काम करते हुए आज जापानी साम्राज्यशाही के छक्के छुड़ा रही है।

अंत में, इस अत्यंत उपयोगी पुस्तक के लिखने के लिए भाई बेनीपुरीजी को धन्यवाद देते हुए, मैं हिंदी-पाठी जनता, खासकर जन-आंदोलन में काम करनेवाले राष्ट्रसेवकों से इस पुस्तक का अध्ययन और मनन करने की सिफारिश करता हूँ।

—जयप्रकाश नारायण

लेखक के दो शब्द

इस पुस्तक का एक छोटा-सा इतिहास है।

भाई जयप्रकाशजी स्वास्थ्य-सुधार के लिए पिछली गरमियों में मालाबार जाने की तैयारी में थे। एक दिन हम दोनों साथ जा रहे थे। उनके हाथ में एडगर स्नो की 'रेड स्टार ओवर चाइना' नाम की पुस्तक थी। प्रसंगवश आपने उसकी तारीफ शुरू की और कहा, इसे मालाबार लिये जा रहा हूँ और इसे हिंदी-रूप देने की कोशिश करूँगा। मैंने कहा—यह काम मैं अच्छा करूँगा; आप वहाँ से 'साम्यवाद' नामक अपनी अधूरी हिंदी मौलिक पुस्तक को ही पूरा कर लावें।

जयप्रकाशजी का 'साम्यवाद' अभी तक पूरा नहीं हुआ, मेरा 'लाल चीन' आपके हाथों में है।

इसकी नींव जरूर ही एडगर स्नो की पुस्तक है, किंतु पुस्तक का सिलसिला, विषय विभाजन, शैली, भाषा—सब मेरे हैं। पुरानी नींव पर एक नई इमारत समझिए। एडगर स्नो ने जहाँ से अपनी कहानी शुरू की है, उसके पहले की कथा भी मैंने कई पुस्तकों के आधार पर दे दी है। फिर वह पुस्तक जिस समय तक की खबर रखती थी, उसके बाद की घटनाएँ काफी महत्त्वपूर्ण हुईं, जिनका समावेश भी जरूरी था। इसमें श्रीमती एग्नेस स्मेडले की 'चाइना फाइट्स बैक' पुस्तक से ही नहीं, पत्र-पत्रिकाओं की कतरनों से भी मदद ली है और मैं दावा कर सकता हूँ, मेरी यह पुस्तक बिलकुल अप-टू-डेट है!

'नेशनल फ्रंट' के संपादक भाई पूरनचंदजी जोशी ने पत्र-पत्रिकाओं की कतरनों से मदद की और भाई मुल्कराज आनंद ने कुछ आवश्यक सलाहें दीं। इसके लिए मैं उनका कृतज्ञ हूँ।

भाई जयप्रकाशजी ने भूमिका में लाल चीन के महत्त्व को बताया ही है। अखिल भारतीय कांग्रेस साम्यवादी पार्टी के प्रधानमंत्री की कलम से जो बातें लिखी जा चुकीं, उनमें मैं कोई इजाफा नहीं करना चाहता। मैं अपने पाठकों—खासकर राष्ट्रसेवकों—का ध्यान इसके 'नेतृत्व' वाले अध्याय की ओर खींचता हूँ। किसी भी क्रांति के लिए योग्य नेतृत्व एक आवश्यक शर्त है। 'लाल चीन' इसीलिए कायम हो सका और जिंदा रह सका कि उसे माओ त्से तुंग, चू तेह, पेंग तेह ह्वाई, सू हाई तुंग, हो लुंग, चाउ एन लाई, लिन पियाओ ऐसे नेता मिले। जरा इस कसौटी पर हम अपने को तोलें तो! 'क्रांति' चिल्लाने से क्या होता है? – हम अपने दिल में तो क्रांति बिठाएँ और जिंदगी में तो उसे उतारें!

हमारे राष्ट्रीय युद्ध का एक प्रकरण है—डांडी यात्रा! काफी आकर्षक, काफी प्रोत्साहक। किंतु 'लाल चीन' के छः हजार मीलवाले उस महाअभियान के निकट उसकी क्या हस्ती? हमारे कितने ऐसे नेता हैं, जो उस महाअभियान में डटे रह सकते? जरा, हम अपने नेतृत्व को भी टटोलें।

मैंने इस पुस्तक को किसी पेशेवर लेखक की तरह नहीं लिखा। मैं कभी-कभी वैसा भी लिखता हूँ—मैं मानता हूँ। किंतु इस पुस्तक के लिखने में तो मुझे अपार रस मिला है। दिन में लिखते समय, मालूम होता था, मैं 'लाल चीन' की उस 'लाल सेना' के साथ मार्च कर रहा हूँ और रात में तो प्रायः ही उनके साथ होता था। आँखें खुलने पर सोचता था, क्या मेरे चर्म-चक्षु भी ये दृश्य कभी देख सकेंगे?

जो सपने मुझे जिला रहे हैं, वे कहते हैं—देखोगे; हाँ, देश-काल के अनुसार उसमें थोड़ा अंतर तो होगा ही।

एवमस्तु।

पटना
20-3-39

—**श्रीरामवृक्ष बेनीपुरी**

कुछ प्रश्न

क्या सचमुच चीन का कुछ हिस्सा लाल है? वहाँ सोवियत सरकार है? वहाँ लाल सेना है? वहाँ के आकाश में लाल झंडा फहराता है?

यदि हाँ, तो चीन के कितने बड़े हिस्से पर और किन लोगों के द्वारा? क्या उन्हें साम्यवादी कहा जाए या लाल डकैत, जैसा कि उनके बारे में आज दस वर्षों से प्रचारित किया जा रहा है? यह हो नहीं सकता कि चीन ऐसे अविकसित देश में साम्यवादी शासन कायम हो जाए और वहाँ एक लाल सेना का संगठन हो सके। जो लोग ऐसा कहते हैं, क्या वे संसार को धोखा नहीं देते? साम्यवादियों के पास आत्मा कहाँ? उनको झूठ बोलने से कौन रोक सकता है?

यदि चीन में लाल सेना है तो उसका निर्माण कैसे हुआ? उसमें कौन लोग शामिल हैं? वे वर्ग-जाग्रत, मार्क्सवादी क्रांतिकारी हैं? एक केंद्रीय कार्यक्रम और अनुशासन पर चलते हैं? और क्या कोई साम्यवादी पार्टी है जो उनका संचालन करती है? यदि है, तो उसका कार्यक्रम क्या है?

ये चीनी साम्यवादी कैसे लोग हैं? दूसरे देशों के साम्यवादियों से ये कितने मिलते-जुलते हैं? सैर-सपाटे के शौकीन पूछ देते हैं, क्या ये दाढ़ी रखते हैं? शोरबे के लिए हल्ला-गुल्ला मचते है? और अपने सूटकेस में खुद का बनाया बम लिये फिरते हैं? जो विचारवान हैं वे जानना चाहते हैं—क्या ये सच्चे मार्क्सवादी हैं? क्या ये पूरे-पूरे साम्यवादी आर्थिक कार्यक्रम पर चलते हैं? ये स्तालिन के हिमायती हैं या ट्राट्स्की के—या दोनों के नहीं? क्या इनका आंदोलन विश्वक्रांति का एक जानदार हिस्सा है? क्या ये अंतरराष्ट्रीयतावादी हैं? ये मास्को के हाथ के महज खिलौने हैं या प्रधानतः राष्ट्रवादी हैं जो स्वाधीन चीन के लिए लड़ रहे हैं?

इनके दुश्मन भी स्वीकार करते हैं कि ये बड़े लड़ाके—भयंकर लड़ाके और असीम साहसी है। वह कौन चीज है जिसने इन्हें ऐसा लड़ाका बना रखा है? इन्हें संगठित रखनेवाला सूत्र कौन सा हैं? उनके इस आंदोलन का आधार क्या है? उनकी आशाएँ, उद्देश्य और स्वप्न क्या हैं, जिनके लिए मस्ताना बने इन्होंने सैकड़ों लड़ाइयाँ लड़ी हैं, घरों को तोड़ा है, अकाल का सामना किया है, बीमारी और महामारी के शिकार हुए हैं, और अंत में छः हजार मीलों का वह महाअभियान किया है जिसमें उन्हें बारह प्रांतों को पार करना पड़ा और च्यांग काई शेक की सेना को तहस-नहस कर आखिर उत्तर-पश्चिम के प्रदेश में पहुँचकर ही इन्होंने दम लिया?

इसके नेता कौन हैं? क्या ये पढ़े-लिखे लोग हैं, जिनका कोई आदर्श होता है, सिद्धांत होता है, विचारधारा होती है? ये सामाजिक देवदूत हैं या महज मूर्ख किसान, जो अपनी स्थिति के लिए अंधाधुंध लड़ रहे हैं? उदाहरण के लिए यह माओ त्से तुंग लाल डाकू नं. 1 कौन है, जिसके सिर पर नानकिंग की सरकार ने दो लाख चाँदी के डालर इनाम बोल रखा था? इस कीमती पूर्वीय सिर में क्या भरा हुआ है? या माओ मर गया जैसा कि च्यांग काई शेक के जीहुजूरों ने कई बार घोषणा की है? और यह चू तेह कौन है, जिसे लाल सेना का कमांडर-इन-चीफ कहा जाता है और जिसके सिर की कीमत भी इतनी ही कूती गई है? यह लिन पियाओ अट्ठाईस वर्ष का छोकरा कौन है, जिसकी पहली लाल सेना ने आज तक कभी भी हार न खाई? उसका घर कहाँ है? फिर वे अन्य लाल नेता कौन हैं, जिनकी मृत्यु की खबर बार-बार छपती है, किंतु कुछ ही दिनों के बाद वे फिर युद्धक्षेत्र में विजय प्राप्त करते हुए देखे जाते हैं?

दस वर्षों तक अपने से तायदाद, संगठन और सामान में बढ़ी-चढ़ी च्यांग काई शेक की सेना से लड़ते-झगड़ते हुए भी जिसने अपना अस्तित्व बचा रखा, उस लाल सेना के इस कर्तृत्व का क्या रहस्य है? उसके पास न कोई बड़ा कल-कारखाना था, न उसके पास तोपें, गैस, हवाई जहाज और रुपए थे, तो भी किस तरह उसने अपने को जिंदा ही नहीं रखा, अपनी शक्ति भी बढ़ाई? उसने कौन-सी युद्धकला का प्रयोग किया?

उसकी शिक्षा पद्धति क्या थी? उसके सलाहकार कौन थे? क्या कुछ रूसी सैनिक उसका संचालन और पथप्रदर्शन कर रहे थे? वह कौन सी सैनिक प्रतिभा थी, जिसने च्यांग काई शेक के उस बड़े और कीमती विदेशी सलाहकारों के स्टाफ को छकाया, जिसका प्रधान था हिटलर का दाहिना हाथ, जर्मन जनरल वोन सिक्केट?

चीन की सोवियत किस किस्म की है?

क्या किसान उसका समर्थन करते हैं? नहीं तो वह किस तरह टिकी है? चीन साम्यवादी देहातों में साम्यवाद की किस हद तक स्थापना करते हैं, जहाँ पर कि उनका प्रभाव अदम्य है? लाल सेना ने बड़े शहरों को क्यों नहीं लिया? क्या इससे यह नहीं साबित होता कि यह मजदूरों के नेतृत्व में चलनेवाला साम्यवादी आंदोलन नहीं, वरन् किसानों का विद्रोह मात्र है? फिर चीन में साम्यवाद का नाम ही कैसे लिया जा सकता है, जहाँ की अस्सी सैकड़े जनसंख्या कृषिजीवी है और जहाँ उद्योग-धंधा अभी घुटनों ही के बल चल रहा है?

वहाँ के साम्यवादियों की पोशाक क्या है? वे क्या खाते हैं, क्या खेलते हैं, किस तरह प्यार करते हैं और कौन काम करते हैं? उनके विवाह का विधान क्या है? क्या सचमुच औरतें सार्वजनिक चीज बना दी गई है जैसा कि उनके दुश्मन ढिंढोरा पीटते हैं? उनके लाल कारखाने कैसे हैं? उनकी नाटक मंडलियाँ कैसी हैं? अपने देश की अर्थनीति का संगठन वे किस तरह करते हैं? स्वास्थ्य, मनोरंजन, शिक्षा का क्या प्रबंध है और 'लाल संस्कृति' की क्या विशेषताएँ हैं?

लाल सेना की तायदाद कितनी है? क्या पाँच लाख, जैसा कि बाहर के साम्यवादी पर्चे बतलाया करते हैं? यदि ऐसी बात है तो उन्होंने चीन पर पूरा कब्जा क्यों नहीं कर लिया? उन्हें हथियार और युद्ध सामग्रियाँ कहाँ से मिलती हैं? उनका अनुशासन कैसा है? उनमें नैतिकता कितनी है? क्या यह सच है कि सैनिक और उनके सेनापति एक ही तरह से रहते, एक ही खाना खाते और आपस में भाई-भाई का बरताव रखते हैं?

चीन के साम्यवादी आंदोलन का भविष्य क्या है? इसका ऐतिहासिक विकास कैसे हुआ? क्या यह सफल होगा? और सफल हुआ तो संसार पर उसका क्या प्रभाव पड़ेगा—संसार की राजनीति पर, संसार के इतिहास पर? जापान पर और अंग्रेजी और अमेरिकन पूँजीवाद पर, जिसका बहुत बड़ा हिस्सा चीन में लगा हुआ है? क्या साम्यवादियों की कोई वैदेशिक नीति भी है?

अंत में, चीन के साम्यवादियों द्वारा एक राष्ट्रीय संयुक्त मोरचे की जो बात कही जाती है, उसका क्या अर्थ है? क्या यह सच है कि उन्होंने च्यांग काई शेक को कैद करवाया और आखिर उसे इस कार्यक्रम को मानने के लिए मजबूर किया? इस मेल-मिलाप के बाद लाल सेना और सोवियत सरकार की स्थिति क्या है? यह आठवीं रूट आर्मी क्या बला है, जिसकी मार से जापानी सेना तबाह-तबाह है?

ये या ऐसे अनेक प्रश्न हैं, जो संसार की प्रगति के निरीक्षकों और अखबारों के सजग पाठकों के दिल में आज दस वर्षों से लगातार उठते आए हैं। किंतु इनका जवाब मिलना मुश्किल था। चीन की 'बड़ी दीवार' संसार-प्रसिद्ध है— किंतु च्यांग काई शेक ने वहाँ के साम्यवादियों और सोवियत सरकार के खिलाफ जो सेना की दीवार खड़ी कर रखी थी, वह उससे भी अभेद्य थी। जिनके कंधे-से-कंधा मिलाकर, जिनकी सहायता और सहयोग से उसने राष्ट्रीय सरकार की वृद्धि और विस्तार किया, उन्हें ही वह 'लाल डाकू' का नाम देकर उनके कत्लेआम कराता रहा। वह कत्लेआम—जिसके नजदीक चंगेज का कत्लेआम भी शर्मिंदा हो! किंतु इस महान संकट में वहाँ के साम्यवादियों ने जो धैर्य, हिम्मत, बहादुरी और अध्यवसाय दिखलाया, वह भी इतिहास में अपनी मिशाल नहीं रखता। एक-दो वर्ष नहीं, दस वर्ष तक यह खूँरेजी कायम रही। किंतु····

किंतु आज वह जमाना भी आया है कि च्यांग काई शेक को झुकना पड़ा और सत्य अपने असल रूप में दुनिया पर प्रकट हुआ है। मनुष्य-निर्मित कोई बड़ी-से-बड़ी दीवार या बाँध क्या सत्य के प्रवाह को रोक सकता है?

अभागा चीन

किंतु चीन में किस तरह सोवियत कायम हुई, इसके लिए हमें उसके पहले का इतिहास संक्षेप में जान लेना जरूरी है।

चीन संसार का सबसे पुराना राष्ट्र है। प्राकृतिक साधन और ऐश्वर्य में ही नहीं, कला-कौशल के विकास में भी संसार में उसका प्रमुख स्थान रहा है। कागज और छापाखाना—मनुष्य की सबसे बड़ी उपयोगी इन दोनों चीजों का आविष्कारक चीन ही समझा जाता है। बारूद वगैरह अन्य कई चीजों के आविष्कार का दावा भी चीन को है।

अपने देश के विस्तार और जनसंख्या के कारण भी चीन को संसार में सर्वप्रमुख स्थान प्राप्त है। विस्तार में रूस का राज्य बड़ा हो, किंतु जनसंख्या में तो कोई उसकी छाया भी नहीं छू सकता।

पैंतालीस करोड़ की जनसंख्यावाला यह देश, अपने पड़ोसी हिंदुस्तान की तरह, यूरोप की औद्योगिक क्रांति के बाद, धीरे-धीरे उसके चंगुल में फँसने लगा और यद्यपि हिंदुस्तान की तरह यूरोपियनों का एकच्छत्र राज्य तो वहाँ कायम नहीं हुआ, किंतु संसार में उसका स्वतंत्र अस्तित्व भी नहीं छोड़ा गया। उन्नीसवीं सदी के अंत तक ऐसा मालूम होता, यूरोपियन राष्ट्रों ने टुकड़े-टुकड़े करके उसे बाँट लिया है।

1842 ई. में हांगकांग पर इंगलैंड का अधिकार हुआ। 1857 और 1860 में तीनसिन और पेकिंग की जो सुलह हुई, उसमें इंगलैंड के साथ फ्रांस को भी बहुत-सी सुविधाएँ दी गईं। 1895 में जापान ने ताईवान पर कब्जा किया और उसी साल कोरिया को स्वतंत्र मानने के लिए उसे बाध्य करके 1910 में उसने अपने आधिपत्य में ले लिया। 1898 में कियाचाऊ पर जर्मनी का कब्जा हुआ और उसी साल वीहाइवी पर इंगलैंड और पोर्ट आर्थर पर रूस ने दखल जमाया। किंतु इन स्थानों के छिन जाने की कथा से ही चीन पर किए गए विदेशी प्रहारों की करुण कहानी पूरी नहीं होती। चीन से हर्जाने के रूप में बड़ी-बड़ी रकमें वसूल की गईं, उससे तिजारत की खास-खास सुविधाएँ प्राप्त की गईं, यहाँ तक कि आयात कर पर भी उसका अधिकार नहीं छोड़ा गया। इनके चलते चीन का आर्थिक स्वामित्व बिलकुल विदेशियों के हाथ में चला गया। किंतु विदेशियों में इस 'लूट के माल' के बँटवारे को लेकर खट-पट भी शुरू हुई और रूस और जापान का वह 1904 वाला जो महायुद्ध हुआ, उसका रहस्य यही है। इस युद्ध ने इन लुटेरे राष्ट्रों के सामने एक प्रश्न खड़ा किया—क्या लूट का माल मुँह में पहुँचने के पहले ही हम लड़-कट मरेंगे? 1899 में अमेरिका अपना 'खुला दरवाजा' का पैगाम लेकर पहुँच चुका था। सब के सब लुटेरे इकट्ठे हुए और उन्होंने चीन का आर्थिक बँटवारा शुरू किया। यांग्जे नदी की तराई पर इंगलैंड का, दक्षिणी चीन पर फ्रांस का और उत्तरी चीन पर रूस का 'प्रभाव-क्षेत्र' कायम किया गया। यह बाँट-बँटखरा ऐसा हुआ कि यूरोपियनों की राजनीतिक शब्दावली में चीन 'एक भौगोलिक नाम' मात्र रह गया!

जिस समय चीन का यह निर्मल, निष्ठुर बँटवारा चल रहा था, चीन पर मांचू वंश का राज्य था। यह राज्य बिलकुल निकम्मा और हिजड़ा था। विदेशिया से हुई हर लड़ाई में हारता और एक राष्ट्र से हारने के बाद फिर किसी दूसरे राष्ट्र से लड़ाई छेड़ता, जिसमें फिर पराजित और अपमानित होता। चीन का जो रौब और दबदबा संसार पर था, वह धीरे-धीरे खत्म होता गया। अब वह अपमान और व्यंग्य का निशाना बन गया था। विदेशी राष्ट्र उसे 'पूरब का बीमार आदमी' कहते, जिसकी मौत की घड़ियाँ भी वे खुशी-खुशी गिन रहे थे!

चीन की इस दुर्गति ने उसके कुछ नौजवानों के दिल पर ठेस दी। इस बार-बार के अपमान और लांछन ने उनके कलेजे को चूर-चूर कर दिया। उन नौजवानों में ही डॉ. सुनयात सेन थे, जिन्हें हम चीन का त्राता कहकर पुकार सकते हैं। 1885 में जब चीन को फ्रांस ने बुरी तरह पराजित किया, डॉ. सेन ने पहली बार संकल्प किया कि क्रांति द्वारा इस राज्य को उलटे बगैर कल्याण की कोई दूसरी सूरत नहीं। किंतु अपनी इस कल्पना को संगठन का रूप उन्होंने दिया 1894 में, जब चीन और जापान में युद्ध शुरू हुआ। चीन में रहकर ऐसा संगठन करना असंभव जान डॉ. सेन होनोलूलू गए और वहीं 'चीन पुनर्जीवन संघ' की नींव डाली—जो पीछे चलकर कुओ

मिन् तांग के रूप में परिणत हुआ। इस संघ के सदस्य प्रथमतः उनके परिवार के लोग और उनके भाई बने और उन्होंने अपनी सारी सम्पत्ति इस काम में अर्पण कर देने का प्रण किया। विदेशों के चीनी व्यापारी और विद्यार्थी खासकर इस ओर आकृष्ट हुए। सशस्त्र विप्लव की तैयारियाँ की जाने लगीं और 1895 और 1900 में दो बार इसकी चेष्टाएँ की गईं; किंतु असफल। 1905 में पार्टी का पुर्नसंगठन किया गया और तब से 1911 तक हर साल एक-न-एक सशस्त्र विद्रोह होता रहा। आखिर 10 अक्तूबर, 1911 को डॉ. सुनयात सेन के मनोरथ पूरे हुए। मांचू शासन को खत्म कर एक प्रजातंत्र की स्थापना की गई, जिसके प्रथम राष्ट्रपति डॉ. सुनयात सेन चुने गए।

डॉ. सुनयात सेन एक चतुर संगठनकर्ता और क्रांतिनेता ही नहीं थे, वह एक महान विद्वान और विचारक भी थे। यूरोप और अमेरिका की कई बार उन्होंने यात्राएँ की थीं, वहाँ के प्रमुख विचारकों से मिले थे एवं आधुनिक राजनीति और अर्थशास्त्र का उन्होंने गंभीर अध्ययन किया था। अपने इस अध्ययन के आधार पर उन्होंने चीन के लिए 'तीन सिद्धांत' का निर्माण किया था। वह था—जातीय एकता, जनता का शासन और सामाजिक अर्थनीति ! जातीय एकता से उनका मतलब था, किसी एक वंश या जाति के आधिपत्य का नाश करना और चीन की सभी जातियों को एक सूत्र में ग्रंथित करना। जनता का शासन प्रजातंत्र के अर्थ में वह व्यवहार करते थे। हाँ, आज जहाँ शासन तीन भागों—कानून निर्माण, शासन संचलान और न्याय व्यवस्था—में विभक्त किया गया है, वहाँ उन्होंने उसमें दो और बातों का समावेश किया था। किसी प्रश्न पर आम मत-ग्रहण और किसी पदाधिकारी के पदच्युत किए जाने का अधिकार जनता के हाथों में देना। किंतु इन सबसे उनका तीसरा सिद्धांत व्यापक था। उसके अनुसार वह जमीन के बराबर बँटवारे के पक्षपाती थे और पूँजी पर नियंत्रण के हिमायती। जब वह राष्ट्रपति बनाए गए, अपने तीनों सिद्धांतों को उन्होंने काम में लाने की चेष्टा की। किंतु थोड़े ही दिनों में उन पर स्पष्ट हो गया, क्रांति में सफलता प्राप्त करना जितना आसान होता है, एक नए समाज का निर्माण उतना आसान नहीं होता। उनके जो हिमायती थे, वे ही फिसड्डीपना दिखाने लगे। उन्होंने ऊबकर इस्तीफा दे दिया।

यहाँ पर चीन के एक खास तबके—वर्ग—की स्थिति को समझ लेना है, जिसके बिना चीन का इतिहास समझना मुश्किल है। यह है वहाँ का फौजी तबका। चीन के हर प्रांत में एक या अनेक छोटे-बड़े फौजी सरदार थे। वे सरदार अपने पास सेना रखते, किसी मोरचे की जगह पर गढ़ बनाकर रहते, लूट-मार करते, कर उगाहते। आप उन्हें फौजी सामंतशाह कह सकते हैं। जब तक मांचू वंश को गद्दी से हटाना था, उनमें से बहुतों ने डॉ. सेन को मदद दी थी, किंतु उनके सुधारों से उनका कोई मतलब नहीं था ! क्योंकि उन सुधारों का मतलब तो था, उनके अपने ही तबके के आधिपत्य का नाश। सुनयात सेन के इस्तीफे के बाद य्वान सिह काई नामक एक व्यक्ति प्रजातंत्र का अधिपति चुना गया। वह भी एक फौजी सरदार था। थोड़े दिनों तक तो उसने अच्छी तरह काम किया, किंतु पीछे अपना खूँखर पंजा दिखाने लगा। पहले उसने अपने को आजीवन सभापति बनाया, फिर राजतंत्र स्थापित करने की कोशिश की। उसकी यह कोशिश तो कामयाब नहीं हुई, 1916 में वह चल भी बसा। लेकिन सुनयात सेन की पार्टी बिलकुल कमजोर हो गई—प्रजातंत्र का विस्तार कहाँ तक होगा, वह सिकुड़ता गया और 1917 में वह दक्षिण में ही खासकर क्वांगतुंग प्रांत में सीमित हो गया। कैन्टन को राजधानी बनाकर डॉ. सुनयात सेन मानो भावी चीनी प्रजातंत्र की धूनी रमाने लगे।

1917 में ही रूस ही क्रांति हुई और 1920 में चीन की साम्यवादी पार्टी का जन्म हुआ। डॉ. सुनयात सेन साम्यवादी नहीं थे—मार्क्स के कुछ सिद्धांतों की वह आलोचना भी करते थे। किंतु रूस की इस विजय ने उन्हें कम प्रभावित नहीं किया। रूस के क्रांतिकारी नेताओं से इसके पहले वह मिल चुके थे और उनकी धुन और त्याग के वह बहुत कायल थे। एक बार उनमें और रूस के एक क्रांतिकारी में बातचीत हुई थी। उसने पूछा था—चीन में क्रांति को सफल होने में कितने दिन लगेंगे ? डॉ. सुनयात सेन ने कहा—तीस वर्ष। किंतु रूस में ? उन्होंने पूछा था। उसने जवाब दिया था—सौ वर्ष ! जब 1917 में ही वह क्रांति सफल हुई तो स्वभावतः डॉ. सेन के मन में जिज्ञासा उठ रही थी कि आखिर वह कौन सी राह थी कि उनकी क्रांति इतनी जल्द सफल हुई ? इतने

ही में चीन में साम्यवादी पार्टी कायम हुई, और वह जल्द-जल्द तरक्की करने लगी। डॉ. सेन स्वभावतः उस ओर आकृष्ट हुए और 1924 में उन्होंने वह कदम बढ़ाया जिसने कुछ ही दिनों में चीन में एक अजीब उथल-पुथल ला दी—उसमें एक नवजीवन का-सा संचार हुआ !

1924 में उन्होंने कुओ मिन् तांग का पुनर्संगठन किया। इस पुनर्संगठन में उनकी तीन विशिष्ट नीतियाँ थीं। पहली—साम्यवादी पार्टी को कुओ मिन् तांग में शामिल कर एक संयुक्त मोरचा बनाना। दूसरी—किसानों और मजदूरों के संगठन की ओर ध्यान देकर कुओ मिन् तांग के आंदोलन को जन आंदोलन का रूप देना और तीसरी—रूस से सुलह करना।

निस्संदेह यह कदम एक जबरदस्त कदम था और इसका प्रभाव इतना व्यापक हुआ, जिसकी कल्पना भी नहीं की जा सकती थी। मजदूर संघों और किसान सभाओं का जाल समूचे चीन में बिछ गया। पीड़ित और पद्दलित किसान-मजदूरों ने अपना सिर अभिमान से उठाया और राष्ट्रीय आंदोलन के लिए सब कुछ बलिदान करने की तत्परता दिखलाई। कुओ मिन् तांग की सदस्य-संख्या बहुत बढ़ गई। उसमें नए-नए आदर्शवादी युवक-युवतियों का प्रवेश हुआ, जिनके जोश और उत्साह से समूचा देश आप्लावित होने लगा। रूस से राजनीतिक और सैनिक विशेषज्ञ आए और उन्होंने यहाँ के नौजवानों को—अग्रतः चतुरोवेदाः पृष्ठतः सशरः धनुः—के अनुसार राजनीति और युद्धकला—दोनों में निपुण बना दिया। इन युवकों की सेना प्रजातंत्र की ओर से विजयाभियान को निकली और कुछ ही दिनों में फौजी सामंतशाहों की शक्ति को तहस-नहस कर दिया गया। इनकी पच्चीस हजार की सेना, दो लाख की सेना से बेखौफ भिड़ जाती और विजय पाती। विदेशियों में भी थर्राहट मच गई। एक बार जरा जापान ने आँख दिखलाई तो उसे इस तरह दपेटा गया कि बेचारा समझ न सका कि यह कौन-सा भूत कहाँ से आकर उसके सामने खड़ा हो गया है। तीन वर्षों में ही क्या-से-क्या हो गया। संसार के राजनीतिक आकाश में चीन का सितारा फिर बुलंद हुआ और उसके तेज और जोत की ओर समूचा संसार आश्चर्यचकित होकर देखने लगा।

किंतु चीन का दुर्भाग्य अभी खत्म नहीं हुआ था। संयोग ऐसा कि दूसरा वर्ष खत्म होते-न-होते सुनयात सेन चल बसे। उनके मरते ही कुओ मिन् तांग में फूट के लक्षण दीख पड़ने लगे और दो वर्ष के अंदर ही एक महाविस्फोट हुआ, जिसने सब कराया-धराया नाश कर दिया।

साम्यवादी पार्टी को शामिल करना, किसानों और मजदूरों का संगठन करना और रूस से सहायता लेना—ये तीनों ही बातें ऐसी थीं, जिन्हें सुनयात सेन के पुराने साथियों में से अधिकांश नापसंद करते थे। उनकी नापसंदी आधारहीन नहीं थी। पहले, वे थे कौन, हम इसे देख लें। प्रारंभ से ही अधिकांशतः चीन के विदेशी व्यापारी डॉ. सेन के मददगार थे—विदेशी व्यापारी और विदेशों में पढ़नेवाले विद्यार्थी। ये दोनों ही शोषक वर्ग के थे और इनकी मदद इसलिए थी कि ये समझते थे कि चीन में जब प्रजातंत्र होगा तो इन्हीं का बोलबाला होगा—ये ही हाकिम-हुक्काम बनेंगे और स्वदेशी व्यापार के नाम पर इन्हें मालामाल होने का मौका मिलेगा। डॉ. सेन पहले भी कहा करते थे कि हमारे अनुयायी हमारी बातों को नहीं समझते हैं। सचमुच, इनके दिमाग में सामाजिक पुनर्निर्माण की बात घुस नहीं सकती थी। फिर जब डॉ. सेन ने ये तीन नई नीतियाँ अख्तियार कीं, तब तो वे और भी घबराए। किंतु डॉ. सेन का व्यक्तित्व कुछ इतना ऊँचा था कि उनकी जिंदगी में किसी को कुछ बोलने की हिम्मत नहीं होती थी। सभी उनकी हाँ में हाँ मिलाते थे, पर उनके मरते ही वे अपनी नापसंदी साफ-साफ दिखलाने लगे। इधर उत्तरी विजयाभियान के बाद बहुत से फौजी सामंतों ने भी पराजित होकर या डरकर कुओ मिन् तांग की हुकूमत कुबूल की और उनमें से बहुत से उसके मेंबर भी बन गए। इन नए मेंबरों ने उन पुराने दकियानूस मेंबरों का साथ देना शुरू किया और इन दोनों के सम्मेलन से एक बड़ी प्रतिक्रियावादी ताकत पैदा हो गई। एक बात और भी हुई। उत्तरी विजयाभियान के चलते पार्टी के सेनानायकों की महत्ता बढ़ गई और उन्हें अपनी महत्त्वाकांक्षा के लिए प्रजातंत्र एक अनावश्यक बंधन मालूम होने लगा। च्यांग काई शेक प्रधान सेनापति था। उसी को केंद्रित कर प्रतिक्रियावादियों ने गुटबंदी शुरू की। अंतिम बात यह हुई कि शांघाई

विजय के बाद विदेशी राष्ट्रों में भी हड़कम्प मच गया और उन्होंने देखा कि अब तो चीन केवल खड़ा ही नहीं हो रहा है, वह रूस का साथी भी बनने जा रहा है। अतः वे लोग किसी तरह चीन में फूट डालने की चेष्टा में लगे। च्यांग काई शेक के कान उन्होंने भरे। कान ही नहीं, उसकी जेब भी भरी।

पहले तो कुओ मिन् तांग में साम्यवादियों का प्रभाव कम करने की चेष्टाएँ हुईं। साम्यवादियों के लिए सख्त-से-सख्त नियम बनाए गए। कार्यकारिणी और पदाधिकारियों में उनकी संख्या निश्चित कर दी गई—वे एक-तिहाई से ज्यादा नहीं रहने पावें। फिर किसान सभाओं और मजदूर संघों से साम्यवादियों को निकालने की कोशिश की गई। जब इससे भी काम नहीं चला तो च्यांग काई शेक ने खुलेआम बगावत शुरू की। प्रजातंत्र की राजधानी वू हान में थी—हांकाऊ का नया नाम वू हान रखा गया था। च्यांग ने वू हान की सत्ता की अवहेलना कर नानकिंग में एक नई सरकार की स्थापना कर ली। साम्यवादियों ने वू हान को केंद्र बना एक सेनापति की सहायता से च्यांग को सबक़ सिखाना चाहा। किंतु उस सेनापति ने भी धोखा दिया। नानकिंग और वू हान, दोनों मिल गए और साम्यवादियों का कत्लेआम शुरू हुआ। साम्यवादी, किसान, मजदूर, विद्यार्थी और विद्रोही सैनिक—सब तलवार के घाट उतारे जाने लगे!

डॉ. सुनयात सेन की चालीस वर्ष की तपस्या, जब वह पूरी होने जा रही थी, अचानक असफल हो गई। अभागा चीन—अभी न जाने तुम्हें क्या-क्या देखना बदा है?

सोवियत का उदय

जिस समय च्यांग काई शेक ने साम्यवादियों और उनके सहायकों—किसानों, मजदूरों और विद्यार्थियों—का घोर दमन आरम्भ किया, उस समय साम्यवादियों के निकट एक प्रश्न खड़ा हुआ, अब क्या किया जाए?

उस समय चीन में रूस की साम्यवादी सरकार और अंतरराष्ट्रीय साम्यवादी पार्टी के प्रतिनिधि भी थे। चीन के भी बड़े-बड़े साम्यवादी नेता थे, किंतु ऐसा मालूम हुआ जैसे सबकी बुद्धि मारी गई। उस अवसर पर एक की प्रतिभा चमकी, जिसके कारण दुनिया यह असंभव संभव हुआ देख सकी।

उसका नाम है माओ त्से तुंग। वह एक किसान का बेटा है। बड़ी-बड़ी दिक्कतों में उसने अपनी पढ़ाई जारी रखी थी, नाना तरह की कठोर यंत्रणाओं की आग में उसने अपने शरीर को तपाया था—इसलिए कि जिस समय उसका देश, उसका समाज पुकार करे, वह सभी संकटों का सामना करते हुए अपने आदर्श की पूर्ति कर सके।

उसने देखा, शहरों में केंद्रित मजदूरों में इस समय काम करना असंभव है। विद्यार्थियों में भी इस हालत में कुछ होने-जाने को नहीं। किंतु एक बड़ी अमोघ शक्ति है, जिसका उपयोग किया जा सकता है। साम्यवाद का सिद्धांत मजदूरों के नेतृत्व को सबसे आगे स्थान देता है। किंतु किसान के इस बेटे ने देखा, चीन के किसान जिस स्थिति पर पहुँचा दिए गए हैं, उनमें काफी क्रांतिकारी प्रवृत्ति जग उठी है और यदि इन्हें ठीक से इस्तेमाल किया जाए, तो इनके द्वारा भी चीन में साम्यवाद की स्थापना की जा सकती है।

चीन की साम्यवादी पार्टी का वह एक विशिष्ट सदस्य था। साम्यवादी पार्टी के जन्मदाताओं में उसकी गिनती थी। पार्टी की स्थापना के बाद, वह अपने प्रांत हूनान की प्रांतीय पार्टी का मंत्री चुना गया था। उसने हूनान के मजदूरों और विद्यार्थियों का जबरदस्त संगठन किया था। उसके नेतृत्व में हूनान में मजदूरों की एक आम हड़ताल मनाई गई थी, जो चीन के मजदूर आंदोलन की एक जबरदस्त घटना समझी जाती है। हूनान के बाद वह पार्टी की ओर से कैन्टन और शांघाई में मजदूरों का संगठन करता रहा था।

इसी बीच वह बीमार पड़कर अपने देहात के घर लौटा। इस बार उसने किसानों में जो जागृति देखी,

इसका उस पर बड़ा प्रभाव हुआ । इस बीमारी में भी उसने किसान-सभाएँ कायम करना शुरू किया । उसे बड़ी सफलता मिली । किसान-सभाओं ने तुरत ही जंगी रूप अख्तियार किया । जमींदार घबराए—उसकी गिरफ्तारी का वारंट निकला । उसने कैन्टन भागकर अपनी जान बचाई ।

उस समय साम्यवादी पार्टी और कुओ मिन् तांग का संयुक्त मोरचा कायम था । उसने कुओ मिन् तांग की ओर से किसान संगठन करने का भार अपने ऊपर लिया । इसके लिए कार्यकर्ताओं का एक शिक्षण शिविर उसने खोला—जिसमें चीन के इक्कीस प्रांतों के कार्यकर्ता शामिल हुए थे । वह एक अखबार का संपादक भी बनाया गया । उस अखबार द्वारा किसान आंदोलन के लिए वह खूब प्रचार भी करता ।

इसी समय उसने एक पुस्तिका लिखी । उस पुस्तिका में उसने किसान-संगठन की आवश्यकता पर जोर दिया और जमीन-संबंधी कानूनों में क्रांतिकारी परिवर्तन करने की सिफारिश की । किंतु उसके ये विचार साम्यवादी पार्टी के मंत्री चेन तू स्यू को पसंद नहीं आए । चेन अपनी विद्वत्ता और अध्ययन के लिए चीन-भर में मशहूर था ! वह पार्टी का सर्वेसर्वा था ! उसके सामने किसी की कुछ नहीं चलती । माओ की पुस्तिका को उसने पार्टी के मुखपत्र तक में प्रकाशित नहीं होने दिया ।

चेन और माओ में इसी समय से जो संघर्ष शुरू हुआ, वह बढ़ता ही गया । एक तरफ थी अगाध विद्वत्ता, दूसरी ओर था प्रौढ़ अनुभव । किंतु जहाँ तक बहस का संबंध है, अनुभव पर विद्वत्ता की विजय होती है ।

किसान संगठन का निरीक्षण करते हुए एक बार फिर माओ अपने प्रांत हूनान आया और पाँच जिलों की परिस्थिति का गंभीर अध्ययन कर, आँकड़ों के बल पर उसने फिर एक पुस्तिका लिखी और उसे पार्टी की केंद्रीय समिति में पेश किया । दूसरे वर्ष वू हान में किसानों की एक अन्तर्प्रान्तीय सभा हुई । कई सूबों के किसान प्रतिनिधि उसमें शामिल हुए थे । रूस के दो विशेषज्ञ भी थे । सबने इस पुस्तिका को एकमत से स्वीकार किया । किंतु आश्चर्य, चेन के प्रभाव से ओत-प्रोत साम्यवादी पार्टी की केंद्रीय समिति ने उसे साफ अस्वीकार कर दिया ।

उसी समय च्यांग काई शेक ने अपना खूनी पंजा दिखाना शुरू किया था । माओ चाहता था कि यही मौका है जब जमीन के संबंध में एक क्रांतिकारी नीति अख्तियार करके किसानों को अपनी ओर कर लिया जाए और उन्हें सशस्त्र करके प्रतिक्रियावादी लहरों का सामना करने के योग्य बनाया जाए । किंतु किताबी ज्ञान के कीड़े चेन के दिमाग में यह बात ही नहीं समाती थी कि किसानों में भी इतनी क्रांतिकारी प्रवृत्ति हो सकती है कि वे इस प्रतिक्रिया का मुकाबला कर सकें । वह तो अब भी उन्हीं से उम्मीद किए बैठा था जो क्रान्ति के दुश्मन थे । वह उनके हृदय को जीतना चाहता था—फलतः, फूँक-फूँककर पैर उठाना चाहता था ।

बेचारे चेन की ही क्या बात ! उस समय रूस के प्रतिनिधि की हैसियत से मो. बोरोदीन और पूर्वीय देशों के विशेषज्ञ के रूप में हमारे कामरेड राय साहब वहाँ तशरीफ रखते थे और सब चीजों का बंटाढार करने में इन तीनों सज्जनों के ही हाथ बताए जाते हैं ।

जब च्यांग काई शेक ने नंगा नृत्य शुरू किया, बोरोदीन और राय साहब रूस भाग गए । पार्टी के सदस्यों को हुक्म हुआ कि विदेश चले जाओ या कहीं छिपकर रहो । बेचारे चेन से पार्टी का मंत्रित्व छीन लिया गया । पीछे वह च्यांग काई शेक के हाथों गिरफ्तार हुआ, कैदी बना ।

जब ये सब बातें हो रही थीं, माओ की प्रतिभा चमकी । आँखें वे, जो अँधेरे में देखें । इस काले अंधकार में भी माओ को पथ दिखाई पड़ा और वह पथ था उसका वही पुराना पथ, जिसके लिए वह अब तक पार्टी में लड़ता आ रहा था । वह अपने प्रांत हूनान आया और वहाँ के किसानों में उसने काम करना शुरू किया । उस समय अगहनी की फसल का वक्त था । उस समय जिस विद्रोह की नींव उसने डाली वह 'अगहनी का विद्रोह' के नाम से चीनी इतिहास में मशहूर है ।

उसके कार्यक्रम में तीन बातें मुख्य थीं—

किसानों और मजदूरों की एक क्रांतिकारी सेना तैयार करना, जमींदारों का धन ज़ब्त करना और सोवियत शासन कायम करना ।

अगहनी का यह विद्रोह बहुत ही सफल रहा। इसी के सिलसिले में सबसे पहले किसानों-मजदूरों की पहली लाल सेना 1927 के सितंबर महीने में बनी। इस सेना के सैनिक तीन ज़रिए से आए—किसानों से, खान के मजदूरों से और सरकारी सेना से। हल्यांग की खानों के मजदूरों ने पहली टुकड़ी दी, दूसरी टुकड़ी पिंग कियांग, ल्यू भांग, लिलिंग और दो दूसरे हल्के के किसान नौजवानों से बनी और तीसरी टुकड़ी वू हान की सरकारी फौज से मिली, जिसने विद्रोह कर दिया था। लाल सेना के इस पहले दस्ते को हूनान प्रांतीय साम्यवादी पार्टी ने तो अपनी लाल सेना के रूप में स्वीकार कर लिया, किंतु पार्टी की केंद्रीय कमिटी ने उसे स्वीकृति नहीं दी—चेन निकाल दिया गया था, किंतु उसकी आत्मा वहाँ बैठी थी!

इसी समय माओ एक बार दुश्मन के हाथों में आकर भी बाल-बाल बचा। वह इस पहली लाल सेना का संगठन करते समय कुओ मिन् तांग के आदमियों के हाथ में पड़ गया। उस समय कत्लेआम अपनी चरम सीमा पर था। जरा संदेह पर ही साम्यवादियों को गोली मार दी जाती थी। उसे पकड़कर एक थाने पर भेजा जा रहा था, जहाँ उसे गोली मार दी जाती। जब उसे इस प्रकार लिये जा रहे थे, रास्ते में अपने एक जान-पहचान के आदमी से उसकी भेंट हो गई और उनसे कुछ रुपए ले, सिपाहियों को घूस देकर, उसने निकल जाना चाहा। सिपाही तो राजी हुए, किंतु जमादार न माना। आखिर जब थाने से करीब दो सौ गज पर था, वह रास्ते में एक जबरदस्त झटका दे चंपत हो गया।

आगे वह भागा, पीछे सिपाही दौड़े। थोड़ी दूर पर सघन घास उपजी थी। वह उसमें छिप रहा। सिपाही कुछ किसानों को पकड़कर उस घास में उसे खोजने लगे। कभी-कभी वे उसके इतने निकट पहुँच जाते कि उनकी नाक की हवा उसकी देह में स्पर्श करती। किंतु हर बार नजदीक जा-जा करके भी वे वहाँ से दूसरी ओर मुड़ जाते। आखिर शाम होने तक जब वह नहीं मिला, वे हारकर लौट आए। इधर वह उठा और जंगलों, पर्वतों को छानता, दूसरे ही दिन, दूसरे जिले में जा पहुँचा।

खैर, पहली लाल सेना बनी और वह काम करने लगी। माओ पार्टी की मोरचा कमिटी का अध्यक्ष चुना गया और उसकी अध्यक्षता में यह छोटी सेना हूनान में अपना ऐतिहासिक काम करती रही। इस सेना को बरबाद करने के लिए च्यांग काई शेक के पिट्ठुओं ने कुछ उठा नहीं रखा। कितने अवसरवादी सैनिक जो इसमें शामिल हो गए थे, विपक्षी सेना की प्रबलता देख हटने लगे। नई सेना थी, अनुशासन की कमी थी, सामान नहीं थे, हथियारों की कमी सबसे ज्यादा खटकती थी। लेकिन माओ और उसके साथियों ने हिम्मत नहीं हारी। वे लड़ते-झगड़ते, बढ़ते-हटते आखिर चिंगकान्शन की अभेद्य पहाड़ी पर पहुँचे और वहीं अड्डा जमाया। उस समय लाल सेना में कुल एक हजार सैनिक थे।

किंतु इस समय माओ और उसके साथियों के निकट एक और बड़ी बाधा आई। साम्यवादी पार्टी की केंद्रीय समिति ने उनकी इस कार्रवाई का समर्थन नहीं किया—माओ की तो निंदा तक की और उसे पार्टी की कार्यसमिति और मोरचा समिति से निकाल दिया। हूनान की प्रांतीय पार्टी ने भी नाराजी प्रकट की और माओ के इस आंदोलन को 'राइफल आंदोलन' कहकर भर्त्सना की। माओ के लिए सचमुच यह अजीब परिस्थिति थी। किंतु उसे अपने मिशन पर विश्वास था। उसने कहा—हम जिस लाइन पर बढ़ रहे हैं, वही सही लाइन है और समय ही हमारे इस दावे को सिद्ध करेगा।

इस प्रकार चारों ओर से प्रताड़ित होकर भी माओ ने अपना धैर्य नहीं खोया। नई भरती कर इस सेना की शक्ति और बढ़ाई और वह सेना कैसी, जिसकी कोई आधारभूमि नहीं हो, यह समझ, नवंबर 1927 में हूनान के चालिन् नामक स्थान में उसने पहली सोवियत की स्थापना की। उसका बाजाब्ता चुनाव हुआ। ताउ सुंग पिंग उसका पहला अध्यक्ष चुना गया। माओ ने उस सोवियत का जो कार्यक्रम बनाया वह प्रजातंत्र के आधार पर था और काफी संयत था। जो लोग अपने को आगबबूला ही समझते थे, वे आतंकवादी कार्यक्रम चाहते थे—यानी जमींदारों को जहाँ पाओ, मारो, लूटो। किंतु माओ ने ऐसे लोगों की बात भी नहीं सुनी। उसे ये लोग भी कोसते, किंतु वह चुपचाप अपने काम में लगा रहता।

समय ने माओ की इस नीति का भी समर्थन किया। धीरे-धीरे सोवियत आंदोलन बढ़ने लगा। एक के बाद दूसरे जिले सोवियत के अंदर आने लगे। साम्यवादी पार्टी को भी माओ की नीति स्वीकार करनी पड़ी और दिसंबर 1931 में जब सभी सोवियतों को मिलाकर एक केंद्रीय सोवियत की स्थापना पार्टी की ही संरक्षकता में की गई, तो माओ को उसका अध्यक्ष बनाया गया।

लाल सेना का विकास

अब सोवियत और लाल सेना का विकास साथ-साथ होता है।

चालिन् में सोवियत स्थापित हो जाने के बाद, उसके पास के दो डकैत नेताओं ने लाल सेना में शामिल होने की ख्वाहिश जाहिर की! उन्हें ले लिया गया—क्योंकि उन्होंने साम्यवादी सिद्धांतों को स्वीकार करने की इच्छा प्रकट की थी। जब तक माओ के साथ वे रहे, उन्होंने ठीक से काम भी किया। उनके साथ देने से लाल सेना की ताकत भी बढ़ी। किंतु माओ की संगत छूटते ही उनकी पुरानी प्रवृत्ति जाग्रत हुई, पर तब तक किसान भी सोवियत के कारण संगठित और शक्तिशाली हो चुके थे। उन्होंने उन दोनों को मार डाला।

किंतु लाल सेना में जिसके चलते जान पड़ी, वह व्यक्ति तो अभी भी दूर था। मई 1928 में वह आया और माओ के साथ हो लिया। उसका नाम था चू तेह और वह आज लाल सेना का सेनापति है।

चू तेह के आने के बाद सबसे पहले लाल सेना को सुसंगठित और सुसज्जित करने का प्रबंध किया गया। बाद में लड़ाई का एक निश्चित कार्यक्रम और प्रणाली ठीक की गई। माओ और चू तेह, दोनों की यह एक राय हुई कि अभी छः जिलों में ही सोवियत की स्थापना और उसकी दृढ़ता की चेष्टा की जाए। न तो इतनी तेजी से बढ़ा जाए कि वह अवसरवादिता की सीमा पर पहुँच जाए, न पीछे हटकर पराजयवाद की वृत्ति दिखाई जाए। सोवियत के प्रतिनिधियों की एक सभा भी बुलाई गई, जिसमें सोवियत के भविष्य पर विचार हुआ। एक छोटा-सा अल्पमत कुछ निराशावादी जरूर था, किंतु बड़े बहुमत का अपने इस मिशन में पूरा विश्वास था। संयोग से, इसी समय मास्को में अंतरराष्ट्रीय साम्यवादी पार्टी की कॉन्फ्रेंस बैठी और उसने माओ की लाइन का समर्थन किया। फिर तो पार्टी का मतभेद भी खत्म हुआ।

माओ द्वारा चालिन् में सोवियत स्थापित किए जाने की खबर फैलते ही और कई जिलों में आप-से-आप धड़ाधड़ सोवियत कायम हो गईं और लाल सेना भी बना ली गई। हो लंग ने पश्चिम में और सू हाई तुंग ने पूरब में लाल सेनाएँ संगठित कीं और सोवियत की नींव डाली। फुकियन के निकट, कियांग्सी की उत्तरी-पूर्वी सीमा पर भी एक जबरदस्त सोवियत की नींव पड़ी। हैलनफेंग में भी सोवियत बनी—किंतु जल्दबाजी की नीति ने इसका अंत कर दिया। हाँ, इसकी सेना माओ और चू तेह से जा मिली और ग्यारहवीं लाल सेना का बीज बनी। कियांग्सी की और दो जगहों में सोवियत कायम हुई, जिसका आधार कियान था। पीछे यहीं तीसरी लाल सेना कायम हुई और केंद्रीय सोवियत सरकार का दफ्तर भी यहीं आ गया। फुकियन के पश्चिमी हिस्से में भी सोवियतें कायम हुईं।

चिंगकान्शन में रहते समय, पहली लाल सेना का च्यांग काई शेक की सेना से दो बार मुकाबला हुआ। यह पहाड़ी स्थान बहुत ही सैनिक महत्त्व रखता था और वे बरदाश्त नहीं कर सकते थे कि ऐसी जगह इन लाल खुराफातियों के हाथ में रहे। लेकिन दोनों ही बार उन्हें बुरी तरह पराजित होना पड़ा। इस संघर्ष के ही बीच चौथी और पाँचवीं लाल सेना भी संगठित हो गई।

अब लाल सेना की कुछ ऐसी वृद्धि हो गई थी कि इस पहाड़ पर रहना मुश्किल हो गया। सैनिकों के पास जाड़े की वरदियाँ नहीं थीं, खाने-पीने की चीजों की बहुत ही कमी थी। महीनों से ये लोग कद्दू-कुम्हड़े पर

ही रह रहे थे। उस समय सैनिकों ने एक अजीब नारा लगाना शुरू किया था—'पूँजीवाद का नाश हो' और 'हम लोग कद्दू खाएँ'। जिस समय वे लोग 'पूँजीवाद' कहते थे तो उसका अर्थ उनके सामने था—जमींदार।

ऐसी अवस्था में तय किया गया कि इस पहाड़ पर एक सेना का एक भाग छोड़कर शेष लोग अब मैदानों में उतरें। जनवरी 1937 को चू तेह के नायकत्व में चौथी लाल सेना ने विजययात्रा शुरू की।

कियांग्सी के दक्खिनी हिस्से से यह यात्रा शुरू हुई और विजय शुरू से ही मिलती गई। तुंगकू में एक सोवियत कायम की गई और वहाँ की स्थानीय लाल सेना को मिलाकर तीन दस्ते बनाए गए और तीन जिलों पर हमला किया गया एवं वहाँ सोवियत कायम कर ली गई। जहाँ-जहाँ लाल सेना जाती, किसान उसकी मदद करते। वे अपनी सहायक सेना बनाकर लड़ने में भी लाल सेना की मदद करते।

धीरे-धीरे लाल सेना की हालत कुछ अच्छी हो रही थी, किंतु कुछ बुरे लक्षण भी दिखाई पड़ने लगे। एक ओर तो, लोकतंत्र के गलत खयाल के कारण अनुशासन में कमी और संगठन में ढिलाई दीख पड़ती थी; दूसरी ओर, सैनिकों में आवारागर्दी की—यानी हमेशा स्थान परिवर्तन करते रहने और सैर-सपाटे में रुचि रखने की प्रवृत्ति बढ़ रही थी जिससे जमकर सरकार कायम करना मुश्किल हो रहा था। कुछ ऐसे कप्तान थे जिनमें वही पुरानी नौकरशाही प्रवृत्ति काम कर रही थी और वे अपने सैनिकों को पीटा करते या उन पर व्यक्तिगत मेहरबानियाँ दिखलाते थे। इन मसलों पर विचार करने के लिए फुकियन में नौवीं पार्टी कॉन्फ्रेंस की गई। अनुशासन के निश्चित नियम बनाए गए। कप्तानों को निश्चित हिदायतें दी गईं और जिन्होंने इन्हें मानने से इनकार किया वे सैनिक हों या कप्तान, लाल सेना से निकाल बाहर कर दिए गए।

इस कॉन्फ्रेंस के बाद लाल सेना ने कई महत्वपूर्ण विजय प्राप्त की। कियांग्सी का समूचा दक्खिनी हिस्सा लाल सेना के कब्जे में आ गया। वहीं 1930 की फरवरी में फिर पार्टी कॉन्फ्रेंस हुई जिसमें कियांग्सी प्रांतीय सोवियत सरकार कायम करने का निश्चय किया गया। जमीन के बँटवारे में प्रगति लाने और बाकी जगहों में जल्द-से-जल्द सोवियत का विस्तार करने का भी निश्चय हुआ। किसान दिल खोलकर इस काम में साथ देने लगे।

जिस समय चिंगकान्शन में लाल सेना का संगठन बाजाब्ता किया जा रहा था, उसी समय तीन नियम बना लिये गए थे। पहला, हुकुम की तुरत पाबंदी; दूसरा, गरीब किसानों की कोई चीज जब्त न करना; और तीसरा, जमींदारों की जो चीज जब्त की जाए उसे तुरत-से-तुरत सरकार में जमा कर देना। 1928 की कॉन्फ्रेंस में आठ और नियम बनाए गए—

1. जब तुम जाने लगो, घरों की किवाड़ें उनकी पहली जगह पर लगा दो। (चीन में किवाड़ें निकालकर उस पर रात में सोया जाता है।)
2. उन सभी चटाइयों को, जिन पर तुम रात में सोओ, सिमट दो और लौटा दो।
3. लोगों के साथ तुम्हारा व्यवहार नर्म और शिष्ट होना चाहिए और जहाँ तक बन पड़े उनकी मदद करने से मत चूको।
4. उधार ली हुईं सभी चीजें वापस कर दो।
5. टूटी हुईं चीजें उनकी पहली जगह पर रख दो।
6. किसानों के साथ जो तुम लेन-देन करो उनमें पूरी ईमानदारी से काम लो।
7. खरीदी हुईं चीजों का पूरा-पूरा दाम दो।
8. सफाई से रहो और पाखाना लोगों के घर से काफी दूर पर बनाओ।

ये आठ नियम लाल सैनिकों को जबानी रटाए जाते थे। उनसे बार-बार पूछा जाता था और इनकी पाबंदी बड़ी सख्ती से की जाती थी।

लाल सेना का उद्देश्य क्या है? इसके लिए तीन बात बताई जाती थीं; पहली—दुश्मन के साथ आखिर-आखिर तक लड़ना; दूसरी—जनता को हथियारबंद करना और तीसरी—अपनी जद्दोजहद के लिए रुपए इकट्ठा करना।

चिंगकान्शन में ही लाल सेना की युद्ध प्रणाली का भी निश्चय कर लिया गया था। इस संबंध के चार नारे यों थे—

1. जब दुश्मन बढ़ता हो, हम पीछे हटें।
2. जब दुश्मन ठहर गया हो और अड्डे डाल रहा हो, हम उसे तंग करें।
3. जब दुश्मन युद्ध से बचना चाहे, हम उस पर चढ़ाई करें।
4. जब दुश्मन हट रहा हो, हम उसका पीछा करें।

जिस समय ये नारे बनाए गए, बड़े-बड़े अनुभवी फौजी अफसरों ने इसका विरोध किया था। लेकिन अनुभव ने उसकी उपयोगिता सिद्ध कर दी। जब कभी लाल सेना इससे हटी, उसे तकलीफ उठानी पड़ी। जहाँ दुश्मन की सेना दस गुनी से बीस गुनी तक अधिक हो, उसके साजो-सामान, अस्त्र-शस्त्र, सैकड़ों गुने अधिक हों, वहाँ सिवा इस पद्धति के दूसरी नीति कारगर हो नहीं सकती थी।

लाल सेना की जो सबसे महत्त्वपूर्ण युद्ध-नीति थी, वह यह थी—चढ़ाई करते समय पूरी सेना इकट्ठी कर लो और पूरा धक्का लगाकर फिर तुरत-से-तुरत कई हिस्सों में बँट जाओ और निकल भागो। इस नीति का यह मानी था कि जमकर तो कहीं भी लड़ाई न की जाए। जब दुश्मन रास्ते में हो, तभी उससे दो-दो हाथ किया जाए।

लाल सेना का कार्यक्रम और युद्ध-नीति सोवियत सीमाओं में द्रुतवेग से बढ़ रही थी और उसे विजय-पर-विजय प्राप्त हो रही थी। इस नीति को केवल दो बार एक बड़े चीनी जनरल की राय से छोड़ा गया था, चांगशा और नांगचन पर चढ़ाई करते समय और दोनों ही समय लाल सेना को इसकी पूरी कीमत चुकानी पड़ी थी।

लाल सेना के साथ ही माओ और चू तेह का नाम भी फैल रहा था और इनकी प्रसिद्धि से घबड़ाकर च्यांग काई शेक की सरकार इन्हें नेस्तनाबूद करने को तुल पड़ी थी। उसका सबसे बड़ा क्रोध का लक्ष्य था—माओ ही। माओ के घर पर चढ़ाई की गई, उसे जब्त किया गया, उसकी स्त्री, उसकी बहन, उसके दो भाई और उनकी स्त्रियों को गिरफ्तार किया गया और उनमें से माओ की स्त्री और उसकी बहन को फाँसी की टिकटी पर झुला दिया गया।

किंतु क्या इससे माओ की महान आत्मा विचलित हो सकती थी? लाल सेना की प्रगति में कोई व्याघात पड़ सकता था?

धावे-पर-धावे

च्यांग काई शेक जो पहले घरेलू झंझटों में व्यस्त था और शायद इसे एक खेलवाड़ भी समझता था, अब इस ओर स्वयं मुखातिब हुआ। उसकी दूरदर्शी आँखें सोवियत आंदोलन और लाल सेना की क्रांतिकारी संभावनाओं को देखने से चूक न सकीं। उसने धावे-पर-धावे डालना शुरू किया।

पहला धावा 1930 में हुआ। एक लाख सैनिकों की एक फौज एक सुप्रसिद्ध सेनापति की अध्यक्षता में कियांग्सी की ओर रवाना हुई और उसे चारों ओर से घेर लिया। उसके मुकाबले की जो सेना माओ और चू तेह ने एकत्र की, उसकी संख्या चालीस हजार से ज्यादा नहीं पहुँच सकी थी। किंतु इस सेना ने ही, अपने से ढाई गुनी ज्यादा सेना को, बिलकुल ध्वस्त और पस्त कर दिया। 1931 की जनवरी तक इसका नामोनिशान भी कियांग्सी में नहीं रह गया।

चार महीने के बाद ही युद्धमंत्री ही मिंग चिंग की अध्यक्षता में दो लाख की सेना दूसरी बार रवाना हुई और सात रास्तों से एक बार ही सोवियत भूमि पर धावा बोल दिया गया। एक बार तो लाल सेना की स्थिति बिलकुल

संकटापन्न मालूम होने लगी। सोवियत का क्षेत्रफल छोटा था, लाल सेना थक गई थी, सामान की कमी थी। किंतु आत्मसमर्पण का नाम भी माओ के साथी नहीं जानते थे। अपनी उसी युद्ध-पद्धति पर जान लड़ाकर उन्होंने लड़ना शुरू किया। पहले तो नानकिंग की सेना को सोवियत क्षेत्र में बहुत दूर तक बढ़ आने दिया। फिर बस पहले से दूसरी राह से आनेवाली सेना पर धावा कर उसे चकनाचूर किया और उसके बाद तीसरी, छठी और सातवीं राह की सेनाओं को तहस-नहस कर दिया। चौथी राह की सेना तो आप ही भाग गई, पाँचवीं राह की सेना का बड़ा हिस्सा भी तितर-बितर हो गया। दो सप्ताह के अंदर लाल सेना ने छः बड़े-बड़े मैदान जीते और आठ दिनों तक लगातार दौड़ती-सी रही। छठी राह की सेना के विध्वंस होने के बाद पहली राह की मुख्य सेना चुपचाप खिसक गई।

इस महान पराजय को नानकिंग की सरकार क्यों चुपचाप पी सकती? अब तीसरा धावा—और इस बार खुद च्यांग काई शेक तीन लाख सेना लेकर 'बिलकुल तहस-नहस करने' के इरादे और अहद के साथ आया। अपने साथ वह तीन ऐसे सेनापतियों को भी लाया था, जो चीन के 'सर्वोत्तम' सेनानायक समझे जाते थे। च्यांग ने तूफान की तरह इस सोवियत भूमि को घेर लेना चाहा और अस्सी मील प्रतिदिन चलकर उसके 'हृदयस्थल' तक पहुँच गया। लाल सेना की सफलता के लिए यही तो सबसे जरूरी शर्त थी। केवल तीस हजार की मुख्य सेना लेकर पाँच दिनों के अंदर पाँच भिन्न-भिन्न जगहों पर छापे मारे गए और पहले छापे में ही लाल सेना ने बहुत-से सैनिकों को गिरफ्तार किया, बहुत-सी युद्ध सामग्रियाँ, बंदूकें और तोपें प्राप्त कीं। सितंबर आते-आते यह प्रकट हो गया कि च्यांग काई शेक की यह चढ़ाई भी पूरी विफल हुई। बेचारा च्यांग अपना-सा मुँह लिये अपनी राजधानी नानकिंग लौटा।

इस विजय से लाल सेना की शक्ति और प्रतिष्ठा बहुत बढ़ गई। नानकिंग की एक बड़ी सेना ने विद्रोह किया और वह लाल सेना में शामिल हो गई। उस सेना में बीस हजार सैनिक थे। लाल सेना ने अब खुद भी आगे बढ़कर आक्रमण करना शुरू किया। 1932 में उसने फुकियन के चांग चाऊ शहर पर कब्जा किया। और भी कई शहरों पर छापे मारे गए। कांगचाऊ पर भी चढ़ाई की गई, किंतु उस पर कब्जा नहीं किया जा सका।

1933 में नानकिंग की सरकार का चौथा धावा शुरू हुआ। यह धावा लाल सेना और सोवियत सरकार को नुकसान कहाँ तक पहुँचाएगा, उनके लिए बहुत ही फायदे का साबित हुआ। पहले ही मुकाबले में लाल सेना ने दो डिवीजन सेना को हथियार समर्पित करने को बाध्य किया और दो कमांडरों को गिरफ्तार किया। फकत एक लड़ाई में तेरह हजार सैनिक गिरफ्तार किए गए और च्यांग काई शेक की सब से अच्छी सेना ग्यारहवीं डिवीजन का तो नामोनिशान भी नहीं छोड़ा गया। च्यांग काई शेक ने उसी समय अपने कमांडर को लिखा था कि उसने अपनी जिंदगी में यह सबसे बड़ा अपमान सहा है। यही नहीं, उसने उस कमांडर को डिसमिस भी कर दिया।

अब च्यांग काई शेक ने अपने पाँचवें और आखिरी धावे की तैयारी शुरू की।

च्यांग ने नौ लाख की एक अनुशासित सेना तैयार की और उसे आधुनिकतम ढंग के सामानों से सुसज्जित किया। आजकल जिसे 'मैकेनाइज्ड आर्मी' कहते हैं, यह सेना उसका नमूना थी। इस सेना के साथ चार सौ हवाई जहाज भी थे।

फिर लड़ाई का ढंग था बिलकुल नया। कहीं चढ़ाई नहीं करके, चारों ओर से इस सोवियत भूमि को घेरकर धीरे-धीरे बढ़ाना शुरू किया गया। सबसे पहले ऐसा घेरा डाला कि बाहर से कोई भी सामान वहाँ नहीं पहुँच सके। फिर चारों ओर सड़कें और किले बनाना शुरू किया। ये सड़कें और किले लगातार बनाते रहे—धीरे-धीरे वे आगे बढ़ते और जहाँ तक बढ़ते, वहाँ फिर नई सड़कें और किले बना लेते, जिसमें पीछे हटा नहीं जाए। एक तरह से इन्होंने लाल सेना को पिंजड़े में बंद कर दिया। कहा जाता है, च्यांग की यह तैयारी जर्मन सलाहकारों की सलाह पर हुई थी—जिनका अगुआ जनरल वोन सिक्केट था। यह आदमी नाजी सेना का चीफ ऑफ स्टाफ रह चुका था।

च्यांग के इस धावे के मुकाबले के लिए जो लाल सेना एकत्र की जा सकी, उसकी संख्या एक लाख अस्सी हजार से ज्यादा नहीं थी। स्वयंसेवकों की तायदाद दो लाख की थी। किंतु हथियारों की कमी की वजह

से एक बार में एक लाख आदमी से ज्यादा को मोरचे पर नहीं लाया जा सकता था। फिर इनके पास बड़ी-बड़ी तोपें नहीं थीं और बम-कारतूस और दूसरे सामान भी बहुत कम थे। च्यांग की सेना से इन्होंने कुछ हवाई जहाज छीन रखे थे और इनमें तीन-चार उनके चलाने की कला भी जानते थे, किंतु पेट्रोल और बम के अभाव में उनका कोई उपयोग नहीं था।

तो भी लाल सेना दृढ़ता से मुकाबला करती रही। एक वर्ष तक अलग-अलग मोरचों पर उसके दस्ते और नायक अपना युद्ध-कौशल दिखलाते रहे। किंतु देखा कि इस बार इनसे पार पाना संभव नहीं है। अतः, अक्तूबर 1934 में यह निश्चय किया गया कि लाल सेना का मुख्य भाग और सोवियत के प्रधान अधिकारी इस प्रांत को ही छोड़ दें और उत्तर-पश्चिम चीन में स्थित शेंसी की सोवियत भूमि में जाकर उसे ही केंद्र बना अपना आंदोलन जारी रखें। च्यांग काई शेक की इस सेना के दबाव के अलावा, वहाँ जाने का एक और मुख्य कारण था। उस ओर जापान चीन पर बढ़ता जा रहा था, अतः सोचा गया कि गृहयुद्ध में सारी शक्ति बरबाद न कर, बाहरी दुश्मन का मुकाबला वहाँ से किया जाए। वहाँ से रूस भी निकट पड़ता था।

कियांग्सी से लाल सेना और सोवियत सरकार के पदाधिकारियों के महाअभियान कर जाने के बाद भी वहाँ लड़ाई जारी रही। च्यांग काई शेक ने स्वीकार किया है कि इस लड़ाई में उसके साठ हजार सैनिक मरे और उसके इस धावे और घेरे के चलते दस लाख लोगों की जानें गईं।

किंतु यह तो निश्चित है कि जिस उद्देश्य से च्यांग काई शेक ने इतना शक्ति-प्रदर्शन किया, अरबों रुपया स्वाहा किया, इतनी जानें लीं, उसमें वह सफल नहीं हुआ। लाल सेना और सोवियत सरकार को वह चीन के नक्शे से हटा नहीं सका। केवल उसका स्थान परिवर्तन हुआ। फिर खुद कियांग्सी में भी वह लाल सेना और सोवियत के अवशिष्ट को ख़त्म नहीं कर सका। शहरों पर उसका कब्जा हुआ, किंतु बहादुर किसानों ने उसकी जड़ देहातों में नहीं जमने दी। 1937 में भी कियांग्सी, फुकियन और क्वीचाऊ में लाल सेना के चिह्न पाए जाते थे, जिसके दमन के लिए च्यांग काई शेक ने फिर एक धावा करने का विचार किया था।

महाअभियान

कियांग्सी से शेंसी तक का जो महाअभियान हुआ, वह संसार के इतिहास में, बहुत अंशों में, सर्वथा अभूतपूर्व और सबसे आश्चर्यजनक है। इधर के तीन सौ वर्षों का तो वह सबसे बड़ा सैनिक कर्तृत्व है, इसमें शक नहीं। केवल इस कर्तृत्व के कारण ही चीन की लाल सेना और उसकी सोवियत संसार के इतिहास में गौरव का स्थान प्राप्त करने का दावा कर सकती है।

इस महाअभियान में नब्बे हजार लाल सेना शामिल थी। सेना के अलावा हजारों किसानों ने इसमें साथ दिया था—उनमें बूढ़े थे, बच्चे भी; पुरुष थे, स्त्रियाँ भी; साम्यवादी थे, गैर-साम्यवादी भी। शस्त्रागारों को खाली कर दिया गया, कारखानों को उघाड़ दिया गया और जितनी मशीनरियाँ थीं उन्हें गधों और खच्चरों पर लाद लिया गया। ये बोझ भी पीछे हलके करने पड़े। लाल सैनिकों का कहना है कि बोझ के मारे उन्हें न केवल मशीनरियों को, वरन् हजारों राइफलों और मशीनगनों, यहाँ तक कि चाँदी के कीमती टुकड़ों को भी रास्ते में गाड़ देना पड़ा।

एक तो इतने लोग और इतना सामान—उस पर यात्रा की दूरी छः हजार मील की। और, क्या यह दूरी भी समतल थी और वे तीर्थयात्री की तरह गाते-बजाते चलते थे?

इन्हें इस यात्रा में अठारह पहाड़ों को लाँघना पड़ा, जिनमें पाँच तो बर्फ से आच्छादित थे। चौबीस नदियों को पार करना पड़ा, जिनमें चीन की सबसे बड़ी और भयानक नदियाँ भी थीं। बारह प्रांतों की सीमाओं से इन्हें जाना पड़ा और ऐसे जंगली हिस्सों को तय करना पड़ा, जिनसे होकर बीसियों वर्षों से कोई सेना नहीं गई थी।

फिर इन्हें सीधे बढ़ना नहीं था। इनके पीछे च्यांग काई शेक की सेना पड़ी हुई थी। उसके हवाई जहाज इनके रास्ते का सुराग लेते और गोले बरसाते; उसकी सेना रह-रहकर छापा मारती। इन बारह प्रांतों के युद्ध के देवता भी बैठे हुए नहीं थे और न जंगली ही इन्हें सीधी राह देनेवाले थे। हिसाब लगाकर देखा गया तो तीन सौ अड़सठ दिनों की इस यात्रा में प्रतिदिन एक-न-एक छोटी-मोटी लड़ाई जरूर हुई और पंद्रह दिनों तक तो दिन-दिन-भर जमकर घमासान हुए।

इन झंझटों के बावजूद, ये बढ़े किस वेग से और आराम कितना कम किया! तीन सौ अड़सठ दिनों में दो सौ पैंतीस दिन, दिन की यात्रा में और अठारह दिन, रात की यात्रा में बीते। एक सौ दिन अड्डे डाले गए—जो ज्यादातर छोटी-मोटी लड़ाइयों में ही बीते। जेचुआन के एक हजार मीलों को तय करने ही में उनके विश्राम के सौ दिनों में से छप्पन दिन बीत गए; शेष पाँच हजार मीलों में तो फकत चौवालीस दिन वे अड्डे डाल सके—यानी एक सौ चौवालीस मील की दूरी तय करने पर कहीं वे जरा बिलम पाते थे। प्रतिदिन चौबीस मील की दूरी उन्हें तय करनी पड़ी थी—जो इस यात्रा की कठिनाई को देखते निस्संदेह ही बहुत बड़ी दूरी और मानव गति की चरम सीमा है।

हनीबाल का आल्प्स तय करना या नेपोलियन का मास्को अभियान इसके नजदीक बच्चों का खेलवाड़ मालूम पड़ता है। कल्पना कीजिए कि पटना से यह अभियान शुरू हुआ और सीधे पेशावर, फिर वहाँ से पूना, पूना से मद्रास, पुरी होते हुए कलकत्ता और फिर पटना—यह दूरी तय करने के बाद भी हमने पाया कि अभी उस अभियान का एक-चौथाई हिस्सा यों ही पड़ा है!

कियांग्सी से यह अभियान इतना चुपचाप शुरू हुआ कि कई दिनों के बाद, जब कि यह काफी आगे बढ़ चुका था, दुश्मनों को इसकी गति का पता चला। मोरचे पर से लाल सेना के सैनिकों को बड़ी होशियारी से हटाया गया। प्रायः यह रात में ही किया गया। धीरे-धीरे सभी लोग दक्षिणी कियाग्सी के यूतू नामक स्थान में एकत्र हुए और वहीं से 16 अक्तूबर, 1934 को महाअभियान का कूच प्रारंभ हुआ।

समूची सेना को दो हिस्सों में बाँट दिया गया और तीन रातों तक एक सेना पश्चिम और दूसरी दक्षिण की ओर बढ़ती रही। चौथी रात को इन दोनों सेनाओं ने एक बार ही हूनान और क्वांगतुंग की किलेबंदी पर चढ़ाई कर दी। यह चढ़ाई इस तरह अकस्मात हुई थी कि दुश्मनों के पैर उखड़ गए और इन्हें दक्षिण और पश्चिम के रास्ते मिल गए।

किंतु यह तो अभी पहली किलाबंदी थी। इस तरह चार किलाबंदी की लाइनें थीं; जिनको सफलतापूर्वक पार कर लेने पर ही अभियान आगे बढ़ सकता था। कियांग्सी की पहली लाइन 21 अक्तूबर को टूटी और हूनान की दूसरी लाइन 3 नवंबर को। तीसरी लाइन भी हूनान में थी और भयंकर लड़ाई के बाद एक सप्ताह के बाद टूटी। 29 नवंबर को च्यांग काई शेक की सेना चौथी लाइन को भी छोड़ने को बाध्य हुई और तब लाल सेना सीधे उत्तर हूनान की ओर बढ़ी, वहाँ से जेचुआन होकर सोवियत जिलों में घुसने और चौथी मोरचा सेना से मिलने का उसका कार्यक्रम था। 16 अक्तूबर से 29 नवंबर के अंदर नौ बड़ी-बड़ी लड़ाइयाँ हुईं; जिनमें लाल सेना को नानकिंग के एक सौ दस रेजिमेंटों की अपार फौज से मुकाबला करना पड़ा।

कियांग्सी, क्वांगतुंग, क्वांग्सी और हूनान को तय करते समय इस अभियान को बहुत ही हानियाँ उठानी पड़ीं। क्वीचाऊ तक पहुँचते-पहुँचते इनकी संख्या एक-तिहाई हो गई। उसका प्रमुख कारण हुआ उनके साथ के भारी सामान। इसके ढोने में ही पाँच हजार आदमी लगे रहते। मार्गदर्शक सेना को अपनी गति धीमी करनी पड़ती और दुश्मनों को रुकावटें डालने के मौके मिलते। इसके अलावा कियांग्सी से इन्होंने सीधे उत्तर मुँह बढ़ना शुरू किया था, जिस कारण नानकिंग की सेना को इनकी राह का अंदाजा लगाने में सहूलियत होती थी।

क्वीचाऊ पहुँचकर इन्हें दूसरी पद्धति कबूल करनी पड़ी। सीधी, तीर की तरह राह न लेकर इन्होंने टेढ़ी-मेढ़ी, धोखे में डालनेवाली राह पर बढ़ना शुरू किया। नानकिंग के हवाई जहाजों को अब यह पता पाना मुश्किल होता था कि ये किस तरफ बढ़ रहे हैं। बीच में मुख्य सेना गुपचुप चलती और दो या चार छोटी-छोटी

सेनाएँ उसकी अगल-बगल, दूर-दूर इस तरह से हो-हल्ला मचाती बढ़तीं कि दुश्मन अजीब गोरखधंधे में पड़ जाते। सामानों में से बहुत हटा दिए गए, जो बचे उन्हें रात में ही ढोया जाता, जिससे दुश्मन के हवाई जहाजों को खासकर इन्हीं पर लक्ष्य करके गोले गिराने का अब मौका नहीं मिल पाता।

जेचुआन में ये यांग्जे नदी को पार करेंगे, ऐसी उम्मीद कर च्यांग काई शेक ने हुप्पे, आन्ह्वी और कियांग्सी से हजारों नई सेनाएँ मँगाई और उन्हें जहाज पर पश्चिम की ओर भेजकर आगे से ही इनका रास्ता रोक लेना चाहा। नदी के जितने घाट या पार करने के संभव रास्ते थे, सब पर किलाबंदी की गई। जितनी नावें थीं, सब नदी के उत्तरी तट पर जमा की गईं। सभी सड़कों पर घेरे डाल दिए गए और एक बड़े रकबे से अन्न हटा लिया गया। जेचुआन के सरदार की मदद के लिए बड़ी सेनाएँ भेजी गईं और येनान की सीमा पर सैनिक तैनात किए गए। संक्षेप में, कहने का मतलब यह कि जिस समय लाल सेना क्वीचाऊ पहुँची, उसके 'स्वागत' के लिए दो सेनाएँ खड़ी थीं और रास्ते में 'फूल' बिछे हुए थे!

किंतु लाल सेना इस 'स्वागत' समारोह से घबराई नहीं। उसने अपने कौशल दिखलाने शुरू किए। चार महीने तक वह कभी इधर बढ़ती, कभी उधर हटती, कभी यहाँ लोप होती, कभी वहाँ उगती रही। इसके अंदर उसने दुश्मन की पाँच डिवीजन सेना का सत्यानाश किया। वहाँ के फौजी सरदार की आधुनिक ढंग की बनी राजधानी पर भी कब्जा कर लिया। यही नहीं, उसने बीस हजार नए सैनिक अपनी सेना में भरती किए। जहाँ-जहाँ शहर और गाँव में ये जाते, सभाएँ करते, अपने उद्देश्य और कार्यक्रम समझाते, साम्यवादी पार्टी स्थापित करते और नौजवानों को लाल सेना में भरती होने को उत्साहित करते।

अब यांग्जे नदी का पार करना रह गया। च्यांग काई शेक को दूसरे पर भरोसा नहीं हुआ। वह खुद आया और क्वीचाऊ-जेचुआन सड़क को इस तरह घेर लिया कि एक सुई का सरकना भी मुश्किल हो। यही एक राह थी, जिससे नदी तक पहुँचा जा सकता था। उसने उम्मीद की थी कि रास्ता रोककर इन्हें वह दक्षिण-पश्चिम की ओर बढ़ने को बाध्य करेगा, जहाँ तिब्बत की निर्जन भूमि में ये मर-खप जाएँगे। उसने अपने सभी सरदारों और सेनापतियों को भी संदेशा दिया—"राष्ट्र और पार्टी का भविष्य इसी पर निर्भर है कि लाल सेना को यांग्जे के दक्षिण ही बोतल-बंद कर दिया जाए!"

मई 1935 में अचानक लाल सेना दक्षिण रुख मुड़ी और येनान पहुँची, जिसमें बर्मा और इन्डोचीन की सीमाएँ मिलती हैं। अति द्रुतगति से चार दिनों के अंदर ही वह उसकी राजधानी यून्नन फू से दस मील की दूरी पर पहुँच गई। उसकी यह रफ्तार देख, च्यांग काई शेक भी उनका पीछा करता हुए दौड़ा। उसके साथ उसकी पत्नी श्रीमती च्यांग काई शेक भी थीं। जल्द-जल्द फ्रेंच रेलवे लाइन को दुरुस्त कराया गया। हवाई जहाज भी अपने 'आग के अंडे' दिन-रात गिराने लगे। किंतु थोड़े ही दिनों में पता चला, यह तो लाल सेना की एक चाल मात्र है, मुख्य सेना तो नदी की ओर बढ़ गई और वह लेंग्काई के निकट उसे पार करना चाहती है।

च्यांग खूब खुश हुआ। उसने सोचा, अच्छा, धोखा देने से क्या हुआ—ये जाएँगे कहाँ? चारों ओर तो हमने किलाबंदी कर रखी है। वहीं हम उनका श्राद्ध करेंगे।

लाल सेना बढ़ती गई—मानो, उसे अपने भविष्य की कोई परवाह ही नहीं। तीन दलों में विभक्त हो वह बढ़ रही थी। नावें तो सभी जला दी गई थीं, इसलिए जब पथ-प्रदर्शक सेना नदी के किनारे पहुँची, उसने बाँस का पुल बनाना शुरू किया—ऐसी खबर च्यांग के हवाई जहाज के चालकों ने उसे दी। च्यांग को अपनी सफलता पर और विश्वास हो गया। उसने सोचा, पुल बनाने में हफ्तों लगेंगे। किंतु एक शाम को लाल सेना की एक बटालियन गुपचुप वहाँ से रवाना हुई और एक रात और दिन में ही पचासी मील की दूरी पार कर, बेर ढलते समय, चाऊ पिंग नामक स्थान में जा पहुँची। यह स्थान ही अब एक मात्र स्थान बच रहा था, जहाँ से नदी को पार किया जा सकता था। किंतु यहाँ भी च्यांग काई शेक की एक सेना डेरा डाले थी। हाँ, वह निश्चिंत पड़ी थी, सपने में भी नहीं सोचा था कि यहाँ लाल सेना आ सकती है।

लाल सेना की इस बटालियन के सैनिक अपने साथ नानकिंग सरकार की सेना की वरदियाँ भी लाए

थे—जिन्हें उन्होंने युद्धभूमि में छीना था और ऐसे ही मौकों के लिए उन्हें सँजोकर रखा था। उन्हीं वरदियों को पहनकर, जब शाम हुई, वे किनारे के गाँव में घुसे। लोगों ने समझा, ये च्यांग के सैनिक हैं। किंतु छावनी में पहुँचकर उन्होंने च्यांग के सैनिकों को चुपचाप आत्मसमर्पण करने को बाध्य किया।

लेकिन नावें तो उस पार थीं। गरचे, च्यांग काई शेक ने नावों को जला डालने का हुक्म दे रखा था, किंतु वे जलाई नहीं गई थीं। सोचा गया था, यहाँ दुश्मन आएँगे ही कहाँ, जो चीज खराब की जाए। हाँ, उस पार वे भेज दी गई थीं। उन नावों को इस पार कैसे लाया जाए? लाल सैनिकों ने उस स्थान पर अफसर को पकड़ा और नदी किनारे ले गए और उसे बाध्य किया पुकारने को, नाव ले आओ, सरकारी सेना के लिए जरूरत है। एक नाव आई। उस पर ये 'सरकारी' सैनिक सवार हुए। उस पार भी च्यांग की एक छावनी थी। सबसे पहले ये उस छावनी में पहुँचे। सैनिक ताश खेल रहे और ठहाके लगा रहे थे। इन्होंने संगीन तानकर जब उन्हें 'हाथ उठाओ' का हुक्म दिया, वे भौंचक रह गए। किंतु करते क्या? उन्होंने भी चुपचाप आत्मसमर्पण कर दिया।

इधर लाल सेना का मुख्य भाग, एक बहुत ही चक्करदार रास्ते को तय कर, दूसरे दिन यहाँ आ पहुँचा। अब पार करना तो मामूली बात थी। छः बड़ी-बड़ी नावें दिन-रात काम करती रहीं। नौ दिनों में सभी सेना उस पार, जेचुआन की भूमि में पहुँच गई। सब के पार उतर जाने पर नावों को बरबाद कर दिया गया और फिर सब गाढ़ी नींद में सो गए। दो दिनों के बाद जब च्यांग की सेना पीछा करते पहुँची, तो लाल सैनिक इस पार से ही हँस-हँसकर ताने देने लगे—दोस्तो, बढ़े चलो; तैरने में हमें बड़ा मजा आया, तुम भी मजे लो!

तातू के वीर

जब च्यांग काई शेक ने सुना, लाल सेना यांग्जे पार कर गई, वह आपे में नहीं रहा। झट हवाई जहाज पर चढ़कर जेचुआन पहुँचा और तातू नदी पर उन्हें खत्म करूँगा—ऐसी प्रतिज्ञा कर वह उसकी तैयारी में लगा।

तातू नदी का मोरचा लाल सेना के इस महान अभियान की सबसे बड़ी घटना है, इसमें कोई शक नहीं। यदि इस मौके पर लाल सेना चूकती तो उसका सत्यानाश धरा हुआ था। तातू के किनारे ऐसे सत्यानाश पहले भी हो चुके थे। तीन राज्यों और कितने ही सैनिकों की कब्रगाह यह नदी बन चुकी थी। उन्नीसवीं सदी में विद्रोही नेता शीह ता काई की एक लाख फौज को यहीं पर मांचू सरकार की सेना ने तहस-नहस किया था। च्यांग काई शेक ने अपने सेनापतियों और सरदारों को तार दिया था—'शीह' के इतिहास को एक बार फिर तातू के किनारे दुहराना चाहिए।

किंतु लाल सेना को मालूम था कि शीह ता काई के हारने के क्या कारण थे? सबसे प्रधान कारण था उसका विलंब। तातू के किनारे पहुँचकर शीह अपने पुत्र का जन्मोत्सव तीन दिनों तक मनाता रहा था। इससे उसके दुश्मनों को उसे चारों तरफ से घेर लेने का मौका मिला। शीह ने जब इस पिंजड़े से निकलना चाहा, काफी देर हो चुकी थी—भूतल से सदा के लिए उसका नाम-निशान मिटा दिया गया। लाल सेना उस गलती को दुहराना नहीं चाहती थी। यांग्जे नदी को पार कर वह लोलो भूमि के जंगली प्रदेश से होकर तेजी से बढ़ी। लोलो जाति एक स्वतंत्र जाति है। चीनी सेनानायक उसे कभी नहीं पराजित कर सके। तिब्बत से उसकी सीमा मिली हुई है। एक तो जंगली देश है, फिर यह जंगली जाति विघ्न-बाधा देने में क्यों चूकेगी; अतः लाल सेना को वहाँ से निकलने में काफी देर लगेगी—च्यांग ने ऐसा मान लिया। लेकिन उसे क्या मालूम था कि ये लाल लड़ने ही में बाँकुड़े नहीं हैं, किसी को अपने में मिला लेने में भी लामिशाल होंगे।

लोलो भूमि की सीमा पर लाल सेना ने कई चीनी सेनापतियों को हराया था। उनको हराने के बाद उसने ऐसे कई लोलो सरदारों को मुक्त किया था, जिन्हें चीनी सेनापतियों ने कैद कर रखा था। लोलो भूमि में प्रवेश

करने में इन सरदारों ने लाल सेना की खूब मदद की। लाल सेना की जो पथ-प्रदर्शक सेना थी, उसका सेनापति इस लोलो भूमि के अधिवासियों, उनके आपसी झगड़ों, उनकी मित्र-पालकता आदि गुणों को जानता था और लोलो की भाषा भी बोल सकता था। इसके कारण और सहूलियत हुई। जहाँ च्यांग काई शेक ने उम्मीद की थी कि लाल सेना को ये लोलो तंगोतरीज कर छोड़ेंगे—वहाँ उन्होंने उसकी मदद ही नहीं की, वरन् बहुत-से लोलो नौजवान लाल सेना में भरती भी हो गए।

पहली लाल सेना का सेनापति लिन पियाओ निर्विघ्न, सबसे पहले, तातू के किनारे के आन जेन चांग नामक शहर में पहुँचा। यह सेना इस तरह फुरती से और जंगल-झाड़ियों में छिपती आई थी कि नानकिंग के जहाजों के चालक इसकी राह का पता नहीं पा सके थे। जिस तरह यांग्जे के किनारे चाव पिंग में लाल सेना अकस्मात आ गई थी, उसी तरह यहाँ भी आ पहुँची। लोलो लोगों के पथ-प्रदर्शन में एक दस्ता चुपके-चुपके पहाड़ी रास्तों को तय करता, उस छोटे शहर में घुस गया, उस पर कब्जा किया और एक ऊँची जगह से तातू नदी की ओर देखने लगा। उसके आनंद की सीमा न रही, जब उसने देखा—उस पार की तीन नावों में से एक इस ओर आ रही है! अहा—बस, एक नाव तो चाहिए!

यह नाव क्यों आ रही थी? बात यों है कि नदी के उस पार च्यांग काई शेक की सेना डेरा डाले हुई थी। उसका सेनापति एक नौजवान था, जिसका घर इस जगह के आसपास ही था। उस नौजवान की पत्नी का मायका नदी के इस पार था। पत्नी ने चाहा, जरा माँ-बाप से मिल आऊँ। पति ने देखा—अभी लाल सेना का तो नामो-निशान नहीं, उसके पहुँचने में अभी हफ्तों देर हो सकती है; फिर पत्नी की ख्वाहिश क्यों न पूरी की जाए? उसकी पत्नी का दल इस नाव पर इस ओर आ रहा था।

लिन पियाओ ने इस नाव पर कब्जा किया। फिर अपनी सेना की पाँच कंपनियों में से प्रत्येक से सोलह-सोलह आदमी ले अस्सी सैनिकों को नाव पर चढ़ाकर उस पार भेजा। इधर अपनी मशीनगनें उस पार के दुश्मनों को लक्ष्य कर पहाड़ पर बैठा लीं और उत्सुकता से प्रतीक्षा करने लगा। मई का महीना था। बाढ़ आई थी। तातू की धार की लंबाई और तेजी यांग्जे से भी अधिक थी। नाव को उस पार पहुँचने में दो घंटे लगे और वह उस पार के पहाड़ी शहर के ठीक नीचे लगी। इस किनारे, आन जे चांग शहर के बाशिंदे इस नाव को निर्निमेष देख रहे थे और सोच रहे थे कि ज्योंही ये सैनिक नाव से निकलेंगे, उन्हें च्यांग की सेना भून डालेगी। वे निकले। अरे, वे तो उनकी तोपों के नजदीक ही निकले और आगे बढ़े। उनका उधर बढ़ना, इधर इस पार से लाल सेना की मशीनगनों का गरजना! चारों ओर धुआँ-धुआँ और इस धुएँ के बीच वे बढ़ रहे हैं और पलक मारते दुश्मन की जगह के ऊपर की एक चोटी पर पहुँच जाते हैं और वहाँ अपनी दस्ती मशीनगन बिठाकर धुआँधार गोलियाँ बरसाने लगते हैं—और हाथों से बम-पर-बम भी फेंक रहे हैं।

अचानक सफेद सेना हथियार चलाना छोड़ देती और भागती है। पहली लाइन से दूसरी लाइन, दूसरी से तीसरी लाइन, और उस पार आनंदध्वनि उठ रही है। लाल झंडे फहराए जा रहे हैं और साम्यवादी नारे लगाए जा रहे हैं।

पहली नाव लौटती है—उसके साथ दो बाकी नावें भी आ रही हैं। तीनों पर फिर अस्सी-अस्सी सैनिक सवार होते हैं। इनके पहुँचते ही, सफेद सेना का नामो-निशान तक नहीं रहता। इन तीन नावों पर तीन दिन-रात सैनिक ढोए जाते हैं और लाल सेना की एक पूरी डिवीजन उस पार उतर जाती है।

किंतु नदी की धारा तेज-से-तेज होती गई और नावों का आना-जाना मुश्किल होता गया। तीसरे दिन एक बार के आने-जाने में कुल चार घंटे लग गए। इस रफ्तार से तो पूरी सेना, उसके सामान और पशुओं को पार करने में हफ्तों लग जाएँगे।

फिर च्यांग काई शेक के हवाई जहाजों ने पता पा लिया था और चारों ओर से घिर जाने की पूरी संभावना थी। क्या किया जाए? लिन पियाओ ने एक कॉन्फ्रेंस बुलाई। माओ त्से तुंग, चू तेह, चाव एन लाई और पेंग ते ह्वाई आदि इकट्ठे हुए। एक राय कायम हुई और उसे काम में लाना शुरू किया गया।

इस स्थान से करीब सवा सौ मील दूर एक जगह तातू नदी कुछ सँकरी थी और उस पर एक पुराना पुल था। तिब्बत के पूरब में यही एक स्थान है, जहाँ से इस नदी को पार करना संभव था। अतः दूसरे ही दिन से सेना का रुख उस ओर मोड़ दिया गया। रास्ता बड़ा ही भयंकर। पहाड़ और जंगल। कहीं हजारों फीट पहाड़ पर चढ़ना, कहीं कमर-भर कीचड़ को पार करते बढ़ना। यदि इस पुल पर समय पर कब्जा हुआ, तब तो खैरियत; नहीं तो सर्वनाश धरा हुआ है। या तो वहीं कट मरो या लोलो भूमि होकर येनान में वापसी और वहाँ से तिब्बत के सत्यानाशी मैदान में जाकर तिल-तिल कर सड़ो!

नदी के दक्षिणी तट की सेना जब पश्चिम की ओर, इस लक्ष्य की तरफ बढ़ी, तो नदी पार करके उत्तरी तट पर पहुँची हुई लाल सेना भी उस किनारे-किनारे पश्चिम की ओर बढ़ी। बीच में तातू नदी कोलाहल करती भागी जाती—दोनों किनारों पर लाल सेना की ये दोनों टुकड़ियाँ भागी चलतीं। कहीं-कहीं नदी की धारा सँकरी हो जाती, तो दोनों तटों के सैनिक चिल्ला-चिल्लाकर बातें भी कर लेते और कभी-कभी बीच में इतनी बड़ी खाई पड़ जाती कि उन्हें डर होता, शायद यह तातू नदी हमें कभी नहीं मिलने देगी! रात में जब दस हजार मशालें जलाकर, विशाल अजगर-सी, लंबी कतार बना, ये आगे बढ़ते और इन मशालों की छाया तातू नदी के दोनों किनारों पर झलमल कर उठती, तब की शोभा अवर्णनीय थी।

दिन और रात ये लोग बढ़ा किए। बीच में केवल दस मिनट आराम और खाने के लिए वक्त मिलता। आराम का वक्त भी व्यर्थ नहीं गया। माओ और उनके सजग साम्यवादी साथियों ने उनमें अपने भाषणों द्वारा जान फूँकी। उनके इस काम का क्या महत्त्व है, इस महत्त्व के लिए कितनी कोशिश करनी है, विजय उनके कितनी निकट है, साथ ही जरा-सी चूक होने पर वह कितनी दूर चली जाएगी—ये बातें उन्हें बताईं। साथियो, चाल धीमी न हो, पैर लंबा-लंबा पड़े, निराशा की गुंजाइश नहीं, थकान हमारे पास क्यों आवे? विजय—इसका अर्थ है जिंदगी। पराजय—यही है मौत!

दूसरे दिन दाहिने तट की सेना की गति रुक गई, क्योंकि जेचुआन की सफेद सेना उन पर टूट पड़ी और दो-दो हाथ होने लगे। किंतु दक्षिणी तट की सेना दृढ़तापूर्वक बढ़ती ही रही। इतने में उत्तरी तट पर फिर एक सेना दीख पड़ी और लाल सेना ने जब दूरबीन से देखा, तो मालूम हुआ, वह सफेद सेना है और पुल की ओर तेजी से बढ़ रही है। दिन-भर दोनों तटों पर चलनेवाली इन दोनों सेनाओं में सबसे पहले पुल तक पहुँचने की बाजी-सी लगी रही। किंतु आखिर लाल सेना की ही जीत रही। थकी-माँदी, देर-देर तक विश्राम करनेवाली और भाड़े की टट्टू सफेद सेना, लाल सेना का क्या खाकर मुकाबला करती?

सदियों पहले यह पुल बना था। बनावट पुराने ढंग की थी—जैसी कि चीन की गहरी नदियों के पुलों की अकसर हुआ करती है। दोनों तटों पर कंक्रीट और पत्थर के दो विशाल पाए थे और उनसे लगी हुई सोलह लोहे की मोटी-मोटी जंजीरें बीच की सौ गज की दूरी को छाए हुए थीं। इन जंजीरों पर मोटे-मोटे तख्ते रखे गए थे, जिन पर होकर नदी को पार किया जाता था। जब लाल सेना पुल के नजदीक पहुँची, उसने देखा कि इन जंजीरों के इस तरफ के आधे हिस्से के तख्ते हटा दिए गए हैं और उस तट के पाए के नजदीक एक मशीनगन लगा रखी गई है, जिसके पीछे सफेद सेना की एक पूरी डिवीजन डटी है। ये लोग तो इस पुल को ही खत्म कर दिए होते, लेकिन चीनी लोगों में अपनी पुरानी कृतियों पर बड़ा मोह होता है। फिर इस पुल के बनाने में तो 'अठारह प्रांतों का धन' लगा था। और तख्ता ही हटा देने के बाद अब किसकी ताकत है जो इसे पार करे?—फिर पुल क्यों बरबाद किया जाता!

एक मिनट भी बरबाद नहीं किया जा सकता था, क्योंकि सफेद सेनाएँ चारों ओर से यहाँ उमड़ी आती होंगी। ऐसे वीरों की पुकार हुई, जो जान हथेली पर लेकर खेल सकें। एक-एक कर वीर बढ़ने लगे। उनमें से तीस सैनिकों को चुन लिया गया। उनकी पीठ पर बम और पिस्तौल बाँध दिए गए और वे एक के बाद दूसरे हाथ से जंजीर पकड़ते आगे बढ़े। नीचे नदी गरज रही थी, ऊपर दुश्मन की मशीनगन आग उगल रही थी। लाल सेना की मशीनगनों ने भी जवाब दिया। चारों ओर आग और सीसे की वर्षा हो रही थी और ये तीस मस्ताने वीर बंदर की तरह जंजीरों से लटकते, झूलते आगे बढ़ रहे थे। दुश्मन की बंदूकें इनकी ओर

ताक-ताककर निशाने लगाने लगीं। पहले वीर को गोली लगी—वह नीचे की धारा में धड़ाम से गिर पड़ा। दूसरा गिरा, तीसरा गिरा। किंतु ज्यों-ज्यों वे तख्ते के निकट पहुँचते गए, दुश्मन की गोलियाँ या तो उनके ऊपर से निकल जाती रहीं या नीचे जाकर दूसरे किनारे की चट्टानों से जा ठुकरातीं।

ये आदमी हैं या देवता या शैतान?—जेचुआन के अंधविश्वासी सैनिक सोचने लगे। ये आदमी कैसे हो सकते हैं? यह नौजवानी की उम्र—और खुद अपने को मौत के मुँह में फेंक दिया है। मौत न हुई, दाल-भात का खाना हुआ। जेचुआनी सैनिकों का दिमाग घूमने लगा, उनकी हिम्मत टूटने लगी। गोलियाँ चलाते थे, लेकिन मालूम नहीं कहाँ? शायद अब वे इन वीरों को मारना भी नहीं चाहते थे! शायद उनमें से कोई-कोई इन बहादुरों की सफलता की भी कामना करते थे!

एक लाल सैनिक ने किसी तरह जंजीर को पार किया, तख्ते पर आया, पैर जमाकर खड़ा हो गया, पीठ पर से बम निकाला और निशाना ठीक कर उसे दुश्मन के अड्डे पर फेंका। दुश्मन अब तक होशोहवास खो चुके थे। उन्होंने बाकी तख्तों को भी उखाड़ फेंकना चाहा—लेकिन जल्दी यह संभव नहीं था। बाकी लाल सैनिक भी तख्ते पर बढ़े आ रहे थे। घबराकर सफेद सैनिकों ने तख्ते पर पाराफीन छिड़क दिया और आग लगा दी। तख्ते धू-धू कर जलने लगे। किंतु इसके बावजूद बीस लाल सैनिक घुटने और हाथ के सहारे लगातार बढ़ रहे थे और अपने बम लगातार दुश्मन की मशीनगन के घोंसले पर फेंक रहे थे।

उसी समय दक्षिणी तट के उनके साथी आनंद से चिल्ला उठे—इन्कलाब जिंदाबाद—लाल सेना की जय—तातू के वीरों की जय। सफेद सेना के पैर उखड़ गए थे और वह अजीब वहशत की हालत में इधर-उधर भागी जा रही थी। जिन पर लपटें नृत्य कर रही थीं, उन तख्तों पर, तेजी से दौड़ते, बचते, झुलसते वे वीर दुश्मन द्वारा छोड़ी गई मशीनगन के निकट आ पहुँचे और उसका मुँह किनारे की ओर कर उन पलायित कायरों पर गोलियाँ बरसाने लगे। मियाँ की जूती, मियाँ के सिर!

तब तक लाल सैनिकों का दूसरा दल भी जंजीरों को पकड़कर झूलते-बढ़ते तख्ते पर पहुँच चुका था। आग बुझाना और नए तख्ते देकर पुल दुरुस्त करना शुरू किया गया। इधर, लाल सेना का वह हिस्सा भी पुल के निकट जा पहुँचा, जो एन जेन चांग में ही तातू पार कर चुका था और जिसे सफेद सेना ने बीच में अटका लिया था। एक-दो घंटे के अंदर ही पुल तैयार था और उस पर विजयी लाल सेना पार कर रही थी। उसी समय च्यांग काई शेक के हवाई जहाज वहाँ पहुँचे! किंतु लाल सेना घबराई नहीं! वह तो उन्हें देखकर और भी आनंदध्वनि करने लगी। हवाई जहाजों ने कुछ 'आग के अंडे' बरसाए, किंतु ये पानी में गिर साँय-साँय करके खत्म हो गए!

कठिनाइयों के पहाड़

तातू को बेखटके पार कर लाल सेना पश्चिमी जेचुआन में घुसी। च्यांग काई शेक का घेरा वहाँ पूरा नहीं हुआ था। इसलिए वे बिना झंझट आगे बढ़ सकते थे। लेकिन इसका यह मतलब नहीं कि वे निश्चिंत हो चुके थे। उन्हें अब भी दो हजार मील तय करना था, जिसके लिए सात पहाड़ों की चोटियाँ लाँघना लाजिमी था। तिब्बत की सीमा की वह विकट घासवाली भूमि भी आगे पड़ी थी।

तातू के उत्तर में सोलह हजार फीट की चोटीवाले 'बड़े बर्फीले पहाड़' को पार किया गया। उसकी चोटी से उन्होंने अपने पश्चिम के तरफ की उस भूमि को देखा, जिसे तिब्बत कहते हैं। मालूम होता था, बर्फ का समुद्र लहरा रहा है। यद्यपि जून का महीना था, किंतु ताह स्वेह शान पार कर जब वे आगे बढ़े, कपड़े के अभाव और दक्षिण में रहने के कारण ऊँची सतह की जिंदगी के अनभ्यासी होने के सबब, बहुत-से लोग जाड़े से ठिठुरकर मर गए। पावतुंत कांग पहाड़ की नंगी चोटियों को पार करना तो और भी मुश्किल हुआ। कमर-भर बर्फीली कीचड़

पर बाँस रख-रखकर अपना रास्ता उन्हें बनाना पड़ा। माओ त्से तुंग ने कहा था कि इस चोटी पर एक सेना के दो-तिहाई पशु खत्म हो गए। सैकड़ों गिरे और फिर ऊपर नहीं आए।

इसके बाद भी उन्हें तीन पहाड़ों को पार करना पड़ा। इन तीन पहाड़ों ने भी उनसे मनुष्य और पशु के टैक्स वसूले। आखिर 20 जुलाई, 1935 को वे वैभवशाली मावेरकाई प्रांत में पहुँचे और यहीं उनसे चौथी मोरचा फौज आ मिली।

यहाँ उन्होंने कुछ दिनों तक खूब विश्राम किया और अपने इस महाअभियान का हिसाब-किताब दुरुस्त किया। आज से नौ महीने पहले किंयाग्सी से वे नब्बे हजार की लाल सेना लेकर चले थे, किंतु आज उनके हँसुए-हथोड़ेवाले लाल झंडे के नीचे मुश्किल से पैंतालीस हजार सैनिक एकत्र हो सकते थे। बाकी केवल मर या मारे ही नहीं गए थे, अपने रास्ते में जगह-जगह उन्होंने सैनिकों के छोटे-छोटे टुकड़े छोड़ भी दिए थे। उनका काम था च्यांग काई शेक की पीछा करनेवाली सेना को तंग करना, किसानों में सोवियत की भावना भरना, किसानों की स्वयंसेना तैयार करना। कियांग्सी से जेचुआन तक इस समय जगह-जगह विद्रोह हो रहे थे और नानकिंग की सरकार अजीब गोरखधंधे में पड़ गई थी। उत्तरी हूनान में होलंग के नायकत्व में इस समय भी एक सोवियत काम कर रही थी और तब तक काम करती रही जब तक कि उसे हुक्म नहीं दिया गया कि तिब्बत होकर वे लोग भी इस सेना में आ मिलें। तिब्बत होकर ! लेकिन, वैसा ही हुआ।

इस चार हजार मील के रास्ते में उन्हें अनुभव कम नहीं हुए थे। उन्होंने कितने नए मित्र पैदा किए, तो कट्टर दुश्मन भी कम नहीं बनाए। रास्ते-भर उन्होंने रसद के लिए एक ही तरीका अख्तियार किया—जमींदार, सरकारी अफसर, नौकरशाह और बड़े-बड़े रईसों की संपत्ति जब्त करते रहे। गरीबों की उन्होंने सदा रक्षा की। ये जब्तियाँ बड़े कायदे से होतीं। सोवियत के कानून के अनुसार अर्थ-विभाग के जब्ती डिपार्टमेंट को ही जब्ती के सामानों को रखने और वितरण करने का हक था। ज्योंही कहीं जब्तियाँ होतीं, रेडियो से इस विभाग को खबर कर दी जाती, जो जरूरत के अनुसार सेना के अलग-अलग हिस्सों में चीजों का बँटवारा कर देता। रेडियो की जरूरत इसलिए होती कि यह अभियान कभी-कभी तो पचास मील तक लंबा होता ! अपने खर्च से फाजिल जो चीजें होतीं, उन्हें गरीबों में बाँट दिया जाता। मीलों से गरीब आते और चीजें लेकर लाल सेना की जय-जय मनाते लौटते। कियांग्सी से चलते समय काफी नोट, चाँदी-सोने के सिक्के और चाँदी-सोने के टुकड़े भी रख लिये गए थे। गरीबों में उनका भी वितरण किया जाता। जमीन के रेहननामों को फाड़ फेंका जाता, टैक्सों को उठा दिया जाता और गरीब किसानों को हथियारबंद किया जाता।

सिवा पश्चिमी जेचुआन के लाल सेना का स्वागत जनता रास्ते-भर करती रही। इसकी आमद की शोहरत पहले से मच जाती, झुंड-के-झुंड किसान आते और अपने को 'आजाद' कर दिए जाने के लिए प्रार्थना करते। लाल सेना के राजनीतिक कार्यक्रम की बारीकी को तो ये नहीं ही समझते, केवल यही जानते कि यह हम गरीबों की सेना है।

मावेरकाई और मोकुंग में लाल सेना तीन सप्ताह तक विश्राम करती रही। इसके अंदर सेना की कौंसिल, पार्टी के प्रतिनिधि और सोवियत सरकार की बैठकें होती रहीं और आगे का कार्यक्रम तय किया जाता रहा। चौथी मोरचा फौज की स्थापना हूनान-हुप्पे-आन्ह्वी के सोवियत जिलों में हुई थी और जेचुआन में उसने 1933 में ही अपनी जड़ बैठा ली थी। जिस समय यह सेना किंयाग्सी की लाल सेना में आ मिली, उस समय इसकी संख्या पचास हजार थी। सो, इस समय पूरी लाल सेना लगभग एक लाख की हो गई थी। निश्चय हुआ कि पूरी सेना को दो हिस्सों में बाँट दिया जाए और चौथी मोरचा फौज जेचुआन में ही रहे और कियांग्सी की सेना अपना अभियान उत्तर की दिशा में जारी रखे। इस बँटवारे पर कुछ मतभेद हुआ, कुछ लोग यहीं बस जाना चाहते थे, कुछ पूरी सेना को आगे बढ़ाने के पक्ष में थे—किंतु आखिर माओ, चू तेह आदि की राय से उपर्युक्त बात ही तय पाई। जेचुआन की सेना का नायक चू तेह को बनाया गया और माओ त्से तुंग अपने दूसरे सेनानायकों आदि के साथ तीस हजार की सेना लेकर आगे बढ़ा।

आगे की यात्रा बड़ी ही सनसनीदार और खतरनाक रही। मांजू और तिब्बत के पूर्वी हिस्से से होकर आगे बढ़ते समय लाल सेना को अपनी यात्रा में पहली बार ऐसे लोगों से वास्ता पड़ा, जो सर्वथा ही उसके खिलाफ थे। पैसे होने पर भी कुछ खरीदना असंभव था, बंदूकें थीं, लेकिन दुश्मन इस तरह छिपे होते कि वे बेकार थीं। जंगल-जंगल होकर जाना। ये जंगली इनमें छिपे रहते और जहाँ मौका पाते, टूट पड़ते, लूट-पाट मचाते। जब लाल सेना पहाड़ी दर्रों को पार करती होती, ये ऊपर से चट्टानों के टुकड़े इन पर गिराते। मांजू की भी जो रानी थी, उसे चीनी लोगों से सख्त घृणा थी। लाल या सफेद, चीनी का भेदभाव वह नहीं समझ सकती थी। उसने हुक्म दे रखा था कि जो कोई 'चीनी' सेना की मदद करेगा, मैं उसे जिंदा खौलते कड़ाह में भून डालूँगी।

जब बड़ी घासवाली भूमि को वे पार करने लगे, दस दिनों तक तो उन्हें एक आदमी की सूरत नजर नहीं आई। दिन-रात वर्षा होती रही। दलदली भूमि। बीच मे पतली राह। जरा भी पैर खिसका तो कोई ठौर-ठिकाना नहीं। आग जलाने के लिए लकड़ी नहीं मिलती। तिब्बत से जो हरे गेहूँ ले आए थे, उसी को कच्चे चबाते। पेड़ भी नहीं कि उनके नीचे दम लें—सामान कम रखने के कारण तम्बू पास में थे नहीं। किंतु लाल सेना आखिर इस परीक्षा में भी पास कर गई। उसका पीछा करनेवाली सफेद सेना तो रास्ता भूलकर कहीं न तहस-नहस हो गई।

अब लाल सेना कांसू की सीमा पर पहुँची। किंतु अभी विघ्न-बाधा खत्म नहीं हुई थी। उसका सामना करने के लिए नानकिंग, तुंगपी और मुसलमानों की सेना वहाँ मोरचा डाले बैठी थी। मुसलमानों की घुड़सवार सेना तो इतनी अदम्य थी कि लोगों ने समझ रखा था कि इस बार लाल सेना गई। किंतु क्या यह हो सकता था? लाल सेना हार सकती थी? कई लड़ाइयाँ हुईं। उनमें से एक में भी हारने से सब किया-कराया चौपट हो जाता। लेकिन नहीं—लाल सेना जीती और शान से जीती। मुसलमानों की सेना से उसने बहुत-से घोड़े छीने और उनसे अपनी घुड़सवार सेना तैयार की। और, आखिर में थकी, माँदी, मानवी धैर्य और सहनशीलता की चरमसीमा दिखाती 20 अक्तूबर, 1935 को लाल सेना ने, चीन की बड़ी दीवार के ठीक नीचे, शेंसी के प्रांत में प्रवेश किया। उसके महाअभियान का अंत हुआ—उस समय उसकी संख्या केवल बीस हजार थी।

एक अभियान के रूप में तो यह महान और इतिहास की विरल घटना है ही, यदि प्रचार के खयाल से भी देखा जाए तब भी इतिहास ने इतना बड़ा प्रचार-भ्रमण (Propaganda tour) कभी देखा नहीं। लाल सेना को बीस करोड़ की जनसंख्यावाले प्रांतों से गुजरना पड़ा। लड़ाइयों और मुठभेड़ों के बीच, जिस-जिस शहर पर इसने कब्जा किया, वहाँ बड़ी-बड़ी सभाएँ कीं, नाटक खेले, धनियों से खूब टैक्स वसूले, गुलामों को आजाद किया (जिनमें बहुत-से लाल सेना में भरती हो गए), स्वाधीनता, समता और प्रजातंत्र के नारे लगाए, देशद्रोहियों, जमींदारों और टैक्स वसूल करनेवालों के धन जब्त किए और उन्हें गरीबों में बाँटा। करोड़ों आदमियों ने अपनी आँख से लाल सेना देखी—अब इस नाम से उनमें भय नहीं रहा, वरन् प्रीति बढ़ी। किसानों की क्रांति और जापान विरोधी नीति का क्रियात्मक प्रयोग उन्होंने देखा। हजारों किसानों को हथियार दिए गए, उन्हें सैनिक शिक्षा दी गई, उनसे लाल स्वयंसेना बनाई गई। इस हड्डी-तोड़ अभियान से ऊबकर कुछ लोग अलग भी हुए, तो उनकी जगह हजारों किसान, मजदूर, गुलाम और सरकारी सेना को छोड़कर आए हुए सैनिक इसमें शामिल हुए।

इसमें कोई शक नहीं कि एक दिन इस महान अभियान का पूरा इतिहास लिखा जाएगा। साहस, अनुसंधान, आविष्कार, बहादुरी, आनंदातिरेक, विजय, कष्टसहन और बलिदान—एक साथ इस परिमाण में शायद ही कहीं देखे गए हों। चीन के साम्यवादियों ने इसका एक इतिहास लिखना भी शुरू किया है। इसमें शामिल होनेवाले दर्जनों व्यक्ति अपनी-अपनी जानकारी की बातें लिख रहे हैं और करीब तीस लाख शब्दों की यह पुस्तक तैयार हो चुकी है। पूरी पुस्तक तैयार हो जाने पर निस्संदेह ही वह इस युग का एक महापुराण ही बन जाएगी।

लक्ष्यभूमि

जिस समय चीन में माओ त्से तुंग ने सोवियत आंदोलन शुरू किया था, वह सिर्फ कियांग्सी, फुकियन और हूनान तक ही परिमित न रहा। अलग-अलग साहसी और क्रांतिवादी वीरों ने अलग-अलग जगहों में सोवियत सरकार कायम करना शुरू किया। उनमें दो सोवियतें बहुत ही मशहूर हुईं—एक तो हूनान-आन्ह्वी-हुप्पे की और दूसरी शेंसी-कैन्टन और निंगेसियो की। इस आखिरी सोवियत को ही लक्ष्य मान कियांग्सी से लाल सेना चली थी और नाना तरह के कष्टों को पार कर आखिर यहाँ तक पहुँचकर ही रही।

यहाँ का पहुँचना क्या था, मानो अपने घर में पहुँचना था। लाल सेना की खुशी का ठिकाना नहीं रहा। किंतु कुछ ही दिनों रहने के बाद देखा गया कि यहाँ तो एक अजीब, अंधेर हो चुका है, जिसका सुधार करना नितांत आवश्यक है।

इस सोवियत का संस्थापक था लिउ जू तान। गरीबों के साथ की इसकी सहानुभूति और धनियों के प्रति इसकी घोर घृणा एक कहानी की तरह हो गई थी। यों ही इसकी हिम्मत की चर्चा हर आदमी की जबान पर थी।

शेंसी के उत्तरी भाग में पाव आन नामक एक पहाड़ी स्थान है। लिउ का जन्म यहीं एक मध्यवित्त किसान के घर में हुआ था। यूलिन में उच्च शिक्षा प्राप्त कर उसने कैन्टन के वाम्पा सैनिक विद्यालय में नाम लिखाया और 1926 में वहाँ की पूरी शिक्षा समाप्त की। वाम्पा विद्यालय में रहते समय ही वह साम्यवादी पार्टी में शामिल हुआ। शिक्षा समाप्त करने पर उसे कुओ मिन् तांग की सेना में एक छोटे अफसर का पद भी मिल गया। किंतु 1927 में जब कुओ मिन् तांग से साम्यवादियों को निकाला जाने लगा और च्यांग काई शेक ने उन्हें मिट्टी में मिलाना शुरू किया, लिउ वहाँ से निकल भागा और शांघाई में आकर साम्यवादी पार्टी के साथ काम करने लगा।

1928 में वह अपने प्रांत को लौटा और अपने कुछ पुराने साथियों को मिला-जुलाकर उसने शेंसी में किसानों का विद्रोह कराया। यद्यपि इस विद्रोह को बुरी तरह से कुचल दिया गया, किंतु उसी से शेंसी की लाल सेना की नींव पड़ी।

1929 से 1932 तक की लिउ जू तान की जिंदगी पराजय, असफलता, निराशा, बच निकलने और फिर चढ़ दौड़ने की जिंदगी रही और कई बार तो वह मौत के मुँह से बाल-बाल बचा। उसकी सेनाएँ बिलकुल तहस-नहस कर दी गईं। एक बार तो वह पाव आन की सरकारी रक्षा समिति का अध्यक्ष भी बना दिया गया—किंतु उसने इस पद का उपयोग कई जमींदारों और साहूकारों को पकड़ने और फाँसी पर चढ़ाने में किया। जब यह भेद खुला, पाव आन के बेचारे सरकारी अधिकारी डिसमिस कर दिए गए और लिउ अपने तीन समर्थकों के साथ भागकर सुरक्षित स्थान में जा छिपा। एक बार एक फौजी अफसर ने लिउ को भोज खाने का निमंत्रण दिया। लिउ वहाँ गया, किंतु भोज खाने नहीं। वह और उसके साथियों ने उस अफसर और उसके आदमियों को शासन समर्पण के लिए बाध्य किया, बीस बंदूकें छीनकर वे पहाड़ पर चंपत हो गए और थोड़े ही अरसे में तीन सौ आदमियों की एक सेना तैयार कर ली।

यह छोटी सेना भी आखिर घेर ली गई। तब लिउ ने सुलह का पैगाम भेजा। उसे कुओ मिन् तांग की सेना की एक टुकड़ी का कर्नल बना दिया गया। कर्नल बनकर फिर जमींदारों के खिलाफ उसने जेहाद शुरू किया। एक बार फिर वह गिरफ्तार किया गया और बड़ी मुश्किलों से उसे छुटकारा मिला और उसके प्रभाव का खयाल कर फिर उसे एक छोटी अफसरी भी दी गई। किंतु अफसरी पाते ही तीसरी बार उसने फिर वही कार्रवाई शुरू की। उसकी सेना घेर ली गई, किंतु वह खुद निकल भागा। इस बार सिर पर ईनाम भी बोला गया।

उसकी गिरफ्तारी के लिए ईनाम का लालच था, उसकी तलाश भी हो रही थी, किंतु लिउ तो भागनेवाला या छिपकर रहनेवाला या चुपचाप बैठनेवाला नहीं था। वह अपनी धुन में घूमता रहा—घूमता रहा और अपने

ही ऐसे पगलों की एक टोली बनाता रहा, जिस टोली ने 1931 में पाव आन और चुंग यांग पर अपना लाल झंडा गाड़ा और शेंसी के उत्तर में बढ़ना शुरू किया। उसके मुकाबले को सेनाएँ भेजी जाती रहीं—किंतु ऐसी जनश्रुति थी कि उस पर गोलियाँ कोई काम नहीं करतीं। बहुत-से सैनिक तो उसकी बहादुरी पर मुग्ध हो उसकी सेना में जा भरती होते।

दो वर्षों तक लिउ की लाल सेना शेंसी में धूम मचाए रही। असफरों, टैक्स वसूल करनेवालों और जमींदारों को चुन-चुनकर मारा जाता। सदियों से संचित क्रोध से पागल किसान सशस्त्र होते ही अपने दुश्मनों को लूटना-मारना शुरू कर देते और उनमें और साधारण डकैत में शायद ही कोई भेद मालूम देता। 1932 तक लिउ जू तान के साथियों ने शेंसी के उत्तर के ग्यारह हल्कों पर कब्जा कर लिया था और एक साम्यवादी पार्टी का भी संगठन हो चुका था, जो यूलिन में रहकर लिउ की सेना का संचालन करती। 1933 में शेंसी में पहली सोवियत कायम हुई जिसका कार्यक्रम कियांग्सी की सोवियत के जैसा था।

1934-35 में शेंसी की सोवियत का खूब विकास हुआ। शेंसी में प्रांतीय सोवियत सरकार की स्थापना की गई। पार्टी का एक शिक्षण-शिविर कायम हुआ। आन तिंग में सेना का हेडक्वार्टर बनाया गया। सोवियत ने अपने बैंक और पोस्ट ऑफिस कायम किए और अपने सिक्के और टिकट भी चलाए। साम्यवादी ढंग से अर्थनीति का संचालन किया जाने लगा। जमींदारों की जमीन जब्त की गई और बाँट दी गई। कर-टैक्स उठा दिए गए। सहयोग-समितियाँ स्थापित की गईं। शिक्षकों के जत्थे तैयार किए जाने लगे, जो निरक्षरता और अविद्या को दूर भगा दें।

इधर यह सब चल रहा था, उधर लिउ जू तान अपनी सेना लिये सोवियत के सीमा-विस्तार में लगा था और किसी तरह राजधानी सियानफू पर कब्जा करना चाहता था। उसने लिन तुंग शहर पर कब्जा किया और कई दिनों तक सियानफू पर भी घेरा डाले रहा। किंतु उसे पीछे हट जाना पड़ा। लाल सेना का एक दस्ता शेंसी के दक्षिण की ओर मुड़ा और वहाँ भी कई हल्कों पर सोवियत कायम की। ज्यों-ज्यों अनुशासन का भाव बढ़ा और लुटेरा प्रवृत्ति खत्म हुई, लाल सेना की शक्ति भी बढ़ती गई। 1935 के मध्य तक शेंसी और कांसू के बाईस हल्कों पर सोवियत सरकार कायम हो चुकी थी और लाल सेना की तायदाद पाँच हजार हो गई थी। इस सेना ने रेडियो का भी इंतजाम कर लिया था और उसके जरिए अपने दक्षिणी और पश्चिमी भाइयों से इनका वार्तालाप भी जारी हो चुका था। जिस समय कियांग्सी-फुकियन की लाल सेना ने महाअभियान शुरू किया, लिउ जू तान की सेना ने घोर घमासान करना प्रारंभ किया। यहाँ तक कि च्यांग काई शेक को अपने उप-सेनापति मार्शल चांग स्यू ल्यांग को एक बड़ी सेना के साथ इस ओर भेजना पड़ा।

इधर लिउ जू तान को भी एक बड़ा बहादुर साथी अवसर पर मिला। वह कुम्हार जो पीछे चलकर सुप्रसिद्ध साम्यवादी सेनापति हुआ, यानी सू हाई तुंग, 1934 के अंत में आठ हजार लाल सैनिक लेकर हूनान प्रांत से आया और शेंसी पहुँचकर लिउ की सेना से आ मिला। दोनों की सेना मिलने से शक्ति कहीं अधिक बढ़ गई। विजय-पर-विजय हुई। दुश्मनों की बड़ी-बड़ी फौजों को हराया गया। लाल सेना की संख्या बहुत बढ़ गई। सू हाई तुंग उसका सेनापति और लिउ जू तान उसका उप-सेनापति बनाए गए। शेंसी-कांसू-शांसी की जो क्रांतिकारी सेना कमिटी बनी, लिउ को उसका अध्यक्ष चुना गया। 1935 के अगस्त में इस सेना ने चांग स्यू ल्यांग को तूंगपी सेना के दो बड़े-बड़े डिवीजनों का सत्यानाश कर अस्त्र-शस्त्र और नई भरती से अपनी ताकत कहीं-से-कहीं बढ़ा ली।

किंतु इस समय एक अजीब बात हुई, च्यांग चिंग फू नामक एक हट्टा-कट्टा नौजवान शेंसी पहुँचा और उसने अपने को साम्यवादी पार्टी की केंद्रीय कमिटी का प्रतिनिधि बताते हुए पार्टी और सेना के पुनर्संगठन करने का काम शुरू किया। इस भलेमानस ने लिउ के खिलाफ गवाहियाँ एकत्र कीं। लिउ पर बाजाब्ता अभियोग लगाया। बेचारा लिउ पार्टी का वफादार सदस्य था, उसने इस भलेमानस की मंशा पर जरा भी शक न किया और न चूँ-चरा किया! चुपचाप उसके फैसले को मान लिया। उसने सेनापतित्व से इस्तीफा दे दिया और फिर पाव

आा की अपनी पहाड़ी गुफा में जाकर रहने लगा। लिउ पर ही नहीं बीती—उसके सौ प्रमुख साथ. भी क्रांति-विरोधी कहकर निकाल बाहर किए गए।

इसी परिस्थिति में 1935 के अक्तूबर में माओ त्से तुंग अपनी लाल सेना लिये दिए पहुँचा। जब सारी बातें मालूम हुईं, तो नए सिरे से गलतियों की जाँच-पड़ताल की गई और देखा गया कि चांग चिंग फू ने बदमाशियाँ की हैं। लिउ और उसके साथियों को आदर के साथ बुलाया गया और उन्हें उनके पहले स्थान पर सम्मान के साथ रखा गया। चांग चिंग फू पर मुकदमा चलाया गया, उसे कैद किया गया और उसके बाद उससे नीचे दर्जे का काम लिया गया।

यहीं पर प्रसंगवश यह कह देना उचित है कि जिस समय 1936 में सोवियत सरकार ने अपनी जापान-विरोधी चढ़ाई शुरू की, तो उसकी पहली सेना का सेनापति लिउ जू तान को ही बनाया गया और उसने दो महीने के अंदर अठारह हल्कों पर कब्जा कर लिया। उसके नाम से जापानी सेना में तहलका मच जाता था। किंतु दुर्भाग्य की बात कि 1936 में जब वह दुश्मन के एक किले पर चढ़ाई कर रहा था, घायल हो गया। घायल हुआ, किंतु सफलता भी उसे मिली, उसकी सेना पीत नदी पार कर सकी। घायल होने पर उसे शेंसी लाया गया और उस पहाड़ की ओर आखिरी बार देखते हुए उसने आँखें मूँदी, जिस पहाड़ पर वह जन्मा, पला और बढ़ा था और जिसके दर्रे-दर्रे पर उसके कर्त्तव्य की छाप लगी थी। उसकी मृत्यु के बाद सोवियत ने एक जिले का नाम उसके नाम पर रखा। उसके छः वर्ष के बच्चे को, उसके बाप के सम्मान में, अफसरी का खिताब दिया गया और उसे सेनापति की तरह रखा और अदब किया जाता।

लगभग एक वर्ष के बाद चू तेह की सेना भी जेचुआन से आकर शेंसी में आ मिली।

शेंसी में आने पर या उसके पहले भी, सोवियत का किस तरह संचालन होता, साम्यवादी आर्थिक नीति को किस तरह काम में लाया जाता, शिक्षा की क्या पद्धति थी, फौज की शिक्षा और नियंत्रण कैसे होता, आमोद-प्रमोद की क्या सूरतें थीं—इन प्रश्नों पर विचार करना जरूरी है। किंतु इसके पहले हम उन महान आत्माओं के बारे में जान लें—जिनके कारण यह असंभव संभव हो सका!

किसान का बेटा

(माओ त्से तुंग)

निस्संदेह सोवियत चीन का सर्वश्रेष्ठ व्यक्ति और नेता माओ त्से तुंग है और माओ त्से तुंग एक किसान का बेटा है।

उसके सिर पर च्यांग काई शेक की सरकार ने दो लाख डालर का इनाम बोल रखा था। दुनिया के इतिहास में किसी एक व्यक्ति के सिर पर इतना बड़ा इनाम कभी नहीं बोला गया !

उसका सिर दुश्मनों की ही नजर में कीमती नहीं, उसके अपने आदमियों के लिए भी अमूल्य है। किंतु अपने इस सिर की उसे परवाह नहीं। उसे प्रायः आप अकेले किसानों में घूमते, उनसे बातें करते, उनसे दिल्लगियाँ करते पाएँगे। उसके घर के निकट कोई संतरी नहीं। सभी उससे मिल सकते और अपना अभाव-अभियोग बता सकते हैं।

वह दुबला-पतला लंबे कद का आदमी है—साधारणः चीनियों से कुछ ज्यादा ऊँचा। वह आगे की ओर कुछ झुका हुआ है। सिर पर लंबे काले बाल—जो प्रायः ही बेतरतीब रहते हैं। आँखें तीखीं—कुछ ढूँढ़ रहीं। नाक उठी हुई और गाल की हड्डियाँ स्पष्ट दीख पड़तीं। पहली झाँकी ही उसके बुद्धिजीवी होने की छाप डालती है।

लेकिन बुद्धिजीवी लोगों का प्रतिनिधि उसे समझना, उसके साथ अन्याय होगा। वह चीन का, चीनी—सम्पूर्ण चीनी—समाज का प्रतिनिधित्व करता है। खास करके वहाँ के किसानों का। वे चीनी किसान—गरीब, भूखे, शोषित, अनपढ़—लेकिन साथ-ही-साथ उदार, साहसी और अब जो विद्रोह का अवतार बन गए हैं। वह उनकी माँग और आंदोलन का सच्चा प्रतीक है।

उसकी जिंदगी अपनी जादूगरी के लिए मशहूर है। च्यांग काई शेक की सरकार कितनी ही बार उसे मरा हुआ घोषित कर चुकी। उसकी मृत्यु के सबूत भी दिए जाते—गोरे पादरी तक कसमें खाते। किंतु ऐसी हर मौत की खबर के बाद ही उसकी किसी बड़ी विजय की खबर लोगों को स्तब्ध कर देती। उसकी जिंदगी की जादूगरी का एक सबूत यह भी है कि यद्यपि वह बीसियों लड़ाइयों में शामिल हुआ, सर्वप्रमुख हिस्सा बँटाया, एक बार तो वह दुश्मनों के हाथ पड़ भी गया था, तो भी आज तक एक बार भी घायल नहीं हुआ।

उसे थाइसिस है, वह असाध्य बीमारियों का शिकार है—कुछ सनसनी पैदा करनेवालों ने यह बात भी उड़ाई। किंतु उसका स्वास्थ्य बिलकुल ठीक है—उसका फेफड़ा बिलकुल दुरुस्त है, गरचे वह और लाल सेनानियों के बिलकुल विपरीत, सिगरेट पीने का आदी है। उस महाअभियान के वक्त तो सिगरेट न मिलने के कारण, वह रास्ते के जंगली पत्तों पर प्रयोग करता और उनसे सिगरेट का काम निकालता।

उसकी पत्नी—हो जे नीन—जो पहले एक स्कूल की अध्यापिका थी और अब एक मशहूर साम्यवादी कर्मिणी है—निस्संदेह ही अपने पति की तरह भाग्य की लाड़ली नहीं है। उस बेचारी के शरीर पर एक दर्जन घाव के चिह्न हैं, जो हवाई जहाज से गिराए गए बम-विस्फोट से हुए। किंतु जैसा कि पहले कहा जा चुका है, यह बेचारी अपनी सौत से तो अच्छी ही है, जो इसकी शादी के पहले ही फाँसी पर चढ़ाई जा चुकी थी। वह एक प्रोफेसर की लड़की थी। उससे दो बच्चे और इससे एक बच्चा—यों माओ तीन संतानों का पिता है।

माओ त्से तुंग की उम्र इस समय पैंतालीस वर्ष की है।

चीन के साम्यवादियों में माओ का प्रभाव सर्वापेक्षा अधिक है। वह करीब-करीब सभी कमिटियों का सदस्य है—क्रांतिकारी सेना कमिटी, केंद्रीय कमिटी का राजनीतिक विभाग, अर्थ समिति, संगठन कमिटी,

स्वास्थ्य कमिटी आदि। किंतु यद्यपि उसके लिए सभी के दिल में सम्मान और आदर है; वह इस आदर और सम्मान को अंधपूजा की ओर नहीं बढ़ने देना। 'हमारा महान नेता' ऐजी चीज, जिसे हिटलर और मुसोलिनी अपने को कहलवाना पसंद करता है, माओ को जरा भी पसंद नहीं। 'अध्यक्षजी'—प्रायः वह इसी साधारण संज्ञा से पुकारा जाता है।

उसका चरित बड़ा ही मनोरंजक और कुतूहलवर्द्धक है, उसकी सादगी चीनी किसानों की तरह है। हँसी-मजाक और गँवारू ठहाका बात-बात में पाइएगा। वह अपने पर भी दिल्लगी करने से बाज नहीं आता और न सोवियत के कामों की त्रुटियों पर चुटकियाँ लेने से चूकता है। सादी जिंदगी और साफ बातें—इसका वह नमूना है। इसके चलते कभी-कभी लोग उस पर रुखाई और अश्लीलता के भी दोष लगाते हैं। लेकिन यह बात गलत है—सांसारिक शिष्टता और प्राकृतिक भाव-व्यंजना का वह एक सुंदर सम्मिश्रण है।

माओ ने चीन के प्राचीन साहित्य का गंभीर अध्ययन किया है। वह पूरा पढ़क्कू है। दर्शन और इतिहास का पारखी पाठक है। अच्छा वक्ता। याद रखने की अपूर्व ताकत। किसी चीज पर अपने पूरे ध्यान को केंद्रित करना उसके लिए आसान है। योग्य लेखक। अपनी व्यक्तिगत आदतों और बनाव-सिंगार में बिलकुल लापरवाह। किंतु अपने कर्त्तव्यों के ब्योरे-ब्योरे पर ध्यान देनेवाला। अथक परिश्रमी। फौजी और राजनीतिक मोरचेबंदियों में अप्रतिम प्रतिभाशाली। जापानियों का कहना है कि वह आधुनिक चीन के जीवित लोगों में सर्वश्रेष्ठ मोरचाबंदी करनेवाला है!

वह एक साधारण मकान में रहता, जिसकी दीवारें पच्चीकारी की जगह नक्शों से ढँकी होतीं। एय्याशी की चीजों में उसके पास बस एक मच्छरदानी है—नहीं तो, साधारण लाल सैनिकों की ही तरह वह रहता, सहता। व्यक्तिगत चीजों में कम्बल, कुछ कपड़े-लत्ते और दो सूती वरदियाँ। वह सोवियत का सभापति है और लाल सेना का कमांडर—किंतु वह अपने कंधे या छाती पर इसका कोई चिह्न नहीं लगाता। साधारण सैनिक की तरह अपने कालर में दो लाल पत्तियाँ लगाए रहता है।

सभाओं में या 'लाल' नाटकों में जब वह जाता है, लोगों के बीच बिना किसी भेदभाव या आडंबर के बैठ जाता है।

उसका भोजन भी सैनिकों की तरह का होता है। लेकिन हूनान के होने की वजह, वह मिर्च खूब पसंद करता है। वह अपनी रोटियाँ भी मिर्च डालकर पकवाता है। सिवा इसके, वह इसकी परवाह भी नहीं करता कि वह क्या खाता है? एक दिन खाते समय, उसने यहाँ तक कह दिया कि मिर्च खानेवाले लोग क्रांतिकारी होते हैं। उदाहरण में पहले उसने अपने प्रांत हूनान को लिया, जो अपने क्रांतिकारी आंदोलन के चलते बदनाम है। फिर स्पेन, मैक्सिको, रूस और फ्रांस को पेश किया—किंतु इसी समय किसी ने इटली का नाम लिया और कहा कि लाल मिर्चे का शौकीन यह देश तो फासिज्म का अड्डा है। माओ ने हँसते हुए अपनी हार मंजूर कर ली।

दम्भ तो उसमें है नहीं, किंतु व्यक्तिगत मर्यादा का उसे बहुत खयाल रहता है और जब जरूरत होती है, वह बड़ी ही कड़ाई से काम लेता है। वह नाराज तो होता ही नहीं—किंतु यदि किसी अभूतपूर्व कारण से उसे क्रोध आया तो फिर क्या पूछना है?

वह संसार की परिस्थिति और परिवर्तनों से अपने को सदा जानकार रखता है। महाअभियान के समय भी वह किसी-न-किसी तरह अखबार मँगाकर पढ़ता था। संसार के प्रमुख पुरुषों की गतिविधि पर वह खास खयाल रखता है। एक पत्र-प्रतिनिधि से उसने गाँधी, जवाहरलाल आदि भारतीय नेताओं और नेत्रिओं के बारे में पूछताछ की थी।

जिसको धार्मिक भावना कहते हैं, यह उसमें नहीं है। तर्क और आवश्यकता, इन्हीं दोनों के आधार पर वह अपना निर्णय किया करता है।

माओ प्रायः तेरह-चौदह घंटे तक दिन-रात में काम करता है। वह रात में देर से सोता है, प्रायः दो-तीन बजे तक जगा रहता है। उसे इस्पात का शरीर मिला है। बचपन में वह पिता के खेतों में दिन-दिन-भर खटता

रहता था। विद्यार्थी अवस्था में उसने अजीब ढंग से अपने शरीर को साधा था। उसने अपने साथियों को लेकर एक क्लब बना रखा था। लंबे-लंबे उपवास किए जाते, पहाड़ियों और जंगलों को लाँघा जाता, जाड़े के दिनों में पानी में तैरा जाता, वर्षा और बर्फ की बूँदा-बूँदी में नंगे बदन घूमा जाता, चिल-चिल्लाती धूप में टहला जाता। माओ और उनके साथियों ने अपने देश के लिए काम करने का पहले से ही तय कर लिया था और उसके लिए उन्होंने पहले से ही तैयारियाँ शुरू कर दी थीं।

एक गरमी के दिनों में माओ ने अपने प्रांत हूनान की एक यात्रा की थी। वह अपनी रोटी खेतों पर काम करके लेता था और कभी-कभी उसे भीख भी माँगनी होती थी। कभी-कभी उसे पानी या सूखी छीमियों पर ही रह जाना पड़ता था—ऐसा करके वह अपने पेट को वक्त-जरूरत के लिए तैयार करता था। उसकी वह यात्रा पीछे चलकर बड़े काम की हुई। जब वह किसान-सभाएँ स्थापित करने अपने प्रांत में पहुँचा, उसकी पुरानी जान-पहचान ने उसे बहुत सुविधाएँ दीं।

माओ में सुकुमार भावनाओं की कमी नहीं। जब कभी वह अपने मृत साथियों के बारे में चर्चा करता, उसकी आँखें छलछला उठतीं। जब अपने प्रांत के किसानों की दशा का वर्णन करता—किस तरह अकाल के समय वे दर-दर मारे फिरते और जब अफसरों और जमींदारों से एक मुट्ठी अन्न की माँग करते, तब उनके सिर धड़ से उतार दिए जाते—तो वह आठ-आठ आँसू रोने लगता। मोरचे पर एक घायल को देखकर उसने अपना कोट उतारकर दे दिया था। जब तक लाल सेना के सैनिकों के लिए जूते का प्रबंध नहीं हो गया, वह पैदल ही घूमा करता!

कुछ लोगों का ख़याल है, माओ चीन के बुद्धिवादी लोगों का नेता नहीं हो सकता, वे लोग उसे नेता स्वीकार नहीं कर सकते। इसका कारण यह नहीं कि वह बुद्धि और मस्तिष्क में, अध्ययन या विश्लेषण में कम शक्ति और पैठ रखता है—किंतु इसलिए कि उसका रहन-सहन पूरा किसानों की तरह है। जिसे 'बड़े लोगों की मर्यादा' कही जाती है, इसकी उसे परवाह नहीं। गरमी के दिनों में अपने सभी कपड़े उतार, वह नंग-धड़ंग पड़ा-पड़ा नक्शे को देखता, पढ़ता या अपने अधीनस्थ लोगों को हिदायतें दिया करता है।

कुछ हफ्तों को छोड़कर, महाअभियान में, माओ साधारण सिपाहियों की तरह पैदल ही चला किया।

1934 में दूसरी अखिल चीन सोवियत कांग्रेस हुई थी, उसमें वह सर्वसम्मति से केंद्रीय चीन सोवियत सरकार का अध्यक्ष चुना गया था! उस समय सोवियत की जनसंख्या नब्बे लाख थी, जो यों बँटी थी—कियांग्सी सोवियत तीस लाख; हूपे-आन्ह्वी-हूनान सोवियत बीस लाख; हूनान-कियांग्सी-हूप्पे सोवियत दस लाख; कियांग्सी-हूनान सोवियत दस लाख; चेकियांग-फुकियन सोवियत दस लाख; हूनान-हूप्पे सोवियत दस लाख। किंतु इन सोवियतों की शक्ति और प्रसिद्धि इतनी थी कि कहा जाता था, आठ करोड़ की जनसंख्या पर इनका लाल झंडा फहराता है।

माओ का प्रारंभिक जीवन भी कम आकर्षक नहीं।

उसका जन्म एक गरीब किसान परिवार में 1893 ई. में हुआ। जब वह छः वर्ष का हुआ, तभी से अपनी माँ के साथ खेत पर काम करता। उसका बाप अन्न का छोटा-सा रोजगार भी करता, जिसमें फँसा रहता। वह माओ से बड़ी रुखाई से पेश आता और प्रायः पीटता।

आठ वर्ष की उम्र में उसकी पढ़ाई शुरू हुई। तेरह वर्ष की उम्र तक वह प्राइमरी स्कूल में ही पढ़ता रहा। स्कूल का मास्टर इतना पीटता कि दस वर्ष की उम्र में वह स्कूल से भागकर तीन दिन तक निकट के गाँवों में भटकता रहा। पिता ने आखिर बेटे की खोज-खबर ली, ढूँढ़कर घर लाया और तब से मार-पीट कुछ कम हो गई—बाप की और शिक्षक की भी।

प्राइमरी स्कूल की पढ़ाई खत्म कर माओ, पिता की आज्ञा से, घर पर ही रहा और खेती-बारी के अलावा उनके व्यापार का हिसाब-किताब भी देखता। किंतु एक तो उसमें पढ़ने की बड़ी लालसा थी, दूसरे बाप से पटती नहीं थी, अतः सोलहवें वर्ष की उम्र में जब उसने सुना, निकट के दूसरे जिले में एक ऐसा स्कूल खुला है जहाँ

बिना फीस की पढ़ाई होती है, वह उसमें जाकर भरती हो गया।

वह दूसरे जिले का था और गरीबी के कारण फटे-चिटे कपड़े पहनकर स्कूल जाता, फलतः वहाँ के जमींदारों के लड़के उसे बहुत तंग करते। तो भी वह आकर पढ़ा करता। यहीं उसने अपने देश में चलनेवाले सुधार आंदोलनों के बारे में जानकारी प्राप्त की एवं विदेश के इतिहास, खासकर विदेशी वीरों की कहानियाँ पढ़ीं। एक शिक्षक जापान से लौटे हुए थे, जिनके मुँह से उसने जापान के करतब के किस्से सुने।

इस स्कूल के बाद, माओ ऊँची शिक्षा के लिए अपने प्रांत की राजधानी चांग्सा पहुँचा। वहाँ आते ही उसे नई-नई बातें मालूम होने लगीं। जिंदगी में पहली बार उसने अखबार देखा और डॉ. सुनयात सेन और उनके राष्ट्रीय आंदोलन की बात सुनी। उसके हृदय में देशभक्ति जागी और जब देश के नाम पर छात्रों की एक सेना संगठित करने की बात उठी तो उसने भी उसमें नाम लिखाया और छः महीने तक लेफ्ट-राइट करता रहा।

इसके बाद वह भिन्न-भिन्न शिक्षण संस्थाओं में प्रवेश पाने और विद्याध्ययन करने की चेष्टा में लगा रहा। घर से उसे एक पाई तक नहीं मिलती थी। तो भी उसने हिम्मत नहीं हारी। यह देखकर कि अंग्रेजी में ज्ञान का भंडार है, उसने अंग्रेजी भी सीखी और धीरे-धीरे इतिहास, अर्थशास्त्र, विज्ञान और दर्शन की प्रामाणिक पुस्तकें पढ़ डालीं। येन-केन-प्रकारेण वह नार्मल स्कूल में भी भरती हुआ और पाँच वर्षों में उसकी उपाधि परीक्षा पास कर अच्छा-खासा ग्रेजुएट बन गया।

माओ को शुरू से ही साहित्य से अनुराग था। प्राइमरी स्कूल में पढ़ते समय भी वह चीन के प्राचीन साहित्य की ओर ध्यान देता। ज्यों-ज्यों वय और होश बढ़ता गया, साहित्य की ओर अधिकाधिक आकृष्ट होता गया। अपने देश के साहित्य के अलावा उसने विदेशी साहित्य का भी अध्ययन किया और विचारों में थोड़ी प्रौढ़ता आते ही लेख लिखना शुरू किया। पहले वह पुरानी पंडिताऊ भाषा और शैली लिखता, किंतु, धीरे-धीरे उसने इसमें भी तरक्की की और काफी सुंदर, सुबोध और सरस भाषा और शैली लिखने लगा।

इधर देशभक्ति का नशा भी तेज होता चला और अंत में माओ ने निर्णय कर लिया कि वह अपना पूरा समय देश के लिए देगा। ग्रेजुएट होने पर उसने अखबारों में एक विज्ञापन छपवाया कि जो नौजवान अपना जीवन देश के लिए देना चाहें और सब तरह के बलिदान करने को तैयार हों, वे कृपया मुझसे अमुक स्थान पर मिलें। यह विज्ञापन कोई ज्यादा काम का सिद्ध नहीं हुआ, किंतु धीरे-धीरे उसने देशभक्त विद्यार्थियों का एक अच्छा गुट अपने इर्द-गिर्द कायम कर लिया। प्रजातंत्रवाद के साथ-साथ उसका ध्यान साम्यवाद की ओर भी जाने लगा और वह उदार साम्यवादी बन गया।

इसी समय उसने अपने शरीर की ओर भी ध्यान देना शुरू किया। तरह-तरह की कसरतें करता—यही नहीं, जाड़ा, धूप, बरसात से अपनी देह की साधना करता।

उस समय फ्रांस की सरकार ने चीनी विद्यार्थियों के फ्रांस आकर पढ़ने की एक योजना बनाई थी, जिसे 'मजदूरी करो, पढ़ो' के नाम से पुकारा जाता था। उस योजना के अनुसार बहुत-से चीनी विद्यार्थी फ्रांस गए—खुद माओ ने भी बहुतों को जाने के लिए प्रेरित किया, किंतु वह खुद नहीं गया। वह सोचता, अभी अपने देश की अवस्था समझने में ही मुझे वक्त लगाना चाहिए और वक्त का जितना उपयोग अपने देश में हो सकता है, उतना विदेश में नहीं। हाँ, चांग्सा छोड़कर वह चीन की उस समय की राजधानी पेकिंग—जो अब पीकिंग कहलाता है—चला आया और वहाँ राष्ट्रीय विश्वविद्यालय का सहकारी पुस्तकालयाध्यक्ष बनाया गया। उसका अध्यक्ष था ली ता चाव; जिसने चीन की साम्यवादी पार्टी को जन्म दिया था और जिसे पीछे च्यांग काई शेक की सरकार ने फाँसी पर लटका दिया।

पेकिंग में रहते समय माओ ने दर्शनशास्त्र और संपादन कला का विशेष अध्ययन किया। राजनीति में उसके विचार दिनों-दिन क्रांतिकारी होते गए।

1919 में फ्रांस जानेवाले विद्यार्थियों के साथ माओ शांघाई आया और वहाँ से नानकिंग और पू काऊ होते, बिना एक पैसा राहखर्च के जैसे-तैसे चांग्सा पहुँचा। चांग्सा पहुँचकर अब माओ ने खुलकर काम करना

शुरू किया। वह विद्यार्थियों के सुप्रसिद्ध पत्र का संपादक बनाया गया और एक 'सांस्कृतिक अध्ययन केंद्र' कायम कर उसके द्वारा नौजवानों को वर्तमान राजनीतिक प्रवृत्तियों से परिचित कराने लगा। हूनान के शासक के विरुद्ध विद्यार्थियों की एक हड़ताल भी कराई—शासक ने नाराज होकर उसके अखबार को बंद करा दिया।

माओ फिर एक बार पेकिंग आया और यहाँ आकर सैनिकों में काम करने लगा। उस शासक के खिलाफ अपने आंदोलन को यहीं से संचालित करता रहा और आखिर उसे उस पद से हटाकर ही दम लिया।

1919 में दूसरी बार वह शांघाई भी गया, जहाँ चीन की साम्यवादी पार्टी के प्रमुख संस्थापक चेन तू स्यू से उसकी भेंट हुई। अपने प्रांत के कार्यक्रम के बारे में सलाह-मशविरा कर वह चांग्सा पहुँचा और यहाँ आकर 'नवीन हूनान' नामक पत्र अपने प्रांत के नाम पर निकाला। पेकिंग की इस दूसरी यात्रा में उसने कुछ प्रामाणिक साम्यवादी पुस्तकें पढ़ीं—मार्क्स की 'साम्यवादियों का घोषणापत्र', काउत्स्की की 'वर्ग-संघर्ष'। इन पुस्तकों ने उसे पक्का साम्यवादी बना दिया। 1920 में चांग्सा पहुँचकर वह मजदूरों के संगठन की ओर ज्यादा ध्यान देने लगा। इसी साल उसने एक प्रगतिशील युवती कर्मिणी के साथ विवाह किया।

माओ की इसके बाद की जिंदगी तो चीन की साम्यवादी पार्टी के इतिहास के साथ संग्रथित है, जो प्रसंगवश भिन्न-भिन्न जगहों पर मिलेगी!

रसोइयों का सरदार

(चू तेह)

माओ के बाद चीनी सोवियत में जो सबसे प्रभावशाली आदमी है, वह है चू तेह। लाल सेना का वह सेनापति है, उसके सिर पर भी दो लाख का इनाम च्यांग काई शेक ने बोल रखा था।

माओ से ठीक विपरीत, यह एक बड़े जमींदार का लड़का है। बचपन इसका खेल-कूद और जवानी इसकी मौज-शौक में बीती। किसी ने कभी कल्पना भी नहीं की होगी कि यह रईसजादा, अफीम के नशे में बेहोश रहनेवाला, अपने घर में पौन दर्जन बीवियाँ पाल रखनेवाला, रंडीबाज, आवारागर्द एक दिन विशुद्ध साम्यवादी बन जाएगा और लाल सेना के सेनापति की हैसियत से अपने कर्तृत्व द्वारा संसार का ध्यान अपनी ओर आकृष्ट कर लेगा।

चू तेह का जन्म जेचुआन प्रांत में हुआ। शुरू से ही वह बिगड़ैल और साहसी स्वभाव का था। अपने पहाड़ी प्रांत के साहसी वीरों की कहानियाँ बचपन से ही उसे सैनिक जीवन के लिए उत्साहित करतीं। अपने परिवार के राजनीतिक प्रभाव के कारण तुरंत के स्थापित येनान के सैनिक विद्यालय में उसकी भरती होने में कठिनाई नहीं हुई। वह चीन के आधुनिक ढंग की शिक्षा पाए हुए सैनिकों के पहले दल का है। इस विद्यालय से स्नातक बनकर निकलते ही वह लेफ्टिनेंट बना दिया गया।

1912 में जब सुनयात सेन के नायकत्व में मांचू शासन को हटाया गया, उस समय चू तेह ने वीरों की एक टोली का नायकत्व किया था। यही नहीं, 1916 में जब य्वान शिह काई ने प्रजातंत्र के विरुद्ध बगावत करनी चाही तो उसको दबाने में चू तेह की टुकड़ी ने भी बड़ा नाम कमाया था और उस समय के 'चार भयंकर सेनापतियों' में उसकी गिनती हुई थी।

इन प्रसिद्धियों के कारण और अपने ख़ानदान के रुतबे के सबब, चू तेह की पद-मर्यादा दिन-दिन बढ़ने लगी। यून्ननफू की सार्वजनिक समिति और प्रांतीय अर्थ-सचिव के पद पर उसे बिठाया गया। येनान और जेचुआन के लोगों की यह धारणा है कि हर अफसर में दो चीजें होना जरूरी है—वह घूसखोर हो, वह अफीम

पीए। उसके प्रांत में अफीम चाय की तरह मामूली चीज समझकर खूब ली जाती है और हर अफसर सार्वजनिक कोश से अपना भंडार भरना अपना वाजिब हक समझता है। फिर चू तेह अफीम पीने से क्यों चूके? वह अपने को धनी क्यों नहीं बनाए?

उसके बाद, स्वभावतः उसका ध्यान अपने 'हरम' की ओर गया और कुछ ही दिनों में नौ बीवियाँ और रंडियाँ एकत्र हो गईं। उनके लिए उसने येनान की राजधानी में एक शानदार महल भी बनाया। उसके पास अब सब कुछ था—धन, शक्ति, प्रेम, उत्तराधिकारी, सुनहले स्वप्न और चमकते आदर-सम्मान। एक निश्चित भविष्य उसके सामने था। किंतु एक 'बुरी' आदत ने सब चौपट कर दिया—वह बुरी आदत थी, किताबें पढ़ना! गरचे आज तक वह विशुद्ध यथार्थवादी था, किताबों के लगातार पढ़ने से उसमें धीरे-धीरे आदर्शवाद ने घर बनाना शुरू किया। विदेशों से पढ़े हुए कुछ विद्यार्थी जब उससे मिले, उसके आदर्शवाद पर कुछ और रंग चढ़ा। उसने सोचना शुरू किया कि 1911 की क्रांति जनता के लिए किसी काम की नहीं हुई। उसने तो एक शोषक वर्ग के बदले दूसरे को उसकी जगह पर बिठलाया। फिर उसके नगर की दशा ने भी उसे कम प्रभावित नहीं किया—वह नगर जहाँ चालीस हजार गुलाम लड़के और लड़कियाँ लोगों की पाशविक वासनाओं की तृप्ति करते थे। उसके मन में कुछ लज्जा और उससे भी बढ़कर महत्त्वाकांक्षा पैदा होने लगी—वह 'पश्चिमीय' देशों की तरह अपने देश को भी आधुनिकता में रँगकर अपने को एक 'जननायक' के रूप में देखने का स्वप्न देखने लगा। कुछ और पढ़ा जाए, कुछ आँखों से भी देखा जाए—उसने निश्चय किया।

1922 में यून्ननफू ने एक अजीब दृश्य देखा। चू तेह अपनी सभी बीवियों और रंडियों को काफी पैसे देकर, उन्हें सदा के लिए छोड़ शांघाई को रवाना हो गया। शांघाई पहुँचकर वहाँ उसने राष्ट्रवादी नेताओं से भेंट की। फिर गरमदली क्रांतिकारियों से भी उसकी जान-पहचान हुई। किंतु ये गरमदली सोचते—यून्नन का यह घूसखोर अफसर, अनेक बीवियाँ रखनेवाला सेनाध्यक्ष, अफीम का घोर आदी—क्या यह क्रांतिकारी हो सकेगा?

चू तेह बीवियाँ छोड़ चुका था, धन-वित्त से भी उसे वितृष्णा हो चली थी। किंतु अफीम? अफीम की आदत कैसे छूटे? और बिना छोड़े वह क्या कोई काम कर सकेगा?

चू तेह ने इसे भी छोड़ने का निश्चय किया और इस पर डट गया। सात दिन तक वह बेहोश पड़ा रहा—क्योंकि अफीम की इच्छा से युद्ध करना आसान न था। उसके बाद वह एक अंग्रेजी जहाज पर जा सवार हुआ, जो हांकाओ जाता-आता था। जहाज पर अफीम खाना सख्त माना था। वह इसी उद्देश्य से इस पर आया भी था कि कहीं फिर उसकी इच्छा उसे विचलित न कर दे। हफ्तों तक वह इसी जहाज पर आता-जाता रहा—किनारे पर उतरा नहीं। जिंदगी में उसने जितनी लड़ाइयाँ लड़ी थीं, यह लड़ाई उन सबमें प्रबल और विकट थी। किंतु आखिर उसकी विजय हुई। एक महीने के बाद जब वह जहाज से उतरा—उसकी आँखें साफ थीं, उसके गाल पर एक तरह की ललाई थी, उसके डगों में एक दृढ़ता थी। अफीम से वह पूरी तरह मुक्ति पा चुका था। उसे नवजीवन मिल चुका था।

इस समय चू तेह की उम्र चालीस वर्ष के करीब थी—लेकिन उसका स्वास्थ्य बिलकुल ठीक और उसका दिमाग नए ज्ञान के लिए आतुर था। कुछ चीनी विद्यार्थियों के साथ वह विदेश के लिए रवाना हुआ और जर्मनी पहुँचा। उस समय जर्मनी साम्यवादियों का अखाड़ा था। उसने वहाँ के प्रसिद्ध साम्यवादियों से भेंट की और राजनीति तथा इतिहास का अध्ययन करना शुरू किया। वह फ्रेंच नहीं जानता था, फकत कटर-मटर की जर्मनी जानता था। वह पढ़ने में उसे चीनी विद्यार्थियों से मदद लेनी पड़ती थी, जो उम्र में उसके लड़के के समान होते। किंतु वह जरा भी शर्मिंदा नहीं होता, वरन् बहुत ही उत्साह से अपनी पढ़ाई में लगा रहता।

उसने महायुद्ध का इतिहास पढ़ा और यूरोप की राजनीति से अपने को परिचित किया। एक दिन एक विद्यार्थी ने उसके निकट लेनिन की 'स्टेट एंड रेवोल्युशन'—'राज्य और क्रान्ति'—नामक पुस्तक रखी! वह बड़े चाव से एक विद्यार्थी की सहायता से उसे पढ़ गया। बुखारिन की 'ए-बी-सी ऑफ कम्युनिज्म' और उसकी 'हिस्टोरिकल मैटिरियलिज्म' नाम पुस्तक भी उसने पढ़ी। उस समय जर्मनी में साम्यवादी आंदोलन जोरों से

चल रहा था। उसे साम्यवाद की धारा में घसीट लाने में उसने और भी मदद की। जब चीनी विद्यार्थियों ने जर्मनी में अपनी एक साम्यवादी पार्टी कायम की, वह उसमें शामिल हो गया।

जर्मनी से वह फ्रांस आया और वहाँ अध्ययन करते समय जब उससे कहा गया कि एक बार रूस जाकर अपनी आँखों से सब देख आइए, तो वह मास्को भी गया और वहाँ के 'पूर्वीय श्रमजीवी विश्वविद्यालय' में नाम लिखाकर साम्यवादी सिद्धांतों की शिक्षा लेता रहा। कई वर्षों तक विदेश में शिक्षा ग्रहण करने के बाद वह 1925 में शांघाई लौटा।

स्वदेश लौटकर चू तेह फिर फौज में शामिल हुआ। उसका बड़ा अफसर उसका साथी चू पी तेह था, जो च्यांग काई शेक के बाद सबसे बड़ा प्रभावशाली आदमी था। इस फौज में रहते हुए उसने कितने ही जिम्मेवारी के पदों को सुशोभित किया। दोनों में पटती भी खूब थी। किंतु 1927 का जब वह जमाना आया, जब साथी-साथी सिद्धांतों के नाम पर अलग होकर एक-दूसरे के जानी दुश्मन बने ओर साम्यवादी और राष्ट्रवादी नाम से दो साफ दल बन गए, तो चू तेह ने साम्यवादियों का साथ दिया। वह विद्रोह कर चू पी तेह की सेना से निकल आया। उसके साथ उसके बहुत-से सैनिक अधीनस्थ सेनापति भी निकल आए। इन्हीं लोगों में लिन पियाओ भी था, जो पीछे चलकर लाल सेना के सैनिक विद्यालय का अध्यक्ष हुआ।

विद्रोह करके निकल आना सहज तो नहीं था। उसके बाद ही घमासान लड़ाइयाँ शुरू हुईं और एक जमाना वह भी आया, जब चू तेह की सेना में कुल नौ सौ सैनिक रह गए और सामान का तो पूछना ही क्या? बहुत थोड़े कारतूस और केवल पाँच सौ राइफलें बच गई थीं।

चू तेह को एक दूसरे सेनापति ने साथ देने के लिए निमंत्रित किया। वह साम्यवादी तो नहीं था, किंतु च्यांग काई शेक का वह दुश्मन था और उसका प्रतिद्वंद्वी भी। चू तेह ने उसका साथ देना स्वीकार कर लिया और वह सेना का प्रधान राजनीतिक सलाहकार बनाया गया।

इसी समय वह घटना हुई, जिसके चलते चू तेह आज भी अपनी लाल सेना के द्वारा प्यार से 'रसोइयों का सरदार' कहकर पुकारा जाता है। बात यों है कि उस सेना में बहुत-से ऐसे सैनिक भी थे, जो साम्यवादियों के सख्त दुश्मन थे। उन्हें चू तेह का इसमें शामिल होना और इतना प्रधानत्व प्राप्त करना पसंद नहीं था। एक रात को जब चू तेह अपने कुल चालीस साथियों सहित एक सराय में ठहरा हुआ था कि उन लोगों ने उस पर एकाएक धावा बोल दिया और गोलियाँ चलाने लगे। अँधेरा था, कुछ सूझता नहीं था। जब उनमें से कई ने एक साथ ही अपने रिवाल्वर चू तेह की तरफ मुखातिब किए, तो चू तेह चिल्ला उठा—'अरे मुझे मत मारो, मैं रसोइया हूँ—मुझे मारने से क्या फायदा, मैं तुम्हारी रसोई बनाऊँगा।' बेचारे सैनिक यह आवाज सुनकर ठिठक गए। किंतु उनमें से कुछ ने उसे पकड़ लिया और अच्छी तरह देखने के लिए बाहर ले आए। बाहर आते ही एक चिल्ला उठा—यह चू तेह है, मारो! किंतु क्या अब चू तेह को मारना आसान था? चू तेह तब तक अपना रिवाल्वर निकाल चुका था। चिल्लानेवाले को वहीं सुलाकर और पकड़नेवाले को एक ही झटके में दूर पटककर वह चंपत हो गया।

यहाँ से निकलकर चू तेह अपनी सेना के साथ इधर-उधर भटकता रहा। साम्यवादी पार्टी की केंद्रीय समिति की दुर्बलता के कारण चारों ओर अंधकार छाया हुआ था। कोई साफ रास्ता मालूम नहीं होता था। इधर अन्न-वस्त्र के अभाव के कारण उसकी सेना की बुरी हालत थी। इसी समय उसके कानों में कई जगह सोवियत सरकार कायम किए जाने की खबर पड़ी। उसने भी हूनान प्रांत के दो जिलों में सोवियत कायम की और अपनी सेना का नामकरण 'किसान सेना' करके उसे सुसंगठित करने की चेष्टा में लगा। जब माओ त्से तुंग को यह हाल मालूम हुआ, उसने सोवियत की ओर से अपने सगे भाई को प्रतिनिधि के रूप में उसके पास भेजा और साथ मिलकर काम करने को निमंत्रित किया। चू तेह राजी हुआ, मई 1928 में दोनों सेनाएँ मिलकर एक हुईं और उसका सेनापति चू तेह को बनाया गया। उसके सेनापतित्व में लाल सेना ने जो कौशल दिखलाया, उसका वर्णन तो पिछले भाग में आ ही चुका है।

उसके युद्ध-कौशलों के कारण चीन में उसके बारे में अजीब-अजीब धारणाएँ हैं। कोई कहता है, चू तेह को गृद्ध-दृष्टि प्राप्त है और वह सौ कोस तक चारों ओर देख सकता है। कोई कहता है, उसे उड़ने का जादू मालूम है। दुश्मनों की राह रोकने के लिए धूल का घटाटोप करने या प्रचंड आँधी उठाने की शक्ति भी उसमें बताई जाती है। कोई कहता है, उसका शरीर अभेद्य है—हजारों गोलियाँ उस पर चलाई गईं, किंतु क्या एक भी घाव उसके शरीर पर कभी हुआ? तो कोई बतलाता है—नहीं, उसे पुनर्जीवन की कला मालूम है। कई बार च्यांग काई शेक के लोगों ने उसके मरने की खबर छापी—फिर वह आज तक जीवित है, कैसे? 'लाल सुकर्म' इस नाम से तो वह चीन-भर में महशूर है—क्योंकि उसके नाम का अर्थ चीनी भाषा में यही है।

चू तेह बहुत ही शांत और विनयी स्वभाव का है। उसकी आवाज मधुर और बड़ी-बड़ी आँखें करुणा से भरी हैं। कद में ठिंगना, कुछ मोटा—उसके हाथ-पाँव तो मानो इस्पात के बने हैं। उसकी उम्र पचपन वर्ष के लगभग है—किंतु वह हँसकर कहता है, जब से मुझे याद है, मैं अपने को छियालीस ही वर्ष का बताता हूँ। उसकी पहली स्त्री युद्ध में लड़ते-लड़ते मरी। दूसरी स्त्री एक किसान की लड़की है, जो किसानों की एक सेना बनाकर लड़ती और अपने घायल सैनिकों को अपने कंधे पर ढोती थी। स्त्री होने पर भी उसके हाथ-पाँव पुरुषों के-से हैं। खूब तंदुरुस्त और साहसी।

अपने सैनिकों के प्रति चू तेह का स्नेह अगाध है। जब से सेनापति बनाया गया, वह उन्हीं की तरह पोशाक पहनता और उन्हीं की तरह रहता, सहता। प्रारंभिक दिनों में वह प्रायः ही बिना जूते के रहता और कद्दू के साग या याक के गोश्त पर गुजर करता। वह सैनिकों की छावनियों में मटरगश्ती करता है, उनके पास बैठकर कहानियाँ कहता-सुनता और ताश खेला करता है। टेनिस और बासकेट बॉल का वह चतुर खिलाड़ी है। हर सैनिक सीधे उसके पास आकर अपने अभाव-अभियोग की बात रख सकता है। सैनिकों से बातें करते समय, वह अपनी टोपी उतारकर हाथ में ले लेता है। महान अभियान के समय वह अपना घोड़ा प्रायः थके साथियों को दे देता और आप पैदल चलता। थकावट या बीमारी उसके पास नहीं फटकती।

परिस्थितियों का पला

(पेंग तेह ह्वाई)

माओ त्से तुंग और चू तेह के बाद जिसका नाम चीनी सोवियत के लोगों की जबान पर है, वह पेंग तेह ह्वाई है। उसके सिर पर एक लाख डालर का इनाम च्यांग काई शेक ने बोल रखा था। हवाई जहाज से परचे गिराए जाते—पेंग को पकड़ लाओ और एक लाख रुपए ले लो। किंतु कोई माई का लाल यह काम करने में समर्थ नहीं हो सका।

और यदि हम पेंग को परिस्थितियों का पला कहें तो इसमें कोई अत्युक्ति नहीं। वह एक धनी किसान का लड़का है। उसका घर उसी हूनान प्रांत में है जिसे माओ को जन्म देने का सौभाग्य प्राप्त है। यह प्रांत बड़ा ही उपजाऊ और समृद्धिशाली है और संसार की सबसे घनी आबादियों में इसकी गिनती है। यहाँ के जमींदार अपने वैभव और सुख-ऐश्वर्य के लिए चीन-भर में मशहूर हैं।

किंतु एक धनी घर में जन्म लेकर भी, पेंग को वे सुख प्राप्त नहीं हो सके, जो धन के प्रसाद हैं। जब उसकी उम्र कुल छः वर्ष की थी, उसकी माँ मर गई। पिता ने दूसरी शादी की और इस सौतेली माँ ने उसे कभी फूटी आँखों भी नहीं देखा। घर में वह पीटती और स्कूल में गुरुजी की छड़ी पीठ पर पड़ती। एक बार गुरुजी की पिटाई से आजिज आकर पेंग ने तिपाई उठाकर उसके सिर पर दे मारी। मास्टर ने अदालत में नालिश की।

उसकी सौतेली माँ ने बेटे के कसूर का इकबाल किया !

उसका पिता इस घरेलू झगड़े से अपने को दूर ही रखता । यही नहीं, अपनी स्त्री से संग निभाने के लिए उसने अपने इस बेटे को अपनी एक चाची के पास भेज दिया । उस बुढ़िया ने पेंग को एक आधुनिक स्कूल में बिठलाया । किंतु जब बुढ़िया को पेंग की शरारतें मालूम हुईं—वह हर महीने की पहली और पंद्रहवीं तारीख को तथा जिस दिन आँधी आती थी उस दिन, प्रार्थनाएँ करती कि इस बदमाश बच्चे से उसको त्राण मिले !

वह बुढ़िया घर के सब लोगों को अपना गुलाम समझती और खूब अफीम पीती । पेंग को अफीम की महक बरदाश्त नहीं होती । एक दिन उसकी अफीम तैयार की जा रही थी कि पेंग ने ठोकर मारकर उसे तहस-नहस कर दिया । बुढ़िया बहुत नाराज हुई । कुनबे-भर के लोगों को बुलाया और उनके नजदीक यह तजबीज रखी कि इस लड़के को डुबाकर मार डाला जाए—क्योंकि यह अपने बड़ों की कद्र नहीं करता, वंशद्रोही है । सौतेली माँ सबसे पहले तैयार हुई और उसके पिता ने कुनबे के निर्णय में खलल डालने से इनकार किया । पेंग की मौत निश्चित मालूम होने लगी । किंतु उसी समय उसका मामा वहाँ पहुँचा । उसने लड़के की शरारत के लिए माँ-बाप को ही दोषी बतलाया और उन्हें खूब डाँटा भी । इस तरह जरा से, पेंग की जान बच गई, किंतु उसे घर छोड़कर कहीं भी चले जाने का हुक्म हुआ ।

पेंग उस समय कुल नौ वर्ष का था । कार्तिक का महीना; जाड़ा पड़ रहा था । उसके शरीर पर कोट और एक पाजामा के अलावा और कुछ नहीं था । उसकी सौतेली माँ यह कोट भी ले लेना चाहती थी, किंतु पेंग ने कहा कि यह कोट तो मेरी अपनी माँ का दिया हुआ है, मैं नहीं दूँगा । खैर, यह बात मान ली गई !

बालक पेंग ने संसार में प्रवेश किया । पहले उसने पशुओं की चरवाही की नौकरी की । फिर कोयले की खान में काम करना शुरू किया, जहाँ उसे दिन में चौदह घंटे कोयले को नीचे से ऊपर लाना होता । उस काम से परेशान हो, वह भागा और एक जूता बनानेवाले के यहाँ नौकरी की । वहाँ बारह घंटे काम करना पड़ता—खैर, दो घंटे की बचत तो हुई, पर यहाँ आठ महीने काम करने पर भी उसे एक पैसा मुशाहरा नहीं दिया गया; तब वहाँ से भागकर एक शोरे की खान में काम करने लगा । यहाँ भी उसका अभाग्य उसका पीछा कर रहा था । वह खान बंद हो गई और उसे दूसरी नौकरी की तलाश करनी पड़ी । शरीर पर चीथड़ा लिये वह भटकता रहा । आखिर बाँध बाँधने के काम में उसे नौकरी मिली, जहाँ उसे पैसे भी मिलते । पैसे—हाँ, दो वर्ष में वह बारह चाँदी के सिक्के इकट्ठा कर सका !

पेंग सोलह वर्ष का हो चुका था । दुनिया से हारकर वह फिर घर की ओर लौटा और अपने उस मामा के पास गया, जिसने उस दिन उसे मौत के पंजे से छुड़ाया था । मामा का बेटा तुरत ही मरा था, घर में कोई लड़का था नहीं, अतः पेंग की उसने बड़ी खातिर की । उसके मामा की एक लड़की मात्र बच रही थी । इस लड़की से पेंग का प्रेम हो गया । मामा ने दोनों की शादी कर देने का भी सोचा । पेंग की उस लड़की के साथ ही पढ़ाई-लिखाई फिर शुरू हुई । दोनों साथ रहते, खेलते, पढ़ते और अपने भावी जीवन का खाका बनाते ।

किंतु पेंग की दुस्साहसिकता ने उस खाके को भी खाक में मिला दिया ।

उस साल हूनान में बड़ा अकाल पड़ा था । हजारों किसान भूखों मर रहे थे । पेंग का मामा जहाँ तक संभव होता, लोगों को मदद देता । किंतु अन्न का अंबार तो लगाए था वहाँ का एक जमींदार, जो अकाल से फायदा उठाकर लखपति बन रहा था । एक दिन दो सौ किसान उसके दरवाजे पर इकट्ठे हुए और उससे उधार अन्न माँगने लगे । जमींदार बिगड़ा । उन्हें गालियाँ दीं, दरवाजे पर से निकलवा दिया और फाटक लगा दिया । पेंग उसी रास्ते आ रहा था । उसे गुस्सा आया । उसने किसानों को उत्साहित किया और उसके अन्न भंडार पर सब मिलकर जबरदस्ती टूट पड़े । गाड़ियों पर लाद-लादकर उसका अधिकांश अन्न किसान लूट ले गए ।

लूट तो हो गई, किंतु जब कानून की बारी आई तो पेंग अपनी जान बचाने को फिर एक बार घर से निकल भागा । इस समय वह कुछ जवान हो चला था—वह जाकर फौज में भरती हो गया । पहले साधारण सिपाही, फिर क्रांति के रंग में रँगा ।

अठारह वर्ष की उम्र में पेंग कप्तान बना दिया गया। उसी समय वहाँ के गवर्नर को मारने का षड्यंत्र रचा गया। पेंग को ही यह काम सौंपा गया। पेंग एक बम लेकर राजधानी में पहुँचा और एक दिन रास्ते पर खड़ा उसकी बाट जोह रहा था कि वह निकला। पेंग ने बम फेंका, किंतु, बम फटा नहीं। गवर्नर बचा। पेंग ने भी अपने को बचा लिया।

इसी समय डॉक्टर सुनयात सेन ने विद्रोह का झंडा उठाया और इस गवर्नर पर चढ़ाई की। पेंग डॉक्टर की सेना में आ गया। किंतु डॉक्टर के ही काम से जब वह फिर राजधानी चांग्सा लौटा तो उसके साथियों ने उसे धोखा दिया, वह गिरफ्तार कर लिया गया और उस पर जो अमानुषिक अत्याचार हुए, उसका वर्णन उसी के मुख से सुनिए—

"प्रति दिन एक घंटा मुझे तरह-तरह से सताया जाता। एक रात मेरे पैर बाँध दिए गए और मेरे हाथों को पीठ के पीछे लेकर कस दिया गया। फिर मेरी कलाई में रस्सा बाँधकर मुझे छत से लटका दिया गया। तब मेरी पीठ पर पत्थर के बड़े-बड़े टुकड़े रखे जाने लगे और जेलर वहाँ खड़ा ठोकरों से मुझे मारता और सब बातें प्रकट कर देने को कहता। क्योंकि मेरे खिलाफ उनके पास कोई गवाही नहीं थी। मैं बार-बार बेहोश हो जाता था।

"इस तरह का अमानुषिक उत्पीड़न महीने-भर चलता रहा। जब मार पड़ती, मैं सोचता, अब अगली बार सब कुछ कह दूँगा, किंतु अगली बार फिर पीटा जाता और जबान से कुछ बाहर नहीं निकलता। अंत में उन्हें मुझे छोड़ देना पड़ा, क्योंकि कोई भी चीज वे मुझसे नहीं पा सके। एक जमाना वह भी आया, जब मैंने चांग्सा पर चढ़ाई की, उसे जीता और सबसे पहला काम यह किया कि जेल की उस कोठरी को ढहा दिया, जिसमें ये तकलीफें दी गई थीं। वहाँ से मैंने सैकड़ों राजनीतिक कैदियों को भी मुक्त किया, जो मार-पीट और भूख के कारण अर्द्धमृत बने हुए थे।" खैर, जेल से छुटकारा पाते ही पेंग घर को लौटा और इस आशा से कि अपने मामा की लड़की से उसकी शादी हो जाए। किंतु यहाँ पहुँचकर उसने सुना, वह बेचारी चल बसी है।

पेंग ने फिर सेना में नाम लिखाया और पीछे हूनान और नानचांग के सैनिक विद्यालयों में भरती होकर फौजी स्नातक हुआ। अपनी योग्यता से उसे बढ़ते देर न लगी। 1927 में जब कि वह कुल अट्ठाईस वर्ष का था, ब्रिगेडियर कमांडर था और हूनान-भर के सैनिक उसे 'उदार' अफसर के नाम से पुकारते थे, जो अपने सैनिकों की कमिटी की सलाह से ही काम करता था।

जिस समय च्यांग काई शेक की वह सत्यानाशी नीति शुरू हुई, पेंग पर हाथ नहीं उठाया गया, क्योंकि वह सेना में बड़ा ही जनप्रिय था। किंतु आखिर यह कब तक रुका रहता? 1928 में पेंग ने स्वयं विद्रोह किया और पिं कियांग पर कब्जा कर पहली हूनान सोवियत सरकार की स्थापना की।

दो वर्षों के बाद ही 'इस्पाती भाईचारा' के आठ हजार सैनिकों का वह नेता था, जो पीछे पाँचवीं लाल सेना के नाम से मशहूर हुआ। इन्हीं आठ हजार सैनिकों को लेकर उसने चांग्सा पर चढ़ाई की और साठ हजार की सेना को पराजित कर उस पर कब्जा किया। यह कब्जा दस दिनों तक रहा—पीछे जब जापानी, अंग्रेजी और अमेरिकन लड़ाकू जहाजों के साथ नानकिंग की सरकार ने उस पर चढ़ाई की, तो उसे हट जाना पड़ा।

महाअभियान में पेंग तेह ह्वाई सबसे आगे चलनेवाली पहली लाल सेना का कमांडर था। लाखों सेना की पंक्तियों को तोड़कर आगे बढ़ना, दुश्मन के प्रमुख स्थानों पर कब्जा करना और पिछली सेना से संबंध भी रखना, सबका श्रेय पेंग को बहुत अंशों में दिया जा सकता है। इस अभियान की छः हजार मील की यात्रा पेंग ने प्रायः पैदल ही तय की—अपना घोड़ा तो वह घायलों को दे दिया करता था।

जीवन की इतनी कशमकश से पार होने पर भी पेंग के चरित्र में कहीं कटुता या रुखाई नहीं है। वह बड़ा आनंदी और हँसोड़ जीव है और उसका स्वास्थ्य भी अच्छा है। हाँ, हफ्तों तक कच्चा गेहूँ और घास-पात खाने की वजह से उसका पेट कुछ कमजोर हो गया है। वह सादगी से रहता है। सादा खाना खाता है। न तो सिगरेट पीता, न कोई नशा छूता। फुरती का तो वह अवतार है। पहाड़ियों पर वह खरहे की तरह सर्र-सा चढ़ जाता है

और वहाँ से खड़ा होकर अपने सैनिकों से कहता है—बढ़े चलो, यारो ! घुड़सवारी में भी उसे कमाल हासिल है । वह बहुत देर से सोता और बहुत ही सवेरे जगता है ! वह मुश्किल से चार-पाँच घंटे रोज सोता है ।

1926 में उसने एक मिडिल स्कूल की लड़की से शादी की । क्रांति के दो वर्षों तक दोनों जुदा रहे, फिर 1928 में मिले ।

बच्चों से उसे बेहद प्रेम है । वह जहाँ रहता, कुछ बच्चे उसे घेरे रहते । इन बच्चों को बहुत ही सम्मान से वह रखता है और उनसे राजनीतिक गंभीर विषयों पर भी बातें करता है । उसने बच्चों की 'बाल सेना' बना रखी है । रसोई, अस्तबल, बिगुल, संदेशवाहक के लिए भी उसने बच्चों की भरती की, जो बहुत ही काम के सिद्ध हुए हैं ।

लाल कुम्हार

(सू हाई तुंग)

"हम एक लाख डालर इनाम देंगे, यदि तुम माओ त्से तुंग या सू हाई तुंग को मारकर हमारी सेना में भरती हो जाओ । किसी भी 'लाल डाकू' को मारकर आओ और हमसे खूब इनाम पाओ ।"

ऐसी घोषणा के पर्चे हाल तक च्यांग काई शेक की ओर से लाखों की संख्या में हवाई जहाज से गिराए जाते थे और लोगों का कहना है कि सचमुच लाल सेना के सेनापतियों में कोई भी उतना बदनाम या रहस्यमय नहीं, जितना यह सू हाई तुंग—लाल कुम्हार ।

उसका जन्म हांकाऊ के निकट ह्वांग्पी सीन जिले में लगभग 1900 ई. में हुआ । पुश्त-दर-पुश्त से उसका परिवार कुम्हार का काम करता चला आया है । उसके बाबा ने कुछ जमीन खरीदकर खेती भी शुरू की थी, किंतु एक बार अकाल पड़ा और फिर वही चाक और डंडा । उसके पाँच भाई पिता के साथ ह्वांग्पी में बरतन बनाने का काम करते और काफी पैसे कमाते । वे सब-के-सब निरक्षर भट्टाचार्य थे और हाई तुंग को बचपन से ही प्रतिभाशाली देखकर उसके पढ़ाने-लिखाने के लिए अपनी कमाई के कुछ पैसे बचाकर रखते ।

सू का नाम स्कूल में लिखाया गया । स्कूल में ज्यादातर तो धनियों—जमींदारों और महाजनों—के लड़के ही पढ़ा करते । वे लोग सू को देखते ही आँख-भौं सिकोड़ने लगते । सू को न तो जूते थे और न साफ-सुथरे कपड़े । फिर वे इससे क्यों घृणा न करें और गालियाँ दें ? जब इन गालियों की नालिश सू मास्टर से करने जाता तो मास्टर इसे ही पीटता !

जब चौथे दर्जे में यह पढ़ रहा था, एक बार स्कूल में अजीब लड़ाई हुई । सू ने सभी गरीबों के लड़कों को संगठित किया और धनियों के लड़कों से जमकर मोरचा लिया । इस लड़ाई में स्वभावतः ही धनियों की हार हुई, यद्यपि उनकी संख्या कहीं अधिक थी । एक धनी लड़के का सिर सू के हाथ के पत्थर के टुकड़े से कट गया । वह दौड़ा गया और बाप से फरियाद की । उसका बाप आया और बिना जाँच-पड़ताल किए इस 'नीचे खानदान के जने' को मारना शुरू किया । जब यह घटना मास्टर को मालूम हुई, उसने भी सू को खूब पीटा । उस समय सू जो स्कूल से बाहर हुआ, फिर न लौटा । उसे विश्वास हो गया, स्कूल भी धनी लोगों के बच्चों के लिए हैं—गरीबों की उनमें गुजर कहाँ ?

वह अपने खानदानी पेशे में लगा । पहले तो मुफ्त में ही काम करता रहा, पीछे तो, जब वह सोलह वर्ष का था, पूरा कारीगर बन चला और सभी कुम्हारों से ज्यादा तनख्वाह पाता । "जल्द-से-जल्द बरतन बनाने में मेरा मुकाबला चीन में कोई नहीं कर सकता, इसलिए इस जद्दोजहद के बाद मैं अपने देश का एक उपयोगी नागरिक

सिद्ध होऊँगा"—सू आज भी हँसते-हँसते कहा करता है।

अपने उस जमाने की एक और कहानी सू कहा करता है। एक बार एक नाटक-मंडली आई और उसने खेल दिखाना शुरू किया। उस खेल में रईसों की बीवियाँ भी तमाशा देखने आई थीं। जो मजदूर नाटक देखने गए थे, वे उनकी अजीबोगरीब सूरतों पर, उत्सुकतावश, घूर-घूरकर नजर डालते। रईसजादियों ने इसे अपनी तौहीनी समझी और पुलिस को हुक्म हुआ कि उन गुस्ताखों को मार निकाला जाए। मजदूर भी डट गए, बड़ी मार हुई। दूसरे दिन बरतन के उस कारखानेदार ने, जिसमें सू काम करता था, उन साहबजादियों को अपने यहाँ निमंत्रित करना और उनके सम्मान में आतिशबाजियाँ करके उनके रात के अपमानित हृदयों को तसल्ली दिलाना चाहा। इसके खर्च के लिए उसने मजदूरों पर ही चंदा बिठाया। सू ने सभी मजदूरों को संगठित किया और चंदा देने से साफ इनकार कर दिया—यह भी कह दिया कि अगर मुशाहरे से काटा गया, तो हम हड़ताल करेंगे। कारखानेदार का होश दुरुस्त हुआ—उसने यह झंझट छोड़ दी। सू ने भी संगठन का महत्त्व समझा।

जब इक्कीस वर्ष का था, एक घरेलू खटपट की वजह से सू ने घर छोड़ दिया और हांकाऊ आया। हांकाऊ से भी आगे बढ़ा और कियांग्सी पहुँच एक वर्ष तक चाक चलाता रहा। वहाँ काफी बचाकर वह लौटने की बात सोच ही रहा था कि उसे हैजा हो गया और जो कुछ बचाया था, इलाज में खर्च हो गया। अब वह खाली हाथ क्या लौटे, फौज में भरती हो गया, क्योंकि उसने सुन रखा था, उसमें काफी पैसे मिलते हैं। उसका मुशाहरा दस डालर महीना ठीक हुआ, किंतु पैसे की जगह यहाँ भी उसे पिटाई ही मिलती थी। इसी समय दक्षिण में क्रांतिकारी आंदोलन बढ़ रहा था और साम्यवादी प्रचार सू की सेना में भी घुसने लगा था। उसकी सेना के कुछ आदमियों को इसी अपराध में फाँसी भी हो गई। तब वह इसकी ओर उत्सुकतावश ध्यान देने लगा। चूँकि उसकी यह सेना एक खानगी युद्ध देवता की सेना थी, इसलिए वह इसे छोड़कर भाग चला और कैन्टन पहुँचकर कुओ मिन् तांग की चौथी सेना में भरती हो गया। 1927 में उसे उस सेना में छोटा कमांडर का पद मिल चुका था।

इसी 1927 में वह सत्यानाशी गृहयुद्ध शुरू हुआ। सू गरीब खानदान का था, धनियों के चोंचले और गरीबों की विपदा का जानकार उससे बढ़कर कौन था—उसने साम्यवादियों का साथ दिया। सेना छोड़कर अपने घर भाग आया और वहाँ साम्यवादी पार्टी की शाखा खोलकर उसके संगठन में लग गया।

जब पार्टी की हालत डाँवाँडोल हो गई और उसके नेता किंकर्तव्यविमूढ़ हो अपने सिरों की रक्षा के लिए लुकने-छिपने लगे, सू हाई तुंग ने सोवियत के दूसरे संस्थापकों की तरह, दूसरी ही राह पकड़ी। उसने अकेले कुछ करने का सोचा। उसने अपने कुम्हार भाइयों का संगठन किया और संगठन किया कुछ स्थानीय किसानों का और उनमें से लोगों को लेकर उसने हुप्पे की प्रथम लाल सेना की नींव डाली। शुरू में उस सेना में कुल सत्रह सैनिक थे, एक रिवाल्वर थी और कारतूस कुल आठ!

इसी छोटी सेना का विकास आखिर 1933 में चौथी मोरचा लाल सेना के रूप में हुआ, जिसमें साठ हजार सैनिक थे और जिसकी छत्रच्छाया में हुप्पे-आन्ह्वी हूनान की सोवियत कायम हुई जो आकार में कियांग्सी से कुछ ही छोटी, किंतु तो भी, आयरलैंड के बराबर थी। इस सोवियत के भी अपने डाकखाने थे, बैंक थे, टकसालघर था, सहयोग-समितियाँ थीं, कारखाने थे, जिनका संचालन एक निश्चित योजना पर होता था।

कियांग्सी की तरह इस सोवियत को भी नष्ट करने के लिए च्यांग काई शेक ने कुछ उठा नहीं रखा। वहाँ भी पाँच बार बड़ी-बड़ी चढ़ाइयाँ की गईं। चार को तो पराजित कर दिया गया, किंतु पाँचवीं का बोझ नहीं बरदाश्त कर कियांग्सी की ही तरह, वहाँ से हटने की तैयारी की गई और जिस समय माओ त्से तुंग अपने दलबल के साथ जेचुआन पहुँचा, ये लोग भी वहाँ उनसे जा मिले। दोनों के सम्मिलन से आनंद और उत्साह की ही वृद्धि नहीं हुई, लाल सेना की शक्ति भी बढ़ गई और दोनों एक होकर शेंसी पहुँचे।

निस्सन्देह लाल सेना के जितने सेनापति हैं, उनमें सबसे वर्ग-जाग्रत व्यक्ति— व्यवहार में, सूरत-शक्ल

में, बातचीत में—सू हाई तुंग समझा जाता है। हो लंग के सिवा जितने सेनापति हैं प्रायः सभी मध्यवर्ग से, धनी किसान खानदान से या बुद्धिजीवी वर्ग से आए हैं। सू इस नियम का पूर्ण अपवाद है। अपने गरीब खानदान का होने का उसे गर्व है और उसका सच्चा विश्वास है कि चीन के गरीब बड़े ही दयालु, साहसी, निःस्वार्थी और ईमानदार होते हैं। अपनी दुस्साहसिकताओं का श्रेय वह इसी गरीबी को देता है और चूँकि उसकी सेना गरीबों से बनी है, वह कहा करता है, हमारा एक लाल सैनिक किसी भी सफेद सेना के पाँच सैनिकों के बराबर है।

उसका उत्साह, उसका घमंड कभी-कभी बचपना-सा मालूम होता है, किंतु शायद यही वह रहस्य है जिसके चलते उसकी सेना उस पर जान देती है। अपनी सेना पर उसे बहुत ही घमंड है—व्यक्तिगत अच्छाइयों की हैसियत से या सच्चे क्रांतिकारियों की दृष्टि से या चतुर सैनिकों की दृष्टि से, अच्छे घुड़सवारों की हैसियत से—वह अपनी सेना को अनुपम समझता है। अपने सहायक सेनापतियों पर भी उसका कम फख्र नहीं; जिनमें दो तो उसी की तरह कुली के बेटे हैं, जिनमें एक की उम्र कुल इक्कीस वर्ष की ही है, किंतु छः वर्षों से वह साम्यवादी पार्टी में काम कर रहा है।

शारीरिक शक्ति की सू बड़ी ही कद्र करता है और इस बात का उसे अफसोस होता है कि आठ गहरे घावों ने उसकी इस शक्ति में थोड़ी कमी कर दी है। उसके दोनों पैर, दोनों हाथ, छाती, कंधा और चूतड़ गोलियाँ खा चुके हैं और एक गोली तो उसके सिर में आँख के थोड़ा ही ऊपर लगी और कान के निकट से निकल गई। इतना होने पर भी वह एक ऐसा ताजा किसान-ढोटा मालूम होता है, जिसने धान के खेत से तुरत-तुरत आकर फौज में नाम लिखाया हो। वह न तो सिगरेट पीता, न शराब छूता है। दुबला है—किंतु उसके अंग-अंग गठे हुए हैं।

उसके ऊपर के दाँत बिलकुल गायब हैं। एक बार वह घोड़े पर उसे दौड़ाते हुए जा रहा था कि घोड़े की अगली टाप एक सैनिक को लग गई। उसने जोर से जाते हुए घोड़े को एकाएक रोककर उस सैनिक की सुधि लेना चाहा कि घोड़ा बिगड़ गया और जोरों से उसे एक पेड़ पर पटक दिया। दो हफ्ते तक तो सू बिलकुल बेहोश रहा—जब होश हुआ तो देखा, उसके ऊपर के दाँत गायब हैं!

"देखिए, कहीं फिर न चोट खा जाइए"—एक विदेशी पत्रकार ने उससे हँसते हुए कहा।

"आप इत्मीनान रखें—बचपन से ही इतनी चोटें सहता आया हूँ कि अब इसकी परवाह नहीं रह गई।"—इतना कह वह ठहाका मारकर हँस पड़ा।

यों तो चीनी सोवियत में कोई ऐसा नेता नहीं, जिसका कोई-न-कोई निकटतम और प्रियतम व्यक्ति इस यज्ञ में बलि नहीं चढ़ा हो। किंतु जैसा बलिदान सू को करना पड़ा है—वह तो चीन ही क्या, संसार के इतिहास में शायद अनुपम है।

च्यांग काई शेक ने हुक्म दे रखा था कि जिस किसी का नाम 'सू' से शुरू होते देखो, उसे कत्ल कर दो। सू के छियासठ कुटुम्बियों को खत्म किया गया—उनमें सत्ताईस तो उसके नजदीक के संबंधी थे और उनतालीस दूर के रिश्तेदार। ह्वांगपी में एक आदमी को भी नहीं छोड़ा गया, जिसका नाम 'सू' से प्रारंभ होता था। बूढ़े, नौजवान, स्त्री-पुरुष, लड़के, दूधमुँहे बच्चे किसी से रियायत नहीं की गई। सू के खानदान के तेरह आदमी ह्वांगपी छोड़ लिहसियांग भागकर जान बचाने पहुँचे। वहाँ भी उन्हें पकड़ा गया—पुरुषों को फाँसी हुई, स्त्री और बच्चे को गोली मार दी गई।

सू के पाँच भाइयों में केवल एक बच रहा है। दुष्टों ने उसकी स्त्री को भी नहीं छोड़ा। उसे पकड़कर ले गए और न जाने उस बेचारी पर क्या बीती। खबर उड़ी थी कि वह रंडी की तरह एक सौदागार के हाथ बेच दी गई!

डाकुओं का नेता

(हो लुंग)

हाँ, जिसने एक छुरे के जोर से हूनान में सोवियत स्थापित की, वह हो लुंग कभी डाकुओं का नेता था !

किंतु क्या उसके लोगों को डाकू और उसे डाकुओं का नेता कहना भी इस शब्द के सही अर्थ में ठीक है ?

चीन में एक गुप्त संस्था है, जिसे 'बड़े भैया की पंचायत' कहते हैं । इसकी शाखाएँ चीन की देहातों में हर जगह हैं । उसका पिता इस संस्था का लीडर था । हो लुंग को नेतृत्व अपने पिता से विरासत के रूप में मिला ।

हो की वीरता की कहानी बचपन से ही उसके प्रांत-भर में फैली थी । कहा जाता है कि एक बार उसके पिता ने कुछ अतिथियों को बुलाया, उन्हें भोज दिया । खाते समय गप करते-करते उसने अपने बेटे की भूरि-भूरि प्रशंसा की । अतिथियों में से एक को इसकी जाँच की सूझी । जिस टेबुल पर बैठकर ये लोग खाते और बात कर रहे थे, उसने उसके नीचे अपनी बंदूक का मुँह करके गोली दाग दी । भयानक विभ्राट हुआ । किंतु हो लुंग की पलकें तक नहीं गिरीं ।

पिता की मृत्यु के बाद उनके दल का यह नायक हुआ—जो निस्संदेह सशस्त्र सैनिकों की एक जबरदस्त टोली थी । उसकी सेना की ताकत और वीरता की धाक चारों ओर फैल रही थी । जिस समय साम्यवादी और राष्ट्रवादी मिलकर चीन के पुनर्जीवन का प्रयत्न कर रहे थे, यह आवश्यक समझा गया कि हो लुंग को भी इसके पक्ष में किया जाए ।

हो के एक दूर के रिश्तेदार को अन्य प्रमुख कर्मियों के साथ उसके पास भेजा गया । उस समय वह एक ऐसे हल्के में था, जिससे होकर धनी अफीम बेचनेवालों के झुंड येनान से हांकाऊ आते-जाते थे । हो की सेना लूटपाट नहीं करती, उनसे टैक्स वसूल करती । हो अपने सैनिकों को न तो बलात्कार की ओर प्रवृत्त होने देता, न अफीम पीने देता ।

इस डेपुटेशन से हो मिला । तीन सप्ताह तक बातें होती रहीं । हो ज्यादा पढ़ा-लिखा नहीं था ।—किंतु दुनियारी समझने की शक्ति उसमें कम नहीं थी । क्रांति और उसके द्वारा चीन का पुनर्जीवन क्या चीज है—उसको समझते देर नहीं लगी । अपनी सेवाओं को इस सुकार्य में लगाने के लिए वह ललक उठा । किंतु वह हर चीज पर ब्योरेवार बात करता रहा और अपनी सेना की पूरी रजामंदी लिये बिना राजी नहीं हुआ ।

राजी हो जाने पर उसकी फौज को आधुनिक फौजी शिक्षा दी गई और क्रांति के सिद्धांतों का भी चलता ज्ञान दे दिया गया । फौज में वृद्धि भी की गई । यह फौज कुओ मिन् तांग का एक अंग समझी जाने लगी ।

यह 1925 की बात है । 1927 तक हो साम्यवादी पार्टी में शामिल नहीं हुआ था । उसकी ज्यादा सहानुभूति वू हान की गरमदली कुओ मिन् तांग की शाखा से ही थी । किंतु जब नानचांग के अगस्त विद्रोह के बाद न केवल साम्यवादियों का, वरन् किसानों, मजदूरों, साधारण जनता का घोर दमन किया जाने लगा और जमींदारों की हिमायत की जाने लगी, तो हो का खून खौल उठा—गरीब किसान खानदान का खून ! क्योंकि उसका खानदान बड़े गरीब किसानों का था और गरीबी ने ही उसके पिता को इस पेशे में आने को बाध्य किया था ।

हो लुंग ने भी झंडा उड़ाया । किंतु जैसी कि दूसरे लाल सेनापतियों की हालत हुई, पहले उसे बार-बार हारना पड़ा । आखिर बात यहाँ तक आई कि उसे छिपकर हांगकांग भाग जाना पड़ा, जहाँ से लुकते-छिपते शांघाई पहुँचा और वहाँ से किसी तरह फिर अपने प्रांत हूनान में आ रहा ।

यहीं वह घटना हुई, जिसके बारे में कहा जाता है कि हो ने एक छुरे की मदद से हूनान की सोवियत कायम की ।

1928 का प्रारंभ था । हो एक गाँव में छिपा 'बड़े भैया की पंचायत' के सदस्यों से सलाह-मशविरा कर

रहा था कि वहाँ टैक्स वसूल करनेवाले अफसर सदल-बल आ पहुँचे। हो ने इस मौके को जाने नहीं दिया। अपने साथियों को लेकर उन पर धावा बोल दिया और अपने छुरे से उसने टैक्स कलक्टर को मार डाला और उसके साथियों को घायल किया। फिर उसके सशस्त्र संरक्षकों पर चढ़ दौड़ा—वे बेचारे घबराकर भागे। उनमें से कितने को मारा और सबके सब हथियार छीन लिये। इन हथियारों से उसने अपनी पहली किसान सेना कायम की।

जिस समय 1935 में वह हूनान की सोवियत भूमि को छोड़कर माओ के महाअभियान की राह चला, उसके पास चालीस हजार की लाल सेना थी। उसकी इस सेना को कियांग्सी की लाल सेना से भी ज्यादा मुसीबतें उठानी पड़ीं। हजारों पहाड़ों की बर्फीली चोटियों पर गल मरे, हजारों नानकिंग के हवाई बनगोलों के शिकार हो गए। भूखों तड़पकर मर जानेवालों की तायदाद भी कुछ कम नहीं थी। किंतु हो लुंग के व्यक्तित्व में कुछ ऐसा चुम्बक है कि उसके आदमियों ने उसका साथ छोड़ने की अपेक्षा मौत को वरण करना ज्यादा अच्छा समझा। हो का प्रभाव चीन की देहात के कोने-कोने में है—अतः, वह जिस रास्ते से जाता, लोग उसकी मदद करते, रास्ते में बहुत लोग उसकी सेना में भी भरती होते। अंत में वह तिब्बत की पूर्वीय सीमा के निकट पहुँचा, जहाँ चू तेह से उसकी भेंट हुई। उस समय उसके पास कुल बीस हजार सैनिक बच गए थे—वे भी भूखे पेट, नंगे पैर, फटे हाल। कई महीनों तक चू तेह के साथ वहीं विश्राम कर फिर दोनों शेंसी-कांसू के लिए रवाना हुए।

हो लुंग की उम्र इस समय पचास वर्ष से ज्यादा की है। किंतु उसका स्वास्थ्य बिलकुल ठीक है। वह काफी लंबा और तगड़ा है और उसकी ताकत शेर की-सी है। वह कभी थकता नहीं। अपने महाअभियान में वह कितने घायलों को रास्ते में खुद ढोता था। आज की क्या बात, जिस समय वह कुओ मिन् तांग की सेना का सेनापति था, तो भी वह बहुत सादगी से रहता था।

वह अपनी व्यक्तिगत चीजों या सुख-सुविधाओं की जरा भी चिंता नहीं करता। हाँ, घोड़ों की उसे बड़ी चिंता रहती है। वह उन्हें प्यार करता है। एक बार एक बड़े खूबसूरत घोड़े को वह बहुत मानने लगा था। दुश्मन की सेना ने उस घोड़े को पकड़ लिया। उसे वापस लाने के लिए उसने उस सेना पर चढ़ाई की और घोड़ा वापस लाकर ही दम लिया।

यों तो वह तेज स्वभाव का है, किंतु है बड़ा विनयी। जिस समय से वह साम्यवादी पार्टी में शामिल हुआ, वह पार्टी के अनुशासन को बड़ी श्रद्धा से पालन करता है और एक बार भी उसका भंग आज तक नहीं किया। वह आलोचनाओं को आमंत्रित करता और बड़ी सावधानी से सलाहों को सुनता है।

उसकी बहन उसी की तरह है—लंबी, बड़े-बड़े पैरोंवाली। युद्ध में लाल सेना का वह संचालन तक करती है और घायलों को कंधे पर ढोने से नहीं झिझकती। हो की पत्नी भी ऐसी ही है।

हो की धनियों के प्रति घृणा चीन-भर में मशहूर है। कहा जाता है कि धनियों को जब यह मालूम होता कि हो यहाँ से सत्तर-पचहत्तर मील दूर है, तभी वे घर छोड़कर भाग जाते, भले ही नानकिंग की सेना उनकी रक्षा का वचन दे और मुस्तैद हो। उसकी तेज चाल और दुर्द्धर्ष धावे के सभी कायल हैं।

शांघाई का विद्रोही

(चाउ एन लाइ)

सोवियत चीन में चाउ एन लाइ बुद्धिजीवी लोगों का प्रतिनिधित्व करता है। च्यांग काई शेक ने उसके सिर पर अस्सी हजार डालर का इनाम घोषित कर रखा था।

बड़े प्रभावशाली खानदान का लड़का। बाबा मांचू राज्य के एक बड़े ओहदेदार। बाप एक प्रतिभाशाली शिक्षक। माँ सुशिक्षिता। चाउ बचपन से ही अपनी योग्यता और साहित्यिक रुचि का परिचय देने लगा। किंतु उसके देश की परिस्थिति की आँधी ने उसे उसके मतानुकूल राह से घसीटकर कहाँ पर रख दिया!

पहले एक मिडिल स्कूल में पढ़ा, फिर विश्वविद्यालय में नाम लिखाया। वह अमेरिकन पादरियों का विश्वविद्यालय था। वहीं उसने अंग्रेजी सीखी! तेज विद्यार्थी होने के कारण उसे प्रायः ही स्कॉलरशिप मिली थी। पढ़ ही रहा था कि 1919 में विद्यार्थियों का विद्रोह शुरू हुआ। चाउ अपने विश्वविद्यालय के विद्यार्थियों का नेता बना, गिरफ्तार हुआ, जेल में ठूँसा गया। उस समय उस विद्रोह में एक विद्यार्थिनी ने उसका बड़ा साथ दिया था। आज वही उसकी पत्नी और संगिनी है।

जेल से छुटकारा पाकर चाउ फ्रांस गया। महायुद्ध के बाद यूरोप में साम्यवाद की जो धूम थी, उससे प्रभावित हो उसने पेरिस में एक चीनी साम्यवादी पार्टी संगठित की। उसी समय चीन में जो साम्यवादी पार्टी बनी, उसके संस्थापकों में भी उसकी गिनती की जाती है। दो वर्ष तक पेरिस में पढ़ा, कुछ महीने इंगलैंड में रहा और फिर जर्मनी में एक वर्ष तक अध्ययन किया। 1924 में जब वह चीन लौटा, उसने डॉ. सुनयात सेन से कैन्टन में भेंट की। डॉ. सेन इसकी योग्यता पहचान गए। थोड़े ही दिनों में वह कैंटन के प्रमुख राजनीतिक पुरुषों में गिना जाने लगा और ज्योंही वाम्पा में सैनिक विद्यालय खुला, वह उसका सेक्रेटरी बना दिया गया। उस समय उसकी उम्र कुल छब्बीस वर्ष की थी।

वाम्पा सैनिक विद्यालय का सेक्रेटरी होना कोई छोटी बात नहीं थी। वह यही सैनिक विद्यालय है जिससे निकले लोगों ने चीन में क्रांति की और जिनमें से बहुत लाल सेना के प्रमुख सेनानायक बने। आज रूस की सोवियत की पूर्वीय सेना के जो अध्यक्ष हैं, वह जनरल ब्लूशर साहब उस विद्यालय के रूसी सलाहकार नं० १ थे। चाउ ब्लूशर के विश्वासपात्रों में था। उसे इस पद पर देखकर च्यांग काई शेक जलता था, किंतु यह चाउ की योग्यता और प्रभाव था, जिससे बाध्य होकर उसे चुप्पी साधना पड़ता था।

जिस समय 1925, '26, '27 में कुओ मिन् तांग और साम्यवादी पार्टी के सम्मिलित प्रयत्न से उत्तरी सैनिक अभियान च्यांग काई शेक की अध्यक्षता में शुरू किया गया, चाउ को हुक्म दिया गया कि वह शांघाई में जाकर वहाँ विद्रोह कराने की तैयारी करे, जिसमें राष्ट्रीय सेना उस पर अपना कब्जा जमा सके। चाउ अट्ठाईस वर्ष का नौजवान था, उसे कोई बाजाब्ता सैनिक शिक्षा भी नहीं मिली थी, मजदूरों की स्थिति और मनोदशा से भी वह परिचित नहीं था, क्योंकि वह धनी बाप का बेटा था और मजदूरों में कभी काम किया नहीं था, उसे कोई सलाह देनेवाला भी नहीं था। किंतु तो भी चाउ हृदय में विश्वास लेकर शांघाई पहुँचा—विश्वास था उसे अपने क्रांतिकारी निश्चय पर और अपने गहरे साम्यवादी ज्ञान पर।

तीन महीने के अंदर वहाँ के छः लाख मजदूर एक संगठन-सूत्र में बँध गए और एक आम हड़ताल की घोषणा की गई। हड़ताल तो पूरी रही—किंतु वह अपने उद्देश्य में सफल नहीं हो सकी। क्योंकि, मजदूर निहत्थे थे और उन्हें यह भी मालूम नहीं था कि 'शहर पर कब्जा' कैसे किया जा सकता है। दूसरी हड़ताल हुई, वह भी इसी तरह असफल रही और इधर दमन का दौर-दौरा शुरू हुआ—कितने मजदूरों के सिर धड़ से अलग कर दिए गए। किंतु क्या इससे मजदूर डर सकते थे? जिनके कानों में क्रांति का मंत्र पड़ चुका था, इस संघर्ष और दमन ने उनमें और जंगी भाव ला दिये! पाँच हजार मजदूरों की स्वयंसेना तैयार की गई, जिसमें में से दो हजार मजदूरों को चुप-चोरी से सैनिक शिक्षा भी दी गई। किसी तरह कुछ हथियार भी—खासकर रिवाल्वर—इकट्ठे किए गए और तीन सौ हथियारबंद मजदूरों की एक 'फौलादी टोली' बना ली गई।

21 मार्च, 1927 को फिर आम हड़ताल की घोषणा की गई। जितने कल-कारखाने या दूसरी तिजारत या सार्वजनिक काम थे, बंद हो गए। संगठित और सुशिक्षित मजदूर सड़कों पर मोरचेबंदी कर डट गए। उन्होंने पहले थानों पर कब्जा किया, फिर शस्त्रागार पर, तब फौजी पड़ाव पर और उसके बाद तो विजय-ही-विजय! पाँच हजार मजदूर हथियार बंद हो गए, छः बटालियन क्रांतिकारी सेना तैयार हो गई और 'नागरिकों की सरकार'

की डुगडुगी शहर-भर में बज गई ।

आधुनिक चीन के इतिहास में यह अपने ढंग का सर्वथा अनूठा फौजी कब्जा हुआ ।

इसके कुछ ही दिन बाद च्यांग काई शेक पहुँचा, तो उसने पहले ही से विजय-दुन्दुभि बजती देखी । क्रांतिकारी मजदूरों की सेना ने उसकी बड़ी खुशी से अगवानी की ।

किंतु क्या च्यांग काई शेक मजदूरों की यह ताकत देखकर खुश हुआ ? साम्यवादियों की इस विजय पर क्या वह सचमुच उल्लास में आया ? नहीं—एक महीने के बाद ही उसने अपना केंचुल बदला और काला नाग-सा फुफकारने लगा । सबसे पहले उसने शांघाई के साम्यवादी नेताओं और वहाँ के मजदूरों पर ही हाथ साफ करना शुरू किया । अकेले शांघाई में ही उसने पाँच हजार आदमियों को फाँसी पर लटकाया । चाउ एन लाइ की गिरफ्तारी के लिए इनाम की घोषणा की गई और उसके साथियों को पकड़-पकड़कर फाँसी पर झुला दिया गया । चाउ भी गिरफ्तार हो गया और उसे भी फाँसी देने का हुक्म हुआ । किंतु चाउ के पहरे पर जो कमांडर था, वह वाम्पा विद्यालय का विद्यार्थी रह चुका था । अपने पर खतरा लेकर भी उसने अपने सेक्रेटरी को जान लेकर भागने की सहूलियत कर दी ।

चाउ भागकर वू हान आया और वहाँ से चानचांग गया, जहाँ अगस्त विद्रोह में उसने मदद की । वहाँ से चलकर वह स्वाताओ पहुँचा और मजदूरों को संगठित कर उस शहर पर दस दिनों तक लाल झंडा फहराता रहा । किंतु जब विदेशी लड़ाकू जहाजों की सहायता से देशी फौज ने बेतरह घेरा डाला, तो वह वहाँ से भी निकल भागा और कैन्टन में आकर सुप्रसिद्ध कैन्टन कम्यून की स्थापना की ।

कैन्टन कम्यून की पराजय के बाद चाउ को गुप्त रीति से काम करने पर बाध्य होना पड़ा । 1931 में यह सुनकर कि कियांग्सी और फुकियन में सोवियत कायम हो गई है—वह वहाँ पहुँचा और प्रधान सेनापति चू तेह का राजनीतिक सलाहकार बनाया गया । पीछे वह युद्ध-समिति का उपाध्यक्ष भी बना दिया गया ।

महाअभियान में शांघाई के इस विद्रोह का बड़ा महत्त्वपूर्ण हिस्सा रहा है । जब शेंसी सोवियत में माओ अपने साथियों के साथ पहुँचा और वहाँ जमकर अपने आदर्श की सिद्धि में लगा, तो चाउ को पूर्वीय सेना का कमांडर-इन-चीफ बनाया गया ।

चाउ धनी घर का लड़का है, किंतु उसने अपने को बिलकुल साधारण जनता में खपा दिया है । वह दूसरे लाल सेनापतियों की तरह बहुत ही सादगी से रहता है—खाने, पीने, कपड़े, लत्ते की ओर कोई खास अनुरक्ति नहीं है । यद्यपि उसके नाम के साथ सैकड़ों कहानियाँ गुँथी हुई हैं—किंतु देखने में अभी वह बिलकुल छोकरा-सा लगता है । छरहरा बदन, मध्यम ऊँचाई । दाढ़ी बढ़ी हुई, लंबी—आँखें प्रेमल । कुछ लजीला-सा स्वभाव । व्यक्तित्व में चुम्बकत्व । काफी सुंदर—अपने कॉलेज के जमाने में इससे नाटकों में स्त्री पात्रों का काम लिया जाता था !

किंतु इतने पर भी अपने आदर्श के प्रति कितना दृढ़, अपने कर्त्तव्यों के प्रति कितना चौकस !

सैनिक विद्यालय का अध्यक्ष

(लिन पियाओ)

सौ से ऊपर संग्रामों में जिसने नायकत्व किया और दस वर्षों तक जो लगातार युद्धभूमि में रहा है, किंतु जो न तो आज तक एक बार भी पराजित हुआ और न घायल—तीस वर्ष का वह युवक-शिरोमणि लिन पियाओ है, जो लाल सेना के सैनिक विद्यालय के अध्यक्ष के पद को सुशोभित करता और जिसके सिर पर च्यांग काई शेक ने

एक लाख का इनाम बोल रखा था।

लिन पियाओ का जन्म हुप्पे प्रांत में एक कारखानेदार के घर 1908 में हुआ। उसके पिता की स्थिति भारी टैक्स देते-देते खराब हो चुकी थी, किंतु लिन पियाओ ने किसी तरह अपना अध्ययन जारी रखा और वह वाम्पा के सैनिक विद्यालय में भी प्रवेश पा सका। विद्यालय में वह नामी विद्यार्थी था और रूसी जनरल ब्लूशर और खुद च्यांग काई शेक का विशेष कृपापात्र बनकर उसने सैनिक और राजनीतिक शिक्षा में बड़ी व्युत्पन्नता प्राप्त की थी। स्नातक होते ही वह कैप्टन बना दिया गया और जब वह कुल उन्नीस वर्ष का था, तो 1927 में कुओ मिन् तांग की चौथी सेना का नामी कर्नल था। उसके चंद महीनों के बाद ही जब च्यांग काई शेक ने गृहयुद्ध शुरू किया, लिन पियाओ अपनी सेना के साथ निकल भागा और हो लुंग की सेना से जा मिला। नानचांग के विद्रोह में लिन पियाओ का भी हिस्सा था। 1932 में लिन पियाओ को पहली सेना का सेनापति बनाया गया, जिसकी ताकत बीस हजार राइफलों की थी। कुछ ही दिनों में यह लाल सेना की सबसे भयंकर टुकड़ी हो गई। लिन की मोरचाबंदी-संबंधी चतुराई का ही नतीजा था कि जब-जब नानकिंग की सरकारी सेनाएँ इसके खिलाफ भेजी गईं, उनकी बड़ी-से-बड़ी तायदाद होने पर भी उनको हराया और सत्यानाश में मिलाया गया। इसकी खबर-भर मिलनी चाहिए कि वे लिन की सेना से लड़ रहे हैं, फिर सरकारी सेना के सैनिकों के पैर स्थिर नहीं रह सकते थे—वे भाग ही खड़े होते।

दूसरे अनेक योग्य लाल सेनापतियों की तरह लिन कभी चीन से बाहर नहीं गया और वह सिवा चीनी भाषा के और कोई दूसरी भाषा भी नहीं जानता। किंतु कम उम्र में ही वह लाल क्षेत्रों में काफी मशहूर था और उसके लिखे लेख पार्टी के सैनिक मासिक पत्रों 'कश म कश' और 'युद्ध और क्रांति' में ही नहीं छपते हैं, उनके अनुवाद जापानी और रूसी पत्र-पत्रिकाओं में छपा करते हैं। 'छोटे धावे' के नाम से लाल सेना का जो युद्ध-कौशल आज संसार में प्रसिद्ध हो गया है, उसका पिता लिन को ही समझा जाता है।

इस व्यक्ति की महत्ता उस संस्था से ही प्रकट हो सकती है, जिसका यह अध्यक्ष है।

शायद दुनिया में उच्च सैनिक शिक्षा की यह एकमात्र संस्था है जिसके क्लासरूम कंदराएँ हैं, जहाँ कुरसी और डेस्क के काम पत्थर और ईंट से लिये जाते हैं, जिसका ब्लैक बोर्ड बलुही पत्थर और चिकनी मिट्टी है, जिसकी इमारत पूरी-की-पूरी बमप्रूफ है और जहाँ कागज की कमी के कारण दुश्मन द्वारा गिराए हुए नोटिस की पीठ पर ही लिखाई-पढ़ाई होती है और खर्च के लिहाज से भी जो अद्वितीय है—प्रति विद्यार्थी कुल पंद्रह डालर माहवार खर्च है। फिर इसमें जो विद्यार्थी हैं, क्या उनकी जोड़ के विद्यार्थी संसार में आसानी से मिलेंगे? उनकी औसत उम्र सत्ताईस वर्ष है, किंतु औसतन आठ वर्ष के युद्ध का अनुभव एक-एक विद्यार्थी को प्राप्त है!

ये कन्दराएँ आज से हजारों वर्ष पहले वहाँ के जमींदारों और युद्ध-देवताओं ने बनवाए थे, जिनमें अन्न का अंबार लगाकर वे बाढ़, चढ़ाई या अकाल के जमाने में निश्चिंत सो सकते थे। एक-एक गुफाए इतनी दूर तक काटी गई है कि उसमें सैकड़ों आदमी मजे में रह सकते है। लाल सेना को जिसके सिर पर चांग काई शेक के हवाई जहाज दिन-रात मँडराते और बम बरसाते रहते, अपने सैनिक विद्यालय के लिए ऐसी बढ़िया इमारत दूसरी जगह कहाँ मिल सकती?

इस विद्यालय में चार दर्जे हैं और कुल मिलाकर आठ सौ विद्यार्थी शिक्षा पाते हैं। इसमें चीन का हर नौजवान या नवयुवती भरती हो सकते हैं, जिनकी उम्र सोलह से अट्ठाईस वर्ष की हो और जो जापान को अपने देश से भगाने और राष्ट्रीय क्रांति के समर्थक हों—वे किसी वर्ग के हों और चाहे उनकी सामाजिक और राजनीतिक धारणाएँ जो कुछ हों। विद्यार्थी का शरीर स्वस्थ होना चाहिए, उसे कोई छूत की बीमारी न हो और उसमें कोई बुरी आदत न हो।

पहला दर्जा बटालियन, रेजिमेंट या डिविजन के कमांडरों का है—यानी, इसमें सैनिक अफसरों को ऊँचे दर्जे की शिक्षा दी जाती है। सैनिक शिक्षा के साथ राजनीतिक शिक्षा भी दी जाती है और चार महीने का कोर्स है। लाल सेना के हर अफसर को दो वर्ष तक युद्ध-भूमि में रहने के बाद चार महीने की शिक्षा लेना अनिवार्य

रखा गया है ।

दूसरे और तीसरे दर्जे में मिडिल पास नवयुवकों, बेरोजगार शिक्षकों, स्वयं-सैनिक दल के अफसरों और मजदूर एवं किसान संघ के पदाधिकारियों को सैनिक शिक्षा दी जाती है । पैदल सेना की टुकड़ियों के नायकों को भी इन्हीं दर्जों में शिक्षित किया जाता है । छः महीने के कोर्स इन दोनों दर्जों के हैं ।

चौथा दर्जा खासकर सैनिक इंजीनियरों, घुड़सवारों और तोपचियों के लिए है ।

इस विद्यालय में भरती होने के लिए चीन के सभी हिस्सों से आवेदन पत्र आते रहते हैं । किंतु मुश्किल यह है कि उनका वहाँ तक पहुँचना आसान नहीं । किंतु तो भी बड़े-बड़े यत्न से, अधिकारियों को चकमे में रखकर, साहसी नौजवान पहुँचते ही रहते हैं ।

इस विद्यालय का सैनिक कोर्स है—जापान से युद्ध होने पर किस युद्ध-प्रणाली से काम लिया जाएगा; चकमे की लड़ाई किसे कहते हैं, स्वयंसैनिक दल का संगठन और युद्ध प्रणाली कैसी और क्या होनी चाहिए—परेड, निशानेबाजी, नकली युद्ध आदि की शिक्षा तो है ही । सैनिक कोर्स के साथ राजनीतिक कोर्स में इन बातों पर प्रकाश डाला जाता है—

राजनीतिक ज्ञान, चीनी क्रांति की समस्याएँ, प्रजातंत्र के नीति-संबंधी सवाल, लेनिन के सिद्धांत, जनतंत्र का ऐतिहासिक आधार, जापान की राजनीतिक और सामाजिक शक्तियाँ । इन कोर्सों की किताबें तैयार की गई हैं और सोवियत सरकार ने खुद उन्हें छपवाया है ।

लिन पियाओ की आत्मा की छाप विद्यालय के जर्रे-जर्रे पर पड़ी हुई है ।

सोवियत समाज

मार्क्स और लेनिन ने सोवियत समाज की जो कल्पना की, उसका रूप चीनी सोवियत में देखना एक व्यर्थ प्रयास होगा। उसके दो कारण हैं—एक तो, अभी चीन में सोवियत को स्थायित्व नहीं प्राप्त हो सका है, अभी तो वह निर्माण के काल में है, जब कि पद-पद पर अपने अस्तित्व के लिए ही उसे भीषण संघर्ष करना पड़ रहा है। दूसरे, चीन के जिस हिस्से में सोवियत कायम है, वहाँ कल-कारखानों का पहले नाम तक नहीं था—जिसे सर्वहारा मजदूर कहते हैं, वहाँ उनकी पैदाइश भी नहीं हुई थी और न उत्पादन में वृद्धि करने के साधन प्राप्त थे। चीन अधिकांश में खेतिहर देश है और वहाँ की सोवियत को किसानों पर ही निर्भर करके एक नया समाज बनाना था।

इसलिए चीन के साम्यवादियों को मार्क्स के इस सुप्रसिद्ध सिद्धांत-वाक्य—'सबसे योग्यता के अनुसार और सबको आवश्यकता के अनुसार'—को एक तरफ रखकर डॉ. सुनयात सेन के 'जो जोते उसकी जमीन' को ही सबसे पहले कार्यरूप में परिणत करना पड़ा। हाँ, उसमें साम्यवादी पुट जरूर रही और जो कोई जरा गहरा देखेगा, वह पावेगा कि वहाँ एक साम्यवादी समाज अंकुर ले रहा है और यदि अनुकूलता मिली तो वह विशाल वटवृक्ष के रूप में परिणत होकर ही रहेगा।

चीनी सोवियत ने जो आर्थिक नीति अख्तियार की, उसमें चार बातें थीं—जमीन का फिर से बँटवारा, सूदखोरी का अंत, टैक्सों के बोझ को दूर करना और सुविधा-प्राप्त समूहों का खात्मा। एक बच्चा भी देख सकता है कि यह अर्थनीति प्रमुखतः किसानों से ही संबंध रखती है।

किंतु सिद्धांततः तो सोवियत मजदूरों और किसानों की सरकार को कहते हैं। अतः, देहातों में भी एक मजदूर वर्ग की सृष्टि करने की कोशिशें की गई हैं। देहाती आबादी को कई हिस्सों में बाँटा गया—बड़े जमींदार, मध्यम और छोटे जमींदार, धनी किसान, मध्यम किसान, गरीब किसान, हरजोता किसान, खेत मजदूर, कारीगर मजदूर, सर्वहारा मजदूर और एक पेशेवर समूह—जिसमें शिक्षक, डॉक्टर, विशेषज्ञ और देहाती बुद्धिजीवी वर्ग को रखा गया। ये विभाग आर्थिक ही नहीं, राजनीतिक भी थे और सोवियत के चुनाव में, हरजोता किसान, खेत मजदूर आदि वर्गों को प्रधानता देकर एक तरह से 'देहाती सर्वहारा' का एकाधिपत्य कायम करने की कोशिश हुई।

ग्राम सोवियत, जिला सोवियत, डिविजन सोवियत, प्रांत सोवियत और अंत में केंद्रीय सोवियत—सोवियत सरकार के ये विभाग हैं। ग्राम सोवियत आदि संस्था है और उसी से चुनकर ऊपर की सोवियतों में तथा सोवियत कांग्रेस में प्रतिनिधि जाते हैं। सोलह वर्ष की उम्र से ऊपर के सभी बालिगों को मताधिकार प्राप्त है—किंतु जैसा कि ऊपर बताया गया है, सबको समान सुविधा नहीं है।

जिला सोवियत के अंदर बहुत-सी कमिटियाँ हैं। ज्योंही किसी जिले पर सोवियत सरकार का कब्जा होता है, एक सार्वजनिक सभा में पहले एक सर्वशक्तिमान अस्थायी कमिटी बना ली जाती है, जो साम्यवादी पार्टी से मिलकर पीछे चुनाव कराती और दूसरे कामों को अंजाम देती है। चुनाव के बाद जिला सोवियत अनेक कमिटियाँ बनाती है—शिक्षा, को-आपरेटिव, सैनिक शिक्षा, राजनीतिक शिक्षा, जमीन, सार्वजनिक स्वास्थ्य, स्वयंसैनिकों की शिक्षा, रक्षा, लाल सेना की सहायता, किसानों की पारस्परिक सहायता, लाल सेना की जमीन की जुताई-बुआई आदि हर विषय के लिए अलग-अलग कमिटियाँ बना ली जाती हैं। सोवियत की हर शाखा में ऐसी कमिटियाँ होती हैं और केंद्रीय सरकार तो ऐसी कमिटियों के बल पर ही संचालित होती है।

सोवियत सरकार के इस संगठन के जाल के अलावा साम्यवादी पार्टी का संगठन है, जिसके सदस्य किसानों और मजदूरों, देहातों और शहरों में बड़ी तायदाद में हैं। नौजवान साम्यवादियों की संस्था अलग है और बाल सेना एवं बालचर का संगठन भी व्यापक है ! स्त्रियों के लिए साम्यवादी पार्टी ने अलग संगठन कर रखा है और बालिग किसानों के लिए 'गरीब जनता समिति' नाम की संस्था है। पुरानी 'बड़े भैया की पंचायत' नामक गुप्त संस्था को पुनर्जीवित किया गया है और उसे कानूनी रूप दे दिया गया है। 'किसान रक्षक दल' और 'स्वयं-सैनिक दल' भी देहात में बहुत ही जड़ जमाए हुए हैं।

इन संस्थाओं और कमिटियों के कामों का संग्रथन केंद्रीय सोवियत सरकार, साम्यवादी पार्टी और लाल सेना के द्वारा होता है और ये तीनों इस प्रकार आपस में गुँथे-मिले हैं कि देखकर आश्चर्य होता है। हाँ, इन संस्थाओं और कमिटियों का प्रधान अवश्य ही कोई अनुभवी साम्यवादी होता है, गरचे निर्णय, सदस्यता या कार्य में पूरी जनतंत्रात्मक पद्धति बरती जाती है। सोवियत संगठन का यह मूल उद्देश्य है कि हर मर्द, औरत और बच्चे को किसी-न-किसी संस्था का सदस्य रहना और कोई-न-कोई खास काम अवश्य करना चाहिए।

सोवियत के कामों में कैसी चौकसी और मुस्तैदी रहती है, इसका सबूत है उसके वे प्रयत्न जिनके द्वारा वहाँ की उपज बढ़ाने की कोशिशें होती हैं। हर ग्राम सोवियत को आर्डर दिया जाता है कि अपने लोगों से मेहनत के साथ खेती करने को कहे और इन चार बातों पर जरूर खयाल रखे—जो परती जमीनें हैं, उन्हें जोत-कोड़कर उपजाऊ बनाया जाए; जमींदारों से छीनी हुई जो जमीन लाल सेना के खर्च के लिए रखी गई है, उस पर जमकर खेती की जाए; गाँव के गल्ले की पैदावार में जरूर वृद्धि की जाए; और नई फसलों, फलों और सब्जियों की खेती खासकर रुई की खेती पर खूब ही ध्यान दिया जाए। चूँकि नौजवानों को तो अपने सोवियत की रक्षा और विकास के लिए लड़ने में ही व्यस्त रहना पड़ता है, अतः स्त्रियों से खासकर निवेदन किया जाता है, वे खेती-बारी में दिलचस्पी लें—जिनके पैर बड़े हैं, वे रोपनी, कटनी करें; जिनके पैर छोटे हैं वे निकौनी या गोबर जमा करने का काम करें। कहना व्यर्थ है कि उनके इन हुक्मनामों को ग्राम-सोवियतें या वहाँ की नारियाँ सिर-आँखों पर लेकर बजा लाती हैं।

क्या इन संगठनों के जाल से वहाँ के किसान ऊबते नहीं ? किसान तो संगठन और अनुशासन के दुश्मन होते हैं और सार्वजनिक कामों में उनकी दिलचस्पी तो होती नहीं—फिर चीन के किसान तो बड़े कट्टर और अंधपरम्परा के पूजक हैं। अगर आप ऐसा कहें, तो वहाँ के साम्यवादी आप पर हँस पड़ें। वह कहेंगे—किसान न तो संगठन के दुश्मन होते हैं, न सार्वजनिक कामों से भागते हैं—बशर्ते कि ये उनके हित में हों, न कि जमींदारों और महाजनों के हित में। चीन के किसान सोवियत सरकार को हमेशा ही 'हमारी सरकार' कहकर पुकारते हैं—यह उनके सोवियत प्रेम का सबूत है।

दूसरा सबूत यह है कि सभी पुरानी सोवियतों में देहात के अमन-चैन, कानून का पालन या सार्वजनिक रक्षा का भार किसानों पर ही निर्भर रहता है। लाल सेना तो युद्धभूमि में रहती है। किसानों ने 'गाँव रक्षा मंडल', 'किसान सेवक दल', 'स्वयंसैनिक दल' कायम कर रखे हैं, जो इन कामों के अलावा लड़ाई में लाल सेना की भी पूरी सहायता करते हैं।

किसानों के प्रेम के और भी कारण हैं। जमींदारों और टैक्स वसूल करनेवालों से किसान तबाह रहते थे। किंतु सोवियत ने हरजोता किसान, गरीब किसान और मध्यवित्त किसान की आर्थिक स्थिति में बिलकुल परिवर्तन कर दिया है। नए जिलों में एक वर्ष के लिए तो सारे टैक्स उठा दिए जाते हैं, जिसमें किसान जरा साँस ले सकें। पुराने जिलों में जमीन पर एक क्रमिक बढ़नेवाला टैक्स और व्यापार पर मामूली टैक्स लगता है। जमीन के भूखे किसानों और खेत मजदूरों को जमींदारों से लेकर या परती को उपजाऊ बनाकर जमीन दी जाती हैं। बड़े-बड़े किसानों और जमींदारों को उतनी जमीनें छोड़ दी जाती हैं, जितनी पर वे खेती कर सकें और बाकी जमीनें बाँट दी जाती हैं। किंतु जहाँ पर जमीन की कमी नहीं होती, वहाँ खेती करनेवाले जमींदारों या बड़े किसानों की जमीन बिलकुल ही नहीं छुई जाती है। हाँ, दूर रहकर भाड़ा पर जमीन लगानेवाले जमींदारों की

जमीन तो जरूर ही जब्त होती है ।

और जमींदार की परिभाषा क्या है ? जमींदार उसे समझा जाता है, जिसकी बड़ी आमदनी मालगुजारी से ही आती है, न कि अपनी मेहनत से । महाजनों की गिनती भी जमींदारों में ही की जाती है ।

जमीन के बँटवारे का मतलब यह नहीं है कि सबको बराबर-बराबर जमीन मिले । उसका मतलब यही है कि सब के पास इतनी जमीन हो कि वे सुख से रह सकें ।

सोवियत सरकार से किसानों को ही सुविधाएँ नहीं हुईं, छोटे-छोटे जमींदार या मध्यवित्त किसान भी उससे संतुष्ट हैं । नाना तरह के टैक्स उठा दिए जाने के कारण अब वे भी निश्चिंत हैं । बहुत से ऐसे जमींदार साम्यवादी पार्टी में खुशी-खुशी शामिल हो गए हैं ।

सूदखोरी प्रथा को बिलकुल उठा दिया । किसानों को ऋण-मुक्त किया गया । जहाँ पहले साठ सैकड़े तक सूद लगता था, वहाँ पाँच सैकड़े पर सरकारी खजाने से रुपया कर्ज मिलता है । सरकारी कारखानों से हजारों-हजार नए ढंग के खेती के औजार तैयार किए जाते और उन्हें किसानों में वितरण किया जाता है । परती जमीन बोनेवालों को हल, बैल, बीज—सब सरकार देती है । कृषि और पशुपालन की शिक्षा का प्रबंध किया गया है । सहयोग-समितियों का तो व्यापक प्रचार हुआ । उत्पादन और वितरण का ही काम उनका नहीं; एक साथ पशु और खेती के औजार रखना और खेती पर काम करने के लिए मेहनत का पारस्परिक उपयोग करना—यह उसकी खास खूबी होती है । ऐसा करने से बड़े-बड़े रकबे पर तुरत खेती खत्म कर ली जाती है और किसानों की मेहनत आलस या अलग-अलग काम में बरबाद होने से बच जाती है । जब खेती के घनघोर दिन आते हैं, तो 'शनिवार की फौज' बनाई जाती और खेतों पर चढ़ाई होती है । इस फौज में सभी किसान, सभी लड़के, सोवियत के सभी अफसर, सभी स्वयंसैनिक, यहाँ तक कि लाल सेना के सभी सिपाही शामिल होते और खेतों में जाकर दिन-भर डटकर काम करते हैं । हफ्ते में एक दिन इस तरह काम होता और स्वयं माओ त्से तुंग भी अपने हाथ में खेती का औजार लेकर खेत में जा डटता है । निस्संदेह ऐसा करके किसानों में 'सम्मिलित खेती' के लिए भी क्षेत्र तैयार किया जाता है—जिसका साम्यवाद अत्यंत हिमायती है ।

सांस्कृतिक उन्नति के लिए भी कम प्रयत्न नहीं होते । लोगों में साफ-सुंदर जीवन के लिए रुचि उत्पन्न की जाती है और सामाजिक कुरीतियों को दूर करने में डटकर लग जाया जाता है । चीन का अभिशाप है अफीम—सोवियत भूमि में आप न तो पोश्ते का एक पौधा पाएँगे और न एक भी अफीम का पियक्कड़ ! सरकारी अफसरों और अदालतों में घूसखोरी और अनाचार का नाम भी नहीं है और भिखमंगी और बेकारी को तो सोवियत भूमि से खदेड़ दिया गया है । स्त्रियों में पैर जकड़कर छोटा करने या भ्रूण हत्या करने की सख्त मुमानियत है और बच्चों को गुलाम बनाकर रखना या वेश्यावृत्ति करना अक्षम्य अपराध है । वेश्याओं का तो वहाँ दर्शन तक नहीं । बहुविवाह भी रोक दिया गया है । विवाह और तलाक के कानून में संशोधन हुए हैं । शादी में वर-वधू की स्वीकृति ही सर्वप्रधान है । शादी की उम्र मर्दों के लिए बीस और औरतों के लिए अठारह वर्ष रखी गई है और दहेज देना कानूनी जुर्म बना दिया गया है ।

सोवियत अर्थनीति

चीन की सोवियत अर्थनीति के दो मुख्य उद्देश्य निश्चित किए गए—लाल सेना की परवरिश और उसे हथियारबंद करना तथा गरीब किसानों को तुरत सहायता पहुँचाना । यदि ये उद्देश्य सफल नहीं होते तो सोवियत सरकार ताश के महल की तरह एक फूँक में उड़ जाती । इन दोनों उद्देश्यों के कारण शुरू से ही वहाँ के साम्यवादी नेता आर्थिक पुनर्संगठन पर ध्यान देते आ रहे हैं ।

किसी देश में—खासकर चीन ऐसे अनौद्योगिक देश में—एकबारगी ही साम्यवादी अर्थनीति का पूरा प्रयोग किया नहीं जा सकता था। अतः धीरे-धीरे बढ़ा गया। एक सीमा बना दी गई और उसके अंदर लोगों को व्यक्तिगत उद्योग और कारबार करने की स्वतंत्रता दी गई। एक हद तक जमीन की लेन-देन भी जारी रहने दी गई। किंतु सोवियत ने मूल उद्योगों को अपने हाथ में रखा। तेल की खानें, नमक की खानें और कोयले की खानें बिलकुल राष्ट्रीय बना दी गईं और सोवियत सरकार के ही हाथों में पशु, चमड़े, नमक, ऊन, रुई, कागज आदि के अधिकांश व्यापार हैं। कुछ व्यक्तिगत व्यापारी भी हैं, जिनकी संख्या दिन-दिन कम हो रही है।

वहाँ की सहयोग-समितियों पर तो बिलकुल साम्यवादी छाप लगी हुई है और यदि हम यह कहें, कि इन सहयोग-समितियों के द्वारा ही वहाँ की सोवियत जनता को साम्यवादी रंग में रँगने की कोशिश कर रही है, तो यह अत्युक्ति नहीं होगी। सहयोग-समितियों की व्याख्या ही यह की गई है—'एक ऐसी संस्था जो व्यक्तिगत पूँजीवाद का मुकाबला करे और एक नई अर्थ-प्रणाली के विकास में सहायक हो !' और, उसके पाँच काम ये बताए गए हैं—'व्यापारियों द्वारा जनता का जो शोषण होता है, उसे रोकना; दुश्मन के आर्थिक घेरों का मुकाबला करना; सोवियत जिलों की राष्ट्रीय अर्थनीति को विकसित करना; जनता के आर्थिक और राजनीतिक स्टैंडर्ड को बढ़ाना और साम्यवादी पुनर्निर्माण के लिए जमीन तैयार करना।'

खपत, बिक्री, उत्पादन और कर्ज की सहयोग-समितियाँ गाँवों, जिलों और प्रांतों में कायम कर ली गई हैं। इनके संचालन के लिए एक खास विभाग है और एक खास अफसर दिन-रात इसी पर ध्यान रखता है। कोशिश की जाती है कि नीची सतह के आदमियों को इनमें लाया जाए। किसी सहयोग-समिति की सदस्यता के लिए जो शेयर खरीदना लाजिमी है, वह करीब आठ आने से चार आने तक का है। सदस्यों को जो कर्तव्यपालन करने होते हैं; वे उन्हें इस संस्था के आर्थिक और राजनीतिक जीवन के निकटतम ले आते हैं। आपके चाहे जितने शेयर भी हों, किंतु आपको एक ही वोट देने का अधिकार होगा। प्रबंध-समिति या निरीक्षण-समिति का चुनाव सदस्य ही करते हैं; हाँ, केंद्रीय समिति में संगठनकर्ता और सलाहकार सरकार देती है। हर सहयोग-समिति की पाँच शाखाएँ होती हैं—व्यापार, प्रचार, संगठन, निरीक्षण और हिसाब।

इन सहयोग-समितियों के निपुण संचालन के लिए तरह-तरह के इनाम दिए जाते हैं और व्यापक प्रचार द्वारा किसानों के इस आंदोलन की उपयोगिता बताई जाती है। सोवियत सरकार इन्हें कर्ज देती है और अन्य सदस्यों की तरह उसके कर्जे के भी शेयर रहते हैं और मुनाफे में हिस्से होते हैं।

कियांग्सी, आन्ह्वी और जेचुआन की सोवियतों ने अपनी टकसाल भी खोल रखी थी, जहाँ चाँदी के डालर तथा तांबे के सिक्के ढाले जाते थे। किंतु 1935 में नानकिंग की सरकार ने देश-भर की चाँदी को जब्त कर लिया। अतः जब शेंसी-कांसू में सोवियत केंद्र आया, तो जितनी चाँदी इनके पास बच रही थी, सबको संचित कोष में जमा कर लिया गया और कागज के नोट से ही काम चलाया जाने लगा। नोट कागज या कपड़े पर छपते और इन पर 'चीन की क्रांति अमर हो', 'जापान को रोको', 'आपसी झगड़ा बंद हो' आदि नारे छपे होते। बाहरी व्यापार आदि के लिए चाँदी के सिक्के भी ढलाए जाते। सोवियत के सिक्के नानकिंग सरकार के हल्कों में भी लिये जाते।

बाहर का व्यापार अधिकांशतः सरकारी व्यापार समिति के ही द्वारा होता है। सहयोग-समितियाँ या कोई व्यापारी जब बाहर लेन-देन करता है, तो उसे भी सरकारी समितियों के ही मार्फत कीमत अदा करना होती है। विदेशी विनिमय सरकार द्वारा ही संचालित होता है।

इस विनिमय को बड़ी होशियारी से दुरुस्त रखनेवाला और सरकारी कोष को इस अनवरत युद्ध के समय भी भरा-पूरा रखनेवाला एक छप्पन-सत्तावन वर्ष का बूढ़ा है—लिन पाई चू उसका नाम है। सोवियत का कोषाध्यक्ष कभी कुओ मिन् तांग का भी कोषाध्यक्ष था। उसकी जीवन-कथा विचित्र है।

हूनान के एक शिक्षक के घर उसका जन्म 1882 में हुआ। अपने यहाँ कॉलेज की शिक्षा समाप्त कर वह टोकियो (जापान) पढ़ने गया। जापान में ही उसकी भेंट डॉ. सुनयात सेन से हुई और बहुत प्रभावित हो वह

उनकी गुप्त समिति का सदस्य हो गया ! फिर जब डॉ. सेन ने कुओ मिन् तांग की स्थापना की, तो वह उसका एक सम्माननीय सदस्य बना, किंतु 1922 में जब साम्यवादी पार्टी की स्थापना हुई, तो उसके कार्यक्रम से बहुत प्रभावित हो, वह उसका सदस्य बन गया। डॉ. सेन ने तो भी उसे अपने कुओ मिन् तांग के प्रबंध विभाग का अध्यक्ष और कोषाध्यक्ष बनाया। वह कैन्टन में किसान मंत्रिमंडल का भी अध्यक्ष था। कुओ मिन् तांग की कार्यसमिति में च्यांग काई शेक से वह सीनियर था।

जिस समय च्यांग काई शेक ने अपने हाथ में सर्वाधिकार लेकर साम्यवादियों का दमन करना शुरू किया, तो लिन् ने उसकी निंदा की, उसे छोड़कर हांगकांग चला आया, जहाँ से वह रूस गया। रूस की साम्यवादी परिषद् में रहकर उसने चार वर्षों तक अध्ययन किया। चीन लौटकर फिर चुप-चुप कियांग्सी पहुँचा, जहाँ माओ ने उसे सोवियत का अर्थसचिव बनाया। उसकी पत्नी मर चुकी है। किंतु उसका जवान बेटा और बेटी है—जिसे उसने 1927 से आज तक नहीं देखा, जब कि अपने महान पद और सामाजिक प्रतिष्ठा को लात मारकर पैंतालीस वर्ष की उम्र में उसने नौजवान साम्यवादियों के साथ अपने भाग्य को एक किया।

यह बुड्ढा सोवियत का कोष किस तरह भरा रखता है, उसी के मुँह से सुनिए—

"यह सच है कि हम जनता से कोई टैक्स नहीं लेते। लेकिन हम शोषक वर्गों से खूब टैक्स वसूल करते हैं—और वह भी ज्यादातर उनके अतिरिक्त सामान और रुपयों की जब्ती द्वारा। यों हम सीधा टैक्स वसूल करते हैं। यह कुओ मिन् तांग की टैक्स प्रणाली से सर्वथा विपरीत है, जिसका अधिकांश बोझ अंततः गरीब किसान और मजदूरों पर ही पड़ता है। जनसंख्या के सिर्फ दस सैकड़े से हम टैक्स लेते हैं—जमींदारों और महाजनों से। बड़े व्यापारियों से भी हम थोड़ा टैक्स लेते हैं और किसानों से भी हलका टैक्स लेते हैं जो आमदनी के अनुसार ही घटता-बढ़ता है। यह मजे में कहा जा सकता है कि हमने जनता पर लगनेवाले टैक्सों को बिलकुल उठा दिया है।

"हमारी आय का दूसरा जरिया है स्वतः दिया गया दान। लोगों में क्रांतिकारी और देशभक्ति की भावनाएँ जोरों में हैं और सोवियत की रक्षा के लिए वे सब कुछ त्याग करने को तैयार रहते हैं। लाल सेना का खर्च ज्यादातर स्वतः दिए गए अन्न, वस्त्र और द्रव्य से ही चलता है। कुछ आमदनी सरकारी व्यापार, लाल सेना की जमीन, सरकारी कारखानों एवं सहयोग-समितियों और बैंकों से भी हो जाती है। लेकिन हमारी आमदनी का प्रमुख जरिया तो जब्ती ही है।

"कुओ मिन् तांग वाले हमारी इस जब्ती को लूट कहते हैं। उन्हें कहने दीजिए। यदि शोषकों से टैक्स लेना लूट है तो कुओ मिन् तांग जो जनता से टैक्स वसूल करती है, वह क्या लूट नहीं है? फिर हम जो जब्ती करते हैं, उसमें और सफेद सेना की लूट में कितना फर्क है? हमारी जब्तियाँ अधिकार-प्राप्त लोगों ही के द्वारा होती हैं, जिनका अर्थ-विभाग से सीधा सम्बंध रहता है। जब्त की हुई चीजों की तफसीलवार लिस्ट तैयार की जाती है और उनका उपयोग समाज की भलाई के ही काम में किया जाता है। खानगी लूट-पाट की सख्त मुमानियत है। आप किसी से भी पूछिए—क्या लाल सेना के किसी सैनिक ने कहीं भी लूट-पाट की है?

"यदि लगातार लड़ाई करना नहीं होता, तो हमने कब न स्वावलंबी अर्थनीति कायम कर ली होती। हमारा आय-व्यय का चिट्ठा बहुत ही होशियारी से तैयार किया जाता है और हर किफायतसारी पर हम ध्यान रखते हैं। अफसरों पर तो हमारा खर्च कुछ नहीं है—क्योंकि उनमें से हर व्यक्ति क्रांतिकारी और देशभक्त है और केवल खाने-पीने का प्रबंध ही उनके लिए बस है। हमारा आय-व्यय कितना मुख्तसर है ! आस्ट्रिया के बराबर हमारी सोवियत भूमि है, किंतु हमारा महीने का खर्च तीन लाख बीस हजार डालर है। इसमें सामानों के दाम भी शामिल हैं। इस खर्च के लिए चालीस से पचास सैकड़े की आमदनी जब्ती से आती है; पंद्रह से बीस सैकड़े की दान से, जिसमें वह चंदा भी शामिल है, जो हमारी पार्टी के सदस्य नानकिंग सरकार के हल्के से वसूल लाते हैं। बाकी आमदनी व्यापार, आर्थिक निर्माण, लाल सेना की जमीन और सरकारी बैंक के सूद से आती है।"

इस अध्याय के समाप्त करने के पहले यह जान लेना कम मनोरंजक नहीं कि सोवियत के इस अर्थसचिवजी का मुशाहरा कुल पाँच डालर महीना है !

सोवियत शिक्षा-पद्धति

माओ त्से तुंग का जो गुरु है, वही आज सोवियत का शिक्षा-गुरु है । पुराना, झंखाड़ आदमी । राजतंत्र, प्रजातंत्र और साम्यवादी सोवियत—तीनों के नजारे जिसने अपनी आँखों देखे हैं ! और उसका यह पुराना अनुभव आज सोवियत के लिए बड़े ही काम का सिद्ध हो रहा है ।

हूनान के सुप्रसिद्ध नगर चांग्सा के निकट उसका जन्म 1876 में हुआ । गरीब का लड़का । बाप ने बड़ी दिक्कत से लिखाया-पढ़ाया । कुछ बड़ा होने पर खुद कमाकर पढ़ने लगा । ग्रेजुएट हुआ, शिक्षक हुआ । माओ ही उसका शिष्य नहीं—बहुत-से प्रमुख साम्यवादियों को पढ़ाने का गौरव उसे प्राप्त है । लड़ाई के बाद वह फ्रांस गया और वहाँ पेरिस विश्वविद्यालय में तीन वर्षों तक अध्ययन करता रहा । वहाँ से लौटकर उसने 1923 में चांग्सा में दो विद्यालय खोले और काफी नाम और संपत्ति कमाई । 1927 में वह साम्यवादी बना । उस समय उसकी उम्र पचास वर्ष की थी । वह सोचा करता, क्या साम्यवादी पार्टी में मुझ बूढ़े के लिए भी कोई स्थान हो सकता है ! और जिस दिन वह साम्यवादी पार्टी में दाखिल हुआ, आनंदातिरेक में खूब रोया । उसने सोचा, अब मैं अपने देश की कुछ यथार्थ सेवा कर सकूँगा !

साम्यवादी पार्टी ने उसे रूस भेजा और वहाँ वह दो वर्ष तक फिर अध्ययन करता रहा और वहाँ से लौटने पर कियांग्सी सोवियत की शिक्षा-समिति का वह उपाध्यक्ष बनाया गया और फिर उसका अध्यक्ष ।

जब कियांग्सी में था, चार वर्षों के अंदर-ही-अंदर दस सैकड़ें पढ़े-लिखे लोगों की संख्या से बढ़ाकर उसे अस्सी सैकड़ें तक कर देना इसी बूढ़े शिक्षक का काम था ।

लेकिन शेंसी-कांसू की हालत अजीब थी । यह क्षेत्र दुनिया के सबसे अंधकार क्षेत्रों में गिना जा सकता है । पढ़े-लिखों की संख्या मुश्किल से पाँच सैकड़े है, किंतु यदि सांस्कृतिक दृष्टि से देखा जाए तो यह प्रदेश और भी पिछड़ा था । अज्ञान इस हद तक कि लोग पानी का स्पर्श करना स्वास्थ्य के लिए हानिप्रद समझते थे । यहाँ के लोग जिंदगी में दो ही बार स्नान करते, एक बार, जब उनका जन्म होता और दूसरी बार, जब उनकी शादी होती । हाथ-पैर या मुँह धोना या नाखून और बाल बनाना तो यह जानते नहीं थे । जो ऐसा करता उसे घृणा की दृष्टि से देखते ।

इसलिए यहाँ की शिक्षा की रफ्तार बहुत ही धीमी रही । हर चीज श्रीगणेशायनमः से ही शुरू करनी पड़ी । सोवियत के पास पढ़ाई-लिखाई के सामानों की भी बड़ी कमी थी । छपाई के लिए प्रेस थे नहीं ! लीथोग्राफ से ही काम चलाया जाता ! दुश्मन ने कुछ ऐसा जबरदस्त आर्थिक घेरा डाल रखा था कि कागज तक मँगाना मुश्किल । यहाँ जो कागज बनवाना शुरू किया गया तो उसकी सिफत बहुत ही खराब । लेकिन तो भी हिम्मत न हारी गई । काम चालू किया गया । सबसे पहले प्रतिभाशील नौजवानों को चुन के उन्हें शिक्षक का काम अच्छी तरह सिखाया गया ।

ये शिक्षक गाँवों में जाकर बैठ गए और धीरे-धीरे लोगों को पढ़ाई के पक्ष में करने लगे । किसानों में भी पढ़ाई की रुचि पैदा हुई । अनुभव से यह भी देखा गया कि जैसा वे बाहर से दीख पड़ते हैं, एकदम भोंदू नहीं हैं । वे तुरंत पढ़-लिख लेते हैं और यदि तर्क और युक्ति से बताया जाए तो अपनी गंदी आदतें भी छोड़ने को तैयार हैं ।

चूँकि सोवियत का अभी स्थापना-काल है और अभी संघर्ष जारी ही है । इसलिए वहाँ की शिक्षा-पद्धति तीन हिस्सों में बाँटी गई है । पढ़ाई-लिखाई की शिक्षा, सैनिक शिक्षा और सामाजिक शिक्षा । पहली शिक्षा का संचालन सोवियत के द्वारा होता है, दूसरी का लाल सेना द्वारा और तीसरी का साम्यवादी संस्थाओं द्वारा । शिक्षा में सबसे ज्यादा जोर राजनीति पर दिया जाता है । यहाँ तक कि छोटे-छोटे लड़कों को जो अक्षर सिखाए जाते हैं, वे सरल क्रांतिकारी नारों द्वारा ही । और, उसके बाद लाल सेना और कुओ मिन् तांग के संघर्षों की छोटी-छोटी कहानियाँ बताई जाती हैं । किसानों और जमींदारों, मजदूरों और पूँजीवादियों के शाश्वत संघर्षों की कहानियाँ भी

साथ-साथ चलती हैं और लाल बाल सेना और खुद लाल सेना की वीरता की कहानियाँ उन्हें बताई जाती हैं। अंत में, उन्हें बताया जाता है कि किस तरह सोवियत सरकार इस पृथ्वी पर ही स्वर्ग बसना चाहती है और उसके इस उद्देश्य की सफलता की कितनी बड़ी संभावना है।

थोड़े ही दिनों के अंदर सोवियत ने सैकड़ों प्राइमरी स्कूल कायम कर दिए हैं। शिक्षकों के लिए स्कूल, खेती-बारी के लिए स्कूल, बुनाई सिखाने के स्कूल भी कायम हो गए हैं। मजदूर संघ अपने स्कूल अलग चलाते हैं और साम्यवादी पार्टी के राजनीतिक स्कूल हैं, जहाँ पर कार्यकर्ताओं को छः महीने रखकर उन्हें पूरा राजनीतिक ज्ञान दे दिया जाता है।

इसमें कोई शक नहीं कि जिस परिस्थिति में सोवियत सरकार है, सैनिक शिक्षा पर सबसे अधिक जोर दिया जाता है। इन दो वर्षों के अंदर ही इसमें काफी सफलता मिली है। लाल सेना के सैनिक विद्यालय और घुड़सवार और पैदल सेना के स्कूल की चर्चा अलग हो चुकी है। इनके अतिरिक्त एक रेडियो स्कूल है, जहाँ बेतार के तार के संवादों को भेजने और लेने की पूरी पटुता सिखा दी जाती है। एक मेडिकल स्कूल भी कायम हो गया है जिसमें डॉक्टरों और दाइयों को शिक्षित किया जाता है।

एक इंजीनियरिंग स्कूल है जहाँ विद्यार्थियों को औजार बनाने की प्रारंभिक शिक्षाएँ मिल जाती हैं।

सोवियत की ही तरह इन संस्थाओं का निर्माण भी अस्थायी तौर पर ही हुआ है और सोवियत के नेता उस शुभ दिन की प्रतीक्षा में हैं जब वे अपनी इन संस्थाओं के द्वारा अपने क्षेत्र में कमाल कर सकेंगे। इन शिक्षण संस्थाओं के जो शिक्षक हैं, उनमें कोई-कोई तो ऐसे हैं जिन्हें मामूली शिक्षा भी नहीं मिली है। किंतु अपने अनुभव के बल पर अपने विषयों में उन्होंने ऐसी व्युत्पन्नता प्राप्त कर ली है कि उन्हें उस स्थान पर रखकर पछताना नहीं पड़ा है। इन शिक्षण-संस्थाओं की सबसे बड़ी विशेषता यह है कि यहाँ ज्ञान का सामूहिक उपयोग होता है। जो जिस चीज का विशेषज्ञ है वह अपना ज्ञान अपने साथियों में रत्ती-रत्ती बाँट देता है।

सामाजिक शिक्षा का मूल उद्देश्य भी मुख्यतः राजनीतिक ही है। न समय है, न ऐसी परिस्थिति कि इन किसानों को साहित्य पढ़ाया जाए या पुष्पों का चमन दिखलाया जाए। साम्यवादी तो ठोस आदमी होते हैं। वे अपनी पाठ्य-पुस्तकें इस तरह तैयार करते हैं कि उनका एक-एक अक्षर पढ़ना साम्यवाद के सिद्धांत को मुखाग्र करना हो। आप किसी स्कूल के निकट जाएँ तो आप सुनेंगे—

'यह क्या है ?

'यह लाल झंडा है।'

'यह क्या है ?'

'यह एक गरीब आदमी है ?'

'यह लाल झंडा क्या है ?'

'यह लाल सेना का झंडा है।'

'लाल सेना क्या है ?'

'लाल सेना गरीबों की सेना है।'

इसी तरह बढ़ते-बढ़ते वे पाँच-छः सौ अक्षरों को सीख लेते हैं और उनके साधारण काम-काज के लिए यह काफी होता है। कहने को आप इसे भद्दा प्रचार कह सकते हैं, किंतु जब इन किताबों को किसान या उनके लड़के-लड़कियाँ समाप्त कर लेती हैं तो वे केवल अपने काम-काज ही के लायक नहीं हो जाते, वरन् यह भी उन्हें मालूम हो जाता है कि उन्हें किसने यह शिक्षा दी है और उसका क्या उद्देश्य है। फिर एक बात और भी तो सोचिए—'यह बिल्ली है, यह चूहा है, बिल्ली क्या कर रही है, वह चूहे को खा रही है' इस पद्धति की जो पढ़ाई आज सभ्य संसार में जारी है, उससे तो यह कहीं सच्ची और यथार्थवादी शिक्षा है।

चीन के अक्षर बहुत ही झंझटपूर्ण हैं। वे न जल्दी सीखे जा सकते हैं और सीखने पर भी तुरत भूले जा सकते हैं। साधारण जनता की अशिक्षा को दूर करने के लिए उनमें संशोधन करना आवश्यक है। सोवियत ने

इस चीज को महसूस किया और एक नए ढंग के अक्षर तैयार किए गए हैं जिनका आधार रोमन लिपि है । पूरी वर्णमाला में अट्ठाईस अक्षर हैं और उनका दावा है कि इसके द्वारा वे चीन के सभी उच्चारणों को लिख सकते हैं । उन्होंने इस लिपि में एक छोटा-सा शब्दकोश छाप रखा है जिसमें साधारण व्यवहार के सभी चीनी शब्द आ गए हैं । इसके तैयार करने में उस बूढ़े शिक्षक का बहुत बड़ा हाथ है । वह उसके आधार पर शिक्षा देने का प्रयोग कर रहा है । और उसकी उम्मीद है, इस प्रयोग के सफल होते ही तुरत-से-तुरत सोवियत चीन से अशिक्षा को मार भगाया जा सकेगा ।

उद्योग-धंधे और मजदूर

जिस समय सोवियत सरकार का हेड क्वार्टर कियांग्सी में था, दुश्मनों द्वारा नाना तरह की कठिनाइयाँ डाले जाने और किसी सामुद्रिक बंदरगाह या प्रधान औद्योगिक केंद्र के अभाव के बावजूद सोवियत ने उद्योग-धंधे में बड़ी तरक्की दिखलाई थी । उसके हाथ में कीमती धातुओं की खानें थीं, कपड़े बुनने के कारखानें थे, एक केंद्रीय सोवियत छापाखाना था, जिसमें आठ सौ मजदूर काम करते थे और मशीन की ढलाई के कारखाने भी थे । अपनी जरूरतों को पूरा करने के बाद उनका विदेशी व्यापार सवा करोड़ डालर के लगभग का था । दस्तकारी के काम और ग्राम उद्योग की भी खूब तरक्की हुई थी—जो सहयोग-समितियों के प्रसाद थे । 1933 में ऐसी सहयोग-समितियाँ कियांग्सी में एक हजार चार सौ तेईस थीं ।

किंतु नए केंद्र शेंसी-कांसू की भौगोलिक और ऐतिहासिक परिस्थिति विचित्र थी । सैकड़ों मील चारों ओर चरागाह-ही-चरागाह, जहाँ के लोग अब भी गुफाओं में रहते । यातायात के साधन नहीं । बिजली की कौन बात, चिराग की जगह लोग जानवर की अँतड़ियाँ जलाकर रोशनी करते । ऐसी जगह में आधुनिक उद्योग-धंधों का सपना भी नहीं देखा जा सकता था । किंतु ये स्वप्नदर्शी साम्यवादी जो न करें—असंभव को संभव बनाना तो इनका काम ही है ।

जिस समय इन्होंने कियांग्सी छोड़ा, जैसा कि लिखा जा चुका है, इन्होंने अपनी मशीनें भी नहीं छोड़ीं । इन मशीनों को छः हजार मील तक ये ढोते लाए और यहाँ आते ही उद्योग-धंधे को जारी कर दिया । थोड़े ही दिनों के अंदर कपड़े, वरदियाँ, जूते और कागज के कारखाने पाव ऐन और होलीन्वान (कांसू) में, कम्बलों के कारखाने तिंगपीन में, खानें यंग-पिंग में (जहाँ का कोयला चीन-भर में सबसे सस्ता समझा जाता है) और ऊनी और सूती कपड़ों के कारखाने तो प्रायः हर जिलों में कायम कर लिये । सोवियत सरकार का सबसे बड़ा उद्योग तो नमक का है जो चीन की बड़ी दीवार के नजदीक, नमक की झील के किनारे, येन चीह में है । यहाँ का नमक चीन-भर में सबसे बढ़िया और सस्ता होता है और इसके जरिए मंगोलों से भी इनकी दोस्ती हो गई है, जिन्हें पहले नमक बहुत मुश्किल से कड़े दाम पर मिलता था । यंग पिंग और येन चांग में तेल की खानें हैं, जहाँ पर पेट्रोल, पाराफिन, वैसलीन, मोम, मोमबत्ती और दूसरी चीजों के कारखाने खुल गए हैं । ये तेल की खानें चीन की अकेली खानें हैं और इन पर एक अमेरिका की कंपनी का ठीका था । किंतु लाल सेना ने इस क्षेत्र पर कब्जा कर उसे सोवियत की सम्पत्ति बना डाली । सोवियत ने और दो नए कुएँ इस पर धँसाए और उसका उत्पादन तीन महीने के अंदर चालीस सैकड़े बढ़ गया है ।

अब यह कोशिश की जा रही है कि जहाँ अफीम उपजाई जाती थी, उन रकबों में रुई की खेती की जाए । बुनाई सीखने के लिए एक स्कूल भी खोला गया है, जहाँ ज्यादातर स्त्रियों को बुनना सिखाया जाता है । तीन महीने का कोर्स है । रोजाना तीन घंटे साधारण ज्ञान की शिक्षा दी जाती है और पाँच घंटे कताई-बुनाई की । शिक्षा समाप्त होने पर विद्यार्थियों को जिलों के केंद्रों में भेज दिया जाता है, जहाँ वे कपड़े के कारखाने खोलते हैं । यह उनकी उम्मीद थी कि दो वर्षों में ही कपड़े के बारे में उनकी सोवियत भूमि स्वतंत्र हो जाएगी ।

सोवियत भूमि का सबसे बड़ा उद्योग केंद्र वू ची चेन है, जहाँ लाल सेना के लिए अस्त्र-शस्त्र तैयार होते हैं और जहाँ कपड़े, वरदियाँ, जूते और मोजे के कारखानों के अतिरिक्त दवा तैयार करने की एक रसायनशाला भी है।

अस्त्र-शस्त्र का कारखाना एक पहाड़ के नीचे है और पहाड़ में गुफाएँ बनाकर उसी में मशीनें बिठाई गई हैं। चाहे जितने बम बरसाए जाएँ, इस कारखाने का कोई नुकसान नहीं किया जा सकता। हाथ का बम, खाई की तोप, बारूद, पिस्तौल, गोलियाँ, छर्रे और कुछ खेती के औजार भी यहाँ बनाए जाते हैं। राइफल, मशीनगन, आप-से-आप छूटनेवाली राइफल और दूसरे छोटे-छोटे अस्त्र-शस्त्र भी यहाँ बनते हैं। किंतु ये अच्छे नहीं बनते, इसलिए स्वयंसेना दल को ही इनसे लैस किया जाता है, लाल सेना के हथियार तो ज्यादातर दुश्मनों से छीने हुए ही होते हैं।

इस कारखाने का संचालक हो सी यांग, छत्तीस वर्ष का एक युवक है। इसके पहले वह मुकदन के शस्त्रागार का मिस्त्री था। 1931 में वह शांघाई आया और साम्यवादी पार्टी का सदस्य बना। इस कारखाने के बहुत-से आदमी ऐसे ही हैं, जिन्होंने चीनी, जापानी, अंग्रेजी या अमेरिकन कारखानों में नाम कमाया था और आज अपने उज्ज्वल भविष्य पर लात मारकर एक नई दुनिया बसाने की धुन में यहाँ डटे पड़े हैं।

कारखानों में काम करनेवाले मजदूरों की हालत बड़ी ही अच्छी है। यों तो वह समझते ही हैं कि यह राज्य ही उनका और उनके लिए है, अतः सब प्रकार का बलिदान करके भी उन्हें इस के उद्योग-धंधों में सहायता पहुँचाना है—किंतु उन्हें अच्छी तरह रखने की ओर भी सोवियत सरकार कम ध्यान नहीं देती। कारखानों के मजदूरों को दस से पंद्र‌ ‌डालर तक का वेतन मिलता है और उनके रहने के मकान का इंतजाम सरकार करती है। घायल होने पर मुफ्त चिकित्सा ही नहीं, उन्हें मुआवजा भी मिलता है। मजदूरिनों को प्रसव के पहले और बाद चार महीने की सवेतन छुट्टी मिलती है और उनके बच्चों के लिए 'शिशु भवन' भी बनाए गए हैं। प्रोविडेंट फंड का प्रबंध भी मजदूरों के लिए है—वेतन का दस सैकड़े काटकर उतना ही सरकारी खजाने से मिलाकर उनके नाम पर जमा रहता है, जो उन्हें वक्त-जरूरत पर दिया जाता है। शिक्षा और मनोरंजन के लिए भी कारखाने की ओर से काफी इंतजाम रहता है। क्लब और स्कूलों का सुंदर प्रबंध होता है। दिन में आठ घंटे काम करना पड़ता है और छः दिन का सप्ताह माना जाता है।

कारखानों में स्त्रियाँ भी काम करती हैं। वू ची चेन के हथियार बनाने और वरदियाँ तैयार करने के कारखाने को छोड़कर और जितने कारखाने हैं, उनमें ज्यादातर स्त्रियाँ ही काम करती हैं, विशेषतः नवयुवतियाँ जिनकी उम्र अठारह से पच्चीस तक की है। उनके बाल कटे-छँटे होते हैं और उनमें से कई ने लाल सैनिकों से शादी कर रखी है। पति युद्धभूमि में लड़ रहे—पत्नी कारखाने में काम कर रही—दोनों सोवियत की सेवा में मस्त। चीनी सोवियत का नारा है—बराबर काम, बराबर मजदूरी। अतः जो स्त्रियाँ पुरुषों के बराबर काम करती हैं, उन्हें स्त्री होने की वजह से ही कम मुशाहरा नहीं मिलता। इन स्त्री मजदूरों की जो संचालिका हैं वह मास्को से शिक्षा पाकर लौटी हैं और सोवियत की एक प्रमुख कर्मिणी हैं।

मजदूरों के अपने संघ हैं। उन संघों को सरकार मंजूर ही नहीं करती, सब तरह मदद पहुँचाती है। मजदूरों में संगठित जीवन के प्रति प्रेम हो, इसके लिए कुछ भी उठा नहीं रखा जाता।

औद्योगिक विकसित देशों के मजदूरों को देखते हुए चीनी सोवियत के इन मजदूरों की आर्थिक स्थिति या सांस्कृतिक विकास कुछ अच्छा नहीं, किंतु जरा कल्पना कीजिए, आप कहाँ बात कर रहे हैं और किस स्थिति की। चीन में ही अभी ऐसे कारखानों की भरमार है, जहाँ मजदूरों को गुलाम की स्थिति में रखा जाता है और उनसे तेरह-चौदह घंटे काम लेना तो मामूली बात है। काम करते-करते ये थककर गिर जाते और मशीन के निकट ही जो चटाई बिछी होती है, उस पर सो जाते हैं। रेशम के कारखानों में काम करनेवाली छोटी-छोटी लड़कियाँ और कपड़ों के कारखानों में काम करनेवाली युवतियाँ तो एक तरह से कारखानों में कैद होती हैं--पाँच-पाँच वर्षों तक वे सशस्त्र पहरे से बाहर नहीं निकलने पातीं। शांघाई में 1935 में उनतीस हजार ऐसी

लाशें पाई गई थीं, जो भूख के मारे मर गए थे या नदियों में बाल-बच्चों को डुबोकर खुद डूब मरे थे। शांघाई एक प्रथम दर्जे का औद्योगिक शहर है—ये बेचारे मजदूर या उनकी संतान ही तो रहे होंगे।

इसके विपरीत जरा वू ची चेन के मजदूरों की हालत देखिए। स्वस्थ, आनंदी— स्वाधीनता के वायुमंडल में पले, आत्मसम्मान और आशा के पुतले। वह जानते हैं कि कोई उनका शोषण नहीं कर रहा—वे अपने लिए काम कर रहे हैं। वे अपने को क्रांतिकारी कहते हैं और अपने इस नाम की सार्थकता के लिए प्रतिदिन दो घंटे बड़ी गंभीरता से पढ़ते, राजनीतिक व्याख्यानों को बिला नागा सुनते, अपनी नाटक मंडलियों में शामिल होते और मजदूरों के भिन्न-भिन्न संघों में जो प्रतियोगिताएँ खेल-कूद, साहित्य, सार्वजनिक स्वास्थ्य, दीवार के अखबार और कारखाने की उन्नति के लिए होती हैं, उनमें दिल खोलकर हिस्सा बँटाते हैं।

मजदूरों में सोवियत के कारखानों के लिए कितना प्रेम है, इसका सुबूत है चू से चीह। यह आदमी वहाँ का इंजीनियर है। कभी वह सुप्रसिद्ध एंडर्सन मायर कम्पनी में इंजीनियर और इसके बाद खानगी इंजीनियर के रूप में दस हजार डालर सालाना कमाता था। वह जर्मन और अंग्रेजी भाषा जानता है और उसकी लिखी किताबें इंजीनियरिंग की पाठ्य-पुस्तक के रूप में चीन में पढ़ाई जाती हैं। किंतु सब छोड़-छाड़कर वह साम्यवादी बना। जब सोवियत सरकार के कारखानों की बात सुनी, उसने अपने को सुपुर्द कर दिया। सोवियत ने भी उसे सम्मानपूर्वक चीफ इंजीनियर बना दिया है। वह बड़ा गंभीर आदमी है। जब एक अमेरिकन सज्जन ने उससे पूछा—कहिए, यहाँ आकर आपने कैसा पाया, तो उसने जवाब दिया—'और सब तो ठीक है, किंतु यहाँ के मजदूर गाने में बहुत समय बरबाद करते हैं—उफ, ये कितना गाते हैं!'

गंभीर इंजीनियर की झुंझलाहट ठीक—किंतु यह सोवियत उद्योग-धंधे की खूबी है कि मजदूर इतना प्रसन्न रहते हैं!

किसानों से बातचीत

एक अमेरिकन यात्री लिखता है—

मैं पाव ऐन से आगे बढ़ा और कांसू की सीमा पर पहुँचा। इस अरसे में मुझे किसानों के घर में ठहरने और उनकी चटाई पर सोने का मौका मिला। वे बहुत गरीब थे, किंतु उनकी अतिथि-सेवा की भावना थी सर्वथा सराहनीय। मुझे आदर से रखते और खिलाते-पिलाते, किंतु देने पर भी कुछ नहीं लेते। मेरे लिए कभी-कभी मुरगियाँ तक हलाल की जातीं। एक बार एक स्त्री बातें कर रही थी—'हमें ऐसी कोशिश करनी चाहिए कि इस विदेशी के दिल में यह भाव न उठे कि साम्यवादी लोग शिष्टाचार तक नहीं जानते।'

एक रात हम कांसू की सीमा पर, शेंसी से उत्तर एक गाँव में ठहरे। मेरा काफी सत्कार हुआ। मेरे ऐसे गोरे चमड़े और इस सूरत-शक्ल का आदमी उन्होंने कभी नहीं देखा था। लड़के तो डर भी गए। किंतु बड़े-बूढ़े बड़ी तायदाद में रात को मुझे घेरकर बैठ गए और गप्पें करने लगे। वे पूछने लगे—तुम्हारे देश में कौन-कौन अन्न उपजते हैं, गाय और घोड़े होते हैं या नहीं, गोबर को खाद की तरह काम में लाते हो कि नहीं? क्या तुम्हारे देश में धनी और गरीब, दोनों हैं? तुम्हारे यहाँ साम्यवादी पार्टी और लाल सेना हैं? जब मैंने उन्हें बतलाया कि हमारे देश में साम्यवादी पार्टी तो है, किंतु लाल सेना नहीं, तो उन्हें बड़ा कुतूहल हुआ!

इसके बाद मैंने कुछ पूछना शुरू किया। सबसे पहले मैंने लाल सेना के बारे में पूछा। एक ने तुरत कहा—उनके घोड़े बहुत अन्न खाते हैं। मालूम हुआ, हाल ही यहाँ लाल घुड़सवार सेना आई थी। मेरे साथी ने उस आदमी से पूछा—क्या उन्होंने अन्न के दाम नहीं दिए? जवाब मिला—दाम क्यों नहीं दिए, किंतु हमारी तरफ अन्न कम उपजा जो हमारे लिए ही काफी था। एक बूढ़े ने कहा—और उनके दिए रुपए से अफीम कहाँ

मिलती है? इस पर नौजवान उस पर बिगड़ पड़े। बोले—अफीम नहीं मिलती, लेकिन और सब चीजें तो सहयोग-समिति से मिलती हैं न? अन्न, कपड़े, तेल, मोमबत्ती, सुई, दियासलाई, नमक—आपको क्या-क्या चाहिए?

बूढ़े ने तमककर कहा—एक आदमी को छः फीट कपड़े से ज्यादा कहाँ मिलते हैं? दूसरे ने मुँह लगे कहा—आप नहीं जानते बाबा, कपड़ों की अब कमी नहीं रही। किंतु तीसरे ने कहना शुरू किया—

मान लीजिए, आपको काफी कपड़े नहीं मिलते, अफीम नहीं मिलती, लेकिन क्या यह बात ठीक नहीं है कि अब हमें टैक्स देना नहीं पड़ता। अब न तो महाजन के तकाजे होते हैं और न जमींदारों की लाठी बरसती है। हमारे घर, हमारी जमीन को कोई छीन नहीं सकता। यह लाल सेना तो हमारी सेना है, हमारे लिए, किसानों और मजदूरों के लिए लड़ती है, हमें जापान से बचाती है, कुओ मिन् तांग से बचाती है। उसने दाम दिए भी, किंतु क्या सफेद सेना कभी कुछ देती है?

सभी एक बार चिल्ला उठे—नहीं, एक कौड़ी नहीं। हम दोनों सेनाओं में लाल सेना ही पसंद करेंगे।

आप लोग लाल सेना को क्यों पसंद करते हैं?—मैंने पूछा।

अब वही बूढ़ा, जिसने अफीम न मिलने की शिकायत की थी, कहने लगा—

सफेद सेना के आने पर क्या होता है? वे आते ही यह लाओ, वह लाओ की माँग की झड़ी लगा देते हैं। किंतु दाम देने का नाम तक नहीं लेते। अगर हम नहीं दें, तो साम्यवादी कहकर हमें गिरफ्तार कर लिया जाता है। हम उन्हें चीजें इसी तरह दे दिया करें, तो फिर हम टैक्स कहाँ से देंगे? चाहे हम जितनी कोशिश करें, टैक्स तो दे नहीं सकते। नतीजा क्या होता है? हमारे पशु खोल लेते और उसे बेच डालते हैं। पारसाल जब लाल सेना यहाँ नहीं थी, तो सफेद सेना आ धमकी और मेरे दो खच्चर और चार सूअर ले गई। खच्चरों में प्रत्येक का दाम तीस डालर मिलता और प्रत्येक सूअर का दो डालर। लेकिन उन्होंने क्या दिया? उन्होंने बतलाया कि तुम्हारे पास अस्सी डालर बाकी हैं, जिसमें तुम्हारे पशुओं के दाम से चालीस ही डालर मिले हैं। उन्होंने चालीस डालर की और माँग पेश की। मैं कहाँ से देता? चोरी करता? उन्होंने सलाह दी कि अपनी बेटी बेच लो—मैं सच कह रहा हूँ। हममें से कई को ऐसा करना भी पड़ा। जिनके पास न पशु थे, न बेटी; उन्हें जेल जाना पड़ा और उनमें से बहुत जाड़े से ठिठुर मरे।

मैंने उस बूढ़े से जानना चाहा कि उसके पास कितनी जमीन है और उसकी क्या कीमत है? किंतु वह ठीक-ठीक बता नहीं सका। बार-बार पूछने पर खीजकर उसने कहा—

मेरी जमीन, मेरा घर, मेरे औजार और मेरे पशु—सब लीजिए और मुझे सौ डालर ही दीजिए।

और तुम्हें टैक्स कितना देना पड़ता है?

चालीस डालर।

यह तो लाल सेना के पहले लगता था न?

हाँ, अब कहाँ टैक्स लगता है। किंतु पारसाल नहीं लगेगा, कौन जाने? जब लाल सेना जाती है, सफेद आ धमकती है। एक वर्ष लाल, दूसरे वर्ष सफेद। जब सफेद आती है, कहती है, तुम लाल डाकू हो। जब लाल आती है, कहती है, तुम क्रांति-विरोधी हो।

किंतु एक फर्क तो है दादा—एक नौजवान ने कहा—जब हमारा पड़ोसी कह देता है कि हमने सफेद सेना को मदद नहीं पहुँचाई है, तो लाल सेना इसे मान लेती है। किंतु चाहे सैकड़ों ईमानदार आदमी कसम खाएँ, सफेद सेना को विश्वास हो नहीं सकता, जब तक कि कोई जमींदार गवाही न दे।

बूढ़े ने सिर हिलाकर हामी भरी और बतलाया कि पारसाल एक किसान का पूरा परिवार इसीलिए कत्ल कर डाला गया कि उसने यह नहीं बताया कि लाल सेना किस ओर गई है या कहाँ छिपी है। उसकी यह गत देख हम लोग गाँव छोड़कर जो भागे, सो लाल सेना के लौटने पर ही लौटे हैं।

अगली बार सफेद सेना आ जाए, तो क्या फिर आप लोग भाग जाएँगे?—मैंने पूछा

क्या मरना है, जो नहीं भागेंगे।—एक अधवयस ने कहा, जिसके बाल लंबे थे, लेकिन दाँत बहुत ही खूबसूरत।

उसके बाद वह अपने गाँव का अपराध गिनाने लगा। हम लोग 'गरीबों के संघ' में शामिल हुए हैं, हम लोगों ने जिला सोवियत के लिए वोट दिए हैं, हम लोगों ने लाल सेना को बता दिया कि सफेद सेना किधर गई है, हममें से दो आदमी के लड़के लाल सेना में भरती हुए हैं और एक की दो लड़कियाँ परिचारिका विद्यालय में शिक्षा पा रही हैं। क्या इतने अपराध के बाद भी सफेद सेना हमें जीता छोड़ेगी?—एक-एक को गोली मार देगी।

इतने ही में एक नौजवान खड़ा हुआ जिसकी उम्र अठारह से ज्यादा तो हो नहीं सकती। वह बोला—नाना साहब, आप यह क्या बोल रहे हैं? क्या ये सब अपराध हैं? ये तो देशभक्ति के काम हैं और हमने जान-बूझकर किया है। क्यों न करें? कहिए, क्या इसके पहले हमारे गाँव में निःशुल्क विद्यालय था? क्या हमें दुनिया के समाचार घर बैठे बिना तार के तार से मिल जाया करते थे? संसार गोल है, यह हमें किसने बतलाया? यह शिकायत की जाती है कि सहयोग-समिति में कपड़ों की कमी है—किंतु इसके पहले सहयोग-समिति क्या चीज है, हमने जाना भी था? फिर, यह आपकी जमीन—क्या याद नहीं कि कल तक यह जमींदार बांग के हाथों बड़ी रकम में रेहन थी? तीन वर्ष हुए, मेरी तीन बहनें भूखों तड़पकर मर गईं! क्या यह सच नहीं है कि लाल सेना के आने के बाद हमारे यहाँ अन्न की कमी नहीं? आप बूढ़े हैं, आप जो कहें, किंतु हम नौजवान तो इसे छोड़ नहीं सकते। हमने जिंदगी में पहली बार लिखना-पढ़ना सीखा है, राइफल लेकर लड़ना सीखा है। हम देशद्रोहियों और जापानियों का नामोनिशान नहीं रहने देंगे।

नौजवान का चेहरा तमतमा रहा था। उसकी बातों का समर्थन चारों ओर से हो रहा था। सबके चेहरे पर उल्लास था।

बातें होते-होते नौ बज गए। लोग एक-एक कर जाने लगे। सबसे पीछे एक बूढ़ा उठा। वह धीरे-धीरे मेरे निकट आया और फुस-फुसाया—प्यारे साथी, क्या आपके पास थोड़ी अफीम होगी—जरा मेहरबानी कीजिए। निराशा में ही उसे लौटना पड़ा। किंतु उसके जाने के बाद मेरे मेजबान ने कहा—आप यकीन करेंगे, यह आदमी यहाँ के 'गरीब संघ' का सभापति है और अफीम के लिए व्याकुल होकर भिखमंगी कर रहा है? उहुँ, यहाँ जोरों से शिक्षा का प्रचार करना पड़ेगा!

लाल योद्धा

लाल सैनिकों को च्यांग काई शेक की सरकार ने बहुत दिनों तक 'लाल डाकू' के नाम से दुनिया में मशहूर कर रखा था—जरा हम देखें तो कि वे यथार्थतः कैसे जीव हैं!

लाल सेना किसान और मजदूर श्रेणी के नौजवानों से बनी है, जो नौजवान ऐसा विश्वास रखते हैं कि वे अपने घर, अपनी जमीन और अपने देश के लिए लड़ रहे हैं।

पहली मोरचा सेना में जाँच की गई, तो मालूम हुआ था, उसमें अट्ठावन सैकड़े किसानों से आए हैं, अड़तीस सैकड़े मजदूरों और खेत मजदूरों से और कुल चार सैकड़े छुटभैए बाबू दल से—यानी व्यापारी, बुद्धिजीवी, छोटे जमींदार से। इनमें पचास सैकड़े, जिसमें सेनापति भी शामिल हैं, साम्यवादी पार्टी या साम्यवादी युवक संघ के सदस्य हैं।

सैनिकों की औसत उम्र उन्नीस वर्ष की है—यह सुनने में अजीब मालूम पड़ता है, किंतु इसमें भी अजीब यह बात है कि इनमें से बहुतों ने सात से दस वर्ष तक लड़ाई लड़ी है। जो 'पुराने' लाल सैनिक समझे जाते हैं,

उनकी औसत उम्र पच्चीस से पार नहीं जाती। बात यों है कि इनमें अधिकांश ने पंद्रह-सोलह वर्ष की उम्र में ही बालसेना में नाम लिखाया था और बाद में वे लाल सेना में ले लिये गए।

इन सैनिकों में साठ से सत्तर सैकड़े तक पढ़े-लिखे हैं—यानी चिट्ठी लिख-पढ़ लेते, अपनी पाठ्य-पुस्तकें पढ़ लेते और पोस्टर और पर्चे भी पढ़-लिख लेते हैं। यदि सफेद सेना से या वहाँ के किसानों से तुलना की जाए, तो पढ़ाई का यह औसत आश्चर्यजनक मालूम पड़े! ज्यों ही लाल सेना में वे भरती होते हैं, पढ़ना-लिखना शुरू करा दिया जाता है और इसमें तुरत तरक्की करने के लिए तरह-तरह के इनाम दिए जाते हैं।

लाल सैनिकों को उनके सेनापतियों की ही तरह कोई मुशाहरा नहीं मिलता। इसके बदले उन्हें जमीन मिलती है। जमीन पर या तो उनके घरवाले खेती करते हैं या ग्राम सोवियत अपनी तरफ से खेती करके उसकी उपज उनके परिवार को दे देती है। यदि सैनिक किसी दूसरे प्रांत के हुए, तो जमींदारों से जब्त की हुई 'सार्वजनिक जमीन' की खेती से जो पैदावार होती है, उससे उनका मुशाहरा चुकाया जाता है। 'सार्वजनिक जमीन' की खेती करने के लिए कोई खर्च नहीं पड़ता—गाँववाले मुफ्त ही उसकी खेती कर देते हैं, क्योंकि वे जानते हैं कि लाल सेना पर ही उनकी सब उन्नति निर्भर है।

अफसरों की औसत उम्र चौबीस वर्ष की है और औसतन आठ वर्ष की लड़ाई का उन्हें अनुभव है। अफसर सब पढ़े-लिखे हैं। तिहाई अफसर कुओ मिन् तांग से भागकर आए हैं। वाम्पा के सैनिक विद्यालय और मास्को के लाल सैनिक विद्यालय के ग्रेजुएट तथा फ्रांस, जर्मनी, इंगलैंड और अमेरिका से सैनिक शिक्षा पाए अफसरों की भी कमी नहीं है।

लाल सैनिक अपने को सैनिक नहीं कहते, 'योद्धा' कहते हैं।

आधे से अधिक सैनिक और अफसर अविवाहित हैं। जो विवाहित हैं, उन्हें भी अपनी पत्नी और परिवार को घर पर छोड़ आना पड़ा है। गौर से छानबीन करने पर मालूम किया गया है कि उनमें से आधे से अधिक तो अखंड ब्रह्मचारी हैं।

लाल सैनिक औरतों को सम्मान की नजर से देखते हैं। छावनी में जो लड़कियाँ नर्स या दूसरी हैसियत से रहती हैं या अफसरों की जो पत्नियाँ हैं, बेटियाँ हैं, उनकी ओर कोई दुर्भावना की आँख भी नहीं उठाता। छावनी के पड़ोस या रास्ते की किसान लड़कियों या स्त्रियों से उनका व्यवहार माँ-बहनों-सा होता है। किसान लाल सैनिकों की सदाशयता और नैतिकता के पूरे कायल होते हैं। बलात्कार या दुर्व्यवहार की कोई भी शिकायत नहीं—हाँ, एकाध अपनी 'प्रियतमा' की चर्चा करते हैं, जो न जाने पीछे कहाँ छूट गई। नशे से परहेज—लाल सेना के आठ नियमों में एक है। न वे शराब पीते हैं, न सिगरेट फूँकते हैं। इसके लिए कोई सजा नहीं है—किंतु सेना के 'दीवार अखबार' के काले कालमों में आदतन सिगरेट पीनेवालों की भर्त्सना छपती है। शराब पीने की तो कोई चर्चा तक नहीं होती।

लाल सैनिकों को जिस परिस्थिति, जिस दौड़-धूप और जिस हड्डी-तोड़ मेहनत में रहना पड़ता है, उसके लिए संयम का जीवन एकांत आवश्यक है। उन्हें ऐशोइशरत के लिए फुरसत कहाँ। सेनापति पेंग ने कहा था—आठ वर्षों से मैंने अपनी स्त्री का मुँह तक नहीं देखा।

लाल सेना के अफसरों में घायलों की संख्या बहुत अधिक पाई जाती है। अफसर अपनी सेना के साथ-साथ जाते हैं। 'आओ, भाइयो' यह उनकी पुकार है, न कि 'जाओ, भाइयो—' जैसा कि दूसरी सेना में होता है। नानकिंग के पहले-दूसरे धावे में तो आधे अफसर घायल हो गए थे। पीछे देखा गया कि अनुभवी सेनानायकों को बचाना जरूरी है। तो भी तेईस सैकड़ें तो घायल अफसरों का औसत है ही। आप लाल जिलों में जाइए। पाइएगा—बीस-पच्चीस के सिनवाले नौजवान, किंतु किसी का एक हाथ गायब, किसी का एक पैर गायब किसी की उँगली ही नहीं, तो किसी के सिर में भद्दा गड्ढा। किंतु वे कितने प्रसन्न—क्रांति की आखिरी विजय पर उनमें कितना अधिक विश्वास!

लाल सेना में चीन के प्रत्येक प्रांत के नौजवान हैं—इस तरह वही यथार्थ में राष्ट्रीय सेना है। इन

नौजवानों ने यात्राएँ भी कम नहीं की हैं। ऐसे लोग हैं—जो अठारह प्रांतों की सीमाएँ लाँघ आएँ हैं। चीन के भूगोल का ज्ञान इनसे बढ़कर किसे होगा? महाअभियान के समय पुराने नक्शे बेकार साबित हुए—वे गलत थे। इनके नक्शानवीसों ने फिर से नए नक्शे बनाए। पहली मोरचा सेना के तीस हजार आदमियों में एक-तिहाई सैनिक दक्षिण जिलों—कियांग्सी, फुकियन, हूनान और क्वीचाव के थे और लगभग चालीस सैकड़े पश्चिमी प्रांतों—जेचुआन, शेंसी और कांसू के। मियाव और लोलो ऐसे जंगली लोगों की तायदाद भी उस सेना में कम नहीं थी।

सबसे बड़े कमांडर से लेकर साधारण सैनिक तक की पोशाक और भोजन एक तरह का रहता है। अफसरों को घोड़े या खच्चर इस्तेमाल करने का हक है। उनके रहने के मकान भी एक-से होते हैं और अफ़सर और सैनिक बहुत स्वच्छन्दता से आपस में मिलते-जुलते हैं।

सैनिकों की बंदूकों में अस्सी सैकड़े और कारतूसों में सत्तर सैकड़े दुश्मन से छीने गए हैं। नानकिंग सरकार इंगलैंड, चेकोस्लोवाकिया, जर्मनी या अमेरिका से जो मशीनगनें, राइफलें, पिस्तौल और पहाड़ी तोपें नए-से-नए डिजाइन की खरीदती है, वे थोड़े ही दिनों के बाद लाल सैनिकों के हाथों की शोभा बढ़ाती है। जो लोग यह सोचते हैं कि उन्हें रूस से हथियार मिलते हैं, वे गलती करते हैं। रूस और सोवियत भूमि के बीच अलंघ्य और अभेद्य दीवार खड़ी है—भौगोलिक और दुश्मन की सेना के घेरे की।

लाल सेना के अफसरों का मुशाहरा भी ज्यादा नहीं होता। उत्तर-पश्चिम की इस सोवियत भूमि का आकार इंगलैंड के बराबर है, किंतु उसका बजट कुल तीन लाख बीस हजार का है—जिसमें साठ सैकड़े सेना में खर्च होता है—और सेना की संख्या उस समय चालीस हजार थी—यानी एक सैनिक पर मय अस्त्र-शस्त्र के कुल पाँच रुपए का खर्च।

इन सैनिकों के रहने के लिए मकान होते हैं—पर्वत की गुफाएँ, जमींदारों के लंबे अस्तबल, लकड़ी और मिट्टी के बनाए गए बैरक या सफेद अफसरों के छोड़े हुए घर। कठोर 'कांग' पर ये सोते हैं—उस पर पुआल की चटाई तक नहीं होती—बस, एक सूती कम्बल डाल दिया और रम गए। टेबुल या डेस्क कहीं शायद दीख पड़े—कुरसी की जगह ईंट के ऊँचे चबूतरे बना लिये जाते हैं।

सेना की हर टुकड़ी के पास अपना रसोइया होता है। खाना सादा पकता है। चाय, कॉफी, मिटाई, केक या हरी तरकारी शायद ही कभी मिलती हों। गरम पानी ही दूध और चाय की जगह पिया जाता है।

सैनिकों का जीवन बहुत ही व्यस्त होता है। जब लड़ाई पर रहे, तब तो जिंदगी और मौत की ही आँख-मिचौनी रही। शांति के समय भी वे बैठे-ठाले नहीं रहते। सुबह उठकर एक घंटा कसरत, जलपान; दो घंटे सैनिक ड्रिल; दो घंटे राजनीतिक व्याख्यान और बहस; दिन का भोजन; दो घंटे पाठ्य-पुस्तकों का अध्ययन; दो घंटे खेल-कूद; रात का भोजन; संगीत और दस्ते की मीटिंग—यह होती है उनकी दिनचर्या। ऊँचा कूदना, लंबा कूदना, दीवार तड़पना, रस्सा तड़पना, बम फेंकना और निशाना लगाना—इनके लिए प्रतियोगिताएँ होती हैं। पहाड़ों पर तेजी से चढ़ने के लिए भी इनाम बँटते हैं। इन कामों में सैनिकों के दिन बड़ी व्यस्तता में कटते हैं।

हर लाल सेना के अंदर एक 'लेनिन क्लब' होता है, जिसे सैनिकों के सामाजिक और सांस्कृतिक जीवन का केंद्र समझिए। इस क्लब में लेनिन और मार्क्स की हाथ की बनी तसवीरें टँगी होती हैं। एक कोने में नकली लड़ाइयों के मिट्टी के नमूने होते हैं। एक कोने में नक्शे और तालिकाएँ टँगी होती हैं। सैनिकों के लिए आदर्श पुस्तकालय भी इसी में रखा जाता है और 'दीवार का अखबार' भी इसी के एक कोने में होता है। क्लब में रेडियो लगा होता है, जिससे देश-विदेश की खबरें आती रहती हैं। मनोरंजन के समान, ग्रामोफोन, घरेलू खेल, संगीत आदि का भी यही केंद्र है। राजनीतिक वार्त्तालाप और अध्ययन-मंडली का संचालन भी इसी क्लब द्वारा होता है।

लाल बालसेना

"मेरा परिवार चांगचाव के निकट फूकियन में रहता था। मैं पहाड़ पर जाता और लकड़ी काटता। जाड़े में पेड़ों के छाल इकट्ठा करता। मेरे गाँव के लोग कभी-कभी लाल सेना की चर्चा करते। वे कहते, लाल सेना गरीबों की मदद करती है। मुझे यह सुनकर खुशी होती! मेरा परिवार गरीब था। हम छः आदमी थे—माँ, बाप, हम चार भाई। हमारी अपनी जमीन नहीं थी। मालगुजारी में ही खेती की आधी उपज चली जाती। जाड़े में हम पेड़ की छाल उबालकर उसका रस पीते। मैं सदा भूख से कुलबुलाया करता।

"एक साल लाल सेना चांगचाव के निकट आई। मैं पहाड़ पार कर उनकी छावनी में गया और उनसे कहा कि हम लोग बहुत गरीब हैं, हमारी मदद कीजिए। उन्होंने मुझे स्कूल में पढ़ने को भेज दिया और मुझे जिंदगी में पहली बार, भर-पेट, छककर खाने का मौका मिला। कुछ महीनों में ही उन्होंने चांगचाव पर कब्जा किया और फिर मेरे गाँव में गए! जमीन्दारों और महाजनों को गाँव से खदेड़ दिया गया। मेरे परिवार को जमीन दी गई, जिसके लिए कोई टैक्स नहीं लगता। मेरा परिवार बहुत खुश हुआ और मुझ पर घमंड करने लगा। मेरे दो भाइयों ने लाल सेना में नाम लिखाया और मैं बालसेना में भरती किया गया।"

"यह कितने दिनों की बात है?"

'चार वर्ष पहले की—उस समय मैं कुल ग्यारह वर्षों का था!"

यह कथा है, बालसेना के एक सीनियर मेंबर की। टेनिस का जूता, भूरी वरदी और कुछ मटमैली भूरी टोपी—जिस पर लाल तारे का निशाना जगमग करता! चेहरा गुलाबी, आँखें चमकतीं। बिगुल बजाने का गौरवपूर्ण काम उसे दिया गया था और महान अभियान के छः हजार मील की यात्रा तय करने का इसे भी गौरव प्राप्त था! उत्साह और अथक परिश्रम की यह मूर्ति मालूम होता था।

और, ऐसे-ऐसे बच्चे एक-दो या सौ-दो सौ नहीं, चालीस हजार हैं, जिन्हें साम्यवादी युवक संघ ने बालसेना के रूप में संगठित और सुशिक्षित कर रखा है। लाल सेना की हर छावनी में इन बच्चों की 'आदर्श-टुकड़ी' जरूर रहती है। वे प्रायः ग्यारह से सोलह वर्ष के होते हैं और चीन के हर हिस्से से वे आए हैं। बहुतों ने तो महाअभियान की कठिनाइयों को भी बरदाश्त किया।

उनसे अर्दली, रसोई परोसनेवाला, बिगुलची, खुफिया, रेडियो संचालक, भिस्ती, प्रचारक, अभिनेता, नर्स, सेक्रेटरी और शिक्षक का भी काम लिया जाता है। दीवार पर संसार का नक्शा टाँगकर नए रंगरूटों को भौगोलिक ज्ञान पर लेक्चर सुनाते भी आप उन्हें देख सकते हैं। लाल नाटक मंडलियाँ तो बिना सहायता के चल न सकें—गाने, नाचने, नकल उतारने में उन्हें कमाल हासिल।

उन्हें जो वरदियाँ दी जाती हैं, वे उनके शरीर से बड़ी होती हैं। कोट की बाहें हाथ से निकलकर लटकती होतीं, लंबाई जमीन चूमती। सर्दी के मारे नाक से नेटा बहता रहता।

रुखा-सूखा सैनिक जीवन। इधर-उधर दौड़ते रहना। इनमें सैकड़ों गोलियों के शिकार हुए—सैकड़ों बीमारियों के आहार बने। कितने गिरफ्तार कर नारकीय जेलों में सड़ा दिए गए। किंतु तो भी वे डटे हैं। लाल सेना और सोवियत से उन्हें कितनी प्रीति है!

क्यों?—क्योंकि वे समझते हैं, दुनिया उनकी है। आज भी उनकी हालत पहले से अच्छी है। उन्हें खाने-पीने का कष्ट नहीं है। प्रत्येक को एक-एक कम्बल भी मिला है। नायकों को पिस्तौल भी दिया गया है। लाल सेना का चिह्न उन्हें भी लगाने को मिलता है। उन्हें इज्जत की निगाह से देखा जाता है। कोई उन्हें डाँट नहीं सकता, न दबा सकता है। उन्हें जवानों के बराबर ही सभी अधिकार प्राप्त हैं।

उनकी वीरता की कितनी ही कहानियाँ हैं। हम बच्चे हैं, इसलिए हमें कुछ सुविधा चाहिए, यह माँग उन्होंने कभी नहीं की। जवानों की तरह ही मोरचों पर डटकर लड़ते भी हैं। जिस समय कियांग्सी छोड़कर पूरी लाल सेना ने महाअभियान किया, वहाँ की बालसेना स्वयंसैनिक दल से मिलकर लड़ती रही। धावे के समय

संगीनों की मार भी उसने की, जिसे देखकर नानकिंग की सेना के सैनिक कुतूहल से हँसते और कहते—अरे बच्चो, जरा अपनी उम्र भी देखो, संगीन के साथ तुम्हें भी पकड़ हम खाई में फेंक सकते हैं ।

उन्हें पूरी स्वाधीनता प्राप्त है और इस स्वाधीनता की रक्षा के लिए उनकी अपनी संस्थाएँ हैं । खेल-कूद के अलावा पढ़ने-लिखने की शिक्षा भी उन्हें मिलती है और साम्यवादी नारों का अर्थ और महत्त्व तो उन्हें खासकर सिखलाया जाता ।

उनमें से बहुत बच्चे तो धनियों के गुलाम की तरह रह चुके हैं । दिन-रात खटते और पाखाना तक साफ करते थे । आज उनका जीवन कितना आनंदी है ।

एक से पूछा गया—"दोस्त, आखिर यह जिंदगी कुछ कठिन तो जरूर है ?"

"कठिनाई किसे कहते हैं ? साथियों के बीच काम करने में कठिनाई कहाँ ? फिर, हमें तो अपने उद्देश्य पर ध्यान देना है ।"

यह बच्चे की बोली है या बूढ़े की !

कियांग्सी से आए एक लड़के से एक ने पूछा—"यह कांसू कैसा लगता है, कियांग्सी से अच्छा या बुरा ?"

"कियांग्सी अच्छा था, किंतु कांसू भी अच्छा है । जहाँ क्रांति है, वही जगह अच्छी । खाने-पीने की सुविधा क्या चीज है ? असल बात तो है—क्रांति !"

प्रश्न करनेवाले ने सोचा, यह जवाब क्या है—सिखाई-पढ़ाई चीज है । किंतु दूसरे दिन उसने देखा, लाल सेना की एक सभा में वह बच्चा धुआँधार व्याख्यान दे रहा है और राजनीति की समस्याओं को बड़े सादे ढंग से समझाता जा रहा है । वह बालसेना का सबसे अच्छा वक्ता समझा जाता था ।

इस बालसेना का एक कर्त्तव्य होता है मोरचे की तरफ जानेवाले सभी सैनिकों की जाँच-पड़ताल करना और जिनके पास 'पास' हो, उन्हें ही उस ओर बढ़ने देना । वे अपने इस कर्त्तव्य को बड़ी चौकसी से पालन करते हैं और उन्हें घपले में डालना या धोखे में रखना, कोई साधारण बात नहीं है । सेनापति पेंग तेह ह्वाइ ने अपनी कहानी बताई थी । एक बार वह बाहर से मोरचे की ओर जा रहे थे कि बालसेना के एक सैनिक ने उन्हें टोका, 'पास' की माँग की और न देने पर लौट जाने को कहा और जिद्द करने पर गिरफ्तार करने की भी धमकी दी—

"लेकिन मेरा नाम पेंग तेह ह्वाइ है—ये 'पास' तो मैंने ही लोगों को दिए हैं ।"

"कोई मुजायका नहीं कि आप स्वयं सेनापति चू तेह हों", उस बच्चे ने बिगड़कर कहा, "किंतु जब तक आप 'पास' नहीं दिखाते, मैं आप को आगे बढ़ने नहीं देता ।" यही नहीं, उस लड़के ने सहायता के लिए सिगनल किया और उसके बहुत-से साथियों ने आकर पेंग को घेर लिया ।

आखिर पेंग को हारकर वहीं खुद अपने नाम का 'पास' लिखना और उस पर दस्तखत करना पड़ा—तब कहीं उन्हें आगे बढ़ने दिया गया ।

इन बच्चों का उत्साह देखकर जवानों की कौन बात, बूढ़ों में भी नया खून दौड़ जाता है । प्रसन्नता और आशा के तो ये प्रतीक ही हैं । दिन-भर के थके-माँदे हों, किंतु, "कहिए क्या हाल है ?" यह पूछते ही जवाब मिलता है, "मस्त हूँ, अपनी कहिए !" धैर्यवान, परिश्रमी, चमकीले, सीखने को उत्सुक । उन्हें देखकर कोई भी कह सकता है—चीन के अच्छे दिन आनेवाले हैं, उसका भविष्य उसके सुदूर भूत की तरह ही महान है ।

लाल रंगमंच

चीन में साम्यवाद के प्रचार के लिए जैसा और जिस सफलता के साथ रंगमंच का उपयोग किया गया है, वह एक अभूतपूर्व चीज है । चीन पाश्चात्य नजरों में एक पिछड़ा हुआ देश है—मुख्यतः किसानों का देश । शिक्षा का

महा अभाव। ऐसी हालत में कोई ऐसा साधन निकालना था, जिसके द्वारा अनपढ़, अशिक्षित, असंस्कृत किसानों में साम्यवाद के सिद्धांतों का व्यापक प्रचार हो सके। चीनी सोवियत के कर्णधारों ने वह साधन रंगमंच को ही बनाया। 1931 में जिस समय कियांग्सी में सोवियत की स्थापना हो चुकी थी, लाल रंगमंच का जन्म हुआ। ज्यूचिन के सुप्रसिद्ध गोर्की विद्यालय में एक हजार विद्यार्थी भिन्न-भिन्न सोवियत प्रदेशों से बुलाए गए और उन्हें इस विषय की पूरी शिक्षा देकर साठ नाटक-मंडलियाँ कायम की गईं। ये नाटक-मंडलियाँ इस गाँव से उस गाँव जातीं और अपने मनोरंजक कार्यक्रम से किसानों के मन को स्वभावतः ही अपनी ओर खींचतीं। थोड़े ही दिनों में इनकी धूम मच गई और गाँवों से इतने निमंत्रण आने लगे कि सब का पूरा किया जाना मुश्किल-सा हो गया। गाँववाले ही उनके सामान ढोकर ले जाते, उनके खाने और रहने का इंतजाम करते।

उत्तर-पश्चिम में सोवियत कायम होने के बहुत पहले ही कियांग्सी की हवा यहाँ पहुँच चुकी थी और शेंसी सोवियत में ऐसी नाटक मंडलियाँ कायम हो चुकी थीं। महाअभियान के बाद जब कियांग्सी की सोवियत यहाँ पहुँची तो लाल सेना और कल-कारखानों के सामान आदि के साथ, नाटक-मंडलियाँ भी पहुँचीं। फिर तो समूचे शेंसी और कांसू के रकबे में इनका जाल-सा बुन गया। लाल सेना की हर टुकड़ी के साथ एक नाटक-मंडली होती है। हर जिला सोवियत के अधीन कितनी ही नाटक-मंडलियाँ होती हैं। ग्राम सोवियतें भी अपनी अलग-अलग नाटक-मंडलियाँ कायम करने में परस्पर प्रतिस्पर्धा करती हैं।

इन नाटक-मंडलियों का प्रोग्राम बड़ा ही आकर्षक होता है। मुख्य नाटक के अलावा प्रतिदिन प्रमुख समाचारों के दृश्य भी दिखलाए जाते हैं और सैनिक, राजनीतिक, आर्थिक और सामाजिक समस्याओं को नाटक का रूप दिया जाता है। लोगों के मन में उठनेवाली शंकाओं और प्रश्नों का जवाब हँसी-मजाक में ही बता दिया जाता है, जो किसानों के सीधे दिमाग में जाकर बैठ जाता है। जब लाल सेना किसी नए क्षेत्र पर कब्जा करती है तो नाटक-मंडलियों का काम होता है कि वे जनता के डर को दूर करें, उन्हें साम्यवादी प्रोग्राम का अंदाजा प्रारंभिक रूप में दें, उनमें क्रांतिकारी भावनाएँ भरें और उनके हृदय को जीतें।

कियांग्सी से जो अनुभवी अभिनेता आए, वे अब शिक्षक बन गए हैं और उनकी देख-रेख और शिक्षा-दीक्षा में नए-नए स्थानीय अभिनेता पैदा हो रहे हैं। उन्हें केवल खाना-कपड़ा और थोड़ा-सा सफरखर्च मिलता है। लेकिन उन्हें रोज अध्ययन करना होता है। उनका विश्वास है कि वे अपने देश और देशवासियों की एक बहुत बड़ी खिदमत कर रहे हैं। जहाँ जगह मिलती है, सो जाते हैं; जो मिलता है, खा लेते हैं और इस गाँव से उस गाँव पैदल ही चलते हैं। भौतिक सुख-सुविधा के खयाल से वे निस्संदेह ही संसार-भर के अभिनेताओं में सबसे कम पानेवाले हैं, लेकिन इनके ऐसी जिंदादिली और हँसी-खुशी तो शायद ही कहीं मिले।

नाटक के जो सामान, परदे-पोशाक वगैरह होते हैं, वे बहुत ही सादे और सस्ते होते हैं। लेकिन उन्हें कुछ इस ढंग से सजा दिया जाता है कि वे काफी आकर्षक दीखते हैं।

नाटक और गाने कुछ सरकारी अफसर भी लिख लेते हैं, किंतु वे ज्यादातर सोवियत के प्रचार विभाग के कलाकार— कहानी लेखक और नाट्यकार—द्वारा ही तैयार किए जाते हैं। इन नाटकों में से ज्यादातर चेन फाँग क्वी वू नामक एक महान साहित्यिक के लिखे होते हैं, जो तीन बरस पहले साम्यवादी पार्टी में शामिल हुए हैं। श्रीमती तिंग लिंग के नाटक इधर बहुत खेले जा रहे हैं। श्रीमतीजी चीन की सबसे प्रसिद्ध लेखिका हैं और आजकल लाल सेना के साथ रहती हैं।

× × ×

आज सनीचर का दिन है और सूरज डूबने में दो-तीन घंटे बाकी हैं। समूचा पाव आन शहर आज एक ओर जाता दीख पड़ता है। सिपाही, सैनिक, स्त्रियाँ, लड़कियाँ, क्लर्क, बढ़ई—सबके सब एक तरफ चले जा रहे हैं। वह जगह है—यहाँ का नाटकघर।

टिकट की झंझट नहीं; और न सीटों में नीच-ऊँच का भेदभाव। यह है सोवियत की केंद्रीय समिति के सेक्रेटरी लो फू; यह हैं सैनिक विद्यालय के अध्यक्ष लिन पियाओ; यह हैं अर्थसचिव लिन पाइ चू और यह हैं

सोवियत सरकार के अध्यक्ष माओ त्से तुंग । ये सब इस बड़ी भीड़ में अलग-अलग छिट-पुट बैठे हैं ।

स्टेज के सामने एक बड़ा लाल रेशमी परदा लटका हुआ है जिस पर साफ-साफ हर्फों में लिखा हुआ है, 'जनता की जापान-विरोधी नाटक-मंडली ।'

तीन घंटे का खेल । इसके अंदर कई छोटे-छोटे एकांकी नाटक, नाच, गाने, मूक-नाट्य । उनके दो ही मुख्य आशय—जापान-विरोध और क्रांति । कला को प्रचार ने दबोच रखा है, सही, किंतु एक जीती-जागती-सी चीज है, जिसमें विनोद की पूरी पुट मिली हुई । दर्शकों और अभिनेताओं में एक अजीब एकाग्रता मालूम होती, वे सुन नहीं रहे हैं—पी रहे हैं । चीन के दर्शकों की रुचि अजीब होती है । वे नाटकघरों में देखते कम है, वहाँ फल खाते, गप्प उड़ाते और तौलिया उछाला करते हैं । किंतु यहाँ की तल्लीनता; मालूम होता है, नाटक में सभी घुल-मिल गए हैं ।

पहला एकांकी नाटक—नाम उसका 'चढ़ाई' । मंचूरिया का एक गाँव । 1931 में जापानी सैनिकों की एक टोली आती है और नपुंसक चीनी सैनिकों को मार भगाती है । दूसरा दृश्य—एक किसान के घर में जापानी अफसर भोज उड़ा रहे हैं । चीनी किसानों को कुरसी की तरह बनाकर उन पर वे बैठे हैं और नशे में बेहोश उनकी स्त्रियों से प्रेमालाप कर रहे हैं । तीसरा दृश्य—एक जापानी फेरीवाला अफीम बेच रहा है और हर किसान को उसको खरीदने के लिए मजबूर करता है । एक नौजवान खरीदने से इनकार करता है । बातचीत शुरू होती है—"तुम अफीम नहीं खरीदोगे ? तुम मंचुकाओ ! स्वास्थ्य के नियम का पालन नहीं करोगे ? ओह, तुम जापान-विरोधी हो, तुम लाल डाकू हो ।" उस नौजवान को फाँसी लगा दी जाती है ।

आगे का दृश्य—एक बाजार ! दुकानदार अपने सौदे-सुलफे बेच रहे हैं । अचानक जापानी सिपाही पहुँच जाते हैं—जापान-विरोधी लाल डाकुओं की तलाश में । वे सबसे उनका पासपोर्ट माँगने लगते हैं । जो बेचारे अपना पासपोर्ट घर पर छोड़ आए, सबके सब गोली से उड़ा दिए जाते हैं । इसके बाद दो जापानी अफसर एक फेरीवाले की दुकान पर आते हैं—कुछ चीजें लेतें हैं । जब वह दाम माँगता है, गुर्राते हैं—"तुम मुझसे दाम माँगते हो ? क्यों ? तुम्हें मालूम नहीं कि च्यांग काई शेक ने हमें मंचूरिया, जेहोल, चहार और क्या-क्या न दे दिए, किंतु उसने एक भी पैसा माँगा और तुम्हें दाम चाहिए ?" उसकी भी वही गत होती है ।

नाटक के आखिरी हिस्से में ग्रामीणों में एक अजीब असंतोष और सनसनी फैल जाती है । व्यापारी उठ खड़े होते हैं और अपने छाते फेंकने लगते हैं । किसान दौड़ते हैं और अपने बरछे उछालने लगते हैं । स्त्रियाँ और बच्चे भी अपनी छुरियाँ निकालते हैं और सभी कसम खाते हैं कि हम आखिरी दम तक इनका सामना करेंगे—इन जापानी राक्षसों को भगाकर ही छोड़ेंगे ।

समूचा नाटक हास्य-विनोद और स्थानीय कहावतों से भरा । हँसी के फव्वारों के बीच-बीच में जापानियों के प्रति घृणा और विद्रोह के भाव की वर्षा । दर्शकों में काफी उत्तेजना । यह केवल नाटक नहीं, प्रचार भी नहीं—यह तो स्पष्ट सत्य है । एक दर्शक उठ खड़ा होता है और नारे लगाता है—जापानी डाकुओं का नाश हो ! चीन के हत्यारों का क्षय हो ! अपने घर की रक्षा के लिए लड़ते चलो, वीरो ! नारे को दर्शकों ने दुहराना शुरू किया—ध्वनि-प्रतिध्वनि से दिशाएँ गूँज उठीं ।

इसके बाद ही 'फसल का नाच' शुरू होता है । करीब एक दर्जन लड़कियाँ—खाली पैर, किसानों का पाजामा और कोट पहने, सिर पर रेशमी चादर बाँधे । संलग्नता और भव्यता टपकती । इनमें से दो लड़कियाँ कियांग्सी से आई हैं—महाअभियान के साथ लाखों कष्ट भोगते ।

दूसरा नाच 'संयुक्त मोरचे का नाच' के नाम से मशहूर है । नाच में ही बताया जाता है कि किस तरह चीन की संपूर्ण जनता जापान के विरुद्ध उठ खड़ी होती है । पहले उजली गंजी और टोपी पहने नाविक आते हैं, तब घुड़सवार, फिर हवाई जहाजी और पैदल सेना, अंत में जल सेना । इनका मूक अभिनय दर्शनीय । चीन के अभिनेता मूक अभिनय में अपनी जोड़ संसार में नहीं रखते । इसके बाद 'मशीन का नाच' होता है । बच्चे अपने हाथ, पाँव और सिर को इस तरह संचालित करते कि चक्के का चलना, डायनेमो का शब्द होना आदि मशीन के सभी काम मूर्तिमान हो जाते हैं । मालूम होता, मानो चीन में मशीन युग आ पहुँचा ।

बीच-बीच में दर्शकों में से किसी या किन्हीं का गाना-बजाना होता है। आधे दर्जन देहाती लड़कियाँ ग्राम-गीत गाती हैं। एक किसान इनके गीत में अपनी देहाती सारंगी बजाता है। एक लाल सैनिक हारमोनियम पर एक दक्षिणी गीत गाता है।

अब दूसरा एकांकी नाटक शुरू होता है।

एक सामाजिक, किंतु क्रांतिकारी कहानी। एक मुनीम है, जो अपने जमींदार की स्त्री के प्रेम में फँस जाता है। नाटक के बाद फिर कुछ नाच। तब 'जीवित अखबार' की बारी आती है—प्रमुख समाचारों को नाटकीय ढंग से बताया जाता है। अंत में लड़के साम्यवादियों के अंतरराष्ट्रीय गीत गाते हैं। सभी देशों के झंडे एक साथ बँधे हैं, जिनके चारों ओर लड़के बैठे हुए हैं! गीत गाते हुए वे धीरे-धीरे उठते हैं, तनकर खड़े हो जाते हैं, एक ओर इनके घूँसे तनते हैं, दूसरी ओर गाना समाप्त होता है।

यह है इस नाटक-मंडली के एक दिन के नाटक का प्रोग्राम।

× × ×

सोवियत के इस लाल रंगमंच के संचालन का सूत्र एक तीस वर्षीय युवती के हाथों में है। उसका नाम है कुमारी वी। आज दस वर्षों से वह लगातार साम्यवादी पार्टी का काम करती आई है। फ्रांस और रूस जाकर, पार्टी की ओर से उसने शिक्षा भी प्राप्त की है। कियांग्सी में वह रंगमंच की सहकारी अध्यक्ष थी, किंतु अब इस उत्तर-पश्चिम में वह प्रधान अध्यक्ष है। महाअभियान में वह साथ रही है और उस छः हजार मील की यात्रा के सभी सुख-दुखों को सानंद भोग चुकी है।

सोवियत और मुसलमान

चीन में मुसलमानों की संख्या एक करोड़ बताई जाती है और उनमें से आधा शेंसी, कांसू, निंगसिया, जेचुआन और सिंकियांग में रहते हैं। बहुत-से जिलों में—खासकर कांसू और चिंघाई में—वे बहुमत में हैं और कई हिस्सों में तो चीनियों से उनकी तायदाद दस गुनी तक है। जहाँ जैसी तायदाद है, वहाँ वैसी ही उनकी धार्मिक कट्टरता है। उत्तरी कांसू और दक्षिणी निंगसिया का क्षेत्र तो बिलकुल मुसलमानी देश ऐसा लगता है।

मजहब ही वह धुरी है, जिस पर उनकी संस्कृति, राजनीति और अर्थनीति चक्कर लगाती है। अमीर और मुल्ला—ये ही दो वर्ग हैं, जिनके हाथ में इनका भाग्यसूत्र है। कुरान के कुछ सूत्र (आयत) याद रखना और तुर्की या अरबी भाषा जानना तो यहाँ के लिए महामंत्र है। बढ़िया हालत में रखी जानेवाली मसजिदों में वे नमाज पढ़ते हैं, मुसलमानी पर्व और त्योहारों को मानते हैं, मुसलमानी रीति पर शादी-श्राद्ध करते हैं। सूअर या कुत्ते के नाम से ही घृणा करते हैं। मक्का जाना जीवन की चरम साधना है। वे चीन को मातृभूमि नहीं समझते, तुर्की की ओर ही ध्यान रखते और पान-इस्लाम के नाम से ही आह्लादित हो उठते हैं।

किंतु उन पर चीनी प्रभाव भी कुछ कम नहीं। उनकी पोशाक चीनियों की तरह की होती है—सिवा झब्बेदार फैज टोपी के। अपने दैनिक जीवन-व्यवहार में चीनी भाषाओं का ही प्रयोग करते हैं। तुर्की सूरत-शक्ल सदियों के रक्त-मिश्रण से दुर्लभ हो गई है, उनका रूप-रंग चीनियों की तरह ही होता है। जो चीनी उनसे शादी-ब्याह करते, उन्हें मुसलमानी मजहब स्वीकार करना पड़ता है।

चीन के मुसलमानों में इस समय तीन दल हैं—पुराना, नया और आधुनिक दल। आधुनिक दल विज्ञान को अपनाना और मुल्लाओं का तिरस्कार करना पसंद करता है। बाकी दोनों दल इस दल से संयुक्त मोरचा लेते हैं। उत्तर-पश्चिम में मुसलमानों के जो चार अमीर थे, वे आधुनिक दल के ही।

उनमें हुंग कुई सबसे बड़ा अमीर था। निंगसिया शहर के साठ सैकड़ें सम्पत्ति का मालिक। उसके हरम

में बीवियों की भरमार। इस पर भी उसे नई बीवी का शौक चर्राया। चारों ओर से तसवीरें मँगाई जाने लगीं—सबसे अच्छी सूरत पर पचास हजार डालर ईनाम बोला गया। फिर हवाई जहाज पर चढ़कर शांघाई पहुँचा और वहाँ से एक ईसाई मेम को लाकर अपनी हरम में दाखिल किया।

एक अमीर के पास इतना पैसा कि वह नई बीवी ढूँढ़ने में पचास हजार डालर खर्च करे—तो गरीब की हालत खराब होनी ही थी। आखिर ये रुपए आए कहाँ से?

किसान तबाह, मजदूर फटे-हाल। टैक्स का बोझ जनता की कसर तोड़ रहा। खरीद-बिक्री पर टैक्स, घरेलू जानवर पर टैक्स, ऊँट पर टैक्स, नमक पर टैक्स, अफीम, भेड़, सौदागर, कबूतर, जमीन, नाव, सिंचाई, मील का पत्थर, घर, लकड़ी, चक्की, उत्सव, तम्बाकू, शादी, तरकारी—कोई चीज़ नहीं बची, जिस पर टैक्स नहीं वसूल किया जाता, पर सबसे बढ़कर बात तो यह थी कि हर किसान-परिवार को अपने एक नौजवान को उसकी सेना के लिए देना पड़ता। अगर घर में नौजवान नहीं तो एक सौ पचास डालर बदले में। सैनिकों को कोई मुशाहरा नहीं दिया जाता, उलटे उन्हें अपने घर से खाना और कपड़ा लाना पड़ता। इस तरह उसने चालीस हजार सैनिक एकत्र कर रखे थे।

नाना तरह के टैक्स और कर्ज से तबाह किसान अपनी जमीन मिट्टी के मोल बेचते, जिसे उसके अफसर या महाजन खरीदते। बहुत-सी जमीन तो उजाड़ पड़ी। खेत मजदूरों को मुश्किल से कुछ दिया जाता।

सबसे बढ़कर इधर अमीर ने जापानियों से रप्त-जप्त बढ़ाना शुरू किया था। निंगसिया शहर में जापानी दूतावास ही नहीं, जापानी हवाई जहाज का अड्डा भी बन चुका था।

इसी स्थिति में कियांग्सी की लाल सेना और सोवियत सरकार शेंसी-कांसू पहुँची और दूरदर्शी साम्यवादियों को यह मालूम करते देर नहीं लगी कि उनकी सफलता का सारा दारोमदार इस बात पर है कि मुसलमान जनता के दिल को वे कहाँ तक अपनी ओर आकृष्ट कर पाते हैं! उन्होंने 1936 में ही मुसलमानों के बारे में अपनी यह नीति घोषित की—

1. जितनी तरह के कर-टैक्स हैं, उन्हें उठा देना।
2. मुसलमानों को घरेलू स्वतंत्रता-प्राप्त प्रजातंत्र कायम करने में मदद करना।
3. जबरदस्ती सैनिक-भरती रोकना।
4. सभी तरह के कर्ज को बिलकुल मंसूख करना।
5. मुसलिम संस्कृति की रक्षा करना।
6. सभी सम्प्रदायों की धार्मिक स्वतंत्रता की गारंटी करना।
7. जापानी-विरोधी मुसलिम सेना तैयार करने में मदद देना।
8. चीन, वर्हिगत मंगोलिया, सिंकियांग और सोवियत रूस के मुसलमानों को एक सूत्र में आबद्ध होने में मदद करना।

यह प्रोग्राम ऐसा था, जिसमें मुसलमानों के हर वर्ग और तबके को अपनी ओर खींचने के लिए काफी अपील थी। जो कट्टर मुल्ला थे, उन्होंने भी इसमें अपने लिए कुछ पाया—उन्होंने समझा, पान-इस्लाम का उनका स्वप्न अब सार्थक हो सकेगा और आधुनिक दल के धर्म-विरोधी कारनामों से उन्हें नजात मिलेगी। कर-भार, कर्ज और जबरदस्ती की भरती से परेशान मुसलमान जनता ने तो इसमें अपने लिए मुक्ति का संदेश ही देखा। यही नहीं, लाल सेना के लिए आदेश निकाला गया—

1. मुसलमानों के घर में बिना उनकी राय के मत घुसो।
2. मसजिद और मुल्ला का किसी तरह का अपमान मत करो।
3. मुसलमानों के सामने सूअर और कुत्ते का नाम मत लो और न यह पूछो कि तुम सूअर का गोश्त क्यों नहीं खाते?
4. मुसलमानी मजहब को छोटा मजहब और चीनी मजहब को बड़ा मजहब मत कहो।

मुसलमानों में काम करने के लिए खासकर पार्टी के मुसलमान सदस्यों को भेजा जाता। लाल नाटक-

मंडली में मुसलमानों के लिए खास नाटक तैयार कराए गए, जिनमें मुसलमानों की ऐतिहासिक और सामाजिक घटनाओं के आधार पर क्रांतिकारी नतीजों की ओर इंगित होता। गाँव-गाँव में नाटक खेले जाते। पर्चे, पोस्टर और अखबार चीनी और अरबी भाषाओं में छपवाकर लाखों-लाख की तादाद में बाँटे जाते। आम सभाएँ होतीं, जिनमें कुशल वक्ता सोवियत के प्रोग्राम की व्याख्या करते और धीरे-धीरे उनमें वर्ग-संघर्ष के बीज बोकर उनकी कट्टरता को धर्म के क्षेत्र से हटाकर आर्थिक और राजनीतिक क्षेत्रों में ले जाने की चेष्टा करते।

इन प्रचारों और प्रयत्नों का सुफल थोड़े ही दिनों में दिखाई पड़ने लगा। जिस समय लाल सेना ने उस अमीर के कांसू और निंगसिया के भूभाग पर चढ़ाई की, न तो उसकी सेना ने जमकर लड़ाई ली और न किसानों ने ही कोई उपद्रव मचाया, वरन् उसके बहुत-से सैनिक भागकर लाल सेना में चले आए और बहुत-से किसान नौजवानों ने लाल सेना में अपने नाम लिखाए। इन लोगों को लेकर पंद्रहवीं लाल सेना के अंदर एक खास मुसलिम सेना तैयार की गई। अपने लड़ने की ताकत और सूरत-शक्ल के कारण इस सेना ने लाल सेना में अपना खास स्थान बना लिया। साधारण चीनी लोगों से ऊँचा कद, तगड़ा शरीर, घनी दाढ़ी, साँवली सूरत, बादामी आँखें—उनमें कई तो बहुत ही खूबसूरत भी दीखते। वे बड़ी-बड़ी तलवारें रखते, जिनके एक ही झटके में दुश्मन के सिर जमीन पर लोट जाएँ।

एक ही वर्ष के अंदर इस लाल मुसलमानी सेना में काफी वर्ग-जागृति आ गई। सैनिकों को जिंदगी में पहली बार पढ़ने-लिखने का मौका मिला। पहले तो अपनी धार्मिक पुस्तकों पर ही टूटे, किंतु धीरे-धीरे 'साम्यवादियों के घोषणा पत्र', 'वर्ग संघर्ष' आदि पुस्तकें भी पढ़ने लगे। इनमें से पच्चीस सैकड़े तो साम्यवादी पार्टी में भी शामिल हो चुके हैं।

"हम चीनी और मुसलमान भाई-भाई हैं। हम मुसलमानों की रगों में भी तो चीनी खून है। हम सबकी जन्मभूमि तो चीन माता ही है न? फिर, हम आपस में क्यों लड़ें? हमारे समान शत्रु तो हैं जमींदार, पूँजीपति और महाजन—या हमारे तानाशाह शासक और जापानी। हमारा उद्देश्य एक है—इंकलाब!"

"लेकिन अगर इंकलाब आपके मजहब में खलल डाले, तो?"

"क्यों खलल डालेगा? लाल सेना तो हमारी नमाज और इबादत पर कोई बंधन नहीं डालती?"

"जरा इस ढंग से सोचिए। आपके मुल्ला जो ज्यादातर धनी हैं, वे जमींदार हैं, महाजन हैं। इन लोगों का हित इसी में हैं कि सोवियत का विरोध करें। अगर इन्होंने विद्रोह का झंडा उठाया, तो आप क्या करेंगे?"

"सब मुल्ला धनी ही नहीं हैं। हमारी टुकड़ी का कमांडर तो मुल्ला ही है—वह क्यों विद्रोह करेगा?"

"मान लीजिए, कुओ मिन् तांग ने मुल्लों में से कुछ को मिला लिया, तब आप क्या करेंगे?"

"हम उन्हें सजा देंगे। मुल्ले बुरे भी तो हो सकते हैं। बुरों को हम क्यों नहीं सजा देंगे?"

इस तरह का वार्त्तालाप आप इन सैनिकों में होते हुए पाएँगे। इस संबंध में बहस-मुबाहसे भी हुआ करते हैं। 'मुसलिम इंकलाब' पर घनघोर बहस होती है, जमीन के बँटवारे तक जब बहस पहुँचती, तो सवाल उठता, मुसलमानो जमींदारों की संपत्ति जब्त करनी चाहिए कि नहीं। कुछ कहते, नहीं। ज्यादा लोग चिल्ला उठते, क्यों नहीं? आखिर एक मजहब के होने से ही किसी को हमारा खून चूसने का कौन-सा अधिकार हो जाता है? मुसलमानों और चीनी लोगों में एकात्मकता लाने के लिए क्या-क्या करना चाहिए, इस पर भी कम गरम बहस नहीं होती।

निंगसिया में तो मुसलिम सोवियत सरकार भी कायम कर ली गई है। लाल सेना की मातहत के गाँवों की सोवियत ने अपने-अपने गाँवों से तीन सौ प्रतिनिधि चुनकर भेजे। चुने प्रतिनिधियों में कुछ मुल्ले, शिक्षक, व्यापारी और दो-तीन छोटे जमींदार थे—किंतु अधिकांश थे किसान और खेत-मजदूर। सोवियत ने अपना अध्यक्ष चुना, फिर प्रस्ताव पास किए। लाल सेना को पूर्ण सहायता देने, जापान-विरोधी मुसलिम सेना तैयार करने, गरीब संघों का संगठन करने आदि के प्रस्ताव पास हुए और अंतिम प्रस्ताव द्वारा टैक्स वसूल करनेवाले के पद को हटा दिया गया!

संयुक्त मोरचा—क्यों और कैसे

अपने जन्म के शुरू से ही, प्रारंभ के एक छोटे-से अरसे को छोड़कर, चीनी साम्यवादी पार्टी संयुक्त मोरचे की हिमायत करती रही है। शुरू-शुरू में जब साम्यवादी पार्टी कायम हुई और मजदूरों में जोरों से काम शुरू हुआ, तब राष्ट्रीय सरकार की ओर से दमन शुरू हुआ था। उस समय साम्यवादी पार्टी ने कुओ मिन् तांग को पूँजीवादियों की संस्था कहकर तिरस्कार किया था। किंतु यह गलती तुरत महसूस की गई। कुओ मिन् तांग से मिलकर एक संयुक्त मोरचा बनाया गया और कुछ ही दिनों में चीन में क्या-से-क्या हो गया।

किंतु च्यांग काई शेक और उसके तानाशाह दोस्तों ने इस मोरचे को बेरहमी से बरबाद कर दिया। इस मोरचे के टूटने का नतीजा हुआ भीषण गृहयुद्ध। नौजवानों के रक्त और गरीब देश के धन का स्वाहा कर इस गृहयुद्ध की आग को वर्षों तक प्रज्वलित रखा गया।

इधर यह गृहयुद्ध चल रहा था, उधर साम्राज्यशाहों का कुचक्र चीन को बरबादी की ओर लिये जा रहा था। इन साम्राज्यशाहों में जापान की सबसे अधिक चाँदी थी। एक पड़ोसी देश होने की वजह से जापान को कितनी ही सहूलियतें प्राप्त थीं। इन सहूलियतों का सदुपयोग उसने चीन को अपने खूनी पंजे में लाने के लिए किया।

जिस समय च्यांग काई शेक ने सोवियत को नष्ट करने के लिए पहला धावा शुरू किया, जापान ने मंचूरिया पर कब्जा कर लिया। दूसरे धावे के समय जापान ने शांघाई पर चढ़ाई की। इधर तीसरा धावा हो रहा था, उधर जेहोल पर जापान अपना झंडा उड़ा रहा था। यों ही, चौथे-पाँचवें धावों के समय होपी और चहार भी चीन के हाथ से निकलकर जापान के कब्जे में चले गए। नौ वर्षों के इस गृहयुद्ध के अंदर ही चीन की जमीन का पाँचवाँ हिस्सा जापानियों के हाथ में चला गया। इस पाँचवें हिस्से जमीन में चीन की अपार सम्पत्ति लगी या छिपी थी। चालीस सैकड़े रेलवे, पचासी सैकड़े गैर-आबाद उपजाऊ जमीन, कोयले का एक बड़ा हिस्सा, अस्सी सैकड़े लोहे की खानें, सैंतीस सैकड़ें सर्वोत्तम जंगल, और चालीस सैकड़े बाहरी व्यापार भी इस भूभाग के साथ जापान के हाथ में चला गया। चीन के पचहत्तर सैकड़े कच्चे लोहे और पचास सैकड़े कपड़े के कारखानों पर जापान का कब्जा हो गया। मंचूरिया के हाथ से जाने से चीन ने अपने व्यापार का एक बड़ा अच्छा बाजार खो दिया और खो दिया कच्चे मालों का एक अपूर्व भंडार।

जिस समय जापान ने गृहयुद्ध से फायदा उठाकर 1932 में मंचूरिया पर पहले-पहल चढ़ाई की, तभी सोवियत के सभापति माओ त्से तुंग ने यह स्पष्ट घोषणा की कि चीनी सोवियत इस युद्ध से तटस्थ नहीं रह सकती और हमारी लाल सेना जापानी साम्राज्य से युद्ध करने को तैयार है। किंतु सोवियत या लाल सेना क्या करे? च्यांग काई शेक तो उसे ही घेरकर तबाह करने पर तुला हुआ था। फिर जब 1935 के अगस्त में जापानी सेना उत्तरी चीन के अन्य हिस्सों की ओर बढ़ी तो सोवियत सरकार और चीनी साम्यवादी पार्टी की केंद्रीय समिति ने चीनी राष्ट्र के हर वर्ग और अधिवासी के नाम एक अपील निकालकर इस बात पर जोर दिया कि इस वक्त चीनी राष्ट्र को, जिसे एक आम खतरे का सामना करना पड़ रहा है, अपने आपसी झगड़ों, श्रेणी-युद्धों और राजनीतिक मतभेदों को भुलाकर सिर्फ एक नारा बुलंद करना चाहिए और वह नारा है—भीतरी झगड़ों के रहते हुए भी मिलकर विदेशी दुश्मन से लड़ो। अपील में संयुक्त मोरचे का एक ब्योरेवार कार्यक्रम भी था। इसी तरह 1937 में जब जापान ने इनर मंगोलिया में साजिशें शुरू कीं, तो चीन की सोवियत सरकार और लाल सेना की ओर से राष्ट्रपति माओ त्से तुंग और सेनापति चू तेह के दस्तखतों से एक अपील नानकिंग की सरकार, चीनी फौजी अफसरों और सैनिकों, राजनीतिक पार्टियों, जन-संस्थाओं, अखबारों, विद्यार्थियों और नौजवानों के नाम प्रकाशित की गई, जिसमें फौरन ही जापानी साम्राज्य के खिलाफ एक सम्मिलित मोरचा बनाने को कहा गया। उसी साल लाल सेना की ओर से भी एक अपील निकली थी, जिसमें यह स्पष्ट कर दिया गया था कि जापान के

खिलाफ की जानेवाली हर कार्रवाई में लाल सेना साथ देने को तैयार है।

किंतु च्यांग काई शेक पर इन अपीलों का कोई भी असर क्यों पड़ने लगा? वह जापानियों की ओर से आँख मूँदकर बार-बार लाल सेना और सोवियत पर चढ़ाई करके राष्ट्र को दुर्बल बनाता गया।

माओ त्से तुंग ने एक विदेशी पत्रकार से कहा था—"इस समय चीनी जनता के निकट एक ही सवाल है, वह है—जापानी साम्राज्यशाही के खिलाफ युद्ध करना। हमारी सोवियत की वर्तमान नीति तो इसी पर निर्भर है। जापान के युद्ध-देवता चीन पर कब्जा करना और चीनी जनता को अपना गुलाम बनाना चाहते हैं। उनकी चढ़ाइयों को रोकना और उनकी आर्थिक और सैनिक विजय की आकांक्षा को तहस-नहस करना सोवियत सरकार का सर्वप्रमुख और सर्वप्रथम कर्त्तव्य है।"

च्यांग काई शेक द्वारा बार-बार ठुकराए जाने पर भी, चीन के साम्यवादियों ने अपने इस कर्त्तव्य को छोड़ा नहीं। बिना किसी निराशा के वे लगे रहे इस प्रयत्न में। च्यांग काई शेक से निराश हो, उन्होंने चीन की साधारण जनता और सेना के साधारण सैनिकों से तरह-तरह से अपील करना शुरू किया। अपने पर्चों में, व्याख्यानों में, खासकर अपने नाटकों में वे इसी बात पर सबसे ज्यादा जोर देते। गाँव-गाँव में साम्यवादी नौजवान और नवयुवती पहुँचते और ग्रामीणों पर अपनी यह आंतरिक अभिलाषा प्रकट करते। यही नहीं, जब कभी राष्ट्रीय सेना के सैनिकों से उनकी मुलाकात होती—या तो युद्ध-क्षेत्र में या कैम्पों में—उन पर भी अपनी यह इच्छा निष्कपट रूप में रख देते। लाल सेना ने नियम बनाया कि कुओ मिन् तांग की सेना के सैनिकों को गिरफ्तार करने पर उनसे दुर्व्यवहार नहीं किया जाए, उन्हें हिफाजत से रखा जाए और जापान-विरोधी संयुक्त मोरचे की शिक्षा देकर उन्हें फिर उनकी फौज में भेज दिया जाए, जिसमें वे अपने साथियों पर ये बातें प्रकट कर सकें। किसानों, मजदूरों और दूसरे मुसीबतजदा तबकों को खूब मिलाया जाता और उन पर अपना अभिप्राय स्पष्ट किया जाता।

सेनापति पेंग तेह ह्वाई ने एक बार अपनी सेना में एक व्याख्यान दिया था, जिससे इस संयुक्त मोरचे की नीति पर काफी प्रकाश पड़ता है। उसने कहा था—

"हम इन जिलों में चार कामों से घूम रहे हैं—(1) हमें सोवियत की सीमा का विस्तार करना है, (2) दूसरी और चौथी सेना के आगमन के लिए रास्ता साफ करना है, (3) इस जिले के मुसलमान फौजी सरदारों की ताकत को खत्म करना है, (4) उनकी सेना से सीधे मिलकर संयुक्त मोरचा बनाना है।

"हमें संयुक्त मोरचे के आधार को विस्तृत बनाना है। जो सफेद सेनापति हमसे सहानुभूति रखते हैं, उन्हें अपने पक्ष में साफ-साफ ले आना है। उनमें कुछ लोगों से तो हमारा काफी संबंध कायम हो गया है। उस संबंध को हमें घनिष्ट बनाना है-– खत-किताबत से, पर्चे और नोटिस से, प्रेमोपहार भेजकर, गुप्त समितियों की सहायता से।

"मुसलिम जनता को तो हमें तुरत-से-तुरत आजाद करना है और ज्योंही वे संगठित हों, उन्हें हथियारबंद करना और उनका अपना प्रजातंत्र कायम करना है। शीघ्र-से-शीघ्र हमें एक जापानी-विरोधी मुसलिम सेना का संगठन कर ही लेना है।

"अपनी सेना में भी हमें सैनिकों को संयुक्त मोरचे की नीति की शिक्षा जोरों से देना है। हमारी सेना ने इधर कितनी ही गलतियाँ की हैं। जिन सफेद सेनाओं को हमने शांतिपूर्वक हटने का वचन दे दिया था, उन पर भी चढ़ाइयाँ की गईं। कई मरतबा सफेद सैनिकों की राइफलें नहीं लौटाई गईं।

"बार-बार हुक्म देने पर भी, लौटाने में आगा-पीछा किया गया। यह अनुशासन का भंग नहीं है—यह तो सेनापति की नीति के प्रति अज्ञानता और अविश्वास है। कई बार तो ऐसी आज्ञा देने के कारण सेनापति के हुक्म को क्रांति-विरोधी तक कह डाला गया। एक बार एक सेनापति के पास सफेद सेना के सेनापति ने एक खत भेजा। उस खत को पढ़ा तक नहीं गया, उसे फाड़कर यह कहते हुए फेंक डाला गया कि ये सफेद सब एक-से हैं। इससे यह निष्कर्ष निकलता है कि हमें अपने सैनिकों और सेनापतियों को और भी शिक्षित करना है। मालूम होता है, हमारा पहला व्याख्यान सब बातों को साफ नहीं कर सका है। हम उनसे आलोचना करने को कहें और

उन आलोचनाओं के आधार पर हम अपनी नीति में तरमीम करें। बहस और व्याख्या को उत्साहित किया जाए। हमें उन पर यह साफ कर देना है कि हमारी संयुक्त मोरचे की नीति सफेद लोगों को धोखा देने के लिए नहीं है, लेकिन यह एक बुनियादी नीति है, जिस पर पार्टी की मुहर लगी हुई है।

"कियांग्सी में च्यांग काई शेक ने हमारे और हमारी नीति के खिलाफ गंदी-गंदी झूठों का प्रचार कर रखा था और हमें इस तरह घेर रखा था कि हम बाहर की चीनी जनता को सही बातें बता भी नहीं सकते थे। अब उसके फासिस्ट एजेंट यहाँ भी घिनौनी झूठी बातों का प्रचार हम लोगों की जापान-विरोधी नीति के खिलाफ कर रहे हैं। वे बतलाते हैं कि हम जापान से साधनों में कम हैं, इसलिए यह मोरचा व्यर्थ साबित होगा। च्यांग काई शेक तथ्यों को दबाता है। वह यह नहीं बतलाता कि चीन का यह साम्राज्य-विरोधी आंदोलन अकेला नहीं है—सोवियत रूस हमारी मदद करेगा और मदद करेगी खुद जापान की पीड़ित जनता। हमें सफेद सेना को अपनी जापान-विरोधी नीति का आधार बता देना है।

"शान्सी के पूर्वी हमले के बाद यहाँ कांसू और निंगसिया में आकर हमारे साथी कुछ उत्साहहीनता का अनुभव करते हैं। वहाँ उन्हें जो सहानुभूति और मदद मिली, यहाँ न पाकर वे कभी-कभी उदास हो जाते हैं। बात यों है कि यहाँ की जनता बहुत ही गरीब, फलतः मूर्ख है। इनमें राजनीतिक चेतना है नहीं। लेकिन निराशा की कोई बात नहीं। डटकर काम करो। ये भी हमारे भाई ही हैं और हमारे सद्व्यवहारों का असर इन पर पड़ेगा ही। चाहे सफेद सैनिक हो या मुसलमान किसान—उन्हें अपने उद्देश्य बतलाने के एक भी मौके को हम नहीं खोवें। हम लोग जोरों से काम नहीं कर रहे हैं।

"हमें जनता से आग्रह करना चाहिए कि वह क्रांतिकारी कार्यों में स्वयं आगे बढ़े। हम मुसलमान जमींदारों को न छुएँ—लेकिन हम जनता से साफ कह दें कि उनका धन छीनने का उन्हें अख्तियार है। अगर वे ऐसा करेंगे तो हम उनके संघों की रक्षा करेंगे। और यह धन तो उनकी मेहनत की ही उपज है, अतः इस पर उनका ही अधिकार है। जनता की राजनीतिक चेतनता को हम जाग्रत करें। आज तक उन में जातिगत विद्वेष ही रहा है—उसको हटाकर उनमें राजनीतिक चेतनता भरें। जनता के अंदर की गुप्त समितियों को हम कर्मशील बनावें और उनके द्वारा जापान-विरोधी मोरचे को दृढ़ करें। हमें मौलवियों से घनिष्टता पैदा करना चाहिए और उनसे जापान-विरोधी युद्ध में नेतृत्व करने को आग्रह करना चाहिए। हम एक-एक मुसलमान नौजवान को इस मोरचे के लिए संगठित करें।"

एक बार पेंग के निकट यह खबर लाई गई कि लाल सेना ने एक सफेद सेनापति को गिरफ्तार किया और उसे कुछ घायल करके छोड़ा। पेंग ने इस पर अजीब हो-हल्ला मचाया। रेडियो से समूची सेना को आगाह किया कि यह बड़ी बुरी बात हुई। यह संयुक्त मोरचे की नीति के बिलकुल खिलाफ बात हुई। 'एक नारा दस गोलियों के बराबर है'—उसने अपने अनुयायियों को यह बार-बार याद दिलाया।

पेंग के उपर्युक्त व्याख्यान और कार्य से चीनी साम्यवादियों के संयुक्त मोरचे के क्या और कैसे पर सम्यक् प्रकाश पड़ता है। इसकी व्याख्या और टीका की आवश्यकता नहीं।

सफलता के पथ पर

च्यांग काई शेक ने भले ही इस संयुक्त मोरचे की नीति को ठुकराया, चीनी जनता और सैनिकों पर साम्यवादियों के लगातार प्रचार ने असर डालना शुरू किया।

अजीब हालत थी। एक ओर, जापानी सेना धड़ाधड़ आगे बढ़ती और प्रांत-पर-प्रांत कब्जे में कर रही थी। उसके हवाई जहाज चीनी सीमा पर गोले बरसाते और उसकी सेना कत्लेआम मचाए थी। दूसरी ओर

च्यांग काई शेक बार-बार यह घोषणा करता कि पहले घरेलू झंझट को खत्म करना है—जो अब खत्म ही होने पर है ! लोगों को बार-बार यह बतलाया जाता कि लाल सेना अब खत्म ही होने को है, बस, जरा-सी देर है; जिस देर को तुरत खत्म करने के लिए वह अपनी सेना-पर-सेना भेजता, हवाई जहाजों से 'लोहे के अंडे' की वर्षा करता ! हिंदुस्तानी विदूषक की तरह—'ले मारा'— कह-कहकर वह चीनी जनता और सेना को नौ वर्षों तक उल्लू बनाए रहा ।

लेकिन धीरे-धीरे लोग इस गृहयुद्ध से ऊबने लगे । चारों ओर जापानियों के खिलाफ प्रतिशोध की भावना जगी । गृहयुद्ध की व्यर्थता की चर्चा होने लगी । 'राष्ट्रीय मुक्ति संघ' नामक एक संस्था इसी समय स्थापित हुई, जो बिलकुल जापान-विरोधी संस्था थी और जिसमें चीन के सभी तबके के देशभक्त शामिल थे । जगह-जगह जापान-विरोधी प्रदर्शन होने लगे । विद्यार्थियों में जापान-विरोधी भावनाएँ चरम सीमा तक पहुँचीं । जापानी कारखानों के चीनी मजदूर हड़ताल-पर-हड़ताल करने लगे ।

तमाशा यह कि च्यांग काई शेक लोगों की इस जापान-विरोधी भावना को जानते हुए भी अब तक चुपचाप जापानी सरकार से शांति की सुलह किए हुए था । जब ये प्रदर्शन जंगी रूप लेने लगे और हड़तालें शुरू हुईं तो जापान ने च्यांग से यह माँग पेश की कि वह इस आंदोलन को दबाए, नहीं तो खैरियत नहीं । कायर च्यांग काई शेक ने घुटने टेक दिए । राष्ट्रीय मुक्ति संघ के सात सुप्रसिद्ध नेता गिरफ्तार किए गए जिनमें एक सुप्रसिद्ध व्यापारी, एक नामी वकील, एक प्रतिष्ठित शिक्षक और एक प्रसिद्ध लेखक थे । यही नहीं, कलम के एक झटके में ही उसने चौदह राष्ट्रीय अखबारों को बंद कर दिया । शांघाई की जापानी मिलों में मजदूरों ने जो हड़तालें कीं, उन हड़तालों को बेरहमी से कुचला गया । च्यांग की सरकार के इन कारनामों से जापान का दिमाग कुछ ऐसा चढ़ गया कि जब सिंगताव में मजदूरों ने हड़ताल की तो जापान अपना लड़ाकू जहाज लेकर शहर में पहुँचा, हड़तालियों का कत्लेआम किया, शहर पर कब्जा कर लिया और तब हटा जब नानकिंग की सरकार ने नाक रगड़कर यह स्वीकार किया कि अब आइंदे से जापानी मिलों में हड़ताल नहीं होगी ।

किंतु जापान-विरोधी भावनाएँ कितने जोर पर थीं—इसे जानने के लिए तो हमें उत्तरी चीन की ओर देखना होगा जहाँ सोवियत सरकार अपना विस्तार कर रही थी और उसको नेस्तनाबूद करने के लिए जहाँ च्यांग काई शेक सेना-पर-सेना भेज रहा था और जहाँ उसकी सेना में ही उसके प्रति विद्रोह की भूमिका तैयार हो रही थी ।

सोवियत का संहार करने के लिए उसने जिसे अपना प्रतिनिधि बनाया था उसका नाम था चांग स्यू ल्यांग । वह चीन की सम्पूर्ण सेना का उपसेनापति था यानी पद-मर्यादा से च्यांग काई शेक के बाद उसी का स्थान था । यही नहीं, च्यांग काई शेक की सरकार के प्रधानमंत्री का पद भी उसे प्राप्त था और यही आदमी है, जिसके कारण चीनी साम्यवादियों की 'संयुक्त मोरचा' की नीति च्यांग काई शेक को स्वीकार करनी पड़ी—यह कितने आश्चर्य की बात है !

हम पहले इस व्यक्ति को ही अच्छी तरह जान लें ।

इसका पिता चांग सो लिन सुप्रसिद्ध लड़ाकू और मंचूरिया के तीन करोड़ अधिवासियों का एकछत्र शासक था । पिता की मृत्यु के बाद चांग स्यू ल्यांग मंचूरिया का शासक हुआ । उन दिनों वह एक उदार और आधुनिक विचारशील, खेल-कूद का शौकीन और रंगीन तबीयत का शासक समझा जाता था, जब कि 1931 में जापान ने उसके देश पर चढ़ाई की । संयोगवश, वह उस समय टाइफायड से सख्त बीमार पेकिंग के अस्पताल में पड़ा था । जब उसे अपने देश के संकट की यह खबर लगी, तो उसने अपने 'बड़े भाई' च्यांग काई शेक को लिखा कि मेरे देश की रक्षा कीजिए । किंतु च्यांग ने उसे यह सब कहकर धैर्य दिया कि मुकाबला क्यों किया जाए—राष्ट्रसंघ से यह मामला तय करा लिया जाएगा । यों, बिना एक गोली की आवाज हुए, तीन करोड़ आबादी का यह प्रान्त जापान के कब्जे में चला गया और उसी समय, मानो अपनी खीज निकालने को च्यांग ने सोवियत सरकार पर पहली चढ़ाई कर दी !

मंचूरिया की जो फौज थी, वह तुंगपी (उत्तरी-पूर्वी) सेना कहलाती थी। अपने देश से निकाले जाने पर यह सेना चीन की 'बड़ी दीवार' के नजदीक आकर अपने इस नौजवान सेनापति के साथ इस प्रतीक्षा में बैठी कि किसी अच्छे मौके पर जापानियों को अपने देश से भगाकर ही रहेगी। किंतु वह मौका नहीं आया—च्यांग की नीति के कारण जापान ने बढ़ते-बढ़ते जेहोल को भी उदरस्थ कर लिया। जेहोल के इस पतन से जब चीन-भर में एक अजीब उत्तेजना फैल गई, तो तमाशा यह कि च्यांग ने सब दोष इस बेचारे नौजवान चांग स्यू ल्यांग पर थोप दिया और वह 'परिस्थितियों का अध्ययन' करने यूरोप को रवाना हुआ।

यूरोप पहुँचकर चांग स्यू ल्यांग की तारीफ इसमें नहीं रही कि उसने मुसोलनी, हिटलर और रैमजे मैकडोनाल्ड से भेंट की और अपनी गलती के कारण रूस नहीं जा सका, जहाँ जाने की उसकी बड़ी ख्वाहिश थी, किंतु सबसे बड़ा काम उसने यह किया कि अफीम की लत उसने सदा के लिए छोड़ दी और अपने उन बदमाश साथियों से भी पिंड छुड़ाया जो उसे विलासिता की ओर घसीटकर अपना उल्लू सीधा किया करते थे। जब 1934 में वह चीन लौटा, लोगों ने देखा, उसके गालों पर लाली है, उसके पुट्ठों पर मांस है, वह अपनी उम्र से दस वर्ष छोटा मालूम पड़ता है, उसका दिमाग पहले से ही तेज था, अब मानो छुरे पर शान चढ़ गई। आते ही उसने तुंगपी सेना की बागडोर अपने हाथ में ली और अपने देश मंचूरिया के उद्धार के लिए छटपटाने लगा। किंतु उसके 'बड़े भैया' च्यांग काई शेक ने विश्वास दिलाया कि घबराओ नहीं, मंचूरिया को मैं वापस लेकर ही छोड़ूँगा, जरा पहले इन लाल डाकुओं की शरारत तो बंद करो। उसने इस बात पर यकीन कर लिया और खुशी-खुशी अपनी एक लाख चालीस हजार की सेना लेकर साम्यवादियों का दमन करने चला।

जब वह साम्यवादियों से लड़ने लगा, धीरे-धीरे उस पर यह विदित होने लगा कि वह जिनसे लड़ रहा था, वे 'डाकू' नहीं हैं—वे बड़े ही योग्य और देशभक्त व्यक्ति हैं और वे इतने शक्तिशाली हैं कि जल्द उन्हें दबा देना आसान बात नहीं। पहले उसे दो-एक बार सफलता भी मिली, किंतु 1935 में उत्तर-पश्चिम सीमा पर लड़ते समय, उसकी सेना को उन्होंने दो बार बुरी शिकस्त दी। उसकी सेना के बहुत-से सैनिक तो लाल सेना से जा मिले, कैद भी कम न हुए।

जब वे कैदी सैनिक कुछ दिनों के बाद सियान आए, जहाँ कि उसका हेड क्वार्टर था, उन्होंने इस नौजवान सेनापति से सोवियत जिलों की सुख-समृद्धि, लाल सेना के अनुशासन और ताकत एवं साम्यवादियों के संयुक्त मोरचे के नारे की सच्चाई के किस्से सुनाए। "चीनी से चीनी क्यों लड़ें"—"लड़ना हो तो मिलकर जापानियों से लड़ो और मंजूरिया वापस करो"—लाल सेना के हर सैनिक की जबान पर यह नारा है और किस तरह उनका यह नारा तुंगपी सैनिकों के दिलों में तुरत घर कर जाता है, जब यह खबर चांग स्यू ल्यांग को लगी, तो वह गंभीरता से सोचने को बाध्य हुआ और इस सोच-विचार का एक ही नतीजा था कि साम्यवादियों से मिलकर जापान की ओर मुखातिब हुआ जाए। अपनी जन्मभूमि मंचूरिया के सपने उसे सताने लगे। उधर च्यांग काई शेक की नीति उसे दिन-दिन बुरी मालूम होती गई। च्यांग मंचूरिया को लौटाने की बात कहाँ तक सोचता, नई-नई भूमि जापान को सौंपे जा रहा था—होपी; चहार, करीब-करीब पूरे उत्तरी चीन पर जापान का झंडा लहरा रहा था!

चांग स्यू ल्यांग साम्यवादियों की ओर धीरे-धीरे झुकने लगा। क्रमशः यह झुकाव मित्रता में परिणत हुआ। सोवियत सरकार और उसमें एक गुप्त सुलहनामा भी हो गया। उसके मुताबिक तुंगपी सेना और लाल सेना में लड़ाई बंद हो गई। निश्चय हुआ कि एक सेना दूसरी सेना को खबर दिए बगैर किसी तरह न बढ़े। लाल सेना के अफसर तुंगपी सेना की वरदी पहनकर उसके सैनिक विद्यालयों में गए और वहाँ लाल सेना की युद्धकला और साम्राज्य-विरोधी मोरचे की राजनीतिक भित्ति का ज्ञान दिया। मंचूरिया-संबंधी आँकड़े इकट्ठा किए गए और बताया गया कि चीन को कितनी हानि इस प्रदेश के खो देने से हुई है।

उस समय नानकिंग की सेना भी वहाँ थी—जिससे लाल सेना की लड़ाइयाँ हुआ करतीं। नानकिंग के खुफिया विभाग के अफसर भी थे। उन्हें कुछ गड़बड़ तो जरूर मालूम होती, किंतु ये सब काम इतनी चुप-चोरी से होते कि पता तक नहीं लगता कि कौन-सी अंतर्धारा इस समय बह रही है।

एक अमेरिकन महिला पत्रकार ने इस समय लिखा था ।

"सियान की राजधानी सियानफू में एक अजीब हालत है । नौजवान मार्शल चांग स्यू ल्यांग की जो सेना यहाँ लाल सेना के दमन के लिए रखी गई है, उसमें एक नई हवा बह रही है । उसके सैनिक अपने 'देश' के लिए अधीर हो रहे हैं, गृहयुद्ध से वे ऊब उठे हैं और नानकिंग सरकार जापान को जिस तरह बढ़ने दे रही है, उससे उन्हें घृणा हो गई है । छोटे-छोटे अफसरों में तो बगावत के चिह्न स्पष्ट नजर आते हैं । अफवाह यहाँ तक है कि चांग स्यू ल्यांग अपने पहले के व्यक्तिगत संबंध को धता बताकर च्यांग काई शेक से खिंच रहा है और लाल सेना से सुलह कर जापान-विरोधी संयुक्त मोरचे को सार्थक करने के लिए छटपटा रहा है ।"

यह 1936 के अक्तूबर में लिखा गया था । इसी अक्तूबर महीने में च्यांग काई शेक सियान पहुँचा और अपनी "साम्यवादी-विरोधी छठे धावे" की योजना चांग स्यू ल्यांग के सामने रखी । चांग स्यू ल्यांग ने च्यांग से निवेदन किया कि इस समय यह गृहयुद्ध बंद हो, जापान-विरोधी संयुक्त राष्ट्रीय मोरचा कायम किया जाए और रूस से मिलकर जापान का सामना किया जाए ! किंतु च्यांग काई शेक ने एक न सुनी । उसने गरजकर कहा—"मैं तब तक कोई बात नहीं सुनूँगा, जब तक कि लाल सेना का एक-एक सैनिक कत्ल नहीं कर दिया जाता और एक-एक साम्यवादी जेल के सींखचों के अंदर नहीं आ जाता ।"

यही नहीं, उसने अपनी तूफ़ानी पहली सेना को कांसू पर चढ़ाई करने को रवाना किया । नवंबर के अंदर ही दस डिवीजन सेना शेंसी की सीमा पर पहुँच गई । ट्रेन-पर-ट्रेन गोली और बारूद से भरी सियान पहुँचने लगीं । टैंक, आर्म्डकार, मशीनगन और राइफलों का ताँता लगा दिया गया । सियान और लांचाऊ में एक सौ हवाई जहाजों के लिए अड्डे बनाए गए । टारपीडो का इंतजाम किया गया । यह भी खबर फैली कि इस बार जहरीली गैस का भी प्रयोग किया जाएगा । उसने अपनी डायरी में गर्व से लिखा—"पंद्रह दिनों में, नहीं तो एक महीने के अंदर तो जरूर ही, इन लाल डाकुओं का खातमा कर दिया जाएगा ।"

ठीक इसी समय, जापान ने स्वीय्वान पर चढ़ाई की, किंतु च्यांग काई शेक ने कुछ भी उस ओर ध्यान नहीं दिया । इस पर च्यांग स्यू ल्यांग ने एक पत्र बहुत ही विनय के साथ च्यांग के पास भेजा । लिखा—"हमने अपनी सेना के सैनिकों से यह प्रतिज्ञा की थी कि जब कभी मौका आवेगा, उन्हें जापानियों से लड़ने की आज्ञा दी जाएगी । अब तो हमें उस प्रतिज्ञा का पालन करना होगा, नहीं तो वे हमें और आपको भी धोखेबाज और बेईमान समझेंगे और नहीं तो हमें आप हुक्म दें कि अपनी सेना के एक हिस्से को स्वीय्वान के मोरचे पर भेजें । हमें उम्मीद है कि एक लाख की सेना हम तैयार कर सकेंगे, जो आपके नेतृत्व में जापानियों के दाँत खट्टे करके ही रहेगी ।" जब इस पत्र का कोई असर नहीं हुआ तो चांग स्यू ल्यांग खुद च्यांग काई शेक की सेवा में पहुँचा । अपनी इस जापान-विरोधी योजना के साथ उसने एक प्रार्थना और की, कि शांघाई के राष्ट्रीय मुक्ति संघ के उन सात विशिष्ट राजबंदियों को छोड़ दिया जाए। इसी प्रसंग में उसके मुँह से यह कभी निकल गया—"आप जिस बेरहमी से देशभक्तिपूर्ण आंदोलन को कुचलते हैं, उसे देखते आपमें और य्वान शिह काई की फौजी तानाशाही में कोई अन्तर नहीं रह जाता ।" इस पर च्यांग काई शेक ने बिगड़कर कहा था—"तुम्हारी राय ऐसी ही हो । किंतु सरकार तो मैं हूँ । मैं जो कुछ कर रहा हूँ, वह एक क्रान्तिकारी के सर्वथा उपयुक्त है ।"

नौजवान मार्शल चुप लौटा । हाँ, च्यांग काई शेक ने प्रतिज्ञा की कि वह शीघ्र ही सियान आवेगा और उसकी सेना से अपनी योजना बतावेगा । किंतु इसी समय दो बातें ऐसी हो गईं, जिन्होंने तुंगपी सेना का रुख बिलकुल बदल दिया ।

उसमें पहली बात थी, जर्मन-जापान साम्यवादी विरोधी सुलहनामे की स्वीकृति, जिस पर इटली ने भी मुहर लगाई । इटली ने मंचूरिया की विजय को स्वीकार कर लिया था, जिसके बदले जापान ने उसकी अबीसीनिया विजय को स्वीकार किया था । जब इटली ने मंचूकाओ को स्वतंत्र राष्ट्र मानकर उससे संबंध स्थापित किया तो तुंगफी की सेना के क्रोध का पारावार न रहा । "हम चीन से फासिज्म की जड़ उखाड़कर ही दम लेंगे"—चांग स्यू ल्यांग ने खुलेआम प्रतिज्ञा की । यही नहीं, च्यांग काई शेक अब तक जर्मन और इटालियन

विशेषज्ञों से जो सहायता ले रहा था, उसकी ओर अब संदेह से देखा जाने लगा। क्या इसका यह मतलब नहीं कि च्यांग काई शेक भी इस फासिस्ट गुट में शामिल है?

दूसरी बात और भी मार्के की थी। च्यांग ने अपनी पहली तूफानी सेना को हू संग नान नामक एक सुप्रसिद्ध सेनापति के अधीन भेजा था। यह आदमी नानकिंग का सबसे बड़ा युद्ध-कलावेत्ता समझा जाता था। आते ही उसने लाल सेना पर धावा बोला। लाल सेना पीछे हटी—उसका उत्साह बढ़ा। वह जोरों से बढ़ने लगा। लाल सेना भी हटने लगी। किंतु हटते हुए भी हू की फौज में अपने संयुक्त मोरचे की नीति का प्रचार करने से नहीं चूकती। खैर, जब हू का मन बहुत बढ़ गया तो एक रात अचानक चढ़ाई कर दी गई। जाड़े की रात। पाला पड़ रहा था। हाथबम का खोल हटाना भी मुश्किल पड़ता था। तो भी लाल सेना ने ऐसी बहादुरी की कि दो टुकड़ी पैदल सेना और एक टुकड़ी घुड़सवार सेना को तहस-नहस कर दिया। एक टुकड़ी सेना लाल सेना से आ मिली। हजारों राइफलें और दूसरी युद्ध-सामग्रियाँ लाल सेना के हाथ लगीं। बेचारा हू बची सेना को लेकर च्यांग के हुक्मनामे की राह देखने लगा। तुंगपी सेना सोचने लगी—ये ही लोग हैं, जो साम्यवादियों का नाश करेंगे? नहीं, ये बहाने हैं। इसी बहाने वे चीन को जापान के हाथों बेच रहे हैं।

7 दिसंबर, 1936 को च्यांग काई शेक एक हवाई जहाज से सियान पहुँचा, किंतु उसके पहले ही तुंगपी की सेना ने जनरल यांग चू चेंग की सेना से मिलकर संयुक्त मोरचे का एक कार्यक्रम तैयार कर लिया था। यांग चू चेंग की सेना की संख्या चालीस हजार थी। यह सिपी सेना कही जाती थी—जिसका मतलब था उत्तर-पश्चिमी सेना। यह सेना भी 'लाल डाकुओं' के दमन के लिए ही शेंसी भेजी गई थी, किंतु यह भी तुंगपी की सेना की तरह ही ऊब उठी थी। चांग स्यू ल्यांग की सेना की संख्या एक लाख तीस हजार थी। यों दोनों सेनाएँ मिलकर एक लाख सत्तर हजार की संख्या तक पहुँची! यों इसकी कुछ भनक च्यांग काई शेक को भी लगी। अतः उसने अपने भतीजे को वहाँ पहले ही भेज दिया, जो राजधानी को अपनी मुट्ठी में किए हुए था। च्यांग काई शेक ने पहुँचते ही दोनों सेनाओं के प्रतिनिधियों से एक साथ मिलकर बातचीत करने से अस्वीकार कर दिया। वह उन्हें अलग-अलग बुलाकर साम, दाम, दंड, भेद दिखलाता रहा। चांग स्यू ल्यांग को तो उसने एक बार अच्छी खासी डाँट भी बतलाई।

10 दिसंबर को उसने जनरल स्टाफ की सभा बुलाई और किसी की कोई सलाह या चेतावनी पर ध्यान नहीं देते हुए 'छठे धावे' की योजना घोषित की। आम कूच का परवाना काट दिया गया और तुंगपी, सिपी और नानकिंग की फौज को 11 तारीख तक तैयार हो जाने का हुक्म दे दिया गया। यह स्पष्ट कर दिया गया कि यदि नौजवान मार्शल चांग स्यू ल्यांग जरा भी हुक्म मानने से हिचकिचाहट दिखलाएँगे, तो उनको फौज से हथियार छीन लिये जाएँगे और वह सेनापतित्व से हटा दिए जाएँगे। उनकी जगह पर एक आदमी की भरती भी पहले से कर ली गई थी। इतना ही नहीं, यह भी खबर मिली कि च्यांग की खुफिया पुलिस चांग स्यू ल्यांग और यांग हू चेंग की फौज के उन लोगों के नाम नोट कर चुकी है, जिनका झुकाव साम्यवाद की ओर है और ज्यों ही आम कूच का डंका पड़ेगा, वे लोग गिरफ्तार कर कोर्ट मार्शल कर दिए जाएँगे।

ऐसी ही परिस्थिति में चांग स्यू ल्यांग ने तुंगपी और सिपी के सैनिक अफसरों की एक सभा 11 दिसंबर को दस बजे रात में बुलाई। उसके पहले ही तुंगपी और सिपी सेना की एक-एक रात डिजीवन को चुपके-चुपके खबर कर दी गई कि वह राजधानी के निकट आकर हुक्म की प्रतीक्षा करे। हुक्म हुआ—च्यांग काई शेक को गिरफ्तार करो!

च्यांग काई शेक कैद में

12 दिसंबर, 1936 के प्रभात ने कुछ अजीब दृश्य देखा।

छः बजते-बजते तुंगपी और सिपी की सेनाओं के हाथ में सियान का शासनसूत्र था। च्यांग काई शेक का गवर्नर गिरफ्तार कर लिया गया था। उसकी पुलिस ने आत्मार्पण कर दिया था। जनरल स्टाफ पूरा-का-पूरा निशस्त्र करके कैदी बना लिया गया था। खुफिया पुलिस के नीली कमीजवाले जवानों के हाथों में जंजीरें झूल रही थीं। हवाई अड्डे पर के सौ हवाई जहाजों पर विद्रोहियों का कब्जा था। पहले से जरा भी सुराग नहीं लगने पाया था, फलतः बिना किसी झंझट या खून-खराबी के ही ये सब बातें हो गईं।

हाँ, च्यांग काई शेक की गिरफ्तारी में कुछ झंझट हुई और थोड़ा खून भी बहा। वह सियान से दस मील दूर लिंतुंग नामक स्थान में ठहरा हुआ था, जहाँ गरम जल का सुप्रसिद्ध झरना है। आधी रात को मार्शल चांग स्यू ल्यांग के बॉडीगार्ड का कप्तान सन मिंग च्यू लिंतुंग के लिए रवाना हुआ। आधी राह पर उससे दो सौ तुंगपी सैनिक मिले। तीन बजे उन्हें लेकर मोटरों पर वह लिंतुंग पहुँचा और शहर के बाहर ही पाँच बजे तक बैठा रहा। पाँच बजते ही पंद्रह सैनिक एक लारी में बैठकर च्यांग काई शेक के होटल के नजदीक उतरे। उनके उतरते ही च्यांग के संतरियों ने उन्हें टोका—फिर क्या था, गोलियाँ चलने लगीं।

तुंगपी सेना के शेष सैनिक भी आ पहुँचे। च्यांग काई शेक के बॉडीगार्ड ने थोड़ी देर तक उनसे जबरदस्त मुठभेड़ की। लेकिन यह थोड़ी देर ही च्यांग काई शेक के लिए बहुत थी। वह वहाँ से निकल चुका था। जब कप्तान सन उसके सोने के कमरे में पहुँचा, वहाँ उसका खाली बिस्तरा पड़ा था। कप्तान ने उसके कमरे और होटल की तिल-तिल तलाशी ली। फिर वह होटल से लगे पहाड़ की बर्फीली चोटियों पर उसे खोजने चला। थोड़ी ही दूर पर उसे च्यांग का व्यक्तिगत नौकर मिला और उससे कुछ ही आगे खुद च्यांग काई शेक पाया गया। रात को पहने जानेवाली कमीज पर वह एक ढीलाढाला लबादा डाले था। उसके पैर खाली थे और उसके हाथ की अँगुलियाँ चट्टानों पर कई जगह कट गई थीं, जिससे खून टपक रहा था। जाड़े के मारे वह थरथर काँप रहा था। उसके नकली दाँत भी गायब थे। एक बड़ी चट्टान के नीचे एक गुफा में वह छिपा था। इसी चट्टान के ऊपर 'बड़ी दीवार' के निर्माता की समाधि थी।

कप्तान सन ने उसे देखते ही सलामी दी। च्यांग काई शेक के मुँह से निकला—"अगर तुम मेरे दोस्त हो, तो मुझे गोली मार दो, जिससे सभी झंझट खत्म हो जाए।" कप्तान ने जवाब दिया—"हम गोली मारने नहीं आए, हम तो आपसे यह माँगने आए हैं कि चलिए, जापान के खिलाफ हमारा नेतृत्व कीजिए।"

च्यांग काई शेक ने चट्टान पर बैठे-बैठे जवाब दिया—"मार्शल चांग स्यू ल्यांग को बुलाओ, तो मैं नीचे आऊँगा।"

"मार्शल चांग यहाँ नहीं हैं। वह तो शहर में हैं, जहाँ सेना ने विद्रोह कर दिया है। हम लोग आपकी रक्षा करने आए हैं।"

इस पर च्यांग काई शेक ने इत्मीनान की साँस ली और कहा—"घोड़ा लाओ, मैं चलता हूँ।" कप्तान सन ने कहा—"घोड़ा कहाँ है? आप मेरी पीठ पर चढ़िए। मैं आपको ले चलता हूँ।" इतना कहकर वह च्यांग काई शेक के पैर के नीचे झुक गया। च्यांग को थोड़ी हिचकिचाहट हुई, फिर वह उसकी चौड़ी पीठ पर सवार हुआ। इस तरह थोड़ी दूर बढ़ने पर च्यांग का नौकर उसका जूता लेकर पहुँचा। तब सब पैदल चलने लगे और पहाड़ के नीचे खड़ी मोटर के निकट पहुँचे। मोटर इन्हें लेकर सियान की ओर चली।

रास्ते में कप्तान सन ने कहा—"जो गुजरा, सो गुजरा। अब चीन के लिए एक नई नीति अख्तियार की जाए। आप क्या करने जा रहे हैं?⋯चीन के लिए इस समय सबसे जरूरी सवाल है जापान के खिलाफ लड़ना। उत्तर-पूर्व के लोगों की यही एक खास माँग है। आप जापान से क्यों नहीं लड़ते? उलटे, हमें लाल सेना से लड़ने को क्यों कहते हैं?"

"मैं चीन की जनता का नेता हूँ।"—च्यांग काई शेक ने चिल्लाकर कहा—"मैं चीनी राष्ट्र का प्रतिनिधि हूँ। मैं समझता हूँ, मेरी नीति सही और दुरुस्त है।"

इस तरह क्रोध से काँपता च्यांग काई शेक शहर आया। यहाँ वह जनरल यांग और चांग का 'लाचार' मेहमान बना !

उसी दिन तुंगपी और सिपी सेनाओं के सभी डिवीजन कमांडरों के दस्तखत से एक विज्ञप्ति निकली और उसे तार द्वारा केंद्रीय सरकार और प्रांतीय नेताओं के पास भेजा गया तथा साधारण जनता के लिए भी वितरित किया। उस विज्ञप्ति में था—"सेनापति च्यांग काई शेक से कुछ दिनों तक सियानफू में आराम करने के लिए प्रार्थना की गई है। उन पर कोई खतरा नहीं आवेगा।" साथ ही, राष्ट्रीय मुक्ति की ये आठ शर्तें राष्ट्र के प्रति प्रचारित की गईं—

(1) नानकिंग की सरकार का पुनर्संगठन हो और राष्ट्रीय मुक्ति की अपनी जिम्मेवारी अदा करने के लिए सभी दलों को मौका दिया जाए।

(2) गृहयुद्ध का खात्मा हो और जापान के प्रति सशस्त्र प्रतिरोध की नीति बरती जाए।

(3) शांघाई के सात देशभक्त राजबंदियों को रिहा किया जाए।

(4) सभी राजबंदियों को क्षमा प्रदान की जाए।

(5) जनता को सभा-समिति करने-बनाने की स्वाधीनता दी जाए।

(6) जनता का देशभक्तिपूर्ण संगठन और राजनीतिक स्वतंत्रता का हक स्वीकार किया जाए।

(7) डॉक्टर सुनयात सेन की अंतिम वसीयत को काम में लाया जाए।

(8) शीघ्र ही राष्ट्रीय मुक्ति सम्मेलन बुलाया जाए।

पहली दिसंबर को चांग स्यू ल्यांग और साम्यवादियों में जो शर्तनामा तय हुआ था, उसमें इन आठ बातों से भी चीन की लाल सेना, सोवियत सरकार और साम्यवादी पार्टी ने अपनी सहमति की घोषणा प्रकट की।

चांग स्यू ल्यांग ने एक हवाई जहाज सोवियत सरकार के पास भेजा और उस पर उसके तीन प्रतिनिधि आए जिसमें चाउ एन लाई था, जो सैनिक समिति के उपसभापति की हैसियत से आया था। तुंगपी, सिपी और लाल सेना के प्रतिनिधियों की एक बैठक हुई और तीनों ने मिलकर एक जापान-विरोधी संयुक्त सेना के निर्माण की घोषणा 14 दिसंबर को की। तुंगपी की एक लाख तीस हजार सेना, सिपी की चालीस हजार की सेना और लाल सेना की नब्बे हजार सेना कुल दो लाख साठ हजार की एक सेना तैयार हुई। इस सेना की सैनिक समिति का अध्यक्ष चांग स्यू ल्यांग चुना गया और उपाध्यक्ष च्यांग चू चेंग।

विद्रोह की आग सियान तक ही परिमित नहीं रही। तुंगपी सेना की एक टुकड़ी ने 12 तारीख को ही अपनी ही जिम्मेवारी पर कांसू की राजधानी लांचाऊ की सहकारी सेना पर छापा मारा और उसे निरस्त्र बना छोड़ा। कांसू के दूसरे हिस्सों में लाल और तुंगपी सेना ने अपना कब्जा जमा लिया और पचास हजार नानकिंग की सेना को घेरकर उसे बेकाम बना दिया। 14 के इस सम्मेलन के बाद तुंगपी, सिपी और लाल सेना, पूरब में शेंसी-शान्सी और शेंसी-हूनान की सीमा की ओर बढ़ी, दक्षिण में एक सप्ताह के अंदर ही पूरा उत्तरी शेंसी पर जा चढ़ी, पेंग तेह ह्वाई सानयुआन शहर पर कब्जा कर बैठा और सू हाइ तुंग शेंसी-हूनान सीमाप्रदेश का सर्वेसर्वा बन गया। यों चारों ओर से मोरचाबंदी कर ली गई, जिसमें यदि च्यांग काई शेक को छुड़ाने के लिए कोई सैनिक कोशिश की जाए, तो उसका मुकाबला किया जा सके।

उपर्युक्त आठ शर्तों के तार जब नानकिंग एवं दूसरे प्रांतीय शहरों में पहुँचे तो उन्हें दबा रखा गया। किंतु इस संयुक्त मोरचा समिति ने अपने हल्के में उन्हें काम में लाना शुरू किया। लाल सेना ने जमींदारों की संपत्ति की जब्ती की बात बंद कर दी और इधर साम्यवादियों के खिलाफ जितने आर्डर थे, उन्हें जला दिया गया। सियानफू के चार सौ राजबंदियों को रिहा कर दिया गया और अखबारों पर का 'सेंसर' उठा लिया गया। हजारों विद्यार्थियों को मुक्त किया और उन्हें शहरों और देहातों में भेजा गया कि जापान-विरोधी संयुक्त मोरचे की बात

जनता को बतावें। बड़ी-बड़ी सभाएँ प्रतिदिन होने लगीं—एक सभा में तो एक लाख आदमी तक शामिल हुए।

इधर यह बात हो रही थी, उधर नानकिंग की ओर नए ही गुल खिल रहे थे। सियान की इस घटना को प्रकाशित होने से बिलकुल रोक दिया गया। सरकारी अखबारों पर भी प्रतिबंध लगे कि कहीं असल बात फैले नहीं। आठ शर्तों की तो कहीं गंध भी नहीं फैलने दी गई। हाँ, खबर मिलते ही नानकिंग सरकार की केंद्रीय समिति जरूर बैठी और उसने च्यांग स्यू ल्यांग को बागी घोषित कर उसे पदच्युत किया और च्यांग काई शेक की रिहाई की माँग करते हुए, देर होने पर सियान पर चढ़ाई करने का तय किया। च्यांग की गिरफ्तारी की खबर किसी-न-किसी तरह जनता पर प्रकट हुई और उसका अलग-अलग प्रभाव पड़ा। कुछ लोग तो खुश हुए, कुछ यह जानकर भयभीत कि अब गृहयुद्ध और भी भीषण रूप में होगा। जो शक्तियाँ दबी थीं, उन्होंने सिर उठाना शुरू किया और अजीब असंगतियों की सृष्टि होने लगी।

तीन दिन तक कोई नहीं जान सका कि यथार्थतः च्यांग काई शेक पर क्या बीती। हाँ, एसोसिएटेड प्रेस तार-पर-तार करता रहा कि उसे चांग स्यू ल्यांग ने मार डाला। अजीब-अजीब अफवाहें उड़ रही थीं। सियान में लूट-मार मची है, साम्यवादी औरतों का सतीत्व लूट रहे हैं, जापान का हाथ इसमें है, मास्को का हाथ भी मालूम होता है, क्या-क्या खुराफातें न चल रही थीं। जापानी पत्रों ने अजीब अँधेर मचा रखा था, तो रूसी पत्र भी पीछे नहीं थे। जापानी पत्र कहते, यह सब रूस की शैतानी है; रूसी पत्र कहते—यह साम्राज्यवादियों की लीला है।

इधर नानकिंग में अपने-अपने प्रभुत्व के लिए भी साजिशें शुरू हुईं। महत्त्वाकांक्षी युद्धसचिव हो इंग चिंग ने देखा, यही मौका हमारे लिए है। जापानियों और फौजी तानाशाहों ने उसकी पीठ भी ठोकी। वह बार-बार जोर देने लगा कि सियान पर चढ़ाई की जाए। यही नहीं, बीस डिवीजन सेना को उसने सियान की ओर बढ़ने का हुक्म भी दे दिया। हवाई जहाजों के दस्ते सियानफू की ओर भेजे गए—वे आकाश में गरजते-तरजते और जब-तब गोले भी गिराते। एक जगह उनके गोलों से बहुत-से मजदूर मरे। जब बंदी च्यांग काई शेक को इसकी खबर लगी, वह खूब खुश हुआ।

किंतु च्यांग काई शेक की धर्मपत्नी उससे ज्यादा चतुर और परिस्थिति को समझनेवाली थी। वह पूरी परिस्थिति समझ गई और जनरल हो को तुरत बुलाकर कैफियत पूछी कि ये बातें क्यों हो रही हैं? यदि युद्ध शुरू हो जाए, तो तुम रोक सकोगे? क्या तुम मेरे पति को वैसी हालत में बचा सकोगे? या तुम उन्हें मरवा डालना चाहते हो? उसकी बातें सुनकर युद्धसचिव के होश फाख्ता हुए। श्रीमती च्यांग ने युद्धसचिव को डाँट-डपटकर ही दुरुस्त नहीं किया, श्रीमती सुनयात सेन वगैरह के साथ नानकिंग और शांघाई के और भी प्रतिक्रियावादियों को रोका, जो इस मौके से व्यक्तिगत फायदा उठाना चाहते थे—भले ही च्यांग काई शेक मरे या चीन बरबाद हो!

असंभव संभव हुआ

12 दिसंबर से लेकर आगे कुछ महीनों तक जो घटनाएँ घटीं, उनमें हम असंभव को संभव हुआ देखते हैं—यानी आखिर चीन में एक जापान-विरोधी संयुक्त मोरचा कायम हुआ और कायम हुआ च्यांग काई शेक के ही नेतृत्व में!

जिस समय च्यांग गिरफ्तार हुआ, तुंगपी और सिपी सेनाओं के नौजवान अफसरों ने एक प्रस्ताव पास किया था कि 'देशद्रोही' च्यांग पर खुला मुकदमा चलाया जाए और उसे दंड दिया जाए। दंड भी क्या?—साफ कहा जाता था कि उसे तोप के मुँह में बाँधकर उड़ा दिया जाए।

किंतु चीन के साम्यवादी इस नीति को पसंद नहीं करते थे। ऐसा होने से गृहयुद्ध और भी भीषण हो

जाता, जिसमें जापानियों को खुल खेलने का मौका मिलता। केवल च्यांग को दंड देने के ही वे विरोधी नहीं थे, बल्कि उनका कहना था कि च्यांग का किसी तरह अपमान भी नहीं करना चाहिए। क्योंकि, अपमानित होने से उसकी इज्जत कम हो जाएगी, जिस इज्जत का उपयोग जापान-विरोधी मोरचे पर करने से राष्ट्र का महान उपकार हो सकता है।

जब चाउ एन लाई सोवियत के प्रतिनिधि की हैसियत से सियान पहुँचा, उसी दिन उसने मार्शल चांग स्यू ल्यांग के साथ च्यांग काई शेक से भेंट की। जरा उस दृश्य की कल्पना कीजिए। च्यांग ने जब अपने सामने उस विद्रोही नेता को देखा होगा, जो कभी उसका सेक्रेटरी था और पीछे जिसके सिर पर उसने अस्सी हजार डालर इनाम बोला था, तो उसके हृदय में कौन-कौन सी भावनाएँ उठी होंगी, सोचिए। सबसे ताज्जुब तो उसे तब हुआ, जब उसने देखा कि चाउ ने बड़ी शिष्टता से उसका अभिवादन किया और उसके नीचे बैठकर साम्यवादियों की नीति का खुलासा उससे लेने लगा। पहले तो वह गुमसुम सुनता रहा, फिर उसने उत्सुकता दिखाई, क्योंकि यह पहली बार था, जब कि उसने साम्यवादियों की विचारधारा उनके मुँह से इस दस वर्षों के संघर्ष में सुनी थी। 17 दिसंबर से 25 दिसंबर तक च्यांग काई शेक को कितनी ही बार साम्यवादियों और दोनों विद्रोही नेताओं—चांग और यांग—से बातें करने का मौका मिला। पहले तो वह कुछ खिंचा-खिंचा-सा रहा, किंतु जब उसे नानकिंग में होनेवाली साजिशों का पता लगा, उस पर से उसके बुरे साथियों का असर धीरे-धीरे दूर हुआ और उसने अगले भयंकर गृहयुद्ध की कल्पना की तो उसके होश दुरुस्त हुए और वह साम्यवादियों की बातों और अपने इन दो सेनापतियों के वादों पर धीरे-धीरे विश्वास करने लगा। जापान-विरोधी मोरचे की ओर वह धीरे-धीरे झुकने लगा।

14 तारीख को ही एक और काम सियान में एकत्र तुंगपी, सिपी और लाल सेना के प्रतिनिधियों ने किया। उन्होंने मि० डोनाल्ड नामक एक आस्ट्रेलियन को वहाँ बुलाया और उससे च्यांग काई शेक से मुलाकात कराई। मि० डोनाल्ड चांग स्यू ल्यांग और च्यांग काई शेक, दोनों के जान-पहचानी और दोस्तों में से था। उसको बुलाने का अभिप्राय यह था कि वह संसार को यह बतला दे कि च्यांग काई शेक अब भी जिंदा है, उसके साथ कोई दुर्व्यवहार नहीं हो रहा है और वह नानकिंग की सरकार से भी सुलह की बात जारी करे। जब डोनाल्ड ने यह खबर श्रीमती च्यांग काई शेक को दी तो वह बहुत प्रसन्न हुई। जनरल हो से चढ़ाई करने के सब हुक्मनामों को उसने वापस कराया और सुलह की चर्चा भी शुरू कर दी। 18 को एक सेनापति के मारफत च्यांग काई शेक के हाथ का लिखा एक कुशल पत्र भी नानकिंग भेजा गया। उस खत में जनरल हो को हुक्म दिया गया था कि तुम अपनी फौज आगे मत बढ़ाओ। मार्शल चांग स्यू ल्यांग का भी एक खत था, जिसमें नानकिंग से किसी जिम्मेवार आदमी को बुलाया गया था, जिससे 'सब बातें शीघ्र तय कर ली जाएँ।'

20 तारीख को नानकिंग सरकार के प्रतिनिधि की हैसियत से श्री टी० वी० सुंग सियान पहुँचे। श्री सुंग च्यांग काई शेक के साले होते हैं। अमेरिका में उन्होंने शिक्षा प्राप्त की। अर्थसमिति के वह प्रधान हैं। यूरोपियनों से सुलह करने के पक्षपाती और जापान के विरोधी समझे जाते हैं, किंतु जब तक वे पहुँचे, तब तक च्यांग काई शेक से बहुत सी बातें तय हो चुकी थीं। 19 को चांग स्यू ल्यांग ने यह वक्तव्य प्रकाशित किया—

"अब तक हमारे प्रधान सेनापति कब न यहाँ से चल दिए होते। क्योंकि, ज्योंही मि० डोनाल्ड गत सोमवार का पहुँचे और प्रधान सेनापति अपने तथाकथित अपमान को भुलाने में समर्थ हुए, उन्होंने हम लोगों से बड़ी शांति से बातें शुरू कीं और उसके दूसरे ही दिन एक राष्ट्रीय नीति तय कर ली गई और उसके अनुसार शासन में परिवर्तन करने का भी निश्चय हो चुका। हमने इसके बाद ही नानकिंग तार भेजा और वहाँ से यदि कोई आ गए होते, तो वह कब न यहाँ से रवाना हो गए होते।"

किंतु एक तरफ, यह बातचीत हो रही थी, दूसरी तरफ, तुंगपी सेना में अजीब सनसनी और उत्तेजना थी। सैनिक लोग और अफसर खुलेआम माँग करने लगे कि च्यांग काई शेक को उसके कुकर्मों के लिए सजा दी जाए! एक दिन च्यांग काई शेक ने अपनी कोठरी से पहरे के लोगों को बातचीत करते सुना। वे कह रहे

थे—फैसला करने का हक तो जनता को है, कुछ अफसर मेल-मिलाप कर लें, इससे क्या होता है ? इस पर च्यांग काई शेक ने अपनी डायरी में लिखा—'मैं समझ गया कि ये मेरी जान लेना चाहते हैं, जनता का नाम तो बहाना है ।' जब साम्यवादी प्रतिनिधि इन सैनिकों और अफसरों को समझाने की कोशिश करते, वे अधीर हो उठते । कुछ लोग तो रोने लगते और कहते—'तब तो आप लोगों ने भी हमें धोखा दिया ।' रात-रात-भर जागकर ये प्रतिनिधि लोगों को समझाते-बुझाते ।

सुंग के पहुँचने के बाद बातचीत शुरू हुई—प्रत्यक्षतः तो कहा गया कि ये आठों शर्तें नामंजूर की गईं, किंतु भीतर-ही-भीतर इन शर्तों को मंजूर किया गया जिनका व्यावहारिक रूप ऐसा हुआ—

(1) गृहयुद्ध बंद कर दिया जाए और कुओ मिन् तांग और साम्यवादी पार्टी पारस्परिक सहयोग से काम करें ।

(2) जापानियों के खिलाफ साफ-साफ नीति बनाई जाए और उनका सामना किया जाए ।

(3) नानकिंग के ऐसे पदाधिकारी हटा दिए जाएँ, जो जापानियों के पक्षपाती हैं और इंगलैंड, अमेरिका एवं सोवियत रूस से संबंध स्थापित किया जाए ।

(4) नानकिंग की सेना के समान ही दर्जा तुंगपी और सिपी सेना का समझा जाए ।

(5) जनता को राजनीतिक स्वतंत्रता मिले ।

(6) नानकिंग सरकार का प्रजातांत्रिक ढंग पर नया संगठन किया जाए ।

इन शर्तों के कबूल कराने में श्रीमती च्यांग काई शेक का बहुत बड़ा हाथ था, जो 22 को वहाँ पहुँच चुकी थीं । उन्होंने अपने पति को ही सूली पर से नहीं उतारा, अपने देश की भी रक्षा की । 25 तारीख को च्यांग काई शेक नानकिंग के लिए रवाना हुआ और रवाना हुआ—उसके साथ ही चांग स्यू ल्यांग !

इसके बाद जो घटनाएँ हुईं, उनके दो रूप हैं—एक प्रत्यक्ष, दूसरा गुप्त । गुप्त में तो संयुक्त मोरचा कायम हुआ, उसका कार्यक्रम बना, उस कार्यक्रम पर सबने स्वीकृति दी— किंतु च्यांग काई शेक की प्रतिष्ठा रखने के लिए प्रत्यक्ष में कुछ नाटकीय काम किए गए ।

नानकिंग में पहुँचते ही चांग स्यू ल्यांग ने सबके सामने कहा—"मैं लाज से गड़ा जा रहा हूँ, मुझसे अपराध हो गया । मैं साथ आया हूँ, मुझे सजा दीजिए । मेरे पाप का यही प्रायश्चित्त है ।" च्यांग काई शेक ने उदारतापूर्वक जवाब दिया—"नहीं, यह कसूर मेरा था कि मैं अपने अधीन लोगों को अच्छी तरह शिक्षा नहीं दे सका और वे विद्रोह करने को उतारू हुए । खैर, तुमने अपराध कबूल किया है, इसलिए मैं केंद्रीय अफसरों से कहूँगा, तुम्हें क्षमा करें ।"

इसके बाद उसने एक वक्तव्य देकर अपना इस्तीफा पेश किया—तीन-तीन बार उसे दुहराया । फिर चांग स्यू ल्यांग पर मुकदमा चलाया गया, उसे दस वर्ष की सजा दी गई, किंतु दूसरे ही दिन उसे माफी मिली । शेंसी में जो नानकिंग की सेना थी, उसे लौटाया गया और चान चुन नामक जापान के पक्षपाती अफसर को निकालकर एक जापान द्रोही व्यक्ति को वहाँ भरती किया गया । इस्तीफे की स्वीकृति-अस्वीकृति की प्रतीक्षा न कर, उसने 'बीमारी की छुट्टी' ली और चांग स्यू ल्यांग के साथ अपने देहाती घर पर जाकर दो महीने विश्राम किया । किंतु यथार्थतः यह छुट्टी नहीं थी—इसके अंदर वह तुंगपी, सिपी और लाल सेना के प्रतिनिधियों से सुलह-सलाह की बातें करता रहा ।

15 फरवरी को कुओ मिन् तांग की बैठक बुलाई गई । इसके पहले ही 10 फरवरी को चीनी साम्यवादी पार्टी ने एक प्रस्ताव उसके पास भेजा जिसमें चार निवेदन थे—गृहयुद्ध बंद हो; व्याख्यान, अखबार और सभा-संगठन की स्वतंत्रता हो और राजनीतिक कैदी छोड़े जाएँ; जापान के विरोध के लिए एक राष्ट्रीय संयुक्त योजना बनाई जाए; और डॉक्टर सुनयात सेन की वसीयत के 'तीन सिद्धांत' काम में लाए जाएँ । निवेदन में यह भी उल्लेख था कि यदि ये बातें मंजूर कर ली जाएँ तो साम्यवादी पार्टी यह करने को तैयार है—(1) लाल सेना का नाम बदलकर राष्ट्रीय क्रांतिकारी सेना रख दिया जाएगा और उसे सैनिक समिति को सुपुर्द कर दिया

जाएगा। (2) सोवियत सरकार का नाम बदलकर 'चीन के प्रजातंत्र का विशेष क्षेत्र' रख दिया जाएगा। (3) सोवियत जिलों में पूर्ण लोकतंत्र सरकार कायम की जाएगी, और (4) जमीन की जब्ती रोक दी जाएगी और पूरी ताकत राष्ट्रीय मुक्ति यानी जापान-विरोध में ही लगाई जाएगी। किंतु तमाशा यह कि कुओ मिन् तांग के इस जलसे ने पहले इस प्रस्ताव को बिलकुल ठुकरा दिया। हाँ, उसने शान से प्रस्ताव किया कि वह साम्यवादियों से बातचीत तब जारी कर सकती है जब वे इन बातों पर विचार करने को तैयार हों—(1) लाल सेना तोड दी जाए और वह राष्ट्रीय सेना में मिला दी जाए (2) सोवियत प्रजातंत्र का खात्मा किया जाए (3) सुनयात सेन के 'तीन सिद्धांत' के खिलाफ कुछ प्रचार नहीं किया जाए, और (4) वर्ग-युद्ध की नीति छोड़ दी जाए। इस प्रस्ताव और उस प्रस्ताव में अंतर कुछ नहीं, किंतु दुनिया को यह दिखाने की कोशिश की गई कि कुओ मिन् तांग दबी नहीं, दबी तो साम्यवादी पार्टी।

खैर, 15 मार्च, 1937 को साम्यवादी पार्टी, सोवियत सरकार और लाल सेना ने एक वक्तव्य निकालकर नानकिंग सरकार से सुलह की प्रार्थना की और जून तक करीब-करीब सब बातों का फैसला हो गया। स्वयं च्यांग काई शेक इसके लिए कम उत्सुक नहीं था। उसने अपने वायुयान भेजकर जून में साम्यवादियों के प्रतिनिधि चाउ एन लाई को अपनी ग्रीष्म-राजधानी कुलिंग में बुलाया और लगातार कई दिनों तक बात करके आखिरी निश्चय किया। साम्यवादी पार्टी ने जो प्रस्ताव पहले भेजा था, करीब-करीब उसी पर सुलह हुई।

किंतु इस सुलहनामे के पहले ही, अप्रैल से ही, दोनों तरफ काफी सद्भाव पैदा हो गया था। साम्यवादियों के दमन के लिए जो सेनाएँ भेजी गई थीं, वे तो शुरू में ही लौटा ली गई थीं, इधर वह डिपार्टमेंट भी तोड़ दिया गया, जो इन 'लाल डाकुओं' को मटियामेट करने के लिए दस वर्षों से काम कर रहा था। सोवियत भूमि में आने-जाने की जो रुकावटें थीं, जो व्यापारी घेरा डालकर माल लाना और ले जाना रोक दिया गया था, वे सबके सब उठा लिये गए। दस वर्षों के बाद कहीं सोवियत को बाहरी दुनिया देखने का मौका मिला।

सोवियत जिलों ने शीघ्र ही बाहर से व्यापार का रिश्ता जोड़ा। सड़कें और तार के इंतजाम किए गए। लॉरियों के दस्ते एक शहर से दूसरे शहर तक आने-जाने लगे। उद्योग-धंधों के औजार-पर-औजार मँगाए जाने लगे। सबसे बढ़कर तो वहाँ किताबों की भूख थी। शीघ्र ही एक अच्छी लाइब्रेरी कायम की गई। चीन के भिन्न-भिन्न भागों में जो साम्यवादी अब तक छिपे पड़े थे, वे इस उत्तरी-पूर्वी सोवियत भूमि की नई राजधानी येनान की ओर मानो दौड़ पड़े। लाल सैनिक विद्यालय (जिसका नाम अब 'जापान विरोधी विश्वविद्यालय' था) में भरती होने के लिए हजारों-हजार दरखास्तें आने लगीं। बहुत-से विद्यार्थी तो सैकड़ों मील पैदल चलकर पहुँचे। साम्यवादी पार्टी कहने को तो अब भी गैरकानूनी संस्था थी, किंतु अब साम्यवादियों पर कोई जुल्म नहीं होता था—हाँ, उनके बदले में जापान के कितने ही 'प्रेमियों' को फाँसी तक पर लटकाया जा चुका था।

उन बातों से प्रभावित होकर मई महीने में सोवियत जिलों ने अपना नाम बदलकर 'खास हल्के की सरकार' रख लिया। यों ही जब साम्यवादियों ने अपनी पार्टी कॉन्फ्रेंस की, तो उसमें लेनिन, मार्क्स, माओ त्से तुंग, चू तेह आदि की तसवीरों के साथ डॉ. सुनयात सेन और च्यांग काई शेक की तसवीरें भी लटकाई गईं।

डॉ. सुनयात सेन के "तीन सिद्धांत" ऐसे थे, जिनकी व्याख्या साम्यवादी ढंग से भी की जा सकती थी—प्रजातंत्र, राष्ट्रीयता और आजीविका के बारे में जो कुछ उस महान व्यक्ति ने कहा था, उसे लेकर साम्यवादी बहुत दूर तक लोगों को ले जा सकते थे।

सोवियत सरकार ने जमींदारों की सम्पत्ति जब्त करना छोड़ दिया। इससे उनकी आमदनी में बहुत कमी हो गई। किंतु इसकी पूर्ति के लिए चांग काई शेक ने लाल सेना को—जो अब 'राष्ट्रीय मुक्ति सेना' के नाम से मशहूर हुई—सहायता के रूप में पचास लाख डालर पहली ही किश्त में भेज दिया।

अब सोवियत जिलों की सीमाओं पर लाल झंडा और राष्ट्रीय झंडा साथ-साथ फहराए जाते। सोवियत के दफ्तरों पर भी दोनों ही झंडे लहराते।

ये सब बातें कुछ ऐसी तेजी से हुईं कि बाहर के लोग भौंचक होकर देखते और कहते—आखिर यह क्या

हो रहा है ? ये लाल सफेद हो गए या सफेद ही लाल बन गए। किंतु क्या ऐसी कोई बात थी ?

मानो, इस बात को ही स्पष्ट करने के लिए माओ त्से तुंग ने एक बार यह स्पष्ट किया—

"इस पारस्परिक समझौते की भी सीमा है। सोवियत जिलों पर लाल सेना का नेतृत्व साम्यवादी पार्टी ने अपने हाथ में रखा है और कुओ मिन् तांग से संबंध रखते हुए भी अपने अस्तित्व को अलग कायम रखने तथा एक सीमा तक उसकी समालोचना करने का भी हक उसे हासिल है। इन बातों में तो जरा भी रियायत नहीं की जा सकती थी। साम्यवादी पार्टी अपने साम्यवाद की स्थापना का ध्येय किस तरह छोड़ सकती है—हाँ, इसके लिए जरूरी है कि पहले लोकतंत्रात्मक क्रांति हो, जिसके लिए उसने यह नई नीति मंजूर की है। साम्यवादी पार्टी अपने कार्यक्रम और नीति को छोड़ नहीं सकती !"

आठवीं रूट आर्मी

संयुक्त मोरचे की स्थापना के बाद समूची लाल सेना जापानियों से लड़ने के लिए मोरचों पर जा डटी। चूँकि संयुक्त मोरचा कायम हो गया था, अतः अब इस सेना को लाल सेना के नाम से ही पुकारना उचित नहीं समझा गया। वह चीन की संयुक्त राष्ट्रीय सेना का ही एक अंग हो गई और उसका नाम आठवीं रूट आर्मी पड़ा। कुछ ही दिनों में इस सेना ने अपने लिए विश्व-विश्रुत ख्याति प्राप्त कर ली। आठवीं रूट आर्मी का नाम ही जापानी सेना को भयभीत करने के लिए काफी हो गया।

आठवीं रूट आर्मी ने जापानियों के विरुद्ध भी वही युद्ध-कौशल जारी रखा है, जिसका प्रयोग कर वह दस वर्षों तक च्यांग काई शेक को तंगोतरीज करती रही थी। उसकी गोरिल्ला युद्ध-प्रणाली—जिसका आधार जनता की क्रियात्मक सहायता है—आज संसार में मोरचाबंदी के लिए खास स्थान रखती है।

1937 की जुलाई में जापान का वर्तमान नया आक्रमण शुरू हुआ। मालूम हुआ, जैसे किसी तूफानी दस्ते ने धावा बोल दिया है। एक-एक कर बड़े-बड़े शहर जापानियों के कब्जे में आने लगे। ऐसा लगा, बात-की-बात में समूचे चीन पर जापानियों का उगते हुए सूर्यवाला रक्तरंजित झंडा फहराकर रहेगा।

किंतु यह नहीं हुआ। माना, आज भी चीन के बड़े-बड़े शहर जापानियों के कब्जे में हैं, किंतु जापान की विजय में वह प्रगति नहीं रह गई है। कई जगह तो जापानियों को बुरी तरह हार खानी पड़ी है।

अभी-अभी फरवरी 1939 के आखिरी सप्ताह में खबर आई है, चहार प्रांत जापानियों के हाथ से छीन लिया गया है। यही नहीं, उत्तर-पूर्व कोने पर जापानियों की हार-पर-हार हुई है। इसकी चर्चा करते हुए सुप्रसिद्ध साम्राज्यवादी गोरा अखबार 'स्टैट्समैन' ने 17 फरवरी, 1939 को अपने अग्रलेख में जो लिखा, उसका सारांश यों है—

'पूर्वी चीन में जो घटनाएँ घट रही हैं, उसकी खबर संसार को बहुत कम मिलती है—जो खबरें आती भी हैं, तो जापान के ही द्वारा। किंतु उन खबरों को नक्शे के आधार पर पढ़ने से कई बातें स्पष्ट हो ही जाती हैं। यह स्पष्ट है कि चीन की गोरिल्ला सेना ने जापान को नाकोदम कर रखा है। जिन प्रदेशों में जापानी कब्जा है, वहाँ भी उनके ऊधम जारी हैं। हांकाऊ और कैन्टन के पतन के बाद लोगों को यह विश्वास हो गया था कि अब चीन का ऐश्वर्य और धन-धान्यपूर्ण पूर्वी भाग सदा के लिए गया। किंतु जाड़े के प्रारंभ होते ही उत्तरी चीन, जहाँ 1937 में ही जापानी कब्जा हो गया था, फिर चीन के हाथ में चला गया। 1934 में ही जापान ने जिसे जीता था, उस पूर्वी होपी प्रान्त में चीनी सेना फिर ऊधम मचाने लगी और शान्सी और दक्षिणी होपी से भी जापान को अपनी सेना हटा लेनी पड़ी, फकत दो बड़े शहर उसके हाथ में रह गए। इधर जापानियों ने कई छोटी-छोटी विजयों को काफी महत्त्वपूर्ण बनाने की कोशिश की है—किंतु नक्शे का आधार और पिछली घटनाओं का ज्ञान उसका महत्त्व खत्म

कर देता है। इन गोरिल्लों ने उसके नाक में दम कर रखा है। शहरों और रेलवें लाइनों के बीच में उनकी खुराफात से जापानी बेचैन हैं। यों तो जापानी भी चीन को विजय करना अब आसान नहीं समझते, उन्होंने खुद चार वर्ष की अवधि संसार पर प्रकट की है, किंतु इनके इस सुदृढ़ मुकाबले को देखते और जापान की आर्थिक कमजोरियों पर ध्यान रखते हुए यह कोई असंभव बात नहीं मालूम पड़ती कि चीन एक-न-एक दिन अवश्य ही विजयी होगा।'

चहार या उपर्युक्त स्थानों में प्रमुखतः आठवीं रूट आर्मी ही अपना गोरिल्ला कौशल दिखा रही है। माओ त्से तुंग, सेनापति चू तेह, पेंग तेह ह्वाई, हो लंग, लिन पियाओ, चाउ एन लाई आदि की दृढ़ता, धीरता, चतुरता देखकर आज दुनिया मुग्ध हो रही है।

साम्यवादियों और लाल सेना का अड्डा शेंसी-कांसू प्रांत था, यह कहा जा चुका है। जापान द्वारा छीने गए चीन के प्रदेश उसके निकट पड़ते थे। अतः जुलाई में लड़ाई शुरू होते ही, जापानियों के धावे का एक प्रधान लक्ष्य शेंसी और मंचूरिया के बीच की विस्तृत भूमि भी रहा। आठवीं रूट आर्मी ने अपनी पूरी शक्ति लगाकर इसी मोरचे पर जापानियों के दाँत खट्टे करने का निश्चय किया।

छः महीने के अंदर-अंदर 1937 के अंत तक आठवीं रूट आर्मी ने जापानियों के कब्जे में आए शान्सी, चहार और होपी प्रांतों में तहलका मचाना शुरू किया। जापानियों ने रेलवे लाइनों और बड़े-बड़े शहरों पर ही कब्जा किया था। उन लाइनों या शहरों पर जमकर मुकाबला करने की अपेक्षा उसने उन लाइनों के बीच के हल्कों और देहातों में ही जाकर काम करना और डटना शुरू किया। गाँव-गाँव में जाकर जापानियों के विरुद्ध देशभक्ति की भावना उभाड़ी जाती, सेना-भरती के लिए कमिटियाँ क़ायम की जातीं और जनरक्षा सेवक दल कायम किया जाता। स्त्रियों को संगठित कर जापान-विरोधी महिला संघ बनाए जाते और बच्चों को बालसेना में भरती किया जाता। बहुत-से ऐसे अस्थायी स्कूल खोले गए, जिनमें लोगों को गोरिल्ला पद्धति से लड़ने, दुश्मन की गति-विधि का पता लगाने आदि की शिक्षा दी जाती। जनता की निरक्षरता दूर करने का प्रयत्न भी किया जाता। राजनीतिक ज्ञान देने की तो खास चेष्टा की जाती।

काम की सहूलियत के लिए जापान द्वारा अधिकृत इन प्रांतों को पाँच हल्कों में बाँट दिया गया और इसके सूत्र-संचालन के लिए "शान्सी-होपी-चहार की सरहदी सरकार" की स्थापना की गई, जिसका अध्यक्ष च्यांग काई शेक की सरकार की ही अनुमति से एक साम्यवादी नीह जंग चेन बनाया गया।

इन प्रदेशों में काम शुरू करने के छः महीने बाद ही आठवीं रूट आर्मी ने पाँच लाख नौजवानों को जनरक्षा सेवक दल में भरती कर लिया, जिनमें एक-चौथाई के पास तो हथियार भी थे। यही नहीं, करीब दस लाख लोग जापान-विरोधी काम के लिए अपना पूरा समय देने लगे। इस सरहदी सरकार के अन्दर के दूसरे हल्के में सत्रह जिले थे। आठवीं रूट आर्मी के तत्त्वावधान में इस हल्के में तीन हजार गाँवों में डाक का पूरा प्रबंध था, दस रेडियो के स्टेशन बन चुके थे, तीन हजार मील तक टेलीफोन का इंतजाम हो चुका था, सत्रह दैनिक अखबार निकलते थे और चौदह अस्पताल काम कर रहे थे। गाँवों और किसानों की आर्थिक दशा सुधारने की भी कोशिश की गई। जमीन का फिर से बँटवारा तो नहीं किया गया, (संयुक्त मोरचे के बाद ऐसा करना बंद कर दिया गया था) किंतु मालगुजारी कम की गई, कर्ज की वसूली स्थगित की गई, उपज बढ़ाने और उससे ज्यादा फायदा उठाने के प्रयत्न भी किए गए। सरहदी सरकार ने अपना बैंक भी कायम किया। ये सब काम दुश्मन के जबड़े में घुसकर किए गए—यदि हम इसका ध्यान रखें तो इसका महत्त्व सौ गुना बढ़ जाए, जैसा कि है।

एक ओर, जनता को इस तरह अपने पक्ष और जापान के विपक्ष में तैयार करना और दूसरी ओर अपनी गोरिल्ला युद्ध-पद्धति से दुश्मन के छक्के छुड़ाना। आठवीं रूट आर्मी का युद्ध-संचालन (फिल्ड-कमांड) इस समय पेंग तेह ह्वाई के हाथ में है। अपनी इस युद्ध-पद्धति का विवरण उसने एक पत्र-प्रतिनिधि से यों दिया है—

'हमारी इस युद्ध-प्रणाली की मौलिक बात यह है कि हम एक ऐसी लड़ाई लड़ें जिसमें लुक-छिपकर दुश्मन का सत्यानाश किया जाए। दुश्मन के छोटे-छोटे दस्तों को हम जड़-मूल से खत्म करें। हम खुद भी आगे

बढ़ें, तो अपनी सेना को टुकड़े-टुकड़े में बाँटकर ही। साधारणतः हम आमने-सामने जमकर लड़ने से बचें, गोकि ऐसे मौके आए हैं, जब हमें यह करने को भी बाध्य होना पड़ा है। बड़े-बड़े शहरों की रक्षा में तो हम जमकर लड़ते ही हैं, किंतु उस हालत में भी रक्षा की योजना 'लाइन' में न होकर 'प्वाइंट' में होनी चाहिए। पंक्तिबद्ध होकर लड़ने की अपेक्षा टुकड़ों-टुकड़ों में लड़ने से हम छोटी सेना से भी बड़ी सेना का मुकाबला कर सकते हैं, दुश्मनों को इस तरह तंग कर सकते हैं कि वह बड़ी फौज लेकर हमें घेरने की कोशिश करे और यों दूसरी जगह वह अपनी रफ्तार ढीली करे। इस तरह हम दुश्मन को अपनी सेना का अच्छा उपयोग करने से वंचित कर देते हैं।'

आठवीं रूट आर्मी की इस युद्ध-प्रणाली का अनुकरण च्यांग काई शेक की दूसरी सेनाओं ने भी किया है। इस काम की शिक्षा देने के लिए आठवीं रूट आर्मी के अफसर दूसरी सेनाओं में भेजे जाते हैं।

एक अमेरिकन पत्र-प्रतिनिधि ने आठवीं रूट आर्मी की इस गोरिल्ला पद्धति के प्रयोग का वर्णन यों दिया है—

"मैं उस समय पहुँचा, जब कि उस शहर पर चीन के किसानों की गोरिल्ला सेना चढ़ाई कर रही थी। शहर को चारों ओर से घेर लिया गया था और उसकी ऐतिहासिक दीवार पर जब-तब गोलाबारी भी होती थी। एक रात तो ये चीनी गोरिल्ले शहर के फाटक के नीचे सेंध खोदकर जापानी सेना के अंदर पहुँच गए और कितने ही सोए हुए संतरियों को मार कर चलते बने।

दिन-रात जापानी सेना शहर से मशीनगनों और तोपों से आग बरसाती रहती थी, लेकिन गेहूँ के खेत में छिपे इन चीनी गोरिल्लों का इससे कोई नुकसान नहीं होता था। जापानी वायुयान भी आकाश में मँडराते रहते, किंतु किस ओर कहाँ पर बम बरसाएँ? शहर तक जानेवाली रेल की पटरी उखाड़ दी गई थी और एक सैनिक ट्रेन उलट भी चुकी थी। जापान के सभी आधुनिक अस्त्र इनके सामने बेकार साबित हो रहे थे।

इन गोरिल्लों की तायदाद इतनी नहीं थी कि शहर पर कब्जा कर लें; किंतु ये जापानियों को तबाह-तबाह करके अंत में उनका सफाया करने की घात लगाए हुए थे। टेलीफोन और रेडियो द्वारा ये गोरिल्ले अपने हेड क्वार्टर से संबंध बनाए हुए थे। खाने-पीने की इन्हें कमी नहीं थी। देहात के कारखानों से इन्हें देशी तलवार, बम और बारूद प्राप्त होते थे।"

ये गोरिल्ले सैनिक जापानी ट्रेनों को उलटने से उसी पद्धति का अनुसरण कर रहे हैं, जिस पद्धति से सुप्रसिद्ध कर्नल लौरेंस ने अरब में सफलता पाई थी। लौरेंस की "ज्ञान के सात स्तंभ" नाम पुस्तक का चीनी भाषा में अनुवाद हो गया है। वह पत्रकार लिखता है—

"एक गाँव में मुझे दो प्रोफेसरों से भेंट हुई, जो क्लासरूम की लेक्चरबाजी को छोड़कर चीनी युवकों को ट्रेन उलटने की कला सिखला रहे हैं। वे अभी-अभी एक जापानी सैनिक ट्रेन को उलटकर आए थे!

"डाइनामाइट के अभाव में इन प्रोफेसरों ने रेललाइन के भीतरी कीलों और मेखों को निकालने की कला अपने लोगों को सिखा रखी है। ज्यों ही उस पर गाड़ी जाती, लाइन फैल जाती, ट्रेन उलट पड़ती। जापानियों ने इससे बचने के लिए हर ट्रेन के पहले लाइन पर खाली इंजिन चलाकर जाँच करने का तरीका अख्तियार किया है, तो भी तीन महीने के अंदर तीस ट्रेनें उस हल्के में ही उलट चुकी थीं। ऐसे 'चोरों की पार्टी' भी बनाई गई है, जो चुपचाप रेलवे लाइन उखाड़कर दूर-दूर जगहों में छुपा दे और टेलीफोन के तार काट उसके खंभे को भी गायब कर दे।

"इससे बचने के लिए जापानियों ने चीनी किसानों की टोलियाँ रेललाइन पर दिन-रात गश्त दिलाने के लिए तैयार की हैं और उन्हें चेतावनी दी है कि यदि ठीक से पता नहीं देंगे, तो गोलियों से उड़ा दिए जाएँगे। ये किसान ठीक से पता देते जरूर हैं, किंतु रेल हटाने में भी पूरी सहायता देकर अपराधी के साफ निकल जाने पर।"

ये गोरिल्ले एक और अनूठी तरह से काम करते हैं, उसका वर्णन सुनिए—

"ये चीनी सैनिक जापानियों को छकाने के लिए एक और तरीका काम में लाते हैं। जापानी अफसरों की पोशाक पहनकर उनकी सेना में घुस जाते और उनका भेद लाते या अचानक धावा मारते हैं। ऐसे चीनी सैनिक जापानी भाषा बोलने में भी दक्ष होते हैं। किंतु यह कम खतरे का काम नहीं। जनरल लिन पियाओ एक बार इसी तरह छः सौ सैनिकों को जापानी पोशाक में लेकर जापानी लाइन में घुस गए, किंतु, भेद खुल गया और उन्हें जीवन में पहली बार घायल होना पड़ा।

"प्रायः ही ये जापानी भाषा बोलनेवाले और उनकी पोशाक में रहनेवाले चीनी सैनिक जापानी टेलीफोन का इस्तेमाल करते और जापानी हेड क्वार्टर को झूठी खबर देते कि अमुक स्थान पर फौज की जरूरत है, भेजिए। ज्यों ही वहाँ फौज पहुँचती, चीनी सेना, जो पहले से ही घात में रहती, उन पर टूट पड़ती और खत्म कर देती।"

दक्षिणी शान्सी में एक शहर को किस तरह वापस लिया गया—

"जापानियों ने उस शहर पर कब्जा किया। शहर की आबादी पंद्रह हजार की थी और उसमें बीस हजार सेना रख दी गई। खाने-पीने की सामग्री की भी कमी नहीं थी। किंतु गोरिल्ला सैनिकों ने उस शहर को चारों ओर से घेर लिया और जापानी सैनिकों या माल-असबाबों को वहाँ जाने से बिलकुल रोक दिया। कई सप्ताहों तक जापानी सेना ने देहातों में घुसकर लोगों की शक्ति खत्म करना चाहा, किंतु जो सेना देहात में जाती, वह बहुतों को खोकर लौटती और अंत में, उसे दो महीने के बाद पूरी सेना की आधी संख्या खोकर वहाँ से भाग जाने को बाध्य होना ही पड़ा।"

किंतु आठवीं रूट आर्मी की नीति केवल जापानी सैनिकों को तंग-तंग करना या सत्यानाश में मिलाना ही नहीं है। उस की एक विशिष्ट नीति यह है कि जापानी सैनिकों में जापानी तानाशाही के प्रति घृणा पैदा करना और चीन की इस लड़ाई का औचित्य बताना। जब कोई जापानी सैनिक गिरफ्तार होता या घायल पकड़ा जाता है, तो उसकी बड़ी खातिर की जाती, अच्छी तरह दवा-दारू दी जाती और अच्छा होने पर उसे फिर वापस जाने की स्वाधीनता दी जाती है। यही नहीं, नोटिसें छपवाकर जापानी सेना में पहुँचाई जाती हैं। चू तेह और पेंग तेह ह्वाई के दस्तखत से एक नोटिस इस आशय की बँटी थी—

"जापानी सैनिकों से—

"आपने शायद चीन की लाल सेना का नाम सुन रखा है। हमारी आठवीं रूट आर्मी वही लाल सेना है और जैसा कि जापानी रिपोर्टर बतलाते हैं, यही साम्यवादी सेना भी है।

"आज हम युद्धभूमि में आपके ऊपर बंदूकें तानते और छोड़ते हैं। यह हमारे लिए दुर्भाग्य की बात है। आप और हम, दोनों किसान और मजदूर हैं। आपके फौजी अफसरों ने आपको सेना में भरती होने और घर-द्वार, बाल-बच्चे छोड़ने को लाचार किया है। इधर हमें अपने देश और जनता की रक्षा करनी है। हमें जापानी जनता या वहाँ के मजदूर-किसान से कोई दुश्मनी नहीं। हम तो जापानी किसान-मजदूर से सदा हाथ मिलाने को तैयार हैं। जापानी सैनिको, जरा इस पर सोचो।

"आप जापानी किसानों और मजदूरों को चीन में कत्ल होने को भेजा जाता है। बताइए, इस कत्लेआम से आपको क्या मिलेगा? आपको अँगूठे दिखा दिए जाएँगे। मरें, कत्ल हों, घायल हों जापान के बेचारे किसान-मजदूर और फायदा उठावें जापान के पूँजीपति, जमींदार और बैंकर। हम चीनी मजदूरों और किसानों को लूटकर आपके शासक मोटे बनेंगे, मजबूत बनेंगे और अगर कहीं हमने उन्हें हरा दिया तो फिर आप लोग उन्हें एक धक्के में ही खत्म कर सकेंगे। आप विद्रोह करके उन्हें उठा फेंकेंगे। जापानी जनता तब स्वतंत्र होगी और आपको अपने बाल-बच्चों के बीच रहने का मौका मिलेगा।

"जापानी सैनिको! अपनी बंदूकें अपने तानाशाह अफसरों की ओर घुमाओ और हमसे मिल जाओ। लड़ना ही है तो अपनी जनता की स्वतंत्रता के लिए लड़ो, चीनी जनता के लिए लड़ो। आओ, हम सब एक हो जाएँ। हम युद्धभूमि में क्यों एक-दूसरे का गला काटें। यह खूँरेजी बंद हो। हम दृढ़ता से एक हों।

"जापानी सैनिको! उनका शिकार होना बेवकूफी है। आपके देश के किसान और मजदूर हमारे देश के

किसान-मजूदर को कत्ल करना नहीं चाहते। संसार के किसान और मजदूर भी यह नहीं चाहते। अगर आप चीन के किसान और मजदूर से लड़ते हैं तो आप संसार के किसान और मजदूर को अपना दुश्मन बनाते हैं। इस पर गौर से सोचिए।

"चीन की सेना तो अपने देश की स्वतंत्रता की रक्षा करने और जापानी फासिज्म के प्रवाह को रोकने के लिए लड़ रही है। यदि हम खेत भी रहे तो संसार हम पर फूलों की वर्षा करेगा और जापानी किसानों और मजदूरों को घृणा की दृष्टि से देखेगा।

"जापानी सैनिको! आइए, हमसे मिलिए। हम आपके भाई हैं। हम आप पर हाथ नहीं उठावेंगे। हम आपका स्वागत करेंगे। हम सब भाई-भाई हैं। हम मिलकर जापानी साम्राज्यवाद का मुकाबला करें। अगर आप घर वापस जाना चाहें, हम उसका प्रबंध कर देंगे। हम आप पर गोली नहीं चलावेंगे, अपने ही भाई को क्यों घायल किया जाए? जरा सोचिए।

"जापानी सैनिको, जरा हमारे नारे लगाइए—

"जापानी तानाशाही के लिए जान मत दो।

"इस अनुपयोगी वर्ग के लिए अपने अमूल्य शरीर को बरबाद मत करो। घर जाओ, अपने देश के किसान-मजदूर से मिलो और विद्रोह करो।

"जापान और चीन के सैनिको, एक हो जाओ और इस लड़ाई को खत्म करो।

"जापानी सैनिको, चीन की जनता के इस राष्ट्रीय संग्राम का समर्थन करो।

"अपने भाइयों की हत्या मत करो।

"जापानी साम्राज्यवाद का नाश हो।

"जापान के किसान-मजदूरों की स्वतंत्रता की जय हो।"

इन नोटिसों का काफी प्रभाव जापानी सेना पर पड़ा है। एक ओर, भाई-चारे का यह फैलाया गया हाथ, दूसरी ओर, मौत का खूनी पंजा—इन दोनों के बीच उन्हें एक चुनना होता है!

आठवीं रूट आर्मी के साथ जो जापानी सेना लड़ने को भेजी जाती है; उसके क्या अनुभव होते हैं, हम उसे भी देंखे। आठवीं रूट आर्मी के एक विभाग का नाम है—'शत्रु विभाग'। इस विभाग का एक काम है मरे या घायल जापानी सैनिकों या अफसरों की डायरी पढ़ना और उससे उनकी मनोवृत्ति और मोरचेबंदी को समझना। उसके द्वारा प्राप्त कुछ डायरियों को देखिए।

एक जापानी बिग्रेड कमांडर अपनी डायरी में लिखता है—

"लाल सेना का नाम सुनते ही मुझे सिरदर्द हो आता है। हम जापानी दिन में ही लड़ने के आदी हैं—किंतु ये तो दिन-रात आठ पहर कमर कसे रहते हैं। यहाँ साम्यवादियों का बहुत जोर है। करीब डेढ़ सौ मोटर ट्रकों को इन्होंने बरबाद कर डाला और पचास सैनिकों को कत्ल कर दिया। हमें आज्ञा दी गई है, यहाँ जिसे पाओ, मार डालो।"

एक दूसरे जापानी अफसर ने यों डायरी लिखी है—

"हम सेनापतियों के लिए सेना का संचालन मुश्किल हो रहा है। कुछ सैनिक घोड़ों पर दुनिया-भर की वाहियात चीजें लाद लेते हैं। कुछ खाई खोदने से अस्वीकार कर देते हैं। हमें पानी की जगह कीचड़ पीना पड़ता है। खाना तो और मुश्किल। मोरचे पर दियासलाई और मोमबत्ती तक नहीं मिलती। फिर ये चीनी सैनिक अजीब हैं। घायल हो जाने पर भी ये कुछ कारतूस बचा रखते हैं और ज्योंही कोई उनके निकट पहुँचता है, उसे गोली से उड़ा देते हैं। एक-आध कारतूस आत्महत्या के लिए अलग रख लेते हैं। ये हमारे दुश्मन हैं, लेकिन हैं महान पुरुष!"

एक की डायरी बताती है—

"कल मेरी कंपनी एक गाँव से जा रही थी। चीनी कुलियों पर हमने अपने सामान लाद रखे थे। पहले

तो वे सीधे रहे ! किंतु गाँव में पहुँचते ही उन्होंने विद्रोह कर दिया । उनके पास कोई हथियार नहीं था, लेकिन उन्होंने हममें से कई की राइफलें छीन लीं और चूँकि राइफल चलाना वे नहीं जानते, उनके कुंदों से ही हमारे तीन आदमियों का वारा-न्यारा कर दिया ।

"कभी-कभी हम वृक्षों, पत्थरों या दीवारों पर कुछ खास किस्म के चिह्न देखते हैं, उनका मतलब होता है, कहीं निकट ही चीन की तोपें खड़ी हमें मौत के घाट उतारने की तैयारी में हैं ।"

किंतु सबसे विचित्रता तो यह है कि इस आठवीं रूट आर्मी को किस गरीबी और लाचारी में युद्ध करना पड़ता है । केवल उत्कट देशभक्ति और घोर सिद्धांतपरता ही इस स्थिति में सैनिकों के हृदय को स्थिर और दृढ़ रख सकती है । सुप्रसिद्ध अमेरिकन लेखिका श्रीमती एग्नेस स्मडले इस आठवीं रूट आर्मी के साथ बहुत दिनों तक थीं । उन्होंने अपने एक मित्र को एक खत भेजा था—

"आप अनुभव नहीं कर सकते कि किस परिस्थिति में हमारी सेना को काम पड़ा है ! जापानियों के पास ट्रक हैं, लॉरियाँ हैं, वायुयान हैं और दूसरी शीघ्र पहुँचनेवाली सवारियाँ हैं । किंतु हमारे पास? केवल गधे, घोड़े और थोड़े खच्चर । करीब-करीब हमारी पूरी सेना पैदल ही चलती है । मोटरवाली टुकड़ी हमारे पास कहाँ?

"मेरे पास करीब सौ चाँदी के डालर हैं; किंतु हमारे साथियों के पास फूटी कौड़ी नहीं । मैं इस सेना में सब से धनी व्यक्ति हूँ । मेरे पास एक वरदी, एक जाड़े का कोट और एक सेट अंडरवेयर है ! दो जोड़े जूते भी हैं । किंतु मेरे साथियों को तो एक ही जोड़े जूते पर गुज़र करना पड़ रहा है, जो अब खत्म होने को है । हमारी सेना के अधिकांश सैनिकों को मोजे तो हैं ही नहीं ।

"यहाँ कागज मिलना भी मुश्किल है । तेल और घी का नाम मत लीजिए, जब कि नमक पर भी आफत है । आग जलाने के लिए लकड़ियाँ भी मुश्किल से मिलती हैं । जाड़े की आधी रात को मैं लिख रही हूँ, किंतु गरमी पहुँचाने को एक अँगीठी भी नसीब नहीं । पूरे भोजन के बिना पेट भी कुलबुल कर रहा है ! इस जाड़े के मौसम में भी चावल और मकई पर गुजर करनी होती है—एक तरकारी मिल गई, तो गनीमत । आज शलगम, कल शलगम । प्रायः यह भी नहीं । चीनी तो सपने की चीज हो गई है ।

"किंतु इसका मतलब यह नहीं कि मैं आपको अपना दुखड़ा रो रही हूँ । ये तो मेरी जिंदगी के सबसे खुशी और काम के दिन हैं । मैं तो एक कटोरे-भर भात पर गुजर करनेवाली इस जिंदगी पर सभ्यता द्वारा दिए गए सब सुखों की बलिहार करती हूँ । पीठ की टूटी हुई रीढ़ लेकर भी मैं इन्हीं के साथ घूमना-दौड़ना और काम करना पसंद करती हूँ । डर है तो यही कि कहीं दर्द ऐसा न बढ़े कि काम में नुकसान हो ।"

धन्य यह आठवीं रूट आर्मी जिसके कर्तृत्वों पर एक विदेशी रमणी इस तरह बलिहार जाती है ।

हिंदुस्तान से, कांग्रेस की ओर से घायल चीनी सैनिकों की मदद के लिए जो डॉक्टरी जत्था गया है, वह भी आजकल आठवीं रूट आर्मी के ही साथ काम कर रहा है ।

इस जत्थे के एक डॉक्टर ने 27 अक्तूबर, 1938 को इस तरह लिखा था—

"हम लोग आठवीं रूट आर्मी के साथ काम करने जा रहे हैं । वह सेना एक दिन में एक सौ पचास ली दौड़ जाती है—अतः हमें उससे मिलने के लिए काफी दौड़धूप करनी पड़ेगी—लेकिन इस सेना के साथ काम करना कम सौभाग्य की बात नहीं । इस सेना के युद्ध-कौशल की कितनी ही कहानियाँ हैं । रात में उत्तर-दक्षिण विरोधी दिशाओं में आग जला दी जाएगी, स्काउट बिगुल बजाने लगेंगे और अजीब-अजीब इशारे करने लगेंगे । जापानी सेना समझ न सकेगी कि दुश्मन का मुख्य अड्डा किधर है । इधर उसके भौंचक से फायदा उठा एक छोटी टुकड़ी वेग से चढ़ दौड़ेगी और जापानी सेना के एक हिस्से का संहार कर, जब तक वह सजग हो, निकल भागेगी । पहाड़ों पर खाइयाँ और खोह बनाए गए हैं । आठवीं रूट आर्मी के पास राजमिस्त्रियों और खाई खोदनेवालों का एक जबरदस्त दल है, जो लड़ाई से दूर रह केवल निर्माण का काम किया करता है । सचमुच, इस सेना को 'चीन की रक्षक सेना' कहा जा सकता है । चीन की यह सबसे अच्छी, संगठित, तत्पर, लड़ाकू और अनुशासित सेना है ।

चीन-जापान युद्ध : साम्यवादी विश्लेषण

इस समय जापान ने चीन के प्रायः सभी प्रमुख तटीय नगरों पर कब्जा कर लिया है और वह प्रायः बढ़ता-सा भी नजर आता है। बहुत-से लोग हैं, जो इस पर खयाल करते हुए चीन की ओर से निराश हो जाते हैं। उनके लिए माओ त्से तुंग की निम्नलिखित बातचीत बड़े काम की होगी, जो उसने आज से करीब ढाई वर्ष पहले जुलाई 1936 में एक पत्रकार से की थी—जिस समय संयुक्त मोरचा तक कायम नहीं हुआ था—

"कुछ लोग समझते हैं कि ज्योंही जापान ने तटीय नगरों पर कब्जा कर लिया और बाहर से युद्ध-सामग्री ले जाने का रास्ता रोक दिया, त्योंही चीन के लिए लड़ते रहना असंभव हो जाएगा और जापान जीत जाएगा। यह बिलकुल बेवकूफी की बात है। ऐसे लोगों का ध्यान हम सिर्फ लाल सेना के इतिहास की ओर खींचना चाहते हैं। ऐसे मौके आए जब कुओ मिन् तांग की सेना हमारी सेना से दस गुनी थी और उसके पास युद्ध-सामग्री भी हमसे बहुत अधिक थी। आर्थिक दृष्टि से उसकी साधन-सम्पन्नता का क्या कहना? उसे बाहर से भरपूर सहायता भी मिलती थी। किंतु इन सब बातों के होते हुए भी क्यों लाल सेना विजय-पर-विजय प्राप्त करती रही और क्यों वह आज सिर्फ जिंदा ही नहीं है, उसकी ताकत कहीं अधिक बढ़ गई है?

"इसका कारण स्पष्ट है। लाल सेना और सोवियत सरकार ने अपनी सेना के अंदर की जनता को सुदृढ़ एकता के सूत्र में आबद्ध कर लिया था। वह चट्टान की तरह मजबूत और ठोस बन गई थी। उसका हर एक आदमी समझता था कि यह लड़ाई उसकी 'अपनी' लड़ाई है—अपने घर-बार की लड़ाई, अपने स्वार्थ की लड़ाई, अपने अधिकार की लड़ाई। दूसरी बात यह थी कि लाल सेना का जो संचालन करते थे वे योग्य व्यक्ति थे, उनमें ताकत और बलिदान की भावना थी, वे युद्धकला के जानकार थे और अपनी राजनीतिक, आर्थिक और सैनिक स्थिति को भलीभाँति समझते थे। लाल सेना की जिंदगी चंद राइफलों से शुरू हुई, किंतु शुरू से ही वह सफेद सेना को हराती रही। क्यों? क्योंकि, वह जनता की चीज थी, सफेद सेना में भी उसके हिमायती थे और सरकारी अफसर भी उसकी निःस्वार्थ नीति से प्रभावित थे। हमारे दुश्मनों की सैनिक शक्ति असीम थी, किंतु, राजनीतिक दृष्टि से वे विशृंखल थे।

"जापान-विरोधी युद्ध छिड़ने पर चीन की संयुक्त सेना को लाल सेना से भी अधिक सहूलियतें होंगी। चीन एक देश नहीं, महादेश है और जब तक उसकी इंच-इंच भूमि को जीत नहीं लिया जाए, तब तक चीन को जीता हुआ नहीं कहा जा सकता। अगर जापान ने चीन के एक बड़े हिस्से को भी जीत लिया—मान लीजिए, उसने दस करोड़ या बीस करोड़ की आबादी पर भी अपना राज्य जमा लिया, तो भी उसकी विजय पूरी नहीं कही जाएगी। उस समय भी हमारे पास काफी बड़ी ताकत होगी और हमारे दुश्मनों को बहुत बड़े और फैले हुए मोरचों पर हमसे लगातार लड़ते ही रहना पड़ेगा।

"सवाल उठाया जा सकता है, हमारे पास युद्ध-सामग्री कहाँ से आवेगी? सो, जापान हमारे उन कारखानों और शस्त्रागारों पर कब्जा कर नहीं सकता, जो देश के बहुत भीतर, बिलकुल सुरक्षित स्थानों में स्थापित हैं। उनसे ही इतने अस्त्र-शस्त्र हम तैयार कर सकेंगे कि हम वर्षों तक लड़ते रहें। फिर जापान हमें उसके हाथों से ही अस्त्र-शस्त्र छीनने से कैसे रोक सकेगा? हमारी लाल सेना तो नौ वर्षों तक कुओ मिन् तांग से छीने गए अस्त्र-शस्त्रों पर ही, मुख्यतः निर्भर रही—हमारे दुश्मन ही हमारे 'शस्त्रवाहक' साबित हुए! जिस समय समूचा चीन जापान के खिलाफ एक होकर खड़ा होगा, उस समय इसकी संभावना कितनी अधिक हो जाएगी, जरा कल्पना कीजिए।

"यह ठीक है कि आर्थिक दृष्टि से अभी चीन में एकसूत्रता नहीं है। किंतु चीन की अविकसित आर्थिक स्थिति भी जापान-विरोधी युद्ध के लिए एक वरदान ही सिद्ध होगी। क्योंकि शांघाई को चीन से छीन लेने पर भी चीन की वह दयनीय स्थिति नहीं हो जाएगी, जो न्यूयार्क के छीन लेने से अमेरिका की हो जा सकती है। फिर जापान कितना बड़ा घेरा डालेगा? वह हमारे उत्तर-पश्चिम, दक्षिण-पश्चिम और पश्चिम में तो कुछ कर नहीं

सकेगा। आखिर जापान की श्रेष्ठता तो समुद्र में ही है !

"एक बात और भी ध्यान में रखना है। जापान की जनता भी इतनी बड़ी लड़ाई का बोझ अधिक दिनों तक बरदाश्त नहीं करेगी। ज्योंही चीन ने दो-तीन अच्छी 'पटक' जापान को दीं, उसे जरा गहरे हराया कि जापान की शोषित जनता कंधा फड़फड़ाकर खड़ी होगी और तब जापान हमसे लड़ेगा कि घर सँभालेगा? जापान में क्रांति होना अनिवार्य है ! फिर, आउटर मंगोलिया और रूस—हमारे ये दो पड़ोसी राष्ट्र अलग खड़े कब तक तमाशा देखते रहेंगे? रूस अपने को ज्यादा दिनों तक अलग नहीं रख सकेगा। क्योंकि चीन पर कब्जा होने से तो जापान को एक ऐसी भूमि मिल जाएगी जिस पर पैर जमाकर वह रूस के छक्के छुड़ा दे। रूस ऐसी गलती कभी नहीं होने देगा। इंगलैंड और अमेरिका भी चीन के अपने स्वार्थों को जापान के हाथ में सौंप अपने पैर में कुल्हाड़ी नहीं मारेंगे।

"इस लड़ाई में हमारी युद्धकला क्या होगी—यह भी विचारणीय है। हम उसी नीति का अवलंबन करेंगे, जिसका लाल सेना करती रही है। एक विस्तृत, परिवर्तनशील और असीम मोरचे पर लुक-छिपकर लड़ना—कभी पीछे हटना, कभी आगे बढ़ना; कभी निकल भागना, कभी जबरदस्त धावे करना—यही नीति हम अख्तियार करेंगे। एक जगह जमकर बड़े पैमाने पर लड़ना—खाइयाँ खोदना, घेरे बनाना, मजबूत किले बनाना, यह गलती हम नहीं करेंगे। किंतु इसका मतलब यह भी नहीं होगा कि हम मोरचे की महत्त्वपूर्ण जगहों को यों ही हाथ से निकल जाने देंगे। ऐसी जगहों पर हम जमकर लड़ेंगे भी—किंतु ऐसा लड़ना हमारी तात्कालिक युद्धकला होगी, स्थायी युद्धकला तो हमारी वही लुक-छिप की लड़ाई होगी।

"भौगोलिक दृष्टि से युद्ध का रंगमंच कुछ इतना विस्तृत होगा कि हम इस पद्धति से बहुत बड़े फायदे में रहेंगे। जब कि जापानी सेना सोच-समझकर, रुक-रुककर, भारी युद्ध-सामग्रियों के साथ धीरे-धीरे आगे बढ़ेगी, हम इधर-उधर दौड़ते-से उसे तबाह और बरबाद करेंगे। जमकर लड़ना या किसी प्रमुख स्थान की रक्षा में अपनी ताकत बिलकुल बरबाद करना, तो उस सहूलियत को ठुकराना है जो हमारे देश की भौगोलिक स्थिति हमें देना चाहेगी। अबीसीनिया में जो गलती की गई, हमें उसे दुहराना नहीं है। किसी निर्णयात्मक महान युद्ध की भूल-भुलैया में हम लड़ाई के प्रारंभ में नहीं पड़ेंगे। हमारा काम होगा धीरे-धीरे दुश्मन को थकाना, उसकी युद्ध भावना तो तोड़ना, उसकी लड़ाई की योग्यताओं को खत्म करना।

"बेचारे अबीसीनियावाले दो गलतियों के शिकार हुए। एक तो उनमें कमजोरियाँ रहीं, दूसरे वे एक जगह मोरचा बाँधकर डट गए और यों अपने हत्यारे दुश्मनों को बम गिराने, जहरीली गैस छोड़ने और दूसरे उत्कृष्ट युद्ध-साधनों का प्रयोग करने का मौका दे दिया। वे कहीं के नहीं रहे।

"फिर हम बाजाब्ता सेना पर ही निर्भर नहीं रहेंगे। हम अपने किसानों के अंदर से स्वयंसेना बनाएँगे, गोरिल्ला सैनिकों की सृष्टि करेंगे। हम उन्हें शिक्षित करेंगे, राजनीतिक और सैनिक, दोनों शिक्षा देंगे। वे हमारे तत्त्वावधान में कमाल दिखलाएँगे। किसानों की स्वयंसेना कैसा कमाल कर सकती है, इसका सुबूत इस गृहयुद्ध में ही नहीं मिला है, मंचूरिया में जापानियों को भी उसकी एक झलक मिल चुकी है। हमारी यह स्वयंसेना दुश्मनों को चौबीसों घंटे तंग करती रहेगी—उन्हें उलझाकर मार डालेगी।

"यह याद रखना है कि यह लड़ाई चीन में होगी, इसका मतलब यह कि दुश्मनों को चौबीसों घंटे हमारे घेरे के अंदर रहना पड़ेगा—उनके चारों ओर एक ऐसी जमात रहेगी जो मौका आते ही उन्हें निगल जाना चाहेगी। उन्हें एक जगह से दूसरी जगह बहुत ही सावधानी से जाना पड़ेगा। अपने कैम्प, अपनी रसद, अपने रास्ते—सबकी रक्षा में दिन-रात चौकस रहना पड़ेगा। इन सबके साथ ही मंचूरिया और जापान में भी उन्हें अपने आधारों की रक्षा करनी पड़ेगी।

"ज्यों-ज्यों लड़ाई के दिन कटते जाएँगे, हम उनसे अस्त्र-शस्त्र छीनकर अपने को ज्यादा-से-ज्यादा सशस्त्र करते जाएँगे। एक समय ऐसा भी आवेगा कि हम उनसे जमकर लड़ाई ले सकेंगे, हम खाइयाँ खोदें, किले बनावें। लड़ाई करते-करते हमारी फौज भी युद्धकला में निपुण होती जाएगी। विदेशी मदद को भी हम बंद नहीं

कर सकते। ज्यादा दिन तक लड़ाई चलने पर, जापान के लिए उसका खर्च बरदाश्त करना मुश्किल पड़ जाएगा—उसकी अर्थनीति ताश के घर की तरह ढह पड़ेगी ! लड़ते-लड़ते उसकी फौज भी ऊब उठेगी—जिस लड़ाइ की कोई हद तक नहीं हो, उसमें कहाँ तक कोई जान खपाता रहेगा? किंतु चीन की जनसंख्या इतनी अधिक है कि हमें नए-नए लड़ाके सदा मिलते जाएँगे। जिन जापानी सैनिकों को हम पकड़ेंगे, उनके साथ हमारा अच्छा सलूक होगा। हम उन्हें बतावेंगे कि भाइयो, आप भी गरीब के ही लड़के हो। इन फ़ासिस्टों के फेर में क्यों पड़े हो? आओ, मिलकर हम एक मुट्ठी तानाशाहों का सामना करें।

"ये और दूसरी हालतें वह सूरत पैदा करेंगी, जब कि हम जापान के किले और मोरचे पर आखिरी धावा करें और जापान को अपने देश से भगाकर ही दम लें। जापानी जहाज चीन की चट्टान पर आकर टूटेगा ही—यह निश्चय है। निश्चय है ! निश्चय है !"

एवमस्तु—हम भारतीयों की भी यही आकांक्षा है !

युद्ध-गीत

लाल रंगमंच के अभिनेता निम्नलिखित युद्ध-गीत अभिनय के साथ गाते और चीनी जनता और सैनिकों को जापान से लड़ने के लिए उत्तेजित करते हैं।

(जनता का झुंड गा रहा है)

भाइयो, आधा ग्रीष्म बीत चुका, घड़ियों में अब गरमी है,
और उत्तर में खेत की कटनी चल रही है।
आह री हमारी वह जिंदगी ! सूर्य-रश्मियों में चमकते वे अन्न के दाने,
गाँव के कुत्ते दूर पर झगड़ते और भूँकते।
किंतु कुत्ते अब चुप हैं—युद्ध के अवशिष्टों की अँतड़ियों से अघाकर।

(कुदाल चलाते हुए किसान)

ग्रीष्म की इस चमचमाती दुपहरी में भी गाँव में सन्नाटा है।
काले-काले खलिहानों में फसल इकट्ठी की गई है,
राख की फसल;
मृत्यु के फल असीम सड़कों पर बिखरे पड़े हैं।

(शरणार्थी)

हम गृहहीन हैं, जापान मंचूरिया के सीने पर खड़ा है।
आदमी के मुँह बंद हैं, सिर्फ बंदूकें बोलती हैं,
जहाँ कुछ आवाज उठी, हजारों किसान मौत के मुँह में।
चीख और आँसुओं से हम दुश्मन के गुण गाते हैं;
ये जापानी—मुँह आदमी का, काम राक्षस का !

(नहर के उस पार आग धधक रही है)

भाइयो, जब हम भागे, धुएँ से हवा जहरीली हो रही थी,
परिवार छिन्न-भिन्न, बच्चों का कोई पुछैया नहीं,
गृहहीन जनता सूखी पत्तियों-सी इधर-उधर फिर रही,
और बच्चे तिनके-से बर्फीले झरनों पर बह रहे।

(कारखानों में लड़कियाँ)

हमने सुना, बहुत से लोग जापानी कारखानों में कैद हैं।
कहाँ हो, ओ री हमारी छोटी बहनो, कहाँ हो ?

(गंजे सिर के बच्चे। रिक्शा की आखिरी छोर। लड़के कुंदों को खींच रहे। प्रार्थना के सुर में)

पूरे परिवार दासता की जंजीरों में जकड़े।
भूख का चाबुक उन्हें आगे बढ़ा रहा—भूख जिसने उनकी हड्डियाँ निकाल रखी हैं।
भाइयो, तनकर खड़े हो, क्या सिर झुकाए हो ?
तुम झुकते हो, इसीलिए जापानी तुम्हारी पीठ पर चढ़ बैठते हैं।
खड़ा हो, देखो, आसमान में सिंह गरज रहा है;
गरज रहा है, मँडला रहा है।

ऊपर देखो, मैं अब हथियारबंद हूँ ।
मेरे हाथ राइफलों से दोस्ती कर रहे हैं ।
ऊपर देखो, भाइयो-बहनो !
मैं वायुयानों पर चढ़कर तुम्हारी रक्षा को आ रहा हूँ ।

लाल रूस

[1941 ई.]

[आयोजित अर्थनीति से महामानवता की ओर]

प्रिय साथी
श्री जयप्रकाश नारायण को

कैफियत !

रूस पर हिंदी में एक नई किताब लिखने के लिए मेरा खयाल है, कोई कैफियत देने की ज़रूरत नहां।

हिंदी में एक ऐसी किताब की ज़रूरत थी, जो उसके व्यक्तियों की चकाचौंध में या उसके राजनीतिक ढाँचे के उलझन में नहीं पड़कर, सीधे-सादे शब्दों में यह बताए कि इन पच्चीस वर्षों में रूस ने अपने समृद्धि और संस्कृति की वृद्धि के लिए क्या किया और उसमें उसे कहाँ तक सफलता मिली।

क्योंकि अगर दुनिया में साम्यवाद कायम होना है, तो उसे सिर्फ़ यही बताना नहीं है कि उसके प्रभाव में आकर किस तरह बड़े-बड़े चमत्कारी व्यक्तित्व बनते हैं या किस तरह का एक अभूतपूर्व राजनीतिक ढाँचा वह क़ायम कर सकता है; बल्कि उसे संसार की जनता के सामने एक मूर्त उदाहरण रखकर बताना है कि उसके अंदर की जनता की आर्थिक समस्या का कैसे हल किया जा सकता है और उस समस्या के हल के साथ-ही-साथ उसके सांस्कृतिक जीवन का किस तरह विकास होता जाता है।

जितना ही अधिक परिमाण में, जितनी ही अधिक सफाई और सुघराई से वह यह काम कर पाएगा, उतनी ही जनता उसके नज़दीक आप-से-आप खिंचती जाएगी, उसे अपनाएगी और अंततः अनगनित क़ुर्बानियाँ देकर भी उसकी स्थापना करके दम लेगी।

मेरी यह छोटी सी पुस्तक मुख्यतः इसी उद्देश्य को सामने रखकर लिखी गई है और मुझे आशा है, इसके पढ़ने के बाद रूस की पृष्ठभूमि पर जो महान साम्यवादी प्रयोग हो रहा है उसकी ओर हिंदी भाषी जनता अधिकाधिक आकृष्ट होगी और यह सोचने को बाध्य होगी कि वह अपने देश में भी कुछ ऐसी चीज़ बनाने का सपना देख सकती है या नहीं।

× × ×

दुनिया में सबसे सड़ी-गली शासन प्रणाली, ज़ारशाही के अंदर बुरी तरह पिसे हुए संसार के इस छठे हिस्से में चौथाई सदी से जो प्रयोग हो रहा है, निस्संदेह मानवता के इतिहास में वह बिलकुल ही नया है। प्रयोग की इस नवीनता के कारण जहाँ संसार का ध्यान उस ओर लगा है, वहाँ संसार के शोषित वर्ग उसकी ओर बड़ी ही उत्सुक नज़रों से देख रहे हैं, क्योंकि इस विपुल प्रयोग की सफलता पर ही उनका भविष्य भी निर्भर कर रहा है।

जैसा कि स्वाभाविक है, इस नए प्रयोग में त्रुटियाँ भी रही हैं। प्रयोग के सिलसिले में ऐसी घटनाएँ भी हुई हैं, जिनसे इस प्रयोग के दोस्तों के दिल पर चोट पहुँची है। वे त्रुटियाँ, वे घटनाएँ न हो पातीं तो अच्छी बात होती ! किंतु जो लोग उन त्रुटियों और घटनाओं पर ही ज़ोर देकर इस महान प्रयोग की ही दिल्लगी उड़ाते या निंदा करते हैं, मेरे खयाल से वे न तो लाल रूस के साथ न्याय करते हैं, न अपने साथ। आखिर अपने को धोखे में रखना भी तो अपने साथ अन्याय ही करना है।

अनेक त्रुटियों के बावजूद, लाल रूस ने आर्थिक और सामाजिक क्षेत्रों में जो उन्नति की है, वह ज़ारशाही रूस को नजर में रखते हुए संसार की एक आश्चर्यजनक घटना है। संसार के अंधकार-से-अंधकार प्रदेशों में जीवन और ज्ञान की किरणें फैलाकर, संसार की पिछड़ी-से-पिछड़ी जातियों में जागरण और संघटन की भावना भरकर, लाल रूस ने ऐसा आदर्श संसार के सामने रखा है, जिसे भुलाया नहीं जा सकता ! अठारह करोड़ मानवों को, जिनमें आदिम अवस्था के जंगली लोगों से लेकर उच्चतम सभ्यता के उपासक भी सम्मिलित हैं, एक नई, बिलकुल नई, सभ्यता के साँचे में ढालना कोई हँसी-खेल नहीं। लाल रूस को इस असाध्य साधन में कमाल हासिल है, इसे स्वीकार न करना, सत्य से आँख मूँदना है।

× × ×

जिस समय नात्सी जर्मनी की दुर्द्धर्ष सेना लाल रूस पर टूटी, लोगों ने कहना शुरू किया, अब लाल रूस गया।

लाल रूस के हिमायती लोगों के कलेजे बैठ रहे थे; उनके दुश्मनों की बाँछे खिल रही थीं। उस समय मैंने लिखा—'रूस अजेय है' तब बहुत से दोस्तों ने कहा—'बेनीपुरीजी आप जिंदगी भर सपने ही देखते रह गए ! अजी आपका लाल रूस गया—जैसा कि हिटलर ने कहा है छः हफ्ते में इसका नामोनिशान नहीं रहेगा। ऐसी बातों पर मुझे हँसी आती थी, क्योंकि मैं जानता था यह रूस संबंधी अज्ञान का नतीजा है।

छः हफ्ते की क्या बात—यह आठवाँ महीना जा रहा है और आज भी रूस अजेय है। नहीं, आज वह विजय की ओर है और मेरा दावा है, नात्सीवाद की कब्र लाल रूस साबित होकर रहेगा।

हिटलर की जो सेना समूचे यूरोप में कहीं रुकी तक नहीं, जिसने तीन सप्ताह के अंदर-अंदर फ्रांस तक को पराजित कर दिया, उसी सेना के पैर आज पीछे भागने में भी नहीं रुक रहे हैं ! क्यों ? इसका जवाब इस छोटी सी पुस्तक के पन्ने-पन्ने में आप पावेंगे !

लाल रूस सिर्फ लाल फौज पर नहीं टिका हुआ है, एक नई सभ्यता ने वहाँ एक ऐसी जनता पैदा कर दी है, जिसकी नस-नस में ताज़ा गरम लाल खून प्रवाहित है। उस जनता को कोई जीत नहीं सकता। फौजी चढ़ाव-उतार तो हो सकते हैं, लेनिनग्राद और मास्को का क्षणिक पतन भी संभव है, किंतु लाल रूस को कोई जीत नहीं सकता। जिनके दिमागों में एक नई सुनहरी दुनिया का खाका है, जिनके दिलों में उस नई दुनिया के लिए उद्वेलित भावना है और जिनकी भुजाओं में उस नई दुनिया का बसाने और बचाने की ताकत है, ऐसे अठारह करोड़ मानवों को कोई क्या खाकर जीत सकता है ?

× × ×

यह पुस्तक मैंने हजारीबाग़ सेंट्रल जेल में लिखी। 7 नवंबर, 1940 को रूसी क्रांति दिवस को लिखना शुरू किया और 31 दिसंबर को समाप्त किया। कैंटरबरी के डीन की 'सोशलिस्ट सिक्सथ ऑफ द वर्ल्ड' को ही मुख्य आधार लेकर यह पुस्तक लिखी गई है। वेब दंपती की 'सोवियत कम्युनिज्म' से भी जहाँ-तहाँ मदद ली गई है।

'लाल चीन' की तरह इस 'लाल रूस' के लिखने में भी मेरे प्रमुख प्रेरक रहे हैं साथी श्री जयप्रकाश नारायणजी। साथी जयप्रकाश ऐसा अच्छा साथी मिलना क्या कम सौभाग्य की बात है ? हिंदुस्तान में, गांधीजी के शब्दों में, साम्यवाद के अन्यतम आचार्य ! किंतु इतना ही नहीं, हिंदुस्तान में साम्यवाद की स्थापना के लिए एक सही रास्ता निकालनेवाला और उस पर लाखों-करोड़ों को चलानेवाला—नेता जयप्रकाश ! कांग्रेस सोशलिस्ट पार्टी का जन्मदाता जयप्रकाश ! हिंदुस्तान के किसान-मजदूर आंदोलन को नई दिशा देनेवाला जयप्रकाश !

किंतु इन सबसे बढ़कर हैं—'वह साथी जयप्रकाश !' जयप्रकाश कैसे अच्छे साथी हैं, उन सबसे पूछिए, उनके विपक्षी और प्रतिपक्षी से भी, जो उनके साथ काम कर चुके हैं। वे सब कहेंगे, एक स्वर में कहेंगे, बेशक जयप्रकाश के अच्छे साथी होने में क्या शक है ! और जिन्होंने उनके साथ जेल जीवन बिताया है, वे तो उन्हें किसी हालत में भी भूल नहीं सकते।

1937 और 1940–दो बार मुझे उनके साथ जेल में रहने का मौका मिला है। खासकर, इन्हीं दो जेल जीवनों की मधुर स्मृति के उपलक्ष्य में मैंने यह पुस्तक उन्हें ही अर्पित की हैं। आज भी वह जेल के सींखचों के अंदर बंद हैं और मेरा भी वहाँ जाने के लिए बिस्तरा बँध चुका है। अतः उनसे बढ़कर इसके अर्पण का अधिकारी इस समय और कौन हो सकता !

अंत में इस कागज की महँगी के जमाने में भी इसे तुरत प्रकाशित करने के लिए नागरी प्रेस के संचालक भाई गणेश पांडेयजी को धन्यवाद !

श्रीद्वारिका सिंह पुस्तकालय,
बेनीपुर

—श्रीरामवृक्ष बेनीपुरी
1-2-42

आयोजित अर्थनीति

आयोजित अर्थनीति की व्याख्या, मोटे तौर से, बहुत ही सीधी-सादी है। आयोजित अर्थनीति पैदावार की वह प्रणाली है जिसमें खपत की सामग्रियाँ और उन्हें पैदा करनेवाली मशीनें कुछ लोगों के फायदे या स्वार्थ-साधन के लिए नहीं होतीं, बल्कि वे सबके लिए होती हैं, सबको शोषण से मुक्ति दिलाती हैं, सबको काम, आराम, शिक्षा और सुरक्षा का समान अवसर देती हैं। लेकिन व्याख्या सीधी-सादी होने पर भी उसे काम में लाना, मानव-उद्योग के विस्तृत क्षेत्र में, सबसे अधिक उलझनपूर्ण कार्य है।

क्रांति में सफल होते ही सबसे पहला ध्यान रूसी नेताओं का इस ओर गया। यह स्वाभाविक था। उनका ध्येय था एक वर्गविहीन समाज कायम करना। वर्गविहीन समाज का महत्त्वपूर्ण पक्ष यह है कि कोई किसी की मेहनत का उपयोग अपने को धनी बनाने के लिए नहीं कर सके और सबकी सामाजिक आवश्यकताओं की पूर्ति समानतापूर्वक की जाए। लेकिन यह समानता अंधी समानता नहीं हो सकती, सामाजिक विकास की लंबी मंजिल तय करने पर ही यह संभव है। अतः प्रारंभ में जो एक समाजवादी राज्य कर सकता है वह इतना ही कि वह सबके लिए काम का इंतजाम करे और उस सामूहिक परिश्रम के फलस्वरूप जो सामाजिक उत्पादन हो, उसमें सबको हिस्सा दे।

जब सबकी आवश्यकताओं पर ध्यान देना है, तो इसका स्वाभाविक फल यह होता है कि उत्पादन और वितरण उन आवश्यकताओं के अनुसार ही किए जाएँ। यदि लोगों के लिए जूतों की जरूरत है, तो मोजों पर क्यों मेहनत बरबाद की जाए? उत्पादन का नियंत्रण, ऐसी हालत में, उत्पादकों की मरजी पर नही छोड़ा जा सकता। यही कारण है कि उत्पान के साधनों को व्यक्ति के हाथ से छीनकर संपूर्ण समाज के हाथ में देना लाजिमी हो जाता है।

एक शब्द में, उत्पादन में उत्पादकों के स्वार्थ को ही सबसे पहले और आगे नहीं रखा जा सकता, बल्कि उपयोग करनेवालों की जरूरतों पर सबसे अधिक और सबसे पहले ध्यान देना है। आयोजित अर्थनीति में उपयोग करनेवालों की जरूरतों की धुरी पर ही समूचा उद्योग चक्कर देता है। उपयोग करनेवालों से सलाह-मशविरा करना होगा, उनकी जरूरतों की छानबीन करना और निश्चय पर पहुँचना होगा। उन जरूरतों में भी फर्क होंगे—कोई जरूरत ज्यादा अहम होगी और तुरत उसे पूरा करना होगा; कुछ जरूरतों को देर से पूरी किए जाने पर भी काम चल जा सकता है। यों, अलग-अलग जरूरतों की उनकी प्रमुखता और आवश्यकता के मुताबिक क्रमिक सूची तैयार करनी होगी।

जब इस तरह छानबीन करके यह पता पा लिया गया कि किस चीज की, कितनी तायदाद और कितने समय में जरूरत है, तब उत्पादकों को इसकी सूचना दी जा सकेगी कि कौन सी सामग्री किस परिमाण में वे तैयार करें। कारखानों में काम करनेवाले मजदूरों और खेतों में काम करनेवाले किसानों को यह भली भाँति ज्ञात होगा कि उन्हें कौन सी चीज़ कहाँ और कब पैदा करनी होगी। इस इंतजाम में पैदावारों की अधिकता या कमी की गुंजाइश ही नहीं रह सकती। न कहीं अकाल हो सकता है, न कहीं फटेहाली हो सकती है। बेरोजगारी का तो सवाल ही हल।

इस प्रकार की आयोजित अर्थनीति का कितना महत्त्व है, यह इससे ही सिद्ध होता है कि 7 नवंबर, 1917 को रूस में क्रांति हुई और उसके एक महीने के भीतर-ही-भीतर, वहाँ की क्रांतिकारी सरकार ने लेनिन के महान नेतृत्व में, 5 दिसंबर को एक समिति 'सार्वजनिक अर्थनीति की सर्वोच्च परिषद्' नाम से इस काम के लिए नियुक्त की जो देश के लिए एक ऐसी आर्थिक योजना तैयार करे जिसकी पहली और आखिरी नज़र उपयोग करनेवालों की जरूरतों पर ही केंद्रित हो। इन उपयोग करनेवालों में चाहे सेना को लिया जाए, जिसे युद्ध सामग्री

चाहिए; चाहे उद्योग-धंधों को लिया जाए, जिसके लिए मशीनें और कच्चे माल चाहिए; खेती को लिया जाए, जिसे हल और ट्रैक्टर चाहिए; या आदमी को लिया जाए, जिसे रोटी, कपड़े और किताबें चाहिए।

समिति तो बनी, उसका काम भी शुरू हुआ, लेकिन क्रांति के बाद ही जो सर्वनाशी गृहयुद्ध प्रारंभ हुआ और पूँजीवादी देशों ने इस प्रथम साम्यवादी राज्य को बचपन में ही कुचल और मसल देने के लिए जो षड्यंत्र रचे, उनके दरम्यान ऐसे रचनात्मक कार्य का सिलसिलेवार ढंग से किया जाना सर्वथा असंभव था। क्रांतिकारी सेनाएँ सात मोरचों पर घमासान युद्ध कर रही थीं। यही नहीं, हर कारखाना, गली, खेत और गाँव एक-एक मोरचा बन रहा था; जहाँ क्रांति विरोधी ताकतें सब किए-कराए को चौपट और बंटाढार करने पर तुली थीं। उद्योग-धंधे नष्ट हो रहे थे, बड़ी-बड़ी औद्योगिक मशीनें नष्ट-भ्रष्ट कर दी गई थीं। खेत-के-खेत वीरान पड़े थे। जिनका ध्यान देश के निर्माण-कार्य में लगता, वे दिन-रात एक कर क्रांति की रक्षा कर रहे थे; इस दुधमुँही साम्यवादी सरकार को बचाने में एड़ी-चोटी का पसीना एक कर रहे थे। समूची चीजें एक कच्चे धागे में लटकती नज़र आती थीं। लेकिन यह उनकी दूरदर्शिता थी कि इस हालत में भी वे इसे भूले कभी नहीं; क्योंकि वे अच्छी तरह जानते थे कि वे अपने इस स्वप्न को सिर्फ तलवार के जोर से नहीं बचा सकते—साम्यवादी राज्य तभी ज़िंदा रह सकता है, जब वह अपने को जनता के स्वार्थों और उनकी जरूरतों के साथ लीन कर दे। इस बारे में रूसी क्रांति के पिता लेनिन की बिजली संबंधी उस बात का उल्लेख करना ही काफी है, जिसकी पूँजीवादी विद्वान उसकी खप्त कहकर दिल्लगी उड़ाते थे। लेनिन की दूरदर्शी आँखों ने यह बहुत पहले ही देख लिया था कि आनेवाला युग बिजली का युग है, यही वह शक्ति है जो मानवता को कठिन परिश्रम से त्राण देगी, जिंदगी इसी के गर्भ से पैदा होगी। फलतः, क्रांति के सफल होते ही उसने सबसे पहले निकट के एक गाँव में बिजली लगाने का इंतजाम किया और इस भीषण गृहयुद्ध के जमाने मे भी वह हर मौके पर बिजली के प्रचार और प्रसार पर जोर देता रहा।

चार वर्षों के बाद जब गृहयुद्ध समाप्त हुआ, क्रांति के नेताओं का ध्यान निर्माण कार्य की ओर मुड़ा। 1921 में लेनिन की इच्छानुसार एक खास कमीशन इस काम के लिए मुकर्रर किया गया कि समूचे रूस में बिजली लगाने की योजना तैयार करे और उसी के साथ एक कमीशन इसके लिए भी कायम किया गया कि वह देश के पूरे आर्थिक जीवन को निश्चित ढर्रे पर चलाने के लिए एक आर्थिक योजना तैयार करे। 1921, 1922 और 1923 में कई हुक्मनामे निकालकर इस योजना को आगे बढ़ाया गया, जो राजकीय निर्माण समिति 'गोस्प्लैन' के नाम से आज संसार में प्रसिद्ध है। 'गोस्प्लैन' ने कई वर्षों के बाद एक पंचवर्षीय योजना तैयार की, जो 1928 से चालू की गई। अफसोस यही कि संयोजित अर्थनीति के पिता लेनिन इस योजना को काम में आते या सफल होते नहीं देख सके। हाँ, दुनिया रूस पर तरह-तरह का आक्षेप करते हुए भी इस योजना के निकट सिर झुका चुकी है, जो निस्संदेह लेनिन की प्रतिभा का अभिनंदन है।

× × ×

रूस की राजधानी मास्को में इमारतों का एक सिलसिला है, जिसमें उस संस्था का केंद्र है, जो अपनी विशालता और प्रमुखता में संसार में सानी नहीं रखती। इससे निकली हुई किरणें बढ़ती जाती हैं; बढ़ती जाती हैं, जब तक वे संसार के छठे हिस्से के कोने-कोने को आलोकित और उद्भासित नहीं कर देती। अफगानिस्तान से उत्तरी ध्रुव और प्रशांत सागर से पोलैंड तक फैले हुए इस विस्तृत भूभाग का एक भी कारखाना, एक भी खेत, एक भी स्कूल, एक भी थियेटर, एक भी कचहरी, एक भी अस्पताल या एक भी सैनिक छावनी नहीं है, जो उस संस्था के प्रभाव क्षेत्र से अलग हो। संसार की जनसंख्या के बारहवें हिस्से का भाग्य जिसके साथ बँधा हुआ है, वैसे इस विशाल राज्य की हर संस्था के लिए यह क़ानूनी लाजिमी है कि वह अपनी मौजूदा और आगे की जरूरतों और कार्रवाइयों का पूरा विवरण और आँकड़ा उस महान् संस्था के पास भेजे।

रोज-रोज, घंटे-घंटे, वहाँ ऐसे विवरणों और आँकड़ों का ताँता लगा रहता है। वहाँ आँकड़ों के विशेषज्ञों और वैज्ञानिक प्रयोगकर्ताओं की इतनी बड़ी शिक्षित फौज है, जिनका मुकाबला संसार की कोई संस्था नहीं कर सकती। उन विशेषज्ञों और प्रयोगकर्ताओं की मदद के लिए हजारों सहकारी और किरानी हैं। वे बाहर से आईं

इन रिपोर्टों को पढ़ते हैं, उन्हें अलग-अलग करते हैं, उनकी छानबीन होती है और अंत में उनके आधार पर आगे की कार्रवाई का निर्णय होता है।

यह विशाल कार्यालय लाल फीते और बाबूगिरी के मर्ज से मुबतिला एक ऐसा कार्यालय नहीं है, जहाँ मुर्दनी छाई रहती है, जहाँ हमेशा ठंडक बनी रहती है, जहाँ विज्ञान हृदयहीनता की सीमा तक पहुँच जाता है। इस कार्यालय पर औरत-मर्द, लड़कियाँ-लड़के सबका भाग्य निर्भर है। सोवियत यूनियन के हर औरत और हर मर्द का स्थान वहाँ के कागजों पर अंकित है। अगर वह शरीर से स्वस्थ और काम करने के योग्य है तो उसका नाम एक अलग सूची में हैं। अगर वह बीमार है, बूढ़ा है, बच्चा है, घरेलू कामों में लगा है, अध्ययन कर रहा है, फौज में भरती है, तो उसका नाम दूसरी सूचियों में है। इस तरह वहाँ जो विशेषज्ञ हैं, उन्हें इस बात का पक्का पता है कि देश भर में कितने ऐसे लोग हैं, जिन पर उत्पादन या दूसरी सेवाओं के लिए निर्भर रहा जा सकता है।

फिर इस बात के आँकड़े भी वहाँ सही-सही एकत्र हैं कि इन लोगों के भोजन, वस्त्र, घर, शिक्षा, स्वास्थ्य और आराम के लिए क्या-क्या चीजें किस परिमाण में चाहिए। साथ ही इनकी सामूहिक रक्षा और उन्नति के लिए कितनी युद्ध सामग्री, रेलवे और मशीनें वगैरह चहिए, इसके भी आँकड़े वहाँ इकट्ठे होते रहते हैं।

खेत और कारखाने चाहे वे छोटे पैमाने पर होते हों या बड़े पैमाने पर; चाहे उनका महत्त्व स्थानीय हो या केन्द्रीय; तथा शिक्षा और संस्कृति की सभी छोटी-बड़ी संस्थाएँ न सिर्फ अपने पिछले वर्षों की सफलता के ब्योरे और चालू वर्ष की उम्मीदों के आँकड़े भेजती हैं, बल्कि उन्हें यह भी बताना पड़ता है कि उन्हें कितने आदमियों की जरूरत है, कितने उन्हें सामान चाहिए, सामान पहुँचाने के लिए क्या इंतजाम हो, वे आर्थिक दृष्टि से स्वावलंबी हैं या उन्हें कर्ज चाहिए। इस तरह के तख़मीने वहाँ जमा होते रहते हैं, जिनसे यह तुरत पता लग सकता है कि लोगों के खाने, पीने और दूसरे इस्तेमालों के लिए कितनी चीजें दी जा रही हैं और कितनी चीजें और दी जानी चाहिए। साथ-ही-साथ यह भी साफ पता चल जाता है कि यदि राज्य भर के सभी कारखाने और खेत पूरी ताकत से उत्पादन करें तो वे ज्यादा-से-ज्यादा कितना पैदा कर सकते हैं।

इस तरह के ब्योरों और आँकड़ों के आधार पर अगले वर्ष की योजना तैयार करना सरल हो जाता है; लेकिन राष्ट्रीय और सामाजिक हालात का परिवर्तन पूरी योजना को उथल-पुथल में डाल दे सकता है। मान लीजिए, बीच में लड़ाई छिड़ गई। तब जो ज़ोर मक्खन पैदा करने पर डाला जा सकता था, उसे कारतूस बनाने की ओर मुखातिब करना होगा या योजना में ऐसी तरकीबें लगानी होगी कि कारतूस भी पूरे पैदा किए जाएँ और मक्खन में भी कमी नहीं हो। यों ही, जहाँ एक ओर, आएदिन की जरूरतों की चीजों का पैदा किया जाना आवश्यक है; वहाँ दूसरी ओर, उन जरूरतों की पूर्ति के लिए नए-नए खेत और नए-नए कारखाने खोलना भी उतना ही आवश्यक है। किस अंश में मशीनों और ट्रैक्टर पर जोर दिया जाए और किस अंश में जूते, ग्रामोफोन, मातृगृह और विश्राम-उद्यान पर, यह भी सोचना-विचारना लाजिमी है।

अंतिम निर्णय पर पहुँचने में और भी कितनी ही उलझनें और कठिनाइयाँ हैं। एक उलझन रूस की बढ़ती हुई जनसंख्या है, जो गत अठारह वर्षों के अंदर तीन करोड़ साठ लाख बढ़ गई है, यानी बिहार से भी बड़ा एक नया प्रांत पैदा हो गया है! इस बढ़ती हुई जनसंख्या के लिए प्रसूतिगृह, स्कूल, कॉलेज ही नहीं बनाना है, उनकी जिंदगी की सभी जरूरतों को भी पूरा करना है। सबसे बढ़कर उलझनपूर्ण तो इस बात का सही अंदाज करना है कि अगले साल मजदूरों, किसानों और अन्य कार्यकर्ताओं की कार्य निपुणता में कितनी तरक्की होगी। कार्य निपुणता (technical effciency) सिर्फ अनुभव या साल-महीने पर निर्भर नहीं करती; अतः इसका अंदाज लगाना महा कठिन कार्य है।

लेकिन इस विशाल और विस्तृत इमारत के अंदर जो लोग हैं, वे कठिनाइयों से ऊबने या डरनेवाले जीव नहीं हैं। उन्हें एक नई दुनिया बसाना है, इसलिए दुनिया की कोई भी झंझट या अड़चन उन्हें घबरा या डिगा नहीं सकती। वे डटे रहते हैं, मेहनत किए जाते हैं और आखिर एक ऐसी योजना तैयार कर ही लेते हैं, जिनके आधार पर समूचे देश के आर्थिक जीवन को, एक निश्चित समय के अंदर, एक निश्चित सीमा और स्थान तक पहुँचाया

जा सके !

पर वे अपने को देवता भी नहीं मानते, जिन्हें कभी भूल न करने का दावा हो। वे मानव हैं, उनसे गलतियाँ हो सकती हैं और यदि कोई गलती हुई तो यह सारी योजना कौड़ी की तीन हो जाएगी; कितने की जिंदगी बरबाद हो जाएगी; कितने को भूखा और नंगा रहना पड़ेगा। यदि कोई बुनियादी गलती हुई तब तो महा अनर्थ—जिन सपनों को सत्य करने के लिए वे दिन-रात एक कर रहे हैं, एड़ी-चोटी का पसीना एक कर रहे हैं, उन सुनहले सपनों पर ही कहीं कालिख न पुत जाए। अतः सिर्फ अपने ही पर वे सभी जिम्मेवारी नहीं लेना चाहते। जिन्हें इस योजना से जरा भी संबंध है, उन सभी पर वे समानरूप से जिम्मेदारी देना चाहते हैं। सब सोचें, सब विचारें, निर्णय में सब हिस्सा लें, जिसमें गलती की कई गुंजाइश नहीं रहे। अतः पूरी मेहनत से योजना का एक खरीता तैयार कर वे उसे फिर उन सभी संस्थाओं के पास भेजते हैं, जिन्हें इस योजना में शामिल होना है।

और तब चक्र उलटा घूमना शुरू कर देता है। जहाँ कल तक खेतों, कारखानों, विद्यालयों आदि लाखों संस्थाओं से विवरण और आँकड़े आया करते थे, अब वहीं से उनके पास उनके ही दिए हुए विवरणों और आँकड़ों के आधार पर ध्यान देकर तैयार की गई ऐसी योजनाएँ पहुँचती हैं जिनमें स्पष्टतः उल्लेख होता है कि उन्हें निश्चित समय के अंदर क्या और कितना करना है। वे संस्थाएँ उस योजना पर ध्यान दें; उनसे जो उम्मीद की गई है उस पर सोचें; यदि वे उतना नहीं कर सकते, तो कारण सहित खबर दें, जिसमें उनकी कठिनाइयों को दूर किया जाए या ऐसा नहीं किया जा सके तो उन पर उससे कम ही बोझ देकर अतिरिक्त चीजों के लिए दूसरा उपाय सोचा जाए। यों एक बार नहीं, तीन-तीन बार केंद्रीय कार्यालय और इन संस्थाओं में विचारों और सलाहों का आदान-प्रदान होता है। तब कहीं एक अंतिम योजना तैयार होती है, जो पाँच वर्षों के लिए होती है और जो पंचवर्षीय योजना के नाम से आज संसार से मशहूर है।

× × ×

जिस समय संसार को सूचना मिली कि एक ऐसी योजना रूस में तैयार की जा रही है, उस समय कुछ दूरदर्शियों और सहृदय हितैषियों को छोड़कर, प्रायः सभी क्षेत्रों से एक स्वर से उसकी खिल्ली उड़ाई जाने लगी। वैज्ञानिकों ने, अर्थशास्त्रियों ने, कारीगरों ने, प्रोफेसरों ने—सबसे बढ़कर पूँजीवादी राजनीतिज्ञों ने, ऊँचे-से-ऊँचे स्वर में भर्त्सना और निंदा करनी शुरू की। एक ने कहा—"इस योजना से बढ़कर बेवकूफी की चीज की कल्पना हो नहीं सकती। इसका सफल होना असंभव है। उद्योग, कृषि या राजनीति का आधार ठोस होता है; आदर्शवादियों के सपने पर उसकी बुनियाद डाली नहीं जा सकती।" तो दूसरे ने स्वर ऊँचा किया—''समाज की आवश्यकताओं के आधार पर आयोजित उत्पादन करना आसमान का चाँद पकड़ना है।" तरह-तरह के तर्क पेश किए जाते—'आयोजित अर्थनीति' सिद्धांततः भले ही सही मालूम पड़े, लेकिन यथार्थता की चट्टान से टकराकर इस जहाज का डूबना निश्चित है। लेनिन ने ऐसी चेष्टा करके अपनी स्वप्नदर्शिता को ही प्रकट किया है। लेनिन या उसके साथी सिद्धांतों के पीछे पागल हैं, वे ऐसे दार्शनिक हैं जो कल्पना के मायामहल में ही पलते हैं—वे बेवकूफ हैं। उनकी व्यावहारिक अनुभवहीनता ने ही उन्हें इस तरह की ऊलजलूल सामाजिक रचना के लिए प्रोत्साहित किया है। देश से निर्वासित, घर के वनवासी, लोगों के दिमाग से ही ऐसी चीज पैदा हो····

[मूल पांडुलिपि के पृ. 25 से 58 तक उपलब्ध नहीं हुए। अब इससे आगे···· —संपादक **]**

गेहूँ उत्तर : उद्योग पूरब

देखी थी, नए-नए क्षेत्रों में नई-नई औद्योगिक फसलें पैदा की जा रही हैं।

गेहूँ की जाति में ही तरक्की नहीं हुई है, खास क्षेत्रों की खास परिस्थितियों के साँचे में भी उसे ढाला गया है। वसंत का गेहूँ उत्तर तरफ बढ़ रहा है, शरद का गेहूँ दक्षिण तरफ खिसक रहा है। उत्तरी क्षेत्रों के अधिवासी अपने भोजन के लिए दक्षिण पर निर्भर नहीं करते। ट्रैक्टर (कल के हल) जंगलों, दलदलों और बंजर जमीनों की छाती चीरकर उनसे अन्न का खिराज वसूल करते हैं। झीलों और दलदलों को सुखाकर डेनमार्क के बराबर के क्षेत्रफल की जमीन हासिल की गई है। अब मास्को का अन्न भंडार उसके दरवाजे पर ही है।

कृषि का उत्तर दिशा की ओर बढ़ना तो एक रोमांस-सा लगता है और सोवियत के कृषि विशारदों और बागवानी के आचार्यों के सामने श्रद्धा का सिर झुका देता है। जैसा कि कहा जा चुका है, उत्तरी ध्रुव के निकट की ऐसी जगहों में, जो आइसलैंड के समक्ष हैं, वहाँ की छोटी गरम ऋतु में ही गेहूँ बोया और काट लिया जाता है। तुरत बढ़नेवाली, तुरत पकनेवाली गेहूँ की यह फसल अच्छी खासी होती है। यों ही वहाँ के फलों और शाक-सब्जी के बगीचे अपनी पैदावार से दक्षिण को भी मात करते हैं!

जब से उद्योग-धंधे का विकास पूरब में होने लगा है, वहाँ की जनसंख्या खूब बढ़ रही है। नए-नए शहर बस रहे हैं। बढ़ी हुई जनसंख्या के लिए गेहूँ, गोश्त, मक्खन, सेब, गोभी, आदि के बड़े-बड़े भंडार चाहिए। फलतः खेती के अलावा नए-नए बगीचे और नई-नई चरागाहें नजर आने लगी हैं। हर क्षेत्र को अपने लिए अन्न, तरकारियाँ, दूध, मक्खन, गोश्त, फल-फूल आदि अपने ही क्षेत्र में पैदा करना चाहिए—आयोजन अर्थनीति का यह मूलमंत्र है। यह सिर्फ स्वालंबन ही नहीं देता, आमदरफ़्त की कितनी ही झंझटों से भी बचाता है।

औद्योगिक फसलों—यानी जो फसलें मुख्यतः उद्योग में ही काम आती हैं—की ओर ध्यान दिया जाता है, इसका सुबूत यह है कि आज 1913 की अपेक्षा ढाई गुने ज्यादा परिमाण में ये फसलें पैदा होती हैं। रुई, मीठा चुकंदर (जिससे चीनी बनती है) रबर और तंबाकू की बड़ी-बड़ी खेतियाँ सोवियत संघ को कपड़े, चीनी, टायर और सिगरेट से स्वावलंबी बनाती हैं।

रुई का दर्जा औद्योगिक फसलों में सर्वश्रेष्ठ है। यह मध्य एशिया का तो उजला सोना है। इस रुई ने ही ज़ारशाही के जुए को मध्य एशिया के कंधे पर रखा। ज़ारशाही ने मध्य एशिया को गुलाम तो बनाया, लेकिन वह उसका पूरा उपयोग नहीं कर सकी। उसके जमाने में आधी रुई बाहर से आती थी। लेकिन अब रुई की एक पूनी भी बाहर से आने की जरूरत नहीं रह गई है, यद्यपि लोगों के रहन-सहन में वृद्धि हो जाने के कारण तब की अपेक्षा कई गुने ज्यादा कपड़े लोग इस्तेमाल में लाते हैं।

विज्ञान की मदद से रुई की खेती में आमूल परिवर्तन कर दिया गया है! सिंचाई के नए इंतजाम हुए हैं। कुएँ में रहट डालकर ऊँट के टख-टख के साथ बड़ी मुश्किल से पानी निकालने की जगह अब कल के पंप लगे हैं, जिनसे चाहे जितना पानी निकालिए, मिट्टी के पनालों की जगह अब कंकरीट की बनी पक्की नहरें बन गई हैं। चुन-चुनकर अच्छे बीज निकाले गए हैं, जिनसे अच्छी फसलें आ सकें। फसल तैयार होने पर कलों के ज़रिए ही उनकी चुनाई भी होती हैं!

मध्य एशिया के उज़्बेकिस्तान और ताज़किस्तान इन दो सोवियत प्रजातंत्रों में ही आधी रुई पैदा होती है। यहाँ की जलवायु इसके लिए सर्वथा उपयुक्त है। रुई कीमती फसल है, अतः इसे इसकी उपयुक्त भूमि से अधिक प्रोत्साहित किया जाना उचित ही है। फिर रुई श्रम भी ज्यादा चाहती है। एक मन रुई पैदा करने में जितनी मेहनत की जरूरत होती है, उतनी की शायद ही किसी दूसरी फसल में जरूरत पड़े। रुई की खेती मध्य एशिया की विस्तृत और बुद्धिमान जनसंख्या का भरण-पोषण बड़े मजे में कर ले जाती है।

इसका मतलब यह भी नहीं है कि रुई मध्य एशिया के नाम पर ही वक्फ कर दिया गया है। इधर एक ऐसी रुई पैदा की गई है, जो सूखी और सिंचाईरहित भूमि में भी पैदा की जा सके। अब रूमानिया के किनारे के प्रदेशों, यूक्रेन, काला सागर के तट प्रदेशों, काकेशस के उत्तरी हिस्सों, वोल्गा के मुहाने और कास्पियन समुद्र के किनारे भी रुई पैदा की जाती है।

यही नहीं, रुई के अतिरिक्त ऐसे पौधों की वृद्धि पर भी ध्यान दिया जाने लगा है, जिनसे वैसे रेशे

निकलते हैं और जिनकी बुनाई हो सकती है। रामी, केंदीव, केनाफ आदि ऐसे ही पौधे हैं। किरगिजिया, कज़ाकिस्तान और उत्तरी काकेशस में ये पौधे खूब उपजाए जाते हैं. जिनसे कपड़े बनते हैं।

आज के राज्यों के लिए रबर अनिवार्य वस्तु है। मोटरें रबर के टायर पर दौड़ती हैं। मैकेनाइज्यड सेना रबर पर दौड़ती है। रबर के हजारों और काम हैं। तेल की तरह ही, रबर भी राष्ट्रों की प्रतिस्पर्धा और झगड़े का कारण हो रहा है। अंग्रेजी साम्राज्य रबर का धनी है। होलैंड के साथ मिलकर यह संसार से इस बारे में कोई भी शर्त करा सकता है। रूस में रबर का अभाव था। हमें रबर चाहिए ही—यह फैसला कर लिया गया और फिर क्या है, ताऊ सैगीज, केक सैगीज और क्रीम सैगीज नामक रबर देनेवाले पौधे प्राप्त किए गए हैं जो अड़तीस सैकड़े शुद्ध रबर देते हैं।

मीठे चुकंदर की भी ऐसी ही कथा है। सोयाबीन—जिसे उपयोगी तत्त्वों को देखकर, 'पृथ्वी का दूध' कहा जाता है—की वृद्धिगत खेती की कहानी भी कम मनोरंजक नहीं।

लेकिन चावल की खेती की चर्चा तो छोड़ी नहीं जा सकती। अपनी व्यापकता में तो यह रुई को भी मात कर रही है। चावल में गेहूँ से भोजन तत्त्व कम नहीं। चीन, जापान, भारत आदि देशों की यह प्रमुख खुराक है। रुई के लिए जिस आबहवा की जरूरत है, वही आबहवा इसे भी चाहिए। फिर इसकी खेती की ओर क्यों नहीं ध्यान दिया जाए? इसके प्रयोग शुरू हुए और उनका नतीजा सामने है।

सुदूर पूर्व की उस दलदली भूमि में उन्होंने चावल की खेती शुरू की, जहाँ रुई नहीं हो सकती थी; और अच्छी फसल काटी। कज़ाकिस्तान, कास्पियन समुद्र के पूर्वी तट और यूक्रेन में भी धान की खेती अब लहलहाती है। यही नहीं, उन्होंने एक ऐसी बात साबित कर दी है, जो कल तक असंभव समझी जाती थी। उनके प्रयोग से यह पता चल गया है कि धान पाला भी बरदाश्त कर सकता है, फलतः अब धान के हरे-हरे खेत मास्को प्रदेश में भी लहलहाते दीखते हैं। यह सफल प्रयोग और रंग लाएगा, जब वोल्गा की नहर तैयार हो जाती है। तब उसके बाएँ किनारे की ऊसर, बंजर जमीन में धान के पौधों की बहार देखने लायक होगी!

धान की खेती आसान नहीं। धान पानी में बोया और रोपा जाता है। धान के खेत में ट्रैक्टर भी काम के सिद्ध नहीं होते। इसलिए धान की खेती ज्यादातर हाथ से ही होती। कलों के पुजारी सोवियत के वैज्ञानिक इस वहशियाना बात को कैसे कबूल करते?

यदि आप कभी वर्तमान रूस के किसी धान के खेत में बुआई के वक्त जाएँ तो आप एक अजीब दृश्य देखेंगे। आप किसी बोनेवाले के दर्शन की प्रतीक्षा में होंगे कि आपके कान में घर्र-घर्र आवाज आने लगेगी। उसके बाद ही आप एक चिड़िए की शक्ल को आसमान में उड़ते देखेंगे। थोड़ी देर में वह आपके निकट आ जाएगी। अरे, यह क्या? यह तो हवाई जहाज है और उससे धान के बीज पानी से लबालब भरे हुए धान के इस विस्तृत खेत में गिर रहे हैं!

औद्योगिक महाक्रांति

रूस की साम्यवादी सरकार को ज़ार से विरासत में मिला था एक ऐसा राज्य जो दिवालिया था,—उद्योग-धंधे नाम मात्र के थे, गाँव सत्यानाश में मिल चुके थे, जनता भूख और नंगपन का शिकार थी। ज़ार ने पिछले महायुद्ध में शामिल होकर, चार वर्षों में ही उसे और चौपट कर दिया था। क्रांति के बाद तीन वर्षों तक जो गृहयुद्ध चलता रहा, उसने कोढ़ में खाज पैदा कर दी थी।

एक ऐसे देश का पुनर्निर्माण हँसी-खेल नहीं था। लेनिन ने कहा था—रूस की रक्षा के लिए सिर्फ यही जरूरी नहीं है कि किसानों के खेतों में अच्छी फसलें पैदा हों या आएदिन की उपयोगी चीजों के उत्पादन के लिए

'हलके' उद्योग-धंधे बढ़ाए जाएँ; हमारा कल्याण तब तक नहीं होगा, जब तक हम 'भारी' उद्योगों का संगठन न करें, बड़ी-बड़ी मशीनें ढालने और बिजली के बड़े-बड़े शक्तिगृहों के लिए आवश्यक यंत्र बनाने पर ध्यान न दें। सोवियत संघ यदि एक स्वतंत्र साम्यवादी राज्य की तरह जीना चाहता था तो उसके लिए यह लाजिमी था कि वह अपनी धातुएँ, अपने जलावन, अपने इंजीनियरिंग कारखाने पैदा करे। बड़े-बड़े उद्योगों की ओर यदि वह योग्य ध्यान नहीं दिए रहता तो शायद आज उसकी सारी इमारत भूमिसात् हो गई होती।

पंचवर्षीय योजनाओं के इन दस वर्षों में ही रूस ने इस क्षेत्र में कमाल कर दिखाया है। आज रूस ने औद्योगिक क्षेत्र में जो कुछ किया है, उसे उस क्षेत्र की एक महाक्रांति कहा जा सकता है। जिस तरह रूस की क्रांति महान थी, उसी तरह उसका औद्योगिक विकास भी महान है। 1923 में रूस के बड़े उद्योगों के कुल उत्पादन की कीमत जहाँ सिर्फ चार अरब रूबल थी, वहाँ 1939 में वह पच्चीस गुनी ज्यादा बढ़ गई! यही नहीं, यदि रूसी उद्योगों को ही लिया जाए, तो वे भी 1913 की ज़ारशाही ज़माने की अपेक्षा साढ़े आठ गुने ज्यादा बढ़ गए हैं, जहाँ इस ज़माने के अंदर संसार के उद्योगों में सिर्फ डेढ़ गुनी वृद्धि हुई है।

अभी रूस की आधी भूमि का अन्वेषण किया भी नहीं जा सका है, तो भी आज रूस कोयला, तेल, लोहा, पोटास, मैंगनीज आदि धातुओं में संसार के किसी देश से भी प्रतिस्पर्धा कर सकता है। अमेरिका के विद्वान अर्थशास्त्री एमरी ब्रुक्स ने बाईस चीजों की सूची तैयार की है, जिनके बिना, घेरा डाले जाने पर कोई भी राष्ट्र घुटने टेक सकता है। इनमें, यदि उपनिवेशों को छोड़ दिया जाए तो इंगलैंड में उन्नीस चीजों का अभाव, जर्मनी में अठारह चीजों का अभाव और अमेरिका में नौ चीजों का अभाव है। लेकिन सोवियत संघ को सिर्फ चार चीजों का अभाव है—टिन, निकेल, टंगस्टेन और ऐन्टीमोनी का। ये चीजें भी बड़ी सरगर्मी से ढूँढ़ी जा रही हैं और निकट भविष्य में ही रूस इन धातुओं में भी पूर्णतः स्वावलंबी होने जा रहा है।

1929 में जो आर्थिक संकट आया उसने समूचे संसार को झकझोर दिया। हिसाब करने पर, 1937 तक, इस संकट के कारण संसार के सम्मिलित उद्योग में सिर्फ रुपए में दो पैसे की वृद्धि हुई, जहाँ इसी संकट काल में रूस के बड़े उद्योग चौगुने से ज्यादा बढ़ गए। 1938 में संसार का उद्योग पिछले वर्ष की अपेक्षा तेरह सैकड़े घट गया, वहाँ रूस का उद्योग 1929 के अनुपात से चौगुना हो गया!

अब तो रूस अपने बड़े उद्योगों में इंगलैंड से भी आँखें मिलाने लगा है। 1938 में इंगलैंड में सत्तर लाख टन लोहा पैदा किया गया, वहाँ रूस ने उसी साल डेढ़ करोड़ टन पैदा किया। 1938 में ही इंगलैंड ने एक करोड़ आठ लाख टन इस्पात बनाया और उनतीस अरब किलोवाट बिजली तैयार की, वहाँ रूस में एक करोड़ अस्सी लाख टन इस्पात बनाई गई और उनतालीस अरब किलोवाट बिजली तैयार हुई।

उद्योग के भिन्न-भिन्न क्षेत्रों में कैसे कमाल किए गए हैं, जरा आगे देखिए और साथ ही यह भी याद रखिए कि किन कठिनाइयों में ये सब काम किए गए हैं। बड़े उद्योगों के लिए सबसे ज्यादा जरूरत है रुपए की, जो अंतरराष्ट्रीय कर्ज से ही मिल सकते हैं। सभी राष्ट्र उद्योग-धंधों के लिए कर्ज लेते है और उन्हें मिलता है। लेकिन रूस को कर्ज कहाँ तक दिया जाएगा, कोशिशें ऐसी हुईं कि तरह-तरह के बाहरी और भीतरी विघ्न पैदा करके सब किए-कराए पर पानी फेर दिया जाए। लेकिन जिनमें सच्ची लगन है, अथक धुन है, उन्हें उनके रास्ते से कौन रोक सकता है? सफलता तो उनकी चेरी होती है!

काला हीरा, तरल सोना

आप जिसे कोयला कहते हैं, काले रंग और बहुलता के चलते जिसे हम-आप अपमान की नजर से देखते हैं, क्या कभी उसकी उपयोगिता और महत्ता पर हमने ध्यान दिया है? यदि कोयला न हो तो आज की औद्योगिक

सभ्यता मिट्टी में मिल जाए। इस काले-कलूटे की नींव पर ही उद्योग की सारी चकमक इमारतें खड़ी हैं। इंगलैंड का प्रभुत्व उसके कोयले के इतिहास के साथ प्रारंभ होता है।

कोयला सिर्फ जलाने, रोशनी करने और मशीनों के चलाने के काम में ही नहीं आता, बल्कि इससे अब ऐसे काम भी लिये जाते हैं जिनकी कल्पना भी पहले नहीं की जा सकती थी। अपनी सड़कों को हम कोलतार (अलकतरा) से पोख्ता करते हैं। यही नहीं; अब तो कोयले से खाने को मक्खन, पीने को शराब, कपड़े रँगने को तरह-तरह के रंग और नसों को सुसंचालित करने के लिए स्पिरिन बनाते हैं। कोयले से तरह-तरह के सुगंधित पदार्थ भी बनाए जाते हैं। हीरा कीमती हो, लेकिन कोयले के नजदीक उपयोगिता की दृष्टि से उसका सिर नीचा है।

रूस में कोयले की कमी कभी नहीं थी। वहाँ इंगलैंड की बराबरी की क्या बात, समूचे यूरोप को एक साथ रखें तो भी उससे ज्यादा कोयला था। लेकिन ज़ारशाही सरकार का ध्यान इस काले हीरे की ओर नहीं गया। वह अपने मुकुट के हीरे-पन्ने पर ही मरता था। जनता के उपयोगी इस काले हीरे की ओर उसका ध्यान क्यों जाए? लेकिन साम्यवादी सरकार कायम होते ही इस ओर ध्यान दिया गया। खोज-खोजकर कोयले की खानें निकाली गईं और नए वैज्ञानिक तरीकों से उनकी खुदाई वगैरह शुरू की गई। जहाँ ज़ारशाही जमाने में दो करोड़ नब्बे लाख टन कोयला हर साल खोदा जाता था, वहाँ सोवियत संघ ने 1938 में एक अरब सैंतीस करोड़ टन कोयला निकाला।

फिर ज़ार के जमाने में सिर्फ दोन नदी की तराई ही कोयले की एक मात्र भूमि थी, जहाँ दुश्मनों की चढ़ाई का हमेशा खतरा था। जिस समय क्रीमिया की लड़ाई हो रही थी, इंगलैंड की सेना उसके दरवाजे पर जा पहुँची थी। लेकिन अब ऐसी-ऐसी जगहों में खानें खोदी गई हैं, जहाँ पहुँचना दुश्मनों के लिए असंभव-सा ही है। पश्चिमी और पूर्वी साइबेरिया, अलताइ पहाड़ की तराई, उत्तरी ध्रुव के भूमिखंड और कज़ाकिस्तान की वादी में बड़ी-बड़ी खानें बड़े-से-बड़े परिमाण में दिन-रात कोयला उगला करती हैं।

साइबेरिया की खानें संसार के दो सबसे बड़े महासागर—अटलांटिक और पैसेफिक—के बीचोंबीच पड़ती हैं। अलताइ पहाड़ की तलहटी में स्थित कुज़नेज़ की खानें पश्चिमी चीन और मंगोलिया की सरहद पर हैं और उनका भंडार इतना बड़ा है कि वे समूचे संसार के कोयले के खर्च को तीन सौ वर्षों तक लगातार पूरा कर सकती हैं। अगर कुज़नेज़ से सीधे उत्तर तरफ चला जाए और येनिसी नदी को पकड़कर, जो पूर्वी साइबेरिया होते उत्तरी ध्रुव सागर में गिरती है, आगे बढ़ा जाए, तो हम उसके दोनों किनारे कोयले के ऐसे एक विशाल क्षेत्र से बढ़ेंगे, जो कुछ ही दिनों में कुज़नेज़ को भी मात करनेवाला है। यों ही उत्तरी ध्रुव के पेचोरा और कज़ाकिस्तान के कारागंदा की खानों का वर्तमान ही नहीं, भविष्य भी उज्ज्वल है।

सोवियत संघ की पश्चिमी सीमा पर जिस तरह डोनेज़ की तराई कोयले के लिए मशहूर हो रही है, उसी तरह पूरब की सीमा पर, आमूर नदी के किनारे, जो कोयले के नए भंडारों का पता चला है, उनके कोयले का अंदाजा सौ अरब टन से ज्यादा ही लगाया जाता है।

यूराल का पहाड़ सोवियत संघ को दो हिस्सों में बाँटता है। इसकी तराई में लोहे और कोयले का वृहद् भंडार पाया गया है। एक ही जगह लोहा और कोयला साथ मिलने से कितनी बड़ी औद्योगिक सहूलियत हो सकती है, इसकी कल्पना कोई मुश्किल नहीं है। कोयले के बिना, खान से निकला कच्चा लोहा किसी काम का नहीं है। यह कोयला है, जो लोहे को लोहा बनाता है—तुनुक चीज को इस्पात और फौलाद ऐसे सख्त और तेज चीज में परिणत करता है। दूर से लाए जानेवाले कोयले की अपेक्षा नजदीक के कोयले की कीमत लगभग आधी पड़ती है। यही कारण है कि आज यूराल की तराई लोहे के सर्वश्रेष्ठ क्षेत्रों में गिनी जाने लगी है। वहाँ नित्य नव कोयले की खानें और लोहे के कारखाने खुल रहे हैं।

कोयले के लिए विज्ञान ने क्या-क्या नहीं किया है। भूगर्भ विज्ञान कोयले का पता लगाता है। इंजीनियरिंग का विज्ञान कोयले को जमीन से बाहर खींचता है, उसे चीरता है, गाड़ियों पर लादता है और बाहर

भेजता है। रसायन विज्ञान कोयले से अलकतरा चुआता है, तरह-तरह के सेंट तैयार करता है, रंग बनाता है, भोजन निकालता है और शराब बनाता है। यही नहीं, विज्ञान तो अब मनुष्य को कोयले की खानों की गंदगी और उससे पैदा होने वाली तरह-तरह की बीमारियों से भी मुक्ति देने जा रहा है। जैसा पीछे लिखा जा चुका है, अब तो खानें खोदने की भी जरूरत नहीं रहेगी! जहाँ की जमीन के नीचे कोयले का भंडार है, उनके ऊपर साफ-सुथरे मकान होंगे, जिनमें कुछ चतुर इंजीनियर और वैज्ञानिक बैठे होंगे और वहाँ से नीचे-ही-नीचे कोयले को गैस में परिणत कर जहाँ इच्छा होगी, ले जाया जाएगा।

इधर अमेरिका में कोयले से रेशम तैयार करने का सफल प्रयोग हुआ है। थोड़े दिनों में यह प्रयोग संसारव्यापी हुए बिना नहीं रहेगा। तब अपने अपार कोयले के भंडार से रूस अपने हर व्यक्ति को रेशमी कपड़ों से ढँक देगा।

अगर कोयले को काला हीरा कहिए, तो तेल को तरल सोना कहने में जरा भी संकोच नहीं किया जा सकता, बल्कि अब तो तेल ने कई बातों में कोयले पर भी तरज़ीह हासिल कर ली है। अगर उन्नीसवीं सदी कोयले का युग था, तो यह बीसवीं सदी तेल का युग है! इसमें शक नहीं कि कोयले ने तरह-तरह के नए-नए प्रयोगों के कारण अपना महत्त्व खोया नहीं, वरन् बढ़ाया ही है, लेकिन कई अति आवश्यक व्यवहारों के चलते तेल छोटा होने पर भी लोहे का जेठ भैया ऐसा गिना जाने लगा है।

मोटरें दौड़ती हैं तेल से, हवाई जहाज उड़ते हैं तेल से, महासागर के जहाज चलते हैं तेल से। आधुनिक लड़ाई के लिए तो तेल सबसे जरूरी युद्ध सामग्री है। अगर तेल न हो, तो मैकेनाइज्ड सेना नाम की चीज़ नहीं बनाई जा सकती। इसकी इस सैनिक उपयोगिता को देखकर कितनी ही लालची आँखें इस पर गड़ी रहती हैं। फिलस्तीन में अरब और यहूदी की समस्या बताई जाती है। क्या यह बात ठीक है? अगर इराक के तेल के पंप को छोड़ दीजिए, तो फिर फिलस्तीन पर अंग्रेजी साम्राज्यवाद का कोई स्वार्थ नहीं रह जाए! अपने तेल के चलते ही रूमानिया को हिटलर के सामने घुटने टेकने पड़े हैं। तेल ही मैक्सिको की राजनीतिक गुत्थियों का एक मात्र रहस्य है।

सोवियत संघ को तेल की जरूरत कुछ कम नहीं है। मोटर, वायुयान और जहाज के लिए ही नहीं, उसकी संसार की सबसे बड़ी मैकेनाइज्ड सेना बिना तेल के कैसे काम कर सकती है? कोई भी पूँजीवादी देश उसे क्यों तेल देने लगा? और तेल का अभाव उसका सर्वनाश कर सकता है। लेकिन सौभाग्य की बात यही है कि उसे तेल की कमी नहीं। उसके पास तेल का इतना भंडार है, जिसकी समता कोई दूसरा राष्ट्र कर नहीं सकता। उस भंडार से जितना तेल वह आजकल निकालता है, उसका स्थान संसार में दूसरा है।

ज़ारशाही रूस में सिर्फ काकेशस में एक जगह तेल का उद्योग था। काकेशस के दक्षिण में बाकू है, जहाँ तिरासी फीसदी और उत्तर के ग्रौसनी में तेरह फीसदी तेल निकलता था। बाकी समूचे रूस में—एम्बा, फरग़ान और साखालिन में—सिर्फ चार फीसदी तेल निकलता था।

सोवियत के भूगर्भशास्त्रियों ने अब तो तेल के कितने ही भंडारों का पता लगा लिया है, जो विस्तृत क्षेत्रों में फैले हुए रहने के कारण और भी ज्यादा उपयोगी और सब तरह सुरक्षित हैं। बाकू से लेकर यूराल पहाड़ तक तेल कूपों का एक सिलसिला-सा चल गया है। फिर उत्तरी ध्रुव के पचोरा की वादी में उखता नदी के किनारे-किनारे तेल निकालने की कितनी ही मशीनें खड़ी दीख पड़ती हैं। यूराल के दक्षिण में तेल के कितने ही प्रमुख केंद्र बस गए हैं—बशकिरिया में चौस्सर और स्टरलिटमस्क; कास्पियन के किनारे एम्बा; फिर सबसे दक्षिण तुर्कमेनिया की नई जगहें। बेचारे बाकू की सर्वश्रेष्ठता सदा के लिए जाती रही।

स्टरलिटमस्क के तेलकूप औद्योगिक दृष्टि से बहुत ही काम के हैं। यूराल से जो खनिज पदार्थ मिलते हैं, उनसे तरह-तरह के उद्योग निर्माण करने में ये बड़े सहायक हैं। ये तेलकूप मास्को की सीध में उससे छः सौ मील पूरब हैं, जहाँ दुश्मनों के वायुयान पहुँच नहीं सकते। श्वेत नदी के किनारे, जो यूराल से निकलकर वोल्गा में मिली है, तेल की कितनी ही गगनचुंबी मशीनें खड़ी दीख पड़ती हैं। काना नदी के दोनों तटों पर भी ऐसे ही

दृश्य दीख पड़ते हैं । इनके चलते यूराल का भूभाग संसार का सर्वप्रमुख उद्योग-क्षेत्र बनने जा रहा है ।

1937 में मास्कों में जो अंतरराष्ट्रीय भूगर्भ विज्ञान सम्मेलन हुआ था, उसमें प्रोफेसर गुवकिन ने कहा था कि सोवियत संघ के प्राप्त तेल भंडारों का वजन छः अरब, सैंतीस करोड़ साठ लाख टन है । लेकिन छः महीने के बाद ही यह पता चला, गुवकिन का अंदाजा कम है, इससे कहीं ज्यादा तेल का पता लग चुका है । 1920 में जहाँ सिर्फ अड़तीस लाख टन तेल निकला था, वहाँ 1937 में तीन करोड़ टन से ज्यादा तेल निकला गया था !

उजला कोयला

उजला कोयला ?

हाँ, उजला कोयला । यह उजला कोयला क्या है ? इसका आविष्कार हाल ही हुआ है, लेकिन संसार में यह बहुत व्यापक हो चला है । सुनने में यह जितना आश्चर्यजनक मालूम होता है, उसके कारनामे और भी अचरज से भरे हैं ।

पानी के वेग से जो बिजली पैदा की जाती है, उसका ही नाम, यारों ने, उजला कोयला रख दिया है । बिजली आज तक कोयले जलाकर प्राप्त की जाती थी । अब किसी तेज धारा में घिरनी लगाकर मन चाही बिजली पैदा कर ली जाती है । पानी की वह उजली धारा—यही उजला कोयला है ।

बंबई में बिजली से जो रोशनी होती, ट्राम चलते, रेलें चलाई जातीं, कारखाने चलाए जाते—सब इस उजले कोयले का ही प्रसाद है । बंबई से बहुत दूर, पश्चिमी घाट पर, बड़े-बड़े बाँध तैयार किए गए हैं, जहाँ बरसात का पानी इकट्ठा किया जाता है और फिर उसे धाराओं के रूप में ऊँचे पर से छोड़ा जाता है, जो नीचे खड़ी की गई घिरनियों के चक्कों को जोरों से चलाता है और उनका जोरों से चलना प्रचुर परिणाम में बिजली तैयार करता है ।

पहले कहा जा चुका है, लेनिन बिजली को कितना महत्त्व देता था । लेनिन ही नहीं, साम्यवाद के प्रवर्तक कार्ल मार्क्स और एंगेल्स का ध्यान उन्नीसवीं सदी के अंतिम चतुर्थांश में ही इस ओर गया था । 1882 में जर्मनी के म्यूनिख नगर में एक प्रदर्शनी हुई थी, जिसमें एक वैज्ञानिक ने पानी से बननेवाली बिजली का प्रदर्शन किया था । उसने म्यूनिख से साठ किलोमीटर की दूरी पर, पानी की तेज़ धार से बननेवाली बिजली को, दो पतले तारों के जरिए, म्यूनिख लाकर और उससे पानी खींचने का प्रयोग दिखाकर लोगों को चकित कर दिया था ! कार्ल मार्क्स ने एंगेल्स को इसकी गहरी छानबीन करने को लिखा था, जिसके जवाब में एंजेल्स ने अपनी इस ओर की गहरी दिलचस्पी का उल्लेख करते हुए लिखा था—'इस आविष्कार के चलते पानी में छिपी अपार शक्ति का हम उपयोग कर सकेंगे, जो आज व्यर्थ बरबाद हो रही है ।' उसी जमाने में कार्ल मार्क्स ने भविष्यवाणी की थी कि बिजली साम्यवादी उद्योग की नींव सिद्ध होगी ! लेनिन ने साम्यवाद के इन दो प्रवर्तकों के चरणचिह्न पर चलते हुए 1920 ई० में कहा था—

"समूचे देश में बिजली के प्रचार का कार्यक्रम तैयार किए बिना यथार्थ निर्माण की समस्या को हम हल नहीं कर सकते । हमारी आर्थिक योजना का पहला ढाँचा होगा, उसमें कम-से-कम दस वर्षों के लिए इस संबंध की पूरी स्कीम होनी चाहिए । ऐसा करके ही हम रूस की जनता को साम्यवादी आर्थिक संगठन का यथार्थ रूप दिखा सकते हैं । सोवियत ढंग की शासन प्रणाली और समूचे देश में बिजली का प्रचार—साम्यवाद इसी का नाम है । अगर ऐसा हम नहीं करेंगे तो हमारा देश छोटे-छोटे किसानों का ही देश रह जाएगा । हमें इस बात के तथ्य को शीघ्र ही महसूस करना चाहिए ।"

बिजली की करामातों के वर्णन की यह जगह नहीं । बिजली हमारे घरों की उबानेवाली झंझटों को खत्म

करती और गृहिणियों को घर की गुलामी से मुक्त करती है। बटन दबाइए, घर रोशनी से जगमगा उठा। लालटेन को पोंछो, बत्ती दुरुस्त करो, तेल रखो, दियासलाई जलाओ या चिराग़ और मोमबत्ती से उलझो—सारी झंझटें खत्म। बटन दबाइए चूल्हा गरम हो गया, तरह-तरह के खाने बनाइए, मौज से उड़ाइए। जलावन या लकड़ी लाओ, चूल्हा सुलगाओ, धुआँ से घर भरो, राख से घर-आँगन गंदा करो—ये सभी प्रपंच खत्म हुए। बिजली की इस्तिरी से कपड़े पर तह दीजिए। बिजली के झाड़ू से घर-आँगन साफ कीजिए। बिजली की घड़ी में सुई देने की भी जरूरत नहीं। उद्योग-धंधे में तो बिजली ने क्रांति ला दी है। अब घने शहरों में, खानों के मुँह पर या रेलवे स्टेशनों पर कारखाने बनाने की जरूरत नहीं। सड़कें और मोटर लॉरियाँ ढुलाई के सवाल को हल कर देती हैं, तो दूर-दूर से लाई गई बिजली उसकी रोशनी, गरमी और शक्ति की समस्या बात-की-बात में सुलझा देती है। अब कारखाने इतने साफ-सुथरे रह सकते हैं कि उनके सामने कॉलेज के कमरे भी झक मारें!

बिजली ने मनुष्य के हाथ में अपार शक्ति की बागडोर पकड़ा दी है।

किंतु ज़ारशाही के जमाने में बिजली की ओर बिलकुल उपेक्षा थी। भाप से मशीनें चलाई जाती थीं, रेल हाँकी जाती थी। गैस और किरासन से सड़कों, कारखानों और मकानों में रोशनी की जाती थी। मास्को और सेंटपीटर्सबर्ग को छोड़कर बिजली के पावर स्टेशनों का प्रायः अभाव था। इतना बड़ा देश, बिजली की दृष्टि से, संसार में पन्द्रहवाँ स्थान रखता था। यह बिजली भी कोयला और तेल से पैदा की जाती थी, जो सुदूर काकेशस और डोनवदास से, भारी भाड़े के खर्च को बरदाश्त करके मँगाए जाते थे। रूस में ऐसी बड़ी और तेज नदियाँ हैं, जिनकी गिनती संसार की सर्वश्रेष्ठ नदियों में की जा सकती है। लेकिन उनसे बिजली पैदा करने के बारे में कोई सोचता भी नहीं था।

लेनिन ने 1920 में ही एक ऐसी योजना तैयार की थी, जिसके अनुसार दस से बारह वर्षों के अंदर समूचे रूस में बिजली का दौरदौरा होना था। हर जिले में ऐसे जबरदस्त पावर स्टेशन कायम कर लेने थे, जिनसे गाँव-गाँव बिजली पहुँचाई जा सके। संयोग से उसी वर्ष इंगलैंड का संसार प्रसिद्ध लेखक श्री एच० जी० वेल्स रूस पहुँचा था। पिछले महायुद्ध और गृहयुद्ध से जर्जर रूस को देखकर वह द्रवित हुआ था। लेकिन लेनिन से मिलने के बाद वह लिखता है—

"लेनिन एक कट्टर मार्क्सवादी की तरह काल्पनिक उड़ानों का मखौल उड़ाता है, लेकिन वह खुद एक ऐसी ही उड़ान भर रहा है। यह है उसके बिजली प्रचार की सनक। वह अपनी पूरी ताकत लगाकर एक ऐसी योजना को कार्यान्वित करना चाहता है, जिसके अनुसार समूचे रूस में बिजली के बड़े-बड़े पावर स्टेशन बनेंगे, जिनसे देहात के कोने-कोने में रोशनी, ढुलाई और पावर के दूसरे काम बिजली के द्वारा संपादित होंगे। उसने मुझसे बताया है कि दो ज़िलों में वह ऐसा कर चुका है। एक ऐसे चौड़े, सपाट जंगली देश में जहाँ के किसान जाहिल हैं, जहाँ पानी से बिजली पैदा करने की सहूलियतें नहीं, जहाँ अच्छे कारीगरों और वैज्ञानिकों का सर्वथा अभाव है, जहाँ व्यापार और उद्योग अभी घुटनों के बल चल रहे हैं, वहाँ इससे बढ़कर दुस्साहस के काम की कल्पना नहीं जा सकती। बिजली के ऐसे प्रचार का काम होलेंड में शुरू किया गया है और इंगलैंड में सोचा जा रहा है। इन देशों की घनी आबादी और पूर्ण विकसित केंद्रों पर दृष्टि रखते यह कुछ संभव-सा जँचता है। लेकिन, रूस में ऐसे प्रयोग की बात सोचना दिमाग पर बड़ा बोझ लादना है। रूस के इस घने अंधकार में मैं इसकी जरा भी संभावना नहीं देखता, लेकिन क्रेमलिन में बैठा यह ठिगना आदमी देख रहा है.... ।"

हाँ, उस बौने आदमी की नजर ऐसी तेज थी कि घने अंधकार के आवरण को भेदकर भी वह देख सके। उसने देखा और जिस समय गृहयुद्ध खत्म नहीं हुआ था, नीपर नदी के किनारे गोलियाँ बरस रही थीं, किचकास का पुल उड़ाया जा रहा था और जर्मनी की सेना कीव में घुस रही थी, ठीक उसी समय, मास्को के ग्रेट थियेटर के मंच में घोषणा की जा रही थी—

"दस लाख किलोवाट बिजली पैदा करने की योग्यता रखनेवाले बीस स्टेशन और पानी से बिजली पैदा करनेवाले ऐसे दस स्टेशन , जहाँ छः लाख चालीस हजार किलोवाट बिजली पैदा होगी, शीघ्र ही तैयार किए

जाएँगे।”

ऐसे पिछड़े देश में इस गृहयुद्ध के ज़माने में ऐसी बड़ी योजनाएँ ! ये लोग बिजली पैदा नहीं करेंगे, बंदर की तरह बिजली छूकर आत्महत्या करेंगे, विदेशी पत्रकारों ने व्यंग्य में कहा !

श्रीगणेश नीपर नदी से ही किया गया। जर्मनी की संहारकारी तोपों की जगह सोवियत के वैज्ञानिक औजारों ने ली। योजना शुरू हुई। ज्यों-ज्यों काम बढ़ा, संभावनाएँ भी बढ़ीं। पहले साढ़े तीन लाख हॉर्स पावर की उम्मीद की गई थी, पीछे आठ लाख दस हजार तक यह जा पहुँची।

बड़ी-बड़ी चट्टानें उड़ा दी गईं। पहाड़ियों को काटकर रेलें निकाली गईं। बोझ उठाने, खुदाई करने, ढोने, छेद करने के लिए अपार इस्पाती सेनाएँ वहाँ इकट्ठी की गईं। उन्होंने विजय प्राप्त की। फी सेकेंड तीन हजार घन मीटर की गति से बहनेवाली महान नीपर नाथ दी गई ! 28 मार्च, 1932 की शाम को 5.20 बजे वह विशाल बाँध (Dam) तैयार हो गया। पानी ऊपर चढ़ने लगा। देखते-देखते वह छः महले से भी ऊँचा हो चला। अब नदी कहाँ दिखती है? कहाँ दिखाई पड़ते हैं उसके किनारे, किनारे की चट्टानें? सब पानी के अंदर ! अब एक विशाल झील मात्र दीख पड़ता है—प्रशांत, विस्तृत। उसमें जहाज आते-जाते हैं !

लेकिन सिर्फ झील ही तो नहीं बनानी थी। इस बाँध से सात गज वृत्त के गोल छेद से पानी की तीव्र अजस्र धारा नीचे की ओर प्रचंड वेग से गिरती है, जिससे उसके नीचे लगी सात घिरनियों के पंखे तेजी से घूमने लगते हैं। इनके इस चक्कर से जो बिजली पैदा होती है, वह अमेरिका के सुप्रसिद्ध झरना नियाग्रा से निकली बिजली से भी दूनी परिणाम में होती है। यह बिजली ऊपर लगे तारों से होती हुई चुपचाप दूर-दूर तक जाती और आदमी के कंधे के बोझ को हलका करती एवं उनकी अनेक आवश्यकताओं की पूर्ति करती है। इस नदी से पैदा की गई बिजली ज़ारशाही के जमाने की सारी बिजली से छः गुनी ज्यादा है।

जिस समय एच. जी. वेल्स रवाना होने लगा था, लेनिन ने कहा था—‘दस वर्ष के बाद आकर देख जाइएगा कि हम कितना कर सके हैं।’ अफसोस, लेनिन नहीं रहा; लेकिन वेल्स साहब को फुरसत होती तो, बारह वर्षों के दरम्यान बने यूरोप के इस सबसे बड़े बिजली भंडार को देख आते; तब उन्हें पता चलता उस ठिगने आदमी की आँखों में कितनी दूरदर्शिता थी।

पंद्रह वर्ष के अंदर-अंदर बिजली की योजना अपनी पहली स्कीम से ड्योढ़ी अधिक परिणाम में सफल हो चुकी है। सोवियत भूमि में बिजली के खंभे और तार तो आम चीज हो चुके हैं। सुदूर उत्तर में जाइए और कोला के अंतरीप में, जहाँ कड़ाके की सर्दी से थर्मामीटर शून्य से चालीस डिग्री नीचे उतर आता है और जहाँ की बर्फीली जमीन तेज इस्पात की धार को भी भोथरी बना देती है, वहाँ भी आप पानी से बननेवाली बिजली के स्टेशन पाएँगे। उससे भी उत्तर उत्तरी ध्रुव सागर के तट पर भी एक स्टेशन काम का रहा है। यों ही सुदूर दक्षिण के कजाकिस्तान के जलते मैदानों और तजाकिस्तान की पहाड़ियों और वादियों में, जहाँ पहले तेल के दीये भी मुश्किल से जलते थे, जहाँ शाम होते ही सारे काम बंद हो जाते थे, अब बिजली की बत्तियाँ घरों, कुटियों और गाँव की तंग गलियों को जगमग किए रहती हैं। बिजली वहाँ लालटेन के युग को एक ही छलाँग में पार कर गई है, जिसकी साफ रोशनी में बच्चे किताबें पढ़ते और घर के लोग सभ्य जीवन की रंगरलियाँ मनाते हैं।

आरमेनिया कभी अपनी सभ्यता के लिए संसार प्रसिद्ध था। लेकिन ज़ारशाही की चक्की में पिसी आरमेनिया की दुर्गति का क्या कहना? यही आरारात पहाड़ है, जिसकी चोटी आसमान से बातें करती हैं और जिससे निकले झरने गरजते और उछलते रहते हैं। इसी आरारात पर सेवान नामक झील है, जिसकी सतह समुद्र से दो किलोमीटर ऊँची है। इस झील का घेरा एक हजार पाँच सौ वर्ग किलोमीटर है और सत्ताईस नदियाँ इसे अहर्निश खुराक पहुँचाती रहती हैं। इस झील का करोड़ों गैलन पानी वृष का तपता सूरज पी जाता था और करोड़ों गैलन जाँगा नदी होकर बह जाता था।

लेनिन ने 1921 के अप्रैल में ट्रांस काकेशिया के साम्यवादियों को लिखा—“यह अति आवश्यक है कि आप लोग बिजली के प्रचार और नहर के प्रसार पर तुरंत ध्यान दें।” पंद्रह वर्ष के बाद उसी सेवान झील से

बिजली निकालने का प्रबंध पूरा हो गया और वहाँ से चौदह करोड़ किलोवाट बिजली प्रतिवर्ष पैदा की जाती है। सेवान झील को बिलकुल काबू में कर लिया गया है और ऐसी चतुराई की गई है कि जैसे-जैसे जरूरत पड़ेगी, अधिक-से-अधिकतर बिजली पैदा की जा सकेगी। एक हजार मीटर ऊँचे से पानी को गिराया जाता है और क्रमशः उसे इस तरह रोका जाता है कि मनचाही पावर उससे पैदा की जाए और फिजूल पानी नहरों के जाल से ले जाया जाकर अंगूर की क्यारियों, फलों के बगीचों और कपास के खेतों को सींचता रहे।

अब तो वही आरमेनिया तरह-तरह के उद्योगों का घर हो गया है। ताँबे की खानें हैं, रबर पैदा किया जाता है, सूत और रेशम के कारखाने हैं, ये सबके सब प्रायः बिजली से संचालित होते हैं। आरमेनिया अब अत्याचारों का घर नहीं रह गया है, वहाँ सुख और ऐश्वर्य का दौरदौरा है। पहले सेवान की पूजा वे मूढ़ विश्वास से करते थे; अब तो सेवान झील उनके लिए सचमुच कामधेनु बन गई है।

अभी कितनी ही ऐसी बड़ी-बड़ी योजनाएँ पूरी भी नहीं हो पाई हैं। इनमें से सबसे बड़ी योजना है, वोल्गा नदी की। वोल्गा यूरोप की सबसे बड़ी नदी है। इस महानदी को नाथने और पालतू बनाने के प्रयत्न जारी हैं। बड़े-बड़े बाँध वोल्गा और उसकी सहायक नदियों के रास्ते रोककर उनसे बिजली का कर वसूल करेंगे। वोल्गा पर आठ बिजली के स्टेशन बनेंगे, कामा नदी पर छः और ओका नदी पर तीन। वोल्गा को नहर द्वारा दोन नदी से मिलाया जाएगा; इस नहर पर तीन स्टेशन बनेंगे। इनमें मास्को से उत्तर उगलिच और राइबिंस्क के स्टेशन प्रायः तैयार हो चुके और इवानकोवो का तो पूरा समाप्त हो गया। क्वीबाइशेव के स्टेशन में भी हाथ लग चुका है, जो संसार में सबसे बड़ा बिजली का स्टेशन होगा।

जब यह योजना पूरी होगी, बाढ़ और सूखा कहीं नाम को भी नहीं रह जाएँगे, बंजर और रेगिस्तान हरे-भरे खेतों और बगीचों में परिणत हो जाएँगे। बड़े-बड़े सामुद्रिक जहाज देश के भीतरी हिस्सों में घुसकर ढुलाई और आवाजाही को बिलकुल आसान बना देंगे। महासमुद्र में चलनेवाले बड़े-बड़े जहाज मास्को से रवाना होंगे और काला सागर होकर एटलांटिक महासागर में सीधे आ-जा सकेंगे!

इंजीनियर लोग मंसूबे बाँध रहे हैं कि इसके समाप्त होते ही वे पूर्वी साइबेरिया की ओर ध्यान देंगे और वहाँ की अँगारा, येनिसी आदि महान नदियों को काबू में लाकर सौ अरब किलोवाट बिजली हर साल पैदा कर सकेंगे!

धातुओं के राजा

धातुओं का राजा कौन?

पुरानी दुनिया चिल्ला उठती, सोना। नई दुनिया कहती है, लोहा। हम झगड़े में क्यों पड़ें. दोनों दुनिया की बात मान लें और देखें, इन दोनों धातुओं के राजाओं की हालत सोवियत संघ में क्या है?

पहले लोहे को लें। यह निस्संकोच कहा जा सकता है कि लोहे के उपयोग से हम किसी देश की सभ्यता का अंदाजा अच्छी तरह लगा सकते हैं। लोहे ने आज आश्चर्यजनक प्रमुखता प्राप्त कर ली है। आज घरों में लोहे के चूल्हे हैं, लोहे के तवे और करछुल हैं। लोहे की बालटियों में पानी भरा जाता है। लोहे के पलंग पर लोग सोते हैं, लोहे की कुरसियों पर बैठा जाता है। लोहे के कंकाल पर ही ये अट्टालिकाएँ खड़ी हैं। रेल, जहाज, मोटर—सब लोहे की करामात हैं।

देश की विशालता को देखते ज़ारशाही के जमाने में लोहे की ओर बिलकुल कम ध्यान दिया गया था। वह भी सिर्फ कुछ ही जगहों में—डोनवास और नीपर के जिलों में। ये लोहे के पुराने केन्द्र हैं। यहाँ का लोहा पुराने जमाने में यूरोप भर में जाता था। लेकिन अठारहवीं सदी का तौर-तरीका आधुनिक वैज्ञानिक जगत में कहाँ

तक आगे बढ़ा सकता है? रूस पिछड़ गया। और देश आगे बढ़ गए।

लेकिन एक साम्यवादी राज्य लोहे की उपेक्षा कैसे कर सकता था? उसके भूगर्भशास्त्रियों ने खोज-ढूँढ़ शुरू की। उसके कारीगरों ने नए-नए औजारों से काम किया। आज अपने विशाल उद्योग-धंधों के बावजूद लोहे में रूस पूर्ण स्वतंत्र है।

किसी अच्छे नए नक्शे में देखिए। यूराल पहाड़ से बहुत दक्षिण, समुद्र की सतह से छः सौ ग्यारह मीटर ऊँचा मैगनेट पहाड़ है। पहाड़ी नदी के किनारे कज़्ज़ाक लोगों का एक गाँव था जिसका नाम था मैगनिताया 1929 इस गाँव के आसपास फूलों की क्यारियाँ हवा से अठखेलियाँ करती थीं, गाय-भैंस इससे निकट के अटाच पहाड़ी की घाटियों में सानंद चरते और विचरते थे। अनुसंधान से पता लगा, यह समूची पहाडी ही लोहे की है—तिरसट सैकड़े लोहे का अंश इसमें है। तीस करोड़ टन लोहे का भंडार यहाँ एक जगह एकत्र है।

फिर क्या था, मैगनेट पहाड़ के नाम पर ही, उस छोटे से गाँव पर, एक महान औद्योगिक नगर मैगनिटोगोर्स्क नाम से बसाने का आयोजन शुरू हुआ। चौवन वर्ग किलोमीटर जमीन उस शहर के लिए और उसके अंदर पाँच वर्ग किलोमीटर कारखाने के लिए निश्चित की गई। सोवियत संघ के पैंतीस राष्ट्रों से मजदूर वहाँ एकत्र हुए। मजदूरों के लिए, विशेषज्ञों के लिए, सहयोग समितियों, भोजनालयों, अस्पतालों, शिशुगृहों, प्रमोद भवनों और एक विशाल थियेटर के लिए बड़ी-बड़ी इमारतें खडी हो गईं। उस छोटी नदी को बाँधकर तेरह वर्ग किलोमीटर की एक झील बना ली गई। हवाई जहाज के अड्डे बने, रेलों की पटरियाँ बिछीं, सड़कें खुलीं, ट्रैक्टर, ट्रक, लॉरियाँ, मोटरें दौड़ने और शोर मचाने लगीं।

साठ हजार मजदूर वहाँ आबाद हुए। दो बड़े-बड़े बिजली के स्टेशन बने। ईंट पाथने, लकड़ी चीरने, मशीनें बनाने के करखाने खुले। मजदूरों के आराम की सभी चीजें वहाँ मुहैया की गईं। देखते-देखते जंगल में मंगल हो गया।

मैगनिटोगोर्स्क का यह कारखाना संसार का सबसे बड़ा इस्पात का कारखाना समझा जाता है। 1934 में एक करोड़ टन लोहा यहाँ तैयार हुआ। 1937 में यह बढ़कर एक करोड़ पैंतालीस लाख टन हो गया। वहीं इस्पात पंचानबे लाख टन 1934 में निकला था, जो 1937 में एक करोड़ पचहत्तर लाख टन हो गया।

मैगनिटोगोर्स्क में जिस तरह सबसे अच्छा लोहा मिलता है, उसी तरह कुज़नेज़ में सबसे अच्छा कोयला। ये दोनों केंद्र एक-दूसरे से दो हजार किलोमीटर की दूरी पर हैं। लेकिन दोनों को रेलवे से जोड़ दिया गया है। अब कुज़नेज़ का कोयला मैगनिटोगोर्स्क में आता है और यहाँ का लोहा वहाँ जाता है और दोनों जगहों में लोहे के बड़े-बड़े कारखाने बन गए हैं। इन दोनों केंद्रों ने 1936 में जितना लोहा तैयार किया, वह जापान से ड्योढ़ा था।

इधर डोनवास को भी भूला नहीं गया है। डोनवास ने मानो फिर नया जन्म लिया है। पुराने दकियानूसी कारखानों की जगह वहाँ आधुनिक औजारों से लैस बड़े-बड़े कारखाने खुल गए है। यूक्रेन के क्रिबोईरोग के लोहे को डोनवास के कोयले से जोड़ दिया गया है। दोनों जगहों में नई औद्योगिक दुनिया बस गई है।

सुदूर पूर्व में भी लोहे की खानें और कारखाने खोलने की योजना बनाई जा रही है। उम्मीद की जाती है, वहाँ जो लोहा मिलेगा, वह सोवियत संघ के लोहे के भंडार में बहुत बड़ी, लगभग तैंतीस प्रतिशत, वृद्धि कर देगा!

अब जरा सोने को देखिए।

यों तो साम्यवादी शासन में सोने की कोई खास कीमत नहीं, लेकिन जब तक पूँजीवादी देश चारों ओर हैं, तब तक विनिमय के लिए सोना आवश्यक है, क्योंकि अंतरराष्ट्रीय व्यापार का एक मात्र माध्यम सोना ही है। सोने के बारे में भी सोवियत संघ बहुत ही भाग्यशाली है।

पूँजीवादी देशों में सोने का इतिहास बड़ा ही करुण और दारुण रहा है। इसकी प्राप्ति में हृदयहीनता की हद कर दी जाती रही है, तो इसके द्वारा किए जानेवाले तरह-तरह के प्रपंच भी कम हृदयहीन नहीं रहे हैं। अफ्रीका

सोने के भंडार के लिए संसार में नामी है। उसके जोहान्सबर्ग में जो सोने की खानें हैं, उनके बारे में प्रसिद्ध विद्वान मि. जौन हौगसन ने 1916 ईस्वी में बताया था कि साठ पौंड सोना निकालने में एक हब्शी की मौत होती है और पाँच जिंदगी भर के लिए बेकार हो जाते हैं। इससे इंगलैंड में सनसनी फैल गई थी और सोने की खानों में काम करनेवाले तीन लाख हब्शी कुलियों की रक्षा के लिए प्रयत्न किए गए थे। किंतु ये प्रयत्न ही क्या थे? कुछ मजदूरी बढ़ी, स्वास्थ्य रक्षा के कुछ इंतजाम हुए, कुछ कानून बने। लेकिन चालाक पूँजीपतियों ने कानून को खटाई में डाल दिया; नशाखोरी आदि बढ़ाकर उन्हें कर्ज में फँसाया और सदा के लिए उन्हें दास-का-दास ही रखा।

मि. हौगसन ने ही ज़ारशाही रूस की सोने की खानों के बारे में भी छानबीन की थी, जहाँ की लेना नामक सोने की खान में 1712 में गोलियाँ चलाकर एक सौ उन्नीस हड़ताली मजदूरों को भून डाला गया था। इस हड़ताल का कारण अधिक घंटे काम लेना और कम मजदूरी देना था। यों नजदीकी कारण यह था कि मजदूरों को खान से जो भोजन मिलता था, उसमें घोड़ों के लिंग का मांस था!

अगर सोने की प्राप्ति में हजारों मारे जाते रहे, तो लाखों-करोड़ों आदमी सोना रखनेवालों के प्रपंचों के फेर में मरते आए हैं। सोने के आधार पर सूद और मुनाफे की वह गगनचुंबी इमारत बना ली गई है, जिसकी नींव की एक-एक ईंट आदमी की हड्डी और मांस की रही हैं। इस इमारत में बैठे एक मुट्ठी लोग देशों के भाग्य का कलम की एक रगड़ में वारा-न्यारा कर देते हैं, उद्योग-धंधों में ज्वार-भाटा लाकर संसार में उथल-पुथल मचा देते हैं।

लेकिन लाल रूस में सोने की प्राप्ति और उपयोग बिलकुल इसके विपरीत ढंग पर होता है।

सोवियत संघ के विस्तृत भूभाग में सोने की खानें फैली हुई हैं। पुरानी खानों का जीर्णोद्धार किया गया है, नई-नई खानें खोदी जा रही हैं। उत्तर के बर्फीले प्रदेशों में, कजाकिस्तान के मैदान में, पामीर की पहाड़ी उपत्यकाओं में, काकेशस की वादियों में, यूराल और अलताई पहाड़ों की जड़ों में सोने की खोज-ढूँढ़ की गई है और खुदाई शुरू कर दी गई है। सोवियत संघ सोने की पैदावार में संसार में दूसरा स्थान रखता है।

सोने की खोज और खुदाई में नए तरीकों और नए औजारों का प्रयोग होता है। इन औजारों से लैस होकर अन्वेषकों की टोलियाँ साल भर देश के कोने-कोने में सोने की तलाश करती रहती हैं। पत्थर या मिट्टी में ज्यों ही सोने का आभास उन्हें मिलता है, नमूने-पर-नमूने सोने की रिसर्च संस्थाओं में भेजते हैं और वहाँ से उनकी जाँच के फल के साथ इंजीनियर अपने साजोसमान के साथ पहुँचते हैं। जहाँ ज़ारशाही के जमाने में पाँच सैकड़ा सोना आधुनिक वैज्ञानिक तरीकों से निकाला जाता था, वह अब अस्सी सैकड़ा इन्हीं तरीकों से निकलता है। उन तरीकों में एक है—पनिहा तोपों द्वारा पानी के वेग से मिट्टी अलग कर सोना निकालना। कैसा आश्चर्य?

ज्यों ही सोने के नए क्षेत्र का पता चला; सड़कें, रेलवे और हवाई रास्तों ने उसे अन्य उद्योग क्षेत्रों से संबद्ध कर दिया। बिजली और भाप से चलनेवाली बड़ी-बड़ी मशीनें वहाँ खड़ी हो गईं। चतुर निर्देशकों की मातहत मजदूरों की फौज पहुँची। मजदूरों के लिए साफ-सुथरे घर बन गए, विश्राम भवन खुल गए, सिनेमाघरों में खेल होने लगे, स्कूलों में उनके लड़के पढ़ने लगे। सोवियत संघ के अंदर जितनी सोने की खानें हैं, उनसे संबद्ध पाँच सौ छिहत्तर स्कूल हैं, जिनमें एक लाख सात हजार मजदूर बच्चे पढ़ते हैं।

जिस तरह उसकी प्राप्ति में, त्योंही उनके उपयोग में मानव जीवन के सुख-आनंद को सर्वोपरि मानकर बढ़ा जाता है।

एक साम्यवादी राज्य इस चमकती हुई पीली धातु पर इतना क्यों ध्यान दे, यह सवाल पूछा जाना कोई अचरज की बात नहीं। किंतु यहाँ याद रखना यह है कि अपने चारों ओर फैले पूँजीवादी राज्यों में अपनी आर्थिक साख और स्वतंत्रता कायम रखने के लिए रूस के पास सोने का बड़ा भंडार रहना जरूरी है। कोई देश उसे कर्ज नहीं देता, कल तक उसकी कोई साख नहीं मानी जाती थी। इसी सोने के बल पर वह दूसरे औद्योगिक देशों से मशीन, औजार और वैज्ञानिक प्रयोग प्राप्त कर सकता था। सोना देश की रक्षा का एक प्रधान हथियार है।

विदेशों में सोने की उपयोगिता स्पष्ट है ।

हाँ, सोवियत संघ की सीमा के अंदर सोने की कोई खास उपयोगिता नहीं है । सोवियत संघ ने अपने देश के विनिमय का इस तरह प्रबंध कर रखा है कि विदेशी विनिमय का कोई प्रभाव उस पर पड़ नहीं सकता और न सोवियत सिक्कों को घट-बढ़ से चीजों के दाम पर कोई असर होता है । सभी चीजों का दाम निश्चित है और सिक्कों की घटती-बढ़ती से उसमें कोई फर्क नहीं आ पाता । जिस तरह ज्यादा पोस्टकार्ड या टिकट के इस्तेमाल से पोस्टकार्ड या टिकट की कीमत में वृद्धि नहीं होती, उसी तरह वहाँ के सिक्कों की कीमतें चीजों के दाम पर कोई प्रभाव नहीं डाल पाते । सोना सिर्फ विदेशी व्यापार का साधन है, देश के अंदर तो दाँत के खड्डों के भरने, अँगूठी या घड़ी के चेन बनाने या कलपुर्जों में लगाने के काम में ही आता है ।

रूस अन्य देशों की तरह सोने को इकट्ठा नहीं करता, बल्कि उन्हें जल्द-से-जल्द घर से खदेड़ देता और उनके बदले हजारों उपयोगी पदार्थ विदेशों से मँगा लेता है, क्योंकि रूस को मानव जीवन के विकास पर विश्वास है और वह जानता है कि वैसे दिन दूर नहीं, जब यह सोना किसी काम का नहीं रह जाएगा, उसकी कीमत देखते-देखते गिर जाएगी, सोने की खानें मुंद जाएँगी और सोना सिर्फ हमारे टेबुलों की तश्तरियों के रूप में ही यदा-कदा देखा जाएगा । फिर ऐसी चीज को क्यों सँजोकर रखा जाए ? हाँ, वक्त जरूरत के लिए वह इतना सोना अपने पास जरूर इकट्ठा किए हुए है कि तीनों धुरी राष्ट्र—जर्मनी, इटली और जापान—का सोना उसके आगे सिर झुकावे !

शिराएँ और नसें

यदि नसों और शिराओं में ख़ून की आमदरफ्त ठीक से नहीं हो, तो हट्टा-कट्टा शरीर भी बेकाम हो जाता है, उसे लकवा मार जाता है । यों ही, अगर किसी देश में आवाजाही के साधनों—रेलों, सड़कों, हवाई रास्तों, नदियों की धाराओं—का ठीक प्रबंध न हो तो उसका सारा औद्योगिक ढाँचा बैठ जाए; चौपट हो जाए ।

रूस एक महान देश है—संसार का छठा हिस्सा भूभाग इसके हिस्से पड़ा है । इसकी जलवायु में ही नहीं, जमीन की सतह में भी अजीब अंतर है । कहीं जलता रेगिस्तान, कहीं बर्फ के चमकते समुद्र; कहीं सपाट मैदान, कहीं बड़े-बड़े पहाड़; कहीं घनघोर जंगल, कहीं खेतों की टुकड़ियाँ । इन सबमें तारतम्य स्थापित करने, एक जगह की चीज दूसरी जगह पहुँचाने और सबको आयोजित अर्थनीति के ढाँचे के अंदर लाने के लिए यह आवश्यक था कि आमदरफ्त के साधनों का सुचारु प्रबंध किया जाए । लोहा, कोयला, रुई, लकड़ी और मशीन को कारखानों तक और उन्हें नाना तरह के उपयोगी चीजों में परिणत करके जनता के घर-घर तक पहुँचाने का जब तक पोख्ता इंतजाम न हो तब तक साम्यवाद एक स्वप्न ही रह जाए ।

सोवियत सरकार की आवाजाही के जो साधन विरासत में मिले थे, वे नाकाफी, फटेहाल और एक तरफा थे । नाकाफी—क्योंकि रेलें कम और घटिया दर्जे की थीं, सड़कें टूटी-फूटी और बेमरम्मत थीं । नदियाँ छिछली और बेलगाम थीं । फटेहाल— क्योंकि महायुद्ध और गृहयुद्ध के कारण वर्षों उनकी मरम्मत नहीं हुई थी—सात हजार छः सौ पुल उड़ा दिए गए थे और एक लाख मील के तार के खम्भे उखाड़-पुखाड़ डाले गए थे । एक तरफा—क्योंकि रेलवे की लाइनें अंतर्मुखी होकर मास्को या लेनिनग्राद तक या बहिर्मुखी होकर बाल्टिक समुद्र या काला सागर के तटों तक ही जाती थीं । देश के अन्य भूभागों की ओर किसी का ध्यान ही नहीं जाता था ।

ज़ारशाही रूस की रेलें भी ज़ारशाही नीति की ही सूचना देती थीं । रेलवे लाइन की धाराएँ मास्को और लेनिनग्राद की ओर जाती हुई मालूम पड़ती थीं । ये धाराएँ उपनिवेशों का धन चूस-चूसकर ज़ार के कदमों में रखती थीं । पश्चिमी रूस में जो रेलवे लाइनें थीं, उनका खास उद्देश्य लड़ाई था । इसी रास्ते से रूस के पूँजीपति,

देश के कच्चे मालों को यूरोप के औद्योगिक देशों के हाथ बेंचकर, मालामाल बनते और रूस को पराश्रयी बनाए रखते। एक जिले को दूसरे जिले से, पूरब को पश्चिम से, एक उपनिवेश को दूसरे उपनिवेश से और एक जनता को दूसरी जनता से मिलाने के लिए न कोई चिंता थी और न कोई प्रबंध ही था। जहाँ यूरोपीय रूस में प्रतिहजार व्यक्ति पर ग्यारह किलोमीटर रेलवे लाइन थी, वहाँ एशियायी रूस में प्रतिहजार व्यक्ति पर मुश्किल से आधा किलोमीटर थी।

सोवियत संघ ने आवाजाही के साधनों में आमूल परिवर्तन किए हैं। थोड़े ही अरसे में रूस के नक्शे में अजीब परिवर्तन हो गया है। रेलवे और सड़कों की लकीरें जहाँ देखिए, वहीं मिलेंगी।

ट्रांस साइबेरिया रेलवे का नाम अब जग-जाहिर हो गया है। मैदानों और पहाड़ों को चीरकर जानेवाली यह छः हजार मील की रेलवे लाइन संसार की सबसे बड़ी लाइन है। दिन-पर-दिन मैदान-ही-मैदान देखते आँखें थकने लगती हैं। कभी-कभी लाइन कुछ ऊँची उठती-सी मालूम पड़ती है और थोड़े दिनों में पहाड़ी और पहाड़ नजर आते हैं। अब ये पहाड़ी नदियाँ, ये अँधियाले जंगल, और ये पहाड़ों के दर्रे—कुछ देर के लिए सूर्य के दर्शन और भी दुर्लभ। दिन-रात इस लाइन पर आदमी और माल की भीड़ लगी रहती है।

अब एक ही लाइन से काम चलता नहीं देखकर दो समानांतर लाइनें कर दी गई हैं, बड़े-बड़े पुल बनाए गए हैं। पटरियाँ और स्लीपर पक्की धातु के मजबूत लगाए गए हैं। लाइन की मोड़ें सीधी कर दी गई हैं। दस पहिएवाले नए-नए डब्बे लगाए गए हैं। दूर-दूर तक बेखटके काम देनेवाली इंजिनें लगाई गई हैं। सूखी मरुभूमि में भाप को पानी में परिणत करके फिर उससे काम लेने का नया तरीका इंजिनों में लगाया गया है। इंजिनें ड्योढ़ी ज्यादा बोझ खींचती हैं और उनकी गति में भी काफी तरक्की हुई है। एक घंटे में एक सौ अस्सी किलोमीटर तक ये जा सकती हैं। अब साइबेरिया मास्को से निकट हो गया है और भाड़े का खर्च आधा से चौथाई तक हो गया है।

नई रेलों ने कितनी ही चीजों की कीमत में अज़हद तरक्की कर दी है। घनघोर जंगल में पड़े सखुये के पेड़ की क्या कीमत? किंतु ज्यों ही वहाँ रेल पहुँची कि उसकी कीमत उठी और जब लकड़ी के कारखानों में पहुँचकर उसकी चीजें तैयार हुईं तब मानो लोहा, सोना बन गया।

तुर्किस्तान में रुई होती है। किंतु रुई की बड़े पैमाने पर खेती नहीं होती थी। इधर मास्को, लेनिनग्राद और इवानवो के कारखाने रुई के लिए मिस्र और अमेरिका के मुँह ताकते थे। कारण मामूली था। तुर्किस्तानवालों को अन्न चाहिए, रुई के खेत में वे अन्न पैदा करते थे। इधर साइबेरिया में अन्न इतना होता है कि दूसरी जगह भी भेजा जा सके। अतः साइबेरिया से नौ सौ मील की एक रेलवे लाइन तुर्किस्तान तक ले जाई गई। रास्ते में कितने पहाड़ हैं, कितनी मरुभूमियाँ, कितने मैदान। सब पर कब्जा किया गया। 1930 से ही वहाँ रेलें दौड़ रही हैं।

यों ही रेल की लाइनें मैगनिटोगोर्स्क को कारलैली, से कारागंडा को बलख झील से, यूक्रेन को वोल्गा की तराई से, यूराल को किरोव, कज़ान और क्वीवीशेव होते मध्यप्रदेश से मिलाती हैं। गुरीव से कांडागाच की ओरेनबर्ग-ताशकंद के रास्ते की लाइन एम्बा के तेल के प्रदेशों को एक सूत्र में गूँथती हैं।

तीसरी पंचवर्षीय योजना में रेलवे लाइन में 1942 तक चौवालीस फीसदी बढ़ाने का सोचा गया है। ग्यारह हजार किलोमीटर एकहरी रेलवे लाइन, आठ हजार किलोमीटर दुहरी लाइन, बड़ी ताकत की सात हजार तीन सौ सत्तर नई इंजिनें, एक लाख अठहत्तर हजार चार पहिए की मालगाड़ियाँ और बारह हजार सवारी गाड़ियाँ—उफ कैसी विशाल योजना। यही नहीं, रेलवे लाइन पर चलनेवाली 'हवाई ट्रेन' (Airotrain) और 'फिजाई ट्रेन' (Spherotrain) का आयोजन भी चल रहा है।

रेल और इंजिन के कार्यों की पूर्ति में सड़कें और मोटरें सहायक होती हैं। ज़ारशाही रूस में उन्नीस लाख मील सड़कें थीं। ये सड़कें अगर एक सीध में की जाएँ, तो पृथ्वी से चंद्रमा तक की दूरी के आठ गुने हिस्से को ढँक लें। लेकिन छः हजार दो सौ पचास मील की पक्की सड़कों को छोड़कर बाकी सब बिलकुल बेकाम

थीं। उन पर किसानों की बैलगाड़ी का चलना भी मुश्किल था, मोटर की क्या बात? ऐसी सड़कों से सोवियत की जरूरतें कैसे पूरी हो सकती थीं? अतः पहली पंचवर्षीय योजना में ही तय किया गया कि बाईस हजार पाँच सौ मील पक्की और आधुनिक ढंग की सड़कें बनाई जाएँ एवं सभी शहरों और देहातों को खबर कर दी गई कि अपने-अपने हल्के की सड़कों की मरम्मत कर ले; क्योंकि जमाना मोटर का आ गया है।

तीसरी पंचवर्षीय योजना में एक लाख अट्ठाईस हजार मील नई पक्की सड़कें बनाने और सत्रह लाख नई मोटरें तैयार करने का प्रोग्राम है। बीस लाख नौजवानों को मोटर की ड्राइवरी सिखलाई जा रही है। मरुभूमि के बालू पर और ध्रुव प्रदेश की बर्फ पर दौड़नेवाली नई किस्म की मोटरें भी तैयार की जा रही हैं।"

दूर के शहरों को हवाई रास्ते से जोड़ा गया है, जिनके दरम्यान नियमित वायुयान उड़ा करते हैं। इन हवाई रास्तों में से कितने—जैसे मास्को से तिफलिस, ताशकंद, अल्माआता—की लंबाई तीन हजार मील से ज्यादा है। ब्लॉडिवास्टक होकर मिंस्क से कामचाटका तक जो वायुयान जाते हैं, उन्हें लंदन से बंबई तक दूनी सफर तय करनी पड़ती है। मास्को से यूरोप की सभी प्रमुख राजधानियों तक हवाई रास्ते हैं।

नदी से जो आदमरफ्त होती है, वह रेल या सड़क, दोनों से सस्ती पड़ती है।

रूस में बड़ी नदियों की कमी नहीं। संसार की नौ सबसे बड़ी नदियों में चार साइबेरिया में ही हैं। इर्टिश और ओब नदी में जितनी दूर तक जहाज जा सकते हैं, वह दूरी लीवरपूल से न्यूयार्क तक की दूरी से भी बड़ी है। फिर हजारों उपनदियों सहित वोल्गा तो संसार का सबसे महान जलपथ है। छः रेलवे लाइनें एक साथ बिछाई जाने पर भी उतना काम नहीं कर सकतीं, जितना अकेली वोल्गा कर सकती है। वोल्गा और यूरोपीय रूस की दूसरी नदियों को नहरों द्वारा एक-दूसरे से मिलाने और उनमें जहाजों और अग्निबोटों के आने-जाने का प्रबंध व्यापक पैमाने पर किया जा रहा है। जहाँ यह काम समाप्त हुआ, इन्हें साइबेरिया की नदियों से मिलाने का प्रयत्न भी शुरू हो जाएगा। नीपर नदी में बिजली के लिए जो बाँध बाँधे गए हैं, उनके चलते अब उसकी पूरी धारा में जहाज मजे से आते जाते हैं।

वोल्गा की योजना यदि पूरी हुई तो वह संसार का आठवाँ आश्चर्य माना जाएगा। इस योजना के अनुसार काला सागर और कास्पियन का समुद्र बाल्टिक समुद्र और ध्रुव समुद्र से संबद्ध हो जाएगा। संसार भर के माल सीधे जहाज से मास्को तक जा पहुँचेंगे। रूस के मालों की ढुलाई कितनी सस्ती और सुगम हो जाएगी। लकड़ी और अनाज दक्षिण और काला सागर तक जाएगा और कोयला उत्तर ओर दोन से वोल्गा के कारखानों तक। इसके लिए वोल्गा की धारा ही गहरी नहीं बनाई जाएगी, साठ मील लंबी दो सौ फीट चौड़ी नहर द्वारा वोल्गा को दोन से मिलाया जाएगा।

वर्तमान में वोल्गा होकर तीन करोड़ टन माल आता-जाता है। पाँच वर्ष में यह दुगुना और दस वर्ष में चौगुना हो जाएगा।

एक और भी महान जल योजना हाल ही समाप्त हुई हैं। इसके द्वारा बाल्टिक को ध्रुव सागर से मिला दिया गया है। इसके निर्माण में ही कम असाध्य साधन नहीं करना पड़ा है। दो करोड़ वर्गमीटर जमीन की खुदाई हुई, पच्चीस लाख मीटर पत्थर डाइनामाइट से उड़ाया गया, अट्ठाईस लाख लकड़ी के बड़े-बड़े बीम से किनारों की दीवालें बनाई गईं, जिनके बीच से जहाज आते-जाते हैं। अब लेनिनग्राद से आर्चेंजल जाने के लिए नार्वे, स्वीडन और करेलिया होकर लंबी चक्कर देने की जरूरत नहीं रह गई। सत्रह दिन की तूफानी यात्रा अब छः दिन में जंगलों और मैदानों के बीच से सानंद पूरी कीजिए!

इसके उद्घाटन के समय विश्वविख्यात साहित्यिक गोर्की ने कहा—"मानव उफ़, यह तेरा कैसा गौरवमय कार्य है!" यह 1933 में पूरा हुआ।

इसके बाद ही वोल्गा—मास्को नहर की खुदाई शुरू हुई, जो पूरी हो चुकी है। पनामा की नहर बनाने में बारह वर्ष लगे थे। उतनी ही मेहनत की जरूरत होने पर भी सोवियत ने इस महान कार्य को सिर्फ पाँच वर्षों में पूरा कर लिया है। अब मास्को में विशाल सामुद्रिक बंदरगाह है और शुद्ध जल का एक विशाल जलाशय,

जिसका पानी राजधानी के नागरिक बड़े चाव से पीते हैं, क्योंकि इसमें उनका पसीना भी मिला हुआ है !

1940 तक अस्सी हजार मील जलपथ बड़े-बड़े जहाजों के आवागमन के योग्य तैयार हो चुका था !

मनुष्य का नया गुलाम !

यह युग मशीन का है । हमारे दिमाग में मशीन है, हमारी आँखों के सामने मशीन है । हमारी गृहदेवियाँ मशीन पर जान देती हैं, हम मशीन पर कुर्बान होते हैं । मशीन हमारा कपड़ा सीती है, घर बुहारती है, खाना पकाती है । मशीन हमें गाना सुनाती है, सैर कराती है । मशीन से हम आसमान में उड़ते हैं, महासमुद्र की तरंगों पर खेलते हैं । मशीन हमारे हाथों में ताकत और पैरों में गति देती है । मशीन हमारे कंधों के बोझ को हलका करती और हमारी सेवाएँ बजा लाती है । मशीन के युग में गरीबी एक अजीब गोरखधंधा है । मशीन के युग में भी अगर हम भूखों मरते हैं, तो इसे हमारी बदनसीबी समझिए—'जल में मीन प्यासी' का जीता जागता यह उदाहरण है ।

पूँजीवादी देशों में मशीन रहते भी अगर लोग दुख उठाते हैं तो इसलिए कि उनमें साधारण विवेक की कमी है । उन्होंने एक ऐसी अर्थनीति को अपनाया है, जिसमें मशीनें बेकार खड़ी रखी जाती हैं और लोग भूखों मारे जाते हैं । सिर्फ यही नहीं, नई मशीनें वहाँ लोगों को सुख पहुँचाने की जगह उन्हें बेकार बनाकर दर-दर भीख मँगाने को बाध्य करती हैं । एक काँच के कारखाने में प्रति घंटा तीन हजार बोतलें बनती हैं, जहाँ पहले थी; इसके लिए लोगों में अनुशासन और चरित्र भरने की जरूरत थी । सोवियत संघ ने यह सब किया और अपनी जिंदगी के बाईस-तेईस वर्षों में ही उसने अपने को इस तरह स्वावलंबी बना लिया है कि अब मुश्किल से कोई एकाध मशीनें हों, जो उसके अपने देश में नहीं पैदा की जाती हैं ।

रूस में सबसे बड़ी जरूरत थी खेती की मशीनों की । जब तक खेत में मशीनें न दौड़ें, तब तक पैदावार की वृद्धि ही नहीं हो सकती, बल्कि किसानों में साम्यवाद की भावना भी नहीं लाई जा सकती । जब तक खेतों में मेंड़ हैं, तब तक किसान व्यक्तिवादी ही बना रहेगा । अतः, सबसे ज्यादा इस ओर ध्यान देना जरूरी था । आज रूस में कृषि सम्बन्धी जितनी मशीनें बनती हैं, उतनी संसार में कहीं नहीं बनतीं, अमेरिका तक में नहीं । जो देश कल तक अपना हँसिया विदेश से मँगाता था, वहाँ की खेती वहीं की मशीनों से सम्पन्न होती है । इटली में अठारह हजार ट्रैक्टर (कल के हल) हैं, जर्मनी में तीस हजार । लेकिन सोवियत के किसानों के पास पाँच लाख अट्ठावन हजार छः सौ ट्रैक्टर हैं और ये सब स्वदेश के ही बने हुए हैं । एक चेल्यांबिंस्क का कारखाना हर साल चालीस हजार ट्रैक्टर तैयार करता है ।

खेत जोतने के लिए ही नहीं, कटनी और दौनी के लिए मशीनें ही काम लाई जाती हैं । रूस में कटनी-दौनी के लिए जो नई मशीनें तैयार हुई हैं, उन्होंने संसार की ऐसी मशीनों को बिलकुल दकियानूसी, पुराना और बेकाम साबित कर दिया है ।

अब वहाँ के किसान अपने माल बैलगाड़ियों पर नहीं ढोते । चारों ओर ट्रक की भरमार है । गोर्की नगर का एक कारखाना समूचे इंगलैंड के कारखानों से ज्यादा ट्रक तैयार करता है । सोवियत संघ के पास जितने ट्रक हैं, वे जापान, इटली और पोलैंड के ट्रकों के योगफल से भी ज्यादा हैं । ऐसा भी प्रबंध हो रहा है कि दो वर्षों के बाद चार लाख मोटरें हर साल तैयार की जाएँ । हर किसान परिवार में एक मोटर हो—रूस की साम्यवादी सरकार उस दिन को निकट लाना चाहती है ! किसान इन मशीनों के युग में पैदल क्यों चलें ?

और हवाई जहाज ? बिना इसके आधुनिक सेना नेत्रहीन हैं । देश रक्षा उसके बिना असंभव है । फिर रूस ऐसे विशाल और विस्तृत देश के लिए हवाई जहाज तो अतीव आवश्यक है । जंगलों, बर्फिस्तानों, रेगिस्तानों को पार कर सोवियत के भिन्न-भिन्न प्रजातंत्रों में एकता स्थापित किए रहने का काम तो हवाई जहाज

का ही है । कहाँ साखालिन का टापू, जो कई महीनों तक समुद्र से बिलकुल कटा हुआ रहता है, कहाँ रेगिस्तान में बसा काराकम, कौन इनमें नियमित डाक पहुँचाए, दैनिक अखबार पहुँचाए? सोवियत की हवाई डाक के जिम्मे ही यह भार है ।

कारेलिया के एक कोने में, जहाँ थर्मामीटर का पारा ठंडक के मारे शून्य से चालीस डिग्री नीचे चला जाता है, एक मास्टरनी के पैर को बर्फ मार जाती है, वह पैर जहरीला बनता जा रहा है । ऑपरेशन से ही अब बेचारी की जान बच सकती है । लेकिन यहाँ चतुर डॉक्टर कहाँ? लेनिनग्राद से एक हवाई जहाज जाता और एक ही दिन में उसे डॉक्टर के नजदीक पहुँचा देता है । बेचारी बच जाती है ।

येनिसी नदी के मुहाने पर, हरिन के झुंडों में एक संक्रामक बीमारी फैल गई है । साधारण सवारियों से वहाँ तक पहुँचने में महीनों लग जाएँ, जब तक हरिन का खानदान ही खत्म हो जाए ! वायुयानों का झुंड डॉक्टरों को दवाइयों के साथ वहाँ उतार देता है । संक्रामक बीमारी रुक जाती है ।

हवाई जहाज डाक ढोता है, ध्रुव सागर में सील मछलियों का पता लगता है, याकुटस्क के अगम भागों से भेड़ों की खालें इकट्ठा करता, धान की बुआई करता है, जंगल की आग का पता लगता है, रोग-कीटों को नष्ट करता है, टिड्डियों से युद्ध करता है, घास-पात को मारता है, पेड़ों को रोकता है और कुहासे को मार भगाता है ।

सोवियत संघ अपना हवाई जहाज खुद तैयार करता है और उसके हवाई जहाज गुण और संख्या में किसी भी देश से बाजी ले सकते हैं । 1937 में ध्रुव देश की चढ़ाई के मौके पर सवा दो दिन में ये हवाई जहाज सात हजार मील की यात्रा तय कर सके थे । यह है इनके गुण की एक मिसाल । संख्या के बारे में जर्मनी के वायुयान विभाग के एक बड़े अफसर ने कबूल किया है कि 1940 तक रूस प्रतिवर्ष पन्द्रह हजार हवाई जहाज तैयार कर सकेगा । युद्ध के समय वह कितनी बड़ी संख्या में तैयार कर सकेगा, इसका अंदाजा भी नहीं लगाया जा सकता ।

सोवियत की जलवायु के अनुकूल वायुयानों की किस्में भी अनेक हैं । ध्रुव देश के लिए ऐसे वायुयान बने हैं, जो शून्य से चालीस डिग्री नीचे की ठंडक में भी काम करते रहें । ऐसे वायुयान भी बने हैं, जिन्हें पानी, बर्फ या जमीन आप जहाँ चाहें, मज़े से उतार सकते हैं । 'असमानी ट्रेन' (Sky Train) नाम की एक अजीब चीज तैयार की गई हैं, जिसमें आगे इंजनवाला एक हवाई जहाज होता है और उसके पीछे सवारी या माल से लदे कई ग्लाइडर बँधे होते हैं । जहाँ के लिए जो ग्लाइडर हैं, वहाँ उसे खोल दिया जाता है, ट्रेन ऊपर-ही-ऊपर आगे बढ़ती है और वह ग्लाइडर धीरे-धीरे नीचे उतर आता । 'आसमान के पतंगे' नाम के छोटे-छोटे वायुयान हैं, तो 'गोर्की' ऐसे बड़े-बड़े विशाल हवाई जहाज भी बनते हैं, जिनमें सोने, खाने और खेलने के सामान भी होते हैं ।

मशीनें तैयार करने में सोवियत का स्थान यूरोप में सर्वश्रेष्ठ है, उसकी प्रतिद्वंद्विता सिर्फ अमेरिका कर सकता है । पिछले महायुद्ध की अपेक्षा तेईस गुनी ज्यादा मशीनें तैयार होती हैं । इनकी संख्या उत्तरोत्तर बढ़ती ही जा रही है । नए-नए ढंग की मशीनों के बनाने की ओर खास ध्यान दिया जाता है । विद्यार्थियों को इसके लिए खास स्कॉलरशिप दिए जाते हैं, अनुसंधानकर्ताओं को हर तरह की सुविधा और प्रोत्साहन मिलता है । इंजीनियरों को उतने सम्मान की दृष्टि से शायद ही कहीं देखा जाता हो ।

साम्यवादी फसलें

उद्योग-धंधों के विकास का उद्देश्य है भोजन, वस्त्र, मकान और ऐसी दूसरी चीजों की पूर्ति, जो सभ्य और संस्कृत जीवन के लिए जरूरी हैं । उद्योग-धंधे साधन हैं, साध्य नहीं । उनकी सफलता की एक ही कसौटी है कि वे मनुष्य की जिंदगी में सुख और सुविधा की कितनी वृद्धि करते हैं ।

हमारे भोजन उद्योग के लिए लाजिमी हैं कि वह रोटी-मक्खन, मांस-मछली, अंडे-फल, सब्जी-तरकारी, चीनी-घी, बिस्कुट-केक, शरबत-शराब अधिक-से-अधिक परिमाण में हमें दें। वे हलके उद्योग-धंधे किस काम के, अगर वे सूती, रेशमी और ऊनी कपड़े, मोजे-मफलर, जूते और चमड़े की दूसरी चीजें, कंबल और फर, साबुन सिगरेट, लकड़ी के फर्नीचर, काँच के सुंदर बरतन और खिलौने, ग्रामोफोन और रेडियो इतनी तायदाद में नहीं पैदा करते कि देश में अभाव नाम की चीज नहीं रह जाए?

भोजन के लिए सबसे जरूरी चीज है अन्न। अन्न की कमी के कारण ज़ारशाही रूस में बार-बार अकाल पड़ते थे। बड़े-बड़े पंचायती खेत और खेतों में वैज्ञानिक ढंग की खेती ने साम्यवादी रूस के अन्न की पैदावार को दुगुना कर दिया है। ज़ारशाही के जमाने में जहाँ सिर्फ चार अरब पूड़ अन्न उपजते थे, वहाँ अब लगभग आठ अरब पूड़ अन्न पैदा होते हैं। एक रूसी पूड़ लगभग अठारह सेर के बराबर होता है। इसका अर्थ यह होता है कि रूस के हर व्यक्ति पर बीस मन के लगभग अन्न पैदा होता है। अब अकाल की जड़ तक खोद दी गई, यह बहुत मजे में कहा जा सकता है।

साइबेरिया के सम्मिलित पशुधन और डेरीफार्म जॉर्जिया के चायबगान, सुदूर पूर्व के मछली भंडार, वोल्गा के बगीचे और यूक्रेन के चीनी के कारखाने—ये सब अन्य खाद्य पदार्थों से सोवियत संघ को आप्यायित किए रहते हैं। इन सबकी पैदावार बड़ी तेजी से बढ़ रही है। जहाँ 1936 में तीन लाख उनतीस हजार टन चीनी तैयार होती थी, वहाँ 1938 में ही पाँच लाख अस्सी हजार टन चीनी तैयार होने लगी। 1933 की अपेक्षा 1937 में मक्खन की खपत ढाई गुनी, अंडे की खपत पाँच गुनी और मांस की खपत सात गुनी बढ़ गई।

सोवियत संघ अब अपनी चाय और शराब खुद पैदा करता है। 1938 में जॉर्जिया में पैंतीस हजार टन चाय की पत्तियाँ पैदा की गईं। 1939 में ऊँचे दर्जे की शराब की तीस लाख बोतलें तैयार हुईं।

ज़ारशाही के जमाने में किसान या तो नंगे पाँव घूमा करते थे या पैर में रबड़ या लत्ते लपेटे फिरा करते थे। सिर्फ बड़े लोगों के पैरों में जूते दीख पड़ते थे। समूचे रूस में दो करोड़ से ज्यादा जोड़े जूते नहीं बनते थे। लेकिन आज साम्यवादी रूस अपने हर व्यक्ति के लिए गिनकर जूते बनाता है, यानी लगभग अठारह करोड़ जोड़े। 1942 तक इनकी संख्या तेईस करोड़ तक पहुँच जानेवाली है।

किसी देश की सभ्यता की माप उसके साबुन के व्यवहार से की जा सकती है, ऐसा कभी-कभी कहा जाता है। ज़ारशाही रूस की अपेक्षा साम्यवादी रूस दर्जनों गुना ज्यादा साबुन काम में लाते हैं। 1928 की अपेक्षा 1936 में आठ गुना साबुन का व्यवहार बढ़ गया।

तंबाकू की माँग सभी देशों की तरह रूस में भी है। लेकिन जब तक तंबाकू बाहर से आता था, उस माँग की पूरी पूर्ति असंभव बात थी। अब सोवियत रूस अपना तंबाकू खुद पैदा कर लेता है। अब खाजिया का तंबाकू अपनी सिफत में टर्की के अच्छे-से-अच्छा तंबाकू का मुकाबला करता है। सोवियत रूस में सिगार और सिगरेट की किस्में भी दिन-दिन बढ़ती जा रही हैं। क्रीमिया में दो वर्षों के अंदर सिगरेट और सिगार की किस्मों में दर्जनों की तरक्की देख प्रोफेसर हैंसन विस्मय-विमुग्ध रह गये। 1937 में सोवियत संघ ने नवासी अरब सिगरेट तैयार किए थे। सोवियत संघ का दर्जा तंबाकू उपजाने में संसार में दूसरा है!

चीजों के दाम में कमी हो और लोगों की आमदनी में वृद्धि हो, इस बात पर खास ध्यान रखा जाता है। ऐसा होने पर ही लोगों की रहन-सहन का मापदंड लंबा हो सकता है। 1934 और 1937 के अंदर सोवियत संघ में रोटी की कीमत आधी हो गई, मक्खन की भी आधी, अंडे की कीमत एक-चौथाई रह गई, मांस की कीमत तिरसठ फीसदी नीचे उतरी, चीनी सत्ताईस फीसदी नीचे। इन सालों के अंदर जर्मनी में आलू की कीमत ड्योढ़ी चढ़ गई, मक्खन की कीमत में एक-तिहाई की वृद्धि हुई, मांस और अंडे की कीमत सवा गुनी बढ़ी। चीजों के मूल्य की कमी के साथ-साथ आमदनी में काफी वृद्धि हुई। 1929 की अपेक्षा 1933 में लगभग वह दूनी और 1937 में पौने चार गुनी हो गई। इसके अलावा सरकार ने सामूहिक सुविधाएँ जो दीं सो अलग। 1937 में गर्भवती स्त्रियों को अठहत्तर करोड़ रुपया प्रसूतिगृह के खर्च के लिए दिया गया, किंतु 1938 में उसे बढ़ाकर

निन्यानबे करोड़ कर दिया गया। विश्रामगृहों और स्वास्थ्यागारों में इसी साल तीन लाख अस्सी हजार से अधिक मजदूरों को भेजा गया। किशोरों और बच्चों के आमोद-प्रमोद के साधनों में भी इसी तरह की वृद्धि की गई।

तीसरी पंचवार्षिक योजना में सामूहिक सुविधाओं में वृद्धि की ओर बड़ी गुंजाइश रखी गई है। लोगों की सांस्कृतिक अभ्युन्नति, शिक्षा और स्वास्थ्य, माताओं की रक्षा आदि का खर्च जहाँ 1937 में तीस अरब रूबल था, वह 1942 में तिरपन अरब रूबल हो जाएगा। अस्पतालों में तीस फीसदी वृद्धि होगी, लेकिन उज़बेक, ताज़िक, कज़ाक और किरगिज प्रजातंत्रों में दूनी, आरमेनिया में तिगुनी और तुर्कमेनिया में पँचगुनी वृद्धि होगी।

राष्ट्र की आय की वृद्धि से वहाँ के लोगों की सुख-सुविधा का बहुत अंदाज लगाया जा सकता है। जहाँ 1913 में रूस की राष्ट्रीय आय प्रतिवर्ष इक्कीस अरब रूबल थी, वहाँ वह 1928 में पच्चीस अरब, 1932 में पैंतालीस अरब, 1933 में अड़तालीस अरब, 1937 में छियान्बे अरब और 1938 मे एक सौ पाँच अरब तक जा पहुँची। बाद के इन दो वर्षों में निस्संदेह बहुत बड़ी उन्नति हुई होगी।

नई मानवता

[मूल पांडुलिपि के पृ. 121-22 उपलब्ध नहीं हुए। अब इससे आगे··· —संपादक]

आर्थिक योजना की जाए, तो फिर कोई कारण नहीं कि जब तक मनुष्य की सभी आवश्यकताएँ संपूर्णतः पूरी न हो जाएँ, तब तक कोई बेकार रहे। ज्यों-ज्यों सभ्यता बढ़ेगी, आवश्यकताएँ भी बढ़ती जाएँगी। और जब मानवता अघा जाएँगी, उसकी इच्छाएँ पूरी हो चुकेंगी, तब फिर वह आराम-ही-आराम करेगा और यह आराम सबके लिए समान रूप से प्राप्य होगा। जब तक ऐसा नहीं हो जाता, तब तक काम की क्या कमी? काम की कमी नहीं, तो कोई बेकार क्यों रहे? सोवियत संघ में काम का अभाव नहीं है। उलटा उसे तो अधिकाधिक आदमी चाहिए और वह भी अधिकाधिक वेतन पर!

(3) आयोजित अर्थनीति व्यक्तिगत सुरक्षा का इत्मीनान सबको दिलाती है। कहीं बीमार हो गया तो मेरा और मेरे परिवार का क्या होगा? बुढ़ापे में किसका सहारा मैं लूँगा? इन सब बातों की चिंता पूँजीवादी समाज में मानवता को व्याकुल किए रहती है। इस चिंता से मुक्त होने के लिए वह धन जोड़ती है, धन के लिए सब कुकर्म करने को तत्पर रहती है। व्यक्ति को समाज पर विश्वास नहीं, अंश संपूर्ण को शंका की दृष्टि से देखता है। जहाँ कहीं बेकारी का भत्ता या बुढ़ापे की पेंशन मिलती भी है, वह इतने छोटे परिमाण में और ऐसी बुरी शर्तों के साथ कि कोई भलामानस उसके पास फटकने में शर्म अनुभव करता है। किंतु सोवियत संघ में ऐसी बात नहीं। वहाँ हर व्यक्ति समाज पर आश्रित है। समाज उसे सुरक्षा की गारंटी देता है। वह अपने को पूर्णतः सुरक्षित समझता है। अगर वह बीमार पड़ता है, तो उसे बीमारी का मुशाहरा मिलता है। वह बूढ़ा होता है, तो उसे सम्मान के साथ पर्याप्त पेंसन ठीक उसी तरह मिलती है, जिस तरह सरकारी हुक्कामों को।

(4) आयोजित अर्थनीति मानव मन से भय को सदा के लिए दूर कर देती है। भय व्यक्तित्व को दबा देता और जीवनशक्ति को कम कर देता। 'मा भय'—मत डरो, यह वेद की वज्रवाणी है। भय दूर हुआ और अपार शक्ति उन्मुक्त हुई। जहाँ देखो कि प्रतिभा का विकास नहीं हो रहा है, समझो, वहाँ भय का भूत कहीं छिपा होगा। आज सोवियत संघ जो इतनी उन्नति कर रहा है, वह इसीलिए कि उसके नागरिकों के हृदय से भय सदा के लिए दूर हो चुका है। पूँजीवादी देशों में भय मजदूरों के पीछे भूत सा लगा रहता है। कहीं मुझे निकाल नहीं दिया जाए, कहीं मेरी नौकरी न छिन जाए, यह उसके दिमाग को चक्कर में डाले रहता है। बेकारी, मंदी, बीमारी, बुढ़ापा आदि के भय की चट्टान उसके हृदय को कुचले रहती है। मध्यमवर्ग, किसान और टुटपुँजिया बाबू दल—भी भय के दायरे से बाहर नहीं। शायद वे और भी भयभीत रहते हैं। उनके पास जो थोड़ी-बहुत ज़र-ज़मीन है, उसके खो देने की चिंता उन्हें परेशान किए रहती है। फासिज़्म भय की नींव पर ही कायम हुआ; निर्धनों के भय से धनवाले तानाशाहों की गोद में जा गिरे! भय आदमी में न किसी चीज के प्रारंभ करने का माद्दा रहने देता है, न कुछ साहसिक कार्य संपन्न करने का। भय कुछ को बुजदिल और बाकी को जानवर बना देता है। सोवियत संघ ने अपनी सीमा से भय को सदा के लिए दूर कर दिया है। कितने ही प्रकट भयों को उसने एक ही झटके में दूर फेंक दिया है। सोवियत के माता-पिता को यह भय नहीं है कि जब उसके घर में कोई देवशिशु आवेगा, तो उसका लालन-पालन वह कैसे करेगा। डॉक्टर और दवा के खर्चों और स्कूल और कॉलेज की फीसों का वहाँ क्यों भय होने लगे? कम वेतन, ज्यादा काम का भी वहाँ भय कहाँ?

(5) आयोजित अर्थनीति झूठ और धोखेबाजी को रोकती है। पूँजीवादी उद्योगों में झूठ और फरेब का बोलबाला रहता है। यहाँ तक कि बेहयाई से कहा जाता है कि व्यापार और उद्योग में सत्य का स्थान कहाँ? छः दिन पाप करो और सातवें दिन गिरजाघर में क्षमा माँगो—यह घिनौनी नीति सर्वत्र बरती जाती है। श्रमजीवी भी

लाचारी में झूठ की शरण लेने पर बाध्य होता है। अगर वह ऐसा न करे तो वह न सिर्फ अपनी बरबादी करे, बल्कि अपने भाइयों को भी खतरे में रखे। लेकिन सोवियत योजना में झूठ के लिए स्थान कहाँ ? सोवियत रूस में कूट के जूते को चमड़े के नाम पर बेचने की जरूरत ही क्या है ? और न एक आदमी के काम करने की फुरती, दूसरे आदमी के लिए सर्वनाश का कारण बन सकती है। फुरती, कारीगर और आविष्कार उद्योग-धंधों में तरक्की करते हैं, जिनका फल सब समानरूप में भोगते हैं। वहाँ सच बोलना एक सामाजिक गुण है और ऐसा करना संभव है ऐसा करके किसी की रोजी या जिंदगी पर खतरा नहीं लाया जा सकता।

(6) आयोजित अर्थनीति स्वार्थ और परमार्थ में जो परस्पर विरोध और कलह है, उसे समाप्त करती और दोनों का बहुत ही सुंदर समन्वय करती है। इस समन्वय का अभाव व्यक्तित्व को दो टुकड़ों में बाँट देता है। यह समन्वय व्यक्तित्व को बहुत ऊँचा उठा देता है। मेरा यह सफल परिश्रम मुझे तो वैभवशाली बनाता ही है, मेरे साथियों को मुझसे भी ज्यादा धन-धान्य पूर्ण करता है—यह कल्पना कितनी दिव्य, कितनी ऊँची, कितनी प्रेरक है। पूँजीवादी देशों और परमार्थ में शाश्वत कलह रहता है और दुर्बल मानव दोनों के बीच कुचल जाता है। उसकी आत्मा द्विधा में सिसकियाँ भरती रहती है। आयोजित अर्थनीति द्विधा को दूर करती, आत्मा को आजाद बनाती है। अच्छा कारीगर बन के अच्छी मेहनत करके मैं अच्छा मुशाहरा प्राप्त करता हूँ, अच्छी तरह रहता और मौज करता हूँ। किंतु यह मेरी कारीगरी, यह मेरी मेहनत जहाँ मुझे अच्छा मुशाहरा देती है, वहाँ मेरे पड़ोसियों को, मेरी देशभाइयों को भी, समष्टि रूप से लाभ पहुँचाती, ऊपर उठाती है। यों वहाँ स्वार्थ और परमार्थ एक-दूसरे का दामनगीर होकर चलते हैं—ठीक खेल के किसी टीम की तरह, जहाँ किसी खिलाड़ी का अच्छा खेल टीम को जिताता है, साथ ही उसे भी प्रसिद्धि और सम्मान देता है।

(7) आयोजित अर्थनीति मिल्कियत और जवाबदेही की एक नए ढंग के भावना पैदा करती है। इस आर्थिक योजना में हर मर्द, हर स्त्री, हर बच्चे के लिए जगह है और इसकी पैदावार में सबका हिस्सा है, यह ज्ञान लोगों में मिल्कियत स्वामित्व की भावना भरता है। किसान, मजदूर, कारीगर, विद्यार्थी, बच्चे—सभी के मुँह से 'हमारा' देश, 'हमारा' कारखाना, 'हमारा' खेत, 'हमारी' दुकान, 'हमारा' सिनेमाघर निकलते हैं—'मेरा' वहाँ सदा के लिए मर चुका है, किंतु यह 'हमारा' भी कम मोहक और प्रेरक नहीं है !

मिल्कियत की यह भावना जवाबदेही की भावना को पैदा करती है। एक नौजवान एक बार जमीन के नीचे चलनेवाली रेल के डब्बे के दरवाजे पर पैर रखकर देखना चाहता था; देखें, क्या होता है ? एक किसान औरत ने उसे झिड़क दिया—तुम 'हमारी' चीज का नुकसान करना चाहते हो ! वहाँ हर व्यक्ति यह अनुभव करता है कि संघ के अंदर की सभी चीजें सब की हैं, इसलिए उसकी भी है। अतः, वह उनका जरा भी नुकसान वह बरदाश्त नहीं कर सकता—ऐसा करनेवालों को वह या तो अज्ञान या अपना दुश्मन समझता है। लेनिन ने शुरू से ही इस मिल्कियत और जवाबदेही की भावना की सृष्टि करने पर जोर दिया। एक बार उसने कहा था—हर रसोईदारिन को देश के संचालन की शिक्षा मिलनी चाहिए—क्योंकि यह देश 'उसका' भी है !

(8) आयोजित अर्थनीति काम के प्रति एक नया रुख पैदा करती है। क्योंकि सोवियत संघ में सबको काम करना लाजिमी है। निठल्ले व्यक्ति या वर्ग के लिए वहाँ जगह नहीं। हम लोग काम की प्रतिष्ठा के बारे में तो लंबी-लंबी बातें करते हैं, लेकिन काम से हमेशा भागने की कोशिश करते हैं। लेनिन ने शुरू से ही इस विचार का मूलोच्छेद करना शुरू किया कि मजदूर वर्ग किसी आरामतलब वर्ग से नीचा है या हाथ से काम करनेवाला मजदूर संचालन करनेवाले मैनेजर वगैरह से घटिया दर्जा रखता है। आयोजित अर्थनीति की सफलता सबकी सहायता पर समान रूप से निर्भर करती है। सबको काम का आलिंगन करना चाहिए। प्रारंभ से ही बच्चों में मजदूरों के समाज में काम करने के अभिमान की भावना भरी जाती है ! सोवियत संघ में आरामतलब समाज के लिए जगह नहीं है, यद्यपि आराम हर व्यक्ति का अधिकार समझा जाता है और उसमें वृद्धि करना मुख्य उद्देश्य।

(9) आयोजित अर्थनीति जुर्म को कम करती है। जुर्मों पर अगर हम गौर से निगाह डालेंगे, तो हम पावेंगे कि जुर्म ज्यादातर गरीब करते हैं और गरीबी के चलते करते हैं। अगर गरीबी ख़त्म हुई, तो फिर जुर्म की जड़ ही

कट गई। जल्द धनी बन जाने की उत्सुकता भी जुर्म कराती हैं। आप इसे दूर कीजिए और दूर कीजिए ज्यादा काम लेना, बेमन का काम लेना, जबदस्ती काम लेना, जिनके चलते आदमी जुआ, शराब, व्यभिचार आदि में फँस जाता है। ऐसा करते ही आप देखेंगे कि आप को आधी कचहरियाँ और आधे जेल अभी खाली कर देने पड़ेंगे। सोवियत संघ में जुर्मों की कमी एक प्रकट सत्य है।

(10) आयोजित अर्थनीति सबके निकट एक रचनात्मक कार्यक्रम रखकर मानव जीवन में एक नया उत्साह और आनंद की सृष्टि कर देती है। 'साम्यवाद का निर्माण'— आज वहाँ सबकी जबान पर है। सबको इसके लिए प्रयत्न करना है। सबके लिए इसमें स्थान नियत है। हर व्यक्ति इस 'महान' कार्य के लिए अपनी ज़रूरत महसूस करता है और यह महान कार्य सबके लिए समानरूप में सामाजिक मूल्य रखता है। वहाँ व्यर्थ परिश्रम या सिर्फ पैसे के लिए किया गया परिश्रम नहीं है। हम एक नए समाज की रचना कर रहे हैं, यह समाज मनुष्यजाति को प्रकाशपथ दिखाने के लिए आकाश-प्रदीप का काम करेगा—इस महान कल्पना से ओत-प्रोत सोवियत संघ की नर-नारी असंभव को भी संभव करने पर तुली हैं।

(11) यह अर्थनीति सोवियत संघ के अंदर बसे हर नस्ल, हर रंग, हर पेशे के लोगों को समानरूप से आलिंगित करती है। देश के कोने-कोने में बसी हर छोटी-बड़ी नस्ल के हर उद्योग और कृषि इसके दायरे के अंदर है। सिर्फ सैनिक या आर्थिक दृष्टि से ही कृषि और उद्योगों का नया वितरण नहीं किया गया है। मानवता का यही तकाजा था। सभी मानव भाई हैं। सबके लिए काम है, सबके लिए उसका सुंदर फल है। संघ के जो विकसित अंग हैं, वे तेज़ी से कदम बढ़ाते हैं सही; लेकिन पिछड़े अंगों के कदम में और भी ज्यादा तेज़ी है और वह दिन दूर नहीं जब संघ का हर अंग समान रूप से सुविकसित और स्वस्थ-सबल हो जाएगा। दुनिया की पिछड़ी नस्लों के लिए सोवियत का मानो यह स्वर्ग-संदेश है।

यों नई मानवता के निर्माण के लिए जिन-जिन उपकरणों की जरूरत है, सोवियत संघ में सभी प्राप्त हैं। फिर, वहाँ उसका जन्म क्यों न हो?

उगते पौधे

आयोजित अर्थनीति सफल हो रही है। उसकी सफलता वैभव का अंबार लगा रही है। सुख-सुविधा के सभी साधनों की गोद में एक नई मानवता पल रही है। मर्द-औरत, जवान-बच्चे सब एक नए साँचे में ढल रहे हैं। हम सबसे पहले बच्चों से ही देखना शुरू करें—

रूस में विदेशी पर्यटक को सबसे अधिक जो अपनी ओर खींचते हैं, वे उसके कारखाने या भौतिक अभ्युत्थान के आँकड़ें नहीं, बल्कि उसके बच्चे। आप समूचे रूस में घूम आइए, कोने-कोने, देहात-देहात में—कहीं आपको ऐसे बच्चे नहीं मिलेंगे, जिन्हें पूरी खुराक नहीं मिलती हो, जो दुबले-पतले, मैले-कुचैले हों। कैंटरबरी के लाट पादरी का कहना—मैं रूस के पाँच प्रजातंत्रों और अनेक प्रसिद्ध शहरों में घूम आया हूँ, किंतु कहीं मुझे कोई भूखा या दुबला-पतला बच्चा नहीं दिखाई पड़ा। मैं कितनी ही बार अकेले, मनमानी जगहों में, शहरों और देहातों में दिन और रात में घूम आया, लेकिन हमेशा हँसमुख और पुष्ट बच्चे ही मुझे दीख पड़े। सचमुच, वहाँ भूख की क्या गुंजाइश, जहाँ बेकारी ख़त्म हो गई, मजदूरी बढ़ गई, चीजें सस्ती हो गई।

रूस में सरकारी शिक्षा का प्रारंभ 1782 ई. में हो चुका था, लेकिन वह कुछ शहरों तक ही परिमित था। ज़ार निकोलस प्रथम ने तो शिक्षा को तानाशाही की दुश्मन मानकर मजदूरों, किसानों और खेत मजदूरों के लिए माध्यमिक और उच्च शिक्षा का दरवाजा बिलकुल ही बंद कर दिया था। अल्पमतवाली नस्लों में तो प्रारंभिक शिक्षा का भी प्रबंध नहीं था। 1914 में शिक्षा में रूस का स्थान उन्नीसवाँ था। बहत्तर सैकड़े लोग निरक्षर

भट्टाचार्य थे। एशिया के प्रदेशों में तो ऐसे लोगों की संख्या निन्यानबे फीसदी तक जा पहुँचती थी। इसके बाद ही चार वर्षों तक महायुद्ध चलता रहा। फिर गृहयुद्ध और बाहरी घेरे। तब 1921-22 में भयानक अकाल। शिक्षा का छकड़ा जहाँ-का-तहाँ खड़ा था।

यद्यपि क्रांति होते ही साम्यवादी सरकार ने विज्ञप्ति कर दी थी कि शिक्षा सर्वव्यापी, निःशुल्क और अनिवार्य होगी, रंग या नस्ल की कोई रुकावट नहीं रहेगी, तो भी 1922 से पहले शिक्षा संबंधी पुनर्निर्माण का काम शुरू नहीं हो पाया था।

सोवियत सरकार के शिक्षा प्रसारकों को कितनी ही कठिनाइयों का सामना करना पड़ा। पुराने जमाने के बहुत से शिक्षकों ने सोवियत की मातहती में शिक्षा देना अस्वीकार कर दिया। बहुत से लोग शिक्षक का काम तो करते रहे, किंतु इस पद का उपयोग उन्होंने साम्यवादी सरकार के विरुद्ध लोगों को भड़काने में किया। स्कूलों की इमारतें और पढ़ाई के साजोसामान पुराने, बेकाम और अपर्याप्त थे। तरह-तरह की शिक्षा पद्धतियों के प्रयोग चल रहे थे। शिक्षक तो एक दिन में पैदा नहीं किए जा सकते और जब कारखाने वगैरह के लिए इमारतों का इतना टोटा हो, तो तुरत-से-तुरत स्कूलों के लिए इमारतें भी तैयार करना भी कठिन। पढ़ाई के सामानों के बनाने के लिए भी वक्त चाहिए। फिर शिक्षा पद्धतियों में सर्वश्रेष्ठ शिक्षा पद्धति का चुनाव करना कोई हँसी-खेल नहीं। तो भी जहाँ 1918 में सिर्फ आठ लाख विद्यार्थी विद्यालयों में थे, वहाँ 1938 में उनकी संख्या तीन करोड़ चालीस लाख तक जा पहुँची। अब न शिक्षकों की कमी है और न इमारत वगैरह की।

अब सोवियत के हर बच्चे के लिए स्कूल का दरवाजा खुला हुआ है। इमारतें कभी-कभी भद्दी होती हैं, उनमें सुघरता और सजावट की कमी रहती है, वे प्रायः फौजी बैरिकों जैसे दीखते हैं, तो भी उनमें शिक्षा विषयक साधनों की कमी नहीं होती। एक मास्को शहर में 1935 में सत्तर और 1936 में एक सौ बीस स्कूल ऐसे खोले गए, जिनमें से हर एक में आठ सौ लड़के पढ़ सकें—इससे शिक्षा के विस्तार का अंदाजा लगाइए। पहले संख्या, फिर गुण—यह सोवियत की आम कहावत है। कुछ लोगों को बढ़िया-से-बढ़िया शिक्षा दो, बकिये को मूर्खता के गड्ढे में सड़ाते रहो—साम्यवादी शिक्षा का यह उद्योग नहीं, चाहे अच्छी या बुरी—सबके लिए समान शिक्षा, सबके लिए शिक्षा का समान अवसर। और एक दिन शिक्षा की कोटि ऊँची होगी ही!

× × ×

रूस की शिक्षा पद्धति ने धीरे-धीरे निश्चित रूप धारण किया। दूसरी पंचवर्षीय योजना ने डॉल्टन आदि की पद्धतियों को त्याग दिया। विद्यालयों के अंदर के स्वायत्त शासन को खत्म किया। तिमाही जाँच और रिपोर्ट की प्रथा जारी की। इतिहास और भूगोल की शिक्षा को फिर से चालू किया। एक निश्चित करिकुलम के आधार पर शिक्षा शुरू की गई, जिसका उद्देश्य था योग्य, कर्मशील और आनंदी नागरिकों की सृष्टि करना। पूँजीवादी देशों से रूस की शिक्षा पद्धति में चार खास विभेद हैं—

(1) शुरू से आखिर तक शिक्षा का दरवाजा सबके लिए समान रूप से खुला है। किसी के लिए कोई फीस नहीं है। शिशुगृहों से लेकर विश्वविद्यालय तक की शिक्षा इसमें शामिल है।

(2) अठारह वर्ष की उम्र तक विद्याध्ययन में ही लीन रहा जाए—इसी सिद्धांत पर काम हो रहा है। यद्यपि अभी तक यहाँ तक नहीं पहुँचा गया है, लेकिन प्रगति का हर कदम उसी ओर बढ़ रहा है। इस संबंध की कुछ खास सफलताएँ यों हैं—

लगभग बीस लाख लड़के आठ वर्ष की उम्र तक शिशुगृहों में शिक्षा प्राप्त करते हैं। इस उम्र के दस लाख लड़कों की शिक्षा अन्य शिक्षण संस्थाओं के द्वारा दी जाती है। 1940 से आठ वर्ष की उम्र से लेकर पंद्रह वर्ष की उम्र तक की शिक्षा अनिवार्य कर दी गई है—उत्तरी ध्रुव से लेकर मरुभूमियों तक पर यह बात लागू है, शहरों, औद्योगिक केंद्रों और पंचायती खेतियों के केंद्र में तो आठ से अठारह वर्ष तक की शिक्षा अनिवार्य कर दी गई है।

(3) शिक्षा का उद्देश्य पूँजीवादी देशों से यहाँ बिलकुल भिन्न है। 'सबसे योग्यता के अनुसार काम लो

और सबको जरूरत के मुताबिक दो'—इस सुनहले साम्यवादी नियम के आधार पर ही वहाँ शिक्षा की इमारत खड़ी की गई है। सबको शिक्षा मुफ्त दी जाती है, क्योंकि शिक्षा की जरूरत सबको है। किंतु इसके बदले सबसे उसकी योग्यता के अनुसार सेवाएँ भी ली जाती हैं। सेवा—सोवियत की शिक्षा का यही मुख्य उद्देश्य है। 'मेहनत करो और आगे बढ़ो'—इस उद्देश्य वाक्य के बदले—'मेहनत करो और साम्यवाद के निर्माण में योग्य हिस्सा लो' वहाँ का उद्देश्य वाक्य है! साम्यवाद का निर्माण—जो तुम्हारा, तुम्हारे पड़ोसी का, तुम्हारे देश का और संसार का कल्याण करेगा! कितना महान और पवित्र उद्देश्य!

(4) हाथ के काम को यहाँ की शिक्षा में प्रतिष्ठा ही नहीं दी जाती, बल्कि यह अति आवश्यक समझा जाता है। सोवियत शिक्षा पद्धति 'पूर्ण नागरिक' पैदा करना चाहती है, और जब तक हाथ से काम करने की शिक्षा न मिले; तब तक पूरी नागरिकता प्राप्त हो नहीं सकती। सोवियत शिक्षा दिमागी कामों और हाथ के कामों के बीच की विस्तृत खाड़ी पर प्रशस्त पुल बना देती है।

जिस पद्धति के द्वारा यह काम होता है, उसे Polytechnization कहा जाता है। यह पद्धति सिर्फ इस बात पर ही जोर नहीं देती कि हर बच्चे को किसी खास औजार को काम में लाने या किसी खास कारीगरी की शिक्षा जरूर ही दी जाए, बल्कि यह उद्योग की पूरी शक्ल को ही बच्चों के सामने रखती है। उद्योग का उद्देश्य क्या है? सामाजिक निर्माण में उद्योग का स्थान क्या है? उद्योग का प्रभाव मजदूरों पर क्या पड़ता है? उद्योग की अमुक पैदावार का असर समूचे समाज-शरीर पर क्या होता है?—इन बातों पर गौर करने की ओर बच्चों की प्रवृत्ति शुरू से ही खींची जाती है। उदाहरण स्वरूप, इस पद्धति से शिक्षित एक इंजीनियर जब एक पुल बनाने लगता है, तो वह सिर्फ पुल बनाने के सामान, नदी की लंबाई या मजदूरों की संख्या पर ही खयाल नहीं करता, बल्कि वह यह भी देखता है कि इस पुल की क्या ज़रूरत है, इससे जनता को क्या फायदा है, और इसमें काम करनेवाले मजदूरों की सुख-सुविधा के लिए क्या-क्या किया जाए? स्वयं मजदूरों की प्रतिक्रिया इस काम के बारे में क्या है? यों ही एक रसायनवेत्ता कोई खाद या विस्फोटक पदार्थ बनाते समय ज़रूर ख़याल करता है कि इससे मानवजाति को क्या लाभ या हानि है? यदि मानवता को हानि पहुँचती हो, तो फिर उस कार्य में वह हाथ भी नहीं लगाएगा।

शिक्षा की यह पद्धति पुरुष, स्त्री, बच्चे—सबमें एक सामाजिक भावना की सृष्टि करती है। बच्चों के भविष्य निर्माण में यह अपना खास छाप डालती है। अगर कोई बच्चा रेल का इंजन बनाना सीख रहा हो तो पूछने पर वह आपको बतलाएगा—मैं इसलिए यह सीख रहा हूँ कि हमारा देश बहुत बड़ा है और आमदरफ़्त के लिए रेलों की हमें बड़ी जरूरत है। एक लड़की कहेगी,—हाँ मैं बागवानी सीख रही हूँ, जिससे मैं भी मैचुरिन की तरह टमाटो और आलू के संयोग से एक नई तरकारी पैदा कर सकूँ। यह लड़का बिजली के बारे में शिक्षा ले रहा है। क्यों? क्योंकि वह चाहता है कि बिजली को बिना तार के ही वह दूर-दूर तक पहुँचाने की कोई तरकीब निकाले, जिससे खेती-बारी में और भी सहूलियत हो।

यों विद्यालय को बाहरी संसार से जोड़कर सोवियत शिक्षा प्रणाली ने बच्चों में एक अजीब अनुशासन की भावना भर दी है। थियेटरों में हजारों बच्चे एक साथ बैठे होते हैं, वहाँ उनकी देखभाल करने को कोई शिक्षक नहीं रहता, लेकिन तो भी जरा भी हो-हल्ला नहीं होता। निस्संदेह वे बच्चे आनंदी होते हैं, हँसते हैं, आनंद ध्वनि करते हैं, लेकिन सबमें एक संजीदगी, एक अनुशासन होता है। क्योंकि हर बच्चा अपने को इस महान साम्यवादी समाज का एक योग्य नागरिक समझता है।

वहाँ बच्चों और शिक्षकों का परस्पर संबंध भी नए किस्म का है। शिक्षक या गार्जियन अपने को बच्चों का मालिक या सर्वेसर्वा नहीं समझते। वे मानते हैं कि बच्चे भी उन्हीं की तरह समाज का एक नागरिक हैं—फर्क है तो सिर्फ अनुभव का। शिक्षकों और बच्चों का रिश्ता वहाँ खेल के मैदान के नए और पुराने खिलाड़ियों का-सा है। नया खिलाड़ी पुराने खिलाड़ी से सीखता, उसके अनुभव से लाभ उठाता, उसकी पूरी कद्र करता, सम्मान की नजर से देखता है। लेकिन वह उससे डरता नहीं, सहमता नहीं और न पुराना खिलाड़ी उस पर

दहशत पैदा करना चाहता है, क्योंकि वह जानता है, जहाँ डर पैदा हुआ दिमाग का संतुलन ख़त्म हुआ, एक भी निशाना वह ठीक से नहीं लगा पाएगा।

नागरिकता और जवाबदेही की शिक्षा तो बच्चों को उसके पलने से ही—एक-दो साल की उम्र से ही—दी जाती है। शिशुगृह के दरवाजों पर यह वाक्य लिखा रहता है—'जो काम बच्चे खुद कर सकते हैं, उन्हें आप न कर दें'। शुरू से ही उनमें सबके साथ मिल-जुलकर काम करने की प्रवृत्ति डाली जाती है। हर देश के बच्चे घरौंदे बनाने के शौकीन होते हैं। यूरोप में भी जहाँ की मिट्टी कड़ी होती और धूल को घृणा की नज़र से देखा जाता है, बच्चे ईंट से घरौंदे बनाते हैं। सोवियत संघ में जान-बूझकर ईंटें प्रायः बड़ी बनाई जाती हैं, जिन्हें बच्चे अकेले न उठा सकें, दूसरे बच्चे की मदद ले और यों सहयोग का पाठ स्वाभाविक रूप से ग्रहण करें।

स्कूलों में ही बच्चों के दिलों में 'टीम' में काम करने की स्पिरिट अच्छी तरह भर दी जाती है। व्यक्तिगत महत्त्वाकांक्षा की भी वहाँ गुंजाइश है, लेकिन वहीं तक जहाँ तक टीम के हित में वह बाधक न हो। जो लड़के अच्छा काम करते हैं, उनके नाम के सामने 'बहुत अच्छा' वगैरह लिख दिया जाता है, लेकिन क्लासों में फर्स्ट, सेकेंड, थर्ड ऐसी कोई चीज़ नहीं रखी जाती। प्रतिस्पर्धा अच्छी चीज़ है, लेकिन साम्यवादी शिक्षण में एक पूरे क्लास की प्रतिस्पर्धा दूसरे क्लास से हो सकती है, न कि एक बच्चे से दूसरे बच्चे की। वहाँ, यों, स्कूल के अलग-अलग क्लासों में खूब होड़ रहती है। एक क्लास के सभी लड़के अपने कामों से दूसरे क्लास के लड़कों से, सामूहिक रूप से बाजी मार लेने के जी तोड़ परिश्रम करते हैं। अपने क्लास के 'बोदे' लड़कों पर इस तरह ध्यान देते, उन्हें आगे ले जाने की कोशिश करते हैं कि उनके क्लास में कोई बोदा या सुस्त नहीं रह जाए और वे सामूहिक रूप से दूसरे क्लासों को मात कर सकें! यों, जो चतुर लड़के हैं, उनमें स्वार्थ, ईर्ष्या और लालच आदि अवगुणों को पैदा होने ही नहीं दिया जाता है। धीरे-धीरे वे अपने को एक अलग व्यक्तित्व न मानकर, समाज का एक अंग मानने लगते हैं। यह उनके और समाज के—दोनों के लिए कल्याणकारी सिद्ध होता है। स्कूलों में ही अनुशासन स्वभाव-सा बन जाता है। लड़के अपने नेता चुनते हैं जो हाजिरी लेता और क्लास में शांति रखता है। बच्चे अपनी कमिटियाँ बनाते हैं, जो भोजन और सफाई का प्रबंध करती है? बच्चों के प्रतिनिधियों और शिक्षकों की सम्मिलित बैठकें होती हैं, जिनमें स्कूल के आम प्रबंध के बारे में सलाह-मशविरे होते हैं। "दीवार के अखबार" का सिलसिला कायम कर बच्चों में आलोचना करने और रचनात्मक सलाहें देने की प्रवृत्ति जाग्रत की जाती है।

बेंत मारना या किसी दूसरे किस्म की सजा बच्चों को नहीं दी जा सकती। घर पर भी बच्चों को कोई शारीरिक दंड या ताड़ना देना गैरकानूनी है।

स्कूलों के बाहर भी लड़कों के सामाजिक जीवन के विकास में पूरी मदद की जाती है। उनके खेल-कूद के क्लब हों या सभा सोसाइटियाँ हों, सोवियत सरकार सब प्रकार की सहायता देने से कभी नहीं हिचकती, न कंजूसी करती है। बच्चों के सार्वजनिक जीवन को केन्द्रित करने और उसे अच्छी तरह विकसित करने के लिए समूचे सोवियत संघ में एक प्रकार की नई संस्था पैदा हो रही है, जिसे 'बाल प्रासाद' के नाम से पुकारा जाता है। बाल प्रासाद की सुंदर, सजीली इमारतें रूस के प्रायः सभी बड़े शहरों में आप पावेंगे। आइए, हम एक 'बाल प्रासाद'—बच्चों के महल—के भीतर चलकर देखें।

इस 'बाल प्रासाद' के दो हजार पाँच सौ सदस्य हैं। शाम को ये सदस्य एकत्र होते हैं। ये दो सौ नौ केंद्रों में बँटे हैं, और उनहत्तर भिन्न-भिन्न विषयों की शिक्षा इन्हें दी जाती है।

इस कमरे में देखिए। छोटी-छोटी लड़कियाँ और लड़के हलके नीले रंग के फ्रॉक और सूट में नाच रहे हैं। मास्को का एक नृत्याचार्य इन्हें नाचना सिखला रहा है। दूसरे कमरों में मूर्तिकला का अभ्यास हो रहा है। एक बच्चा तैरने को तैयार, एक लड़की मूर्ति पर आखिरी पच्चीकारी कर रही है। दूसरा बच्चा उत्तरी ध्रुव में एकत्र सोवियत अन्वेषकों की मूर्तियाँ बना रहा है। तीसरा स्पेन के एक किसान परिवार की मूर्तियों पर बड़ी तल्लीनता से मेहनत कर रहा है।

यह इतिहास का कमरा है। यहाँ ऐतिहासिक नक्शे और चित्र चारों ओर टँगे हैं। बिजली का बटन दबाइए। रंग-बिरंगी रोशनी नक्शों को जगमगमगा देगी, जिससे आप ऐतिहासिक विकास के हर युग की प्रगति को भलीभाँति हृदयंगम कर लेंगे। इतिहास केवल पीछे देखना नहीं सिखाता, वह भविष्य पर भी अपनी रोशनी फेंकता है। देखिए, यह भविष्य के एक नगर का नक्शा है। यहाँ सूर्य की रोशनी को आईने द्वारा पकड़कर कोने-कोने को जगमगाने की कल्पना मूर्त रूप में दिखाई गई है। हाँ, सोवियत बच्चों को भविष्य की संभावनाओं की झलक दिखाना जरूरी है, क्योंकि इन्हें एक दिन इस दुनिया को स्वर्ग बनाना है न?

कारीगरी और कल-पुर्जों के तो कई कमरे हैं। एक में बच्चे हवाई जहाज के नमूने बना रहे हैं। एक बच्चा हवाई जहाज में ऐसी तरकीबें लगाने में तल्लीन है, जिससे एक निश्चित परिमाण में तेल होने पर भी मनमानी दूरी पर उड़कर पहुँचा जा सके। इंजन और पंख एक-एक पुर्जे अलग-अलग सजाकर रख गए हैं।

यह बिजली घर है। यह रेल घर है। यह जाँच घर है। यह सिनेमा भवन है। यह फिल्म बनाने का स्टूडियो है।

यह रेडियो घर है, जहाँ से मास्को और लेनिनग्राद के रेडियो घरों से सीधा संबंध है और खुद बच्चे उन दो महान शहरों से संबंध स्थापित किए रहते हैं।

इन बाल प्रासादों और इनसे संबंध शिशुभवनों के दो उद्देश्य होते हैं। एक तो, इनके द्वारा बच्चों की प्रतिभा का पूर्ण विकास होता है, जिससे समाज को अधिकाधिक लाभ पहुँचता है। दूसरा, यहाँ जाकर प्रमुख वैज्ञानिक, अन्वेषक, कलाकार, अभिनय प्रेमी और विशेषज्ञ बच्चों से मिलने-जुलने और उनमें से जो प्रतिभाशाली हैं, उन्हें चुनकर उन्हें पूर्णतः विकसित करने की चेष्टा करते हैं।

यों ही, समुद्रों और झीलों के किनारे, जंगलों में और पहाड़ों पर सोवियत के बच्चों के लिए ग्रीष्म शिविरों की भरमार है। हर कारखाना और पंचायती खेत ऐसी जगहों में अपने बच्चों के लिए ऐसे शिविरों के स्थापित किए जाने में होड़ा-होड़ी किए रहते हैं। इन शिविरों में खेल-कूद का बाजार तो गर्म रहता ही है—तैरना, दौड़ना, उछलना, टेनिस खेलना, यह सब तो वे करते ही हैं। समुद्र, उसके किनारे या जंगलों और पहाड़ों पर घूमते समय वे पेड़-पौधों और पार्थिव पदार्थों का भी संग्रह करते हैं। तरह-तरह की छोटी-छोटी चीजें भी वे वहाँ फुरसत के वक्त बनाते हैं, जिन्हें सौगात की तरह अपने घर ले जाते हैं।

लड़के हर जगह, हर हालत में लड़कियों से हिलते-मिलते हैं—चाहे वह स्कूल हो या शिविर। हाँ, रात में उनके सोने के कमरे अलग-अलग होते हैं।

शिक्षा विस्तार के फलस्वरूप सोवियत संघ में पढ़ने की एक अजब धुन पैदा हो गई है। बूढ़े और जवान, लड़के-लड़कियाँ, मर्द-औरत—सब साहित्य के लिए लालायित; निरक्षरता तो वहाँ से सदा के लिए बिदाई ले चुकी है। पढ़ने की योग्यता प्राप्त होते ही, पुस्तकों की प्राप्ति के लिए बेचैनी बढ़ गई है।

सोवियत की जनता एक पढ़क्कू जनता है। संसार में शायद ही कहीं की जनता पढ़ने के लिए इतनी उत्सुक हो।

बाईस वर्षों के दरम्यान पुस्तक प्रकाशन में भी बड़ी तेजी रही है।

1930 में संयुक्त सरकार प्रकाशन गृह की नींव पड़ी। साहित्य, उपन्यास, कहानी, वैज्ञानिक विषय, कोश, आदि विषयों पर प्रकाशन करनेवाली बारह प्रकाशन संस्थाओं को इसमें एक साथ संबद्ध कर दिया गया है। ज़ारशाही जमाने में एक वर्ष में जहाँ ज्यादा-से-ज्यादा तेरह करोड़ छत्तीस लाख पुस्तकें निकली थीं, वहाँ 1937 में सोवियत संघ ने सत्तावन करोड़ दस लाख पुस्तकें निकालीं और 1938 में सत्तर करोड़ पुस्तकें—यानी, हर व्यक्ति पर कम-से-कम चार पुस्तकें।

बच्चों के लिए इस प्रकाशनगृह ने चार करोड़ पचास लाख पुस्तकें 1938 में निकालीं। संघ के भिन्न-भिन्न प्रजातंत्रों ने इनके अलावा भिन्न-भिन्न भाषाओं में कई दस लाख पुस्तकें निकालीं। छोटी-छोटी शिशुओं के लिए, परियों की कहानियाँ आदि की तीन करोड़ तिरसठ लाख पुस्तकें निकाली गईं—इनमें से

एक-एक पुस्तक की पाँच लाख से दस लाख कापियों तक के संस्करण हुए।

छोटे बच्चों की किताबें रंग-बिरंगी रोशनाई में, तरह-तरह के चित्रों से सुसज्जित करके निकाली जाती हैं? उनकी शैली और भाषा को सरल और मनोरंजक बनाने की ओर पूरा ध्यान दिया जाता है। जैसे एक भूगोल की किताब लीजिए। एक लिफाफे की तसवीर से शुरू होती है। वह चिट्ठी किस तरह लेटर बॉक्स में डाली गई, वहाँ से डाकघर में लाई गई, डाकघर से मोटर, रेल हवाई जहाज, जहाज, डाकिए के कंधे आदि से गुजरती गरम और ठंडे देशों का सैर करती, उजले, पीले, काले रंग के आदमियों को देखती-सुनती, अंत में अपने पते पर पहुँची—इसका इस तरह सचित्र वर्णन होता है कि बच्चे के दिल में देश-विदेश की मोटी बातें अंकित हो जाती हैं? बड़े बच्चों के लिए 'किताब-पर-किताब' नामक एक सिरीज निकली हैं, जिसमें रूस के बयालीस लेखकों की पुस्तकों के अलावा ह्यूगो, जैक लंडन, डिकंस, फेनीमोट, रीड आदि विदेशी विद्वानों की पुस्तकें भी शामिल हैं।

सोवियत संघ के बच्चों को किताब, सिनेमा आदि के द्वारा शुरू से ही यह तालीम दी जाती है कि वे जाति, भाषा, रंग आदि के भेदभावों से ऊपर उठकर रहें, दुनिया के हर बच्चे को अपना भाई समझें और उनके लिए भी वे ही सुविधाएँ दिखाने की कोशिश करें, जो स्वयं उन्हें प्राप्त हैं। बच्चों के अपने थियेटर हैं अपने सिनेमाघर हैं, उनके अपने ऐक्टर और ऐक्ट्रेस हैं, जिन्होंने अपनी जिंदगी बच्चों के नाटकों के अभिनय में ही बिताने की प्रतिज्ञा-सी ले रखी है।

चलिए, मास्को के एक ऐसे शिशु थियेटरगृह में तमाशा देखें।

एक हजार पाँच सौ लड़के, बिना शिक्षक या अभिभावकों के, कुरसियों पर बैठे बड़ी उत्सुक आँखों से मंच की ओर देख रहे हैं। आज के खेल का नाम है—'हब्शी लड़का और उसका बंदर।'

'परदा उठता है। अफ्रीका का घनघोर जंगल। काले रंग के लड़के और लड़कियाँ आपस में लड़-झगड़ रहे हैं। लड़ते-लड़ते वे थक जाते हैं। थका-माँदा एक लड़का चिल्ला उठता है—काश, हमें कोई नेता मिलता!

इसी समय एक हृष्ट-पुष्ट, खुशदिल हब्शी बच्चा मंच पर कूदता और कहता है— क्यों न एक ऐसे लड़के को नेता चुनो, जो सबसे तेज दौड़ सके, सबसे ऊँचा उछल सके और सबसे बढ़िया गा सके। एक होड़ शुरू हो जाती है। वही उनका नेता चुना जाता है।

एक दिन वह जंगल में शिकार को जाता है। वहाँ अजगर के मुँह में समानेवाला ही था कि अचानक एक बंदर कूदकर उसकी जान बचा देता है।

अब बंदर और वह—दोनों मित्र हो जाते हैं। दोनों जंगल में मंगल मनाते हैं।

कि शोषकों का एक दल वहाँ पहुँचता है—बंदूक कंधे पर रखे, रुपए के थैले बगल में दबाए, बूट-सूट डाटे।

बच्चे तो जंगल छोड़कर भागते हैं। बेचारा बंदर पकड़ लिया जाता है; और जहाज पर रवाना कर दिया जाता है—कहाँ के लिए? प्रजातंत्र के नाम पर संसार का शोषण करनेवाले अमेरिका के लिए।

हब्शी बच्चे को बंदर का वियोग सह्य नहीं। वह एक दूसरे जहाज से बंदर की खोज में निकलता है। संयोग से, यह जहाज मास्को में आता है। वह वहाँ चाकलेट के एक कारखाने में काम करने लगता है।

खाने का बिगुल बजता है। सब चले जाते हैं। बच्चा अकेला रह जाता है। सामने एक बड़ा नक्शा टँगा है। वह गौर से देखने लगता है। नक्शे पर अफ्रीका पर हाथ रखकर वह सिसकियाँ भरने लगता है।

उसी समय शिशु संस्था का एक लड़का एक ओर से आता है और एक लड़की दूसरी ओर से आती है। दोनों हब्शी बच्चे को सांत्वना देने की कोशिश करते हैं। लड़की कहती है, चुप रहो, आज शाम को हम सरकस देखने चलेंगे। मेरे पास एक अतिरिक्त टिकट है।

तीनों सरकस में जाते हैं।

तरह-तरह के जानवर लाए जाते हैं और उनसे तरह-तरह के खेल दिखाए जाते हैं। उन जानवरों में, वह

हब्शी बच्चा आश्चर्य से देखता है कि उसका वह बंदर भी है—लेकिन, कितना दुबला, खिन्न। वह अपनी मनोभावना पर कब्ज़ा नहीं रख पाता। बंदर का नाम रखकर चिल्ला उठता है।

बंदर शब्द सुनते ही मंच पर से तड़पा और तमाशबीन लड़कों के कंधों और सिरों से उछलता हब्शी बच्चे के निकट आ जाता है। बच्चे और बंदर का अजीब भरत मिलाप होता है।

मंच पर थोड़ी देर के लिए अंधकार। एक जहाज अफ्रीका की ओर आता दीखता है।

फिर वही जंगल। फिर वही लड़के। लड़कों में उनका नेता, वह बच्चा और उसका प्यारा बंदर। सब आनंद मग्न अपने नेता के लौटने पर आनंद ध्वनियाँ कर रहे हैं।

नेता लाल फीते से बँधा एक पार्सल खोलता है। यह क्या है? यह है मास्को के बच्चों की भेजी हुई इन जंगली बच्चों के लिए सौगात। हँसते-हँसते पार्सल खोलकर वह कहता है—

"साथियो, यह सौगात मास्को के बच्चों ने आप लोगों के लिए भेजी है। क्योंकि मास्को के बच्चे संसार के सब बच्चों को अपना भाई मानते हैं, अपना कुटुंबी समझते हैं और यह कामना करते हैं कि चाहे जिस देश में जन्म हो, चाहे उनका शरीर जिस रंग का हो, चाहे उनकी भाषा कोई हो—सब उन्हीं की तरह सुखी और संपूर्ण जीवन व्यतीत करें।"

यह सिर्फ नाटक में ही कही-सुनी जानेवाली बात नहीं है। इसे वहाँ यथार्थतः कार्यरूप में परिणत किया जाता है।

उद्दाम यौवन

सोवियत संघ एक जवान मुल्क है। युवक ही कारखानों को चलाते हैं, विज्ञानभवनों को चलाते हैं। मास्को के विशाल बिजलीघर के प्रबंधक सब तीस वर्ष से कम की उम्र के ही हैं। उत्तरी ध्रुव के अन्वेषण में जो गए थे, उनमें से अधिकांश की उम्र पच्चीस वर्ष से कम की थी। जिनका जन्म सोवियत सरकार के बाद हुआ या जिनकी शिक्षा-दीक्षा सोवियत सरकार के अंदर हुई है, उन उनतीस वर्ष के अंदर की उम्र के लोगों की जनसंख्या संपूर्ण जनसंख्या की तिरसठ फीसदी है।

सोवियत संघ अपने इन जवानों के लिए क्या करता है?

पंद्रह वर्ष की उम्र तक अनिवार्य शिक्षा ग्रहण के बाद दस वर्ष तक और अध्ययन करने के लिए विश्वविद्यालय या शिल्प महाविद्यालय में भरती हों या उसी समय से किसी पेशे को पकडने का निश्चय करें। ज्यादा लड़के अध्ययन को जारी रखते हैं।

जिन्हें पेशे में घुसने की इच्छा होती है, उन्हें दो वर्षों तक उस पेशे की विशेष शिक्षा लेनी पड़ती है, यह शिक्षा उन्हें मुफ्त मिलती है। अपनी जिंदगी के सत्रहवें साल में (उससे पहले हर्गिज नहीं) वे किसी उद्योग में प्रवेश करते हैं। जब तक वे बालिग नहीं हो जाते, उनसे सिर्फ पाँच घंटे काम लिये जाते हैं। और उन्हें योग्य मुशाहरा मिलता है। अठारहवें वर्ष की समाप्ति में उन्हें काम छोड़कर फिर चार वर्षों के लिए उसकी उच्च शिक्षा प्राप्त करने में लग जाना पड़ता है। उच्च शिक्षा को खत्म कर, चौबीस वर्ष की उम्र में पूर्ण योग्य होकर वे अपने मनोनीत कार्यक्षेत्र में स्थायी रूप से प्रवेश करते हैं।

इन समयों में खाने-पीने के खर्च और औजारों के अलावा, किताबें भी उन्हें सरकार से मिलती हैं। इनके अतिरिक्त उन्हें काफी एलाउएंस इसलिए मिलता है कि वे छोटी-मोटी अन्य जरूरतों के लिए दूसरों की मुँहदेखी न करें।

कॉलेज में सोवियत के अंदर के सभी मुल्कों के बच्चों के साथ रहने का उन्हें मौका मिलता है। बाहरी

दुनिया से उनका संपर्क भी बढ़ जाता है। वे साम्यवादी नौजवान संघ के पचास लाख सदस्यों की सूची में अपना नाम लिखा सकते हैं। उम्र की वृद्धि के साथ राजनीति का ज्ञान भी बढ़ता जाता है। राजनीति का माने वहाँ पड़ोसियों के साथ सहयोगपूर्वक रहने की कला है। अठारह वर्ष की उम्र से उन्हें वोट देने और उम्मीदवार बनने का अधिकार मिल जाता है। रूस की सबसे बड़ी सोवियत के एक हजार एक सौ तैंतालीस सदस्यों में दो सौ चौरासी की उम्र अठारह और तीस के बीच की है।

क्रांति के बाद के वर्षों में वहाँ के नौजवानों ने बाहरी कामों पर हद से ज्यादा ध्यान दिया। साम्यवादी पार्टी के नौजवान सदस्यों की मेहनत से ही प्रथम पंचवर्षीय योजना इस तरह सफल हुई। किसानों की निरक्षरता दूर करने में तो उनका सबसे जबरदस्त हाथ रहा है। लेकिन अब सबसे अधिक ध्यान अध्ययन करने और योग्यता बढ़ाने पर दिया जाता है।

खेल-कूद का शौक वहाँ के नौजवानों में बहुत है। वे अपनी टीमें लेकर यूरोप के देशों में जाते और शानदार विजय प्राप्त करते हैं। तैरने में, बर्फ पर चलने में, पहाड़ लाँघने में उन्होंने नए-नए तरीके अख्तियार किए हैं और इनमें कमाल हासिल करने में समर्थ हो सकें हैं। हवाई जहाजों से पैराशूट के ज़रिए कूदने में तो उनकी गिनती संसार में सबसे पहले की जाती है। दस वर्ष से ही बच्चों के दिमाग में वायु के प्रति अनुराग पैदा किया जाता है। ऊँचे-ऊँचे झूलों पर लंबी-लंबी पेंग लेना, बुर्जों पर से छतरी के सहारे नीचे कूदना, इत्यादि का अभ्यास उन्हें शुरू से कराया जाता है। सोवियत की पाँच लाख युवक-युवतियाँ पैराशूट से कूदने में दक्ष हैं।

× × ×

मौरिस हिंडस संसार प्रसिद्ध लेखक हैं। रूस के बारे में उसकी कितनी किताबें मशहूर हैं। 1938 में उसने एक लेख लिखकर साम्यवादी उद्योग-धंधे और पंचायती खेती की सफलता का दिग्दर्शन कराते हुए, अंत में एक नाटकीय प्रमाण दिया था। 1937 में कीव नगर के स्कूलों से एक हजार एक सौ बारह युवतियाँ अठारह वर्ष की उम्र में अध्ययन समाप्त कर निकलीं। उनमें से सिर्फ दस फीसदी ने अपनी शिक्षा को पूर्ण समझा और किसी पेशे में लगीं, बाकी ने उच्च शिक्षा की प्राप्ति के लिए भिन्न-भिन्न विषयों के कॉलेजों में नाम लिखाए। हिंदुस्तान की क्या बात, इंग्लैंड में भी उच्च शिक्षा की ओर बढ़नेवाली युवतियों की संख्या पाँच या छः फीसदी से ज्यादा नहीं होगी।

युवक-युवतियों में उच्च शिक्षा की ओर बढ़ने को इस प्रवृत्ति के कारण हैं। पहले तो उच्च शिक्षा के पथ में आनेवाली आर्थिक अड़चनों से उनका कोई वास्ता नहीं होता। सोवियत सरकार उनके पूरे खर्च को बरदाश्त करती है। दूसरे, माँ-बाप को अपनी परवरिश के लिए या अपने बुढ़ापे की दूरंदेशी के चलाते, अपने बच्चों से काम लेने की जरूरत नहीं होती। तीसरे, ज्यों-ज्यों आर्थिक सतह ऊँची होती जाती हैं, त्यों-त्यों युवक-युवतियों के मन में अपने को योग्यतम बनाने की भावना जाग्रत होती जाती है।

विश्वविद्यालयों और शिल्प महाविद्यालयों के छात्रों की संख्या तीसरी पंचवर्षीय योजना के अंदर-अंदर छः लाख पचास हजार होने जा रही है और जहाँ दूसरी पंचवर्षीय योजना में माध्यमिक शिक्षा पूरी तरह समाप्त करनेवालों की तायदाद सात लाख पचास हजार थी, वहाँ तीसरी पंचवर्षीय योजना में वह बारह लाख नब्बे हजार होने जा रही है।

लेकिन यह तो प्रारंभ है, अंत नहीं। क्योंकि उद्देश्य तो यह है कि पूरे मजदूर वर्ग की सांस्कृतिक और औद्योगिक स्टैंडर्ड को इतना ऊँचा कर दिया जाए कि उनमें से हर एक की योग्यता इंजीनियरों और कारीगरों के बराबर हो जाए; यानी दिमाग से काम लेनेवाले और हाथ से काम करनेवालों के बीच जो अंतर है, उसे बिलकुल मिटा दिया जाए।

सोवियत सरकार और एक पूँजीवादी सरकार में युवक-युवतियों की शिक्षा के बारे में ही अंतर नहीं है, असल अंतर तो तब शुरू होता है, जब उन्हें कार्यक्षेत्र में प्रवेश करने का मौका आता है।

पूँजीवादी देशों में शिक्षा समाप्त होते ही युवकों और उनके गार्जियनों के सिर पर नौकरी की चिंता आ

घेरती है। नौकरियाँ कम हैं, प्रार्थियों की भरमार है। अजीब होड़ा-होड़ी। इस दरवाजे से उस दरवाजे। इस पेशे से उस पेशे। युवक झंख रहा है, उसकी योग्यता बेकार बरबाद हो रही है—बाप सिर पीट रहा है, सारा पढ़ाया-लिखाया बरबाद गया। दौड़धूप के बाद नौकरी मिली भी, तो क्या ऐसी, जिनकी और उनकी रुचि हो? नहीं, जो भी नौकरी मिल गई, उस पर पिल गए। गोल छेद में चौंखुटे खूँटी की तरह वे न समाज के काम के, न अपने काम के। जिनकी प्रतिभा का सही उपयोग देश और समाज के लिए कितना कल्याणकारी होता, वही धीरे-धीरे नष्ट हो जाती है। विद्या-बुद्धि सब व्यर्थ गए!

सोवियत में ऐसा नहीं होता। यहाँ तो शिक्षा समाप्त न हुई कि उनके योग्य कोई काम जैसे पहले से ही उनकी प्रतीक्षा में हो। वहाँ के उद्योग-धंधे पर सबका हक है—उत्पादन के सभी साधनों पर सबका समान अधिकार है। फिर कोई अपनी प्रतिभा एक मिनट के लिए क्यों बरबाद करे? अपने योग्य काम में लग गए, काम के अनुसार वेतन लेकर अपने जिंदगी सुख से बिताई, योग्यता भर काम करके समाज को सम्पन्न बनाया। वैज्ञानिक, आर्थिक, सांस्कृतिक, राजनीतिक—सब क्षेत्रों में उनके लिए दरवाजा खुला है। बेकारी या बेरोजगारी का नाम नहीं।

× × ×

इन युवक-युवतियों ने भिन्न-भिन्न कार्यक्षेत्रों में कमाल दिखलाए हैं।

1937 में मास्को का वह सुप्रसिद्ध मुकदमा चला जिसमें बहुत से पुराने मैनेजर, इंजीनियर, कारीगर आदि षड्यंत्रों के अपराध में गोली के घाट उतार दिए गए और उनकी जगह नए-नए युवकों की भरती करनी पड़ी। 1937 में 1936 की अपेक्षा बीस फीसदी वृद्धि करने की योजना थी। किंतु पुराने लोगों के इस तरह हटाए जाने के कारण 1937 के पहले अर्द्धांश में वृद्धि कुछ भी नहीं हो सकी, सिर्फ पिछले साल की गति को किसी कदर कायम रखा गया। लेकिन इन छः महीनों में ही इन युवकों ने अपनी नई जिम्मेवारी के कामों में व्युत्पन्नता प्राप्त कर ली और बाद के छः महीनों में बड़ी तेजी से थोड़ी वृद्धि की। इससे सोवियत सरकार को कुछ हिम्मत हुई और 1938 में उसने पंद्रह फीसदी वृद्धि की योजना रख दी और साल खत्म होते-होते सिर्फ पंद्रह फीसदी ही नहीं, इक्कीस फीसदी की वृद्धि इन नौजवानों ने कर दिखाई। जवानी की जीत हुई।

ध्रुव की यात्रा या अन्य भिन्न-भिन्न अन्वेषणों में जो सफलता मिली, वे इन नव शिक्षित, नव दीक्षित, नव-नव आदर्शमंडित नवयुवकों के ही कारण।

एलेक्शी स्टैकनोव नामक युवक ने, कोयले के कारखाने में काम करते हुए, एक ऐसी कार्य पद्धति निकाली कि उससे पैदावार उतनी ही मेहनत में अधिक बढ़ जाती है। उसके नाम पर, पैदावार बढ़ाने का एक आंदोलन चल गया है, जो उसी के नाम पर स्टैकोनोवाई आंदोलन कहलाता है। कितने ही नवयुवक और नवयुवतियों ने इस आंदोलन को अन्य उद्योग-धंधों में सफलतापूर्वक काम में लाकर प्रसिद्धि प्राप्त की है। पीटर क्रीवोनोस ने रेलवे में, दुस्या विनोग्रादोवा और तास्या ओदींत्सोवा नामक दो युवतियों ने सूती कारखानों में और दो नौजवान लड़कियों ने कृषि में इसका सफल प्रयोग कर सोवियत के युवक-युवतियों के नजदीक ज्वलंत आदर्श रखा है।

मास्को का स्टेट बॉल बीअरिंग प्लैट रूस के सर्वप्रमुख कारखानों में है। इसका संचालन यूसिम नामक एक नौजवान करता है, जो सीधे विश्वविद्यालय से निकलकर वहाँ पहुँचा है। पहले उसे एक साधारण इंजीनियर का पद मिला। उसके शिफ्ट में अट्ठाईस हजार रिटेनर की जगह सैंतालीस हजार पैदा किए जाने लगे। इंजीनियरिंग में वह पहला स्टैकोनोवाई है। उसने इस क्षेत्र की पैदावार के कितने ही रिकार्डों को तोड़कर "आर्डर ऑफ लेनिन" का पदक प्राप्त किया है। जब वहाँ का मैनेजर हटाया गया, वहाँ उसे रखा गया। अपने कामों से उसने अपनी योग्यता सिद्ध कर दी है।

मशीन बिल्डिंग इंडस्ट्री का पीपुल्स कमिसार विक्टर लवीव है। उसकी उम्र अड़तीस वर्ष की है। इस महान पद पर पहुँचने के पहले उसे कितने ही चढ़ाव-उतार पार करना पड़ा है। उसके माँ-बाप उसके बचपन में ही मर गए। टुअर होकर वह एक जमींदार के यहाँ दास का काम करता था। क्रांति होते ही उसने लाल सेना में

नाम लिखाया और गृहयुद्ध के हर कठिन मोरचे पर लड़ता फिरा। गृहयुद्ध के बाद उसके मन में पढ़ने का शौक चर्राया। काम करते और पढ़ते हुए 1933 में वह इंजीनियरिंग का ग्रेजुएट हुआ। उसकी योग्यता पर मुग्ध हो, उसे लोहा और इस्पात की विशेष जानकारी प्राप्ति के लिए फ्रांस भेजा गया; जहाँ से 1936 में लौटने पर वह एक बड़े लोहे के कारखाने का चीफ और 1938 में पीपुल्स कमिसार बना दिया गया!

हेवी इंडस्ट्री का पीपुल्स कमिसार कौंस्टैंटिन कार्टाशौव की उम्र तो चौंतीस ही वर्ष की है। बारह वर्ष की उम्र में वह बेचारा ज़ारशाही के जमाने में खान में काम करता था। क्रांति के बाद उसने अपनी खान के विद्यालय में ही अध्ययन शुरू किया। 1930 में वह माइनिंग में ग्रेजुएट हुआ। दो वर्ष बाद एक खान का मैनेजर हुआ। वहाँ उसने एक ऐसा तरीका निकाला कि मजदूरों की मेहनत बहुत कम हो गई साथ ही पैदावार में वृद्धि हुई। उसे भी "आर्डर ऑफ लेनिन" का पदक मिला और कई योग्य पदों पर उन्नति करते-करते वह आखिर पीपुल्स कमिसार के महान पद तक आ पहुँचा है।

सोवियत विद्यालयों में शिक्षा पाकर सिर्फ युवकों ने ही नहीं, युवतियों ने भी बड़े-बड़े पद प्राप्त किए हैं। तात्याना मोरोज़ोवा पंद्रह वर्ष की उम्र में मास्को के सुगंधित तेल और इत्र के कारखाने में भरती हुई। वहाँ काम करते हुए, उसके कारखाने के मजदूर संघ ने सिर्फ प्रतिभा देख, उसे आगे अध्ययन को भेजा। जब वह अध्ययन कर लौटी, मजदूर संघ की सभानेत्री चुनी गई। उसने कारखाने के प्रबंध में हाथ बँटाना शुरू किया, डायरेक्टर चुनी गई। इकतीस की उम्र में अब वह सुगंधित पदार्थों के उद्योग-धंधों की प्रधान संचालिका है और उसकी मातहत में उनतीस बड़े-बड़े सुगंधित तेल और इत्र के कारखाने हैं।

सुग्रा गैबोवा छब्बीस वर्ष की उम्र में ही बाकू के तेल-क्षेत्र नं. 3 की मैनेजर है। सोवियत के अंदर ही वह पली है, उसकी शिक्षा-दीक्षा हुई है। 1930 में वह ग्रैजुएट बनी 1935 में विशेष शिक्षा समाप्त की और फोरमैन बना दी गई। 1938 से वह मैनेजर के पद को सुशोभित कर रही है।

सेंट्रेल ऐरो हाइड्रो डाइनमिक इंस्टीच्यूट का प्रधान तैंतीस वर्ष का मेख़ेल शुलझेंको है। 1926 में युवक साम्यवादी संघ ने उसे अध्ययन को भेजा। वह मास्को गया। हवाई जहाज के बारे में शिक्षा ली। माल ढोनेवाले बड़े-बड़े हवाई जहाजों की गति में वृद्धि लाने का उसने एक नया आविष्कार किया। ग्रैजुएट होते ही वह वर्तमान उच्चपद पर बिठला दिया गया।

कला के बारे में भी सोवियत के नौजवान पीछे नहीं हैं। 1927 में वारसा में प्रथम अंतरराष्ट्रीय पिआनो प्रतियोगिता हुई थी। लेव ओबेरिन नामक रूसी युवक सर्वश्रेष्ठ हुआ। इस संबंध की तीसरी प्रतियोगिता में जाक़ और रोज़ा तामारकिना नामक युवक-युवती प्रथम और द्वितीय आए। एमिल हिलल ने विएना में द्वितीय पुरस्कार लिया, तो ब्रुसेल्स में 1938 में प्रथम पुरस्कार। ब्रूसेल्स में वाइलिन की जो प्रतियोगिता 1937 में हुई थी, उनमें प्रथम, तृतीय, चतुर्थ और पंचम, रूस के ही नौजवान हुए थे।

रोलाँ रोम्याँ ने सोवियत के युवक-युवतियों के बारे में ठीक ही कहा था—

"तुम्हीं संसार के आशा केंद्र हो। तुम्हीं संपूर्ण मानवता के भावी वर्गविहीन समाज के अग्रदूत हो—एक ऐसे समाज के, जिसमें आदमी का शोषण आदमी नहीं करेगा, जिसमें राज्यों के बीच में सीमाएँ नहीं होंगी, जहाँ जातियों और जनताओं में परस्पर घृणा और विद्वेष नहीं होगा।"

उन्मुक्त स्त्रीत्व

सोवियत संघ में स्त्रीत्व ने एक नए संसार में प्रवेश किया है। सोवियत नारियाँ पुरुषों के साथ एक नई समता का उपभोग करती हैं—चाहे वे जिस क्षेत्र में भी हों—शिक्षा में, राजनीति में, उद्योग में, पद-मर्यादा में, संस्कृति में।

ज़ारशाही से बढ़कर स्त्रियों को गुलाम बनानेवाला कोई राज्य संसार में नहीं था, सोवियत शासन से बढ़कर उन्हें उन्मुक्त करनेवाली संसार में कोई शासन पद्धति नहीं है।

लेकिन यह मुक्ति उन्हें मुफ़्त नहीं मिली है। उन्होंने यह कीमती चीज अपने हृदयरक्त के दान पर खरीदी है।

1917 में क्रांति के जिस तूफान ने पुरानी इमारतों को ढहाकर, एक नई इमारत की नींव के लिए जमीन खाली कर दी, वह आँधियों की लंबी जंजीर की एक कड़ी मात्र था। कितने दिनों से संघर्षों का एक सिलसिला जारी था, जिसमें स्त्रियों का हिस्सा मामूली नहीं था। कितनी ही बार उन्होंने पुरुषों का पथप्रदर्शन किया।

युगों से रूस की स्त्रियाँ गुलामी की बेड़ी से जकड़ी थीं। ईसा की पवित्र वेदी को छूने तक का उन्हें अधिकार नहीं था। शादी के मौके पर पुरुष सोने की अँगूठियों के हकदार थे, स्त्रियों को लोहे की काली अँगूठियों पर संतोष करना पड़ता था। रूस के पोप ने फरमान निकाला था—औरतें मर्दों की व्यक्तिगत संपत्ति हैं। अगर कोई स्त्री अपने पति की बात नहीं मानती तो उसे कोड़ों से पीटा जाना चाहिए। कोड़ों की चोट पीड़ा देती है, वह तुरंत होश दुरुस्त करती और आगे के लिए चेतावनी बनती है।

लेकिन इन राक्षसी फरमानों के बावजूद रूस की औरतों में मानवी भावनाएँ मरने नहीं पाईं। ज़ारशाही के विरुद्ध जब लोगों के मन में विद्रोह भावना हुई, कितने ही बड़े-बड़े अफसर, कितने ही बड़े-बड़े विद्वान उस आंदोलन में आए। उन्हें साइबेरिया का वनवास मिला। उनकी पतिपरायण पत्नी घर छोड़, घर का वैभव, विलास छोड़, बच्चों तक को छोड़कर सीता की तरह, उनके पीछे वनवासिनी हुईं। साइबेरिया के संकटों को उनके पास रहकर हँसते-हँसते झेला।

पिछली शताब्दी के दूसरे हिस्से में कितनी ही पढ़ी-लिखी स्त्रियों ने शहरों को छोड़, वहाँ की सुख-सुविधा, औज-मौज को छोड़, देहातों में गईं और सूखी रोटी पर गुजर करतीं, लोगों की शिक्षा-दीक्षा में, उनमें जागृति पैदा करने में अपने को बिलकुल खपा दिया। बैकुनिन के प्रभाव में आकर कितनी ही युवक-युवतियाँ विश्वविद्यालयों को छोड़कर जनता के बीच उससे 'सबक सीखने' गईं।

ज़ार के न्यायमंत्री ने 1877 में कहा था—"क्रांतिकारियों की सफलता का कारण उनके अंदर स्त्रियों का होना है।" पढ़ी-लिखी स्त्रियाँ कारखानों में सोलह घंटे काम करने के बाद, मजदूरों के बारिक के गंदे, रूखे वातावरण में रहकर, क्रांतिकारी प्रचार में दिन-रात लगी रहतीं। ज़ारशाही का दमन उनके दिल को कभी पस्त नहीं कर सका। मौत को उन्होंने हमेशा ही हिकारत और उपेक्षा की नजर से देखा। कठिनाइयाँ उनकी ताकत को बढ़ाती ही गईं।

ये क्रांतिकारी स्त्रियाँ ज्यादातर नवयुवती थीं। पढ़ी-लिखीं, दिमाग और दिल की धनी। कितनी ही अनिंद्य सुंदरी और कला की भावना से ओतप्रोत। कोई भी युवक उनका हाथ लेकर अपने को धन्य मान सकता था। किंतु उन्होंने अपने व्यक्तिगत प्रेम को देशप्रेम में इस तरह परिणत कर दिया था कि शादी-ब्याह की उनके दिल में जगह ही नहीं रह गई थी। उनका चरित्र दर्पण-सा उज्ज्वल; बलिदान भावना की आग में तपी वे कुंदन-सी चमकतीं!

मास्को से सुदूर साखालिन तक उनकी जंजीरों से झन-झनाता रहता। उन पर होनेवाले अत्याचारों की गिनती नहीं। कठोर कारागारों और वनवासों में वे अपने युवक साथियों के साथ रहती। एक परिवार के व्यक्तियों की तरह एक-दूसरे के सुख-दुख में हाथ बँटातीं। सभी सामाजिक बंधन दमन के इस आग में जल-से गए। उनके बदले समानता के आधार पर, बौद्धिक और हार्दिक सहमति और सहयोग की नींव पर एक नवीन संबंध पैदा हुआ। जंजीरों की झंकारों में पलनेवाला यह संबंध ही, स्वाधीनता प्राप्त होने पर, स्त्री-पुरुष के परस्पर संबंध का मूलाधार हुआ। वहीं रहते, उनमें पढ़ने का चस्का बढ़ा। जो मूर्ख थीं, उन्होंने लिखना-पढ़ना सीखा; जो थोड़ी पढ़ी-लिखी थीं; उन्होंने उच्च शिक्षा पर ध्यान दिया; जो विदुषी थीं, उन्होंने भिन्न-भिन्न विषयों पर और अधिक व्युत्पन्नता प्राप्त की।

पढ़ी-लिखी युवतियों में क्रांतिकारी आंदोलन को बढ़ते देख 1887 में ज़ार ने अपनी मंत्री को कहा—"अब अधिक शिक्षा नहीं।" स्त्रियों के जितने कॉलेज थे, सब बंद कर दिए गए। लेकिन इसका नतीजा? क्या स्त्रियों ने पढ़ना छोड़ा। नहीं; वे जर्मनी गईं, जहाँ लीब्क्नेख्त वगैरह साम्यवादियों के प्रभाव में आईं। वेरा सैसुलिच स्विट्जरलैंड गई और वहाँ मार्क्स और एंगेल्स के प्रभाव में आकर साम्यवादी बनी और अपनी जिंदगी के चालीसवें वर्ष में कितनी ही साम्यवादी पुस्तकों से रूस के साहित्य भंडार को भरा। अपनी जिंदगी का उसने अपने मित्र के पास पत्र में यों वर्णन किया—महीनों तक शायद ही मैंने किसी से बातें की हों। संगी-साथी से विहीन, एकांत और जनहीन कमरे में बैठी, कॉफी और चाय पी-पीकर मैंने अपना काम जारी रखा। रात के दो बजे के पहले शायद ही मैंने कभी आँखें झिपकाईं।

जब रूस का औद्योगिक विकास हुआ और वहाँ मजदूर वर्ग का जन्म हुआ, 1895 में मजदूर मुक्ति संघ का संगठन हुआ। लेनिन इसके एक सदस्य थे। उसकी कार्य समिति में चार स्त्रियाँ थीं। उनमें एक थी क्रुप्सकाया। क्रुप्सकाया ने ग्रामर स्कूल की शिक्षा समाप्त कर शिक्षा संबंधी सिद्धांतों का अध्ययन शुरू किया। इसी अध्ययन के दरम्यान उसका संपर्क क्रांतिकारी समूह से हुआ। मार्क्स के सिद्धांतों ने उसे ज्यादा प्रभावित किया। वह सेंटपीटर्सबर्ग के मजदूर कॉलेज में अध्यापिका का काम करने लगी। उसके कितने ही शिष्यों ने रूस के साम्यवादी आंदोलन में बड़ा भाग लिया। अंततः वह गिरफ्तार की गई और तीन वर्षों के लिए साइबेरिया का वनवास उसे मिला। साइबेरिया में ही उस समय लेनिन भी वनवासी थे। दोनों में घनिष्टता बढ़ी, दोनों ने एक-दूसरे पर अपने को न्योछावर किया। छुटकारा मिलते ही लेनिन लंदन आया और वहाँ से अपन पत्र 'इस्करा' (स्फुलिंग) निकाला। क्रुप्सकाया भी वहाँ पहुँची और वह उसकी प्रबंध संपादिका बनी। पीछे वह क्रांति की माता की हैसियत से मशहूर हुई।

रूस में मजदूर आंदोलन बढ़ने पर उसमें औरतों ने बहुत बड़ा हिस्सा लिया। हड़ताल कराने में उनका मुख्य हाथ रखता था। सूती मिलें अशांति का अड्डा थीं, क्योंकि उनमें सस्ती मजदूरी पर औरतें काम में लगाई जाती थीं।

1905 में जो "खूनी रविवार" हुआ उसमें औरतों का भाग कुछ कम नहीं था। जिस समय जुलूस ज़ार के महल की ओर जाने की तैयारी में था, एक मजदूर औरत कैरेलीना ने कहा—"माताओ और देवियो! अपने बच्चों, पतियों और भाइयों की उचित और न्यायपूर्ण काम के लिए जान पर खतरा लेने से मत रोको। हमारे साथ बढ़ो। अगर हम पर चढ़ाई की जाए या गोलियाँ चलाई जाएँ, तो रोओ मत, बिलखो मत। माता मेरी के नाम पर हँसते-हँसते गोलियाँ खाओ।" सभी स्त्रियों ने एक स्वर में कहा—हम सब तुम्हारे साथ हैं और वे साथ ही बढ़ीं! ज़ार के भेड़ियों की गोलियों से जो एक हजार आदमी मारे गए थे, उनमें औरतों और उनके बच्चों की तायदाद भी कम नहीं थी। एक स्त्री को चार गोलियाँ लगी थीं। मरते समय वह बोली—मुझे उसका अफसोस नहीं है, मैं सानंद मर रही हूँ।

"खूनी रविवार' के कांड को फिर ओडेसा में दुहराया गया! ओडेसा के इस आंदोलन में स्मीदोविच नामक युवती का बड़ा हाथ था। उसकी हिम्मत की तरह ही उसकी सूझ भी थी। एक बार वह कीव में गिरफ्तार की गई, जबकि वह 'इस्करा' की कापियाँ वितरण कर रही थी। गिरफ्तार कर वह थाने में लाई गई। थाने में आकर उसने स्नानगृह में जाने की इजाजत माँगी। स्नानगृह में जाकर उसनें अपनी कीमती ऊनी पोशाक और टोपी झटपट उतार दी। सिर में रूमाल बाँधा और इस पोशाक के नीचे, ऐसी ही जरूरत के वक्त के लिए जो फटी-बिटी पोशाक वह पहने रहती थी, उसी को पहने वह निकल गई। बात-की-बात में उसका भेस इतना बदल गया था कि बेचारे पुलिसवाले उसे पहचान भी नहीं सके।

सौ वर्षों तक रूस की महिलाओं ने क्रांति के लिए जो असाध्य साधन किए थे, उसी का यह नतीजा था कि क्रांति की सफलता के बाद ही उन्हें वह पद-मर्यादा प्राप्त हुई जो अन्य देशों में नहीं देखी जा सकती।

1917 की क्रांति में भी उनका कोई कम हिस्सा नहीं रहा है। स्त्रियों ने जो कुछ किया, उसका वर्णन क्रांति

के आचार्य लेनिन के मुँह से ही सुनिए—

"पेट्रोग्राद में, मास्को में, दूसरे शहरों और उद्योग-केंद्रों में, देहातों तक में स्त्रियाँ क्रांति की इस परीक्षा में सोलह आने सफल उतरी हैं। उनके बिना हम विजयी हो नहीं सकते थे या मुश्किल से होते। यह मेरा सोचा-समझा विचार है। उफ, वे कितनी बहादुर हैं! उनकी बहादुरी जिंदा रहे। जरा उनकी तकलीफों और संकटों की कल्पना कीजिए, जिन्हें उन्होंने हँसते-हँसते बरदाश्त किया है। ऐसा उन्होंने क्यों किया? क्योंकि वे सोवियत कायम करना चाहती थीं, क्योंकि वे स्वाधीनता चाहती थीं।"

× × ×

ज्योंही ज़ारशाही ख़त्म हुई और साम्यवादी शासन का श्रीगणेश हुआ, त्योंही स्त्रियों को मातहती या गुलामी में रखनेवाले सभी पुराने कानूनों को कलम के एक ही झटके में रद्द कर दिया गया। लेनिन ने वज्रवाणी की—"साम्यवाद की क्या बात, संपूर्ण जनतंत्र भी तब तक संभव नहीं, जब तक स्त्रियाँ देश के राजनीतिक जीवन और समाज के सार्वजनिक जीवन में अपने न्यायोचित पद को स्थायी रूप से प्राप्त नहीं कर लेतीं।" बाईस वर्ष के बाद, जब 1938 में सोवियत का नया विधान बना, उसमें उल्लेख किया गया—

"सोवियत संघ में स्त्रियों को आर्थिक, राजनीतिक, सांस्कृतिक और सामाजिक जीवन में पुरुषों की बराबरी का अधिकार प्राप्त है। इस अधिकार के अनुसार स्त्रियों को मर्दों के समान ही काम करने, पारिश्रमिक पाने, आराम करने, शिक्षा पाने, सामाजिक बीमा का सुविधा उठाने के हकों के आलावा माताओं और बच्चों को राज्य का अभिरक्षण प्राप्त हैं, गर्भवती की हालत में छुट्टी और वेतन का बंदोबस्त है और मातृगृहों, शिशु भवनों और किंडरगार्टन का जाल संघ भर में बिछा हुआ है।"

इस उद्धरण से सोवियत संघ में औरतों का दर्जा साफ हो जाता है। यह केवल काग़ज़ी बात नहीं है, इसे बड़ी सख्ती से काम में लाया जाता है। स्त्रियों के बारे में जो बद्धमूल धारणाएँ थीं, उन पर विजय प्राप्त की जा चुकी है और उद्योग, अन्य पेशे, कला और विज्ञान—सबके दरवाजे स्त्रियों के लिए समान रूप से खुले हुए हैं।

शुरू से ही स्त्रियों ने अपने को इस बराबरी के दर्जे के योग्य साबित किया है। साथी की तरह वे मर्दों की बगल में जाकर खड़ी हुईं और अपने को उनकी योग्य साथी उन्होंने सिद्ध कर दिखाया है। जिस समय गृहयुद्ध जारी था, स्त्रियों ने अपने नाम सिपाही में लिखाए, घुड़सवारी की, मशीनगनें चलाईं। जब कार्निलोव अपनी फौज लिये लेनिनग्राद की ओर दौड़ा आ रहा था, दो लाख स्त्रियाँ मोरचे पर जा डटीं। प्लौतनिकौवा उस समय बच्ची-सी ही थी। जोन ऑफ आर्क की तरह उसने उन्नीसवीं घुड़सवार पल्टन को भागते हुए से रोक लिया। अपने घोड़े को फँदाती, उछालती, वह दुश्मन पर चढ़ दौड़ी। समूची पल्टन उसके पीछे हो ली। नतीजा? दुश्मन भागा, क्रांति की जय हुई। वह बेचारी इतनी घायल हो गई थी कि उसे टाँगकर छावनी में लाया गया।

जब गृहयुद्ध समाप्त हुआ, स्त्रियाँ उसी उत्साह से साम्यवाद के निर्माण में जुट पड़ीं। वे कारखाने में घुसीं। महीन कारीगरी के कामों में भी उन्होंने अपनी धाक जमाई। घर में काम करते रहने के कारण उनमें अनुशासन का मादा इतना अधिक रहता है कि उद्योग में, जहाँ अनुशासन की बड़ी जरूरत है, वे खूब काम की सिद्ध हुईं। पुराने मैनेजरों या कारीगरों को, जिनके मन में यह धारणा थी कि औरतों में टेक्निकल काम करने की योग्यता नहीं है, उन्हें अपनी राय बदलनी पड़ी। एक उदाहरण। 1928 में लेनिनग्राद के ट्रैक्टर के कारखाने में मजदूरों की कमी हुई। मजदूर भरती करनेवाले विभाग ने स्त्रियों को वहाँ भेजा। मैनेजर झल्ला उठा—ये नाजुक कलाइयाँ, क्या इतना भारी काम कर पाएँगी? लेकिन भरती विभाग ने जोर दिया, इन्हीं से काम लेना होगा। वे काम में ली गईं। पहले तो बहुत दिक्कत हुई, किंतु इन स्त्रियों में धुन थी, पकड़ थी। एक दिन आया और वह दिन तुरत ही आया, जब मैनेजर ने लिखा—"इन स्त्रियों के काम की सिफ्त या तादाद के बारे में कोई शिकायत करने की गुंजायश नहीं रह गई। वे अपने काम में मुस्तैदी से डटी रहती हैं और कल-पुर्जा की देख-रेख बड़ी होशियारी से करती हैं।"

स्त्रियों ने अपनी योग्यता बड़ी तेजी से बढ़ाई। 1937 में उद्योग-धन्धों के पेशों की उच्च शिक्षा प्राप्त

करनेवाले विद्यार्थियों में स्त्रियों की संख्या इक्तालीस फी सैकड़े थी। एक लाख से ज्यादा स्त्रियाँ इंजीनियर या टेक्नीशियन के पदों पर सोवियत संघ के भिन्न-भिन्न उद्योग-धन्धों में काम करती हैं। इतनी ही संख्या उन स्त्रियों की होगी जिन्होंने काम की प्रतियोगिताओं में मर्दों के साथ सम्मान या विशेषत्व प्राप्त किया है। दौस्सिया और मैरोसिया स्त्रियाँ थीं न, जिन्होंने सूती उद्योग में पैदावार बढ़ाने का श्रेय प्राप्त किया है। हर एकड़ में बीस टन मीठी चुकन्दर पैदा कर के मैरिया ने कृषि क्षेत्र में नाम पाया है।

स्त्रियों के लिए सब कामों का दरवाजा खोलने के साथ-ही-साथ उनके लिए पुरुषों के बराबर ही पारिश्रमिक का प्रबन्ध किया गया है। संसार में रूस ही ऐसा देश है, जहाँ स्त्रियों को पुरुष के बराबर मज़दूरी और मुशाहरा मिलता है। इस बराबरी को पूर्णता तक पहुँचाने के लिए ज़रूरी यह समझा गया कि जब वे गर्भवती हों, तो न सिर्फ उन्हें लम्बी छुट्टी मिले, बल्कि पूरा मुशाहरा भी भत्ते के रूप में मिले। सोवियत संघ अपनी जनसंख्या बढ़ाने के लिए मातृत्व को प्रोत्साहन देता है। विवाहित स्त्रियों के लिए अन्य देशों की तरह कुछ पेशे वर्जित नहीं हैं। हाँ, भारी बोझ उठाने आदि के कामों में, उनके स्वास्थ्य को दृष्टि में रखकर, उन्हें नहीं लगाया जाता। बच्चा होने का खर्च ही सोवियत बरदाश्त नहीं करती, बच्चों के लालन-पालन के लिए भी वह कुछ उठा नहीं रखती है। जगह-जगह ऐसे शिशुगृह हैं, जहाँ काम के वक्त स्त्रियों अपने बच्चों को रख सकें। वहाँ चतुर धाइयाँ बच्चे की देखभाल करतीं हैं। बड़े-बड़े सार्वजनिक भोजनालय कायम करके औरतों को घरेलू झंझटों से मुक्ति दिलाने का भी आयोजन किया गया है।

काम करने, बराबर वेतन पाने, घरेलू झंझटों से छुटकारा पाने के साथ-ही-साथ सोवियत संघ ने स्त्रियों के लिए और भी कितने ही उपयोगी काम किए हैं।

विवाह करने या नहीं करने के बारे में स्त्रियों को पूरी आजादी दी गई है। शादी के साथ रुपए या परिवेश के संबंध को बिलकुल खत्म कर दिया गया है। शादी को प्रेम की पवित्र नींव पर वहाँ प्रतिष्ठित किया गया है। रुपए या जीविका की झँझटों के कारण विवाह में वहाँ रुकावट नहीं होती। विवाह के चलते वहाँ स्त्रियों की जीविका नहीं छीनी जाती। पति-पत्नी विवाह के बाद भी अपने-अपने पेशे में लगे रहते हैं। पति संपादक का काम कर रहा है, पत्नी पथप्रदर्शिका का। दोनों कमाते हैं। जरूरत होने पर एक-दूसरे से हाथ-फेरे करते हैं। आर्थिक दृष्टि से दोनों स्वतंत्र हैं।

स्त्रियाँ अधिक-से-अधिक बच्चे पैदा करने में आजाद हैं। बड़े परिवार की आर्थिक झंझटों से बचने के लिए संतान निग्रह की शरण में जाने की जरूरत नहीं। सोवियत उनके बच्चों की यथार्थ माता है और उसे ज्यादा-से-ज्यादा कमाऊ पूतों की जरूरत है। रूस में जन्म का रेट यूरोप भर से अधिक है। प्रारंभिक वर्षों में जब युद्ध के अवसाद से माता-पिता खिन्न थे, जब अकाल का दौरदौरा था, गर्भपात को कानूनी-जायज करार दिया गया था—बशर्ते कि वह स्वास्थ्यकर ढंग से और प्रकट रूप में हो। लेकिन 1936 में उसे कानूनन रोक दिया गया है और यह जनता की सहमति से।

सोवियत को कमाऊ पूतों की जरूरत है, इसलिए अधिक बच्चों की माताओं को अतिरिक्त आर्थिक सहायता दी जाती है। छः बच्चों की माँ को इसके बाद हर बच्चे पर जहाँ दो हजार रुबल सालाना वजीफा पाँच वर्षों तक मिलता है, वहाँ दस बच्चों की माँ को इसके बाद हर बच्चे पर पाँच हजार की भेंट बच्चे के जन्म के अवसर पर और तीन हजार रूबल सालाना वजीफा चार वर्षों तक मिलता है। 1937 के पाँच महीने में सोवियत संघ के अंदर तेरह लाख पचहत्तर हजार बच्चों का जन्म हुआ। पूरे फिनलैंड की जनसंख्या इससे ज्यादा नहीं है।

स्त्रियों को पति छोड़ने या तलाक देने का पूरा अधिकार प्राप्त है। लेकिन ऐसा करने से उन्हें यथासंभव रोका जाता है। पति या पत्नी दोनों में से किसी एक के चाहने पर कानूनन तलाक तुरत मिल जाता है, लेकिन बार-बार के तलाक और पुनर्विवाह की सख्त निंदा की जाती है और जब बच्चे हों तब दोनों को उनका खर्च बरदाश्त करने को बाध्य किया जाता है। रूस में तलाकों की संख्या दिन-दिन कम हो रही है। पारिवारिक जीवन की कद्र करने पर जोर दिया जाता है। साम्यवादी सरकार बच्चों के लिए कुछ करने से बाज नहीं आती, तो भी

माता-पिता को अपने कर्तव्य पालन के लिए उत्साहित किया जाता है। अगर माता-पिता इस कर्तव्य में त्रुटि करते हैं, तो उन पर मुकदमा तक चलाया जाता है और कैद की सजा तक उन्हें भुगतनी पड़ती है।

वेश्यावृत्ति का तो वहाँ नामोनिशान तक नहीं है।

एक पत्नीव्रत या एक पतिव्रत को हर तरह से उत्साहित किया जाता है। इसके बारे में लेनिन की राय बड़ा ही उपदेशप्रद है। नए नैतिक नियम के नाम पर उच्छृंखल प्रेम या भ्रमरवृत्ति को वह बुरी नजर से देखते थे और उसे पूँजीवादी वेश्यावृत्ति का नया संस्करण मात्र मानते थे। काम पिपासा की शांति तो प्यास लगने पर एक गिलास पानी पीने की तरह एक मामूली-सी बात है, जो लोग इस प्रकार की बहकी बातें करते फिरते थे, उन लोगों को उन्होंने जवाब दिया था—"क्या कोई स्वस्थ आदमी, होश-हवाश दुरुस्त रहते, प्यास लगने पर गलीज़ में घुसकर नाबदान का पानी पिएगा? या वह एक ऐसे गिलास में पानी पीएगा, जिसमें कितने ही होठों के लार और थूक लगे हों!" यह तो साम्यवाद के दुश्मनों का काम था कि वे संसार में "स्त्रियों के समाजीकरण" या "एक ही कंबल के अंदर सभी" के झूठे नारे देकर लोगों को इस प्रथम साम्यवादी राज्य की ओर मुखातिब होने से रोकें।

बात तो यह है कि वहाँ के सामाजिक जीवन में स्त्री-पुरुष का सहवास अपनी रोमांचक रंगीनियाँ सदा के लिए खो चुका है। एक साथ की शिक्षा के कारण सोवियत युवक-युवतियों में यह सहवास अपने खिंचाव-तनाव को खोकर, अपनी आँख-मिचौनियों का परित्याग कर, एक स्वाभाविक आकर्षण मात्र रह गया है। युवतियाँ शारीरिक दृष्टि से काफी मजबूत और तंदुरुस्त होती हैं। उन्हें किसी के सहारे या थपकियों की जरूरत नहीं होती। वे अपनी हैसियत युवकों की बराबरी में समझती हैं। उनके दिल और दिमाग में, बचपन से ही एक नए आदर्श का सपना और कामना भर दी जाती हैं। ये चीजें काम-वासना को कहीं पीछे ढकेल देती है। एक स्वस्थ, स्वाभाविक जीवन वे बिताना चाहती हैं। क्षणिक सौंदर्य और चाक्‌चिक्य के स्थान पर एक उच्च और दिव्य भावना उन्हें प्रेरित करती है। 'कली-कली रस ले' का छिछोरापन वे क्यों चाहें, कैसे बरदाश्त करें? नतीजा यह है कि प्राचीन सतीत्व नए वैज्ञानिक रूप में वहाँ फिर प्रतिष्ठित हो रहा है।

स्त्रियों को देश के शासन और सार्वजनिक जीवन में हिस्सा बँटाने की पूरी आजादी है। सोवियत संघ बड़ी सोवियत के सदस्यों में एक सौ नवासी स्त्रियाँ हैं। संसार के किसी देश की पार्लियामेंट में औरतों का यह अनुपात नहीं होगा। यहीं नहीं, आठ बड़े-बड़े सरकारी ओहदों को भी वे सुशोभित करती हैं। शायद ही कोई कचहरी हो, जहाँ न्याय के आसन पर औरतें नहीं बैठी हैं। स्त्री जजों के इनसाफ में सिर्फ बदले की भावना नहीं काम करती, मातृत्व का हृदय भी अपना असर डालता है।

सांस्कृतिक जीवन में भी स्त्रियाँ पीछे नहीं हैं। बच्चियों और युवतियों में पढ़ने का जो चाव है, उसे क्या कहना? बूढ़ी दादियों ने भी, जिंदगी के आखिरी दिनों में, अपने को शिक्षिता बनाया है। स्त्रियों की पत्रिकाओं और अखबारों में उनकी पाठिकाओं के जो लेख, कविता, कहानी, शब्दचित्र आदि छपा करते हैं, उनके पढ़ने से वहाँ की स्त्रियों के मानसिक क्षितिज के विस्तार का पता लग सकता है। एक नए ढंग की ग्राम-कविता का वहाँ जन्म हो रहा है। इसकी रचनेवाली स्त्रियाँ हैं। स्त्रियों ने रूस के प्राचीन वीर-काव्यों के ढर्रे पर, नए विषयों पर, गेय कविताओं की रचना शुरू की है, बहत्तर वर्ष की उम्र की मार्या क्रीवोपोल्मेनोवा, अपनी जन्मभूमि आरचेंजल की देहातों में गाँव-गाँव घूमकर ऐसी कविताएँ सुनाया करती थी। अब साम्यवादी सरकार की गुणग्राहकता से उसकी कविता की मास्को के रंगमंचों पर धूम मची रहती है।

साहित्य की तरह कला में भी स्त्रियों ने कमाल दिखलाया है। मूर्ति निर्माण में तो वे मर्दों से बाजी मार ले गई हैं। उनकी बनाई मूर्तियाँ सबल और सजीव दीखती हैं। सिर्फ संगमरमर की ही नहीं, लकड़ी की मूर्तियाँ बनाने में भी उन्होंने बड़ा नाम कमाया है।

लोग कहा करते हैं, सोवियत ने पारिवारिक जीवन को खत्म कर दिया है। यदि पारिवारिक जीवन का अर्थ हो पति काम करे, कमाए और पत्नी उसी के आश्रय पर घर की गंदगी में मरती रहे या धनी विलासी पति के दिल को लुभाने के लिए तरह-तरह के शृंगार और ढोंग बनाए, तो निस्संदेह सोवियत ने पारिवारिक जीवन का

खात्मा कर दिया है। लेकिन यदि पारिवारिक जीवन का मानी हो, पति-पत्नी बराबरी की हैसियत से, बिना एक-दूसरे पर बोझ बने, पारस्परिक सहयोग भावना लिए हुए, शुद्ध प्रेम के आधार पर, सानंद, सोल्लास जीवनयात्रा तय करें तो संसार में अगर कहीं पारिवारिक जीवन है तो सोवियत रूस में ही।

× × ×

स्त्रियों की यह स्वाधीनता, यह समता सिर्फ यूरोपीय रूस तक ही सीमित नहीं। सुदूर उत्तर के स्कीमो, चकची, कोरियाक जातियाँ और सुदूर दक्षिण के आरमेनियन, जॉर्जियन, उजबेक जातियाँ भी स्त्रियों की इस महान जागृति से अछूती नहीं हैं। सब जगह एक महान हलचल है, स्त्रियों में एक नवीन जागरण है।

पूर्वीय देशों की स्त्रियाँ सदियों से गुलामी के बंधनों में जकड़ी थीं। पुरुष उन पर तरह-तरह के अत्याचार करते थे और उन्हें सिर झुकाकर सब बरदाश्त करना पड़ता था। यह बरदाश्त अंततः एक आदत में बदल गई थी। समता या स्वाधीनता की कल्पना भी उनमें नहीं रह गई थी।

तुर्कमान, उज़बेक और कज़ाक जातियों ने इसलाम कबूल कर लिया था। स्त्रियों की स्वाधीनता वहाँ सदा के लिए खत्म हो चुकी थी। शादी तो एक व्यापार बन चुका था। बाल-विवाह आम बात थी। स्त्रियाँ मर्दों की काम-वासना की तृप्ति की पात्र मात्र समझी जाती थीं। जैसा कि ऐसी हालत में होता है, स्त्रियों में पुरुषों की अपेक्षा ज्यादा काम-वासना है, यह बात मान ली गई थी। स्त्रियाँ अपवित्र समझी जाती थीं। उन्हें या तो एकांत कमरे में रहना चाहिए या घने बुरके के अंदर। कुरानशरीफ ने स्त्रियों के कितने ही हक़ूक़ दे रखे हैं, लेकिन यह तो किताबी बातें हुईं, व्यवहार की बात यह थी कि स्त्रियाँ गुलाम थीं।

इन स्त्रियों की जिंदगी की सख़्तियाँ सीमा पार कर चुकी थीं। वे आदमी तक नहीं समझी जाती थीं। स्त्रियों की मौत पर आँसू बहाना मना था। बच्चा पैदा होने के समय जब वे पीड़ा से छटपटाती थीं, कोई सहानुभूति नहीं दिखाता था। जॉर्जिया की कुछ पहाड़ी जातियों में बच्चा पैदा होने के लगभग दो सप्ताह पहले ही स्त्रियों को घर के बाहर, किसी एकांत कमरे में रख दिया जाता था। जहाँ वे घोड़ियों को बच्चा पैदा होने के समय अस्तबल से दालान में ले आते, वहाँ अपनी स्त्रियों को घर से निकालकर अस्तबल में रख देते। कालयुक लोग अपने स्त्रियों को बच्चा पैदा होने के समय घूरे पर रख आते। उत्तर में माताओं को गंदे, बर्फीले तंबू में अकेले बच्चा पैदा करने के लिए छोड़ दिया जाता था।

उज़बेक और ताज़िक लड़कियाँ यह जान भी नहीं पातीं, कि लड़कपन की रंगरलियाँ क्या चीज हैं? आठ-नौ वर्ष की उम्र में ही उनकी शादी कर दी जाती। तुर्कमान जाति में शादी के वक्त दूल्हा-दुलहिन को कोड़े से पीटता। आस्काबाद में कोहबर रात में दुलहिन को दूल्हे का जूता खोलना पड़ता और उस बेचारी को परेशानी में डालने के लिए फीते में तरह-तरह की पेंच और गिरह बना दी जाती। उज़बेक पत्नियों को जमीन पर सोना पड़ता और पतिदेव पलंग-गद्दे पर मौज करते। उज़बेकिस्तान, ताज़किस्तान और तुर्कमानिस्तान में स्त्रियों को न सिर्फ घर के, बल्कि खेत-खलिहान के सभी काम करने पड़ते।

उज़बेकिस्तान और ताज़किस्तान में बुरका घोड़े के बाल से बनाया जाता—भद्दा, काला, तकलीफदेह। सूर्य की रोशनी भी उससे होकर नहीं जा सकती।

पश्चिमी रूस की तरह कलम के एक झटके में पूर्वीय रूस की स्त्रियों के सभी बंधनों को खत्म कर दिया गया और उन्हें भी पुरुषों की बराबरी का दर्जा दिया गया। लेकिन कानून की किताब में कोई बात लिख देना एक बात है और उसे काम में लाना दूसरी बात। सोवियत सरकार को इसके लिए कठिन परिश्रम करना पड़ा है। 1925 में जब मध्य एशिया की सभी जातियों को साम्यवादी शासन के अंदर लाया गया, तब जाकर इस ओर प्रभावशाली कदम बढ़ाया जा सका।

जीनत खेस्मीतोवा की शादी बचपन में ही हो गई थी। पति के अत्याचारों से ऊबकर वह साम्यवादियों के पास भाग आई। लेकिन किसी तरह वह बेचारी फिर उस जालिम के पंजे में आ गई। उसने पीटते-पीटते उसे नीला-काला कर दिया फिर उसकी जीभ काट ली और जिंदा उसे सिर्फ उसका मुँह ऊपर रखकर जमीन में गाड़

दिया। साम्यवादियों ने उसका उद्धार किया। बेचारी अब तक मास्को के अस्पताल रखी गई है। जब हाल ही उसकी जन्मभूमि ताशकंद की सोवियत की अध्यक्षा मास्को गई थीं और उसे देखा था, तब उसने कहा था—उफ, क्या था, पहले मेरा देश ! मैं तो उसे देखकर तीन दिनों के लिए बीमार हो गई !

साम्यवादी राज्य ने अनिवार्य विवाह को रोक दिया। बाल-विवाह, जबरदस्ती विवाह, स्त्रियों की बिक्री आदि के लिए सख्त सज़ाएँ रख दीं। सहगमन की उम्र सोलह वर्ष कर दिया, रूस में यों तो अब सहगमन के लिए अठारह वर्ष की उम्र प्रचलित है।

कानून के अलावा पूर्वीय स्त्रियों में प्रचार करने का भी विस्तृत आयोजन किया गया और इसके लिए नए-नए उपाय काम में लाए गए। स्त्रियों के क्लबघर, लाल गोशे, लाल नावें, लाल खीमे— जिननें प्रायः बिजली और रेडियो लगे होते और सिर्फ स्त्रियाँ ही प्रवेश पा सकतीं—इन पिछड़े प्रदेशों के कोने-कोने में देखे जाने लगे। इनके द्वारा औरतों को शिक्षित किया जाता, उन्हें कानूनी मदद दी जाती, उनके लिए पेशे का प्रबंध किया जाता।

इस प्रचार में शिक्षिता रूसी नारियों का बड़ा भाग रहा। उन्होंने नई भाषाएँ सीखीं, इन पिछड़े प्रांतों की रीति-नीति की जानकारी हासिल की, गंदे जीवन और जान के खतरे की परवाह छोड़कर वहाँ पहुँचीं, उनमें से कितनी स्त्रियों ने तो खुद अपने मुँह पर घोड़े के बाल के बने 'पारांजा' नामक नकाब को डाल लिया, जिससे उनके घरों में बेखटके प्रवेश वे पा सकें।

धीरे-धीरे उन्होंने मूढ़धारणाओं पर विजय प्राप्त की। वहाँ की स्त्रियाँ अपने घर साफ-सुथरा रखना, साबुन का व्यवहार करना, तरकारियाँ पैदा करना, बच्चों का वैज्ञानिक ढंग से पालन-पोषण करना सीख गईं। अड़तीस जंगली जातियों को लिपि का ज्ञान दिया गया, क्योंकि उनके पास अपनी भाषाएँ तो थीं भी, लिपि का वे नाम भी नहीं जानती थीं।

मध्य एशिया भर में जो परदा विरोधी दिवस 8 मार्च, 1928 को मनाया गया था, उसका दृश्य क्या कभी भूला जा सकता है ?

उस दिन हजारोंहजार स्त्रियाँ परांजा और चाच्वान से जकड़ी, पतली गलियों, चौराहों, और बाजारों से खौफनाक आँधी की तरह निकलीं। न उनके मुँह दिखाई पड़ते, न आँखें। हाँ, उनके इन मनहूस चेहरों के ऊपर, हवा में लहराता, लाल झंडा अवश्य दिखाई देता। सूखे मैदान में एकाकी खिले गुलाब की तरह उनमें कहीं-कहीं एकाध ऐसी युवतियाँ जब-तक दिखाई पड़तीं जिनके मुँह खुले थे और लाल रूमाल से जिनके बाल बँधे थे। उनके पैर दृढ़ता से उठते। वे अग्रदूतिकाएँ थीं, जिन्होंने बुरके को कब न फाड़ फेंका था।

बाजे-गाजे के बीच वे लेनिन की मूर्ति के निकट आ पहुँची और उसे चारों ओर से घेरकर खड़ी हो गईं। उनके साथ कुछ बच्चे और कुछ पुरुष भी थे, जो अलग खड़े थे। लेनिन की मूर्ति को भी लाल झंडों और लाल कालीनों से उस दिन सजा दिया गया था। वे स्त्रियाँ वहाँ साँस रोके खड़ीं, आगे की कार्रवाई की प्रतीक्षा कर रही थीं। हृदयवेधी, गुरु-गंभीर वाणी में वक्ताओं ने परदा प्रथा की बुराइयों पर प्रकाश डाला और इसे फाड़ फेंकने के लिए जोरदार अपील की। साम्यवादी अंतरराष्ट्रीय गान हुआ। गाना समाप्त होते न होते, बुरके उतारकर फेंके जाने लगे। पहले थरथराते हाथों से; फिर उत्तेजना और मजबूती से। परांजा, चाच्वान और चादरा—स्त्रियों की गुलामी के ये पुराने चिह्न—स्त्रियों ने इन्हें बात-की-बात में उतार फेंका। इन्हें इकट्ठा किया गया, इन पर तेल छिड़का गया, चिनगारी छुलाई गई—और थोड़ी देर में ही वे धू-धू कर जलने लगे। उनके धुएँ ने उनकी कालिमा को सदा के लिए आसमान पर फेंक दिया; उनकी ज्वाला से स्त्रियों के चेहरे चमक उठे !

आज समूचे बुखारा में आप घूम आइए, कहीं आपको बुरके का नामोनिशान नहीं मिलेगा। मुल्लाओं और मर्दों का विरोध उन्हें गुलामी में नहीं रख सका। स्त्रियाँ एक ही छलाँग में चौदहवीं सदी से बीसवीं सदी में पहुँच चुकी हैं।

बारह वर्ष की उम्र के पहले ही, बगैर देखे-सुने आदमी से शादी कर लेने को बाध्य किए जाने, परिवार भर के

मर्दों और मेहमानों के पाँवों को धोने, उनके सामने हमेशा खड़ी रहने और जूठे-रूखे भोजन पर ही संतोष करनेवाली युवती आज अपने पति के साथ मास्को के पूर्वीय विश्वविद्यालय में पढ़ती है। उसके साथ ही उसकी वह सहेली भी पढ़ रही है जिसकी माँ ने कभी नया कपड़ा नहीं देखा, कभी जूता नहीं पहना, जो हमेशा खुली जमीन पर सोती रही और कभी अपने पति पर नाराज़ी ज़ाहिर करने की गुस्ताख़ी नहीं कर सकी।

जो स्त्रियाँ पुरुषों की काम-वासना की तृप्ति की साधन मात्र समझी जाती थीं या बच्चा पैदा करने की मशीन मात्र, वे ही अपने पति को कामरेड (साथी) कहकर पुकारती हैं। स्त्रियाँ अब उद्योग-धंधों में प्रवेश करती और राजनीति में अपना हिस्सा बँटाती हैं। जो अब तक चुप थीं, वे चहकने लगी हैं। जिनकी कमर झुकी थी, वे आकाश में उड़तीं और पैराशूट से कूदती हैं मध्य एशिया के सर्वप्रमुख शहर ताशकंद की सोवियत की अध्यक्षा एक ऐसी औरत है, जो पहले परांजा में मुँह में छिपाए दासी का काम करती थी। बुखारा के ट्रेनिंग कॉलेज की अध्यक्षा की छः वर्ष की पुत्री उस दिन उससे पूछ रही थी—अम्मा, पारांजा किसे कहते हैं?

हथौड़े की करामात

सोवियत सरकार ही मजदूरों की है। सोवियत संघ की सुख-समृद्धि की हर वृद्धि मजदूरों की सुख-समृद्धि में वृद्धि है। इस संघ के द्वारा संसार में वे एक ऐसे समाज की सृष्टि करना चाहते हैं, जिसके अंदर साम्यवाद के प्रवर्तक कार्ल मार्क्स के शब्दों में, 'सब योग्यता के अनुसार काम करें और आवश्यकता के अनुसार पावें'। लेकिन पाँच हजार वर्षों के मनुष्य के इतिहास को चुटकी बजाते बदल देना असंभव है। हाँ, उस आदर्श तक पहुँचने के लिए वे सिर तोड़ परिश्रम कर रहे हैं। उनका हर कदम उसी ओर बढ़ रहा है।

लेकिन इस परिश्रम, इस कशमकश के बीच भी जो सहूलियतें सोवियत संघ के मजदूरों को हैं, उनका सपना भी पूँजीवादी देशों के मजदूर नहीं देख सकते। सब मजदूरों को पूरी मजदूरी पर काम पाने की गारंटी है। हर काम करनेवाले को आराम की गारंटी है। बेकारी का तो कहीं नामोनिशान नहीं है। काम के घंटे सिर्फ सात हैं, मुश्किल कामों और खानों में तो उनसे सिर्फ छः घंटे काम लिया जा सकता है। मुशाहरे के साथ उन्हें लंबी छुट्टियाँ मिलती हैं। बीमार होने पर अच्छे-से-अच्छे डॉक्टर की चिकित्सा उन्हें मिलती है, सुंदर-से-सुंदर स्वास्थ्यकर स्थानों में उन्हें विश्राम के लिए भेजा जाता है। उनके साथ उनकी बीवियाँ भी बराबरी की मजदूरी पर काम कर सकती हैं। उनके बच्चों के लिए शिशुगृह और स्कूलों के दरवाजे खुले हैं। शिल्प विद्यालय और विश्वविद्यालय उनकी और उनके बच्चों की प्रतीक्षा में रहते हैं। बुढ़ापे में अच्छी खासी पेंशन लेकर वे हँसते-हँसते शेष जीवन बिता सकते हैं।

इन सबके अलावा और इन सबके ऊपर मजदूरों को कारखाने के अंदर पूरी स्वाधीनता प्राप्त है, कारखाने—जहाँ वे जिंदगी के अधिकांश भाग काटते हैं, जहाँ स्वाधीनता ही सबसे बड़ी कीमत है, जहाँ स्वाधीनता प्राप्त करना मुश्किल है।

कारखाने का जनतंत्र सोवियत स्वाधीनता का किला है। इसके रूप और मूल्य पर उचित ध्यान नहीं दिया गया है। मध्यम वर्ग और मजदूर वर्ग के निकट स्वाधीनता, जनतंत्र आदि का मानी एक नहीं है। मध्यम वर्ग को कारखानों के अत्याचारों और व्यवधानों को सहने का मौका कहाँ? इसलिए स्वाधीनता का मानी वह राजनीतिक अर्थ में लेता है—यानी वोट करने की स्वाधीनता। अगर आर्थिक रूप में वह स्वाधीनता को लेता है, तो उसका मानी वह खुलकर, बिना बंधन-बाधा के, मजदूरों से काम लेना समझता है।

आर्थिक आवश्यकताओं के चलते मजदूरों को ऐसे अनुशासन के अंदर रहने को बाध्य होना पड़ता है, जिसके बनाने में न उनका हाथ है, न रजामंदी। यह अनुशासन उन्हें पतन के गड्ढे में ढकेलता और उनके मन में

एक चिढ़ पैदा करता रहता है। उनकी जिंदगी का विकास रुक जाता और उनके दृष्टिकोण का घेरा छोटा हो जाता है। ऊपर से लादा गया अनुशासन दिमाग पर बोझ का काम करता है; स्वतः प्रवृत्त होने की भावना का गला घोंट देता है। भीतर-ही-भीतर एक आँच धुँधुँआती रहती है, जो समय-समय पर सामाजिक उथल-पुथल और क्रांति के रूप में प्रकट होती है।

पूँजीवादी देशों के मजदूरों संघों का जन्म इसी असंगतियों के चलते हुआ। जब तुम्हें चूसने, दबाने या बरबाद करने का हक़ है, तो हमें भी अपने को संगठित करने और जरूरत पड़ने पर हड़ताल करने का हक़ है! बड़े संघर्ष के बाद पूँजीपतियों को मजदूरों की इस माँग के आगे सिर झुकाना पड़ा।

लेकिन सोवियत के कारखानों और अर्थनीति में इन असंगतियों के लिए जगह ही नहीं है। वहाँ कोई शोषक वर्ग उन्हें चूसनेवाला नहीं। चाहे मजदूर हो, मिस्त्री हो, फोरमैन हो, मैनेजर हो, डायरेक्टर हो—सब एक ही उद्देश्य से प्रेरित होकर काम करते हैं। वह उद्देश्य है—समाज की सार्वभौमिक भलाई, हर व्यक्ति को अधिक-से-अधिक सुखी और स्वाधीन जीवन बिताने का मौका देना। मनुष्य द्वारा मनुष्य का शोषण वहाँ कहाँ? वहाँ मजदूर मैनेजर को अपना दुश्मन क्यों समझें? मैनेजर मजदूरों पर रोब क्यों गालिब करे? कलह की जगह सहयोग ने ली है। डाइरेक्टर, मैनेजर, फोरमैन, कारीगर, मजदूर सभी एक ही समाज के अंग हैं और सब एक उद्देश्य से काम करते हैं।

निस्संदेह, योग्यता और कारीगरी के अनुसार वहाँ के मजदूरों के वेतन में फर्क है। लेकिन वह वेतन का विभेद मजदूरों में पस्ती नहीं लाता, बल्कि उन्हें आगे बढ़ने को प्रेरित करता है। हर मजदूर को नैतिक और भौतिक सहायता योग्यता बढ़ाने के लिए दी जाती है। अपने शरीर और दिमाग को अधिक होशियारी से इस्तेमाल कर वे असीम उन्नति कर सकते हैं। आगे बढ़नेवालों को हमेशा ही प्रोत्साहित किया जाता है। मान लीजिए, किसी कारखाने में काम के आठ ग्रेड हैं। उसमें तीसरे ग्रेड में काम करनेवाला मजदूर मैनेजर के पास पहुँचता है और कहता है, मुझे चौथे ग्रेड में भेजिए, मैंने उसके लायक योग्यता हासिल कर ली है। तो मैनेजर कहता है, अच्छा पंद्रह दिन के लिए आपको मौक़ा मिलता है, जाइए, काम कीजिए। अगर इसके अंदर वह योग्य साबित हुआ फिर तो वहाँ रख लिया गया, नहीं तो फिर 'सी' ग्रेड में आ गया। बात यों है कि समूचे संसार में सोवियत संघ ही ऐसा राज्य है, जो अपने देश के हर मर्द, औरत, लड़के, लड़की को अधिक-से-अधिक योग्य बनाकर मानवता के अंदर के भेदभाव को मिटाने के लिए सचेष्ट है। शोषण प्रथा को गैरकानूनी बनाकर अपने हर सदस्य को पूर्णता तक पहुँचाने के लिए वह प्रतिज्ञाबद्ध है। वहाँ जिंदगी के नए आदर्श हैं, नई संभावनाएँ हैं। वर्गों में बँटे समाज में जो निश्चलता, निस्पंदता, निर्जीवता होती है, उसका वहाँ हमेशा के लिए खात्मा हो चुका है।

सोवियत संघ का मजदूर संघ संसार की सबसे बड़ी संस्था है। इसके फीस देनेवाले सदस्यों की संख्या 1932 में एक करोड़ अस्सी लाख थी। संसार की सभी मजदूर संस्थाओं की सदस्य संख्या भी इतनी बड़ी नहीं होगी। सोवियत संघ के हर छोटे-बड़े कारखाने में मजदूर संघ कायम हैं और उनकी सदस्यता का दरवाजा मैनेजर से लेकर अपरेंटिसों तक के लिए खुला हुआ है। इन संघों की कार्य समितियों का चुनाव बड़े धूमधाम से होता है, जहाँ उम्मीदवारों की विजय पद-मर्यादा पर निर्भर नहीं होकर उनकी सेवा-भावना पर निर्भर करती हैं।

ये मजदूर संघ सबसे पहले तो अपने कारखाने की पैदावार बढ़ाने पर जोर देते हैं, क्योंकि पैदावार की वृद्धि का मतलब है, उनके वेतन और दूसरी सुख-सुविधाओं में वृद्धि। इसके लिए मजदूर संघ तेज काम करनेवालों की टोलियाँ बनाते और साम्यवादी प्रतियोगिताएँ करते रहते हैं। वेतन वृद्धि के अलावा सोवियत मजदूर संघ अपने सदस्यों को औद्योगिक दुर्घटनाओं से रक्षा करते और उनके काम करने की जगह को अधिक स्वास्थ्यपूर्ण और सुविधापूर्ण बनाने की चेष्टा में लगे रहते हैं। यही नहीं, कारखाना किस योजना पर चलाया जाए, इस पर भी संघ में बहस होती है और नए-नए तरीके निकाले जाते। यदि किसी मजदूर ने छोटी-मोटी गलती की तो संघ की ओर से नियुक्त 'साथियों की पंचायत' उस पर विचार करती और सही रास्ते पर लाने के

लिए उससे प्रायश्चित्त और पश्चाताप कराती। कारखाने की सहयोग समितियों का संचालन भी मजदूर संघ ही करते हैं, जहाँ से मजदूर अन्न, वस्त्र आदि का विनिमय करते हैं। जब से कारखानों के साथ उनके निजी खेत की व्यवस्था सोची गई है, तब से उन खेतों का इंतजाम भी संघ के ही हाथ में रहता है। मजदूरों की बीमारी, बुढ़ापे, दुर्घटना आदि का बीमा और पेंसन का प्रबंध भी संघ द्वारा बनाई गई कमिटी के ही जिम्मे होता है। मजदूर परिवारों के लिए और मजदूरों के क्लब, पुस्तकालय आदि के लिए मकानों का प्रबंध भी संघ ही करता है। छुट्टियों में किस मजदूर को किस पहाड़ी या सामुद्रिक स्वास्थ्यप्रद स्थान में भेजा जाए, इसके निर्णय के अलावा मजदूरों के लिए भ्रमण की सुविधाओं, थियेटर और सिनेमाघरों की टिकटों का इंतजाम वगैरह का सर्वाधिकार मजदूर संघ को प्राप्त है। इन मजदूर संघ के कारण सोवियत कारखाने बिलकुल ही जनतंत्री हैं।

ये मजदूर संघ कितने अधिक जनतंत्री होते हैं, इसके सबूत में इंगलैंड के सुप्रसिद्ध विद्वान मि. सिबनी वेब का एक वर्णन देखिए—

"हमने खुद अपनी समुद्र यात्रा के सिलसिले में, एक मजदूर संघ की बैठक देखी है, जिसमें उस जहाज के कप्तान ने आय-व्यय का पूरा चिट्ठा जहाज के मजदूरों के सामने रखा। बिजली का एक कारीगर सभापति के आसन पर था। जहाज के हर विभाग के लोग वहाँ एकत्रित थे, जिनमें कुछ स्त्रियाँ भी थीं। जो चिट्ठा रखा गया, उसमें घाटा दिखलाया गया था—आय से व्यय अधिक था। बस, तरह-तरह की आलोचनाएँ होने लगीं। एक माँझी ने पूछा, क्यों टेम्स में ऐसे किनारे पर जहाज लगाया गया, जहाँ के लिए ज्यादा पैसे चुकाने पड़े। कप्तान ने बताया, क्योंकि वहाँ से मक्खन का बाजार नज़दीक था। कोयला झोंकनेवाले एक मजदूर ने पूछा, क्यों इस यात्रा में ऐसी तेजी से जहाज लाया गया? जवाब मिला, क्योंकि जल्द पहुँचने से मालों की कीमत अधिक मिलने की संभावना थी। यों ही कितने सवाल और जवाब हुए। इस बहस के शिक्षात्मक मूल्य के बारे में तो कुछ कहना ही नहीं, इससे यह भी पता चलता है कि सभी पदों के लोगों के बीच किस प्रकार साथी-भाव है और एक 'समान आदर्श' किस प्रकार लोगों को प्रेरित करता है।"

इस विवरण और उद्धरण से यह साफ पता चल जाता है कि वहाँ के मजदूर का उद्योग में क्या हाथ है? वहाँ का मैनेजर या डायरेक्टर उनका 'मालिक' नहीं है, बल्कि एक 'अनुभवी साथी' है, जो उस जगह पर अपनी योग्यता के कारण पहुँचा है और हर मजदूर उस जगह पहुँच सकता है, यदि वह अपने को योग्य बनाए। अनुभवी होने पर भी वह निरंकुश नहीं है, उसकी आलोचना खुलेआम की जा सकती है, उसे जवाब देने को मज़बूर होना पड़ेगा। सोवियत संघ के कारखानों में आलोचना की जैसी गुंजाइश है, वैसी संसार में सपने में भी नहीं देखी जा सकती है।

मजदूरों की पूरी स्वाधीनता कहीं दीख पड़ती है, तो सोवियत संघ में ही। वहाँ का कारखाना मजदूरों का 'कैदखाना' नहीं है, जहाँ कुछ मुट्ठी अन्न या कुछ पैसों की कीमत पर उन्हें आजन्म कैद की सजा स्वेच्छा से स्वीकार करनी पड़ती है। सोवियत कारखाना मजदूरों का वह 'आजादी का महल' है, जहाँ उनकी सभी भौतिक आवश्यकताओं की पूर्ति होती है और जहाँ उनके व्यक्तित्व को अधिक-से-अधिक विकास का मौका मिलता है।

हँसिए का जादू

और हथौड़े की सगी बहन हँसिया! किसानों की क्या स्थिति है, इस साम्यवादी पंचायती राज्य में?

ज़ारशाही जमाने के रूस में किसानों का इतिहास आँसू और खून की रोशनाई से लिखा हुआ है। उनकी स्थिति दासों की तरह थी। जमींदार उनकी कमाई का एक-एक पैसा ही नहीं खून चूस लेता, उनके बदन का कतरा-कतरा खून भी पी जाता। कोड़ों की मार उनके लिए एक साधारण सी बात थी। उनकी देह देह नहीं थी,

उनकी इज्जत इज्जत नहीं।

साम्यवादी शासन कायम होते ही, सबसे पहले जो काम किए गए, उनमें एक था जमींदारी प्रथा का खात्मा कर दिया जाना। जमींदारी प्रथा का खात्मा ! रूस के किसान आनंद मग्न हो गए। इस राज्य के लिए वे क्या नहीं कर सकते थे? गृहयुद्ध में सोवियत शासन की विजय के मूल कारणों में एक था, किसानों की इसके प्रति अपार स्नेह और अनन्य भक्ति !

गृहयुद्ध के बाद 'नई आर्थिक नीति' का दौर-दौरा हुआ और उसके बाद पंचवर्षीय योजना का प्रारंभ। 'नई आर्थिक नीति' थकावट के बाद जरा साँस लेने की जरूरत की सूचना देती थी। किंतु पंचवर्षीय योजना में किसानों के बारे में एक निश्चित कदम बढ़ाना आवश्यक था। क्योंकि बिना किसानों को साथ लिये रूस ऐसे कृषिप्रधान देश में साम्यवाद की स्थापना स्वप्न मात्र थी।

मजदूरों की अपेक्षा किसानों में साम्यवादी भावना भरना मुश्किल होता है। किसानों के पैदावार के साधन, उनका खेत छोटे-छोटे टुकड़ों में बँटा होता है। अलग-अलग किसान परिवार अलग-अलग खेत के टुकड़ों पर काम करते हैं। उन खेतों में कुछ तो उनकी पुश्तैनी धरोहर होते हैं, कुछ अपनी कमाई से अर्जित। उन पर प्रगाढ़ ममता होती है। पैदावार चाहे जितनी बढ़ाई जाए, जब तक यह ममता-मोह उनके दिल से दूर न किया जाएगा, तब तक ऐसे समाज की सृष्टि हो नहीं सकती, जिसमें व्यक्तिगत संपत्ति नाम की चीज का खात्मा हो जाए, जहाँ उत्पादन के सभी साधनों पर समाज का अधिकार हो, जहाँ समाज का हित ही सर्वोपरि और सर्वप्रथम समझा जाए।

1925 से '28 तक लगातार इस पर विवाद चलता रहा और अंत में 1928 में कृषि संबंधी नई नीति की घोषणा की गई (1)सरकारी खेतों (सोवखोसी) का अधिकाधिक विकास किया जाए (2)मध्यम और निम्न किसानों को पंचायती खेती (कोलखसी) में सम्मिलित होने के लिए प्रेरित किया जाए (3)खेत पर ट्रैक्टर, कम्बाइन वगैरह मशीनों का व्यवहार बढ़ाया जाए। (4)वैज्ञानिक खादों और फसल के परिवर्तनों द्वारा खेत की पैदावार बढ़ाई जाए। यही एक तरीका था, जिससे ढाई करोड़ छोटी-छोटी काश्तों में बँटी रूस की कृषि उपयोगी जमीन को कुछ लाख बड़ी-बड़ी पंचायती खेतियों में परिवर्तित किया जा सकता था और व्यक्तिगत पचड़ों में फँसे किसानों को साम्यवाद के रास्ते पर बढ़ाया जा सकता था।

प्रथम पंचवर्षीय योजना के साथ इसका भी श्रीगणेश किया गया। जहाँ पहले वर्ष में पच्चीस सैकड़े किसानों को पंचायती खेती में लाना था वहाँ सरकारी अफसरों की तत्परता और उत्साह ने पचपन सैकड़े किसान पंचायती खेती में आ गए। यह सफलता बहुत ही उत्साहजनक थी। लेकिन इस सफलता का एक बड़ा बुरा नतीजा भी हुआ। जो मध्य कोटि के किसान—'कुलक' थे, उनमें दहशत फैल गई। छोटे-छोटे किसानों के साथ अपने खेत और पशुओं को मिला देने की अपेक्षा उन्होंने अपने पशुओं को ज़हर खिलाकर मारना और अपनी फसलों और अनाजों को जला देना पसंद किया। भोले भाले छोटे-छोटे किसानों को मिलाकर उन्होंने बलवे भी कराए। इन कारणों से 1931-'32 में सोवियत के कई भूभागों में अकाल पड़े। इन विद्रोही कुलकों का बड़ी सख्ती के साथ दमन किया गया। उनमें सैकड़ों को गोलियों से उड़ाया गया, हजारों की संपत्ति ज़ब्त की गई, उन्हें साइबेरिया के जंगलों में भेजा गया। 1933 से फिर धड़ल्ले के साथ पंचायती खेती का काम बढ़ा।

रूस में किसानों की संख्या लगभग बारह करोड़ है, जो डेढ़ करोड़ परिवार में विभाजित थे। काश्तों की संख्या ढाई करोड़ के लगभग थी। छः लाख गाँवों को सत्तर हजार ग्राम सोवियतों में व्यूहबद्ध किया गया। हर सोवियत के अंदर औसत तीन पंचायती खेतियों के हिसाब से, समूचे रूस की कृषि दो लाख पच्चीस हजार पंचायती खेतियों में बाँट दी गईं। हर पंचायती खेती में पैंसठ से सत्तर किसान-परिवार शामिल किए गए और औसतन एक हजार एकड़ कि खेती रखी गई। इन खेतियों को सुचारु रुप से संचालित करने के लिए मंत्रिमंडल में एक खास कृषि विभाग कायम किए गए, जो इन खेतियों के विकास पर ध्यान दें, खाद और ट्रैक्टर आदि का प्रबंध करें और किसानों को सांस्कृतिक जीवन के निर्माण में सब तरह मदद पहुँचाएँ, चार हजार मशीन और ट्रैक्टर के स्टेशन खोले गए, जहाँ नए ट्रैक्टर आदि मिलते और पुराने की मरम्मत होती। हर पंचायती खेती को

ट्रैक्टर कम्बाइन दिए गए ।

इन पंचायती खेतियों का संचालन मजदूर संघों की तरह ही होता है । पंचायती खेती के अंदर के सभी बालिग—अठारह वर्ष से ऊपर की उम्र के—किसान एकत्र होते हैं और एक सभापति एवं कार्य समिति के सदस्यों के परामर्श से पंचायती खेती का प्रबंध करती है । सभी किसान सदस्यों की सभाएँ प्रायः होती रहती हैं, जिनमें रिपोर्ट और आय-व्यय पर बहसें होती हैं; किस खेत में कौन सी फसल की जाए; हल चलाने, बीज बोने, निकौनी करने और कटनी के कौन से समय निश्चित किए जाएँ; किस सदस्य के जिम्मे कौन सा काम सौंपा जाए—आदि छोटी-बड़ी बातों पर प्रजातंत्रात्मक ढंग से निर्णय किए जाते हैं । सुसंगठित पंचायती खेतियों में काम के योग्य किसानों को आवश्यकतानुसार कई ब्रिगेडों में बाँट दिया जाता है । किसी ब्रिगेड के जिम्मे गेहूँ की खेती होती है, किसी के जिम्मे चुकंदर की, किसी के जिम्मे रुई की, तो किसी के जिम्मे सूरजमुखी की । इन खेतियों के औजार इन्हें सुपुर्द किए जाते हैं और सारी जिम्मेदारी इन्हीं पर होती हैं । यों ही कछ ब्रिगेड घोड़े, गाय, भेड़, सूअर आदि के पालने के लिए भी बना दिए जाते हैं ।

इन पंचायती खेतियों की जो उपज होती है, उनका बँटवारा मेहनत और काम के अनुसार होता है । बच्चों, बूढ़ों के लिए वजीफा और पेंशन सबसे पहले निकाल दिया जाता है । प्रबंध, हिसाब-किताब, नाप-जोख के काम जिन्हें सौंपा जाता है, उन्हें भी काम के मुताबिक ही मिलता है । सरकारी अदायगी और सदस्यों की आवश्यकता से अधिक उपज होने पर विचार किया जाता है कि बाकी रकम का उपयोग किस तरह किया जाए । नई नहर, नया खेत, नई गोशाला, नया पंचायतघर, पंचायतघर में पुस्तकालय बढ़ाना, रेडियो लगाना, नया सिनेमाघर, शिशुगृह, चिकित्सा भवन आदि के बारे में बहसें होती हैं और पंचायती ढंग से बहुमत के अनुसार उन पर बाकी रकम खर्च की जाती है ।

पंचायती खेती के अलावा 1935 के पंचायती खेतियों के 'आदर्श नियम' के अनुसार हर किसान परिवार को अपने घर से लगी दस कट्टे से एक बीघे तक जमीन साग-सब्जी, फल-फूल लगाने तथा दो-तीन गाएँ, बीस-पच्चीस भेड़-बकरियाँ, दो-तीन सूअर और उसके बच्चे, मुरगे और खरगोश एवं बीस शहद के छत्ते निजी संपत्ति की हैसियत से रखने की भी सहूलियत प्राप्त है ।

पंचायती खेती के कारण सोवियत के किसानों की जिंदगी में आमूल परिवर्तन हो गया है । उनमें से व्यक्तिगत भावना का प्रायः लोप हो गया है । पंचायती खेती के चलते उनकी उपज और उपज के चलते उनकी सुख-सुविधा में इतनी वृद्धि हो गई है कि वे अलग-अलग हल लेकर टुकुर-टेटें करनेवाली खेती के पास फिर फटक नहीं सकते । उनके खेतों की मेड़ें जो एक बार मिट चुकीं, वे फिर बननेवाली नहीं । एक लेखक ने यहाँ तक कहा है कि भले ही रूस से साम्यवादी राज्य नष्ट हो जाए, लेकिन रूस के किसान पंचायती खेती को छोड़ नहीं सकते ! किसान कट्टरपंथी होते हैं । जिस तरह पुरानी चीज से वे चिपके रहते हैं, पुरानी को छोड़ जब वे नई चीज ग्रहण करते हैं, तो फिर उसी कट्टरता से उसमें वे चिपक जाते हैं । पंचायती खेती से वे चिपक चुके हैं !

क्यों न चिपकें ? 1936-'37 के आँकड़े प्राप्त हैं, उनसे पता चलता है कि खाने-पीने को छोड़कर, इन तीन-चार वर्षों में उन्होंने कितनी भौतिक उन्नति कर ली है । 1933 में जहाँ नए मकान बनाने में उन्होंने ढाई अरब रुबल खर्च किए, वहाँ 1936 में चार अरब चौबीस करोड़ । इसी अरसे में स्कूलों में पढ़नेवाले बच्चों की तायदाद एक करोड़ अड़सठ लाख से दो करोड़ इकतीस लाख हो गई । नाटकघर और सरकस अठारह हजार की जगह सत्तावन हजार हो गए । चलते-फिरते और स्थायी सिनेमाघरों की संख्या अठारह हजार से छप्पन हजार हो गई । शिशुगृह साढ़े तीन लाख से सात लाख हो गए । क्लबघर, सांस्कृतिक भवन, वाचनालय, पुस्तकालय आदि की तायदाद सैंतीस हजार से सत्तावन हजार तक जा पहुँची । अस्पताल और प्रसूतिगृहों में चारपाइयों की संख्या क्रमशः एक लाख इक्यावन हजार और चौबीस हजार आठ सौ से एक लाख तिरासी हजार और पच्चीस हजार आठ सौ हो गई । बहुत से पंचायती खेतियों में टेलीफोन और डाकखाने हैं । रेडियो से खाली कोई गाँव तो है नहीं । शाम हुई नहीं कि गाँव के पंचायतघर में लोगों की भीड़ जमा हुई और मास्को, लेनिनग्राद आदि शहरों से संगीत, समाचार आदि के साथ-साथ बड़े-बड़े साम्यवादी नेताओं के व्याख्यान के प्रोग्राम लोगों के कानों को तृप्त करने लगे !

'वीणा-पुस्तक-रंजित हस्ते !'

शिक्षा का विस्तार, कम मेहनत में ज्यादा आय, भविष्य के लिए सुरक्षा, वर्तमान की निश्चिंतता, जिंदगी के लिए नया उत्साह, नई मानवता के गठन के लिए दृढ़ आशा—इन चीजों ने सोवियत संघ की सांस्कृतिक परिधि को बहुत ही विस्तृत कर दिया है। दिन में सिर्फ सात घंटे काम करके घर लौटनेवाले मजदूरों को काफी समय फुरसत में बिताने के लिए मिल जाता है। कलों के बल अपनी खेती करनेवाले किसानों को पहले की अपेक्षा कई गुनी ज्यादा फुरसत होती। बीमारी, बुढ़ापा आदि के बीमों के चलते मस्तिष्क पर कोई खिंचाव-तनाव नहीं रह जाता। शोषण का अंत हो जाने से अब दिन-रात संग्रह के लिए हाय-तौबा नहीं मची रहती। मनुष्य—स्त्री और पुरुष—को उच्च भावनाओं की ओर प्रवृत्त करने के लिए जिस परिस्थिति की आवश्यकता है, सोवियत ने अपने नागरिकों के लिए उसे मुहैया कर रखा है।

इन सबका सबसे पहला जो नतीजा हुआ है, वह है लोगों में पढ़ने-लिखने का अत्यधिक चाव। इसकी पूर्ति पत्र-पत्रिकाओं और पुस्तक-पुस्तिकाओं से की जाती है। जहाँ 1913 के ज़ारशाही रूस में चार सौ उनसठ अखबार निकलते थे, जिनका प्रचार तीस लाख कापियों तक परिमित था; वहीं 1937 में सोवियत संघ में आठ हजार पाँच सौ इक्कीस अख़बार निकलते थे, जिनकी ग्राहक संख्या तीन करोड़ साठ लाख थी। इधर चार वर्षों में और कितनी तरक्की हुई होगी, कल्पना कीजिए। आज से चार वर्ष पहले ही हर पाँच व्यक्ति पर एक अखबार का औसत पड़ता था। पुस्तक प्रकाशन में भी अभूतपूर्व तरक्की हुई। प्रथम पंचवर्षीय योजना में 1928-'33 के अंदर सोवियत संघ में जितनी पुस्तक-पुस्तिकाएँ छपीं, उनकी संख्या इंगलैंड, जर्मनी और जापान में इन वर्षों के अंदर निकली पुस्तकों की सम्मिलित संख्या से भी बढ़ी हुई थी।

नई पुस्तकों के लिए लोगों में ऐसा उत्साह है कि मास्को की एक प्रकाशन संस्था ने टॉल्स्टॉय के 'रिस्सरेक्शन' के एक नए संस्करण की हजार प्रतियाँ एक ही दिन में बेच लीं। पुश्किन की संपूर्ण रचनाओं को एक जिल्द से निकालनेवाली एक प्रकाशन संस्था ने उसकी छः सौ प्रतियाँ तीन घंटे के अंदर बेचीं। ज़ारशाही रूस ने अपने सबसे अच्छे वर्ष—1912 में जहाँ कुल तेरह करोड़ पुस्तकें निकाली थीं, वहाँ साम्यवादी रूस ने 1938 में सत्तर करोड़ पुस्तकें प्रकाशित की थीं। 1917-'37 तक गोर्की की पुस्तकों की तीन करोड़ बीस लाख प्रतियाँ, पुश्किन की पुस्तकों की एक करोड़ नब्बे लाख प्रतियाँ, टॉल्स्टॉय की पुस्तकों की एक करोड़ दस लाख प्रतियाँ, तुर्गनेव की अस्सी लाख प्रतियाँ और गोगोल की पुस्तकों की साठ लाख प्रतियाँ प्रकाशित और प्रचारित हुईं।

लेनिन और मार्क्स की लिखी पुस्तकों का कहना? इन बीस वर्षों के अंदर उनकी पैंतीस करोड़ प्रतियाँ छपीं और बिकीं। ये पुस्तकें आठ हजार जिल्दों में निकली थीं, जिनमें आधी जिल्दें रूसी भाषा को छोड़कर सोवियत संघ की अन्य राष्ट्रीय भाषाओं में छपी थीं।

सोवियत संघ ने अपने विस्तृत भूभाग में बसी हुई भिन्न-भिन्न नस्लों और जातियों की भाषाओं के साहित्य की वृद्धि के लिए जो प्रयत्न किए हैं, वे तो अतीव आश्चर्यजनक हैं। मास्को की अंतरराष्ट्रीय प्रकाशन भवन नाम की एक संस्था पच्चासी भाषाओं में कोर्स की किताबें, उपन्यास, परियों की कहानियाँ, शिक्षा, वाणिज्य, राजनीति-इतिहास आदि की पुस्तकें प्रकाशित करती हैं। ऐसी कितनी ही अन्य प्रकाशन संस्थाएँ ऐसा ही काम किया करती हैं। एक यूक्रेन की भाषा में नब्बे लाख जिल्दें एक वर्ष में प्रकाशित की गई हैं। छोटे से आरमेनिया ने 1938 में एक टॉल्सटॉय की किताबों की इकसठ हजार प्रतियाँ प्रकाशित कीं।

जगतप्रसिद्ध वैज्ञानिक आइंस्टीन की पुस्तकें इतनी उच्च कोटि की वैज्ञानिक जटिलताओं से पूर्ण होती हैं कि इंगलैंड में भी उनकी खपत सैकड़ों में ही होती है, हजार तक भी वह नहीं पहुँचती। हिटलर की जर्मनी ने तो अपने इस महान पुत्र को बनवास ही दे रखा है। उसी आइंस्टीन की पुस्तकों की खपत नौ वर्षों के अंदर सोवियत

संघ में पचपन हजार कापियों में हुई।

सोवियत की जनता साहित्य के क्षेत्र में देश की सीमाओं को नहीं मानती। वह साहित्य को संसार की सम्मिलित संपत्ति और अपने को उसकी वारिश समझती है। शेक्सपीअर उसका है, गेटे उसका है। विक्टर ह्यूगो उसका है, अप्टन सिंक्लेयर उसका है। शेक्सपीअर की तीन सौ पचहत्तरवीं वर्षगाँठ कैसे आई, कैसे गई, इंगलैंड में मालूम भी नहीं हुआ, लेकिन सोवियत संघ ने उसकी वर्षगाँठ पुस्तकों, अखबारों और थियेटरों द्वारा धूमधाम से मनाई, जिसमें शहर के नागरिक ही नहीं, दूर देहात के किसानों ने भी हिस्सा बँटाया। शेक्सपीअर ने सोवियत के सांस्कृतिक जीवन में अपना स्थायी स्थान बना लिया है। उसके प्रमुख नाटक वहाँ प्रायः ही अभिनीत होते हैं। मास्को में उसके "किंग लीयर" नाटक का अभिनय दो लाख आदमियों ने देखा। किरगिज़, कज़ाकिस्तान, बाशकिरिया आदि प्रजातंत्रों में भी उसके नाटकों के अनुवाद पढ़े जाते और अभिनीत होते हैं। आरमेनिया में पाँच वर्षों के अंदर उसके नाटकों की बत्तीस हजार प्रतियाँ बिकीं।

पुस्तक प्रकाशन या अध्ययन में ही नहीं, पुस्तक संग्रह में भी सोवियत संघ ने पूँजीवादी देशों को बहुत पीछे छोड़ दिया है। अमेरिका की न्यूयार्क पब्लिक लाइब्रेरी संसार की सर्वोत्तम लाइब्रेरी समझी जाती है। उसमें पचास लाख पुस्तकें हैं। मास्को की लेनिन लाइब्रेरी में उससे ढाई गुनी यानी एक करोड़ बीस लाख पुस्तकें हैं। उन पुस्तकों के खानों को अगर सीधा किया जाए, तो वे पटना से काशी तक की दूरी को ढँक लें। इस पर भी तुर्रा यह कि पुस्तकों को इस तरतीब से रखा गया है कि तुरत-से-तुरत जो पुस्तक आपको चाहिए, आपके टेबुल पर हाजिर।

पुस्तक प्रकाशन या संग्रह पर ही नहीं, सोवियत संघ लेखकों के निर्माण पर भी बहुत अधिक ध्यान देता है। समूचे रूस में एक लाख 'आत्म प्रकटीकरण केंद्र' हैं, जहाँ लोगों को अपनी भावनाओं को प्रकट करने की शिक्षा दी जाती है। ये केंद्र वे पलने हैं, जिनमें पलकर सोवियत लेखक अपनी रचनाओं से अपनी जनता की अध्ययन-पिपासा को ही शांत नहीं करते, अपने देश के इस विशाल प्रयोग में भी सहायता पहुँचाते हैं।

अखबारों में लेख, चिट्ठी आदि के रूप में इस आत्म प्रकटीकरण का प्रारंभ किया जाता है। हर कारखाने और संस्था के 'दीवार के अखबार' होते हैं, जो कारखाने और संस्था की उन्नति के लिए परामर्श को आमंत्रित करते हैं। उन दीवार अखबारों पर स्त्री-पुरुष अपनी राएँ, अधिकारियों के खिलाफ भी, निस्संकोच और निर्भय लिख सकते हैं।

संस्थाओं और कारखानों के इन दीवार अखबारों के द्वारा सोवियत लेखक साहित्य के विशाल मंदिर में प्रवेश करते हैं। यह उनके हृदय में साहित्य के प्रति अनुराग पैदा करता है। यह छोटा सा प्रारंभ साहित्यिकों की छोटी-बड़ी मंडलियों के विकास के कारण बनता है, जो आगे चलकर छापाखाना चलातीं, किताबें प्रकाशित करतीं, नाटक लिखतीं और खेलतीं तथा एक साहित्यिक वायुमंडल की सृष्टि करती हैं।

आत्म प्रकटीकरण के केंद्रों के साथ-साथ समूचे सोवियत संघ में नाटक मंडलियों की भी भरमार है, जिनकी सदस्य संख्या बीस लाख से अधिक हैं। यों ही गाने-बजाने, नाचने और तसवीरें बनाने के केंद्रों की सदस्य संख्या पचास लाख से अधिक है।

अन्य देशों की कला और सोवियत कला में एक महान विभेद है, जिसे ध्यान में नहीं रखने से हम गलतफहमी में आ सकते हैं। सोवियत कला तथाकथित 'आत्मा की भूख की' खुराक ही नहीं जुटाती, वह 'जीवन' से अपनी खुराक लेती है। जिस तरह सोवियत का इंजीनियर पुल बनाते समय सिर्फ लोहे-लक्कड़ पर ही ध्यान नहीं देते, बल्कि उस पुल की सामाजिक आवश्यकता और सामाजिक जीवन पर उसके प्रभाव का भी खयाल रखता है, उसी तरह सोवियत कलाकार भी अपनी कृतियों में सामाजिक जीवन को प्रमुखता देता है। यथार्थ कला वह है, जो जनता के जीवन का प्रतिबिंब हो—इस आदर्श पर वह आगे बढ़ता है। जनता से दूर-दूर रहकर कोई उसके जीवन का सही चित्रण कैसे कर सकता है, यही समझकर 'क्वायट फ्लोज़ दा दोन' के यशस्वी लेखक शोलोखोव ने अपना घर उनके बीच बनाया है, जिनके चरित चित्रण ने उसकी गणना संसार के प्रधान

कलाकारों में करा दी है।

सोवियत के पाठकों की दृष्टि बहिर्मुखी है, अतः उसके कलाकारों की दृष्टि भी बहिर्मुखी है। अंतर्द्वंद्वों की उलझन में फँसे रहने की अपेक्षा सोवियत कलाकार जीवन संघर्षों के चित्रण पर अधिक ध्यान देता है। एक विकासोन्मुख जनता के निकट अन्वेषक, आविष्कारक, साहसी, शेरमर्द के जीवन की उथल-पुथल आकर्षक चीज है, न कि झीखते हुए काल्पनिक और दार्शनिक व्यक्ति का अंतः दर्शन।

अल्पमतीय राष्ट्रों की कला की वृद्धि की ओर और भी ध्यान दिया जाता है। भिन्न-भिन्न भाषाओं में कलात्मक कृतियाँ प्रकाशित होती रहती हैं। यही नहीं, ग्राम भाषाओं में गाए जानेवाले गीतों और वीर-कथाओं को भी उत्तेजना दी जाती है। ग्राम वीर-कथाओं के गीतों की ओर तो खास ध्यान रखा जाता है। देहातों के कितने भूले-छिपे वीर आज राजधानी के रंगमंचों को कृतकृत्य करते हैं। देहाती बाजों, देहाती नाचों, देहाती रेखाचित्रों की रक्षा और विकास की ओर भी कम ध्यान नहीं दिया जाता। ऐसे कितने बाजे, ऐसे कितने नाच, ऐसे कितने चित्र-रेखांकन, जो भूले जा रहे थे, नष्ट हो रह थे उनका उद्धार किया गया है।

नाटकों की ओर तो सोवियत में खास ध्यान दिया जाता है। नाटक मंडलियों को सरकारी सहायता मिलती हैं, उन्हें उच्चातिउच्च पदक मिलते हैं। मास्को आर्ट थियेटर ने जब 1938 में अपनी चालीसवीं जयंती मनाई, तो उसके अभिनय पर "आर्डर ऑफ लेनिन" का पदक मिला और सभी अभिनेता और अभिनेत्रियों को स्टालिन ने अपने साथ भोजन करने को आमंत्रित किया। शेक्सपीअर के 'ओथेलो' नामक नाटक में जिस व्यक्ति ने ओथेलो का पार्ट किया, उसे दो वर्ष की सवेतन छुट्टी इसलिए दे दी गई थी कि वह अपना पूरा ध्यान उस पार्ट की बारीकियों को समझने और उसे प्रकट करने में लगावे।

ओपेरा, बैलेट भी नाटक की ही तरह वहाँ के सामाजिक जीवन में प्रमुखता और प्रसिद्धि प्राप्त कर रहे हैं।

कलाकारों को जैसा प्रोत्साहन सोवियत संघ में मिलता है, वैसा कहीं अन्यत्र देखने को कहाँ मिलेगा! उनके लिए पाठकों, दर्शकों, श्रोताओं की कमी नहीं। उन्हें एक ऐसी जनता के निकट अपनी कृतियाँ रखना है, जिसके पास कला के उपयोग के लिए काफी फुरसत और निश्चिंतता है, जिसके मस्तिष्क और हृदय कला के समझने और हृदयंगम करने की योग्यता रखते हैं। लेखकों, अभिनेताओं, चित्रकारों, मूर्तिकारों आदि की अपनी-अपनी संस्थाएँ हैं, जो अपने सदस्यों को सब तरह मदद देने को तैयार रहती हैं। सामाजिक संबंधों को बनाएँ रखने के लिए उनके अपने क्लब होते हैं। विश्राम के लिए स्वास्थ्यप्रद स्थानों में उनके अपने मकान होते हैं, उनकी कला को जनता तक पहुँचाने के लिए उनकी अपनी सहयोग-समितियाँ होती हैं।

अगर सोवियत संघ के लोगों की जबान पर सबसे अधिक आनेवाला कोई शब्द है, तो वह है—'संस्कृति'। इस शब्द का अर्थ सिर्फ वही नहीं है, जो पूँजीवादी देशों में प्रचलित है। वहाँ घर में गंदे पैरों से घुसना, अपने दाँत खूब साफ नहीं रखना, अपने कान के पिछले हिस्से को नहीं धोना भी संस्कृति का अभाव समझा जाता है। पुस्तक या कला की किसी कृति को हिफाजत से नहीं रखना और विज्ञान के किसी आविष्कार को नहीं जानना भी वहाँ संस्कृतिहीनता का द्योतक समझा जाता है।

पूँजीवादी देशों में संस्कृति तो खास वर्ग की चीज समझी जाने लगी है। दूसरों की कमाई पर जीनेवाले लोगों की चकमक नाजुक-तुनुक जिंदगी को ही सांस्कृतिक जीवन समझा जाता है। सोवियत की जनता ने संस्कृति को इस गलीज से ऊपर उठा दिया है। संस्कृति वहाँ की सर्वसाधारण जनता की सहचरी है और कला उसकी राष्ट्रीय विरासत!

जातीयता की समस्याएँ

सभी बड़े राज्यों और साम्राज्यों को अल्पमत की समस्या परेशान करती है और उनमें से हर एक अपने ढंग से उसके निराकरण का प्रयत्न करता है। कोई अल्पमत को अपनी जुल्मी हुकूमत के स्थायित्व के लिए उपयोग करता है, कोई सीमाओं की हेर-फेर के द्वारा उसे सुलझाना चाहता है। आधुनिक जर्मनी जैसे देश भी हैं, जो अल्पमत को खत्म कर देने पर ही विश्वास रखते हैं। लेकिन यह बात साफ है कि अभी तक कोई राज्य इस समस्या को हल करने में समर्थ नहीं हो सका है। दंगे-फसाद, भीषण दमन और मजबूत बंधन की कहानियाँ खून ठंडा करती रही हैं। ज़ारशाही रूस इससे बरी नहीं था।

रूसी साम्राज्य तो अल्पमतवाली जातियों के लिए कैदख़ाना समझा जाता था। दमन और अत्याचार का कोई उपाय छोड़ा नहीं गया था। राष्ट्रीय भाषाओं को कुचला गया था, उन्हें वज्रमूर्ख रखने की कोशिशें की गई थीं, उनके औद्योगिक विकास को रोका गया था। उज़बेकिस्तान, कज़ाकिस्तान; बाशकिरिया, आरमेनिया, जॉर्जिया आदि देशों की भाषा, शिक्षा और उद्योग-धंधे सिसकियाँ भर रहे थे। शोषण और उत्पीड़न का वहाँ उल्लंग नृत्य होता था।

इन देशों को अपने खूनी पंजे के अंदर रखने के लिए ज़ारशाही ने दो अमोघ अस्त्रों का सफल प्रयोग किया था। एक तो, वहाँ सामंतशाही को जिंदा रख उसने अमीरों, जमींदारों और तालुकेदारों की एक ऐसी फौज तैयार कर ली थी जो जनता को चूस-चूसकर ज़ारशाही का पेट भरे और अपने देश के साथ गद्दारी कर हमेशा उसे गुलामी में रखने की चेष्टा करे। दूसरे, उसने उन देशों में फिरकेबंदी को प्रोत्साहित कर उन्हें आपस में ही लड़ा मारने का स्थायी प्रबंध-सा कर लिया था। इसके लिए उसने एक कौम को कई टुकड़ों में बाँटकर दूसरे कौमों के टुकड़ों के साथ मिला दिया था। इस तरह किरगीज कौम दो टुकड़ों में बँटी; तुर्कों के दो टुकड़ों के साथ, दो अलग-अलग सूबों में दो गवर्नरों के अंदर शासित होती थीं। उजबेकों की भी ऐसी ही हालत थी। ये कौमें सबको समान रूप से तबाह करनेवाले अपने एकमात्र शत्रु को भूलकर आपस में ही सिरफुड़ौव्वल करतीं और ज़ारशाही मौज से मूँछ पर ताव देती।

सोवियत शासन पद्धति के प्रारंभ में ही ज़ारशाही की इस घिनौनी नीति को हमेशा के लिए छोड़ दिया गया और अल्पमत के सुलझाव के लिए एक सर्वथा नया तरीका इस्तेमाल में लाया जाने लगा। यह तरीका निस्संदेह ही साम्यवादी प्रयोग का एक अति उत्तम और अनुकरणीय अंग है। इसके अनुसार समूचे सोवियत संघ के आर्थिक जीवन के लिए एक ऐसे समान साम्यवादी आधारों को स्वीकृत किया गया, जिसमें शोषण का कहीं नामोनिशान न हो, जहाँ मुनाफे और प्रतियोगिता के बुरे परिणाम दृष्टिगत न हो सकें। लेकिन इसके साथ-ही-साथ यह भी स्वीकृत किया गया कि इस तरह से एक समान आर्थिक जीवन और एक राजनीतिक इकाई के अंदर भी भिन्न-भिन्न राष्ट्रीय संस्कृतियों का विकास भी संभव हो सकता है।

मूर्त रूप में इसका मतलब यह हुआ कि जॉर्जिया के मजदूर इस साम्यवादी राज्य के अंदर रहकर जहाँ एक ओर अपने आर्थिक जीवन के क्षेत्र में सुदूर पूर्व के साखालिन, सुदूर पश्चिम के बेलोरूस और मध्य उज़बेकिस्तान के मजदूरों के साथ एक समान सूत्र में बँधे हैं, एक ही अर्थनीति और शासन पद्धति से संचालित होते हैं; वहाँ इनमें से हर एक के मजदूरों को यह स्वतंत्रता भी दी जा सकती है कि वे अपनी-अपनी भाषाओं का ही व्यवहार लिखने-पढ़ने, बोलने में करें और अपनी संस्कृति और संस्थाओं का विकास अपने ही मन से, अपने ढंग पर करें। यह कोई जरूरी नहीं कि एक ही आर्थिक पद्धति के अंदर रहनेवाले अल्पमतों पर जबरदस्ती बहुमत की भाषा और संस्कृति लाद दी जाए। यह ठीक ऐसा ही होगा, यदि किसी भारतीय क्रिकेट के खिलाड़ी को अंग्रेजी टीम में खेलने से इसलिए रोका जाए कि उसने भारतीय भाषा या संस्कृति को अपना रखा है। क्रिकेट के मैदान में देखना सिर्फ यह होगा कि वह भारतीय खिलाड़ी क्रिकेट के नियमों का अनुसरण करता है या नहीं। यों

ही, किसी जॉर्जियन, बेलोरूसी या उज़बेक में यही चाहा जाएगा कि वह साम्यवादी आर्थिक नीति को स्वीकार करता है कि नहीं। यदि वह यह करता है तो फिर दूसरी भाषा या संस्कृति का बोझ उसके कंधों पर देना महान अनर्थ होगा। एक साम्यवादी राज्य ऐसा अनर्थ कर नहीं सकता।

भाषा और संस्कृति को वहाँ व्यक्तिगत चीज समझा जाता है, जिसका उपयोग करने का सबको हक है, लेकिन कोई किसी पर लाद नहीं सकता।

चाहे जिस राष्ट्र के हों, चाहे जिस राष्ट्रीयता को कबूल करें, एक समान आर्थिक स्वार्थ में सभी गुँथे हैं—इसमें जरा भी ढील नहीं, जरा भी ननु-नच की गुंजाइश नहीं। यह साम्यवादी राज्य इसी समान आर्थिक स्वार्थ का प्रतीक है, न कि किसी बड़े राष्ट्र के छोटे राष्ट्रों पर जमाए जानेवाले धौंस का। केवल संख्या की अधिकता के बल पर अल्पमतों पर लादी गई भाषा या संस्कृति के लिए वहाँ गुंजाइश ही नहीं है।

उदाहरण से ही देखिए। यूरोपीय रूस की जनसंख्या सबसे अधिक है और जिस समय साम्यवादी राज्य ने हुकूमत की बागडोर अपने हाथ में ली, इसी भूभाग में सभी प्रमुख उद्योग-धंधे केंद्रित थे। रूस के अंदर के अन्य राष्ट्र जनसंख्या और औद्योगिक दृष्टि से उससे बहुत ही पीछे थे। उनकी जनसंख्या कम थी, संस्कृति पिछड़ी हुई थी, उद्योग-धंधे बाबा आदम के जमाने के थे। यूरोपीय रूस की अपनी भाषा थी, अपने रीति-रिवाज थे, अपनी संस्कृति थी, इन छोटे राष्ट्रों की भी अपनी भाषा, संस्था या संस्कृति थी। लेकिन यूरोपीय रूस का इन पर दबदबा था। वह अपनी भाषा, संस्कृति आदि यूक्रेन, उज़बेक, करोलिया आदि छोटे-छोटे राष्ट्रों पर इस तरह लादे हुए था कि इन छोटे-छोटे राष्ट्रों की भाषा, संस्कृति आदि उसके नीचे कुचल, कराह रहे थे। सवाल यह था कि यूरोपीय रूस को क्या हक है कि वह अल्पमतों को इस तरह दबाए रहे।

छोटे राष्ट्रों और बड़े राष्ट्रों के दरम्यान कुछ समान स्वार्थ होते हैं और कुछ असमान स्वार्थ। यूक्रेन के मजदूरों का रूस, बेलोरूस, उज़बेकिस्तान, कज़ाकिस्तान या आरमेनिया के मजदूरों के साथ वह समान स्वार्थ है कि वे एक ऐसी अर्थनीति के अंदर रहें, जिसमें शोषण न हो, जहाँ कार्यों की प्रेरणा मुनाफे पर निर्भर न हो, जहाँ उद्योग-धंधे निश्चित योजना पर चलाए जाएँ और यह भी उनका समान स्वार्थ है कि इस अर्थनीति से संचालित उनके देश पर कोई बाहरी चढ़ाई न होने पावे और हो तो उसे तुरत ही कुचल दिया जावे। लेकिन इन समान स्वार्थों के अतिरिक्त कई चीजें ऐसी भी हैं, जिनमें समानता का अभाव है और जिसके बारे में उसे पूरी स्वाधीनता मिलनी चाहिए। वे चीजें हैं उनकी अपनी भाषा, अपना साहित्य, अपने राष्ट्रीय पर्व-त्योहार, रीति-रिवाज, अपनी निजी संस्कृति। उनसे इन चीजों को छीनने में न तो कोई लाभ है, न इसमें बुद्धिमानी ही है।

इसलिए सोवियत संघ ने जहाँ एक ओर एक समान अर्थनीति अपने पूरे भूभाग के लिए निश्चित की और उस पर चलने के लिए, अमल करने के लिए पूरी मुस्तैदी रखी, वहाँ उसने राष्ट्रीय अल्पमतों को इस बात की पूरी स्वाधीनता दे दी कि वे अपनी ऐतिहासिक संस्कृति, भाषा, साहित्य, रीति-रिवाज, थियेटर, कला, ग्राम गीत, ग्राम नृत्य आदि का विकास अपने मनमाने ढंग पर करें। एक समान अर्थनीति और उसे संचालित करनेवाली एक समान शासन पद्धति के अंदर छोटे-छोटे राष्ट्रों को पूरी राष्ट्रीय स्वतंत्रता दे दी गई।

आज संसार ने इस नीति की उपयोगिता और बुद्धिमत्ता को कबूल किया है। इसके सुफल सबकी आँखों के सामने हैं। लेकिन इसे व्यवहार में लाना कुछ आसान नहीं था। इसका मतलब था ज़ारशाही की इस संबंधी नीति को बिलकुल उलट देना—यूरोपीय और एशियायी रूस के पारस्परिक संबंध में आमूल क्रांति लाना। किंतु अगर इस क्रांति से वह डरती तो फिर रूस की साम्यवादी क्रांति की सार्थकता ही कहाँ थी?

1917 में क्रांति हुई और साल के अंदर-ही-अंदर, गृहयुद्ध की उस विभीषिका में ही यह घोषणा कर दी गई कि सोवियत संघ के अंदर के सभी राष्ट्रों को उनकी सीमाओं के अंदर राष्ट्रीय स्वायत्त प्राप्त है।

तब से इस मूल सिद्धांत का विस्तृत रूप से विकास किया गया है। कार्य रूप में आने पर कई समस्याएँ पैदा हुईं। सबसे बड़ी समस्या तो यह हुई कि सोवियत संघ की सुप्रीम कौंसिल में इन राष्ट्रों के प्रतिनिधित्व का अनुपात क्या रहे? अगर संख्या के अनुसार प्रतिनिधित्व हो, तब तो फिर यूरोपीय रूस का ही बोलबाला रहेगा।

तब सभी राष्ट्रों की समता का कोई अर्थ ही नहीं रह जाता । इसलिए निश्चित किया गया कि संघ विधान का आधार राष्ट्रों की पूरी समता रहे तथा राष्ट्रों के प्रजातंत्रों का संचालन वहीं के चुने हुए प्रतिनिधियों द्वारा हो और उन्हें शासन में अपनी भाषा के उपयोग की पूरी स्वाधीनता दी जाए ।

भाषा के बारे में ये तीन श्रेणियाँ आज सोवियत संघ के अंदर प्रचलित हैं—

(1) यूक्रेन, सफेद रूस, जॉर्जिया और अरमेनिया में जहाँ पहले से अपनी राष्ट्रीय भाषाएँ थीं । प्राथमिक शिक्षा से लेकर विश्वविद्यालय तक की शिक्षा उनकी अपनी भाषाओं में दी जाती है । उज़बेक, ताज़िक, तुर्कमेन आदि राष्ट्रीय समूह जो भाषा में उनसे कुछ पिछड़े थे, वे भी इसी श्रेणी के अंदर उत्तरोत्तर उन्नति कर रहे हैं ।

(2) कुछ ऐसी जातियाँ थीं, जिनकी अपनी भाषा या संस्कृति तो नहीं थी, लेकिन जो एक सुदृढ़ गिरोह में रहतीं और रोज-ब-रोज़ के कामों में अपनी ही बोलियों का इस्तेमाल करतीं । इनकी 'बोली' का विकास भी भाषा के रूप में किया जा रहा है और इसी भाषा में उन्हें प्रारंभिक शिक्षा दी जाती है । हाँ, माध्यमिक और उच्च शिक्षा के लिए इन्हें रूसी भाषा की शरण में जाना ही पड़ता है । दूसरा चारा ही क्या ?

(3) जो छोटी-छोटी नस्लें टुकड़ों-टुकड़ों में इधर-उधर बिखरी हुई हैं, जिनकी न कोई भाषा है, न लिपि, उन्हें लाचार रूसी भाषा में ही शिक्षित किया जाता है ।

एशिया के राष्ट्रों के लिए रूस एक हौआ था । ज़ारशाही उनकी राष्ट्रीयता को कुचलकर उन पर जबरदस्ती रूस की भाषा और संस्कृति लादे हुई थी । इस बोझ के हटाए जाते ही उन राष्ट्रों में एक नई जान आ गई है । उनकी उन्नति देखकर लोगों को हैरत होती है । उनके जीवन में नए जोश हैं, नई उमंगें हैं । राष्ट्रीय स्वाधीनता और नई अर्थनीति के संयोग से उद्योग-धंधे और संस्कृति में अद्‌भुत विकास हुआ है । जो भौतिक और सांस्कृतिक साधन आज तक अविकसित रूप में पड़े थे, उनके विकास के लिए नित्य नए जतन किए जा रहे हैं । रेल, जहाज, मोटर, वायुयान दूरी को छोटा कर सब राष्ट्रों को एक-दूसरे से सन्निकट कर रहे हैं । सबमें समानता की भावना दौड़ रही हैं । रंग और आकृति के भेदभाव खत्म हो गए हैं ! मैं गोरा हूँ, तू काला; मैं यूरोपीय हूँ, तू एशियायी है—इस तरह की घिनौनी बातें सदा के लिए समाप्त हो चुकी हैं ।

रोबसन अफ्रीका का सुप्रसिद्ध हब्शी गायक है । 1934 में वह रूस गया और वहाँ उसने बंदरवाले उस नाटक को देखा जिसकी चर्चा पीछे हो चुकी है । नाटक के इंटरवल में वह बाहर निकला तो उसका काला रंग देख, नाटक के उस पात्र से समता जान, लड़कों ने उसे घेर लिया । एक आठ वर्ष का लड़का उसके घुटनों से लिपट गया और कहने लगा—बड़ी खुशी हुई आप हमारे देश में आ गए । आ गए तो अब यहीं रहिए, कहाँ हमें छोड़कर जाइएगा । रोबसन भावमुग्ध होकर लिखता है—

"मैं रूस में जहाँ भी गया, वहीं इसी तरह का स्वागत पाया । मेरे काले रंग से किसी को घृणा न थी, बल्कि मुझे एक पराजित नस्ल का प्रतिनिधि समझ, सब मुझसे सहानुभूति प्रकट करते, अपने साथी की तरह गले लगाते !"

सुनहला यूक्रेन

जिसे हम साधारणतः रूस कहते हैं, उसका अधिकारी नाम है 'यूनियन ऑफ सोवियत सोशलिस्ट रिपब्लिक्स' यानी 'सोवियत साम्यवादी प्रजातंत्र संघ' । संक्षेप में इसके लिए 'सोवियत संघ' का उपयोग भी किया जाता है ।

सोवियत शासन विधान की तेरहवीं धारा के अनुसार सोवियत साम्यवादी प्रजातंत्र संघ एक संघात्मक राज्य है जो समान अधिकार युक्त निम्नलिखित सोवियत साम्यवादी प्रजातंत्रों के स्वेच्छा सहयोग के आधार पर संगठित है—

1.	रूसी सोवियत	संघबद्ध	साम्यवादी	प्रजातंत्र
2.	यूक्रेनियन	सोवियत	साम्यवादी	प्रजातन्त्र
3.	बेयेलोरूसी	"	"	"
4.	अज़रबैजान	"	"	"
5.	जॉर्जियन	"	"	"
6.	आरमेनियन	"	"	"
7.	तुर्कमेन	"	"	"
8.	उज़बेक	"	"	"
9.	ताज़िक	"	"	"
10.	कज़ाक	"	"	"
11.	किरगिज	"	"	"

संघ का अधिकार क्षेत्र बहुत विस्तृत है । यह देश रक्षा का प्रबंध करता है और सहयोगी सदस्यों में जिम्मेवारी की भावना पैदा करता एवं उनमें से हर एक की हित रक्षा पर ध्यान देता है । विदेशों से सुलह करने में सबकी रजामंदी लाज़िमी है । रक्षा, युद्ध एवं शांति में सबको समानभाव से हाथ बँटाना है । भिन्न-भिन्न प्रजातंत्रों के विधान संघ के विधान के अनुकूल ही हो, इसकी गारंटी भी सबको देनी होती है । भिन्न-भिन्न प्रजातंत्रों की सीमाओं में परिवर्तन करने में भी सबकी राय लेनी जरूरी है । विदेशी व्यापार के संचालन में सबको हिस्सा बँटाना पड़ता है । राष्ट्रीय आर्थिक योजना के निर्माण, आय-व्यय का लेखा-जोखा, बैंकों के कारबार, उद्योग-धंधे का संचालन, यातायात, कर्ज, शिक्षा, स्वास्थ्य—इन विषयों पर भी सबकी समान रूप से सहमति प्राप्त की जाती है । मजदूरों के कानून तथा फौजदारी और दीवानी कानून भी सब मिलकर बनाते हैं । कच्चे मालों, जंगलों और जलाशयों के उपयोग संबंधी नियमों के निर्माण में भी सबका समान हाथ होता है ।

इनके अलावा हर प्रजातंत्र अपने लिए खास विधान, नियम और कानूनों की रचना करता है, जो संघ विधान के ही अनुकूल होते हैं । अधिकांश प्रजातंत्र भूभागों, प्रांतों और स्वशासित हलकों में बँटे हुए होते हैं । किसी प्रजातंत्री की सीमा संघ की रजामंदी बिना बदली नहीं जा सकती ।

यदि रूसी सोवियत संघबद्ध प्रजातंत्र को छोड़ दिया जाए तो सोवियत संघ में यूक्रेन का प्रजातंत्र सबसे ज्यादा दिलचस्प और महत्त्वपूर्ण है । संघ के दक्षिण-पश्चिम के एक बहुत बड़े भूभाग पर यह फैला हुआ है । इसकी सीमाएँ रूमानिया, पोलैंड, काला सागर और अज़ोव सागर को छूती हैं । आबादी बहुत ही घनी हैं । समूचे संघ की जनसंख्या का पाँचवाँ हिस्सा इसी प्रजातंत्र में आबाद है ।

जन के ही हिसाब से ही नहीं, धन के हिसाब से भी सोवियत संघ के अंदर इसका बहुत ही महत्त्वपूर्ण स्थान है । समूचे संघ के गेहूँ का पाँचवाँ हिस्सा, जई का तीसरा हिस्सा, मकई का चौथा हिस्सा यहों पैदा होता है । चीनी एक-चौथाई समूचा संघ देता है, तो तीन-चौथाई यह । यहाँ की काली मिट्टी गेहूँ के लिए बहुत ही उपयोगी है । आबहवा सबसे मुलायम, वर्षा सब से ज्यादा । यूक्रेन तो किसानों का स्वर्ग है । नीपर नीस्टर इंगुल, प्रीपेत नदियाँ इसे सींचती हैं । इसके जंगल ओक और नारंगी के घर हैं ।

इसकी खनिज संपत्ति भी अपार है । डोनेज़ की तलहटी में छियासठ अरब टन कोयला है, क्रिबोईरोग में अस्सी करोड़ टन लोहा है । निकातोवस्का में पारा है । शीशा, जस्ता, फॉसफाइट, लेब्रोडाइट, संगमरमर आदि की खानें भी यहाँ भरी पड़ी हैं ।

यूक्रेन पर हिटलर की ललचाई आँखें हमेशा लगी रहती हैं । ज़ारशाही के जमाने में फ्रांस, बेलजियम और इंगलैंड के पूँजीपति उसका खून चूसते रहे हैं ।

यद्यपि ज़ारशाही के जमाने में भी यूक्रेन प्रधान औद्योगिक प्रदेश था, लेकिन अन्य देशों की अपेक्षा तो बहुत पिछड़ा था ही ।

सोवियत के उदय ने यूक्रेन के उन्नति में चार चाँद लगा दिए हैं। खेती-बारी, उद्योग-धंधा—सब क्षेत्रों में वह छलाँगें भरता बढ़ रहा है। कोयले, लोहे और इस्पात में आज भी सोवियत संघ में उसका नेतृत्व है। यूक्रेन में अकेले जितना कोयला निकलता है, वह पोलैंड, फ्रांस और जापान के सम्मिलित कोयले को मात करता है। यूक्रेन के लोहे की पैदावार जर्मनी, इंगलैंड, स्वीडन और स्पेन को लोहे की सम्मिलित पैदावार को कहीं पीछे छोड़ देती है। माकयेवेका का एक कारखाना जितना लोहा पैदा करता है, उतना पोलैंड और इटली के सभी कारखाने नहीं पैदा कर पाते।

खेतों में मशीनें पहुँच रही हैं। ट्रैक्टर एक घंटे में जितनी काली जमीन को जोतता है, उतनी घोड़े के हल एक पूरे दिन में भी नहीं जोत पाते थे। बिजली अब गाँवों के झोपड़ों को जगमग करती, खाना पकाती और कपड़े पर इस्तिरी देती हैं। मोटरें अब गल्ला ढोतीं, सफर करातीं हैं। अब यूक्रेन को विदेशी इंजीनियरों और कारीगरों की जरूरत नहीं रह गई है। वह अपने स्कूलों-कॉलेजों और शिल्प-विद्यालयों से ऐसे सपूत और सुपुत्रियाँ हर साल निकालता है, जो बिजलीघरों, कारखानों, ट्रैक्टरों और मोटरों का संचालन सुचारु ढंग से करते हैं।

यूक्रेन को अपनी परंपरा और अपनी भाषा पर घमंड रहा है। यूक्रेन के अपने युद्धगीत हैं और हैं अपने लेखक। शेवचेन्को यूक्रेन का वह महान राष्ट्रीय कवि है, जिसकी एक सौ पच्चीसवीं वर्षगाँठ हाल ही धूमधाम से मनाई गई है। शेवचेन्को जनता का कवि था। वह जनता के बीच पैदा हुआ, जनता में पला, जनता के साथ तकलीफें उठाईं और अपनी सारी भावनाओं को जनता पर केंद्रित कर दिया। वह एक कृषक दास का पुत्र था। मुश्किल से उसने स्वाधीनता प्राप्त की। कविता और चित्रकला की ओर उसकी स्वाभाविक रुचि थी, इनमें उसने बड़ी सफलता प्राप्त की। अपनी रचना में उसने समता और स्वाधीनता की उपासना की। बेचारा क़ैद किया गया, वनवास में भेजा गया। ज़ार ने अपने हाथों से लिखा था, वनवास में भी उसे कविता करने और चित्र बनाने से रोका जाए!

आज उसी शेवचेन्को की समाधि पर हजारोंहजार यूक्रेनियन अपनी श्रद्धा के फूल चढ़ाते हैं। जो रूसी भाषा में पुश्किन का स्थान है, वही यूक्रेन की भाषा में शेवचेन्को का। उसकी कलम से मानो यूक्रेन की मूक जनता बोल उठी। उसकी भाषा में देहाती बोली का ऐसा सम्मिश्रण हुआ है कि उसकी माधुरी आज भी हृदय को मोहित कर लेती है।

यूक्रेन की भाषा दिन-दिन उन्नति कर रही है। उसके बच्चे अपनी मातृभाषा में शिक्षा पाते हैं। रूसी भाषा सिर्फ गौणभाषा की तरह पढ़ाई जाती है। यूक्रेन की भाषा में छापी पुस्तकों की तायदाद बढ़ रही है। 1914 में जितनी पुस्तकें छपी थीं, उससे नौ गुनी अधिक पुस्तकें 1936 में छपीं। क्रांति के पहले जहाँ यूक्रेन में एक अखबार था, वहाँ आज एक हजार चार सौ अखबार छपकर उसके गाँव-गाँव गली-गली में ज्ञान का प्रकाश फैलाते हैं।

यूक्रेन का धन और बल, दोनों बढ़ रहे हैं। आज यूक्रेन को ही यह गर्व प्राप्त है कि उसी के एक सुपूत के हाथ में समूचे सोवियत यूनियन की रक्षा का भार है। सोवियत का प्रधान सेनापति वारसिलौव यूक्रेन का ही निवासी है, जो रेलवे में काम करनेवाला एक मजदूर की हैसियत से अपनी वीरता और साहसिकता के चलते इस सर्वोच्च स्थान पर पहुँचा है। यूक्रेन को अपने बल का अनुभव भी है। पहले कीव से हटाकर उसकी राजधानी ख़ारकोव में लाई गई थी, क्योंकि कीव पश्चिमी सीमा पर है, जहाँ दुश्मनों की चढ़ाई का हमेशा खतरा था। अब कौन उसकी ओर आँख उठाकर देख सकता है? कीव फिर राजधानी का पद प्राप्त कर चुका है। तीन करोड़ यूक्रेनवासी आज अपने प्यारे देश की इंच-इंच जमीन पर अपने खून बहाने को तैयार है।

राजधानी कीव की शान का क्या कहना? दस लाख की आबादीवाला यह शहर अपने मस्तानेपन से किसको मोहित नहीं करता? सड़कों की दोनों ओर, तीस से चालीस फीट तक, चौड़ी पगडंडियों पर गरमी की रातों में जब युवक-युवतियाँ उत्सव-सुलभ उल्लास में हाथ-में-हाथ डाले, आठ-आठ, दस-दस की पंक्तियों में निकलती हैं, तब उनका उत्साह और उत्साह के अंदर भी उनका संयम देख विदेशी पर्यटक आश्चर्यचकित रह

जाता है। दुकानें भरी हुईं। बिजली से जगमगाती, साफ-सुथरी; सभी सामान करीने से सुसज्जित, ग्राहकों के मुँह से आवाज निकली नहीं कि उनके निकट वस्तु प्रस्तुत। यह भोजनगृह है। क्या चाहिए? चाप, कटलेट, मछली, गोश्त, फाउल, अंडे, मिठाइयाँ, तरकारियाँ? सब पूर्ण वैज्ञानिक पद्धति से प्रस्तुत। लीजिए, चखिए। यह है पुस्तकों की दूकान। देखिए, बच्चों की पुस्तकों के लिए एक अलग विभाग ही है, जिनके सामने बच्चों के बैठने के लिए छोटी-छोटी चमड़े की गद्देदार आरामकुरसियाँ रखी हुई हैं। बच्चे आते हैं, बैठते हैं, किताबें देखते हैं, खरीदते हैं। उन्हें सलाह देने के लिए शिशु साहित्य का एक पारखी पहले से ही वहाँ बैठा है।

शिशु प्रासाद (बच्चों का महल) जिसकी चर्चा पहले हो चुकी है, कीव ऐसी राजधानी में न हो, यह भी कोई बात है? जरा इसके भीतर देखिए। छः-सात साल के बच्चों ने पुश्किन की रचनाओं पर जो चित्र बनाए हैं, उनका मुलाहिजा कीजिए। यह रंगों का चाकचिक्य, यह रेखाओं की बारीकी। बड़े बच्चों ने पुश्किन के जीवन संबंधी चित्र बना रखे हैं; यह उसका घर है, यह उसके जीवन संबंधी घटनाओं की चित्रावली है। यूक्रेनवासियों में सौंदर्य की तीव्र भावना है। जरदार कमीज और ब्लाउज की यह भूमि है। संगीत में भी यूक्रेनियनों की बड़ी धाक है। ओडेस्सा के संगीत विद्यालय ने ऐसे-ऐसे संगीतज्ञ निकाले हैं, जिन्होंने संसार की प्रतियोगिता में प्रसिद्धि प्राप्त की है।

कीव के अपने पुराने गिरजाघर सेंट सोफिया के कैथेड्रल लावरा पर बहुत ही फख्र है। यूक्रेन्वासियों को अपनी पुरानी इमारतों पर, अमेरिकनों की तरह, बड़ी ममता है। मजहब पर उनकी श्रद्धा नहीं रह गई, लेकिन अपने इस कला के नमूने को उन्होंने बरबाद नहीं होने दिया। जहाँ पहले ईश्वर की प्रार्थनाएँ हुआ करती थीं, अब वहाँ ईश्वर विरोधी प्रदर्शन होते हैं।

मजहब के छोड़ने का अर्थ नैतिक नियमों का त्याग नहीं है। एक पादरी पर्यटक ने लिखा है—मैं दावे के साथ कह सकता हूँ कि कीव या सोवियत यूक्रेन से बढ़कर सदाचार संपन्न शहर और देश शायद ही संसार में मिल सकें।

तेज बिजली के ट्राम आपको कीव से तुरंत देहात पहुँचा देगा। जहाँ पहले झोपड़े थे, वहाँ अब सुंदर पक्के मकान खड़े हैं। उन मकानों के पीछे और आगे सुंदर बगीचे लगे हैं। गाँवों में भी बिजली अपनी सत्ता जमा चुकी है।

शहर से दूर, पाइन के जंगल में यह स्वास्थागार है, जहाँ थाइसिस से पीड़ित बच्चे रहते हैं। सुंदर मकान, फूलों के कतार, हवा और रोशनी की प्रचुरता, सुयोग्य डॉक्टरों की देख-रेख, जहाँ लड़के खेलते, कूदते, नाचते, गाते। इस नाच-गान में ही, योग्य चिकित्सा और तीमारदारी के कारण भले-चंगे हो वे फिर घर लौटते हैं। जब तक स्वास्थागार में रहते हैं, तब तक शिक्षा भी उन्हें मिलती रहती है।

यूक्रेन के दक्षिणी-पूर्वी हिस्से में, ओडेस्सा के आसपास, जो विस्तृत बेआबाद मैदान थे, अब उनमें पंचायती खेती का दौरदौरा है। चलिए, ऐसे एक गाँव में चल देखें।

संयोग ही तो आज वर्ष भर की कमाई का हिसाब-किताब हो रहा है। गेहूँ, शराब और नकद पैसों का बँटवारा जारी है। इस साल उपज अच्छी आई है, लोगों को ऊँचे हिस्से मिल रहे हैं। सबके चेहरे पर प्रसन्नता है। लेकिन बँटवारा का यह कैसा हिसाब? नौजवान ने ट्रैक्टर चलाया था, जिस लड़की ने सूअर की देखभाल की, उसे मैनेजर से भी ज्यादा हिस्से मिले! यह क्यों?—क्योंकि वे 'टेकनिशियन' थे!

गाँव के बीच में पंचायतघर है और उसकी चारों ओर बस्ती। घरों के स्थान और रचना में एक निश्चित योजना है। सड़कें निकाली गई हैं, गलियाँ बनाई गई हैं। अभी सड़कें खुरदरी हैं, लेकिन कुछ परवाह की बात नहीं। दिन-दिन जो आमदनी बढ़ रही है, उसका उपयोग आखिर इन सार्वजनिक कार्यों में ही तो किया जाएगा।

आपने गोशालाएँ तो बहुत देखी होंगी, देखिए, यह सूअरखाना। ये बड़े-बड़े सूअर, ये मोटी-ताजा सूअरियाँ, ये उनके छोटे-छोटे बच्चे! सूअर गंदगी और गलीज के लिए मशहूर हैं न? लेकिन जरा इन सूअरों की ओर मुलाहिजा फरमाइए! कैसी सफाई? नहीं, नहीं; कहीं आप अपने पैरों की धूल से इनमें गंदगी न ला दें,

इसलिए आप जरा अपने 'खुरनारविंद' को दरवाजे पर रखे गए औषधि-सिंचित बुरादे से धो लें !

अंगूर की खेती इस पंचायती गाँव की खास विशेषता है। इसमें पूरी सफलता मिली है। भूख लगी है तो लीजिए, पेटभर अंगूर चखिए प्यास लगी है तो 'अंगूर की बेटी' से ही अपने को मस्त बनाइए !

गाँव के हर घर के पीछे जो जमीन है, वह परिवार की व्यक्तिगत संपत्ति है। उसमें उनकी निजी गाएँ, मुरगियाँ चर रही हैं और एक कोने में तरकारियाँ लहरा रही हैं।

और यह शिशुगृह ! गिनिए, बीस से कम बच्चे तो नहीं हैं। राजकुमारों-से ये बच्चे झूलने में झूल रहे हैं। सुशिक्षिता धाई इनकी देख-रेख करती है—दूध, खिलौने, पहनावे, किस चीज की इन्हें कमी।

इस ऊँचे पेड़ पर लगे लट्ठे से तार कैसे बँधे हैं ? क्या रेडियो है ? जी, हाँ ! लेकिन अभी इसके प्रोग्राम का वक्त नहीं हुआ है। तब तक चलिए ग्रामोफोन सुनिए, पियानो बजाइए।

काली मिट्टी के इस भूभाग में ऐसे सत्ताईस हजार पंचायती खेतीवाले गाँव हैं। रूस का सबसे महान परिवर्तन तो खेती में ही हुआ है।

जाग्रत एशिया

अगर यूक्रेन सोवियत संघ के बड़े प्रजातंत्रों में एक बहुसंख्यक और उन्नतिशील प्रजातंत्र था तो उज़बेकिस्तान उनमें सबसे पिछड़े हुए प्रजातंत्रों में था।

क्रांति के पहले उज़बेक लोगों पर ज़ारशाही का एक गवर्नर जनरल राज्य करता था, जिसके अंदर बुखारा के अमीर और ख़ीवा के खान थे। उज़बेक जनता का शोषण रूसी पूँजीवादी और उनके स्वदेशी जमींदार समान रूप से करते थे। किसानों की गरीबी और मूर्खता की हद नहीं थी। अपनी बाहुओं के बल पर नहरें निकाल उन्होंने जहाँ-तहाँ मरुभूमि में ओयसिस पैदा किए थे, रेगिस्तान में हरी-भरी कुंजें बसाई थीं, लेकिन उनके फल वे बेचारे नहीं चखने पाते थे। उनकी मेहनत जमींदार की थैली मात्र भरती थी। मूर्खता का यहाँ तक दौरदौरा था कि सौ में सिर्फ दो पढ़े-लिखे थे, जो पढ़े-लिखे थे, वे मुल्ला और मौलवी के ही बेटे-नाती।

बुख़ारा और समरकंद के नाम से विख्यात उज़बेकों का यह देश इतिहास में एक अजीबोगरीब स्थान रखता है। यहीं विश्वविजयी चंगेज खाँ और महान् पराक्रमी तैमूरलंग का जन्म हुआ था। पुरानी पोथियाँ इस भूमि के सुगंधित वृक्षों, अंगूर की लत्तियों, अखरोट के बगीचों, कपास की खेतियों, चकमक बाजारों, ऊनी शालों, रेशमी पोशाकों गुंबददार मसजिदों और उनमें कुरान पढ़नेवाले पग्गड़ध्वज मुल्लाओं की कथाओं से भरी पड़ी है।

पहनावों की चमक, गाँवों की विचित्रता और बुरका पहने औरतों का रहस्य भले ही कुछ यात्रियों के दिल में गुदगुदी पैदा करे, किंतु इसके भीतर जो जहालत और ज़्यादती, अत्याचार और उत्पीड़न छिपे थे, वह किसी भी सभ्य व्यक्ति के हृदय को हिलाए बिना नहीं रह सकते थे। सुनहले कपड़े के अंदर सड़े हुए घाव के ये नमूने थे।

मध्य एशिया में जो नई दुनिया बसने जा रही थी, उसके लिए ये सब गुलामी और पतन के चिह्न थे। सो कुछ लोगों की नजरों में जो खूबसूरती थी, वही बहुतों के लिए बर्बरता और पैशाचिकता थी। क्लब, मोटर, सिनेमा, कारखाना और बिजली बत्ती इनसे कहीं आवश्यक और उपयोगी चीजें थीं। इन चीजों की स्थापना किए बिना वहाँ मानवता को मुक्ति, वैभव और स्वास्थ्य का संदेश दिया नहीं जा सकता था।

जो बातें मास्को में हो रही थीं, उसकी खबर दावानल की तरह पूरब और दक्षिण की ओर फैल रही थी। रूस से यूराल पहाड़ की तलहटी में, फिर वहाँ से कज़ाक की मरुभूमि होते समरकंद तक यह पहुँच ही गई। पहले तो ये परियों की कहानियाँ-सी लगी। फिर आश्चर्य यथार्थ में बदला। खेतों में ट्रैक्टर चलने लगे,

कारखाने-पर-कारखाने खुले, बिजलीघर बने, जिनसे पतले तारों द्वारा ले जाई गई शक्ति कारखानों को चलाने लगीं, कुटियाँ जगमगाने लगीं। बातें सिर्फ उज़बेकिस्तान तक ही सीमित नहीं रहीं। जिस दिन खोकान्योर में ट्रैक्टर चल रहा था, सरहद के किनारे बैठा अफगान विस्मय-विमुग्ध आँखों से उस ओर देखता और गुनगुनाता—ये 'लाल' लोग क्या करने पर तुले हुए हैं?

लेकिन पुराना जमाना एक दिन में नहीं बदलता। प्राचीन बिना संघर्ष के नवीन के लिए जगह नहीं देता। बुख़ारा में मुल्लाओं का बोलबाला था। शिक्षा, कानून और पारिवारिक संबंध पर इनका कब्जा था और ये कब्जा छोड़ने को तैयार नहीं थे। विज्ञान, गणित और आधुनिक भाषाओं के अध्ययन की मनाहट थी। कृषि की उन्नति, स्वास्थ्य और संस्कृत की वृद्धि तथा पुलों और सड़कों के सुधार के लिए कुछ नहीं किया जाता था। सिंचाई का इंतजाम पुराना और नाकाफी था। उद्योग का गला प्रसूतिगृह में ही दबा दिया जाता था। जारशाही के जमाने में वहाँ के गवर्नर जनरल ने ताशकंद में कपड़े का कारखाना खोलने की इजाजत इस बिना पर नहीं दी थी कि ऐसा होने से मास्को के कारखाने पर धक्का लगेगा! एक और घृणित कारण भी था। वहाँ के किसान दब्बू थे। ज़ारशाही को खतरा हुआ कि कारखाने में पहुँचकर कहीं ये क्रांतिवादी मजदूर न बन जाएँ।

बेखिड़की वाली बड़ी-ऊँचे दीवारों के अंदर नारीत्व सिसकियाँ भरता। मर्द घर का सर्वेसर्वा था। वह कई औरतों से शादी करता; जब जिस औरत को नहीं चाहता, तलाक दे देता। शहर के सभी मकानों से ऊँचा मौत का बुर्ज था, जिस पर लड़कियों को सतीत्व के नाम पर बलि चढ़ाया जाता।

ज़ारशाही ने मध्य एशिया के तीन मुसलिम जातियों किरगिज़, तुर्कमान और उज़बेक—को अपने कब्जे में लाकर उनका भीषण शोषण शुरू कर दिया था। वहाँ के कच्चे मालों को रूसी पूँजीपति लूटते। इन्होंने अपने बैंकों की शाखाएँ वहाँ खोल दीं, जो वहाँ की मुख्य पैदावार रुई खरीदतीं और बदले में तैयार माल वहाँ बेचतीं। जनता दिन-दिन गरीबी से भिखमंगी की हालत में पहुँचने लगी। जो रुई उनके लिए न्यामत सिद्ध होती, वही उनके लिए मृत्युजाल बनने लगी। रुई पर इन पूँजीपतियों का एकाधिपत्य था। किसान उनके मुँहताज हो गए। धीरे-धीरे उनको जमीन भी उनसे छिनने लगी। उन जमीनों पर बड़े-बड़े कोठीवाल रूसियों ने बड़े पैमाने पर खेतियाँ शुरू कीं। अब किसान या तो खेत-मजदूर बनें या डकैती करें। ऐसा मालूम होता, अमेरिकन रेड इंडियनों की तरह इनका वंश भी धीरे-धीरे नष्ट हो जाएगा।

इधर जनता की यह दुर्दशा थी, उधर ये पूँजीपति वहाँ के कुछ बड़े लोगों को अपना दलाल बनाकर, उन्हें लूट के इस माल का एक टुकड़ा देकर, उन्हीं के मारफत अपने शोषण को और भी तीव्र किए जाते। ये लोग खुदा, मजहब, तकदीर आदि की आड़ में खुद मौज मारते और अपने पूँजीवादी प्रभुओं का चरण-चुंबन करते।

इसी अंधकारमय जमाने में साम्यवादी सूर्य की किरणें मध्य एशिया में पहुँचीं। वहाँ की गरीब जनता इस किरण के स्वागत को पहले ही से तैयार थी; लेकिन वहाँ के मुल्ला, जमींदार, पूँजीपतियों के एजेंट भला इसे कैसे बरदाश्त करते? बारह वर्षों तक घमासान युद्ध प्रकाश और अंधकार के बीच होता रहा और अंत में प्रकाश विजयी होकर रहा।

बुखारा का संघर्ष सबसे दीर्घ और सबसे तीव्र था। बुख़ारा का अमीर अपनी अतुल संपत्ति और महान धार्मिक प्रतिष्ठा के साथ साम्यवाद के खिलाफ मैदान में आ कूदा। मुल्लाओं ने इसलाम के नाम पर उसका साथ देना शुरू किया। अंग्रेज ऐसे मौके की ताक में थे ही। मध्य एशिया पर कब्जा कर लंका से यूराल तक का अपना साम्राज्य पूरा करने का सुयोग उन्होंने इसी वक्त देखा। कास्पियन और काकेशस के रास्ते उन्होंने इन दकियानूसी ताकतों की मदद शुरू कर दी। लेकिन संयोग से उसी समय अमानुल्ला के नेतृत्व में अफगानिस्तान ने अंग्रेजों के खिलाफ झंडा उठाया और उन्हें लाचार हो मध्य एशिया का लालच भी छोड़ना पड़ा। कर्नल एथर्टन ने मध्य एशिया पर कब्जा कर, वहाँ की रुई का मास्को आना बंद कर, नई सोवियत सरकार के उद्योग की कमर तोड़ने का जो स्वप्न देखा था, स्वप्न ही रह गया। बेचारे बुख़ारा के अमीर को भी देश छोड़कर भागना पड़ा, यद्यपि बहुत दिनों तक वह अनवर पाशा एवं पहाड़ी जातियों की मदद से कुछ-न-कुछ झंझटें पैदा करता रहा।

उधर कोलचक और डेंकिन मध्य एशिया पर कब्जा करने को जो दौड़े आ रहे थे, उन्हें भी लाल सेना के आगे मुँह की खानी पड़ी। अंततः मध्य एशिया में लाल झंडा फहरा के रहा !

मध्य एशिया पर विजय प्राप्त करने के बाद सबसे पहला काम यह किया गया कि प्राकृतिक, सांस्कृतिक और राष्ट्रीय विभेदों के अनुसार समूचे भूभाग को कई प्रजातंत्रों में बाँट दिया गया। हिंदुस्तान से सटा हुआ, कश्मीर से लगा हुआ, ताज़िक सोवियत साम्यवादी प्रजातंत्र है। ताज़किस्तान के उत्तर से पूरब में चीनी सिंकियांग और पश्चिम में कास्पियन सागर तक का भूभाग तीन प्रजातंत्रों में बँटा हुआ है, जो किरगिजिया, उज़्बेकिस्तान और तुर्कमेनिस्तान के नाम से प्रसिद्ध हैं। उनसे भी उत्तर विस्तृत कज़ाक सोवियत साम्यवादी प्रजातंत्र है।

पूरी साम्यवादी व्यवस्था यहाँ बहुत दिनों के बाद कायम हो सकी। सबसे पहले जमीन पर किसानों का पूरा अधिकार दिया गया। बाद का काम ट्रैक्टर ने किया। पुश्तों से जिनकी जमीन छिनी हुई थी, एक बार उस पर कब्जा पाने बाद अपने खेतों की मेंड़े मिटाना उन किसानों के लिए एक बड़ा ही कठिन कार्य था। लेकिन दूसरा चारा ही क्या? 1930 वसंत में जब बुआई का वक्त आया, किसानों ने देखा, सरकारी खेतों और जिन किसानों ने मंजूर कर लिया, उनके पंचायती खेतों में कल के हल हड़हड़ा रहे हैं ! कहाँ इनके लकड़ी के हल, जो मुश्किल से कुछ इंच जमीन खुरेचते और कहाँ ये लोहे के ट्रैक्टर जो घुटने तक नीची जमीन को उधेड़ डालते ! उन्होंने आँखें फाड़कर देखा। उन्हें मुल्लाओं ने बरगलाया, अजी लोहे से जुती जमीन में अन्न पैदा नहीं हो सकता ! लेकिन जब फसल का वक्त आया, उनकी आँखें खुलीं। ट्रैक्टर की विजय हुई। किसान स्वेच्छा से पंचायती खेती में शामिल हो गए।

1924 में उज़्बेकिस्तान में सोवियत प्रजातंत्र कायम हुआ। इन सोलह वर्षों में इस पिछड़े हुए भूभाग ने संघ के समुन्नत प्रजातंत्रों में अपनी गिनती करा ली है। 1928 में पहली रुई की मिल खड़ी की गई। उसके बाद सूती कपड़े के बहुत कारखाने खुलने लगे। ये कारखाने हर साल डेढ़ अरब मीटर कपड़े तैयार करते हैं।

रुई की खेती खाद माँगती है। राजधानी ताशकंद के नजदीक चिरचिक नदी पर बने पानी से बिजली पैदा करनेवाले स्टेशन से निकली विद्युतशक्ति अब हवा से नाइट्रोजन खींचकर इन खेतों में पहुँचाती हैं। बिजली के नए-नए स्टेशन चारों ओर खोले जा रहे हैं, जिनके आसपास रेशम, भोजन, चमड़े और कपड़े के कारखाने खुलते जा रहे हैं। आज का उज़्बेकिस्तान सिर्फ वैभवशाली ही नहीं, पूर्ण स्वावलंबी भी है। बीस हजार ट्रैक्टर उसके खेतों को जोतते हैं। 1935 में दस लाख टन रुई पैदा हुई थी। विगत पाँच वर्षों में यह परिमाण कहीं-से-कहीं बढ़ गया होगा।

उज़्बेकिस्तान सोवियत संघ का सबसे बड़ा रुई केंद्र है, समूचे संघ में पैदा होनेवाली रुई की दो-तिहाई यहीं पैदा होती है। बीस वर्ष पहले जितनी रुई पर अंग्रेज कर्नल एथर्टन की लार टपकी थी, वह आज की उपज को देखते कुछ भी नहीं थी। किसानों की खुशहाली का क्या कहना? कितने ही ऐसे कारबार हैं, जिन्हें पंचायती खेती से सालाना दस हजार रूबल से ज्यादा ही मिल जाते हैं। ऐसी कितनी ही पंचायती खेतियाँ हैं, जिनकी सम्मिलित आमदनी दस लाख रूबल से ज्यादा ही है।

सुख-समृद्धि के साथ संस्कृति और सभ्यता भी वृद्धि पा रही है। एक-एक उज़्बेक बच्चा स्कूल में जाता है। पच्चीस हजार विद्यार्थी उच्च शिक्षालयों में शिक्षा पा रहे हैं। उज़्बेकिस्तान अपने इंजीनियरों, वैज्ञानिकों, डॉक्टरों और शिक्षकों को स्वयं ही शिक्षा देकर तैयार करता है।

उज़्बेक स्त्रियों ने मध्ययुग की दासता को हमेशा के लिए पैरों से कुचल दिया है। अब वे मर्दों की बराबरी के दर्जे में जीवन के सभी क्षेत्रों में प्रवेश पाने को स्वतंत्र हैं।

उज़्बेक कला पुनर्जीवित होकर दिन-दिन विकसित हो रही है। उज़्बेक चित्रकार अपनी तसवीरें अंतरराष्ट्रीय कला प्रदर्शनियों में गर्व से रखते और प्रशंसा पाते हैं। जहाँ ज़ारशाही के युग में थियेटर शब्द भी किसी ने शायद ही सुना हो, वहीं के लोग अब संसार के श्रेष्ठ नाटककारों की कृतियाँ खुद ही अपनी भाषा में अभिनीत करते हैं। जिस उज़्बेकिस्तान के पुरुष ज़ारशाही के हाकिमों के नजदीक बैठने की भी हिम्मत नहीं करते

थे, जहाँ की स्त्रियाँ कभी अपने मुँह का नकाब नहीं हटाती थीं, वहीं के स्त्री-पुरुषों ने मास्को में, सोवियत के उच्चातिउच्च पदाधिकारियों और कला प्रशंसक जनता के सामने दस दिनों तक कला, संगीत, नृत्य, अभिनय आदि के प्रदर्शन किए। उज़बेक रमणी सारा इशानतुरैयरा अपने कोमल कंठ से आज भी मास्को की जनता का मन मोह लेती है।

बुख़ारा से साम्यवाद ताज़किस्तान पहुँचा, जहाँ से वह सिर ऊँचा कर भारत और अफगानिस्तान को देख रहा है। ताजकिस्तान में 1929 में सोवियत प्रजातंत्र कायम हुआ। एक भीषण संघर्ष के बाद वहाँ के किसानों ने आजादी हासिल की और अपनी भूमि पर लाल झंडा फहराया। इस संघर्ष के चलते जो खंडहर बन गए थे, उन्हीं पर अब नई भव्य इमारतें बन रही हैं। इसलाम के नाम पर जहाँ कोड़े और अन्याय की वर्षा होती थी, वहीं अब समता और भाईचारे के शीतल फुहारे अनवरत पड़ते हैं। संसार के इस सबसे बच्चे राज्य का सबसे बच्चा शहर स्तालिनाबाद आज संसार में प्रसिद्धि प्राप्त कर चुका है। उद्योग-धंधे और साम्यवाद का प्रसार ताज़किस्तान के कोने-कोने में होता चला जा रहा है। बीहड़ पहाड़ों और सूखी मरुभूमियों के बीच रास्ते निकाले जा रहे हैं। मोटरों, बसों और ट्रैक्टरों की चारों ओर भरमार है। वाक्ष नदी की तेज धारा को नाथकर नहरों के जाल निकाले गए हैं, जिनसे इक्तालीस हजार एकड़ जमीन सींची जाती है। इस सिंचाई की भूमि में संसार की सर्वोत्तम रुई पैदा होती है।

खान लोगों के जमाने में बुख़ारा में आठ हजार ओझे थे और डॉक्टर सिर्फ एक था, जो अमीर के हरम और दरबार की दवा-दारू किया करता। अब डॉक्टरों की फौज वहाँ से रोगों को भगाने पर उतारू है। कुरान की एक आयत कागज पर लिखकर उसे रोगियों से निगलवाकर मलेरिया का 'अचूक' इलाज करने के स्थान पर आज वैज्ञानिक तरीकों से इस रोग को खदेड़ने की कोशिशें हो रही हैं।

उज़बेक, तुर्क, अफगान, यहूदी आदि अल्पमत की कितनी नस्लें ताज़किस्तान में मिल-जुलकर हँसी-खुशी से रहती हैं। अमीर के जमाने में ये नस्लें एक-दूसरे के खून की प्यासी थीं!

पूरब में प्रभात

1. याकूतिया और ध्रुवदेश!

किसी अच्छे नए नक्शे को देखिए, साइबेरिया से भी पूरब यह कौन सा भूभाग है। कितना बड़ा भूभाग?—समूचे यूरोप से भी बड़ा। जरा इसका नाम देखिए। यही याकूतिया है। ट्रांस साइबेरिया रेलवे से उत्तर दो महासागरों को छूनेवाला यह महान भूभाग ज़ारशाही रूस में कितना भयानक समझा जाता था? यहीं के घनघोर जंगलों में देशभक्तों, साम्यवादियों को ज़ारशाही जिंदा दफन कर देती थी। कौन इससे भागने को कोशिश करता? भागकर जिंदा बच निकलता?

जहाँ देखिए, वहीं जंगल। बीच-बीच में बर्फ से लगे आकाशचुंबी पहाड़। जगह-जगह बड़ी-बड़ी झीलें। यहाँ सिर्फ शिकारी, गड़ेरिए और भिखमंगे बसते। गरीबी और मूर्खता का दौरदौरा। यहाँ के जंगलों में कितने ही कीमती पशु थे, कितने ही कीमती दरख्त थे। पृथ्वी के नीचे तरह-तरह की धातुओं की खानें थीं। यहाँ की महान वेगवती नदियों से बिजली की शक्ति प्रचुर परिमाण में पैदा की जा सकती थी। लेकिन इनकी ओर किसी का ध्यान नहीं था। मुर्दापन की एक भयानक शांति वहाँ छाई रहती।

याकूतिया के अधिवासी तरह-तरह से चूसे जाते। उन्हें रूस के पूँजीवादी चूसते, अपने देश के मुट्ठीभर जमींदार चूसते, उनके पुरोहित 'शामाँ' ही चूसने से क्यों बाज आते? और क्यों बाज आते चूसने से शौकीन पर्यटक? सूई के एक पैकेट पर वे उनसे एक रेनडीयर वसूल करते, एक बोतल ठर्रा शराब पर एक सैबल लेते और दो-चार चुटकी तंबाकू पर लोमड़ी का कीमती चमड़ा उचक लेते।

इन गरीबों के भोजन का क्या कहना? खराब दूध और सड़ी मछली—यही थी उनकी खुराक। पशुओं के साथ एक ही घर में वे सोते। थाइसिस ऐसी भयानक बीमारियों की भरमार थी। आँखों की बीमारी का ऐसा दौरदौरा था कि एक डॉक्टर ने एक लिखा था—एक पूर्ता (देशी तंबू) में रहने वाले आठ-दस लोगों में मुश्किल से एक की आँख दुरुस्त होती, बाकी लोगों को टो-टाकर अपनी राह निकालनी पड़ती।

याकूत स्त्रियाँ तो सोलह आने गुलाम थीं। वे ही चक्की चलावें, वे ही पशु पालें, वे ही खाना पकावें। पशुओं की तरह सरे बाजार उनकी खरीद-बिक्री होती। बच्चों की मौत बहुत ऊँची थी। स्त्रियों को सर्द जमीन पर सेंवार रखकर उसी पर बच्चा जनना होता।

याकूतिया के आदिवासियों की पूरी नस्ल बरबाद हो रही थी। मालूम होता, कुछ दिनों में यह पूरी जाति खत्म हो जाएगी। याकूत भाषा बेरहमी से कुचल दी गई थी। एक तो वहाँ स्कूल ही नहीं थे, जहाँ-तहाँ एकाध स्कूल थे भी, उनमें याकूत भाषा का व्यवहार मना था। इस भाषा की अपनी लिपि तक नहीं थी।

लेकिन सोवियत के उदय के साथ ही याकूतिया का भाग्य चमक उठा। बीस वर्षों में ही इसका नक्शा बदल गया है। अब याकूतिया का अपना प्रजातंत्र है। यह प्रजातंत्र अपने देश के विकास में दत्तचित्त है। जहाँ मनुष्य के पैर कभी नहीं पड़े थे, वहीं अब दिन-रात वायुयान उड़ा करते हैं। लेना रेलवे लाइन साइबेरियन रेलवे को लेना नदी से मिलाती है। आठ सौ उनहत्तर किलोमीटर की पक्की आमूर-याकूत सड़क रेलवे से याकूतिया के मध्यभाग का संबंध कराती है। पहले वहाँ सड़क का नाम भी लोग नहीं जानते थे। 'उत्तरी सामुद्रिक पथ' को अच्छी तरह चालू करने की कोशिशें हो रही हैं। उत्तरी समुद्र में जहाँ-तहाँ प्रकाशगृह दीख पड़ेंगे। बर्फ तोड़नेवाले जहाज के पीछे व्यापारी जहाज आते-जाते रहते हैं। वह दिन दूर नहीं है, जब यह समुद्र पथ आम समुद्री रास्ता बनकर रहेगा। इसके चलते याकूतिया की उन्नति में और प्रगति आ जाएगी।

जैसा कि नक्शे से साफ़ मालूम हो जाता है, याकूतिया ध्रुव का निकटवर्ती देश है। अतः असाधारण जाड़ा यहाँ की प्रकृति का प्रसाद है। खूब बर्फ पड़ती है। ऐसे स्थानों में सबसे बड़ी समस्या होती है भोजन की। क्या अन्य जगहों से भोज्य सामग्री लाकर इन्हें हृष्ट-पुष्ट रखा जाए? किंतु कोई देश कब तक भोजन के लिए दूसरे पर निर्भर रहेगा? और दूसरे पर क्यों निर्भर रहा जाए, जब ज़मीन है और है विज्ञान? जहाँ थर्मामीटर का पारा भी जम जाता है, याकूतिया की वैसी भूमि में भी अब गेहूँ-जौ के साथ आलू-टमाटर, खीरा-खरबूजा वगैरह भी उपजाते हैं। पैंतीस हज़ार मशीनें याकूतिया की कुंवारी जमीन को अपने लोहे की अंगुलियों से गुदगुदाती और हँसाती हैं, जिनकी हँसी तरह-तरह के अन्न, फल, फूल के रूप में दीख पड़ती है।

उद्योग-धंधे भी विस्तार पा रहे हैं। अल्दान की खान से सोना निकलता है। चाँदी, जस्ता, टिन, ताँबा, शीशा, टंगस्टेन की खानें खुल रही हैं। तेल के कुएँ-पर-कुएँ खोदे जा रहे हैं। कीमती लकड़ियाँ काटी, चीरी और अन्य स्थानों में रवाना की जा रही हैं। मछली, रोआँ और चमड़े का व्यापार चमक रहा है। गरीबी मुँह छिपाने को जगह ढूँढ़ती है।

मूर्खता भी। सभी बच्चे स्कूलों में जाते है । सत्रह अखबार, जिनमें नौ याकूत भाषा में, निकलकर कोने-कोने में ज्ञान की किरणें बिखेरते हैं।

याकूतस्क पहले एक छोटा सा गाँव था। अब वह एक समुन्नत नगर बन गया है, जिसमें पच्चीस हजार लोग बसते हैं वहाँ की राष्ट्रीय लाइब्रेरी में दो लाख पुस्तकें हैं, जिसके साथ कला प्रदर्शनी, रेडियोघर और कितने सिनेमाघर भी लगे हैं।

जो जनता के साथ ही मरे जा रहे थे, उन ग्राम गीतों को फिर से जीवित किया जा रहा है। याकूत भाषा का साहित्य दिन-दिन बढ़ रहा है। लेखक, कवि, अभिनेता, चित्रकार, मूर्तिकार आदि की संख्याएँ बढ़ रही हैं। याकूत लोगों ने अपनी भाषा का बड़ा ही विकास किया है और उसमें बड़ी ही ओजस्वी रचनाएँ हो रही हैं। याकूत लेखक मौरडिनोव के 'आदमी जिंदाबाद' और येफमौर्व के 'भाई-भाई' नामक नाटकों ने सोवियत में बड़ी ही प्रसिद्धि प्राप्त की है।

× × ×

सुदूर उत्तर के बर्फीले ध्रुवप्रदेश में पीड़ित और अशिक्षित जनता के उद्धार के लिए जो कुछ किया गया है, वह सोवियत के इतिहास में स्वर्णाक्षरों में लिखा जाएगा। खासकर वहाँ शिक्षा प्रसार के लिए जो अनथक प्रयत्न जारी है, वह तो अभूतपूर्व ही है।

एक ओर, भूगोलवेत्ता, इंजीनियर, कृषिवेत्ता, वायुयानचालक और जहाज संचालक वहाँ की दूरी को कम करने, उद्योग-धंधे को विकसित करने, पृथ्वी के ऊपर और नीचे की सतह के वैभवों को मनुष्योपयोगी बनाने के लिए तरह-तरह के प्रयत्न कर रहे हैं तो दूसरी ओर, वहाँ शिक्षकों की एक बड़ी फौज इसलिए पहुँची है कि वे उत्तरी बच्चों की सीधे-साधे दिमाग और हृदय में जो निहित शक्तियाँ हैं, उन्हें विकसित कर संसार की कला और ज्ञान के कोश को भरें। निस्संदेह, वे दिन दूर नहीं जब ध्रुवदेश के ये बच्चे अपने कर्तृत्व से संसार को चकित विस्मित करेंगे। मैं क्या बनना चाहता हूँ—इस प्रश्न के उत्तर में ध्रुवदेश के उलची नामक राष्ट्र के एक बच्चे ने यों लिखा था—'ज्यों-ज्यों मैं पढ़ता हूँ त्यों-त्यों मेरे मन में यह सवाल उठा करता है—क्या मैं पुश्किन की तरह महान लेखक नहीं बन सकता? कौन कह सकता है कि मेरी यह इच्छा पूरी नहीं होगी।'

लेकिन इस उत्तरी प्रदेश में स्कूल कायम करना कोई आसान काम नहीं था। मकान का जहाँ नाम नहीं। वहाँ की भाषा बोलनेवाले शिक्षकों का मिलना मुश्किल। उस भाषा के पाठ्यग्रंथ के बारे में पूछना ही फिजूल। बहुत सी जगहों में तो उनका स्थायी निवास भी नहीं—वे लोग कंजरों की तरह इधर घूमा-फिरा करते। इन चलते-फिरते लोगों के लिए भी चलते-फिरते स्कूल ही चाहिए।

धीरे-धीरे स्कूल भी बने और शिक्षक भी पैदा किए गए। ऐसे स्कूलों की वहाँ खासकर जरूरत थी, जहाँ लड़कों के रहने-सहने का भी प्रबंध हो। ऐसा ही किया गया। 1935 पहुँचते-पहुँचते अस्सी सैकड़े लड़के नेनेत क्षेत्र में, तिरासी सैकड़े लड़के खातरंगा क्षेत्र में और सत्तानबे सैकड़े लड़के नारिम क्षेत्र के स्कूलों में त्रिद्याध्ययन करने लगे।

नए शिक्षकों को तरह-तरह की समस्याओं का सामना करना पड़ा। स्कूल तो बने, लेकिन एक ही स्कूल में कितनी ही नस्लों के लड़के आते, जिनकी भाषा, रीति-रिवाज और रूढ़ियाँ अलग-अलग थीं। अगर लोबोजेस्क बच्चे दलिया पसंद करते, तो सभी लड़के उससे घृणा करते। कुछ को सूअर का शोरबा पसंद था, तो कुछ उसे देखते ही कै करने लगते। चुकचिश बच्चे नमक से ही भागते। ऐसे बच्चों को एक साथ बोर्डिंग में रखना, खिलाना-पिलाना और पढ़ाना कितना मुश्किल था।

बाल छाँटने और स्नान करने को लेकर भी समस्याएँ पैदा हुईं। लड़के अपने बालों को सलीके से छँटवाएँ और नियमित स्नान से साफ-सुथरे रहें, आधुनिक शिक्षकों की यह हार्दिक कामना थी। उधर लड़के कैंची और बालटी देखते ही भागते। एस्कीमो लोगों में यह चलन था कि सब लड़कों के बाल अलग-अलग ढंग पर रखे जाते क्योंकि यह धारणा थी कि एक ढंग के बालवाले सभी लड़के एक साथ ही बीमार पड़ेंगे। यों ही, उनमें स्नान के विरुद्ध भी अजीब-अजीब धार्मिक रूढ़ियाँ थीं। तमाशा तो सोने के समय होता। वे लड़के अपने घरों में जमीन पर ही सोते। बोर्डिंग में उन्हें खाटों और पलंगों पर सुलाया जाता। भोर में शिक्षक जाकर देखते, अधिकांश लड़के अपनी पलंगों से नीचे गिरे, अपने कपड़ों से लिपटे, गहरी साँस ले रहे हैं।

पढ़ाई में भी चतुराई की ज़रूरत थी। भिन्न-भिन्न जातियों के दिमाग के विकास में भी भिन्नताएँ थीं। कुछ जातियाँ ऐसी थीं, जिनमें गिनती के अजीब-अजीब तरीके थे। वे दाँतों की गिनती एक ढंग से करतीं तो भेड़ों की गिनती दूसरे ढंग से। इस तरह बीस ढंग से गिनतियाँ की जातीं। उनकी कल्पना की उड़ान भी अजीब तरह की थी। जाड़े की बर्फ मरी हुई है, वसंत की बर्फ जिंदा है, ऐसा वे मानते। लेकिन उनका दिमाग तीक्ष्ण है, इसका सबूत इससे मिलता कि एक छोटा बच्चा भी बादल का रंग देखकर ऋतु के बारे में सही भविष्य कहता या बर्फ पर पैरों के चिह्न देखकर पशुओं की उम्र तक बता देता। प्रारंभिक कठिनाइयों के दूर होते ही इन लड़कों ने पठन-पाठन में बड़ी व्युत्पन्नता दिखानी शुरू की है। वह दिन शायद दूर नहीं, जब उलची के उस बच्चे का

पुश्किन बनने का स्वप्न सत्य में परिणत हो जाए !

2. साखालिन

साखालिन—ज़ारशाही के जमाने में यह नाम कितना भयानक समझा जाता था। साखालिन में बनवास का मतलब था मौत का दंड ! अपने यहाँ का 'कालापानी' भी विभीषिका में उसका मुकाबला नहीं कर पाता। ज़ारकालिक एक लेखक ने साखालिन के बारे में लिखा था—

'इस द्वीप को मालूम होता है, प्रकृति ने अपने क्रोध की घड़ी में बनाया। यहाँ हर चीज को मानों आजीवन कैद की सजा दी गई है। इसका समुद्र धोखेबाज है और इसका किनारा भी दोस्त नहीं। समुद्र और किनारा, दोनों से यहाँ बचना चाहिए।'

इस द्वीप में कैदियों को, जिनमें अधिकांश राजनीतिक कैदी होते थे, किस अमानुषिकता से रखा जाता था, उसका वर्णन सुप्रसिद्ध रूसी लेखक चेखोव ने इस द्वीप को अपनी आँखों से देखने के बाद, अपनी 'साखालिन' नामक पुस्तक में किया है। उसका एक अंश देखिए—

"साखालिन के हर हिस्से में फँसिहारे मर्द-औरत कैदियों को वार्डर और जेल अफसरों के सामने कोड़े से पीटा करते। कारसैकोवका में एक गर्भिणी स्त्री को बुरी तरह कोड़ों से पीटा गया। अलेक्जेंड्रावस्क में एक राजनीतिक कैदी को कोड़े लगे, बेचारे ने उसी रात आत्महत्या कर ली—

कैदी प्रोटोरोव को जेल ऑफिस में बुलाया गया। उस बेचारे को यह पता भी नहीं कि उसे नब्बे कोड़े लगनेवाले हैं।

एक बेजबान जर्मन डॉक्टर उसके दिल की परीक्षा ले रहा है, आया। वह इतने कोड़े बरदाश्त कर सकेगा या नहीं, एक मिनट में ही वह निर्णय पर पहुँच जाता है।

डॉक्टर कहता है, अभागे आदमी, क्या जंजीरें तुम्हें भारी नहीं मालूम पड़तीं। तुमने जमादार साहब से क्यों नहीं कहा, वह जंजीरें उतरवा देते।

प्रोटोरोव का चेहरा जर्द है, उसके मुँह से बोली नहीं निकलती, सिर्फ उसके होंठ हिलते हैं।

तुम बेकसूर हो, हाँ, तुम जरूर बेकसूर हो—वह डॉक्टर बोलता है। उफ़, तुम्हारे देश के लोग कितने अविश्वासी हैं !

उसकी यह बोली सुनकर कैदी के मन में संदेह हो जाता है। वह डॉक्टर से कुछ पूछना चाहता है कि जमादार कहता है:

तुमने रात क्या सपना देखा ?

याद नहीं रहा।

तब सुनो, तुम्हें नब्बे कोड़ों की सजा मिली है और यह सजा आज ही काम में लाई जाएगी।

जेल के ऑफिस में एक ढालवाँ बेंच है। उसी बेंच पर उसे लिटा दिया जाता है। उसके हाथ-पाँव जकड़ दिए जाते हैं। उसके बाद होलस्टिक नामक जल्लाद आता है। वह प्रोटोरोव को नीचे से ऊपर तक देखता है। वह जल्लाद—कैसा मजबूत, कैसा पहलवान ! वह प्रोटोरोव का जाँघिया खोलकर उसके घुटने तक नीचे खिसका देता है।

फिर वह चमड़े के कोड़े को सँभालता है, उसके आगे तीन दुम-सी बन गई है (देखना, हिलना नहीं—कहकर पहला कोड़ा उसके चूतड़ पर वह जमा देता है।)

'एक'—जमादार के मुँह से निकलता है।

एक मिनट तक प्रोटोरोव चुप रहता है, उसके चेहरे पर कोई भाव-परिवर्तन भी नहीं होता। लेकिन उसकी पीड़ा उसके समूचे शरीर में दौड़ जाती है और वह चीख उठता है।

'दो'—जमादार गिनता है।

जल्लाद अब तड़ातड़ कोड़े बरसाता जा रहा है। पाँच कोड़ों के बाद वह इस ओर से उस ओर जाता है और बीच में आधा मिनट का विश्राम कैदी को देता है। प्रोटोरोव के बाल उसके मस्तक के पसीने से चिप्ट जाते हैं। उसकी गरदन हिल रही है। पहले पाँच कोड़ों में ही उसकी पूरी देह सुर्ख हो जाती है। जहाँ-जहाँ कोड़े पड़ते हैं, चमड़े उधड़ जाते हैं।

हुजूर, माफ कीजिए—माफ कीजिए हुजूर ! पच्चीस-तीस कोड़े के बाद प्रोटोरोव के मुँह से साफ बातें नहीं निकलती। मालूम होता, वह बाई के झोंके पर बड़बड़ा रहा है।

मरा···मैं मर गया···मेरा क्या कसूर···उफ मरे रे····

उसके बाद एक भी स्पष्ट शब्द नहीं—जैसे वह कै कर रहा हो, ऐसी आवाज कभी-कभी दर्दनाक कराह और कंठ से घरघराहट। उसे मालूम होता है, जैसे इस दशा में वह युगों से पड़ा हो। लेकिन अब भी ज़मादार कहता है—बयालीस, तैंतालीस, चौवालीस····

आखिर नब्बे भी पूरी होता ही है। प्रोटोरोव का समूचा शरीर सुर्ख है। जगह-जगह कोड़े की मार से चमड़ी ही नहीं उधड़ी है, मांस भी कट गया है, दरारें-सी पड़ गई हैं, उन दरारों से खून चू रहा है। उसके दाँत किटकिट कर रहे हैं। उसका चेहरा जर्द और सर्द है। उसकी आँखों की पुतलियाँ यों घूम रही हैं, मानों किसी की तलाश में हों।"

साखालिन—यह छोटा सा द्वीप जहाँ कोयला, तेल, मछली आदि संपत्तियों की प्रचुरता थी,—वर्षों जंजीरों की झंकार, कोड़ों की फटकार और मानवता के चीत्कार से भीषण, भीषणतर बन रहा था। कोई उसकी प्रचुर खनिज संपत्तियों या दूसरे साधनों की ओर ध्यान नहीं देता। वह सचमुच 'राक्षस द्वीप' बन गया था, जिस पर दांते की यह पंक्ति सब तरह लागू थी—"यहाँ आनेवाले पथिको, सभी आशाओं को अपने पीछे छोड़कर आओ !"

लेकिन एक दिन घूरे का भी भाग्य जगता है और इस राक्षस द्वीप साखालिन की भी तकदीर चमकी। 1925 में वहाँ सोवियत का पदार्पण हुआ और उसके आते ही कोड़े, वार्डर, कैदी और उनकी चिल्लाहट सदा के लिए वहाँ से दूर हो गई। तरुण साम्यवादियों के दल साखालिन को संगठित करने के लिए भेजे गए। पहले बैच में एक हजार दो सौ ऐसे तरुण थे दूसरे बैच में पाँच सौ। इनके हाथों में जंगल काटने के लिए कुल्हाड़े थे, खान खोदने के लिए पिक्स थे, और तेल निकालने के लिए ड्रिल्स थे। उन्हें किन-किन कठिनाइयों का सामना करना पड़ा ! लेकिन अंत में वे विजयी होकर रहे। इन तरुणों में तरुणियों की संख्या भी कम नहीं थी।

साखालिन आज अपने कोयले, तेल और मछली के लिए मशहूर हो रहा है। कोयला पहाड़ों की सतह में प्रचुर परिमाण पाया जाता है। प्रशांत महासागर के तट पर कोयलों की कीमत कहीं अधिक है। पूर्वी तट प्रदेश में तेल का उद्धार किया है। जगह-जगह तेल के डेरिक्स गड़े हैं, जिनके आसपास मजदूरों की खूबसूरत बस्तियाँ बस गई हैं। ओखा नामक तेल नगर की आबादी देखते-देखते पच्चीस हजार की हो गई है।

मछली के व्यवसाय और खेती में भी तरक्की-पर-तरक्की हो रही है। पहले समुद्र के पानी की ऊपरी सतह की मछलियाँ ही वहाँ के मछुवे देशी जाल से पकड़ते अब वैज्ञानिक ढंग से मछली पकड़ने की शिक्षा उन्हें दी जाती है और ऐसे जाल बने हैं, जो समुद्र के तल से भी मछली को पकड़कर ऊपर ले आवें। पैसिफिक 'इंस्टीट्यूट ऑफ फिशरीज' नाम की एक संस्था बन गई हैं, जो मछली के बारे में अनुसंधान किया करती है। मछुओं की पंचायतें कायम की गई हैं, जो उन्हें सम्मिलित रूप में अपने व्यवसाय को बढ़ाने को प्रोत्साहित करती हैं।

इन पंचायतों की मछलियाँ अब सोवियत को कोने-कोने में वैज्ञानिक ढंग से पहुँचती और काफी कीमत लाती हैं। पहले तो मछलियों से खाद का काम लिया जाता था।

उद्योगों की वृद्धि के साथ लोगों के रहन-सहन में भी वृद्धि हो रही है।

पहले साखालिन के गाँव गंदगी के घर थे। छोटे-छोटे घर, जो जाड़े में बर्फ से आधे ढक जाते। उनसे धुआँ निकलकर हवा को गंदी बनाता। सड़ी मछली की गंध का तो कुछ पूछिए नहीं। गंदे लड़के छटपटाती मछलियों को जिंदा चबा जाते। दरवाजों पर बँधे गंदे कुत्ते अपनी भूँक से कान में खराश पैदा करते।

स्त्रियों की खरीद-बिक्री पशुओं की तरह होती। एक लड़की की कीमत एक झुंड कुत्ते के रूप में अदा की

जाती। चार-पाँच वर्ष की लड़की को खरीदकर बाप अपने बेटे के लिए पालते।

धीरे-धीरे ये चीजें बदल रही हैं। ओझों की जगह अब डॉक्टरों से चिकित्सा कराई जाती हैं। शिक्षा पहुँच चुकी है और अपनी मजबूत जड़ जमा चुकी है। धुएँ से भरे झोपड़ों की जगह अब लकड़ी के साफ सुथरे मकान बन गए हैं, जिनमें आप लोहे के चूल्हे, कपड़े सीने की कलें और कुरसी-पलंग आदि आधुनिक फर्नीचर पाएँगे। गाय और घोड़े भी पहुँच चुके हैं। कृषि विज्ञान और कल के औजार खेतों की उपज बढ़ाने में लगे हुए हैं। सुस्ती और काहिली को विदाई मिल रही है। लोगों के नैतिक जीवन में बहुत परिवर्तन आ रहा है।

1933 में विश्वविख्यात साहित्यिक मैक्सिम गोर्की के पास साखालिन के कुछ बच्चों ने खत भेजा। उसका जवाब देते हुए गोर्की ने उन्हें लिखा था—

'तुम्हारे इस पत्र को मैंने इतनी हिफाजत से रखा है, जितनी हिफाजत से मैं किसी बड़े-से-बड़े उपाधिपत्र को नहीं रख सकता। मेरे पास यूरोपियन लड़के भी पत्र भेजते हैं, किंतु तुम लोगों के पत्र से मुझे जो आनंद आता है, जो हार्दिक उमंग पैदा होती है, वह उन लोगों के पत्र से कहाँ? तुम लोग उस जाति के हो, जिसके पास न अपनी भाषा थी, न लिपि। तुम्हारे पुरखों को जापान और रूस के व्यापारियों ने—दो पैर के खूँखार जानवरों ने—लूट-खसोटकर मूर्खता में रखा। लेकिन तुम लोग अब पढ़-लिख रहे हो। थोड़े ही दिनों में तुम अपनी जाति के शिक्षक और नेता बन जाओगे और अपनी जाति को संसार के श्रमिकों की बिरादरी में आदर का स्थान दिलाओ, यही मेरा आशीर्वाद है।'

अशरण शरण

यहूदी जाति संसार की एक समस्या है। यहूदियों को संसार के सभी देशों में घृणा, अत्याचार और उत्पीड़न ही मिला है। लेकिन 8 अगस्त, 1918 को ही यानी जब क्रांति की वर्षगाँठ भी नहीं मनाई गई थी, सोवियत ने यहूदियों के खिलाफ के सभी कानूनों को रद्द कर, उन्हें समानता का अधिकार दे, उनके लिए राजनीतिक और आर्थिक उन्नति का दरवाजा खोल दिया।

यहूदी जाति की प्रतिभा का क्या कहना? ज्ञान-विज्ञान के सभी क्षेत्रों में उसकी देन सोने के अक्षरों में चमक रही है। साम्यवाद के प्रवर्तक कार्ल मार्क्स के शरीर में यहूदी खून ही तो था।

दूसरे अल्पमत की जातियों की तरह ज़ारशाही ने यहूदियों को भी बुरी तरह कुचला और दबाया था। उनकी संख्या साठ लाख होने पर भी तरह-तरह के कानून और नियम बनाकर उनकी जिंदगी हराम कर दिया था। न उनके लिए कारखाने का दरवाजा खुला था, न खेत पर वे मनमानी मेहनत कर सकते थे। उनकी भाषा को पाठ्य ग्रंथों में जगह नहीं दी गई थी। विश्वविद्यालयों में उनके लिए थोड़ी सी जगहें रख दी गई थीं। कोई यहूदी बच्चा कितना भी प्रतिभाशाली, मेहनती, चरित्रवान हो उसके लिए रूसी विश्वविद्यालय के चौखट लाँघना उतना ही मुश्किल था, जितना दक्षिण भारत के अछूतों के लिए देवमंदिर का फाटक लाँघना। यही नहीं, यहूदियों के लिए गाँवों और शहरों में खास टोले या मोहल्ले निश्चित कर दिए गए थे, वे बेचारे उनसे निकलकर बाहर स्वतंत्रतापूर्वक आ-जा नहीं सकते थे। अपने देश में जो जरायमपेशावालों की स्थिति है, करीब वही हालत उनकी थी। स्नीडरमैन नामक एक यहूदी लोहार की करुण कथा, उसके मुँह से सुनिए—

"मैं अड़तालीस वर्षों तक लोहारी का पेशा करता रहा और अपनी पूरी जिंदगी मैंने 'ज्वानिज़' में ही बिता दी। एक मरतबा मुझे जमींदार ने अपनी गाड़ी की मरम्मत के लिए बुलाया। मैंने भर दिन मेहनत की और मुझे दो रूबल मजदूरी में मिले। लौटती रास्ते में मुझे एक किसान मिला। वह बोला—'यहूदी, तू कहाँ से आ रहा है?' मैंने सही-सही बता दिया। 'अच्छा तो तुझे मालूम नहीं कि यहूदियों का गाँवों में घूमना मना है? तूने

कानून तोड़ा है, चल थाने में।' मैंने कहा—'माफ करना भाई साहब, अब ऐसी गलती नहीं होगी।' लेकिन, वह क्यों सुनता? नतीजा यह हुआ कि मुझे अपनी दिन भर की मजदूरी उसे घूस में देकर अपना पिंड छुड़ाना पड़ा। घूस नहीं देता तो थाने की गंदी हाजत में रोता। खैर, वहाँ से बढ़ा। लेकिन थोड़ी दूर के बाद फिर एक यमराज सामने! अब क्या करूँ?

पांडुलिपि में 255 से 258 तक चार पृष्ठ नहीं हैं। अब उससे आगे : —संपादक

मैंने पाया, मेरी यह धारणा गलत थी। यहूदियों ने प्रकृति से भीषण लड़ाई ली और अंत में उन्होंने घर बनाने और अन्न उपजाने में सफलता प्राप्त की। यही नहीं, मैंने दस यहूदियों को अपना पेशा सिखलाया और वे आज फर्स्ट क्लास रेलवेमैन हैं।"

भौतिक उन्नति के साथ सांस्कृतिक विकास भी कदम-ब-कदम बढ़ता गया। एक सौ चार यहूदी स्कूल और चार यहूदी टेक्निकल कॉलेज खुल चुकें हैं। जनोपयोगी सांस्कृतिक संस्थाओं के निर्माण के लिए एक करोड़ पंद्रह लाख रूबल एक वर्ष के अंदर खर्च किए गए। जहाँ पहले दलदली भूमि के पंछी फुरफुर उड़ते या भयानक जंगली जंतु भ्रमण करते, वहीं बिरोबिजन का सुंदर नगर है, जहाँ थियेटर होते, संगीत-विद्यालयों में तानें छिड़तीं, पार्कों में युवक-युवतियाँ हाथ-में-हाथ डाल सान्ध्यभ्रमण करते हैं।

रूस की क्रांति

[1941 ई.]

विकास की विचित्रताएँ

पिछले महायुद्ध के दरम्यान 1917 में जब संसार ने सुना कि रूस में क्रांति हो गई तो उसके अचरज का ठिकाना न रहा। रूस में क्रांति हो गई ! पंद्रह करोड़ आबादीवाले इस महादेश पर मजदूर-किसानों का राज्य कायम हो गया !—उफ, किमाश्चर्यमतोऽपरम्।

उन्नीसवीं सदी के मध्य से ही यूरोप की जनता और संसार के तरक्कीपसंद लोग लाल क्रांति, पूँजीवाद का खात्मा, सर्वहारा का एकाधिपत्य—वगैरह की बातें सुनते आ रहे थे, लेकिन इन सबकी रंगभूमि के लिए पश्चिमी यूरोप के ही उन्नत देशों के नाम लिये जाते थे। हाँ, इन देशों से निकली हुई क्रांति की लपटें यूरोप के ही देशों को नहीं, एशियायी देशों को भी अपनी झपेट में ले सकती हैं, इसकी संभावना बताई जाती थी और उसके लिए ईंधन भी जुटाए जाते थे। किंतु रूस ऐसे आर्थिक, सामाजिक और सांस्कृतिक दृष्टि से पिछड़े हुए—आधे यूरोपीय और आधे एशियायी—देश के रंगमंच पर क्रांति के सबसे उन्नत रूप का पहला नाटक सफलतापूर्वक अभिनीत हो सकेगा, साधारण लोगों के लिए इसकी कल्पना भी गैरमुमकिन थी।

वही गैरमुमकिन मुमकिन होकर रहा। क्यों ? इसका रहस्य क्या है ? इसका उत्तर पाने के लिए हमें रूस के विकास की विचित्रताओं पर एक नजर डालनी होगी।

इस विशाल-विस्तृत देश के खुले हुए मैदान के बाशिंदों को मानो प्रकृति ने ही पिछड़े हुए रहने का अभिशाप दे रखा था। एक ओर, जहाँ पूर्वी हवा के झोंके कहर मचाते रहे, तो दूसरी ओर, एशियायी खानाबदोशों के हमले-पर-हमले उन्हें सत्रहवीं सदी तक तबाह करते रहे। विकास का एक ही जरिया था—खेती। इस खेती के लिए वे उत्तर में जंगलों को जलाते रहे और दक्षिण में घासदार मैदानों को रौंदते फिरे। प्रकृति पर उनकी विजय गहराई की ओर न जाकर फैलाव की ओर गई।

पश्चिमी यूरोप के उनके भाईबंदों को जहाँ रोम की सभ्यता के भग्नावशेष से अपनी संस्कृति का महल बनाने के लिए ईंट-गारे अनायास मिल गए, वहाँ स्लाव जाति को सिर्फ उजड़ा हुआ मैदान-ही-मैदान मिला क्योंकि जिन लोगों से उन्होंने यह विरासत हासिल की वे उन से भी ज्यादा असभ्य और अनाड़ी थे। उनके यूरोपीय भाईबंदों ने तुरत ही अपनी-अपनी छोटी-छोटी हदबंदी कर ली, उसमें शहर-पर-शहर बसा लिये, जो उनके आर्थिक और सांस्कृतिक जीवन के साधन केंद्र बन गए। किंतु रूसी लोग आबादी की सघनता देखते ही जंगलों की ओर मैदानों में फैलते गए। पश्चिमी किसानों में जो साहसी हुए वे शहरों में जा बसे, कारीगर हुए, व्यापारी बने; किंतु रूस के साहसी और कार्यशील किसानों का विकास कज़ाकों, सरहदी लुटेरों या मुहीमपसंद लोगों के रूप में हुआ। फैली हुई आबादी के कारण उनके पश्चिमी भाईबंदों की तरह उनमें सामाजिक भेदभाव भी उतना गहरा नहीं हुआ।

मिस्र, हिंदुस्तान और चीन के निवासियों की तरह एक सब प्रकार से स्वावलंबी समाज बनाने का समय और साधन भी रूसियों को नहीं मिला। रूस की स्थिति सिर्फ भौगोलिक दृष्टि से ही नहीं, सामाजिक और ऐतिहासिक दृष्टि से भी यूरोप और एशिया के बीच की रही। कभी किसी बात में वह एक से प्रभावित होता रहा, तो कभी दूसरे से। एशिया ने उसके कंधे पर तातारों का जूआ रखा, जो उनके राज्य की एक खुसूसियत बन गई। यूरोप भी उसका कम दुश्मन नहीं था। यूरोप के सैनिक और आर्थिक दबावों के चलते वह एशिया की तरह भी नहीं रह सका। यूरोप की जो सामंतशाही वहाँ गई, वह एशियायी प्रभाव के कारण न तो विकसित हो सकी और न उसमें सांस्कृतिक महत्ता ही प्रस्फुटित हो पाई।

जो पिछड़ा हुआ देश होता है, उसे उन्नत देशों की भौतिक और मानसिक विजयों को अपनाने में सहूलियत होती है। वहाँ के बाशिंदे विकास की कितनी ही सीढ़ियों को एक ही छलाँग में तय कर जाते हैं।

धनुष-बाण से राइफल तक पहुँचने में जहाँ मानवता को कितने हजार वर्ष लगे, वहाँ अफ्रीका के हब्शी तीर-कमान को छोड़कर कुछ ही वर्षों में राइफल और मशीनगन तक पहुँच गए। अमेरिका और जर्मनी ने आर्थिक क्षेत्रों में इंगलैंड को पीछे छोड़ दिया, इसका कारण यह था कि अमेरिका और जर्मनी में पूँजीवाद का विकास पिछड़ा हुआ था। हाँ, झट छलाँग मारना भी उस देश की आर्थिक और सांस्कृतिक योग्यता पर निर्भर करता है। यह देखा गया है कि पिछड़ा हुआ देश जिन उन्नत साधनों को उधार लेता है, उनमें वह अपनी सांस्कृतिक त्रुटियों के कारण बहुत कुछ गड़बड़झाला भी ला देता है। पीटर प्रथम के जमाने में जब रूस में पश्चिमी यूरोप की कारीगरी और शिक्षा का प्रवेश हुआ तो उसके परिणामस्वरूप दास प्रथा के उच्छेद के बदले उसमें और भी सख्ती आ गई और यूरोपीय ढंग के शस्त्रीकरण और कर्ज के चलते—जो निस्संदेह उच्च सभ्यता के सूचक हैं—रूस में जारशाही का पाया और मजबूत हुआ एवं देश के विकास में रुकावट आ गई।

इतिहास की धारा सीधी नहीं चलती; वह किसी पंडिताऊ योजना का अनुसरण नहीं करती। पिछड़े हुए देश में उसकी यह प्रवृत्ति और भी स्पष्ट दिखाई पड़ती है। बाहरी जरूरतों के कोड़े खाकर पिछड़े हुए देशों को संस्कृति की छलाँगें भरनी पड़ती हैं। उनकी यात्रा की कितनी ही मंजिलें खिंचकर एक साथ मिल जाती हैं; अलग-अलग कदम एक साथ उठ पड़ते हैं; पुरातत्त्वकाल और आधुनिक सभ्यता का गठबंधन हो जाता है। जब तक हम इस नियम को ध्यान में नहीं रखेंगे, रूस का इतिहास और उसकी लाल क्रांति का रहस्य हम समझ ही नहीं सकते। संक्षेप में हम इस नियम को 'सम्मिलित विकास' का नियम कह सकते हैं।

धनी यूरोप के दबावों के कारण रूस की हुकूमत को ज्यादा धन की जरूरत हुई, जिसके बल से एक ओर जहाँ उसने जनता को दुहरी गरीबी में रखा, वहाँ उसने अपने बड़े लोगों और नौकरशाही को भी उस ऊँचाई तक नहीं बढ़ने दिया जहाँ से वे उससे आँखें मिला सकते। मास्को की जारशाही उन्हें उसी तरह अपने अंदर रखे हुए थी, जिस तरह उसने उन्हें किसानों को अपने ताबे में रखने की आजादी दे रखी थी। समूचा सामाजिक विकास पिछड़ा हुआ था; इसका सबूत यह है कि वहाँ गुलामी सोलहवीं सदी में शुरू हुई, सत्रहवीं सदी में उसने रूप धारण किया, अठारहवीं सदी में फूली-फली और उसका कानूनी खात्मा कहीं उन्नीसवीं सदी के उत्तरार्द्ध में जाकर हुआ।

वहाँ की धार्मिक संस्था—चर्च का विकास भी यूरोप की ऊँचाई तक नहीं हो पाया। रूस का चर्च हमेशा जारशाही के साथ नत्थी रहा। वहाँ के दो हजार महंत और पुरोहित जार की धार्मिक पुलिस की तरह काम करते थे और इसके बदले उससे जमीन और वजीफा हासिल करते थे।

रूसी सामंतशाही की कंगाली का नतीजा यह हुआ कि वहाँ मध्यकाल में ऐसे शहरों का अभाव-सा रहा जो उद्योग-धंधों के केंद्र हों। वहाँ का उद्योग घरेलू दायरे से बाहर नहीं हो सका। मध्ययुग के जो चंद पुराने शहर थे वे हुकूमती, फौजी और थोड़े अंश में व्यापारी थे। नौबगरोड ऐसे शहर में भी उद्योग-धंधों का विकास नहीं हुआ था। रूस के जो व्यापारी थे वे ज्यादातर पश्चिमी शहरों के औद्योगिक व्यापारियों के एजेंट मात्र थे और उनके तैयार माल रूस के गाँवों में पहुँचाया करते थे। शहरों के इस अभाव के कारण जहाँ जारशाही की निरंकुशता को चुनौती देनेवाला कोई जबरदस्त तबका नहीं बन सका, वहाँ धार्मिक सुधार की लहर भी कहीं नहीं चली। रूस के किसान ज्यादा-से-ज्यादा पुराणपंथी थे। फ्रांस की क्रांति के पंद्रह वर्ष पहले (1774 ई. में) कजाकों, किसानों और खेत मजदूरों ने बग़ावत की थी, जो क्रांति में परिणित नहीं हो सकी क्योंकि उसकी मदद करनेवाली वह शहरी 'तीसरी ताकत' पैदा नहीं हुई थी। बिना औद्योगिक प्रजातंत्रवादी जमात की मदद के न किसान क्रांति कर सकते थे, न वे अपनी धार्मिक पुराणपंथिता छोड़ सकते थे। इसलिए इस बग़ावत का नतीजा उलटा हुआ—जारशाही के खूनी पंजे की गिरफ्त और कस गई।

किंतु यूरोप से जो जागृति की पश्चिमी हवा आ रही थी, वह उन्हें भी सुगबुगाने को लाचार कर रही थी जो खुद अत्याचारों के प्रतीक थे। 1825 में रूस के बड़े लोगों ने ज़ारशाही की निरंकुशता के खिलाफ एक सैनिक षड्यंत्र रचा। वे जारशाही को हटाना नहीं, बल्कि उसके अधिकारों पर अंकुश रखने के हिमायती थे। इनका

षड्यंत्र भी सफल नहीं हुआ क्योंकि ये किसानों से खुद डरते थे, इसलिए उन्हें इसमें शामिल नहीं कर सकते थे। यह असफल विद्रोह 'पहली दिसंबरवाली' बगावत के नाम से मशहूर हुआ।

जिन जमींदारों ने पश्चिमी यूरोप से प्रभावित होकर कारखाने खोले, उन्होंने ही गुलामो उठाने पर जोर दिया। 1861 में गुलामी उठा दी गई, खेत मजदूर आजाद हुए, किसानों को थोड़ी सुविधाएँ मिलीं। इन आजाद खेत मजदूरों और दरिद्र किसानों को कारखाने में ले जाकर उन्हें दुहना और अपनी तिजोरी बढ़ाना रूसी पूँजीवाद ने धड़ल्ले से शुरू किया।

रूस के पूँजीवाद का विकास भी बड़ी तेजी से हुआ। शिल्पसंघों, हाथ से चलनेवाले बड़े कारखानों की मंजिल को वहाँ का पूँजीवाद छलाँग मारकर पार कर गया। क्रांति के पहले तक जहाँ रूसी कृषि सत्रहवीं सदी की सतह में ही थी, वहाँ उसके उद्योग-धंधे उन्नत देशों से मुकाबला करते और कुछ बातों में उन्हें भी पीछे छोड़ चुके थे। एक सौ आदमी से कम जिनमें काम करते, वैसे छोटे उद्योगों में जहाँ अमेरिका के औद्योगिक मजदूरों का 35 प्रतिशत लगा था, वहाँ रूस में सिर्फ 17 प्रतिशत। सौ से एक हजार तक मजदूरों से काम लेनेवाले कारखानों का अनुपात रूस और अमेरिका में एक था। लेकिन विशाल उद्योगों में जहाँ अमेरिका के 17 प्रतिशत मज़दूर लगे थे, वहाँ रूस के 41 प्रतिशत। मास्को में यह तादाद 57 प्रतिशत तक पहुँच गई थी।

लेकिन इसका यह मतलब नहीं कि अमेरिका से रूस ज्यादा विकसित देश था। जहाँ रूस के 80 प्रतिशत लोग खेती में लगे थे, वहाँ अमेरिका में 70 प्रतिशत लोग उद्योग-धंधों में लगे थे। नतीजा यह था कि रूस के लोगों की औसत आमदनी से अमेरिकनों की औसत आमदनी आठ से दस गुनी ज्यादा थी।

उद्योग-धंधों की तरह बैंकों का विकास भी रूस में पूर्णता तक पहुँच चुका था। लेकिन उद्योग-धंधों का बैंकों से संबद्ध होने का नतीजा हुआ—उनका पश्चिमी यूरोप के रुपए के बाजार पर निर्भर होना। धातु, कोयला, तेल आदि बड़े उद्योगों पर विदेशी पूँजी का कब्जा था, जिसने रूस में बैंकों का जाल-सा बुन रखा था। छोटे उद्योग-धंधे उससे बचे नहीं थे। वहाँ के उद्योगों के 40 प्रतिशत पर विदेशियों का कब्जा था। बड़े उद्योगों में यह अनुपात और भी बढ़ा हुआ था। रूसी बैंकों, मिलों और कारखानों के शेयर से इंगलैंड, फ्रांस, बेलजियम और जर्मनी के पूँजीपति मालामाल हो रहे थे।

रूस के उद्योग-धंधों के इस विकास के ही अनुसार वहाँ के पूँजीपति वर्ग का विकास भी था। उद्योगों के घने केंद्रीकरण के कारण जनता और पूँजीपतियों की कड़ी को जोड़नेवाली बीच की सतहों—छोटे-मोटे व मँझोले पूँजीपतियों का वहाँ अभाव रहा। फिर मुख्य उद्योगों, बैंकों, यातायात के साधनों के मालिक विदेशी पूँजीपति थे, जिन्हें सिर्फ अपने मुनाफे से मतलब था। इसलिए रूसी पूँजीवाद यूरोपीय पूँजीवाद की तरह प्रजातंत्र की ओर कदम बढ़ाने की योग्यता नहीं रखता था, जद्दोजहद करने की तो बात ही अलग।

रूस का जो मजदूर भी था वह भी पश्चिमी यूरोप के मजदूरों से भिन्न तरह का था। वह यूरोप की तरह शिल्पसंघों से नहीं आया था, बल्कि कृषि छोड़कर पहुँचा था—वह शहरी न होकर, बिलकुल देहाती था। साथ ही उसमें एक खूबी भी थी—इंगलैंड के मजदूरों की तरह उसकी पीठ पर युगों का बोझा न था। इसलिए उसमें छलाँग मारने की अभूतपूर्व योग्यता थी। फिर, पेट्रोग्राद (अब लेनिनग्राद) के मजदूरों को छोड़कर अधिकांश मजदूरों का संपर्क किसानों से टूटा नहीं था। वे यथार्थतः आधे मजदूर और आधे किसान थे। अतः मजदूर-किसान गठबंधन होना वहाँ तुरत संभव था।

रूसी पूँजीपति एक ओर मजदूरों से डरते थे क्योंकि उनसे दिन-दिन का संपर्क था, तो साथ ही किसान को उभाड़ने की भी गलती वह नहीं कर सकते थे क्योंकि उनका स्वार्थ जमींदारों से भी गुँथा हुआ था और साथ ही वह संपत्ति-संबंधों में जरा भी गड़बड़ी होने देने से डरते थे।

जिस समय इंगलैंड ने क्रांति की, उसकी पचपन लाख की आबादी में पाँच लाख लोग लंदन में रहते थे। फ्रांसीसी क्रांति के समय पेरिस की आबादी पाँच लाख की थी, जहाँ समूचे फ्रांस में ढाई करोड़ लोग बसते थे। बीसवीं सदी के शुरू में रूस की आबादी पंद्रह करोड़ थी, जिनमें पेट्रोग्राद और मास्को में तीस लाख आदमी

बसते थे। इन संख्याओं से उन देशों के सामाजिक विभेदों का पता चल जाता है। सत्रहवीं सदी के इंगलैंड और अठारहवीं सदी के फ्रांस में आधुनिक परिभाषा के मजदूर नहीं थे; जबकि वहाँ क्रांति हुई थी। लेकिन 1905 में जब रूस की पहली क्रांति हुई, वहाँ के शहरों और देहातों के सब तरह के मजदूरों की तादाद एक करोड़ थी। अगर उनके परिवार को भी लिया जाए तो रूसी मजदूर वर्ग उस समय ढाई करोड़ से भी ज्यादा प्राणियों का था। इसके मानी हुए कि फ्रांस की पूरी जनता मानो क्रांति की ओर प्रेरित हुई ! और बीसवीं सदी ने इस जनता को नए हथियारों, नए तरीकों और नए उद्देश्यों से अनुप्राणित कर रखा था।

1905 की क्रांति 1917 की दोनों क्रांतियों—फरवरी और अक्तूबर—की भूमिका थी। इस भूमिका में पिछली दोनों क्रांतियों की सभी बातें आ गई थीं। हाँ, उन्हें पूरी तरह विजय तक नहीं पहुँचाया जा सका था। रूस-जापान युद्ध ने जारशाही को डगमगा दिया था। जन आंदोलन की ओर इशारा करके उदारपंथी पूँजीपतियों ने जार को सुधार देने के लिए धमकाया था। मजदूरों ने पूँजीपतियों से अलग और बहुत कुछ उनके विरोधी होकर क्रांति में भाग लिया और अपने दरम्यान 'सोवियत' नामक संस्था का श्रीगणेश किया था। किसानों ने ज़मींदारों की जमीन पर कब्जा कर इस क्रांति में शिरकत की थी। न सिर्फ किसान, बल्कि फौज का इंकलाबी हिस्सा भी 'सोवियत' की ओर आकृष्ट हुआ था। लेकिन सभी इंकलाबी ताकतें पहली बार कार्यक्षेत्र में उतरी थीं, इसलिए उनमें अनुभव और विश्वास की कमी थी। नरमपंथियों ने ठीक उस समय क्रांति का साथ छोड़ दिया था, जब प्रकट हो गया कि सिर्फ जारशाही को हिलाने से काम नहीं बनेगा, बल्कि उसे उखाड़ फेंकना होगा। उनके हटने से जारशाही को मजदूरों और किसानों का खुलकर दमन करने में सहायता मिली। कुछ पसलियाँ उसकी जरूर टूटीं, लेकिन 1905 की क्रांति से जारशाही जिंदा और मजबूत हालत में बाहर हुई थी।

1905 से 1917 के दरम्यान के ग्यारह वर्षों में शक्तियों का परस्पर संबंध कैसा रहा? ऐतिहासिक विकास की माँगों के साथ जारशाही का संघर्ष तेज होता गया। पूँजीवादी वर्ग और मजबूत हुआ, लेकिन उसकी शक्ति तो निर्भर थी उद्योगों के एकत्रीकरण और विदेशी पूँजी पर। 1905 के सबक से भयभीत होकर और भी दकियानूस हो गया था। निचली और बीच की सतह के पूँजीपतियों का दबाव दिन-दिन कम होता गया। प्रजातंत्र चाहनेवाले दिमागीपेशा लोगों को सामाजिक समर्थन प्राप्त नहीं था। उनका राजनीतिक असर थोड़ा-बहुत हो भी तो जनता का नेतृत्व करने की योग्यता उनमें नहीं थी। ऐसी हालत में सिर्फ नौजवान मजदूर वर्ग ही किसानों को कार्यक्रम, झंडा और नेतृत्व दे सकता था। इस महान कार्य को करने के लिए एक संगठन चाहिए था। सोवियत ने इस संगठन का स्थान लिया। 1905 में जो सोवियतें कायम हुईं, वे 1917 में और भी विकसित हुईं, फूली-फलीं।

1917 की क्रांति का प्रारंभिक उद्देश्य था, नौकरशाही राजतंत्र को उलट देना। लेकिन वह प्रजातंत्र को उलटकर सिर्फ प्रजातंत्र पर ही रुकी नहीं रही। थोड़े ही महीनों के अंदर उसने प्रजातंत्र की लंबी मंजिल तय करके सर्वहारा के हाथ में एकाधिकार का सूत्र दे दिया। यों एक ही छलाँग में पिछड़े हुए रूस ने यूरोप के उन्नत देशों को भी सामाजिक दृष्टि से बहुत पीछे छोड़ दिया। सम्मिलित विकास का नियम पूर्णतः सिद्ध हुआ।

महायुद्ध की चपेट में

1914 के महायुद्ध में शामिल होने के लिए रूस के लिए कोई औचित्य न था। यह महायुद्ध तो पूँजीवादी देशों द्वारा संसार पर एकाधिपत्य कायम करने के लिए लड़ा जा रहा था। जो देश खुद विदेशी पूँजीवाद का शिकार हो रहा था, वह संसार का बाजार लेकर क्या करता? हाँ, रूस के दाँत टर्की के कुछ हिस्से, गैलेसिया और आरमेनिया पर ज़रूर गड़े थे। लेकिन इसके लिए इतनी बड़ी समराग्नि में कूदना उसके लिए मुनासिब नहीं था।

लड़ाई लड़ी जाती है फौज से । जारशाही को अपनी फौज पर भले ही नाज हो, लेकिन क्या यह फौज इस लायक थी कि उसे जर्मनी ऐसे उन्नत पूँजीवादी देश के खिलाफ खड़ा किया जाता ? अपनी फौज आधुनिक ढंग से शिक्षित करने की कोशिश भी जारशाही ने की थी, लेकिन अनपढ़, गँवार रूसी किसान आधुनिक सैनिक औजारों और युद्ध कौशल को अपनाने में असमर्थ थे । फौजी अफसर भी रूसी बड़े लोगों के बेटे थे और उन्हीं की तरह जाहिल और निकम्मे थे । अस्त्र-शस्त्र तैयार करने के कारखानों के संचालन और उन्हें ढोकर पहुँचाने के यातायात के साधनों की भी फिसड्डी हालत थी । कुछ ही दिनों में अस्त्र-शस्त्र की क्या बात, फौज के लिए जूते मुहैया करना भी मुश्किल हो गया ।

लड़ाई का पहला दिन ही रूस के लिए शर्म और गैरत का दिन हो गया । कई बड़ी-बड़ी हारों के बाद 1915 में फौज पीछे की तरफ बेतहाशा भागने लगी । अगस्त 1915 में युद्धमंत्री ने बेशर्मी के साथ एलान किया कि अब रूस के लंबे-चौड़े मैदान, अपार कीचड़ और रूस के खुदाई रक्षक 'संत निकोलस' की दया पर ही हमारा भरोसा है । लेकिन इस दयनीय स्थिति के बावजूद लड़ाई जारी रखी गई क्योंकि भले ही अस्त्र-शस्त्र न हों, रूस के पास आदमी की तो कमी नहीं थी, जिन्हें ढोरों की तरह हाँककर कसाईखाने में लगातार भेजा जाए । अनिवार्य भरती जारी करके डेढ़ करोड़ आदमियों को फौज में भरती कर लिया गया था । डिपो, छावनी, सड़क, रेल—सब जगह फौज का रेलपेल था, जहाँ वे भीड़ लगाते, एक-दूसरे के पैर-पर-पैर पटकते और चिढ़के गाली-गुफ्ता बकते । मोरचे पर उन्हें खड़ा करना धोखे की टट्टी खड़ा करना था । लेकिन उनकी बड़ी तादाद पर जारशाही अपनी तसल्ली करती और मित्र राष्ट्रों को धोखे में रखती । इनमें पचपन लाख सैनिक मारे गए, घायल हुए या कैद किए गए । जहाँ मोरचे पर खड़े रहना मौत के मुँह में जाना था, वहाँ यदि निःशस्त्र सैनिक फौज से भागना शुरू करें तो ताज्जुब क्या ? ज्यों-ज्यों दिन बीतते गए, भगोड़े सैनिकों की तादाद बढ़ती गई ।

आस्ट्रिया-हंगरी में रूसी फौज को जो विजय मिल रही थी, वह रूस की फौज की श्रेष्ठता की नहीं, बल्कि आस्ट्रिया-हंगरी की सेना की निर्बलता की सूचना देती थी । टर्की, पोलैंड, फारस आदि पिछड़े देशों से लड़ाई में रूस हमेशा जीतता रहा था । लेकिन उसकी फौजी कमजोरी 1905 में ही जापान के साथ लड़ने में जाहिर हो चुकी थी और अब जर्मनी ने तो उसका परदा ही फाश कर दिया ।

इस लगातार हार का दोष एक-दूसरे पर रखने की कोशिश की जाती । यहूदियों पर तो सबकी आँखें गड़ी थीं । जिनका नाम जर्मन ढंग पर था, उन्हें भी संदेह की नजर से देखा जाता था । एक कर्नल को निरपराध ही जर्मन जासूस होने के शक में गोली से उड़ा दिया गया । युद्धमंत्री सुखोम्लिनोव को राष्ट्र के साथ विश्वासघात करने के अभियोग में गिरफ्तार किया गया था । "युद्ध के ज़माने में युद्धमंत्री का शुबहे में गिरफ्तार किया जाना ! उफ, यह रूस में ही हो सकता है !"—ब्रिटिश वैदेशिक मंत्री ग्रे चिल्ला पड़ा था । यही नहीं, फौजी अफसरों और रूस के बड़े लोगों को शक था कि खुद जार और उसका दरबार जर्मनों का हिमायती है । यों शक-शुबहे का बाजार गरम था और एक-दूसरे पर इलजाम लगाए जाते थे । तमाशा यह कि सब मिलकर मित्रराष्ट्रों से एक-सी घृणा करते थे । एक दिल्लगी प्रचलित थी कि इंगलैंड ने कसम खाई है कि वह तब तक लड़ता जाएगा जब तक एक भी रूसी सिपाही अपनी जान देने को बचा हो ।

जितने सैनिक रूस के कटे, उतने कभी किसी लड़ाई में किसी देश के नहीं कटे थे । पहले तो सैनिक बिना सोचे-समझे बैंगन-सा भुनते और गाजर-सा कटते रहे, लेकिन ज्यों-ज्यों दिन बीतते गए, उन्हें सोचने को मजबूर होना पड़ा । एक ओर भूखा पेट, खाली पाँव; दूसरी ओर अफसरों की बेवकूफियों और रंगरलियाँ । सैनिकों ने सोचा और अपने लिए रास्ता भी चुन लिया ।

पहले पैदल सेना में अव्यवस्था देखी गई, फिर फैलते-फैलते वह तोपखाने तक जा पहुँची, जो पहले दकियानूसों का अड्डा था। इस अव्यवस्था को सुधारने का एक ही उपाय अफसरों के दिमाग में आया—बदमाशों को कोड़े मारो । छोटे-छोटे अपराधों के लिए भी सबके सामने खुलेआम सैनिकों को कोड़े लगाए जाते । यही नहीं, लोगों में लड़ाई की भावना भरने के लिए भी कोड़े लगाए जाते । क्या ये कोड़े सफल

हुए ? 1916 के दिसंबर में रीगा के एक फौजी दस्ते ने लड़ने से साफ इनकार कर दिया और जब कंपनी कमांडर ने गुस्ताखी दिखाई तो उसे बंदूकों की किरचों से भोंककर झंडे की तरह उठा लिया । पेट्रोग्राद की पुलिस की अक्तूबर की रिपोर्ट है, "फौज का रुख खौफनाक है । अफसरों और सैनिकों के बीच हद से ज्यादा तनाव है, उनमें खूनखराबी तो प्रायः हो जाती है । फौज से भागे हुए सैनिक जहाँ-तहाँ हजार-हजार की तादाद में दिखाई पड़ते हैं ।" जो भी फौज के संपर्क में आ पाता वह तुरत विश्वास कर लेता कि फौज का नैतिक पतन हो चुका है, उसकी अव्यवस्था सीमा पार कर गई है ।

सैनिकों को उनके खुद अनुभव ने तो रास्ता बताया ही, क्रांतिकारी जमातें भी उनमें अपना प्रचार कर रही थीं । हड़ताली मजदूरों को जबरदस्ती फौज में भेज दिया जाता था । वे अपने साथ कारखानों से क्रांतिकारी विचार लाते और सैनिकों के उकताए हुए दिमाग की जरखेज जमीन में बोते ।

सिर्फ सैनिक ही नहीं, जनता भी इस युद्ध से ऊबने लगी थी । 1916 के अक्तूबर में कैडेट पार्टी की जो कॉन्फ्रेंस हुई उसमें अधिकांश प्रतिनिधियों ने युद्ध से आम जनता, खासकर गाँव के किसानों और शहर के गरीबों की ऊब का जिक्र था । उसी महीने की पुलिस के डायरेक्टर की रिपोर्ट है, "चारों ओर लोग लड़ाई से ऊब चुके हैं; सबके सब सुलह चाहते हैं, चाहे वह सुलह जिस भी शर्त पर हो ।"

एक ओर, जनता इस तरह ऊबी थी, फौज में इस प्रकार भगदड़ और अव्यवस्था मची हुई थी; दूसरी ओर, कारखानेदार और व्यापारी फौजी सामानों की पैदावार और तिजारत से मालमाल हो रहे थे । 1914-'15 में मास्को की कपड़े की मिलों ने 15 प्रतिशत मुनाफा किया था, वेर कंपनी ने 111 प्रतिशत । कोलचुगिन के ताँबे के कारखानों ने एक करोड़ की पूँजी पर सवा करोड़ मुनाफा बाँटा था । पूँजीपतियों के लिए देशभक्ति और मुनाफा एक ही चीज के दो नाम थे ।

बाजारों में सट्टेबाजी और जुआचोरी का दौरदौरा था । राजधानी में एक ओर, लोगों को जलावन और रोटी नहीं मिल रही थी; दूसरी ओर, जौहरी फवरजेट ने इतने जवाहरात के सौदे पटाए थे कि पहले कभी ऐसा व्यापार उसका चमका नहीं था । जार के महल की संचालिका का कहना था कि 1915-'16 में उसने जितने रंग-बिरंगे पहनावे और कीमती जवाहरात दरबार में देखे वैसे उसने जिंदगी-भर नहीं देखे थे । रात के क्लबों में ऐय्याशी और रंगरलियों की धूम थी । सोना बरसता था, चाँदी काटी जाती थी । बड़े-बड़े हाकिम, व्यापारी, शाही खानदान के बूढ़े नवाब, भतीजे, भतीजियाँ, शाहीमहल की तितलियाँ, उदारदली राजनीतिज्ञ, फौजी अफसर, उग्रपंथी वकील—किसी का दामन तर होने से बचा नहीं था ।

सबका नफा, बाहर की हार, भीतर का खतरा—इन तीनों ने शासक दल की सभी पार्टियों को एक कर दिया था । रूस की धारासभा डूमा में जहाँ लड़ाई के शुरू में मतभेद देखा गया था, वहाँ 1915 में एकता का बोलबाला था । सब दलों को मिलाकर एक जबरदस्त सरकार बने—इसकी चर्चा होने लगी, क्योंकि उन्हें डर था कि हालत इतनी खराब है कि "असावधानी से गिराई गई दियासलाई की एक कांड़ी इस बारूदखाने में ऐसी आग लगा देगी कि सब कुछ स्वाहा हो जाएगा ।" लेकिन वाह री जारशाही ! उसने इन चेतावनियों के जवाब में 1915 के सितंबर में डूमा को ही भंग कर दिया । जब जार के प्रधानमंत्री गोरेमाइकिन ने यह खबर डूमा की बैठक में सुनाई तो उन निकम्मे, हिजड़े उदारदलियों से विरोध की एक आवाज भी नहीं उठाई गई । उलटे प्रसन्नतासूचक 'हुर्रा' कहकर सिर लटकाए वे अपने घरों को लौट गए । हाँ, पेट्रोग्राद और मास्को के मजदूरों ने इसके विरोध में हड़ताल जरूर की, जिसे दकियानूसों ने मियाँ-बीबी के झगड़े में ख्वाहमख्वाह टाँग अड़ाना समझा ।

1916 की मई में डूमा को फिर बुलाया गया । लेकिन उसकी आत्मा तो खत्म हो चुकी थी, दो कदम चलकर वह फिर स्थगित कर दी गई । पतझड़ आते-आते हालत और भी खराब हो गई और जो उदारदली कल तक जार के दरबार को जर्मनी का पक्षपाती कहते नहीं अघाते थे, उन्हीं का एक प्रतिनिधि स्वीडन में जर्मनी के एक प्रतिनिधि से मिला और मित्रराष्ट्रों से अलग होकर सुलह करने की तजवीज पेश की । वहाँ से बातें करके उसने जार के सामने रिपोर्ट पेश की, जिसे जार ने बड़ी सहानुभूति से सुना और कुछ दिनों के बाद ही उसे अपने

दरबारियों में ले लिया। लेकिन न जार और न यह स्वार्थी, कायर और धोखेबाज उदारदली उस समय समझ सकते थे कि कुछ ही महीनों के अंदर उनके मनमोदक हवा में मिल जानेवाले हैं! नवंबर में जिस समय डूमा की फिर बैठक बुलाई गई, आनेवाली क्रांति की गड़गड़ाहट सुननेवाले के कानों में सुनाई पड़ रही थी। उसकी कल्पना से ही भयभीत होकर फिर उदारपंथियों ने 'मजबूत सरकार' बनाने की चिल्लपों मचाई, जारशाही को सख्त-सुस्त सुनाया। लेकिन इसका नतीजा सिर्फ यह हुआ कि उनके भाषण का प्रकाशन रोक दिया गया और डूमा को फिर भंग कर दिया गया।

डूमा की आखिरी बैठक 14 फरवरी को बैठी। क्रांति में सिर्फ दो हफ्ते की देरी थी। हड़तालों का ताँता लगा था। लेकिन डूमा की बैठक बड़ी शांति से बीती। हाँ, जहाँ पेट्रोग्राद के सेनापति ने मजदूरों के प्रदर्शन पर रोक लगा दी, वहाँ उदारदली नेता मिलियोकोव ने उन्हें 'खतरनाक और बुरी सलाहों' से बचे रहने की सलाह दी!

मजदूर और किसान

जारशाही-तानाशाही के चलते रूस के मजदूरों को शुरू से ही राजनीतिक सबक मिलने लगे थे। गैरकानूनी हड़तालों में शामिल होने, क्रांतिकारियों के गुप्त संगठनों के संपर्क में आने, प्रदर्शनों में प्रायः ही पुलिस से मुकाबला करने की वजह से उन पर अपना कर्तव्य दिन-दिन स्पष्ट होता जाता था। बड़े-बड़े कारखानों में मजदूरों के केंद्रित होने, सरकार द्वारा बार-बार सख्त दमन होने और अंततः ताजा और नौजवान मजदूर वर्ग में जोश-खरोश की अधिकता होने के कारण रूस में राजनीतिक हड़तालों की भरमार लगी रहती थी। इस बारे में वहाँ के मजदूर पश्चिमी यूरोप के अपने भाईबंदों से कहीं आगे बढ़े हुए थे। 1903 से 1917 तक की राजनीतिक हड़तालों में वैसे कारखानों के, जो फैक्टरी एक्ट के मातहत थे, कितने मजदूर शामिल हुए—इसका आँकड़ा देखने में मजदूरों का राजनीतिक चढ़ाव-उतार स्पष्ट हो जाता है। रेलवे, खान और छोटे-छोटे कारखानों के मजदूर की गिनती इसमें शामिल नहीं है—

1903	87,000
1904	25,000
1905	28, 63,000
1906	6, 51,000
1907	5, 40,000
1908	93,000
1909	8,000
1910	4,000
1911	8,000
1912	5, 50, 000
1913	5,02,000
1914 (पूर्वार्द्ध)	10,57,000
1915	1,56,000
1916	3,10,000
1917 (सिर्फ जनवरी, फरवरी में)	5,75,000

फैक्टरी के इंस्पेक्टरों ने 1904 में जबकि रूस-जापान युद्ध एक वर्ष से लड़ा जा रहा था, जहाँ सिर्फ पच्चीस हजार हड़तालियों का उल्लेख किया है, वहाँ 1905 में राजनीतिक और आर्थिक हड़तालों में शामिल होनेवाले मजदूरों की तादाद अट्ठाईस लाख तिरसठ हजार यानी पिछले साल एक सौ पंद्रह गुनी ज्यादा बताई है। अपनी इस अभूतपूर्व क्रांतिकारी कार्रवाई के दौरान ही मजदूरों ने 'सोवियत' नामक संस्था का जन्म दिया, जिसने उन्हें हड़तालों के सफल संचालन में ही केवल मदद नहीं की, बल्कि बाद में इसी संस्था ने उनके हाथों में हुकूमत-लगाम भी ला दी।

1905 की क्रांति में दिसंबर महीने में मजदूरों की हार हुई, लेकिन इसके बाद के दो वर्षों में भी अपने जीते हुए मैदान की रक्षा में वे जी-तोड़ लड़ाई लड़ते रहे। इसके बाद के चार वर्ष क्रांतिविरोधियों की जीत की साफ सूचना देते हैं। इसी समय औद्योगिक संकट का दौर-दौरा हुआ था, जिसने थके-माँदे मजदूरों की कमर और तोड़ दी। फिर जब उद्योग-धंधे चमके, तो मजदूरों में नई जान आई और 1912-13 में हम 1906-07 के हालात को दुहराता हुआ-सा पाते हैं। 1914 के पूर्वार्द्ध में तो हम 1905 की क्रांतिकारी स्थिति की झलक फिर देखते हैं, लेकिन लड़ाई शुरू होते ही यह ज्वार अचानक थम जाता है। मजदूरों में राजनीतिक लकवा-सा जैसे मार जाता है। लेकिन 1915 के उत्तरार्द्ध से फिर उनमें सुगबुगी दिखाई पड़ती है, जो 1917 की फरवरी आते-आते एक विराट क्रांतिकारी कार्रवाई के रूप में प्रकट होती है।

यहाँ रूसी मजदूर वर्ग की दो प्रवृत्तियों को हमें और भी समझ लेना चाहिए। यह बड़े महत्त्व की बात है कि रूस की मेन्शेविक पार्टी की तरक्की हम उस जमाने में पाते हैं, जब भाटे और प्रतिक्रिया का दौरदौरा था। उसके मुख्य आधार थे वे मजदूर जो क्रांति से भाग खड़े हुए थे। बोल्शेविक पार्टी प्रतिक्रिया के जमाने में तो छिन्न-भिन्न हुई दीखती थी, पर ज्योंही क्रांतिकारी लहर ऊपर उठने लगी, उसका विस्तार और प्रभाव दिन-दूना बढ़ता गया। "सबसे ज्यादा क्रियाशील और साहसी टुकड़ी वह है जो लेनिन के आसपास केंद्रित है। वह हमेशा संघर्ष के लिए तत्पर और संगठन में लीन है।" यह रिपोर्ट पुलिस विभाग की है, जो उसने 1913 में दी थी।

1914 की जुलाई में जब राजनीतिज्ञों के गिरोह यूरोप को सूली पर चढ़ाने की तैयारियाँ कर रहे थे, पेट्रोग्राद एक खौलता हुआ कड़ाह बना हुआ था। फ्रांस के प्रजातंत्र का सभापति पोआँकेर इसी महीने में निकोलस तृतीय की समाधि पर फूल चढ़ाने पेट्रोग्राद आया था। जिस क्षण वह फूल चढ़ा रहा था, उसके कानों में मजदूरों के प्रदर्शन के कोलाहल और गलियों की लड़ाई की तड़ाक-फड़ाक की आवाजें आ रही थीं।

लेकिन ज्यों ही लड़ाई का बिगुल बजा, क्रांतिकारी आंदोलन शांत हो गया। मजदूरों में जो आगे बढ़नेवाले लोग थे, उन्हें फौज में भरती कर मोरचे पर भेज दिया गया। हड़ताल करने के लिए सख्त सजाएँ मिलने की डुगडुगी पिट गई। मजदूर आंदोलन का गला घोंट दिया गया। हजारों स्त्रियों, बच्चों और किसानों से कारखानों को भर दिया गया। लड़ाई शुरू होते ही मजदूरों का अंतरराष्ट्रीय संगठन भी छिन्न-भिन्न हो गया। मज़दूर नेताओं में तू-तू मैं-मैं होने लगी। उनका एक बड़ा गिरोह देशभक्ति का नारा लगाकर मजदूरों को जिबहखाने में भेजने लगा। जो इसके खिलाफ आवाज उठाते, उनके लिए जेल और साइबेरिया खुला था। उस समय अपने को बोल्शेविक कहना आसान काम न था। सरकारी हंटर ही नहीं, झूठे नारों में बहके हुए अधकचरे मजदूरों के घूँसे भी उन्हें नसीब होते।

डूमा में बोल्शेविकों के जो सदस्य थे, वे कमजोर साबित हुए। उन्होंने भी मेन्शेविकों के साथ "जनता की संस्कृति की रक्षा के लिए आक्रमणकारियों का सामना करने" की घोषणा की। लेकिन बोल्शेविकों में इनकी तरह के 'देशभक्तों' की सौभाग्य से बहुत कमी थी। साधारणतया उन्होंने लेनिन की नीति को अपनाया और मजदूरों में लड़ाई के साम्राज्यवादी रूप को समझाने और उन्हें लड़ाई से अलग रखने का आंदोलन जोरों से शुरू किया। पीछे डूमा के बोल्शेविक सदस्यों की भी आँखें खुलीं और वे भी क्रांति की तैयारी में लगे। लेकिन इन बातों की खबर सरकारी हुक्कामों को भी लगती रहती थी—क्योंकि पीछे पता चला, पेट्रोग्राद की बोल्शेविक पार्टी की कार्य समिति के सात सदस्यों में तीन खुफिया पुलिस से पैसे पाते थे ! नवंबर आते-आते डूमा के बोल्शेविक

सदस्य गिरफ़्तार कर लिये गए और पार्टी के सदस्यों की धरपकड़ जोरों से शुरू हुई। दमन का चक्र इस तेजी और क्रूरता से चल रहा था कि जब फरवरी 1915 में डूमा के इन बोल्शेविक सदस्यों पर मुकदमा चला और उन्हें लंबी-लंबी सजाएँ हुईं, तो मजदूरों का कोई प्रदर्शन तक नहीं हो पाया।

युद्ध ने मजदूर वर्ग में एक अजीब तबदीली ला दी। पेट्रोग्राद में 40 प्रतिशत मजदूर नए भरती हुए थे। वे पिछड़े हुए थे, देहातों से आए थे। बोल्शेविक पार्टी के जो बचे-बचाए लोग थे, वे खुलकर काम नहीं कर पाते थे—छुपे-छुपे अलख लगाया करते। 1915 में ज़ार के वजीर एक-दूसरे से प्रसन्नता प्रकट करते कि मजदूरों में ऐसी देशभक्ति आ गई है कि वे उन्हें पीट डालते हैं जो उन्हें काम से बरगलाते हैं। लेकिन उनकी यह प्रसन्नता फिजूल थी। भीतर-ही-भीतर उनमें असंतोष घर करता जाता था। वे डर के मारे खुले नहीं। लेकिन आपस में वे इस खूनखच्चर और अपनी दिन-दिन गिरती जानेवाली बुरी हालत की आलोचनाएँ किया करते थे।

और ये आलोचनाएँ धीरे-धीरे कार्य की शक्ल अख्तियार करने लगीं। गरीबों का छुपा हुआ गुस्सा खाद्य पदार्थों की लूट के रूप में प्रकट होने लगा। ये लूटें कभी-कभी भीषण दंगों में परिणत हो जाती थीं। औरतें, बूढ़े और बच्चे हिम्मत में मजदूरों और सैनिकों के कान काटते। ये खाद्य पदार्थों के दंगे धीरे-धीरे समूचे देश में फैलने लगे और मजदूरों पर लड़ाई के जादू का जो असर था, उसे दूर कर वे उन्हें हड़ताल के रस्ते पर लाने लगे।

कारखानों में नए मजदूरों की रेलपेल और पूँजीपतियों के मुनाफे की लालच के कारण मजदूरों की आम हालत बदतर होती गई। चीजों की महँगी के साथ-साथ मजदूरी में कमी हो रही थी। आर्थिक हड़तालों का होना शुरू हो गया। वे जितनी भी दबाई गई थीं, उतना ही उनमें आँधी-पानी देखा जाता। हड़तालों के बाद सभाएँ होतीं, जिनमें राजनीतिक प्रस्ताव पास होते। प्रायः ही पुलिस से छेड़छाड़ होती और कभी-कभी गोलियाँ तक चल जातीं।

संघर्ष की शुरुआत सूती कारखानों के जिले से हुई। कोस्ट्रोमा के बुनकरों पर 5 जुलाई को पुलिस ने गोली चलाई—चार मरे, नौ घायल हुए। 10 अगस्त को इवानवो-वोजनेंस्क के मज़दूरों पर गोली चली—सोलह मरे, तीस घायल हुए। यह देखा गया है कि कपड़े के कारखानों के मजदूर संघर्ष में प्रायः आगे रहा करते हैं।

इन हड़तालों से पूँजीपति भयभीत हुए और उन्होंने एक नई तरकीब को काम में लाना शुरू किया। उन्होंने मेन्शेविकों और दूसरे 'देशभक्त' उदारपंथी नेताओं को मिलाकर 'फौजी-उद्योग समितियों' का संगठन शुरू किया। इनमें कुछ तथाकथित मजदूर-प्रतिनिधियों को भी रखा जाता। बोल्शेविकों ने उनके इस जाल का परदाफाश किया। डूमा के उनके सदस्यों की गिरफ्तारी के बाद बोल्शेविकों की कोई केंद्रीय पार्टी नहीं रह गई थी। वे छुपकर काम किया करते थे। लेकिन हड़तालों की इस लहर ने उन्हें फिर सतह पर ला दिया था। उनका प्रभाव मज़दूरों पर दिन-दिन बढ़ता गया और मज़दूर उन्हें ही अपना सच्चा नेता समझने लगे।

1905 में पादरी गेयन के नेतृत्व में मज़दूरों का जुलूस जार के शरद प्रासाद को गया था, जिस पर धुआँधार गोलियाँ चली थीं, सैकड़ों मरे और घायल हुए थे। उसकी यादगार हर साल 9 जनवरी को मज़दूर मनाते आ रहे थे। जनवरी 1916 में यह यादगार बड़े धूमधाम से मनाई गई—मुकम्मल हड़तालें हुईं, प्रदर्शन हुए, जुलूस निकले। इन जुलूसों की निगरानी और जरूरत पड़ने पर दबाने के लिए जो फौजी दस्ते भेजे थे, उनके सैनिकों से मजदूरों का कुछ ऐसा दोस्ताने का भाव देखा गया कि खुफिया पुलिस हैरान थी!

इधर लड़ाई के चलते उद्योग-धंधों में भी अजीब उथल-पुथल थी। कारखानों में ज्यादातर 50 से 70 प्रतिशत चीजें लड़ाई के लिए ही तैयार होतीं। बाकी उद्योग-धंधे कम हो रहे थे। पोलैंड के हाथ से निकल जाने के कारण वहाँ के कारखाने और खानें भी अब रूस के लिए नहीं रह गई थीं। लड़ाई के पहले साल में ही रूसी उद्योग का पाँचवाँ हिस्सा खतम हो गया। जो कारखाने चल रहे थे, उनके लिए जलावन और कच्चे सामान पहुँचाना दिन-दिन मुश्किल पड़ रहा था।

पूँजीपति मजदूरों को कुछ भी रियायत देने के लिए तैयार नहीं थे। उधर सरकार हर हड़ताल का जवाब

दमन से ही देती थी। फलतः मजदूरों का दिमाग छिट-फुट से समूह की ओर, आर्थिक से राजनीतिक की ओर आप-ही-आप बढ़ने लगा। वे आपस में कहते— "हम सब मजदूरों को एक ही बार कसकर हड़ताल कर देनी चाहिए।" यों आम हड़ताल की भावना उनमें आप-ही-आप घर करती जाती थी। 1915 में आर्थिक हड़तालों की तायदाद राजनीतिक हड़तालों से ढाई गुना ज्यादा थी, 1916 में दो गुना ज्यादा, लेकिन 1917 के पहले महीने में ही राजनीतिक हड़तालें आर्थिक हड़तालों से छः गुनी ज्यादा हो गईं। पेट्रोग्राद के मज़दूरों का इसमें क्या हिस्सा था, पूछिए मत—राजनीतिक हड़तालों में बहत्तर सैकड़ें हड़तालें वहीं हुई थीं।

1916 के खतम होते-होते चीजों की कीमत बेहद ज्यादा बढ़ने लगी। सिक्कों की बाढ़ और ढुलाई की दिक्कतों के साथ सामान का मिलना भी मुश्किल होने लगा। लोगों की आधी जरूरतें भी पूरी न हो पातीं। मजदूर के असंतोष की रेखा को हम ऊपर चढ़ते देखते हैं; संघर्ष ऊँची सतह पर जा रहा है; सभी बातें मिलकर एक हो रही हैं। पेट्रोग्राद मानो आगामी फरवरी की छलाँग के लिए पर तोल रहा है। सभाएँ, बोल्शेविकों के पर्चे, कारखानों के दरवाजों पर प्रदर्शन, सड़कों पर जुलूस के जत्थे! सैनिकों और मजदूरों की घनिष्टता भी बढ़ रही है। बाल्टिक के नाविकों पर जब क्रांतिकारी अभियोग लगाया जाता है, उन पर मुकदमा चलाया जाता है, तो सारे देश में हड़तालों की लहर-सी चल पड़ती है। फ्रांस का राजदूत रूसी प्रधानमंत्री स्टरमर से पूछता है—"क्या सचमुच फौजी सैनिकों ने पुलिस पर गोली चलाई है?" तो वह सिर्फ यह जवाब देता है—"उन्हें पूरी सजा दी जाएगी।" 1916 का साल तूफान और गड़गड़ाहट के साथ खतम होता है।

फौजी सिपाही जब मोरचे से लौटते हैं, एक-दूसरे से कहते हैं—"अब देर काहे की? फलाँ-फलाँ शैतानों को क्यों नहीं जहन्नुम भेज देते? हम यहाँ होते, तो अब तक इनका काम तमाम था!" इधर मजदूरों का यह हाल है कि अगर किसी खेल में भी सीटी बजा दी तो बड़े-बड़े कारखाने बात-की-बात में बंद हो जाते हैं। ठीक ही तो—क्रांति पहले नसों में आती है, सड़कों पर तो पीछे उतरती है।

1917 आता है—पहले दो महीने में ही हड़तालियों की तादाद 5,75,000 (पौने छः लाख) तक पहुँच जाती हैं, जिसमें राजधानी का हिस्सा सबसे बड़ा है। 9 जनवरी को जो इस साल शहीदों की यादगार मनाई जाती है, उसमें पुलिस की हर तरह की सख्तियों के बावजूद, पेट्रोग्राद में डेढ़ लाख मजदूर हड़ताल करते हैं। कपड़े की मिलों के मजदूरों से नेतृत्व हटकर धातुओं के कारखानों के मजदूरों पर आ जाता है। 8 फरवरी को पुटिलौव कारखाने के मजदूर पुलिस का स्वागत लोहे के छड़ों और हथौड़ों से करते हैं। 14 फरवरी को जब डूमा की बैठक शुरू होती है, नब्बे हजार मजदूर कारखानों से बाहर रहकर प्रदर्शन करते हैं। 16 को रोटी के लिए राशनकार्ड का सिलसिला शुरू होता है, लोगों का गुस्सा और बढ़ता है। 19 फरवरी को लोगों की बड़ी भीड़—जिनमें औरतों की अधिकता है—रोटी की दुकानों पर इकट्ठा होती हैं और रोटी माँगती हैं। 20 फरवरी को शहर की रोटी की दुकानों पर लूट शुरू हो जाती है।

× × ×

यदि मजदूरों को किसानों की मदद नहीं मिलती तो रूसी मजदूर क्रांति में कामयाब न हो पाते और किसान उनका नेतृत्व मानें, उनके साथ क्रांति में शामिल हों, इसके लायक परिस्थिति स्वतः जारशाही ने पैदा कर रखी थी।

1861 में किसानों को गुलामी से आधी मुक्ति मिली। लेकिन जमीन का जैसा बँटवारा और बंदोबस्त किया गया, वह उन्नीसवीं सदी के आर्थिक ढाँचे में फिट नहीं कर सकता था। लकड़ी के हलवाले पुरातत्त्वयुग की कृषि प्रणाली भला ट्रैक्टर के युग में क्या काम आ सकती थी? किसानों और जारशाही के बीच एक रद्दी, खूनी जमींदारी प्रथा थी जो किसानों को और भी पीसती, दुहती और चूसती थी।

1905 की क्रांति के समय समूचे यूरोपीय रूस में कुल अट्ठाईस करोड़ डेस्सियाटिन (एक डेस्सियाटिन = पौने तीन एकड़) जमीन कृषि के लायक थी। इसमें सिर्फ चौदह करोड़ डेस्सियाटिन जमीन पर किसानों का सामूहिक कब्जा था। बाकी ज़मीन में पचास लाख पर सरकारी खासमहाल का, पच्चीस लाख पर मंदिरों और

चर्चों का और बाकी ज़मीन में सात करोड़ पर बड़े-बड़े जमींदारों का कब्ज़ा था, जिनकी तादाद तीस हजार थी। इस सात करोड़ डेस्सियाटिन जमीन को लेकर एक करोड़ रूसी किसानों के परिवार मजे में गुज़र कर सकते थे। लेकिन तीस हजार बड़े-बड़े लोगों के सामने इन एक करोड़ लोगों की कौन परवाह करे ?

1905 की क्रांति में किसानों ने कुछ कम हिस्सा नहीं लिया था। उन्होंने तीस हजार जमींदारियों में विद्रोह किया, जमींदारों के महल जला दिए, अन्न के भंडारों को लूट लिया, जमीन पर कब्जा किया। लेकिन उनकी सिर्फ इतनी मदद उस क्रांति को सफल नहीं बना सकती थी। खासकर किसानों से बनी फौज ने अभी क्रांति का सबक नहीं लिया था। 1905 की क्रांति असफल रही, तो भी उसका असर गाँवों पर कुछ स्थायी रूप से भी पड़ा। सरकार ने किसानों पर की बाकी वसूलियाँ मंसूख कर दीं, जमींदारों ने मालगुजारी घटा दी, साथ ही वे अपनी जमीन भी डर के मारे जल्द-जल्द किसानों के हाथ बेंचने और बंदोबस्त करने लगे। क्रांति नाकामयाब रही तो क्या ? उसका कुछ नफा तो किसानों को मिलना ही था।

इसके साथ ही एक बात और हुई। किसानों की सम्मिलित जमीन में से अपना हिस्सा बेंचने का हक हासिल होने के कारण किसान पूँजीपतियों का एक गिरोह भी पैदा हुआ, जो बड़े पैमाने पर जमीन खरीदकर खेती करता। ये ही लोग 'कुलक' कहलाए। ये लोग खेती कर अन्न को विदेशों में भेजते और मालामाल होते। 1908 से 1912 तक के अरसे में ही विदेश में भेजे जानेवाले अन्न का वजन ड्योढ़ा हो गया। इसके मानी यह हुए कि बहुत से किसान ज़मीन से हाथ धोकर मजदूर बन गए और कुछ लोगों के पास इतना अन्न जमा होने लगा कि वे विदेशों तक में भेजने लगे। अब गाँवों में सर्वहारा और पूँजीपति दो विरोधी वर्ग दिखाई पड़ने लगे।

गाँवों में सहयोग-समितियों का भी प्रवेश बहुत जोरों से हुआ। छोटे-छोटे किसानों को भी अपनी जमीन पर नए ढंग की खेती करने के लिए बाध्य होना पड़ा और इसके लिए सिवा सहयोग-समितियों के उनके लिए दूसरा चारा क्या था ?

1905 की क्रांति के मौके पर जो किसान आंदोलन चला, वह मजदूरों के हड़ताल-आंदोलन की तरह ही 1907 आते-आते खतम हो गया। लेकिन एक वर्ष बाद से ही किसान आंदोलन फिर सिर उठाने लगा और आगे के वर्षों में यह और भी प्रसार पाता गया। सम्मिलित जमीन के बँटवारे के समय किसान आपस में भी लड़ जाया करते, लेकिन इसका मतलब यह नहीं कि जमींदारों को उन्होंने मौज करने को छोड़ दिया। ज़मींदारों की कचहरियों में आग लगा देना, उनके गल्ले और चारे के भंडारों को लूट लेना, बकाश्त जमीन पर कब्जा कर लेना आदि भी जारी ही रहता था।

1914 की लड़ाई शुरू होते ही फौज के लिए जारशाही को गाँवों की ओर देखना पड़ा। एक करोड़ आदमी और बीस लाख घोड़े सरकार ने देहात से लिये। रूस में खेती घोड़ों से ही की जाती थी। घोड़ों और हट्टे-कट्टे आदमियों की कमी के कारण खेती करना मुश्किल होने लगा। पहले छोटे-छोटे किसानों पर बनी, फिर तो मँझोले किसानों की हालत भी खराब होने लगी। लड़ाई के प्रति उनमें घृणा के भाव पैदा होने लगे जो महीने-महीने बढ़ते ही गए। 1916 के अक्तूबर में पुलिस रिपोर्ट कहती है—"गाँव के लोगों को लड़ाई की जीत में जरा भी विश्वास नहीं है। सब मौके के इंतजार में हैं और पूछते हैं कि इस सत्यानाशी लड़ाई का कब खात्मा होता है ? हर जगह राजनीतिक सवाल पूछे जाते हैं और जमींदारों और व्यापारियों के खिलाफ प्रस्ताव पास किए जाते हैं। क्रांतिकारी दलों के छोटे-छोटे केंद्र भी जहाँ-तहाँ दिखाई पड़ते हैं। उन्हें इकट्ठा करनेवाली कोई संस्था नहीं है, लेकिन हो सकता है, सहयोग-समितियाँ इस स्थान की पूर्ति करें, क्योंकि वे बड़ी शीघ्रता से बढ़ रही हैं।"

किसानों के जो बेटे लड़ाई के मोरचे पर गए, चाहे वे मैदान में हों या खाई में, अपनी जमीन को कभी नहीं भूलते थे। मौत से ध्यान हटते ही, उनके दिमाग में जमीन आ बसती और जिस बंदूक को वे दुश्मन की ओर किए रहते, उसी से वे अपनी जमीन पाने के मंसूबे भी बाँधते। लेकिन यदि उनके नेतृत्व के लिए मजदूर तैयार न होता तो क्या वे अपनी क्रांति—किसानों की क्रांति—भी करने में समर्थ हो पाते ? किसानों को क्रांति की ओर ले जाने के लिए नेता चाहिए। संसार के इतिहास में पहली बार उन्हें मजदूरों के रूप में सच्चा नेता मिला। इंगलैंड

(1645), फ्रांस (1789) और जर्मनी (1848) की क्रांतियों में उन्हें सुधारवादी तबकों के अधीन बढ़ना पड़ा, फलतः उन्हें धोखा हुआ। लेकिन 'सम्मिलित विकास' के नियमानुसार जिस समय रूसी किसान अपनी क्रांति—जो पूँजीवाद के विकास के पहले की क्रांति है—के लिए आगे बढ़े, उसी समय उनके आगे एक ऐसी जमात खड़ी थी जो पूँजीवाद की मृत्यु का झंडा अपने हाथ में लिये थी। किसान उनके पीछे हो लिये और एक ही छलाँग में वह अनियंत्रित तानाशाही के युग से निकलकर सर्वहारा के एकाधिकार के युग में पहुँच गए—पूँजीवादी प्रजातंत्र की मंजिल बीच ही में पड़ी रह गई !

जार-जारीना

निकोलस द्वितीय ने अपने पुरखों से एक बड़ा साम्राज्य ही नहीं, इंकलाब भी विरासत में हासिल किया था और संयोग ऐसा कि उन पुरखों ने उस बेचारे में इतनी भी योग्यता नहीं बख्शी थी कि एक साम्राज्य की क्या बात, एक प्रांत या जिले की हुकूमत भी वह अच्छी तरह कर सके ! इतिहास की जो बड़ी-बड़ी लहरें उसके महल की दीवारों पर थपेड़े-पर-थपेड़े दिए जा रही थीं, उनकी ओर से वह बिलकुल उदासीन था। मालूम होता था, उसकी चेतना और उसके जमाने के बीच एक बड़ी खाई पड़ी हुई है।

उसके दरबारियों ने लिखा है कि हर संकटमय घड़ी में उसमें अजीब शांति देखी गई। 1905 में जब जापान में पोर्टआर्थर लिया और रूसी बेड़े को सू-शिमा में डुबो दिया, 1914 की लड़ाई में जब रूसी फौज गैलेसिया से भाग चली या उसके दो वर्ष बाद जब उसे गद्दी छोड़नी पड़ी—उसने जड़भरत ऐसा व्यवहार किया। जब और लोग रोते और उसाँसें लेते, भयभीत होते, वह अपने सैर-सपाटों की कहानियाँ कहता, शिकारों के किस्से सुनाता या घरेलू छोटे-मोटे कामों में अपने को लगाए रहता। जार की जो डायरी मिली है, उसके पन्नों से उसकी आध्यात्मिक शून्यता का पूरा पता लगता है। दिन-दिन, महीने-महीने, साल-साल वह डायरी में लिखे जा रहा है—"दूर तक टहलता रहा, दो कौवे मारे। धूप में चाय पी।" "आज नाव पर सैर को निकला, बंशी में मछलियाँ पकड़ीं। चाय पी, गप की।" बस यों ही अनाप-शनाप भरा पड़ा है। उसकी डायरी में चर्च की प्रार्थना और शराब की मंडली के वर्णन में कोई अंतर नहीं है।

जिस दिन डूमा की बैठक हुई, समूचे पेट्रोग्राद में हलचल मची हुई थी। उसी मौके पर जार निकोलस द्वितीय डायरी में लिखता है—"अप्रैल, 14। एक हलकी कमीज पहनकर टहलने गया, थोड़ा नाव का भी मजा लिया। बरामदे पर चाय पी। स्टाना ने हम लोगों के साथ ही खाना खाया और घोड़े पर सैर की। पढ़ा।" क्या पढ़ा? उल्लेख नहीं। जिस दिन उसने डूमा को भंग किया, उस महत्त्वपूर्ण दिन को भी वह इस तरह डायरी लिखता है—"7 जुलाई, शुक्रवार। भोर में बहुत व्यस्त रहा। आधे घंटे की देर से अफसरों के साथ जलपान किया। एक आँधी आई, बड़ी ठंडी और सख्त। हम साथ टहले। गोरेमाइकिन (प्रधानमंत्री) को भेंट दी—डूमा को भंग करने का हुक्म दिया। ओल्गा और पेतिया के साथ खाना खाया, शाम को पढ़ते रहे।" डूमा के भंग करते ही करबंदी आंदोलन शुरू हो गया था, कई जगह के सैनिकों ने बगावत कर दी थी, लेकिन जार के लिए वह महज मामूली सी बात थी !

दो लड़ाइयों और दो क्रांतियों से भी जार के दृष्टिकोण में कोई अंतर नहीं आया। वह बिलकुल भाग्यवादी था, किंतु हर भाग्यवादी की तरह उसे अपने 'सितारे' पर विश्वास नहीं था। वह समझता था कि उसकी तकदीर ही बुरी है।

प्रतिभा और महत्ता से वह घबराता था। वह अपने पास ऐसे ही आदमियों को रखता जो बोदे, छिछोरे और चापलूस होते। हाँ, साधु-फकीरों से भी उसकी खूब पटती थी। अपने मंत्रियों के चुनाव में हमेशा बुरे-से-बुरे

आदमियों पर ही ध्यान रखता। वह किसी काबिल या ईमानदार आदमी को तभी मंत्री बनाता, जब वह अपने ऊपर कोई संकट देखता—जिस तरह हम सख्त बीमारी में बड़े डॉक्टर को बुलाते हैं। बात यहाँ तक बिगड़ी हुई थी कि क्रांति के कुछ ही दिन पहले डूमा के सभापति ने जार से खुलकर कहा था—"बादशाह सलामत, आपके आसपास एक भी ईमानदार और विश्वासी आदमी नहीं रह गया है। अच्छे आदमियों को या तो बरखास्त कर दिया गया या वे खुद ही इज्जत बचाकर हट गए। सिर्फ बदनाम लोग रह गए हैं।" यह सभापति कोई क्रांतिकारी नहीं, उदारदली राजनीतिज्ञ रोदज़ियान्को था।

जार में क्रूरता और विश्वासघातकता की भी कमी नहीं थी। वह दरबारियों में से उनसे बड़ी मीठी-मीठी बातें करता, जिन्हें वह निकालने का निश्चय कर लेता। जार से मीठी बातें सुनकर जब तक वह अपने घर लौटते हैं, तब तक देखते हैं कि बरखास्तगी का हुक्मनामा उनके घर पहले पहुँच चुका है। जिन सैनिकों ने पहली क्रांति के वक्त मजदूरों को गोलियों से भून दिया था, उन्हें 'बहुत ही भले लोग' की उपाधि उसने दी थी। जब नए ढंग के कटे बालोंवाली विद्यार्थिनों पर कोड़े बरसने या यहूदियों की खोपड़ियाँ फोड़े जाने की खबरें सुनता, वह खुशी से बाग-बाग हो रहता। क्रांतिकारियों को नृशंसतापूर्वक दबाने—पीटने, कत्ल करने के लिए जो 'काले सौ' की गुंडाजमात बनी थी, उसके फंड में जार खुले हाथ चंदा देता!

जार पर सबसे अधिक प्रभाव था जारीना का। ज्यों-ज्यों साल बीतते गए और आफत का बादल घना होता गया, जारीना का प्रभाव ज्यादा बढ़ता गया। अब हम देखें कि यह जारीना ही कैसी थी?

जारीना की जन्मभूमि जर्मनी थी। जर्मनी के एक देहाती राजघराने से वह थी। देहात के वातावरण से निकलकर जब वह रूस के सिंहासन की आधी हकदार हुई, फख्र और शान से उसके पैर जमीन पर नहीं पड़ते थे। कट्टरपंथी ईसाई धर्म में उसने जो रहस्यवाद देखा, उससे वह चिपक गई। ज्यों-ज्यों वह अपने पद का गौरव अनुभव करती गई, त्यों-त्यों वह निरंकुश होती गई। वह रूखे स्वभाव की थी और बड़ी सख्त तबीयत पाई थी उसने। दुर्बल इच्छा का ज़ार उसके ताबे में रहने लगा। वह जार पर हुकूमत करती। 1916 में जब रूस हार-पर-हार खा रहा था, लोगों के दिलों में असंतोष की लहर दौड़ रही थी, मोरचे पर दौरे में गए हुए जार को वह लिखती है—"तुम घपले में मत आना, उत्तरदायित्वपूर्ण मंत्रिमंडल आदि के फेर में मत पड़ना या जो कुछ भी वे माँगे, उन पर मत ध्यान देना। यह तुम्हारी लड़ाई है, इसकी शांति भी तुम्हारी होनी चाहिए। यह तुम्हारी और तुम्हारे पुरखों की इज्जत की बात है, न कि डूमा की। इन बातों में उन्हें एक शब्द भी कहने का हक नहीं है।"

जब जार फौज का नामनेहादी कमांडर-इन-चीफ होकर मोरचे पर गया जारीना खुलकर राजपाट में दस्तंदाजी करने लगी। वजीर लोग उसके पास रिपोर्टें पेश करते। उसने एक छोटा सा गुट बना लिया और इसी गुट से मिलकर वह डूमा, मंत्रिमंडल, सेनापतियों के स्टाफ नहीं-नहीं समूचे संसार के खिलाफ—हाँ, जार के खिलाफ भी, षड्यंत्र रचने लगी।

यह गुट क्या था? इस गुट का सर्वेसर्वा था वह नराधम रासपुटिन, जिसको जारीना 'खुदा का फरिश्ता' समझती थी। वह फिर जार को लिखती है—"मैं अपनी जगह पर अटल हूँ, तुम हम पर विश्वास करो। तुम्हारा दिल बच्चों के ऐसा नरम है, तुम्हें निगरानी चाहिए और भगवान ने ऐसा आदमी तुम्हारे लिए भेज ही दिया है। अगर उसका आगमन नहीं हुआ होता तो हम लोग न जाने आज किस गड्ढे में होते।" गड्ढे में—हाँ, यह रासपुटिन तुम्हें गड्ढे में लिये जा रहा है, जारीना! तुम्हें, तुम्हारे जार को, तुम्हारी जारशाही को!

जारशाही के साथ जंतर-मंतर, भूत-प्रेत, ओझा-डाइन ये सब नत्थी थे। जार निकोलस ने बाप-दादे की इस विरासत को और बढ़ाया था। हाथ देखनेवाले, भविष्य बतानेवाले, करिश्मे दिखानेवाले झूठे-बदमाशों की उसके दरबारेखास में भीड़ लगी रहती थी। नवाबिनों के नाम पर डायनें वहाँ पलती थीं। 1905 में जब देश में क्रांति मची हुई थी, जार ने अपने त्राता के रूप में एक 'खुदा के बंदे' को पाया। यही रासपुटिन था। तोबोल्स्क प्रांत का रहनेवाला, घोड़े की चोरी के लिए बदनाम, अपने सिर पर एक बदमाश घोड़े को टाप का निशान लिये हुए—इस आदमी ने होते-होते एक ऐसा गुट बना लिया कि जार और जारीना दोनों उसकी मुट्ठी में आ गए।

1913 के बाद यह बात खुलेआम कही जाती थी कि बड़े-बड़े पदों की नियुक्तियाँ और बड़ी-बड़ी ठेकेदारियाँ इसी एक व्यक्ति की कृपा पर निर्भर करती हैं।

रासपुटिन खुद एक राज्यसंस्था बन गया था। पुलिस उस पर पहरे देती। वजीर उससे घंटों परामर्श करते। खुफिया को ताकीद थी कि इस 'खुदाई आदमी' की हिफाजत के लिए कुछ उठा नहीं रखे। वह उसकी घंटे-घंटे की डायरी रखती है! उस डायरी से इस आदमी का चरित्र भलीभाँति स्पष्ट हो जाता है। डायरी ने उस घटना का भी उल्लेख किया है जब 1915 में वह घर गया, अपने बाप से लड़ पड़ा, गली में ढकेल दिया गया और जब होश में आया तो दो 'आशीर्वादात्मक' तार भेजे—एक जारीना के पास, एक जार के पास! खुफिया की डायरी की कुछ पंक्तियाँ देखिए—"आज भोर में पाँच बजे लौटा, शराब में चूर।" ....."25-26 तारीखें उसने एक्ट्रेस 'वी.' के पास गुजार दीं।"....."वह राजकुमारी 'डी.' के साथ 'होटल आस्ट्रोया' पहुँचा,"....."ज़ारीना के महल से ग्यारह बजे लौटा। हमने पूछा, हुजूर चिंतित क्यों हैं? उत्तर मिला—सोच रहा हूँ, डूमा बुलाई जाए या नहीं।" 'नशे में चूर', 'शराब से बेहोश' ये बातें तो खुफिया डायरी में महीनों-महीनों लगातार लिखी हैं। डूमा के प्रेसीडेंट ने लिखा है—"मेरे पास लिखित गवाहियाँ हैं जिनमें माताओं ने रो-रोकर मुझे लिखा है कि किस तरह उनकी बेटियों की इज्जत इस हरामजादे ने खराब की है"। लेकिन रासपुटिन की शिकायतों को सुनकर जारीना जल उठती है और ज़ार को लिखती है—"वे लोग राटपुटिन को दोष देते हैं कि वह औरतों को चूमते हैं, आदि-आदि। तुम जरा बाइबिल तो पढ़ो—वहाँ तो हर औरत को चूमकर ही अभिनंदन किया जाता था।" यह दलील ठीक वैसी ही है जैसे कोई आवारा लड़की राधा का नाम लेकर अपने चरित्र का समर्थन करे।

और ऐसे दुराचारी को जारीना दूसरा ईसा समझती थी और ज़ारीना की बात ज़ार के लिए आँख मूँदकर मानना जरूरी हो गया था—नहीं तो, उसकी जिंदगी हराम कर दी जा सकती थी।

× × ×

जब जारीना और जार ऐसे थे, तो इन्हें हटाकर शासक वर्गों ने क्यों न अपनी और राजतंत्र की रक्षा कर ली? यहाँ यह सवाल उठता है।

किंतु इसका जवाब सिर्फ इतना है कि वे ऐसा करना चाहते तो थे, लेकिन उनमें इसके लिए हिम्मत न थी। उन्हें सबसे पहला डर तो यह था कि जार और जारीना के हटाते ही कहीं भयानक विद्रोह न खड़ा हो जाए और कहीं उसी विद्रोहाग्नि में राजतंत्र के साथ इन्हें भी न अग्निसमाधि लेनी पड़े। इसलिए वे ज्यादा-से-ज्यादा यही सोचते थे कि रासपुटिन को हटा दिया जाए, तो सारी झंझट दूर हो जाए और इधर जार का कहना था कि मैं रहूँगा तो रासपुटिन भी रहेगा—इस तरह जारशाही एक दुराचारी महंत के साथ एक ही नाव पर सवार थी। इस नाव को डुबाने के लिए जिस हिम्मत की जरूरत थी वह विलासिता, दुराचार और बुजदिली के वातावरण में पले शासक वर्ग के लोगों में नहीं थी।

जर्मनी की लड़ाई शुरू होते ही रासपुटिन पर जर्मनी का समर्थक होने का इलजाम भी लगाया जाने लगा। ऐसी भनक मिलने पर जारीना ने 1916 के अप्रैल में लिखा था—"यह उन्हें हिम्मत नहीं होती है कि साफ-साफ कहें कि 'उनका' जर्मनों से संबंध है। हाँ, 'वह' महान और दयालु हैं और ईसा की तरह सबको एक-सा देखते हैं।" लेकिन लाख बार ईसा-ईसा कहने पर भी रासपुटिन को नहीं बचाया जा सकता था। बार-बार की हार ने राजघराने के लोगों के दिलों पर भी इस नराधम के प्रति उग्र घृणा के भाव ला दिए थे। बेटियों का कुँआरपन, बहुओं का सतीत्व दिन-दहाड़े घरों में लूटा जा रहा है और लड़ाई के मैदान में शिकस्त-पर-शिकस्त मिल रही है। नहीं, नहीं, इसे खतम किया जाना चाहिए! क्यों न इसके साथ ही जारीना को भी खतम कर दिया जाए—यह सवाल भी उठाया गया था। राजकुल की एक वृद्धा महिला ने रोकर डूमा के प्रेसीडेंट से कहा था कि जारीना को किसी तरह 'हटाओ'।

शाही खानदान की एक राजकुमारी से ब्याहा गया एक राजकुमार यूस्सुपोव ने अंततः रासपुटिन को तलवार के घाट उतारा ही। इस हत्या में ग्रैंड ड्यूक डिमिट्री पैवलोविच भी शामिल था। जब इस हत्या की खबर

लगी, राजपरिवार से लेकर साधारण मजदूर तक सबने आनंद मनाया। जारीना की बहन ने हत्याकारी को बधाई के तार भेजे थे। रासपुटिन की लाश को जार-जारीना ने अपने महल के अहाते में ही दफनाया था। फरवरी क्रांति के बाद सैनिकों ने उसकी लाश को कब्र से निकाला और नारकी समझ के जला डाला !

रासपुटिन की हत्या के बाद राजतंत्र कुल दस सप्ताह और ठहरा। रासपुटिन चला गया लेकिन उसकी छाया बची रही। ज़ारीना गुस्से में पागल रासपुटिन के गुट के आदमियों को बड़े-बड़े ओहदे पर बिठाने लगी। शाही खानदान के बहुत से लोगों को वनवास दिया गया। एक शैतान को न्यायमंत्री बनाया गया। रासपुटिन की मृत्यु से मामला शांत नहीं हुआ, बल्कि असंगतियाँ और तीखी होती गईं। राजमहल, अट्टालिकाएँ, फौजी छावनियाँ, कारखाने, किसानों के झोंपड़े—सब जगह इस हत्या की चर्चा थी। बड़े ड्यूकों के लिए भी सिवा जहर और पिस्तौल के दूसरा चारा नहीं था। कवि ब्लौक ने ठीक ही लिखा था—"जिस गोली ने रासपुटिन की जान ली, वह सीदे राजतंत्र के दिल तक आ पहुँची"।

राजतंत्र की मृत्युपीड़ा

यह फरवरी 1917 का महीना है। 23 से 27 फरवरी—पाँच दिनों में ही जारशाही उखाड़कर फेंक दी जाती है—ज़ार, ज़ारीना और उसके नारकीय गुट के साथ राजतंत्र भी इतिहास की कूड़ागाड़ी में डाल दिया जाता है। फरवरी की उस अपूर्व क्रांति को उसके विराट रूप में देखने के पहले हम जरा उस मृत्युपीड़ा को देख लें, जिसमें घुट-घुटकर राजतंत्र प्राण तोड़ता है।

ज़ार उस समय पेट्रोग्राद की हलचलों से ऊबकर मोधिलेव के मोरचे पर अड्डा डाले हुआ था। वहाँ पहुँचने पर उसका दरबारी इतिहास लेखक दर्ज करता है—"यहाँ हम शांत जीवन व्यतीत करने लगे हैं। अब सब चीजें अपनी जगह पर रहेंगी। ज़ार की आँखों से वे दूर-दूर होंगी।" लेकिन उसका यह अनुमान कितना ग़लत निकला। 24 फरवरी को जारीना ने अंग्रेजी में ज़ार के पास लिख भेजा—"डूमा के उस आदमी केंद्रिस्की (करेंस्की से उसका मतलब है) को आग उगलने के लिये फाँसी पर चढ़ना होगा। यह ज़रूरी है और एक उदाहरण की भी जरूरत है। सबका यही निवेदन है कि तुम ज़रा दृढ़ता से काम लो।" 25 फरवरी को युद्धमंत्री ने ज़ार को खबर दी कि शहर में हड़ताल हो रही हैं, मज़दूरों में अशांति मची हुई है, लेकिन कोई खतरे की बात नहीं, उन्हें दबाने के उपाय किए जा रहे हैं।

26 फरवरी को ज़ारीना ने तार दिया—"शहर में अब शांति है।" लेकिन शाम होते-होते फिर तार देती है—"शहर का रवैया ठीक नहीं।" वह एक खत में लिखती है—"तुम मज़दूरों से कह दो कि वे हड़ताल न करें, नहीं तो उन्हें लड़ाई के मोरचे पर भेज दिया जाएगा। गोली चलाने की ज़रूरत नहीं, सिर्फ अमन की जरूरत है और उन्हें पुल पार करने से रोकना है।"

किंतु उन्हें पुल पार करने से रोके कौन? शहर में अमन रखे कौन? 27 की भोर में जनरल इवानोव को भेजा गया कि वह पेट्रोग्राद जाकर ज़ारीना के महल की हिफाजत करे। इसी सेनापति ने 1905 की क्रांति में क्रोंस्टैड्ट के मज़दूरों को गोली से भूना था! दूसरे मोरचों से भी फ़ौज की टुकड़ियों को राजधानी जाकर अमन कायम करने का हुक्म दिया। उसी भोर में उधर पेट्रोग्राद से डूमा सभापति रोदजियान्को ने ज़ार को तार भेजा—"वह अंतिम घड़ी आ पहुँची जिसमें देश और शाही खानदान के भाग्य का निपटारा होना है।" यह तार पाकर ज़ार ने अपने दरबारी वज़ीर फ्रेडरिक से कहा—"फिर उस तोंदीले रोदजियान्को ने बेवकूफी भरी बातें लिखी हैं। मैं उसे जवाब भी नहीं दूँगा।" नहीं, यह बेवकूफी की बातें नहीं और आपको जवाब देना पड़ेगा।

27 की दोपहर में पेट्रोग्राद के सेनापति खाबलौव ने तार भेजा कि शहर की चार रेजिमेंटों ने बगावत कर दी

हैं और मोरचे से विश्वस्त आदमी भेजना बहुत ही ज़रूरी है । लेकिन इसके एक घंटे के बाद ही फिर युद्धमंत्री के दफ्तर ने खबर की कि बागी रेजिमेंटों का दमन राजभक्त सेनाएँ कर रही हैं और उम्मीद है जल्द शांति हो जाएगी । पर वही मंत्री शाम के सात बजे फिर तार देता है कि विद्रोही सेना की तादाद इतनी अधिक है कि थोड़े से राजभक्त सैनिक उन्हें दबा नहीं पाते, अतः जल्द इतनी सेना भेजी जाए कि शहर के हर कोने में एक बार ही धावा बोल दिया जा सके । आज दो काम और हुए । एक ओर, तो सभी दुर्भाग्यों के प्रतीक वज़ीर प्रोतोपोपोव को मंत्रिमंडल से हटा दिया गया, दूसरी ओर, ज़ार के सीधे हुक्म के नाम पर पेट्रोग्राद में फ़ौजी कानून लागू करने का हुक्मनामा निकाला गया । लेकिन अफसोस यह कि इस हुक्मनामे को चिपकाने के लिए लेई और ब्रुश तक नहीं मिल पाया ।

उस समय ज़ार की सरकार का प्रधानमंत्री था प्रिंस गोलित्सिन । यह बूढ़ा आदमी बिलकुल निकम्मा था, लेकिन ज़ारीना का कृपापात्र होने की वजह से इस महान पद पर बैठा हुआ था । जो और मंत्री थे, वे भी निकम्मे, बुजदिल और बहुत अंशों में जाहिल थे । जब बाग़ी सैनिकों और मज़दूरों के झुंड की मैरिन्स्की महल की ओर बढ़ने की खबर मिली, जहाँ मंत्रिमंडल की बैठक हो रही थी तो डर के मारे महल की सारी रोशनी गुल कर दी गईं । खैर, जब यह ख़बर ग़लत साबित हुई और रोशनी की गई, तो देखा गया कि एक मंत्रीजी टेबुल के नीचे थर-थर काँप रहे हैं ।

इनकी क्या बात ? कल जिनके हाथ में शासनसूत्र आएगा, उन्हीं डूमा सभापति रोदजियान्को को देखिए । वह बार-बार टेलीफोन कर रहा था कि आखिर सरकार है कहाँ ? बड़ी देर के बाद उसने टेलीफोन पर प्रिंस गोलित्सिन को पाया और उससे बातें शुरू कीं, किंतु प्रिंस ने झट जवाब दिया—"कृपा कर मेरे पास अब मत आइए, मैंने इस्तीफ़ा दे दिया है ।" यह खबर सुनकर रोदज़ियान्को धड़ाम से आरामकुरसी पर गिर गया, दोनों हाथों से अपना मुँह ढक लिया और रोते-गिड़गिड़ाते कहने लगा—"हाय भगवान ! कैसा भयानक····कोई सरकार नहीं ?····अराजकता ····खून ! ····"

गोलित्सिन ने कोई गलत बात नहीं कही थी । शाम को मंत्रिमंडल की जो बैठक हुई, उसमें मंत्रियों ने यह मंजूर किया कि परिस्थिति को सँहालने की ताकत उनमें नहीं रह गई है और उन्होंने ज़ार को ख़बर की कि सरकार का सूत्र उनके हाथों में दिया जाए, जिन पर जनता का विश्वास हो ! ज़ार ने गोलित्सिन को जवाब दिया—"वर्तमान परिस्थिति में मैं मंत्रिमंडल में कोई परिवर्तन नहीं करना चाहता ।" यही नहीं, ज़ार ने यह भी आज्ञा दी कि पूरी सख्ती से इस बगावत को दबा दो ।

लेकिन तब तक तो बगावत सफल हो चुकी थी । ज़ार की सरकार का पेट्रोग्राद में कोई पुश्तपनाह न था । जब यों सबकुछ खतम हो चुका था, तो ज़ारीना की नींद टूटी । उसने 28 फरवरी को ज़ार को तार दिया—"कुछ रियायतें देना जरूरी हैं । हड़ताल जारी है, बहुत से सैनिक क्रांति के पक्ष में जा चुके हैं ।" अब ज़ार को मालूम पड़ा कि तोंदीले रोदज़ियान्को की बात ग़लत नहीं थी । घबड़ाए हुए उसने राजधानी की ओर कूच किया । सिर्फ राज्य ही नहीं, अपने परिवार की चिंता से भी वह आकुल हो उठा ।

ज़ार की ट्रेन पेट्रोग्राद की ओर चली । पहले तो कोई गड़बड़ी नहीं देखी गई । रास्ते-रास्ते प्रांतों के गवर्नर और स्थानीय बड़े लोग स्टेशनों पर आते, ज़ार के प्रति भक्ति प्रकट करते, उपहार देते । इस आगत-स्वागत में वह जैसे क्रांति को बिलकुल भूल गया । 28 फरवरी को तीन बजे उसने व्याज्मा से ज़ारीना को एक तार दिया—"कैसा मनोहर मौसम ! उम्मीद है, तुम अच्छी और शांत होगी । मोरचे से कई सेनाएँ भेजी गई हैं—कोमल प्रेम के साथ ।" विशर तक ज़ार की ट्रेन बेखटके आई । लेकिन यहाँ विशर के मज़दूरों ने साफ कह दिया—"यहाँ से ट्रेन आगे नहीं जा सकती !" ज़ार की ट्रेन और मज़दूर रोकें ! कैसा आश्चर्य ! क्यों नहीं जा सकती ? जवाब—पुल टूट गया है ! हाँ, ज़रूर पुल टूटा है, लेकिन जारशाही का ! तब ज़ार ने उस रास्ते को छोड़ बोलोगोदे की लाइन से पेट्रोग्राद पहुँचने की चेष्टा की । लेकिन वहाँ भी मज़दूरों ने विशर के इतिहास को ही दुहराया । कैसा तमाशा—ज़ार न तो मोरचे के हेड क्वार्टर में है, न अपनी राजधानी में । वह बीच में त्रिशंकु-सा लटक रहा है ।

उधर ज़ार की ट्रेन यों भटक रही थी, यहाँ ज़ारीना तार-पर-तार भेज रही थी कि जल्द पेट्रोग्राद आओ। लेकिन उसके तार नीली पेंसिल से यह लिखकर लौटा दिए गए कि पानेवाले का पता नहीं चलता ! रूस के ज़ार का रूस में पता नहीं मालूम !

ज़ार कहीं रास्ता न पाकर पस्कौव लौट आया, जो उत्तरी मोरचे का हेड क्वार्टर था। वहाँ उसके दरबारी तरह-तरह की सलाहें उसे देने लगे। आखिर उसने रोदजियान्को के पास यह तार भेजने का निश्चय किया कि मैं तुम्हें प्रधानमंत्री बनाता हूँ, तुम्हीं मंत्रिमंडल बनाकर सरकार चलाओ। हाँ, विदेशों से संबंध, युद्ध और जहाज विभाग के मंत्रित्व का दायित्व उसने अपने ऊपर रखने की इच्छा ज़ाहिर की थी। लेकिन तब तक तो पेट्रोग्राद में हवा ही बदल चुकी थी और न जाने क्या सोचकर, फिर उसने यह तार भेजा भी नहीं।

हम पहले कह चुके हैं, जनरल इवानवो ज़ार का आदेश लेकर पेट्रोग्राद की ओर चला था। वह ज़ारीना के महल—जारस्कोये सेलो, तक बिना किसी रुकावट के पहुँच सका था। हाँ, तीन-चार जगह उसे बहुत ही चतुराई से काम लेना पड़ा था। जारस्कोये सेलो में जो अफसर थे, उन्होंने उससे कहा कि वह ज़रा भी चीं चपड़ न करे, नहीं तो ज़ार के परिवार पर संकट आने का डर है। ज़ारीना ने उससे रो-रोकर बताया कि लोग कितने बेवफा हैं कि उसकी जान के पीछे पड़े हैं जोकि दिन-रात घायल सैनिकों की सेवा में लगी रहती है। जनरल इवानवो की हिम्मत नहीं हुई कि अपनी फ़ौज को पेट्रोग्राद में उतारे—वह चुपचाप फिर पीछे लौट चला।

ज़ार को पस्कौव में बुरी-से-बुरी खबरें मिलने लगीं। उसे यह भी ख़बर दी गई कि उसके शरीर रक्षक दल के सैनिक भी बागियों से मिल गए हैं। पहली मार्च की शाम को जब पेट्रोग्राद से बिलकुल निराशामय खबरें उसे मिलीं, तब भी, दो बजे रात तक सलाह-मशविरा करने के बाद, उसने यही तय किया कि वह प्रजा को जिम्मेवार सरकार बनाने का अधिकार दे देगा। हाँ, इसके साथ ही यह हुक्म भी दिया कि पेट्रोग्राद का विद्रोह दबाने के लिए जो सेनाएँ भेजी गई हैं, वे मोरचे पर लौट आएँ। ये दोनों खुशखबरी के हुक्मनामों के साथ जनरल रस्जकी ने सुबह-सुबह टेलीफोन द्वारा रोदजियान्को से बातें शुरू कीं। लेकिन ज़ार की घड़ी बड़ी सुस्त थी ! प्रजातंत्रवादियों, समाजवादियों, सैनिकों और मजदूर-प्रतिनिधियों से घिरे हुए रोदजियान्को ने उसने कहा—"अब इतने से काम नहीं चलेगा। यहाँ तो सवाल गद्दी का आ गया है।...सेना डूमा को ही सर्वेसर्वा मानती है और जनता की माँग है कि ज़ार गद्दी छोड़ दें, अपने बेटे को ताज दें और जब तक वह नाबालिग है, माइखेल एलेक्जेंड्रोविच को उसका रिजेंट मुकर्रर कर दें।" जनता ज़ार की गद्दी पर किसी को भी बैठाना चाहती थी, इसका सबूत नहीं है—हाँ, रोदजियान्को और उसके साथी क्रांति को उसके लाज़िमी नतीजे तक पहुँचने से ज़रूर रोकना चाहते थे। रोदजियान्को ने यह भी कहा—"इस हद तक अराजकता फैल गई है कि मुझे लाचार होकर एक नई अस्थायी सरकार बना लेनी पड़ी। बदकिस्मती से ज़ार का हुक्मनामा बहुत देर से मिल पाया है।"

जब इस बातचीत की खबर ज़ार को दी गई, वह भौंचक्क रह गया। अब वह क्या करे ? इधर फ़ौजी सेनापतियों में भी खलबली मची। आफत उन पर भी आ सकती है, इसलिए वे आपस में सलाह करने लगे। जनरल एलेक्सीव ने तार से ही हर मोरचे के सेनापतियों से राय पूछी। सब की राय का निचोड़ यही रहा कि सेना और जनता का रुख देखते हुए ज़ार के गद्दी छोड़ने में ही राजधानी और देश का कल्याण है।

सेनापतियों की राय देखकर ज़ार को भी राजी होना पड़ा। उसने एक तार लिखा कि चूँकि "अपनी मातृभूमि रूस की भलाई के लिए वह हर त्याग करने को तैयार हैं" इसलिये वह रोदज़ियान्को की राय मान लेता है। किंतु फिर बहुत सोचकर उसने उसे रोक लिया। 2-3 मार्च की आधी रात को उसने डूमा के दो प्रतिनिधि मिले। उनसे बातचीत करते हुए उसने अचानक यह निर्णय कर लिया कि वह अपने बेटे को भी गद्दी पर नहीं बैठाएगा क्योंकि वह अपने बेटे को अपने से अलग करना नहीं चाहता। इसलिए उसने गद्दी अपने भाई को दे दी, प्रिंस लबौव को मंत्रिमंडल का प्रधान बनाया और निकोलाई निकोलेविच को कमांडर-इन-चीफ। उस दिन वह अपनी डायरी में लिखता है—"दूसरी मार्च। रस्ज़की भोर में मिला और रोदज़ियान्को की बातचीत की ख़बर की। उसने बताया कि डूमा के सदस्य की मिनिस्टरी चल नहीं सकती क्योंकि मज़दूरों की कमिटी की ओर से

समाजवादी उसका विरोध करेंगे । मेरा गद्दी छोड़ना लाज़िमी हो चला है । रस्जकी ने यह ख़बर एलेक्सीव को दी और उसने सभी सेनापतियों से पूछा है । साढ़े बारह बजे रात तक उन सबकी रायें आ चुकी हैं । रूस को बचाने और मोरचे पर फौज के डटे रहने के लिए मुझे यह करना पड़ रहा है । मैं राज़ी हो गया और उन्होंने मेरे गद्दी त्याग की ख़बर हेड क्वार्टर में दे दी । शाम को गुचकौव और शुलगिन (डूमा के प्रतिनिधि) पेट्रोग्राद से आए । उनसे बातचीत के बाद मैंने हुक्मनामे में थोड़ा संशोधन कर उन्हें दे दिया । एक बजे रात में मैं पस्कौव से रवाना हुआ । मेरा हृदय बैठा जा रहा था—मेरे चारों ओर साज़िश, बुजदिली और धोके का दौरदौरा है !"

ज़ार ने अंत में जिस कटुता को प्रकट किया है, उसके लिए आधार भी है । इसी जनरल एलेक्सीव ने 28 फरवरी को हर मोरचे के सेनापतियों को तार भेजे थे कि हमें देश के प्रति कर्तव्य के साथ राजघराने के प्रति भक्ति की शपथ को भी नहीं भूलना है और दो ही दिनों के बाद वही तार भेज रहा है कि वर्तमान परिस्थिति को देखते ज़ार का गद्दी छोड़ना आवश्यक मालूम हो रहा है ! एलेक्सीव ही सिर्फ़ दोषी नहीं था—सेनापतियों में से एक भी ऐसा नहीं निकला, जो ज़ार का पक्ष ले । सभी को अपनी जान की पड़ी थी । सब क्रांति की शरण में जाकर अपने को बचाने के लिए उतावले हो रहे थे । क्रांति की विजय की भनक पाते ही फ़ौजी और जहाजी सेनापतियों ने ज़ारशाही बिल्ले हटाकर क्रांति के लाल फीते अपनी-अपनी वरदियों में लगा दिए । उन सबमें एक ही अफ़सर सच्चा और वफादार निकला, जो नई सरकार की भक्ति की शपथ लेने के वक्त ही दिल की धड़कन बंद होने से अचानक चल बसा !

लेकिन अभी ज़ार के लिए झंझट खतम नहीं हुई थी । 3 मार्च की भोर में फिर रस्ज़की को फोन पर ख़बर दी गई कि ज़ार के भाई को भी जनता नहीं पसंद करती । इधर ज़ार भी अपने भाई को राजगद्दी देकर पछता रहा था । जब वह पस्कौव से मोधिलेव पहुँचा, उसने एलेक्सीव को एक तार पेट्रोग्राद भेजने को दिया कि गद्दी उसके बेटे को ही दी जाए । इस तार को एलेक्सीव ने भेजा भी नहीं ।

8 मार्च को ज़ार मोधिलेव से रवाना हुआ—अब वह 'रूस का ज़ार' नहीं था, बल्कि 'क्रांति का कैदी' था । चलते समय उसने एक अपील सेना के नाम लिखी । वह अपील छप भी नहीं सकी । अपील में उसने कहा था—"जो कोई जर्मनी से सुलह की बात करता है या उसकी इच्छा करता है, वह देश का दुश्मन, दग़ाबाज, धोखेबाज है ।" इस अपील से उसने अपने ऊपर से जर्मनी का पक्षपाती होने का इलज़ाम दूर करना चाहा था ! लेकिन इस तरह की अब सारी चेष्टाएँ फिजूल थीं । अब कोई उसका कुछ सुननेवाला नहीं था ।

जब वह अपने प्रासाद—ज़ारस्कोये सेलो में पहुँचा जहाँ ज़ारीना और उसका पूरा परिवार अब एक तरह से कैद थे, तो उसके गद्गद कंठ से यह निकला था—"हाय, दुनिया में इनसाफ नहीं रह गया ।" जो हुकूमत जिंदगी-भर इनसाफ़ को कुचलती रही, उसके सरग़ना के मुँह से यह आखिरी रुलाई !

फ़रवरी क्रांति : पाँच दिन

जिस क्रांति की आँधी ने एक ही झोंके में ज़ारशाही के महल को ताश के घर की तरह ज़मींदोज़ कर दिया, अब हम ज़रा उसको उसके संपूर्ण रूप में निकट से देखें । इस आँधी का उनचास पवन पाँच दिनों तक बहता रहा । हम एक-एक दिन को अलग अलग देखें ।

23 फ़रवरी, 1917

23 फरवरी को अंतरराष्ट्रीय महिला दिवस पड़ता था । समाजवादियों के गिरोहों ने इस दिन को आएदिन के उत्सव दिनों की तरह मनाने का तय किया था—यही, सभाएँ हों, व्याख्यान दिए जाएँ, पर्चे बाँटे जाएँ । किसी ने कल्पना तक नहीं की थी कि यह दिवस क्रांति का पहला दिन होने जा रहा है । किसी संस्था ने हड़ताल की चर्चा

तक नहीं की थी। बाइबर्ग की बोल्शेविक कमिटी ने हड़ताल की मुखालिफ़त की थी। उसके नेता कयूरौव का कहना था कि मज़दूरों में कुछ ऐसी नाराजी है कि हड़ताल होने पर मार-पीट होकर रहेगी। लेकिन कमिटी की राय में अभी इस तरह का संघर्ष करने की ताकत मज़दूरों में नहीं है, न पार्टी मज़बूत है और न सैनिकों से संपर्क बढ़ पाया है, इसलिए हड़ताल नहीं करके भविष्य के लिए तैयारियों पर ही पूरा ध्यान दिया जाए। उसका प्रस्ताव पास भी हो गया। लेकिन 23 की भोर में देखा गया कि सूती मिलों की स्त्रियों ने हड़ताल कर दी है और उन्होंने धातु के मज़दूरों के पास साथ देने के लिए अपील भेजी। अब बोल्शेविकों के लिए कोई चारा नहीं रह गया, उन्होंने साथ देने का फैसला कर लिया और उनका साथ ही मेन्शेविक और सोशल रिवोल्यूशनरी पार्टी ने भी साथ दिया। लेकिन ज्यों ही आपने आम हड़ताल घोषित की, आपके लिए जरूरी हो जाता है कि जितने आदमी हो सकें, सबको सड़क पर ले आइए और उनका नेतृत्व कीजिए। लेकिन इस युद्ध के जमाने में, जब सरकार हँसी-मजाक के रुख में नहीं थी, जब शहर की रक्षा के लिए 'रिजर्व' फ़ौज जगह-जगह तैनात रखी गई है, ऐसी हालत में आम हड़ताल घोषित करना, लोगों को सड़कों पर लाना, उनका नेतृत्व करना क्या आसान है ? ये सब सवाल उठे थे, लेकिन जवाब किसी को नहीं सूझा था। प्रवाह में सभी फँस गए थे।

बात साफ़ तो यों थी कि वह क्रांति नीचे की सतह से शुरू हुई थी और अपनी क्रांतिकारी संस्थाओं की रुकावटों को तोड़कर ऊपर आई थी। इसका नेतृत्व किया था मज़दूरों की सबसे पीड़ित, प्रताड़ित और पददलित जमात ने—सूती कलों की मज़दूरिनों ने, जिनमें कितनी ही सैनिकों की बीवियाँ थीं। रोटी के लिए दुकानों पर जो लंबी पाँतें लगती थीं, उनकी धक्कम-धुक्की से ये कम तबाह न थीं। उनके कारखाने से निकलते ही नब्बे हजार स्त्री-पुरुष मज़दूर काम छोड़कर सड़कों पर आ गए। प्रदर्शन, सभा, पुलिस से छेड़छाड़ सब बता रहे थे कि मज़दूर लड़ाई के लिए उतारू हैं। बाइबर्ग से यह आंदोलन चला और पेट्रोग्राद-भर में छा गया। इसके लिए सरकार ने फ़ौजी दस्तों को भेजा, लेकिन उनसे जरा भी छेड़छाड़ नहीं हुई। मज़दूरिनों की एक बड़ी भीड़ म्यूनिसिपैलिटी के दफ्तरों की ओर दौड़ी और वहाँ रोटी की माँग करने लगीं। लेकिन यह तो बकरे से दूध माँगने के जैसा था ! शहर के कई हिस्से में लाल झंडे उड़ते देखे गए। लाल कपड़ों पर लिखा हुआ था कि हमें रोटी चाहिए, ज़ारशाही और लड़ाई नहीं।

इस तरह यह महिला दिवस सफलतापूर्वक समाप्त हुआ। रात तक किसी ने नहीं सोचा था कि इसके गर्भ में एक अनोखा बच्चा पैदा होने जा रहा है।

24 फ़रवरी, दूसरा दिन

दूसरे दिन आंदोलन कम होने के बदले दूना हो गया। पेट्रोग्राद के आधे मज़दूर कारखानों से निकल आए। घर से आकर वे कारखानों में तो गए, लेकिन वहाँ काम करने के बदले उन लोगों ने सभाएँ कीं और फिर झुंड बाँधकर सड़कों पर आ रहे। रोटी की माँग की बनिस्पत आज अनियंत्रित शासन और लडाई के खात्मे की माँग ज़ोरों से की जा रही है। शहर के प्रमुख चौराहे नेवस्की में लगातार प्रदर्शन हो रहे हैं। मज़दूरों के साथ नीली टोपीवाले विद्यार्थी भी दीख पड़ते हैं और आम लोगों के झुंड भी। अस्पतालों में से घायल सैनिक निकल आए और टोपियाँ, रूमाल आदि हिलाकर हड़तालियों का अभिनंदन किया। लेकिन क़ज़्ज़ाक़ सैनिक भीड़ को तितर-बितर करने में लगे थे। उनके घोड़े पसीने से लथपथ थे। जब घोड़े आते, भीड़ आप-से-आप छँट जाती और ज्यों ही घोड़े आगे बढ़े, फिर सड़क पर भीड़ लग गई। कानोंकान यह बात फैल गई थी कि क़ज़्ज़ाक़ों ने वचन दिया है कि वे गोली नहीं चलाएँगे। इसमें शक नहीं कि कुछ मजदूरों ने क़ज़्ज़ाक़ों से बातें की थीं। मगर थोड़ी देर के बाद ड्रेगून सैनिक शराब में चूर होकर पहुँचे और भीड़ पर डंडे फटकारने लगे। लोग तितर-बितर होने लगे। लेकिन फिर उन लोगों ने हिम्मत की, डटकर खड़े हुए कि वे गोली नहीं चलाएँगे और सचमुच उन्होंने गोली नहीं चलाई।

सड़कों पर गाड़ियाँ जहाँ-की-तहाँ खड़ी थीं। उदारदली लोग खिड़कियों से झाँककर यह तमाशा देख रहे

थे। वे देख रहे थे कि किस तरह क्रांति इतिहास की टूटी कड़ियों को जोड़े जा रही थी।

दिन-भर सड़कों पर लोगों के प्रदर्शन होते रहे। बार-बार पुलिस उन्हें बिखरा देती, घुड़सवार और पैदल सेना उन्हें बढ़ने से रोकती। पुलिस को देखते ही वे गुस्से में आ जाते, उसके नाश के नारे लगाते, मुँह बजाते, पत्थर और बर्फ के टुकड़े उस पर फेंकते। लेकिन सैनिकों को देखते ही वे आनंदध्वनि करने लगते—बैरकों में जाकर तथा पहरे देते हुए उनके और अपने बीच खड़े हुए सैनिकों से मज़दूरिनें और मज़दूर स्नेह से बातें करते, उनसे अपने दुखड़े सुनाते और उनकी आँखों में सहानुभूति देखकर उत्साहित हो जाते। यह क्रांति की एक नई मंजिल थी। क्रांति में हमेशा ऐसा ही होता आया है। लेकिन यह क्रांतिकारियों और सैनिकों का भाईचारा—हमेशा ही नया मालूम पड़ता है। जो लोग इसके बारे में लिख और पढ़ चुके होते हैं, वे भी इसे देखकर पहचान नहीं पाते।

बाइबर्ग के दो हजार पाँच सौ मज़दूर अपने कारखाने से निकले। वे निकट के एक चौराहे पर इकट्ठा थे। उन्हें देखते ही क़ज्ज़ाक़ सेना के अफसर अपने घोड़े दौड़ाए वहाँ पहुँचे। उनके पीछे क़ज्ज़ाक़ घुड़सवार थे। अफ़सरों ने हमला करने का हुक्म दिया। घुड़सवार बढ़े। अरे, अब क्या होनेवाला है? किंतु यह क्या? एक पाँत बनाकर क़ज्ज़ाक़ भीड़ से निकले, और कयूरौव कहता है, "उनमें से कुछ ने आँखों ही से आश्वासन का इशारा किया।" इस इशारे ने मज़दूरों में हिम्मत भर दी। वे घोड़ों के लिए जगह बना देते। लेकिन घोड़ों के आगे बढ़ते ही उस जगह को भर देते। अफ़सर लोग बार-बार घुड़सवारों से भीड़ को भगाने को कहते। क़ज्ज़ाक़ उनकी आज्ञा को तोड़ते नहीं, सिर्फ घोड़ों को कुदा-फँदाकर फिर शांत हो जाते। तीन-चार बार ऐसा हुआ। अब अफ़सरों ने देखा कि घुड़सवारों का जो रुख है, उसमें अनुशासन बनाए रखना मुश्किल होगा। और एक बार जहाँ सैनिकों ने अनुशासन तोड़ा, फिर बात कहाँ तक जा सकती है, इसका अनुमान कर उन्होंने घुड़सवारों को क़ज्ज़ाक़ों की भीड़ से अलग हो जाने की आज्ञा दी—क्योंकि अब क़ज्ज़ाक़ों और मज़दूरों से बातचीत भी शुरू हो गई थी। घुड़सवारों को हटाकर उन्होंने सड़क पर रास्ता छेककर खड़ा कराया। यह भी कारगर नहीं हुआ। क़ज्ज़ाक़ों के घोड़ों के नीचे से मज़दूर-मज़दूरिनें निकल जातीं, लेकिन वे ज़रा भी छेड़छाड़ नहीं करते। क्रांति का कोई निश्चित मार्ग नहीं होता—आज उसने क़ज्ज़ाक़ों के घोड़ों के पेट के नीचे से अपने लिए रास्ता चुना है।

कैसा तमाशा! जो सेना में सबसे अधिक दक़ियानूस समझे जाते थे, जिन पर ज़ार का सबसे ज्यादा विश्वास था, जो हमेशा से विद्रोह को कुचलनेवाले समझे जाते थे, क्रांति ने सबसे पहले उन्हीं घुसवार क़ज्ज़ाक़ों पर अपना रंग जमाया! उनके पास स्थायी संपत्ति थी, वे अपने ही घोड़े पर फ़ौज में रहते थे, अपने क़ज्ज़ाक़पन पर उनको घमंड था, किसानों को वे घृणा की नज़र से देखते थे, मज़दूरों पर वे संदेह करते थे और पुरानपंथी होने के बहुत से कारण उनमें मौजूद थे। लेकिन इन्हीं बातों के चलते लड़ाई से वे बहुत ही ऊबे हुए थे। उन्हें यहाँ-से-वहाँ भेजा जाता, जनता के खिलाफ भिड़ा दिया जाता, हमेशा अनिश्चित हालत में रखा जाता। वे इन बातों से ऊबे हुए थे, वे घर जाना चाहते थे। इसीलिए उन्होंने आँखों-ही-आँखों कह दिया था—"करो, जो कर सको, हम तुम्हें नहीं छेड़ेंगे।" लेकिन तो भी फ़ौज फिर भी फ़ौज थी, अनुशासन कुछ दिनों के बाद अभ्यास बन जाता है।

इन दो दिनों के अंदर अट्ठाईस पुलिस के जवानों को जनता पीट चुकी थी। लेकिन अब तक गोली नहीं चलाई गई। ऐसा उन्होंने दया के भाव से नहीं किया था, बल्कि उनके प्रोग्राम के मुताबिक़ गोली चलाने का ठीक मौक़ा अभी नहीं आया था।

जिस तरह 1905 से ही बोल्शेविक पार्टी क्रांति की तैयारियाँ कर रही थी, उसी तरह ज़ारशाही भी हमेशा क्रांति के कुचलने की तैयारियों में लगी थी। 1916 के अंत में तो इस संबंध में सरकार ने एक निश्चित योजना बना ली थी। समूचा पेट्रोग्राद शहर छः हिस्सों में बाँट दिया गया था और हर हिस्से में फ़ौज के जबरदस्त दस्ते रख दिए गए थे। पुलिस और फौजी दस्ते विश्वस्त सेनापतियों के हाथ में दिए गए थे। उन सबका सरदार जनरल चेबाइकिन था। घुड़सवार क़ज्ज़ाक़ों के दस्ते चेबाइकिन के हाथ में ही रखे गए थे। सोचा यह गया था कि बगावत का लक्षण देखते ही पहले पुलिस अकेली ही दबाने की कोशिश करेगी, फिर क़ज्ज़ाक़ घुड़सवार

कोड़ों के साथ भेजे जाएँगे और अंत में फ़ौज बंदूक और मशीनगन लेकर पहुँचेगी और बागियों को भून देगी। डेढ़ लाख फ़ौज और तीन लाख पुलिस क्रांति को कुचलने के लिए हरबे-हथियार से लैस खड़ी थी। इन सबके ऊपर जनरल खाबलौव था, जो अपने को पेट्रोग्राद का डिक्टेटर ही समझता था।

खाबलौव ने पहले दिन, अपनी इस योजना के अनुसार, सिर्फ़ पुलिस को मैदान में उतारा, दूसरे दिन यानी 24 फरवरी को क़ज्ज़ाक़ घुड़सवारों को भेजा। राइफल और मशीनगन का इस्तेमाल अब वह तीसरे दिन करने की सोच रहा है—लेकिन, घटना इतनी तेज़ी से आगे बढ़ रही है कि देखना है कि खाबलौव की योजना का क्या हश्र होता है?

25 फ़रवरी, तीसरा दिन

हड़ताल और भी फैल गई। सरकारी लेखा के अनुसार, दो लाख चालीस हजार लगभग ढाई लाख मजदूरों ने इसमें हिस्सा लिया। छोटे-छोटे कारखानों के छुटभैए मज़दूरों ने अपने बड़े भाइयों का अनुसरण करना शुरू कर दिया। सड़कों पर गाड़ियाँ खड़ी हैं। दुकानें धड़ाधड़ बंद हो रही हैं। कॉलेज और हाई स्कूल के लड़कों ने भी हड़ताल में शिरकत की। लाखों आदमी सड़कों पर घूम रहे हैं। सड़कों पर ही सभाएँ हो रही हैं। रह-रहकर पुलिस से मुठभेड़ हो जाती है। एक जगह सभा पर पुलिस ने गोली चलाई— व्याख्यान देनेवाला घायल होकर गिर पड़ा। भीड़ से भी किसी ने गोली चलाई, पुलिस इंसपेक्टर वहीं ठंडा हो गया। बोतलबम और हाथबम पुलिस पर फेंके जाने लगे। लड़ाई ने मज़दूरों को यह कला सिखला दी थी। फ़ौजी सैनिक उदासीन भाव से देखते हैं या कभी-कभी पुलिस पर गुस्से का इज़हार करते हैं। लोगों में यह बात फैल गई कि जिस समय सभा पर एक पुलिस अफसर गोली चला रहा था, एक क़ज्ज़ाक़ ने उस अफ़सर पर गोली चला दी और वह मुश्किल से बच पाया!

कयूरौव लिखता है कि किस तरह जब पुलिस लोगों को पीट-पीटकर खदेड़ रही थी, वह क़ज्ज़ाक़ों के पास गया और बोला—"भाइयो, क़ज्ज़ाक़ो, हम मजदूरों की मदद करो, हमारी शांतिमय माँग को देखो—देखो, किस तरह तुम्हारे सामने ही पुलिस अफ़सरों ने हम पर गोलियाँ चलाई हैं, हम भूखे हैं, हमारी मदद करो"। कयूरौव और उसके साथियों के हाथों में टोपियाँ थीं, वे गिड़गिड़ाकर बोल रहे थे। कयूरौव आगे कहता है—"क़ज्ज़ाक़ों ने एक-दूसरे की ओर एक खास तरह से देखा और हम वहाँ से मुश्किल से हटे थे कि वे लड़ाई में कूद पड़े।" और कुछ मिनट के अंदर ही जनता की भीड़ उस क़ज्ज़ाक़ को अपने हाथों पर उछाल रही थी, जिसने एक पुलिस इंसपेक्टर को अपनी तलवार के घाट उतार दिया था!

तुरत ही पुलिस घटनास्थल से गायब हो जाती है। अब फौज आती है—अपनी किरचों को झुकाए। मज़दूर चिंतित स्वर में पूछते हैं—"साथियो, आप पुलिस की मदद में तो नहीं आए?" रूखे स्वर में जवाब मिलता है—"आगे बढ़ो।" दूसरी बार कोशिश की जाती है। सैनिकों के चेहरे लटके हुए हैं। उनके दिल में कोई कीड़ा काट रहा है। ऐसे सवालों से एक चोट-सी उनके मर्मस्थल पर लगती है।

जहाँ कहीं भी पुलिस के लोग, छिपे या खुले, मिलते हैं, वहाँ उनकी पिटाई शुरू हो जाती है। जनता ने मान लिया है कि अब पुलिस से आरजू-मिन्नत करना फ़िजूल है। इधर, जहाँ कहीं सैनिक मिलते हैं, उन्हें अपने पक्ष में लाने की कोशिशें हो रही हैं। क़ज्ज़ाक़ घोड़े पर थे। उनकी आत्मा भीड़ से ऊपर थी—रोब और डर का चोली-दामन का रिश्ता है। लेकिन पैदल सेना तो जनता की बगल में, उन्हीं की सतह पर थी। उनके निकट पहुँचना आरजू करना, अपनी गरम उसाँसों और भीगी आँखों से उनका दिल पिघलाना आसान था। मज़दूरों की अपेक्षा मज़दूरिनें इस काम में ज्यादा कामयाब हो रही थीं। वे हिम्मत से उनके बीच घुस जातीं, उनकी बंदूकें पकड़ लेतीं, उनसे विनती करतीं और हुक्म तक दे डालतीं—"किरचों को गिराओ, हमारा साथ दो।" सैनिक उत्तेजित होते हैं, लज्जित होते हैं, एक-दूसरे की ओर देखते हैं, हिचकिचाते हैं। उनमें से कोई आगे आना तय कर लेता है। फिर क्या है? किरचें जनता के कंधे से ऊपर उठ जाती हैं। बाँध टूट जाता है, जयध्वनि से आसमान काँप उठता है। जहाँ

देखिए, वही बहसें, तानें, अपीलें—क्रांति एक कदम आगे पैर बढ़ा रही है ।

ज़ार ने आज खाबलौव को तार दिया है—"कल इस बगावत को ज़रूर कुचल दो ।" कल ? अभी बारह घंटे बाकी हैं, देखना है कल क्या होता है । दिन में ड्रैगून सेना ने एक जगह गोलियाँ चलाई हैं, जिनसे तीन प्रदर्शनकारी मरे हैं । खाबलौव शाम को एक हुक्मनामा निकालकर मज़दूरों को कहता है—"तुम 28 तक कारखानों में काम करना शुरू कर दो—जो ऐसा नहीं करेगा, उसे मोरचे पर भेजा जाएगा !" खाबलौव क्रांति को तीन दिन का मौक़ा देता है । इन तीन दिन में वह खुद कहाँ होगा ?

यहाँ हम ज़रा क्रांति की प्रक्रिया को समझ लें । 23 को 'महिला दिवस' के नाम पर हड़ताल शुरू हुई । क्रांति का पहला कदम हड़ताल था । तीन दिनों में यह हड़ताल आम हो गई । इससे जनता में विश्वास हुआ और उन्हें आगे बढ़ने का प्रोत्साहन मिला । हड़ताल के बाद प्रदर्शन हुए और प्रदर्शन ने जनता को सेना के सामने खड़ा कर दिया । अब सारी बातें वहाँ पहुँच गई थीं जहाँ हथियार की ताक़त ही फ़ैसला करती है ।

क्रांति का प्रबल विकास तभी हो पाता है जब वह एक-एक कदम आगे ही बढ़ती है और एक के बाद दूसरी सफलता प्राप्त करती जाती है । उसकी बाढ़ में ठहराव ख़तरनाक होता है, लंबी उधेड़बुन तो घातक सिद्ध होती है । लेकिन सिर्फ सफलता ही काफी नहीं है—जनता को समय पर उसकी खबर मिलनी चाहिए और उसे उसकी कीमत समझने का भी मौका होना चाहिए । ऐसा भी हो सकता है कि सफलता ठीक उस समय हाथ में खिसक जाए, जब वह बिलकुल हाथ के क़रीब आ चुकी हो । इतिहास में ऐसा प्रायः हुआ है ।

इन तीन दिनों तक संघर्ष के विस्तार और सघनता में तरक्की ही होती गई है । लेकिन अब चीज़ वहाँ पहुँच चुकी है, जहाँ दिखाऊ सफलता ही काफी नहीं । पूरी सक्रिय जनता सड़क पर आकर खड़ी हो गई है । उसने पुलिस से डटकर कामयाबी के साथ हिसाब चुकाया है । अब घुड़सवार और पैदल सैनिक उनके सामने हैं । उन्होंने रास्ते रोके हैं, ढकेलकर इधर-उधर का दिया है, कभी-कभी आँखें भी मूँद ली हैं, हाँ, गोलियाँ नहीं चलाई हैं । लेकिन आखिर में वे क्या रुख लेंगे, कौन बतावे ? ड्रैगून सेना ने तो गोली भी चला दी है ? अब दोनों दल आमने-सामने खड़े हैं । कोई निर्णय ज़रूरी है ।

रात में शहर के भिन्न-भिन्न भागों से एक सौ आदमी गिरफ्तार किए गए हैं, जिनमें बोल्शेविक पार्टी की पेट्रोग्राद कमिटी के पाँच सदस्य भी हैं । सरकार ने तो धावा बोल दिया । कल के गोली कांड के बाद मज़दूर कौन रुख लेकर जगेंगे, फ़ौज के सैनिक क्या करेंगे ? इस तरह 26 फरवरी का सूरज अनिश्चितता और गंभीर चिंता के कुहासे में आसमान पर आया ।

26 फ़रवरी, चौथा दिन

बोल्शेविक पार्टी की पेट्रोग्राद कमिटी के पाँच प्रमुख सदस्यों की गिरफ्तारी के बाद क्रांतिकारी नेतृत्व का दायित्व बाइबर्ग के नेताओं पर पड़ा । बाइबर्ग क्रांतिकारी मज़दूरों का अड्डा हो रहा था—इनके नेता स्वयं मज़दूरों से आगे थे । अतः इनमें वह हिचक नहीं थी, जो ऊपर के नेताओं में थी । वे ऊपर से देखते थे, वे हिचकते थे, वे पीछे पड़ गए थे । संक्षेप में वे मज़दूरों का नेतृत्व नहीं कर रहे थे, बल्कि आंदोलन के द्वारा घसीटे जा रहे थे । जब 25 को क्रांति फ़ौज के सामने खड़ी थी, तब कहीं इन्होंने आम हड़ताल के लिए अपील निकाली ।

भूखे, थके जाड़े-से थरथराते बाइबर्ग के मजदूर नेता शहर के हाते से बाहर सब्ज़ी के बगीचों के बीच इकट्ठा हुए और आपस में विचार-विमर्श करने लगे । "एक बात साफ मालूम हो रही है, बगावत अब शांत होती जा रही है ।" बगावत शांत होती जा रही है । यह कौन बोल रहा है ? यह तो कयूरौव की आवाज है—सचमुच आँधी आने के पहले बैरोमीटर का पारा एकदम नीचे गिर जाता है !

जिस समय जनता के निकट रहनेवाले क्रांतिकारियों के दिलों में भी संशय, हिचक और अविश्वास घर कर रहा था, आंदोलन इतना ऊपर जा चुका था, जिसका अनुमान उसमें शामिल होनेवाले भी नहीं लगा सकते थे । कल शाम को ही बाइबर्ग के एतराफ़ पर क्रांति का कब्जा था । पुलिस थाने जला दिए गए थे, अफसर भगा दिए गए थे,

उनमें से कुछ व्यर्थ प्रयत्न में मारे भी गए थे । शहर के अधिकांश भागों से शहर के सदरमुक़ाम का संबंध कट चुका था । जिस समय कयूरौव ऐसा क्रांतिकारी इस तरह सोच रहा था, उसके थोड़े समय बाद ही पेस्की, लितीनी पर भी क्रांति का कब्जा हो चुका था । बहुत से थानों से तो पुलिस मज़दूरों के धावे के पहले ही भाग गई । जब बहादुरों में सबसे बहादुर सोच रहा था कि बगावत शांत हो रही है, उसी समय वह नई सतह पर विकसित हो रही थी ।

आज रविवार था । सभी कारखाने बंद थे । हड़ताल की कोई बात ही नहीं थी । इसीलिए भोर में कुछ शांति मालूम पड़ती थी । इस शांति को देखकर ही ज़ारीना ने ज़ार को तार दिया था—"शहर शांत है ।"

वह शांति थोड़ी ही देर टिकी । मज़दूर इकट्ठा होने लगे । मज़दूर बस्तियों से झुंड-के-झुंड लोग शहर के केंद्र की ओर बढ़ने लगे । पुलों पर उन्हें रोक दिया गया । यह फ़रवरी महीना था । नेवा नदी का पानी जमकर बर्फ बन चुका था । पुल पर रुकावट देख मज़दूरों ने बर्फ पर होकर नदी पार करना शुरू किया । बर्फ पर जाती हुई भीड़ को गोलियों की बौछार भी नहीं रोक सकी । शहर की शक्ल बदली हुई थी । जहाँ देखो वहीं सैनिकों के झुंड, राहों पर घेरे और घुड़सवारों के पहरे । नेवस्की की राहों पर सबसे अधिक कड़ा पहरा । गोली से मरनेवालों और घायल होनेवालों की तादाद बढ़ती जा रही है । एंबुलैंस की गाड़ियाँ उन्हें ढो रही हैं । यह कहना मुश्किल है कि कौन गोली चला रहा है और कहाँ से ? एक बात स्पष्ट है—दो दिनों तक के क्रूर सबक सीखने के बाद पुलिस अपने को ज़ाहिर नहीं कर रही है । वह खिड़कियों से, दोमंजिलों के दरवाजों से, छतों से धाँय-धाँय गोलियाँ चला रही है ।सैनिकों में से भी कुछ ने गोलियाँ चलाई, खासकर ट्रेनिंग पाते हुए दस्तों के जवानों ने । सरकारी बयान के मुताबिक उस दिन चालीस प्रदर्शनकारी मरे और बहुत से घायल हुए । इस संख्या में उनकी तादाद नहीं है जिन्हें भीड़ उठाकर ले गई । अब संघर्ष एक निर्णयात्मक मंज़िल पर आ पहुँचा है । क्या जनता का उत्साह दब जाएगा और वह अपनी बस्तियों में भागेगी ? नहीं, वह नहीं भागेगी ! वह बिना कामयाबी के हट नहीं सकती !

पेट्रोग्राद के नौकरशाहों, पूँजीपतियों, बड़े लोगों और उदारदली नेताओं में खलबली मची थी । आज डूमा के प्रेसीडेंट रोदज़ियान्को ने सरकार से माँग पेश की कि मोरचे से फौज बुलाकर बगावत कुचल दी जाए । लेकिन बाद में उसने युद्धमंत्री से कहा कि अच्छा होता यदि बंदूकों से गोलियाँ न चलाकर उनमें पानी भरकर भीड़ को डरा-धमकाकर तितर-बितर कर दिया जाए । लेकिन युद्धमंत्री ने बताया कि ऐसा करने से भीड़ और बहक जाएगी और निर्भीक होकर आफत ढा देगी । उस दिन की पुलिस की रिपोर्ट यह है—"आज की हालत की एक खास बात यह रही है कि भीड़ फ़ौज से ज़रा भी नहीं डरती, जब उसे हटाने की कोशिश की जाती है तो वह पत्थर-ढेले और सड़क से खोदकर बर्फ के टुकड़े फेंकती है । जब आसमान में गोली चलाई जाती है, तो हटने के बदले भीड़ ठठाकर हँस पड़ती है । जब गोलियाँ उस पर चलाई जाती हैं, तो उससे शिरकत करनेवाले इधर-उधर छँट जाते और नज़दीक के घरों में जा छिपते हैं । लेकिन ज्यों ही गोली का चलना बंद हुआ, वे सड़कों पर आ जाते हैं—भीड़ पहले-सी हो जाती है !" इस रिपोर्ट से जनता की दुस्साहसिकता के साथ ही सैनिकों पर उनका यकीन और अपनी विजय पर दृढ़ विश्वास भी प्रकट होता है ।

हाँ, सैनिकों पर उनका विश्वास बना हुआ था । सैनिकों पर इस समय दो तरफों से तनाव पड़ रहा है । एक ओर ज़ारशाही कहती है—"दुश्मनों पर गोलियाँ चलाओ ।" दूसरी ओर मजदूर कहते हैं—"हम तुम्हारे भाई-बहन है, हम पर हाथ मत उठाओ ।" यही नहीं, वे यह कहते हैं—"हमारा साथ दो ।" सड़कों पर, चौरस्तों पर, पुलों पर, बैरिक के फाटकों पर ये कशमकश चल रही है । सैनिकों के दिल डगमग कर रहे हैं । एक पतली डोर में सरकार, लड़ाई, देश—सबकी तकदीर लटक रही है ।

प्रदर्शनकारियों पर यों गोलियाँ चलाते देख नेताओं का दिल भी दहल रहा है । वे सोचते हैं, क्या हड़ताल बंद करने का मौका नहीं आया ? वे अब खतरा-ही-ख़तरा देख रहे हैं । इसमें कोई अचरज की बात नहीं । विजय को एक दिन बाद पहचानना उतना ही सहज है, जितना एक दिन पहले कठिन । फिर घटनाओं के घात-प्रतिघात मनोवृत्ति में भी जल्दी-जल्दी उलट-पुलट करते हैं । कयूरौव और उसके दूसरे साथी नेता कायर नहीं थे, लेकिन जिम्मेवारी की भावना उन्हें कँपा डालती थी । हाँ, जो नीचे के कार्यकर्ता थे, उनमें इन गोलियों के

बावजूद उत्साह था। तीन दिनों तक लगातार सड़कों पर रहते-रहते अब वे समझते थे कि क्रांति शुरू हो गई, सरकार इसे कुचल नहीं सकती क्योंकि सेना हमारा साथ ज़रूर देगी, विजय बिलकुल नजदीक है, अब राजसत्ता हमारे हाथ में आने ही वाली है। सरकार के कुछ एजेंट क्रांतिकारी संस्थाओं में घुस गए थे। वे जनता को उत्तेजित करते—"बढ़े चलो !" और सरकार को रिपोर्ट देते—"गोलियाँ चलाओ।"

लेकिन आज शाम होते-होते एक घटना हो गई, जिसने क्रांति के मसले का फैसला कर दिया। पेवोलस्की रेजिमेंट की चौथी कंपनी ने विद्रोह कर दिया ! यह विद्रोह कैसे हुआ? इस रेजिमेंट की ट्रेनिंग टुकड़ी का दस्ता नेवस्की पर पहरे दे रहा था। दो बजे के लगभग उसने भीड़ पर गोली चलाई, कुछ लोग दौड़े हुए पेवोलस्की के बैरिक के नज़दीक पहुँचे, हाँफते, गिड़गिड़ाते, एक-दूसरे की बात काटते, उन्होंने आजिजी से बैरिक के सैनिकों से कहा कि "आह, यह क्या हुआ? आप की रेजिमेंट के सैनिक हम पर गोली चला रहे हैं—हमने देखा है, वे आपकी ही वरदी पहने हुए हैं।" यह अपील पत्थर पर नहीं पड़ी। बैरिक के सैनिकों में खलबली मच गई, भवें तनी, होंठ फड़के, एक ने दूसरे की ओर देखा, आँखों-आँखों बातें हुई और छः बजे चौथी कंपनी के सैनिक, बिना किसी से हुक्म लिए, छावनी छोड़कर निकल पड़े, नेवस्की की ओर ! रास्ते में घुड़सवार पुलिस से उनकी मुठभेड़ हुई—उन्होंने गाली चलाई, एक पुलिस अफसर घोड़े सहित मरा, दूसरा घायल हुआ। ये विद्रोही सैनिक किस-किस रास्ते कहाँ-कहाँ गए—इसका पूरा पता नहीं चलता है। अँधेरा होने पर ये फिर बैरिक में लौटे। चारों ओर खलबली मच गई। फ़ौज की दूसरी टुकड़ी लाई गई, इन्हें घेर लिया गया। उनमें उन्नीस सैनिकों को गिरफ्तार कर किले में डाल दिया गया, बाकी लोगों ने आत्मसमर्पण कर दिया। लेकिन जब उनकी गिनती ली गई तो पता चला कि इक्कीस सैनिक राइफलों के साथ गायब हैं। कैसी खतरनाक बात। अब यही इक्कीस सैनिक रात-भर अपने साथियों और रक्षकों की तलाश करेंगे क्योंकि इन्हें अब सिर्फ़ क्रांति ही बचा सकती है !

एक उदारदली नेता ने लिखा है कि जब वह उस रात एक जगह से एक बजे लौट रहा था, उसने स्पष्ट आभास पाया कि कल का दिन शुभ नहीं बीतेगा। हो सकता है, जब वह लौट रहा था उसने इन्हीं सैनिकों में से एक को देखा हो, दोनों एक-दूसरे के नजदीक से गुजरे हों। इनमें से कोई किसी को क्या कहता भला? उस रात मजदूरों और सैनिकों के घरों और बैरिकों में कुछ लोग चौकी दे रहे थे, कुछ सलाह कर रहे थे, कुछ आधी नींद सोए थे, कुछ कल के सपने देख रहे थे। ऐसे ही किसी घर या बैरिक में इस भगौड़े लाल सैनिक ने रात में शरण ली होगी।

27 फ़रवरी, पाँचवाँ दिन

आज भोर से ही मज़दूरों के झुंड कारखानों में जाने लगे और वहाँ इकट्ठा होकर उन्होंने तय किया कि संघर्ष जारी रखा जाए। बाइबर्ग के मजदूर सबसे आगे थे, लेकिन दूसरे हल्कों के मज़दूरों में भी उत्साह की कमी नहीं थी। अच्छा, तो संघर्ष जारी रखा जाए—लेकिन संघर्ष जारी रखने के मानी थे, सशस्त्र विद्रोह का आह्वान। यह आह्वान करने के लिए कोई पार्टी तैयार नहीं थी।

क्रांतिकारी नेतृत्व की कला की पंद्रह आने खूबी यह है कि सबसे नाज़ुक मौके पर वह जनता की सच्ची मनोवृत्ति को भाँप ले, समझ ले—जिस तरह कयूरौव ने क़ज़्ज़ाक़ों की भवों को देखकर उनकी हिचक भाँप ली थी। जनता की मनोवृत्ति को जानने की कला का कमाल हासिल था—लेनिन को। लेकिन लेनिन उस समय पेट्रोग्राद में नहीं था। करेंसकी, चिद्जे आदि 'कानूनी' समाजवादी तो खुल्लम-खुल्ला क्रांति का विरोध कर रहे थे और मज़दूरों को वापस जाने को कह रहे थे, बोल्शेविकों में फ़रवरी क्रांति में जो सबसे ज्यादा मुस्तैद मजदूर नेता था, उस चेगुरिन के कहने पर केंद्रीय बोल्शेविक कमिटी ने फ़ौज के नाम एक अपील तैयार की, किंतु वह छप तक नहीं सकी। हाँ, बोल्शेविकों के नज़दीक की एक वामपक्षी सोशल डेमोक्रेटिक संस्था फ़ौज के नाम पर अपील प्रकाशित कर भोर से ही खूब बँटवा रही थी—लेकिन जब तक यह सैनिकों के गोल में पहुँचे, तब तक तो वे क्रांति के पक्ष में आ चुके थे।

मज़दूरों की विजय का सारा दारमदार फ़ौज के रुख पर निर्भर था। उन्हें किस तरह अपने पक्ष में लाया जाए? बाइवर्ग के मज़दूरों ने एक प्रयोग शुरू किया। मास्को रेजिमेंट की छावनी के सामने उन्होंने सभा शुरू की, जिसमें सैनिकों को प्रभावित किया जा सके। किंतु, यह क्या? मशीनगन से गोलियों की बौछार होने लगी। वहाँ से हटकर वे रिजर्व रेजिमेंट की छावनी के सामने पहुँचे—वहाँ भी वही हालत हुई। दोनों जगह अफ़सरों ने मशीनगन की दीवार खड़ी कर मज़दूरों और सैनिकों का मिलन और सम्मिश्रण रोक दिया मज़दूर नेताओं ने अपनी नाकामयाबी देखी, गुस्सा हुए, फिर सोचा और पार्टी के नेताओं से शस्त्र माँगा। लेकिन पार्टी के नेता तो डर रहे थे कि कहीं मज़दूरों और सैनिकों में लड़ाई न ठन जाए—उन्होंने अस्त्र देने से इनकार कर दिया।

इसमें शक नहीं कि एक वक्त ऐसा आता है, जब क्रांति की सफलता में सेना की अनुशासन भावना के टूटने पर निर्भर करती है। बहुसंख्यक, अनुशासित अस्त्र-सज्जित और सुसंचालित सेना से आमने-सामने लड़कर निरस्त्र जनता विजय नहीं पा सकती। लेकिन प्रत्येक राष्ट्रीय संकट का थोड़ा-बहुत प्रभाव सेना पर पड़ता ही है। यह और सच्ची जन-क्रांति की अवस्थाएँ ऐसी संभावनाएँ उत्पन्न करती हैं जिनसे जनता विजयी हो सके। हाँ, सेना आप-ही-आप क्रांति का साथ नहीं देती, न सिर्फ़ आंदोलन से काम चलता है। सेना में तरह-तरह के लोग होते हैं, जो अनुशासन के भय से एक कड़ी में बँधे होते हैं। जब निर्णय का वक्त पहुँचता है, तब क्रांतिकारी मनोवृत्ति के सैनिक यह नहीं जानते कि उनमें कितनी ताकत है और वे घटनाओं को कितना प्रभावित कर सकते हैं। मज़दूरों में भी तरह-तरह वे लोग होते हैं। लेकिन हड़ताल, सभा, प्रदर्शन आदि के मौको पर उनके क्रांतिकारी हिस्से आपसे-आप छँट जाते हैं। सभी मज़दूर हड़ताल नहीं करते, सभी हड़ताली लड़ाई में नहीं कूद सकते। हिचकवाले, थके हुए, दकियानूस मज़दूर अपने घरों में ही बैठे रहते हैं। यों उनमें क्रांतिकारी चुनाव होता रहता है। घटनाओं की छलनी से क्रांतिकारी एक ओर निखर जाते हैं और क्रियाहीन दूसरी ओर। लेकिन फ़ौज में इसका मौका नहीं मिलता। वहाँ तो क्रांतिकारी, तटस्थ या क्रांतिविरोधी एक डोर में गुँथे हुए होते हैं, जिस डोर की छोर अफ़सरों के हाथ में होती है। उन्हें रोजाना दो की पंक्तियों में खड़े होने की कवायद तो करनी ही पड़ती है, लेकिन उन्हें आज्ञाकारी और विद्रोही ऐसे दो दलों में छँटने का कहाँ मौका मिलता है?

वह मनोवैज्ञानिक क्षण, जिसमें फ़ौज क्रांति का साथ देती है, बहुत धीरे-धीरे तैयार होता है और प्रकृति की और क्रियाओं की तरह अंततः अपनी आखिरी छोर पर पहुँचता है। लेकिन वह आखिरी छोर आ गया, वह शुभ क्षण पहुँच गया, यह कैसे जाना जाए? कोई सैनिक दस्ता जनता का साथ देने को पूरी तरह तैयार हो सकता है लेकिन हो सकता है कि प्रेरणा के अभाव में वह ऐसा कर सके। हो सकता है, क्रांतिकारी नेतृत्व को फौज पर विश्वास न हो और वह विजय का सुनहला मौका खो दे। ऐसी पक्की, लेकिन नाकामयाब बगावत की प्रतिक्रिया फ़ौज पर पड़ सकती है, उसके हृदय से क्रांति पर का विश्वास उठ जा सकता है और फिर आगे जब क्रांति हो तो वह उसके खिलाफ बंदूक लेकर खड़ी हो जा सकती है। यों ही इस संबंध में तरह-तरह की बातें हो सकती हैं, जिनकी हम कल्पना भी न कर सकें और न जिन पर कोई निर्णयात्मक विचार किया जा सकता है। लेकिन इन सब बातों के बावजूद एक बात साफ़ है कि जितना ही फौज को यह विश्वास हो जाए कि यह बगावत सचमुच बगावत है—यह सिर्फ़ प्रदर्शन नहीं है जिसके बाद उन्हें फिर बैरिक में जाना और रिपोर्ट देना पड़ेगा, यह जीवन-मरण का संग्राम है, यदि हम इसमें साथ देते हैं तो जनता की जीत ज़रूर होगी और इस जीत से सिर्फ हमारी नौकरी ही बहाल नहीं रहेगी, बल्कि सबका भाग्य खुल जाएगा—जितना ही अधिक इन बातों पर फ़ौज का विश्वास होगा, उतनी ही जल्दी और स्वेच्छा से उसकी बंदूकें घूम जाएँगी, वह जनता का साथ देने लगेगी। इसके मानी यह कि क्रांतिकारी फ़ौज को अपनी ओर तभी लाया जा सकता है जब जनता खुद हर कीमत पर विजय पाने को उतारू हो, यहाँ तक कि ख़ून और मौत की कीमत पर भी और निर्णय की पराकाष्ठा कभी निरस्त्र नहीं रहती!

जब जनता आगे बढ़ रही हो और फ़ौज उसे रोके खड़ी हो, इस नाजुक घंटे का नाजुक मिनट भी होता है। वह तब आता है जब जनता आगे बढ़ने को जोर मार रही हो और फ़ौज के सैनिक एक-दूसरे के कंधे-से-कंधा

भिड़ाए उसे रोके हुए खड़े तो हों, लेकिन उनके पैर डगमगा रहे हों। उनकी यह हालत देखकर अफ़सर हुक्म देता है—"गोली चलाओ।" जनता की चीख-पुकार उस हुक्म को अनसुना रख देना चाहती है, लेकिन पूरी तरह सफल नहीं होती। सैनिकों की बंदूकें उठती हैं—लेकिन हाथ काँपते हैं। भीड़ आगे बढ़ती है। तब अफ़सर अपनी पिस्तौल उस सैनिक की ओर उठाता है, जिस सैनिक पर उसका जनता से मिल जाने का सबसे अधिक संदेह होता है। अब नाज़ुक मिनट का नाज़ुक सेकेंड आता है। अगर उस सैनिक की मौत हो गई जो सबसे साहसी था, जिस पर सब सैनिक रहनुमाई के लिए आँख उठाते थे और उसकी बंदूक लेकर अफ़सर ने भीड़ पर चला दी, हलचल मची, सब बंदूकें धड़ाधड़ चलने लगीं, भीड़ भागी—तब तो इस एक सेकेंड में ही सारा किस्सा खतम हुआ। किंतु 1905 से ही होता ऐसा आया है कि ज्यों ही अफ़सर ने पिस्तौल उठाई त्यों ही भीड़ से किसी कयूरौव, किसी चुगरिन ने ऐसा निशाना साधकर मारा कि अफ़सर गिर पड़ा और इस पर एक गोली ने उस मुठभेड़, उस दिन के संघर्ष और प्रायः क्रांति के ही भाग्य का फैसला कर दिया।

ऐसे ही मौके के लिए बाइबर्ग के मज़दूर पार्टी से हथियार माँग रहे थे, जो उन्हें नहीं मिले। लेकिन पिछले दो दिनों के संघर्ष में बहुत से रिवाल्वर उनके हाथ आ लगे थे। यों तो रिवाल्वर या पिस्तौलें बहुत ही कमज़ोर हथियार हैं—दुश्मनों के राइफल, मशीनंगन और तोपों के सामने उनकी क्या बिसात? लेकिन क्या वे हथियार सचमुच दुश्मनों के हाथ में हैं? इसी की जाँच के लिए उन्हें रिवाल्वर चाहिए। यह एक मनोवैज्ञानिक प्रश्न था। लेकिन क्रांति के मौके पर मनोवैज्ञानिक क्रियाएँ भौतिक क्रियाओं से अलग नहीं की जा सकतीं। सैनिकों की राइफल तक पहुँचने की राह पुलिस की रिवाल्वर होकर तय करनी पड़ती है।

उस समय सैनिकों की भावनाएँ मज़दूरों की भावनाओं की तरह क्रियाशील भले ही न हों, उनसे कम गहरी नहीं थीं। उस समय पेट्रोग्राद में जो सेनाएँ थीं, उनमें ज्यादा तादाद 'रिज़र्व सेना' की थी, जिन्हें मोरचे पर किसी वक्त भी भेजा जा सकता था। वे बाल-बच्चेवाले लोग थे और मोरचे की अपेक्षा अपने घरों और खेतों में जाने के लिए ज्यादा लालायित थे। ज़ारशाही में उनकी कोई भक्ति नहीं थी और वे उसके नाश को भी निश्चित समझते थे। वे जर्मनों से भी लड़ने को तैयार नहीं थे, फिर मज़दूरों से लड़ने की कौन कहे? पेट्रोग्राद के शासकों से वे जले-भुने हुए थे, जो लोगों की मुसीबत के वक्त भी रंगरलियों में मस्त थे। सैनिकों में कुछ पुराने मज़दूर भी थे, जिनका क्रांतिकारी अतीत था और जो यह जानते थे कि इन प्रवृत्तियों को किस तरह प्रकट किया जा सकता है।

ज़रूरत सिर्फ़ इतनी थी कि सैनिकों के हृदयों में छिपे क्रांतिकारी असंतोष को ऊपर—कार्य में—लाया जाए। यानी वे खुल्लम-खुल्ला हुक्म मानने से इनकार कर दें। क्रांति के तीसरे दिन सैनिक तटस्थ नहीं रह सके थे। हम पेवोलवस्की छावनी की घटना देख चुके हैं। अब सैनिक ज्यादा देर तक हिचक में नहीं रह सकते थे। कल उन्हें गोली चलानी पड़ी, आज भी चलानी पड़ेगी। उन्होंने देख लिया है कि जनता पीछे नहीं हटेगी, न आत्मसमर्पण करेगी।

आग के नीचे भी मज़दूर डटे खड़े हैं। सिर्फ वे ही नहीं हैं, उनकी स्त्रियाँ भी हैं—उनकी बीवियाँ, माताएँ, बहनें, प्रेमिकाएँ! वे हैं और है उनकी विनती—"आह, अगर हम लोग मिल जाते!" एक ओर, ये हैं दूसरी ओर, वे हैं, जिन्होंने सदियों से उन्हें तबाह किया है और आज जो उन्हें जल्लाद का काम सौंपने जा रहे हैं। बैरिकों में, छावनियों में विरोध की, तब विद्रोह की, फिर बगावत की आवाजें उठती हैं और समूची सेना जैसे अपने को पहचान लेती है। बस, ज़ारशाही के संहार का श्रीगणेश हो जाता है।

अथक कयूरौव के घर पर चालीस कारख़ानों और दुकानों के प्रतिनिधियों की सभा हो रही थी। प्रतिनिधियों में बहुमत की राय थी कि संघर्ष जारी रखा जाए। बहसें हो रही थीं, वक्त बीता जा रहा था कि इसी बीच उन्हें खबर मिली की सैनिकों ने विद्रोह शुरू कर दिया। इस खबर से सभी हर्षप्रमत्त हो गए—एक-दूसरे को छाती लगाते, मुँह चूमते वे क्रांति की रंगभूमि की ओर दौड़े।

सबसे पहले रिज़र्व गार्ड के बटालियनों ने बगावत की। फिर वोलिन्स्की की रेज़िमेंट की बारी आई।

खाबलौव को एक कमांडर ने टेलीफ़ोन से बताया कि दस्तों ने विद्रोह दबाने से इनकार कर दिया है, उन्होंने एक कमांडर को मार डाला है ! खुद क्रांति में शरीक हो वोलिन्स्की के सैनिक दूसरी सेनाओं की बैरिकों की ओर बढ़े और अपने सैनिक साथियों से उसी तरह "बाहर आने" को कहने लगे, जैसे हड़ताली मज़दूर दूसरे मज़दूरों को कहते हैं । खाबलौव को थोड़ी देर बाद ही खबर मिली है कि लितोवस्कीव और प्रियोव्रैझेन्की के सैनिकों ने भी बग़ावत कर दी और राजनीतिक पुलिस के दफ्तर को लूट लिया ! बाइबर्ग के मजदूरों ने क्रांतिकारी सैनिकों से मिलकर एक प्लैन भी बना लिया है—"पुलिस के थानों पर कब्जा कर लो, पुलिस से सब हथियार छीन लो, थाने में कैद मज़दूरों को छुड़ाओ, जेलों से राजबंदियों को मुक्त करो, शहर की फ़ौज को परास्त करो, जो सैनिक या मज़दूर अब तक अकर्मण्य बने बैठे हैं, उन्हें अपने में मिलाओ ।" यों सैनिकों के सामने अब एक कार्यक्रम है और है कयूरौव और चुगरिन ऐसे लोगों का योग्य नेतृत्व !

चुगरिन ही सबसे पहले बोल्शेविक पार्टी के दफ्तर में यह खुशख़बरी सुनाने आया—उसके हाथ में राइफल थी, कंधे में गोलियों की पेटी । उसका चेहरा विजयोन्माद से लाल बना हुआ था । दुपहरिया आते-आते मास्को रेज़िमेंट भी क्रांति के पक्ष में आ चुकी थी ।

आह ! एक-एक कर विजय की खबरें आ रही हैं । अब सड़कों पर क्रांतिकारियों की सशस्त्र गाड़ियाँ घूम रही हैं—लाल झंडे उड़ाती वे उन लोगों में भय का संचार कर रही हैं जिन्होंने अब तक आत्मसमर्पण नहीं किया है । अब घोड़े के पेट के नीचे से निकलने की ज़रूरत नहीं रह गई—अब क्रांति अपनी पूरी ऊँचाई में खड़ी है !

तिपहरिया में समूचा पेट्रोग्राद लड़ाई का मैदान बना हुआ था । राइफलें और मशीनगनें धाँय-धाँय आग उगल रही थीं । यह कहना मुश्किल था कि कौन किस ओर गोली चला रहा है । एक ही बात साफ़ थी कि अतीत और भविष्य में द्वंद्व मचा हुआ था । छोटे-छोटे बच्चे तुरत पाए रिवाल्वर को दनादन दाग रहे थे । शस्त्रागार लूट लिया गया। हजारों ब्राउनिंग रिवाल्वर लोग ले भागे। जिले की कचहरियों और थानों के मकानों से धुआँ-ही-धुआँ निकल रहा था—वे धू-धू करके जल रहे थे ।

कहीं-कहीं मुठभेड़ जमकर लड़ाई में परिणत हो जाती है । सैम्पसोनिवस्की में बाइसिकिल सेना की टुकड़ियाँ थीं । वहाँ मजदूर पहुँचे । "साथियो, आप क्यों नहीं निकल चलते ?"—मजदूरों ने कहा । बाइसिकिल सेना घुड़सवार सेना की तरह बड़ी दकियानूस थी । उन्होंने जवाब में 'आगे बढ़ो' कहा और थोड़ी देर में ही दरवाज़े पर मशीनगनें लगा दीं । अब क्या किया जाए ?—किसी ने कहा सशस्त्र गाड़ियाँ मँगाई जाएँ । लेकिन बगावत को इतना धैर्य कहाँ ? क्रांतिकारी सैनिकों और सशस्त्र मजदूरों ने धावा बोल दिया । दोनों तरफ से गोलियाँ चलने लगीं । बीच में कटघरा था, बागियों ने इसे तोड़-फोड़ डाला । अब बाइसिकिल सेना की बाईस बारिकें सामने नजर आने लगीं । वे दो बैरिकों में एकत्र हो गए थे, बाकी खाली थीं । उन बैरिकों में भी आग लगा दी गई । कयूरौव लिखता है—"बैरिकों से निकलती हुई ज्वाला की लपटें, कटघरे के टूटे-फूटे बिखरे हिस्से, बंदूकों और राइफलों की गोलियों की धाँय-धाँय, धावा करनेवालों के चमकते चेहरे, क्रांतिकारियों के एक दस्ते का ट्रक पर पहुँचना, फिर सशस्त्र गाड़ी का अपनी तोपों के मुँहों को चमकाते हुए आना—आहा, क्या ये दृश्य कभी भूले जा सकते हैं !" यहाँ ज़ारशाही, सामंतशाही, महंतशाही और पुलिसशाही रूस जल रहा था, धधक रहा था—धुआँ फैलाता, मशीनगनों के मुँह से आखिरी हिचकियाँ लेता ! फिर कयूरौव ऐसा क्रांतिकारी इस दृश्य को कैसे भूले ? सशस्त्र गाड़ी ने पहुँचते ही उन बैरिकों पर गोलाबारी शुरू की, जिनमें बाइसिकिल सेना छिपी थी । कमांडर भाग गया । दूसरे अफसर अपनी वरदियों से तमगे और बिल्ले नोंच-फेंककर तरकारियों के बगान के रास्ते भागे; बाकी ने आत्मसमर्पण किया । यह इस दिन का शायद सबसे बड़ा घमासान था !

शाम को सेमेनोवस्की की रेजिमेंट ने भी अपने को बाग़ी घोषित किया—यही रेजिमेंट थी, जिसने 1905 की क्रांति को कुचला था । रात होते-होते इस रेजिमेंट के बागी सैनिकों ने इज़माइलोवस्की रेजिमेंट को भी अपने साथ कर लिया—जिस रेजिमेंट ने 1905 की क्रांति में पेट्रोग्राद सोवियत को घेरकर क़ैद किया था ।

यों राजधानी की डेढ़ लाख सेना विलीन हो रही थी, घुल रही थी, अदृश्य हो रही थी । रात बीतते-बीतते

इसका कहीं नामोनिशान भी नहीं था।

भोर में जब खाबलौव को सैनिकों के विद्रोह की खबर मिली थी, उसने उन्हें दबाने को एक विश्वस्त रेज़िमेंट भेजी थी। लेकिन वह खुद लिखता है—"उस दिन असंभव बातें होती देखी गईं। वह रेजिमेंट चली, उसका कमांड एक साहसी और दृढ़ निश्चयी अफ़सर के जिम्मे था, लेकिन नतीजा कुछ न हुआ।" वह कंपनी-पर-कंपनी भेजता है, किंतु वे सब कहाँ विलीन हो जाती हैं, पता नहीं। तब वह राज प्रासाद की अँगनाई में रिज़र्व सैनिकों को खड़ा करता है, लेकिन "न गोलियाँ थीं और न उनका कहीं पता था।" उधर टेलीफोन घर से तथा सरकारी भवनों और प्रासादों से बार-बार फ़ौज की माँग आ रही है। वह क्रोंस्ट्रेटर की छावनी में फोन करता है लेकिन वहाँ का कमांडेंट कहता है—"मैं कैसे फ़ौज भेजूँ, यहाँ का किला भी तो खतरे में है।" खाबलौव को यह पता नहीं था कि आसपास की छावनियों में भी बगावत फैल चुकी है। वह तरह-तरह की कोशिशें करता है, पैर पटकता है, लेकिन उसकी कुछ नहीं बन पाती। दूसरे दिन तो बेचारा गिरफ्तार होकर क़ैदखाने में पड़ा था।

दिन में ही जनता ने जेलों से राजबंदियों को बिना किसी खूनखराबी के छुड़ा लिया। छूटने पर मेन्शेविक तो डूमा की ओर लपके, जहाँ पद और ओहदे बँटनेवाले थे। लेकिन बोल्शेविक मज़दूरों और सैनिकों से जा मिले, जिसमें राजधानी को अच्छी तरह जीत लिया जाए। किसी भी दूसरे उद्योग की तरह क्रांति को भी उसके अंत तक पहुँचाना लाजिमी होता है।

शाम को सैनिकों, मज़दूरों, विद्यार्थियों और दूसरे देशों की जनता के झुंड टौरिद प्रासाद की ओर मुड़े और इस महल को ही उन्होंने क्रांति का हेड क्वार्टर बना दिया। चारों ओर से अस्त्र-शस्त्र एवं गोले-बारूद वहाँ इकट्ठा किए जा रहे हैं और महल के रंगीन कमरों को शस्त्रागार में परिणत किया जा रहा है। रात बीतने पर क्रांतिकारियों के नेता इकट्ठा होते और परामर्श करते हैं। रेलवे स्टेशनों की रक्षा के लिए रक्षक भेजे जा रहे हैं—छोटी-छोटी टुकड़ियाँ खतरे की जगहों पर तैनात की जा रही हैं। सैनिक इन नए कमांडरों की बातें बिना हाँ-ना के मान लेते और ड्यूटी पर मुस्तैद हो जाते हैं। हाँ, वे हुक्म के लिए लिखित पुर्जा भी माँगते हैं ! आखिर क्रांति में भी तो कोई व्यवस्था होनी ही चाहिए ! लेकिन आज तो क्रांति के पास अपनी सील-मुहर तक नहीं !

तब उस रात में ही क्रांति अपने दुश्मनों की तलाश में चलती है और गिरफ्तारियाँ शुरू हो जाती हैं। मिनिस्टरान, पुलिस अफ़सर, खुफ़िया पुलिस के लोग, जर्मनों की हिमायत करनेवाली नवाबज़ादिनें, राजनीति को पेशा बनानेवाले देशद्रोही—इन सबके दल टौरिद महल में पकड़-पकड़कर लाए जाते हैं। उसाँसें छोड़ी जा रही हैं, आँसू गिराए जा रहे हैं। क्रांति में शिष्टता और भद्रता की कमी प्रायः देखी जाती है—इसलिए कि शासक वर्ग जनता को भद्रव्यवहार की शिक्षा पहले से नहीं दिए रहता है !

टौरिद महल के एक कोने में एक खुफ़िया पुलिस का गुर्गा कुछ नोट कर रहा था। उसे पकड़ा गया सैनिक और मज़दूर तो उसे खतम कर देना चाहते थे, लेकिन क्रांति नेताओं ने उसे छुड़वा दिया। क्रांति अभी भली और रहमदिल थी—वह कठोर तो तब बनेगी, जब उसे विश्वासघात, धोखेबाजी और खूनखराबी से साबका पड़ेगा।

× × ×

फ़रवरी क्रांति रूस के दूसरे नगरों में किस तरह जन्मी और फूली-फली, हम संक्षेप में यहाँ देख लें।

रूस की दूसरी राजधानी मास्को थी। यहाँ क्रांति का रूप पहली राजधानी की तरह का ही रहा। सैनिकों और मज़दूरों का वही रुख था। वहाँ का पूँजीवादी वर्ग कुछ ज़्यादा वामपंथी था। पेट्रोग्राद से ज्यादा यहाँ की क्रांतिकारी संस्थाओं में कमजोरी थी। जब पेट्रोग्राद में क्रांति शुरू होने की खबर लगी, तब मास्को की पढ़ी-लिखी जमात ने आपस में परामर्श किया, किंतु वे किसी निर्णय पर नहीं आ सके। लेकिन 27 फरवरी से वहाँ के मज़दूरों ने कारखानें और दुकानों में हड़ताल शुरू कर दी। हड़ताल करके मज़दूर सड़कों पर प्रदर्शन करने लगे। अफ़सरों ने सैनिकों से कहा कि सड़क पर चलकर हम इन 'बदमाशों' को सर कर दें। लेकिन ये बदमाश कौन थे, उन्हें सैनिक पहचानते थे। सैनिकों के प्रतिनिधि शहर की डूमा के ऑफिस में आकर पूछने लगे

कि वे कब क्रांति में शामिल हों। दूसरे दिन हड़ताल बढ़ गई। जनता की भीड़ झंडे उड़ाती डूमा के निकट पहुँची। थोड़ी देर में मुरलौव एक पूरी सैनिक टुकड़ी को लिये-दिए वहाँ पहुँचा—मुरलौव मोटर पर की फ़ौजी कंपनी का एक सिपाही था, पुराना बोल्शेविक, बड़ा हिम्मतवर और तगड़ा! यही मुरलौव आठ महीने बाद अक्तूबर क्रांति में मास्को की क्रांतिकारी सेना का कमांडर बनेगा।

कैदख़ाने खोले गए—राजबंदियों को निकाला गया। यही मुरलौव राजबंदियों को ट्रक पर चढ़ाकर खुद ड्राइव करके ले आया। प्रसिद्ध क्रांतिकारी ज़रझिन्स्की कैदखाने से निकाले जाने पर, 'सी' क्लास के कैदी का कपड़ा पहने ही डूमा घर में आया और वहाँ के उपस्थित सदस्यों में व्याख्यान देने लगा। शहर में जब-तब गोलियाँ भी चलीं। लेकिन कहीं जमकर न लड़ाई हुई, न लोग हताहत हुए! मास्को की लड़ाई का फ़ैसला तो पेट्रोग्राद में ही हो चुका था।

प्रांतीय शहरों में क्रांति पहली मार्च से शुरू हुई, जबकि मास्को में भी वह 28 फरवरी को ही सफल हो चुकी थी। टवेर के मज़दूर हड़ताल करके फौजी छावनी में आए और वहाँ सैनिकों को अपने साथ मिलाए-जुलाए शहर-भर में प्रदर्शन करते रहे। निजनी-नौवगोरोद में हजारों मज़दूर डूमाघर के निकट आ जुटे—इन डूमा घरों ने प्रायः हर शहर में टोरिद महल का काम किया। वहाँ मेयर का व्याख्यान सुन, लाल झंडा उड़ाते, मजदूर जेल में आए और राजबंदियों को छुड़ाया। शाम तक इक्कीस गैरिसनों में से अठारह गैरिसन के सैनिक क्रांति में शामिल हो चुके थे। समारा और साराटौव में सभाएँ हुईं और मजदूर और सैनिकों की सोवियतें कायम हुईं। खारकौव में पुलिस का चीफ गया हुआ था। वहाँ उसने पेट्रोग्राद की क्रांति की खबर सुनी और अपनी गाड़ी पर खड़ा होकर चिल्लाने लगा—'इंकलाब जिंदाबाद!' पस्कौव, ओरेल, रिबिस्क, पेंजा, कज़ान, जारिस्तीन (अब स्टालिनग्राद) में दूसरी मार्च तक क्रांति की खबर पहुँची और जनता उसमें शामिल हो गई। जनता ही नहीं शामिल हुई—क्रांति बिना किसी प्रयत्न के सफल हो गई। कहीं कोई जमात, गिरोह या पार्टी नहीं थी, जो ज़ार के नाम पर जनता से युद्ध लेती!

हुकूमत की बागडोर : किसके हाथ?

क्रांति सफल हुई। लेकिन राजतंत्र से अधिकार छीनकर इसने सौंपा किनके हाथों में? आप सीधा-सादा जवाब देंगे, चूँकि इस क्रांति को शुरू किया मज़दूरों ने और किसानों ने सैनिकों के रूप में उनकी मदद की, इसलिए निश्चय ही मज़दूर-किसानों के हाथों में हुकूमत की बागडोर आई होगी। लेकिन बात ऐसी नहीं हुई। क्रांति की, लड़े, जान की बाज़ी लगाई मज़दूरों और किसानों ने, लेकिन हुकूमत उनके हाथ से खिसककर पहुँच गई उदारदली पूँजीपतियों के घिनौने हाथों में। यह कैसे हुआ? ऐसा हुआ ही क्यों? ज़रा इस गुत्थी को हम घटनाक्रम से सुलझाते हुए आगे बढ़ें।

यद्यपि ज़ारशाही एक अनियंत्रित शासन पद्धति थी, किंतु रूस में पूँजीवाद के प्रसार होने, पूँजीवादियों के आंदोलन और अनुनय-विनय करने एवं पश्चिमी यूरोप में हुई क्रांतियों की कहानियों से भयभीत और अपने देश में भी आतंकवादी आंदोलन की विभीषिका से त्रस्त होकर ज़ारशाही ने प्रजातंत्र की कसमें खाने के लिए डूमा नाम की एक प्रतिनिधि सभा बना रखी थी। इस डूमा के चुनावों में वोट देने एवं खड़े होने के लिए इतने बंधन थे कि प्रजा के सच्चे प्रतिनिधि उसमें जा ही नहीं सकते थे। उसमें जमींदारों, पूँजीपतियों और पढ़े-लिखे बाबू लोगों की भरमार रहती थी। सैकड़ों सदस्योंवाली उस सभा में बोल्शेविक पार्टी के मुश्किल से पाँच सदस्य थे—इसीसे इसकी बनावट का अंदाजा लगा लीजिए। ये सदस्य भी लड़ाई शुरू होते ही गिरफ्तार कर लिये गए थे।

पूँजीपतियों की सोसाइटी और डूमा के सदस्यों की मंडली में पहले 23 फरवरी की हड़ताल को कोई महत्त्व नहीं दिया गया। तीन दिनों तक सड़कों पर कुहराम मचा हुआ था और ये लोग अपने विलास भवनों में या चाय की टेबुल पर रंगरलियाँ मनाते रहे या इस लड़ाई में डार्डनल्स आदि अमुक-अमुक प्रदेश रूस को मिल सकेगा या नहीं, इस पर विचार कर रहे थे। हाँ, 26 फरवरी को सरकार के साथ ही इन लोगों की आँखें भी खुलीं और झट ज़ार के मंत्रियों और डूमा के सदस्यों में समझौते की बातचीत चल पड़ी। इन सदस्यों ने ख्वामख्वाह अपने को प्रजा का प्रतिनिधि मानकर इस विद्रोह से फायदा उठाना शुरू किया और जार से हुकूमत की डोर अपने हाथों में ले लेनी चाही। 26 की भोर में डूमा का सभापति रोदजियान्को ज़ार के प्राइम मिनिस्टर गोलित्सिन से मिला और उससे इस्तीफा देने का आग्रह करने लगा। लेकिन जैसा पहले लिखा जा चुका है, उस दिन भोर में थोड़ी शांति थी। ज़ार की सरकार ने मान लिया था कि अब विद्रोह खतम होने जा रहा है—इसलिए रोदज़ियान्को की इस्तीफे की माँग के जवाब में गोलित्सिन ने उसके हाथ में ज़ार का आज्ञापत्र रख दिया, जिसे डूमा को भंग करने का हुक्म था। ऐसा वह क्यों न करे? वह पहले से ही जानता था कि—"डूमा में यह ताकत नहीं कि वह राजाज्ञा की अवज्ञा करे, क्योंकि उनके सदस्यों में अधिकांश लोग बिलकुल कायर हैं, अपनी जान के लिए थरथर काँपनेवाले हैं।"

अपना-सा मुँह लिये रोदज़ियान्को लौट आया। 27 फरवरी की सुबह में डूमा की बाजाब्ता बैठक शुरू हुई, तो उसने ज़ार की यह आज्ञा सदस्यों के सामने रख दी। सदस्यों के तो काटो तो ख़ून नहीं। वे हक्का-बक्का हो रहे। रोदज़ियान्को लिखता है—"डूमा ने राजाज्ञा को सिर आँखों पर लिया—हम भला कैसे कहते कि हम इसे नहीं मानेंगे, बैठक जारी रखेंगे—कानून पर हमारा चारा क्या था?" ठीक, जब सड़कों पर कानून की धज्जियाँ उड़ रही हैं, तब कानूनवाली यह सभा भला बेचारी 'अबला' कानून की रक्षा क्यों न करे? कानून के नजदीक सिर झुकाकर वे डूमा भवन से निकले और एक खानगी सभा कर आपस में सलाह-मशविरा करने लगे। डूमा के 'प्रगतिशील दल' के नेता ने ज़ार के चाचा ग्रैंडड्यूक माइखेल को बुलाकर उसे सैनिक डिक्टेटरी तक सौंपी, लेकिन उसने इस महान दान को—रूस की डिक्टेटरी को ठुकरा दिया! ज़ार के ताज की कीमत उस समय इतनी घट गई थी!

लेकिन किया क्या जाए? चीजों को ऐसे ही नहीं छोड़ा जा सकता था। संकट सिर्फ ज़ारशाही पर नहीं था। अगर वक्त पर—जो अब घंटों में गिना जा सकता है—नहीं चेता गया, तो ज़ारशाही के साथ सभी धनी वर्गों की नाव भी इस क्रांति समुद्र में डूबेगी। मरता क्या न करता? डूमा के सभी सदस्य फिर एक बार बाजाब्ता इकट्ठा हुए। दोपहर के दो बजे थे। डूमा के सेक्रेटरी ने खुशखबरी सुनाई कि क्रांति तुरत कुचल दी जाएगी क्योंकि उसके दमन के लिए सामान भेजे जा रहे हैं। इसी खुशखबरी में एक सदस्य धड़ाधड़ व्याख्यान दे रहा था कि करेंस्की दौड़ता, हाँफता हुआ आया और ख़बर दी कि मज़दूरों और सैनिकों की एक बड़ी भीड़ वहाँ आ रही है—वहाँ, कहाँ? इसी टौरिद महल में, जिसके एक हिस्से में डूमा की बैठक होती थी। यही नहीं, समाजवादी करेंस्की ने इन पूँजीवादियों को एक सलाह भी दी कि आप लोग अब हुकूमत अपने हाथ में लें। हुकूमत हाथ में लें!—बिफरे हुए बाघ के मुँह में लगाम देकर कौन चढ़ने की हिम्मत कर सकता है? सभी सदस्य भौंचक्क हो रहते हैं। इसी समय एक चपरासी दौडता हुआ डूमा भवन में घुसता है और कहता है कि सैनिकों का एक दस्ता महल में पहुँच गया, डूमा के संतरियों के सरदार ने रोकना चाहा, तो उसे बुरी तरह घायल कर दिया। एक मिनट के बाद खबर लगी कि सैनिक महल में घुस चुके। अब क्या किया जाए? एक तहलका मच गया—सब पर दहशत छा गई। कब एक सदस्य ने एक 'अस्थायी कमिटी' बना देने का प्रस्ताव किया, कब वह पास हुआ, किसी को ख़बर नहीं! हाँ, डूमा के कार्यलेखा में यह जरूर लिखा गया। सदस्य अपनी-अपनी जान बचाने के लिए तितर-बितर हो गए! लेकिन पीछे ये ही लोग कहेंगे कि नहीं, सैनिकों ने हमारे हाथ में शासन सौंपा इसके जिम्मेदार ही नहीं, हकदार भी हमीं हैं।

जब डूमा भवन में यह हलचल मची हुई थी, उसी समय, उसी विशाल टौरिद महल के एक हिस्से में,

विजयी सैनिक और मज़दूर पहुँचकर अपने लिए एक नई संस्था का निर्माण कर रहे थे। 1905 की क्रांति वह भूले नहीं थे। उस जमाने में बनी 'सोवियत' उनके दिमागों में नाच रही थी। कारखानों में, खेत-खलिहानों में ही नहीं, लड़ाई के मैदानों में भी, अपनी उस प्यारी संस्था की याद उनके दिलों में ताजा थी। बोल्शेविक और मेन्शेविक—दोनों इस संस्था के कायल थे। बोल्शेविकों के ज्यादा कार्यकर्ता और नेता तो अभी सड़कों पर ही क्रांति के बचे-खुचे कार्य को समाप्त कर रहे थे। पर मेन्शेविकों के जो नेता जेलों से निकाले गए थे, उन्होंने टौरिद महल में पहुँचकर मजदूर संघों और सहयोग-समितियों के प्रतिनिधियों, डूमा के मेन्शेविक सदस्यों और पीछे सैनिकों के प्रतिनिधियों आदि को लेकर 'सोवियत' की 'अस्थायी कार्य-समिति' का निर्माण कर लिया। कुछ बोल्शेविक भी उसमें रखे गए। सोवियत की यह अस्थायी कार्यसमिति क्रांति का पूर्ण प्रतिनिधित्व नहीं करती थी, लेकिन यह एक सही रास्ते पर का मुनासिब कदम था, इसमें शक नहीं। इसी को अपनी संस्था मानकर मजदूरों और सैनिकों ने टूटी-फूटी, लेकिन हार्दिक भाषा में अपनी भक्ति अर्पित की।

सोवियत की इस कार्यसमिति ने शुरू से ही अपने को स्वतंत्र और सर्वसत्ताधारी संस्था मानकर कार्य करना शुरू किया। एक भोजन समिति बनाकर उसके हाथ में फ़ौज को खिलाने-पिलाने का जिम्मा दिया गया। फ़ौज के संचालन के लिए एक अस्थायी क्रांतिकारी स्टाफ का भी निर्माण कर लिया गया। पुराने लोगों के हाथ में देश की आर्थिक लगाम नहीं रहनी चाहिए, यह समझकर सरकारी बैंक, खजाने तथा सिक्का छापने और ढालने के ऑफिस पर क्रांतिकारी फ़ौज का पहरा बिठा दिया गया।

लेकिन इतना सब करने पर भी सोवियत में जो 'कानूनी' समाजवादी थे, वे पहले दिन से ही 'मालिकों' की खोज करने लगे। उनकी रायशरीफ में इस क्रांति का नतीजा ही यह होना चाहिए कि शासनसूत्र पूँजीवादियों के हाथ में जाए क्योंकि सामंतशाही, जारशाही के बाद पूँजीवादी प्रजातंत्र की ही स्थापना सिद्धांतानुसार होनी चाहिए। यहीं से गिरह बँध जाती है जिसकी एक छोर तो सैनिकों और मज़दूरों की कार्यसमिति की ओर जाती है तो दूसरी छोर पूँजीवादी पार्टियों के हेड ऑफिस की ओर।

तीन बजे के लगभग डूमा के मेम्बरों की एक अस्थायी समिति बनाई गई। उसमें डूमा के प्रगतिशील दल की पार्टियों के नुमाइंदों के अतिरिक्त चीद्ज़े और करेंस्की को रखा गया। चीद्ज़े ने तो साफ़ अस्वीकार कर दिया, लेकिन करेंस्की गोमगो करता हुआ रह गया। डूमा की यह कमिटी अपने हाथों में शासनसूत्र लेने के लिए नहीं बनाई गई थी, बल्कि उसका उद्देश्य था—'शांति' की स्थापना करना एवं पार्टियों और प्रमुख व्यक्तियों से सलाह-मशविरा करना। क्योंकि उन्हें अभी पूरा विश्वास नहीं था कि ज़ारशाही भालू मर गया—अरे वह सिर्फ़ घायल हो तो क्या होगा? लेकिन ग्यारह बजे रात को जब उसकी मृत्यु का उन्हें इत्मीनान हो गया, तो उन्होंने शासन की जिम्मेवारी अपने ऊपर ली। एक कारण और भी था। रोदज़ियान्को ने लिखा है कि यदि हम लोगों ने शासनसूत्र नहीं लिया होता 'तो डूमा के सभी सदस्यों को कैद कर विद्रोही सैनिक उनमें से एक-एक को जहन्नुम भेज देते और अनायास की हुकूमत की बागडोर बोल्शेविकों के हाथ में चली गई होती।' सोवियत में जो बोल्शेविकों के अतिरिक्त दूसरी पार्टियों के नेता थे, उन्होंने भी इस अस्थायी कमिटी से अर्ज किया था कि शासन आप लोग अपने हाथ में ले लीजिए। यों तो मजदूरों के जो नेता थे और जिनके हाथों मज़दूरों और सैनिकों ने सोवियत बनाकर हुकूमत सौंप दी थी, उन्होंने ही मज़दूरों को धोका दिया।

पिछली सभी क्रांतियों में देखा गया था कि जिन लोगों ने क्रांति की लड़ाई लड़ी और उसमें विजय प्राप्त की, वे मज़दूर थे, कारीगर थे, कुछ विद्यार्थी थे और अंत में उनसे सैनिक भी आ मिले थे। लेकिन ज्यों ही क्रांति विजयी हुई कि वे पूँजीवादी, जो दूर-दूर से, खिड़कियों से, छतों से क्रांति से भयत्रस्त होकर काँपते रहते थे, वे धम्म से कूद पड़े, आगे आ गए और शासन को हथिया लिया। लेकिन फरवरी की क्रांति सभी क्रांतियों से भिन्न थी। इसका सामाजिक स्वरूप भिन्न था, इसके क्रांतिकारी कार्य की राजनीतिक सतह उँची थी—जिन्होंने बगावत की थी उनका उदार पूँजीवादियों पर ज़रा भी विश्वास न था, विजयी होते ही उन्होंने अपनी संस्था 'सोवियत' के रूप में कायम कर ली थी, जिसके पीछे सशस्त्र जनता की पूरी ताकत थी। ऐसी हालत में भी क्यों शासन

पूँजीवादियों के हाथों में चला गया, हमें इसे देखना है ।

सबसे पहले तो हम यह जान लें कि शासन उनके हाथों में गया नहीं—न तो मज़दूर-किसान उन्हें अपना प्राप्त अधिकार सौंप सकते थे, न खुद इन पूँजीपतियों में ऐसी हिम्मत और जुर्रत थी कि आगे बढ़कर इसे लेने की कोशिश करें । तो हुआ क्या ? हुआ यह कि इन पर शासनसूत्र लाद दिया गया । एक प्रत्यक्षदर्शी लिखता है—"यों तो ये लोग क्रांति की तारीफ कर रहे थे, उसकी जय मना रहे थे, अपने कोटों में लाल फीते लगा रहे थे, और लाल झंडे के नीचे चल रहे थे, लेकिन इनकी आत्मा तो भय से काँप रही थी, वे मन-ही-मन समझ रहे थे कि क़ैदी की तरह उन्हें जबरदस्ती एक अज्ञात रास्ते पर घसीटकर ले जाया जा रहा है ।" खुद रोदज़ियान्को ने लिखा है कि जब सैनिक ज़ार के मिनिस्टरों को पकड़-पकड़कर लाने लगे, तो उसने हस्तक्षेप करना चाहा, लेकिन सैनिकों ने उसकी बात पर कान नहीं दिया, बल्कि अपनी बंदूक को देखते हुए उसकी ओर इस तरह घूरे कि जैसे उसे भी गिरफ्तार कर लेंगे !

जिस समय इनके हाथ में शासन सौंप दिया गया था, उस समय ही नहीं, कुछ दिनों बाद तक जितने डाकघर, तारघर, हवाई तारघर, रेलवे स्टेशन और छापाखाने थे, सब पर सोवियत का—मज़दूरों और सैनिकों की अपनी संस्था का कब्जा था । जिस समय ज़ार घूमता-भटकता पस्कौव पहुँचा था, उस समय डूमा के प्रतिनिधियों और सोवियत के नेताओं में बातें होने को थीं । ज़ार के प्रतिनिधि से टेलीफोन पर बातें करने की ज़रूरत होने पर डूमा के सभापति साहब ने फरमाया—"आप लोगों में से कोई मुझे एक बॉडीगार्ड दें, जिसके साथ मैं तारघर जाऊँ, नहीं तो हो सकता है कि मैं तारघर में ही गिरफ्तार कर लिया जाऊँ । बात साफ़ है कि ताकत और सत्ता आपके हाथ है—हो सकता है, आप मुझे या हम सबको गिरफ्तार कर लें ।" यह हालत थी पहली मार्च को, जब डूमा के हाथ में शासन आए चौबीस घंटे से ज्यादा बीत चुके थे !

इन निकम्मे, बुज़दिल लोगों के हाथों में शासन सौंप दिया, सैनिकों और मज़दूरों के उन तथाकथित नेताओं ने, जो सोवियत के सर्वेसर्वा बने हुए थे । वे कौन थे ? वे थे मेन्शेविक और सोशल रिवोल्यूशनरी पार्टी के लोग । ये लोग पढ़े-लिखे बाबू क्लास के लोग थे । वे अपने को साम्यवादी कहते, साधारण समयों में इनमें से बहुतों ने बड़ी-बड़ी कुर्बानियाँ भी की थीं—क्रांति इनकी ज़बान पर नाचती रहती थी । लेकिन जब क्रांति ने इन्हें ऊपर उठाकर शासन की गद्दी के निकट पहुँचा दिया तो इनके पैर काँपने लगे, सिर चकराने लगे । इस गद्दी पर हम बैठें ? ना, ना, यह सपने की बात है ! फिर क्या था, इस सपने के धन को पूँजीपतियों के हाथ उन्होंने सौंप दिया । मध्यमवर्ग के लोगों की इसी कमज़ोरी के कारण जर्मनी की क्रांति विफल हुई और यदि लेनिन ऐसा नेता नहीं मिला होता तो रूस की क्रांति की भी इन्होंने प्रसूतिगृह में ही हत्या कर डाली थी । मध्यमवर्ग के पढ़े-लिखे बाबुओं का रोल हमेशा ही डगमग करने का रहा है ।

अब सवाल यह है कि मज़दूरों और सैनिकों ने अपनी सोवियत में ऐसे लोगों को चुना ही क्यों ? क्यों न उन्होंने सिर्फ बोल्शेविकों को ही चुना, जो उनका क्रांति के समय नेतृत्व कर रहे थे ?

क्रांति में क्रांतिकारी वर्ग का अल्पमत ही आग में कूदता है, हाँ, उसे बहुमत की सहानुभूति ज़रूर प्राप्त होती है । क्रियाशील और लड़ाकू अल्पमत में से भी आगे वह दस्ता होता है जो ज्यादा क्रांतिकारी और शहादत के लिए सदा तैयार रहता है । फ़रवरी की इस क्रांति में बोल्शेविकों का दल ऐसा ही दस्ता था । लेकिन ज्यों ही क्रांति में सफलता मिलती है और किलेबंदी शुरू होती है, परिस्थिति दूसरी करवट लेती है । चुनाव का वक्त आते ही जनता का वह हिस्सा भी पाँत में खड़ा होता है, जो लड़ाई से दूर-दूर था । ऐसा सिर्फ़ प्रजातंत्री संस्थाओं में ही नहीं होता, सोवियत ऐसी वर्ग संस्थाओं में भी यही होता है । मेन्शेविक, सोशल रिवोल्यूशनरी तथा अन्य पार्टियों से संबंध रखनेवाली एवं तटस्थ मज़दूर जमातों ने भी क्रांति के मौके पर बोल्शेविक का साथ दिया । उनके नेतृत्व को स्वीकार किया । लेकिन उनमें से बहुत ही कम मज़दूर यह जान पाए थे कि इन पार्टियों में परस्पर क्या गहरा मतभेद है । उनके नजदीक सबसे बड़ा फर्क था पूँजीपति और उनके अपने दरम्यान का । उनकी नजरों में वे सब लोग जो पूँजीवादी वर्ग के विरोध की आवाजें उठाते थे और अपने को समाजवादी कहते

थे, पूँजीपतियों से कहीं अच्छे थे, इसलिए उनमें से किसी को भी वोट देना वे क्रांतिकारी कर्तव्य की पूर्ति मानते थे। फिर मेन्शेविकों और सोशल रिवोल्यूशनरी पार्टी में मध्यमवर्गीय पढ़े-लिखे लोगों की तादाद बड़ी थी, जो चुनावों के मौकों पर जनता को अपनी ज़बानदराज़ी से अपने पक्ष में ला सकते थे। मज़दूरों की अपेक्षा सैनिकों के चलते चुनाव में और गड़बड़ी हुई। वे तो क्रांति के आखिरी दिन मैदान में कूदे थे, मज़दूरों की तरह उन्हें अनुभव नहीं था। फलतः चुनाव में उन्होंने उन्हीं को चुना जो लंबी-लंबी बातें करना जानते थे। वे प्रायः सबके-सब मध्यमवर्ग के थे—वालंटियर, किरानी, डॉक्टर, नौजवान अफ़सर आदि। अतः इन सैनिकों के प्रतिनिधि और भी दकियानूस और दब्बू थे। यों पेट्रोग्राद की सोवियत में बोल्शेविकों को वह स्थान नहीं मिल पाया था, जो क्रांति में उन्होंने हासिल किया था। उनकी आवाज इतनी भी ऊँची न थी कि शासन के इस समर्पण को किसी तरह रुकवा पाते।

कैसा आश्चर्य! जिन्होंने क्रांति के ज़ोर से ज़ार की गद्दी छीनी, वे खुद भिखमंगों की तरह इन उदारदली पूँजीपतियों से भीख माँगते फिरें कि हमने तो तुम्हें राज्य दिया है, उसके बदले हमें तुम सिर्फ नागरिक स्वतंत्रता के अधिकार दे दो—यानी हम बिना किसी हस्तक्षेप के बोल या लिख सकें!

खैर, पूँजीपतियों ने उनके हाथ से हुकूमत की बागडोर अपने हाथ में ले ली, लेकिन तमाशा यह कि वे भी इससे इतना डरते रहे कि फिर उसे राजतंत्र के हाथ सौंपने के लिए वे छटपटा रहे थे। पहले तो उन्होंने ज़ार के बेटे के सिर पर ताज रखना चाहा, फिर उनके चाचों के सिर पर। वे समझते थे कि यदि फिर किसी को राजा न बनाया गया, तो जनता समझेगी कि अराजकता बनी हुई है और हर धनपति के लिए अराजकता तो एक जानदार हौआ है! लेकिन अब उनके लिए भी किसी को गद्दी पर बिठाना मुश्किल था। जब ज़ार निकोलस के बदले माइखेल को ज़ार बनाने की चर्चा एक वक्ता ने एक सभा में की तो मज़दूरों और सैनिकों ने उसे पकड़कर जेल में डाल दिया और उसे फाँसी चढ़ाने को उतारू हो चले थे। मानो इसकी भनक ज़ार के चाचा को भी मिल चुकी थी। उसने रोदज़ियान्को को अलग बुलाकर बड़े व्यंग्य-भरे स्वर में कहा—"आप मेरे ताज की ही रक्षा करेंगे या मेरे सिर की भी?" और साफ़-साफ़ ज़ार बनने से इनकार कर दिया।

अस्थायी सरकार

जिन पूँजीवादियों के हाथों में मज़दूरों के प्रतिनिधियों ने डर से, झिझक से, किंतु सिद्धांत के नाम पर शासन की बागडोर रख दी, ज़रा पहले हम उनमें से कुछ के चेहरे तो देख लें।

सबसे पहले हम रोदज़ियान्को को देखें, जो अस्थायी कमिटी का सभापति था और क्रांति के सफल होने के कुछ दिनों तक रूस का सर्वप्रधान व्यक्ति हो चला था। यह अपने सूबे का सबसे बड़ा आदमी था, ज़ार की सेवा में यह उसके पेज और गार्ड की हैसियत से रह चुका था और सिर से पैर तक राजतंत्रवादी था। एक नरमदली पार्टी की ओर से यह डूमा का सदस्य हुआ था और होते-होते उसका सभापति चुना गया था। इसके सभापति चुनने में डूमा के सदस्यों का एक उद्देश्य यह भी था कि ज़ार के नजदीक इसकी अच्छी पैठ है, इसलिए इसके द्वारा कुछ सुधार प्राप्त करने में सहूलियत होगी। सभापति होने पर जब यह ज़ार के सामने पेश किया गया, इसने अपने को रूस का "सबसे मोटा और लंबा आदमी" कहकर अपने दाँत दिखाए थे। लेकिन इसके इस मसखरेपन का प्रभाव ज़ार-ज़ारीना पर नहीं पड़ा था। ज़ारीना ने तो पहले ही दिन 'बदमाश' कहकर अपनी डायरी में इसकी चर्चा की है। लड़ाई के जमाने में इसने बार-बार ज़ार को जनता के असंतोष और तुरंत सुधार देने की बातें सुझाईं, जिनके कारण रासपुटिन भी इससे चिढ़ा रहता था। सुधार की बातें वह इसलिए करता था, जिसमें पूँजीवादियों की सत्ता रूस में मजबूत हो। क्रांति के नाम से ही यह घबरा उठता था। 27 फ़रवरी को उसने

टौरिद महल के सामने सेना को यों कहा था—"ईसाई सैनिको, मेरी सलाह सुनो। मैं बूढ़ा आदमी हूँ, मैं तुम्हें धोखा नहीं दूँगा—तुम अपने अफ़सरों की बात मानो। पवित्र रूस की जय हो।"

रोदज़ियान्को बड़ा बोलक्कड़ था और अपने में रूस की सड़ी जमींदारी प्रथा और निकम्मे पूँजीवाद का सच्चा प्रतिनिधित्व करता था। ढोंगी धर्मगुरुओं की नुमायंदगी भी उससे होती थी क्योंकि यह अपने को बड़ा धार्मिक मानता और सुरीली आवाज में बाइबिल के सूत्र पढ़ता। जिस समय वे तथाकथित समाजवादी उसके हाथों में शासनसूत्र दे रहे थे, यह चिल्ला पड़ा था—"ऐं, यह राजद्रोह तो नहीं?" लेकिन एक मित्र के यह समझाने पर कि चूँकि ज़ार के मंत्रिमंडल ने इस्तीफ़ा दे दिया, इसलिए राजद्रोह का सवाल ही कहाँ उठता—यह राजी किया जा सका था। लेकिन यह राजतंत्र के हाथ में उस शासन को फिर सौंपने के लिए आखिर तक कोशिश करता रहा—हाँ, बूढ़े माइखेल ने इसके मंसूबे नष्ट-भ्रष्ट कर दिए! रोदज़ियान्को का प्रभाव थोड़े ही दिनों में लुप्त हो गया। धनपतियों और ज़ार के बीच के मध्यस्थ के लिए धनपतियों और क्रांति की बिचबई करना असंभव हो गया! नई सरकार का प्रधान यह नहीं हो सका। हाँ, डूमा के सभापति की हैसियत के सोवियतों से खिलाफ़ यह बहुत दिनों तक षड्यंत्र रचता और अपने दूषित अस्तित्व का परिचय देता रहा।

नई सरकार का प्रधानमंत्री बनाया गया प्रिंस लबौव। यह कैडेट पार्टी का एक नरमदली व्यक्ति था। यह शाही घराने से था, बहुत धनी था। खुद ज़ार ने भी इसे प्रधानमंत्री बनाना चाहा था। क्रांति में इसे उतना ही संबंध था, जितना गधे को सींग से। हाँ, अपनी राजनीतिक निष्क्रियता के चलते यह किसी का ज़ोरदार विरोध नहीं करता था—बल्कि दिमाग़पेशा राजनीतिज्ञों और पुराने क्रांतिकारियों से भी हेलमेल रखता था। इस कारण कुछ लोग इसे पसंद भी करते थे। यह भम्भड़, लेकिन भीतर से बिलकुल खोखला था। इसके बदले रोदज़ियान्को कहीं अच्छा प्रधानमंत्री होता। वह बुरा था, तो यह कुछ भी नहीं था।

गृहसचिव के स्थान पर कारौलोव नामक डूमा के एक सदस्य को बैठाया गया। इसे बहुत कम लोग जानते थे—लेकिन यह बुज़दिल भी कम था। पहली मार्च को ही इसने एक फर्मान जारी किया कि पुलिस, खुफ़िया पुलिस और राजनीतिक पुलिस के सभी अफ़सरों को गिरफ्तार कर लिया जाए, यद्यपि यह काम क्रांति के साथ ही शुरू हो गया था और इन अफ़सरों के लिए जेल की सुरक्षा की जगह बन गई थी—बाहर तो इनके लिए लात-जूते या डंडे-गोलियाँ थीं।

पेट्रोग्राद का कमांडर इगलहार्ट को बनाया गया—जो घुड़दौड़ के घोड़ों का प्रसिद्ध पालक था। इसने ज़ार के भेजे हुए डिक्टेटर इवानाव को गिरफ्तार करने के बदले उसकी सेवा में एक अफ़सर तैनात कर दिया, जैसे क्रांति और तानाशाही में दोस्ती हो!

न्याय विभाग का सचिव बनाया गया मास्को का एक प्रसिद्ध वकील, जो बोलने में खूब तेज़, लेकिन भीतर से खोखला था। उसने बड़ी शान से घोषित किया था कि वह क्रांति से घूस की तरह कोई पद नहीं स्वीकार करेगा और तुरत इस्तीफ़ा दे दिया।

इस अस्थायी सरकार की धुरी की तरह था मिल्यूकौव। सरकार का प्रधान न होने पर भी, अस्थायी सरकार का केंद्र वही बन गया था। अपने साथियों से कहीं ऊँचा व्यक्तित्व वह रखता था। तेज़ दिमाग़, प्रगाढ़ अध्ययन, विशाल ज्ञान—वह रूसी पूँजीवादी वर्ग का हृदय और दिमाग़—दोनों था। पहले वह मास्को में इतिहास का प्रोफ़ेसर था। उसने कितने ही विद्वतापूर्ण ग्रंथ लिखे थे। यही नहीं, उसी ने उदारदली जमींदारों, दिमाग़पेशा लोगों और पूँजीपतियों को मिला के केडेट पार्टी की संस्थापना की थी। वह जिस काम को लेता था, मन से करता था। रूसी पूँज़ीपतियों के उन बेटों की तरह वह नहीं था, जो बाप के कमाए पैसे से मौज करते हुए कभी क्रांति और कभी समाजवादी से आँख-मिचौनियाँ किया करते। ऐसे लोगों से वह घृणा करता था। वह खाँटी बुर्जुआ था और इसमें अपने लिए फख्र समझता था। उसने बड़े घमंड और घृणा से एक बार कहा था—"लाल झंडा! लाल झंडा नहीं, लाल चीथड़ा कहो!" यही नहीं, उसे साधारण आदमियों से भी घृणा थी—उसने एक बार यहाँ तक कह दिया था—"आएदिन के आदमी बेवकूफ़ होते हैं।" और इसमें शक नहीं कि

उसकी इन साफ़-साफ़ बातों के कारण ही उसे नई सरकार का प्रधानमंत्री नहीं बनाया गया था। उसके पूँजीवादी उदारदली दोस्त भी उससे घबराते थे क्योंकि उसके आईने में वे अपने वर्ग की बदरूप और घिनौनी सूरत साफ़-साफ़ देख पाते थे ! मिल्यूकौव के लिए नई सरकार में वैदेशिक विभाग का मंत्रित्व दिया गया—उसने डूमा में इसके लिए विशेषता भी प्राप्त कर ली थी !

क्रांति की सरकार के युद्धमंत्री का पद मिला मास्को के बड़े कारखानेदार और व्यापारी गुचकौव को। 1905 की क्रांति के पहले यह लंबी-लंबी बातें करता था, लेकिन क्रांति को अपनी आँखों से देखते ही इसके होश उड़ गए और वह उस समय के वज़ीरेआज़म स्टोलिपिन की ख़ूनी नीति का अनन्य उपासक बन गया। जब स्टोलिपिन को एक आतंकवादी ने मार डाला, तो उसकी कब्र पर इसने फूल चढ़ाए थे ! डूमा में वह हमेशा रूस की सैनिक शक्ति बढ़ाने पर ज़ोर देता था। शायद इसीलिए पहली क्रांति के इस फाँसी देनेवाले को दूसरी क्रांति का युद्धमंत्री बनाया गया।

कृषिमंत्री कैडेट पार्टी के शिनगरेव नामक एक प्रांतीय डॉक्टर को बनाया गया, जिसे उसके साथी "ईमानदार छुटभैया" कहते थे। कृषि संबंधी सुधारों में देरी लगाकर इसने अक्तूबर की क्रांति के लिए सबसे ज्यादा किसानों को उभाड़ा। अर्थमंत्री बनाया गया टेरेश्चेंको। उसके बारे में सब पूछते—अरे, यह कहाँ से घसीटकर लाया गया है? यह कीव से आया था, चीनी का बड़ा व्यापारी, लगभग आठ अरब रूबल का मालदार ! यह गुचकौव का बड़ा चहेता था और उसी की कृपा से यहाँ पहुँच सका था। ज़ार के मंत्री का एक नौजवान बेटा नाबोकौव इस अस्थायी सरकार का आम संचालक—यानी बिना किसी ओहदे का वज़ीर बनाया गया !

यों शुरू से आखिर तक इस सरकार में क्रांति की कोई भी छाप नहीं—हम ऐसा मज़े में कहते, अगर इसमें करेंस्की शामिल नहीं होता !

करेंस्की का क्रांति से एक वकील की हैसियत से संपर्क था। वह खुद क्रांतिकारी नहीं था, क्रांतिकारियों के मुकद्दमों में वकालत करके वह क्रांतिकारी बन गया था! डूमा का सदस्य चुने जाने के बाद पुराने आतंकवादियों और उदारदलियों के संयोग से बनी एक निर्जीव, चरित्रहीन डूमा पार्टी का वह सभापति बन गया था। न उसने सैद्धांतिक अध्ययन किया था, न क्रियात्मक राजनीति में भाग लिया था—न सोचने की, न डट जाने की उसमें काबिलियत थी। वह तुनुकमिज़ाज और बात-की-बात में भड़क उठनेवाला जीव था। वह बोलता खूब था, लेकिन उसकी वक्तृता ऐसी होती थी, जो दिल-दिमाग़ पर प्रभाव न डालकर नसों को थकाती है। युद्ध के ज़माने में उदारदलियों की तरह क्रांति को वह सत्यानाशी चीज़ समझता था ! लेकिन जब क्रांति सफल हुई तो उससे फायदा उठाने को सबसे आगे बढ़ा। वह सोवियत की कार्यसमिति में था और इस कार्यसमिति ने निर्णय कर लिया था कि किसी समाजवादी को नई सरकार में नहीं जाना चाहिए क्योंकि यह दौर पूँजीवादी प्रजातंत्र का है। करेंस्की ने इस विचार का विरोध किया था। लेकिन वहाँ उसकी न चली, वह वज़ीर बनने की साध लिये मन मारकर बैठ रहा ! लेकिन उसी के भाग्य से मैकलेकौव ने न्याय सचिव बनने से इनकार कर दिया और जब नई सरकार ने उसे इस पद को ग्रहण करने का आह्वान किया तो उसने कार्यसमिति से बिना पूछे ही इसे स्वीकार कर लिया ! हाँ, उसने अपने दोस्तों से ज़रूर पूछताछ की और उन्होंने भी उसे राय दी—क्योंकि उनकी समझ से नई सरकार में कम-से-कम क्रांति का एक प्रतिनिधि तो रहना ही चाहिए, जिससे सरकार का रवैया इन क्रांतिकारियों, समाजवादियों को मालूम होता रहे। तो भी, करेंस्की को सिर्फ़ दोस्तों की मरज़ी पर ही संतोष नहीं हुआ, उसने कार्यसमिति की राय लिये बिना ही, सोवियत की एक आम बैठक में यह सवाल पेश कर दिया और बताया कि वह क्रांति के नाम पर मरने तक को तैयार हैं, इस छोटे से पद ग्रहण की क्या बात? फिर बिना इस पद को ग्रहण किए वह ज़ार के बदमाश अफ़सरों को उनकी बदमाशियों के लिए मज़ा कैसे चखा सकेगा और सभी राजबंदियों को मुक्ति दिलाने और विदेशों से मँगाना भी तो उसी के बाँटे पड़ा है ! इस पर तालियों की गड़गड़ाहट क्यों न हों? और इसे ही उसने अपने लिए स्वीकृति मान लिया—वोट लेने के खतरे में कौन पड़े ?

दूसरी मार्च को उसने यह पद ग्रहण किया और उसी दिन एक आरामकुरसी पर बैठे, पैर हिलाते, धुआँ उड़ाते, उसने एक मित्र से कहा—"मैं रूस के न्याय को सर्वोच्च आसन पर बिठाकर रहूँगा !" उसने अपने इस वचन का निर्वाह कुछ महीनों के अंदर बोल्शेविकों का घोर दमन करके किया !

करेंस्की के इस पतन से उत्साहित हो पूँजीवादियों ने चीद्ज़े को मज़दूरमंत्री बनाना चाहा ! चीद्ज़े मेन्शेविक था—और इस समय सोवियत का सभापति ! उसने इस पद के लिए साफ़ इनकार कर दिया—करेंस्की से कहीं कम प्रतिभावान होने पर भी वह उससे कहीं ज्यादा ईमानदार निकला !

ये चेहरे ऐसे नए कि जिनसे वे भड़कते—फलतः इस नई सरकार का स्वागत रूस के पूँजीपतियों, ज़मींदारों, मध्यवित्त के लोगों के साथ ही विदेशी दूतावासों ने भी किया । प्रिंस लबौव, गुचकौव, मिल्यूकौव—ये नाम ऐसे थे जिन पर यक़ीन किया जा सकता था । हाँ, करेंस्की का नाम उन्हें हलवे में कंकड़ के ऐसा लगता, किंतु किसी तरह इसे भी वे हलक के नीचे उतार लेते ।

सैनिक और मज़दूर इस नई सरकार की बनावट पर या तो चकित रह गए या इसके प्रति तुरत दुश्मनी का रुख बना लिया । राजा (ज़ार) गया, तो एक राजकुमार (प्रिंस) आया—वाह, कैसी यह क्रांति रही । फिर गुचकौव और मिल्यूकौव—जो हमेशा से गरीबों और क्रांति के दुश्मन रहे हैं—उन्हीं के हाथ में क्रांति के बाद गरीबों के जीते हुए राज्य की बागडोर ! ऊँह—इस सरकार के आगे वे अपना सिर नहीं झुका सकते । उन्होंने अपनी सोवियत को ही अपने लिए सर्वेसर्वा माना और थोड़े दिनों में ही देश के कोने-कोने में सोवियतों की स्थापना हो गई । सिर्फ मज़दूर, किसान और सैनिक ही नहीं—शहरों के रंगबिरंग के लोग—कारीगर, छोटे दुकानदार, ऑफिसों के किरानी, गाड़ियों के हाँकनेवाले, दरबान, सब तरह के नौकर भी अस्थायी सरकार की अपेक्षा सोवियतों को ही अपना हितु समझने और उसी को अपनी भक्ति और शक्ति प्रदान करने लगे । निस्संदेह सोवियत के चुनाव में इन सबने भाग नहीं लिया था, लेकिन इसी को वे क्रांति का सच्चा प्रतीक समझते थे, जो यथार्थ में सही था ।

यों, टैरिद महल के दो हिस्से थे—एक डूमा, दूसरा सोवियत । पहले सोवियत के लिए बहुत छोटे-छोटे कमरे मिले थे, लेकिन धीरे-धीरे उसके विस्तार और प्रभाव ने डूमा को पिछले हिस्से में ढकेल दिया ।

डूमा के सदस्यों, रेजिमेंट के अफ़सरों, स्टाफ के कमांडरों, कारखानों के डायरेक्टरों और मैनेजरों, रेल और तार के संचालकों और प्रबंधकों, इस्टेटों के जमींदारों—सब पर जनता की संदिग्ध दृष्टि थी । उसके ख़याल से सोवियत उसके इसी संदेह का प्रतिनिधित्व करती थी । छापेखाने के कंपोजीटर किसी हुक्मनामे या लेख के टाइप बिठाने के पहले उसे अच्छी तरह पढ़ लिया करते, रेलवे के मज़दूर फ़ौजी ट्रेनों की आवाजाही पर निगरानी रखते, तार बाबू तार के मज़मूनों को गौर से समझ लेने की कोशिश करते, सैनिक अपने अफ़सरों के आवागमन पर पूरा ध्यान रखते और मज़दूर बदमाश सेठ को निकाल देते या खराब मैनेजर को नजरबंद कर लेते । शासनसूत्र आने के पहले ही दिन अस्थायी सरकार के पास ऊँची सतह के लोगों की शिकायतें आने लगीं कि उन पर ज्यादातियाँ हो रही हैं और न जाने आगे बात कहाँ तक जाए ? नई सरकार के कायम होने के दो दिनों के बाद ही रूस के पूँजीवादी समझने लगे कि हुकूमत हासिल नहीं की है, बल्कि खोई है । ज़ार की सरकार खराब थी, रासपुटिन शैतान था, तो भी ज़ारशाही पर इन पूँजीवादियों का बड़ा प्रभाव था । उन्हीं के प्रभाव में आकर ज़ार लड़ाई में शामिल हुआ था । यही नहीं, ज़ार की सरकार ने धनपतियों को उनके कारख़ाने, ज़मीन, बैंक, घर, अख़बार—सब पर उनके अधिकार की गारंटी दे रखी थी । यों, यह सरकार बहुत अंशों में उनकी अपनी सरकार थी । फ़रवरी क्रांति ने परिस्थिति दो दिशाओं में बदल दी थी । एक ओर, उसने इन पूँजीवादियों के हाथ में हुकूमत की बाहरी बागडोर दे दी तो दूसरी ओर, इसने उनके हाथों से उन अधिकारों को भी छीन लिया, जिन पर क्रांति के पहले इनका स्वामित्व था ! अब इनकी ज़मीन इनकी न थी, न इनके कारख़ाने इनके थे, न इनके अख़बार इनके ! उफ, यह कैसा गोरखधंधा ।

युद्धमंत्री गुचकौव सोवियत के प्रतिनिधियों के नज़दीक 'अपने रूमाल से आँसू पोंछते हुए' कह रहा है

कि सोवियत के चलते फ़ौज का अनुशासन और व्यवस्था सब नष्ट हो रही है ! स्टाफ का चीफ़ जनरल एलेक्सीव 10 मार्च को मोरचे पर से उसे तार दे रहा है—'अगर सोवियत से हम खेलवाड़ करते रहे तो जर्मनी का जुआ हमारी गरदन पर पड़कर रहेगा ।" इसके जवाब में गुचकौव तार देता है—"सरकार नाम की है, उसकी कोई ताकत नहीं—सेना, रेलवेलाइन, डाक, तार—सब सोवियत के हाथ में हैं । सीधी बात यह है कि तभी तक यह अस्थायी सरकार चलती है, जब तक सोवियत उसे ऐसा करने देती है ।" अप्रैल में डूमा के कुछ प्रतिनिधि मोरचों पर निरीक्षण को भेजे गए थे—उन्हें ताकीद कर दी गई थी कि आप लोग सोवियत के खिलाफ मत बोलें । वे क्या बोलते ? क्या वे नहीं जानते थे कि सोवियत के विरुद्ध आवाज उठाकर वे रेल में सफर भी नहीं कर सकते थे ? एक दिल्लगीबाज ने उस स्थित का बयान कितना सही दिया था—"पुरानी सरकार जेल में क़ैद है और नई सरकार घर में नजरबंद है !"

सोवियत की इस शक्ति से घबराकर धनिकों की जमात ज्यादा-से-ज्यादा अस्थायी सरकार से चिपकती गई । वे इस सरकार पर हर तरह से दबाव डालने लगे कि इस दुहरी हुकूमत को खतम कर सभी शक्ति और सत्ता वह अपने हाथ में ले । प्रस्ताव, बयान, तार—जिनमें ज्यादातर नकली ही होते—सरकार के पास लगातार भेजे जाते । लेकिन वे धनी भूल गए थे कि अब उनमें वह शक्ति नहीं रह गई, जो पहले थी । उनकी शक्ति थी धन की शक्ति । और धन की शक्ति तभी तक रहती है जब तक कानून और राज्य अपने डंडे के जोर से उसे समर्थन और स्वीकृति देते हैं । अब हालत यह थी कि पुरानी सरकार खतम हो चुकी थी और जनता सभी पुराने अधिकारों के बारे में सवाल पूछने लगी थी । कारखानों में मज़दूर अपन को सर्वेसर्वा समझते, तो खेतों पर किसान जमींदारों को ठग बताते । अब धनपति सिर्फ नाम के धनपति थे—दाँत तोड़े हुए गेहुँअन की तरह उनकी फुफकार थी !

नई सरकार के इन गुड्डों ने जो काम किए, उनसे जनता संतुष्ट नहीं हो सकती थी । सबसे पहले इन्होंने मित्रराष्ट्रों के साथ अपनी दोस्ती का ऐलान किया—जिसका मतलब था लड़ाई में शामिल रहना । यह घोषणा 6 मार्च को करके 8 मार्च को उन्होंने राजबंदियों का आम रिहाई का ऐलान किया । लेकिन यह ऐलान फिजूल था, क्योंकि तब तक क़ैदखाने से निकाले जाकर कल के राजबंदी आज के नेता बन चुके थे । 12 मार्च को फाँसी की सजा हटा देने का ऐलान हुआ, किंतु चार महीने के बाद फिर उसे जारी कर दिया गया । करेंस्की ने पहले तो जोश में आकर मज़दूरों और सैनिकों के प्रतिनिधियों को अदालतों की न्याय की गद्दी पर बिठलाने की घोषणा की, किंतु उसके नायब ने इस तरह के अनावश्यक हस्तक्षेप को उचित नहीं समझा और नतीजा यह हुआ कि न सिर्फ़ पुराने ज़ारशाही के ज़माने के जजों को ही रहने दिया गया, बल्कि सरकारी वकील भी पुराने ही बने रहे । इसी तरह प्रिंस लबौव ने धर्म की गद्दी पर से 'बेवकूफों और बदमाशों'—पुराने पादरियों—को उतारने की घोषणा तो की, लेकिन जनता ने देखा यही कि वे ही बेवकूफ़ और बदमाश क्रांतिकारी सरकार के वजीफ़े पर गुलछर्रे उड़ा रहे हैं । ज़ार की जो राज्य परिषद् थी, जिसके सदस्य तीन ज़ारों से नमक खाते आ रहे थे, उनका मुशाहरा भी नई सरकार की ओर से दिया जाता रहा । यहाँ तक कि रासपुटिन द्वारा बहाल किए गए उन वज़ीरों को भी पेंशन दी गई, जिन्हें जनता ने पकड़कर कैदखाने में डाल दिया था ! सबसे आश्चर्य की बात तो यह रही कि नई राज्य परिषद् के सदस्यों की पोशाक भी ज़ारशाही ज़माने की ज़रदार और भड़कीली रखी गई और एक उग्र विचार का नया सदस्य, जिसकी नामजदगी करेंस्की के चलते हुए थी, जब सीधे-सादे कपड़े में वहाँ गया, तो उसे हॉल से चुपचाप निकल जाने को बाध्य किया गया !

सैनिक युद्ध से ऊबे हुए थे, मज़दूर काम के घंटों में कमी करने का शोर मचाए हुए थे, किसान ज़मीन के लिए छटपटा रहे थे, लेकिन इन बातों पर अस्थायी सरकार का ध्यान क्यों जाने लगा ? युद्ध के बारे में तो वह घोषणा कर ही चुकी थी, बाकी सवालों को उसने विधान परिषद् के नाम पर टाल दिया । यह विधान परिषद् कब बुलाई जाएगी, कौन इसके मतदाता होंगे, चुनाव का क्या ढंग होगा, इस पर बिलकुल चुप्पी साध ली गई । पहले क्रांति का असर कम हो, लोगों का जोश घटे, जनता में थकावट की नींद आए, तब देखा जाएगा !

सोवियत की कार्यसमिति

हम क्रांति के बाद की नई सरकार को देख चुके, अब हम उस सोवियत की कार्यसमिति की ओर ध्यान दें, जिसका निर्माण 27 फ़रवरी को टौरिद महल में हुआ था। सोवियत का श्रीगणेश 1905 की क्रांति के मौके पर हुआ था। उस समय देशव्यापी आम हड़ताल जारी थी, सोवियत का काम सिर्फ़ राज्य को हथियाना नहीं था, बल्कि संघर्ष को आगे बढ़ाना था, जिसमें राज्य पर कब्ज़ा किया जा सके। अतः सोवियत में वे ही लोग आए, जनता ने उन्हें ही चुना, जो लड़ सकते थे, मर सकते थे। लेकिन फ़रवरी की क्रांति सेना का साथ दे देने के कारण, सोवियत की स्थापना के पहले ही सफल हो चुकी थी। इस समय सवाल था कि इस सफल क्रांति का फल कौन भोगे? सोवियत मज़दूरों की, सैनिकों की, किसानों की प्यारी संस्था थी। अतः कुछ अवसरवादियों ने इस मौके से फायदा उठाना चाहा। लेकिन उनमें हिम्मत नहीं थी कि सीधे सोवियत के नाम से कोई जाली संस्था बना ले। फलतः उन्होंने 'सोवियत की कार्य-समिति' के नाम से एक संस्था गढ़ ली और विजयोन्मत्त सैनिकों और मज़दूरों के सामने उसे रखकर उनकी स्वीकृति भी ले ली। वे बेचारे इन लोगों के हथकंडे में आ गए!

प्रायः इतिहास में, खासकर क्रांति के इतिहास में ऐसा हुआ करता है। पढ़े-लिखे दिमाग़पेशा लोग, जो संघर्ष के मौके पर बगले झाँकते होते हैं, क्रांति का फल भोगने के लिए जनता की वीरता और बलिदान के प्रतीकों को अपने कंधे पर रख जनता के नारों को ऊँची आवाज़ में पुकारते हुए, जनता के बीच में आ जाते हैं और अपना उल्लू सीधा कर लिया करते हैं। जब जनता संघर्ष में लगी रहती है, जब जनता के नेता जिंदगी और मौत के बीच थपेड़े खाते रहते हैं, उन्हें फुरसत नहीं कि आगे की बात सोचें, ये अवसरवादी बैठे-बैठे स्कीमें बनाया करते हैं और जब तक कि जनता होश में आए और जनता के सेवक कोई योजना तैयार करें, अपने घिनौने मायाजाल को ये पसारते और बिना मेहनत के ही शिकार को अपने कब्ज़े में कर लेते हैं और यों दूसरे की कमाई पर गुलछर्रे उड़ाते हैं।

खैर, इन्होंने जनता को धोखा दिया, उसके जीते हुए राज्य को ख़ुद न भोगकर उसे पूँजीवादियों के सुपुर्द कर दिया। लेकिन आखिर धोखेबाजी की भी सीमा है। तीसरी मार्च से ही इस धोखेबाजी के खिलाफ आवाज उठने लगती है। पेट्रोग्राद में मज़दूरों और सैनिकों की सभाओं में यह माँग पेश की जाती है कि शासनसूत्र पूँजीवादियों के हाथ से छीन लिया जाए, उसे सोवियत अपने हाथ में रखे। इसकी पहली आवाज बाइवर्ग से ही उठती है। फिर तो राजधानी ही नहीं, मुफस्सिल के शहरों और ज़िलों से भी ऐसी माँगें आती हैं। लेकिन एक बार मौका खो देने पर फिर बहुत दिनों तक हाथ मलना पड़ता है। ये माँगें की जाती हैं, नकली नेता उन्हें समझाते हैं, थोड़ा समय माँगते हैं, अनुभव के नाम पर अपील की जाती है, विश्वास के नाम पर कसमें खाई जाती हैं—फिर मामला ठंडा हो जाता है। ठंडा होता है, फिर उभड़ता है, फिर ठंडा होता है। उसके ऊपर एक ऐसी मोटी परत पड़ गई है कि जनमत का उभाड़ उससे धक्के खा-खाकर लौट जाता है। उस परत को तोड़ने के लिए चार महीने का समय चाहिए! हाँ, तब तक ऐसा करके संतोष कर लिया जाता है कि हम सरकार की ऐसी आज्ञा नहीं मानेंगे जिसे हमारी सोवियत का समर्थन न प्राप्त हो। मज़दूरों और सैनिकों की इस गुस्ताख़ी पर नई सरकार के सदस्य गुस्से से दाँत पीसते हैं, लेकिन कर ही क्या सकते हैं बेचारे?

इस कार्यसमिति से ही विजयी सैनिकों और मज़दूरों को संतोष नहीं। 1905 की याद उनके हृदय में तरंग लेती है और मार्च के अंदर-ही-अंदर रूस के सभी प्रमुख शहरों और औद्योगिक केंद्रों में सोवियतें क़ायम हो जाती हैं। कुछ ही हफ्तों के अंदर देहात-देहात में भी उसकी ख़बर पहुँचती है और वहाँ भी सोवियतें बनाई जाती हैं। लेकिन ये सब सोवियतें राजधानी की सोवियत की ओर ही नेतृत्व के लिए देखती हैं—फलतः उनकी राजनीति पेट्रोग्राद की सोवियत की कार्यसमिति की ही तरह की होती है। सिर्फ इतना ही नहीं, प्रांतों में जो सोवियतें बनती हैं, वे राजधानी से भी बुरी क्योंकि देहाती जनता को और भी ज्यादा आसानी से धोखा दिया जा सकता है। क्रांति सफल होने के एक महीने के बाद सभी सोवियतों के प्रतिनिधियों की बैठक पेट्रोग्राद में बुलाई

गई। इस बैठक ने प्रांतों के जिन सोलह प्रतिनिधियों को सोवियत कार्य-समिति में लिया वे और भी दकियानूस थे। अब, जब कभी कार्य-समिति के खिलाफ़ आवाज़ उठाई जाती तो उसके रहनुमा कहते, "वाह हम क्या करें—हमें तो समूचे रूस की सोवियत की राय पर ख़याल रखना है।"

× × ×

यहाँ पर हम उन दो पार्टियों—मेन्शेविक और सोशल रिवोल्यूशनरी के रूप-रंग को अच्छी तरह समझ लें, जिनका इन सोवियतों में बहुमत था और जिनका प्रभाव हम विधान परिषद् में आख़िरी बार देख पाते हैं—डूबते सूरज की अस्ताचल पर बिखरी अंतिम सुनहरी किरणों की तरह !

पूँजीवाद हमेशा प्रजातंत्रवाद का हिमायती होता है लेकिन एक ओर, जहाँ रूसी पूँजीवाद का जन्म इतना पीछे हुआ कि वह प्रजातंत्र से भड़कता रहा तो दूसरी ओर, रूसी प्रजातंत्र भी उसी कारण से समाजवाद की ओर प्रवृत्त रहा। प्रजातंत्र की भावना यूरोप में उन्नीसवीं सदी के साथ ही दम तोड़ चुकी थी। इसलिए जो पढ़े-लिखे लोग बीसवीं सदी के दरवाज़े पर खड़े होकर जनता से संपर्क बढ़ाना चाहते थे, उनके लिए समाजवाद को किसी-न-किसी रूप में अपनाना लाजिमी था। इसी ऐतिहासिक विकास की उपज रूस की उपर्युक्त दोनों पार्टियाँ थीं—लेकिन दोनों की पैदाइश और आदर्श में बहुत फर्क था।

मेन्शेविकों के विचार का आधार मार्क्सवाद था। लेकिन रूस के ऐतिहासिक पिछड़न के चलते उसका मार्क्सवाद पूँजीवाद का आलोचक सिद्धांत न होकर पूँजीवाद की अनिवार्यता को प्रमाणित करनेवाली विचारधारा बन गया था। सर्वहारा की क्रांति के सिद्धांत को नपुंसक बनाकर उससे रूस को यूरोपियन ढाँचे में ढालने का सपना ये लोग देखते थे। इन्होंने एक काम और भी किया—पूँजीवादी दिमागपेशा लोगों की पैठ इनके चलते मज़दूरों की ऊपरी सतह के लोगों में हुई और इन दोनों के संपर्क से कानूनी ढंग से काम करने—डूमा और मज़दूर संघों के वैधानिक रास्ते से ही मजदूरों के राज्य तक पहुँचने के विचार का दौरदौरा हुआ।

इनके विपरीत सोशल रिवोल्यूशनरी सिद्धांततः ही मार्क्सवाद के विरोधी थे। वे अपने को एक ऐसी पार्टी बातते थे, जिसने पढ़े-लिखे लोगों, मज़दूरों और किसानों को एकत्र कर 'आलोचनात्मक तर्क' के नेतृत्व में संघबद्ध किया है। उनकी आर्थिक विचारधारा गड़बड़झालों से भरी हुई, पूँजीवाद की ओर तेजी से बढ़ते हुए देश के किसानों की जीवन दशाओं की असंगतियों को प्रकट करती थी। आनेवाली क्रांति को वह न तो पूँजीवादी कहते, न समाजवादी बल्कि प्रजातंत्रवादी नाम से पुकारते थे और इस तरह अपने को पूँजीवादी और सर्वहारा के बीच में रखकर दोनों का पंच बनते थे ? फ़रवरी क्रांति के बाद तो वे जैसे इस पद को पहुँच चुके थे।

1905 से ही ये सोशल रिवोल्यूशनरी अपने को किसानों के बीच लगाए हुए थे। 'ज़मीन और आजादी'—यही इनका नारा था और देहात के पढ़े-लिखे लोग इनके ही प्रभाव में थे। जहाँ मेन्शेविकों का दौर शहरों तक सीमित था, वहाँ इनका पूरा समर्थन देहातों से होता था। शहर के सोवियतों में भी सैनिकों का समर्थन प्राप्त करने की वजह से इनका बोलबाला था और प्रजातंत्रात्मक म्यूनिसिपैलिटियों में इनका बहुमत भी प्रायः देखा जाता था। इस पार्टी की ताकत एक समय असीम समझी जाती थी। यह भूले-भटके लोगों की अपनी पार्टी थी। इसे पार्टी कहना भी गलत था, जिस तरह बच्चों की तुतलाहट को भाषा नहीं कहा जा सकता। जो कोई कैडेट पार्टी या बोल्शेविक पार्टी को वोट नहीं देना चाहता, वह इसे ही वोट देता। और, कैडेट पूँजीवादी कहकर बदनाम थे, तो बोल्शेविकों का लालभभूका रंग देखकर ही लोग डर जाते थे। सोशल रिवोल्यूशनरी को वोट देने के मानी थे—क्रांति को वोट दो, लेकिन जिम्मेवारी कुछ मत लो और ज़िम्मेवारी से कौन नहीं भागता ? बहुत दिनों तक इस पार्टी के टिकट के मानी थे क्रांति भवन का प्रवेशपत्र। वे दिन बाद में आए, जब इस टिकट की साख और कीमत जाती रही।

पहली क्रांति (1905) के बाद से ही मेन्शेविक लोग क्रांति के पूँजीवादी स्वरूप पर ज़ोर देते हुए पूँजीवादी उदारदलियों से मेल करने के हिमायती थे—किसानों को वे अविश्वस्त साथी समझकर उनके सहयोग

को तिरस्कार की नज़र से देखते थे। इसके खिलाफ़ बोल्शेविक पूँजीवादियों के विरुद्ध मज़दूर और किसानों के सहयोग को आवश्यक मानते थे। तो भी हम फ़रवरी के बाद किसानों के प्रतिनिधि रूप सोशल रिवोल्यूशनरी से मेन्शेविक का गठबंधन होते देखते हैं और इस गर्हित गंगा-जमुना के संगम में पूँजीवादियों ने सरस्वती की तरह मिलकर एक नारकीय त्रिवेणी की भी उपमा पूरी कर दी थी। ऐसा क्यों हुआ? साफ़ बात यह है कि किसानों का नाम जबान से रटनेवाले ये सोशल रिवोल्यूशनरी न तो यथार्थतः किसानों के हिमायती थे और न मज़दूरों के नाम पर कसमें खानेवाले मेन्शेविक मज़दूरों के हितु। इनके चमड़े के नीचे जो रंग था, उसे क्रांति ने साफ़ सबके सामने रख दिया। पूँजीवादियों से साँठगाँठ करके, विद्रोही मज़दूरों और किसानों से ये दोनों कितनी दूरी पर हैं, इन्होंने खुद सिद्ध कर दिया।

मेन्शेविक और सोशल रिवोल्यूशनरी के इस गठबंधन में, संख्या के लिहाज़ से बड़े होने पर भी सोशल रिवोल्यूशनरी की अपेक्षा कम तायदाद के मेन्शेविक अधिक प्रभाव रखते थे। इसका कारण था देहात पर शहरों की तरजीह, शहरी दिमागीपेशाओं का देहाती दिमागपेशाओं पर रोब और सबसे बढ़कर नामनेहादी 'मार्क्सवादी' सिद्धांत के सामने भी क्षुद्र 'देशी' समाजवादी की हीनता।

मेन्शेविकों के नेताओं में कितने लोग संसार-भर में प्रसिद्धि प्राप्त किए हुए थे। प्लेखानौव को तो रूस में समाजवादी विचारधारा का पिता ही कहा जा सकता है। लेकिन इसी प्लेखानौव का इतना पतन हो चुका था कि जिस समय फ़रवरी क्रांति हो रही थी, एक अमेरिकन अख़बार में उसने लिखा था कि अब रूस में मज़दूरों का कोई भी संघर्ष—हड़ताल आदि अपराध करार दिया जाना चाहिए। क्यों? क्योंकि देशभक्ति का तकाजा है कि रूस की रक्षा की जाए! जब जर्मन राक्षस बढ़ते आ रहे हैं, तब आपस में झगड़े! नहीं, नहीं, उस दुष्ट को पहले भगाओ! लेकिन अफ़सोस, प्लेखानौव की बात अब मज़दूरों को कौन कहे, उसके मेन्शेविक साथी भी सुनने को पूरी तरह तैयार नहीं थे। अब मेन्शेविकों के नेता थे—मारटोव, डान और जरटेली। ये तीनों पहले युद्धविरोधी थे, किंतु फ़रवरी क्रांति ने डान और जरटेली को पक्का युद्धसमर्थक बना दिया था। जब ज़ारशाही खतम हो गई, तो देश 'अपना' हो गया और अब 'अपने देश' की रक्षा होनी चाहिए! मारटोव इन लोगों से कहीं अच्छा और योग्य था। बहुत दिनों तक वह लेनिन के सहयोगी की हैसियत से काम कर चुका था—वामपक्ष की ओर उसकी प्रवृत्ति भी थी, लेकिन उसका पार्टी के लोगों पर प्रभाव नहीं था।

चीद्ज़े डूमा के मेन्शेविक दल का सभापति था, इसलिए क्रांति के बाद यही सोवियत की कार्य समिति का अध्यक्ष चुना गया। लेकिन जब राजबंदियों की आम रिहाई के बाद ज़रटेली वनवास से आया, वही यथार्थ में न सिर्फ मेन्शेविकों का बल्कि सोवियत के बहुमत का नेता हो गया। उसका राजनीतिक ज्ञान गहरा न था, लेकिन वह बोलता बहुत अच्छा था और जिस बात को पकड़ता, उसे छोड़ता नहीं, आगे बढ़ाए जाता। ज़रटेली के इस 'गुण' के कारण उसकी पार्टी आख़िर में चौपट हुई। डान पुराने मेन्शेविकों में, मारटोव के बाद सबसे प्रभावशाली व्यक्ति समझा जाता था। लेकिन जरटेली इस पर भी प्रभाव रखता और इसे मनमाना घुमाता। स्कोवलेव एक नौजवान डूमा सदस्य था, जो पीछे चलकर करेंस्की की बजारत का मज़दूरमंत्री बना। लाइबर अपनी ऊँची आवाज़ और क्रोधी स्वभाव के बावजूद एक ईमानदार यहूदी क्रांतिकारी था और वोइटिंस्की बोल्शेविकों से हटकर मेन्शेविक बना था—ये पिछले दोनों मेन्शेविक नेता बोल्शेविकों से खास दुश्मनी रखते थे।

सोशल रिवोल्यूशनरी नेताओं में बूढ़ा चाइकोवस्की का प्लेखानौव के ऐसा रुतबा था, लेकिन उसमें वैसी योग्यता नहीं थी। उसके बराबर ही स्थान था, श्रीमती ब्रेश्को ब्रेश्कोवस्काया का, जिसे उसके दलवाले 'रूसी क्रांति की बूढ़ी दादी' कहते थे। पीछे चलकर चाइकोवस्की एक क्रांति-विरोधी सरकार का सदर बना, जिसे चर्चिल से आर्थिक सहायता मिलती थी और यह क्रांति भी बूढ़ी दादी क्रांति-विरोधियों की खुदाई दादी बन गई थी।

लेकिन पार्टी का नेतृत्व इन बूढ़े व्यक्तियों पर न होकर इस समय करेंस्की पर आ गया था। करेंस्की का न

तो कोई क्रांतिकारी भूतकाल था और न वह अपने को किसी पार्टी का आदमी समझता था। वह तो अपने को रूसी राष्ट्र का खुदाई प्रतिनिधि मानता था ! ख़ैर, करेंस्की नेता तो था, लेकिन असल में सोशल रिवोल्यूशनरी पार्टी का सच्चा प्रतिनिधि था चेरनौव। वह बड़ा अध्ययनशील, बहुत से विषयों का जानकार, नीति और साहित्य का पुजारी एवं इस पार्टी को प्रेरणा और सिद्धांत देनेवाला था। वह अप्रैल में इंगलैंड होकर रूस लौटा था। रूस लौटकर उसने शुरू में करेंस्की और ज़रटेली का विरोध भी किया था। लेकिन धीरे-धीरे करेंस्की इस पर हावी हो गया और इसका प्रभाव भी जल्द-जल्द नष्ट हुआ। चेरनौव उन लोगों में से था, जिन्हें अपने ज्ञान पर घमंड होता है और जो समझते हैं कि जनता को शिक्षा और उपदेश देना उनका जन्मसिद्ध अधिकार है, नतीजा यह होता है कि वे जनता को समझ नहीं पाते और बिना जनता को समझे उनसे शिक्षा लिये कोई 'क्रांतिकारी राजनीतिज्ञ' हो नहीं सकता।

अवक्सेंटिव को इस पार्टी ने ऊँचे-से-ऊँचे पद दिए—किसान प्रतिनिधियों की कमिटी का अध्यक्ष बनाया, गृहसचिव बनाया, प्राथमिक धारासभा का सभापति बनाया— लेकिन सिवा सुंदर व्यक्तित्व के उसमें राजनीतिक नेतृत्व छू भी नहीं गया था। उसकी अपेक्षा तो गोतज़ का कहीं ज्यादा प्रभाव था—यद्यपि वह हमेशा परदे की ओट में ही शिकार करना पसंद करता। उसने लंबी सख़्त सज़ाएँ भुगती थीं और अपने हल्के में कामकाजू आदमी समझा जाता था। लेकिन उसका कामकाजूपन रसोईघर का कामकाजूपन था।

ऐसी थीं वे दोनों पार्टियाँ और ऐसे थे उनके नेता, जिनके हाथों में सोवियत की कार्यसमिति का सूत्र था। वे पार्टियाँ—जिनके सिद्धांतों की कोई बुनियाद नहीं थी और वे नेता—जिनमें अपनी बात को कार्य में परिणत करने की हिम्मत नहीं थी—भला वे सदियों से जनता के गले में पड़ी अनेकानेक जंजीरों को कैसे तोड़ सकते थे ? इनके कारनामे असंगतियों से भरे पड़े थे, जिनसे धीरे-धीरे जनता ऊब उठी और अंततः भीषण गृहयुद्ध के रूप में जिसका रोष प्रकट हुआ।

× × ×

ये दोनों पार्टियाँ या उनके नेता भले ही नालायक और निकम्मे हो, जनता को सोवियत से कम आशा नहीं थी क्योंकि इस संस्था को वह अपनी उम्मीदों का प्रतीक समझती थी। सैनिकों, मजदूरों, सैनिकों की बीवियों, दुकानदारों, किरानियों, माताओं-पिताओं का ताँता-सा सोवियत के दफ्तर में लगा रहता था और वहाँ पहुँचकर वे सवाल करते, माँग पेश करते, रोते, गिड़िगिड़ाते, धमकाते और प्रायः ही उसे कार्रवाई करने को लाचार करते थे और इस तरह रूसी क्रांति के इतिहास लेखक सुखानौव के अनुसार—"सोवियत की मशीनें सोवियत के इच्छा के खिलाफ़ काम करतीं और नई सरकार की सत्ता को ठुकराती और कुचलती थीं।" उस समय नई सरकार का दफ्तर मैरिन्स्की महल में चला गया था, लेकिन देश की वास्तविक सत्ता बहुत दिनों तक टौरिद महल में ही रही।

28 फ़रवरी को सोवियत की कार्य-समिति ने राजतंत्री अखबारों को बंद कर दिया और नए अखबारों के लिए लाइसेंस लेने का नियम चलाया। इस पर बड़ी ज़बरदस्त विरोध की आवाज उठी और सबसे ऊँची आवाज उनकी थी, जो कल तक अख़बारों के दुश्मन थे ! बहुत दिनों के बाद ही कार्य-समिति में फिर यह सवाल उठाया गया, किंतु 5 मार्च को उसने फिर से अपने निर्णय को दुहराया कि सभी दक्षिणपंथी अखबार बंद किए जाते हैं—सोवियत की आज्ञा से ही नए अख़बार निकाले जा सकते हैं, लेकिन कितना आश्चर्य कि 10 मार्च होते-होते यह प्रस्ताव रद्द कर दिया गया ! 'कानूनी' समाजवादियों ने प्रेस की स्वाधीनता के नाम पर बड़ी खुशी ज़ाहिर की। कितनी बड़ी आत्मवंचना ! प्रेस समाज से ऊपर रहनेवाली चीज नहीं है। प्रेस की हालत से आप क्रांति की हालत का अंदाजा क्रांतिकारी समय में लगा सकते हैं। जब क्रांति गृहयुद्ध का रूप धारण कर लेती हैं, तब कोई भी दल अपने विपक्षी के हाथ में प्रेस को स्वतंत्र नहीं छोड़ सकता, जैसेकि वह अस्त्रागार, रेलवे लाइन आदि को दुश्मन के हाथ में नहीं रहने दे सकता। क्रांति के समय में प्रेस तो एक हथियार की तरह है। नागरिक स्वाधीनताओं का मूल्य ज़िंदगी से ज्यादा नहीं है। क्रांति जब ज़िंदगी पर खेल जा सकती है, तो इन स्वाधीनताओं की क्या बिसात ? क्रांति के लिए हम एक नियम बना सकते हैं—जिस क्रांतिकारी सरकार का

कार्यक्रम जितना ही अधिक सुधारवादी होगा और जो जितनी ही अधिक सहनशील और उदार होगी, उतना ही अधिक उसके कार्यक्रम में छिछलापन होगा और वह उतनी ही अधिक भूतकाल से बँधी और फलतः दकियानूस होगी। इसके विपरीत—उद्देश्य जितना ही महान होगा और जितने ही अधिक निहित स्वार्थों का खात्मा करना होगा, क्रांतिकारी सरकार को उतना ही अधिक केंद्रित होना पड़ेगा और उसका एकाधिकार उतना ही अधिक ज़बरदस्त होगा। ये चीजें अच्छी हों या बुरी—मानवता इसी रास्ते में उन्नति की ओर अग्रसर हुई है। सोवियत 28 फ़रवरी को, जब वह क्रांति के हाथों में थी, सही काम किया था। लेकिन, जब पूरी हुकूमत ही पूँजीवादियों को दे दी गई, तो फिर उनके अख़बार ही अब कैसे बंद रखे जाते?

यों ही, लोगों के आश्चर्य का ठिकाना नहीं रहा, जब करेंस्की ने 7 मार्च को न्याय सचिव की हैसियत से घोषित किया कि ज़ार की हालत फ्रांस के राजा लुई की नहीं हो सकती—अपने व्यक्तिगत निगरानी में वह उसे इंगलैंड भेज देगा। इस घोषणा पर विद्यार्थियों ने तालियाँ पीटीं, महिलाओं ने फूल बरसाए। लेकिन सैनिकों और किसानों के गुस्से का आरपार नहीं रहा और उनके रुख को देखकर सोवियत को कार्यसमिति को इस बारे में हस्तक्षेप करने को तैयार होना पड़ा। उसने रेलवे के मज़दूरों के नाम अपील निकाली कि उस गाड़ी को आगे मत बढ़ने दो, जिसमें ज़ार जा रहा हो और अपने एक मज़दूर सदस्य को ज़ार की गिरफ्तारी की हुक्मनामा देकर भेजा। 9 मार्च को चीद्ज़े ने लोगों को बताया कि नई सरकार ज़ार को इंगलैंड नहीं भेजेगी, उसे कैद करके विंटर पैलेस—शरद प्रासाद में रखा गया है।

हर क्रांति में सांपत्तिक अधिकार में भी उलट-फेर होता ही है और ऐसा सिर्फ़ कानून के ज़रिए से ही नहीं, बल्कि ज़बरदस्ती के क़ब्जे के द्वारा भी। कानून सुधार तो क्रांति के पीछे-पीछे चलता है। जिन क्रांतियों में किसान शामिल होते हैं, वे सबसे पहले अपने शोषकों को संपत्ति पर ही टूटते हैं। शहरों में ऐसा कम होता है, लेकिन ऐसी एक भी क्रांति आज तक नहीं हुई है, जिसमें जनता ने अपने दुश्मनों के महलों पर छापा मारकर क़ब्जा किया हो। फ़रवरी क्रांति के बाद गैरकानूनी करार दी गई संस्थाओं के दफ्तर पेट्रोग्राद में खुलेआम सामने आने लगे। मज़दूर संघ और जिले एवं छोटे-छोटे हल्कों की सोवियतें कायम होने लगीं, तरह-तरह की सभाएँ और बैठकें होने लगीं, इन सबके लिए जगहें चाहिए। इन संस्थाओं ने बड़े लोगों के खाली मकानों, ऐय्याशी के क्लबों, ज़ार के वजीरों के ग्रीष्म आवासों और उसकी रखेलिनों के विलास भवनों पर कब्जा कर लिया। इन लोगों के खिलाफ़ नई सरकार से पुकार की गई, किंतु नई सरकार के हाथ में क्या था? उसने कार्य-समिति से अपील की, लेकिन कार्य-समिति को भी इतनी हिम्मत कहाँ थी कि वह क्रांतिकारी संस्थाओं से झगड़े। हाँ, वह अनुनय-विनय करती रही और यह मामला महीनों घसीटता चला गया।

मज़दूरों से सिर्फ आठ घंटे दिन-भर में काम लिया जाए—विजयी क्रांति का यह नारा था। लेकिन क्रांति को बेच देनेवाले मज़दूरों को इतना भी नहीं देना चाहते थे। उनका नारा था—'सैनिक बैरिकों में, मज़दूर कारखानों में।' मज़दूर पूछते थे—'क्या इसके मानी यह हैं कि सब चीजें पहले ही की तरह रहेंगी?' इस पर मेन्शेविक जवाब देते—'हाँ, अभी कुछ दिनों के लिए!' लेकिन मज़दूर इसके मानी समझ लेते कि यदि अभी नहीं हुआ तो कभी नहीं होगा।

सोवियत की कार्य-समिति प्रस्ताव करती है कि सभी मज़दूर 5 मार्च तक अपने कारखानों में लौट जाएँ। लेकिन मजदूरों ने उसकी आज्ञा नहीं मानी। मज़दूरों को समझाने और फुसलाने के लिए तरह-तरह की बातें कही जाने लगीं। एक ओर उन्हें कहा जाता कि यदि ज़िद करोगे तो 1905 की गत होगी! दूसरी ओर कहते, अरे पहले राजनीतिक स्वतंत्रता के प्रश्नों को तो हल कर लो, क्या नून-रोटी का बखेड़ा खड़ा कर रहे हो? लेकिन मजदूर टस-से-मस नहीं हो रहे थे। कैसा तमाशा कि जब ये लोग इस तरह मज़दूरों से दाँत किट-किट कर रहे थे उसी दरम्यान 10 मार्च को कारखानों के मालिकों ने आठ घंटे के दिन की मज़दूरों की माँग को मंज़ूर कर लिया! ये मालिक इन नकली नेताओं की अपेक्षा मज़दूरों की भावना और उनके निश्चय को अच्छी तरह जानते थे। पेट्रोग्राद में तो 10 मार्च को ही मामला सुलझ गया, मास्को में मज़दूरों को एक लंबी लड़ाई देनी पड़ी—21 मार्च

को वहाँ की सोवियत ने आठ घंटे के दिन की माँग मंज़ूर की। दूसरे शहरों में अप्रैल तक इसका संघर्ष जारी रहा। लेकिन एक मज़ेदार बात यह रही कि कारखानेदारों ने तो आठ घंटे का दिन मंज़ूर कर लिया, नई सरकार इसे कानूनी जामा पहनाने में हिचकिचाती ही रह गई।

इस 'आठ घंटे का दिन' के सवाल को लेकर सैनिकों और मज़दूरों में फूट डालने की भी कोशिशें की गईं। सैनिकों को कहा जाता—"तुम तो चौबीस घंटे खाइयों में सड़ते और मरते रहते हो, ये मज़दूर आठ घंटे से ज्यादा काम नहीं करना चाहते ! और इनका कम घंटे काम करने के क्या मानी होंगे ? कम गोलियाँ और हथियार तैयार होंगे, कम कपड़े और जूते बनेंगे। नतीजा होगा, तुम मारे जाओगे, फटे हाल रहोगे।" भोले-भाले सैनिक इस फेर में पड़ गए और प्रायः ही मज़दूरों और सैनिकों में बहस होते धक्कम-धुक्का हो जाता। चतुर मज़दूरों और उनके नेताओं ने बड़ी मुश्किल से सैनिकों की यह दुर्भावना दूर की।

सिर्फ आठ घंटे काम करने के बाद फुरसत पाने का मज़दूरों की क्रांतिकारी भावना पर बड़ा असर पड़ा। अब सप्ताह में जो कई घंटे उन्हे मिल जाते, उनमें वे पढ़ते, सभाओं में जाते और राइफल लेकर निशाने का अभ्यास करते—क्योंकि उस समय 'मज़दूर स्वयंसेना' का संगठन धड़ाके से शुरू हो गया था। इस फुरसत के समय उन्हें सोवियत के नेताओं को भी नजदीक से देखने का मौका मिला। मेन्शेविकों का प्रभाव घटने लगा और उनका ध्यान बोल्शेविकों पर ज्यादा जाने लगा, जिन्होंने इस आठ घंटे के मामले में भी सही नेतृत्व किया था। सैनिकों और मज़दूरों के आपस के भाईचारे के लिए भी यह बचा हुआ समय बड़े काम का सिद्ध हुआ।

अस्थायी सरकार की संस्थापना कार्य-समिति के ही चलते हुई, लेकिन यह सरकार अपनी सत्ता में दस्तंदाज़ी करने और शायद मज़दूरों और किसानों के नाम बराबर लेने की वजह से कार्यसमिति को संदेह और घृणा की नज़र से देखती थी। जब कार्य-समिति ने अपने दफ्तर के संचालन व्यय के लिए सरकार से रकम माँगी, तो वह इस बिना पर नामंज़ूर कर दी गई कि किसी खास प्राइवेट संस्था को सरकार मदद कैसे कर सकती है। सोवियत का खर्च बेचारे मज़दूर, सैनिक और किसान ही अपनी मज़दूरी, वेतन या खेत की कमाई से चलाते !

सोवियत प्रणाली में कोई रहस्यवादी शक्ति नहीं है। हर प्रतिनिधि संस्था की खामियों से यह भी नहीं बची है। लेकिन इसकी ताकत इस बात में है कि इसमें ख़ामियों के लिए कम गुंजाइश है। हम आगे देखेंगे कि यदि सोवियतें वक्त पर क़ायम न होतीं तो जनता अपनी इच्छा और ताकत इतनी जल्दी फिर ऊपर न ला पाती। क्रांतिकारी प्रतिनिधित्व के जितने रूप निकले हैं, उनमें सोवियत प्रणाली सबसे ज्यादा लचीली और पारदर्शी है। यह जनता को अपनी ग़लतियाँ तुरत समझने का मौक़ा देती है। इसके द्वारा क्रांति के विकास की गारंटी मिल जाती है।

यहाँ एक बात और। बोल्शेविकों की शक्ति और नीति सोवियत में और उसके बारे में क्या थी ? पहले कहा जा चुका है कि बोल्शेविक बहुत कम तादाद में सोवियतों में चुने गए थे—उनके प्रायः सभी बड़े नेता या तो जेलों में थे या बाहर क्रांति के घमासान में। मार्च के बीच में कामनेव और स्टालिन जेलों से छूटकर आए। आकर इन्होंने क़रीब-क़रीब वैसा ही रुख लिया जो मेन्शेविकों का था। इसलिए सोवियत के बहुमत और उसके विरोधी दल के बीच की दूरी और कम हो गई। यह तो जब लेनिन पेट्रोग्राद पहुँचा, 4 अप्रैल को, तब सोवियत के अंदर और जनता के बीच का बोल्शेविक कशमकश ज़ोरों से जारी हुआ। इस किस्से को हम आगे देखेंगे।

फ़ौज : लड़ाई : शासक दल

क्रांति शुरू होने के कुछ महीने पहले से ही फ़ौज का अनुशासन हिल गया था। उस सनय के अफ़सरों की शिकायतें थीं कि सैनिक अफ़सरों की इज्जत नहीं करते, घोड़े और दूसरे सामानों की हिफ़ाजत पर ध्यान नहीं देते,

अपने हथियारों को बदतर हालत में रखते, फ़ौजी ट्रेनों में खूब गड़बड़ मचाते हैं, आदि-आदि। अब क्रांति ने उस अनुशासन को और भी झकझोर दिया। पेट्रोग्राद के सैनिकों ने बिना अफ़सरों के ही, बल्कि उनके खिलाफ़ होकर बगावत की थी। हाँ, यह भी सच है कि टौरिद महल में जो टुकड़ियाँ आई थीं, उनमें कुछ अफ़सर भी थे; लेकिन वे आए नहीं थे, जबरदस्ती लाए गए थे। एक अफ़सर ने ही लिखा है—"हम अफ़सर टौरिद महल में इस तरह ले जाए जा रहे थे, जैसे भेड़ें कसाईघर में ले जाई जाती हैं!"

फ़ौज और उनके अफ़सरों में पुराना अनबन था—यह कलह क्रांति था सैनिक किसानों के बेटे थे तो अफ़सर जमींदारों के। क्रांति जिस तरह सब असंगतियों को उभाड़ देती है, उसी तरह इस छिपे हुए वर्ग कलह को भी सतह पर ला दिया था। सैनिकों की नज़र में ज़ारशाही को उखाड़ने का मतलब था अफ़सरशाही का उखाड़ना। 28 फरवरी को जहाँ भी सैनिक किसी अफ़सर को देखते, उसके बिल्ले फाड़कर फेंक देते!

सोवियत कार्यसमिति का पहला कर्तव्य हुआ कि सैनिकों और अफ़सरों में मेल कराए। इसके मानी साफ शब्दों में यह थे कि फिर से सैनिकों को अफ़सरों के अधीन कर दिया जाए। ये तथाकथित क्रांतिकारी अफ़सरों से नहीं, बल्कि सैनिकों से खौफ़ खाने लगे थे। क्यों न खौफ़ खाएँ? क्योंकि जब सैनिकों को मालूम हुआ कि ज़ार के बदले प्रिंस लेबौव के हाथ में हुकूमत सौंप दी गई है, तो उनके गुस्से का ठिकाना न रहा! उनके मन में स्वभावतः ही यह प्रश्न उठा कि क्या इतना ख़ून इसीलिए बहाया गया कि एक भूमिपति के बदले दूसरा भूमिपति हमारी नकेल थामे?

पेट्रोग्राद में तो सब बातें सैनिकों के सामने हुई थीं, लेकिन प्रांतों या मोरचों पर के सैनिकों से तो क्रांति की विजय का समाचार भी छिपाने की कोशिश की गई। हाई कमांड ने हर मोरचे पर ख़बर भेज दी कि यदि कोई खुराफ़ाती आदमी फ़ौज में यह खबर फैलाने और उसे भड़काने की कोशिश करे तो उसे फौरन फ़ौजी अदालत के सुपुर्द करो। पेट्रोग्राद से आनेवाली चिट्ठियाँ भी किसी सैनिक को नहीं दी जाती थीं। क्रांति की ख़बर सैनिकों के दुश्मनों—यानी जर्मनों के द्वारा ज्यादातर फैलीं। पूरे एक सप्ताह तक मोरचों की सेना को अंधकार में रखा गया। फिर भला यदि वे सोचें कि उनके अफ़सरों ने उनसे षड्यंत्र किया और जब उन्हें क्रांति का लाल फ़ीता लगाए हुए देखें, तो भी उन पर वे विश्वास न करें, तो आश्चर्य क्या?

जब अफ़सरों ने देखा कि अब क्रांति सफल हो चुकी तो वे दो दलों में बँट गए। एक दल तो झट क्रांति का समर्थक बन गया और उनमें से बहुत से सोशल रिवोल्यूशनरी पार्टी में शामिल हो गए—कुछ ने बोल्शेविक पार्टी का भी पल्ला पकड़ा। दूसरे दल ने अंत तक क्रांति की मुख़ालिफ़त करने का तय किया और उनमें से बहुत से अफ़सर सैनिकों की बाढ़ में बहकर कहाँ चले गए, पता नहीं चला।

हर देश की सेना उसके सामाजिक ढाँचे के ही अनुरूप होती है। हाँ, फ़र्क यह होता है कि वहाँ सभी सामाजिक संबंध बहुत ही केंद्रित होते हैं। फलतः उसके नकारात्मक और सकारात्मक पहलू आखिरी छोर तक पहुँच जाते हैं। रूस की सेना इस नियम का अपवाद नहीं थी। उसकी सेना में आप सामंतशाही, पूँजीवादी और प्रजातंत्री रूस का सच्चा प्रतिनिधित्व देख सकते थे। बड़े-बड़े अफ़सर खोटी सामंतशाही के प्रतिनिधि थे। लड़ाई के कारण अफ़सर, डॉक्टर, इंजीनियर आदि के रूप में छुटभैए पूँजीवादियों के बेटों की भी फ़ौज में भरमार हो गई थी। ये लोग कुछ अंशों में प्रजातंत्र की हिम्मत भी करते थे। लेकिन बड़े अफ़सरों ने देखा कि क्रांति सिर्फ़ उनके सैनिकों पर का रोबदाब ही नहीं खतम कर रही है, बल्कि उनकी ज़मींदारियों को भी हड़पने पर तुली है, तो वे न सिर्फ़ बोल्शेविकों के, बल्कि करेंस्की, मिल्यूकौव और रोदज़ियान्को के भी दुश्मन हो गए।

क्रांति की सफलता की ख़बर मिलते ही रूस की सारी सेना में हलचल का महासमुद्र लहराने लगा। यह क्रांति सैनिकों की मदद से जीती गई है, यह जानकर सैनिकों का दिमाग सातवें आसमान पर चढ़ा। इधर उनके अफ़सरों के सिर पर जैसे सात घड़े पानी के पड़ गए। दो स्वार्थों का युद्ध शुरू हो गया। कितनी ही रेजिमेंटों में अफसरों और सैनिकों में ख़ूनख़राबी तक हो गई। जहाजी सैनिकों की ज़िंदगी सबसे बुरी थी—उनमें क्रांति की आवाज़ भी जल्द पहुँची और गुत्थमगुत्थी भी जम के हुई। कितने ही अफ़सर कैद किए

गए, कितने गोली से उड़ा दिए गए। पैदल सैनिकों ने भी बदले लेने शुरू किए—वयस्क, बूढ़े सैनिकों की पीठ पर भी इन अफ़सरों ने कोड़े लगवाए थे, अब ये लोग किरचों की नोक अपने पेट में घुसवाएँ ! सैनिकों के लाल फीते लगाने पर छेड़छाड़ करने के कारण भी कितने अफ़सर पिटे, मरे। ज़ार की तसवीर ऑफ़िस से हटाने के सवाल पर भी ख़ूनख़राबियाँ हुईं। लेकिन एक ओर जहाँ सैनिकों ने प्रतिहिंसा की उग्र भावना दिखाई तो दूसरी ओर 'बीती ताहि बिसारि दे' की नीति का भी उन्होंने अनुसरण किया। उन्होंने अपने उन वर्गशत्रुओं को ही अब क्रांति का नाम लेते देखकर इन्हें अपना प्रतिनिधि बनाकर डूमा या सोवियत में भेजा—उनकी अभ्यर्थना की, अभिनंदन किया।

सैनिकों का यह रुख देखकर युद्धमंत्री गुचकौव को लाचार होकर कुछ दर्जन ऐसे बड़े-बड़े जनरलों को हटा देना पड़ा जो सेना में बहुत बदनाम थे। लेकिन इससे शांति नहीं हो सकी। जितने बदनाम अफ़सर थे, उनके खिलाफ़ दरख़ास्तें लिखकर सैनिक सोवियत में भेजते और जब वहाँ से ज़ल्द कार्रवाई न होती, तो उनका हुक्म मानने से इनकार कर देते, उनका अपमान करते और प्रायः कैद भी कर लेते ! तब तुरत ही सरकार को इस ओर ध्यान देना पड़ता।

अफ़सरों और सैनिकों का संघर्ष ज्वार-भाटे की तरह उठता और नीचे होता। आज इस मोरचे पर, तो कल उस मोरचे पर—आज इस बैरिक में, तो कल उस बैरिक में। बीच-बीच में शांति भी छा जाती लेकिन इस शांति की उमस तुरत बादल लाती और बिजली गिराती। मास्को में युद्ध से पंगु बने सैनिकों और अफ़सरों की एक सभा हो रही थी। एक पंगु सैनिक अफ़सरों की ज्यादतियों पर कुछ कहने लगा। इसके खिलाफ़ पंगु अफ़सरों ने आवाज़ उठाई—जूते पटकने लगे, छड़ी घुमाने लगे, बैसाखियाँ भाँजने लगे। "कहिए, अफ़सर महोदयो, कितने दिनों तक आप लोग हम पर कोड़े लगाते और धौल जमाते रहे !" जितने पंगु सैनिक थे सब उत्तेजित होकर खड़े हो गए। घायल, गोलियों से जर्जर, अंग-भंग व्यक्तियों की जैसे दो दीवारें आपस में टकराने की खड़ी हो गईं—पंगु अफ़सरों के खिलाफ पंगु सैनिक, अल्पमत के खिलाफ़ बहुमत, बैसाखियों के खिलाफ़ बैसाखियाँ। मास्को का यह दृश्य आनेवाले गृहयुद्ध की भयानकता का स्पष्ट आभास देता था।

× × ×

इन सब संघर्षों के साथ ही एक सवाल और फ़ौज के सामने था जो सब सवालों का बाप था—यह सवाल था युद्ध ? बाल्टिक सागर से काला सागर तक, उधर कास्पियन और फ़ारसामी अंचल तक अड़सठ रेजिमेंट पैदल सेना की और नौ रेजिमेंट घुड़सवार सेना की बिखरी पड़ी थीं। इन सेनाओं का अब क्या हश्र होगा ? लड़ाई का क्या हाल होगा ? इधर मित्र राष्ट्रों से मरमांस्क और अर्केंजल होकर लड़ाई के हथियार ख़ूब आ रहे थे—राइफल, तोप, कारतूस, गोले आदि की कमी नहीं थी। लेकिन मित्र राष्ट्र अन्न कहाँ तक भेजते और विषम ज्वर और चर्म रोगों को वे कैसे रोक पाते। आवाजाही के साधनों की कमी कोढ़ में खाज पैदा करती थी। घोड़ों की कमी होने से तोप को युद्धस्थल पर ले जाने में भी दिक्कतें आती थीं। सबसे बढ़कर सैनिकों का नैतिक बल खतम हो चुका था—आप यों भी कह सकते हैं कि उस समय रूसी सेना सेना नहीं रह गई थी। सैनिक अस्त्र-शस्त्रों के अंबार को उसी नज़र से देखते थे, जैसे भूखा आदमी सड़े मांस भंडार को देखता है। अब उनका लड़ाई में मन नहीं रह गया था, वे घर जाने को छटपट कर रहे थे।

सैनिकों की इस भावना का प्रदर्शन पेट्रोग्राद में होते हम देख चुके हैं, जबकि उनका नारा "लड़ाई बंद हो" आसमान को गुंजायमान करता था। एक महीना बाद, मार्च के अंत में, जब रूस-भर की सोवियतों की कॉन्फ्रेंस बुलाई गई, उसमें सैनिकों के प्रतिनिधियों ने साफ़ शब्दों में यह रखा—"हम आज़ादी के लिए अपनी जान कुर्बान करने को तैयार हैं लेकिन साथियो, हम इस लड़ाई का बंद होना भी उतना ही जरूरी समझते हैं। भगवान करे, हम जल्द शांति देखें।" मोरचे पर सैनिक यों बातें करते—"ज़ार ने हमें मोरचे पर भेजा, वह ज़ार ख़तम हो गया ! भला आजादी के क्या मानी, यदि हम खाइयों में यों ही सड़ते रहे !" क्रांति के मानी सैनिकों के निकट एक ही थे—लड़ाई बंद हो।

लेकिन उधर अस्थायी सरकार तो लड़ाई में मित्र राष्ट्रों का साथी बने रहने की घोषणा कर ही चुकी थी। पर इस घोषणा का सैनिकों पर कुछ असर नहीं हुआ। उन्होंने मोरचे तो नहीं छोड़े क्योंकि वह नहीं चाहते थे कि जर्मन उनके देश को रौंदे, लेकिन लड़ाई करने से तो साफ़ इनकार कर जाते। यही नहीं, मोरचे पर के जर्मन सैनिकों को भी उन्होंने कहला भेजा कि तुम हमारी ओर मत बढ़ना और हम भी तुम्हारी ओर न बढ़ेंगे। जब उनके अफ़सर उन पर आगे बढ़ने का दबाव डालते, तो वे आपस में यों कहते—"किरच जर्मनी की ओर और कुंदा अफ़सरों की ओर !"

18 मार्च को बड़े-बड़े जनरलों की एक कॉन्फ्रेंस इस स्थिति पर विचार करने के लिए हुई थी। वे इस नतीजे पर पहुँचे थे—"जो लोग मरे या घायल हुए हैं उनकी जगह पूर्ति के लिए मोरचों पर सेनाएँ भेजना असंभव है क्योंकि रिज़र्व में भी पूरी अशांति है, समूची फ़ौज को जैसे लकवा मार गया है। कहीं दो-तीन महीने में सैनिकों और अफ़सरों के संबंध में पहले ऐसी हालत आ जाती।" काश, ये जनरल समझ पाते कि यह लकवा दिन-दिन बढ़नेवाला है। अंत में वे इस नतीजे पर पहुँचे थे—"सेना की लड़ाई की योग्यता कम हो गई है, इस समय आगे बढ़ा नहीं जा सकता, वसंत में हम जो धावा बोलनेवाले हैं, उसे स्थगित कर देना चाहिए।"

ज्यों-ज्यों दिन बीतते गए, फ़ौज की हालत खराब ही होती गई। क्रांति के बाद शांति की आशा में सैनिकों ने फ़ौज छोड़कर भागना बंद कर दिया था—यो फरारों की तादाद कम हो गई थी। लेकिन अब देर होते देख सैनिकों ने फिर पैर की शरण ली—अप्रैल के प्रथम सप्ताह में, सिर्फ़ जनरल एलेक्सीव के कथनानुसार, उत्तरी और पश्चिमी मोरचों से सात दिनों के अंदर आठ हजार सैनिक फरार हो गए। एलेक्सीव ने 15 अप्रैल को सैनिकों के नैतिक पतन पर एक रिपोर्ट नई सरकार के पास भेजी। उसको लेकर युद्धमंत्री गुचकौव सोवियत कार्य-समिति से मिला और फ़ौज की हालत और अपनी नपुंसकता पर ज़ार-ज़ार आँसू बहाए—हाय, देश गुलाम होने जा रहा है और ये सैनिक खुराफ़ात पर तुले हैं! लेकिन न तो गुचकौव के आँसू और न करेंस्की की जबाँदराजी अब सैनिकों को गाय की तरह कसाईघर में ले जा सकते हैं।

× × ×

फ़ौज इस प्रकार लड़ाई से ऊबी हुई थी, जनता तो और बेज़ार हो गई थी। फिर भी शासक दल लड़ाई जारी रखने पर क्यों तुला हुआ था—ऐसी लड़ाई, जिसमें विजय पाना अब उसके लिए बिलकुल असंभव था?

लड़ाई जारी रखने में उन्हें कई फ़ायदे साफ़ दिखाई दे रहे थे—इसके बहाने वे फौज के पुराने अफ़सरों को बहाल रखना चाहते थे, विधान परिषद् की बैठक या चुनाव को स्थगित करना चाहते थे, किसानों और मज़दूरों की माँगों के प्रश्न को टालना चाहते थे; यानी इस लड़ाई की ओट में वे क्रांति के सभी कार्यक्रम को ठंडी फाँसी देना चाहते थे। अब लड़ाई दुश्मन का दम तोड़ने के लिए नहीं, क्रांति का दम तोड़ने के लिए जारी रखी गई थी। लेकिन इसमें नई सरकार के उदारदली पूँजीवादियों को सफलता तभी मिल सकती थी, जब वे पार्टियाँ उनकी इस मंशा को क्रांति के रंग में रँगकर सैनिकों के सामने रखें, जिनके बल पर वे गद्दीनशीं हुए थे। लेकिन इन तथाकथित समाजवादियों के सामने भी कम दिक्कतें नहीं थीं। इनमें से कितनों ने युद्ध का विरोध किया था, उसके लिए सजाएँ भुगती थीं—अब वे किस मुँह से उसी युद्ध को ग्रहणीय बतावें। कार्य-समिति की बैठक में इस प्रश्न के आने पर चीद्ज़े चिल्ला उठता है—"अब मैं ही इस युद्ध को जारी रखने का समर्थन किस तरह करूँ?"

जब क्रांति सफल हुई और रोदज़ियान्को ने फ़ौज को बैरिकों में जाने का हुक्म दिया तो सैनिकों ने उनसे अपने 'अधिकारों' की माँग की। क्रांति हमने सफल की, हमें आप क्या दे रहे हैं? इस गरम वायुमंडल में सोवियत की कार्य-समिति बैठी और उसने 'आर्डर नं. 1' नाम का वह हुक्मनामा निकाला, जो फ़रवरी क्रांति का सबसे अच्छा हुक्मनामा है और जिसे क्रांतिकारी फ़ौज की आजादी का दस्तावेज़ कहा जा सकता है। उसमें ओजस्वी शब्दों में उल्लेख किया गया—

"सभी फ़ौजी रेजिमेंटों में चुनाव के द्वारा कमिटी बनाई जाएगी, सैनिकों का अपने प्रतिनिधि सोवियत में भेजने का हक होगा, राजनीतिक कामों में सैनिकों की जिम्मेवारी सोवियत और उसके समितियों के प्रति रहेगी, फ़ौज के हथियार चुनी हुई फ़ौजी कमिटियों के कब्जों में रहेंगे और किसी भी हालत में अफ़सरों के हाथ में वे नहीं दिए जाएँगे, ड्यूटी के वक्त पूरा फौजी अनुशासन, ड्यूटी के बाद पूरा नागरिक अधिकार, ड्यूटी के बाद अफसरों को सलाम करना या हुज़ूर आदि कहना बिलकुल बंद, सैनिकों के साथ अभद्र व्यवहार की सख्त मनाही, खासकर उन्हें 'तू' 'तुम' कहकर नहीं पुकारा जा सकता, आदि-आदि ।"

क्रांति में शिरकत करने के पहले पेट्रोग्राद के सैनिकों ने ये अधिकार हासिल किए थे । लेकिन शायद इस 'आर्डर नं. 1' लिखने के बाद इन क्रांतिकारी नेताओं को होश आया । उसके बाद ही उन्होंने झट एक अपील सैनिकों के नाम लिखकर छापने को भेजा । उस अपील में अफ़सरों को तंग न करने, पुराने अफ़सरों की आज्ञा चुपचाप मान लेने की हिदायतें थीं । लेकिन इस अपील को प्रेस के मज़दूरों ने टाइप बिठाने से भी इन्कार कर दिया—छापने की बात क्या ! मज़दूरों की यह ज्यादती जरूर थी, लेकिन मज़दूरों ने देखा कि कल तक जिन्होंने क्रांति के साथ दुश्मनी की है, उन्हीं अफ़सरों का हुक्म आज माना जाए, तो क्रांति की क़ब्र ही खुद जाएगी । उनके सामने क्रांति के प्रति उनका कर्तव्य सर्वोच्च था और इस अर्थ में वे सही रास्ते पर थे ।

दो दिनों के बाद कार्यसमिति फिर बैठी, तो उसने 'आर्डर नं 2' निकालकर पहले आर्डर का गला घोंट देना चाहा—यानी आर्डर नं. 1 को सिर्फ पेट्रोग्राद के सैनिकों के लिए करार देकर रूस की पूरी सेना को इन अधिकारों से वंचित करना चाहा । लेकिन जो चीज़ वह उगल चुकी थी, उसे फिर निगल जाना कार्यसमिति के सामर्थ्य के बाहर की बात थी । हर जगह के सैनिक इन अधिकारों की माँग ही नहीं, प्रयोग भी करने लगे ।

लड़ाई के बारे में कार्यसमिति दो सप्ताह तक चुप्पी साधे रही । आखिर 14 मार्च को उसने सुखानौव के द्वारा लिखित घोषणापत्र स्वीकार किया, जो 'संसार की जनता के प्रति' संबोधित किया गया था । इस घोषणापत्र को 'रूस की वैदेशिक नीति का आर्डर नं. 1' कहकर महत्त्व देने की कोशिश की गई थी । इस घोषणापत्र में शांति की कामना की गई थी, वह शांति जिसमें किसी का राज्य न छीना जाए, न किसी से हर्जाना लिया जाए । लेकिन यह पुकार तो अब पूँजीवादी इंगलैंड, फ्रांस और अमेरिका की भी हो गई थी । हाँ, सबके लिए इसके मानी अलग-अलग थे । यह ऊँची बात कहकर फिर घोषणापत्र में "विदेशी सैनिक सत्ता से अपने देश की आज़ादी की रक्षा' करने की प्रतिज्ञा की गई थी । यहीं आकर तो बिल्ली झोले से बाहर निकल पड़ी क्योंकि इसका मतलब था—युद्ध जारी रखा जाए । पाखंड की हद तो यह हो गई कि जो लोग खुद इंगलैंड के सम्राट, बेलजियम के राजा और जापान के मेकाडो से दोस्ती जोड़ रहे थे और अपने देश के ज़मींदारों और साहूकारों से जिन्होंने साँठगाँठ कर ली थी, उन्होंने ही जर्मनी, आस्ट्रिया और हंगरी के मज़दूरों से अपील की थी कि आप लोग 'अपने राजाओं, ज़मींदारों और साहूकारों की लूट और विजय के हथियार बनने से अस्वीकार कर दें ।'

जब यह लड़ाई आजादी की रक्षा के लिए है तो उसके चलाने के लिए पैसे भी तो किसी-न-किसी तरह इकट्ठा किया जाना चाहिए ही । नई सरकार ने 'आजादी का कर्ज' के नाम की एक मोटी रकम युद्ध-खर्च के लिए उठाने का प्रस्ताव रखा । ज़रटेली ने इसका पूरा समर्थन किया—कार्यसमिति में दो-तिहाई वोट से यह पास हो गया !

जिस जनरल एलेक्सीव ने 5 मार्च को क्रांति की ख़बर फ़ौज में पहुँचानेवालों को गोली मार देने की आज्ञा जारी की थी, जो ज़ार के समय भी सेना का नेता था, उसे ही क्रांति का कमांडर-इन-चीफ़ बनाने की घोषणा पहली अप्रैल को प्रकाशित की गई !

बोल्शेविक और लेनिन

3 अप्रैल को लेनिन विदेश से पेट्रोग्राद पहुँचा और तभी से बोल्शेविक पार्टी ऊँची आवाज में अपनी बात लोगों के सामने रखने लगी।

क्रांति का पहला महीना बोल्शेविक पार्टी के लिए अजीब रहा। उसके कार्यकर्ताओं ने फ़रवरी क्रांति में सबसे ज्यादा हिस्सा बँटाया, यह भी जोर के साथ कहा जा सकता है कि उसी के कार्यकर्ताओं के नेतृत्व से यह क्रांति सफल हुई, लेकिन सफलता के बाद पार्टी का वह रोल नहीं रहा, जो क्रांति के दरम्यान था। एक ओर, मज़दूर और सैनिक मेन्शेविक और सोशल रिवोल्यूशनरी के फेर में पड़ गए तो दूसरी ओर, पार्टी के नेताओं ने भी अजीब हिचक और डगमगाहट दिखलाई। क्रांति के सफल होते ही बोल्शेविक पार्टी की केंद्रीय समिति ने "मज़दूरों और सैनिकों से अस्थायी क्रांतिकारी सरकार के लिए" अपने प्रतिनिधि चुनने के लिए आह्वान तो किया, लेकिन जब सोवियत की कार्यसमिति ने पहली मार्च को सभी ताकत पूँजीवादियों के हाथ में सौंप देने का तय किया, तो उसके खिलाफ़ पार्टी के प्रतिनिधियों ने एक आवाज़ तक नहीं उठाई। उस समय सोवियत की कार्य-समिति के उनतालीस मेंबरों में इकतीस बोल्शेविक और उनके समर्थक थे, जिनमें उनकी केंद्रीय समिति के तीन सदस्य भी थे—ज़ालुत्सकी, श्ल्यापिनिकोव और मोलोटोव। यह तीनों ही उस बैठक में हाज़िर थे, लेकिन इन्होंने इसके खिलाफ जबान तक नहीं हिलाई। जब दूसरे दिन सोवियत की आम बैठक हुई, तो उसके चार सौ सदस्यों में सिर्फ़ उन्नीस ने इस प्रस्ताव के खिलाफ़ वोट दिया, यद्यपि उसमें चालीस सदस्य बोल्शेविक पार्टी के थे। 4 मार्च को बोल्शेविक केंद्रीय समिति की बैठक हुई, उसने नई सरकार के क्रांति विरोधी स्वरूप के प्रति अपनी नाराज़ी तो दिखलाई, लेकिन जैसाकि पेट्रोग्राद कमिटी ने स्पष्ट किया, 'इस सरकार का विरोध नहीं करने की' अपनी नीति भी घोषित की।

लेकिन चाहे ऊपर का नेतृत्व जो सोचे, तय करे, साधारण बोल्शेविक कार्यकर्ता और उसके प्रभाव में रहनेवाली जनता ने शुरू से ही इस नई सरकार का विरोध करना प्रारंभ किया। बाइवर्ग की कमिटी सभाओं पर सभाएँ करके सोवियत के हाथ में नई सरकार से छीनकर शासनसूत्र देने की माँग करने लगी। इन सभाओं में मेन्शेविक या सोशल रिवोल्यूशनरी जाने या बोलने की हिम्मत तक नहीं करते थे। बाइवर्ग कमिटी इस आशय का एक प्रस्ताव पास कर, उसे छापकर आम मज़दूरों और सैनिकों में बाँटने भी जा रही थी, लेकिन पेट्रोग्राद कमिटी ने अनुशासन के नाम पर उसका वितरण रोक दिया। बात यों है कि उस समय बोल्शेविकों के जो नेता थे, वे भी उसी भ्रमजाल में उलझे थे, जिनमें वे दोनों पार्टियाँ फँस चुकी थीं। क्रांति के बाद बोल्शेविकों के अख़बार 'प्रावदा' का जो पहला अंक निकला, उसमें उसने लिखा कि—"इस समय मौलिक प्रश्न हमारे सामने यह है कि रूस में प्रजातंत्र कायम हो!" प्रजातंत्र! मज़दूर-किसान राज इन नेताओं के दिमाग में अभी घुस नहीं रहा था! इधर, कार्यकर्ता देख रहे थे कि उनका सारा किया कराया परिश्रम व्यर्थ जा रहा है। लेकिन वे क्या करते बेचारे। सड़कों पर उनकी चली थी, अब कमरों में तो उनके नेताओं की बात ही सर्वोपरि थी।

नेताओं और कार्यकर्ताओं तथा जनता के इस कशमकश के ज़माने में, मार्च के बीच में कामनेव और स्टालिन वनवास से लौटे। इन्होंने आकर और भी दक्षिणपंथ को चुना। कामनेव पार्टी के केंद्रीय अख़बार के संपादकीय विभाग में रह चुका था और स्टालिन पार्टी के केंद्रीय समिति का सदस्य था। इनकी क्रांतिकारिता या ईमानदारी में किसी को ज़रा भी संदेह कैसे हो सकता है? किंतु रूस स्थित अपने साथियों की तरह ये भी परिस्थिति ठीक-ठीक नहीं समझ सके—फलतः इनके कार्यक्रम में भी त्रुटि रही। इन्होंने आकर सबसे पहला काम यह किया कि पार्टी के अख़बार 'प्रावदा' के संपादक को हटा दिया, जो इनकी समझ से वामपंथ की ओर बहक जाता था और खुद उसके संपादन की ज़िम्मेवारी ले ली। संपादक बनकर इन्होंने 'प्रावदा' की नीति घोषित की—"हम नई सरकार का निश्चयपूर्वक समर्थन करेंगे, हमारी यह निश्चित राय है कि जब तक जर्मन हमारे दरवाज़े पर खड़े हैं, तब तक हमारे सिपाहियों को मोरचे पर डटे रहना और गोली का जवाब गोली से देना

चाहिए।" इन शब्दों में इन्होंने नई सरकार को भी अपनाया था और लड़ाई जारी रखने का भी समर्थन किया था। 15 मार्च को इन्होंने यह संपादन अपने ऊपर लिया। जिस दिन 'प्रावदा' का नया अंक निकला, नए शासकों के आनंद की सीमा नहीं रही। टौरिद महल में, डूमा में, कार्य-समिति में—सभी जगह बातें होतीं कि आख़िर बोल्शेविकों में भी कुछ समझदार हैं ही। ख़ैर, अब आगभभूका लोगों से जान बची। लेकिन एक ओर, जहाँ इस तरह खुशियाँ मनाई जा रही थीं, तारीफें हो रही थीं तो दूसरी ओर, मज़दूरों के मोहल्लों और क्रांतिकारी सैनिकों के बीच उत्तेजना भी फैल रही थी। बोल्शेविक कार्यकर्ताओं ने यहाँ तक माँग की कि नए संपादक को हटा दिया जाए। बाइवर्ग ने ऊँची आवाज उठाई—"अगर आप लोग मज़दूरों का विश्वास नहीं खोना चाहते हैं, तो क्रांतिकारी चेतना को प्रकाश में आने दीजिए, उससे पूँजीवादी उल्लू कितना भी भयभीत क्यों न हो?" मज़दूरों की इस डाँट-फटकार से इतना ही हुआ कि अब आगे जो कुछ लिखा जाता, थोड़ा बच-बचाकर।

इन नेताओं की इस नीति का असर मुफ़स्सिल पर भी पड़ा। नई सरकार और लड़ाई का समर्थन मुफ़स्सिल शहरों के बोल्शेविक भी करने लगे। जब मार्च के अंत में रूस-भर की सोवियतों की कॉन्फ्रेंस बुलाई गई तो बोल्शेविक पार्टी ने ऑफ़िशियल प्रस्ताव का समर्थन किया, जिसे डान ने पेश किया था। कामनेव और स्टालिन ऐसे पार्टी नेता जिसे सही बता रहे हैं, उसे ग़लत बताने की हिम्मत किसमें हो, भला?

× × ×

बोल्शेविक पार्टी की केंद्रीय समिति का जो हिस्सा विदेशों में था वह और पार्टी का मुखपत्र "सोशल डेमोक्रैट"—ये ही दो पार्टी के वैधानिक केंद्र थे। लेनिन, जिनोवीव की सहकारिता से पार्टी का पूरा नेतृत्व कर रहा था। ऑफ़िस के संचालन का पूरा काम लेनिन की अर्धांगिनी क्रुप्सकाया के जिम्मे था। इस छोटे से केंद्र के यथार्थ सहायक कुछ दर्जन विदेशों में भगे हुए बोल्शेविक थे। लड़ाई के ज़माने में रूस से पूरा संबंध-विच्छेद उनका हो गया था क्योंकि मित्र राष्ट्र की खुफ़िया पुलिस उनके चारों ओर आहनी दीवार खड़ी करती जा रही थी। जिस क्रांतिकारी विस्फोट की प्रतीक्षा वे इतने दिनों से कर रहे थे, वह हुआ लेकिन वे उससे दूर ही रहे। इंगलैंड ने उन्हें रूस जाने का प्रवेश पत्र देने से साफ़ इनकार कर दिया। लेनिन ज्यूरिख के पिंजड़े में छटपट कर रहा था। नार्वे के एक बहरे और मूक व्यक्ति के नाम से पासपोर्ट लेकर रूस जाने की बात भी सोची गई—और भी सैकड़ों योजनाएँ बनीं लेकिन वे सफ़ल न हो सकीं। लेकिन शरीर पहुँचने में असमर्थ होने पर भी लेनिन ने अपनी आवाज़ वहां तक पहुँचाने में कोर-कसर न की। 6 मार्च को उसने स्टॉकहोम की राह एक तार पेट्रोग्राद भेजा—"हमारी कार्य प्रणाली—विश्वास की पूरी कमी; नई सरकार को कोई समर्थन नहीं; करेंस्की पर खास नज़र रखो; मज़दूरों को सशस्त्र रखने में ही सुरक्षा की एकमात्र गारंटी; पेट्रोग्राद डूमा का शीघ्र चुनाव; दूसरी पार्टियों से मेल-मिलाप की बात नहीं।" इसमें डूमा के बदले सोवियत शब्द रख दीजिए—और एक पूरा क्रांतिकारी प्रोग्राम हो गया! सिर्फ़ तार से ही संतोष नहीं हुआ, तो बड़े-बड़े जतन से लेनिन ने 'प्रावदा' के पास "विदेश के खत" नाम से लेख भेजे, जिसमें साम्राज्यवादी युद्ध को रक्षात्मक युद्ध बताने की करेंस्की, चीद्ज़े की नीति की ज़बरदस्त मुख़ालफ़त करने का आदेश बोल्शेविकों को दिया गया था। 17 मार्च को स्टॉकहोम की राह से, उसने एक खत भी भेजा—"हमारी पार्टी अपने को हमेशा के लिए बदनाम कर लेगी, राजनीतिक दृष्टि से खुदकशी कर लेगी, अगर उसने इस धोखेबाज़ी में हाथ बँटाया। मैं तो पार्टी में फूट पड़ जाना, चाहे जिस बड़े आदमी को भी पार्टी से अलग करना पड़े, पसंद करूँगा लेकिन इस समाजवादी देशभक्ति के आगे सिर नहीं झुकाऊँगा।" लेकिन इस अपील या धमकी का कोई प्रभाव रूस स्थित बोल्शेविकों पर नहीं पड़ रहा था।

तरह-तरह की योजनाएँ—वेश बदलकर, नकली दाढ़ी-मूँछ लगाकर, विदेशी या जाली पासपोर्ट लेकर—एक-एक कर पेश हुईं और नामुमकिन समझकर नामंज़ूर की गईं। इसी समय मारटोव ने जर्मनी होकर जाने का सुझाव पेश किया। इस रास्ते से जाना ख़तरे से खाली न था। ज्यादातर लोग इसके खिलाफ ही थे। खुद मारटोव भी इसके बदले मित्रराष्ट्रों का दरवाज़ा खटखटाता रहा। बाद में बहुत से बोल्शेविक जर्मनी होकर आनेवाली इस 'मुहरबंद' ट्रेन से आने के कारण पछताते रहे। लेनिन भी इन खतरों से नावाकिफ न था।

क्रुप्सकाया ने ज्यूरिख से रवाना होने के पहले लिखा था—"इसमें शक नहीं कि देशभक्ति के नाम पर हमारे दुश्मन रूस में बड़ा शोर मचाएँगे, लेकिन हमें उसका सामना करने को तैयार रहना चाहिए।" सवाल साफ़ यह था कि या तो स्विटजरलैंड में पड़े सड़ते रहो या जर्मनी होकर कर्मक्षेत्र में पहुँचो। क्या लेनिन इस बारे में जरा भी हिचक सकता था? उसके एक महीने बाद मारटोव और एक्सेलरौद (मेन्शेविक नेता) ने भी यही रास्ता पकड़ा।

लड़ाई के दरम्यान दुश्मन के देश से जाने की योजना बनाना और उसे सफल कर लेना—यह लेनिन की ही अद्‌भुत राजनीतिज्ञता का खेल था। इसमें हिम्मत और निपुणता—दोनों की पहचान थी। एक ओर, एक क्रांतिकारी अखबार का संपादन विभाग था; दूसरी ओर, जर्मन साम्राज्य का कूटनीति विभाग—दोनों में एक समझौता हुआ। स्विटजरलैंड के प्रसिद्ध मज़दूर नेता फ्रिजप्लैटन के द्वारा स्विटजरलैंड के जर्मन राजदूत के मार्फ़त जर्मन सरकार से समझौता हुआ। तय हुआ कि जिस ट्रेन से ये लोग रूस जाएँगे, उसे पूरा स्वायत्त शासन प्राप्त होगा—मुसाफ़िरों पर कोई निगरानी नहीं रहेगी, न उनके पासपोर्ट या सामानों की देखभाल होगी—इस ट्रेन पर किसी दूसरे आदमी को रास्ते के दरम्यान चढ़ने का हक नहीं होगा। (इसी से इसे 'मुहरबंद ट्रेन' के नाम से बदनाम किया गया।) इसके बदले में, जब ये लोग रूस पहुँच जाएँगे, तो इसी संख्या में जर्मन, आस्ट्रियन और हंगेरियन नागरिक क़ैदियों को रूसी सरकार से छुड़ाने की कोशिश करेंगे। एक ओर, जर्मन साम्राज्य से तो इन्होंने ऐसा तय किया; दूसरी ओर को—स्विटजरलैंड में एकत्र विदेशी क्रांतिकारियों से मिलकर यह घोषणा तैयार की—'रूस के ये अंतरराष्ट्रीय समाजवादी, जो अपने देश में क्रांति की सेवा करने जा रहे हैं, हमारी मदद करेंगे जिसमें हम अपने देशों के मज़दूरों को—खासकर जर्मनी और आस्ट्रिया के मज़दूरों को—अपनी सरकार के खिलाफ खड़ा कर सकें।" इस घोषणा पर फ्रांस, जर्मनी, स्विटजरलैंड और स्वीडन के प्रवासी मज़दूर नेताओं के दस्तख़त हैं। इस हालत में और इतनी दूरंदेशी के साथ तैयारियाँ करके रूस के तीस प्रवासी मज़दूर नेता लेनिन के नेतृत्व में मार्च के अंत होते-होते स्विटजरलैंड से रवाना हुए।

चलते समय लेनिन स्विटजरलैंड के मज़दूरों के नाम एक बिदाई का संदेश भी देते गए, जिसमें उन्होंने 1915 में लिखे अपने लेख का हवाला दिया—यदि क्रांति के सफल होने पर रूस में प्रजातंत्री सरकार बनी और उसने लड़ाई जारी रखी, तो बोल्शेविक अपनी प्रजातंत्री मातृभूमि की रक्षा के खिलाफ़ भी आवाज उठाएँगे। आज वैसी ही हालत आ गई है। हमारा नारा है—गुचकौव और मिल्यूकौव की सरकार की कोई मदद नहीं।

लेनिन की अवाई की ख़बर सुनकर अस्थायी सरकार के कर्णधारों को कोई चिंता नहीं हुई। जब बोल्शेविकों के बढ़ते हुए प्रचार की बात उठाई गई तो करेंस्की ने हँसते हुए कहा—"जरा ठहरो, लेनिन खुद आ रहा है। असली बात तब शुरू होगी।" हाँ, असली बात तो लेनिन के आने पर ही शुरू होगी, लेकिन करेंस्की के अर्थ में नहीं। एक दूसरे मिनिस्टर ने कहा था—"जर्मनी होकर आने से ही लेनिन का प्रभाव इतना कम हो जाएगा कि हमारे लिए कोई ख़तरे की बात नहीं रह जाएगी।" खैर आप लोग बेवकूफों के स्वर्ग में रहिए, आटे-दाल का भाव पीछे मालूम होगा।

लेनिन के कुछ दोस्त और शिष्य उसकी अगवानी में फ़िनलैंड तक गए। ज्यों ही वे उसके डब्बे में घुसे, अपने पुराने साथी कामनेव को देखते ही लेनिन उस पर झपट पड़ा—"आजकल 'प्रावदा' में तुम क्या लिखे जा रहे हो?"

पेट्रोग्राद की बोल्शेविक कमिटी ने एक सशस्त्र मोटरों की डिवीजन से मिलकर लेनिन के शानदार स्वागत का इंतजाम किया था। उस फ़ौजी टुकड़ी की सभी फ़ौलादी कारें जुलूस में स्टेशन तक गईं। स्टेशन पर क्या हुआ, वह सुखानौव के मुँह से सुनिए—"लेनिन गाड़ी से उतरकर सीधे 'ज़ार के रूस' में आया—वह करीब-करीब दौड़ रहा था, हाथ में गोल हैट था, जाड़े से चेहरा ठिठुरा हुआ था, बगल में फूलों का खूबसूरत गुलदस्ता दबाए था। जल्द कमरे में घुसकर वह चीद्ज़े के सामने, कमरे के बीचोबीच जाकर रुक गया, जैसेकि कोई अप्रत्याशित रुकावट सामने आ गई हो। चीद्ज़े ने अपने साबिकदस्तूर उदास चेहरे और अध्यापक की आवाज़ में लेनिन के लिए पहले से तैयार की गई 'अभिनंदन की वक्तृता' पढ़ी—"साथी लेनिन, पेट्रोग्राद की

सोवियत और पूरी क्रांति की ओर से हम आपका रूस में स्वागत करते हैं⋯लेकिन हमारी राय में क्रांतिकारी प्रजातंत्र का सबसे प्रमुख कार्य इस समय यह है कि बाहर और भीतर के सभी प्रहारों से क्रांति की रक्षा की जाए⋯हमें आशा है, आप इस उद्देश्य की पूर्ति में हमारी मदद करेंगे।" लेनिन इस तरह खड़ा था, जैसे इन बातों से उसका कोई मतलब नहीं। वह इधर-उधर नजरें डाल रहा था, उपस्थित जनता को देख रहा था और अपनी सूरत-शक्ल से मेल नहीं खाते गुलदस्ते को सँभालते हुए 'ज़ार के कमरे' के छत को भी गाहे-बगाहे घूर लेता था। चीद्ज़े का अभिनंदन खतम होते ही कार्य-समिति के सदस्यों की ओर से मुड़कर उपस्थित लोगों की ओर मुख़ातिब होकर वह बोला—"प्यारे साथी सैनिको, जहाजियो और मज़दूरो, मैं परम प्रसन्नता से आप लोगों को क्रांति की सफलता के लिए मुबारकबाद देता हूँ कि आपने अपने को अंतरराष्ट्रीय मज़दूर वर्ग की सेना की पहली कतार में होने का फ़ख्र हासिल किया।⋯वह समय दूर नहीं जब हमारे साथी कार्ल लीब्नक्नेख़्त (जर्मनी का मज़दूर नेता) के आदेश पर वहाँ की जनता भी अपने हथियार पूँजीवादी शोषकों की तरफ मोड़ देगी⋯आपकी इस रूसी क्रांति की सफलता ने नए युग का दरवाजा खोल दिया है। संसारव्यापी समाजवादी क्रांति की जय हो!"

इस व्याख्यान की आशा किसी ने नहीं की थी। चीद्ज़े की बात रहने दीजिए, एक नौजवान जहाजी अफ़सर ने भी व्याख्यान देते हुए लेनिन से नई सरकार में शामिल होने की विनती भी की। लेकिन लेनिन के दिमाग में तो कोई दूसरी ही धुन थी, जिसकी एक धुँधली छाया व्याख्यान में मिलती है। ख़ैर, किसी को भी इस व्याख्यान पर गौर करने की उस समय फुरसत नहीं थी। सशस्त्र मोटरों के सैनिकों ने बढ़कर लेनिन से अर्ज़ की कि आप हमारी किसी मोटर पर ही चलें। लेनिन उछलकर उनकी एक गाड़ी पर चढ़ गया। वहाँ से जुलूस चला। रात हो रही थी। सड़क पर सैनिकों, मज़दूरों, जहाजियों एवं आम जनता की बेशुमार भीड़ थी और सभी गाड़ियों की रोशनी मद्धिम थी। जिस गाड़ी पर लेनिन को बैठाया गया था उसकी तेज रोशनी अंधकार को चीरती-सी मालूम पड़ती थी। जुलूस बढ़ रहा था—फ़ौजी बैंड बज रहा था। बीच-बीच में बैंड रोक दिया जाता, लेनिन छोटा-सा व्याख्यान दे देता। सचमुच यह जुलूस किसी विजयी सेनापति का मालूम पड़ता था।

जुलूस क्षिशिनकाया महल में आकर समाप्त हुआ। यह महल ज़ार की एक वेश्या का था, लेकिन उस पर सैनिकों और मज़दूरों ने कब्जा करके उसमें बोल्शेविक पार्टी का दफ्तर खोल दिया था। ज़ार की वेश्या का महल अब क्रांति का अड्डा! ज़रूर ही लेनिन को भी इस पर हँसी आई होगी! खैर, यहाँ इस महल में पार्टी की ओर से लेनिन के स्वागत और अभिनंदन का प्रबंध किया गया था। व्याख्यान-पर-व्याख्यान होने लगे। लेनिन मुसकराता रहा, कभी-कभी घड़ी निकालकर देखता और जम्हाई भी लेता। इन प्रशंसाओं से वह ऊब रहा था, उसे ऐसा लगता था कि किसी सड़क पर खड़े राहगीर के सिर पर मूसलाधार वर्षा हो रही हो। जब भावुकता का यह प्रदर्शन खतम हुआ, लेनिन उठा और दो घंटे तक बोलता रहा।

उस समय तक शार्टहैंड का विकास न हो पाया था, न बोल्शेविक को इसकी प्रारंभिक न्यामतें ही हासिल थीं। उस व्याख्यान की कोई कापी तैयार नहीं की जा सकी। हाँ, कुछ लोगों के संस्मरण से उसका आभास मिलता है। सुखानौव को वहाँ रहने के लिए कामनेव ने आमंत्रण दिया था। वह लिखता है—

'मैं ठनके की तरह कड़कते हुए उस व्याख्यान को भूल नहीं सकता। वह मुझे ही हैरत और ताज्जुब में डालनेवाला नहीं था, बल्कि वहाँ जितने विश्वासपात्र भक्तवृंद एकत्र थे, सबकी यही हालत थी। मैं दावे के साथ कह सकता हूँ कि किसी ने इसकी उम्मीद नहीं कर रखी थी। मालूम होता था कि संसार की सारी विध्वंसात्मक शक्तियाँ अपनी माँद से निकलकर, न किसी बंधन की परवाह करतीं, न किसी सीमा की, न शंका की, न संदेह की, न व्यक्तिगत कठिनाइयों की, न व्यक्तिगत दुख-सुख की—आज ज़ार की उस वेश्या के महल में आ पहुँची हैं और मंत्रमुग्ध शिष्यों के सिर पर तांडव नृत्य कर रही हैं।'

अपनी भावना का यों प्रदर्शन करते सुखानौव लेनिन के व्याख्यान के कुछ अंशों को यों देता है—

"जब मैं अपने साथियों सहित आ रहा था, राह में मैं सोचता था कि वे (नई सरकार) हमें स्टेशन पर से ही

पकड़कर पीटर और पॉल के उस नारकीय जेल में डाल देंगे। शायद वे दिन अभी नहीं आए, ऐसा मालूम होता है ! लेकिन हमें इस उम्मीद को खोना नहीं चाहिए कि एक दिन ऐसा होकर रहेगा, हम उससे बच नहीं सकते।"

जब लोग सोच रहे थे कि प्रजातंत्र का बोलबाला होगा, लोगों को सभी तरह की नागरिक स्वाधीनताएँ प्राप्त होंगी, लेनिन सोच रहा था कि नहीं, चीज़ जहाँ जा रही है, हमें फिर जेलों में ठूँसने की कोशिश होगी।

"हमें प्रतिनिधि शासनवाला प्रजातंत्र नहीं चाहिए—हमें पूँजीवादी लोकतंत्र की ज़रूरत नहीं। हमारी एक ही सरकार हो सकती है, वह है मज़दूरों, सैनिकों और किसानों के प्रतिनिधियों की बनी सोवियत।"

सोवियत की कार्य-समिति पर व्यंग्य करते हुए लेनिन ने कहा—"जिन लोगों ने ज़िम्मरवाल्ड में वामपंथ लिया था, वे ही मजदूरों के सच्चे प्रतिनिधि और विश्वक्रांति के रक्षक हैं। बाकी लोग अवसरवादी हैं, वे लंबी-लंबी बातें करके मज़दूरों और समाजवाद के लक्ष्य को धोखा दे रहे हैं।"

यही नहीं, सुखानौव बड़े गुस्से में लिखता है—"सोवियत की सभी नीतियों का खंडन करता हुआ उसने (लेनिन ने) कृषि सुधार की योजना को भी हवा में फेंक दिया और किसानों से कहा कि तुम लोग ज़मीन छीन लो—सरकारी ताकत की कोई परवाह मत करो !"

इस व्याख्यान पर कोई बहस नहीं हुई—सभी आश्चर्यचकित थे, सभी बदहवास थे, सभी सोचने-समझने के लिए वक्त चाहते थे। सभा खतम हुई। सुखानौव लिखता है—"जब मैं महल से निकलकर सड़क पर खड़ा हुआ तो मुझे ऐसा लगा कि किसी ने मेरी खोपड़ी पर डंडे जमाए हैं। एक बात साफ़ हो गई कि मेरे ऐसे पार्टी से अलग समाजवादी के लिए लेनिन के साथ रहने के लिए कोई जगह नहीं।"

दूसरे दिन, 4 अप्रैल को लेनिन ने पार्टी के सामने अपने विचारों को लिखकर पेश किया, जो अप्रैल थीसिस के नाम से जग जाहिर है। यह क्रांति का सबसे कीमती दस्तावेज़ समझी जाती है। सीधे-सादे शब्दों में उसने बताया कि क्रांति के बाद यह जो प्रजातंत्र बना है, वह प्रजातंत्र नहीं है और जिस लड़ाई को उसने जारी रखा है वह हमारी लड़ाई नहीं है। बोल्शेविकों का कर्तव्य होना चाहिए कि वह इस साम्राज्यवादी सरकार को उलट दें। लेकिन दुर्भाग्य की बात यह है कि इस सरकार को मेन्शेविकों और सोशल रिवोल्यूशनरियों की सहायता प्राप्त है, जिन पर जनता का विश्वास अभी बना हुआ है। हम अल्पमत में हैं। इसलिए इस मौके पर हिंसा की कोई चर्चा नहीं होनी चाहिए। हमें सिर्फ जनता को बताते जाना है कि वह इन समझौतापसंद लोगों का विश्वास न करे। हम सिर्फ लोगों को समझाते जाएँ। जो हालत है, उसमें हमारी इस नीति की विजय ज़रूर होगी और हम सर्वहारा के एकाधिकार की स्थापना में समर्थ हो सकेंगे। हम पूँजीवादियों से बिलकुल अलग रहेंगे, उनके सभी गुप्त सुलहनामों को प्रकाशित करेंगे और संसार के मज़दूरों का आह्वान पूँजीवाद और युद्ध के नाश के लिए करेंगे। हम अंतरराष्ट्रीय क्रांति को प्रारंभ कर रहे हैं—उसीकी सफलता पर हमारी सफलता निर्भर है और उसी से समाजवाद के बीच के जमाने में हमारी रक्षा हो सकेगी।

× × ×

जिस समय लेनिन पेट्रोग्राद पहुँचा, बोल्शेविकों की पार्टी कॉन्फ्रेंस समाप्त होने जा रही थी। अखिल रूसी सोवियत कॉन्फ्रेंस के बाद ही यह कॉन्फ्रेंस शुरू हुई थी। इस कॉन्फ्रेंस में यहाँ तक पेश किया जा चुका था कि मेन्शेविकों और बोल्शेविकों में सुलह हो जाए और इसके समर्थकों में स्टालिन भी था—हाँ, मोलोटोव ने उसका विरोध किया था। 4 अप्रैल को लेनिन इस पार्टी कॉन्फ्रेंस में शामिल हुआ और अपनी थीसिस की व्याख्या करते हुए उन सभी गड़बड़झालों को ख़तम करने की कोशिश की जो उस समय पार्टी के नेताओं में फैल रहे थे।

सबसे पहले लेनिन ने यह सवाल उठाया—आपने हुकूमत पर कब्ज़ा क्यों नहीं किया? यह क्रांति पूँजीवादी थी, यह पहली मंजिल थी आदि-आदि। जवाबों का मुँहतोड़ प्रत्युत्तर देते हुए उसने कहा— "बेवकूफ़ी की बातें मत कीजिए। यथार्थ कारण यह है कि सर्वहारा वर्ग न तो चेतन था, न संघबद्ध—हमें इसे मान लेना पड़ेगा। सर्वहारा के हाथ में भौतिक ताकतें थीं, लेकिन पूँजीवादी वर्ग चौकस और तत्पर था। हमें अपनी कमज़ोरी मंजूर कर लेनी चाहिए और जनता से साफ़ कहना चाहिए कि हम हुकूमत पर कब्ज़ा इसलिए नहीं कर

सके क्योंकि हम असंगठित थे, हममें चेतना की कमी थी !" यों लेनिन ने परिस्थिति पर दोष मढ़ने की कोशिश को रोककर सारा दोष पार्टी की कमज़ोरी पर लाद दिया। इस कॉन्फ्रेंस ने विधानपरिषद् से बड़ी-बड़ी आशाएँ लगाई थीं। लेनिन ने गरजकर कहा—"जिंदगी और क्रांति विधान परिषद् को पीछे ढकेल देगी। अजी सर्वहारा का एकाधिकार तो आज भी मौजूद है, लेकिन किसी को मालूम नहीं कि उसका क्या किया जाए?"

कॉन्फ्रेंस के प्रतिनिधि एक-दूसरे का मुँह देखने लगे। वे कानोंकान कहने लगे कि लेनिन बहुत दिनों के बाद विदेश से लौटा है, अभी उसने यहाँ की चीज़ों को नहीं देखा है, नहीं समझा है। लेकिन जब आगे बढ़कर लेनिन कड़ककर बोला—"हमारे बोल्शेविक साथी भी इस सरकार पर विश्वास रखते हैं ! यह क्रांति है या क्रांति का धुआँ? यह समाजवाद की मौत है ! अगर आपकी यही राय है, तो हमारे रास्ते अलग-अलग हैं। मैं अल्पमत में ही रहना पसंद करूँगा"—तो, सबको थरथरी मार गई। लेनिन ने किसी बोल्शेविक नेता का नाम नहीं लिया—यह उसकी आदत नहीं थी, लेकिन 'प्रावदा' का नाम ले-लेकर उसने ख़ूब फटकारा। कहाँ बोल्शेविक और मेन्शेविक पार्टी को मिलाने की बातें तय की जा रही थीं, कहाँ लेनिन ने पुकारकर कहा—"यहाँ हम मेल-मिलाप की बातें सुन रहे हैं। मेल-मिलाप किनसे? जो लड़ाई का समर्थन कर रहे हैं, उनसे मेल-मिलाप करना समाजवाद को धोखा देना है। ऐसी हालत में लीबक्लेख्त की तरह मैं एक सौ दस व्यक्तियों के खिलाफ़ अकेला रहना ज्यादा पसंद करूँगा !"

लेनिन की इस वक्तृता से उसके शिष्यों, भक्तों और साथियों के दम घुट रहे थे, तो उसके दुश्मनों के घर में खुशहालियाँ छाई थीं। वे कहते—"अरे, जो इतनी मूर्खता की बातें कर सकता है, उससे खतरा क्या? अच्छा हुआ कि वह यहाँ आया, वह लोगों के सामने है, अब वह खुद अपने को बरबाद कर लेगा।"

इस परिस्थिति में किया क्या जाए? क्या फिर तुरत ही हुकूमत पर कब्जा करने की कोशिश की जाए? क्या यह सिर्फ साहस का प्रदर्शनमात्र नहीं होगा? लेनिन से बढ़कर इन व्यर्थ चेष्टाओं का दुश्मन कौन था? उसने एक सही कार्यक्रम रखा—

"असली सरकार है सोवियत···सोवियत में हम लोगों का अल्पमत है···हमें क्या करना चाहिए? इस समय हमें सिर्फ़ यह करना चाहिए कि हम उनकी कार्य पद्धति की ग़लतियों की व्याख्या जनता से धैर्यपूर्वक और लगातार करते चलें। जब तक हम अल्पमत में हैं, हम उनके कामों की आलोचना करते चलेंगे, जिसमें जनता धोखेबाज़ी को समझ ले। हम यह नहीं चाहते कि जनता हमारी बातों को आँख मूँदकर मान ले—हम मदारी नहीं हैं ! हम चाहते यह हैं कि जनता अपने अनुभव के द्वारा ही अपनी ग़लतियों को महसूस करे और उनसे नजात पाए ! अल्पमत में रहने से मत घबड़ाइए—वह थोड़े दिनों तक रहेगा, हमेशा नहीं। बोल्शेविकों की घड़ी भी आएगी। हमारा रास्ता सही साबित होगा। सभी पीड़ित जनता हमारे पीछे आएगी क्योंकि लड़ाई उसे लाचार करेगी। उसके लिए दूसरा चारा ही नहीं है···?"

8 अप्रैल को 'प्रावदा' ने एक लेख लिखा—"जहाँ तक साथी लेनिन की योजना का संबंध है, उसे मंज़ूर नहीं किया जा सकता है क्योंकि वह इस धारणा की बुनियाद पर बनी है कि पूँजीवाद प्रजातंत्र का ज़माना खतम हो चुका और अब इस क्रांति को समाजवादी क्रांति का रूप धारण करना चाहिए।" यों पार्टी के केंद्रीय अखबार ने खुलेआम जनता एवं दुश्मनों को ख़बर कर दी कि पार्टी लेनिन की बात सुनने को तैयार नहीं।

× × ×

पुराने बोल्शेविक नेताओं से इस प्रकार विरोध पाने पर भी लेनिन घबड़ाया नहीं। न दोस्तों का विरोध, न दुश्मनों का व्यंग्य उसे उसके सही रास्ते से हटा सकता था। पार्टी की एक ऐसी सतह से उसे समर्थन, सहयोग और सहायता मिलने लगी, जो जनता के निकट थी, जिसमें ज्यादा ताज़गी थी, साथ ही जो परीक्षा की आग में तपकर कुंदन बन चुकी थी। यह सतह थी बोल्शेविक मज़दूरों की ! फ़रवरी क्रांति में इन मज़दूर बोल्शेविकों ने जो कमाल दिखलाया था, हम देख चुके हैं। ये लोग सोचते थे कि जिस वर्ग ने विजय प्राप्त की, उसी के हाथ में शासनसूत्र रहना चाहिए। इन्हीं लोगों ने कामनेव और स्टालिन की नीति के खिलाफ़ आवाज़ उठाई थी और

इन्हीं में से बाइबर्ग के मज़दूरों ने पार्टी नेताओं को हटा देने की धमकी दी थी। प्रांतों में भी ऐसे बोल्शेविक मज़दूरों की कमी नहीं थी। इन्हें ये नेता अराजकवादी, उच्छृंखलतावादी आदि के नाम से बदनाम करते। इन मज़दूर क्रांतिकारियों में सैद्धांतिक ज्ञान की कमी थी जिस वजह से वे अपना पक्ष समर्थन करने में असमर्थ थे। लेकिन वे किसी भी स्पष्ट पुकार पर एकत्र होने को उद्यत थे। लेनिन को इन्हीं का भरोसा था, इन्हीं पर उसकी आशा लगी थी। जिस समय डूमा के बोल्शेविक सदस्य गिरफ्तार कर लिये गए थे, इन्हीं की ओर लक्ष्य करके उसने लिखा था—"अब भी हज़ारों वर्ग-ज्ञान से जागृत मज़दूर हैं, जिनके बीच से, सब कठिनाइयों के बावजूद, समय आने पर नेताओं का एक जबरदस्त गिरोह पैदा हो जाएगा।" लेनिन इन मज़दूरों से दूर था, दोनों के दरम्यान लड़ाई की अमोघ खाई थी, लेकिन तो भी लेनिन उनसे संपर्क नहीं खोया था। उन पर नाज़ प्रकट करते हुए उसने लिखा था—"लड़ाई, जेल, साइबेरिया, कड़ी क़ैद, उन्हें एक बार, दस बार झकझोर के, लेकिन तुम उन्हें नाश कर नहीं सकते। वे ज़िंदा हैं, उनमें क्रांतिवाद घर कर चुका है, वे वितंडावाद के दुश्मन हैं।"

लेनिन अपने को इन्हीं मज़दूर बोल्शेविकों का आदमी मानता था। बड़े नेताओं के खिलाफ़ आवाज़ उठाते समय, वह मान रहा था कि उसकी आवाज़ इन्हीं की आवाज़ है। फिर उसे जनता पर भी पक्का विश्वास था। लेनिन की ताकत इस बात में थी कि वह आंदोलन के भीतरी तर्क को मानता था और उसी से अपनी नीति तय करता था। वह जनता पर कोई कार्यक्रम लाद नहीं रहा था, बल्कि वह उन्हें मदद कर रहा था कि वे अपने कार्यक्रम को समझें और उसे कार्य में लावें। "धैर्यपूर्वक समझाते चलो"—कहकर उसने स्पष्ट कर दिया कि जनता में जब तक इस परिस्थिति का ज्ञान न हो जाए, जिसमें वह ढकेल दी गई है, तब तक क्रांति का सारा नारा व्यर्थ है।

ज्योंही लेनिन की थीसिस प्रकट हुई, वैसे मज़दूर बोल्शेविकों के सामने एक नई रोशनी आ गई। पार्टी के अंदर की जनता में एक हलचल मची और वह बाईं ओर तेज़ी से खिसकने लगी। जिले-पर-जिले लेनिन के पक्ष में आते गए और जब 24 अप्रैल को अखिल रूसी बोल्शेविक पार्टी कॉन्फ्रेंस हुई, तो समूचे पेट्रोग्राद का संगठन अप्रैल थीसिस के पक्ष में था।

यह पार्टी कॉन्फ्रेंस 24 से 29 अप्रैल तक रूस में हुई। इसके दरम्यान पार्टी बहुत बढ़ गई थी। कॉन्फ्रेंस में एक सौ उनचास प्रतिनिधि शामिल हुए जो उन्नासी हजार पार्टी मेंबरों का प्रतिनिधित्व करते थे। पेट्रोग्राद में ही पंद्रह हजार पार्टी मेंबर थे। प्रतिनिधियों ने एकत्र होकर सबसे पहले पाँच आदमियों का नाम सभापति मंडल के लिए चुना। इसमें स्टालिन और कामनेव को नहीं रखा गया—मानो श्रीगणेश में ही स्पष्ट कर दिया गया कि पार्टी पुरानी नीति को छोड़ चुकी, अब वह नई नीति के पक्ष में है। ढाई सप्ताह भी नहीं बीते और 'प्रावदा' की भविष्यवाणी झूठी साबित हुई। लेनिन की बातें पार्टी ने स्वीकार कीं—एक व्यक्ति सबके खिलाफ़ खड़ा होकर अपने सूक्ष्म ज्ञान, अगाध अनुभव और निर्मल ईमानदारी के चलते, सब पर विजयी हुआ।

यहाँ सवाल उठाया जा सकता है, यदि समय पर लेनिन नहीं आ गया होता तो क्रांति कौन सा रुख लेती? क्या तब अक्तूबर की क्रांति संभव हो पाती? यहाँ सामाजिक परिस्थिति बनाम व्यक्तित्व के नेतृत्व का प्रश्न आ जाता है। इसमें शक नहीं कि लेनिन का व्यक्तित्व भी रूस की सामाजिक परिस्थिति की ही उपज थी, लेकिन हमें यह भी याद रखना चाहिए कि भौतिकवाद द्वंद्वात्मक भाग्यवाद नहीं है। यह बहुत संभव था कि लेनिन यदि न पहुँचता तो यह मौका चूक जाता—परिस्थिति होने पर भी योग्य नेतृत्व का अभाव सारा गुड़ गोबर कर देता। नेता स्वयं नहीं बन जाते, संघर्ष के दरम्यान कई दशाब्दियों में उनके व्यक्तित्व का विकास होता है। लेकिन एक बार उनके व्यक्तित्व की छाप लग जाने पर संघर्ष से उन्हें अलग करके सोचा नहीं जा सकता। अगर ज़बरदस्ती उन्हें हटाया जाए, तो संघर्ष का ही अंग भंग हुए बिना नहीं रह सकता। हो सकता है, कुछ दिनों के लिए पूरा लकवा ही मार जाए।

अप्रैल के वे दिन

23 मार्च का अमेरिका ने महायुद्ध में प्रवेश किया। ठीक उसी दिन पेट्रोग्राद में फ़रवरी क्रांति के शहीदों को दफनाया जा रहा था। फ़रवरी के पाँच दिनों में जो जीवन और जागृति थी, उस दिन उसकी आख़िरी चमकीली झलक देखी गई। सब लोग उस श्मशान जुलूस में शामिल हुए थे—जो मृत व्यक्तियों के साथ लड़े थे, जो उन्हें समर में जाने से रोक रहे थे, संभवतः वे भी जिन्होंने उन्हें मारा था और वे भी ज़रूर हीं जो इन लड़ाई से अलग-थलग ही रहे थे। मज़दूरों, सैनिकों और शहर के छोटे लोगों के साथ विद्यार्थी, वज़ीर और विदेशी दूत भी थे। पूँजीवादी, अख़बारनवीस, वक्ता और सब पार्टियों के नेता भी वहाँ दिखाई पड़ते थे। लाल कपड़े में लपेटी शहीदों की ताबूतें मज़दूरों के मोहल्लों से मंगल मैदान को जा रही थी, जहाँ उन्हें दफनाना था। जब वहाँ ताबूतें उतारी जा रही थीं, तो पीटर और पॉल के क़िले से (जहाँ पहले रूसी राजबंदी रखे जाते थे) सलामी दग़ने की आवाज़ सुनकर लोग चकित रह गए। उस तोप की आवाज़ नई थी—यह अब अपनी तोप थी, यह अपनी आवाज़ थी। बाइवर्ग को इक्यावन ताबूत ले जाने का सौभाग्य हासिल था। इन ताबूतों पर बोल्शेविकों के झंडे लहरा रहे थे। मंगल मैदान में इन शहीदों की ताबूतों को नई सरकार के वज़ीरों, सोवियत कार्य समिति के सदस्यों, डूमा के प्रतिनिधियों ने सलामियाँ दीं, फिर बैंड और झंडे के साथ आठ लाख आदमियों ने उनके सामने से गुजरते हुए अपना अभिनंदन अर्पित किया। इतनी बड़ी भीड़, लेकिन ज़रा भी अव्यवस्था या शोरगुल नहीं देखा गया—क्रांतिकारी जुलूसों में ऐसा अनुशासन स्वभावतः ही देखा जाता है!

इसके पच्चीस दिन के बाद मई दिवस आया (उस समय के रूसी कलेंडर के मुताबिक 18 अप्रैल को ही)। उस दिन न सिर्फ कारखाने और दुकानें बंद रहीं बल्कि सभी सरकारी, शहरी, देहाती संस्थाएँ बंद थीं। सरकारी सेना के सैनिक जुलूस में निकले—वे ही ज़ारशाही जनरल आज मई के झंडे के नीचे चल रहे थे, जो इस झंडे को देखते ही जल उठते थे! इस महोत्सव को जनता के हर हिस्से ने अपने-अपने रंगों से रंगबिरंगा बनाया। राजधानी और मुफ़स्सिल—हर जगह मज़दूरों का इसमें सबसे प्रभावशाली हिस्सा रहा। उनके बीच में बोल्शेविक अपने झंडे और अपने नारे के साथ अपनी क्रांतिकारी स्थिति का पता दे रहे थे। मोरचों पर सैनिक भी उत्सव मना रहे थे। जुलूस, झंडे, सभा, व्याख्यान, क्रांतिकारी गाने—इनकी ख़बर चारों ओर से आ रही थी—मोरचे की खाइयों से भी, जहाँ जर्मन सैनिकों की शिरकत की भी कहानियाँ सुनी जाती थीं। जो जर्मन या आस्ट्रियन युद्धबंदी रूस में थे, वे भी रूसी सैनिकों के कंधे-से-कंधा मिलाए क्रांति का जयनाद कर रहे थे।

ये दोनों उत्सव शांति से बीते—सबने इसमें शिरकत की, किसी से किसी का द्वेष स्पष्ट नहीं देखा गया। लेकिन भीतर-भीतर अशांति की आग सुलग रही थी। साधारण लोगों की ज़िंदगी मुहाल हो रही थी। चीजों की क़ीमत बढ़ रही थीं। मज़दूर मज़दूरी बढ़ाने की माँग कर रहे थे, पूँजीपति टस-से-मस होने को तैयार नहीं थे। कारखानों में प्रायः मुठभेड़ हो जाया करती। भोजन पदार्थ की कमी होती जाती थी, रोटियों का वजन कम किया जा रहा था। बैरिकों में भी असंतोष था। इस असंतोष से भयभीत हो क्रांतिकारी फ़ौजी टुकड़ियों को पेट्रोग्राद से हटाने की कोशिशें हो रही थीं। 17 अप्रैल को सैनिकों ने एक सभा की ओर तबादले को बंद कर देने की माँग पेश की। लोगों का ध्यान अब बोल्शेविकों की ओर जाने लगा था—लेनिन की आमद ने सबके हृदय में आशा की किरनें पैदा कर दी थीं। सब आफतों की जड़ है लड़ाई—और लड़ाई के खिलाफ सिर्फ एक आदमी है, लेनिन! फिर लेनिन की ओर सबका ध्यान क्यों नहीं जाए? नई सरकार, सोवियत कार्यसमिति—सबके प्रति लोगों के मन में धीरे-धीरे संदेह पैदा होने लगा था।

मिल्यूकौव नई सरकार का वैदेशिक मंत्री था। जिस दिन अमेरिका युद्ध में शामिल हुआ, उत्साह में आकर उसने रूस का युद्ध उद्देश्य अख़बारवालों को बुलाकर प्रकट किया—हमें आरमेनिया चाहिए, कुस्तुनतुनिया चाहिए, पर्शिया चाहिए! क्या-क्या वह बक गया। जब यह ख़बर छपी, चारों ओर सनसनी मच गई। अरे, कहाँ वह रूस की वैदेशिक नीति का आर्डर नं. 1 और कहाँ यह अन्य देशों को गुलाम बनाने और

उसके लिए खूनखराबी मचाने के हौसले। मेन्शेविक अख़बार तक आगबबूला हुए! करेंस्की घबराया। उसने कहा—"यह मिल्यूकौव की व्यक्तिगत राय है।" लेकिन इससे मामला शांत न होते देख; 27 मार्च को एक नई घोषणा सरकार की ओर से निकाली गई कि रूस किसी को गुलाम नहीं बनाना चाहता। हाँ, मित्र राष्ट्रों के साथ अपने वादे को सिर्फ निभाना चाहता है। इस घोषणा ने आग पर पानी का काम किया! नेता लोग तो संतुष्ट हो गए, लेकिन जनता और फ़ौज के दिल से संदेह नहीं हटा! और उनका संदेह निराधार नहीं था। युद्धमंत्री गुचकौव से मिलकर मिल्यूकौव ने डार्डेनेल्स लेने की पुरानी फ़ौजी योजना को काम में लाना चाहा—सेनापति एलेक्सीव से भी उसने चुपके-चुपके बातें तय कीं। लेकिन इस योजना के सफल होने के लिए तीन लाख फ़ौज चाहिए। इतनी फ़ौज इकट्ठा करना असंभव था, फलतः उसकी योजना असफल हुई। विजयी को कोई भी दोष नहीं देता— लेकिन मिल्यूकौव की तकदीर में विजय बदी नहीं थी।

17 अप्रैल को पेट्रोग्राद में युद्ध से बेकाम बने सैनिकों का एक प्रदर्शन हुआ। बहुसंख्यक घायल, जिनमें कितने के पैर नहीं थे, कितने के हाथ नहीं थे, कितने के शरीर और सिर पर पट्टियों की भरमार थी—हॉस्पिटल से निकलकर टौरिद महल के पास एकत्र हुए। जो चल नहीं सकते थे, उन्हें मोटर-ट्रकों पर लाया गया था। उनके झंडे पर लिखा था—'लड़ाई बंद करो।'

18 अप्रैल को मई दिवस था। उस दिन मिल्यूकौव ने एक तार मित्र राष्ट्रों के पास भेजा, जिसमें युद्ध को पूरी जीत तक जारी रखने और मित्र राष्ट्रों के साथ के सुलहनामों को बजा लाने का वादा किया गया था। ज्यों ही यह तार छपा, फिर एक बार आग भड़की। क्रांति के महोत्सव के दिन ये क्रांति-विरोधी बातें! 19 को सोवियत कार्यसमिति की बैठक हुई। ज़रटेली ने इसकी व्याख्या कर बात उड़ा देनी चाही। बैठक रात में स्थगित हुई, तय हुआ कि भोर में फिर इस पर विचार हो। भोर में ये लोग बैठे, तो बात फिर तय नहीं हुआ और निश्चय किया गया कि पूरी सोवियत की बैठक कर ली जाए। लेकिन जिस समय वे लोग यह निश्चय कर रहे थे, एक तीसरी ताकत सड़क पर निकल आई थी!

पच्चीस-तीस हज़ार सैनिक तीसरे पहर सड़कों पर अपनी संगीनें चमकाते प्रदर्शन कर रहे थे। उनके झंडे पर लिखा था—'मिल्यूकौव का नाश हो!'

किनके कहने से ये सैनिक सड़कों पर आ गए थे? इसमें किसी पार्टी का हाथ नहीं था। लिंदे नामक एक व्यक्ति की यह करामात थी। यह एक विद्वान, गणितज्ञ और दार्शनिक व्यक्ति था। सभी पार्टियों से अलग रहते हुए भी वह क्रांति का हिमायती था और दिल से चाहता था कि क्रांतिकारी मिशन पूरा हो। अख़बारों में लिंदे ने मिल्यूकौव का वह तार और उस पर टिप्पणी पढ़ी। उसे बहुत गुस्सा आया। उसने किसी से सलाह न ली—सीधे फ़िनलैंड रेजिमेंट में पहुँचा, वहाँ की कमिटी को बुलाया और प्रस्ताव किया कि नई सरकार के दफ्तर मैरिन्स्की महल में चलकर मिल्यूकौव और उसके साथियों को बता देना चाहिए कि उनकी मनमानी चल नहीं सकती। उसकी बात मान ली गई। पूरी रेजिमेंट सड़क पर निकल आई। उनका अनुसरण कर और पाँच रेजिमेंट उनके साथ हो गईं। उनके प्रदर्शन की खबर सुनकर मज़दूरों ने भी काम छोड़ दिया और सड़क पर आ गए।

अजीब दृश्य था—अजीब हालत। किसी ने इसकी कल्पना न की थी। किसी को तुरत कुछ सूझता नहीं था। जब बोल्शेविकों को यह खबर लगी, वे दौड़े-दौड़े प्रदर्शन में शामिल हुए और 'मिल्यूकौव को हटाओ' के नारे को "अस्थायी सरकार का नाश हो" के नारे में बदलने की कोशिश की। किंतु कुछ गरम दिमाग के लोगों ने इस आकस्मिक विद्रोह को फिर नई क्रांति का अग्रदूत समझा और उनमें ऐसे लोगों की कमी भी नहीं थी, जो इस मौके का उपयोग नई सरकार को उलट देने के लिए करने पर उतारू हो गए। सैनिकों और मज़दूरों को लेकर वे मैरिन्स्की महल की ओर चले, महल के नजदीक पहुँचकर उसमें घुसने की चेष्टा की, उसके दरवाज़ों को घेर लिया और चाहा कि वज़ीरों को क़ैद कर लिया जाए। लेकिन वहाँ उस दिन वज़ीर थे कहाँ कि वे गिरफ्तार किए जाते!

गुचकौव की तबीयत खराब थी। उसी के मकान पर वज़ीरों की बैठक हो रही थी, जब इसकी ख़बर पहुँची। पेट्रोग्राद की सेना का कमांडर जनरल कार्निलौव भी वहाँ था। उसने वजीरों से कहा कि मेरे पास काफी

सैनिक हैं—हुक्म दीजिए तो अभी इन विद्रोही सैनिकों को सर कर देता हूँ। करेंस्की और प्रिंस लबौव ने इसका विरोध किया। यों घमासान होने से बचा। समझौतावादी नेता दौड़े-दौड़े महल के मैदान में आए और वहाँ से समझा-बुझाकर प्रदर्शनकारियों को हटाया। लेकिन बाढ़ का पानी तुरत धारा में आ नहीं सकता। वहाँ से हटकर जहाँ-तहाँ भीड़ इकट्ठा होने लगी। वहाँ व्याख्यान होते, नारे लगते। "मिल्यूकौव को हटाओ" की धूम मची थी, जो लोग उसका पक्ष समर्थन करते, उनसे प्रायः ही मुठभेड़ भी हो जाया करती।

शाम को सोवियत की बैठक हुई। चेरनौव ने गृहयुद्ध का हौआ खड़ाकर लोगों को डराना चाहा। फ़ियोद्रौव, एक बोल्शेविक मज़दूर ने जवाब दिया—"गृहयुद्ध तो है ही, अब सोवियत को यह चाहिए कि वह आगे बढ़कर सरकार का कब्जा करे।" इस पर करेंस्की के एक चहेते समाजवादी ने कहा—'क्यों इतना हँगामा? कैसा कब्ज़ा? सब ताकत आपके हाथ में है। देखिए, यह सात बजने में पाँच मिनट हैं (उसने दीवार की घड़ी की ओर इशारा किया, सब लोग उस ओर देखने लगे।) आप तय कीजिए कि अस्थायी सरकार इस्तीफा दे दे। हम अभी फोन करते हैं और पाँच मिनट के अंदर वे शासन सुपुर्द कर देंगे। क्यों बातें हिंसा की, प्रदर्शन की, गृहयुद्ध की।" तालियाँ गड़गड़ाई, आनंद ध्वनियाँ होने लगीं! इस वक्ता ने सोचा था, यह कहेंगे तो लोग डर जाएँगे, लेकिन अब लोगों की यह तत्परता देखकर खुद डर गया। तो भी साहस समेटकर बोला—"उनकी जगह पर कौन हुकूमत सँभालेगा?···हम? हमारे हाथ काँप रहे हैं!" हमारे हाथ काँप रहे हैं, हमारे पैर थरथरा रहे हैं—हमेशा से सुधारवादियों की यही पुकार रही है!

दूसरे दिन अस्थायी सरकार और कार्य समिति के सदस्यों की सम्मिलित बैठक हुई। इसमें प्रिंस लबौव ने धमकाया कि अगर समाजवादियों ने यहीं रुख रखा, तो हम सब इस्तीफ़ा दे देंगे। मिल्यूकौव ने कहा—"मैंने 'मिल्यूकौव का नाश हो' के नारे सुने हैं—मुझे मिल्यूकौव के नाश की चिंता नहीं है, चिंता है रूस के नाश की!" ज़रटेली ने वैदेशिक नीति पर दूसरा वक्तव्य निकालकर मामला शांत कर देने का सुझाव बताया, तो चेरनौव ने मिल्यूकौव को शिक्षा विभाग का वजीर बनने की सलाह दी!

लेकिन बेचैन तीसरी शक्ति इन घरेलू डाँट-डपट, सुलह-समझौते में न पड़कर फिर दूसरे दिन नई उमंग और नई तरंग के साथ सड़कों पर उमड़ आई! आज पेट्रोग्राद की बोल्शेविक पार्टी ने लोगों को प्रदर्शन के लिए आह्वान किया था। मेन्शेविकों और सोशल रिवोल्यूशनरियों ने बड़ी कोशिश की यह प्रदर्शन टाँय-टाँय फिस हो जाए। लेकिन ऐसा नहीं हो सका। बाइवर्ग से जुलूस चला और रास्ते में अपना विस्तार और प्रसार बढ़ाते नेवस्की पहुँचा। इसकी ख़बर सुनकर कार्य-समिति ने चीद्ज़े को उन्हें समझाने के लिए भेजा। चीद्ज़े प्रदर्शनकारियों को समझा रहा था, वे लोग उससे अपनी बातें सुनने का आग्रह कर रहे थे, कि इसी समय एक दूसरा गुल खिला। कैडेट पार्टी में सरकार भक्त सैनिकों और अपने भाड़े के टट्टुओं को लेकर एक जुलूस विरोधी प्रदर्शन के लिए निकाल दिया। वे लोग "मिल्यूकौव जिंदाबाद" के नारे लगा रहे थे, "अस्थायी सरकार पर हमारा पूरा विश्वास है" के प्लेकार्ड ऊँचा उठाए हुए थे। नेवस्की पहुँचकर इन्होंने बोल्शेविकों को 'जर्मन-जासूस' कहकर गालियाँ देना शुरू किया। नतीजा हुआ कि दोनों तरफ़ से गोलियाँ चलने लगीं और तिपहरिया होते-होते तो लगातार धाँय-धाँय की आवाज सुनाई पड़ती थी! मालूम होता था दो दुनिया आमने-सामने खड़ी हैं—एक कुस्तुनतुनिया चाहती है, एक शांति और दोनों घूसे, लाठी, किरच और गालियों से फैसला लेना चाहती हैं।

इसी समय कार्यसमिति को यह ख़बर मिली कि कार्निलौव तोपें लेकर घटनास्थल पर जा रहा है! अब इन समझौतावादी नेताओं को होश हुआ। कार्निलौव की तोपें यदि एक बार मज़दूरों और सैनिकों पर चलीं, तो फिर क्या गारंटी है कि मज़दूरों और सैनिकों की प्रतिनिधि संस्था सोवियत कार्यसमिति के सदस्यों पर न चले? सबने देखा, यह फंदा सबके गले में पड़ने जा रहा है। उन्होंने कार्निलौव की इस चेष्टा की निंदा की, फौज़ के नाम अपील निकाली कि बिना सोवियत की आज्ञा के आप लोग अफ़सरों के कहने पर बैरिक न छोड़ें, न किसी पर गोली चलाएँ। कार्निलौव के मंसूबे मन ही में रह गए। इस घटना से उत्तेजित होकर कार्यसमिति ने प्रस्ताव पास किए कि अस्थायी सरकार की कार्रवाई पर ज्यादा नियंत्रण रखा जाए, बिना कार्य समिति की राय लिये कोई

प्रमुख राजनीतिक कदम न बढ़ाया जाए और वैदेशिक नीति एवं उस विभाग के व्यक्तित्व में आमूल परिवर्तन किया जाए । निस्संदेह यह प्रदर्शन की सबसे बड़ी विजय थी !

सोवियत ने दो दिनों तक के लिए सभी प्रदर्शन बंद कर देने की अपील की । मज़दूरों और सैनिकों ने उसे मान लिया । लेकिन अब पूँजीवादियों ने कहना शुरू किया कि वे सरकार चलाने की ज़िम्मेवारी तब तक नहीं ले सकते जब तक कि समाजवादी मंत्रिमंडल में शामिल न हों । समझौतावादी नेता उन्हें 'नाँही' भी नहीं कह सकते थे । लेकिन जब तक डार्डेनल्स का कार्यक्रम रद्द नहीं कर दिया जाता, तब तक मंत्रिमंडल में शामिल होकर वे अपनी भद्द उड़ाना नहीं चाहते थे । नतीजा—एक तरह की रस्साकशी शुरू हुई । लाचार मिल्यूकौव को इस्तीफ़ा देना पड़ा । यह 2 मई को हुआ—दस दिनों में ही प्रदर्शनकारियों की विजय पूरी हो गई ।

अप्रैल के इन दिनों के हालात पर विचार करने को जब बोल्शेविक पार्टी बैठी, तो लेनिन ने जहाँ इस प्रदर्शन को सराहा, वहाँ जो हिंसा हुई, उसे साहसवाद कहकर बुरा बताया । उसने पूछा—"पार्टी के कुछ हिस्से ने जो नीति अख्तियार की, उसमें साहसवाद कहाँ था? साहस दिखाने की भावना हमें वहाँ मिलती है, जहाँ हम बेज़रूरत हिंसा पर उतर आते हैं । आप उसे गद्दी से खींचकर हटा सकते हैं, जिसे जनता प्रजापीड़क, प्रजाद्रोही समझती हो । लेकिन अभी ऐसी हालत कहाँ आई? तोपें और बंदूकें पूँजीवादियों के हाथ में नहीं हैं—बल्कि सैनिकों के हाथ में हैं । पूँजीवादी हथियार के बल पर नहीं राज कर रहे हैं, बल्कि धोखाधड़ी के बल पर । इस समय हिंसा की बात करना जाहिलपन है? हमने शांतिमय प्रदर्शन का नारा दिया । हम शांतिपूर्वक दुश्मन की ताकत की आज़माइश करना चाहते थे, न कि उससे युद्ध करना ! लेकिन पेट्रोग्राद कमिटी बाईं ओर बढ़ गई । सही नारा था—'सोवियत की जय हो', लेकिन 'अस्थायी सरकार का नाश हो' की गलत पुकार दे दी । जब हम बड़ी बातें सोच रहे हों, यो बाएँ खिसक जाना, उतावलापन दिखाना क्या सही है? हम इसे एक महान अपराध समझते हैं—यह हमारे संगठन की त्रुटि का सूचक है ।" लेनिन ने फिर पार्टी से अपनी पुरानी बात को दुहराया—"अभी सिर्फ लोगों को समझाते जाइए, आलोचना करते जाइए । एक दिन आएगा, जब जनता खुद आगे बढ़कर उनसे ताकत छीन लेगी ।"

अप्रैल की इस घटना ने जनता का ध्यान बोल्शेविक पार्टी की ओर अधिकाधिक आकृष्ट किया । मज़दूर झुंड-के-झुंड पार्टी ऑफ़िस में आते और मेन्शेविक पार्टी को छोड़कर बोल्शेविक पार्टी में नाम दर्ज कराने की दरख़ास्त करते । कारखाने में प्रतिनिधियों से वैदेशिक नीति, लड़ाई, भोजन आदि पर सवाल किए जाते और जब मेन्शेविक और सोशल रिवोल्यूशनरी प्रतिनिधि सही जवाब नहीं दे पाते तो उनकी जगह बोल्शेविकों को चुना जाता । अप्रैल के अंत तक बाइवर्ग, वैसीलिव टापू और नार्वा की जिला सोवियतों में बोल्शेविकों का बहुमत हो गया और जिलों में भी उनकी तादाद बढ़ती गई । जिलों ने केंद्र पर प्रभाव डालना शुरू किया । सुखानौव का कहना है कि मई के शुरू में पेट्रोग्राद में एक-तिहाई प्रतिनिधि बोल्शेविक थे ! अब ज्यादा दिनों तक मेन्शेविक और सोशल रिवोल्यूशनरी जनता को धोखा नहीं दे सकते थे, और न उन्हें पीछे रोके रख सकते थे । हर आंदोलन उसके तात्कालिक उद्देश्य के अतिरिक्त, नेतृत्व के प्रति एक चेतावनी होती है । यह चेतावनी पहले धीमी होती है—फिर धीरे-धीरे ऊँची और निर्णयात्मक होने लगती है । अभी चेतावनी है—जुलाई में यह धमकी बन जाएगी और अक्तूबर में तो इसे नाटक के आख़िरी अंक के रूप में हम देखेंगे ।

खिचड़ी सरकार : धावे की ओर !

सभी सिद्धांतों, घोषणाओं और विज्ञापनों के बावजूद, यह बात साफ़ थी कि अस्थायी सरकार की ताकत सिर्फ कागज़ पर लिखी थी । क्रांति तथाकथित प्रजातंत्र की रुकावटों की परवाह न करती हुई लंबे डग से आगे बढ़ रही

थी—जनता की नई सतह को ऊपर लाती, सोवियत को मज़बूत बनाती और बहुत अंशों में मज़दूरों को सशस्त्र भी बनाती। सरकार ने जो नए स्थानीय कमिसार बनाए थे या जो नई 'सामाजिक कमिटियाँ' कायम की थीं—जिनमें पूँजीवादियों का बहुमत था—वे सोवियत के सामने फीकी पड़ती जाती थीं। जब केंद्रीय सरकार के अफ़सर उन पर रोक लगाने की कोशिशें करते, झट संघर्ष पैदा हो जाता। इन कमिसारों ने यह तोहमत लगाना शुरू किया कि स्थानीय सोवियतें केंद्रीय सरकार को नहीं मानतीं। पूँजीवादी अख़बारों ने हल्ला मचाया कि क्रोंस्टैड्ट, श्लुसंत्स्बर्ग या ज़ारीस्तीन ने रूस से अपना संबंध तोड़ लिया है और स्वतंत्र प्रजातंत्र बना लिये हैं। वहाँ की सोवियतों ने इसकी सख्त मुख़ालिफत की। वज़ीरों की बेचैनी का क्या कहना? सरकारी 'समाजवादी' प्रचारक ऐसे स्थानों पर भेजे जाते—वे वहाँ लोगों को समझाते, धमकाते अपनी स्थिति साफ़ करते। लेकिन सोवियतें दिन-दिन अपनी ताकत महसूस करती जा रही थीं और मज़दूरों के दबाव से वे दिन में आठ घंटे काम की डिगरियाँ जारी कर रही थीं, दकियानूस अफ़सरों को हटा रही थीं, तलाशियाँ और गिरफ्तारियाँ कर रही थीं, क्रांति-विरोधी अख़बारों को बंद कर रही थीं। अन्न के अभाव और अकाल को देखकर सोवियतों ने गल्ले का दर तय करना शुरू किया, खाद्य पदार्थों की आवाजाही पर रुकावटें डाल दीं, लेकिन तमाशा यह कि ये ही सोवियतें बोल्शेविकों के इस नारे से घबराती थीं कि 'सभी ताकतें सोवियतों के हाथ में।'

हाँ, राजधानी में सरकार की कुछ ऊपरी तड़क-भड़क ज़रूर दीख पड़ती थी। लेकिन अप्रैल के उन दिनों ने उसका परदाफ़ाश कर दिया। यह स्पष्ट हो गया कि अस्थायी सरकार का कोई पुश्तपनाह नहीं। करेंस्की ने उन दिनों की ओर लक्ष्य करके एक मित्र से कहा था—"सरकार तो खतम हो चुकी है, वह शासन कहाँ करती है, बहस कर लिया करती है।" इस हालत के सिद्धांततः तीन ही नतीजे हो सकते थे। 1. शासन पूर्णतः पूँजीवादियों के हाथ में जाए, जो गृहयुद्ध से ही संभव था। उसके लिए मिल्यूकौव ने कोशिश की थी, लेकिन असफल हुआ। 2. शासन सोवियत के हाथ में आए। यह बिना गृहयुद्ध के ही संभव था, सिर्फ चाहने, हाथ उठाने-भर की ज़रूरत थी—लेकिन समझौतावादी इसे पसंद नहीं करते थे। इन दोनों मौलिक रास्तों के बंद हो जाने पर सिर्फ़ तीसरा रास्ता बच रहा था। 3. युद्ध में पड़े, कमज़ोर दिलवाले, बुज़दिलों का रास्ता, यानी समझौता! इसी रास्ते का नाम था—संयुक्त या खिचड़ी सरकार।

पहले तो इस रास्ते पर बढ़ने में उन तथाकथित समाजवादियों को शर्म लगी, लेकिन आख़िर ज्ञान का उल्लू उनके सिर पर चढ़कर बोला।

इन्हें इस रास्ते पर लाने में मित्र राष्ट्रों के समाजवादी नेताओं का भी बड़ा हाथ रहा। लडाई उन दिनों ज़ोरों पर थी। अप्रैल में पश्चिमी मोरचे पर मित्र राष्ट्रों ने जो धावा किया, वह बिलकुल नाकामयाब रहा। मित्र राष्ट्र चाहते थे कि रूस पूर्वी मोरचे पर धावा करे, तब उन्हें दम लेने का मौका मिले। जब तक रूस में तू-तू मैं-मैं है, तब तक यह कहाँ तक संभव होगा। इसलिए मित्र राष्ट्रों ने—फ्रांस, इंगलैंड और बेलजियम के 'नामी' समाजवादी नेताओं को उन्हें समझाने-बुझाने को भेजा। बेलजियम का समाजवादी नेता वांडरवेल्ड उनका मुखिया था, जो सेकेंड इंटरनेशनल के सभापति का रुतबा रखता था। चोर-चोर मौसेरे भाई! 1 मई को सोवियत कार्यसमिति में यह प्रस्ताव आया और बारह के खिलाफ़ इक्तालीस वोटों से संयुक्त सरकार बनने का प्रस्ताव पास हो गया। तीन तटस्थ रहे! बोल्शेविकों का साथ कुछ अंतरराष्ट्रीयतावादी मेन्शेविकों ने भी दिया। जब यह सवाल पेट्रोग्राद सोवियत में 5 मई को पेश हुआ, बोल्शेविक इसके खिलाफ़ एक सौ वोट इकट्ठा कर सके। उसके एक दिन पहले ट्राट्स्की अमेरिका से पहुँचा था। उसने सोवियत में भाषण दिया। मिल्यूकौव अपने संस्मरण में लिखता है—'ट्राट्स्की ने समाजवादियों को मंत्रिमंडल में जाने से सख्त मना किया⋯उसने बताया कि रूस की रक्षा इस बात में है कि सभी ताकत मज़दूरों और सैनिकों के प्रतिनिधियों के हाथों में आवें।⋯उसने जनता के लिए तीन सूत्र उपस्थित किए—(1) पूँजीपतियों पर विश्वास मत करो! (2) नेताओं पर नियंत्रण रखो। (3) अपनी ताक़त पर भरोसा करो। सुखानौव लिखता है—"यद्यपि ट्राट्स्की बोल्शेविक पार्टी में नहीं था, लेकिन यह अफ़वाह फैल चुकी थी कि वह लेनिन से भी ज्यादा 'बुरा' है।"

नई खिचड़ी सरकार के पंद्रह वज़ीरों में 'समाजवादियों ने छः जगहें ले लीं। वे अपने को अल्पमत में ही रखना चाहते थे। मंत्रिमंडल में घुसकर भी वे पूरी ज़िम्मेदारी से बचना चाहते थे। प्रिंस लबौव प्रधानमंत्री बना रहा। करेंस्की युद्ध और जहाजों का वज़ीर बना। चेरनौव को कृषिमंत्री बनाया गया। नृत्य-संगीत का विशेषज्ञ टेरेंश्चेंको अब वैदेशिक मंत्री के पद पर बैठा, जो एक ही साथ करेंस्की और अंग्रेज राजदूत बुकानिन का विश्वासपात्र था। न्यायमंत्री का पद परवरज़ेव नामक एक मामूली वकील को दिया गया, जो जुलाई में बोल्शेविकों को दबाकर बहुत मशहूर हुआ। ज़रटेली ने अपने लिए तार-डाक की वज़ारत रखी क्योंकि उसे एक साथ ही वज़ारत और सोवियत की लीडरी—दोनों को निभाना था। स्कोवलेव ने मज़दूरमंत्री बनते ही घोषणा की कि वह पूँजीवादियों के नफ़े में सैकड़े सौ कमी करेगा—लेकिन थोड़े ही दिनों में वह टाँय-टाँय फिस हो गई। मानो इसके संतुलन को कायम रखने को व्यापार और उद्योग का वज़ीर मास्को के नामी पूँजीपति नाबोलौव को बनाया गया, जिसने सरकार पर अराजकता का दोष मढ़कर दो हफ्ते के अंदर ही इस्तीफा दे दिया। नई सरकार ने अपनी नीति की घोषणा करते हुए बताया कि वह शांति के लिए कोशिश करेगी, भोजन की समस्या हल करेगी और ज़मीन के सवाल को सुलझाने में कोई कोर-कसर नहीं रखेगी। लेकिन ये तो हाथी के दिखाने के दाँत थे। असल उद्देश्य तो था "सेना को रक्षा और धावे के लिए तैयार कर रूस और मित्र राष्ट्रों को हार से बचाना।" अंग्रेजी राजदूत बुकानिन ने अपनी सरकार को लिखा था—"यह संयुक्त सरकार ही हमारी आख़िरी और एकमात्र आशा पूर्वी मोरचे के संबंध में है!"

इस खिचड़ी सरकार को बनाकर 11 मई को करेंस्की ने मोरचे पर का दौरा शुरू किया। "उत्साह की एक लहर फ़ौज में पैदा हो रही और फैल रही है।"—नए युद्धमंत्री ने मंत्रिमंडल को रिपोर्ट दी। 14 मई को करेंस्की ने एक घोषणा सैनिकों के प्रति निकाली—"जहाँ तुम्हारे नेता ले जाएँ, बहादुरो, वहाँ खुशी-खुशी जाओ।" लेकिन किस लिए जाओ? इस जबानदराज वकील ने बात का बतंगड़ बनाते हुए लिखा था—"तुम अपनी किरचों की नोक से शांति का आह्वान करो।" किरचों की नोक से शांति का आह्वान?—क्या कहना है! जिस तरह मिल्यूकौव का बलिदान जनता को धोखे में डालने के लिए दिया गया, उसी तरह बेचारे एलेक्सीव पर भी बन आई। उसको हटाकर 22 मई को ब्रुसिलौव को कमांडर-इन-चीफ़ बनाया गया।

× × ×

देश की छाया सेना पर पड़ रही थी—नीची सतह के सैनिक बाईं ओर बढ़ रहे थे, ऊपरी सतह के दाहिनी ओर। जिस तरह सोवियत की कार्यसमिति मित्र राष्ट्रों के हाथ का खिलौना बनने और क्रांति को पालतू बनाने पर तुली हुई थी, उसी तरह सैनिकों की कमिटी बनी तो थी अफ़सरों के विरुद्ध सैनिकों का प्रतिनिधित्व करने को, लेकिन वह अब सैनिकों के खिलाफ़ काम करती, अफ़सरों की अनुचरी बन रही थी। सैनिकों की कमिटियों में तरह-तरह के लोग थे। कुछ लोग तो सीधे-सादे देशभक्त थे, जो लड़ाई की जीत में ही क्रांति की जीत मानते थे, इसलिए तुरत धावे के पक्ष में थे। कुछ लोग लंबी-चौड़ी हाँकनेवाले, रेजिमेंटों और डिवीजनों के अपने-अपने करेंस्की थे। और अंत में बहुत ऐसे बेईमान और कुरसीपसंद लोग थे, जो कमिटी में सिर्फ इसीलिए आए थे कि खाइयों की शिद्दत और लड़ाई कि ज़िल्लत से बचें और साथ ही कुछ सहूलियतें भी हासिल करें। हर जन आंदोलन की पहली मंज़िल में ऐसा होता है कि तरह-तरह के लोग ऊपर आ जाते हैं। समझौते के जमाने में तो ऐसे ज़बानदराज़ों और गिरगिटों को भरमार हो जाती है। आदमी कार्यक्रम को बनाता है, तो कार्यक्रम भी आदमी को बनाता है। क्रांति में समझौते की राजनीति धोखेबाज़ी और चालबाज़ी की पाठशाला बन जाती है।

पुराने समाज की एक-एक सांघातिक बीमारियाँ सेना को बरबाद कर रही थीं। सांप्रदायिकता और राष्ट्रीयता के झगड़े भीषण रूप में उठकर खड़े हो रहे थे। मुसलमान सेना, यूक्रेनियन सेना आदि दर्जनों नाम से उनकी टुकड़ियाँ बन रही थीं। आधी सेना इस बीमारी से परेशान थी, तो आधी सेना—खास रूसी सेना में वर्गयुद्ध की भावना ज़ोर पकड़ रही थी। कार्ल मार्क्स ने ठीक ही कहा था—"विशृंखलित सेना और अनुशासन का अभाव विजयी क्रांति का कारण ही नहीं है, उसका परिणाम भी है।" नए कमांडर-इन-चीफ़ ब्रुसिलौव ने

फ़ौजी अफ़सरों के मनोभाव का विश्लेषण इस तरह किया था—"पंद्रह से बीस सैकड़े तक अफ़सरों ने नई परिस्थिति में अपने को ढाल लिया है, कुछ अफ़सर सैनिकों से झूठमूठ स्नेह बढ़ाते और उन्हें कमांडिंग स्टाफ़ के खिलाफ़ भड़काते हैं, लेकिन अफ़सरों में अधिकांश—पचहत्तर सैकड़े समझ नहीं पाते कि उन्हें क्या करना है, वे गुस्सा महसूस करते और अपने खीमों में पड़े रहते हैं।" जिस सेना के अफ़सरों की यह हालत, उस सेना का खुदा हाफ़िज।

बड़े-बड़े जनरलों और अफ़सरों की बरखास्तगी और तबदीली की भी भरमार थी। एलेक्सीव ने मोरचे के कमांडर-इन-चीफ़ रस्ज़की और आर्मी कमांडर रोदकोदिमीचिव को बरख़ास्त किया। ब्रुसिलौव ने जनरल यूदेनिश को निकाल बाहर किया। वे दिन भी आए जब करेंस्की ने कमांडर-इन-चीफ़ एलेक्सीव को और मोरचे के दो कमांडर-इन-चीफ़ गुरकौव और ड्रागोमिरौव को डिसमिस किया। ब्रुसिलौव ने जनरल कालेदीन को निकाला और अंततः ख़ुद भी निकाल बाहर किया गया। कार्निलौव ने पेट्रोग्राद की कमांडरी से खुद इस्तीफा दिया। डेनिकिन एक बार चीफ़-ऑफ़-स्टाफ़ के पद से हटाया गया, तो फिर तुरत पश्चिमी मोरचे का कमांडर-इन-चीफ़ बना दिया गया। यह मेढक-तड़पान की नीति यह साबित करती थी कि ऊपर के लोग जानते नहीं थे कि उन्हें क्या करना है ? ऊपर की यह नीति नीचे तक फैलती गई और अंत में समूची सेना ही असंगठित और विशृंखलित हो गई !

मई के अंत में जब नए धावे के लिए फ़ौजे इकट्ठा की जा रही थी, सातवीं सेना से करेंस्की को ऐसा तार मिला—"बारहवीं डिवीजन की अड़तालीसवीं रेजिमेंट पूरी तादाद में भेजी गई। पैंतालीसवीं और छियालीसवीं रेजिमेंट की आधी ही कंपनियाँ गईं। सैंतालीसवीं रेजिमेंट जाने से इनकार कर रही है ! तेरहवीं डिवीजन की पचासवीं रेजिमेंट पूरी तादाद में गई। उनसठवीं कल जाने का वादा कर रही है। उनचासवीं रेजिमेंट छावनी से निकली ही नहीं और बावनवीं छावनी से निकलने से इनकार करके सभी अफ़सरों को गिरफ्तार कर लिया !" 11 जून को एक रेजिमेंट के कमांडर ने यों लिखा—"हम अफ़सरों के लिए जान बचाने के सिवा दूसरा कोई उपाय नहीं है। पेट्रोग्राद से एक सिपाही आया है—वह लेनिन की बातों पर चलनेवाला है।....अच्छे-से-अच्छे सैनिक और अफ़सर जान बचाकर भाग गए।" इक्सठवीं रेजिमेंट के कमांडर ने अपने बिगड़ैल सैनिकों को कोर्ट मार्शल की धमकी दी। उनमें से एक सैनिक ने कहा—"हमने ज़ार को उलट दिया, हम करेंस्की को भी ठोकर से उलट देंगे।"

ऐसी सेना और ऐसे अफ़सरों को लेकर करेंस्की विजय प्राप्त करना चाहता था ! ब्रुसिलौव ने एक नई योजना पेश की, जिसके मुताबिक वालंटियरों के तूफ़ानी दस्ते क़ायम किए जाने लगे। इससे सैनिकों में कुछ उत्साह नहीं आया। हाँ, तरह-तरह के आवारों के लिए एक जगह जरूर मिल गई। कुछ 'देवियों' ने भी तूफ़ानी दस्तों में नाम लिखाए। इन्हीं देवियों की एक टुकड़ी करेंस्की की उसके आख़िरी दिनों में शरद प्रासाद की रक्षा में मददगार बनी।

वसंत के शुरू में ही धावा शुरू होनेवाला था, जिसमें अब हर सप्ताह विलंब किया जा रहा था। इस विलंब से घबराकर मित्रराष्ट्रों ने रूस को धमकाना शुरू किया कि लड़ाई के सामान भेजना हम बंद कर देंगे। इटली के राजदूत ने मास्को में कहा कि यदि रूस ने जर्मनी से अलग सुलह कर ली तो मित्र राष्ट्र साइबेरिया पर जापान को स्वच्छंद छोड़ देंगे। ज़बान से कहकर ही संतोष नहीं किया गया, कार्रवाई भी शुरू हुई—लेकिन बड़े भद्दे ढंग से। अब जो लड़ाई के सामान रूस भेजे जाते, वे ज्यादातर खराब ही रहते। जो बंदूकें मिलने लगीं, उनमें पैंतीस सैकड़े दो सप्ताह की शूटिंग में ही खराब हो जाने लायक थीं। इंगलैंड ने उधार देना क़तई बंद कर दिया। अमेरिका ने साढ़े सात करोड़ डालर इस शर्त पर दिए कि तुरत चढ़ाई की जाए। "आजादी के कर्ज" के नाम से जो नया कर्ज अपने देश से लेने का प्रबंध किया गया था, उसमें भी सफलता नहीं हुई—रूस के पूँजीवादियों ने रुपया देना अस्वीकार कर मानो धावे पर अपनी असहमति ज़ाहिर कर दी। ज़ार ने घोषणा की कि हम कर्ज देंगे, यदि राजघराने के वजीफ़े के बारे में सरकार अपनी नीति घोषित करे। क्या कहने हैं ?

अंततः, लाचार होकर, धावे की ओर कदम उठाना ही पड़ा। पहले तय था कि तीनों मोरचों पर एक ही

साथ धावे शुरू हों। लेकिन पीछे यों तारीखें बदल दी गई—16 जून को दक्षिण-पश्चिम मोरचे पर, 7 जुलाई को पश्चिमी मोरचे पर, 8 को उत्तरी मोरचे पर और 9 को रूमानिया के मोरचे पर धावा शुरू हुआ। करेंस्की ने घोषित किया—"आज क्रांति की महान विजय का दिन है। 18 जून को रूसी क्रांतिकारी सेना ने बड़े ही उत्साह के साथ धावा शुरू कर दिया।" इस धावे के उत्साह में बूढ़े प्लैखानोव ने 19 को एक प्रदर्शन का स्वागत करते हुए कहा—"नागरिको, आप कहेंगे, आज सोमवार है; मैं कहूँगा, यह नवजीवन का दिन है—नवजीवन हमारे देश का, समूचे संसार का। ज़ारशाही के जूए को फेंककर आज रूस ने दुश्मन के जूए को फेंकने के लिए कदम उठाया है!" लेकिन देशभक्ति का यह उत्साह सिर्फ 'नेताओ' में था। पेट्रोग्राद सोवियत में 20 जून को इस धावे के स्वागत और अभिनंदन के लिए जो प्रस्ताव पेश किया गया, उसमें जहाँ चार सौ बहत्तर वोट पक्ष में आए, वहाँ दो सौ इकहत्तर वोट खिलाफ़ में और उनतालीस सदस्य तटस्थ ही रहे! बाइवर्ग की जिला सोवियत ने 24 को प्रस्ताव पास कर इस धावे को 'लुटेरों के सुलहनामे के लिए किया गया व्यर्थ का साहस प्रदर्शन' बतलाया।

यह व्यर्थ का साहस प्रदर्शन पहले तो बहुत कारगर होता दीख पड़ा। रूस की हालत देख, उस ओर से निश्चिंत हो, जर्मनों ने अपनी सेना का प्रमुख भाग वहाँ से हटा लिया था। इसलिए रूसी सेना धड़ाधड़ कुछ दर्जन मीलों तक बढ़ती गई। लेकिन 6 जुलाई से हालत एकाएक बदल गई। सरकार के पास मोरचे पर से तार आता है—"जर्मनों का प्रत्याक्रमण बड़े जोरों से हो रहा है। मालूम होता है, सब सत्यानाश में मिल जाएगा। इधर कुछ सेना ने जो असाधारण हिम्मत और ताकत दिखलाई थी, वह खतम हो रही है। धावे का जोश हवा हो रहा है। सेना के अधिकांश में पस्ती-ही-पस्ती दीख पड़ती है। न हुक्म, न अनुशासन—समझाना, बुझाना भी किसी काम का नहीं। उसके बदले या तो धमकी मिलती है या गोली।" दक्षिणी-पश्चिमी मोरचे पर भागनेवाले सैनिकों को गोली से उड़ा देने की घोषणा की गई—लेकिन, कौन इसे सुनता है? कैडेट और समझौतावादी अख़बारों ने एक ओर उन्हें उत्साहित करना और दूसरी ओर भागनेवालों को कायर, बुजदिल, देशद्रोही, नमकहराम कहकर मलामत करना शुरू किया। पर कोई सैनिक किसी की बात सुनने को तैयार नहीं था। उन्होंने खुलकर कहना शुरू किया—नहीं, हम नहीं लड़ेंगे! हमें शांति चाहिए, हम उसे लेंगे। जब कोई युद्धविरोधी महात्मा अपनी दलील या अपील से आपको युद्ध बंदकर देने को कहे, तो भले ही उसकी खिल्ली उड़ा लीजिए, लेकिन जब सशस्त्र जनता हाथ में बंदूक लेकर युद्ध के खिलाफ खड़ी हो जाती है, तो फिर उस लड़ाई को ख़ुदा भी नहीं जारी रख सकते!

किसान, मज़दूर, सैनिक

किसानों का सवाल क्रांति के प्रमुख कारणों में था। लेकिन फ़रवरी क्रांति के कुछ हफ्तों तक गाँव बिलकुल शांत रहे। गाँव के कर्मशील नौजवान लड़ाई के मोरचों पर थे। जो बूढ़े लोग रह गए थे उन्हें पिछली क्रांति की असफलता के बाद के भीषण दमन, पुलिस के धावे भूले नहीं थे। गाँव शांत थे, तो शहर भी गाँव से निश्चिंत थे।

बहुत से हल्कों के जमींदारों ने क्रांति से भयभीत होकर वसंत की बुआई रोक दी। जब देश-भर में खाद्य पदार्थों की कमी की त्राहि-त्राहि मची हुई थी, ये खाली खेत पुकार-पुकारकर नए मालिकों को बुला रहे थे। लेकिन किसानों में बहुत कम हिल-डुल थी। नई सरकार पर कम भरोसा रखकर जमींदार भय के मारे अपनी जायदाद बेंचने लगे। धनी किसान—जो कुलक कहे जाते थे—इन जायदादों को इस उम्मीद पर खरीदते कि उनकी संपत्ति पर कोई हाथ न लगाएगा क्योंकि वे भी किसान ही हैं। कुछ खरीद-फ़रोख्त तो बिलकुल जालसाजी थी। ऐसा यक़ीन किया गया था कि कुछ ख़ास हद तक की संपत्ति पर कोई आँच नहीं आएगी।

इसलिए जमींदारों ने अपनी संपत्ति को छोटे-छोटे टुकड़ों में अलग-अलग नाम से दर्ज कराना शुरू किया। विदेशी लोगों—ख़ासकर मित्र राष्ट्रों के नागरिकों के नाम भी प्रायः जायदादें लिख दी गईं। जमींदारों की जालसाज़ी और कुलकों की सट्टेबाज़ी से ऐसा मालूम पड़ता था कि विधान परिषद् की बैठक तक कोई ज़मीन किसानों के लिए नहीं बच पाएगी।

किसान ये बातें ज्यादा दिनों तक चुपचाप नहीं देख सकते थे। उन्होंने माँग की कि जमीन की खरीद-फ़रोख्त कानून से रोक दी जाए। किसानों के प्रतिनिधि शहरों में आने और अधिकारियों से ज़मीन और इंसाफ़ तलब करने लगे। सुखानौव ने लिखा है कि किस तरह एक किसान प्रतिनिधि ने आँखों में आँसू भरकर करेंस्की से ज़मीन की बिक्री रोकने की विनती-पर-विनती की। करेंस्की उत्तेजित होकर बोला—"मैंने कहा तो, कि ऐसा किया जाएगा··· आप मेरी ओर संदेह की नज़र से क्यों देख रहे हैं?" हाँ, किसानों की आँखों में भी अब संदेह गहरा हो रहा था।

अस्थायी सरकार ने ज़मीन के सवाल को सुलझाने के लिए गाँव, थानों, जिलों और प्रांतों नें "जमीन कमिटियाँ" बनाना शुरू किया। गाँव की सोवियतें जहाँ गैरसरकारी संस्था समझी जातीं, वहाँ ये ज़मीन कमिटियाँ सरकारी रुतबा रखती थीं। इन कमिटियों में जहाँ प्रांतों में किसान विरोधियों की चलती थी, वहाँ गाँव या थाने या ज़िले की कमिटियों में किसानों का बोलबाला था। ये कमिटियाँ ही किसान आंदोलन का केंद्र बनती गईं।

एक महीना बीतते-बीतते, मार्च के अंत से ही, देहातों से घबड़ानेवाली ख़बरें आने लगीं। नौवगोरोद के कमिसार ने तार दिया कि एक कप्तान की अध्यक्षता में किसानों ने ज़मींदारों को गिरफ्तार करना शुरू कर दिया है। ताम्बोव से भी ऐसी ही ख़बर आई। खारकौव की ज़िला ज़मीन कमिटी ने ज़मींदारों के घर में हथियारों की तलाशी शुरू कर दी। रियाजाँ प्रांत में बलवे शुरू हो गए। सिम्बर्स्क प्रांत का कमिसार तार देता है—"ज़िला और गाँव की ज़मीन कमिटियाँ ज़मींदारों को गिरफ्तार कर रही हैं, उन्हें प्रांत से बाहर खदेड़ रही हैं, ज़मींदारों के खेतों से मज़दूरों को हटा रही हैं, ज़मीन पर कब्ज़ा कर रही हैं और उसकी मनमानी मालगुजारी कायम कर रही हैं।" बड़े-बड़े किसानों के बड़े-बड़े चकलों पर भी किसान क़ब्जा करने लगे थे। सिम्बर्स्क के कमिसार ने सरकार को सलाह दी कि जमीन को शीघ्र ही राष्ट्र की मिल्कियत ऐलान किया जाए, नहीं तो गड़बड़ की हद नहीं। मास्को के बगल में ही, काशीर ज़िले में, ज़मींदारों की ज़मीन के साथ गिरजाघरों की ज़मीन पर भी किसानों के कब्ज़ा करने की खबर आई। सिर्फ़ ज़मीन पर ही नहीं, सोवियतों की कार्यसमितियों पर भी इनका कब्ज़ा होने लगता है। पेंज़ा प्रांत का कमिसार अप्रैल के बीच में लिखता है—"पहले कार्यसमितियों में पढ़े-लिखे लोग ही थे, लेकिन अब उनमें किसानों की भरमार है, जो ज़मीन के बारे में कोई बात सुनने को तैयार नहीं!" कज़ान प्रांत के ज़मींदार सरकार से गुहार मचाते हैं—"ये किसान हमारी ज़मीन ही नहीं छीनते, जंगलों से लकड़ी तक नहीं काटने देते हैं! कोई कानून नहीं, कोई कचहरी नहीं—समझदार लोग डर के मारे थरथर काँप रहे हैं।" ठीक, ओ समझदारो! लेकिन, तुम्हारी समझदारी के दिन लद गए।

3 अप्रैल को प्रिंस लबौव के हालमुकाम प्रिंस मुरुस्सौव ने घोषणा की कि हर मालिक को अपनी ज़मीन बेंचने की आज़ादी है, सरकार इस आजादी की रक्षा करेगी। दस दिन के बाद खुद प्रिंस लबौव सभी प्रांतीय कमिसारों को लिखता है कि ज्यादती और लूट को कानून की पूरी ताकतों से रोको! सरकुलरों, विज्ञप्तियों, आदेशों की वर्षा-सी की जा रही है। लेकिन उसका कोई असर 'बेवकूफ़' रूसी किसानों पर नहीं हो रहा है।

प्रायः हर जगह किसानों के इस काम में नजदीक की फ़ौजी छावनी से प्रेरणा और सहायता मिलती है।

यह आंदोलन भिन्न-भिन्न रूप परिस्थितिवश ग्रहण कर रहा था। साइबेरिया में ज़मींदार नहीं है तो वहाँ मंदिरों और महंतों की जायदाद पर कब्ज़े हो रहे हैं, तो सुदूर एशिया के किरगीज प्रांत में किसानों ने जार के उन अफ़सरों से जमीन छीनना शुरू किया, जिन्हें किसानों से छीनकर ज़मीनें दी गई थीं—"म्याँ, यह चोरी का माल है, सीदे रख दो"—क़िसान भवें टेढ़ी कर कहते। उत्तरी ध्रुव के निकट के लीफ़लैंड के किसानों ने एक नवाब साहब

की ज़मीन छीन ली और उन्हें बोरिया-बिस्तरे के साथ पहरे में पेट्रोग्राद भेज दिया कि अस्थायी सरकार अब इन्हें खिलाए-पिलाए ! पेट्रोग्राद के निकट के एक देहात में एक बड़े महंतजी थे, उनके पास पशुओं की भरमार थी—किसानों ने एक-तिहाई पशु उनसे तलब किए। कुर्स्क के किसानों ने उन किसानों को तंग करना शुरू किया जो पंचायती खेती में शामिल न होकर अपना खेत व थान अलग रखना चाहते थे।

अब तक देहात में सोशल रिवोल्यूशनरियों का बोलबाला था। अब वहाँ बोल्शेविकों की भी पहुँच होने लगी। एक प्रांतीय कमिसार सरकार से शिकायत करता है कि आप लोग कोई छपी हिदायतें भेजते नहीं, इधर बोल्शेविक पर्चे-पर-पर्चे भेजकर किसानों को बरगला रहे हैं। एक बोल्शेविक सैनिक जब पर्चों का पुलिंदा लेकर अपने गाँव में पहुँचा और इसी के बल पर ज़मींदार के अन्नभंडार पर कब्ज़ा कर लिया, तो मेन्शेविकों और सोशल रिवोल्यूशनरियों ने हल्ला मचाया कि वह अपने साथ जर्मनी का सोना लाया था और उसी की घूस के बल पर गाँव के किसानों को उसने अपने वश में कर लिया।

मई के शुरू में पेट्रोग्राद में अखिल रूसी किसान कांग्रेस का अधिवेशन हुआ। किसानों के प्रतिनिधि के रूप में ज्यादातर पढ़े-लिखे लोग आए या कुलक, साहूकार और सहयोग-समितिवाले। ग़रीब किसानों का वहाँ प्रतिनिधित्व प्रायः न के बराबर था। तो भी इस कांग्रेस को घोषित करना पड़ा—"बिना किसी मुआवजे के सभी ज़मीन राष्ट्रीय मिल्कियत करार दी जाती है, जिसके व्यवहार का सबको समान अधिकार होगा।" कृषिमंत्री चेरनौव ने एक डिगरी जारी कर ज़मीन बेचने पर मनाही कर दी, यद्यपि कांग्रेस होने के दरम्यान ही न्यायमंत्री ने एक विज्ञप्ति निकाली कि ख़ास-ख़ास हल्कों में ज़मीन की बिक्री पर कोई रुकावट नहीं रहेगी ! इस पर प्रतिनिधि खूब बिगड़े, लेकिन 'समाजवादी' मंत्रियों ने उन्हें समझा-बुझाकर शांत किया। इस कांग्रेस में लेनिन भी पहुँचा—यद्यपि उसके बारे में तरह-तरह की भ्रांतियाँ फैला रखी गई थीं तो भी किसानों ने उसकी बात ध्यान से सुनीं। लेनिन ने कहा—"मैं आपमें क्रांतिकारी प्रेरणा देखना चाहता हूँ, फिर बाद में ज़मीन तो आपके पास आकर रहेगी। अगर आप तब तक राह देखना चाहते हैं, जब तक कानून नहीं बन जाता और अपनी क्रांतिकारी शक्ति को विकसित करने के बदले हाथ-पर-हाथ धरे बैठे रहते हैं तो याद रखिए, न आपको क़ानून मिलेगा, न ज़मीन मिलेगी।" क्या इन शब्दों में हम क्रांति की आवाज़ नहीं पाते ?

एक महीने तक कांग्रेस होती रही। फिर दो सौ आदमियों की कार्यसमिति बनाकर वह रुखसत हुई। ये दो सौ प्रतिनिधि मज़दूरों की कार्य समिति के साथ सभी महत्त्वपूर्ण मामलों में बैठते। इनमें ज्यादातर सोशल रिवोल्यूशनरी दिमाग़पेशा क्रांतिकारी थे, जो क्रांति के पथ की सबसे बड़ी रुकावट सिद्ध होने लगे।

किसान कांग्रेस ने ज़मीन को राष्ट्र की मिल्कियत घोषित किया, किसानों ने इसका मतलब लगाया, ज़मींदारों से जमीन छीन लेना। अब तो कांग्रेस के नाम पर खुलेआम ज़मीन-ज़ायदाद की छीन-झपट शुरू हुई। सोशल रिवोल्यूशनरी पार्टी घबराई और जून में अपनी पार्टी कांग्रेस में ज़मीन पर यों ज़बरदस्ती कब्ज़ा करने की निंदा की। किंतु किसान निंदा-स्तुति की क्या परवाह करें—कज़ान, वोरनेज़ वियात्का, वाइरेबस्क आदि प्रांतों से तार-पर-तार आने लगे कि किसान ज्यादती कर रहे हैं। बेचारा चेरनौव अपील निकालकर किसानों से कहता—"आप ठहरिए, मैं विधान परिषद् में पेश करने के लिए ज़मीन संबंधी बहुत सुंदर विधान तैयार करने में लगा हूँ।" लेकिन किसान काग़ज के पुर्ज़े से खेत को ज्यादा महत्त्व देता है न !"

अस्थायी सरकार के काग़जात के अध्ययन से पता चलता है कि जहाँ मार्च में किसान आंदोलन सिर्फ़ चौंतीस कौरियों में था, वहाँ अप्रैल में एक सौ चौहत्तर, मई में दो सौ छत्तीस और जून में दो सौ अस्सी कौरियों में उसका दौरदौरा हुआ। रूस के तैंतालीस प्रांतों में किसानों की हलचल की धूम मची थी।

× × ×

अब हम क्रांति के अग्रदूत भाइयों को देखें। क्रांति की तीव्रता से घबराकर और लड़ाई के नफे का ध्यान रख पूँजीपतियों ने मज़दूरों की आठ घंटे के दिन की माँग को क्रांति के कुछ हफ्तों के अंदर ही मान लिया था। लेकिन इससे मामला शांत नहीं होता था। चीज़ों की महँगाई बढ़ रही थी। मई महीने में सोवियत की कार्य

समिति ने यह मंज़ूर किया कि मजदूरों के बहुत से हिस्से ऐसे हैं, जो हमेशा भूखों रहते हैं। मज़दूरों के मोहल्लों की बेचैनी दिन-दिन बढ़ रही थी। जनता सबकुछ बरदाश्त कर लेती है, यदि उसे भविष्य के आराम की आशा होती है। यहाँ ऐसी कोई आशा नहीं थी। अस्थायी सरकार दिन-दिन साबित करती जाती थी कि वह उन्हीं पुराने आर्थिक संबंधों में जकड़ी है, जिनके खिलाफ़ मज़दूरों ने फ़रवरी में विद्रोह किया था।

जून आते-आते हड़ताल की भरमार देखी गई। पिछड़े रूस और अधिक शोषण किए गए मज़दूरों के गिरोह में यह आँधी सबसे अधिक तेज़ थी। धोबी, रँगरेज, बढ़ई, चमार, राज आदि जून-भर लगातार हड़ताल करते रहे। धातु के कारख़ानों के मज़दूर अभी हवा का रुख ही देख रहे थे। जो आगे बढ़े हुए मज़दूर थे, उन्हें यह स्पष्ट आभासित हो रहा था कि सिर्फ़ मज़दूरी बढ़ने से काम नहीं चलेगा, हमें इस सवाल की जड़ तक जाना पड़ेगा। कारख़ानेदार को भड़ाभड़ कारख़ाने बंद करते देख मज़दूर सोचने लगे कि कारख़ानों पर राज्य का कब्ज़ा हुए बिना मज़दूरों का कल्याण नहीं। राजधानी में दूर-दूर के मज़दूर प्रतिनिधि आते और अस्थायी सरकार से कारख़ानों पर कब्ज़ा कर लेने को कहते। जब वे कारख़ाने चला नहीं पाते, जब कारख़ाानों से सरकार के लिए ही लड़ाई के माल तैयार होते हैं, तो फिर उनके हाथों में कारख़ाने क्यों छोड़े जाएँ! मज़दूरों के इस सीधे तर्क का उनके पास कोई जवाब नहीं था।

मार्च और अप्रैल के अंदर पूँजीपतियों ने एक सौ उनतीस कारख़ाने बंद कर दिए; मई में एक सौ आठ कारख़ाने, जून में एक सौ पच्चीस कारखाने जिनमें अड़तीस हजार मजदूर काम करते थे और जुलाई में दो सौ छः कारख़ाने जिनके मज़दूरों की तादाद इकतालीस हजार थी। कारख़ानों को बंद तो किया जाता कच्चे माल न मिलने के बहाने, लेकिन पूँजीपति ऐसा करके मज़दूरों की जान दम घुटा-घुटाकर लेना चाहते। ये गुस्ताख क्रांति करते हैं—तो लें अब ठैंगा मरें भूखों। मज़दूरों ने क्रांति करके जिन्हें गद्दी पर बिठाया, अब वे उनकी ओर देखते तक न थे। मज़दूर अब नए नेता खोजने लगे।

चालीस हज़ार मज़दूरोंवाला पुटिलौव कारख़ाना सोशल रिवोल्यूशनरियों का अखाड़ा था। वोलोदरस्की नामक एक बोल्शेविक कार्यकर्ता ने—जो पहले दर्जी था—उनकी जड़ खोद दी, सिर्फ दो महीने के अंदर। बोलोदरस्की कुछ दिनों अमेरिका रह चुका था, वह एक धारावाही वक्ता और साहसी मर्द था। मज़दूर उस पर लट्टू हो रहते।

मज़दूरों पर बोल्शेविकों की धाक बढ़ रही थी। उनकी ईमानदारी के कायल मज़दूर बन रहे थे। सोवियत में बोल्शेविकों का बहुमत होने में देर लगी, किंतु जून में ही कारखानों और दुकानों की कमिटियों की जो कॉन्फ्रेंस हुई उसमें उनका प्रस्ताव तीन सौ पैंतीस के खिलाफ़ चार सौ इक्कीस वोटों से पास हुआ। जून में मास्को की सोवियत में बोल्शेविकों की तादाद दो सौ छः थी और मेन्शेविकों और सोशल रिवोल्यूशनरियों की तादाद क्रमशः एक सौ छिहत्तर और एक सौ दस। पार्टी के मेंबरों की तादाद भी धड़ाधड़ बढ़ रही थी। अप्रैल में पेट्रोग्राद के मेंबरों की तादाद पंद्रह हज़ार थी, जून के शुरू में ही वह बत्तीस हज़ार हो गई। पेट्रोग्राद की सोवियत में मज़दूर के प्रतिनिधियों में बहुमत बोल्शेविकों का ही था, लेकिन सैनिकों के प्रतिनिधियों के चलते वे वहाँ अल्पमत में थे।

जून की सोवियत कांग्रेस में लेनिन ने पेश किया कि कारख़ानों को बंद कर देने की पूँजीवादी कार्रवाई को सख्ती से रोका जाए और कारखानेदार एवं बैंक देश की आर्थिक स्थिति को असंगठित करने पर जो तुले हुए हैं, उनकी अच्छी तरह खबर ली जाए। लेनिन ने गरजकर कहा—"पूँजीवादी भलेमानसों के मुनाफे का चिट्ठा प्रकाशित कराइए, पचास-सौ लखपति धन्नासेठों को पकड़कर कैदखाने में डाल दीजिए। सिर्फ़ कुछ सप्ताह उन्हें जेलों की हवा खाने दीजिए, आप उन्हें ज़ार की ही तरह आराम से भले रखें, देखिएगा उनकी सारी चालाकी, गंदगी, स्वार्थपरता हवा हो जाएगी, जिसके चलते इस सरकार के ज़माने में भी देश को करोड़ों का नुकसान हो रहा है।" इस पर गुस्से में आकर करेंस्की ने कहा—"आप कुछ व्यक्तियों पर हिंसा करके आर्थिक नियम को बदलने का ख्वाब देखते हैं?" आर्थिक नियम—ठीक! लेकिन आर्थिक नियम उस दिन कहाँ था जब करेंस्की ने एक महीने बाद हज़ारों मज़दूरों को जेलों में रखा?

अब आर्थिक नियम के साथ राजनीतिक नियम का गठबंधन हो रहा था। एक ओर, राज्य अपने सुनहरे बुरके को फेंककर हथियार के ज़ोर से जनता को दबाने को लाचार हो रहा था तो दूसरी ओर, जनता भी अब कानून की जगह अपनी भुजाओं पर भरोसा करने लगी थी। क्रांति के प्रारंभिक दिनों में खुद कार्यसमिति ने प्रस्ताव किया कि मज़दूरों के दस सैकड़े को सशस्त्र किया जाए। कार्यसमिति अपने निर्णय पर नहीं रह सकी, लेकिन मज़दूरों ने अपने को सशस्त्र करना शुरू कर दिया। मज़दूरों की स्वयंसेना दिन दूनी रात चौगुनी बढ़ रही थी। यह स्वयंसेना फ़ैक्टरी कमिटियों के अधीन होती और अब इन कमिटियों पर बोल्शेविकों का दबदबा बढ़ रहा था। अखबारों में शोर मचाया जाता कि मज़दूरों की स्वयंसेना हिंसा करती है, जब्तियाँ करती है, गिरफ्तारियाँ करती है। लेकिन मज़दूर इस पर क्यों ध्यान देने लगे? जहाँ राइफलें नहीं होतीं, वहाँ वे लाठियों से ही परेड़ करते।

पुटिलौव फैक्टरी में 23 जून को केंद्रीय कारखाना और दुकान कमिटी तथा केंद्रीय मज़दूर संघ की संयुक्त बैठक तिहत्तर कारखानों के प्रतिनिधियों के साथ हुई, जिसमें प्रस्ताव किया गया कि मज़दूरों को संघर्ष के लिए बाध्य किया जा रहा है और वह दिन दूर नहीं जब ज़ोरआजमाई होकर रहे, अतः मज़दूर पूरी तैयारी के साथ मुस्तैद हों। इस प्रस्ताव पर कार्यसमिति के नेता मुसकराए, समझा, यह सिर्फ़ धमकी है।

पेट्रोग्राद के मज़दूरों का क्रांतिकारी रुख देखकर एक बार अस्थायी सरकार ने यह विचार किया कि युद्ध के खतरे के नाम पर पेट्रोग्राद के कारखानों को यहाँ से हटाकर मुफ़स्सिल के भिन्न-भिन्न स्थानों में ले जाया जाए। लेकिन मज़दूरों ने इस खबर को सुनकर इतना हल्ला मचाया कि लाचारी में इस घृणित योजना का त्याग उन्हें करना पड़ा।

× × ×

जिन जहाजी सैनिकों ने लेनिन का स्वागत दो सप्ताह पहले फ़िनलैंड के स्टेशन पर धूमधाम से किया था, वे ही चारों ओर के वातावण के प्रभाव में आकर दो सप्ताह बाद में कहने लगे—"अगर हमें मालूम होता कि वह जर्मनी होकर आया है, तो उसका जयकार करने के बदले हम नारे लगाते कि "तुम जिस देश से होकर आए हो, वहीं लौट जाओ, ओ दुश्मन के एजेंट!" क्रीमिया के सैनिकों ने घूँसे तानकर कहला पठाया कि खबरदार, उस दुष्ट को हमारे यहाँ मत भेजो! जिस वोलिन्स्की रेजिमेंट ने 27 फ़रवरी को कमाल कर दिखाया था, अब उसी ने सरकार से लेनिन को गिरफ्तार करने का हुक्म माँगा। एक ओर, लेनिन के प्रति झूठे प्रचारों के कारण इस तरह सैनिकों की नाराज़ी प्रकट हो रही थी, दूसरी ओर, लेनिन की बातों की ओर अनजाने ही ज्यादा-से-ज्यादा लोग आकृष्ट हो रहे थे। एक सैनिक ने लिखा है कि मोरचे पर जब सोवियत का चुनाव होने लगा, एक-एक कर सोशल रिवोल्यूशनरी चुने गए, लेकिन चुनाव के बाद ही उन्होंने एक प्रस्ताव किया कि विधान परिषद् की राह देखे बिना ही जल्द ज़मींदारों की जमीन छीन लेनी चाहिए। एक किरानी टौरिद प्रांत की हालत लिखते हुए बताता है कि किस तरह अख़बारों में बोल्शेविकों के विरुद्ध तरह-तरह की बातें पढ़, उन पर विश्वास करते हुए, सैनिक बोल्शेवकों को गालियाँ देते; लेकिन उन गालियों के बावजूद तुरत लड़ाई खतम करने और जमींदारों की जमीन जब्त करने के बारे में अपनी जोरदार राय ज़ाहिर करते।

सैनिकों की यह राय सुन-सुनकर पूँजीवादी जलते और उन्हें बोल्शेविक कहकर घृणा करते। उन्हें इतना न बोल्शेविक कहा जाने लगा कि कुछ दिनों में उन्हें बोल्शेविक हो ज़ाना पड़ा। जब लड़ाई जारी रखने और ज़मीन पर ज़मींदारों का कब्ज़ा रहने के पक्ष में पूँजीवादी और समझौतापसंद समाजवादी—जिनकी खिचड़ी सरकार बन चुकी थी—एक ही स्वर में बोलने लगे तो सैनिक अब उनके हाथ से शासन छीन लेने के बारे में भी सोचने को लाचार हुए। जो अप्रैल में लेनिन को गिरफ्तार करने को उतावले हो रहे थे, वही वोलिन्स्की के सैनिक जून में बोल्शेविकों के हिमायती हो चले थे। अब रेजिमेंटों से आवाज़ उठने लगी— "ताकत सोवियत के हाथ में" जो इस समय बोल्शेविकों का नारा था। एक अज्ञात सैनिक लिखता है—"आज, 13 जून, हेड क्वार्टर में एक सभा हुई, और करेंस्की पर बातें चलीं। सैनिकों ने लेनिन की हिमायत की, लेकिन अफ़सरों ने कहा कि लेनिन तो बुर्ज़ुआ है।"

जून के प्रदर्शन ने सैनिकों के राजनीतिक विकास में बड़ी प्रगति ला दी। सिर्फ़ बोल्शेविकों ने ही धावे

का विरोध किया था, इसलिए सैनिक इसी पार्टी को अपनी यथार्थ हितु समझने लगे। यद्यपि बोल्शेविकों के अख़बार बड़ी तादाद में नहीं छप पाते, तो भी पूँजीवादियों और समझौतावादियों के अख़बारों में बोल्शेविकों के खिलाफ़ जो अभियोग लगाए जाते, उनसे ही सैनिक उनकी ओर आकृष्ट होते। आख़िर उन पर अभियोग यही थे न कि वे लड़ाई बंद करना चाहते हैं, उन्हीं के चलते ज़मींदारों की ज़मीन छीनी जा रही है आदि। इन बातों को सैनिक तो पसंद करते ही थे। बारहवीं सेना का कमिसार जुलाई के शुरू में करेंस्की को लिखता है—"अब सारा दोष मिनिस्टरों और सोवियत पर मढ़ा जा रहा है—सोवियत को वे सरकार के हाथ बिका हुआ गुलाम समझते हैं। हमारे अख़बारों को वे या तो पढ़ते नहीं या पढ़कर फबतियाँ कसते हैं—'खूब लिखा पट्ठे ! ओ हो, तुम्हारे ऐसा कौन बात बना सकता है !' "

धावे में उत्साहित होकर तरह-तरह की क्रांति-विरोधी सैनिक संस्थाएँ अफ़सरें, बड़े लोगों और पूँजीवादियों ने बनाना शुरू किया। 'मातृभूमि मर्यादा रक्षक संघ', 'सैनिक कर्त्तव्यपालक संघ', 'स्वाधीनता संघ' आदि नामों से पेट्रोग्राद में साइनबोर्ड लटकते दिखाई पड़ते। इन्हीं की छत्रच्छाया में कोलचक, डेनिकिन आदि क्रांति-विरोधी सेनापति अपने खंजर क्रांति के गले पर फेरने को पिजा रहे थे।

जब असंगतियाँ चरम सीमा तक पहुँच जाती हैं, लेकिन उनके विस्फोट की परिपक्व अवस्था नहीं आती हैं, तो उस परिस्थिति में राजनीतिक शक्तियों के अलग-अलग समूहों का प्रकटीकरण मौलिक प्रश्नों पर न होकर अप्रत्याशित घटनाओं पर होता है। क्रोंस्टैड्ट उस समय राजनीतिक भावनाओं के स्पष्टीकरण का केंद्र बिंदु हो रहा था। शाही राजधानी की रक्षा के लिए बनाया गया यह क़िला कई बार विद्रोह का क़िला घोषित हुआ है। इस किले की सोवियत में बोल्शेविकों का बहुमत नहीं था। लेकिन वहाँ जो थे, सब सत्ताईस हाथ के थे—दिमाग़ आसमान पर और अटूट भरोसा अपने हाथों पर। इस सोवियत ने 13 मई को प्रस्ताव किया—"क्रोंस्टैड्ट की पूरी हुकूमत उसकी सोवियत के हाथों में है।" और वहाँ के कमिसार को हटाकर इस प्रस्ताव को उन्होंने अमली जामा भी दे दिया। अब वहाँ स्वतंत्र हुकूमत थी। अमन-चैन की आदर्श व्यवस्था उन्होंने की। शहरों में ताश खेलना बंद कर दिया गया। वेश्यालय बंद कर दिए गए और वेश्याओं को शहर से निकाल दिया गया। शराब पीकर सड़कों पर चलने की सजा में धन जब्त कर लेने और मोरचे पर भेज देने की घोषणा की गई। फ़ौजी बेड़े के इन आदमियों ने अपनी इस सरकार को क्रांति के योग्य बनाने की एक चेष्टा नहीं छोड़ी। लेकिन इससे क्रांति की हिमायत करनेवालों को आनंद नहीं हुआ। अख़बारों में उनकी 'गुस्ताखी' के खिलाफ़ ज़बरदस्त आवाज़ उठाई जाने लगी। अस्थायी सरकार और सोवियत कार्यसमिति—दोनों के कान खड़े हुए। ज़रटेली और स्कोबलेव, दोनों दौड़े-दौड़े वहाँ पहुँचे। उनके समझाने-बुझाने और डराने-धमकाने पर वहाँ की सोवियत ने प्रस्ताव किया कि जब तक समूचे रूस में सोवियत सरकार नहीं कायम हो जाती, वे अस्थायी सरकार की मातहती कबूल कर लेते हैं। लेकिन जब यह ख़बर फ़ौजी बेड़े के सैनिकों को मालूम हुई, वे आग बबूला हुए और फिर वहाँ की सोवियत ने यह घोषित किया कि दोनों वज़ीरों से हमने सिर्फ़ अपनी कार्रवाई की कैफ़ियत मात्र दी है। हमारा पुराना निर्णय अपनी जगह पर कायम है।

निस्संदेह, ऐसा करना राजनीति के अनुकूल नहीं था, अकेला चना भाड़ नहीं फोड़ता। उनकी इस 'ग़लती' का मजा चखाने को, मानो समझौतावादियों को मुँहमाँगा अवसर मिला। ज़रटेली ने अपने जेल जीवन की कठिनाइयों की याद दिलाते इस बात पर सख्त नाराज़ी प्रकट की कि अस्सी अफ़सरों को इन जहाजी सैनिकों ने जेलों में रख छोड़ा—हम तुम्हारी यह धृष्टता और घिनौना काम बरदाश्त नहीं कर सकते—यह थी ज़रटेली की माँग। इस माँग पर क्रोंस्टैड्ट के सैनिकों ने वीरतापूर्वक जवाब भेजा कि वे इन्हें छोडने को तैयार नहीं हैं। जहाँ तक इनके साथ जेल व्यवहार का सवाल है, उन्होंने लिखा—"इन सैनिक अफ़सरों खुफ़िया पुलिसवालों और पुलिस के लोगों ने जेल में दुर्व्यवहार होने की कोई शिकायत हम लोगों से नहीं की है। हम जानते हैं कि हमारी जेल की इमारतें भयावनी हैं। लेकिन ये ही इमारतें ज़ारशाही ने हमारे लिए बनाई थीं और हमें वर्षों, युगों तक इनमें क़ैद रखा गया था। हमारे पास दूसरी इमारतें नहीं। अगर इनमें इनको रखा है, तो कोई बदला चुकाने

की भावना से नहीं, बल्कि क्रांतिकारी आत्मरक्षा की भावना से प्रेरित होकर।''

ज़रटेली और उसके साथी आगबबूला हो गए। 27 मई को इस पर विचार करने के लिए पेट्रोग्राद सोवियत की बैठक हुई। ट्राट्स्की ने ज़रटेली को चेतावनी देते हुए कहा—"जब कोई क्रांति-विरोधी जनरल क्रांति के गले में फाँसी लगाने को आगे बढ़ेगा, ये उदारदली पूँजीवादी उसकी रस्सी को साबुन से चिकना करेंगे और ये क्रोंस्टैड्ट के जहाज़ी सैनिक ही उसे बचाने को आएँगे और हमारे साथ मरेंगे।" तीन महीने बाद यह सोलह आना सच हुआ, जब जनरल कार्निलौव ने पेट्रोग्राद पर चढ़ाई की और इन्हीं सैनिकों को ख़ुद करेंस्की और ज़रटेली ने शरद प्रासाद की रक्षा के लिए आह्वान किया। लेकिन आज इस चेतावनी को कौन सुननेवाला? बहुमत से ज़रटेली ने उनके खिलाफ़ प्रस्ताव पास कर लिया। प्रस्ताव पास होते ही टेलीफ़ोन का कनेक्शन पूरा काट दिया गया, ट्रेनिंग के लिए गए सभी जहाज़ों को वहाँ से हटाने का हुक्म दिया गया, वहाँ खाद्य पदार्थ भेजना बंद कर उन्हें भूखों मारने की धमकी दी गई और कहा गया कि जल्द आत्मसमर्पण करो, नहीं तो····। हाँ, नहीं तो····! लेकिन इस 'तो' की ज़रूरत नहीं हुई। ट्राट्स्की इन लोगों का रुख देख दौड़ा-दौड़ा क्रोंस्टैंड्ट गया और समझा-बुझाकर सुलह करा दी! खैर, मौका देखकर इन जहाज़ी सैनिकों को एक कदम पीछे हटना पड़ा, लेकिन उनकी हिम्मत की कहानी अब सबकी जबान पर थी। सोवियतों, रेजिमेंटों, कारख़ानों और आम सभाओं से अभिनंदन के तार और खत 'लाल क्रोंस्टैड्ट' के पास आने लगे!

मिल्यूकौव लिखता है—"क्रोंस्टैड्ट में अपना क़िला मज़बूत कर बोल्शेविक अपने सुशिक्षित प्रचारकों को रूस के कोने-कोने में भेज सरकार के दबदबे और रौब को कम करने, सैनिकों को अनुशासन तखड़-पखड़ करने और ज़मींदारियों को लूटने-छीनने के लिए लोगों को भड़काने लगे! वे अपने प्रचारकों को अपनी सोवियत की ओर से परवाना देते कि उनसे रेल या जहाज़ के टिकट न लिये जाएँ, उन्हें हर जगह अस्त्र-शस्त्र धारण करने का हक है और उन्हें कोई भी नहीं पकड़ सकता है।" मिल्यूकौव शायद यह लिखना भूल गया कि उनके परवाने की हर जगह के मज़दूर और सैनिक क़द्र भी करते थे!

जनता क्रांति की लपट में अपने हाथ जलाकर ही सबक़ सीखती है और जब सीखने लगती है तो उसकी शिक्षा की रफ्तार इतनी तेज होती है कि कल्पना भी नहीं की जा सकती। एक-एक सप्ताह सालों का काम करता है—हर दो महीने पर युग बदलता है। फ़रवरी के अंत में क्रांति हुई। अप्रैल के अंत में सशस्त्र मज़दूरों का प्रदर्शन हम देख चुके। जुलाई में जनता एक जबरदस्त धावा करेगी। अगस्त में वह जनरल कार्निलौव को भगाएगी और अक्तूबर में बोल्शेविकों के नेतृत्व में लड़कर अपना राज्य कायम करेगी!

सोवियत कांग्रेस और जून-प्रदर्शन

सोवियत की पहली कांग्रेस, जिसने करेंस्की की जर्मनी पर धावा बोलनेवाली नीति का समर्थन किया, पेट्रोग्राद में 3 जून को शुरू हुई। उसमें आठ सौ बीस प्रतिनिधि ऐसे थे, जिन्हें वोट देने का हक था और दो सौ अड़सठ प्रतिनिधियों को सिर्फ़ बोलने का। वे तीन सौ पाँच स्थानीय सोवियतों और तिरपन मोरचे की, छावनी की और किसानों की संस्थाओं का प्रतिनिधित्व करते थे। जिनकी आबादी पच्चीस हज़ार के ऊपर की थी, उन सोवियतों को वोट का हक था और दस हज़ार से पच्चीस हज़ार तक की आबादीवाली सोवियतों को सिर्फ़ राय ज़ाहिर करने का। इस तरह यह कांग्रेस प्रायः दो करोड़ आदमियों की नुमाइंदगी करती थी। इन प्रतिनिधियों में सात सौ सतहत्तर ने अपनी पार्टियाँ दर्ज़ कराई थीं—दो सौ पचासी सोशल रिवोल्यूशनरी थे, दो सौ अड़तालीस मेन्शेविक थे और एक सौ पाँच बोल्शेविक थे। कुछ लोग छोटी-छोटी पार्टियों के भी थे। बोल्शेविक और उनके मददगारों की ताक़त वहाँ सिर्फ 1/5 थी।

कांग्रेस की कार्रवाई का श्रीगणेश एक स्विटजरलैंडवासी समाजवादी को देश-निकाला देने के निर्णय से हुआ ! बोल्शेविकों ने पहले धावे के सवाल पर विचार किए जाने पर ज़ोर दिया, लेकिन उनकी कौन सुनता है ? जनता में जो उनका जोर बढ़ रहा था, उसकी साफ झलक इस कांग्रेस पर नहीं पड़ी थी । कांग्रेस में अब भी समझौता वादियों का बोलबाला था । ज़रटेली, लाइबर, बौग्दोनौव आदि लंबी-चौड़ी हाँक रहे थे । लेकिन वे मन-ही-मन बोल्शेविकों से कम नहीं डर रहे थे । भय और संदेह के वातावरण में ही कांग्रेस की कार्रवाइयाँ जारी थीं ।

कांग्रेस ने संयुक्त सरकार बनाने का समर्थन भारी बहुमत से किया । ज़ारशाही द्वारा गुलाम बनाए गए राष्ट्रों की आजादी की घोषणा तो की, लेकिन आखिरी फ़ैसला विधान परिषद् पर छोड़ दिया । मज़दूरों के लिए आठ घंटे के दिनवाले प्रस्ताव को भी टाल दिया गया ।

कांग्रेस की बैठकें जारी ही थीं कि बीच में एक सनसनीदार घटना हो गई । क्रांति के प्रारंभिक दिनों में ही बाइवर्ग के मज़दूरों ने डुरनौवो नामक एक रईस के बहुत बड़े खाली मकान पर कब्ज़ा कर उसे शिक्षण संस्था के रूप में परिणत कर दिया था । मकान के अंदर तरह-तरह के क्लास होती और उसके सुंदर बगान में लड़के खेल-कूद करते । पूँजीवादी अख़बारों ने हल्ला मचाया उस मकान को मज़दूर शस्त्रागार बनाए हुए हैं ! सरकार ने बिना सोचे, पड़ताल किए नोटिस दी कि यह मकान छोड़ दो । मज़दूरों ने कहा—हम अपनी शिक्षण संस्थाएँ कहाँ ले जाएँ? आखिर ज़रटेली से कहा गया और उसके इशारे पर सरकार ने चौबीस घंटे के अंदर मकान खाली कर देने की चुनौती दी । मज़दूरों को सर करने के लिए फ़ौजी तैयारियाँ भी शुरू हुईं । यह ख़बर पाकर बाइवर्ग के मज़दूरों ने अपने साथियों को पुकारा । अट्ठाईस फैक्टरियों में हड़ताल हो गई—अराजकवादियों ने ऐलान किया कि यदि फ़ौज उस ओर बढ़ाई जाएगी, तो ढेले का जवाब हम ईंट से देंगे ! अब क्या हो ? न्याय विभाग के कुछ अफसर अंततः वहाँ जाँच के लिए भेजे गए और जब उन्होंने जाकर देखा कि सचमुच वहाँ क्लास होती और बच्चे खेलते हैं, तब शर्म से सिर नीचा किए लौट गए ।

लेकिन सबसे सनसनीदार घटना तो 9 जून को हुई । 'प्रावदा' में मज़दूरों के नाम एक अपील निकली कि 10 जून को कांग्रेस के सामने प्रदर्शन हो ! इसे पढ़कर चीद्ज़े का दिमाग़ खतम हो गया । वह कांग्रेस में आया और बड़ी दहशतनाक आवाज़ में कहा—"यदि कांग्रेस ने इसे रोकने का कोई उपाय नहीं किया तो कल का दिन हमारे लिए प्राणघातक हो सकता है ।" भय के मारे प्रतिनिधियों के चेहरे पर भी हवाइयाँ उड़ने लगीं !

कांग्रेस और पेट्रोग्राद की जनता के बीच का यह बल प्रदर्शन उस समय की परिस्थिति का नतीजा था । ख़ासकर सैनिकों में बड़ी बेचैनी थी । उन्हें जर्मनी पर किए जाने-वाले इस धावे की योजना में खतरा-ही-खतरा दीखता था । उन्हें इस बात का खौफ़ था कि इस धावे के बहाने पेट्रोग्राद की क्रांतिवादी रेजिमेंटों को वहाँ से हटाकर अलग-अलग मोरचों पर तितर-बितर कर दिया जाएगा । बोल्शेविकों का जो फौजी विभाग था, उसने पार्टी पर प्रदर्शन के लिए दबाव डाला और यह भी बताया कि अगर पार्टी ने नेतृत्व नहीं लिया, तो सैनिक खुद-ब-खुद सड़कों पर निकल आएँगे । सैनिकों का साथ मज़दूर देंगे या नहीं—इस पर कुछ विवाद था । वोलोदरस्की ऐसे मज़दूरों के बीच में रहनेवाले सच्चे मजदूर नेताओं को भी इस पर शक था । तब चुपचुप मज़दूरों के प्रतिनिधियों की एक बैठक पार्टी ने की, जिसमें प्रबल बहुमत प्रदर्शन के पक्ष में देख अंततः उसने प्रदर्शन का तय कर लिया । बोल्शेविक पार्टी के इस निर्णय को कुछ अन्य छोटी-छोटी पार्टियों ने भी मंजूर कर लिया । फिर क्या था, इसके लिए जोरों से तैयारियाँ शुरू हुईं ।

इस प्रदर्शन के दो नारे थे—"हुकूमत सोवियत के हाथ में" और "दसों पूँजीवादी मंत्रियों का नाश हो" । पिछले नारे द्वारा संयुक्त या खिचड़ी सरकार बनाने के प्रति सख़्त नाराजी प्रकट की गई थी । प्रदर्शन का उद्देश्य सिर्फ यह था कि सोवियत के नेताओं पर जनमत का दबाव डाला जाए । राज्य पर कब्ज़ा करने की बात सोची तक नहीं जा सकती थी । अभी तो लेनिन का पुराना नारा अपनी जगह पर कायम था—"जनता को समझाते चलो ।" कुछ नौजवान पार्टी मेंबर ने सरकार की ओर से छेड़खानी किए जाने पर तारघर, शस्त्रागार और स्टेशन पर कब्ज़ा कर लेने की सलाहें पेश की थीं, लेकिन उन्हें डाँटकर इसे नामंजूर कर दिया गया था ।

ज्यों ही इसकी ख़बर मिली, सोवियत की कार्य-समिति ने बोल्शेविक पार्टी को प्रदर्शन रोकने को कहा। स्वतंत्र नागरिक की हैसियत से हमें प्रदर्शन करने का हक है—यह बोल्शेविक जवाब था। इस जवाब पर बौखलाकर ही चीद्ज़े ने कांग्रेस में इस दहशतनाक ढंग से यह सवाल पेश किया था। चीद्ज़े का समर्थन करते हुए व्याख्यान-पर-व्याख्यान होने लगे। बोल्शेविक प्रतिनिधियों ने अपनी पार्टी से विचार करने को वक्त माँगा। लेकिन उस पर ध्यान नहीं दिया गया और पार्टी से मुतालबा किया गया कि तीन दिनों तक पेट्रोग्राद में कोई प्रदर्शन न किया जाए। सिर्फ़ प्रस्ताव पर ही उन्हें संतोष या विश्वास नहीं हुआ। तय किया गया कि कांग्रेस के सभी प्रतिनिधि दस-दस का जत्था बनाकर बैरिकों और मज़दूरों की झोंपड़ियों में जाएँ और उन्हें समझा-बुझाकर प्रदर्शन से रोकें—क्योंकि उन्हें यह ख़बर भी थी कि जिस समय वे मनाही की माँग कर रहे थे, उस समय भी रेजिमेंटों और कारखानों में सैनिक-मज़दूर सभाएँ करके प्रदर्शन का समर्थन कर रहे थे।

यों, चाहे दूसरे ढंग से ही सही, बोल्शेविक अपने उद्देश्य में सफल हुए। अगर पहाड़ को नबी के पास जाने से रोक दिया गया तो नबी खुद पहाड़ के पास पहुँचे! उस दिन-भर रात बिना एक झपकी नींद लिए, ये प्रतिनिधि सैनिकों और मज़दूरों से आरजू-मिन्नत करते रहे। प्रायः ही इन मेंबरों को झिड़कियाँ खानी पड़तीं और कहीं-कहीं तो इनका अपमान तक हुआ। रात-भर दौड़धूप करते भोर में ये लगभग पाँच सौ प्रतिनिधि टौरिद महल पहुँचे। यद्यपि, निस्संदेह बोल्शेविकों की ही रजामंदी और आज्ञा से मज़दूर और सैनिकों ने प्रदर्शन बंद करने का वादा किया और इस संबंध में वे कामयाब होकर लौटे थे, लेकिन उनके दिमाग़ों में उनका रुख साफ़-साफ़ अंकित हो चुका था। "जनता में बोल्शेविकों का ही बोलबाला है", "मेन्शेविकों और सोशल रिवोल्यूशनरियों से तो वे बेहद बिगड़े हैं", "उन्हें सिर्फ 'प्रावदा' पर विश्वास है", "वे तो डाँटकर कहते थे, हम आपके कामरेड कहाँ हैं?" आदि-आदि रिपोर्टें वे एक-दूसरे को देते थे।

प्रदर्शन बंद करने पर बोल्शेविकों के राजी हो जाने पर भी सैनिकों और मज़दूरों में कम नाराजी नहीं थी। कई कारख़ानों ने प्रस्ताव कर अपनी यह नाराज़ी ज़ाहिर की। कुछ उतावले, जोशीले नौजवान मेंबरों ने तो अपने पार्टी कार्ड तक को फाड़ फेंका! हाँ, इतना होने पर भी अनुशासनवश आज्ञा जरूर मान ली।

बोल्शेविकों को तीन दिनों तक प्रदर्शन रोकने के लिए आदेश देने के लिए समझौतावादियों ने एक कारण यह पेश किया था कि कज्जाक सेना को अपने पक्ष में लेकर राजतंत्रवादी इसी मौके पर इस सरकार को उलटने का षड्यंत्र कर रहे हैं। अब बोल्शेविकों ने प्रदर्शन बंद कर उनसे पूछना शुरू किया कि बताइए, उस राजतंत्री षड्यंत्री के बारे में क्या हुआ और उनके खिलाफ़ आप क्या कर रहे हैं? बोल्शेविकों के इस वाजिब सवाल का जवाब उन्होंने वह दिया कि वे चकित होकर रह गए। समझौतावादियों ने उन पर यह तोहमत लगाना शुरू किया कि आप ही लोग सरकार को उलटने का षड्यंत्र कर रहे थे, ख़ैरियत हुई कि हम वक्त पर उसे रोक सके। मज़दूरों को प्रदर्शन से रोकने का श्रेय भी उन्होंने अपने ऊपर लिया। 10 जून को भी एक मेन्शेविक अख़बार ने लिखा—"वक्त आ गया है कि हम लेनिन के चेलों को देश का दुश्मन और धोखेबाज़ खुलेआम कहना शुरू कर दें।" 11 जून को बोल्शेविकों के खिलफ़ एक बाजाब्ता अदालत बैठी, जिसमें कार्यसमिति, सोवियत की कांग्रेस का सभापति मंडल और सब पार्टियों के नेता—लगभग एक सौ दिग्गज एकत्र हुए। ज़रटेली इस अदालत का सरकारी वक़ील था। उसने तैश में आकर, गुस्से में भर्राए हुए गले से कहा—"बोल्शेविक जो कर रहे हैं, वह सैद्धांतिक प्रचार नहीं है, अब वे षड्यंत्र पर उतर आए हैं।.....बोल्शेविक हमें माफ़ करें—अब हम उनके साथ दूसरी तरह से बरताव करने को लाचार हो गए हैं।.....अब हमें बोल्शेविकों के हाथों से हथियार छीन लेना है। अब हम उनके हाथों में मशीनगन और राइफल नहीं रहने दे सकते। हम षड्यंत्र नहीं बरदाश्त कर सके।"

बोल्शेविकों को निरस्त्र के मानी क्या थे? सुखानौव ने लिखा है—"बोल्शेविकों के पास अस्त्र-शस्त्र का कोई भंडार नहीं था। हथियार तो मज़दूरों और सैनिकों के पास थे, जो अब बोल्शेविकों के पीछे चलने लगे थे। बोल्शेविकों को निरस्त्र करने के मानी थे मज़दूरों को निरस्त्र करना, सैनिकों के हाथों से हथियार छीनना।" दूसरे

शब्दों में इसके मानी यह हुए कि अब क्रांति उस जगह पर जा चुकी थी, जहाँ प्रतिक्रियावाद की माँग पर पूँजीवादी प्रजातंत्र उनसे हथियार छीनने जा रहा था, जिन मज़दूरों और सैनिकों ने उसके हाथों में हुकूमत छीन कर दी थी और जो आज भी उसकी सुरक्षा की एकमात्र गारंटी थे ।

ज़रटेली के भाषण से सन्नाटा छा गया । उसी समय बोल्शेविकों की ओर से कामनेव उठा और इस गंभीरता और शक्ति के साथ बोला कि हाल के एक-एक व्यक्ति ने उस गंभीरता और शक्ति का अनुभव किया ? उसने कहा—"जनाब वजीर साहब, अगर आप सिर्फ़ हवा में नहीं बातें कर रहे हैं, तो सिर्फ़ बोलकर ही आपको नहीं रह जाना है । आप आगे बढ़िए, मुझे गिरफ्तार कीजिए और मुझ पर क्रांति के खिलाफ़ षड्यंत्र करने का मुकदमा चलाइए ।" इतना कहकर बोल्शेविक प्रतिनिधियों के साथ वह वहाँ से विरोध में उठकर चला गया । समूचे भवन में सन्नाटा छा गया । उस सन्नाटे की असहनीयता को भंग करते हुए लाइबर बोला—"अगर हमें बोल्शेविकों के पंजे से जनता को छुड़ाना है, तो हमें उनसे नाता तोड़ना ही पड़ेगा ।" डान ने धूर्तता के शब्दों में कहा—"हम लोग क्रांति के दुश्मनों का सामना कर रहे हैं—फिर हमें अचरज क्यों हो रहा है यदि हमारे कंधे के पीछे जर्मनी के एजेंट खड़े हों ।" जर्मनी के एजेंट ! क्रांति के खिलाफ़ षड्यंत्र ! इसी को कहते हैं, कुत्ते को पागल कहकर गोली मार दो ! लेकिन काश गोली चलाना इतना आसान होता ! दूसरे दिन बोल्शेविकों के खिलाफ़ ख़ास कानून बनाने का प्रस्ताव पास हुआ, लेकिन यह प्रस्ताव कागज़ पर ही रह गया ।

बोल्शेविकों ने कांग्रेस के जवाब में एलान किया—"यह षड्यंत्र की बात सिर्फ मज़दूरों और पेट्रोग्राद के सैनिकों को निरस्त्र करने का बहाना है । आप तो आप ! जिस सोवियत के हाथ में हम हुकूमत देने का नारा लगा रहे हैं, यदि वह सोवियत भी हमारे आंदोलन पर बंधन डालेगी, तो भी हम चुपचाप उसे बरदाश्त नहीं करेंगे—हम अंतरराष्ट्रीय समाजवाद के नाम पर कैद और दूसरी सजाओं को खुशी-खुशी बरदाश्त करेंगे ।"

इसमें शक नहीं कि समझौते की प्रवृत्ति को कायम रखने के लिए ज़रटेली का प्रस्ताव बिलकुल ही उचित था । लेकिन ज़रटेली को अपनी पार्टी से भी पूरा समर्थन नहीं प्राप्त हो सकता, इसका भी कारण था । बोल्शेविकों के हथियार छीनने का मतलब था मज़दूरों और सैनिकों से हथियार छीनना । मज़दूर और सैनिक यों ही हथियार नहीं दे सकते, इसलिए इसका मतलब था उनसे जबरदस्ती छीनना । जबरदस्ती हथियार छीनने के लिए दकियानूसी ताकतों की मदद लेना जरूरी था और जब एक बार वे मज़दूरों और सैनिकों से हथियार छीनने में समर्थ हो जाते, तो फिर क्या वे ज़रटेली और उनके समर्थकों को गद्दी पर बैठा हुआ छोड़ते । फिर ज़रटेली को भी वे दक़ियानूसी ताकतें वज़ारत की गद्दी से हटाकर जेल की सख्त सज़ा में कंकड़ नहीं तुड़वाते, इसकी क्या गारंटी थी ? यद्यपि पीछे चलकर यह भी साफ़ हो गया कि दकियानूसी ताकतों के पास इतनी ताकत ही नहीं थी कि मज़दूरों और सैनिकों से वे हथियार छीन सकें ।

× × ×

कांग्रेस की जिस बैठक में बोल्शेविकों के खिलाफ़ प्रस्ताव पास हुआ, उसी बैठक में एक मेन्शेविक सदस्य ने अगले रविवार, 18 जून को पेट्रोग्राद के मज़दूरों और सैनिकों का प्रदर्शन करने का प्रस्ताव पेश किया और इसकी उलझनों और नतीजों पर ज्यादा ग़ौर किए बिना कांग्रेस प्रतिनिधियों ने एक स्वर से स्वीकार कर लिया । इस प्रदर्शन द्वारा वे अपनी ताकत लोगों को, खासकर बोल्शेविकों को दिखाना चाहते थे ! सिर्फ़ यही नहीं, इसी शक्ति प्रदर्शन की उमंग में उन्होंने डूमा को भंग करने और 30 सितंबर को विधान परिषद् की बैठक बुलाने का भी तय कर लिया । उन्हें जनता को यह भी तो बता देना था कि वे दक़ियानूस नहीं हैं—वे कल क्रांतिकारी थे, तो आज भी अग्रगामी बने हुए हैं । जिसमें जनता उनकी नेकनीयती पर पूरा विश्वास कर ले, इसलिए प्रदर्शन के नारे भी उन्होंने अपने जानते अच्छे ही चुने—"संसार-भर में शांति क़ायम हो", "शीघ्र विधान परिषद् बुलाई जाए", "लोकतंत्री प्रजातंत्र की जय ।"

कांग्रेस के प्रतिनिधि इस प्रदर्शन के प्रस्ताव को पास करने के बाद फिर एक बार मज़दूरों और सैनिकों के बीच चक्कर काटने लगे । उन्होंने लौटकर जो रिपोर्टें दीं, उनसे उत्साहित होकर ज़रटेली ने बोल्शेविकों को खुली

चुनौती दी—"अब क्रांतिकारी ताकतों के रुख का पता चल जाएगा...अब हम देखेंगे कि बहुमत किसके साथ है—तुम्हारे या हमारे?" 'प्रावदा' ने इसका जवाब दिया—"18 जून के प्रदर्शन में हम भी शामिल होंगे और अपने उन विचारों को जनता के सामने पेश करेंगे, जिनके लिए हम 10 जून को प्रदर्शन करना चाह रहे थे।"

यह प्रदर्शन 'मंगल के मैदान' में हो रहा था, जहाँ तीन महीने पहले फ़रवरी के शहीदों को दफ़नाया गया था। इसमें चार लाख आदमी शामिल हुए थे। लेकिन एक फ़र्क था—इस बार प्रदर्शन में पढ़े-लिखे बाबुओं का बहुत अभाव था और शायद ही एक कारख़ाना या बैरिक छूटा हो, जिसके मज़दूर और सैनिक न गए हों।

कांग्रेस के प्रतिनिधि वहाँ पूरे-के-पूरे इकट्ठा थे और प्रदर्शन के प्लेकार्डों को गिन रहे थे। जब पहला बोल्शेविक प्लेकार्ड देखा, तो ज़रटेली मुसकराया। लेकिन अरे, यह क्या? "दसों पूँजीवादी वज़ीरों का नाश हो", "धावे का नाश हो", "सब हुकूमत सोवियत के हाथ"—के प्लेकार्डों की ही चारों ओर भरमार है। हँसी सूख गई, हवाइयाँ उड़ने लगीं। बोल्शेविकों का झंडा चारों ओर लहरा रहा था। बीच-बीच में मेन्शेविक और सोशल रिवोल्यूशनरी पार्टियों की ओर से ऑफ़िसियल नारे और प्लेकार्ड भी होते, लेकिन जन समुद्र की तरंगों में डूब जाते। उत्तेजित जनता उनके प्लेकार्ड और झंडे फाड़ भी देती। प्रांतों से आए प्रतिनिधि हैरत में थे। राजधानी की इस मनोवृत्ति का उन्हें ज्ञान ही नहीं था। वे हैरत में 'नेताओं' के मुँह की ओर देखते—लेकिन नेता तो अब मुँह छिपाए भागे जा रहे थे। प्रांतीय प्रतिनिधियों से बोल्शेविक पूछते—"क्यों? क्या यह षड्यंत्र है?" वे बोलते—"हाँ, पेट्रोग्राद में आप ही की चलती है; लेकिन अकेला पेट्रोग्राद समूचे देश के खिलाफ़ नहीं जा सकता।" "अच्छी बात"—बोल्शेविक कहते—"आपकी बारी भी आने ही वाली है—प्रांतों में भी आप यही नारे सुनेंगे, थोड़े दिन और ठहरिए तो!"

और सचमुच यही बात हुई। इस 'प्रदर्शन की लहर प्रांतों में भी गई और मास्को, खारखौव, एकातेरिनोसौव आदि जगहों में यही नारे सुनाई पड़ने लगे। ऐसा मालूम होने लगा कि अब समझौतावादियों के लिए कहीं जगह ही नहीं है।

18 जून के प्रदर्शन पर बूढ़ा प्लेखानौव लिखता है—"मैं मंगल के मैदान में चीद्ज़े की बगल में खड़ा था। मैंने उसके चेहरे पर देखा कि वह अपने को धोखे में नहीं रखे हुए है। पूँजीवादी वज़ीरों को निकालने की माँग का प्रभाव स्पष्ट दीख पड़ता था। लेनिन के अनुयायी मानो महोत्सव मना रहे थे और चीद्ज़े की ओर देख-देखकर ज़ोरों से नारे लगाते और हुक्म देते? गोर्की के अख़बार ने लिखा—"रविवार के प्रदर्शन ने स्पष्ट बता दिया कि पेट्रोग्राद की जनता पर बोल्शेविकों का पूरा अधिकार है'।"

मानो इस झेंप को मिटाने के लिए दूसरे दिन कैडेट नेताओं के नेतृत्व में एक देशभक्तिपूर्ण प्रदर्शन नेवस्की में हुआ, जिसमें आगे-आगे करेंस्की की तसवीर ढोई जा रही थी! लेकिन उस प्रदर्शन और इस प्रदर्शन में उतना ही अंतर था जितना विवाहोत्सव और श्राद्ध में।

18 जून के प्रदर्शन से उत्तेजित हो, अराजकतावादियों ने बाइवर्ग के जेलख़ाने पर छापा मारा और क़ैदियों को छुड़ा लिया, जिनमें ज्यादातर लोग चोर-बदमाश थे। इसका अपराध भी बोल्शेविकों के ही ऊपर मढ़ने की कोशिशें हुईं। अराजकतावादियों से सरकार की मुठभेड़ भी हुई—गोलियाँ चलीं, उनमें से एक मारा भी गया।

जून के आखिरी दिनों में हलचल-ही-हलचल रही। मशीनगन की एक रेजिमेंट अस्थायी सरकार को उलटने की तैयारियाँ कर रही थी। हड़ताली मज़दूर बैरिकों में जाते और उन्हें सड़कों पर निकल आने को कहते। दाढ़ी बढ़ाए, लंबे कोट पहने सैनिक सड़कों पर घूमते और जो उनमें बूढ़े थे, वे अपने को मोरचे पर भेजने की माँग करते। लोगों का यह रुख देख बोल्शेविक उन्हें सड़कों पर निकलने या प्रदर्शन करने की मनाही करते। 22 जून को बोल्शेविक अख़बारों ने लोगों को चेतावनी दी—"आप लोग सड़कों पर मत निकलें—जो ऐसा कहते हैं, उन पर विश्वास न करें।" समूचा शहर मानो बारूदखाना बन गया है—एक चिनगारी धू-धूकर सर्वनाश उपस्थित कर सकती है। हवा में लड़ाई के अग्निकण हैं। लेकिन बोल्शेविक अख़बार अभी लोगों को समझने और रोकने में लगे हैं। वे उचित समय की प्रतीक्षा में हैं। क्रांति उतावलेपन से नहीं की जाती। अभी पंद्रह दिन और ठहरना है!

जुलाई के दिन : तैयारी और शुरुआत

1915 में लड़ाई के मद में रूस के एक सौ खरब रूबल खर्च हुए, 1916 में एक सौ नब्बे खरब, 1917 के आधे तक एक सौ पाँच खरब और 1918 के शुरू तक, जब तक यह लड़ाई चली, छः सौ खरब खर्च हो गए होते, जिसका मतलब यह होता कि रूस बिलकुल दीवालिया हो गया होता—क्योंकि रूस देश की पूरी संपत्ति का तख़मीना सात सौ खरब रूबल था। क्रांति के बाद इस लड़ाई को चलाने के लिए एक ओर देश से 'आजादी का कर्ज' उठाने की कोशिश हुई, तो दूसरी ओर विदेशों से कर्ज-पर-कर्ज लिये जाने लगे। सरकारी खर्च के भारीपन को हलका करने के लिए नोट-पर-नोट छापे जाने लगे नोटों की ऐसी बाढ़ आई कि उनकी कीमत घटने लगी। पुराने, प्रतिष्ठित नोटों की जगह बोतल के लाल लेबुल की तरह के जो भद्दे, रद्दी नोट निकले उन्हें 'करेंस्की' का नाम लेकर पूँजीवादी और मज़दूर—दोनों उपहास करते!

उद्योग-धंधों पर सरकारी नियंत्रण का स्वाँग भी रचा गया, लेकिन इससे न मज़दूर संतुष्ट थे न पूँजीपति। पूँजीपतियों ने देखा कि अब जितना नफ़ा नहीं हो रहा है, उससे अधिक झंझट और तरद्दुद बढ़ रही है। कारख़ानों का बंद किया जाना सिलसिलेवार शुरू हो गया। धातु की पैदावार में चालीस सैकड़े कमी हुई है, तो कपड़े की पैदावार में बीस सैकड़े कमी। उद्योग-धंधों की अवनति और नोटों की भरमार के कारण चीज़ों की कीमत आसमान पर चढ़ती जा रही थी। मज़दूरमंत्री स्कोवलेव मज़दूरों के नाम से अपीलें निकालता कि कारख़ानों के चलाने में वे हस्तक्षेप न करें। इधर महँगाई का सारा बोझ मज़दूरों पर ही पड़ रहा था। उद्योग-धंधों से भी बुरी हालत रेलवे की आमदरफ्त की थी। रेल ही इस महादेश को संघबद्ध और संगठित किए हुए थी! आधे से ज्यादा इंजिनें और रेल के डब्बे मरम्मत-तलब थे, उनमें से ज्यादा मोरचों की ढुलाई में लगे हुए थे, जलावन की कमी के कारण उनकी आमदरफ्त रुक रही थी। इस पर रेलवे के मज़दूरों और किरानियों में सरकार का संघर्ष रह-रहकर छिड़ जाता। खाने-पीने की चीज़ों को ढोकर बाज़ारों में पहुँचाना मुश्किल पड़ रहा था। पेट्रोग्राद में आटे का स्टॉक सिर्फ़ दस-पंद्रह दिनों का रहता था। और शहरों की भी यही हालत थी। रेलवे की आमदरफ्त रुक जाने के खतरे के चलते ये शहर हमेशा अकाल के मुँह के नज़दीक थे। भविष्य के लिए कोई आशा भी नहीं दीख पड़ती थी।

राजनीति की भी ऐसी ही दशा थी। किसी निर्णय पर पहुँचकर, अधर में लटकते रहना, सरकार; राष्ट्र, वर्ग, व्यक्ति—सभी की ज़िंदगी की बुरी-से-बुरी हालत होती है। ऐतिहासिक समस्याओं को सुलझाने में क्रांति सबसे क्रूर और सख्त तरीका इस्तेमाल करती है। क्रांति की हालत में किसी मसले को टाल देने की प्रवृत्ति सबसे अधिक घातक सिद्ध होती है। क्रांतिकारी पार्टी का ऐसे मौकों पर थरथराना ठीक वैसा ही है जैसे किसी डॉक्टर का रोगी के सड़े शरीर में छुरी घुसाकर थरथरा जाना। इस दुहरी सरकार की हालत ठीक ऐसी ही थी। हर चीज़ सरकार के खिलाफ़ जा रही थी। जो उसके दोस्त थे, वे विरोधी बन रहे थे, जो विरोधी थे, वे दुश्मन बन रहे थे, जो दुश्मन थे, वे उसके खिलाफ़ हथियार उठा रहे थे। क्रांति-विरोधी ताकतें खुलेआम संगठन कर रही थीं। कैडेट पार्टी उनका नेतृत्व कर रही थी। मोधिलेव में अफ़सरों की लीग कायम हुई थी, जो लगभग एक लाख असंतुष्ट अफ़सरों का प्रतिनिधित्व करती थी। कज़्ज़ाक सेना ने भी अपनी कमिटी बना ली थी। ये दो संस्थाएँ क्रांति विरोध का खुला अखाड़ा थी। डूमा तोड़ दी गई थीं, लेकिन उसने अपनी प्राइवेट बैठकें करने का निर्णय किया था। मित्र राष्ट्रों और बड़े-बड़े बैंकों की सहानुभूति और सहायता इसे प्राप्त थी। विधान परिषद् के चुनाव के लिए 17 सितंबर की तारीख तय की गई थी। इसकी खुली मुखालफ़त उदारदली अख़बार करने लगे। ज़मींदार अपने को खूब संगठित कर रहे थे—बड़े लोगों की जमातें जुट रही थीं। जुलाई से शुरू में पेट्रोग्राद में ज़मींदारों की अखिल रूस कांग्रेस हुई, जिसने सरकार से लंबी-लंबी माँगें पेश कीं।

मोरचे की हालत भी खराब थी। करेंस्की ने बड़ा जोर लगाकर जर्मनी के खिलाफ़ धावा शुरू किया—लेकिन थोड़े ही दिनों में उसकी व्यर्थता प्रकट होने लगी। प्रिंस लबौव के वज़ीर मित्र राष्ट्रों के दूत के

सामने आँखें उठाकर देखने में भी शरमाने लगे। फ़िनलैंड पर चढ़ाई कर उन्होंने अपनी लाज मिटानी चाही, लेकिन इसी समय यूक्रेन के विद्रोह ने नफा नुकसान का हिसाब एक कर दिया।

वे दिन लद गए जब मित्र राष्ट्रों के समाजवादी नेता रूस की क्रांति के नाम पर करेंस्की का यशोगान गाते फिरते। फ्रांस के नए राजदूत को एक फ्रांसीसी पत्रकार पेट्रोग्राद की हालत बताते हुए कहता है—"देखिए, हमारे इस फ्रांसीसी दूतावास के सामने, नेवा नदी के उस पार, बाइबर्ग का जिला है वहाँ बड़े-बड़े कारखाने हैं। उन कारखानों पर बोल्शेविकों का राज है, इसी जिले में मशीनगन की रेजिमेंट है, जिनमें दस हज़ार सैनिक हैं और एक हज़ार मशीनगनें। इन पर भी बोल्शेविकों का कब्जा है। यहाँ जो और रेजिमेंट हैं, वे या तो बोल्शेविकों के प्रभाव में हैं या तटस्थ। आप ही कहिए अगर लेनिन और ट्राट्स्की पेट्रोग्राद पर कब्ज़ा कर लेना चाहें तो इन्हें कौन रोक सकता है?" यह सुनकर दूत घबरा जाता है, वह पूछता है—"किंतु, हुकूमत इस स्थिति को कैसे सहन कर सकती है?" उत्तर मिलता है—"सरकार कर ही क्या सकती है, इसके पास नैतिक बल के अतिरिक्त और कुछ नहीं है, और वह भी अब कमजोर पड़ता जाता है।"

महँगी से ऊबकर मज़दूर भी छटपट कर रहे थे। जून में ये समस्याएँ पुटिलोव कारख़ाने में बहुत ज़ोर पकड़ रही थी, जहाँ छत्तीस हजार मज़दूर काम करते थे। जितने मिस्त्री और हुनरमंद मज़दूर थे, वे सब ऊबकर कारखाने से निकल आए थे। इस तरह छिट-पुट हड़तालों से कुछ होने जाने का नहीं—ऐसा सोचकर बोल्शेविक पार्टी ने साठ कारखानों के मजदूरों को इकट्ठा किया। मज़दूर प्रतिनिधियों ने पुटिलोव की हड़ताल को ठीक बतलाया, किंतु अभी उनसे थोड़े दिन और धीरज रखने की अपील की। हड़ताल बंद कर दी गई, पर हालत नहीं सुधरी। हर कारख़ाने का यही हाल था। मजदूर दिन-दिन, क्षण-क्षण बेचैन हो रहे थे।

मार्च में जब सोवियत की कार्यकारिणी ने राजसत्ता अस्थायी सरकार को दी, तो उसकी एक शर्त यह भी थी कि क्रांतिकारी रेजिमेंटों को पेट्रोग्राद से बाहर नहीं भेजा जाए। परंतु अब पुरानी बात नहीं रह गई थी। जहाँ सोवियत के नेता दाहिनी ओर जा रहे थे, वहाँ रेजिमेंट बाईं ओर। इसमें संदेह नहीं कि पूरी रेजिमेंट वहाँ से नहीं हटाई जाती, किंतु मोरचे की सख्त जरूरत के नाम पर उन्हें दस्तों में लगातार बाहर भेजा जाने लगा और उनकी जगह पर 'विश्वासी-दस्तों' से सदर मुकाम को भरने की कोशिश होने लगी। मोरचों से फौजियों को बरखास्त करने, उन्हें दंड देने की खबरें भी आने लगीं। दो साइबेरियन डिवीजनों को तोड़ दिया गया। सदर मुकाम के पास रहनेवाली पाँचवीं सेना के छियासी अफसरों और बारह हजार सात सौ पच्चीस सैनिकों को सजाएँ दी गईं। इन समाचारों से सैनिकों में क्रोध तो था ही—मजदूरों के झुंड उनसे जाकर मिलते, अपने दुखड़े सुनाते, उनकी दुख़भरी कहानी सुनते और दोनों मिलकर इस सरकार को उलटने की प्रतिज्ञा भी करते। फरवरी की क्रांति ने उनमें अपनी राइफलों पर अटूट विश्वास भर दिया था। वो बोल्शेविकों पर चिढ़कर कहते—"क्षिशिनकाया के महल में क्या सो रहे हो? अरे भाई आगे बढ़ो और करेंस्की को मारकर दूर करो।" इस बेचैनी की खबर लेनिन को थी। उसने 'प्रावदा' में लिखा—"मैं आप लोगों की झुँझलाहट को समझता हूँ, मैं आपकी उत्तेजना को जानता हूँ, किंतु आप लोगों से मेरा निवेदन यही है—साथियों, अभी जल्द चढ़ाई करना उचित नहीं होगा।"

× × ×

केंद्रीय स्थान और इसके आसपास की हालत दिन-दिन खराब हो रही थी। क्रॉसटिडेट के कुछ नाविकों ने सरकार को लिखा कि वह अराजकवादी राजनीतिक बंदियों को छोड़ दे, नहीं तो हम जेल पर धावा बोल देंगे। बाल्टिक सागर की पूरी जलसेना में भी बेचैनी थी। हेल्सींगफोर्स के जहाजी अड्डे का नेता एंटिनोव ओगोसेंको था, जिसने सन् 1905 के सिवास्तापोल के विद्रोह में हिस्सा लिया था। प्रतिक्रिया के दिनों में वह मेन्शेविक था, पर अब सोलह आना बोल्शेविक था। वह लिखता है—"पार्टी के हुक्म के बावजूद हम देख रहे थे कि विस्फोट होने ही जा रहा है, हम पेट्रोग्राद की ओर डरी हुई आँखों से देख रहे थे। पेट्रोग्राद में तो मानो विस्फोट के सभी सामान एकत्रित हो रहे थे। पहली मशीनगन रेजिमेंट बोल्शेविकों के प्रभाव में थी, दूसरी मशीनगन रेजिमेंट ने भी बोल्शेविकों के नारे लगाना शुरू किया। तीसरी पैदल रेजिमेंट ने अपनी चौदह कंपनियों को तबादले में

भेजने से इनकार कर दिया। पहली जुलाई को गेनोडियर रेजिमेंट की कंपनी की बैठक हो रही थी, उतावले सैनिकों ने बोल्शेविक सभापति को गिरफ्तार कर लिया। बोलनेवालों को बोलने से रोक दिया और नारे लगाए—"हमला मुर्दाबाद; करेंस्की मुर्दाबाद"।

क्रांति के शुरू के दिनों में पहली मशीनगन रेजिमेंट उरैनिंबम ने स्वयं पेट्रोग्राद आ गई थी, क्रांति की रक्षा करने। कार्यकारिणी ने धन्यवाद के साथ उसे फिर उरैनिंबम भेज देना चाहा, किंतु वह लोग केंद्रीय स्थान छोड़ने को तैयार नहीं हुए—"कहीं क्रांति-विरोधियों ने सोवियत पर धावा किया और पुरानी ज़ारशाही को फिर गद्दी पर बिठाया तो कैसा गजब हो जाएगा।" कार्यकारिणी चुप लगा गई और तब से यह रेजिमेंट पेट्रोग्राद में ही पड़ी थी। 'जन-भवन' में उसने पड़ाव डाल दिए थे और पीटर और पॉल के किले से इन्हें राशन मिलता था। इस रेजिमेंट में बहुत से मजदूर थे—बोल्शेविकों से इनका संबंध दिन-दिन बढ़ता गया। 22 जून को उन्होंने प्रस्ताव किया कि अब पेट्रोग्राद से कोई सैनिक दस्ता उसी हालत में बाहर भेजा जाए जब युद्ध को क्रांति का रूप दिया जाए। दूसरी जुलाई को एक सैनिक टुकड़ी बाहर भेजी जानेवाली थी। इस रेजिमेंट ने उन्हें बिदाई देने के लिए 'जन-भवन' में एक सभा बुलाई। क्योंकि इस दस्ते को पेट्रोग्राद से भेजे जानेवाली आखिरी टुकड़ी मानने लगे थे, इस सभा में बोल्शेविक नेता सैनिकों को विश्वास दिला रहे थे और इस संयुक्त सरकार के दीवालियेपन का भंडाफोड़ कर रहे थे। ठीक इसी समय सुधारवादी नेता एक भयानक राजनीतिक बम फोड़ने की तरकीब में लगे हुए थे। कैडेट पार्टी के चार मंत्रियों ने इस्तीफा दे दिया। इस खबर से केंद्रीय स्थानों में अजीब हड़कंप मच गई। इस घटना की चिनगारी ने समूचे बारूद घर को धू-धूकर जलने को छोड़ दिया।

इस इस्तीफे का बहाना बहुत ही ओछा था। उनका कहना था कि यूक्रेन के साथ जो समझौता सरकार ने किया है, वह रूस के साम्राज्य को छिन्न-भिन्न करनेवाला है। इसीलिए वे इसकी जिम्मेदारी नहीं लेंगे। किंतु बात इतनी ही नहीं थी। नाबोकोव अपना बदला चुका रहा था, उसकी दूरदर्शी आँखें भाँप सकी थीं कि मोरचे पर हमले में असफलता जरूर होगी। इसके लक्षण साफ दिखाई देने लगे थे। इस हमले की असफलता के चलते इस संयुक्त सरकार की इज्जत धूल में मिलेगी। फिर वह क्यों नहीं अपने मंत्रियों को इससे अलग करके अपनी पार्टी की इज्जत बचा लें। इस संकट के समय एक धमकी देकर समझौतावादी को सबक सिखाना और कोई अच्छा सौदा भी पटाना चाहता था।

रात जैसे-तैसे कटी। सुबह में जब तक और लोग कुछ सोचें-समझें, पहली मशीनगन पल्टन ने कार्रवाई करना तय भी कर लिया। इनकी सभा के सभापति बोल्शेविक गोलोमिन ने उन्हें समझाने-बुझाने की कोशिश की—"पहले हम और रेजिमेंटों से राय कर लें, पार्टी के सैनिक संगठन से पूछ लें, आदि-आदि।" किंतु उसकी बातों से सैनिकों की बेसब्री और बढ़ती गई। इस समय विसमैन नाम एक अराजकतावादी पेट्रोग्राद के सैनिकों में खूब प्रिय हो रहा था। उसके बाल हमेशा बिखरे रहते, उसकी कमीज के बटन हमेशा खुले रहते। उसकी शक्ल-सूरत और उसकी लंबी-चौड़ी चिनगारी-सी धधकती बातों पर सैनिक मुग्ध थे। वह इनके बीच तालाब की मछली की तरह तैरता फिरता। वहाँ पहुँचकर उसने कहा—"बस, हाथ में हथियार लीजिए और निकल चलिए। संगठन? हमें सड़क ही संगठित करेगी। लक्ष्य? इस अस्थायी सरकार को उखाड़ना है। बताइए फरवरी में कौन-सी पार्टी थी? तो भी हमने सफलता प्राप्त की या नहीं?" इस सीधी-सीधी बात के सामने वे लोग बोल्शेविकों को कौन पूछे? पार्टी के दफ्तर में इस बात की खबर दी गई। वहाँ से आंदोलनकारियों को भेजा जाने लगा। सैनिक संगठन का सभापति नेविस्की भी पहुँचा। उसे सभी सैनिक प्रतिष्ठा की दृष्टि से देखते थे। उसकी बातें भी सबने ध्यान से सुनीं। किंतु सात बजे शाम को पार्टी के दफ्तर में एक घुड़सवार घोड़ा दौड़ाता पहुँचा और कहा कि मशीनगन रेजिमेंट ने सड़क पर निकलने का अंतिम निर्णय कर लिया है।

केवल निर्णय के ही झमेले में नहीं रहकर उन्होंने अपने प्रतिनिधि, सभी रेजिमेंटों और कारखानों में भेज दिया था। क्रोंस्टैड्ट को भी वे नहीं भूले। हम लोगों को हथियारों से सज्जित होकर सड़कों पर आना चाहिए—यह कहना भी नहीं भूल सके। इस बात पर सभी रेजिमेंटों और कारखानों में एकता थी—हाँ, हम

निकलें तो सशस्त्र होकर ही। बैरकों में हलचल मची हुई थी। सैनिकों को राइफलें, बम, हाथबम दिए जा रहे थे। एक कारखाने से तीन ट्रक लाए गए और उन पर मशीनगनें फिट कर दी गईं। कारखानों में भी हलचल की कमी नहीं थी। रेनार्ड फैक्टरी का एक मजदूर लिखता—"हम खाना खा चुके थे कि मशीनगन रेजीमेंट के सैनिक पहुँचे और हमसे ट्रक माँगा। पार्टी ने हमें मना किया, किंतु हमने उन्हें ट्रक दे दिया और वे तुरंत इस पर मशीनगन फिट करके बढ़े। इनका बढ़ना था कि हमारी फैक्टरी के सभी मजदूर सड़क पर निकल आए।" पुटिलोव कारखाने में मशीनगन रेजिमेंट के प्रतिनिधि दो बजे पहुँचे और वहाँ देर तक वाद-विवाद चलता रहा। छः बजने जा रहे थे कि एक मजदूर ने खबर दी कि बाइबर्ग के लोग तैयार होकर निकल पड़े। अब उन्हें कौन रोक सकता था? एक पार्टी मेंबर दौड़ा-दौड़ा पार्टी के दफ्तर में पहुँचा और पूछा, अब हम क्या करें? जवाब मिला—"हम इस प्रदर्शन में सम्मिलित नहीं हो सकते, किंतु हम मजदूरों और सैनिकों को उनके भाग्य पर भी नहीं छोड़ सकते—हमें उनके साथ चलना पड़ेगा।"

तीन बजे क्षिशिनकाया भवन में पार्टी सदस्यों की बैठक हो रही थी। इसमें जब टोमस्की ने कहा—"सैनिकों का यह व्यवहार साथियों ऐसा नहीं हुआ है, उचित था कि वे पार्टी की केंद्रीय समिति से पूछ लेते। खैर, अब हम उनसे कहें, (1)कृपा कर प्रदर्शन बंद कर दें। (2) सोवियत की कार्यकारिणी से कहें कि यह सरकार अपने हाथ में लेने का फैसला करें। यदि हम फिर एक नई क्रांति चाहते हैं, तभी यह प्रदर्शन करना चाहिए। लेनिन 29 जून से ही बीमार होकर फिनलैंड के एक बँगले में पड़ा हुआ था। किंतु टोमस्की की यह आवाज लेनिन की ही आवाज थी। उसने भी कहा था—"जब तक हम फिर क्रांति करना नहीं चाहते हैं, तब तक प्रदर्शन की चर्चा करना नामुनासिब है।" टोमस्की के विचारों से बहुत से मेंबर सहमत थे। चार बजे इस प्रस्ताव को स्वीकार कर सभी सदस्य अपने-अपने कार्यक्षेत्र में लोगों को समझाने चले गए। 'प्रावदा' में छपने के लिए एक अपील भेज दी गई। स्टालिन को यह जिम्मेवारी दी गई कि वह सोवियत की कार्यकारिणी में सरकार को अपने हाथ में लेनेवाला प्रस्ताव पेश करे। किंतु जोश का ऐसा वातावरण था कि अपने नेताओं की बात सुनने को लोग तैयार नहीं थे।

सात बजे तक सदर मुकाम का औद्योगिक जीवन बिलकुल बंद हो गया। फैक्टरियों से मजदूर निकल आए, अपनी लाल सेना को सशस्त्र कर, उनके पीछे नारे लगाते सड़कों पर घूमने लगे। जुलूस चल पड़ा। आगे-आगे मशीनगन रेजिमेंट के सशस्त्र सैनिक थे। हर कंपनी के आगे ट्रकों पर मशीनगनें चमक रही थीं। बीच में मजदूरों का इनसानी समुद्र लहरा रहा था। सबके अंत में मास्को रेजिमेंट, मानो पीछे-पीछे इनकी रक्षा के लिए चल रही थी। मार्च का शहीदी प्रदर्शन या मई दिवस का प्रदर्शन शायद इससे बड़ा था। किंतु इस प्रदर्शन में जोश के साथ बलिदान का जो भाव था, वह उनमें कहाँ? आज के इस प्रदर्शन में भाँति-भाँति के लोग भी नहीं थे, केवल मजदूर थे या सैनिक। अफसरों के सुनहले बिल्ले, छात्रों के चमकीले बटन, नागरिकों की रंगीन टोपियाँ आज कहीं नहीं दीख पड़ती थीं। ये सब चार महीने पहले की बातें थीं—आज उनके लिए कोई जगह नहीं थी। आज तो पूँजीवादी के ख़ालिस गुलामों का यह अभियान था।

यह अभियान आठ बजे के लगभग क्षिशिनकाया महल के नजदीक पहुँचा, जहाँ बोल्शेविक पार्टी का दफ्तर था। सैनिकों में जो बहुत मशहूर थे, उन बोल्शेविक नेताओं ने उन्हें एक बार फिर समझाने की कोशिश की, किंतु यह प्रयत्न भी व्यर्थ गया। तब जल्दी-जल्दी वहाँ उपस्थित केंद्रीय समिति के मेंबरों ने एक बैठक की और तय किया कि लोगों को रोकना असंभव है। हम उनके साथ चलें, उन्हें शांति के साथ ले चलने की कोशिश करें। टौरिद महल के पास पहुँचकर प्रतिनिधि चुने जाएँ और उनके द्वारा कार्य-समिति के सामने अपनी माँग रखी जाए। जब यह निर्णय प्रदर्शन करनेवालों को सुनाया गया उनकी खुशी की कोई सीमा न रही। वे फ्रांसिसी युद्ध गान 'मार्सलिज' गाने लगे। अब पार्टी का समर्थन पाकर उनमें से कुछ लोग पीटर और पॉल के किले में जाकर उसके सैनिकों को भी साथ देने और समय पड़ने पर क्षिशिनकाया की रक्षा करने को कहने लगे।

प्रदर्शन का खास हिस्सा नेवेस्की की तरफ बढ़ा, जो पूँजीपतियों, नौकरशाहों और अफसरों का अड्डा था।

मानो देश में ही विदेश। बाजू की पगडंडी से, खिड़की से, छतों से हजारों आँखें इनकी ओर टकटकी बाँधे, किंतु सहानुभूतिहीन नजरों से देख रही थीं। रेजिमेंट के बाद कारखाने, कारखाने के बाद रेजिमेंट, सैनिकों और मजदूरों का ताँता बँधा रहा। नए-नए झुंड आकर उनमें मिलते जाते। लाल कपड़ों पर सुनहले अक्षरों में ये शब्द चमक रहे थे—"हुकूमत की सारी बागडोर सोवियत के हाथ।" जब इनसानों की यह बाढ़ नेवेस्की में नहीं अट सकी टौरिद महल की ओर चली। "लड़ाई मुर्दाबाद" के प्लेकार्ड अफसरों के दिलों में सुई की तरह चुभ रहे थे। हाथ हिलाते, गला फाड़ते, छात्र, कॉलेज की लड़कियाँ, सरकारी अफसर उन्हें समझाने की कोशिश करते कि वे लोग जर्मनी के एजेंटों के फेर में पड़ गए हैं, कैसर के टुकड़ेखोर उन्हें बहका रहे हैं। लेकिन वे इनकी बात कहाँ तक सुनते, उन्हें धक्के देकर अलग ढकेल देते और आगे बढ़ जाते। इस गुस्ताखी पर नेवेस्की के उन "देश-भक्तों" का दिमाग गरम हो उठा। वे प्रदर्शनकारियों के हाथों से झंडे छीनने की कोशिश करते हैं। जहाँ-तहाँ मुठभेड़ शुरू हो जाती हैं। गोलियाँ चलने लगती हैं; एक फिर दो, और अब अनगिनत। खिड़की से ? उस महल की छत से ? नीचे से गोलियों की बौछार हवा में होने लगती है। आधी रात, निस्तब्ध और इसमें दनादन गोलियाँ चल रही हैं। एक जगह कई मिनटों तक लगातार धाँए-धाँए की आवाज होती रही।

× × ×

इन दिनों टौरिद महल अपना खास जीवन बिता रहा था। कैडेट पार्टी के मंत्रियों के इस्तीफे के बाद मजदूरों और किसानों—दोनों की सोवियतों की संयुक्त बैठक हो रही थी। जब सैनिकों को प्रदर्शन की खबर टेलीफोन द्वारा उन्हें दी गई तो सबके चेहरों पर गुस्से और खीज के चिह्न दीख पड़े। सबकी नजरें बोल्शेविक प्रतिनिधियों पर उठने लगीं। बोल्शेविक की ओर से कामनेव ने इस संबंध में अपनी निष्पक्षता प्रकट की और कहा कि वे ऐसे प्रदर्शनों को रोकने की कोशिश करेंगे। इतने पर भी बाद में यह अभियोग लगा गया कि जान-बूझकर बोल्शेविकों ने सोवियत को धोखे से रखा। अब किसे होश कि मंत्रियों के इस्तीफे पर गौर करे। इस बात को टाल दिया गया और इस प्रदर्शन को इंकलाब के खिलाफ षड्यंत्र माना गया। इस संकट से टौरिद महल को बचाने की तैयारियाँ की जाने लगीं।

चीद्ज़े और प्रधान समिति के सदस्यों के नाम पर शस्त्रागारों को अपील भेजी गई कि टौरिद महल की हिफाजत के लिए सशस्त्र मोटरें, तीन इंच मुहाने की तोपें और गोले भेजिए। हर रेजिमेंट के पास हुकुमनामे गए कि महल की हिफाजत के लिए फौज भेजिए। बस, यहीं अंत नहीं हुआ। सदर मुकाम के सबसे निकट जो पाँचवी सेना थी, इसके पास तार भेजा गया कि घुड़सवार डिविजन, पैदल ब्रिगेड और सशस्त्र मोटरें फौरन भेजो। किंतु इतनी दौड़धूप के बाद मुश्किल से एक सौ सैनिक टौरिद महल के पहरे पर पहुँच सके। अब यहाँ सोचने की बात यह थी कि आखिर इस प्रदर्शन का लक्ष्य क्या था ? सोवियत के हाथों में सत्ता देना। सोवियत के हाथों में सत्ता जाने का साफ अर्थ यह था कि सोवियत का प्रधान ही नई सरकार का प्रधानमंत्री बनाया जाए। इस तरह जिसके हाथों में सत्ता देने के लिए सैनिकों और मजदूर जान पर खेल रहे हैं, वही आदमी—सोवियत का सदर चीद्ज़े—उन्हें गोलियों से भूनने की तैयारी में लगा है।

टौरिद महल की ओर जानेवाली सभी सड़कों से मजदूरों, मजदूरनियों और सैनिकों का इनसानी समुद्र उमड़ा आ रहा है। झंडे फहरा रहे हैं, तराने गाए जा रहे हैं, बैंड बज रहे हैं, नारों से वातावरण गूँज रहा है। जब टौरिद महल के नजदीक भीड़ बढ़ जाती है और वह अंदर घुसने की कोशश करती है— चीद्ज़े महल से बाहर आता है। उसका चेहरा उतरा हुआ है। वह भीड़ से शांत रहने को कहता है; बताता है—कार्यकारिणी की बैठक हो रही है। आप घबराए नहीं, हम सभी बातों पर विचार कर रहे हैं। भीड़ के नेता कहता है—"अच्छी बात है। आप विचार कीजिए, तब तक हम यहीं इंतजार कर रहे हैं।" अब इसका क्या जवाब दिया जाए ? प्रदर्शन करनेवालों के कुछ प्रतिनिधि कार्यकारिणी देखने की इजाजत चाहते हैं। उन्हें किस तरह 'ना' कहा जाए। किसी तरह ये समझौतावादी समय चाहते हैं। जब तक कि इनके विश्वासी सैनिक इनकी हिफाजत के लिए न पहुँच जाएँ। वे उनकी बात मान लेते हैं और कार्यकारिणी की बैठक को लंबा बनाते हुए निश्चित समय का इंतजार

करने लगते हैं।

जब रात तीन पहर बीत चुकती है, तीन बजे भोर में पुटिलोव कारखाने के मजदूर अपने सहायक और अपने हिमायतिओं के साथ टौरिद महल के नजदीक आते हैं। अस्सी हजार से अधिक आदमियों की भीड़ है। मजदूरों के साथ उनकी पत्नियाँ और बच्चे भी हैं। इनका जुलूस ग्यारह बजे रात में चला था। रास्ते में कितने कारखानों के मजदूर इनके साथ हो लिये। राह में इन पर गोलियाँ चलाई गईं, इनके झंडे छीनने की कोशिशें हुईं। मुठभेड़ करते लड़ते-झगड़ते, जोर से आगे बढ़ते ये लोग टौरिद महल में पहुँचे। इनके प्रतिनिधियों को भी कार्यकारिणी की बैठक देखने के लिए अंदर आने की आज्ञा देनी पड़ी। प्रतिनिधि अंदर थे। ये बाहर महल के विशाल मैदान में खड़े थे। कब तक खड़े रहें, बैठ गए, थकावट और नींद के मारे इनमें से बहुत से लेट भी गए। कैसा दृश्य ! मजदूर मैदान में लेटे हुए हैं और इनके नेता इस इंतजार में है कि कब फौज आए और उन्हें यहाँ से मारकर भगा दिया जाए।

किंतु नहीं, इनके जो सच्चे नेता थे वे कुछ दूसरे ही सोच-विचार में लगे थे। टौरिद महल में ही बोल्शेविक और उनकी मददगार छोटी-छोटी पार्टियों के प्रतिनिधि इस प्रदर्शन पर गहरी छान-बीन कर रहे थे और आगे के बारे में तय कर रहे थे। जब इनकी बैठक, कहीं तीन बजे रात के बाद हो रही थी कि जेनोविव को टेलीफोन पर बुलाया गया। क्रोंस्टैड्ट से यह फोन किया गया था। उस किनारे से एक जहाजी बोल्शेविक नेता कह रहा था—कल सवेरा होते ही हमारे सैनिक पेट्रोग्राद के लिए रवाना हो जाएँगे। वे अब किसी तरह नहीं रुक सकते। हम क्या करें ? हम उनका साथ दें कि पीछे रहकर अपने मुँह को दिखाने योग्य भी न रखें ? इसका जवाब एक ही हो सकता था-—"शामिल हो, हम भी प्रदर्शन में कल पूरी तरह शामिल होने जा रहे हैं।" ट्राट्स्की ने बैठक में पूछा, क्या यह प्रदर्शन बिना हथियार के ही नहीं किया जा सकता, जिसमें शांति को खतरे में पड़ जाने की संभावना नहीं रह जाए। जवाब मिला—"नहीं।" एक छोटी सी क्रांति विरोधी टुकड़ी हजारों-लाखों मजदूरों को भून डालेगी। पार्टी की केंद्रीय समिति के नाम से अपील निकाली गई—"मजदूरो और सैनिको, सड़क़ पर निकल आओ ताकि हम शांतिमय और संगठित प्रदर्शन के द्वारा अपनी इच्छा कार्यकारिणी पर पूरी तरह प्रकट कर दें।"

जुलाई के दिन : जोर और हार

इस समय से आंदोलन का नेतृत्व बोल्शेविक पार्टी की पेट्रोग्राद समिति के हाथों में चली गई जिसका सबसे, प्रसिद्ध आंदोलनकारी वुलाद्रास्की था। सैनिकों को संगठित करने का भार पार्टी के सैनिक विभाग पर था। इसके संचालक पार्टी दो प्रसिद्ध मेंबर पोद्वेस्की और नेविस्की थे। पोद्वेस्की रूस के पुराने इंकलाबी की सभी योग्यता अपने में रखता था। उत्साह, शक्ति, कल्पना। नेविस्की अच्छा संगठनकारी था, किन्तु इसकी मिलनसार मनोवृति, इसकी सादगी और इसका दया से भरा व्यवहार सैनिकों पर बहुत ही अच्छा प्रभाव डाले हुए था। उनके दो नेताओं के मातहत बहुत से सहकारी नेता थे जो सैनिकों और अफसरों में से आए थे। 4 जुलाई की रात में सैनिक संगठन की एक बैठक हुई और पोद्वेस्की को कमांडर बनाकर उसकी मातहती में एक जनरल स्टाफ भी स्थापित कर लिया गया। सभी छावनियों और बैठकों में प्रदर्शन में शामिल होने का निमंत्रण भेजा गया। कहीं प्रदर्शनकारियों पर छापा नहीं मारा जाए, इसलिए आसपास की बस्तियों से आनेवाली सड़कों के पुलों पर और केंद्रीय स्थान के सब चौराहों पर सशस्त्र मोटरें रखने का प्रबंध किया गया। पीटर और पॉल के किले पर मशीनगन रेजिमेंट ने अपने संतरी का पहरा रात से ही बिठा दिया था।

भोर होते-होते मशीनगन रेजिमेंट के सैनिक अपनी छावनी में आ चुके थे। पुटिलोव कारखाने के मजदूर भी टौरिद महल से लौट चुके थे। जुलाई की रात होने पर भी वे थरथर काँप रहे थे। रात की वर्षा ने उन्हें और

भी जड़ा दिया था। इसलिए उन्हें सड़क पर आने में देर हुई। ग्यारह बजे से सड़कों पर खलबली बढ़ने लगी। पहली मशीनगन रेजिमेंट के एक-एक सैनिक आज बाहर निकल आए थे। किंतु आज सैनिकों की जगह मजदूरों की धूम थी। जिन फैक्टरियों में मेन्शेविकों और सोशल रिवोल्यूशनरियों का प्रभाव था, वहाँ के मजदूर भी आज बाहर निकल आए। हर कारखाने ने अपना काम बंद कर दिया और अपना प्रतिनिधि जुलूस में भाग लेने और कार्यकारिणी के आगे माँग रखने के लिए चुना। लाखों मजदूरों की भीड़ टौरिद महल की ओर चली, बीच में क्षिशिनकाया महल का दर्शन करना भी वे नहीं भूले। आज का प्रदर्शन ज्यादा सुसंगठित था और अधिक प्रभावशाली था। पार्टी के नेतृत्व का हाथ साफ दीख पड़ता था। लोगों ने कल की अपेक्षा आज गरमी भी अधिक थी। आज तो मजदूर और सैनिक कुछ निर्णय करने के लिए निकले थे। कार्यकारिणी के नेता अभी तक प्रतीक्षा ही में थे कि विश्वासी सैनिक उनकी रक्षा को आए कि उधर क्रोंस्टिडेंट, नियोपेट्रो, कैसनोसिलो, क्रांसनिया फोर्ट आदि सभी केंद्रों से सैनिक और जहाजी स्थल और जल के रास्ते से आगे बढ़ रहे थे—बैंड बजाते, हथियार चमकाते, नारे लगाते और बोल्शेविकों के झंडे उड़ाते।

केंद्रीय स्थान के खेल मैदान पर क्रोंस्टैड्ट के जहाजियों के पहुँचते ही प्रदर्शन अपनी अंतिम सीमा पर जा पहुँचा। कल रात-भर वहाँ वाद-विवाद होता रहा था। अंत में जहाजियों का रुख देखकर सोशल रिवोल्यूशनरियों को भी प्रदर्शन में शामिल होना पड़ा। अस्थायी सरकार के अधिकारी कर्मीसार पार्चिवस्की ने भी पक्ष में राय दी। योजना बनाई गई, यातायात का प्रबंध किया गया। सरकारी शस्त्रागार से साठ-सत्तर मन गोले-गोलियाँ भी समय पड़ने पर दिए गए। जहाजों पर चढ़कर दस हजार जहाजी पेट्रोग्राद चले। बारह बजे वे नेवा नदी के किनारे पर पहुँचे और जुलूस बनाकर चले। रास्ते में उन्हें पेट्रोग्राद और वेसिलिवस्की द्वीप के मजदूर भी मिल गए। वे क्षिशिनकाया महल की ओर बढ़े। झंडे उड़ रहे थे, बैंड बज रहे थे, राइफलें चमक रहीं थीं और नारे लग रहे थे।

क्षिशिनकाया महल की छत पर दुबला, काला शौर्डिलौव खड़ा था। यह अपील-कॉन्फ्रेंस में केंद्रीय समिति का मेंबर चुना गया था, किंतु अब बोल्शेविकों के उच्च कोटि के संगठनकारियों में गिना जा रहा था। वह बिना किसी उत्तेजना के व्यावाहिरक मनुष्य की तरह अपनी तेज आवाज में प्रदर्शन करनेवालों को हुक्म दे रहा था—"जुलूस की अगली पंक्ति आगे बढ़ों—बीच की जगह भर दो—पिछले लोग नजदीक आ जाओ।" प्रदर्शनकारियों का लुनाकरस्की ने पार्टी की ओर से स्वागत किया। वह जोश से बोल रहा था, नीचे से तालियाँ गड़गड़ा रही थीं। किंतु प्रदर्शनकारियों को तो लेनिन चाहिए। लेनिन बीमार था, किंतु कल रात को रातोंरात उसे फिनलैंड से ले आया गया था। क्रोंस्टैड्ट के जहाजियों की हठ टाली नहीं जा सकती। लेनिन छत पर आकर खड़ा हुआ। खुशी की तरंगें उठने लगीं। क्रोंस्टैड्ट चारों ओर के समुद्र की तरंग जैसी। तालियाँ गड़गड़ा रही हैं, खुशी के नारे बुलंद हो रहे हैं। लेनिन शांत रूप से खड़ा रहा, फिर बोलने लगा उसके बोलते ही सन्नाटा छा गया। बाद में उसके इस भाषण को तरह-तरह से तोड़- मरोड़कर उसे बदनाम करने की कोशिशें हुईं। किंतु उसने बड़ी ही शांति से संक्षेप में अपनी बातें रखीं। प्रदर्शनकारियों के काम की तारीफ की—"सभी सत्ता सोवियत के हाथ में" के नारे को समझाया और उस पर अपना दृढ़ विश्वास प्रकट किया। प्रदर्शनकारियों से मजबूत रहने और संयमित व्यवहार करने की अपील की—लेनिन के संक्षेप भाषण पर खुशी प्रकट करते हुए जुलूस, बैंड और तरानों के बीच आगे रवाना हुआ।

यहाँ से आगे बढ़ने पर सोशल रिवोल्यूशनरी पार्टी के क्रोंस्टैड्टवाले मेंबरों ने यह माँग पेश की कि जुलूस के आगे-आगे जो बोल्शेविक झंडा है, हटा दिया जाए; नहीं तो हम प्रदर्शन से अलग हो जाएँगे। बोल्शेविकों ने उनके धमकी की परवाह नहीं की। नतीजा यह हुआ कि वे उसमें से हट गए, किंतु न एक जहाजी ने, न एक सैनिक ने उनका साथ दिया। जुलूस उसी जोश और उत्साह से बढ़ता गया।

नेवेस्की और लेटिनी के कोने पर जब जुलूस पहुँचा किसी ने पीछे से इस पर गोली चलाई। कई आदमी घायल हुए। जब जुलूस लेटिनी और पेंटलेमुनोव के कोने पर पहुँचा, फिर उस पर गोलियाँ चलीं। सैनिक और

मजदूर देख नहीं पाते थे कि दुश्मन कहाँ हैं और उन पर बौछारें हो रही थीं। सैनिकों ने अपनी बंदूकें थामीं। चारों ओर वे अंधाधुँध गोलियाँ चलाने लगे। कई मरे और घायल हुए। बड़ी मुश्किल से शांति स्थापित हुई और जुलूस बढ़ा। बैंड उसी तरह बज रहा था, किंतु अब चेहरों पर उत्तेजना की जगह गंभीरता थी। हर ओर मालूम होता था कि दुश्मन छिपे हैं। कंधे की बंदूकें अब हाथों में थीं।

इस तरह की छिट-पुट मुठभेड़ और गोलीकांड उसी दिन शहर के कई भागों में हुए। इनमें से कुछ तो जल्दीबाजी, नासमझी और संदेह के कारण डर से हुए। इंकलाब में ऐसी बातें प्रायः हो जाती हैं। इसे आप क्रांति का फालतू खर्च कह सकते हैं। किंतु अधिकतर तो भड़काए जाने के कारण ही हुए। प्रदर्शन करनेवाले सैनिकों का नेता पोद्वेस्की लिखता है—"जब जुलूस नेवेस्की और उसके आसपास से निकलने लगा, जहाँ धनी लोगों के ही घर हैं, वहाँ छेड़खानी और मुठभेड़ के चिह्न दीख पड़ने लगे। रह-रहकर गोलियाँ जुलूस पर चलाई जातीं, न जाने कहाँ से और किनके हाथों? पहले तो सैनिकों में हलचल मची, फिर उनमें जो अधिक उत्तेजित हो गए उन्होंने जवाब में गोलियाँ दागीं। कार्यकारिणी के मुखपत्र 'रजवेस्तिया' में छपा—"साठ हजार मजदूर सड़क से गुजर रहे थे। ज्यों ही वे गिरजाघर के पास पहुँचे, इसके मुंडेर पर अचानक एक घंटा बज उठा और मजदूरों पर धड़ाधड़ मशीनगनों और राइफलों से गोलियाँ बरसने लगीं। ये गोलियाँ घरों की छतों से बरस रही थीं। मजदूर भयभीत होकर जब सड़क की दूसरी ओर भागे तो दूसरी ओर के घरों से गोलियाँ बरसने लगीं।" फरवरी क्रांति के अवसर पर इसी तरह पुलिसवाले छतों से गोलियाँ चलाया करते थे। अब इनकी जगह फौजी अफसरों ने ले ली थी। वे इस तरह गोली चलाकर प्रदर्शन करनेवालों को भयभीत करना और रेजिमेंटों को आपस में लड़ा देना चाहते थे। बाद में जब इन घरों की तलाशी ली गई तो छतों पर मशीनगन के अड्डे मिले और कुछ अफसर भी छिपे हुए पकड़े गए।

ये तो छिट-पुट हमले हुए। अब आमने-सामने की बारी आई। शाम के आठ बजे कज्ज़ाकों की दो पल्टन तोपों के साथ टौरिद महल की हिफाजत का बीड़ा उठाकर चलीं। प्रदर्शन करनेवालों ने समझाना-बुझाना चाहा, किंतु उन्होंने बात करने से भी इनकार कर दिया। रास्ते में जहाँ कहीं भी बिखरे हुए जत्थे मिलते, उनके हथियार भी ये लोग छीन लेते। लेटिनी के पुल पर, जिस पर होकर टौरिद महल जाते थे, इन लोगों ने बैरिकेड-सा बना डाला था। जुलूस वहाँ जाकर ज्यों ही रुका था कि नजदीक के घरों से उन पर गोलियाँ चलने लगीं। उन्हें चकित होते देख कज्ज़ाकों ने भी दनादन दागना शुरू किया। सैनिक और मजदूर या तो बगल में छिप रहे या जमीन पर लेट गए और छिपे-छिपे, लेटे-लेटे, गोलियों का जवाब गोलियों से देने लगे। कज्ज़ाकों के पाँव उखड़ गए, वे पीछे हटे और हटके तीन बार तोपों, से गोले बरसाए। लंबी, दूर का निशाना लेनेवाली राइफलों ने तोपों का भी मुँह बंद कर दिया, वे वहाँ से भागे। जब वे भागे जा रहे थे, मजदूरों की एक दूसरी लाल सेना ने इन पर गोलियों की बौछार की। अपनी तोपें राइफलें, घोड़े—सब छोड़कर वे बड़े लोगों के घरों में घुस गए या नौ दो ग्यारह हुए। यह जुलाई के दिन की सबसे बड़ी मुठभेड़ की। प्रदर्शनकारियों में छः मरे, बीस घायल हुए। कज्ज़ाकों के आठ मरे, उन्नीस घायल हुए—इधर-उधर मरे हुए घोड़ों की लाशें पड़ी हुई थीं।

अब हम क्रोंस्टैडेंट के इन प्रदर्शनकारियों के टौरिद महल की ओर बढ़ चलने दें और अपना ध्यान टोरिद महल की ओर ले जाएँ, जहाँ इसके अंदर कार्यकारिणी की बैठक हो रही है और बाहर पेट्रोग्राद के मजदूरों और सैनिकों का प्रदर्शन हो रहा है।

शाम हो रही है। छः बजे हैं। कार्यकारिणी के सदस्यों के अतिरिक्त चौवन कारखानों और दूकानों के प्रतिनिधियों की संयुक्त टौरिद महल के अंदर हो रही हैं। प्रदर्शन का समर्थन करते हुए पाँच प्रतिनिधि बोले, उन्होंने उस प्रदर्शन को क्रांति-विरोधी कहने पर अपना विरोध प्रकट किया—"आप हमारे झंडों पर लिखे नारों को देखिए। हम दसों पूँजीवादी मंत्रियों का इस्तीफा चाहते हैं। हमारा सोवियत पर विश्वास है, किंतु उन पर नहीं, जिन पर सोवियत को विश्वास है। हमारी माँग है कि जमीन पर सरकार कब्जा कर ले, कारखानों पर नियंत्रण रखें, हम अकाल से लड़ने को तैयार हो जाएँ, जिसका पूरा भय है। क्रांतिकारी सेना के खिलाफ आपने

जो हुक्मनामे निकाले हैं, उन्हें वापस लीजिए···जब कैडेट पार्टी ने आपके साथ काम करने से इनकार कर ही दिया तो फिर आप किसके साथ साँठगाँठ करना चाहते हैं। हमारी माँग है कि अब सोवियत ही सरकार की बागडोर अपने हाथ में ले।" किंतु समझौतावादी बातों को टालना चाहते हैं, ज़रटेली कहता है—"इस हालत में पेट्रोग्राद के अंदर आप कोई निर्णय नहीं कर सकते। इसलिए अभी जो मंत्री बच रहे हैं, उन्हीं की सरकार मान लीजिए और दो सप्ताह के अंदर सोवियत का विशेष अधिवेशन किसी ऐसे स्थान पर—मास्को में हो तो अच्छा—बुलाइए, जहाँ बिना किसी हस्तक्षेप के उचित फैसला किया जा सके।"

किंतु इस वाद-विवाद को बार-बार बीच में रोकना पड़ता। पुटिलोव कारखाने के मजदूर रह-रहकर दरवाजे पर धक्के लगाते थे। शाम को वे पहुँचे थे, थके, चिढ़े, उत्तेजित। "ज़रटेली—ज़रटेली को सामने लाओ,"—तीस हजार कंठों से वे चीख रहे थे। "अगर ज़रटेली को तुम बाहर नहीं लाते हो तो हम दरवाजे और खिड़कियाँ तोड़कर अंदर चले आएँगे।" उनमें से कुछ यहाँ तक धमकी दे रहे थे। यह धमकी है, किंतु कब कार्यरूप में परिणत हो जाएगी, कौन बताए? बोल्शेविक पार्टी ने राय की और ज़ेनोविव को बाहर भेजा। ज़ेनोविव लिखता है—"साथियों की राय हुई कि मैं बाहर जाकर पुटिलोव के लोगों से मिलूँ। उफ! सिरों का एक समुद्र हिलारें ले रहा था, जैसा मैंने कभी नहीं देखा था। हजारोंहजार आदमी खड़े चीख रहे थे, ज़रटेली···मैंने जाते ही कहा, ज़रटेली के बदले मैं आपके सामने हूँ। सब ठठाकर हँस पड़े। हँसी ने लोगों का भाव बदल दिया। मैंने एक लंबा भाषण दिया। अंत में मैंने लोगों से अपील की कि आप लोग शांति से लौट जाएँ। कैसा भी क्यों न भड़काया जाए, शांति बनाए रखें। उपस्थित मजदूरों ने जोरों से तालियाँ बजाईं और फिर कतार बनाकर लौटने लगे।

जिस समय जेनोविव बाहर भाषण दे रहा था, पुटिलोव के प्रतिनिधि राइफलें लिये हुए इस घर में घुस आए, जहाँ कार्यकारिणी की बैठक हो रही थी। कार्यकारिणी के सदस्य भयभीत होकर खड़े हो गए। सुखानौव उस नाटकीय घटना का बयान करता है,—"एक मजदूर मैली-कुचैली टोपी सिर पर रखे और नीला जैकेट, फटी कमीज पहने, हाथ में राइफल लिये कूदकर बोलनेवाले की जगह पर जा खड़ा हुआ और गुस्से तथा उत्तेजना में बोला—"साथियो, कब तक हम मजदूरों को धोखे में रखा जाएगा। आप लोग पूँजीपति और जमींदार से लेन-देन कर रहे हैं···यहाँ हम तीस हजार पुटिलोव के मजदूर हैं, हम अपनी बात मनवाकर रहेंगे।" चीद्जे सभापति था। मजदूर की राइफल की नोक उसकी नाक के सामने नाच रही थी। उसने बड़े सब्र से काम लिया, उसने उस मजदूर के हाथ में एक कागज बढ़ाते हुए कहा—"प्यारे साथी, आप इस कागज को पढ़ लें और इसी के अनुसार अपने साथियों को चलने के लिए कहिए।" उस कागज में सिर्फ इतना ही लिखा था कि आप लोग लौट जाएँ, नहीं तो आप क्रांति-विरोधी समझे जाएँगे। मेन्शेविकों से और दूसरी आशा ही क्या की जा सकती थी।

टौरिद महल की दीवारों के नीचे जो प्रदर्शन हुआ, उसमें ज़ेनोविव का हिस्सा बहुत बड़ा था। ज़ेनोविव में बोलने की शक्ति अपूर्व थी। वह जन्म से ही आंदोलनकारी था। वह जनता की उमंगों में ओतप्रोत हो जाता और फिर उसकी भावनाओं को अमर शब्द दे देता। पार्टी के दुश्मन ज़ेनोविव को महान वक्ता मानते थे। लेनिन की नीतियों को जनता के सामने रखने में उसे कमाल था। आप उसे जनता और लेनिन के बीच का पुल भी कह सकते हैं।

ज़ेनोविव के कहने से पुटिलोव कारखाने के लोग चले गए, फिर भी वहाँ भीड़ की कमी नहीं थी। आठ बजे के बाद क्रोंस्टैड्ट के जहाजियों का जुलूस वहाँ पहुँचा। उसी समय एक टोली टौरिद महल के भीतर घुसी और मंत्री चेरनौव को बाहर पकड़कर लाई। भीड़ का रुख देखकर अपनी जबान पर जिसे घमंड था, उस मंत्री चेरनौव ने एक छोटा-सा भाषण दिया। कैडेट लोगों के इस्तीफे की चर्चा करते हुए उसने कहा—"अच्छा हुआ इनसे पिंड छूटा।" लोग चिल्ला उठे—"यह आपने पहले क्यों नहीं कहा?" मिल्यूकौव लिखता है—"एक भद्दा मजदूर अपना घूँसा मंत्रीजी के मुँह पर तानते हुए बोला, तब सरकार क्यों नहीं अपने हाथ में कर लेते ओ चांडाल

के बेटे !" चेरनौव ने उन्हें समझाने की कोशिश की, किंतु क्रोंस्टैड्ट जहाजी यों आसानी से नहीं समझाए जा सकते थे। दो-तीन मिनट के अंदर ही कार्यकारिणी की बैठक में यह खबर हुई कि चेरनौव को जहाजियों ने गिरफ्तार कर लिया और उसका खात्मा ही करने जा रहे हैं। बड़ी हलचल मची। कार्यकारिणी ने अंतरराष्ट्रीयवादियों से चेरनौव को छुड़ाने की अपील की। चेरनौव लिखता है—"जब मैं मंच से बोलकर नीचे आ रहा था तो मैंने कई आदमियों को अपनी ओर बढ़ते देखा, उन्होंने मुझे घेर लिया और दरवाजे से होकर अंदर जाने से रोक दिया। जहाजियों पर कमांड करनेवाला एक संदेह भरे चेहरेवाला आदमी जो मुझे पकड़े था, सामने खड़ी मोटर की ओर संकेत कर रहा था। इसी समय ट्राट्स्की टौरिद महल से निकला और उस मोटर पर चढ़कर, जिसपर अब मैं अपने को पा रहा था, उसने एक छोटा-सा भाषण दिया। उसने प्रस्ताव किया कि चेरनौव को छोड़ दिया जाए और जो इसका विरोध करते हैं, उनसे हाथ उठाने को कहा। एक हाथ भी विरोध में नहीं उठा। जो लोग मुझे पकड़कर मोटर पर ले आए थे, उनके चेहरे लटक गए, ये मोटर से हट गए। तब ट्राट्स्की ने कहा—'नागरिक चेरोनोव ! अब आप जहाँ चाहे जा सकते हैं, कोई आपको नहीं रोक रहा। मेरे दिमाग में इस संबंध में संदेह नहीं कि कुछ लोग इस षड्यंत्र में शरीक थे कि मुझे बाहर लाकर कैद कर लिया जाए।"

ये कौन लोग थे ? अगर बोल्शेविकों या इनके मतवालों का हाथ होता तो क्यों ट्राट्स्की उन्हें रोकता। ट्राट्स्की ने कार्यकारिणी की बैठक में यह बयान दिया था—"यह घटना इतिहास में लिखी रहेंगी और हम इसे साबित कर देंगे····मैंने देखा कि ठगों की एक टोली वहाँ खड़ी है। मैंने लुनाकरस्की और रेमाजनोव से कहा कि ये लोग गुप्त पुलिस के आदमी हैं और वे टौरिद महल में घुसने की तैयारी में हैं। मैं उनके चेहरे पहचानता हूँ। दस हजार की भीड़ में भी मैं उन्हें पहचान लूँगा।" इस घटना के ढाई सप्ताह बाद जब ट्राट्स्की को अस्थायी सरकार ने जेल में रख दिया था, उसने लिखा—"पहले मैंने सोचा कि इस मोटर पर चढ़ जाऊँ और कैद करनेवालों और चेरनौव को बाहर निकाल ले जाऊँ ताक्ति कोई झंझट न हो। लेकिन इसी समय क्रोंस्टैड्ट के एक जहाजी अफसर ने मुझसे कहा कि ऐसा न कीजिए। यदि आप चेरनौव को ले जाएँगे तो कल वे लोग यही हंगामा करेंगे कि चेरनौव को क्रोंस्टैड्टवालों ने गिरफ्तार कर लिया था, इसलिए चेरनौव को यहीं छुड़ा दीजिए। इसके बाद बिगुलवालों ने आवाज देकर सभी लोगों को चुप किया। मैंने छोटा सा भाषण दिया और अंत में पूछा—"जो लोग हिंसा के पक्ष में हैं, हाथ उठाएँ।" एक हाथ भी नहीं उठा। चेरनौव आजाद होकर टौरिद महल में चला गया।"

जेनोविव ने पुटिलोववालों से जो कहा, ट्राट्स्की ने चेरनौव को जिस तरह छुड़ाया, इसके बाद भी क्या बोल्शेविकों पर कोई घृणित इच्छा रखने का अभियोग लगाया जा सकता है ? किंतु हम देखेंगे कि समझौतावादी जुलाई दिवस का बहाना करके कौन-कौन सा नग्न नृत्य करते हैं।

लेटिनी पुल के गोली चलनेवाली घटना के बाद सारे शहर में आतंक था। बड़े लोगों में भय छाया था। वे स्टेशन की ओर दौड़े जा रहे थे कि पेट्रोग्राद से निकलकर जान बचाएँ, किंतु उनके इशारों पर चलनेवाले 'राष्ट्रवादी', मजदूरों और सैनिकों से लड़-भीड़ रहे थे। हाथापाई होती, राइफलें छीनी जातीं, गोलियाँ भी चलतीं। खुफिया के लोग सैनिकों में मिलकर इन्हें अराजकता फैलाने को उभाड़ते, वे घरों में घुस जाते और तलाशी के नाम पर लूट भी मचाते। व्यवसायी और व्यापारी जहाँ सैनिकों और मजदूरों को कमजोर देखते, उन पर चढ़ दौड़ते, मार-पीट करते। इन सभी बातों पर बोल्शेविक पार्टी की केंद्रीय समिति ने विचार किया और मजदूरों और सैनिकों से अपने-अपने स्थानों पर लौट जाने की अपीलें निकालीं। इस अपील को मजदूरों और सैनिकों ने तुरंत मान लिया और वे अपने-अपने स्थानों की ओर लौट चले। टौरिद महल का मैदान खाली हो गया। धीरे-धीरे सड़कें भी खाली हो गईं।

मगर कार्यकारिणी की बैठक अभी चल ही रही है। क्यों ? क्या प्रदर्शनकारियों के मामले पर विचार करने के लिए ? हाँ, ऊपरी ढंग से यही कहा जा रहा था। प्रदर्शनकारियों के प्रतिनिधि वहाँ महल के बरामदे में इधर-उधर टहल रहे थे या थककर लेट गए थे। वे इस इंतजार में थे कि कार्यकारिणी कोई निर्णय करे और हम अपने लोगों को उसकी खबर करें, किंतु यहाँ अंदर दूसरा प्रबंध किया जा रहा है। समझौतावादी तो बेचैनी से

इंतजार कर रहे थे, सरकारपरस्त सेना के पहुँचने की जब शाम को उन्हें टेलीफोन से खबर दी गई कि कज़्ज़ाक उनकी रक्षा को आ रहे हैं, तो उनकी खुशी की कोई सीमा नहीं रही थी। लेकिन थोड़ी ही देर में वह खुशी भय में बदल गई। लेटिनी पुल से कज़्ज़ाक जो गायब हुए, फिर उनका पता ही नहीं चला। उन्हें एक बार और खबर दी गई कि क्रौस्नोसिलोव से एक सौ छिहत्तरवीं रेजिमेंट उनकी मदद में चली है। किंतु वह सेना शुरू से ही प्रदर्शनकारियों से मिली हुई थी। यों दो-दो बार निराश होने पर भी उन्होंने अंतिम आशा नहीं खोई थीं। पेट्रोग्राद की तीन रेजिमेंटें प्रदर्शन में शामिल नहीं हुई थीं। उन्होंने अपने को तटस्थ रखने की घोषणा की थी। इन्हीं तीन रेजिमेंटों पर समझौतावादियों की झाड़-फूँक चल रही थी और अंत में यह झाड़-फूँक काम कर गई। उन्होंने ऐसे विश्वसनीय कागज फौजियों को दिखलाए जिससे उनको विश्वास हो गया कि जिस तरह दो और दो चार होता है, उसी तरह लेनिन भी जरूर ही जर्मनी का एजेंट है। फिर क्या था? तीन रेजीमेंट के सैनिक बैंड बजाते राइफलें चमकाते टौरिद महल की ओर चले। चार बजे भोर में वे वहाँ पहुँचे और धड़ाधड़ महल के अंदर घुसने लगे। इनके पैरों की धमक और इनके बैंडों की गड़गड़ाहट से महल गूँजने लगा। कार्यकारिणी के सदस्य और प्रतिनिधि भयभीत होकर निकल पड़े। उसी समय डान भाषण के स्थान पर पहुँचकर बोला,—"साथियो डरिए नहीं। ये क्रांति के वफादार सैनिक पहुँचे हैं।" इन वफादार सैनिकों ने बरामदे को घेर लिया, जो बचे-खुचे मजदूर और सैनिक थे, उन्हें गिरफ्तार कर लिया, उनके हथियार छीन लिये और उन्हें जेलों में भेज दिया। समझौतावादियों की खुशी का ठिकाना न था, वे आपस में गले मिल रहे थे। गले फाड़कर देशभक्ति के तराने गा रहे थे। इनकी यह हालत देखकर मेन्शेविक मारटोव के मुँह से निकल पड़ा—"क्रांति-विरोधी शक्तियों के बोलबाला का कितना सुंदर आरंभ!" हाँ, मेन्शेविक होकर भी मारटोव में क्रांति भावना मुर्दा नहीं हुई थी—वह लेनिन का साथी जो था।

× × ×

जब सड़कों पर से जनता अपने घरों को लौट चुकी, तब क्रांति की सरकार ने अपने लकवा मारे हुए हाथ-पाँव को पसारना शुरू किया। मजदूरों के प्रतिनिधियों को गिरफ्तार किया जाने लगा, इनके हथियार छीने जाने लगे और शहर के एक जिले से दूसरे जिले का संबंध-विच्छेद किया जाने लगा। छः बजे भोर में एक सशस्त्र मोटर 'प्रावदा' कार्यालय के नजदीक जाकर खड़ी हुई, उससे अफसर और सैनिक धड़ाधड़ निकले और एक मशीनगन खिड़की पर फिट कर दिया। जब ये लोग वहाँ से वापस चले, तब पूरा कार्यालय बरबादी का घर बना हुआ था। बक्से तोड़ डाले गए थे, टेबुल के दराज बरबाद कर दिए गए थे, हाथ के लिखे लेखों के टुकड़े जमीन पर उड़ रहे थे, टेलीफोन के तार काट डाले गए थे—ऑफिस के संतरियों और कार्यकर्ताओं को खूब पीटा गया था और गिरफ्तार कर लिया गया था। तीन महीनों से अपनी मजदूरी के पैसे काट-काटकर मजदूरों में 'प्रावदा' के लिए प्रेस के सामान खरीदे थे। रॉटरी प्रेस को बरबाद कर दिया गया था, मनों मोनोटाईप को सत्यानाश में मिला दिया गया था। बोल्शेविकों का यह कहना एकदम गलत था कि करेंस्की की सरकार बड़ी सुस्ती से काम करती है।

सुबह में सड़कों पर शांति थी, दूकानें खुली हुई थीं। किंतु कज़्ज़ाक और जंकर सेना, जहाजियों और मजदूरों को गिरफ्तार करती फिर रही थी। दुकानों पर, घरों, में, सड़कों के किनारों पर—जर्मनी के एजेंट और जर्मनी के रुपए की ही चर्चा थी। जो बोल्शेविकों से सहानुभूति दिखाता, इन बातों का खंडन करता, वह भी गिरफ्तार कर लिया जाता। "अब लेनिन को ईमानदार बताना मुश्किल था। ज्योंही आप ऐसा करते, आपको जेल में जाना पड़ता।"—यह सुखानौव लिखता है। किंतु अभी मोरचे से फौज नहीं लौटी थी। अब भी कुछ जवाबी हमले का डर था। इसलिए समझौतावादी अपना इरादा खुलकर जाहिर करना नहीं चाहते थे। दोपहर के बाद कार्यकारिणी के सदस्य, लाइबर के नेतृत्व में क्षिशिनकाया महल में पहुँचे और बोल्शेविकों से संधि की बातचीत की। 'प्रावदा' की बरबादी का उत्तरदायित्व उन्होंने उत्तेजित भीड़ पर डाल दिया। अंत में समझौता हुआ कि बोल्शेविक क्रोंस्टैड्ट के जहाजियों को अपने टापू में जाने की सलाह दें। पीटर और पॉल के महल से मशीनगनों की रेजिमेंट को वापस आने को कहें और सशस्त्र मोटरों और संतरियों को पेट्रोल करने को मना कर

दें। इसके बदले में उन्होंने बोल्शेविकों के खिलाफ कोई कार्रवाई न करने का वादा किया और जो लोग गिरफ्तार किए गए हैं, उन्हें छोड़ देने का वादा किया।

किंतु यह समझौता अधिक देर तक नहीं ठहरने पाया। ज्यों-ज्यों मोरचे से हुकूमत की विश्वासी सेनाएँ पहुँचने लगी; लोगों पर जर्मनी के एजेंट और उसके रुपयों की झूठी कहानी अधिक-से-अधिक असर करती गई, त्यों-त्यों समझौते को तोड़ा जाने लगा। जब कार्यकारिणी की बैठक में कामनोव ने इस बात पर, संधि भंग करने पर सदस्यों का ध्यान खींचा, तो लाइबर तमककर घमंड और धोखे के लहजे में बोला—"अब शक्तियों के आपसी संबंध में अंतर हो गया है।" अब लाइबर समझ चुका था कि कानून और तोप-दोनों साथ-साथ चलते हैं। लाइबर के प्रस्ताव पर कार्यकारिणी ने यह भी स्वीकार किया कि क्रोंस्टैड्ट के जहाजियों के हथियार छीन लिये जाएँ। उस पर ट्राट्स्की और कामनोव से क्रोस्टैड्ट के नेताओं ने बातें कीं और कुछ लोगों को क्षिशिनकाया महल और पीटर और पॉल की रक्षा के लिए रखकर बाकी जहाजियों को उन्होंने जल्द-जल्द क्रोंस्टैड्ट भेज दिया।

इन तथाकथित मंत्रियों की राय से 4 जुलाई को ही प्रधानमंत्री प्रिंस लबौव ने एक हुक्मनामा जारी किया था—"क्षिशिनकाया महल में रहनेवाले बोल्शेविकों को गिरफ्तार कर लिया जाए और इस महल को खाली करके इसमें सेना रखी जाए।" जब 'प्रावदा' के दफ्तर की दुर्गति की खबर मिली, तभी से बोल्शेविक अपने इस हेड क्वार्टर की रक्षा की फिक्र में लगे। सैनिक संगठन में क्रोंस्टैड्ट के नेता रास्कोलिनिकोव को महल की रक्षा के लिए कमांडर बनाया। इसने बड़ी मुस्तैदी से रक्षा का इंतजाम अपने हाथ में लिया। रहनेवालों को सशस्त्र किया, जगह-जगह मशीनगनें फिट कीं। तोपें मँगाने का भी बंदोबस्त किया, यहाँ तक कि एक सैनिक जहाज नेवा नदी में महल के सामने लाकर खड़ा करने का भी प्रबंध किया। इसमें संदेह नहीं कि रास्कोलिनिकोव और इसके साथियों ने इस समय स्थिति को समझने में चूक की और अपनी शक्ति को वास्तविकता से अधिक समझा। किंतु इंकलाब क्या बिना उन लोगों की मदद से ही किया जा सकता है, जो अपनी शक्ति को ज्यादा समझें? देखा तो यहाँ तक गया है कि सभी महान और बड़े कामों में कुछ-न-कुछ मानसिक हलकापन रहता ही है।

जिस समय पेट्रोग्राद में क्रांतिकारियों और क्रांति-विरोधियों की शक्ति और निर्बलता की इस तरह नाप-तोल हो रही थी, बाल्टिक के सैनिक जहाजों के जहाजियों में एक दूसरा ही गुल खिल रहा था। सत्तर हजार जहाजी और हेलिसिंग फोर्स के दस हजार मजदूर सोच ही रहे थे कि पेट्रोग्राद कब चलें कि बाल्टिक सैनिक जहाजों की केंद्रीय समिति की बैठक, उसके प्रधान डाइबेकोव ने बुलाई। इस समिति में उसने दो सनसनीखेज खुफिया हुक्मनामे पढ़े, जिससे जहाज विभाग के उपमंत्री डुडरिव ने भेजा था। एक हुक्मनामे में लिखा था कि चार संहारक जहाज पेट्रोग्राड भेजो, जो क्रोंस्टैड्ट के जहाजियों को वहाँ उतरने से रोके। दूसरा हुक्म था कि यदि कोई सैनिक जहाज हेलिसिंग फोर्स से क्रोंस्टैड्ट की ओर जाना चाहे, तो उसे रोको और अगर न रुके तो पनडुब्बियों से उसे डुबो दो। इन हुक्मनामों को सुनते ही जहाजियों के कान खड़े हो गए। वे समझे हुए थे कि ये आपसी लड़ाई केवल इसलिए है कि सभी शक्ति सोवियत के हाथों में आए। किंतु इसका मतलब होगा रूस की शक्ति को ही बरबाद कर देना यह उनके मोटे दिमाग में नहीं घुस सका। यह तो देश के साथ दुश्मनी है, क्रांति के साथ दुश्मनी है। उन्होंने झट एक प्रस्ताव स्वीकार करके ओरफियस नामक एक जंगी जहाज पेट्रोग्राद भेजा और उसे दो काम सौंपे—देखो कि कहाँ क्रांति-विरोधी क्या कर रहे हैं और हमें उसकी खबर दो। और दूसरा इस उपमंत्री डुडरिव को गिरफ्तार करके लाओ क्योंकि वह रूस का दुश्मन है।

ओरफियस जिस समय पेट्रोग्राद पहुँचा, तब तक शक्तियों के आपसी संबंध में अंतर आ गया था; अब तो क्रांति-विरोधियों का बोलबाला था। दिन-भर इसे तट पर उतरने नहीं दिया गया। शाम को उसके प्रतिनिधियों की कार्यकारिणी की बैठक में सम्मिलित होने की इजाजत दी गई। कहाँ कहाँ क्रांति-विरोधियों को कुचल देने की बातें हो रही थीं, कहाँ उन प्रतिनिधियों ने वहाँ पहुँचकर डुडरिव को गिरफ्तार करनेवाला प्रस्ताव पढ़ सुनाया। क्रोध के मारे कार्यकारिणी के सदस्य पैर पटकने, टेबुल पर घूँसे चलाने और जोर-जोर से चिल्लाने

लगे । डुडरिव को गिरफ्तार करो ! कैसी हिमाकत ! डुडरिव, जो इंकलाब की रक्षा कर रहा है । उसे जहाजियों, विद्रोहियों और क्रांति के शत्रुओं के छुरे से बचाना चाहता है । तुरंत एक प्रस्ताव पासकर डुडरिव पर पूर्ण विश्वास प्रकट किया गया । बेचारे जहाजी प्रतिनिधि आँखें फाड़-फाड़ यह दृश्य देख रहे थे । अब इनकी समझ में सभी बातें साफ-साफ आ रही थीं । किंतु अब वे क्या कर सकते थे ? उनमें से एक-एक को गिरफ्तार करके जेलों में इंकलाब का सबक सीखने को रख दिया गया । डाइबेकोव भी गिरफ्तार कर लिया गया और जंगी जहाजों के सेनापति एडमिरल वेडेरवस्की को भी कैफियत देने के बहाने पेट्रोग्राद बुलाकर जेल में डाल दिया गया । इस खुलेआम हिंसा और अत्याचार के लिए न बोल्शेविक पार्टी तैयार थी, न मजदूर, न सैनिक और न जहाजी ही । सब चकित रह गए, उनसे कुछ करते-धरते न बना । इधर समझौतावादी प्रहार-पर-प्रहार करते जा रहे थे । इनकी बुलाहट पर दिन-दिन सेना-पर-सेना मोरचों से केंद्रीय स्थान की रक्षा के लिए आ रही थी । जैसे-जैसे फौज के नए दस्ते पहुँचते, इनके अत्याचार की मनोवृत्ति भी बढ़ती जाती थी । खानातलाशी, गिरफ्तारी, कैद की भरमार थी । खुफियावालों का बोलबाला था । लूट-पाट, मार-पीट और शूटिंग की भी कमी नहीं थी । आश्चर्य की बात यह थी कि ज्यों ही कोई नई सेना मोरचे से आती, शहर में घुसते ही उस पर गोलियाँ चला दी जातीं और फिर यह हल्ला कर दिया जाता कि यह बोल्शेविकों का काम है । उस सेना के लोग बोल्शेविकों के जानी दुश्मन बन जाते । लाचारी यह थी कि कोई उपाय भी ऐसा नहीं था कि उनसे सारी बातें साफ-साफ कही जातीं । छावनी में घुसना कठिन था । प्रेस तोड़-फोड़ दिया गया था । सभाएँ करने का तो स्वप्न भी नहीं देखा जा सकता था । एक दिन एक आदमी 'प्रावदा बुलेटिन' के नाम से निकले हुए बोल्शेविकों के अखबार को बाँट रहा था, सड़क पर ही उसकी हत्या कर दी गई ।

6 जुलाई को तीन बजे रात में इन लोगों ने क्षिशिनकाया महल और पीटर-पॉल के किले पर छापा मारा । दो तोप, आठ सशस्त्र मोटरें, एक मशीनगन दस्ता और तीन कंपनी पैदल सेना ले करके उन्होंने इस सुनसान रात को महल को घेर लिया । महल में रहनेवालों से सुबह के सात बजते-बजते तक वहाँ से हट जाने को कहा । प्रतिकूल स्थिति को देखकर पार्टी का दफ्तर वहाँ से हटा लिया गया । केवल एक सौ बीस क्रोंस्टैड्ट के जहाजी उसकी हिफाजत में थे । विरोधी दल की शक्ति का अंदाजा करके यह समझा गया कि अब मुकाबला करना फिजूल होगा, वे वहाँ से अस्त्र-शस्त्र के साथ दनदनाते हुए निकले और पीटर-पॉल के किले में जाकर दम लिया । महल पर कब्जा करने के बाद इससे भी बड़ा दल लेकर ये लोग पीटर-पॉल पर चढ़ दौड़े । पीटर-पॉल की रक्षा में बाइबर्ग के मजदूरों की लाल सेना भी आ चुकी थी । किलेवालों के पास तोपें और मशीनगनें भी थीं । यदि लड़ाई होती तो कुछ देर जमकर हो सकती थी । किंतु सारे पेट्रोग्राद से वे अकेले कितना लड़ पाते, ऐसी स्थिति में पीछे हटकर अपना बचाव करने में ही अपनी खैरियत देखकर पार्टी की केंद्रीय समिति ने स्टालिन को समझौते के लिए अधिकार दिया । स्टालिन मेन्शेविक वागरोनोव के बीच-बचाव से यह तय करा सका कि किले के लोग कार्यकारिणी के सामने हथियार डाल देंगे, यदि इन पर कोई जुल्म नहीं किया जाए । पीटर-पॉल किले का हथियार डाल देना जुलाई के दिन का अंतिम अध्याय हुआ । मोरचे से आए, एक साइकिल ब्रिगेड ने क्षिशिनकाया और पीटर-पॉल में डेरा डाला । यही ब्रिगेड अक्तूबर में बोल्शेविकों की ओर से लड़ेगा । बीच में केवल तीन महीने बाकी हैं ।

क्या बोल्शेविक सत्ता छीन सकते थे ?

सरकार की मनाही और कार्यकारिणी के विरोध के बावजूद जुलाई का प्रदर्शन एक महान कार्य था । दूसरे दिन प्रदर्शन में पाँच लाख आदमी—मजदूर और सैनिक—सम्मिलित हुए थे । सुखानौव जुलाई की घटना के कारण

बोल्शेविकों से बहुत नाराज था। इस प्रदर्शन को 'खूनी और घृणित' कहकर पुकारता था। तो भी इसने लिखा है, "राजनीतिक बातों को छोड़ दीजिए तो जनता के इस आश्चर्यजनक आंदोलन की बिना प्रशंसा किए आप नहीं रह सकते। उसे खतरनाक समझते हुए भी आप इसके महान स्वरूप और अपने आप उभड़े हुए जोश की कल्पना करके बिना प्रसन्न हुए नहीं रह सकते।" लेनिन ने इस प्रदर्शन का विवरण करते हुए लिखा था—"सरकार के खिलाफ प्रदर्शन; आप सीधे-सादे शब्दों में उसका यही नाम दे सकते हैं। किंतु बात यों है कि ये साधारण प्रदर्शन ही नहीं था, यह प्रदर्शन से कहीं ऊपर की चीज और इंकलाब से थोड़ा ही नीचे की चीज थी।"

जुलाई का प्रदर्शन सोवियत के हाथ में सत्ता देना चाहता था। लेकिन इसके लिए जरूरी यह था कि सोवियत उसे लेने को तैयार हो। केंद्रीय स्थानों में जहाँ मजदूरों और सैनिकों का बहुमत था, बोल्शेविकों का बोलबाला हो चला था, वहाँ भी सोवियत में मध्यम विचारवालों और छोटे पूँजीवादियों का ही बहुमत था। निस्संदेह इसका कारण हर प्रतिनिधि संस्था के चुनाव का भद्दा तरीका है। मजदूर और सैनिक यह साफ-साफ अनुभव कर रहे थे कि इनके विचारों और सोवियत की नीति में कितना अंतर है—यानी इनके पिछले काम और आज के बीच कितनी बड़ी खाई पड़ गई है। किंतु इस बहुमत से किस तरह पेश आए, यह उनकी समझ में नहीं आता था। हिंसा द्वारा उसे उलट देने का अर्थ यह होता कि सोवियत को अधिकार देने के बदले इसका खात्मा ही हो जाता। सोवियत के प्रतिनिधियों को बदलने के पहले उन्होंने एक बार सीधी चोट के रास्ते पर अपनी इच्छा प्रकट करने की कोशिश की—जुलाई के प्रदर्शन का यही अर्थ था।

जिनका सोवियत में बहुमत था, वे समझौतावादी, यदि सत्ता की बागडोर नहीं लेना चाहते थे, तो फिर बोल्शेविकों ने ही आगे बढ़कर सरकार अपने हाथों में क्यों नहीं ले ली? जुलाई के इन दिनों में पेट्रोग्राद में सरकार का कोई अधिकार नहीं बच रहा था। कार्यकारिणी की नामर्दी भी सब पर जाहिर थी। ऐसी हालत में बोल्शेविकों के लिए हुकूमत छीन लेना बहुत ही आसान था। पेट्रोग्राद में ही नहीं, कुछ प्रांतों में भी उनके हाथ सरकार आ जा सकती थी। ऐसी हालत में क्या बोल्शेविकों के लिए यह उचित था कि वे सरकार को नहीं उलट दें? क्या यह संभव नहीं था कि केंद्रीय स्थान पर कब्जा होने और कुछ औद्योगिक केंद्रों में अपनी सरकार स्थापित कर लेने के बाद वे धीरे-धीरे सारे रूस में अपने अधिकार बढ़ाते और स्थापित कर लेते? यह महत्त्वपूर्ण प्रश्न है। करेंस्की की कुछ महीनों की सरकार ने यूरोप के साम्राज्यवादियों और प्रतिक्रियावादियों की बड़ी मदद की थी। उसने क्रांतिकारी रूस की प्रतिष्ठा यूरोप के उन मजदूरों और सैनिकों की नजर से गिरा दी थी, जो क्रांति से कुछ नया संदेश सुनने को बेचैन थे। मजदूरों की क्रांति की प्रसवपीड़ा चार महीने कम हो जाना कोई छोटी बात तो नहीं थी, यह कोई मामूली फायदा नहीं था। तब बोल्शेविकों को एक ऐसा देश मिल गया होता, जिसका दम नहीं टूट पाया था। तब यूरोप में क्रांति की खिल्ली नहीं उड़ी थी। ऐसी हालत में जर्मनी से केवल अच्छी संधि ही नहीं की जा सकती थी, यूरोप की लड़ाई और शांति पर भी उसका बहुत अच्छा प्रभाव पड़ा होता। निस्संदेह यह लालच दिलानेवाली स्थिति थी।

लेकिन इन सब बातों के बावजूद पार्टी ने इस अवसर पर सरकार छीनने की लालच को दबाकर बहुत सही फैसला किया था। सरकार छीन लेना ही काफी नहीं होता, उसे हाथ में रखने की शक्ति भी होनी चाहिए। जब अक्तूबर में बोल्शेविकों ने सरकार पर कब्जा करने का फैसला किया, सबसे बुरे दिन वे आए जब इनके हाथों में सरकार आ चुकी। इस समय दुश्मनों ने जो धावे किए उन्हें बरदाश्त करने में मजदूरों को बड़ी ही मुस्तैदी, दृढ़ता और साहस दिखाना पड़ा। जुलाई में पेट्रोग्राद के मजदूरों में भी वैसी तैयारी नहीं थी। केंद्रीय स्थान के मजदूर यद्यपि बोल्शेविकों की ओर झुके थे, फिर भी समझौतावादियों के साथ फरवरी क्रांति की जो डोर बँधी थी, उसे वे तोड़ नहीं सके थे। उन्हें आशा थी कि हम प्रदर्शन और नारों से मेन्शेविकों और सोशल रिवोल्यूशनरियों को इस तरह भयभीत कर देंगे कि वे समझौते की राह छोड़ क्रांतिकारी रास्ते पर आ जाएँगे और बोल्शेविकों से मिलकर मजदूरों का राज स्थापित करेंगे। केवल उन्हीं का दोष नहीं था, उनके नेता भी उस रास्ते का पता नहीं

लगा सके थे, जिससे होकर वे मजदूरों की सरकार स्थापित करा सकते। लेनिन ने इस बात को इन शब्दों में स्वीकार किया, "हमारी पार्टी ने तीसरी और चौथी जुलाई को जो गलती की, जैसाकि घटनाओं ने साबित किया है, यह थी कि पार्टी को विश्वास था कि वह सोवियत द्वारा शांतिमय उपायों से राजनीति में मौलिक परिवर्तन कर सकेगी, किंतु असल में बात यह थी कि मेन्शेविकों और सोशल रिवोल्यूशनरियों ने अपने को पूँजीपतियों से इस तरह बाँध लिया था, और पूँजीपति इस तरह क्रांति-विरोधी हो चले थे कि शांतिमय उपायों से परिवर्तन की बात सोचना भी व्यर्थ हो गया था।"

इस तरह मजदूर जब राजनीतिक लक्ष्य के दृष्टिकोण से पिछड़े थे, तो किसान-सैनिकों का क्या पूछना? यह बात सही है कि 3,4 जुलाई को सैनिकों ने एक ऐसी अवस्था ला दी थी कि बोल्शेविक सत्ता छीन सकते थे, किंतु यह भी तो साफ है कि स्वयं केंद्रीय स्थान में ऐसी रेजिमेंट मौजूद थी, जो 3,4 जुलाई को तटस्थ रही और 5 जुलाई को कार्यकारिणी की तरफदारी में जाकर खून-खराबे तक पर उतर आईं। बाहर से आनेवाली सेना की अपेक्षा इन रेजिमेंटों ने सरकार की अधिक सहायता की। हो सकता है कि 4 जुलाई की शाम को बोल्शेविकों ने सरकार छीन ली होती, तो ये रेजिमेंटें कुछ नहीं बोलतीं; किंतु जब बाहर से हमले हों तो केंद्रीय स्थान की हिफाजत की सामग्री न रहकर उसमें रुकावट बन जातीं—इस संबंध में संदेह की क्या गुंजाइश हो सकती है?

इसमें संदेह नहीं कि लड़ाई बंद हो और जमीन पर किसानों को कब्जा दिया जाए, इन दोनों नारों के चलते अधिकतर सैनिक बोल्शेविक पार्टी के बहुत निकट चले आए थे। मगर अभी सैनिकों का बोल्शेविक पार्टी, उसकी केंद्रीय समिति या उसके नेताओं से संपर्क नहीं हुआ था। सैनिकों की मनोवृत्ति का पता एक सैनिक के खुरदरे हाथों से टेढ़े-मेढ़े लिखे इस पत्र से चलता है—"हमारे सभी मंत्री और सभी नेतागण! सुनिए, हम नहीं समझ पाते कि आपकी पार्टियों में क्या अंतर है। हम केवल यह जानते हैं कि भूतकाल से भविष्य अधिक दूर नहीं है। ज़ार ने आप लोगों को साइबेरिया भेजा था और जेल में बिठाया था और हम आपको संगीन की नोक पर बिठाएँगे।" इसमें सैनिकों का क्रोध फूटा पड़ता है। किंतु वह समझ नहीं पाता कि उसका दुश्मन कौन है। बोल्शेविकों के नारों पर बार-बार सेना ने अपने अफसरों और लड़ाई के खिलाफ विद्रोह किए, लेकिन उनसे यह कहा जाता कि बोल्शेविकों को गद्दी पर बिठाने के लिए विद्रोह करो तो वे निस्संदेह नहीं करते। पेट्रोग्राद को दबाने के लिए सरकार को बिना अधिक विरोध के ही फौजें मिल गईं, और उन्हें रेल से भेजने में मजदूरों ने भी कोई रुकावट नहीं डाली। सैनिकों में अभी राजनीतिक चेतना नहीं आई थी और न इनमें पार्टी के केंद्र ही स्थापित हो सके थे, जो उन्हें समय पर सही और उचित रास्ते पर मोड़ सकते। यही नहीं, समझौतावादियों ने मोरचे पर बोल्शेविकों के विरुद्ध तरह-तरह के प्रचार कर रखे थे। मोरचे के सैनिकों को वे कहते कि 'बोल्शेविक ही पेट्रोग्राद से सेनाओं का आना रोके हुए हैं, जिस कारण आप लोगों को छुट्टी नहीं मिल पाती है।' 'बोल्शेविकों के बहकाने से ही किसान जमीन पर कब्जा किए जा रहे हैं, आप लोग घर लौटेंगे तो आपको देने को जमीन ही कहाँ बच रहेगी।' अतः अभी सैनिकों को कुछ और तजुर्बे की जरूरत थी, ताकि वे सारी बातें समझ जाएँ। प्रांतों की हालत से भी बोल्शेविकों को सरकार पर कब्जा नहीं करने की नीति की पुष्टि होती है। मास्को में क्रांति की नाड़ी पेट्रोग्राद से भी धीमी थी। जब वहाँ बोल्शेविक पार्टी में भी कार्यसमिति में बुजनौव ने यह प्रस्ताव रखा कि हम लोग डाकघर, तारघर, टेलीफोनघर और पूँजीवादी अखबारों के दफ्तर पर कब्जा कर लें, तो समिति ने उसके प्रस्ताव को रद्द कर दिया, क्योंकि उसके खयाल में मास्को की जनता विद्रोह के लिए तैयार नहीं थी। हाँ, उन्होंने भी प्रदर्शन किया—उसमें मजदूर और सैनिक सम्मिलित हुए, पर सब नहीं; प्रदर्शन बहुत हद तक असफल ही रहा। इवानोवोवज़नियंस्क में, जो सूती मिलों का सबसे बड़ा केंद्र था, वहाँ सोवियत पर बोल्शेविकों का कब्जा था। पेट्रोग्राद में विद्रोह हो गया—अब जब यह खबर वहाँ मिली तो सोवियत में टेलीफोन और तारघर पर कब्जा करने का फैसला किया। किंतु ज्यों ही पेट्रोग्राद की सही खबर लगी, उसने झट पीछे कदम हटा लिया। स्मारा के बोल्शेविकों ने जब केंद्रीय स्थान की खबर सुनी, बहुत बेचैन हुए और प्रतीक्षा में रहे कि आगे क्या खबर आती है। किंतु वहाँ के मजदूर और सैनिक ऐसे तैयार नहीं थे कि बोल्शेविकों के कहने पर वे विद्रोह में

पूरी तरह सम्मिलित हो जाते। निजनी नौवगोरोद और कीव में इस अवस्था पर सैनिक और मजदूरों में तनातनी हुई, गोलियाँ भी चलीं। किंतु इसका कारण आपसी झगड़ा था—विद्रोह से इन घटनाओं का कोई संबंध नहीं था।

क्रांति में फैसला करनेवाली चीज होती है—जनता की राजनीतिक चेतना। इसकी कमी के कारण अब जुलाई में बोल्शेविकों के लिए सरकार पर कब्जा करना और उसे कायम रखना असंभव था। एक और महत्त्वपूर्ण बात थी। जर्मनी पर चढ़ाई की जा चुकी थी। वह चढ़ाई असफल हो रही थी, किंतु इसकी खबर अभी देश में नहीं पहुँच पाई थी। बोल्शेविक पार्टी ने सोचा कि यदि हमने कुछ किया तो सरकार अपनी इस पागलपन-भरी कोशिश की असफलता का सारा दोष हमारे सिर पर थोप देगी, इसलिए अभी कुछ दिन और ठहरा जाए। बोल्शेविकों को यह अच्छी तरह मालूम था कि ज्यों ही युद्ध की असफलता की खबर लोगों को लगेगी, सरकार पर से इनका रहा-सहा विश्वास भी उठ जाएगा, वैसी हालत में समझौतावादियों की लाख जबानदराजी भी जनता के बिगड़े रुख को सँभालने में असफल होगी। इनका यह सोचना एकदम सही था। हाँ, स्थिति ने कुछ इस तरह जल्द-जल्द करवटें बदलीं कि उन्हें अप्रत्याशित प्रदर्शन में सम्मिलित होना ही पड़ा और इसका फल भी भोगना पड़ा।

6 जुलाई को इस असफलता का अंतिम निर्णय हो गया, जब जर्मनों ने रूसी मोरचे को टर्नोपोल में तोड़कर आगे बढ़ना शुरू किया। इसकी खबर केंद्रीय स्थान में 7 जुलाई को आई। इस घटना से सरकार भयभीत हुई, कार्यकारिणी चकित हुई। किंतु तुरत ही अपने को बचाने का उपाय भी सोच लिया। सारा दोष बोल्शेविकों पर मढ़ा जाने लगा—यह प्रचार बड़े जोर से शुरू हुआ कि जर्मनी के इशारे पर ही केंद्रीय स्थान में बोल्शेविकों ने यह घटना कराई थी। जनता की बुद्धि को लकवा मार गया, बुद्धि की जगह अंधविश्वास ने ली। पूँजीवादी और समझौतावादी अखबारों की बातें लोग आँखें बंदकर मानने लगे।

चाहे मोरचे पर या पेट्रोग्राद की सड़कों पर, ऐसे लोगों की कमी नहीं थी, जो जनता को तरह-तरह से उत्तेजित करते रहें। फरवरी क्रांति के बाद सरकार ने बहुत-से खुफियावालों और पुलिसवालों को सेना में भरती करा दिया था। उनमें से कोई लड़ना नहीं चाहता था। वे जर्मन सैनिकों से अधिक रूसी सैनिकों से डरते थे। कहीं लोग इन पर संदेह नहीं करें, इसलिए वे लंबी-चौड़ी बातें हाँका करते थे। वे सैनिकों को अफसरों और अनुशासन के खिलाफ भड़काते रहते थे। उनमें से कुछ अपने को बोल्शेविक बतलाते थे। एक ओर तो ज्वार के दिनों में वे उन्हें सूली पर चढ़ने पर ललकारते तो दूसरी ओर, भाटे के दिनों में डर और आतंक की लहर दौड़ाते। कल के वो तथाकथित आगबबूला आज बोल्शेविकों को जर्मन एजेंट बनाने और देश के अपमान का सारा दोष इन पर लादने में नहीं चूक रहे थे।

यदि किसी तरह 3,4 जुलाई को प्रदर्शन रोक दिया जाता, तो यह निश्चित बात थी कि टर्नोपोल की हार के बाद, प्रदर्शन होकर रहता और कुछ दिनों की देर से ही इस प्रदर्शन के रूप में बड़ा अंतर पड़ जाता। केंद्रीय स्थान से आरंभ होकर यह प्रदर्शन केवल प्रांतों, जिलों और गाँवों तक ही सीमित नहीं रहता, बल्कि मोरचों पर भी असर होकर रहता। तब सरकार के राजनीतिक स्वरूप का भी परदाफाश हो जाता और कार्यकारिणी की प्रतिष्ठा का दीवाला भी निकलकर रहता। हाँ, फिर भी इस बात में संदेह की जगह रहती ही कि सरकार पर कब्जा हो पाता या नहीं। जिसमें संदेह की जगह नहीं रह पाती, वह यह बात थी कि एक सप्ताह के बाद इस प्रदर्शन के होने पर उसकी प्रतिक्रिया लाख प्रयत्न के बावजूद, बोल्शेविकों के खिलाफ नहीं जा पाती। पेट्रोग्राद के प्रदर्शन और टर्नोपोल की हार के इतिहास में जो एक समस्यात्मक एकता हो गई, उसके कारण बोल्शेविकों की वैसी दुर्गत की जा सकी। जिस हार के अपमान से शासक वर्ग कहीं मुँह दिखाने लायक भी नहीं रह जाता, वही अपना सारा कलंक बोल्शेविकों के मुखपर मलकर, छाती फुलाकर सड़कों पर घूम रहा था।

अप्रैल और जुलाई—दोनों प्रदर्शनों के अभिनेता एक-से थे। एक छोर पर थे पूँजीपति तो दूसरे छोर पर बोल्शेविक और बीच में समझौतावादी। किंतु दोनों के परिणामों में कितना अंतर! अप्रैल में पूँजीवादियों की

हार हुई, उनकी केडेट पार्टी बदनाम हुई। विदेश मंत्री का पद उनसे छीन लिया गया। जुलाई में बोल्शेविक पार्टी पर क्रांति के विरुद्ध षड्यंत्र करने का अभियोग लगाया गया, उसे तहस-नहस करने की चेष्टा हुई, उसे दाना-पानी तक से वंचित किया गया। जहाँ अप्रैल में मिल्यूकोव को सरकार से बाहर किया गया, वहाँ जुलाई में लेनिन को रूपोश होने को लाचार होना पड़ा। दोनों ही में समझौतावादियों का बोलबाला रहा।

लेनिन जर्मन जासूस है?

4 जुलाई की रात में जब मजदूरों, सैनिकों और किसानों की, दोनों सोवियतों की कार्यकारिणियों की संयुक्त बैठक चल रही थी, एक अफवाह वहाँ धीरे-धीरे फैलने लगी। कहा जाने लगा कि इसके सबूत मिल गए हैं कि लेनिन जर्मनी के सेना विभाग से संबंध रखता है। कल इस संबंध के कागज भी अखबारों में छप जाएँगे। टौरिद महल से उस समय प्रदर्शनकारी जा चुके थे, वह सूना था। इस अफवाह से अजीब सनसनी फैली— लेनिन और जर्मनी का जासूस? क्या यह संभव है? आश्चर्य, भय और खुशी का साथ ही बोलबाला हुआ। सुखानौव कहता है—"इसमें संदेह नहीं कि क्रांति से जिनका थोड़ा भी संबंध था, वे इस बात पर जरा भी विश्वास नहीं कर सकते थे। उन्होंने इस बात को सरासर बेवकूफ़ी की बात मानी।" किंतु कार्यकारिणी में क्रांति से असली संबंध रखनेवाले तो अल्पमत में थे, बहुमत तो था छोटे पूँजीपतियों का, किरानियों का, दूकानदारों का, अफसरों का और गाँव के सरदारों का। इस खबर से इन लोगों को बड़ा संतोष हुआ, वे तो इसी की प्रतीक्षा में थे। मैं कहता न था, ये थे उनकी बुद्धिमानी के शब्द।

इस अफवाह से समझौतावादी नेता भी घबराए, उन्हें डर था कि तुरत इस बात का प्रचार होने से कहीं जनता उन्हीं लोगों पर न संदेह करने लगे। इसलिए चीद्जे और ज़रटेली ने सब अखबारों को फोन कर दिया कि वे इस संबंध में अभी कुछ न कहें। उनकी बात सब अखबारवालों ने मान ली, किंतु पीले कागज पर निकलनेवाले, प्रसिद्ध प्रकाशक सुवोवरेन के बेटे के अखबार ने यह खबर छाप ही दी कि लेनिन को जर्मनी से सोना और सलाह दोनों ही मिला करते हैं। इस अखबार में यह खबर छपना था कि सभी अखबारों ने और भी नमक-मिर्च लगाकर इस खबर को छापना शुरू किया। चीद्जे और ज़रटेली ने भी चुप्पी साध ली, क्योंकि उन्होंने देखा कि यह उनके विरुद्ध न जाकर बोल्शेविकों के विरुद्ध जा रहा है। इस तरह एक क्रांतिकारी दल के उन नेताओं पर इस तरह की कीचड़ उछलनी शुरू हुई, जिनका सारा जीवन ही क्रांति के लिए उत्सर्ग हो चुका था, जो लंबे अरसे तक तरह-तरह की मुसीबतें और कठिनाइयाँ बरदाश्त कर चुके थे, जो तपस्या की आग में कुंदन बन चुके थे।

इस अफवाह का मूल था, एमूरलिंको नामक एक व्यक्ति, जो जापानी युद्ध से 1913 तक खुफिया विभाग में काम कर चुका था। वहाँ से वह हटा दिया गया था, न जाने क्यों? 1914 की लड़ाई शुरू होते ही वह फिर सेना में भरती हुआ, अपने को पकड़ा दिया और युद्धबंदियों में खुफिया का काम करने लगा। जर्मनी के कैंप में जेल की कठिनाइयों से ऊबकर उसने 'दोस्तों की राय से', 'देशभक्ति की प्रेरणा' से जर्मनी सरकार की नौकरी कर ली। 25 अप्रैल को जर्मनों ने उसे रूस जाने को छोड़ दिया—ताकि वह पुलों को डाइनामाइट से उड़ा दे, रूसी फौज के रहस्यों का पता लगाए, यूक्रेन के स्वभाग्यनिर्णय के अधिकार के लिए वहाँ वाले को उभाड़े और जर्मनी से अलग संधि करने का प्रचार करे। उसे रूस में भेजते समय दो जर्मन अफसरों ने उससे कहा कि जाओ, हम लोगों की ओर से लेनिन वहाँ काम कर ही रहा होगा। बस, इसी कहानी पर सारा तूमार बाँधा गया था। इसमें संदेह नहीं कि कहानी गढ़ने में तारीखों पर खूब ध्यान दिया गया। 4 अप्रैल को लेनिन की थीसिस छपी थी, जिसमें फरवरी क्रांति द्वारा स्थापित सरकार का विरोध करने की सलाह थी। 20,30 अप्रैल को सशस्त्र प्रदर्शन हुआ था, जिसमें युद्धबंदी करने का नारा दिया गया था। मानो लेनिन के इन्हीं कामों में सहायता देने को

एमूरलिंको को 25 जुलाई को रूस में भेज दिया गया था।

रूस आकर एमूरलिंको ने कुछ अफसरों से यह बात कही, वे उसे डेंकिन के पास ले गए। वही डेंकिन, जो क्रांति का सबसे बड़ा दुश्मन साबित हुआ। डेंकिन ने उसे 16 मई को युद्धमंत्री के पास उचित पत्र के साथ भेजा। करेंस्की ने इस संबंध में पीछे अपने संस्मरण में लिखा कि एमूरलिंको की गवाही में कुछ ऐसी त्रुटियाँ थीं कि इन पर पूरा विश्वास नहीं किया जा सकता था। मानो इसीलिए यह बात तबसे डेढ़ महीने तक गड़ी रही। इसके बयान पर खुफियावालों को भी विश्वास नहीं हुआ। उन्होंने उसे बरखास्त कर दिया और वह पूर्वी रूस में जाकर दो सरकारों से मिले रुपए पर शराब पीने में डूब गया।

जब जुलाई के दिन शुरू हुए, यारों ने सोचा अब बिना किसी तरह बदनाम किए और दोष लगाए बोल्शेविकों से पिंड छुड़ाना मुश्किल है, इसलिए झट तार देकर एमूरलिंको को पेट्रोग्राद बुलाया गया। एमूरलिंको पर ही विश्वास न कर, उन्होंने राजनीतिज्ञों, सेनापतियों, पुलिसवालों, व्यवसायियों आदि से इस संबंध में पूछताछ की। झट ब्रेस्टीन नामी एक व्यवसायी आगे बढ़ा और उसने बताया कि स्टॉकहोम में जर्मनी का एक खुफिया विभाग है, जिसका बड़ा अफसर पारुस नाम एक मजदूर नेता है, जिससे लेनिन और उसके साथियों का संपर्क है। पारूस ने लेनिन और ट्राट्स्की के खिलाफ लेख लिखे थे और रूसी क्रांतिकारियों को इससे संपर्क नहीं रखने पर जोर दिया था। किंतु इस झोंके में लेनिन के उन पुराने लेखों की फाइल कौन तलाश करने जाए। हाँ, रूस की खुफिया पुलिस से पता चला लेना जरूरी था। सो इसके संबंध में खुफिया पुलिस के सबसे बड़े अफसर प्रिंस टरकेस्टेनोव ने राय दी थी—"ब्रेस्टीन ऐसा व्यवसायी है, जिसमें ईमानदारी छू नहीं गई है। वह कोई भी काम पैसे के लिए कर सकता है।" किंतु करेंस्की और उसके साथियों के लिए, जो डूब रहे थे, तिनके का सहारा भी बहुत था। इसी बेईमान और पतित ब्रेस्टीन की बात को बहुत ही महत्त्वपूर्ण मानकर और इसे एमूरलिंको की बात का समर्थन समझकर, जिस पर मई में विश्वास भी नहीं किया जा सकता था, उसी को सोलह आने सच बताकर जुलाई में उन्होंने संकट का समुद्र पार करना चाहा।

एमूरलिंको का बयान, इस पर ब्रेस्टीन की गवाही, किंतु इतने ही से उन्होंने काम को सफलतापूर्वक सिद्ध होने में कठिनाई देखी। इन मामलों को प्रकट कौन करे? न्याय विभाग की हिम्मत नहीं हो रही थी। एक ऐसे आदमी की खोज शुरू हुई जो इस नीच काम को सफलतापूर्वक पूरा कर सके। जहाँ चाह, वहाँ राह। एल्कसेंस्की नामक एक व्यक्ति इस काम के पूर्णतया योग्य मिल गया। पहले वह क्रांतिकारी था, फिर डूमा का मेंबर हुआ। वह जोर-जोर से बोलने के लिए मशहूर था। वह अपने को इतना अधिक उग्रवादी बताता था कि लेनिन को भी अवसरवादी कहने में नहीं चूकता। अपने को बोल्शेविक भी कहता। दूसरे रूसी देशभक्तों की तरह वह भी रूस से भागा— पश्चिमी-पूरब के देशों में रहने लगा। ज्यों ही लड़ाई शुरू हुई, इसके दिल में देशभक्ति की ऐसी आँधी उठी कि वह लड़ाई की क्या बात, ज़ारशाही तक का समर्थक बन गया। लड़ाई के बाद वह पेरिस में था और वहीं से तरह-तरह की गप्पें उड़ाता और लोगों को बदनाम करता। उसकी इस हरकत से तंग आकर पेरिस-स्थित विदेशी संवाददाताओं के संगठन ने 'बेईमान गप्पी और लोगों को बदनाम करनेवाला' समझकर उसे अपने बीच से निकाल बाहर किया। वहाँ से निकाला जाकर वह फरवरी क्रांति के बाद पेट्रोग्राद पहुँचा और अपनी पुरानी क्रांतिवादिता के नाम पर कार्यकारिणी में घुसना चाहा। किंतु मेन्शेविक और सोशल रिवोल्यूशनरी इस प्रकार जिंदा मक्खी नहीं निगल सके, उन्होंने अप्रैल में एक प्रस्ताव करके उसके लिए कार्यकारिणी का दरवाजा बंद कर दिया। किंतु इस तरह उन्होंने एमूरलिंको को तार देकर बुलवाया, जिस तरह ब्रेस्टीन की गवाही पर उन्होंने विश्वास किया, उसी प्रकार एल्कसेंस्की को फिर जुलाई में अपना रक्षक मानकर उसे राजी किया कि वह इस झूठे इलजाम को अपने नाम से छपवा दें।

इस प्रकार तीन बेईमानों को इकट्ठा करके फिर इसकी जाँच कर ली गई कि इसका असर लोगों पर क्या होता है। पहले पेट्रोग्राद की उपरोक्त तीन निष्पक्ष रेजिमेंटों पर इसका प्रयोग हुआ। देखा गया कि निशाना अचूक बैठा। भोले-भाले सैनिक इस घपले में आ गए और बोल्शेविकों के विरुद्ध संगीनें तानकर खड़े हो गए।

अब इसे छपवा देने में क्या हर्ज, देर क्यों ? 5 जुलाई को सारे पेट्रोग्राद में जगह-जगह यही चर्चा थी । इस पीले कागजवाले अखबार के पन्नों पर लोग टूट रहे थे । फिर तो और पत्र भी विशेषांकों में इसका पूरा ब्योरा और इस पर आलोचनाएँ छापने और बाँटने लगे ।

5 जुलाई को यह गप्प छापी गई । उसी दिन जेनोविव कार्यकारिणी की बैठक में शामिल हुआ और बोल्शेविक पार्टी की केंद्रीय समिति की ओर से यह माँग रखी कि लेनिन पर यह जो अभियोग लगाया गया है, इसका खंडन किया जाए और इस बदनामी के प्रचार पर रोक लगा दी जाए । इस अभियोग के प्रकाशन के महत्त्व को समझकर दो समझौतावादी और दो पूँजीवादी मंत्रियों ने सरकार से अपनी नाराजगी प्रकट की । एक मंत्री ने इस्तीफा तक दे दिया । वह था, प्रवेरजिव । करेंस्की ने बाद में घोषणा की कि प्रवेरजिव को इसलिए हटाया गया कि उसने कुछ जल्दबाजी कर दी, जिससे जाँच-पड़ताल में कठिनाइयाँ पैदा हो गईं । कार्यकारिणी भी चुप नहीं रह सकती थी । लेनिन उस समय भी कोई मामूली हैसियत नहीं रखता था । कम-से-कम जनता को तो विश्वास दिला देना ही था कि समझौतावादियों और पूँजीपतियों ने जान-बूझकर ऐसा इलजाम नहीं लगाया है और वे लेनिन के बचाव के लिए तैयार हैं । कार्यकारिणी ने एक जाँच कमिटी बना दी । ज़रटेली ने कार्यकारिणी की एक बैठक में स्वयं कह दिया कि वह बोल्शेविक नेताओं पर विदेशी खुफिया होने का संदेह भी नहीं करता, हाँ, वह उन पर सशस्त्र षड्यंत्र का अभियोग लगाता है । 13 जुलाई को कट्टर बोल्शेविक-विरोधी लाइबर तक ने कहा—"मैं खुद यह समझता हूँ कि लेनिन और ज़ेनोविव पर लगाए गए इस अभियोग का कोई महत्त्व नहीं हैं ।" किंतु ज़रटेली या लाइबर की बातें सभी ने खामोशी से सुन लीं । बोल्शेविकों ने अनुभव किया—यह बेईमानी और टालमटोल है; इनके दुश्मनों ने देखा, यह फिजूल की बकवास है ।

कार्यकारिणी की सम्मिलित बैठक में बोलते हुए ट्राट्स्की ने कहा—"एक असहनीय परिस्थिति पैदा कर दी गई है, जिसमें आपके और हमारे, दोनों के लिए साँस लेना मुश्किल हो रहा है, हमारा दम घुट रहा है । वे लोग लेनिन और ज़ेनोविव पर गंदे दोष लगा रहे हैं । (आवाज—यह सच्ची बात है ! शोर । ट्राट्स्की जारी रखता है) मालूम होता है, इस कमरे में ऐसे लोग हैं जिन्हें इन दोषों से सहानुभूति है । यहाँ ऐसे लोग हैं जो इंकलाब में यों ही आ गए थे । (हो-हल्ला । सभापति की घंटी, शांति स्थापित करने के लिए बजती है ।)....लेनिन तीस वर्षों तक क्रांति के लिए लड़ता रहा है । मैं जनता की मुसीबतों के खिलाफ बीस वर्ष से लड़ता रहा हूँ । हमें जर्मनी की सैनिक-प्रणाली से स्वाभाविक घृणा है । हम लोगों पर इस प्रकार का संदेह वही कर सकते हैं, जो नहीं जानते कि क्रांति किस चिड़िया का नाम है । जर्मनी की सैनिक-प्रणाली के विरुद्ध आवाज उठाने के लिए जर्मनी की अदालत से मुझे आठ महीने की सजा भी मिल चुकी है । ये बातें सभी जानते हैं । इस कमरे में किसी व्यक्ति के मुँह से यह नहीं निकलना चाहिए कि हम जर्मनी के भाड़े के गुलाम हैं, क्योंकि ऐसी आवाज किसी क्रांतिकारी के मुँह से नहीं निकल सकती । यह बात बदमाशों और गुंडों के मुँह से ही आ सकती है ।" यह रिपोर्ट एक बोल्शेविक-विरोधी पत्र में निकली थी । तब तक बोल्शेविकों के सभी अखबार तो बंद कराए जा चुके थे, किंतु चाहे ज़ेनोविव जाँच की माँग करें, चाहे ट्राट्स्की अपने निरपराध होने के सबूत पेश करें, सुनता कौन था ?

ट्राट्स्की से बातें करते हुए 5 जुलाई को ही लेनिन ने कहा था—"क्या वे लोग हम सबको गोली से मार डालने की तैयारी कर रहे हैं ?" जो कुछ किया जा रहा था, इससे तो यही नतीजा निकाला जा सकता था । लेनिन ने ऐसा सोचा और उसने निर्णय किया कि वह दुश्मन के हाथ में नहीं पड़ेगा । 6 जुलाई की शाम को करेन्सकी मोरचे से लौटा और सेनापतियों की सम्मति प्रकट करते हुए, बोल्शेविकों के साथ सख्ती के साथ पेश आने का प्रस्ताव रखा । दो बजे रात तक मंत्रिमंडल की बैठक होती रही और अंत में तय किया गया कि सभी बोल्शेविक नेताओं को गिरफ्तार कर लिया जाए और विद्रोही रेजिमेंटों को तोड़ दिया जाए । लेनिन की गिरफ्तारी के लिए जो दस्ता भेजा गया, वह खाली हाथ वापस आया, क्योंकि लेनिन उस घर में नहीं था । लेनिन पेट्रोग्राड के ही एक मजदूर के घर में छिपा रहा और जाँच-कमिटी से दरखास्त की कि किसी गुप्त स्थान में वह अपने सदस्यों को भेजे, जिनके सामने वह और ज़ेनोविव आपकी सफाई पेश करेंगे । कामनोव के जरिए इन लोगों ने एक जगह

ठीक की, वहाँ 7 जुलाई के बारह बजे जानेवाले थे। किंतु शाम तक लेनिन उनकी प्रतीक्षा करता रहा, लेकिन वे नहीं आए। तब उसे और भी विश्वास हो गया कि वे जाँच नहीं करना चाहते, वे तो जान के दुश्मन हैं। लेनिन ने भी अपने को अच्छी तरह रूपोश रखना शुरू कर दिया।

अब बोल्शेविकों के दुश्मनों की और बन आई, वे कहने लगे कि अगर लेनिन सच्चा है तो वह सामने क्यों नहीं आता? क्यों नहीं अदालत के सामने अपने को हाजिर करता है? इस पर 15 जुलाई को लेनिन और ज़ेनोविव ने क्रोंस्टैड्ट के बोल्शेविक पत्र में, जिसे वे बंद करने में असफल हुए थे, एक बयान देकर बताया कि क्यों वे दोनों अपने को अधिकारियों के हाथ नहीं सौंप देते। "भूतपूर्व न्यायमंत्री प्रवेरजिव ने पत्रों में एक बयान दिया है जिससे साबित हो चला है कि लेनिन या उसके साथियों पर जासूस होने का झूठा अभियोग क्रांतिविरोधियों द्वारा जान-बूझकर बनाया और उसका प्रचार किया गया है। प्रवेरजिव ने खुलेआम यह स्वीकार किया है कि इससे बिना जाँच किए ही यह अभियोग इसलिए प्रचारित किए, ताकि सैनिकों का गुस्सा बोल्शेविकों की तरफ भड़क उठे। आज रूस में न्याय पाने की कोई भी आशा बाकी नहीं रह गई। आज अपने को हाकिमों के हाथ में सौंपने का मतलब है, अपने को मेल्यूकोवों, एल्कसेंस्कियों, और प्रवेरज़िवों के हाथों में सौंपना जो क्रांति-विरोधी शक्तियों की उत्तेजना के प्रतीक हैं और जिनके लिए यह इलजाम गृहयुद्ध की केवल एक घटना है।" इसमें संदेह नहीं कि यदि लेनिन ने उस समय अपने को सौंप दिया होता, तो इसकी हालत भी जर्मनी की नेत्री रोज़ा लुक्ज़ेम्बुर्ग और कार्ल लीबक्नेख्त की-सी होती। लेनिन की पत्नी श्रीमती क्रुप्सकाया ने लिखा है कि किस तरह शिकारी के समान सरकारी अफसर लेनिन को तलाश करते फिरते थे, इनकी आँखें कहती थीं कि वे लेनिन के टुकड़े करने को परेशान हैं।

जब दुश्मन तरह-तरह की अफवाहें उड़ा रहे थे, जैसे, लेनिन 'पनडुब्बी जहाज से जर्मन भाग गया,' 'लेनिन बरबाद करनेवाले जहाज पर छिपा हुआ है,' आदि आदि; उस समय वह अपने साथी ज़ेनोविव के साथ पेट्रोग्राद के नजदीक एक जंगल में कई हफ्ते छिपा रहा। रात में और बरसात में वह घास के एक ढेर में छिप जाते। फिर लेनिन रेलवे इंजिन के कोयला फेंकनेवाले खलासी का रूप धरकर फिनलैंड चला गया और वहाँ हेलसिंग फोर्स के पुलिस सुपरिंटेंडेंट के घर में छिपा रहा जो कभी पेट्रोग्राद में मजदूर का काम करता था। फिर वहाँ से वह बाइवर्ग पहुँचा और सितंबर में पेट्रोग्राद पहुँचा। अक्तूबर क्रांति के दिन, चार महीनों की रूपोशी के बाद, वह फिर प्रकट हुआ।

21 जुलाई को एटर्नी जनरल के दस्तखत से, रूसी पैनल कोड की 108,100 और 51वीं धाराओं के अनुसार, लेनिन, ज़ेनोविव, कोलोनताई आदि बोल्शेविक नेताओं के नाम से एक सरकारी वारंट जारी किया गया। 23 जुलाई को इन्हीं धाराओं के अनुसार ट्राट्स्की और लूनाकरस्की को गिरफ्तार किया गया। इन पर यह अभियोग लगाया गया कि रूसवासी होते हुए भी इन लोगों ने रूस के दुश्मनों से साँठगाँठ कर रखी है, उनसे वादा किया है कि रूसी सेना को छिन्न-भिन्न करने और जनता में नैतिक पतन फैलाने में वह कोई कसर उठा नहीं रखेंगे। इसके बदले इन्होंने इन देश के शत्रुओं से रुपए लिये और इन रुपयों से जनता और सेना में जबरदस्त प्रचार किया। जिसका प्रमाण 3 से 5 जुलाई तक की घटनाएँ हं, जिसका ध्येय केंद्रीय स्थानों में विद्रोह करना था। हर व्यक्ति जानता था कि ट्राट्स्की अमेरिका से क्रिश्चियाना और स्टॉकहोम होकर आया था। उसने आने के समय जर्मनी में कदम भी नहीं रखा था। किंतु फिर भी उसे लेनिन ही के साथ जर्मनी का जासूस होने का फतवा दे दिया गया। इसी को कहते हैं अँधेर नगरी, चौपट राजा।

अपने विरोधी और दुश्मन को जर्मनी का एजेंट बताना, यह रूस के लिए नई बात नहीं थी। हम देख गए हैं कि किस प्रकार ज़ार, ज़ारीना और रासपुटीन पर जर्मनी के हिमायती होने का इलजाम खुलेआम लगाया जाता था। ज़ारीना पर तो यहाँ तक तोहमत लगाई गई थी कि उसने जर्मनी को खबर कर दी थी कि कब, किस रास्ते से लार्ड किचनर आ रहा है, परिणाम हुआ कि उसी का इशारा पाकर किचनर की पनडुब्बी डुबो दी गई और वह मारा गया। 1916 में गुचकौव पर भी यह अभियोग लगाया गया था कि वह सरकार के खिलाफ भयंकर षड्यंत्र में लगा है। मिल्यूकोव से यह सवाल तक पूछा गया था कि—"बताइए तो सही कि मातृभूमि की सेवा के लिए

दो लाख रूबल, फिनलैंड के सिक्कों में आपके चपरासी के नाम पर बैंक में जमा किया गया है ?" फिनलैंड के मुद्राओं के मानी यहाँ है, जर्मनी की भेजी हुई रकम। गुचकौव और मिल्यूकोव की क्या बात, डूमा के प्रधान रोद्ज़िंस्कोव ने सोवियत के प्रधान चीदज़े के संबंध में लिखा—"पिछली घटनाओं ने यह साबित कर दिया कि चीद्ज़े का संबंध जर्मनी के केंद्रों से था।" इसी रोदजिंस्कोव ने अस्थायी सरकार के द्वारा सैनिकों के संबंध में निकाले गए 'आर्डर नं. 1' के बारे में लिखा कि निस्संदेह यह जर्मनों का भेजा हुआ था, 'ताकि रूसी सेना में फूट फैले। एक लेखक ने बाद में यह लिखा कि पूरी फरवरी-क्रांति जर्मनी से भेजे गए रुपयों से चलाई गई, तो दूसरे ने बताया कि अप्रैल का प्रदर्शन तो निस्संदेह जर्मनी के रुपयों से हुआ था, जिसमें हर सम्मिलित होनेवाले बच्चे को भी पंद्रह रूबल दिए गए थे। करेंस्की और चेरनोव भी इस अभियोग से वंचित नहीं थे। करेंस्की पर तो ज़ार का खुफिया होने तक का इलजाम लगाया गया था और चेरनोव पर जर्मनी के खुफिया होने का। यों उस जमाने में रूस में किसी भी आदमी को खुफिया या जर्मनी का एजेंट कह देना एकदम मामूली बात थी। लेकिन आपस की तू-तू मैं-मैं और लेनिन और उसके साथियों पर लगाए गए इस अभियोग में एक विशेष अंतर था वे बातें या तो कानोंकान कही जाती थीं या अधिक-से-अधिक एक-आध जगह खुलकर कही या लिखी जाती थीं, किंतु लेनिन के खिलाफ तो सभी लोग एक स्वर में बड़े पैमाने पर खुलेआम प्रचार कर रहे थे। इस प्रचार का इतना जोर था कि यह मजे में कहा जा सकता है कि दुनिया के इतिहास में जुलाई 1917 से बढकर झूठी बदनामी फैलानेवाला दूसरा महीना नहीं हुआ है।

क्रांति-विरोधी शक्तियों का बोलबाला

क्रांति के बाद के दो महीनों में जबकि सत्ता गुचकौव और मिल्यूकोव के हाथ में थी, शक्ति का असल केंद्र सोवियत था। इसके बाद सोवियत की शक्ति क्षीण होने लगी। जनता पर जो इसका प्रभाव था, इसका कुछ हिस्सा बोल्शेविकों को मिला और कुछ हिस्सा तथाकथित समाजवादी मंत्री अपनी जेब में लेकर संयुक्त सरकार में जा बैठे। जब से जर्मनी पर हमला करने की तैयारी शुरू हुई, सेनापतियों, पूँजीपतियों और केडेट पार्टी का बोलबाला बढ़ता गया। सैनिकों का खून बहाने के पहले कार्यकारिणी अपना काफी खून पूँजीवादी सत्ता की धीमी और डूबती नाड़ी में दे चुकी थी।

जब लंदन में मित्र देशों के प्रतिनिधियों की बैठक हुई, इसमें रूस के प्रतिनिधि को बुलाना वे भूल गए। जब रूसी प्रतिनिधि ने अपनी उपस्थिति की खबर उन्हें दी तब कहीं उन्होंने उसे बुलाया और जगह नहीं होने पर भी फ्रांस के प्रतिनिधियों के बीच में एक कुरसी इसके लिए रख दी। रूसी प्रतिनिधि का यह अपमान और केडेट पार्टी के सदस्यों का मंत्रिमंडल से इस्तीफा देना, दोनों घटनाएँ एक ही दिन घटी थीं यानी दूसरी जुलाई को। इसके बाद जब जुलाई का प्रदर्शन हुआ तब वे स्वभावतः मित्र देशों और केडेट पार्टी की ओर आकृष्ट हुए। जिन्होंने अपमान किया था, जिन्होंने धोखा दिया था, उन्हीं की ओर अब वे झुके। उन्हें खुश करने के लिए वे कुछ भी करने को तैयार थे।

समझौतावादी एक ओर, पूँजीपतियों से दोस्ती गाँठने की कोशिश में लगे, दूसरी ओर, जनता की इनसे जो दुश्मनी थी, उसे कम करने की कोशिश शुरू की। सातवीं जुलाई को एक ओर, जहाँ उन्होंने अनेक घातक कानून जारी किए, वहाँ दूसरी ओर केडेटों की गैरहाजिरी से फायदा उठाकर जून की सोवियत कांग्रेस के फैसलों को काम में लाने का प्रस्ताव पास कर लिया। इस पर प्रिंस लबौव ने बिगड़कर कहा कि यह जमींदारों की ओर सरकार का न्याय ही नहीं, बल्कि धोखा है। हुकूमत ने तय किया कि करेंस्की अब 'मिनिस्टर-प्रेसिडेंट' के ओहदे पर नियुक्त न होगा, साथ ही युद्ध-विभाग और नौसेना का मंत्रीपद भी इसके हाथ में नहीं रहेगा। ज़रटेली को

गृहमंत्री बनाया गया ताकि बोल्शेविकों को वह अच्छी तरह कुचल सके। मारटोव ने इस पर ज़रटेली से कुछ प्रश्न किए जिससे बिगड़कर उसने कहा कि मारटोव से पेश आने की अपेक्षा, लेनिन के साथ पेश आना आसान है। क्यों न हो? आखिर मारटोव तो उसी पार्टी का था न? ज़रटेली ने क्रोध में आकर यहाँ तक कह दिया कि वह इन गिरफ्तारियों की जिम्मेवारी अपने ऊपर लेता है।

9 जुलाई को डान ने गरजते हुए कहा—सरकार इस समय संकट में है, इसे दाएँ-बाएँ दोनों ओर के हमले से बचाना है। उसके प्रस्ताव पर यह बहुमत से स्वीकार किया गया कि (1) देश और क्रांति पर संकट आ गया है, (2) अस्थायी सरकार क्रांति की रक्षक सरकार है और (3) उसे अपरिमित अधिकार दिए जाते हैं।

जन-आंदोलन असफल भी हो जाए, किंतु इसका असर हुकूमत पर होता ही है। जहाँ पहले सरकार का अध्यक्ष एक खिताबयाफ्ता नवाब था, वहाँ अब इसकी जगह पर एक सुधारवादी वकील था। एक ऐसा आदमी था, जो जेलों में सख्त सजाओं की कठिनाइयाँ भुगत चुका था। सरकार में निम्न वर्ग के लोगों का बोलबाला बढ़ रहा था। करेंस्की, ज़रटेली, चेरनोव, स्कोवलेव, कार्यकारिणी के यही नेता, अब सरकार के रूप-रंग को तय करते। क्या जून प्रदर्शन का यह नारा सफल हो रहा था—"दस पूँजीवादी मंत्री मुर्दाबाद।" नहीं, ऐसी बात नहीं थी। प्रजातंत्रवादी मंत्रियों ने सत्ता इसलिए अपने हाथों में ली थी कि फिर पूँजीवादी मंत्रियों को अपनी बगल में बैठने को बुलाएँ।

प्रजातंत्रवादी मंत्रियों की हुकूमत शुरू होती है, मशीनगन रेजिमेंट को निःशस्त्र करने से। 'जुलाई दिवस' में इन्हें मशीनगनवालों ने तो ऊधम मचाया था। फिर इनके हाथों में हथियार क्यों छोड़े जाएँ? और भी रेजिमेंटों से हथियार छीने जा रहे हैं और इन्हें टुकड़ों में मोरचे पर भेजा जा रहा है। चालीस वर्ष के बूढ़ों को भी खाइयों में ठूँसा जा रहा है। इनकी तादाद हजारों-हजार है और यही लोग सर्द काल आते-आते ऐसा कमाल करेंगे कि करेंस्की महोदय के होश ठंडे हो जाएँगे। केवल सैनिकों को ही नहीं, मजदूरों को भी निःशस्त्र करने की कोशिशें होती हैं। यद्यपि उसमें इतनी सफलता नहीं मिलती। सेनापतियों के दबाव से मोरचे पर फाँसी की सजा फिर जारी की जाती है। किंतु ठीक उसी दिन, 12 जुलाई को जमीन की खरीदफरोख्त पर भी पाबंदियाँ जारी की जाती हैं। किसान इस पाबंदी को अपने साथ किया गया एक मखौल समझते हैं, जमींदार इतने पर भी दाँत पीसते हैं। पेट्रोग्राद के कमांडर को हटा दिया जाता है। करेंस्की, इसकी जगह गर्मदलवालों को बताता है कि इसने मजदूरों के साथ सख्ती की। वामपक्षियों को कहता है, यह सख्ती से कार्रवाई नहीं कर सका—कैसी धोखाबाजी।

पेट्रोग्राद में कज़्ज़ाकों का बोलबाला हुआ। जहाँ भी कोई कज़्ज़ाक वरदी में पहुँचा, वह कहवाघर हो या सभा-स्थान, सभी इसके स्वागत में खड़े हो गए। थियेटरों में, सिनेमाघरों में, आम पार्कों में—सब जगह इनके लिए बिना पास या टिकट के ही दाखिला था। जुलाई के दिनों में अपने कर्तव्य का पालन करते हुए जो सैनिक शहीद हुए थे, उन्हें शाही ढंग से दफन किया गया। इनके लिए ताबूत में चीद्जे, रोद्जिस्कोव, मिल्यूकोव, प्रिंस लबौव, करेंस्की आदि के कंधे लगे थे। जुलाई के दिनों के जो मजदूर और सैनिक सरकारी सेना के हाथों मारे गए थे, इनकी ओर सरकार या कार्यकारिणी किसी का ध्यान नहीं गया। उन्हें इनवेष्इंक्लाबी साथियों ने चुप-चोरी उसी तरह दफन किया, जिस तरह ज़ारशाही के हाथों कत्ल किए गए 9 जनवरी के शहीदों को दफन किया गया था।

क्रोंस्टैड्ट के सोवियत को हुक्म दिया गया कि वह रासकोलनीकोव आदि बागी जहाजियों को जल्द सरकार के सामने हाजिर करे। हेलिसिंग फोर्स में बोल्शेविकों के साथ एक्स्ट्रीमिस्ट सोशल रिवोल्यूशनरी भी गिरफ्तार किए गए। प्रिंस लबौव ने लिखा कि बाकी सोवियत में अब भी लेनिन के लोगों का बोलबाला है। फिर क्या है, 13 जुलाई को डान के प्रस्ताव पर तय किया गया कि जिन पर मुकदमा चल रहा है या जिन्हें सजा मिल चुकी है, वे कार्यकारिणी के सदस्य नहीं रह सकते। इस तरह बोल्शेविकों को कानून के क्षेत्र से अलग कर दिया गया। करेंस्की ने एक-एक करके सभी बोल्शेविक प्रेसों को बंद कर दिया। प्रांतों में जमीन

कमिटियों के बहुत सारे मेंबर गिरफ्तार किए जाने लगे। पेट्रोग्राद में क्रांति-विरोधी व्यक्तियों के भाषणों का दौर-दौरा हुआ।

मुर्दा डूमा की अस्थायी समिति फिर जीवित हो उठी और उसने इस क्रांति-रक्षक सरकार के खिलाफ एक प्रस्ताव मंजूर किया। यह मानों ऊँट की पीठ का आखिरी तिनका था। सभी मंत्रियों ने एक साथ ही अपने-अपने इस्तीफे करेंस्की के हाथ में रख दिए। इन इस्तीफों ने केडेटों और पूँजीपतियों से समझौते का रास्ता खोल दिया। केडेटों ने शर्तें पेश करना शुरू किया। मंत्रियों को व्यक्तिगत स्वतंत्रता दीजिए, मित्र देशों से पूरी एकता रखिए, सेना में अनुशासन स्थापित कीजिए, कानून सभा के पहले जमीन के संबंध में कोई सुधार न किया जाए। और कानून सभा को बुलाने की तारीख बढ़ा दी जाए। पूँजीपतियों ने भी इसी प्रकार की शर्तें रखीं। इन शर्तों की प्रतिक्रिया में कार्यकारिणी ने फिर एक प्रस्ताव स्वीकार करके सरकार को अपरिमित अधिकार सौंपे जिसका अर्थ था। सोवियत से आजाद होकर सरकार जो चाहे, करे। ज़रटेली ने गृहमंत्री की हैसियत से एक फर्मान निकाला कि जमीन के संबंध में बेजाब्ता कार्रवाइयाँ न की जाएँ। खाद्यमंत्री पेशखानोव ने यह हुक्म जारी किया कि जमींदारों के साथ ज्यादतियाँ न की जाएँ। उद्योग महकमे के डाइरेक्टर की हैसियत से पालचेंस्की ने पूँजी को केंद्रीय रूप देने पर जोर दिया। चेरनौब के खिलाफ केडेटों ने जर्मन से संबंध रखने का अभियोग लगाना शुरू किया, उसे इस्तीफा देने को लाचार होना पड़ा। फिनलैंड की पार्लियामेंट को बरखास्त कर दिया गया, क्योंकि इसमें साम्यवादियों का बहुमत था। युद्ध के तीसरे वार्षिकोत्सव के अवसर पर मित्र देशों का पूरा अनुसरण करने की शपथ खाई गई। रेलवे में शासन स्थापित करने के लिए एक कड़ा 'काला कानून' जारी किया गया। यह सब करके अथवा अपने उद्देश्यों का रचनात्मक नमूना पेश करके, करेंस्की ने केडेटों की शर्तों का जवाब देते हुए कहा कि आइए इन शर्तों के होते हुए मंत्रिमंडल में सम्मिलित होने में कोई कठिनाई आपको नहीं होगी। लेकिन इस उलटा नाक छूने पर वे माननेवाले नहीं थे। वह तो समझौवादियों को घुटने टेकने को लाचार करने पर तुले थे। उनसे स्पष्ट शब्दों में अपनी शर्तें मनवाना चाहते थे।

केडेटों की इन माँगों के साथ पूँजीपति और व्यवसायी ही नहीं थे, मित्र देशों के राजनीतिज्ञ और सेनापतियों का गिरोह भी इनकी पीठ ठोंक रहा था। 8 मार्च को दक्षिणी- पश्चिमी मोरचे के सेनापति कार्निलोव ने हुक्म दिया कि भागते हुए सैनिकों को गोलियों से भून दो। उसने फौज में फाँसी की सजा जारी किए जाने के लिए इस्तीफा तक दे देने की धमकी दी। कमांडर-इन-चीफ ब्रूसिलोव ने भी इसका समर्थन किया। 12 जुलाई को फाँसी की सजा, "लड़ाई के दिनों में सैनिकों द्वारा कुछ भारी अभियोग की सजा के लिए" जारी कर दी।

16 जुलाई को करेंस्की ने हेड क्वार्टर में सेनापतियों का एक अधिवेशन बुलाया। ब्रूसिलोव, एलेक्सीव, ज़ेस्कीं, क्लैंबोवेस्की, डेंकिन रोमनोवस्की—ये बड़े-बड़े जनरल, जो क्रांति के बाद चार महीनों तक मालूम नहीं कहाँ पड़े थे, नई तड़क-भड़क के साथ केंद्रीय स्थान के सड़कों को जगमग करने लगे। कार्निलोव इसमें नहीं आया। किंतु इसकी क्रांति-विरोधी आत्मा तो वहाँ सबके सिर पर चढ़कर बोल रही थी।

इन सेनापतियों ने दिल-भर क्रांति और क्रांतिरक्षक सरकार को कोसा। ब्रूसिलोव ने कहा, "हमारा हमला असफल हुआ क्यों?" क्यों न होता भला! अफसर, कंपनी कमांडर, कमांडर-इन-चीफ, किसी के हाथ में कोई शक्ति है।" क्लैंबोवेस्की ने क्रांति के सिर पर बेजाब्तगी का सारा इलजाम थोपते हुए कहा, "मौत की सजा, लेकिन क्या समूचे डिवीजन को फाँसी पर चढ़ाया जा सकता है? फौजी अदालत! तब आपको आधी फौज को साइबेरिया देशनिकाला करना होगा।" एलेक्सीव ने सेना की कंपनियों का मखौल उड़ाते कहा—"हजारों साल के सैनिक इतिहास ने अपने कानून बनाए हैं। हमने इन नियमों को ताख पर रख, अपने कायदे चलाए, परिणाम सब गुड़ मिट्टी।" जेस्कीं ने लाल झंडे पर कीचड़ उछाली—"पिछले झंडे को लेकर सेनाओं ने हँसते-हँसते मौत का सामना किया। लाल झंडा; इसके कारण हमें हमेशा हथियार डालना पड़ा।" डेंकिन ने सीधे करेंस्की को चपत लगाई—"आपने हमारे झंडे को नीचा किया है। यदि आप में आत्मबल है तो फिर इसे आप ही ऊपर उठा सकते हैं।" और करेंस्की में यह आत्मबल जरूर था। इसने जनरलों को

समझाया कि पहली सैनिक विज्ञप्ति जब जारी की गई थी, उस समय वह मंत्री नहीं था। यदि वह इस जगह पर होता तो कभी ऐसा नहीं होने देता। उसी ने साइबेरिया के सैनिकों को सख्त सजाएँ दी थीं, उसी ने तो बेजाब्तगी के लिए रक्त-धारा बहवा दी थी।

भला करेंस्की के इस आश्वासन पर कौन भरोसा करे। गोया इसके वादे का जवाब देते हुए क्लैंबोवेस्की ने कहा—"आज के दिनों में केवल अफसर ही आजादी और इंकलाब की रक्षा कर सकते हैं।" ब्रूसिलोव ने दूसरा रद्दा जमाया—"अफसरों को आप पूँजीवादी न समझें, वे ही सच्चे मजदूर हैं।" जनरल ज़ेस्कीं ने इन शब्दों के साथ समाप्त किया—"जनरल भी प्रोलोतारियत ही हैं।"

फिर इन सर्वहारा मजदूरों की बात क्यों न मान ली जाए? क्योंकि करेंस्की तो मजदूरों का ही नेता है। इसने इनकी एक-एक शर्त मान ली, कमिटियाँ तोड़ ली जाएँ, सेना से राजनीति दूर की जाए। हाँ, करेंस्की ने इस कानून के लागू किए जाने की तारीख की जिम्मेदारी अपने ऊपर ली। यह भी तय हुआ कि ब्रूसिलोव की जगह कार्निलोव को कमांडर-इन-चीफ बनाया जाए।

किंतु कार्निलोव की तो अपनी मनोकामनाएँ थीं। उसने इस नियुक्ति के लिए धन्यवाद देने के बदले करेंस्की के पास तार भेजा कि वह इन शर्तों पर ही यह ओहदा कबूल कर सकता है—इसकी जिम्मेवारी अपने अंतःकरण या रूसी जनता की ओर होगी। कमांडरों की भरती में इसके साथ छेड़छाड़ नहीं की जाएगी और सैनिकों को फाँसी की सजा देने का हुक्म जारी रखा जाएगा। कार्निलोव-का यह जवाब, कज़्ज़ाकों के शब्दों में केडेटों का जवाब था। जब यह जवाब पत्रों में छपा, क्रांति विरोधियों ने खुशियाँ मनाईं। किंतु करेंस्की इस गुस्ताखी के जवाब से आगबबूला हो उठा, खासकर पहली बात से उसे चिढ़ हुई, क्योंकि उसका साफ मतलब था कि कार्निलोव अस्थायी सरकार के सामने अपने को जिम्मेवार नहीं बनाना चाहता। करेंस्की ने अपने साथियों से राय की कि उसे यह पद नहीं दिया जाए, किंतु इसकी नहीं सुनी गई। अंत में कुछ लोगों ने बीच-बिचाव किया। कार्निलोव ने अस्थायी सरकार के सामने अपने को जिम्मेवार होने का प्रस्ताव स्वीकार कर लिया। फेलिनेकोव नामक एक सैनिक इंजीनियर इसका कमिसार नियुक्त किया गया और सिवेनेकोव नामक एक पुराना क्रांतिकारी युद्ध-विभाग का प्रबंधक नियुक्त हुआ।

उसी समय करेंस्की ने एक नाटकीय तमाशा रचा, केडेट और कार्यकारिणी से समझौता नहीं होता देख, इसने इस्तीफा दे दिया और केंद्रीय स्थान छोड़ चलता बना। इसके इस्तीफे से अजीब हलचल मच गई। कार्यकारिणी के समाजवादियों के होश ठिकाने आ गए। उन्हें मालूम हो गया कि बिना करेंस्की के सरकार चलाना उनके लिए असंभव है। केडेट पार्टी के वजीरों ने इस्तीफे दिए थे ही, अब दूसरे सभी मंत्रियों ने भी इस्तीफे दे दिए और करेंस्की से एक नई सरकार स्थापित करने की प्रार्थना की। संयोग ऐसा कि उसी समय मोरचे से जर्मनों के बढ़ने की खबरें आने लगीं। जर्मन रूसी सेना को खदेड़ रहे थे और पूँजीपति करेंस्की को और करेंस्की समझौतावादियों को खदेड़ रहा था। क्या किया जाए? मेन्शेविक और सोशल रिवोल्यूशनरी पार्टी की सम्मिलित बैठक इस परिस्थिति पर विचार करने के लिए 24 जुलाई को बैठी और उसने करेंस्की को पूरे अधिकार सौंपने का निर्णय बहुमत से किया। केडेट पार्टी की कांग्रेस भी इसी समय बैठ रही थी। इसने भी करेंस्की पर अपना विश्वास प्रकट किया। करेंस्की के भाग्य का क्या कहना—जिस पर पूँजीपतियों और समाजवादियों, दोनों ही का एक-सा विश्वास हो।

24 जुलाई की रात में ही करेंस्की ने नया मंत्रिमंडल स्थापित किया। करेंस्की तो सरकार का प्रधान—(मिनिस्टर-प्रेसिडेंट) रहा ही, इसके सहायक की तरह पर केडेट पार्टी के नेक्रेसिव को वाइस-प्रेसिडेंट बनाया गया। ज़रटेली मंत्रिमंडल से बाहर ही रहा, चेरनौव फिर कृषि विभाग का मंत्री हुआ। इस बार जो नए मंत्री लिये गए, वो दूसरे और तीसरे दर्जे के लोग थे। निस्संदेह ही मंत्रिमंडल में समाजवादियों का बहुमत था, किंतु अपनी ईमानदारी साबित करने के लिए उन्होंने उसी रात ट्राट्स्की और लूनाकरस्की को पेट्रोग्राड में और कैप्टेन क्राइलिको को मोरचे पर गिरफ्तार कर लिया। यही क्राइलिंको बाद में बोल्शेविक सरकार का कमांडर-इन-चीफ हुआ।

अगस्त के आरंभ होते ही भनक मिलने लगी कि कुछ लोग ज़ार को फिर गद्दी पर बिठाने का षड्यंत्र कर रहे हैं। इसलिए ज़ार और उसके पूरे परिवार को केंद्रीय स्थान से हटाकर 7 अगस्त को तोवोल्स्क भेज दिया गया। इसी तारीख को रासपुटीन के साथियों को क्रांति-विरोधियों ने जबरदस्ती जेल से निकाल लिया। उसी दिन बोल्शेविकों के नए अखबार (मजदूर और सैनिक) का निकलना भी बंद कर दिया गया।

अगस्त के आरंभ में पेट्रोग्राद में उद्योग-कांग्रेस हुई जिसमें प्रसिद्ध उद्योगों और बैंकों के तीन सौ प्रतिनिधि इकट्ठे हुए। उसका उद्घाटन करते हुए सूती कारखानों के सम्राट् रेमावोसेंस्की ने कहा, अस्थायी सरकार की कोई शक्ति नहीं, सारी शक्ति एक मुट्ठी राजनीतिक मदारियों के हाथ में है। सरकार बुरी तरह व्यापारियों और कारखानेदारों से टैक्स वसूल कर रही है। क्या दूसरों की कमाई पर खर्च करनेवालों के हाथ में पैसा देना उचित है? क्यों न देश के नाम पर इनको किसी गुरु के हवाले किया जाए।" पेट्रोग्राद में ही उसी अवसर पर सूबे के कमिसारों की कांग्रेस हो रही थी। केडेट पार्टी के प्रभाव में आकर कमिसारों ने नए गृहमंत्री आक्सीनेटोव को आड़े हाथों लिया—"आप दो कुरसियों पर बैठे हैं। सरकार का काम है—सत्ता चलाना, दूसरों के इशारे पर नाचना नहीं।" नोवोचेरकास्क में कज्ज़ाकों की बैठक ने भी खरी-खोटी सुनाई।

इन सभी कांग्रेसों में कानून सभा की तारीख टालने की माँग रखी। उन्होंने तो लड़ाई के खत्म होने तक के लिए इसको टालने को कहा लेकिन, करेंस्की को सितंबर से बढ़ाकर उसे 28 नवंबर कर देने को लाचार होना पड़ा।

सभी क्रांति-विरोधी शक्तियों का केंद्र इस समय कार्निलोव हो रहा था। 'जनता का पहला सेनापति'—नाम से इसकी जीवनी लाखों की संख्या में बाँटी जा रही थी। सिवेनेकोव अपने पुराने क्रांतिकारी जीवन को भूलकर इसका प्रशंसक, पुजारी बन रहा था। कार्निलोव की इस प्रसिद्धि से करेंस्की घबराया। ऐसी भी अफवाह फैली कि अफसरों की लीग कार्निलोव को सर्वाधिकारी बनाने के षड्यंत्र में लगी है। वामपक्षी पत्रों ने भी कार्निलोव के खिलाफ आवाज उठाना शुरू किया। कार्यकारिणी भी भयभीत हुई। इसने कार्निलोव की जगह जनरल चेरेनिसोव को कमांडर-इन-चीफ बनाने का निर्णय किया। कार्निलोव के इस्तीफे की चर्चा जोरों से होने लगी।

कज्ज़ाकों की बारह सेनाओं के प्रतिनिधियों की बैठक ने सरकार को चेतावनी दी कि यदि इनके प्रिय सेनापति कार्निलोव को हटाया गया तो फिर कज्ज़ाक फौज के अनुशासन की जिम्मेवारी सरकार पर ही होगी। सेंट जॉर्ज के 'बहादुरों' की लीग ने युद्ध का नारा बुलंद किया—"हम कज्ज़ाकों का हर हालत में साथ देंगे, खबरदार! कार्निलोव पर हाथ नहीं उठाओ।" सेना और जलसेना के अफसरों के संगठन में कार्निलोव पर विश्वास प्रकट किया। दक्षिणपक्ष के नेताओं की एक सभा मास्को में बुलाई गई। उसने कार्निलोव को तार दिया—सारे समझदार रूसी आपकी ओर आशा और विश्वास से देख रहे हैं। उस नेता-सभा में पूँजीपति, बैंकर, जनरल, पादरी, प्रोफेसर आदि सम्मिलित हुए थे और उसका सभापतित्व रोदजिंस्कोव ने किया था।

इन सब आरंभिक कार्रवाइयों के बाद कार्निलोव पेट्रोग्राद आया, सराकर से देश की रक्षा के संबंध में बातें तय करने। इसके समर्थक दो मशीनगनों के बीच में लेकर उसे 'विंटर पैलेस' में ले गए। मशीनगनें! मानों करेंस्की को कहा जा रहा था, मानते हो या भूनते हो? एक ओर, तो इस तरह मशीनगनें ताने कार्निलोव पहुँचा, दूसरी ओर से, केडेट पार्टी ने करेंस्की को धमकी दी कि या तो कार्निलोव की बात मानो नहीं तो हमारे मंत्री फिर इस्तीफा देंगे। करेंस्की ने अपनी वकालती बुद्धि से स्थिति सँभाली। 'हाँ' और 'नहीं' के बीच में एक नया रास्ता उसने बना लिया। कमांडर-इन-चीफ की रिपोर्ट की मौलिक बातों को स्वीकार करते हुए उस पर स्थिरता से विचार करने का समय उसने माँग लिया।

जबकि चारों ओर से क्रांति-विरोधी शक्तियाँ सिर उठा रही थीं, दकियानूसी ताकतों के अखाड़े चर्च ही क्यों पीछे रहे? ज़ारशाही के खत्म होते ही यों वे निस्सहाय हो चुके थे। क्रांति ने इनकी जड़ ही हिला दी थी। किंतु जब धीरे-धीरे जनता इनसे घृणा प्रकट करती गई, देहातों में इनकी जमीनें छीनती गईं, शहरों में इनके

नज़राने बंद हो गए, तो इन्हें क्रांति से चिढ़ हो गई। उसे नष्ट करने के लिए यह भी छटपटाने लगे। जुलाई दिवस के बाद इनमें भी सिर उठाने की हिम्मत फिर से आ गई। मास्को में इनकी कौंसिल बैठी। रूस-भर के बड़े-बड़े पादरी इकट्ठे हुए। भगवान की नाराजगी की दुहाई देते हुए और धर्म से बाहर किए जाने की धमकी देते हुए उन्होंने सरकार से माँग की कि जल्दी ही चर्च की जितनी जमीन, जंगल या माल-सामान लूटे गए हैं, वापस कर दिए जाएँ।

जब चारों ओर से इस प्रकार प्रहार हो रहे थे, करेंस्की की सरकार ने यह फैसला किया कि 13 अगस्त को मास्को में एक शाही इजलास किया जाए, जिसमें सभी वर्गों के सभी संगठनों के प्रतिनिधि निमंत्रित किए जाएँ। सभी वर्गों और संगठनों के प्रतिनिधियों के इस जलसे में कौन-कौन बुलाए जाएँगे, इसका अधिकार भी सरकार को ही रहा।

मास्को में शाही सभा

मास्को में जो शाही सभा हुई, वह पूरी तरह असफल रही। न उसने कोई निर्णय किया, न रचना। किंतु वह ऐतिहासिकों के लिए क्रांति का एक अमिट चिह्न छोड़ गई। ऐसा चिह्न, जिसमें रोशनी साए के रूप में दिखाई देती है, निर्बलता बल का नाम पाती है, व्यक्तिगत स्वार्थ जनस्वार्थ का चोला धारण करता है। धोखेबाजी, बहादुरी की पोशाक पहनती है। जो सबसे बड़ी पार्टी थी, जो दस सप्ताह के अंदर शासक होनेवाली थी, उसका उस सभा में कहीं पता नहीं था और जिसे कोई जानता तक न था, और जिसे कोई मानता तक न था। उस 'प्रगतिशील समाजवादी' पार्टी का यहाँ बोलबाला था। करेंस्की वहाँ शक्ति और कामना के देवता के रूप में नजर आया था। जिस कार्निलोव को सिपाही घृणा की दृष्टि से देखते थे, वह सेना और जनता के नेता के रूप में बधाइयाँ प्राप्त कर रहा था। ज़ार के समर्थक, खूनी जत्थे के लोग, अपने को कानून सभा के इच्छुक बता रहे थे। जो राजनीतिक मैदान से हट चुके थे, वैसे नेता आज गरज-गरजकर अपनी बड़ाई की धाक लोगों पर जमा रहे थे। प्लैखानोव ने लेनिन की याद इस तरह की मानो वह संसार का सबसे अभागा मनुष्य था।

इस सभा का रूप भी उसके अनुकूल ही था। सरकारी योजना के अनुसार उसमें राजनीतिक, सामाजिक, लोकतांत्रिक, राष्ट्रीय, तिजारती और प्रजातांत्रिक, औद्योगिक संस्थाओं और को-आपरेटिव सोसाइटियों के प्रतिनिधियों के अतिरिक्त प्रजातांत्रिक संस्थाओं के नेता, सेना के वैज्ञानिक संस्थाओं के, शिक्षालयों के और चारों डूमा के प्रतिनिधियों को आमंत्रित किया गया। पहले एक हजार पाँच सौ प्रतिनिधियों को बुलाने का तय हुआ था, लेकिन सभा में दो हजार पाँच सौ प्रतिनिधि शामिल हुए। संख्या की यह वृद्धि दक्षिणपक्ष की दिशा में हुई। मास्को के 'सोशल रिवोल्यूशनरी जनरल' ने भी, सरकार की निंदा इन शब्दों में की—"जहाँ मजदूरों के एक सौ पचास प्रतिनिधि हैं, वहाँ व्यापारियों और कारखानेदारों के एक सौ बीस प्रतिनिधि बुलाए गए। किसानों के सौ प्रतिनिधियों के मुकाबले में जमींदारों के भी सौ प्रतिनिधि आमंत्रित किए गए हैं। सोवियत के प्रतिनिधियों की संख्या केवल सौ रखी गई है और डूमा के प्रतिनिधियों की संख्या तीन सौ है।"

बोल्शेविकों को इसमें नहीं घुसने देने के लिए भिन्न-भिन्न प्रकार के उपाय किए गए। बोल्शेविकों ने इस बड़े तमाशे में शामिल बाजा होने की जगह अपने अस्तित्व का सबूत दूसरे रूप में देने को तय किया। पेट्रोग्राद के मजदूरों से बचने के लिए ही मास्को चुना गया था। इसमें संदेह नहीं कि पेट्रोग्राद जैसी क्रांतिकारी भावना मास्को के मजदूरों में नहीं थी और न वहाँ बोल्शेविकों का ही प्रभाव था। नतीजा यह हुआ कि मास्को की सोवियत में जब इस अवसर पर हड़ताल करने का प्रस्ताव हुआ तो वह बहुमत से अस्वीकृत हुआ। फिर भी बोल्शेविकों ने हिम्मत नहीं हारी। मास्को और इसके आसपास के जिलों के इक्तालीस यूनियनों के प्रतिनिधियों

की एक सम्मिलित बैठक बुलाई गई और उसने तय किया कि एक दिन की हड़ताल जरूर की जाए।

हड़ताल के पहले की रात, बोल्शेविकों के लिए बड़ी परेशानी की रात थी। जुलाई में भी मास्को की हड़ताल इतनी सफल नहीं हो सकी थी। सोवियत के खिलाफ जाने से मजदूर बहुत डर रहे थे। कल क्या होगा? क्या फिर जुलाई वाली बात होगी? भोर ने इसका क्या उत्तर दिया। मास्को की बोल्शेविक पार्टी का सदस्य पयान्तसकी लिखता है, "सड़कों पर न रोशनी थी, न ट्राम गाड़ियाँ चल रही थीं। दुकानें और कारखाने बंद थे। स्टेशन वीरान था। रेल की सड़कें सूनी थीं। होटलों और कॉफीघरों के नौकर भी गायब थे।" मिल्यूकोव मानो इस घटना पर रंग चढ़ा रहा है। "सभा के प्रतिनिधियों को न तो सवारियाँ मिल रही थीं और न ही होटलों में खाना-पानी।" मास्को सोवियत के मुखपत्र एज़्वेस्त्या ने लिखा, "सोवियत के प्रस्ताव के विरुद्ध मजदूरों ने बोल्शेविकों की बात मानी, इनका नेतृत्व स्वीकार किया।" जिस पार्टी पर इधर पाँच सप्ताह से लगातार प्रहार हो रहे थे, जिसके सभी प्रसिद्ध नेता जेलों में ठूँस दिए गए थे, उसी के हुक्म से मास्को के चार लाख मजदूरों ने ऐसी शानदार हड़ताल की जिसे देखकर किसका दिल न दहल जाता। बोल्शेविकों के पत्र 'प्रोलोतारियत' ने लिखा—"पेट्रोग्राद छोड़कर तुम मास्को भागे, बताओ, अब यहाँ से कहाँ जाओगे?"

किंतु मास्को के इस विराट् प्रदर्शन को जैसे इस सभा के प्रतिनिधियों ने भुला ही दिया। शुतुरमुर्ग की तरह आँखें बंद करके वे अपने ऊपर प्रहार करनेवालों के अस्तित्व को भूल जाना चाहते थे। उन्हें इसकी खबर भी कहाँ थी कि ऐसी ही एक दिन की हड़तालें क़ीव, क्रोस्ट्रोमा, ज़ारस्तीन आदि बड़े-बड़े कस्बों में हुई थीं और सारे देश में एक खलबली मची हुई थी।

इन दो हजार पाँच सौ प्रतिनिधियों को बिठानेवाले पंडाल के अंदर की हालत सुखानौव बयान करता है—"ये जड़ाऊ चमकीला पंडाल स्पष्ट रूप से दो हिस्सों में बँटा हुआ था—दाहिनी और पूँजीपति बैठे थे, बाईं ओर प्रजातंत्रवादी। दाहिनी ओर की बैठक पर बड़े-बड़े जनरलों के तमगे चमक रहे थे, तो बाईं ओर सैनिकों और कप्तानों की वरदियाँ। सामने की बैठक पर मित्र-देशों के दूत और प्रतिनिधि बैठे थे। हम इंतहापसंद वामपंथियों का गिरोह बाईं ओर एक कोने में बैठा था।" इन इंतहापसंद वामपंथियों का नेतृत्व बोल्शेविकों की अनुपस्थिति में मारटोव कर रहा था। मारटोव! मेन्शेविक, किंतु लेनिन का पुराना साथी।

ये पंडाल ही दो हिस्सों में बँटा नहीं था। कल जिस प्रकार कार्निलोव का स्वागत, जमींदारों, पूँजीपतियों, सेनापतियों और पादरियों ने किया, इससे यह भी स्पष्ट हो चुका था कि अब नेतृत्व भी दो भागों में बँट चुका था। करेंस्की बनाम कार्निलोव, ये प्रश्न अब केवल दिल और जबान की ही बात नहीं रह गई थी, बल्कि कार्यरूप धारण करके उत्तर भी पा रहा था। अब स्थायी स्वार्थवालों ने अपना नेता चुन लिया था और उन दिनों के जल्दी निकट आने की प्रतीक्षा में थे। जब करेंस्की की जगह वह कार्निलोव को देंगे और प्रजातंत्र के ढोंग को खत्म करके निछक्क तानाशाही सरकार स्थापित करेंगे। अफवाह तो यहाँ तक उड़ी थी कि इस अवसर पर कार्निलोव अचानक धावा बोल सकता है—नतीजा हुआ कि करेंस्की ने हर छावनी में समाजवादी प्रचारकों को भेजा था कि वे किसी के बहकावे में न आवें। जो लोग छावनियों में भेजे गए थे, उनमें बोल्शेविक भी थे—विपदा में चाचा कहना इसी को कहते हैं।

चार बजे शाम को करेंस्की मंच पर आया। उसके दोनों ओर दो नौजवान अफसर थे, एक सैनिक, दूसरा जहाजी, जो क्रांतिकारी सरकार की शक्ति के मानो प्रतीक थे। वे दोनों आकर मिस्टर प्रेसिडेंट के पीछे खड़े हो गए। करेंस्की ने सबसे पहले रूस-निवासियों के प्रतिनिधियों का, रूस की सरकार की ओर से अभिनंदन किया। पहले ही तय किया गया था कि प्रजातंत्र का नाम लेकर कुछ व्यक्तियों को निराश या उत्तेजित नहीं किया जाएगा। बोल्शेविकों का नाम नहीं लेते हुए भी इसने धमकी के शब्दों में कहा, "आगे सरकार के खिलाफ अगर कोई कार्रवाई की जाएगी तो इसे खून और लोहे से कुचल डाला जाएगा।" पंडाल के दोनों ओर से तालियाँ पीटी गईं फिर दूसरी धमकी कार्निलोव की ओर संकेत करके दी गई, "जो कोई भी मुझे चुनौती देगा, उसे मालूम होना चाहिए कि मैं उसे कुचल दूँगा, मैं इस सर्वव्यापी सरकार का उच्चाधिकारी हूँ।" यद्यपि इस पर बाईं ओर से

ही तालियाँ बजीं, तो भी करेंस्की बोलता गया, "आप लोग जो मोरचे के प्रतिनिधियों के हैसियत से यहाँ आए हैं, मैं आपको आपके युद्धमंत्री और महान नेता की हैसियत से कह देता हूँ कि सेना में किसी की शक्ति या ख्वाहिश अस्थायी सरकार से बड़ी या ऊँची नहीं है।" इस धमकी के बाद उसने इस बात पर आँसू बहाए कि, "हमारी शक्तियों को पैरों तले रौंद दिया गया। हमारे विश्वास पर थूक दिया गया।" इन शब्दों में इसने जून के प्रहार की हार को स्वीकार किया, फिर इस लड़ाई में रूस की सफलता पर विश्वास प्रकट करते हुए, इसने मित्र देशों की सहानुभूति और सहायता की हजारों प्रशंसा की। जिस समय वह मित्रों की तारीफ कर रहा था, दर्शकों की हैसियत से बैठे मित्र देशों के प्रतिनिधियों की ओर कृतज्ञता प्रकट करने के लिए, कॉन्फ्रेंस के सभी प्रतिनिधि उठ खड़े हुए, केवल इंतहापसंद बाएँ बाजूवाले बैठे रहे। इस पर दाहिनी ओर से आवाज उठी, "मारटोव खड़ा हो।" लेकिन मारटोव को इतनी आसानी से खड़ा नहीं किया जा सकता था।

अपना भाषण इसने इन शब्दों में समाप्त किया, "क्या आप अपने दिनों में इस विशाल ज्वाला की गरमी और रोशनी अनुभव नहीं करते? क्या आप अपने में अनुशासन, त्याग और मेहनत की यह शक्ति और इच्छा नहीं अनुभव कर पाते? क्या आपने यहाँ सारे देश की संयुक्त शक्ति का सबूत नहीं दिया है?" संयुक्त शक्ति की यह दुहाई, जब मजदूरों की हड़ताल चल रही थी और कार्निलोव की घुड़सवार सेना विद्रोह की तैयारियाँ कर रही थी। अंत में इसने कहा, "हम अपनी आत्मा को खत्म कर देंगे, किंतु सरकार को जरूर बचा लेंगे।" क्रांतिकारी सरकार का प्रतिनिधि जनता को इससे बढ़कर आखिरी सौगात और क्या दे सकता है!

मिल्यूकोव ने लिखा है, "प्रांतों से आए, बहुत-से लोगों ने करेंस्की को पहली बार देखा। वह आधी निराशा और आधे क्रोध में पंडाल से बाहर हुए। उनके सामने एक नौजवान खड़ा था, जिसका चेहरा पीला, भर्राई आवाज, जिसकी बोली नाटक के अभिनेताओं की तरह थी। मालूम होता था, यह सब पर अपनी शक्ति का रोब जमाना चाहता था। किंतु असल में वह अपनी तरफ दया की भावना ही पैदा करता था।" मंत्रिमंडल के दूसरे सदस्यों के भाषण से केवल इनका निजी या सरकार का ही दिवालियापन प्रकट नहीं होता था, बल्कि समझौतावाद का खोखलापन भी साफ-साफ जाहिर हो रहा था। चेरनौव को मना कर दिया गया था कि वह न बोले, क्योंकि उसकी बातों से मित्रों और जमींदारों, दोनों के भड़क उठने का भय था।

दूसरे दिन की कार्रवाई की शुरुआत से ही दक्षिणपक्षी और वामपक्षी के संग्राम का पता चल गया। जब कार्निलोव पंडाल में पहुँचा दाईं ओर से सभी प्रतिनिधि उठ खड़े हुए, किंतु वामपक्ष के लोग टस-से-मस नहीं हुए। इस पर दाहिनी ओर से 'उठो' 'उठो' की आवाज होने लगी, जिस पर बाईं ओर ने नहीं ध्यान दिया। इसका बदला दाहिनी ओर ने तब चुकाया जब करेंस्की पहुँचा। मानो गृहयुद्ध का श्रीगणेश हो गया। यह स्थिति देख करेंस्की ने घोषणा की, "मैं प्रस्ताव करता हूँ कि हम लोग खड़े होकर कमांडर-इन-चीफ के रूप में अपनी बहादुर सेना का अभिनंदन करेंगे जो मातृभूमि की आजादी के लिए कुर्बानी कर रहे हैं।" लोग खड़े हुए। टूटे हुए शीशे को कच्चे गोंद से जोड़ने का प्रयत्न सफल रहा।

अब कमांडर-इन-चीफ बोलेंगे—सभापति ने ऐलान किया। कार्निलोव खड़ा हुआ। ठिंगने, कसे, मजबूत शरीर पर कज़्ज़ाकों का खास चेहरा जिसकी छोटी-छोटी आँखों से विषैली चमक निकल रही थी। उसके खड़े होते ही फिर 'उठो' 'उठो', 'चुप' 'चुप' की द्वंद्वात्मक आवाजें सुनाई पड़ने लगीं। किंतु करेंस्की ने लोगों से अनुरोध किया कि वे 'राष्ट्र के प्रथम सैनिक' की बातें सुनें। कार्निलोव एक लिखा हुआ भाषण पढ़ने लगा। जिसे फेलिंको के कहने पर दुष्ट ज़ेवाइको ने लिखा था। इसने सेना की स्थिति को काले-से-काले रूप में दिखाना शुरू किया। इसने बताया कि दुश्मन रीगा पहुँच चुका है और यदि उसे वहाँ रोका नहीं गया तो पेट्रोग्राद पहुँचने में देर नहीं लगेगी, किंतु उसे रोका कैसे जाए? इसने कहा, "क्रांति के बाद, जिन व्यक्तियों को सेना की कोई जानकारी नहीं, उन्होंने ऐसे नियम बनाए हैं कि सेना सेना नहीं रह गई है। वह ऐसी भेड़ बन गई है जो जान बचाने के लिए हमेशा भागने को तैयार हो।" इसका साफ अर्थ यह था कि रीगा के लिए कोई आशा नहीं और यदि पेट्रोग्राद बचाना चाहते हो तो हमें सर्वाधिकारी बनाओ। मास्को के बोल्शेविक पत्र ने कार्निलोव के वक्तव्य

पर ठीक ही लिखा, "आख़िर यह है क्या? चेतावनी या धमकी? टार्नोकोल की हार ने कार्निलोव को कमांडर-इन-चीफ बनाया, अब रीगा में हथियार डाल के वह डिक्टेटर बनना चाहता है।" कज़्ज़ाक सेना की ओर से जनरल कालीदीन बोला, जो उस समय सेना का सबसे जबरदस्त आदमी माना जाता था। सबसे पहले इसने सरकार को कज़्ज़ाक सेना का महत्त्व याद दिलाया, जिसने बोल्शेविकों को तहस-नहस करके उसे संतुष्ट किया है। फिर उसने प्रजातंत्र की ओर कज़्ज़ाकों की श्रद्धाभावना की चर्चा की—प्रजातंत्र, जिस शब्द को करेंस्की नहीं बोल सका था। जोरों से तालियाँ बजने लगीं। चेरनौव भी प्रशंसा का नारा बुलंद करनेवालों में था। किंतु इसके होश फौरन ही ठिकाने पर आ गए। जब कालीदीन ने इसकी ओर आँखें गाड़कर कहा, "सरकार में पराजयवादियों के लिए जगह नहीं होनी चाहिए।" सबकी दृष्टि चेरनौव पर गईं। जिसका सिर टेबुल पर झुका जा रहा था। फिर उसने उन माँगों को पेश किया, जिन्हें करेंस्की के मना करने पर कार्निलोव ने अपने भाषण में नहीं रखा था। सेना की कमिटियों को तोड़िए, कमांडरों के पूरे अधिकार दीजिए, सैनिकों के अधिकार पर विचार कीजिए (यानी छीन लीजिए) इत्यादि ! जब वह बोल रहा था, दाहिनी ओर से तालियाँ पिट रही थीं, बाईं ओर से धिक्कार और फटकार की आवाजें आ रही थीं। करेंस्की भी कालीदीन की माँगों पर आगबबूला हो उठा और बोला, "इस सभा में किसी के लिए यह उचित नहीं कि सरकार से कोई माँग पेश करे।" करेंस्की की यह कड़क सुनकर खूनी दस्ते का एक व्यक्ति बोल उठा—"हम सरकार के ऊपर हैं।" आज से दो महीने पहले यह आदमी अपन सिर भी नहीं उठा सकता था।

प्रजातंत्र की ओर से जो लंबा-चौड़ा वक्तव्य तैयार किया गया था, उसे कार्यकारिणी के सभापति चीद्जे ने पढ़कर सुनाया। जिस समय वह खड़ा हुआ, "रूसी क्रांति का नेता—जिंदाबाद" के नारे बाईं ओर से बुलंद हुए, जिसे सुनकर निश्चय ही चीद्जे भी चकित हो गया होगा। प्रजातंत्र ने सफाई देते हुए बतलाया कि वह अकेले सरकार हड़पना नहीं चाहती, वह सबको ले-देकर चलना चाहती है। किंतु आपको सोवियत नहीं तोड़नी चाहिए, क्योंकि सोवियत ने ही देश को अशांति से बचाया है। आपको सेना कमिटियों को नहीं तोड़ना चाहिए, क्योंकि इन्हीं को लेकर आप लड़ाई जारी रख सकते हैं। धनियों को चाहिए कि जनता के हित को सामने रखें। हाँ, जमींदारों की जायदाद पर भी हमला नहीं होना चाहिए।" राष्ट्रों के सवाल को विधान्सभा पर छोड़ने की सलाह दी गई। शांति के संबंध में एक शब्द भी नहीं कहा गया। यह वक्तव्य न तो जनता को संतुष्ट कर सकता था, न धनियों को। किसानों की कार्यकारिणी की ओर से जो प्रतिनिधि उठे, उन्होंने भी सवालों को टालने की ही कोशिश की। हाँ, इतना कहना वह नहीं भूले कि, "जमीन और आजादी" का नारा ही था, जिसके लिए हमारे बहादुरों ने इतना बलिदान किया। इसलिए इस सवाल की उपेक्षा करना उचित नहीं होगा। राष्ट्रीय नरमदलियों की ओर से गुचकौव बोला—तीसरी डूमा के सभापतित्व और अस्थायी सरकार के भूतपूर्व युद्धमंत्री। इसमें करेंस्की को संबोधित करते हुए कहा, "आज हम सरकार के प्रतिनिधियों के मुँह से निराशा की चीख सुनते हैं। क्यों, यह थकावट क्यों, यह बेचैनी क्यों है, यह चीख क्यों? जिसे सुनकर हमारे हृदय में दर्द होता है, जैसे कोई दम तोड़ने की अवस्था में अंतिम बार कराह रहा हो !" अंत में, "ये सरकार तो धोखे की टट्टी है," कहकर उसने मानो आखिरी लताड़ करेंस्की को दी। गुचकौव के बाद रोद्जिंस्कोव डूमा का सभापति आया। जिस दिन सभा आरंभ हुई, ठीक उसी दिन, गोर्की के एक पत्र ने काराख़ान का एक लेख प्रकाशित किया, जिससे पता चला कि किस तरह इस भले आदमी ने राइफलों के दस्ते के लिए बेकार लकड़ी देकर अपने को धन्ना सेठ बना लिया था। इस लेख के बाद भी उसको मंच पर खड़े होने की हिम्मत हुई। उसने बताया कि इन सारी कठिनाइयों की असल वजह यह है कि अस्थायी सरकार ने डूमा से सलाह लेना छोड़ दिया, जो रूस की एकमात्र कानूनी राष्ट्रीय प्रतिनिधि संस्था है। उसकी इस बात पर, बाईं ओर से हँसी और मखौल की बौछार हुई।

इसी बीच जबकि चारों ओर से प्रहार-पर-प्रहार हो रहे थे, करेंस्की ने सभा को अमेरिका के राष्ट्रपति विलसन का एक तार पढ़कर सुनाया, जिसमें रूस को तरह-तरह सहायता देने की घोषणा की गई थी। करेंस्की की इस सफलता पर बार-बार तालियों पीटकर मानो अभी-अभी किए गए नुक्ताचीनियों के घाव पर मरहम रखा

गया।

समझौतावादियों के सच्चे नेता के रूप में ज़रटेली उठ खड़ा हुआ। उसने सोवियत और फौजी कमेटियों का समर्थन किया, "अब तक आजाद क्रांतिकारी रूस की रचना नहीं हो सकी, हम इसके ऊपर के ढाँचे को कैसे हटा सकते हैं।" उसने बताया कि किस प्रकार सोवियत ने धनियों की रक्षा की है, किस तरह उसने सत्ता संयुक्त मंत्रिमंडल के हाथ में सौंपी है। इस महान बलिदान के बाद भी आप सोवियत को बरबाद करना चाहते हैं? क्या जुलाई के दिन भूल गए? अराजकता के विरुद्ध किसने देश की रक्षा की?" ज़रटेली अभिमान की साँस लेने लगा था कि दाहिनी ओर से आवाज आई, "कज्ज़ाकों और जंकरों ने।" अरे, मुँह पर यह कैसा कोड़ा! आह, संसार कितना कृतघ्न है! ये पूँजीवादी इतनी जल्दी ज़रटेली जैसे समाजवादियों का एहसान भूल गए!

ज़रटेली ने केडेटों की ओर देखते हुए इनका ध्यान अधिकारों के केंद्र की ओर खींचा, "प्रजातंत्र में अधिकारों का स्रोत है। जनता क्रांति के बाद जहाँ-जहाँ चुनाव हुए हैं, गाँव की कमिटियों में म्यूनिसीपलिटियों में हर जगह वही लोग चुने गए हैं जो इस सभा में बाईं ओर बैठे हुए हैं। जनता इन्हीं को चाहती है, यह स्पष्ट है। लेकिन फिर भी हम लोग इन सभी लोगों को आदर के साथ आमंत्रित करने से नहीं चूके हैं, जो दाहिनी ओर बैठे हैं। क्यों? क्योंकि हम समझौता पसंद करते हैं। हमारा यह काम ही हमारी ईमानदारी का प्रमाण है। तो भी हमें यहाँ कोसा जा रहा है— हमें कोसना सुनाई जाती है कि हमने शांति का नारा लगाकर सब गुड़ मिट्टी कर दिया। याद रखें, बिना शांति के नारे के आप आज रूस में लड़ाई जारी नहीं रख सकते।" ओहो! चोर की दाढ़ी में तिनका इसे ही कहते हैं। पूँजीवादियों को समझाने के चलते सच बात निकलकर रही।

मिल्यूकोव ने दाहिने बाजू की ओर से जवाब दिया। इसने गिनाना शुरू किया कि कहाँ-कहाँ प्रजातंत्र ने गलती की है—(1) सेना में प्रजातांत्रिक नियम जारी किए गए, जिसके कारण युद्धमंत्री के पद से गुचकौव को इस्तीफा देना पड़ा। (2) शांतिमय वैदेशिक नीति अपनाई गई, जिसके कारण मिल्यूकोव को विदेशमंत्री के पद से इस्तीफा देना पड़ा। (3) मजदूरों की बड़ी-बड़ी माँगों को मंजूर किया गया, नतीजा हुआ, उद्योग और व्यापारमंत्री का इस्तीफा (4) राष्ट्रीय अल्पसंख्यकों पर जो राय तय की गई, इसके कारण से केडेट पार्टी के सभी मंत्री हट गए और (5)जमीन के संबंध में जो नीति अख्तियार की गई, उसके चलते प्रधानमंत्री प्रिंस लबौव को ही हट जाना पड़ा। अंत में उसने बोल्शेविकों को नष्ट करने की जबरदस्त अपील की, जिस पर खूब तालियाँ बजती रहीं। फिर कृषिमंत्री चेरनौव पर लेनिन का साथी होने की फब्ती कसते हुए इसने अंत में वर्तमान सरकार के बारे में कहा—"मुझे इस बात का पूरा भय है कि वर्तमान सरकार के कर्मचारियों पर किसी व्यक्ति या वस्तु की जिम्मेदारी लेने का भरोसा नहीं किया जा सकता।" तो भी उसने चुपचाप सरकार का समर्थन करने का विश्वास दिलाया।

ज़रटेली दूसरी बार बोलने को खड़ा हुआ। इसने दक्षिणपक्षियों को फिर से विश्वास दिलाया कि सोवियत, फौजी कमिटी, प्रजातांत्रिक नीति, शांति का नारा—सब इन्हीं के फायदे के लिए है। "आप ही कहिए, इन दोनों में से कौन ज्यादा क्रांतिकारी रूसी सरकार की सेना पर असर डालने की योग्यता रखता है—गुचकौव या करेंस्की?" बोल्शेविकों को कुचलने में जो ढिलाई हुई, इसके लिए क्षमा चाहते हुए इसने बताया, "किंतु आप याद रखें, अब ऐसे व्यक्तियों के लिए एक खास कानून जारी कर दिया गया है। यदि ज़रटेली को खबर होती, जिस समय वह बोल रहा था, उसी समय बोल्शेविक, करेंस्की के अनुरोध पर छावनियों में दूसरे समाजवादियों के साथ घूमकर दक्षिणपक्ष के प्रहार से वामपक्ष को बचाने की कोशिश में लगे थे।

जनरल एलेक्सीव ने अपने भाषण में इन विध्वंसकारियों की निंदा की, जिनकी जेबों में जर्मनी के सिक्के खनकते हैं। फिर इसने अनुशासन का गीत गाते हुए कम-से-कम कुछ दिनों के लिए कमिटियों आदि की झंझट स्थगित करने की राय दी। उसे जवाब दिया, लेफ्टिनेंट कौचीन ने, जो मैन्शेविक था। उसने लाखों सैनिकों की ओर से युद्धमंत्री (करेंस्की) के लिए कृतज्ञता प्रकट की। फिर उसने कहा—"यदि हम सेना को नहीं बचा सकते हैं, तो हमारे कमांडर किसी भी हालत में इसमें सफल नहीं हो सकते हैं।" दाहिनी ओर से आवाज आई—"हो सकते हैं।" कौचीन ने जवाब दिया—"कभी नहीं।" अब बाएँ तरफ से तालियाँ गड़गड़ा उठीं।

इसके बाद एक दाहिनी ओर, एक बाईं ओर से प्रतिनिधि आए और एक-दूसरे की बात का खंडन और संशोधन करने लगे। एक ओर से बे-साए उद्योग, बैंक आदि के प्रतिनिधि खड़े होते और दूसरी ओर से सोवियत सेना कमिटी, मजदूर संघ आदि के प्रतिनिधि। रेलवे मजदूरों की संस्था की ओर से बोलते हुए उसके प्रतिनिधि ने कहा—"यदि इन क्रांति-विरोधी शक्तियों के साँपों ने फिर सिर उठाया तो हम इनके सिर इस बार भुरता बना डालेंगे।" बाएँ ओर की प्रशंसा की आवाज के बीच वह बैठा ही था कि रेलवे कंपनी के मालिकों की ओर से एक पूँजीपति उठा और मजदूरों के क्रांति के नाम पर वेतन बढ़ाने जैसी नीच माँगे पेश करने पर दुत्कारा। एक दूसरे रेलवे पूँजीपति, बुब्लीकोव ने तो कमाल ही कर दिखाया। इसने नाटकीय ढंग से कहा—"कल क्रांति के नेता ज़रटेली ने पूँजीपतियों की ओर अपना मित्रता का हाथ बढ़ाया था। मैं उन्हें विश्वास दिलाता हूँ, उनका हाथ हवा में अकेला नहीं रहेगा····।" उसके चुप होते ही ज़रटेली आगे बढ़ा और मंच पर ही दोनों ने हाथ बढ़ाया। क्रांतिनेता क्रांतिविरोधी से हाथ मिला रहा है। इस स्वर्ण अवसर पर तालियों की ध्वनि से पंडाल क्यों न गूँज उठे?

करेंस्की ने इसी बहुमूल्य अवसर के लिए रूसी इतिहास के प्रतिनिधियों के रूप में तीन और व्यक्तियों को आमंत्रित कर रखा था। वह तीनों रूसी क्रांति की तीन मंजिलों के प्रतीक थे, वर्शकोविस्काया, क्रोप्टकीन और प्लैखानोव। एक निरादनिकी, एक अराजकतावादी और एक समाजवाद का अग्रदूत।

सबसे पहले क्रौप्टकीन मंच पर आया। अराजकतावाद का वह प्रसिद्ध वैज्ञानिक, शाही परिवार में पैदा होकर भी जिसने तरह-तरह की कठिनाइयाँ सहीं, जो एक दिन यूरोप की सरकार के लिए हौवा था। उसने खड़े होते ही सबसे पहले लेनिन की जंग-विरोधी नीति का विरोध किया, "साथियो, यह पराजित राष्ट्रों की मनोवृति है।" फिर इसने स्वप्न-संसार में रहनेवाले की तरह बकना शुरू किया—"आज सारे संसार में समाजवाद का बोलबाला होने जा रहा है। लॉयड जॉर्ज के भाषणों में समाजवाद की साफ झलक है, इंगलैंड, फ्रांस, इटली—सबमें समाजवाद का पौधा दिन-दिन हरा होता जा रहा है।" जब ये तीनों देश साम्राज्यवादी युद्ध में जनता की कुर्बानी कर रहे थे, तब भी जो वहाँ समाजवाद की स्थापना का स्वप्न देख सके, उसकी मानसिक स्थिति के बारे में क्या कहा जाए। अंत में उसने इस पंडाल के बाएँ और दाहिने पक्षों के मतभेदों पर अफसोस जाहिर करते हुए, मातृभूमि के नाम पर एकता की अपील की और इस खोखली अपील पर तालियाँ क्यों न पीटी जातीं?

जब प्लैखानोव मंच पर आया, दोनों पक्षों ने खुले दिल से इसका स्वागत किया। वामपक्ष ने अपने मानसिक नेता की हैसियत से और दक्षिणपक्ष ने अपने नए दोस्त के नाते। उसने पूँजीपतियों को सलाह दी कि आप लोग मजदूरों से संधि कर लीजिए और समझौतावादियों से कहा कि बातों की ज्यादा खींचतान न करके, पूँजीपतियों के साथ मिलकर चलने में देश की भलाई है। अंत में प्लैखानोव ने लेनिन की दयनीय स्थिति पर आह भरी, जो इस तरह नीच हो चुका है कि मजदूरों को तुरंत ही सत्ता छीन लेने की सलाह देता है।

सम्मेलन के अंत में होते-होते एक ऐसी घटना हो गई कि जिससे पता चल गया कि यह सम्मेलन कहाँ तक राष्ट्रीय एकता का प्रतीक है। नोगोइव नामक एक कज़्ज़ाक नौजवान अफसर ने कहा—"गरीब कज़्ज़ाक, जनरल कालीदीन के साथ नहीं हैं। मोरचे पर के कज़्ज़ाक इन तथाकथित कज़्ज़ाक रहनुमाओं पर विश्वास नहीं करते।" यह बात सच थी और हर सच बात की तरह इसका बड़ा असर हुआ। बाईं ओर से नोगोइव के लिए बार-बार तालियाँ बजने लगीं और नारे लगने लगे, "इंकलाबी कज़्ज़ाक—जिंदाबाद।" दाहिनी ओर से उसके विरुद्ध आवाज उठी—"इसका मजा तुम्हें चखना होगा।" एक अफसर ने यहाँ तक कह दिया, "जर्मनी के सिक्कों की यह आवाज है।" फिर क्या था, सोवियत के प्रतिनिधि अपनी जगहों से उछल पड़े और घूँसे तानकर खड़े हो गए। दोनों ओर से इतनी आवाजें होने लगीं और ऐसी उछल-कूद हुई कि मालूम पड़ता था, अब गुत्थम-गुत्था होकर रहेगी। बड़ी कठिनाई से करेंस्की ने इस हो-हल्ले को दबाया।

और उसके बाद भी इस सम्मेलन का अंत करेंस्की ने इन शब्दों में किया, "मुझे विश्वास है कि इस

सम्मेलन की वजह से हम लोगों ने एक-दूसरे को भलीभाँति समझ लिया है और हम एक-दूसरे के लिए पहले से अधिक श्रद्धा लिये हुए अपनी जगहों को लौट रहे हैं।

करेंस्की का षड्यंत्र और कार्निलोव का विद्रोह

मास्को सम्मेलन ने सरकार की प्रतिष्ठा पर जबरदस्त आघात पहुँचाया। क्योंकि, इसने यह साबित किया कि देश, दो ऐसे दलों में बँटा हुआ है, जिसमें सुलह-समझौते की कोई जगह नहीं। इस सम्मेलन ने पूँजीपतियों की हिम्मत को बढ़ा दिया और उनकी बेचैनी को तीव्र कर दिया। दूसरी ओर उसने जन-आंदोलन में भी तीव्र गति ला दी। मास्को की शानदार हड़ताल के कारण सैनिकों और मजदूरों का रुख बोल्शेविकों की ओर हो गया। जनता के वामपक्षवाले सोशल रिवोल्यूशनरियों और मेन्शेविकों की ही पूछ रह गई। पेट्रोग्राद की मेन्शेविक कमिटी ने कस्बे की डूमा के चुनाव में ज़रटेली को अपना उम्मीदवार नहीं बनाकर बता दिया कि वह साफ तौर पर इंतहापसंदी की ओर जा रही है। 19 अगस्त को सोशल रिवोल्यूशनरियों की पेट्रोग्राद कमिटी ने प्रस्ताव पास किया कि, "केंद्रीय स्थानों के अफसरों की लीग" को सरकार मुअत्तिल कर दे। क्योंकि, यह क्रांति-विरोधी संस्था है। चीद्जे की चीख-पुकार के बावजूद पेट्रोग्राद सोवियत ने 18 अगस्त को एक प्रस्ताव पास करके फाँसी की सजा रद्द कर देने की माँग पेश की। जब इस तजबीज पर बहस हो रही थी तो ज़रटेली ने कहा—" यदि सरकार ने अपनी माँग स्वीकार नहीं की तो क्या आप जनता को सड़कों पर आने और सरकार को उलट देने को कहने को तैयार हैं?" उसे एक ओर से जवाब मिला, "हाँ"। जब इस प्रस्ताव्र पर वोट लिया जा रहा था, तो नौ सौ सदस्यों में से केवल चार ने विरोध में हाथ उठाए। वे चार थे, ज़रटेली, चीद्ज़े, डान और लाइबर।

जब इस तरह राजनीतिक स्थिति में परिवर्तन हो रहा था, मोरचे से भयंकर खबरें आने लगीं। 19 अगस्त को जर्मनों ने रूसी घेरे को तोड़ दिया और 21 को उन्होंने रीगा पर कब्जा कर लिया। रीगा पर जर्मनों का कब्जा होकर रहेगा, इसकी भविष्यवाणी तो कार्निलोव ने कर ही दी थी। रीगा की हार से दुखित होने के बदले पूँजीपतियों ने खुशियाँ मनाईं। उन्हें क्रांति को बदनाम करने का स्वर्ण अवसर हाथ लगा। पूँजीपति अखबार सैनिकों और मजदूरों के विरुद्ध जहर उगलने लगे, "मजदूर, जो काम करने को तैयार नहीं" और "सैनिक, जो लड़ना नहीं चाहते।" यद्यपि रीगा को बचाने के लिए सैनिकों ने कुछ उठा नहीं रखा था, क्योंकि पेट्रोग्राद के बाद रीगा ही क्रांति का महत्त्वपूर्ण केंद्र समझा जाता था। किंतु क्या करते वे? कार्निलोव ने स्वयं रीगा पर आनेवाली मुसीबत की चर्चा की थी, लेकिन इस मुसीबत को दूर करने के लिए कमांडर-इन-चीफ के नाते उसने क्या किया? वहाँ हर चीज की कमी थी, आदमियों की, हथियार की, फौजी सामान की, गैस मास्क की। यातायात के साधनों की कमी थी। रूसी बंदूकों में भरने के लिए जापानी कारतूस भेजे गए थे, जो मुश्किल से फिट हो पाते थे। इन सबके होते हुए भी सैनिक इस बहादुरी से लड़े और लाचार होकर उन्हें जब हटना पड़ा तो इस नियमित ढंग से हटे कि सेना के कमांडर जनरल पार्स्की ने इनकी बहुत-बहुत प्रशंसा की। कार्यकारिणी की तहकीकाती कमिटी ने लिखा, "लड़ने का हुक्म मिलते ही सेना बड़े जोश और उत्साह से बढ़े—लाल झंडे उड़ाते, बैंड बजाते, उन्होंने जैसा घमासान किया, वह हमेशा याद किया जाएगा।" किंतु, इनकी इस बहादुरी और त्याग के बावजूद उन्हें हारना पड़ा, पीछे हटना पड़ा, क्यों?

क्योंकि, रीगा तो उस समय कार्निलोव और उसके मददगारों के षड्यंत्र का केंद्र हो चुका था। कार्निलोव मास्को सम्मेलन के समय ही अपने साथियों से बातें कर चुका था कि रीगा की हार के बाद वह किस तरह 'देश की रक्षा' के लिए फौजी तानाशाही स्थापित करेगा। मिल्यूकोव ने, जो इस षड्यंत्र में सम्मिलित था, अपनी डायरी में लिखा है कि किस तरह कार्निलोव ने उन लोगों को बताया था कि रीगा की हार के बाद वर्तमान सरकार

के विरुद्ध घृणा की भावना फैल जाएगी, चारों ओर राष्ट्रवादिता का समुद्र तरंगें लेने लगेगा। ठीक उसी अवसर पर वह सरकार पर छापा मारेगा और करेंस्की को गद्दी से उतारकर इसकी जगह खुद बैठेगा और सोवियत आदि के फंदे को बात की बात में तोड़-फोड़ डालेगा। केवल यही नहीं, इसके लिए इसने पहले से एक तारीख भी ठीक कर ली थी—वह तारीख थी 26 अगस्त। वह 26 अगस्त को पेट्रोग्राद पर विजयी हो सके, उसके लिए जरूरी था कि इसके अंदर ही रीगा का खात्मा हो जाए। फिर वह रीगा की हिफाजत का इंतजाम क्यों करें? रीगा जिसके मातहत था, उत्तरी मोरचे का वह कमांडर-इन-चीफ जनरल क्लेम्स्की उसके षड्यंत्र में शरीक था। उसने ऐसी अवस्था पैदा कर दी कि रीगा के कमांडर को हट जाने को लाचार होना पड़ा।

कार्निलोव अपने इस विद्रोह की तैयारी अगस्त के शुरू से ही कर रहा था। इसने दक्षिणी-पश्चिमी मोरचे से कई दकियानूसी रेजिमेंटें और चार घुड़सवार फौजें बुलाकर रीगा की रक्षा के नाम पर पेट्रोग्राद के आसपास इकट्ठी कर रखी थीं। कज़्ज़ाकों को इस गनीमत अवसर पर कैसे भूला जा सकता था? पेट्रोग्राद से बीस मील पर एक बड़ी सेना डेरा डाले पड़ी थी। काकेसिया के खूँखार पहाड़ियों की तीन डिवीजनें भी पेट्रोग्राद की ओर बढ़ी आ रही थीं। फिनलैंड में भी कई विश्वासी रेजिमेंटें इसके हुक्म के इंतजार में खड़ी थीं। केंद्रीय स्थान में "अफसरों की लीग" के दो हजार सदस्यों को हथियार और लड़ाई के सामान से लैस करके रखा गया था और सरकार तथा वामपक्षवालों की देखभाल के वास्ते खुफियों का जाल बिछा दिया गया था।

मास्को सम्मेलन के कारण कार्निलोव को अपने को संगठित और सुरक्षित करने का और भी अवसर मिला। मिल्यूकोव ने उससे कहा कि अभी थोड़ा दिन और सब्र कीजिए, क्योंकि करेंस्की का प्रभाव, प्रांतों पर कुछ दिनों तक और स्थायी रहेगा। किंतु कार्निलोव फौजी अफसर था, वह देर करने को क्यों तैयार होने लगा, अपनी योजना पर उसे पूरा विश्वास था और बैंकरों, कारखानेदारों, कज़्ज़ाकों, जनरलों ने उसे पूरी मदद देने का वादा किया था, और बड़े पोप ने उसे विजयी होने का आशीर्वाद दिया था। केवल यही नहीं, विदेशी दूतों, खासकर अंग्रेजी दूत चूचानन से उसे सब तरह की मदद पाने का वचन भी मिल चुका था।

ठीक जिस दिन रीगा की हार हुई, उसने हर रेजिमेंट से चार अफसरों को अपने हेड क्वार्टर में बुलाया। सब चार हजार अफसर इकट्ठे हुए, कहा गया कि उन्हें अंग्रेजी बम फेंकने का तरीका सिखाने को बुलाया जा रहा है। लेकिन उनमें से जो उसके विश्वासी अफसर थे, उन्हें उसने बता दिया कि इस समय सबसे जरूरी प्रश्न है, "बोल्शेविक पेट्रोग्राद" को हमेशा के लिए सरकार देना। उसी दिन फौजी साधन के महकमे को हुक्म दिया गया कि घुड़सवार फौज को हाथबम के बक्से जल्द दे दिए जाएँ। आखिर सड़कों पर हाथबम ही तो अधिक काम के हो सकते थे न? चीफ-ऑफ-स्टाफ लूकोम्स्की ने लिखा है, "यह तय किया गया था कि 29 अगस्त तक सारी चीजें तैयार रहनी चाहिएँ।"

उधर कार्निलोव इस तरह तैयारियाँ कर रहा था, इधर करेंस्की भी बैठा हुआ नहीं था। इसने मास्को सम्मेलन में अपना अपमान देखा था। एक तरफ डायकोव, मिल्यूकोव जैसे व्यक्ति ने जो इसके हर इशारे की खिल्लियाँ उड़ाते थे और इसकी शक्ति को, शक्ति की छाया-मात्र मानते थे, तो दूसरी ओर ज़रटेली जैसे आदमी ने, जो अपने को ईश्वरीय उपदेशक समझकर हर बात में करेंस्की पर सलाह-मशविरा लादा करते थे। करेंस्की, जिसे सारे राष्ट्र ने अपना एकमात्र नेता मान लिया है, उसकी तरफ दाहिने और बाएँ पक्षों की यह गुस्ताखी! नहीं, वह इस गुस्ताखी का जवाब देगा।

इन सब बातों पर विचार करने के बाद करेंस्की भी इसी नतीज़े पर पहुँचा था, जिसे कार्निलोव काम में लाने पर तुला हुआ था। तानाशाही! इसके अतिरिक्त कोई दूसरा उपाय नहीं। यह प्रजातंत्र का ढोंग खत्म हो, रूस में तानाशाही कायम हो, करेंस्की इस तानाशाही का नेता हो। फ्रांस की क्रांति के बाद नेपोलियन ने जो किया, नागरिक पोशाक पहनकर भी उसे करेंस्की ने करना चाहा। उसने तय किया कि कार्निलोव के कामों को उससे छीनकर वही पूरा करेगा। गुचकोव, सेना को मोरचे पर आगे बढ़ाने में अयोग्य साबित हुआ, उसी को करेंस्की ने किस सफाई के साथ कर दिखाया। कार्निलोव स्वयं अपने कामों को पूरा नहीं कर सकता, उसे भी करेंस्की ही

पूरा करेगा । मास्को की हड़ताल देखकर उसे अपनी तानाशाही के संबंध में संदेह हुआ था । किंतु जुलाई दिवस की याद उसे थी, जब थोड़ी बुद्धि से काम लेने पर बोल्शेविकों को चित्त कर दिया गया था । इसके लिए सबसे पहली आवश्यकता यह थी कि पेट्रोग्राद की क्रांतिकारी सेना को वहाँ से हटा दिया जाए और उसके बाद विश्वासी सेना—जो करेंस्की पर विश्वास करे और जिस पर करेंस्की को भरोसा हो—वहाँ बुलाकर रख ली जाए । करेंस्की युद्धमंत्री था, वह इस तरह के तबादले कर सकता था । लेकिन कमांडर-इन-चीफ की स्वीकृति भी इसमें ज़रूरी थी । और यों ही कार्निलोव और करेंस्की की कार्रवाइयाँ आपस में मिलतीं और टकराती भी थीं । कार्निलोव अपनी घात में था और करेंस्की अपनी घात में । संयोगवश, दोनों ने अपने लिए तारीख भी एक ही मुकर्रर की थी । 27 अगस्त को फरवरी क्रांति की आधी सालगिरह मनाई जानेवाली थी । इस दिन जनता जोश में आएगी, सड़कों पर निकल आएगी । कुछ सरकारी भड़कानेवाले जनता में घुस जाएँगे, इनसे गैर-कानूनी काम करा देंगे । फिर क्या है, बहाना मिल जाएगा कि सरकार सेना का उपयोग करे और इसी उपयोग के साथ प्रजातंत्र का भी ख़ात्मा हो जाएगा ।

इधर रीगा का खात्मा करा के कार्निलोव ने अपने लिए जनमत तैयार करना चाहा, तो उधर 21 अगस्त को ग्रांड ड्यूक माइखेल एलेक्जेंड्रोविच और पैवेल एलेक्जेंड्रोविच को घर में नजरबंद करके करेंस्की ने प्रगतिशील जनता पर अपना रोब बढ़ाने की कोशिश की । उसकी यह चालाकी इतनी स्पष्ट थी कि मास्को के बोल्शेविक अखबार ने लिखा, "ज़ार के खानदान के दो बे-अक्ल व्यक्तियों को कैद करना, किंतु कार्निलोव के सभापतित्व में तैयार होते हुए कमांडरों के षड्यंत्रकारी दल को पूरी आजादी दिए रहना, जनता को धोखा देना नहीं तो और क्या है ।"

करेंस्की के षड्यंत्र का सहायक सिवेनीकोव था, जो युद्ध-विभाग के प्रबंधक के पद पर था । वह पुराना आतंकवादी था । साहसी कामों में इसका जी लगता था, षड्यंत्र इसकी नसों में था और जनता से इसे हार्दिक घृणा थी । सिवेनीकोव एक ओर करेंस्की पर अपना प्रभाव स्थापित कर चुका था, जो उसे बहुत ही काम का और कार्यशील समझने लगा था, तो दूसरी ओर इसका प्रभाव कार्निलोव पर भी कम नहीं था, जो उसे सच्चा क्रांतिकारी मानता था । सिवेनीकोव को साहित्य से भी लगाव था और वह नाटक के उस अभिनय की जानकारी रखता था, जिसमें दो मालिकों को एक साथ खुश रखा जाए और उन्हें उल्लू बनाया जाए ।

इसी सिवेनीकोव को 22 अगस्त को करेंस्की ने जनरल कार्निलोव को भेजा कि वह घुड़सवारों की एक पल्टन केंद्रीय स्थान में सरकारी काम के लिए भेजे । सरकार को इस पल्टन की क्या जरूरत पड़ी थी? सिवेनीकोव लिखता है,"इस पल्टन की आवश्यकता इसलिए थी कि सरकार को पता लग चुका था कि क्रांति की आधी सालगिरह के अवसर पर बोल्शेविक विद्रोह करना चाहते हैं । इसलिए पेट्रोग्राद में फौजी कानून जारी करना जरूरी हो जाएगा । साथ ही जर्मनों से पेट्रोग्राद को बचाने और फिनलैंड की बगावत को दबाने के लिए पहले से तैयार रहने की जरूरत थी ।" लेकिन कार्निलोव इसी अवसर पर अपना सौदा भी पटाना चाहता था, वह घुड़सवार फौज उसी हालत में भेजने को तैयार था कि सरकार उसकी माँगों को स्वीकार कर ले, जिन्हें कज़्ज़ाक जनरल ने मास्को सम्मेलन में पेश किया था । सिवेनीकोव ने उसे समझाया कि ऐसा करना बुद्धिमानी की बात नहीं होगी, क्योंकि ज्योंही ये माँगें छपेंगी, बोल्शेविक विद्रोह करा देंगे । इसलिए यह तय हुआ कि पहले घुड़सवार फौज केंद्रीय स्थान में भेज दिया जाए, तब वहाँ फौजी कानून जारी कर दिया जाए और इसके बाद कार्निलोव की माँगें प्रकाशित हों, जिस पर बोल्शेविक मजदूर ही बगावत कराने की कोशिश करेंगे और इसी बगावत को कुचलने के सिलसिले में तानाशाही कायम की जाएगी । करेंस्की ने लिखा है, "25 अगस्त को सिवेनीकोव हेड क्वार्टर से लौटा और मुझे रिपोर्ट दी कि अस्थायी सरकार की मातहती के लिए हुक्म के अनुसार फौजें भेज दी जाएँगी ।"

कार्निलोव ने अपनी तैयारी अच्छी तरह भी कर ली थी । उसने पेट्रोग्राद भेजे जानेवाली सेना के आगे अपनी सबसे विश्वासी सेना, "सैवेज डिवीजन" भेजने का निर्णय किया और घुड़सवार सेना का कमांडर

क्राइमोव बनाया। क्राइमोव बहुत ही साहसी और पक्का जनरल समझा जाता था। इन लोगों का प्रबंध था कि ज्योंही यह सेना पेट्रोग्राद में दाखिल होगी, उसी समय केंद्रीय स्थान का भीतरी षड्यंत्र-संगठन समोलिनी भवन पर चढ़ दौड़ेगा और सबसे पहले बोल्शेविक नेताओं को गिरफ्तार करेगा। समोलिनी भवन में बोल्शेविक नेता तो कभी-कभी सभा के समय पर ही पहुँचते थे। वहाँ तो कार्यकारिणी के सदस्य रहते थे, किंतु खतरे के समय पर किसी बारीक भेद पर ध्यान नहीं दिया जाता। कार्निलोव ने लोकौंस्की से कहा था, "समय आ गया है कि जर्मनी के एजेंटों और खुफियों को उनके अगुआ लेनिन के साथ ही फाँसी पर चढ़ा दिया जाए तथा मजदूरों और किसानों की सोवियतों के प्रतिनिधियों को भगा दिया जाए, इस प्रकार कि फिर वे इकट्ठे न हो सकें।" क्राइमोव इन दिनों बड़े ही जोश में था और उसे अपनी सफलता पर पूरा विश्वास था। कार्निलोव ने इसके संबंध में लिखा था, "मुझे विश्वास है कि अगर जरूरत पड़े तो मजदूरों और सैनिकों की सोवियतों के एक-एक प्रतिनिधि को फाँसी पर चढ़ा देने में वह जरा भी नहीं हिचकेगा।"

कार्निलोव और करेंस्की, दोनों जो षड्यंत्र की तैयारी कर रहे थे, इसके लक्ष्य बोल्शेविक थे। क्या सचमुच बोल्शेविक 27 अगस्त को कुछ करना चाहते थे? बोल्शेविक इस तरह की बातें सोचने की हालत में भी नहीं थे। जुलाई के दिन वे भूले नहीं थे। इनके नेताओं में से अनेक जेलों में सड़ रहे थे, बहुत-से छिपकर जान बचा रहे थे। विद्रोह करने के लिए नहीं, बल्कि ठीक इसके विपरीत शांतिमय रहने, उत्तेजना के होते हुए होश नहीं खोने, दुश्मनों की घात से सूचित रहने की सलाह वे इस समय मजदूरों को दे रहे थे। किंतु जिस तरह पृथ्वी की कक्ष रेखा काल्पनिक होने पर भी पृथ्वी उसी पर घूमती है, उसी प्रकार इन सारे खुराफातों के केंद्र भी वही हो रहे थे। षड्यंत्र इतना गहरा था कि एक कज़्ज़ाक कर्नल को तैयार कर लिया गया था कि वह बोल्शेविकों के नाम पर विद्रोह शुरू करा दे। सन 1912 में जब उससे पूछा गया कि 27 अगस्त को क्या होनेवाला था, तो उसने कहा था, "18 अगस्त से 20 अगस्त के अंदर बोल्शेविकों के नाम पर विद्रोह कराने की सारी तैयारियाँ मैं कर चुका था।"

सिवेनीकोव के फौजी हेड क्वार्टर से लौटने के बाद करेंस्की पूरी तरह निश्चिंत हो चुका था, और अपनी सफलता पर उसे पूरा विश्वास हो चला था कि उसी समय एक ऐसी घटना हुई, जिसने सारे इतिहास को ही नई दिशा दे दी।

करेंस्की अपने तानाशाही के मीठे स्वप्न में मस्त था। इसके पास लोवाव नामक एक व्यक्ति आया। यह लोवाव पहली अस्थायी सरकार में काम कर चुका था। लोवाव ने करेंस्की को फौजी हेड क्वार्टर के रुख़ का पता दिया। और, अपने पर इन दोनों के बीच समझौता करा देने का जिम्मा लिया। करेंस्की हेड क्वार्टर के रुख़ को जानकर घबराया और इसने इस आदमी का उपयोग कार्निलोव और अपने ही सलाहकार सिवेनीकोव की ईमानदारी जाँचने के लिए करना तय किया। उसने लोवाव पर यह भी प्रकट किया कि वह तानाशाही का समर्थक है, इसी शर्त पर कार्निलोव उसे पसंद करें। लोवाव करेंस्की का यह संदेशा लेकर कार्निलोव के पास पहुँचा। कार्निलोव और उसके साथियों ने मान लिया कि करेंस्की अब हथियार डालने पर राजी है, इसलिए इसने लोवाव द्वारा करेंस्की को कहला भेजा कि चूँकि बोल्शेविक अस्थायी सरकार को उलट देना चाहते हैं, जर्मनी से संधि करना चाहते हैं, बाल्टिक के जहाज़ उसे दे देना चाहते हैं, इसलिए रास्ता केवल एक रह गया है कि अस्थायी सरकार का पूरा अधिकार कमांडर-इन-चीफ को दे दिया जाए। हाँ, कमांडर-इन-चीफ चाहे जो बनाया जाए। उसने यह भी कहला भेजा कि चूँकि करेंस्की और सिवेनीकोव दोनों की जानें खतरे में पड़ जा सकती हैं, इसलिए वे दोनों भागकर इसकी रक्षा में आ जाएँ। अब करेंस्की को कार्निलोव की इच्छा समझने में कोई संदेह नहीं रह गया, उसने साफ देखा कि स्वयं तानाशाह बनने की आशा में इसने अपने को किस दलदल में फँसा डाला है। किंतु करेंस्की का दिमाग एक वकील का तेज़ दिमाग था। उसने इस स्थिति का सामना करना तय किया। सबसे पहले उसने इस बात का इत्मीनान कर लेना चाहा कि लोवाव ने जो कहा है, ठीक है या नहीं। इसने टेलीफोन पर कार्निलोव से बातें कीं। करेंस्की ने अपनी ही ओर से नहीं, लोवाव की

ओर से बातें कीं, मानो लोवाव स्वयं बोल रहा हो। इसने कार्निलोव को सूचित कर दिया कि कल वह हेड क्वार्टर में आ रहा है।

26 अगस्त की शाम को कई घंटों तक हेड क्वार्टर के जनरलों को ऐसा विश्वास रहा कि करेंस्की इनसे मिलने को आ रहा है और उनके हाथों में अस्थायी सरकार की पूरी बागडोर सौंपने जा रहा है। कार्निलोव ऐसा खुश था, मानो इसकी छाती से बड़ा बोझ उतार फेंका गया हो। एक आदमी ने पूछा; "तो इसका अर्थ यह है कि सरकार स्वयं आपके चरणों पर माथा टेकने जा रही है?" इसने उत्तर दिया—"हाँ।" वह बेचारा कज़्ज़ाक जनरल क्या जानता था कि करेंस्की किसी दूसरी कार्रवाई की शुरुआत कर चुका था।

उफ! गुस्ताखी की भी सीमा, जो आज अस्थायी सरकार का सर्वशक्तिमान है, उसे बड़ी कृपा करके न्यायमंत्री का पद देने का वादा किया जा रहा है, करेंस्की चिल्ला उठा, "ऐसा होने का नहीं।" उसने झटपट लोवाव को गिरफ्तार करके एक खाली कमरे में रात-भर जागकर बिताने के लिए बंद कर दिया। फिर इसने मंत्रिमंडल को बुलाईं और उनके सामने कार्निलोव के षड्यंत्र का एक भयंकर चित्र खींचा—बताया कि किस तरह कार्निलोव कई सेनाएँ लिये पेट्रोग्राद पर चढ़ा आ रहा है। किस तरह करेंस्की ने लोवाव को चकमे में डालकर सारी बातों की जानकारी प्राप्त की है, और किस तरह यदि फौरन कार्रवाई नहीं की गई तो फौजी तानाशाही कायम होगी ही। मंत्रियों के तो होश उड़ गए। उन्होंने पूछा, "क्या किया जाए?" करेंस्की ने बहादुरी दिखाते हुए कहा—"मैं सब कुछ ठीक कर दूँगा यदि आप लोगों ने सारा अधिकार हमारे हाथों में दे दिया।" सभी मंत्रियों ने तुरंत अपने इस्तीफे करेंस्की के हाथ में रख दिए। इसके बाद इसने फौजी हेड क्वार्टरों को तार दिया—"पेट्रोग्राद इसके आसपास के किलों की ओर जितनी सेनाएँ आ रही हैं, उन्हें अगले स्टेशनों पर ही रोक दो।" कार्निलोव ने इस तार के उत्तर में हुक्म जारी किया—"करेंस्की का हुक्म मत मानो, फौज को पेट्रोग्राद की ओर बढ़ाए चलो।" मानो दो मदमस्त हाथी आपस में भिड़ गए। करेंस्की लिखता है कि 26 की रात में ही जबकि संसार निस्तब्ध हो चुका था, सिवेनीकोव इसके सामने हाजिर हुआ और कहा कि आप मुझे भी गिरफ्तार कर लें, क्योंकि कार्निलोव के इस विद्रोह में मैं भी सम्मिलित था और यदि इतने पर भी आपको विश्वास हो तो हुक्म दीजिए, मैं अपने कर्त्तव्यों से स्पष्ट कर दूँ कि मेरा दिल उसके साथ नहीं था। सिवेनीकोव के अपराध-स्वीकार को उसकी बेईमानी का प्रायश्चित्त समझकर करेंस्की ने उसे पेट्रोग्राद इलाका का गवर्नर जनरल बना दिया और विद्रोह खत्म करने का पूरा अधिकार दे दिया। यही सिवेनीकोव अपराधी था तो उसे इतना अधिकार क्यों दिया जाए? बता तो यों है कि वह करेंस्की के षड्यंत्र को भी जानता था, इसलिए उसे यह घूस देकर अपने गुनाहों पर परदा डालना चाहा।

27 अगस्त की भोर के पत्रों में ऐसी कोई बात नहीं थी, जिससे इस मुठभेड़ का पता चल सके। क्रांति की आधी सालगिरह बहुत ही शांति से बीती। मजदूरों और सैनिकों ने कुछ ऐसा नहीं किया. जिससे प्रदर्शन हो। पूँजीपति डरकर अपने घरों में ही घुसे रहे। सड़कें वीरान थीं। इंकलाब के शहीदों की कब्रें सूनी पड़ी थीं।

जिस सुबह का इंतजार कार्निलोव इतने दिनों से कर रहा था, इसी सुबह में मिनिस्टर-प्रेसिडेंट की ओर से एक तार मिला कि तुम कमांडर-इन-चीफ का काम चीफ-ऑफ-स्टाफ को सौंप दो और स्वयं पेट्रोग्राद आओ। कार्निलोव ने इनकार किया, सिवेनीकोव ने इसे टेलीफोन पर समझाया, किंतु वह टस-से-मस नहीं हुआ और इसके उत्तर में उसने रूसी जनता के नाम से एक घोषणा पत्र जारी किया—"अब खुलेआम रहने के लिए लाचार होकर मैं, जनरल कार्निलोव यह घोषणा करता हूँ, कि अस्थायी सरकार सोवियत के बोल्शेविक बहुमत के दबाव में आकर जर्मनी के जंग विभाग के हुक्म पर काम कर रही है और जबकि रीगा की भूमि पर दुश्मन बढ़े आ रहे हैं, वह सेना का बलिदान करने और अशांति फैलाने पर तुले हैं। किंतु मैं, कार्निलोव दुश्मन के सामने हथियार डालने के बदले रणभूमि में मर जाने को अपने लिए गौरव की बात समझता हूँ।" कार्निलोव ने इस घोषणा पत्र के द्वारा अपने विद्रोह की साफ घोषणा की। कार्निलोव की ही क्या बात, जिस चीफ-ऑफ-स्टाफ जनरल

लोकौंस्की को कमांडर-इन-चीफ का काम सँभालने का हुक्म दिया था, इसने भी करेंस्की को लिखा कि मैं कार्निलोव से कमांड लेने को तैयार नहीं हूँ, क्योंकि ऐसी हालत में सेना में ऐसी अशांति फैलेगी जो रूस को बरबाद कर देगी। यही नहीं, केवल काकेसिया के सेनापति को छोड़कर, बाकी सभी मोरचों के सेनापतियों ने कार्निलोव का ही समर्थन किया।

28 की भोर से सरकार और प्रधान सेनापति का यह संघर्ष जनता पर प्रकट होने लगा। दोपहर होते-होते सारे पेट्रोग्राद में सनसनी फैल रही थी कि कार्निलोव की सेनाएँ अब पहुँची, तब पहुँची। पूँजीपति-पत्र इन समाचारों को इस प्रकार प्रकाशित कर रहे थे, जिससे जनता भयभीत होकर निपंगु हो जाए। इस प्रकार लगातार खबरें प्रकाशित हो रही थीं। साढ़े बारह बजे जनरल कार्निलोव की सेना तेउगा में घेरे डाल रही है, ढाई बजे फौजों से भरी नौ ट्रेनें ओरडेज स्टेशन से गुजरीं, तीन बजे लूगा की सेना ने कार्निलोव के आगे हथियार डाल दिए। नौ बजे शाम—कार्निलोव की सेना नारवा से बढ़कर गाचीना के निकट पहुँच गई। दो बजे रात—एनट्राप्सिनोव स्टेशन पर मुठभेड़ हुई, कितने लोग जख्मी हुए। आख़िरी रात में खबर मिली कि कालेदीन में पेट्रोग्राद और मास्को में खाद्य सामग्री आना बंद कर दिया है। करेंस्की ने भी अपनी आत्मकथा में लिखा है, "28 अगस्त सबसे बड़ी हिचक की तारीख थी। दुश्मन, कार्निलोव की शक्ति के संबंध में सबसे बड़ा खतरा था, प्रजातंत्र के हिमायतियों के दिल में सबसे बड़ी घबराहट थी।"

इस महत्त्वपूर्ण वातावरण में समझौता करने की मनोवृत्ति का पैदा होना आवश्यक था। मिल्यूकोव ने अपने जिम्मे यह काम लिया। वह करेंस्की से मिला और यह धमकी देते हुए कि अब शक्ति कार्निलोव के हाथ में आ चुकी है, गृहयुद्ध से, ख़ूनखराबी से कुछ और लाभ होनेवाला नहीं। इसने समझौते की बात पेश की। इसका सुझाव था कि युद्ध विभाग यदि जनरल एलेक्सीव को दे दिया जाए तो कार्निलोव को कोई उज्र नहीं होगा और विद्रोह तुरंत खत्म हो जाएगा। करेंस्की घबराया हुआ था, उसने हाँ, हूँ करके, उसे टाल दिया। किंतु मिल्यूकोव के बाद ही एक ऐसा व्यक्ति आया, जिसे टालना इसके लिए असंभव था। वह था, अंग्रेजी दूत—चूचानन! उसने मित्र देशों की ओर से इसके विदेशमंत्री के हाथ में एक घोषणा पत्र दिया, जिसमें इस विद्रोह के खात्मे के लिए बीच-बिचाव करने का काम इसने अपने हाथों में दिए जाने का हुक्म माँगा था। इसका स्पष्ट अर्थ यह था कि मित्रदेशों की सहानुभूति विद्रोहियों के साथ है। अब क्या किया जाए, कोई रास्ता दिखाई नहीं दे रहा था। करेंस्की केवल समय काटना चाहता था जिसमें कोई आकस्मिक सहायता उसे मिल जाए—डूबते को कोई तिनके का सहारा मिल जाए और ठीक ऐसा ही हुआ, जबकि एक ओर से उसे खबर दी गई कि कार्निलोव की सेना कुछ ही घंटों में पेट्रोग्राद में घुसना चाहती है और वह मिल्यूकोव के प्रस्ताव पर 'हाँ' कहने जा रहा था कि दरवाजे पर एक खटका हुआ और उसने देखा, क्रांतिविरोधी शक्तियों के विरुद्ध जंग करनेवाली समिति के प्रतिनिधि इसके सामने खड़े हैं।

क्रांतिविरोधी शक्तियों के विरुद्ध जंग करनेवाली समिति का जन्म किसानों, मज्दूरों और सैनिकों की सोवियत की सम्मिलित बैठक के अवसर पर 27 को हुआ था। उसमें सोशल रिवोल्यूशनरी, मेन्शेविक और बोल्शेविक, तीनों पार्टियों के सदस्य रखे गए थे, मजदूर संघों और पेट्रोग्राद की सोवियत सदस्यों को भी इसमें जगह दी गई थी, जिसमें बोल्शेविकों का बोलबाला था। इस महान संकट ने समझौतावादियों के होश ठिकाने कर दिए थे। उन्होंने बोल्शेविकों से केवल सहायता ही नहीं चाही, यह भी वादा किया कि जल्द ही पूर्ण प्रजातंत्र स्थापित करने, स्टेट डूमा को बरखास्त कर दिए जाने और मजदूरों, किसानों के फायदे के कानूनों को जारी किए जाने के लिए वह सरकार को मजबूर करेंगे। किंतु जब करेंस्की से यह शर्तें ज़रटेली से कहलाई गईं तो उसने उस समय कोई भी शर्त मानने से इनकार कर दिया। केवल इतना स्वीकार किया कि वह सरकार की सारी शक्ति लगाकर कार्निलोव को सर कर लेगा, तब कुछ सोचेगा। समिति इस समय समोलिनी भवन में इसकी बात पर विचार कर रही थी और अंत में सब कुछ पर ध्यान देते हुए इसने करेंस्की का हठ स्वीकार कर लिया। पहले कार्निलोव से निबट लिया जाए, फिर करेंस्की को देखा जाएगा। इसी भावना से प्रेरित होकर वह इस निर्णय पर

आए थे और इसकी सूचना देने इसके प्रतिनिधि शरद् भवन में पहुँचे थे।

करेंस्की के काँपते हुए पाँव स्थिर हुए—समझौते के खयाल को छोड़, इसने कार्निलोव को सर करने के लिए सरकार की सारी शक्ति लगाने की घोषणा की। इस घोषणा के बाद केडेट पार्टी के मंत्रियों ने एक-एक करके अपने इस्तीफे स्थायी रूप में दाखिल कर दिए। मेन्शेविक और सोशल रिवोल्यूशनरी मंत्रियों ने भी इस्तीफे दे ही दिए थे। ये पद-त्यागित मंत्री एक-एक कर शरद् भवन में चले गए। 2 अगस्त की रात ऐसी थी जब इस भवन में अकेला करेंस्की बच गया था।

दूसरे दिन उसने कार्निलोव का दमन करने के लिए एक संचालक मंडल स्थापित करने की घोषणा की, जिसने तीन सदस्यों में एक वह खुद था, दूसरा सिवेनीकोव और तीसरा फेलोमेंकोव।

पूँजीवादियों और मज़दूरों की ज़ोरआज़माई !

28 अगस्त को, जबकि शरद प्रासाद में थरथरी मची हुई थी, सैवेज डिवीजन के कमांडर ने कार्निलोव को तार दिया—'हमारे सैनिक अपने सर्वोत्तम वीर की आज्ञानुसार अपनी मातृभूमि के प्रति कर्त्तव्य का पालन करेंगे और अपने शरीर का एक-एक बूँद ख़ून तक गिराने में नहीं हिचकेंगे।' कुछ घंटों के अंदर ही यही डिवीजन रास्ते में ही रुक गई और दो दिनों के बाद इसी कमांडर ने करेंस्की के पास पहुँचकर अपनी डिवीजन के आत्मसमर्पण की सूचना दी। ये सब बातें बिना लड़ाई के ही, वहीं बिना एक गोली चलाए ही हो गईं। एक-एक बूँद ख़ून की क्या बात, एक सैनिक का एक बूँद ख़ून भी नहीं गिरा। कार्निलोव की सेनाएँ पेट्रोग्राद की ओर बढ़ने की चेष्टा तक नहीं कर सकीं और न कमांडरों को उन्हें आज्ञा देने की हिम्मत हुई। सरकारी फौज ने कहीं भी कार्निलोव की बढ़ती पल्टनों को रोकने की कोशिश नहीं की। साज़िश आपसे-आप बिखर गई, ज़मीदोज़ हुई, काफूर की तरह हवा में उड़ गई।

ऐसा किस तरह संभव हो सका? सबसे पहले हमें पहचान लेना है कि आख़िर कार्निलोव की इस बग़ावत के संचालक तो वे ही फौजी अफसर थे, जिनके न दिमाग़ था और न जो दो-तीन चाल से ज्यादा एक बार सोच सकते थे। उनकी फौजी तैयारी बिलकुल ग़लत ढंग से, हलके दिल से और असंगठित रूप में हो पाई थी। जिस सैवेज डिवीजन को सबसे पहले पेट्रोग्राद पर चढ़ाई करना था, उसके सैनिकों के पास पूरी राइफलें, भाले और तलवारें तक नहीं थीं—एक हजार तीन सौ पचास व्यक्तियों में छः सौ राइफलों, एक हजार भालों और पाँच सौ तलवारों की कमी थी। उसके कमांडर को तार दिया गया था कि कम सामानों को पस्कौव में पूरा कर दिया जाएगा, यह तार उस कमांडर को 31 अगस्त को मिला, जब सब कुछ बंटाढार हो चुका था।

कार्निलोव ने राजधानी में जिन दो हजार विश्वस्त व्यक्तियों पर सब कुछ भार दे रखा था—उनकी कार्रवाई भी कुछ विचित्र ही हुई। उन्होंने प्रोग्राम तो ब्योरे के साथ बना रखा था। कौन शस्त्रागार पर छापा मारेगा, कौन सोवियत के प्रमुख सदस्यों को गिरफ्तार करेगा या गोली के घाट उतारेगा, कौन करेंस्की और अस्थायी सरकार को क़ैद करेगा, कौन सार्वजनिक संस्थाओं पर कब्जा करेगा आदि बातें को बाज़ाब्ता तय किया गया था। लेकिन हुआ यह कि इन दो हजार षड्यंत्रकारियों में से कोई भी कहीं पर दिखाई तक नहीं पड़ा। जिस कज्ज़ाक कर्नल पर बोल्शेविकों के नाम पर बग़ावत शुरू कराने का जिम्मा था, उसने 27 अगस्त को इधर-उधर घूमकर लोगों को भड़काने की थोड़ी कोशिश की, लेकिन कोई भी जब उसके चकमे में नहीं आया, तो वह अपनी जान लेकर नौ दो ग्यारह हो गया। कार्निलोव के कर्नलों और जनरलों की भी यही हालत हुई—कोई इधर छिपा, कोई उधर भागा। षड्यंत्र की तैयारी के लिए जो रुपए इकट्ठे किए गए थे। उनमें से ज्यादा की तो इन लोगों ने शराब उड़ाई, बाक़ी लेकर चंपत हो गए। एक आदमी डेढ़ लाख रुपया लेकर चंपत हो गया था।

जिस जनरल को घुड़सवार सेना का कमांडर बनाकर कार्निलोव भेज रहा था, उसने ही लिखा है—"कार्निलोव ने इतना बड़ा काम शुरू तो कर दिया था, लेकिन खुद मेगिलीव के हेड क्वार्टर में सख्त पहरे के बीच आराम कर रहा था, मानो अपनी विजय में खुद उसे संदेह हो।" पीछे एक फ्रेंच पत्रकार ने कार्निलोव से इसका कारण पूछा था, तो उसने बताया था, "मैं बीमार था, मुझे ज़ोरों की मलेरिया हो आई थी और मुझमें मेरी स्वाभाविक शक्ति और स्फूर्ति नहीं रह गई थी।" इसी तरह कि कितनी ही बदनसीबी की बातें हुईं। जैसाकि नाकामयाब होनेवाले कामों में प्रायः होती हैं। ज्वार का पानी जब उनके घुटने तक भी नहीं पहुँचा था, वे बेहोश होकर गिर पड़े और बह गए। कठिनाई कार्निलोव की बीमारी नहीं थी, बल्कि एक सख्त बीमारी पूँजीवादी वर्ग को लक़वे से लाचार कर चुकी थी। उसमें सिर तानकर खड़ा होने का मौका ही नहीं रह गया था।

अपने घोषणा पत्र में कार्निलोव ने अपने को 'किसान का बेटा' बताया था। इससे उसका मतलब था कि किसान उसका पक्ष लें और किसानों के बेटे भी, जो फौज में सैनिक हैं। लेकिन न सैनिक, न किसान—उस पर कोई भी विश्वास नहीं करता था। उसके घोषणा पत्र को ही पढ़कर वे कहते थे—इसमें न कहीं ज़मीन की बात है, न लड़ाई ख़त्म किए जाने की; अरे यह सब ढोंग अपने हाथ में हुकूमत लेने के लिए वह कर रहा है।

जिनके ऊपर बग़ावत का सारा दारमदार था, वे ऐसे लोग थे, जिन्हें कोई भी काम बिना नीचे ओहदे के लोगों की मदद से करने की आदत नहीं थी। वे हर काम के लिए निर्भर करते थे मजदूरों पर, सैनिकों पर, अर्दलियों पर, नौकरों पर, किरानियों पर, शोफरों पर, रसोइदारों पर, धोबियों पर, कोचवानों पर, आदि-आदि! लेकिन इन सब छोटे ओहदों के अलक्ष्य, असंख्य लोगों की सहानुभूति सोवियत के प्रति थी, न कि कार्निलोव के प्रति। क्रांति के लाखों कान, आँख और हाथ थे। इन कानों-आँखों ने सुना-देखा और हाथों ने बग़ावत का गला टीप दिया।

यों तो ज़ाब्ते के मुताबिक बग़ावत के कुचलने की जिम्मेदारी सरकार पर थी और कार्यसमिति सिर्फ उसे मदद दे रही थी, लेकिन यथार्थ बात इसके ख़िलाफ थी। सरकार का सर्वेसर्वा करेंस्की तो शरद प्रासाद के गद्दे को तोड़ रहा था, मख़मली फर्श पर चहलक़दमी कर रहा था, बग़ावत को कुचलने की पूरी कार्रवाई कार्यसमिति द्वारा नियुक्त रक्षा-समिति कर रही थी इंकलाबी फौजी कमिटी के नाम से भी मशहूर हो रही थी। भोर में ही रेलवे मजदूरों, डाकघर के किरानियों, तार बाबुओं और सैनिकों के नाम तार भेज दिए गए थे कि फौज को वे तब तक इधर-उधर नहीं जाने दें, जब तक कि सरकारी हुक्मनामा उन्हें न मिल जाए और इन हुक्मनामों पर जनता की रक्षा समिति का हस्ताक्षर न हो। बाहर तो इस आशय के तार भेजे गए और पेट्रोग्राद में कार्निलोव के घोंसलों की खोज-ढूँढ़ शुरू कर दी गई। फौजी स्कूलों और अफसरों की संस्थाओं की तलाशी के लिए और ज़रूरत होने पर गिरफ्तारियों के लिए भी वारंट निकाले गए। राजधानी में हर जगह रक्षा-समिति के ही हाथ दिखाई पड़ते थे, करेंस्की ने जिसे गवर्नर-जनरल बनाया था, वह तो उसी की तरह शरद प्रासाद के किसी कोने में पड़ा था।

समझौतावादी नेताओं के कारण जो सोवियतें मुर्दा बन चुकी थीं, आज उनमें जान-ही-जान दिखाई पड़ती थी। परिस्थिति ने ऐसी लाचारी पैदा कर दी थी कि नेताओं के स्थान में आज नीचे के कार्यकर्ताओं का बोलबाला था। सोवियत संस्था में अन्य संस्थाओं की अपेक्षा अधिक जीवनी-शक्ति है और क्रांति के लिए उसके अंदर बहुत बड़ी गुंजाइश है, यह फिर एक बार साबित होने लगा।

बोल्शेविकों के लिए कार्निलोव की यह बग़ावत कोई अप्रत्याशित घटना नहीं थी। उन्होंने पहले ही इसे भाँप लिया था और लोगों को चेतावनी भी दे दी थी। इसलिए जब यह घटना घट कर रही, तो वे सबसे पहले कार्यक्षेत्र में कूद पड़े। कार्य-समिति की संयुक्त बैठक में उन्होंने इस विद्रोह के कुचलने में पूरी मदद देने का वादा किया। उसी रात में उनकी फौजी कमिटी की बैठक हुई, जिसमें बहुत-सी रेजिमेंटों के प्रतिनिधि उपस्थित हुए और वे अपनी कार्य-प्रणाली तय करके सेना में घुस गए। छावनियों में धड़ाधड़ सभाएँ होने लगीं और सैनिकों को आगाह कर दिया गया कि खतरे की घंटी बजते ही वे हथियारों के साथ बाग़ियों के दमन के लिए निकल पड़ेंगे।

सुखानौव ने लिखा है—"इसमें शक नहीं कि इंकलाबी फौजी कमिटी का नेतृत्व बोल्शेविकों के हाथ में था।" इसकी कैफियत वह यों देता है—"यह कमिटी इस काम को अच्छी तरह करना चाहती थी, तो यह लाज़िमी था कि वह क्रांतिकारी ढंग से काम करे और क्रांतिकारी काम के लिए बोल्शेविकों के पास ही उपयुक्त साधन थे।" यह साधन और कुछ नहीं, उनका सुदृढ़ संगठन, जनता के साथ निकटतम संपर्क और बलिदान के लिए हमेशा तैयार रहना था।

बोल्शेविकों के दबाव और उनकी संस्थाओं के नेतृत्व के कारण रक्षा-समिति ने यह मंजूर किया कि मजदूरों की बस्तियों, कारख़ानों और दुकानों की रक्षा के लिए यह आवश्यक है कि मजदूरों को सशस्त्र किया गया। इस निर्णय के बाद ही मजदूरों की लाल स्वयंसेना धड़ाधड़ बनने लगी—कवायद शुरू हुई, निशाना लगाना और हथियारों का इस्तेमाल करना सिखाया जाने लगे। पेट्रोग्राद के हर ज़िले में ऐसी लाल स्वयंसेनाएँ तैयार हो गईं, जिनकी तायदाद चालीस हजार तक जा पहुँची। निरस्त मजदूरों ने खाई खोदना, किलेबंदी करना और काँटेदार तारों के घेरे लगाना शुरू किया। पेट्रोग्राद के नए गवर्नर जनरल ने भी—सेवेनीकोव को तीन ही दिनों के बाद करेंस्की ने हटा दिया—यह स्वीकार किया कि मजदूरों ने पेट्रोग्राद की रक्षा के लिए जो महान कार्य घंटों में कर दिखाया, वह कितने दिनों में भी नहीं होने पाता।

पुटिलोव का कारख़ाना पेट्रोग्राद की रक्षा का केंद्र-सा बन गया। यहाँ मजदूरों की लाल पल्टनें रक्षा के लिए क़ायम हो गईं, दिन-रात काम करके मजदूरों ने तोपें ढालना शुरू किया। दिन-रात में सोलह घंटे रोजाना काम करके मजदूरों ने एक सौ तोपें तैयार कर लीं।

केंद्रीय रेलवे मजदूर संघ पर, जिसकी हाल ही में स्थापना हुई थी, सबसे बड़ी ज़िम्मेदारी थी। उसने अपनी ज़िम्मेदारी को अच्छी तरह निभाया। रेलवे मजदूरों ने लाइनें तोड़ दीं और जगह-जगह बैरिकेड बना दिए, जिससे कार्निलोव की सेनाएँ पेट्रोग्राद तक नहीं पहुँच सकें। ऐसा प्रबंध किया गया कि विद्रोह-केंद्र 'मोग़िलीव', जहाँ कार्निलोव का हेड क्वार्टर था, दूसरे स्थानों से बिलकुल पृथक् कर दिया जाए। हेड क्वार्टर से जो तार या चिट्ठी कार्निलोव भेजता, उन्हें रास्ते में ही उड़ाकर तार और डाक के कर्मचारी रक्षा समिति के पास भेज देते। रेलवे मजदूरों को सशस्त्र किया गया, उन्हें निगरानी पर तैनात किया गया, रेलवे की लाइनें उखाड़ी गईं, पुलों पर पटरे बिठा दिए गए। दूसरे मजदूर संघ भी पीछे नहीं थे। धातु के कारखानों में काम करनेवाले मजदूरों के संघ ने अपने बहुत-से कारीगरों के साथ एक अच्छी रकम भी रक्षा समिति को सुपुर्द की। प्रेस के मजदूरों के संघ ने सोमवार को भी अख़बार निकाल दिए, जिसमें लोगों को सारी बातें मालूम हो जाएँ। मोटर ड्राइवरों के संघ ने यातायात की सुविधा के लिए कितने ही इंजीनियर और ड्राइवर दिए।

पेट्रोग्राद के चारों ओर फौजी छावनियों में, बड़े-बड़े रेलवे स्टेशनों पर, जहाजी बेड़ों पर दिन-रात काम जारी थे। अपने लोगों की कार्रवाइयों पर नज़र रखना, कार्यकर्ताओं को हथियारबंद करना, रास्तों पर पेट्रोल भरनेवालों के दस्ते भेजना, नज़दीक की जगहों से संपर्क रखना और समोलनी भवन से संबंध बनाए रखना। एक-एक काम मुस्तैदी से किया जा रहा था। सेनापतियों की बग़ावत से देश की रक्षा के साथ-साथ षड्यंत्रकारियों का मूलोच्छेद कर देने की कोशिश हो रही थी।

हेलसिंगफोर्स की सोवियत ने भी अपनी रक्षा समिति बना ली थी और तार एवं टेलीफोन पर कब्ज़ा कर लिया था। वहाँ की कज्जाक रेजीमेंट ने अपने को पहले तो तटस्थ घोषित किया, किंतु दो दिन बाद तो वह कार्निलोव के बिल्कुल ख़िलाफ हो गई। पहली बार कज्जाकों के प्रतिनिधि सोवियत में लिये गए।

जिस क्रोंस्टैड्ट सोवियत को जुलाई के दिनों में बोल्शेविकों का घोंसला कहकर नेस्तनाबूद करने की कोशिशें हुई थीं, उसी ने कौर्लिनोव की बग़ावत की ख़बर पाते ही अपने को पूरी तरह से कार्य समिति को सुपुर्द किया। कार्य समिति ने क्रौंस्टैडट और बाइबर्ग की सोवियतों को फौज भेजने के लिए अपील की। 29 अगस्त से ही उनकी सेनाएँ पेट्रोग्राद पहुँचने लगीं जिनमें बहुमत बोल्शेविकों का ही था। जिस 'अरोरा' जहाज़ के नाविकों को करेंस्की आज भी क़ैदखाने में डाले हुआ था, वही जहाज़ आज उसके शरद प्रासाद की रक्षा में मुस्तैद खड़ा

था। अपने नाविक साथियों और ट्रॉट्स्की आदि बोल्शेविक नेताओं को आज भी—इस संकट के समय भी, जेलों में रखे रहने के कारण करेंस्की पर उनका कम क्रोध नहीं था, लेकिम क्रांति की रक्षा के लिए ख़ून का घूँट पीकर भी वे डटे थे। करेंस्की नहीं, आज ख़तरे में क्रांति थी। हाँ, क्रोंस्टैड्ट के नाविकों ने एक काम और भी किया—जितने अफसर कार्निलोव के हिमायती थे, सबको पहले दिन ही गिरफ्तार कर लिया।

बाइबर्ग़ एक क़दम और आगे बढ़ा। उसने वहाँ के कमांडर जनरल, ओरनोवस्की को गोली के घाट उतार दिया। क्यों ? 29 अगस्त को इस कमांडर को एक तार मिला था कि वह हेड क्वार्टर को बग़ावत की ख़बर दे। इस तार को वह पचा गया और पूछने पर कह दिया कि कोई खास बात नहीं। आख़िर यह तार पकड़ा गया और उसे स्वीकार करना पड़ा कि वह कार्निलोव का हिमायती है। सैनिकों ने उसे और उसके दो साथी अफसरों को गोली से उड़ा दिया। बाल्टिक के जहाजी बेड़े के अफसरों से नाविकों ने क्रांति के प्रति भक्ति की शपथ खाने को कहा। चार अफसरों ने नाहीं की, उन्हें नाविकों ने इसी तरह गोली का निशाना बनाया।

जब इन बातों की ख़बरें मिलीं, चीद्जे और करेंस्की ने तार भेजकर ऐसी कार्रवाइयों को गैरक़ानूनी बताया और बन्द करने का हुक्म दिया। काश, ये लोग जान पाते, उनके कानूनों से बढ़कर गृहयुद्ध के कानून हैं, जो कानून मामूली मानवी व्यवहारों से मेल नहीं खाते।

कार्निलोव ने जिसे पेट्रोग्राद पर क़ब्ज़ा करने का तार दिया था, वह क्राइमोव जब लूगा स्टेशन पर पहुँचा, फौज की ट्रेन को आगे बढ़ने से रेलवे मजदूरों ने रोक दिया, इस बहाने से कि गाड़ी के डब्बों की कमी है। जब क्राइमोव की कज्ज़ाक फौज वहाँ रुकी, लूगा छावनी के सैनिक उन कज्ज़ाकों से हिलने-मिलने लगे और उनसे कार्निलोव-कांड की भीतरी बातें समझने लगे। कार्निलोव को फौज से हटाए जाने की सरकारी सूचना की प्रतियाँ भी उन्होंने उनमें बाँटीं। कज्ज़ाक अफसरों ने अपने सैनिकों से इन आंदोलकों की बातों पर विश्वास नहीं करने को कहा, लेकिन उनका यह कहना ही कज्ज़ाकों के संदेह को और बढ़ानेवाला था। अपनी सेना का बदलता हुआ रुख़ देखकर क्राइमोव ने रेलवे कर्मचारियों से, किरचों की नोक की धमकी देकर, रेलवे-डब्बों की माँग की। वे डब्बे देने को तैयार भी हो गए, लेकिन लाइन ख़राब थी और उन पर इस तरह छिट-पुट डब्बे खड़े कर दिए गए थे कि उनके हटाने में ही चौबीस घंटे लग जाते। क्राइमोव तब अपनी फौज को वहाँ से हटाकर एक गाँव में ले गया, लेकिन वहाँ भी आंदोलकों की भीड़ पहुँचती गई। अब कज्ज़ाक भी सभाएँ करने, सब बातों पर सोचने और बहसें करने लगे। क्राइमौव दाँत पीसता हुआ सैवेज डिवीजन की राह देख रहा था, उधर उसे भी रेलवे मज़दूरों ने रोक लिया था और उसके सैनिकों में भी अपना प्रचार शुरू कर दिया था।

सैवेज डिवीजन में मुसलमान सैनिक थे। मुसलमानों का तो एक डेपुटेशन बनाकर पेट्रोग्राद से उनके पास भेजा गया। इस डेपुटेशन को कमांडरों ने कैद कर लेना चाहा, लेकिन मुसलमान सैनिक अपने मेहमानों पर कोई संकट की क्या बात, उनकी तौहीनी किया जाना भी बरदाश्त नहीं कर सकते थे। यही उनका अतिथि-धर्म था। इस डेपुटेशन ने सैनिकों को बतलाया कि पेट्रोग्राद में बोल्शेविकों की बग़ावत की बात बिलकुल ग़लत है। वहाँ पर पूरी शांति है। उलटे उन्होंने बताया कि कार्निलोव ने ही बग़ावत की है, उसकी ओर से क्राइमोव पेट्रोग्राद के शांत नागरिकों को कत्ल करने को भेज रहा है। इसके प्रमाण में डेपुटेशन ने कागज़ात भी पेश किए। मुसलमान सैनिकों पर यथार्थ स्थिति स्पष्ट हो गई। उनमें से एक सैनिक ने कमांडरों के डब्बे पर लाल झंडा लगा दिया। जिस पर लिखा था—"ज़मीन और आज़ादी !" एक कर्नल साहब ने सैनिकों से उसे उतार लेने को कहा। सैनिकों ने उन्हें गिरफ्तार कर एक बंद डब्बे में डाल दिया।

दूसरी ओर में कार्निलोव ने एक कर्नल को विशेष दूत बनाकर क्राइमोव के पास भेजा कि जल्द-से-जल्द पेट्रोग्राद पर धावा करो। क्राइमोव ने बताया कि और फौजें अलग-अलग स्टेशनों और लाइनों पर तितर-बितर होकर पड़ी हैं—उनके पास सिर्फ आठ दस्ते हैं, उस पर भी रास्ता मिलना मुश्किल हो रहा है, वह करे, तो क्या करे ? उसी दिन उसके पास करेंस्की का तार भी पहुँचा कि चूँकि पेट्रोग्राद में शांति है, इसलिए तुम अपनी फौज लेकर लौट जाओ। इन दो आगों के बीच झुलसता हुआ क्राइमोव खड़ा था। आख़िर वह कार्निलोव को दिखाने के लिए अपने

आठों दस्तों को लेकर आगे बढ़ा, लेकिन वह लूगा से कुछ ही दूर बढ़ पाया होगा कि क्रांति के पेट्रोल करनेवाले सैनिकों से उसकी भेंट हुई। बिना एक कारतूस भी बरबाद किए, चुपचाप वह फिर लूगा लौट आया।

रेलवे के मजदूरों ने सिर्फ रास्ते ही नहीं रोके, उन्होंने कुछ अजीब तमाशे भी किए। सेनाएँ अचानक अपनी ट्रेनों को वैसी जगहें पहुँच गई पातीं, जो उनके लक्ष्य की ओर से बिलकुल विपरीत दिशाओं में होती थीं। कहीं सेना एक ओर भेजी गई, तो उनके हथियारों और युद्ध-सामग्रियों को दूसरी ओर भेज दिया गया। अफसर एक जगह पहुँचे, तो उनकी सेना दूसरी जगह ! मालूम होता था कि कोई प्रेत उन्हें अँधेरे में इधर-से-उधर भटका रहा है।

पेट्रोग्राद और उसके आसपास जो दृश्य देखा जा रहा था, उसी की पुनरावृत्ति मोरचों पर भी हो रही थी। दक्षिणी पश्चिमी मोरचे का कमांडर डेंकिन था। उसे अपने कज़्ज़ाकों पर बहुत विश्वास था। आत्मविश्वास से प्रेरित होकर उसने कमिटी का अस्तित्व तक भुला दिया था। प्रेस पर क़ब्ज़ा कर लिया था। पहरे पर ज़बरदस्त आदमियों को मुस्तैद कर दिया था। कमिटी को तार देने से मना कर दिया था। लेकिन उसकी सारी तैयारी धूल में मिल गई। दस्तों के प्रतिनिधि कमिटी से आकर मिले; फौलादी गाड़ियाँ, मशीनगनें और तोपें बाहर निकल आईं। 28 अगस्त की भोर में मोरचे की पूरी ताकत कमिटी के हाथ में थी। डेंकिन को मुँह की खानी पड़ी। 29 की भोर तक रुमानिया के मोरचे, पश्चिमी मोरचे और काकेसिया के मोरचे से राज्यभक्ति के तार शरद प्रासाद में आ चुके थे। उत्तरी मोरचे का कमांडर क्लेमबोवस्की था—उसे हटाकर बोनब्रूविच को कमांडर बना दिया गया, जिसका भाई एक नामी बोल्शेविक था।

जिस कालेदीन को बाग़ी अफसर और कार्निलोव अपना स्तंभ समझे हुए थे, जिसकी अगवानी की प्रतीक्षा हर घड़ी पेट्रोग्राद में की जा रही थी, 27 अगस्त को वह अपने डिप्टी कमांडर को कार्निलोव की मदद देने का तार देकर खुद कज़्ज़ाकों के गाँव में निकल गया और घोड़े पर यहाँ-वहाँ घूमता हुआ कज़्ज़ाक-खेतिहरों से बातें करता रहा। उसने जान-बूझकर अपने को रेल और तार से दूर कर लिया था। वह देख लेना चाहता था कि बग़ावत का क्या हश्र हुआ, फिर अपने को उसमें क्रियात्मक रूप से डालना चाहता था। अपनी इस चालाकी के चलते बाद में उसने फायदा भी उठाया।

पेट्रोग्राद में, मास्को में, दोन की तलहटी में, मोरचों पर—यहाँ-वहाँ, सब जगह कार्निलोव से सहानुभूति रखनेवालों, उसके दोस्तों, उसके साथियों की कमी नहीं थी। अभिनंदन के तारों, व्याख्यानों और अख़बारों के लेखों को देखने से उनकी बड़ी संख्या का अंदाज़ा लगाया जा सकता था। लेकिन जब मौक़ा आया, प्रकट होने का अवसर आया, वे सब न जाने कहाँ ग़ायब हो गए? कार्निलोव की सेना में बहादुर लोगों की कमी नहीं थी। उनमें से बहुत से लोगों पर कायरता का इलज़ाम लगाना ग़ैर-मुनासिब होगा। लेकिन उनकी बहादुरी के प्रकट होने का कोई मौक़ा ही नहीं मिल पाया। ज्यों ही जनता में गति आई, छिट-पुट व्यक्तियों की पहुँच ही घटना तक नहीं हो पाई। न सिर्फ सेठों, सौदागरों, बैंकरों, प्रोफेसरों, इंजीनियरों—पूँजीवादी वर्ग के हर अंग को, बल्कि विद्यार्थियों, अफसरों आदि को भी घटनास्थल से धकेल दिया गया, फेंक दिया गया। बाहर कर दिया गया। वे घटनाओं को इस तरह देखते रह गए, जैसे छत पर खड़े हों।

30 अगस्त को कार्य-समिति ने सभी सोवियतों को यह खुशखबरी भेजी कि कार्निलोव की सेना का दम टूट गया। चारों ओर खुशहालियाँ-ही-खुशहालियाँ नज़र आने लगीं।

करेंस्की ने तार देकर और सुरक्षा का वादा करके जनरल क्राइमोव को पेट्रोग्राद बुलाया। जो पेट्रोग्राद पर शासन करने का सपना देख रहा था, वही अब शर्म से सिर झुकाए शरद प्रासाद में पहुँचा। करेंस्की उससे बड़े ही नाटकीय ढंग से मिला। ऐसे मौक़ों को वह कब चूकनेवाला था। शरदप्रासाद से निकलते ही क्राइमोव ने अपनी रिवाल्वर से ही आत्महत्या कर ली।

अब शरद प्रासाद में इत्मीनान की साँस ली जा रही थी। संकट टल गया दीखता था। शीघ्र ही पूर्व स्थिति पर लौटने के प्रबंध होने लगे। करेंस्की ने मिनिस्टर-प्रेसीडेंट और मुख्यमंत्री के पद के अतिरिक्त अपने को ही कमांडर-इन-चीफ़ भी बनाया। आख़िर ज़ार भी तो कमांडर-इन-चीफ़ था। हेड क्वार्टर का

चीफ़-ऑफ़-स्टाफ़, उसने एलेक्सीव को नियुक्त किया। कुछ हिचकिचाहट के बाद दोस्तों से राय करके जनरल ने इस पद को स्वीकार कर लिया। एलेक्सीव को इस पद पर नियुक्त होने से अन्य जनरलों की सहायता उसे मिल सकेगी। साथ ही कार्निलोव भी शांतिपूर्वक आत्मसमर्पण कर देगा, करेंस्की का ऐसा विश्वास था।

यहाँ कार्निलोव के हेड क्वार्टर पर निराशा का बादल छा रहा था। उनकी सारी उम्मीदें धूल में मिल चुकी थीं। अब किसी तरह जान बचाने की फिक्र में वे पड़े थे। करेंस्की के पास एक तार भेजा गया कि कार्निलोव जर्मनों को बढ़ते हुए देखकर आत्मसमर्पण करने को तैयार है, बशर्ते कि एक मज़बूत सरकार बनाई जाए। करेंस्की एक क़दम आगे बढ़कर दुश्मन से मिला। उसने रेडियो पर घोषित किया कि मोरचे के लिए कार्निलोव ने जो हुक्म जारी किए थे, उन्हें लागू समझा जाए, उसके मुताबिक काम होता रहे। फिर एलेक्सीव को हेड क्वार्टर भेजा गया, जिसमें वह कार्निलोव से कमांडर-इन-चीफ़ का चार्ज ले ले। करेंस्की डर रहा था कि कार्निलोव कहीं फिर गड़बड़ न करे। एलेक्सीव मोगिलीव पहुँचकर कार्निलोव और लुकाकरस्की से मिला। सारी बातें शांतिपूर्वक तय हो गईं।

लेकिन यहाँ पेट्रोग्राद का वातावरण क्षण-क्षण गरम होता जा रहा था। चारों ओर से कार्निलोव और उसके साथियों की ग़िरफ्तारी की आवाज़ें उठ रही थीं। सोवियतों ने भी इसकी माँगें पेश कीं। लाचार होकर करेंस्की को ग़िरफ्तारी का हुक्म देना पड़ा। एलेक्सीव के कहने पर कार्निलोव ने भी घर में नज़रबंद रहने की शर्त मंजूर कर ली। वही कार्निलोव, जिसने चार दिन पहले कहा था, "मैं कमांडर-इन-चीफ़ के पद से हटाए जाने के बनिस्बत मौत ज्यादा पसंद करूँगा!" लेकिन, लोगों को इतने ही से संतोष नहीं हुआ। इन विद्रोही जनरलों ने तीन दिनों तक मोरचे को बिना कमांड के ही छोड़ दिया था। ये तो देशद्रोही हैं, इन्हें फाँसी की सज़ा दी जाए। एक सदस्य ने कहा, "कार्निलोव ने फौज में फाँसी की सज़ा प्रचलित करने की माँग पेश की थी, अब सबसे पहले उसे ही फाँसी पर चढ़ाया जाए।" तालियों की गड़गड़ाहट से आसमान फटा जा रहा था।

जिस चर्च कौंसिल ने मास्को में कार्निलोव को आशीर्वाद दिया था, उसकी फाँसी की सज़ावाली माँग का समर्थन किया था, उसी ने सरकार के पास तार भेजा कि "भगवान और चर्च के नाम पर इन ग़लती कर जानेवाले जनरलों को माफ कर दीजिए।" लेकिन, सच बात तो यह है कि करेंस्की भी उन्हें फाँसी पर चढ़ाने को तैयार नहीं था। इन देशद्रोहियों को बड़ी ठाट से रखा जा रहा था और उनके मुकदमे की पैरवी के लिए सरकार ने वकील मुकर्रर कर दिए थे। सैनिकों में इस बात से इतना गुस्सा था कि एक बार उन्होंने ज़बरदस्ती उन्हें छीनकर अपनी अदालत में सज़ा दिलाने का प्रयत्न किया—लेकिन एक पोलिश पल्टन की दग़ाबाज़ी के चलते वे इसमें सफल नहीं हो सके। इधर, कार्निलोव को बचाने के लिए, उसका मुकदमा लड़ने के लिए पूँजीवादियों ने लाखों रुपए इकट्ठे किए।

यह मुकदमे का ढोंग तब तक चलता रहा, जब तक कि अक्तूबर में फिर क्रांति हुई। कार्निलोव और उसके साथियों को करेंस्की ने रिहा कर दिया। इन जनरलों ने पूँजीवादियों से मिलकर गृहयुद्ध की नींव डाली, जिसमें लाखों आदमी मारे गए, दक्षिणी और पूर्वी रूस वीरान हो गया, देश के उद्योग-धंधे चौपट हो गए, क्रांति के खिलाफ ख़ूनी जेहाद शुरू हुआ। इसी गृहयुद्ध में लड़ते हुए कार्निलोव मारा गया और कालीदीन ने आत्महत्या कर ली।

ज्वार की उठती हुई तरंगें!

बोल्शेविकों पर लगाई गई तुहमतें शुरू से ही दोधारी तलवार साबित हुईं। अगर बोल्शेविक सचमुच जर्मनी के जासूस हैं, तो क्या कारण है कि यह बात मुख्यतः उन्हीं लोगों ने उठाई है, जिन्हें जनता घृणा की नज़र से देखती आई है? क्यों मुख्यतः केडेटों के अख़बार ही इस संबंध में सबसे ऊँची आवाज़ में बोलते हैं? क्या बात है कि जिन इंजीनियरों और ओवरसियरों के चेहरे क्रांति के बाद से नहीं दिखाई पड़ते थे, वे आज बाहर आकर

कारख़ानों में बोल्शेविकों के ख़िलाफ लंबी-चौड़ी बातें बक रहे हैं? क्यों क्रांति-विरोधी अफसर आज 'लेनिन एंड कंपनी' को गालियाँ देते-देते सैनिकों की ओर अपना घूँसा तान देते हैं?

हर कारखाने में बोल्शेविक थे। वे बेधड़क मजदूरों के सामने खड़े होते और कहते, "देखो, क्या मैं सचमुच जर्मनी का जासूस जैसा लग रहा हूँ?" इसका प्रभाव मजदूरों पर पड़ना ही था। जब क्रांति-विरोध ने सिर उठाया, समझौतावादी भी बारिकों में जाकर सैनिकों से इन झूठे इलज़ामों का खंडन करते थे। हाँ, साथ ही लेनिन की नीति की निंदा भी करते थे। उनकी इस निंदा के बावजूद सैनिक कहते—"अगर लेनिन जासूस नहीं है, देशद्रोही नहीं है, बल्कि चालाक है और लड़ाई बंद करना चाहता है, तब तो हम उसके साथ हैं।"

थोड़ी देर के लिए रुककर फिर बोल्शेविकों की वृद्धि तेज़ी से होने लगी। जनता उनके पीछे लगी। पेट्रोग्राद ही इस संबंध में जाग्रत हुआ। 20 अगस्त को पेट्रोग्राद की शहर-डूमा का चुनाव हुआ। साढ़े पाँच लाख वोट गिरे, जिनमें बोल्शेविकों के पक्ष में दो लाख वोट आए। उनके मुक़ाबले सिर्फ सोशल रिवोल्यूशनरियों को वोट आए। मेन्शेविक तो सिर्फ तेईस हज़ार वोट पा सके। प्रांतों में भी बोल्शेविकों का प्रभाव बढ़ने लगा था। यूराल में अगस्त के बीच मजदूर संघों की कॉन्फ्रेंस हुई, जिसमें बोल्शेविकों के प्रस्ताव हर विषय पर बहुमत से पास हुए। कीव में कारखानों और दुकानों की कमिटी की बैठक में 20 अगस्त को बोल्शेविकों के प्रस्ताव पैंतीस के ख़िलाफ एक सौ इकसठ वोट से पास हुए। कार्निलोव की बग़ावत के वक्त ही इवानवो-वोज़ेनेसेन्स्क की शहर-डूमा का चुनाव हुआ, जिसमें एक सौ दो जगहों में अट्ठावन जगहें बोल्शेविकों ने जीतीं। क्रोंस्टैड्ट में एक बोल्शेविक ही सोवियत का सभापति चुना गया। इसमें शक नहीं कि कुछ जगहों में बोल्शेविकों की अवनति हो रही थी। लेकिन ज्यादातर जगहों में उनकी वृद्धि-ही-वृद्धि हो रही थी।

"समय-समय पर क्रांति को क्रांति-विरोध की चाबुक लगते रहना चाहिए।" मार्क्स का यह कथन रूस में बिलकुल सही साबित हुआ। कार्निलोव के विद्रोह ने जनता की आँखें खोल दीं। ख़तरे ने सिर्फ शक्ति को नहीं उन्मुक्त किया, दूर तक देखने की ताक़त भी बढ़ गई। बोल्शेविकों ने मास्को-सम्मेलन के बारे में कहा था कि यह क्रांति-विरोधी षड्यंत्र का साधन ही नहीं बनेगा। यों ही जब बग़ावत के दो दिन पहले पेट्रोग्राद से तरक्कीपसंद रेजिमेंटें हटाई जा रही थीं, बोल्शेविकों ने बताया था कि इसका उद्देश्य क्रांति का गला घोंटना है। उस समय जिन्होंने उनकी बातों पर यक़ीन नहीं किया था, अब वही यह कहने लगे कि ये कमबख़्त बड़े ही दूरदर्शी होते हैं। फिर बोल्शेविकों ने इस विद्रोह के दबाने में जो मुस्तैदी और होशियारी दिखलाई, उसके चलते तो चारों ओर उनकी वाहवाही होने लगी। कहा जाने लगा—ये लोग दूरंदेश ही नहीं होते, इनमें जाँनिसारी और क़ुर्बानी भी कूट-कूटकर भरी है। फलतः इनकी ओर जनता अधिकाधिक आकृष्ट होती गई।

उन दिनों की रिपोर्टों के देखने से पता चलता है कि जनता की सभी कार्रवाइयों—उनकी माँगों, शोषण के विरुद्ध उनकी लड़ाइयों, प्रगति की ओर उठाए गए उनके क़दमों—का दूसरा नाम बोल्शेविज्म था। संक्षेप में बोल्शेविज्म का मानी हो गया था—क्रांति। हड़ताली मजदूर, विरोध प्रदर्शित करनेवाले नाविक, असंतुष्ट सैनिकों की बीवियाँ और बागी किसान—सब आपस में पूछते, क्या इन्हीं सबका नाम बोल्शेविज्म है? जनता ऊपर से लाचार कर दी गई थी कि वह अपने नियमों और कार्यों को बोल्शेविक नारों से संबद्ध करे। जो हथियार क्रांति के ख़िलाफ उठाए गए थे, उन्हीं से क्रांति अपना काम लेने लगी।

मास्को के एक सैनिक ने लिखा है—"कार्निलोव की घटना के बाद सभी सेनाओं पर बोल्शेविक रंग चढ़ गया था।" फिनलैंड का एक व्यक्ति कहता है, "जनता के रुख में कितना बड़ा परिवर्तन हो गया है।" फिनलैंड की सोवियत में अब सोशल रिवोल्यूशनरी अल्पमत में थे, बोल्शेविकों का बोलबाला है। स्मिल्गा नामक एक बिलकुल नौजवान बोल्शेविक सोवियत का सभापति चुना गया। एक बोल्शेविक अख़बार ने सितंबर के शुरू में लिखा—"रूस के सभी प्रमुख शहरों से लगातार खबरें आ रही हैं कि हमारी पार्टी इन कुछ दिनों में बहुत ही तरक्की कर गई है। खासकर हमारी धाक मजदूरों और सैनिकों पर बहुत बढ़ गई है।" जारीत्सीन, साराटौव, कीव, ताम्बोवस्क, रियाज़ाँ, निज़नी नोवभेगोरोद, टवेर, आदि से रिपोर्टें धड़ाधड़ आ रही थीं कि किस प्रकार पार्टी

का प्रभाव दिन दूना, रात चौगुना बढ़ रहा था।

यह बात ज़रूर है कि बोल्शेविकों का प्रभाव जितना बढ़ रहा है, उसके अनुपात में उनके संगठन की वृद्धि नहीं हो रही है। क्योंकि, घटनाएँ इतनी तेज़ी से बदल रही हैं, कि मजदूरों और सैनिकों को पार्टी के रूप में संगठन को मज़बूत करने का वक्त ही नहीं मिल रहा है। पार्टी के संगठन की आवश्यकता अनुभव करने का समय भी उन्हें नहीं मिल रहा है। वे बोल्शेविक नारों को इस तरह अपना रहे हैं, जिस तरह हवा अनायास ही साँस ली जाती है। पार्टी एक ऐसी जटिल प्रयोगशाला है, जहाँ सम्मिलित अनुभव के आधार पर नारे ढाले जाते हैं, यह बात उनके दिमाग़ में आती ही नहीं है। सोवियतें दो करोड़ लोगों का प्रतिनिधित्व करती थीं, किंतु अक्तूबर की क्रांति के समय तक पार्टी के सिर्फ दो लाख चालीस हजार मेंबर थे। हाँ, तो भी उन्होंने सफलता के साथ क्रांति का नेतृत्व किया—क्योंकि उनका प्रभाव बहुत व्यापक था।

इस बड़े देश में स्थानीय स्थिति और राजनीतिक परिस्थिति के अनुसार प्रायः कोई-न-कोई चुनाव होता ही रहता था—डूमा का, सोवियत का, कारखानों और दुकानों की कमिटी का, मजदूर संघ का, फौजी कमिटी का, ज़मीन कमिटी का। इन सभी चुनावों में एक बात स्पष्ट दीख पड़ती थी—बोल्शेविकों की प्रतिदिन वृद्धि हो रही है। मास्को के डूमा-चुनाव ने तो देश-भर को चकित कर डाला। जून में सोशल रिवोल्यूशनरियों ने पौने चार लाख वोट पाए थे, सितंबर में उन्हीं को सिर्फ चौवन हज़ार वोट मिले। मेन्शेविकों के वोट उन्नासी हज़ार से गिरकर उन्नीस हज़ार रह गए। कैडेटों ने सिर्फ आठ हज़ार खोए, एक लाख एक हज़ार वोट उन्होंने हासिल किए। वहाँ बोल्शेविकों के वोट उन्नासी हज़ार से बढ़कर एक लाख अट्ठानवे हजार तक जा पहुँचे। इस बार सब मिलाकर जून की अपेक्षा बहुत कम वोट मिले थे, लेकिन जो वोट गिरे, उनमें बावन सैकड़े वोट बोल्शेविकों को आए।

फौजी छावनियों और दुकानों से तो नब्बे सैकड़े से ज्यादा वोट बोल्शेविकों को मिले। मेन्शेविक तो जैसे विलीन हुए जा रहे थे। मेन्शेविक सुखानौव बोल्शेविकों की इस सफलता पर लिखता है—"हाँ, बोल्शेविकों ने जान लड़ाकर, जी-तोड़ काम किया। वे हर दिन, हर वक्त जनता के ही बीच रहते थे। उनकी पार्टी जनता की पार्टी थी, क्योंकि वे उन्हीं के साथ रहकर कारख़ानों और बारिकों की ज़िंदगी के एक-एक छोटे-बड़े सबाल पर उनका नेतृत्व करते थे। जनता उन्हीं के साथ जीती और साँस लेती थी। वह बिलकुल लेनिन और ट्राट्स्की की पार्टी के हाथ में थी।"

मोरचों की राजनीतिक तसवीर और भी रंगदार थी। ऐसी रेजिमेंटों और डिवीज़नों की कमी नहीं थी, जिन्होंने कभी बोल्शेविकों का नाम भी नहीं सुना था। उनके अचरज की हद नहीं रही, जब उन्होंने अपने पर बोल्शेविक होने का इलज़ाम लगाए जाते हुए सुना। ऐसी रेजिमेंटें भी थीं, जो बोल्शेविज्म के नाम पर अराजकतावादी या बहुत अंशों में ख़ूनी दस्तों की कार्रवाइयाँ कर बैठती थीं।

दो महीने की अलहदगी के बाद सितंबर में फिर बोल्शेविकों को सैनिकों में घुसने का मौका मिला। अब तक भी समझौतावादी नहीं चाहते थे कि बोल्शेविकों का प्रवेश मोरचे पर हो, उन पर से सरकारी बंधन भी नहीं हटाए गए थे, लेकिन अब सैनिकों में जो नया जोश आया था, उन्हें देखते हुए बोल्शेविकों का प्रवेश रोकना असंभव था। सैनिक उन्हें देखने को व्याकुल थे, जिनकी इतनी शिकायतें की जाती थीं, लेकिन जिन्होंने इतने कमाल कर दिखलाए थे। अब बोल्शेविक वक्ताओं का फौज में स्वागत होता, उनकी बातें ध्यान से सुनी जातीं, उन बातों पर आपस में बहसें होतीं और अंत में वे बोल्शेविकों के हिमायती बन रहते। एक सैनिक ने पार्टी के अख़बार के संपादक को लिखा था—"प्यारे साथी, उस मनहूस अक्षर 'क' का इस्तेमाल बहुत ही कम करो, जिसके चलते सारा संसार आज कसाईघर बन गया है। देखो न कौल्का (ज़ार निकोलस) करेंस्की, कार्निलोव, कालेदीन, केडेट—ये सभी 'क' अक्षर से ही शुरू किए जाते हैं। कज्ज़ाक भी हमारे लिए एक ख़तरा ही है।"

स्टैन्केविच लिखता है—"बोल्शेविकों ने अपना सिर उठाया और फौज के सर्वेसर्वा बन गए। नीचे की कमिटियाँ बोल्शेविकों के छोटे-छोटे केंद्र बन गईं। फौज के हर चुनाव में बोल्शेविक की वृद्धि देखी गई। रूस

की सबसे मज़बूत, सबसे अधिक अनुशासित सेना—पाँचवी सेना—सबसे पहले बोल्शेविकों के प्रभाव में पूरी तरह आ गई और अपनी कमिटी में बोल्शेविकों को ही चुना।"

फौजी जहाज़ी बेड़ों में बोल्शेविकों का प्रभाव बहुत ही साफ, तेज़ और रंगीन ढंग से बढ़ रहा था। आठ सितंबर को बाल्टिक के नाविकों ने अपने सभी युद्ध जहाज़ों पर लड़ाई के झंडे फहराकर इस बात की सूचना दी कि वे मजदूरों और किसानों के हाथ में हुकूमत जाने के पक्ष में हैं। इन लोगों ने शीघ्र ही लड़ाई बंद करने, ज़मीन को ज़मीन कमिटी के हाथ में सुपुर्द करने और उद्योग-धंधों पर मजदूरों के अधिकार देने की माँग पेश की। तीन दिनों के बाद काले सागर के जहाज़ी बेड़ों ने, जो राजनीतिक दृष्टि से बहुत पिछड़े थे, "सभी ताक़त सोवियत के हाथ में" का नारा मंजूर किया। स्टैन्केविच फिर लिखता है—"नाविकों की सभाओं में अस्सी सैकड़े नाविक बोल्शेविक होते थे।" एक बार राजनीतिक कमिसार अस्थायी सरकार के बारे में रेवाल के नाविकों को समझाने गया। ज्यों ही उसकी ज़बान से 'सरकार' शब्द निकला—"क्रोध, घृणा और अविश्वास की लहर उपस्थित भीड़ पर दौड़ गई। वह लहर साफ, मज़बूत, भावनामय और अदमनीय थी। नाविकों के मुँह से तुरत निकल पड़ा—"सरकार का नाश हो।"

'लड़ाई तुरत बंद की जाए' का जो नारा दो महीनों से सैनिकों के हृदयों में सोया पड़ा था, अब फिर वह जागा और जागा तो नए जोशोख़रोश से। पेट्रोग्राद की सोवियत में एक अफसर ने कहा, "आप जो कुछ कह लें, सैनिक अब लड़ना नहीं चाहते।" "लेकिन यह बात तो बोल्शेविक भी नहीं कहते?" अफसर ने जवाब दिया, "मैं कह रहा हूँ, जो सैनिकों ने मुझे आपसे कहने को कहा है।" सैनिकों के प्रतिनिधि लंबे कोट में खाई की गंध लिये पेट्रोग्राद पहुँचते और कहते कि सुलह कीजिए, किसी भी शर्त पर सुलह कीजिए। उनके शब्द सीधे-सादे होते, कड़े होते और ज़ोरों से कहे जाते। इन शब्दों को लेकर पूँजीवादी अख़बार उनकी दिल्लगियाँ उड़ाते, उन्हें बोल्शेविकों के चेले बताकर गालियाँ देते। इन गालियों के कारण सैनिकों का गुस्सा और बढ़ता, वे और भी बोल्शेविकों के नज़दीक पहुँचते, और भी ज़ोरों से लड़ाई के ख़िलाफ आवाज़ उठाते।

ज्वार की इन उठती हुई तरंगों को समझौतावादी पसंद करते थे, ऐसी बात नहीं थी। अब दिन-दिन उन पर प्रकट होता जा रहा था कि उनके पैरों के नीचे की ज़मीन खिसकती जा रही है। उन्हें अचरज होता, उन्हें भय होता। लेकिन करें तो क्या करें? मेन्शेविकों और सोशल रिवोल्यूशनरियों के बड़े-बड़े नेताओं की भी हिम्मत नहीं होती कि वे जनता के सामने आवें। दूसरे, तीसरे दर्जे के आंदोलकों को वे अब उनके सामने भेजते। वे उनके बीच में पहुँचकर उन्हें प्रभावित करने के बदले खुद ही कारख़ानों, ख़ानों और बारिकों के रुख़ से प्रभावित हो जाते, उन्हीं की बात बोलने लगते और अंततः अपनी पार्टी से हटकर बोल्शेविकों से जा मिलते। कारख़ानों और बारिकों की हवा अब ज़मीन के नीचे, ख़ानों तक पहुँच चुकी थी। डोनेज़ और यूराल की ख़ानों के मजदूर सितंबर आते-आते बोल्शेविकों के प्रभाव में पूर्णतः आ चुके थे—यद्यपि इनसे क़समें खिलाई गई थीं कि वे हमेशा मेन्शेविकों और रिवोल्यूशनरियों की बातें ही मानेंगे, बोल्शेविकों की बातें सुनेंगे तक नहीं। जिस समय जनता ने, फरवरी क्रांति के बाद, उनका साथ दिया, तब तक तो वे जनता की समझदारी की सौ मुँहों से तारीफें करते फिरते थे, अब जब जनता उन्हें ठुकराकर बोल्शेविकों का साथ दे रही थी, तो ये अक्लमंद मेन्शेविक और सोशल रिवोल्यूशनरी नेता जनता की बेवकूफी और नासमझी पर उसाँसें लेते थे। अपने पतन का कारण अपनी नीति में नहीं ढूँढ़कर, सारा दोष जनता की मूर्खता पर डालते थे।

सोशल रिवोल्यूशनरी पार्टी सिर्फ कमज़ोर ही नहीं हुई जा रही थी, उसमें फूट भी फैल रही थी। अस्थायी सरकार की हर बात में हाँ कहनेवाले नेताओं से पार्टी के कार्यकर्ता-सदस्य असंतुष्ट हुए जा रहे थे। उनके कारनामों से अपने को अलग रखकर वे अपने को ऐसी स्थिति में रखना चाहते थे कि जनता के सामने वे मुँह दिखा सकें, बोल सकें, उनके साथ रह सकें। वे अपने को पार्टी का "वामपक्षी अंतरराष्ट्रीयतावादी" कहते और "सहकारी सोशल रिवोल्यूशनरियों की गुट" से अलग बतलाते। चेरनोव के नेतृत्व में इस वामपक्ष और दक्षिणपक्ष के बीच एक मध्यस्थ दल भी क़ायम हुआ, जो कभी इधर झुकता, कभी उधर झुकता। मेन्शेविक पार्टी

की भी ऐसी हालत थी। उसकी पेट्रोग्राद की कमिटी केंद्रीय कमिटी से हर बात पर लड़ती। यहाँ भी वामपक्ष और दक्षिणपक्ष के बीच एक मध्यस्थ दल था, जिसका नेतृत्व ज़रटेली करता। वामपक्ष का प्रमुख केंद्र पेट्रोग्राद था और उसका नेता था मारटोव। दक्षिणपक्ष के नेताओं से निराश होकर बहुत-से मेन्शेविकों ने पार्टी से इस्तीफा दे दिया और बोल्शेविकों से जा मिले।

सितंबर के मध्य में वास्सीली टापू की पूरी मेन्शेविक पार्टी बोल्शेविक के रूप में परिणत हो गई। अन्य जिलों में भी इसी तरह की बातें देखी जाने लगीं। प्लैखानोव ने इसी मौक़े पर लिखा था—"ज़रटेलो और उसके दोस्तों ने बिना जाने, बिना चाहे ही लेनिन के लिए रास्ता तैयार कर दिया है।"

सोवियत ही वह रंगभूमि थी, जहाँ बोल्शेविक पार्टी सोशल रिवोल्यूशनरी और मेन्शेविक पार्टियों के साथ-साथ काम करती और प्रायः ही संघर्ष में रहती। सोवियत की पार्टियों की ताक़त में जल्द-जल्द परिवर्तन नहीं हो रहे थे, क्योंकि वहाँ चुनावों में देर की जाती थी। लेकिन सोवियतों के रुख़ में जो परिवर्तन हो रहे थे, उनका आभास तो दिन-दिन स्पष्ट होता जाता था।

कितनी ही प्रांतीय सोवियतें जुलाई-दिन के पहले भी शासनसूत्र को अपने हाथों में लेती जा रही थीं। क्रैस्नोयारस्क की सोवियत में ख़रीद-बिक्री पर बंदिशें लगा दी थीं और कार्ड का नियम जारी किया था। साराटौव की सोवियत न सिर्फ आर्थिक कलहों में दस्तंदाज़ी करती थी, बल्कि उसने व्यापारियों को गिरफ्तार करना, ट्राम पर क़ब्जा करना, कारख़ानों का संचालन करना और मजदूरों का नियंत्रण करना भी शुरू कर दिया था। यूराल में 1905 से ही बोल्शेविकों का ज्यादा प्रभाव था।

वहाँ की सोवियत ने अपनी अदालतें बना ली थीं, अपनी पुलिस और रक्षकदल क़ायम कर लिये थे; कारख़ानों का संचालन और मालों की ख़रीद-बिक्री भी वही करती थी। ज़मींदारों से ज़मीन छीनकर पंचायती खेती भी वहाँ शुरू कर दी गई थी। लुगांस्क, ज़ारीत्सीन, खरेसन, टोमस्क, ब्लाडीवास्टक आदि को सोवियतें भी इसी तरह हुकूमत के बहुत-से काम अपने हाथों में ले चुकी थीं।

लेकिन जुलाई-दिन की हार ने सोवियतों को बहुत कमज़ोर कर दिया, इसमें शक नहीं। सोवियतें क्रांति से पैदा हुई थीं, वे क्रांति की संस्थाएँ थीं। इसलिए हर क्रांतिकारी परिस्थिति उनकी ताक़त बढ़ाती थी, प्रतिक्रिया के ज़माने में मुरझा जाना उनका स्वाभाविक धर्म था। "सभी हुकूमत सोवियत के हाथ में"—यह नारा ही जुलाई के बाद धीमा नहीं पड़ा, सोवियतों की नसें भी ढीली पड़ गईं।

जब सोवियतों की यह हालत थी, तो उनकी केंद्रीय कार्य समिति की हालत का अंदाज़ा लगाया जा सकता है। कार्य समिति का दफ्तर टौरिद महल में था। इतना बड़ा महल वे क्यों छेके हुए रहें? सरकार ने महल की मरम्मत के नाम पर उसका दफ्तर वहाँ से समोलिनी भवन में हटा दिया। समोलिनी-भवन में पहले लड़कियाँ पढ़ती थीं—उसे "उजले पंडुकों" का घोंसला कहकर पूँजीवादी अख़बार कार्य समिति की दिल्लगी उड़ाते। "क्या अच्छी जोड़ी? बोल्शेविकों ने एक वेश्या का महल चुना था, अब मेन्शेविकों और सोशल रिवोल्यूशनरियों ने लड़कियों का स्कूल चुन लिया है।"

कार्य समिति ने अपना एक निरीक्षक दक्षिणी रूस की सोवियतों की देखभाल के लिए अगस्त के अंत में भेजा था। उसने रिपोर्ट दी—"जनता में क्रांति के प्रति थकावट और उदासीनता की भावना दिखाई पड़ती है। सोवियतों के प्रति उनका उत्साह नहीं रह गया है। सोवियतों के काम दिन-दिन ढीले पड़ रहे हैं।" इस परिस्थिति की जिम्मेदार खुद कार्य समिति थी, जिसने सरकार की हर अच्छी-बुरी कार्रवाई में 'हाँ' कहना अपना धर्म समझ लिया था, संभवतः जो दिन-दिन बदनाम होती जा रही थी। जब मातृ संस्था की ही यह हालत थी, तो उनकी बेटियों की क्या पूछना। लोगों के मन में यह सवाल पैदा होने लगा था कि क्या सोवियतें ज़िंदा रह सकेंगी? इनका भविष्य कैसा है?

सोवियतों ने अपने जन्म के शुरू के महीने में कितनी ही संस्थाओं को जन्म दिया था। मजदूर संघ, कारख़ाना कमिटी, क्लब आदि। अब ये ही संस्थाएँ प्रमुख हो रही थीं, क्योंकि इनका जनता से निकटतम संबंध

था, इनमें क्रांतिकारी प्रवृत्ति बनी हुई थी। मास्को की सोवियत ने मास्को सम्मेलन के वक्त हड़ताल करने से इनकार कर दिया था, लेकिन वहाँ के मजदूर संघ ने इस काम को हाथ में लिया और शानदार हड़ताल करके करेंस्की के होश दुरुस्त कर दिए, कार्निलोव के दाँत खट्टे कर दिए।

ज़िलों और प्रांतों की सोवियतों से समोलिनी भवन स्थित केंद्रीय सोवियत कार्यालय का कोई संपर्क नहीं रह गया था। न कुछ लिखने को था, न रिपोर्ट करने को। जब काम ही नहीं हो रहा, तो फिर लिखा-पढ़ी किस बात की? हालत यहाँ तक आ गई कि समोलिनी भवन का खर्चा चलना मुश्किल हो गया। बाहर से कोई चंदा भेजता न था। हाँ, एक ओर जहाँ सोवियतों की ऐसी दुर्गति थी, वहाँ देश के दूर-दूर के कोने में नई सोवियतें भी बनती जा रही थीं। उन सोवियतों में नया ख़ून था। पुराने ख़ून की छूत से अभी वे दूर थे।

लेकिन सोवियतों की यह हालत ज्यादा दिनों तक नहीं रही। जुलाई-दिन की प्रतिक्रिया तुरत दूर हो गई। रूस उस समय क्रांति के उस मौक़े पर था, जब सालों के काम हफ्तों में हो जाया करते हैं। क्रिया, प्रतिक्रिया दोनों पर यह बात लागू थी। जुलाई का अंत होते-होते फिर नई तरंगों का उठान देखा जाने लगा। इसमें अगुआ हुआ पेट्रोग्राद, उसका अनुसरण किया मास्को ने। फिर तो प्रांतों में भी उठती तरंगों की हड़हड़ाहट सुनाई पड़ने लगी। पेट्रोग्राद की सोवियत में ज़िला सोवियतों की ओर से 21 जुलाई को प्रस्ताव आया कि डूमा को भंग करो, फौजी कमिटियाँ मत तोड़ो। वामपक्षी अख़बारों को निकालने दो, गिरफ्तारियाँ बंद करो, पूँजीवादी अख़बारों पर नियंत्रण रखो आदि। 22 जुलाई को मास्को सोवियत ने प्रस्ताव पास किया कि हुकूमत की बागडोर सोवियत के हाथ में दी जाए। 26 जुलाई को इवानोवो वोज़नेसेंस्क की सोवियत ने लेनिन को अभिनंदन भेजा और बोल्शेविकों के दमन और उन पर लगाए गए लांछनों पर सख्त नाराजी ज़ाहिर की। यों ही हर जगह नई जागृति दिखाई पड़ने लगी। सिद्धांतों की दृष्टि से ही उनकी उन्नति नहीं हुई, बल्कि संख्या की दृष्टि से ही सोवियतों की वृद्धि बड़ी तेज़ी से हुई। अगस्त का अंत होते-होते रूस-भर में 600 सोवियतें क़ायम हो चुकी थीं, जिनके वोटरों की संख्या दो करोड़ तीस लाख थी। सवा दो करोड़ से भी ज्यादा।

कार्निलोव की बग़ावत ने सोवियतों को सिर्फ अग्निपरीक्षा में ही नहीं रखा, बल्कि उन्हें हृदय टटोलने को भी बाध्य किया। ख़तरे की छाया में आदमियों की पहचान हुई और इस पहचान ने नए सिरे से पार्टियों और व्यक्तियों की कीमत कूतने के लिए जनता को लाचार किया। जिन बोल्शेविकों को आज तक सोवियत में एक कोना ही नसीब होता था, वे अब सबसे आगे की पंक्ति में थे, आगे थे। यही नहीं, समझौतावादियों में से भी एक दल उनसे अलग होकर आगे बढ़ गया। इन अगली पाँत के लोगों को लेकर रक्षा समिति, इंकलाबी फौजी कमिटी आदि लड़ाकू संस्थाओं का निर्माण हुआ। ये संस्थाएँ सोवियतों द्वारा ही बनाई गई थीं, उन्हीं के अधीन थीं, अपनी कार्रवाइयों की रिपोर्टें उन्हीं में पेश करती थीं, लेकिन उनका चुनाव ही नहीं, उनका काम का ढंग भी एक खास दिशा की सूचना देता था।

मास्को सम्मेलन के वक्त कार्निलोव के ख़तरे से बचने के लिए पहले-पहल एक ऐसी संस्था बनाई गई थी, जिनके छः सदस्य थे—दो बोल्शेविक, दो मेन्शेविक, दो सोशल रिवोल्यूशनरी। इस संस्था को सैनिकों का उपयोग करने और गिरफ्तारियाँ करने का भी हक़ हासिल था। अगस्त के अंत में कीव की प्रांतीय सोवियत की बैठक में भी क्रांति-विरोधियों के दमन और गिरफ्तारी के लिए ऐसी संस्था बनाने का प्रस्ताव पास हुआ था। व्यात्का की सोवियत कमिटी को सशस्त्र सैनिकों के इस्तेमाल का हक़ दिया गया था। ज़ारीत्सीन और क्रैस्नोयारस्क की सोवियत के हाथ में फौजी और मुल्की, दोनों हुकूमतें आ गई थीं। निज़नी-नौवगोरोद की इंकलाबी कमिटी ने डाकखानों और तारघरों पर अपने पहरे बिठा दिए थे। बोल्शेविकों ने देश की सारी स्थिति को लक्ष्य करके घोषणा निकाली थी—"अधिकारियों ने हरचंद कोशिश की कि सोवियतों में उन्हीं का बोलबाला रहे, उनके हाथ से ताकत नहीं जाने पाए, लेकिन कार्निलोव की बग़ावत ने जनता में वह शक्ति और तत्परता पैदा कर दी, जिसे दबाया नहीं जा सकता था। इस नए अनुभव ने उनमें वह चेतना ला दी है कि अब मजदूरों, सैनिकों और किसानों को कोई धोखा दे नहीं सकता। हमने क्रांति के शुरू में जो नारा दिया—'सभी ताक़त सोवियत के

हाथ में'—वह नारा आज समूचे इंकलाबी रूस का नारा हो चला है।"

कार्निलोव की पराजय ने सोवियतों के लिए एक नया अध्याय खोल दिया। अब भी समझौतावादियों की भरमार उसमें थी, अब भी चीद्ज़े उसका सभापति था, तो भी पेट्रोग्राद की सोवियत ने पहली सितंबर को यह प्रस्ताव पास कर दिया कि किसान-मजदूर राज्य क़ायम किया जाए। बोल्शेविकों के इस प्रस्ताव का समर्थन समझौतावादियों के वामपक्षी कार्यकर्ताओं ने दिल खोलकर किया और उन्हीं के चलते यह प्रस्ताव पास हुआ। इस प्रस्ताव के मुक़ाबले ज़रटेली ने जो प्रस्ताव किया, उसके पक्ष में सिर्फ पंद्रह वोट आए। समझौतावादी नेताओं को अपनी आँखों पर विश्वास नहीं हुआ। उन्होंने फिर से वोट लेने की माँग की। रात के तीन बजे तक वोटों की गिनती होती रही और उनकी सारी ताक़त लगाने पर भी बोल्शेविकों का प्रस्ताव एक सौ पन्द्रह के ख़िलाफ दो सौ उन्नासी वोट से पास हो गया। इस पर गुस्से में आकर समझौतावादियों ने ऐलान किया कि अब वे सभापति मंडल से इस्तीफा दे देंगे।

2 सितंबर को फिनलैंड-भर की सोवियतों के प्रतिनिधियों की सभा में तेरह के ख़िलाफ सात सौ वोटों से सोवियत सरकार बनाने का प्रस्ताव पास हुआ। उसके तीन दिनों के बाद मास्को की सोवियत ने अस्थायी सरकार को क्रांति-विरोधी ताक़तों का अड्डा कहकर उसके प्रति अविश्वास प्रकट किया। वहाँ के सभापति मंडल ने भी इस्तीफे की धमकी दी। मध्य साइबेरिया की सोवियतों के प्रतिनिधियों की बैठक ठीक उसी दिन क्रैस्नोयारस्क में हुई और उसने भी बोल्शेविकों का नेतृत्व स्वीकार किया। कीव सोवियत ने उसके तीन दिन बाद, 8 सितंबर को बोल्शेविकों का प्रस्ताव बहुमत से स्वीकार कर लिया। शहरों की सोवियतों की हवा देहातों में भी पहुँच रही थी। मजदूर और खासकर सैनिक देहात के अपने घरों में छुट्टियों पर जाते और वहाँ बोल्शेविकों के पक्ष में जनमत तैयार करते।

सोवियतों में किसकी ताक़त क्या है—इसकी जोर-आज़माई 9 सितंबर को पेट्रोग्राद में हुई। उस दिन सभापति मंडल के इस्तीफे पर विचार करना था। चीद्ज़े, ज़टरेली, चेरनौव, गोज़, डान और स्कोवलेव ये ही सभापति मंडल के सदस्य थे। सबने इस्तीफा दिया था। सभी पार्टियों ने अपने-अपने सदस्यों को एक-एक कर इस बैठक में हाजिर किया था। सोवियत के लगभग एक हजार सदस्य उस दिन उपस्थित थे। बोल्शेविकों की ओर से यह समझौते का सुझाव रखा गया कि इस्तीफा वापस कर लिया जाए और सभी पार्टियों के सदस्यों को उनके सदस्यों के अनुपात से सभापति मंडल में रखा जाए। लेकिन ज़टरेली ने इस समझौते को नहीं माना। बहस-मुबाहसे के बाद वोट लेने की बारी आई। तय हुआ कि जो लोग इस्तीफे को मंजूर करने के पक्ष में हैं, वे एक-एक कर एक दरवाज़े से निकलें, वहीं उनकी गिनती ले ली जाएगी। बोल्शेविकों ने जो अपनी ताक़त की गिनती की थी, उसके मुताबिक उन्हें सौ वोट से हार जाना पड़ता। लेकिन, यह क्या हुआ? दरवाज़े से निकलनेवालों की तायदाद बढ़ती गई, बढ़ती गई—उनकी तायदाद पाँच सौ उन्नीस हो गई। जो घर में रह गए, उनमें से सड़सठ ने तटस्थता का रुख़ लिया। सिर्फ चार सौ चौदह वोट सभापति मंडल के पक्ष में आए। समझौतावादियों के चेहरे लटक गए, बोल्शेविकों ने तालियाँ गड़गड़ाईं। जैसे गाल पर थप्पड़ लगे हों, गुस्से में चूर समझौतावादी मंच से उतरे। उतरते समय ज़टरेली ने बड़े ही नाटकीय ढंग से कहा, "छः महीने तक क्रांति का झंडा अपने हाथ में शान से उड़ाते हुए, अब यह झंडा आपको सौंपकर हम हट रहे हैं। हमारी सिर्फ यही कामना है कि आप इससे आधे वक्त तक भी इस झंडे की शान निभाइएगा।"

इस तारीख़ से पेट्रोग्राद सोवियत पर बोल्शेविकों का प्रभुत्व हुआ। लेकिन समझौतावादियों की नीचता की हद हो गई, कि जाते-जाते उन्होंने सोवियत के दोनों अख़बारों को बेईमानी से अपने कब्जे में कर लिया, सारा फंड हड़प गए। यहाँ तक कि टाइपराइटर या क़लम-दावात तक वहाँ नहीं छोड़ी। सोवियत के नए लीडरों के पास ख़ाली कमरों की सादी दीवारें थीं और थी एक सबसे बड़ी चीज़—मजदूरों और सैनिकों की उनके प्रति अचल और अमिट भक्ति! और यही अंत में बहुत काफी साबित हुई।

बोल्शेविक और सोवियत

ग़ौर से छानबीन करने पर यह देखकर ताज्जुब होता है कि साधनों की इतनी कमी होने पर भी बोल्शेविकों का इतना प्रभाव कैसे बढ़ गया। जुलाई के दिनों तक पार्टी के सिर्फ इक्तालीस अख़बार थे जिनमें साप्ताहिक और मासिक पत्र भी शामिल थे। इन सबको मिलाकर (तीन लाख बीस हज़ार प्रतियाँ छपती थीं। जुलाई-दिनों के बाद इनकी संख्या आधी रह गई। अगस्त के अंत तक केंद्रीय अख़बार की सिर्फ पचास हजार प्रतियाँ छपती थीं। जिन दिनों पार्टी का बोलबाला पेट्रोग्राद और मास्को की सोवियतों में हो रहा था, उसकी केंद्रीय कमिटी के फंड में सिर्फ तीस हजार रुबल थे।

पढ़े-लिखे बाबू लोग बोल्शेविक पार्टी में बहुत कम आते थे। 1905 की क्रांति में विद्यार्थियों का जो झुंड बोल्शेविक पार्टी की ओर टूटा था, उनमें से अधिकांश, वे अब सफल इंजीनियर, डॉक्टर, सरकारी हुक्काम के रूप में आनंद-चैन की ज़िंदगी बिता रहे थे और 'अपनी' पार्टी की ओर दुश्मनी का रुख़ कर अपने 'पाप' का प्रायश्चित्त कर रहे थे। बोल्शेविकों में अखबारनवीसों, वक्ताओं और आंदोलकों की बड़ी कमी थी। देश के कोने-कोने से, मोरचों से पार्टी के केंद्रीय दफ्तर में माँगें आतीं—नेता भेजिए, वक्ता भेजिए। गाँवों में तो बोल्शेविकों के बाज़ाब्ता केंद्र थे ही नहीं। स्थानीय संस्थाएँ अपनी कोशिशों और साधनों पर छोड़ दी गई थीं। प्रायः ही वे केंद्रीय समिति पर यह इलज़ाम लगातीं कि पेट्रोग्राद पर ही ध्यान दिया जाता है। उन्हें क्या पता कि पेट्रोग्राद में भी योग्य व्यक्तियों की बड़ी कमी थी।

क्या बात है कि पार्टी का संगठन इतना ढीला होने और साधनों की इतनी कमी होने के बावजूद बोल्शेविकों के विचार और नारे इतनी तेज़ी से लोगों में फैल गए? इसकी कैफियत बहुत सीधी थी। बोल्शेविकों के जो नारे थे, वे जनता की मनोवृत्ति और ज़रूरतों को सही-सही प्रकट करते थे, वे ज़माने के प्रतीक थे और ज़माना अपने लिए हज़ारों रास्ते बना लिया करता है। लाल गरम क्रांतिकारी तारों के ज़रिए विचारों की बिजली एक क्षण में दूर-दूर तक जा पहुँचती है। बोल्शेविक अख़बारों को ज़ोरों से पढ़ा जाता था, टुकड़े-टुकड़े करके पढ़ा जाता था। अच्छे लेखों को लोग कंठस्थ कर लेते थे, उन्हें ज़बानी सुनाते थे, उनकी नक्लें करते थे। जहाँ संभव होता था, फिर छाप भी लेते थे। 'प्रावदा' के लेखों का मोरचों पर ये सैनिक इसी तरीक़े से आपस में प्रचार करते थे। हवाई डाक, साइकिल, मोटर साइकिल—सबका प्रयोग वे उसके जल्द प्रचार के लिए करने में नहीं चूकते थे।

बोल्शेविकों के नारों का सीधा-सादा होना भी उनके शीघ्र प्रचार का एक प्रमुख कारण था। जहाँ दूसरी पार्टियाँ हर बात को पंडिताऊ बनाने की कोशिश करतीं, वहाँ बोल्शेविक उन्हें इतने सरल ढंग से रखते कि जनता के निम्न स्तर के लोगों को भी समझने में देर नहीं होती। बोल्शेविकों के नारे सीधे-सादे होते, वे जनता के अनुभवों को उनके ही शब्दों में प्रकट करते। श्रमजीवी जनता अपने संघर्षों में सिर्फ माँगों और जरूरतों से ही प्रेरित नहीं होतीं, उनकी ज़िंदगी के तीखे-कडुवे अनुभव भी उनका पथ-प्रदर्शन करते हैं। बोल्शेविकों के हृदयों में, जनता के जीवन के स्वतंत्र अनुभवों के लिए, ऊँचे खानदान के लोगों की तरह घृणा नहीं थी, बल्कि उन्हीं के अनुभवों के आधार पर वे अपने नारों के सही और सच्चे होने की परख करते।

क्रांति मुखर होती है। क्रांतिकारी शब्दों के प्रयोग में किफायत नहीं करते। बोल्शेविक भी इस क़ानून से बरी नहीं थे। लेकिन जहाँ मेन्शेविकों और सोशल रिवोल्यूशनरियों का प्रचार बिखरा-बिखरा, आपस में टकराता एवं काट करता और प्रायः ही सवालों को टालनेवाला होता, वहाँ बोल्शेविकों का प्रचार केंद्रित और सोचा-विचारा होता। समझौतावादी बोलते अपनी कठिनाइयों को शब्दों से छिपाने या उड़ा देने के लिए; वहाँ बोल्शेविक उनका सामना करने के लिए। वाह्य परिस्थिति का अनवरत वैज्ञानिक विश्लेषण, तथ्यों की कसौटी पर नारों की जाँच-पड़ताल, दुश्मन जब गंभीर न हों तो भी उनके प्रति गंभीर रुख़—इन बातों के कारण बोल्शेविक आंदोलन बड़ा ही शक्तिशाली होता था और लोगों पर उसका असर भी बहुत ज़बरदस्त पड़ता था।

पार्टी के अख़बार सफलताओं को बढ़ा-चढ़ाकर नहीं कहा करते, न शक्तियों के पारस्परिक संबंधों को तोड़-मरोड़कर अपने पक्ष में बताते थे, न सिर्फ चिल्लाहट के ज़ोर पर विजय चाहते थे। लेनिन की पाटशाला यथार्थवाद की पाठशाला थी। लेनिन ने रूस की सरज़मीन पर क़दम रखते समय कहा था—"हम लोग मदारी नहीं हैं—जो हाथ पर सरसों उगाएँ। हमें जनता की चेतना पर ही अपनी कार्यवाही का आधार रखना चाहिए। अगर अल्पमत में रहने की ज़रूरत पड़े, तो हम अल्पमत में ही रहेंगे। अल्पमत में रहने से हमें नहीं घबराना चाहिए। जनता को धोखेबाजियों से बचाने के लिए हम आलोचना का काम जारी रखेंगे। एक दिन हमारी राह सही साबित होकर रहेगी। सभी शोषित, पीड़ित हमारे झंडे के नीचे आएँगे। उनके लिए दूसरा कोई चारा नहीं होगा।"

लेनिन के इन्हीं शब्दों में बोल्शेविकों की नीति छिपी हुई है। आज लेनिन छुपा हुआ है। लेकिन वह अख़बारों को देख रहा है, उनकी पंक्तियों के बीच का मानी समझ रहा है। ज़रा भी ग़फलत वह बरदाश्त नहीं कर सकता, थोड़ी भी भूल वह माफ़ नहीं कर सकता। जिनके पैर थरथराते हैं, उन्हें झिड़कियाँ देता है, जो आगे बढ़ रहे हैं, उन्हें उत्साहित करता है। लोग कहते हैं—"बुड्ढे ने दिमाग़ नहीं खोया, उसकी इच्छाशक्ति दृढ़ है। कोई आकस्मिक संकट उसे हरा नहीं सकता, वह आत्मसमर्पण कर नहीं सकता।"

जुलाई-दिनों के उस भाटे के बीच पार्टी की कांग्रेस की तैयारियाँ हो रही हैं। यह संयुक्त कांग्रेस होगी। इसमें ट्रॉट्स्की का दल भी शामिल होगा, जो अब तक अलग था। इस दल में कई बड़े लोग थे—ट्रॉट्स्की, जोफे, उरित्स्की, रियाज़ेनौव, युनाकरस्की, पोक्रोवस्की, काराखान, यूरेनेव। ट्रॉट्स्की का 'प्रावदा' में एक लेख छपा—"अब हम लोगों और बोल्शेविकों में सिद्धांत या कार्यक्रम का कोई भेद नहीं रह गया। अतः अब अलग संस्था बनाकर रहना हमारे लिए फिजूल है।" लेनिन इस संयुक्त कांग्रेस की सफलता के लिए, छुपे रहते हुए भी, सब तरह की कोशिशों में लगा है। यह कांग्रेस बहुत ही महत्त्वपूर्ण होगी। इसकी सैद्धांतिक बुनियादों को मज़बूत करने और आगे की चढ़ाई के लिए कार्यक्रम तैयार करने में वह लगा है।

26 जुलाई को यह कांग्रेस शुरू हुई—आधी ग़ैरकानूनी ढंग से। दो मज़दूरों की बस्तियों में, छुपे-छुपे, इसकी बैठकें हुई। इसमें एक सौ बारह संस्थाओं और एक लाख सोलह हजार एक सौ पचास पार्टी सदस्यों द्वारा चुने गए एक सौ पचहत्तर प्रतिनिधि शामिल हुए। पेट्रोग्राद में उनचास हजार मेंबर थे, मास्को में बयालीस हजार, यूराल में पच्चीस हजार, दोन की तराई में पन्द्रह हजार। काकेसिया में, बाकू, ग्रोज़नी और तिफलिस में सुदृढ़ बोल्शेविक संगठन था।

इस कांग्रेस के प्रतिनिधि पार्टी के इंकलाबी भूतकाल की सूचना देते थे। एक सौ इकहत्तर सदस्यों ने उनसे पूछी गई प्रश्नावली का जवाब दिया, जिससे पता चलता है कि उनमें एक सौ दस प्रतिनिधियों ने दो सौ पैंतालीस वर्ष जेल में बिताए थे, दस सदस्यों ने इकतालीस साल सख्त सजाएँ भुगती थीं, चौबीस ने तिहत्तर साल जरायम-आबादियों में खर्च किए थे, पचपन प्रतिनिधियों को एक सौ सत्ताईस साल बनवास में बिताने पड़े थे, सत्ताईस प्रतिनिधि नवासी साल देश के बाहर रहे और एक सौ प्रतिनिधि पाँच सौ उनचास बार गिरफ्तार किए गए थे।

इस कांग्रेस में लेनिन, ट्रॉट्स्की, जेनोवीव और कामनोव हाज़िर नहीं थे। मुख्य रिपोर्ट बुखारिन और स्टालिन ने पेश की। नेताओं के अभाव में भी कांग्रेस की कार्यवाही सफलतापूर्वक संपन्न हुई। केंद्रीय समिति का जब चुनाव हुआ तो सबसे ज्यादा वोट इन्हें आए। लेनिन एक सौ तैंतीस वोट, जेनोवीव एक सौ बत्तीस वोट, कामनोव एक सौ इकतीस वोट और ट्रॉट्स्की एक सौ इकतीस वोट। इनके अतिरिक्त केंद्रीय समिति के लोग चुने गए। नौगिन, कोलैंताई, स्टालिन, स्वेरडलौव, राइकौव, बुखारिन, आर्टेम, जोफे, उरित्स्की, मिल्यूतिन, लोमौव। हमें इन नामों को याद रखना है, क्योंकि अक्तूबर की क्रांति इन्हीं के नेतृत्व में होगी।

मेन्शेविकों में से लारिन की वामपक्षी जमात इसी समय बोल्शेविकों से आ मिली। मारटोव ने नीति से असहमति प्रकट करते हुए भी कांग्रेस को अपना अभिनंदन भेजा।

अप्रत्यक्ष रहने पर भी कांग्रेस में लेनिन की छाप स्पष्ट दीख पड़ती थी। सबसे पहले कांग्रेस ने जनता को पूँजीवादियों द्वारा दी गई उत्तेजना से सावधान किया, क्योंकि उनका हित इसी में है कि जनता को बिना तैयारी के ही लड़ने के लिए मैदान में उतार दें। 'सड़कों पर मत निकलो'—पार्टी ने बार-बार सैनिकों और मजदूरों को सावधान किया था। लेकिन इसका मतलब यह नहीं था कि संघर्ष से बचा जाए, जी चुराया जाए—जैसाकि जर्मनी के सोशल डेमोक्रैटों ने रुख़ अख्तियार किया था। बोल्शेविक समझते थे कि ताक़त संघर्ष में है, न कि उससे भागने में। लेनिन इस समय जो चेतावनी दे रहा था, उसका मतलब उस सेनापति का-सा था, जो चढ़ाई करने के पहले अपनी फौज को थोड़ा हटा लेता या दाएँ-बाएँ बाँट देता है। सावधानी गाड़ी का ब्रेक है, उसकी इंजन नहीं। कोई गाड़ी ब्रेक पर नहीं चला करती, न सिर्फ सावधान रहने से किसी ने कभी कोई बड़ा काम किया। लेकिन बोल्शेविक समझते थे कि संघर्ष के लिए यह आवश्यक है कि ताक़त का अच्छी तरह अंदाज़ा लगा लिया जाए। साहसी होने का अधिकार पाने के लिए आदमी को सावधान होने की जरूरत पड़ती है। यह भी वह भूले नहीं थे।

इस कांग्रेस ने एक ओर जहाँ जनता को बिना तैयारी के ही मैदान में उतर आने से मना किया, वहाँ उसने उनका आह्वान किया कि "ज्योंही राष्ट्रीय संकट और जनता के गहरे आंदोलनों के चलते ऐसी हालत पैदा हो जाए कि शहर और देहात की ग़रीब जनता मजदूरों के पक्ष में आ जाए, त्योंही हम फिर मैदान में उतर सकें, इसके लिए तैयार रहें।" इस आख़िरी संघर्ष का नारा क्या हो? अब तक जो नारा था—"सभी ताक़तें सोवियत के हाथ में"—उसे लेनिन ने वापस कर लिया। क्योंकि अब जो हालत थी, उसमें इस नारे का महत्त्व नहीं रह गया था। अप्रैल से आज़ तक—यानी जुलाई तक यह नारा दिया जा रहा था। इसकी भीतरी तह में यह बात थी कि सोवियतों के हाथ में अधिकार आ जाने पर कुछ ही दिनों के अंदर ही वह अधिकार बोल्शेविकों के हाथ में आ जाएगा, क्योंकि देर-सवेर सोवियतों में बोल्शेविकों का बहुमत हो जाना लाज़िमी समझा गया था और ऐसा होने से यह अधिकार-परिवर्तन शांतिमय ढंग से ही संपन्न हो जाता। लेकिन जुलाई के दिनों ने परिस्थिति ही बदल दी। अब सोवियत की रही-सही ताक़त भी उसके हाथ से निकलकर सैनिक गुटबंदी के हाथ में चली गई थी। एक ज़माना था, जब सोवियत का एक प्रस्ताव ही अस्थायी सरकार को बदल सकता था, लेकिन अब अगर सोवियत ऐसा प्रस्ताव करने की जुर्रत करती, तो कज़्ज़ाकों की सेना उसे मार-पीटकर टोरिद महल से ही निकाल देती। इस सैनिक गुटबंदी के हाथ से ताक़त छीनने के लिए अब सशस्त्र क्रांति की ज़रूरत आ गई थी और एक ऐसी संस्था के नाम पर सशस्त्र क्रांति का आह्वान करना, जो अधिकार लेना न तो चाहती है, न उसके लिए योग्यता रखती है, अब बिलकुल व्यर्थ था। जुलाई के दिनों ने यह भी साबित कर दिया था कि सोवियत संस्था इतनी बेजान और निकम्मी हो चली है कि उसमें जान डालना असंभव-सा है। उसमें तरक्कीपसंदों के बहुमत की बात तो सोची भी नहीं जा सकती थी।

इन बातों पर ध्यान रखकर लेनिन की प्रेरणा से यह तय किया गया कि अब अगली क्रांति के लिए हम सीधे मजदूरों और ग़रीब किसानों का राज्य क़ायम करने का नारा दें। अब वक्त आ गया है कि हम अपने क्रांतिकारी उद्देश्य को सीधे-सादे ढंग से पुकारें। इसका मानी यह नहीं कि हम सोवियतों को छोड़ रहे हैं। बल्कि हमारा यक़ीन तो यह है कि ताक़त हासिल करने के बाद मज़दूरों और किसानों को सोवियत के ढंग पर ही अपने राज्य का ढाँचा बनाना पड़ेगा। लेकिन वे सोवियतें आज की समझौतावादियों की सोवियतों से बिलकुल दूसरे ढंग की होंगी। लेनिन ने यह लिखा—"अब सभी ताक़तें सोवियत के हाथ में देने का नारा बिलकुल बेढंगा और मज़ाक भरा होगा। अब यह नारा देने का मानी होगा, जनता को धोखा देना, उसे भ्रमजाल में फँसाना।" लेनिन की इस बात से पहले लोगों को आश्चर्य-सा लगा। खासकर वे आंदोलनकर्ता, जो दिन-रात इसी नारे पर काम करते आ रहे थे, बड़ी घबराहट में पड़ गए। अब वे जनता से उसी पुराने नारे को छोड़ने को किस मुँह से कहेंगे, किन शब्दों में कहेंगे? क्रांतिकारी हल्कों में संस्थाओं का मोह बहुत ही गहरा होता है। यह मोह उन्हें बीमारी की तरह ग्रसे रहता है। यह भी सवाल उठाया गया कि यदि सोवियतों को हम छोड़ते हैं, तो फिर वह कौन-सी

जनसंस्था है, जिसे हम क्रांति का हथियार बना सकते हैं। जिसके द्वारा हम क्रांति करा सकते हैं। लेनिन ने इसका भी जवाब दिया—"अब हमें पूरा ध्यान कारखानों और दुकानों की कमिटियों पर देना है। कारखानों और दुकानों की कमेटियों को ही हमें बग़ावती संस्था का रूप देना है।"

लेनिन के इस कथन का प्रमाण मास्को की हड़ताल ने पेश किया। वहाँ सोवियत में हड़ताल का प्रस्ताव गिर गया, किंतु कारखानों और दुकानों की कमिटियों ने उसे मान लिया और वह शानदार हड़ताल की, जिसे देखकर सैनिक गुट, करेंस्की, समझौतावादी—सब दाँतों तले उँगली काटने लगे।

संकट के समय भी नया उत्साह, नई उमंग के बीच नया कार्यक्रम और नया नारा लेकर बोल्शेविकों की यह छठी शानदार कांग्रेस समाप्त हुई। सभी सदस्य चतुर सैनिक की तरह अपने-अपने मोरचे पर फिर जा डटे।

इधर देश में नई-नई घटनाएँ घट रही थीं। इन घटनाओं के कारण बोल्शेविकों के सिद्धांत प्रायः ही अग्निपरीक्षा में पड़ जाते। रीगा के पतन के बाद पेट्रोग्राद की रक्षा का सवाल उठा। अब तक बोल्शेविक लड़ाई के ख़िलाफ थे। क्या वे पेट्रोग्राद की रक्षा के अवसर पर भी वही रुख़ रखेंगे? समोलिनी में कारख़ानों और दुकानों की कमिटियों की बैठक में एक मेन्शेविक ने यह प्रश्न उठाया। एक बोल्शेविक वक्ता ने कहा, "आप हमें कह क्या रहे हैं? हमारे नेताओं को जेल में बंद करके रखा गया है और आप हमसे राजधानी की रक्षा का सवाल करते हैं?" बाइबर्ग का यह मजदूर वक्ता देशभक्त की हैसियत से क्रांतिवादी राजधानी की रक्षा के काम में कोई बाधा नहीं डालना चाहता था, लेकिन एक बोल्शेविक की हैसियत से वह युद्ध में कोई भी हिस्सा लेकर अंतरराष्ट्रीय मजदूर वर्ग के समक्ष अपने को पतित नहीं साबित कर सकता था। लेनिन ने साफ शब्दों में लिखा—"हम देश की रक्षा की जिम्मेदारी तभी लेंगे, जब हुकूमत मजदूरों के हाथ में आ जाए। रीगा या पेट्रोग्राद के पतन से हम देश की रक्षा की जिम्मेदारी नहीं ले सकते। हम मजदूरों की क्रांति के हामी हैं, हम लड़ाई के ख़िलाफ हैं, हम रक्षावादी नहीं हैं।" ट्रॉट्स्की ने जेल से ही लिखा—"रीगा का पतन एक क्रूर प्रहार है। पेट्रोग्राद का पतन हमारे लिए दुर्भाग्य की बात होगी। लेकिन रूस के मजदूर यदि अंतरराष्ट्रीय मजदूर वर्ग की नीति को छोड़ दें, यह तो संहारकारी बात होगी।"

जब कार्निलोव की बग़ावत शुरू हुई, एक बार फिर यह सवाल उठा, अब बोल्शेविक क्या करें? बोल्शेविकों ने करेंस्की की मदद की। क्यों मदद की? करेंस्की और कार्निलोव एक ही खतरे के दो रूप थे। लेकिन उनमें से एक जहाँ पुरानी बीमारी के रूप में था, वहाँ दूसरा नई बीमारी के रूप में। यह ज़रूरी था कि पहले इस नई बीमारी को, जिसका वार तेज़ था, दूर कर लिया जाए; फिर पुरानी बीमारी से निबट लिया जाएगा। जो रक्षा-समितियाँ बनीं, उसमें बोल्शेविक शामिल हुए—यद्यपि उसमें उन्हें अल्पमत में ही रखा गया था। यही नहीं, उन्होंने यह भी घोषित किया कि सरकारी 'फौजी टेक्निकल यूनियनों' में भी वे शामिल होने को तैयार हैं।

सुखालौव लिखता है—"बोल्शेविकों ने असाधारण राजनीतिक ज्ञान और नीति-निपुणता का परिचय दिया⋯अपने स्वभाव के ख़िलाफ समझौते में शामिल होकर वे एक खास लक्ष्य की ओर बढ़ रहे थे, जिसका अंदाज़ा उनके सहयोगियों ने नहीं लगाया था। इससे उनकी बुद्धिमानी का और भी परिचय मिलता है।" बोल्शेविक स्वप्नदर्शी नहीं थे। बोल्शेविक क्रांतिकारी थे—कार्यशील क्रांतिकारी, बातूनी क्रांतिकारी नहीं। वे अर्थ देखते थे, शब्द नहीं। वे अपनी नीति शक्तियों की नई गुटबंदियों को देखकर तय करते थे, न कि सिर्फ सहानुभूति या घृणा के वशीभूत होकर।

किंतु इस तरह की मदद देने का यह मतलब नहीं था कि सरकार की नीति का समर्थन किया जाए। लेनिन ने लिखा—"हमें आज भी करेंस्की की सरकार का समर्थन नहीं करना है। यह सिद्धांत के ख़िलाफ बात होगी। आप पूछ सकते हैं—क्या हमें कार्निलोव से नहीं लड़ना चाहिए? मैं कहता हूँ, लड़िए, ज़रूर लड़िए। लेकिन याद रखिए, हमारी एक हद भी है। कुछ बोल्शेविक उस हद को लाँघ रहे हैं, समझौतावाद के गर्त में उनके पैर फिसले जा रहे हैं, घटनाओं का प्रवाह उन्हें भसाए जा रहा है। सावधान!"

एक बोल्शेविक नेता ने भाषण दिया था, 'हमें पुरानी बातें भूलकर, पुरानी पार्टियों से मिलकर क्रांति

विरोध का सामना करना चाहिए, हमें एकता के नाम पर उठ खड़ा होना चाहिए ।' लेनिन ने कहा, "नहीं, पुरानी बातें भूली नहीं जा सकतीं । हम कार्निलोव से लड़ेंगे, लड़ रहे हैं, लेकिन हम करेंस्की का समर्थन नहीं कर रहे हैं, बल्कि उसकी कमज़ोरी का परदाफाश कर रहे हैं।""कार्निलोव की तानाशाही से लड़ते हुए हम करेंस्की की तानाशाही के लिए नहीं लड़ रहे हैं, बल्कि क्रांति की विजय के लिए लड़ रहे हैं ।" लेनिन की यह वाणी पेट्रोग्राद में, मास्को में, प्रांतों में सब जगह बोल्शेविकों की ज़बान पर चढ़ गई । समझौतावादियों से राजनीतिक मामलों में ज़रा भी सुलह किए बगैर, अपनी संस्थाओं और झंडों में ज़रा भी फेंट-फाट किए बग़ैर, बोल्शेविक अपने दुश्मनों के साथ मिलकर काम करने को हमेशा तैयार रहते थे, बशर्ते कि उनका वह काम उससे भी बड़े दुश्मन का ख़ात्मा करता हो ।

सुखानौव के मुताबिक बोल्शेविक उस समय किसी दूसरे ही उद्देश्य से काम कर रहे थे । वह उद्देश्य क्या था? इस समय शासनसूत्र लेना, नहीं, बल्कि उनका उद्देश्य इस समय महदूद था। वे सिर्फ यह चाहते थे कि क्रांति-विरोधी ताक़तों का ख़ात्मा हो जाए, समझौतावादियों का पिंड केडेट लोगों से छूट जाए, उनके अपने नेतृत्व में जनता का बड़े-से-बड़ा हिस्सा आ जाए और अधिक-से-अधिक क्रांतिकारी मजदूर सशस्त्र कर दिए जाएँ । अपने इन उद्देश्यों को उन्होंने कभी छिपाया नहीं । जिसने उन्हें बदनाम किया था, जिसने उनका दमन किया था, उसी सरकार को उन्होंने सैनिक संहार से बचा लिया, इसलिए कि वे उसका राजनीतिक ख़ात्मा कर सकें ।

अगस्त के अंतिम दिनों ने एक बात और ला दी । जब जनता को लड़ाई के लिए आह्वान किया गया, उसने सोवियत को फिर उसी स्थिति में ला दिया, जहाँ पर वह जुलाई के पहले थी । अब फिर सोवियत का सूत्र क्रांतिकारी जनता के हाथ में था । अब फिर ऐसी हालत आ गई थी कि यदि सोवियत चाहे, तो वह बिना संघर्ष के ही सरकार की बागडोर अपने हाथ में ले ले । जो हालत हो गई थी, सिर्फ उसे कानूनी जामा पहनाना था । सवाल सिर्फ यह था कि क्या समझौतावादी ऐसा चाहते हैं? उन्होंने एक कदम आगे बढ़ाया, यह घोषित किया कि वे अब केडेट पार्टी से कोई संपर्क नहीं रखेंगे। केडेटों से अलग होने का मतलब यह था कि अब सिर्फ समझौतावादी पार्टियों की ही सरकार रहेगी। क्या यह क्रांति के लिए अच्छा होगा? क्या बोल्शेविक उन मेन्शेविकों और सोशल रिवोल्यूशनरियों का राज पसंद करेंगे, जिन्होंने उन्हें इस तरह तबाह और बरबाद किया था?

लेनिन ने कहा, "हाँ !" तीसरी सितंबर को उसने 'समझौता' शीर्षक लेख लिखा । इस लेख में उसने उन लोगों की खिल्लियाँ उड़ाईं, जो 'समझौता' शब्द से ही घबरा उठते हैं । जो समझौता अनिवार्य है, उससे होकर ही हमें अपने आदर्श की पूर्ति की ओर, अपने कार्यक्रम की संपन्नता की ओर, बढ़ना है । "समझौते का मानी हमारे लिए यह होगा कि हम फिर अपनी जुलाई के पहले की माँग पर चले आवें । सारी ताकतें सोवियत के हाथ में, और मेन्शेविकों और सोशल रेवोल्यूशनरियों की सरकार बने, जो सोवियत के प्रति उत्तरदायी हो ।" ज्योंही परिस्थिति बदलती थी, लेनिन अपनी नीति बदलने में ज़रा भी हिचक नहीं लाता था । उसकी नीति क्रांतिकारी मोरचेबंदी की जीता-जागती मिसाल है ।

लेकिन समझौतावादियों के पैर अपनी जगह पर टिके नहीं रहे । उन्होंने तुरत ही अपना कदम हटा लिया और फिर खिचड़ी सरकार बनाने की धुन में लगे । उनकी इस हरकत के चलते फिर एक बार 'सोवियत के हाथ सभी ताकत' का कोई मतलब नहीं रह गया । यह नारा स्थगित कर देना पड़ा । लेकिन यह हालत थोड़े ही दिनों तक रही । कुछ ही दिनों के बाद पेट्रोग्राद की सोवियत में बोल्शेविकों का बहुमत हो गया और राजधानी का अनुसरण चारों ओर होने लगा । इसलिए 'सभी ताकतें सोवियत के हाथ में' का नारा फिर चारों ओर गूँजने लगा—क्योंकि अब उसका मानी बदल चुका था । 'सभी ताकतें सोवियत के हाथ में' का अब मतलब था 'मजदूर-किसान राज कायम हो ।' इस नारे के साथ यह भी तय हो चुका कि अब शांतिमय तरीके से यह राज क़ायम नहीं हो पाएगा । अतः पुनः क्रांति की तैयारी शुरू हो गई ।

आख़िरी संयुक्त सरकार !

हम देख चुके हैं कि किस तरह 26 अगस्त को ही अस्थायी सरकार टुकड़े-टुकड़े हो गई थी। उसमें ताक़त न थी कि एक भी ज़ोरों का धक्का बरदाश्त करे। करेंस्की ने जिस संचालक मंडल को जन्म दिया, उसके बारे में उसके साथी चेरनौव ने ही यों लिखा था—"आज हालत यह है कि आप जान नहीं सकते हैं कि कहाँ कार्निलोव ख़त्म होता है और फिलोमेन्को और सिवेनीकोव शुरू होता है, कहाँ सिवेनीकोव ख़त्म होता है और अस्थायी सरकार शुरू होती है।" चेरनौव का मानी साफ था। वह करेंस्की और उसके दोनों साथियों एवं कार्निलोव में कोई फर्क़ नहीं देखता था।

लेकिन समझौतावादियों की मनोवृत्ति तुरत बदल गई। वे फिर करेंस्की की शरण में जा गिरे। करेंस्की ने कार्निलोव को क्षमा कर दिया तो इन लोगों ने करेंस्की को क्षमा दे दी।

30 अगस्त को करेंस्की ने सिवेनीकोव को संचालक मंडल से हटा दिया और उसकी जगह पालचिंस्की को पेट्रोग्राद का गवर्नर जनरल बनाया। पालचिंस्की ने गवर्नर होते ही पहला काम यह किया कि बोल्शेविकों के अखबार को बंद कर दिया। जिस पर कार्य समिति और 'इजवेस्तिया' ने भी नाराजी जाहिर की। तीन दिनों के बाद पालचिंस्की भी हटाया गया। लेकिन करेंस्की तो फिदा था केडेटों पर। उसने अपने संचालक मंडल की तायदाद बढ़ाकर पाँच कर दी और उसमें केडेट पार्टी के प्रतिनिधि को भी रखा।

इस पर ज़रटेली तक आगबबूला हुआ। उसने कहा—संयुक्त सरकार बने, यह तो ठीक, लेकिन सरकार में उन्हें किस तरह जगह मिल सकती है जो कार्निलोव के षड्यंत्र में शामिल थे? जब कार्य समिति में संयुक्त सरकार बनाने की बात पर विचार होने लगा, बोल्शेविकों की ओर से कामनेव ने कहा, "आप ग़ैर-जिम्मेदार जमातों को लेकर संयुक्त सरकार बनाने जा रहे हैं। यह ख़तरे को फिर न्यौता देना है। शायद आप भूल गए हैं कि इन कुछ दिनों में एक नई संयुक्त शक्ति का जन्म हो चुका है। वह है क्रांतिकारी मजदूरों, किसानों और सैनिकों की संयुक्त शक्ति। अब इन्हीं को मिलाकर कोई सरकार बन सकती है। दूसरे ढंग की संयुक्त सरकार धोखे की चीज़ होगी।"

करेंस्की अब कार्निलोव को ख़त्म कर उसी के कार्यक्रम का अनुसरण कर रहा था। कार्निलोव चाहता था कि प्रधानमंत्री और प्रधान सेनापति का पद एक व्यक्ति में रहे। करेंस्की ने खुद प्रधान सेनापति बनकर वही किया। कार्निलोव पाँच व्यक्तियों का संचालक मंडल बनाना चाहता था, करेंस्की ने वही किया। पूँजीवादी हमेशा चेरनौव को हटाने की माँग पेश करते थे, उसने उसे शरद प्रासाद से निकाल बाहर किया। उसने एलेक्सीव को हेड क्वार्टर का सर्वेसर्वा बनाया और फरमान जारी किया कि फौज को राजनीति से कोई ताल्लुक़ नहीं रखना चाहिए। लेनिन ने ठीक ही उस समय लिखा था—"करेंस्की यथार्थ में कार्निलोववादी है, जो संयोग से कार्निलोव से लड़ पड़ा था लेकिन दूसरे कार्निलोववादियों से मिलाकर राज्य चला रहा है।"

संचालक मंडल ने भूतपूर्व युद्धमंत्री गुचकौव को शीघ्र ही जेलख़ाने से बाहर किया, जहाँ वह कार्निलोव के षड्यंत्र में शामिल होने के अभियोग में रखा गया था। गुचकौव की रिहाई के बाद बोल्शेविकों को जेल में रखना कहाँ तक मुनासिब होता? लेकिन शर्त रखी गई कि वे ज़मानत पर निकल सकते हैं। 4 सितंबर को ट्रॉट्स्की तीन हज़ार रुबल की ज़मानत पर छूटा, दूसरे बोल्शेविक भी छोटी-बड़ी ज़मानतों पर छूटे। एक ओर बोल्शेविकों को छोड़ा गया, तो दूसरी ओर करेंस्की ने हुक्म दिया कि फौजी इंकलाबी कमिटियों को तोड़ दिया जाए, क्योंकि अब उसकी ज़रूरत नहीं रह गई। करेंस्की समझता था कि इन कमिटियों में बोल्शेविकों की ही चलती है। अतः वह इनका गला घोंट देना चाहता था। लेकिन, उसकी बात नहीं मानी गई। समझौतावादी भी ज़िंदा मक्खी गले से नीचे उतारने में असमर्थ था।

जिस समय कार्निलोव की बग़ावत चल रही थी और उसके दबाने के प्रयत्न जारी थे, ज़रटेली के प्रस्ताव पर करेंस्की ने तय किया था कि बग़ावत ख़त्म होने पर एक 'जनतंत्री सम्मेलन' किया जाएगा, जिसमें प्रजातंत्र की

ताक़त उसके दुश्मनों को मालूम हो जाए। जब तक विधानपरिषद् नहीं बुलाई जाती, किसी क़िस्म की जनतंत्री संस्था के अधीन सरकार को रखने की इच्छा समझौतावादियों की थी, जिसमें बोल्शेविक या दूसरे वामपक्षी दल उसकी खिल्ली न उड़ा सकें। सोवियतों का जो रुख हो रहा था, उससे वे भयभीत थे। उन पर वे अब पूरी तरह निर्भर नहीं कर सकते थे। इस सम्मेलन में अपना बहुमत बनाने के लिए तरह-तरह की तरकीबें वे काम में लाए। देहात की सहयोग-समितियों के ही एक सौ पचास प्रतिनिधि उसमें भर दिए, जो एक तरह से सरकार द्वारा नियुक्त किए गए थे।

मास्को सम्मेलन के ठीक एक महीने बाद 14 सितंबर को यह जनतंत्री सम्मेलन पेट्रोग्राद में शुरू हुआ। उसके लिए एक हजार सात सौ पचहत्तर प्रतिनिधियों को आमंत्रित किया गया था, जिसमें लगभग एक हजार दो सौ लोग उपस्थित हुए थे। बोल्शेविक इसमें अल्पमत में थे। पेट्रोग्राद की सोवियत ने अपने प्रतिनिधियों में लेनिन और जेनोवीव के नाम भी रखे थे, लेकिन उनके नाम पर वारंट निकला हुआ था और वे इस प्रतीक्षा में थे कि सम्मेलन के दरवाज़े पर ही उन्हें गिरफ्तार कर लें। अतः लेनिन और जेनोवीव इसमें शामिल नहीं हुए। बोल्शेविकों ने इस सम्मेलन के लिए जो अपना वक्तव्य तैयार किया था, उसे पढ़ने के लिए ट्रॉट्स्की को नियत किया।

पहले तो करेंस्की इस पशोपेश में रहा कि इस प्राइवेट सम्मेलन में सरकार के प्रतिनिधि के रूप में उसे जाना चाहिए या नहीं, लेकिन अंत में वहाँ पहुँचा—उसके स्वागत में तालियाँ भी बजीं। इन तालियों की गड़गड़ाहट के बीच ही उसने सभापति मंडल के सदस्यों से हाथ मिलाना चाहा। जब बोल्शेविकों के पास गया, उसके बढ़ाए हुए हाथ की ओर उन्होंने अपने हाथ नहीं बढ़ाए। केडेटों ने भी ऐसा ही किया। कुछ गुस्से में, कुछ झुंझलाहट में, वह अपनी जगह पर जा बैठा।

अपने भाषण में उसने यह साबित करना चाहा कि उसका षड्यंत्र में कोई हिस्सा नहीं था, लेकिन वह इसमें सफल नहीं हो सका। सत्य बार-बार उसके गले को पकड़ लेता। फिर उसने सेना को संतुष्ट करने की चेष्टा की। उसने बताया कि अब वह कमांडर-इन-चीफ है। क़ानून की किताब में, फाँसी की सज़ा लिखी हुई रहे, वह किसी भी सैनिक को फाँसी दिए जाने के हुक्म पर दस्तख्त नहीं कर सकता। ट्रॉट्स्की ने कहा, "तो उस क़ानून को ही क्यों नहीं हटा देते?"

लेकिन करेंस्की किसी से मुँह लगाने को तैयार नहीं था। करेंस्की के बाद उसके संचालक मंडल के अन्य साथियों ने भी भाषण दिए, लेकिन किसी के भाषण में कोई उत्साहजनक बात नहीं थी। आर्थिक सवाल पर या लड़ाई के सवाल पर! अंत में करेंस्की ने अप्रत्यक्ष रूप से बोल्शेविकों को धमकाया—ऐसा मत समझना कि मैं हवा में हूँ। याद रखो, यदि कुछ गड़बड़ किया तो खुद मजदूर और सैनिक ही तुम्हारी ख़बर लेंगे, जैसे कार्निलोव की ख़बर उन्होंने ली है। अफसोस की बात यही है कि करेंस्की उस समय तक भी वस्तुस्थिति को नहीं समझ पाया था—कुछ हफ्तों की ही देर है, करेंस्की! तुम्हें मालूम हो जाएगा, मजदूर और सैनिक किसके साथ हैं।

समझौतावादियों ने फिर भी लंबी-चौड़ी बातें कीं—लेकिन उन बातों में तथ्य नहीं था। बात यों है कि जो पार्टियाँ विकास के रास्ते से पिछड़ जाती हैं, वे तथ्य की ओर आँखें गड़ाकर देख भी नहीं सकतीं, जिस तरह अपाहिज़ अपनी बीमारी को रू-ब-रू नहीं देख पाता है। करेंस्की की धमकी का जवाब बोल्शेविकों ने अपने घोषणा पत्र में दिया—"हम अपने कार्यक्रम की पूर्ति के लिए अपने हाथ में हुकूमत लेने के लिए प्रयत्नशील हैं, लेकिन याद रखिए, हमारी पार्टी देश की श्रमजीवी जनता के संगठित बहुमत के ख़िलाफ कभी हाथ नहीं उठाएगी।" इसका मतलब यह था कि हम तब तक हुकूमत नहीं हाथ में लेने की कोशिश करेंगे, जब तक सोवियतों में हमारा बहुमत नहीं हो जाए। घोषणा पत्र में एक माँग यह थी कि मजदूरों को सशस्त्र किया जाए। जब यह पढ़ा जा रहा था, चारों ओर से आवाज़ उठी—किसलिए, किसलिए? ट्रॉट्स्की ने जवाब दिया, "जिससे फिर क्रांति-विरोधी ताकतें सिर नहीं उठा सकें।" उसने आगे यह भी बताया—"मैं आपको अपनी पार्टी और सर्वहारा जनता की ओर से कहे देता हूँ कि सशस्त्र मजदूर अपने इस 'क्रांति के देश' को साम्राज्यवादियों के

हमले से उस तरह बचाएँगे, जैसा इतिहास में कभी नहीं देखा गया।" ज़रटेली ने इस कथन को सिर्फ लफ्फाज़ी बतलाया, लेकिन इतिहास ने छः महीने के अंदर ही दिखला दिया, जबकि लाल सेना ने साम्राज्यवादियों के छक्के छुड़ा दिए।

इस सम्मेलन में सबसे बड़ा विवाद यह रहा कि संयुक्त सरकार क़ायम हो या नहीं। ज़रटेली ने संयुक्त सरकार की हिमायत भरी। जब क्रांतिकारी प्रजातंत्र विजयी हो चुका है, तो हमें अब संयुक्त सरकार की स्थापना करना चाहिए। एक दूसरे समझौतावादी नेता ने यह पेश किया कि केडेट पार्टी के कुछ लोगों ने बदमाशियाँ ज़रूर कीं, लेकिन उनके चलते हमें सारी पार्टी को बदनाम नहीं करना चाहिए। बोल्शेविकों ने इस प्रस्ताव का जबरदस्त विरोध किया। मारटोव और उसके अनुयायी संयुक्त सरकार तो चाहते थे, लेकिन उसमें केडेट पार्टी को शामिल नहीं करके तीनों समाजवादी पार्टियों को ही मिलाकर सरकार क़ायम करने के पक्ष में थे। जब इस सवाल पर वोट लिये गए, संयुक्त सरकार बनाने का प्रस्ताव छः सौ अट्ठासी के ख़िलाफ सात सौ छियासठ वोट से पास हुआ। लेकिन केडेटों को उसमें शामिल नहीं किया जाए, यह संशोधन भी बड़े बहुमत से पास हो गया। अब तो समझौतावादी बहुत घबराए। उन्होंने इस संशोधित प्रस्ताव को ही वोट से गिराकर मानो करेंस्की के हाथ में सादा चेक रख दिया। बोल्शेविक अख़बार ने इस पर लिखा—"श्रीमान् समझौतावादी और केडेट महोदयो, इसमें शक नहीं कि इस मौक़े पर आप जीत गए हैं। अपना खेल खेल लीजिए। अपना प्रयोग कर लीजिए। लेकिन यह आपका आख़िरी खेल है, आख़िरी प्रयोग है, यह बात हम दावे के साथ आपको कह देना चाहते हैं।"

अपने को भंग करने के पहले सम्मेलन ने तीन सौ पचास प्रतिनिधियों की एक 'प्रजातंत्री कौंसिल' बना ली, जिसका दूसरा नाम पूर्ववर्ती पार्लियामेंट भी रखा। इन तीन सौ पचास प्रतिनिधियों के अतिरिक्त पूँजीवादियों को एक सौ और कज़्ज़ाकों को बीस जगहें देने का भी तय किया गया। जब तक विधान परिषद् नहीं बुलाई जाती, इसी पूर्ववर्ती पार्लियामेंट की सलाह से सरकार का संचालन करने का तय हुआ।

इस पूर्ववर्ती पार्लियामेंट में बोल्शेविक शामिल हों या नहीं, इसे लेकर बोल्शेविकों में विवाद खड़ा हुआ। ट्रॉट्स्की ने पार्टी की बैठक में 20 सितंबर को इसके बायकाट का प्रस्ताव किया, लेकिन बहुमत ने उसमें जाने का तय किया। जब लेनिन को यह ख़बर मिली, उसने 23 सितंबर को एक ज़बरदस्त लेख लिखा—"हमें पूर्ववर्ती पार्लियामेंट का ज़रूर ही बायकाट करना चाहिए। हमें मज़दूरों, सैनिकों और किसानों की सोवियतों में जाना चाहिए, हमें मज़दूरों में जाना चाहिए, हमें आम जनता के बीच जाना चाहिए। उन्हें संघर्ष के लिए आह्वान करना चाहिए, उन्हें सही और साफ नारा देना चाहिए। करेंस्की नेपोलियन बनना चाहता है, उसे दूर भगाओ, उसकी इस पूर्ववर्ती पार्लियामेंट को नेस्तनाबूद करो; मेन्शेविकों और सोशल रिवोल्यूशनरियों से हमने समझौता करना चाहा, उन्होंने हमारे हाथ को ठुकरा दिया। उनके ख़िलाफ ज़बरदस्त संघर्ष करो, उन्हें हर क्रांतिकारी संस्था से निकाल बाहर करो। ट्रॉट्स्की बायकाट चाहता था। शाबास ट्रॉट्स्की। बायकाट का प्रस्ताव गिर गया। बायकाट ज़िंदाबाद।" थोड़े दिनों में ही लेनिन के पक्ष में पार्टी का बहुमत आ गया और निश्चय किया गया कि पूर्ववर्ती पार्लियामेंट में बोल्शेविक पार्टी के प्रतिनिधि जाएँ और वहाँ अपना घोषणा पत्र पढ़कर चले आवें।

इधर तीस दिनों के संकट के बाद फिर नई संयुक्त सरकार बनाई गई। करेंस्की के बाद सबसे प्रमुख पद मास्को के एक प्रसिद्ध पूँजीपति कोनोवेलोव को मिला। वह मंत्रिमंडल का उपसभापति और उद्योग-व्यापार का वज़ीर बनाया गया। मास्को के दो और पूँजीपतियों को भी मंत्रिमंडल में लिया गया। कीव का पूँजीपति टेरेश्चेंको के ही हाथों में वैदेशिक विभाग रहने दिया गया। कुल मिलाकर इस बार की नई सरकार में छः पूँजीपति और दस अधकचरे समाजवादी थे। जिस दिन यह नई संयुक्त सरकार बनी, ठीक उसी दिन पेट्रोग्राद सोवियत की नई कार्य समिति का चुनाव हुआ, जिसमें तेरह बोल्शेविक, छः सोशल रिवोल्यूशनरी और तीन मेन्शेविक चुने गए। ट्रॉट्स्की उसका नया सभापति चुना गया। उसने कार्य समिति में इस नई संयुक्त सरकार के बारे में एक प्रस्ताव पेश किया, "यह सरकार क्रांति के इतिहास में गृहयुद्ध की सरकार के रूप में उल्लेख की

जाएगी; इसके संगठन की ख़बर सुनते ही प्रजातंत्र के सभी सच्चे हिमायती कह उठेंगे—'इस्तीफा दो !' और प्रजातंत्र की इस आवाज पर यक़ीन करके अखिल रूसी सोवियत कांग्रेस एक यथार्थ क्रांतिकारी सरकार का निर्माण करेगी।" यह प्रस्ताव सिर्फ नई सरकार के प्रति अविश्वास को ही नहीं प्रकट करता था, बल्कि क्रांति का प्रोग्राम भी इसमें सम्मिलित था। जिसके कार्यरूप में आने में सिर्फ एक महीने की देर थी।

देश की राजनीतिक स्थिति में इस तरह उथल-पुथल और गुत्थम-गुत्थी मची हुई थी, तो दूसरी ओर उद्योग-धंधों की हालत दिन-दिन ख़राब होती जाती थी। पूँजीवादी अपने कारख़ानों को बंद करते जाते थे, कोयले की कमी के कारण रेलों का चलना मुश्किल हो रहा था; शहर की बिजली-कंपनियाँ फेल कर रही थीं, छापेख़ानों की हालत भी शोचनीय हो रही थी। चीजों के दाम बढ़ रहे थे, मजदूर हड़ताल-पर-हड़ताल कर रहे थे। वे किसी भी पार्टी या सोवियत या मज़दूर संघों की मनाही सुनने को तैयार नहीं थे।

सिर्फ वे ही मज़दूर हड़ताल नहीं कर रहे थे, जो क्रांति की तैयारी में लगे थे। सरकार और उसकी समर्थक पार्टियाँ सिर्फ लंबी-लंबी बातों से मजदूरों को शांत करना चाहती थीं, लेकिन अब उनकी बातों पर किसी को विश्वास नहीं था। आख़िर रेलवे मजदूरों के धीरज का बाँध टूट गया, 24 सितंबर को उन्होंने आम हड़ताल की घोषणा की—हड़ताल आग की तरह बढ़ती जा रही थी, तब सरकार भयभीत हुई, उसने उन लोगों के लिए कुछ सहूलियतें दीं। 29 सितंबर को उनकी हड़ताल ख़त्म हुई।

अगस्त और सितंबर में खाद्य पदार्थों की स्थिति और ख़राब होती चली। कार्निलौव के दिनों में ही पेट्रोग्राद और मास्को में हर आदमी को सिर्फ चार छटाँक रोटी प्रतिदिन मिलने की व्यवस्था थी। अब मास्को में हफ्ते में सिर्फ एक सेर रोटी दी जाती थी। वोल्गा में, दक्षिण में, मोरचों पर सब जगह रोटी के लिए हाहाकार मची हुई थी। जगह-जगह मज़दूरों के जुलूस निकलते, जिनके हाथों में प्लेकार्ड होते—"हम भूखों मर रहे हैं" "हमारे बच्चे भूखों मर रहे हैं", "जो हमारे लिए नहीं, वह हमारा दुश्मन है।" अख़बारों में संघर्ष और बग़ावत की ख़बरें छपा करतीं। मजदूर, सैनिक, शहर के छोटे बाबू लोग—सब विरोध की आवाज़ें उठा रहे थे। सैनिकों की बीवियाँ मुशाहरे बढ़ाने, घर देने और जाड़े के लिए लकड़ी की माँगें पेश कर रही थीं। सैनिकों का पारा अलग गरम हो रहा था। न्याय विभाग का वज़ीर लिखता है—"बुराई के सबसे बड़े घर हैं सैनिक, इनसे पार पाना मुश्किल हो रहा है। वे लोगों के घरों में घुस जाते हैं, तलाशियाँ लेते हैं, गिरफ्तारियाँ करते हैं, पीटते हैं।" लोगों से यहाँ मतलब है, धनी लोगों से। क्योंकि सैनिक धीरे-धीरे मज़दूरों और ग़रीबों के पक्ष में आ रहे थे। वे उन्हें क्यों तंग करते?

नई खिचड़ी सरकार की जो प्रारंभिक बैठकें हुईं, उनमें सबसे ज़रूरी सवाल यह पेश हुआ कि देहातों में जो अराजकता फैली हुई है, उसे कैसे रोका जाए? तय तो कर लिया गया कि अराजकता के ख़िलाफ 'सख़्त-से-सख़्त कार्रवाई करने में नहीं रुका जाए।' एक ओर, यह तय हुआ, दूसरी ओर, यह भी सोचा गया कि सरकार के प्रति लोगों के हृदय में भक्ति पैदा करने की कोशिश की जाए। इसके लिए देहातों में खास क़मिटियाँ बनाने का भी तय हुआ। मतलब यह था कि एक ओर, उनका दमन करो; दूसरी ओर, उन्हें फुसलाने की कोशिश करो। सिर पर लाठी देकर, मुँह से ओह-ओह करो!

प्रबल ऐतिहासिक शक्तियाँ सरकार को घसीटकर गड्ढे की ओर लिये जा रही थीं। इस नई सरकार की सफलता पर किसी को भी यकीन न था। जो समस्याएँ पैदा हो रही थीं, उन्हें हल करने की ताक़त सरकार में नहीं रह गई थी। करेंस्की की हालत तो अजीब हो रही थी। वह हर सवाल को टालने की कोशिश करता। समस्याओं से घबराकर आख़िर वह अपना सारा बोझा अपने उपसभापति कोनोवेलोव पर लादकर राजधानी से हटकर फौजी हेड क्वार्टर में चला गया। करेंस्की की हालत उस आदमी की थी, जिसके पैर से ज़मीन हट गई हो। मालूम होता था, जैसे उसकी शिराओं ने काम करना बंद कर दिया है। उसकी इस बीमारी की छाप उसके सभी मंत्री-साथियों पर थी। वे भौंचक होकर सारी बातें सुनते, पढ़ते, आपस में बातें करते, काग़ज़ पर कुछ गोदगाद भी करते; लेकिन करें क्या, क्या हुक्म दें! साफ-साफ उनकी समझ में नहीं आता।

कैसा तमाशा ! हर बार नई सरकार इस उद्देश्य से बनाई गई कि यह मज़बूत सरकार साबित होगी, उसने ज़ोशोख़रोश से काम भी शुरू किया। लेकिन हर बार देखा गया कि दो क़दम के बाद ही उसके दम फूल गए, वह ज़मीन पर धड़ाम से गिर पड़ी। वह तब तक वैसी ही पड़ी रही, जब तक कि किसी नए जन-आंदोलन ने उसे झकझोरकर ख़त्म नहीं कर दिया। उसके बाद उसकी क़ब्र पर जो नई सरकार आई, उसने अपने पैदा करनेवाले को भूलकर उसके ख़िलाफ़ खड़े होने की कोशिश की, फिर धक्के खाए, फिर गिरी।

यों बार-बार संकट आते रहे, जिनके चलते सरकारी ताक़त कमज़ोर होती गई, क्रांति मद्धिम पड़ती गई, शासक दल भ्रष्ट होता गया। पहले दो महीनों की कार्य समिति सब कुछ करने की ताक़त रखती थी। उसने गिरे हुए पूँजीवाद के हाथ में शासन-सूत्र तक दे डाला। उसके बाद के दो महीनों में अस्थायी सरकार और कार्य समिति की ताक़त उससे कम इतनी तो थी कि वह फिर जर्मनी पर धावा बोल सके। लेकिन तीसरी अस्थायी सरकार में इतनी ताक़त भी नहीं रह गई थी कि वह बोल्शेविकों का ख़ात्मा कर सके और अब इस चौथी सरकार में तो ताक़त नाम की कोई चीज़ ही नहीं रह गई थी। वह किसी काम की नहीं थी। जन्म के साथ ही यह मरने लगी, आँखें खोलकर यमदूत की प्रतीक्षा करने लगी।

अक्तूबर क्रांति के पहले किसान

सभ्यता ने किसानों को बोझ ढोनेवाला जानवर बना रखा है। पूँजीवादियों ने उस बोझ का सिर्फ़ रूप और आकार बदल दिया। राष्ट्रीय जीवन की देहली पर उनके लिए मुश्किल से जगह होती है, विज्ञान की देहली से तो वे बिलकुल दूर होते हैं। इतिहास लेखकों का ध्यान उनकी ओर उसी तरह नहीं रहता, जिस तरह नाटक के दर्शकों का ध्यान परदे के पीछे रहकर दृश्यों के परदों को उठाने-गिरानेवाले और उनके भीतर के सामानों को सँभालने-सजानेवाले बेचारे लोगों पर नहीं जाता। क्रांतियों में किसानों का जो हिस्सा होता है, उस पर कितने लोगों ने ध्यान दिया है ?

फ्रांस की क्रांति के पाँचों वर्षों में हर नाज़ुक मौके पर किसानों ने आगे बढ़कर क्रांति को मदद दी, उसे बचाया। लेकिन क्रांति में उन्हें प्राप्त क्या हुआ? फ्रांस के किसानों के लिए प्रजातंत्र का एक ही मानी था—ज़मींदारों से उन्हें सदा के लिए फुरसत पा जाना। लेकिन जब क्रांति के बाद विधानपरिषद् बैठी, तो उसने किसानों को आदेश दिया— "अपने कर्त्तव्यों पर डट जाओ और दूसरे की संपत्ति पर हाथ मत बढ़ाओ।" यह दूसरे की संपत्ति का मानी था, ज़मींदारों की मिल्कियत। फ्रांस के ये क्रांतिकारी यूरोप के उस चाणक्य—मैकियावेली की बात भूल गए थे कि प्रजातंत्र और नवाबी एक साथ नहीं चल सकते। लेकिन रूस के किसान इस तथ्य को समझते थे और ज्योंही क्रांति शुरू हुई, वे नवाबी और ज़मींदारी के नाश में जुट गए।

किसानों के संबंध में हम पहले देख चुके हैं कि किस तरह फरवरी क्रांति के बाद किसानों के संघर्ष दिन-दिन, महीने-महीने बढ़ते गए। शरद आते-आते किसानों का आंदोलन समूचे रूस में फैल गया। रूस-भर के छः सौ चौबीस ज़िलों में चार सौ बयासी ज़िले इस आंदोलन के केंद्र बने हुए थे। यानी सतहत्तर सैकड़े ! इस आंदोलन का भिन्न-भिन्न हल्कों में भिन्न-भिन्न रूप था। ज़मींदार की ज़मीन छीन लेना, अन्न के भंडार लूट लेना, जंगलों पर क़ब्ज़ा कर लेना, चर्चों की ज़मीन को भी नहीं छोड़ना, यहाँ तक बड़े-बड़े किसानों की फालतू ज़मीन को भी जोत लेना—और इन कार्रवाइयों में किसी की भी ज़रा परवाह नहीं करना। वैदेशिक मंत्री टेरेश्चेंको की ज़मीन पर उन्होंने क़ब्ज़ा किया, टॉल्स्टॉय के बेटे की ज़मीन पर और नेवेस्की के लाटपादरी की ज़मीन पर भी। सरकार नए-नए सर्कुलर निकालती, सख़्ती करने की धमकियाँ देती। लेकिन किसी का कुछ असर किसानों पर नहीं होता। वे अपना काम किए जाते।

जुलाई के दिनों के बाद, जब क्रांति-विरोधियों का बोलबाला हुआ, किसानों के संबंध में भी सरकार के रुख़ में परिवर्तन हुआ। जुलाई तक या तो सरकार धमकियाँ देती थी या किसानों को समझाने-बुझाने के लिए देहातों में अपने आदमी भेजती थी। किसानों के दमन के लिए फौज का इस्तेमाल उसने अब तक नहीं किया था। लेकिन पेट्रोग्राद के मज़दूरों और क्रांतिकारी सैनिकों पर विजय प्राप्त करने के बाद उसके घमंड का ठिकाना नहीं रहा। अब घुड़सवार फौज़ों की कुमुकें वह देहातों में ज़मींदारों की मदद में भेजने लगी। ये घुड़सवार देहातों में जाकर विद्रोही किसानों को लूटते, गिरफ्तार करते, यही नहीं, उन्हें खुलेआम कोड़ों से पीटते। इसमें शक नहीं कि जिस ओर सेनाएँ भेजी जातीं, वहाँ कुछ दिनों के लिए शांति होती दीखती। लेकिन यह दमन साधारणतः आग में घी डालने का ही काम करता। जिन जगहों में पहले शांति मालूम पड़ती, वहाँ भी नई आग भड़कने लगी। पेंजा के कमिसार ने जुलाई में सरकार को रिपोर्ट दी थी—"यहाँ के किसान फसल काटने में व्यस्त हैं। नई सरकार के संगठन की ख़बर उन्होंने बड़ी ही खुशी से सुनी है।" वही अगस्त में लिखता है—"बग़ीचों पर आफत आई है, जंगलों को ज़बरदस्ती काटा जा रहा है····अशांति रोकने के लिए हमें बंदूकों का इस्तेमाल करना पड़ रहा है।"

सितंबर के शुरू में करेंस्की ने कमांडर-इन-चीफ़ की हैसियत से एक फर्मान फिर जारी किया कि अब किसानों को माफ नहीं किया जाएगा, उनके साथ पूरी सख़्ती से पेश आया जाएगा। उसके कुछ ही दिनों के बाद लेनिन ने लिखा—"या तो सब ज़मीन तुरत ही किसानों को सुपुर्द की जाए, नहीं तो ये ज़मींदार और पूँजीपति किसानों को भयानक विद्रोह करने पर लाचार कर देंगे।"

करेंस्की के इस फर्मान के बावजूद सितंबर में किसान-संघर्षों की तायदाद तीस सैकड़े बढ़ गई और अक्तूबर में सितंबर से भी सैकड़ों ज्यादा ! अक्तूबर के तीन सप्ताह में जो संघर्ष हुए, उनका अनुपात मार्च से हुए सभी संघर्षों का तिहाई था। संघर्षों की तायदाद ही नहीं बढ़ी, उनकी तीव्रता और भयानकता भी बढ़ती गई। किसान सिर्फ़ ज़मीनों पर ही क़ब्ज़ा नहीं करते, ज़मींदार के हर कारबार का सत्यानाश करने की कोशिशें करते, उनके घरों को उजाड़ते, उनकी कचहरियों में आग लगाते, यहाँ तक कि उनके अमलों और उनकी भी हत्या करने से बाज़ नहीं आते।

यहाँ जून में मालगुज़ारी कम करने की उनकी माँग थी, वहाँ अब ज़मींदारों को बोरिए-बंधनों के साथ भगाने का आंदोलन शुरू हो गया था। अब जंगल-के-जंगल किसान ज़बरदस्ती काट लेते, चारागाहों को अपने पशुओं से चरा डालते। जंगलों के लिए संघर्ष बड़ा तीव्र इसलिए था कि लड़ाई के चलते लकड़ी बड़ी महँगी बिकती थी, ज़मींदार उससे मालामाल बनते जाते, लेकिन किसानों को छूने भी नहीं देते। गुस्से में आकर वे जंगलों को काट डालते और कहीं-कहीं तो आग लगाकर उन्हें स्वाहा भी कर देते ! जंगल के रक्षक जान लेकर भाग रहे थे। किसानों का कुल्हाड़ा ग़ज़ब ढा रहा था।

उन हल्क़ों में, जहाँ अन्न बाहर से जाते, शहरों की अपेक्षा बुरी हालत हो गई थी। सिर्फ खाद्यान्नों की ही कमी नहीं थी, बीज के लिए भी त्राहि मची हुई थी। अन्नों की क़ीमत बढ़ जाने से इन किसानों की तबाही और बढ़ गई थी। कई प्रांतों में भूखे लोगों ने लूटपाट शुरू कर दी—वे अन्न के भंडारों को लूट लेते, अन्न की व्यवस्था के लिए खुली सरकारी संस्थाओं पर धावे बोल देते। अन्न न मिलने से उन्हें साग-पत्ते पर गुज़र करने को बाध्य होना पड़ा। तरह-तरह की घातक बीमारियाँ फैलीं। एक तरफ यह भूख, यह बीमारी, यह मौत—दूसरी ओर ज़मींदारों और पूँजीपतियों की रंगरलियाँ। भूख की सेना अन्त में क्रांति की सेना में परिणत हुई।

8 सितंबर को टौम्बौव प्रांत के एक गाँव के कुछ किसान गदाओं और फरसों से लैस होकर हर किसान के घर पर पहुँचे और उनसे ज़मींदार की रियासत लूटने के लिए चलने का आह्वान किया। सभा में एक आदमी ने प्रस्ताव रखा कि हम लोग शांतिपूर्वक ज़मींदारी पर क़ब्ज़ा करें, उसकी जायदाद आपस में बाँट लें और मकानों में स्कूल आदि खोलें। लेकिन ग़रीब किसानों ने कहा—नहीं, हमें उसे जला देना चाहिए, एक ईंट को भी खड़े नहीं रहने देना चाहिए। बहुमत गरीबों का था। रात में वह रियासत ज्वालाओं के बीच में धधक रही थी। हर चीज़, जो जल सकती थी, जला डाली गई। पशुओं को कत्ल कर दिया गया। मालूम होता था, वे किसान पागल

हो गए हैं। एक ज़मींदारी से यह आग दूसरी ज़मींदारी में पहुँची। चारों ओर ज्वाला-ज्वाला, धुआँ-धुआँ। अब किसानों के हाथ में सिर्फ गदाएँ या कुल्हाड़े नहीं थे, न जाने कहाँ से उन्हें रिवाल्वर और हाथबम भी मिल गए थे। कहाँ से? लड़ाई ने किसानों को क्रांति के इन अस्त्रों से सुसज्जित कर दिया था। ज़मींदार-सभा की रिपोर्ट है कि तीन दिनों के अंदर चौबीस रियासतें जलाकर खाक़ कर दी गईं। जब बड़ी फौज आई, फौजी क़ानून जारी किया गया, तब कहीं अमन क़ायम किया।

सितंबर के अंत में टौरिद प्रांत में जो एक लूट हुई, उसका वर्णन यों है—"किसानों ने ज़मींदार के महल पर धावा किया। अमलों को भगा दिया, पशुओं को खोल लिया, औजारों और अन्न भंडारों को लूट लिया। खिड़कियों से उन्होंने जंगले निकाल लिये, दरवाज़ों से चौखट-किवाड़; सहन से क़ीमती पत्थर और ज़स्ते के टुकड़े उखाड़ लिये और सबको लादकर ले चले। पहले वे पैदल आए थे और जो पीठ और कंधे पर ढो सकते थे, ले गए। फिर वे घोड़े और गाड़ियाँ लेकर आए और उन पर चीज़ों को लाद-लूदकर ले चले। भीड़ के कारण रास्ता रुका हुआ था, धक्कम-धुक्की करते वे बढ़ते थे। दिन में दोपहर को उन्होंने यह लूट शुरू की थी, दो दिन और दो रात वे लगातार ढोते रहे। अड़तालीस घंटे के बाद वहाँ कोई भी चीज़ नहीं बच पाई थी।" इन लूटों के लिए किसानों के पास अपनी दलील थी। यह ज़मींदार हमारा था, हमने उसके लिए काम किया और उसकी चीज़ें भी हमारी थीं; हमने अपनी चीज़ें ले लीं, तो इसमें अन्याय क्या हुआ? प्रायः लड़के भी इन लूटपाटों में शामिल होते। यह लूटपाट, यह अगलगी—दावानल की तरह देश के कोने-कोने में फैल रही थी। शाम हुई कि ज़मींदारों के कलेजे उछलने लगे। धावे प्रायः रात को ही होते। किसानों की दुस्साहसिकता कुछ ऐसी बढ़ गई थी कि एक दिन उन्होंने भूतपूर्व कमांडर-इन-चीफ़ ग्रैंड ड्यूक निकोलाई की ज़मींदारी के भी धुर्रे उडा दिए। जब सब चीज़ें वे लूटकर ले जा चुके, तो अंत में चूल्हे तोड़ दिए, सेहन फोड़ दिए। इन लूट-हंगामों में किसानों की अपनी हजारों साल की पुरानी युद्ध-नीति काम कर रही थी। उनके घोंसलों को बिलकुल उजाड़ दो—जिसमें वे फिर से इस डाल पर लौट न सकें। एक ज़मींदार की बड़ी सुंदर इमारत थी। एक ने प्रस्ताव किया, अच्छा हो, हम इसे छोड़ दें, इसमें अस्पताल खोलेंगे। लेकिन सभी किसान चिल्ला उठे—नहीं, नहीं, यह ग़लती नहीं, भाई! भेड़िए की माँद को मत छोड़ो, उसे नष्ट-भ्रष्ट कर दो, नहीं तो वह फिर उसमें आ बसेगा। पीछे जब सैनिकों और किसानों में साँठगाँठ बढ़ी, तो सैनिकों ने इस नारे में एक बात और जोड़ दी—भेड़िए की माँद ही मत नष्ट करो, उसको भी गोली के घाट उतार दो!

अप्रैल में लेनिन को आशंका थी कि बड़े किसान और सहयोग-समितिवाले साधारण किसान को समझौतावाद की ओर घसीट ले जाएँगे, उन्हें पूँजीपतियों और ज़मींदारों से नत्थी कर देंगे। इसलिए उसने देहात के खेत-मजदूरों की अलग सोवियतें बनाने और ग़रीब किसानों के संगठन करने पर बहुत ज़ोर दिया था। लेकिन अनुभव ने बताया कि बोल्शेविकों की यह नीति भ्रममूलक थी। न तो खेत मज़दूरों के संघ सफल हो सके, न ग़रीब किसानों की अलग किसान-सभाएँ बन पाईं। इसका कारण क्या है? इनको छिट-पुट होने या पिछड़े होने की बात कह देने से मामला नहीं सुलझता।

किसानों का सवाल मालगुज़ारी का सवाल था और खेत-मज़दूरों का सवाल मजदूरी का। मजदूरी के सवाल पर बड़े किसान भी उतने ही अपराधी थे, जितने ज़मींदार। लेकिन इन दोनों सवालों की जड़ में थी ज़मींदारी प्रथा। असल दुश्मन ज़मींदार थे, जो खेत-मज़दूर और किसान, दोनों को पीसे जा रहे थे। फिर धीरे-धीरे सवाल सिर्फ मालगुज़ारी या मजदूरी का नहीं रह गया। वह सीधे ज़मीन तक आ पहुँचा। अब किसान और खेत-मज़दूर, दोनों की नज़र ज़मींदार की ज़मीन पर पड़ी। दोनों मिल गए। प्रायः ऐसा देखा गया कि बड़े किसानों का विद्रोह बड़े पैमाने पर फैलने लगा, तो ये बड़े किसान घबराए ज़रूर—क्योंकि ये धनवाले थे, इन्हें लूटपाट और सरकारी दमन का ख़तरा था। लेकिन अब वे उस प्रवाह को रोकने में असमर्थ थे। वे ज्यादा-से-ज्यादा यही कर सकते थे कि उनसे हटे रहें। लेकिन उनके हटने से विद्रोह का कुछ बिगड़ नहीं सकता था। बल्कि कभी-कभी इस विद्रोह की चपेट में उन्हें भी पड़ जाना पड़ता था। ऐसा भी देखा गया कि किसानों ने

इन बड़े किसानों को भी साथ-ही-साथ लूट लिया। ऐसी घटना से सबक़ लेकर बड़े किसान हमेशा विद्रोहियों की हाँ-में-हाँ मिलाया करते। बल्कि छोटे-छोटे ज़मींदार भी भयभीत होकर किसानों में ही मिल जाया करते थे। पेरम प्रांत के छोटे ज़मींदारों ने सितंबर में अपनी सभा करके यह घोषित किया कि नवाबों, राजाओं, ताल्लुकेदारों और बड़े ज़मींदारों से उनका हित नहीं मिलता, वे उनसे अलग हैं।

किसानों में सोशल रिवोल्यूशनरियों ने ही ज्यादा काम किया था। किसान उन्हें ही अपना नेता मानते, उन्हें ही अपने प्रतिनिधि चुनते, उन्हीं से घुले-मिले रहते। मई में जब किसान-सोवियतों की कांग्रेस हुई थी, तो कार्य समिति के लिए जहाँ चेरनौव को आठ सौ दस वोट मिले और करेंस्की को आठ सौ चार, वहाँ लेनिन को सिर्फ बीस—हाँ, सिर्फ बीस वोट मिले थे। चेरनौव अगर अपने को किसानों का वज़ीर कहता था, तो वह बेमानी बात नहीं कह रहा था। 'ज़मीन और आज़ादी'—सोशल रिवोल्यूशनरियों का यह नारा किसानों का अपना नारा था। लेकिन, जब इस नारे पर काम करने का वक्त आया, सोशल रिवोल्यूशनरियों की कलई खुलने लगी। एक ओर, ज़मींदारों और पूँजीपतियों से मिलकर खिचड़ी सरकार बनाना और दूसरी ओर, इस नारे को कार्य में लाना—दोनों बातें आपस में टकराती थीं। किसानों द्वारा ज़मीन पर क़ब्ज़ा किए जाने के खिलाफ़ ज़मींदारों ने बावेला मचाया तो पूँजीपति भी चुप नहीं रह सके। क्योंकि इन ज़मींदारों ने अपनी रियासतों पर बैंकों से बड़े-बड़े कर्ज़ ले रखे थे। जो अरब-खरब तक पहुँचते थे। ज़मींदारों और बैंकरों के हाय-तौबा से, उनकी धमकियों से, भयभीत होकर सोशल रिवोल्यूशनरियों ने किसानों को ज़मीन पर दख़ल करने से मना करना शुरू किया। उधर सरकार भी कोड़े फटकारने लगी। नतीजा यह हुआ कि किसानों का विश्वास सोशल रिवोल्यूशनरी पार्टी से ही नहीं उठ गया, उनकी शिरकत में चलनेवाली सरकार पर से भी उठ गया। जुलाई में ही एक सोशल रिवोल्यूशनरी नेता ने पार्टी की एक कमिटी की बैठक में कहा था—"यद्यपि किसान अब भी अपने को सोशल रिवोल्यूशनरी कहते हैं, लेकिन उनके और पार्टी के बीच गड्ढा पड़ गया है। हमारे आंदोलन के चलते वे बोल्शेविकों से घृणा करते हैं, लेकिन वे ज़मीन और हुकूमत के बारे में बोल्शेविकों के ही तरीक़े पर सोचते और काम करते हैं।"

बोल्शेविकों का प्रभाव किसानों पर फरवरी तक बहुत ही कम था। लेकिन ज्यों-ज्यों किसानों को सोशल रिवोल्यूशनरियों और सरकार से निराशा होती गई, त्यों-त्यों बोल्शेविकों की ओर उनकी प्रवृत्ति बढ़ती गई। इसमें मज़दूरों और सैनिकों ने बहुत काम किया। जिन देहातों-हल्कों में कारखाने थे, उनमें तो मज़दूरों का किसानों से सीधा संपर्क था। बड़े-बड़े शहरों से मज़दूर जब छुट्टियों पर देहात में जाते तो अपने साथ बोल्शेविक संदेश और साहित्य को भी लिये जाते। पेट्रोग्राद के मज़दूरों ने 'घर जाओ' नामक एक संस्था बनाई थी, जो चतुर मजदूरों को छुट्टियाँ दिलाकर काफी साहित्य के साथ देहातों में भेजती। ऐसी संस्थाएँ पीछे मास्को और टवेर में भी क़ायम हुईं। घर से लौटकर जब मज़दूर आते, तब उनसे देहातों की स्थिति पर रिपोर्टें ली जातीं; उन पर बहसें की जातीं, किसानों का रुख़ समझ उनमें प्रचार करने के तरीक़े निकाले जाते। लेकिन मज़दूरों की अपेक्षा सैनिकों ने बोल्शेविकों के संदेस देहातों में ज्यादा फैलाए। किसानों के नौजवान बेटे फौज में भरती होकर शहर के बारिकों में आते, वहाँ से मोरचे पर भेजे जाते। बारिकों और मोरचों पर वे उन दृश्यों को देखते, उन बातों को सुनते, जिनकी कल्पना उन्होंने अपने गाँवों में नहीं की थी। धीरे-धीरे उनकी आँखें खुलतीं। जब आँखें खुलने में काफी देर होती, समझौतावादी उन्हें काफी देर तक अपने चक्कर में फैलाए रहते।

लेकिन एक बार जहाँ आँखें खुलीं, तो सदा के लिए खुलीं। ये सैनिक छुट्टियों में घर लौटते, तो अपने लंबे कोट में बोल्शेविकों का साहित्य भी लेते हुए पहुँचते। बोल्शेविकों के सीधे नारों को दुहराने में उन्हें दिक्कत नहीं होती। इन छुट्टी पर जानेवाले लोगों के अतिरिक्त सैनिकों की सोवियत अपने प्रचारकों को भी देहातों में भेजती। पेट्रोग्राद की सैनिक-सोवियत ने आठ महीने के अंदर लगभग एक हजार चार सौ प्रचारकों को देहातों में भेजा था। क्रोंस्टिडेंट के नाविकों ने पेट्रोग्राद के मजदूरों की तरह 'घर जाओ' का आंदोलन शुरू किया। ऐसी संस्थाओं से भेजे जानेवाले सैनिकों और नाविकों को रेलवे के नाम से फ्री पास भी दिए जाते, जिनके आधार पर

उन्हें यात्रा करने से रोका-टोका नहीं जाता। फिर जो सैनिक लड़ाई से भाग जाते, वे देहातों में लड़ाई, सरकार और लड़ाई का समर्थन करनेवाली पार्टियों के ख़िलाफ विष-बीज बोते फिरते। निजनी-नौवगोरोद का कमिसार लिखता है—"जिन हल्क़ों में लड़ाई के भगोड़े या छुट्टी पर आए या सैनिक कमिटियों द्वारा भेजे गए सैनिक पहुँच जाते, वहाँ अव्यवस्था फैल जाती, दिन-दहाड़े क़ानून तोड़े जाते।" मोग़िलीव प्रांत में "मोरचे से लौटे सैनिक गाँव में पहुँचते ही नेता बन जाते और उनका पहला काम ज़मींदारों को भगाना होता।"

जो सैनिक गाँवों में जाते, वे किसानों को रिवाल्वर, बम, बंदूक, किरच आदि का चलाना भी सिखाते। सैनिकों की बीवियाँ अपने पति से वीरता का पाठ पातीं। पेंजा के एक किसान ने लिखा है—"सितंबर में एक नया ही आंदोलन दीख पड़ने लगा—सैनिकों की बीवियाँ सभाओं में जातीं और ज़मींदारियाँ लूट लेने के लिए किसानों को प्रोत्साहित करतीं।"

जब सरकार ने किसानों के विद्रोहों को दबाने के लिए देहातों में फौज भेजना शुरू किया, तो एक नया ही तमाशा देखा जाने लगा। पहले तो सरकार ने कज्ज़ाकों को भेजना शुरू किया, उन्होंने दमन भी किया। लेकिन दिन-दिन विद्रोहों की तायदाद बढ़ती जा रही थी, हर जगह कज्ज़ाक ही कहाँ तक भेजे जाते? और कज्ज़ाकों पर ही एकमात्र अवलंब कैसे किया जाता, इसलिए दूसरी फौजों को भी भेजना ही पड़ा। धीरे-धीरे ऐसी हालत हो गई कि इन सैनिकों में से अधिकांश किसानों से मिल जाते। पोडोलस्क प्रांत का कमिसार लिखता है—"फौजी संस्थाएँ और व्यक्तिगत सैनिक आर्थिक और सामाजिक सवालों को हल कर रहे हैं। वे किसानों को ज़मीन पर क़ब्ज़ा करने और जंगल काट लेने के लिए उत्साहित करते हैं और प्रायः उसमें अपने भी भाग लेते हैं। मुक़ामी फौज की टुकड़ी ने किसानों पर गोलियाँ चलाने से इनकार कर दिया है।"

इस तरह शहरों से आए मज़दूरों और सैनिकों के मार्फत किसानों में बोल्शेविकों के संदेश और नारे ही नहीं पहुँचे, बोल्शेविक पार्टी और लेनिन का नाम भी फैलने लगा। सिंबरस्क का एक किसान लिखता है—"अगस्त में मज़दूरों ने गाँव-गाँव घूमकर बोल्शेविक पार्टी और उसके कार्यक्रम के बारे में घोर प्रचार शुरू किया।" स्मैलेंस्क का एक किसान लिखता है—"अगस्त के अंत तक हम लेनिन के बारे में सुनने लगे, उसमें दिलचस्पी लेने लगे, उसके लेख आदि भी पढ़ने-समझने लगे।"

नौवगोरोद का एक किसान बताता है कि किस तरह सितंबर में एक गाँव में सोशल रिवोल्यूशनरी सभा कर रहे थे और किस तरह उन्होंने बोल्शेविकों को 'हड़पनेवाला' और 'धोखा देनेवाला' बताया। इस पर किसान बिगड़ खड़े हुए—"चुप रहो कुत्ते! इसे पत्थर पर पटक दो। खबरदार, ऐसी मनगढ़ंत बातें फिर मत कहना। तुमने हमें ज़मीन दिलाई? हम तुम्हें ख़ूब पहचान गए हैं। हमें बोल्शेविक ही चाहिए।" टवेर का एक किसान बताता है कि किस तरह उसके गाँव के ग़रीब किसानों में लेनिन का नाम सबकी ज़बान पर था, सब लेनिन की ही चर्चाएँ किया करते थे।

किसानों से निकटतम संपर्क स्थापित करने के लिए नेवेस्की ने पेट्रोग्राद सोवियत में 10 सितंबर को प्रस्ताव रखा कि हमें किसानों के लिए एक अलग अख़बार जल्द निकालना चाहिए। ''हमें पेरिस क़ानून से सबक़ लेना चाहिए, जहाँ पेरिस के मज़दूर न किसानों को समझ पाए और न किसान पेरिस के मज़दूरों को।" शीघ्र ही पार्टी की ओर से 'व्येदेनोता' नामक किसानों का पत्र निकलने लगा। लेकिन बोल्शेविकों का प्रचार सिर्फ अख़बारों पर निर्भर नहीं था। जिस तरह हवा पराग को ढोती है, उसी तरह क्रांति का तूफान लेनिन के संदेश को घर-घर, गाँव-गाँव पहुँचाता फिरता था।

पेट्रोग्राद के बोल्शेविक मज़दूरों ने किसानों से संपर्क बढ़ाने और उनकी सहानुभूति पाने के लिए एक काम और किया। कारख़ानों में जहाँ कहीं भी फालतू, छिट-पुट लोहे के टुकड़े मिलते, उन्हें ढाल-दूल, ठोंक-पीटकर वे किसानों के लिए छोटे-छोटे औजार—कुदाल, कुल्हाड़ा, फाल, हँसिया आदि बनाते और उन्हें पार्टी की ओर से किसानों के पास सौग़ात के रूप में भेजते। इन सौग़ातों को किसान बड़ी कृतज्ञतापूर्वक स्वीकार करते और जब इनका लानेवाला उनसे कहता—"साथियो, इन छोटे-छोटे औजारों से आपका काम नहीं चल

सकता, लेकिन हम करें तो क्या करें? ज़रूरी यह है कि ज़मींन पर आपका अधिकार हो और कारख़ाने हमारे हाथ में हों और यह सत्यानाशी युद्ध बंद हो जाए। तब देखिएगा, हम और आप कितना सुखी रहेंगे।" तो वे उसकी बातें आँख मूँदकर मान जाते, उसके लाए पर्चों को पढ़ते और थोड़े दिनों में ही वहाँ पार्टी की एक छोटी शाखा क़ायम हो जाती। टवेर का किसान वोरोवीव लिखता है—"बोल्शेविकों का आंदोलन ग़रीब किसानों में इतने ज़ोरों से फैल रहा था कि हम मज़े में कह सकते हैं कि अगर क्रांति अक्तूबर में नहीं होती, तो नवंबर में होकर ही रहती।"

सितंबर और अक्तूबर के महीनों में रूसी किसानों को राजनीति के लिए फ़ुरसत-ही-फ़ुरसत थी। खेतों में बुआई ख़त्म हो चुकी थी, उनके आँखों के परदे हट चुके थे, उनके हृदय का धीरज टूट चुका था। मौक़ा आ गया था कि अब चीज़ों को ख़त्म किया जाए। आंदोलन की धारा अब किसानों को तोड़कर चारों ओर बह रही थी, ज़िलों-ज़िलों में तेज़ी से फैल रही थी। सभी स्थानीय विशेषताओं को ढाँपती हुई, गाँवों की सभी सतहों के लोगों को एकत्र करती हुई, क़ानून और ख़तरे के डर को बहाती हुई, दिन-दिन भयंकर और आक्रमणशील होती हुई! बग़ावत की देवी अब तांडव नृत्य करने को खड़ी हो गई थी, अब उसके हाथों में आग थी, इस्पात था—रिवाल्वर, हाथबम, राइफल, किरचें! वह कचहरियों को जला रही थी, ज़मींदारों के महलों को धूल में मिला रही थी, ज़मीन को साफ कर रही थी और कहीं-कहीं ख़ून से भी उसे सींच रही थी। जिस तरह बीमार आदमी मौत की राह देखता है, उसी तरह रूसी धनपति भय से साँस रोके अपने अंतिम दिन गिन रहे थे।

ग़ुलाम क़ौमों का सवाल

ज़ारशाही रूस ने अपने विस्तार के सिलसिले में बहुत-सी क़ौमों को ग़ुलाम बना रखा था। इन क़ौमों की तायदाद, आज के अंग्रेज़ी साम्राज्य की तरह, मूल रूसी क़ौम से भी ज्यादा हो चली थी। क्रांति के समय रूस की आबादी सोलह करोड़ थी। इनमें सिर्फ सात करोड़ रूसी थे, बाक़ी नौ करोड़ वे क़ौमें थीं, जिनके गले में भिन्न-भिन्न समयों में, भिन्न-भिन्न ज़ारों द्वारा ग़ुलामी के तोकें डाल दिए गए थे। इन ग़ुलाम क़ौमों में दो क़िस्म के लोग थे, जो रूस के पश्चिम-उत्तर में थे, जैसे पोलैंड, यूक्रेन, फिनलैंड आदि के निवासी थे, वे बहुत ही सभ्य थे और जो पूरब और दक्षिण की ओर थे, एशिया निवासी, वे सभ्यता के लिहाज़ से बहुत ही पिछड़े हुए थे।

इन ग़ुलाम क़ौमों को ख़ूब ही चूसा जाता। न सिर्फ ज़ार बल्कि रूस के शासक-दल की सारी भोग लिप्सा की पूर्ति उनकी गाढ़ी कमाई से की जाती। वे एशियायी हिस्सों को ही लूट-मारकर तबाह नहीं किए रहते, उनके यूरोपीय भाईबंद भी उनके शोषण-दोहन से त्राहि-त्राहि कर रहे थे। इन ग़ुलाम क़ौमों के साथ रूसी क्रांतिकारी क्या रुख रखें, यह सिर्फ दिमाग़ी नहीं था, बल्कि इसकी बड़ी भारी अमली अहमियत थी। पूँजीवादी क्रांति ने फ्रांस, इटली और जर्मनी में छोटी-छोटी क़ौमियतों, छोटे-छोटे गिरोहों के भेदभाव को दूर कर एकत्रीकरण, केंद्रीकरण की भावना को प्रोत्साहित किया था और ऐसा करके ही वे राष्ट्र मज़बूत बन पाए थे।

लेकिन रूस की समस्या टर्की और आस्ट्रिया-हंगरी के साम्राज्यों की तरह बिलकुल अलग ढंग की थी, वहाँ केंद्रीकरण का मानी था ग़ुलामी को दिमागी पट्टा देना, फलतः वहाँ की क्रांति की प्रवृत्ति विघटन की और ग़ुलाम क़ौमों को स्वभाग्य-निर्णय का अधिकार देने की ओर हुई।

ज्यों-ज्यों जन-जागरण फैलने लगा, पोलैंड, फिनलैंड, यूक्रेन आदि से आवाज़ें आने लगीं, हमें आज़ादी दो। वहाँ ऐसी पार्टियाँ भी बनीं, जो अपने-अपने मुल्कों को ज़ारशाही की चंगुल से छुड़ाने की कोशिशें करतीं। उन्होंने बड़े-बड़े बलिदान भी किए। अब सवाल यह था कि इन छोटे-छोटे राष्ट्रों के प्रति बोल्शेविकों की नीति क्या रहे? लेनिन ने शुरू से ही इन राष्ट्रों के लिए स्वभाग्य-निर्णय के अधिकार को मान लिया और अपनी पार्टी

के विधान में भी इसे जगह दे दी ।

बोल्शेविक पार्टी द्वारा स्वीकृत इस स्वभाग्य-निर्णय के सिद्धांत का मानी ख़्वामहख़्वाह अलगाव नहीं था । उसका मानी सिर्फ यह था कि हम हर राष्ट्रीय उत्पीड़न के ख़िलाफ लड़ें, किसी राष्ट्र को ज़बरदस्ती किसी राज्य में शामिल किए जाने की नीति की मुख़ाल्फत करें । इस स्वभाग्य-निर्णय का एक पहलू और भी था । पार्टी के अंदर कड़े केंद्रीयकरण को स्थान दिया गया था, जिससे समाजवादियों के अंदर राष्ट्रीयता की विघटनकारी प्रवृत्तियों का बीज भी जनमने नहीं पाए । एक ओर, पार्टी इसके ख़िलाफ थी कि कोई राज्य अपने अंदर किसी छोटे राष्ट्र को ज़बरदस्ती बाँधकर रखे तो दूसरी ओर, उसने यह अपना पवित्र कर्तव्य समझा था कि सभी राष्ट्रों के सर्वहारा को एक ऐसे केंद्रीय संगठन के अधीन रखे जिसमें वे परस्पर चीनी-दूध की तरह घुले-मिले रहें । इसलिए पार्टी के संगठन में उसने अलग-अलग टुकड़ियों को संघबद्ध करने की नीति कभी नहीं मंज़ूर की ।

अस्थायी सरकार जिस तरह मजदूरों, किसानों और सैनिकों को संतुष्ट नहीं कर सकी, उसी तरह गुलाम क़ौमें भी उससे संतुष्ट नहीं हो सकीं । वह ज़ारशाही की कड़ियों को नहीं तोड़ सकी—बल्कि प्रजातंत्र के नाम पर भूल-भुलैया रचकर इन गुलाम क़ौमों की संपत्ति और शक्ति का दोहन उसने जारी रखा । उनके सवाल को विधान परिषद् के सिर पर थोपकर, युद्ध के नाम पर, निरंकुश शासन को उसने पुरानी ही तरह क़ायम रहने दिया । वही रूसी भाषा स्कूलों और कचहरियों की भाषा रही, वे ही रूसी नागरिक उनके हाकिम और शासक रहे । विधान परिषद् की चर्चा से उन्हें और कुढ़न होती । यह घाव पर नमक छिड़कना था । जिनकी अस्थायी सरकार है, उन्हीं समझौतावादियों का बोलबाला तो उस परिषद् में रहेगा । फिर उनसे क्या आशा की जाए ?

पहला संघर्ष फिनलैंड से ही शुरू हुआ । फिनलैंड की पार्लियामेंट में समाजवादियों का बहुमत था । उस पार्लियामेंट ने—जो 'सीम' कहलाती है—जून में प्रस्ताव करके युद्ध और परराष्ट्रनीति को छोड़, अन्य सभी बातों में फिनलैंड की स्वतंत्रता की घोषणा की और इस बारे में रूस के 'साथी' समाजवादियों से सहायता और सहानुभूति की अपील की । लेकिन इस अपील के जवाब में करेंस्की-चेरनौव-ज़रटेली एंड कंपनी ने 'सीम' को ही भंग कर देने की घोषणा की और उसके हेलसिंगफोर्स स्थित भवन पर फौज का पहरा डाल दिया । अस्थायी सरकार ने इसके बाद जो चुनाव कराया, उसमें समाजवादियों की करारी हार दिलाई गई और पूँजीवादियों का बोलबाला हुआ ।

दूसरा संघर्ष यूक्रेन से शुरू हुआ । वहाँ की पार्लियामेंट 'राडा' ने जब जून में यूक्रेनी सैनिकों की कांग्रेस करना चाहा, तो करेंस्की ने उसे रोक दिया । लेकिन उसकी रोक कौन सुनता है ? कांग्रेस हुई और शान से हुई । 1 जून में ही राडा की बैठक हुई, जिसने घोषित किया कि अब हम अपना स्वभाग्य-निर्णय स्वयं करेंगे । इस पर नाराज़ होकर केडेटों ने उन्हें जर्मनी का एजेंट बताया और समझौतावादियों ने उलहनापूर्ण धमकी दी । अस्थायी सरकार ने अपने खास दूत कीव भेजे ।

जुलाई दिनों के बाद सरकार जब खुलकर खेलने लगी, तो राडा ने अस्थायी सरकार को ज़ारशाही की सगी बहन कहकर उसकी निंदा की । यों दोनों तरफ से खींचतान चलती रही । सितंबर में अस्थायी सरकार को गुलाम देशों के लिए स्वभाग्य-निर्णय के अधिकार की घोषणा करनी पड़ी । लेकिन यह तो सिर्फ हाथी के दिखाने के दाँत थे । जब यूक्रेनवालों ने अपनी विधानपरिषद् के लिए आंदोलन शुरू किया, तो करेंस्की के क्रोध का ठिकाना नहीं रहा, उसने तार द्वारा यूक्रेन के प्रधानमंत्री को कैफियत के लिए पेट्रोग्राद तुरत आने का हुक्म भेजा और 'राडा' के बारे में अनुसंधान करने को कीव के सरकारी वकील को अधिकार दिया ।

रूस के गुलाम राष्ट्रों में एक खास बात साफ ही दिखाई पड़ती थी । वहाँ के शहरों और गाँवों के रूपरंग में ही भेद नहीं था, उनके स्वार्थों में भी ज़मीन-आसमान का फ़र्क़ था । उन गुलाम राष्ट्रों के शहरों में दूसरे राष्ट्रों के पूँजीवादियों की भरमार हो रही थी, किंतु देहातों में उनके मूल निवासियों की ही आबादी थी । जहाँ यूक्रेन या सफेद रूस के शहरों में आप पूँजीवादी, वकील, दुकानदार, अख़बारनवीस आदि के रूप में रूसी पोल या यहूदी

को पाते, वहाँ उनकी देहातों में यूक्रेनियन या सफेद रूसी किसान ही बसे होते। लथुनिया, इस्थुनिया आदि बाल्टिक देशों के शहरों में रूसी, जर्मन या यहूदी आबादी होती, वहाँ देहातों में लेट और इस्थुनी ही पाए जाते। जॉर्जिया में, अरमोनिया में, अज़रबैज़ां में भी शहरों और देहाती आबादियों में इसी प्रकार के भेदभाव थे। इनके जो शहर होते, वे मानो गुलाम राष्ट्रों के समुद्र में 'रूसी टापू' होते—जहाँ रूसी भाषा, भेस, भाव की भरमार होती।

जब तक गाँव चुप थे, उनकी उपेक्षा की जाती थी। लेकिन ज्यों ही उन्होंने आवाज़ें उठाना शुरू किया, तब शहर के कान खड़े हुए। उन्होंने दबाने की कोशिशें शुरू कीं। शहरों की इस चेष्टा के सबूत हमें गुलाम राष्ट्रों की शहरी सोवियतों में मिलते थे। कीव, रीगा या रैवेल की सोवियतें यूक्रेनी, लुथेनी या इस्थुनी जनता का प्रतिनिधित्व नहीं करके रूसी रंग में रँगे शहर के एक मुट्ठी लोगों का प्रतिनिधित्व करतीं।

बाकू की समझौतावादी सोवियत तुर्कमेन जनता की प्रतिनिधि हरगिज़ नहीं थी। अंतरराष्ट्रीयता के झूठे नारे उठाती हुई ये सोवियतें राष्ट्रीयता की पुकार को दबा देना चाहतीं, जो जनता की सच्ची आवाज़ थी। जब धीरे-धीरे इन सोवियतों में बोल्शेविकों का बोलबाला हुआ, तब कहीं जाकर ये देहातों की भाषा में बोलने लगीं, शहर और देहात में गठबंधन हुआ और दोनों ने मिलकर गुलामी की ज़ंजीर को टुकड़े-टुकड़े कर डाला।

लेकिन रूस के कुछ राष्ट्र तो ऐसे थे, जहाँ राष्ट्रीयता किस चिड़िया का नाम है, लोग यह भी नहीं जानते थे। साइबेरिया ऐसे ही क्षेत्रों में था, जहाँ वोदका, टैक्स और कट्टरपंथ का बोलबाला था। वहाँ फरवरी क्रांति की झलक भी नहीं पहुँची थी। फिर ध्रुव देश के शिकारी और हिरन पालनेवालों के बारे में कहाँ तक क्या पूछना?

वोल्गा नदी के तट पर, उत्तरी काकेसिया और मध्य एशिया में बसनेवाली क़ौमें और क़बीले फरवरी क्रांति के बाद इतिहास में पहली बार सुगबुगाए थे, लेकिन वहाँ न तो पूँजीवाद का जन्म हुआ था और न वहाँ मजदूर वर्ग नाम का ही कोई पदार्थ था। साधारण जनता किसान थी या भेड़िहर और उसके ऊपर पढ़े-लिखे लोगों की एक पहली सतह थी। उनकी अपनी राष्ट्रीय हुकूमत हो, इसकी भावना भी उनमें नहीं जम पाई थी। उनके सवाल थे उनकी अपनी भाषा और अक्षर, उनके अपने शिक्षक, यहाँ तक कि उनके अपने पुरोहित तक ही सीमित थे। लेकिन जब इन सवालों का भी सुलझाव उन्होंने अस्थायी सरकार से नहीं देखा, तो उनके पढ़े-लिखे लोग बोल्शेविकों के पास आप-ही-आप आकृष्ट होकर जा पहुँचे। जो इतिहास में सबसे पिछड़े थे, वे इतिहास के अग्रदूतों के झंडे के नीचे आ खड़े हुए।

मध्य एशिया तो हमेशा से रूसियों के शोषण का केंद्र रहा। बाश्कीर, बुरियात, किरगिज आदि क़बीलों से बढ़िया ज़मीन छीनकर ज़ारशाही ने रूसी ज़मींदारों को दे दी थी, जो वहाँ जाकर बड़ी-बड़ी कोठियाँ बनाकर रहने लगे थे। जैसे हिंदुस्तान में निलहे साहब या चायबागान के गोरे मालिक रहते थे और हैं। ज़मीन के बड़े-बड़े चकलों पर ये ख़ूब रुई पैदा करके लखपति, करोड़पति बनते जा रहे थे, उधर वहाँ के बाशिंदे भूखों मर रहे थे।

यहाँ जो क्रांति की लहर पहुँची, तो स्वभावतः उसका पहला धावा इन रूसी कोठीवालों पर होना था। इसलिए ये कोठीवाले रूसी पहले से ही चौकन्ना होकर रंग बाँधने लगे और रूस से संबंध-विच्छेद न किए जाने का ज़ोरों से हल्ला मचाने लगे। अस्थायी सरकार के जो हुक्काम आए, वे ज्यादातर पढ़े-लिखे किरानी थे या फौजी अफसर। इन्होंने आदिवासियों की आज़ादी का आंदोलन कुचलना शुरू किया। इन हल्क़ों के लोग ज्यादातर मुसलमान थे।

जॉर्जिया को यह फख्र था कि वह समूचे रूस के लिए नेता देता है। वहाँ के पढ़े-लिखे लोगों ने झटपट अस्थायी सरकार का स्वागत किया और रूस की एकता के लिए आवाज़ बुलंद की। लेकिन, ज्यों-ज्यों बोल्शेविकों का प्रभाव बढ़ते देखा, उनके होश दुरुस्त होते गए और पीछे तो वे अक्तूबर क्रांति के बड़े ही दुश्मन

सिद्ध हुए। जॉर्जिया के ही पढ़े-लिखे लोगों ने नहीं, प्रायः हर गुलाम राष्ट्र के पढ़े-लिखे लोगों ने अक्तूबर क्रांति को बहुत ही तंग किया। उसे नष्ट करने के लिए कुछ उठा नहीं रखा। लेकिन इसमें शक नहीं कि इन गुलाम क़ौमों के संघर्षों के कारण अस्थायी सरकार की नींव बहुत ही हिल गई थी और अक्तूबर क्रांति के लिए उन्होंने रास्ता हमवार कर दिया था।

सितंबर में जब प्रजातंत्री सम्मेलन हुआ, उसमें उपस्थित हुए गुलामों के प्रतिनिधियों के वोटों से ही पता चल गया कि हवा किस रुख़ बह रही है। संयुक्त सरकार के प्रश्न पर जब वोटिंग शुरू हुई, तो उनके पचपन प्रतिनिधियों में से चालीस ने उसके ख़िलाफ वोट दिए। इसका मानी साफ था कि वे समझौतावादियों की नीति को नापसंद करते थे। लेनिन की सूक्ष्मदर्शी आँखों ने इस वोटिंग के महत्त्व को तुरंत भाँप लिया और उसने अपने सुप्रसिद्ध लेख 'संकट की घड़ी आ गई !' में बतलाया कि ये गुलाम राष्ट्र सोवियत से भी ज्यादा क्रांतिपथ पर आ चुके हैं। इनसे सिर्फ मजदूर आगे हैं क्योंकि सिर्फ उन्हीं के वोटों का अनुपात इन गुलाम राष्ट्रों के वोटों से ज्यादा है। सोवियत के वोटों का अनुपात उनसे कहीं कम था। ये गुलाम क़ौमें अस्थायी सरकार से ऊब उठी थीं। उसे अपनी हितु नहीं मानकर ये अपने पैरों की ज़ंजीर ही मान रही थीं और उन दिनों के इंतज़ार में थीं जब कोई इस ज़ंजीर पर एक हथौड़ा लगा दे !

'जनता' के संपादकीय

यह चोर

आखिर राहुलजी को चोरी की दफा में सज़ा दे ही दी गई ।

एक विश्ववंद्य महात्मा आज कांग्रेसी मंत्रिमंडल का चोर कैदी है ।

उस पर लाठी पड़ी । उसके साथ मामूली कैदियों की तरह व्यवहार हुआ, जिससे उसे छियानवे घंटे का उपवास करना पड़ा; उसे विश्वास दिलाया गया कि वह राजनीतिक कैदी की तरह माना जाएगा, उसके बाद ही उसके हाथ में हथकड़ियाँ डालकर उसका तबादला किया गया और अब उसे चोरी की दफा में सज़ा दी गई है—छः महीने की सख्त कैद, तीस रुपए जुर्माना और जुर्माना न दे सके, तीन महीने की अतिरिक्त कड़ी कैद भुगतो ।

तीस रुपए जुर्माना के बदले तीन महीने की कड़ी कैद—उसकी वक़त दस रुपए ही कूती गई है ! एक चोर की दस रुपए महीने से ज्यादा कीमत क्या हो सकती भला ?

× × ×

यह चोरी की दफ़ा—घृणित जघन्य चोरी की दफ़ा ! क्या पुरानी नौकरशाही भी राहुलजी ऐसे व्यक्ति पर यह दफ़ा लगा सकती थी ?

क्या धरसना का धावा चोरी नहीं था ? क्या हम में से अनेक ने वे कर्म नहीं किए थे, जिनके लिए हम पर चोरी, डकैती, आग लगाने आदि की घृणित दफ़ाएँ लग सकती थीं ।

किंतु उसने ऐसा नहीं किया । उसने हमें विद्रोही मात्र माना और उसके अनुरूप ही हम पर दफ़ाएँ लगाईं और सजाएँ दीं ।

जहाँ एकाध जगह उसने अपवाद किया; हमने वह हो-हल्ला मचाया, कि क्या कहने ?

चोरी की दफा का आधार है उसका घृणित उद्देश्य—व्यक्तिगत टुच्चा स्वार्थ ।

पर हमें वह बात क्यों याद हो ? हम किसी व्यक्ति के उद्देश्य पर क्यों ध्यान दें ? उसके सामाजिक पद और प्रतिष्ठा की क्यों परवाह करें ? जबकि हम शासक हैं और हमारे लिए पैनल कोड की पुस्तक साम्राज्यशाही ने पहले से ही तैयार कर रखी है !

× × ×

बात यहीं तक नहीं रहनेवाली ! उसे और उसके साथियों को जो अस्थायी रूप से सहूलियतें मिली हैं, आज तक स्थायी नहीं की गईं और उसने जो इसके लिए अंतिम तिथि दे रखी थी, वह निकट है । हो सकता है, फिर हम सुनें—उसने जान की बाजी लगा दी है !

किंतु इन बातों की क्या परवाह, किसे परवाह !

राजेंद्र बाबू पटना आते हैं, दरभंगा-नरेश से बातें करके फिर दौरे पर चले जाते हैं ।

मिनिस्टरों को तो फाइलों को देखने और मानपत्रों को स्वीकार करने से ही फुरसत नहीं ।

प्रांत के अन्य जनसेवक इस ओर कैसे ध्यान दें—

दिन-रात चुनावों की धूम है, कांग्रेस की इज्जत बचाएँ, या इकले-दुकले व्यक्तियों पर हुए प्रहार, दुर्व्यवहार सजा, जुर्माना आदि पर नजर डालें !

और सबसे बड़ा अपराध तो यह है कि इस आदमी ने किसान सभा में शामिल होने की गुस्ताखी की है ! फिर इसकी और क्यों आँख उठाई जाए ?

यदि राहुल बाबा ने गांधी सेवा संघ के 'सेवकों' में नाम लिखाया होता या कांग्रेस के गांधीवादी गुट में शामिल हुए होते तो न जाने आज तक उन्हें कहाँ तक उछाल दिया गया होता ? वृंदावन के गांधी महोत्सव में

उनके नाम का एक फाटक भी बन गया होता, तो आश्चर्य नहीं ।

लेकिन नहीं, इस आदमी ने गुस्ताखी की, इसे सजा मिली चाहिए ।

अरे. तो यह पुराना विद्रोही है ! क्या इसके पहले इसने गांधीवाद की खिल्ली नहीं उड़ाई थी, कांग्रेसी मंत्रिमंडल का भंडाफोड़ नहीं किया था ?

क्षमा !गांधीवाद में क्षमा का नाम नहीं ! नारीमान, खरे, भुगत चुके—सुभाष भुगत रहे हैं । राहुल को ही क्यों छोड़ा जाए ?

संयोग ऐसा कि वह खुद पिजड़े में आ फँसा है । कांग्रेसी मंत्रिमंडल के 'क्रांतिकारी' उपयोग क्या मतलब, जब ऐसे मौके को चूक जाया जाए !

× × ×

राहुल बाबा—चोर, जेल में !

और चंद्रेश्वर सिंह—नौकरशाही का खुफिया, दर्जनों देशभक्त नौजवानों को फँसाने, जेल में सड़ानेवाला—जालिम और जाली जमींदार आज राजपथ पर छाती खोलकर स्वतंत्र विचर रहा है !

उसकी अकड़ का आज ठिकाना नहीं ।

क्यों न अकड़े—पुरानी नौकरशाही में उसकी चाँदी थी; नवीन कांग्रेसी मंत्रिमंडल में उसकी चाँदी है !

ठीक ही तो उस दिन एक जमींदार दोस्त ने व्यंग्य में कहा था—कामरेड महाशय, सरकार कोई हो, जब तक हमारी गाँठ में रुपया और हमारे दिमाग में अक्ल है—चाँदी हमारी रहेगी !

इस चाँदी की जय ! इस मंत्रिमंडल की जय !

जमींदारी का सौदा

किसान आंदोलन ने तानाशाह जमींदारी के होशहवास दुरुस्त कर दिए । तानाशाह विशेषण हमने इसलिए दिया कि कुछ ऐसी छोटी-छोटी जमींदारियाँ हैं, जहाँ के चतुर जमींदारों ने जमाने को देख अपना रवैया बदला है और वहाँ के किसानों में उनके प्रति वही प्रेम और भक्ति है । किंतु जो लाठी के बल पर राज करने के आदी थे और जो अपनी इस आदत को छोड़ने के लिए तैयार न थे, उनकी खैर नहीं है ! बात यहाँ तक बढ़ी है कि उस दिन छपरा में बाँकी खजाने में कई जमींदारियों की नीलामी हुई तो कोई खरीदनेवाला तक नहीं मिला । जो जमींदारी कभी बैठे-ठाले निठल्ले लोगों के लिए बिना मेहनत-मशक्कत की अच्छी आमदनी का जरिया थी, वही आज बवालेजान बन गई है—बाजार में उसका खरीदार नहीं, समाज में उनके लिए इज्जत नहीं । ठीक इसी मौके पर हमारी बिहार सरकार आगे आकर जमींदारों की रक्षा का एक उपाय करने जा रही है, ऐसी खबर अखबारों में छपी है । कहा गया है, बिहार सरकार एक कानून बनाने जा रही है, जिसके अनुसार वह ऐसी जमींदारियों को खरीद लेगी, जिन्हें उनके मालिक सरकार के हाथ सौंपने को तैयार हैं । हम स्पष्ट कह दें, बिहार के किसान सरकार की इस उदारता के लिए कृतज्ञ नहीं हो सकते । बिहार प्रांतीय किसान सभा एवं हाल ही गया में हुई अखिल भारतीय किसान सभा ने स्पष्ट कर दिया है कि जमींदारों को किसी कदर का मुआवज़ा या क़ीमत देने के वह खिलाफ है । बिहार के किसान कर्ज़ के बोझ से इस कदर परेशान हैं कि वे इस अतिरिक्त बोझ की सह नहीं सकेंगे । किसान सभी जमींदारी का सौदा नहीं चाहते, वह तो उनका नाश चाहते हैं—मंत्रिमंडल इसे सदा याद रखे ।

(20 अप्रैल, 1939)

पीड़ितों का महोत्सव

कहीं पीड़ितों का भी महोत्सव होता है ?—जी हाँ, वह 'मई दिवस' आ भी गया !

दुनिया के शोषितों और उत्पीड़ितों के पैगंबर कार्ल मार्क्स ने आज से नब्बे वर्ष पहले यह नारा बुलंद किया था—'दुनिया के मजदूरो, एक हो जाओ !' और तब से वह निरंतर इस आदर्श को कार्य में बदलने के लिए यत्न करता रहा—भविष्य के अंतराल में इसके ही सपने सजाता रहा ।

उन्नीसवीं सदी का शेषांश आया । नीचे जिसके अनमोल धातुओं की खानें—ऊपर जिसके ऊपजाऊ हरी-भरी मिट्टी थी—ऐसे मुल्क अमेरिका में यूरोप के कोने-कोने से झुंड-के-झुंड लिये दिलेर आ बसे थे । अमेरिका में इन अक्लवालों को खेती के लिए मुफ्त जमीनें मिलीं, खोदने के लिए मुफ्त खानें—और उन पर प्रातः होने के एक घड़ी पहले से दो घड़ी रात बीते तक मरने-खटने के लिए मिले वहाँ के सस्ते और भोले-भाले आदिनिवासी । थोड़े ही अरसे में शिकागो दिग्गज पूँजीपतियों के सुंदर नगर में परिणत हो गया, शिकागो अमेरिका के व्यापार की राजधानी बना । बड़े शीशमहलों, आरामगाहों, कारखानों, पार्कों और सभ्यता के नाम से अभिहित साधनों से उसकी अलका सज उठी । लेकिन इन कारखानों, महलों और ऐशगाहों की नींव में किसका खून और हड्डियाँ गड़ी थीं ? वहाँ किसकी महत्त्वाकांक्षाएँ मुर्दा बनाकर गाड़ी थीं ? क्या शिकागो के स्वर्ग में कहीं नरक भी था ? हाँ, था; शिकागो के एक छोर पर नरक-कीटों की जिंदगी बसर करनेवाले काले अधपेटे, नग्न शरीर और लांछित मजदूर शुष्क आहें भर रहे थे—दूसरे छोर पर यह जश्न मना रहा था ।

वह 1886 की 1 मई थी । उस शुभलगन में शिकागो के मजदूरों ने अधिक काम, कम मजदूरी और अमानवी व्यवहार के विरुद्ध विद्रोह किया । 'हे' मार्केट से एक बड़ा जलूस निकला । चार, आठ के नारे आसमान को भेद रहे थे । वह माँगते थे—आठ घंटे मेहनत, आठ घंटे नींद, आठ घंटे आराम और प्रतिदिन आठ शिलिंग मजदूरी ।

मजदूरों के प्रदर्शन से तिजोरियोंवाले महल थर्रा उठे ! सरकार, जो प्रायः पूँजीपतियों की ही होती है, उनकी मदद को पहुँची । गोलियाँ चलाकर प्रदर्शन खत्म कर दिया गया । मजदूरों के चार नेता शिकागो नगर में फाँसी चढ़ा दिए गए । इन्हीं चार नेता नेताओं की स्मृति में अमेरिका के मजदूरों ने 1 मई को हर साल मई दिवस मनाना शुरू किया ।

उसके चार साल बाद 1890 में पहली बार मजदूरों की अंतरराष्ट्रीय कॉन्फ्रेंस हुई । मजदूरों की एक अतंरराष्ट्रीय दिवस की तब जरूरत सूझी, तो कॉन्फ्रेस ने अमेरिका की मजदूरों की तिथि—1 मई—को ही स्वीकार कर लिया ।

तभी से मजदूरों के लिए 1 मई वह महोत्सव है जिसे सारी दुनिया के मजदूर पूरे जोशखरोश से मनाते हैं । आज दुनिया का मजदूर आंदोलन बहुत आगे बढ़ गया है ! पृथ्वी के पाँचवें हिस्से के भूभाग पर मजदूरों और किसानों का—कमानेवालों का—अपना राज है ।

लेकिन उनके दुश्मन भी थोड़े नहीं । फासिज्म और नाजिज्म—पूँजीवाद के विकसे रूप—अपना खूनी पंजा खोले उन्हें मार डालने को खड़े हैं । उनकी दानवी प्यास मजदूरों के रक्त से ही बुझती है । आज इतिहास की संकटपूर्ण घड़ी बीत रही है । सर्वत्र मजदूरों की जंजीरें कसी जा रही हैं ।

अभी ही दुनिया के फासिस्टों ने मिलकर स्पेन के किसानों और मजदूरों की सरकार को मिटा दिया ! चीन पर जापान का पंजा गड़ा है । खूँखार हिटलर जर्मनी के मजदूरों को उठने नहीं दे रहा और हिंदुस्तान के मजदूरों की तो और भी दुर्गत है ।

इतनी विराट ताकतवाले दुश्मन से गरीब कैसे लोहा लेंगे ?—उनका हथियार क्या होगा ?—'दुनिया के गरीबो, एक हो जाओ !' —यही नारे लगें और यही गरीबों की दुर्जेय शक्ति है ।

1 मई को संसार के पीड़ित रुककर सोचेंगे—हम अब तक कितना आगे बढ़े—कितना बढ़ना था—क्या

गलतियाँ हुईं और आगे कैसे, किधर बढ़ना है। आसमान पर युद्ध के काले बादल घिर रहे हैं। थोड़े से पूँजीपतियों की स्वार्थ सिद्धि के लिए आखिर किसान और मजदूर ही तो मैदानों में भेड़-बकरियों की तरह जा कटेंगे। और उन्हें मिलेगा क्या? शायद जंजीर की कुछ कड़ियाँ और जोड़ दी जाएँगी तो हमें निश्चय करना होगा—हम अगले युद्ध में पूँजीपति ताकतों की ओर से नहीं लड़ेंगे।

हिंदुस्तान के मजदूर जगे हैं तो मालिकों का दमन भी बढ़ गया है। दिग्बोई के मज़दूरों पर गोलियाँ चलीं और चार मरे—जगदीशपुर के नौ खेत मजदूरों को पशुओं की तरह बंदूक से शिकार किया गया—ये किस चीज के सूचक हैं? हमारी लड़ाई घमासान बन गई है।

भारतीय किसानों और मजदूरों को दो-दो मंजिलें तय करनी हैं। ब्रिटिश साम्राज्यशाही को मिटाकर हिंदुस्तान में जनतंत्र कायम करना और यहाँ की देशी सामंतशाही और पूँजीवाद को मिटाकर किसान-मजदूर राज बनाना है। हमारी कठिनाई और भी बढ़ जाती है, जब देखते हैं—हमें एक साथ ही दोनों कार्यक्रम चलाने हैं। हम अपनी दोहरी लड़ाई को इस तरह चलाएँगे कि ब्रिटिश साम्राज्यशाही के हटते ही देश की सम्पत्ति, कारखानों, उत्पादन के साधनों और सरकार पर भी किसानों और मजदूरों का अधिकार हो जाए! हम तो भूरी नौकरशाही की जगह काली नौकरशाही बरदाश्त नहीं करेंगे। हमें तो देखना है स्वराज्य होने पर किसान-मजदूर राज स्थापित करने के लिए हमें फिर दूसरी क्रांति—दूसरा गृहयुद्ध—करने की जरूरत न पड़े।

अतः हमें दुर्गम घाटियों से चलना है। हमारी परिस्थिति भी कुछ भिन्न है। हमारे यहाँ किसान और मजदूर एक-दूसरे के सहयोग के अभाव में अपनी लड़ाई जीत नहीं सकते। अतः दोनों को कंधे-से-कंधे भिड़ाकर चलना है। इसीलिए अखिल भारतीय किसान सभा के प्रधानमंत्री स्वामी सहजानंद सरस्वती ने हिंदुस्तान के किसानों से मई दिवस मनाने की अपील की है। हम उनके शब्द-शब्द का समर्थन करते हैं।

1 मई को ही हमें ये सब निश्चय दुहराने हैं। मजदूरी मिले, न मिले, उस दिन कारखानों में छुट्टी रहेगी। आशा है, देश के किसान और मजदूर मिलकर 1939 की पहली मई को इतिहास में स्थान दिलाएँगे।

कहना नहीं होगा, बिहार के हमारे किसान-मजदूर इसको अपने गौरव के अनुकूल ही बनाएँगे। उस दिन एक स्वर से हमारे नारे उठें जिसे सुन दुश्मन थर्रा उठे और हमारे वीर लड़ाके दिलेरी से विजयपथ पर बढ़ चलें।

शहीदों के मज़ार पर

जहाँ एक साथ हजार-हजार जंजीरें झनझना उठती थीं, जहाँ कमर से कुछ ही नीचे तक जाँघिया, आधे से भी कम बाँह की कुरती पहने दीवानों की टोली जंगल में मंगल मनाती थी, जहाँ राजद्रोही बंदियों का एक देश-सा ही बस गया था, जहाँ देश-माता के चरणों पर तिल-तिलकर हमारे बयालीस वीरों ने अपने प्राण चढ़ाए, उस शहीदस्थली पर अगले दिसंबर के महीने में हमारी प्यारी संस्था-अखिल भारतीय राष्ट्रीय कांग्रेस का तिरपनवाँ समारोह होगा। 'जनता' के पिछले अंक में हमने लिखा था कि हम फुलवारी शरीफ में कैम्प जेल के निकट कांग्रेस करें, वही अच्छा है। वह शहीदों की जगह है, जहाँ देशसेवकों को भरने के लिए एक खास जेल बना था, जहाँ हमारे राष्ट्रीय इतिहास के कुछ अध्याय, अंकित है। अतः कांग्रेस का वहाँ करना लाज़िमी था। बिहार कांग्रेस की कार्य समिति ने उसे चुनकर अपनी सुबुद्धि का परिचय दिया है। फुलवारी शरीफ एक ऐतिहासिक स्थान भी है, देहात का समां और शहर की सहूलियतें वहाँ एक साथ मिलेंगी और सबसे बढ़कर उन शहीदों की याद में वहाँ हमारा यह अर्घ्यदान होगा!

'शहीदों की चिताओं पर लगेंगे हर बरस मेले,
वतन पर मरनेवालों का यही बाकी निशां होगा।'

यह रक्तदान

आजादी—राष्ट्रीय या आर्थिक—प्रचुर बलिदान माँगती है। यह चाहती है, रक्तदान उसके दुश्मन का ही नहीं, अपना भी। और हम तो अजीब लोग है। हमने उससे भी आगे बढ़कर केवल अपना हो रक्तदान देने का निश्चय किया है। क्रांति की देवी के पास हम परायों का रक्त लेकर क्यों जाएँ? और हम वह रक्तदान देने भी लगे हैं। दरभंगा जिले के बहेरा थाने में जगदीशपुर एक छोटा सा गाँव है। अधिकांश में वह खेत मजदूरों की बस्ती है। युगों से जिन्हें चूस-चूसकर, जिनकी एक-एक धूर जमीन छीनकर बेकस और दरिद्र बना दिया गया है, यह वही खेत मजदूर हैं। तुम्हें मुफ्त की बेगारी देनी होगी, तुम जो खून सुखाकर कमाओगे, हमारा होगा और तुम भूखों मरो—मालिकों का यही हुक्म था। जगदीशपुर के खेत मज़दूरों ने जरा सा 'ना' क्रिया और उस दिन जमींदारों ने घातक शस्त्रों—भाले, गंडासे, बरछे और चार बंदूकों से लैस होकर जगदीशपुर पर संगठित हमला कर दिया। नदी की एक गीड़ पर खड़े होकर जमींदारों ने बंदूक से निशस्त्र, निहत्थे नर-कंकालों का जंगली जानवरों की तरह शिकार किया।

नौ घायलों में एक चालीस वर्ष की स्त्री तथा दूसरा दस वर्ष का बच्चा है। मुन्नी नामक दुसाध का सारा सीना गोलियों से छिदा है। आखिर यह सब किस चीज के सूचक हैं? जब त्रिदोष घिर आता है, वह मरणासन्न रोगी, पागल की तरह सिर-पैर फेंकने-पटकने लगता है। हमने लिखा था—जमींदार पागल हो गए और वे सचुमच पागल हो गए हैं। और उन्हें शह भी मिलती जा रही है। जगदीशपुर ही नहीं, सारे सूबे की यही दुर्गति है। हमारी सरकार तटस्थता की नीति धारण किए बैठी है। उस दिन असेम्बली में श्री यमुना कार्यी ने नेहरा गोली कांड पर काम रोको का प्रस्ताव पेश किया था तो कानून और शांति के जिम्मेवार प्रधानमंत्री माननीय श्रीकृष्ण सिंह ने यह कहकर कि यह सार्वजनिक महत्त्व की घटना नहीं है, इसका विरोध किया। यही चीज है जो जमींदारों को शह देती है। खबर है, सरकार अपराधियों को ढूँढ़कर उन्हें सजा देने में भी ढिलाई दिखा रही है। लेकिन हम स्पष्ट कह देना चाहते हैं, इस नीति के चलते थोड़े दिनों में उन किसानों के जान-माल और भी खतरे में पड़ जाएँगे और तब जो परिस्थिति होगी उसकी जिम्मेवार सरकार है। हमें तो अपने रक्तदान पर खुशी ही है।

प्रेस पर वार

बिहार की कांग्रेसी सरकार ने अपने दो साल के जीवन में किसानों और मजदूरों के हितों के साथ खिलवाड़ किया और हमें समझाया गया—कांग्रेस राष्ट्रीय संस्था है। यह किस तरह किसी एक वर्ग का हित, दूसरे के हित के नाश कर सकती है, इसे हम कुछ समझते भी हैं। लेकिन जब खुलेआम हमारी बोलने की स्वाधीनता, लिखने की स्वाधीनता और यहाँ तक कि चलने की स्वाधीनता पर आघात किया जाता है तो उसे हम क्या कहें? इसी सरकार के अंदर किसान सभा के नेताओं के पीछे खुफिया पुलिस दौड़ाई गई, हमारे भाषणों और बातचीत रिपोर्ट ली गई। फिर केंद्रीय सरकार के हुक्म से श्रीबाबू की ही पुलिस ने दो बार 'जनता' कार्यालय पर धावा किया। 'जनता' के अंक जब्त किए गए। यह सब हम चुपचाप सहते रहे। लेकिन उन सब की पराकाष्ठा उस दिन हुई जब छपरा में राहुलजी ने एक 'छपरा किसान-मजदूर' समाचार पत्र निकालने के लिए डिक्लरेशन दिया। और उनके अखबार से जमानत तलब की गई। यह समाचार अखबारों में अधिक नहीं निकला— लेकिन वे जरा राहुलजी के वक्तव्य को पढ़ें। राहुलजी—से अंतरराष्ट्रीय ख्याति के विद्वान जिस पत्र के संपादक होते, उससे

सरकार द्वारा जमानत माँगी गई । जब कोई सरकार जनमत के प्रति जवाबदेह नहीं रहती, आलोचना माँगने की बजाय आलोचना से चिढ़ती है, उसका दमन करती है और जनता के बहुत जोर डालने पर भी कुछ नहीं करती तो यह उस सरकार के लोगों की आँखें में गिर जाने के स्पष्ट लक्षण हैं । क्या ये ही लक्षण बिहार सरकार में स्पष्ट नहीं उतरते ?

अब माफ फरमाइए

हमारा सिर उस दिन शर्म से झुक गया जब यहाँ से कितनी दूर खंडवा से निकलनेवाले पत्र 'कर्मवीर' के कवर पृष्ठ पर ही छपे प्रयाग के एक साहित्यिक सज्जन का पत्र देखा, जिसमें और चीजों के साथ लिखा था—"राहुलजी को हथकड़ी और रस्सी से बाँधकर बारह बजे दिन की धूप और लू में जेल से स्टेशन तक डेढ़ मील पैदल लाया गया—बिहार की कांग्रेसी सरकार ने अपने प्रांत के एक अंतरराष्ट्रीय ख्यातिप्राप्त विद्वान को इस तरह अपनी श्रद्धांजलि अर्पित की ।" क्या इसमें कोई प्रतिहिंसा की भावना तो नहीं काम कर रही ? यों ही अपने दो वर्षों के कार्यकाल में उन्होंने कांग्रेस के नाम पर जो मनमानी की है, वह कांग्रेस को बेहद अप्रतिष्ठित और कमजोर करने के लिए काफी था । फिर इससे आगे बढ़ना कहाँ की बुद्धिमानी है । शायद हमारे आका भूल गए हैं कि कांग्रेस को सिर्फ मंत्रित्व ही नहीं करना है—उसे राष्ट्रीय स्वाधीनता का आखिरी संग्राम भी लड़ना बाकी ही है । क्या आप नहीं मानेंगे कि कांग्रेस ने अपनी जनप्रियता का बहुत अंश खो दिया है ? क्योंकि जनता आपकी लंबी तकरीरों और ग्राम सुधार की योजनाओं में भूलनेवाली चीज नहीं है । तो प्रश्न उठता है—क्या कांग्रेस को इससे भी अधिक जलील होने दिया जाए? अब समय आ गया जब हम बड़े अदब के साथ मंत्रिमंडल से कहें—महात्मन ! अब माफ फरमाए, बहुत हो चुका; कुछ भविष्य को भी देखिए—अपना नहीं, तो देश का ही सही ।

(27 अप्रैल, 1939)

बिदाई, बधाई

जो होना था, वह होकर रहा । राष्ट्रपति सुभाषचंद्र बोस को आखिर इस्तीफा देना ही पड़ा ।

उन्होंने इस्तीफा दिया । जल्दबाजी इतनी थी कि उस पर बाजाब्ता मत भी अखिल भारतीय कांग्रेस कमिटी में नहीं लिया गया—इस्तीफे की स्वीकृति-अस्वीकृति का निर्णय भी नहीं होने पाया कि नए राष्ट्रपति चुन लिये गए ।

इस इस्तीफे के समय सुभाष बाबू ने जो महानता प्रकट की, उनके विपक्षी भी उसकी तारीफ किए बिना नहीं रह सकते ।

त्रिपुरी कांग्रेस ने जो प्रस्ताव पास किया था, उसे ईमानदारी के साथ काम में लाने की उन्होंने कोशिश की । त्रिपुरी से लौटकर स्वास्थ्य में थोड़ा सुधार होते ही उन्होंने गांधीजी से खतोकिताबत शुरू की । उनसे दिल्ली में मिलने की भी उन्होंने कम कोशिश नहीं की । जब वह कलकत्ता आए, तब लगातार परामर्श करते रहे । अंत में यहाँ तक कहा—"आप ही कार्यसमिति बना दीजिए, मैं मान लेता हूँ ।" किंतु महात्माजी न इसके लिए

राजी हुए और न उनकी इतनी माँग कूबल की कि अन्य सदस्य तो वे ही रहें, सिर्फ चार नए सदस्य लिये जाये।

अंत में महात्माजी का हुक्म हुआ, तुम अपने पुराने साथियों से मिलो। पुराने साथियों के सूत्रधार कलकत्ता गए थे। जो थे उनसे बातें कीं, किंतु वे पहाड़ की तरह 'अपने' निश्चय पर अटल थे।

इस्तीफा—इन सब का एक ही स्वाभाविक परिणाम था।

पंडित नेहरूजी ने तूफान की लहर को अपनी हथेली से रोकने का साहसिक प्रयास किया—किंतु वह भी असफल रहे।

जब कि लड़ाई हमारे सिर पर मँडरा रही है, देश में एकता की सब से ज्यादा जरूरत है, हमारे नेताओं ने अपनी जिद पर अड़े रहना ही सबसे बड़ा सिद्धांत समझा।

सरदार पटेल का कलकत्ता न जाना ही बतला चुका था, हवा किस रुख बहनेवाली है।

राजकोट में जो हार हुई, उसकी पूर्ति के लिए कलकत्ता की यह विजय आवश्यक समझी गई हो तो आश्चर्य क्या?

यह विजय हमारे बूढ़े महात्मा की राजकोट में खोई जवानी को उनमें फिर लौटा दे, उनकी दफनाई हुई आशा में फिर प्राण का संचार करे और अपनी इस जवानी और आशा का उपयोग राजकोट की तरह के अजीबो गरीब प्रयोग में नहीं करके, देश के व्यापक प्रश्नों को जन आंदोलन के आधार पर सुलझाने के लिए वह करें—हमारी यही कामना है।

श्री सुभाष बोस को इस विदाई के अवसर पर हम बधाई देते हैं। शुरू से आखिर तक वे एक वीर की तरह लड़ते रहे—शर शय्या पर पड़े रहकर भी उन्होंने धैर्य नहीं खोया।

जिस समय उनकी विजय हुई थी, हमने उसकी उपमा सप्त महारथियों को पराजित करनेवाले अभिमन्यु से दी थी।

चक्रव्यूह को तोड़कर भी इन महारथियों के मायाजाल से ऐतिहासिक अभिमन्यु की तरह, वे अपने को बचा नहीं सके।

आज वह उपमा अपनी परिणति प्राप्त कर चुकी।

किंतु इतिहास बताता है—इसके बाद क्या हुआ?

अहिंसा के नाम पर

बिहार इस पर गर्व अनुभव कर सकता है कि बंगाल के सिर से छीना हुआ ताज उसके ही एक सुपूत के सिर पर रखा गया है।

श्री राजेंद्र बाबू को इसके लिए बधाई देते हैं।

निस्संदेह, यह सम्मान उनके कितने ही व्यक्तिगत गुणों के कारण ही उन्हें अर्पित किया गया है; किंतु बिहार में कांग्रेस की जो धाक और प्रतिष्ठा है और अतीत में बिहार ने कांग्रेस-कार्यों में जो प्रसिद्धि प्राप्त की है, इस सम्मान प्रदान के समय उस ओर भी लोगों का कम ध्यान नहीं रहा होगा।

किंतु कैसा अजीब संयोग। एक ओर, जिस समय राजेंद्र बाबू के सिर पर यह ताज रखा जा रहा था, उसी समय दूसरी ओर, बिहार की कांग्रेस में घुसे हुए भीषण दुराचार की कहानियाँ देश के कोने-कोने में पढ़ी जा रही थीं।

पिछले वर्ष प्रतिनिधि चुनाव के समय प्रांत में जो भीषण मार-पीट, हिंसा-उपद्रव हुए, उसके संबंध में जब प्रांत के उग्रपंथियों ने शोर मचाया, तो इसकी जाँच के लिए एक कमिटी बनाई गई।

उस कमिटी का नाम 'हिंसा जाँच कमिटी' पड़ा और पटना के तीन सुप्रसिद्ध वकील, जिनकी निष्पक्षता सब पर प्रकट थी, उसके सदस्य बनाए गए।

इस कमिटी ने जाँच की, रिपोर्ट दी, किंतु आज तक उस रिपोर्ट को छुपाकर रखा गया। बार-बार उसे प्रकाशित करने की माँग पेश की गई, किंतु इस संबंध में प्रांतीय कांग्रेस कमिटी ने पुरानी नौकरशाही के रवैए को भी मात कर दिया।

लेकिन सत्य कब तक छिपता! प्रांतीय कांग्रेस कमिटी के नहीं चाहने पर भी वह प्रकाशित होकर ही रहा।

बिहार को गांधीवाद की भूमि समझा जाता था, किंतु इस रिपोर्ट ने यहाँ के गांधीवाद के मुँह पर पड़े हुए बुरके को अलग कर दिया है।

कमिटी ने जितने मामलों की जाँच की, उनमें गांधीवादियों को ही दोषी ठहराया है। श्री यमुना कार्यी, श्री धनराज शर्मा आदि को हराने के लिए दरभंगा में जो कुकर्म किए गए, उनसे बढ़कर कुकर्म की क्या कल्पना की जा सकती है।

अहिंसा की रक्षा उतनी ही हिंसा से की गई, जितनी से उस पर आक्रमण किया गया था—कमिटी का वह एक वाक्य बिहार के गांधीवादियों का सच्चा रूप संसार पर प्रकट कर देता है।

यह हिंसावृत्ति क्यों अख्तियार की गई—कमिटी ने इस पर भी छानबीन की है और बताया है कि मंत्रिमंडल के चलते कांग्रेस में लूट की जो प्रवृत्ति घुसी है, वही इसकी जड़ है।

इसको दूर करने की कमिटी ने कई अति उपयोगी सुझाव पेश किए थे, किंतु बिहार प्रांतीय कांग्रेस कमिटी, उस ओर क्यों ध्यान देती?

यों शुरू से आखिर तक इस रिपोर्ट में बिहार-कांग्रेस के सूत्रधारों, मंत्रिमंडलों के पुजारियों और तथाकथित गांधीवादियों की पोल खोली गई है।

राजेंद्र बाबू के प्रांत में यह क्या हुआ?

त्रिपुरी में निश्चय हुआ था, कांग्रेस के अंदर के दुराचार को दूर किया जाए; गांधी बाबा ने इस संबंध में लेख-पर-लेख लिखे; कलकत्ता में अखिल भारतीय कांग्रेस कमिटी ने राजेंद्र बाबू को सभापति चुनने के बाद ही इन दुराचारों को दूर करने के लिए एक उप-समिति भी बनाई है।

किंतु लोगों के मन में यह शक पैदा हो सकता है, जब हमारे राष्ट्रपति के घर में ही, उन्हीं के चेले, चाटियों द्वारा ये दुराचार इतने बड़े पैमाने पर, इतनी बेशर्मी से किए जा सकते हैं, तो दूसरे प्रांतों का क्या कहना!

सबसे चिंताजनक बात तो यह है कि इस रिपोर्ट के पाने के बाद भी न तो किसी दोषी को जरा भी दंड दिया गया, न रिपोर्ट की सिफारिशों को काम में लाया गया, बल्कि उसे बुरी तरह दबा रखा गया—ऐसा कि यह कभी प्रकाश भी न देखे?

रिपोर्ट में बताया गया है, अहिंसा के ये व्रती किस तरह अहिंसा का खून कर सकते हैं; रिपोर्ट का यह दबाया जाना बताता है, सत्य के ये पुजारी किस तरह सत्य को जिंदा दफना सकते हैं!

हम राजेंद्र बाबू से कहेंगे यदि आपने राष्ट्रपतित्व स्वीकार किया है तो कम-से-कम एक सुकर्म तो कीजिए ही। इस रिपोर्ट में जो तसवीर रखी है, उसे गौर से देखें और जिन्होंने अहिंसा के नाम पर ये भयानक हिंसाएँ की हैं, सत्य के नाम पर सरासर असत्य का प्रचार किया है उनके कुकर्मों से कांग्रेस को अलग कीजिए।

अगर एक प्रांत की कांग्रेस से भी ऐसे दुष्कर्मियों को दूर कर दिया जाए तो समूचे भारत पर उसका असर पड़े बिना नहीं रह सकता और अगर राजेंद्र बाबू के राष्ट्रपतित्व काल में दूसरा कोई काम न होकर, केवल ये दुराचार बंद हो जाए तो राष्ट्रपतित्व निस्संदेह सफल समझा जाएगा।

कोई कानों में कहता है—अगर राजेंद्र बाबू को यही करना होता तो अब तक उन्होंने ऐसी बातें नहीं कीं—पर रिपोर्ट तो छः महीने से उनके सामने पड़ी है।

ऐसे लोगों से कहेंगे—पिछली बातें भूलकर बड़े पद के रुतबे से बड़ी बातों की उम्मीद करना कोई बुरी बात नहीं है ।

राजकोट की पराजय

महात्माजी ने राजकोट से चलते समय, अपनी पराजय स्वीकार करते हुए जो वक्तव्य दिया है, वह बड़ा ही करुण है—"मालूम होता है मैंने अपनी जवानी खो दी । मेरी आशा दफना दी गई"—उफ् यह किसी महात्मा की वाणी है या कवि की करुण पुकार ! जो महात्मा सदा कहते, सत्याग्राही कभी नहीं हारता, उन्होंने अपनी हार मान ली और इतने नीचे उतर आए कि जो सेना कल तक राजकोट के दरबार से लड़ती थी, उसे उसकी शरण गिरने की आज्ञा दे दी है । उस दिन पहले जिस विजय की संसार में धूम मचाई गई, वही अंत में इतनी भीषण पराजय के रूप में प्रकट हुई । राजकोट के दीवान बीरबल ने हमारे विश्वविश्रुत महात्मा को यों दे मारा ! यह क्या हुआ ? किंतु क्या इसके उत्तर के लिए ज्यादा माथापच्ची करने की जरूरत है । जिस दिन जन आंदोलन को बंद कर एकाकी अनशन की शरण ली गई, राजकोट के इस आंदोलन की जड़ में उसी दिन गरम पानी पड़ गया ! किसी महात्मा के अनशन से चार दिनों के लिए देश क्या, संसार में बड़ी-से-बड़ी हलचल भले ही मच जाए और उनके चेले-चाटियों में से जो उच्च पदों पर हों, वे धमकी दे-लेकर सर्वभौम सत्ता से कुछ सहूलियतें भले ही प्राप्त कर लें; किंतु जिस दिन जन आंदोलन रूपी रीढ़ टूटी उसी दिन राजनीतिक उद्देश्य धरातल पर लंबा लेट गया ! राजनीति राज नीति है; जादू-टोना, जंतर-मंतर नहीं, राजकोट ने यह सिद्ध कर दिया । काश, हमारे महात्मा इस प्रकट सत्य को सीधे स्वीकार कर सकते ?

ये दोनों !

पं. कार्यानंद गिरफ्तार कर लिये गए और श्री राहुलजी ने जेल में अनशन शुरू कर दिया । बड़हिया टाल की समस्या पर मंत्रिमंडल ने जो रुख अख्तियार किया, उसका नतीजा था शर्माजी की गिरफ्तारी । जमींदारों ने समझौता बोर्ड पर नई-नई शर्तें लादी चाहीं, एक तरह से बोर्ड का काम करना असंभव कर दिया । फिर भी सरकार भूखे किसानों का अन्न जब्त किए रही और उन्हें तड़प-तड़पकर मरने को बाध्य किया । किसानों ने भी निश्चय किया, चलो मुंगेर—जिले सरकार की राजधानी में ! या तो गोली खाकर मरेंगे या जेल में ठूँसे जाकर भर पेट भोजन पाएँगे—लेकिन तब तक लौटेंगे नहीं जब तक अपनी कमाई का अन्न और अपने हक की जमीन नहीं पा लेते । अभी गोली तो नहीं चली है, किसान अपने एकछत्र नेता पं. कार्यानंद के साथ जेल में लाकर ठूँसे गए हैं ! और राहुलजी के साथ तो हमारे मंत्रिमंडल ने शुरू से ही खेलवाड़ किया । पुलिस के सहारे पिटवाना, चोरी की दफा में सख्त सजा देना, भर पेट भोजन तक नहीं देना, हाथ में हथकड़ी और कमर में रस्से लगाकर अदालत में ले जाना, क्या—क्या न किया ! उनका खून तो वहीं गिरा चुका था—अब शायद हड्डियाँ लेना चाहता है ! ले ले—यह भी अरमान क्यों रह जाए ? वृत्रासुर के वध के लिए किसी दधीचि की हड्डी चाहिए भी ।

सिंहासन डोला !

आखिर जनता की जबरदस्त आवाज ने अपना काम किया ही ! पुरानी नौकरशाही की तरह ही अपनी अकड़ में फूलकर बैठे कांग्रेसी मंत्रिमंडल का सिंहासन भी डोलकर ही रहा । खबर है राहुलजी पर हुए लाठी प्रहार तथा दूसरे दुर्व्यवहार की जाँच हो रही है । किंतु यहाँ भी वही पुरानी नौकरशाही मनोवृत्ति काम कर रही है । जाँच कौन कर रहा है ?—पुलिस के इंसपेक्टर जनरल !

अपने नए हिंदुस्तानी इंसपेक्टर जनरल से हमारी कोई खास शिकायत नहीं—किंतु इस जाँच को क्या मानें ?—कम-से-कम किसी निष्पक्ष एम. एल. ए. को ही यह काम सुपुर्द किया जा सकता था ? जनता की सरकार होने का दावा करनेवाली सरकार भी पुराने रवैये को ही अख्तियार करे—क्या यह कभी उचित है ? किंतु जो शुरू से आज तक इस मंत्रिमंडल के चलन को गौर से देखता रहा है, उसे इस पर आश्चर्य तो नहीं ही होगा । खैर, हम बड़ी उत्सुकता से इस जाँच के नतीजे का इंतजार करते हैं ।

(4 मई, 1939)

सहूलियत या खेलवाड़

मौके पर और मर्यादा से काम नहीं करने की परम्परा हमारे मंत्रिमंडल ने पुरानी नौकरशाही से प्राप्त की है ।

इसका सबूत है उसकी वह विज्ञप्ति, जिसे उसने राहुलजी और अमवारी सत्याग्रहियों को जेल में मिलनेवाली सहूलियतों के बारे में प्रकाशित की है ।

राहुलजी ने पहला अनशन किया । उन्हें कुछ सहूलियतें अस्थायी रूप में मिलीं । राहुलजी ने उन्हें स्थायी बनाने के लिए एक महीने का वक्त मंत्रिमंडल को दिया । यह अवधि भी टली । उन्होंने फिर दस दिन का समय दिया । वह भी टला और अब उनके छः दिन के अनशन के बाद उसने जो विज्ञप्ति प्रकाशित की है, उसके शुरू में ही लिखा है—'राजनीतिक बंदियों की परिभाषा के बारे में जब तक कोई आखिरी निर्णय नहीं हो जाता; तब तक के लिए····'

इसका क्या माने ? यह आखिरी निर्णय कब होगा ? डेढ़-दो महीने में जो परिभाषा तैयार न हो सकी, उसके लिए अब और कितने महीने चाहिए ? क्या यह निर्णय तब होगा, अब राहुलजी अपनी सजा भुगतकर जेल के बाहर आ जाएँगे ।

फिर यह तो राहुलजी एवं उनके साथियों का अपमान है कि फकत उन्हीं के लिए ये सहूलियतें दी जाएँ । क्या राहुलजी ने अपने लिए या अपने साथियों के लिए ही उपवास किया है ? राहुलजी ऐसे व्यक्ति को कोई भी सरकार फर्स्ट क्लास कैदी बनाकर रखती ही—हमारा मंत्रिमंडल उनके साथ कोई मेहरबानी नहीं कर रहा है, स्वर्गीय मौलाना मज़हरुल हक साहब के पुत्र श्री हुसेन मंज़र या आबकारी विभाग के मिनिस्टर श्री जगलाल चौधरी के भूतपूर्व प्राइवेट सेक्रेटरी श्री वासुदेवनारायणजी के साथ, जिन्हें वह दूसरे दर्जे में रखने जा रहा है । राहुलजी के अनशन का उद्देश्य था, किसान सत्याग्रह के बंदियों को राजनीतिक कैदी का दर्जा दिलाना । इस विज्ञप्ति द्वारा उनका यह उद्देश्य कदापि सिद्ध नहीं होता ।

उलटे, इसमें एक बात ऐसी है, जो सारे गुड़ को गोबर बना देती है ।

तीसरे दर्जे की खास सहूलियतें उन्हें ही मिल सकेंगी "जिन्होंने जिला मजिस्ट्रेट की नजर में अपने स्वार्थ-साधन के लिए इस सत्याग्रह में भाग नहीं लिया है ।" इसका साफ मतलब यह है कि जो किसान अपने

खेत के हक लिए सत्याग्रह कर रहे हैं, उन्हें 'स्वार्थ-साधन' के नाम पर इन सहूलियतों से अलग ही रखा जाएगा।

राहुलजी एवं कोई भी समझदार आदमी ऐसी सहूलियतों पर थूकने भी नहीं जाएगा, जो उनके दल में फूट डालने की इस तरह बंदिशें करें। एक साथ मरना भी जश्न है—फारसी-अरबी के विद्वान राहुलजी को फारसी के इस पद की याद दिलाने की क्या हमें जरूरत है ?

फिर इसके पीछे जो सिद्धांत है, वह कितना लचर और घातक है।

एक स्पष्ट उदाहरण के साथ हम इसे समझें।

बारडौली के सत्याग्रह के समय मान लीजिए, उस समय की बंबई सरकार ऐसा ही नियम बनाए होती तो इसका उपयोग यह होता कि बेचारे बारडौली के किसान तो बाजरे की रोटी और अमाड़ी के साग पर धूनी रमाते और हमारे सरदार पटेल और उनके अहमदाबादी चेले हलवे-माड़े उड़ाते। क्या सरदार पटेल इसे स्वीकार करते ? क्या हमारे आज के मिनिस्टर ही उस समय हल्ला नहीं मचाते ?

हमें मालूम है, इस नियम की ओट में हमारे मंत्रिमंडल के दिमाग में कौन सी फितूर है। लेकिन हमारी एक अर्ज।

ऐसा करके आप बाहरी प्रभाव को और भी खुल खेलने का मौका दे रहे हैं। साथ हो, आपको आपके ही अस्त्र से बुरी तरह पराजित किया जा सकता है। जहाँ सत्याग्रह शुरू करना होगा, वहाँ के किसानों को बैठने को कहाँ जाएगा और दूसरी जगह के किसानों को लेकर वहाँ की लड़ाई तेजी से चलाई जाएगी। अगर स्थानीय किसानों में ज्यादा जोश होगा तो उनके लिए निकट के किसी ऐसी ही जगह में लड़ाई छेड़ दी जाएगी। ये दोनों जगहों के किसानों को आप दूध-घी पिलाने को बाध्य होंगे ही।

यहाँ भी एक स्पष्ट उदाहरण समझिए।

मुंगेर जिले में बड़हिया और लगार दो जगहों में सत्याग्रह हो रहा है। बड़हिया के किसानों को लगार और लगार के किसानों को बड़हिया भेजने में कौन बहुत दिक्कत होगी ? फिर बड़हिया टाल में ही दूर-दूर के गाँव हैं—एक गाँव के लोग यदि दूसरे गाँव में जाकर सत्याग्रह करेंगे तो आप उन्हें इन सहूलियतों से कैसे रोक लेंगे। लेकिन नहीं, इसके लिए भी एक मंत्र इसमें रखा गया है।

जिला मजिस्ट्रेट पर ही यह निर्भर होगा कि वह किसको 'स्वार्थ-साधन' करनेवाला माने और किसको निस्वार्थी।

हो सकता है, मजिस्ट्रेट की नजरों में बाहर के नेता भी स्वार्थ से ही प्रेरित होकर वहाँ पहुँचें, किसानों की कौन बात !

यों ऊपर से देखने पर तो मालूम होता है, राहुलजी ने सब कुछ पा लिया, किंतु, जरा सा गौर करने पर ही इसका खोखलापन स्पष्ट हो जाता है।

इसी तरह का एक दिल्ली का लड्डू देकर श्री यतींद्रनाथ दास के बलिदान को व्यर्थ कर दिया गया।

हमारे मंत्रिमंडल ने यह नया पटनिया लड्डू उसी के वजन पर तैयार किया है।

अफसोस, वह अपना कर्तव्य और जनता के प्रति अपनी जिम्मेवारी समझ पाता ?

तब संसार के इस महान पुरुष के प्राणों से ऐसा खेलवाड़ नहीं हो पाता !

गांधीवाद और राजनीति

वृंदावन में गांधी सेवा संघ का जो वार्षिक अधिवेशन हो रहा है, उसमें एक सवाल पेश था—संघ के सदस्य राजनीति में भाग लें या नहीं। जो बात कार्यरूप में परिणत की जा रही है, जो सब पर प्रकट सत्य है, उसमें बहस

की क्या गुंजाइश ? किंतु महात्माओं के ढंग निराले । बहस हुई और हुई गरमागरम और तय हुआ संघ के सदस्य राजनीति में भाग लें । किंतु सत्य और अहिंसा को ही अपने पथ का ध्रुव मानें । लेकिन, ठीक बड़ी अच्छी बात हुई होती, अगर यह बतला दिया होता कि प्रतिपक्षी को चुनावों में हराने के लिए आवेदन पत्र के नंबर गड़बड़ा देना, सदस्यों के रजिस्टर बदल देना, बोगस वोट गिरवाना, बैलेट-बॉक्स में जादूगरी करना, गिनती उलट देना आदि-आदि सत्य है या नहीं तथा हाथी हुलकाना, बेल और ईंट बरसाना, लाठी चलाना आदि अहिंसा में शामिल हो सकते हैं कि नहीं । तब मेरे ऐसे साधारण जनों को सत्य और अहिंसा के क्रियात्मक प्रयोग का पता चल जाता और वह इस पक्ष से हटनेवालों को पकड़ सकता और गांधी सेवा संघ की अदालत में पेश कर सकता । एक और निर्णय हुआ है—संघ के सदस्य चुनावों में संघ के सदस्यों को ही वोट दें । यह तो सभी संघों का मामूली कायदा है—गांधीवादी इसे क्यों नहीं स्वीकार करें ? किंतु इसे दुहराने की क्यों जरूरत हुई—यह सवाल जरूर है । सो, सुना जाता है, पिछले चुनाव में कुछ गांधीवादियों ने श्री सुभाष बोस को वोट दे दिए थे, इसी गुस्ताखी का यह जवाब है । किंतु एक मामूली आदमी जानना चाहेगा, जो 'वाद' आत्मा के अस्तित्व पर यों जोर देता हो और आत्मा की पुकार के प्रतिकूल कुछ किए जाने को बरदाश्त नहीं करने का दम भरता हो, वह अपने सदस्यों का अपनी आत्मा बेचने पर क्यों मजबूर करे ? हाथी के दाँत खाने के और, दिखाने के और—यह कहावत 'सत्य' के पुजारियों पर क्यों घटे ?

जमींदारी जिंदाबाद

हाँ, जमींदारी प्रथा के नाश के नारे तो बहुत लगे, वृंदावन में जो गांधीमेला लगा, उसमें जमींदारी जिंदाबाद के नारे बुलंद हुए और ये किसी ऐरे-गैरे ने नहीं लगाए—जनाब, गांधी के बाद हिंदुस्तान 'सबसे बड़े' नेता सरदार पटेल और हिंदुस्तान के सबसे बड़े वकील और विधानवादी श्रीमान् भूलाभाई देसाई की जबानों से ये निकले हैं । ये दोनों ही गांधीजी के प्रांत गुजरात के पुत्ररत्न और गांधीवाद के चमकते हीरे और हीरो हैं । इन नारों का प्रांत की जनता पर क्या प्रभाव पड़ा या पड़ेगा, इस पर हमें कुछ नहीं कहना । हमें देखना है, हमारे प्रांत के प्रधानमंत्री बाबू श्रीकृष्ण सिंह पर इसका क्या प्रभाव पड़ता है । क्योंकि आप असेंबली की 16 मई वाली बैठक में सरकार द्वारा जमींदारी खरीदने का बिल पेश करनेवाले थे । हमारा खयाल है, अब उन्हें उक्त बिल वापस कर लेना चाहिए । क्योंकि यह बिल तो सिद्धांततः जमींदारी के प्रथा के नाश के लिए ही है । किंतु कोई कानों में फुसाफुसाता है—आपकी यह धारणा गलत । यह बिल जमींदारी प्रथा के नाश के लिए नहीं बल्कि मरती हुई जमींदारी प्रथा से जमींदारों की रक्षा करने के लिए है ! अब तक जमींदारो की मौज रही, अब तोड़े (तमगे) लो और पूँजीशाही के मजे उड़ाओ !

(11 मई, 1939)

मंत्रित्व का अभिशाप

जिस विषवृक्ष की जड़ आज से दो वर्ष पहले कांग्रेस ने अपनी उर्वर मिट्टी में डाली थी, आज वह अपनी जवानी पर आकर फूलने-फलने लगा है । उससे निकली हलाहल की गंध हमारे चारों ओर बहनेवाली हवा के अणु-अणु में लिपटकर हमारे प्राणों का घात कर रही है । उस विषपान से आज राष्ट्र का प्राण मरणशील हो उठा है ।

दलीलें तो बहुत दी गई थीं, लेकिन हमारा विश्वास है उस दिन भी देश की तरुण पीढ़ी उन्हें थोड़ी भी समझ नहीं पाई। फिर उसका घोर अनादर कर बाहर-बाहर ही जो थोड़ी चमक रखती थी, मंत्रित्व की उन गद्दियों पर हमारी पुरानी पीढ़ी जा बैठी। उस दिन हम समझ गए थे—कोई तर्क नहीं, किंतु अधिकार-आकर्षण ही इसकी समस्त प्रेरणा है। हमें सच कहने दीजिए—ईमानदारी आपके पास नहीं है। आप कहकर आए थे, हम वहाँ से जनता की क्रांति भावना को जगाएँगे, बाहरवाली उनकी दिन-दिन की लड़ाई को भीतर से सबद्ध कर हम उसे बढ़ाएँगे और गुलामी की इस नई सनद—इंडिया एक्ट—का भीतर से विनाश करेंगे। लेकिन देखें, क्या इस पथ पर एक इंच भी आप बढ़ पाए हैं? दो वर्ष वहाँ रहकर भी आप इसे न समझेंगे, यह भी हम जानते हैं।

लेकिन वस्तुतः हो क्या रहा है? कांग्रेस के नाते गली-गली घूमकर हमने डेढ़ युगों में जिस देशभक्ति, जन जागृति, क्रांति भावना और अग्रगामी नीति को जन्म दिया था, आज उसके विध्वंस का तरह-तरह के नीच षड्यंत्र रचकर, उस पथ पर चलनेवालों को शत्रु समझा जा रहा है और कल तक के कांग्रेस के दुश्मनों और देश घातकों के साथ गलबाँही डाल देश की मस्तानी तरुणाई को बेड़ियों में डाले, उसका अपमान और अनादर किया जा रहा है।

नहीं तो क्या, राहुल सांकृत्यायन ऐसे महापुरुष तपस्वी का बिहार का निकम्मा मंत्रिमंडल इस नीचता के चरम पर उतरकर अपमान करता! यह राहुलजी का अपमान नहीं, देश की समस्त तरुणाई का अपमान है, जिसे वह क्षमा तो नहीं ही करेगी। जिनका आदर कर दुनिया की कोई भी सरकार अपना शृंगार करती, उन पर हमारी सरकार ने अपनी आँखों के सामने लाठी चलवाई, उन्हें पाँच बार हाथों में हथकड़ी और कमर में रस्से बाँध बारह बजे की जलती लू में मीलों पैदल चलाया और जिनके प्राणों के साथ जो राष्ट्र की गौरवपूर्ण धरोहर हैं—दो-दो बार खेलवाड़ किया। इतना ही नहीं, दो सौ बयालीस घंटे उसे सहाकर छोड़ा तो अपने सत्य और अहिंसा की सर्टिफिकेट में उन पर आधे दर्जन सफेद झूठों का कीचड़ उछाला! राहुलजी अपने लिए आराम चाहते थे, प्रदर्शन के लिए आप ही हथकड़ियाँ और रस्सियाँ ली, कैमरा को बना-ठना पोज दिया—ऐसी नीचतम बातें राहुलजी के लिए कहने की हिम्मत सरकार कर सकी, इसके लिए उसको मुबारकबाद! अपने लिए जिन्हें 'ए' श्रेणी से भी अधिक सुविधाएँ मिल गईं, इसके बाद भी जो अपने साथी किसान कैदियों को राजनीतिक करार दिए जाने के उद्देश्य से दो सौ बयालीस घंटे—जब तक सरकार ने ही कायरतापूर्ण ढंग से उन्हें छोड़ा नहीं दिया—शर-शय्या पर पड़ा रहा—उस तपस्वी के प्रति ये लांछन है, पर हमें जो न देखना-सुनना पड़े।

इस संबंध में राहुलजी ने जो वक्तव्य दिया है, पाठक उसे पढ़ें! अब हम समझ गए इस समूचे कांड के भीतर कौन सी घोर प्रतिहिंसा काम कर रही थी। टुक स्पष्ट बोलने के लिए राहुलजी मंत्रिमंडल के कोप के शिकार बने। यही उनका अपराध था।

मंत्रित्व के ये ही अभिशाप हैं। इसकी परिणति कहाँ होगी, इसे सोच हम काँप उठते हैं। इस संबंध में छपरा में भाषण देते हुए जयप्रकाश बाबू ने जो कुछ कहा उसके शब्द-शब्द का हम समर्थन करते हैं। त्रिपुरी कांग्रेस ने भी इसे कबूल किया है कि प्रांतीय सरकारों की जनता की भलाई करने की सभी शक्ति खत्म हो चुकी है। फिर भी यदि आप गद्दियों से चिपके रहें तो अपनी शासक मनोवृत्ति की अकड़ में एक राहुल और एक स्वामी का अपमान करने के सिवा आपका काम ही क्या रह जाता था?

जब तक जनता के हाथों में सारी ताकत नहीं चली आती तब तक कांग्रेस ऐसी 'क्रांतिकारी' संस्था के लिए जो साम्राज्यशाही के अनिच्छुक हाथों से पूरी स्वाधीनता छीनना चाहती है, मंत्रित्व स्वीकार करना और ब्रिटिश हुकूमत के चलाने का भार लेना महान भूल थी। फिर जनता—किसान और मजदूर—जो लड़ाई साम्राज्यशाही और उसके एजेंट जमींदार और पूँजीपति से लड़ रही है और लड़ेगी, उसके बीच आप आ गए हैं। क्या ही अच्छा होता, बीच से आप हट जाते और हमें अपने दुश्मनों से सीधे लड़ने देते। किंतु आपने जो खाई खोदी है, उसमें यदि आप गिरते हैं—तो हम इसके कैसे जिम्मेवार हैं? हम तो इसे जानते थे और इसीलिए इसका विरोध करते थे।

हम देखते हैं मंत्रिमंडल के ही चलते कांग्रेस बेहद अप्रतिष्ठित हो चली है। उसने अपनी जितनी

जनप्रियता खोई है, उसका दर्शन बिहार में जिला बोर्ड के चुनावों में कांग्रेसी उम्मीदवारी की अनगिनत हारों में हो रहा है। जनता का विश्वास उठ रहा है। क्या अभी भी कांग्रेस नहीं सँभलेगी?

अधीर यूरोप

1914 की जो अवस्था यूरोप की थी, 1939 में यह अभागा महादेश इससे कहीं अधिक दुर्गत में फँस गया है। एक यूरोपीय महासमर छिड़ेगा और वह वर्तमान सभ्यता को बरबाद कर जाएगा, यह तय है। वर्तमान पूँजीवादी समाज की स्वाभाविक परिणति वही होती है। लेकिन यह कब होगा, यह ठीक नही। यूरोप के रण-दानव हिटलर और मुसोलिनी जब तक छोटे निरीह राष्ट्रों का शिकार करते रहे, फासिस्ट मनोवृत्ति के लिए ब्रिटेन, फ्रांस आराम से उन्हें धोखा दिया किए।

लेकिन उपनिवेश के नाम पर हिटलर ने और ट्यूनिस कोर्सिका के नाम पर मुसोलिनी ने इनकी ही गरदनों पर अपने पिस्तौल साधे हैं। फ्रैंको की स्पेन विजय से भी इन दोनों को भारी खतरा है। ब्रिटेन को जिब्राल्टर खाली करने की धमकी भी दी जा चुकी है।

अब ये दोनों राष्ट्र घबरा रहे हैं और रूस तथा अन्य जनतंत्र राष्ट्रों के साथ शांति मोरचा (Peace front) बनाने को विकल हैं। ब्रिटेन और टर्की में मेडिटेरेनियन की दृष्टि से जो संधि हुई है, वह कुछ काम नहीं आएगी। जब जिब्राल्टर पर हमला होगा, टर्की वहाँ क्या कर सकेगा?

चेकोस्लोवेकिया को इन दो देशों ने धोखा दिया, अतः बाल्कान के राष्ट्र इन गड़ेरिये 'लड़कों' पर विश्वास करने की हिम्मत नहीं कर रहे। तब बचा सोवियत रूस। हिटलर जो डैनजिंग को लेना चाहता है उसके भीतर एक षड्यंत्र है। वह चाहता है पोलैंड को शामिल कर उसी आधार से रूस पर आक्रमण करना। पोलैंड यह खतरा नहीं ले सकता। अतः पोलैंड को हिटलर धमका रहा है। इसी स्थिति से फायदा उठाकर चेम्बरलेन ने रूस से प्रस्ताव किया है कि वह ब्रिटेन और फ्रांस से एक मोरचा बना पोलैंड की रक्षा करे। किंतु यह मोरचा निरर्थक होगा। भौगोलिक दृष्टि से फ्रांस पोलैंड में कुछ नहीं कर सकता। वहाँ रूस को अकेले ही जूझना पड़ेगा। अतः रूस ने प्रस्ताव किया है कि ब्रिटेन, फ्रांस और रूस के बीच एक सैनिक मोरचा बने जो जर्मनी से लोहा लेने को तैयार रहे, यदि जर्मनी ने रूस पर आक्रमण किया। लेकिन ब्रिटेन की फासिस्ट मनोवृत्ति उसे ऐसा करने से रोक रही है।

इंगलैंड इसी भूलभुलैया में पड़ा है। उसे कहीं राह नहीं दीखती। कभी ब्रिटेन की जर्मनी के साथ संधि की भी बात हवा में उड़ती है। ऐसाकर रूस को धमकाया जा रहा है। तब क्या ब्रिटेन की जान बच जाती है? रूस को लेकर तानाशाही को अपनी यूरोप विजय के सपने सच करने मे क्या देर लगेगी? यही परिस्थिति है, यूरोप अपनी ही खोदी खाई में डूब मर रहा है।

(18 मई, 1939)

कलम या छुरी?

राहुल बाबा के साथ जेल में जो दुर्व्यवहार हुआ, वह भूल जाता है, जब हम उन चेष्टाओं को देखते हैं जो सरकार और उनके पिट्ठुओं की ओर से उन्हें बदनाम करने के लिए किया जा रहा है।

सरकार ने जो दो विज्ञप्तियाँ निकालीं—हमने बारीकी से उनमें ढूँढ़ने की कोशिश की कि कहीं सत्य का

कोई अंश, कहीं अहिंसा का एकाध कतरा मिल जाए—लेकिन क्यों मिले ? कांग्रेसी मंत्रिमंडल के बाद सत्य इतना सूक्ष्म और अहिंसा इतनी बारीक बन गई है कि उन्हें ढूँढने के लिए किसी नए दूरबीन की ईजाद करनी पड़ेगी !

श्री जयप्रकाश नारायण ऐसे शांत सज्जन भी जिन्हें पढ़कर अपनी हार्दिक उत्तेजना को न रोक सके, उन विज्ञप्तियों के बारे में जो कुछ कहा जाए थोड़ा है ।

किंतु हमें दुख है, उन अखबारों पर जो अपने को सत्य और अहिंसा के रक्षक और त्राता समझते हैं, किंतु प्रत्यक्ष सत्य सामने पेश किए जाने पर भी जो सफेद झूठ कहने से संकोच नहीं करते । हम जानते हैं, वे आजकल सरकार के टुकड़ों पर ही पलते और उसकी कृपा पर ही जीते हैं । किंतु नमक का असर इस 'कलयुग' में भी तथाकथित भीष्म, द्रोणों को इतना नीचे उतार दे सकेगा, यह किसने कयास किया था ?

मंत्रिमंडल का सबसे बुरा असर यह है कि उसने हमारी अखबारनबीसी को चौपट कर दिया है !

हिंदी के एक आचार्य ने व्यक्तिगत पत्र में लिखा था—

'मुझे सबसे बड़ा दुख यह है कि इन मंत्रिमंडलों ने हम गरीब अखबारनवीसों को पतित बना दिया है । एक कृपापूर्ण मुलाकात, एक छोटी सी मेहरबानी पर वे हमें खरीद लेते हैं । जो पुरानी नौकरशाही से दिन-रात टक्कर लेते रहे, वे ही 'अपनी' इस नई नौकरशाही के दरवाजों पर जूतियाँ चटखाते फिरते हैं । किसी ऐरे-गैरे मिनिस्टर का नाम अपने अखबार के संचालक मंडल में दीजिए और सरकारी एवं विदेशी फर्मों के विज्ञापनों से मालामाल बनिए—भला इस प्रलोभन से कौन अपने को रोक सकता है ? और ऐसा करके भी आप अपने को देशभक्त बनाए रख सकते हैं !"

मालूम होता है, ये पक्तियाँ बिहार की अखबारनबीसी की ओर ही ध्यान रखकर लिखी गईं हों ।

राहुलजी के साथ जो कुछ व्यवहार हुआ वह ऐसा था, जिस पर सभी न्यायप्रेमी व्यक्ति को गंभीर आवाज उठानी थी । किंतु यहाँ तो कसम खाकर बैठे हैं कि जो आवाज उठाएँगे, उनका बिना गला घोंटे हम रहेंगे नहीं ।

सौभाग्य की बात है—इन संपादकाचार्यों के हाथ में मंत्रिमंडल ने जल्लाद की छुरी नहीं दी । नहीं तो, पटना की सड़कों पर कितनी ही लाशें रोज तड़पतीं !

आगमी कांग्रेस

आगमी कांग्रेस का स्थान निश्चित हो गया है । गांधीजी गाँव माँगते थे, हमने जंगल दिया ! गुरु गुड़ चेला चीनी । कांग्रेस के लिए आज जैसे शांत तपस्यामय वातावरण की जरूरत है, वह जनता के बीच, उनके कोलाहलपूर्ण जीवन और संघर्ष से भरे गाँवों में मिलता भी कहाँ ? पूरा तपोवन खोज निकाला गया है । खैर, 'झारखंड' में होने वाली इस कांग्रेस को भी हमें सफल बनाना ही है । राष्ट्रपति राजेंद्रप्रसादजी की अपील हम छाप रहे हैं । हर बिहार निवासी का यह कर्तव्य है कि उनकी आज्ञा की अक्षरशः पूर्ति करें । राजेंद्र बाबू ने सभी विचार और वर्ग के लोगों से अपील कर अच्छा ही किया है । किंतु इस अपील का क्रियात्मक रूप राजेंद्र बाबू को ही देना है । हमारा विचार है, पटना में एक छोटा सा सम्मेलन किया जाए और उसमें सभी विचार और वर्ग के प्रभावशाली व्यक्तियों और नेताओं को बुलाया जाए एवं सभी को उपयुक्त कार्य सौपा जाए । खासकर कांग्रेस के उग्रपंथी दल के साथ आज तक जो व्यवहार रहा है, उसे भुला देना है और उनके हाथों में जिम्मेवारी के काम सौंपना है । यह बिहार की इज्जत का प्रश्न है—सब का प्रश्न है और यदि इस बहाने भी हमने मिलकर काम करना शुरू किया तो आशा है, कुछ दिनों से जो खाई हमारे बीच में पड़ गई है, वह भी भर जाएगी और हम आगामी स्वतंत्रता संग्राम में एक मन, एक तन होकर अंग्रेजी सरकार से मोरचा लेकर फिर बिहार का नाम ऊँचा करेंगे ।

अग्रगामी दल

श्री सुभाषचंद्र बोस अपने अग्रगामी दल के लिए जोरदार प्रयत्न कर रहे हैं। फूट-फूट कहकर जो लोग चिल्लाते हैं, उन्हें देखना ही पड़ेगा कि इस फूट का बीज किसने, कहाँ बोया और कौन, किस हद तक इसके लिए उत्तरदायी है। यह गांधीवादियों की अहिंसात्मक जिद्द थी कि श्री बोस को ऐसा करने को बाध्य होना पड़ा और उनके लिए अब यह लाजिमी हो चला है कि अपने दल की ओर लोगों का ध्यान आकृष्ट करें। उन्होंने अपने दल की उपमा प्रकारांतर से गांधी सेवा संघ से दी है। किंतु हमारा खयाल है, यह उपमा उनके दल पर लागू नहीं होती। गांधी सेवा संघ का एक खास सिद्धांत है, विचारधारा है, वह एक मजबूत संगठित पार्टी है। लेकिन यह दल तो एक प्लेटफार्म मात्र है जैसा सुभाष बाबू ने खुद बताया है। इसका कोई खास सिद्धांत भी नहीं—कांग्रेस के वर्तमान नेतृत्व को हटाना और उसके कार्यक्रम को क्रांतिकारी बनाना, इतना ही इसका मकसद है। यदि गांधी सेवा संघ की तुलना किसी से की जा सकती है, तो हिंदुस्तान में फकत कांग्रेस साम्यवादी पार्टी से ही। लेकिन जिस मकसद से यह दल कायम हुआ है, यदि वह उसे कार्य रूप में परिणत कर पाए, तो यह भी छोटा काम नहीं। इसके लिए जरूरी यह होगा कि आज जो पार्टियाँ हैं, उन्हें कमजोर करने की कोशिश वह नहीं करे, बल्कि उनसे मिल-जुलकर चले। कांग्रेस साम्यवादी पार्टी के मंत्री श्री जयप्रकाश नारायण ने यह मानते हुए भी कि ऐसा दल बनाना युक्ति संगत नहीं, जब दल बन गया है तो उसका विरोध नहीं कर, उसके सामने सहयोग का ही हाथ बढ़ाया है। भारतीय किसानों के नेता स्वामी सहजानंदजी ने भी इस दल का स्वागत करते हुए सहयोग पर ही ज्यादा जोर दिया है। हमें आशा है, सुभाष बाबू इस पर ध्यान देंगे और साम्यवादी पार्टी के लोग उनके दल में शामिल होंगे या नहीं—इस विवाद में नहीं पड़कर साम्यवादी पार्टी एवं किसान सभा, मजदूर संघ, कम्युनिस्ट आदि सभी उग्र विचारों और दलों के सहयोग से अपने उद्देश्य की पूर्ति में लगेंगे।

बिहार का अंडमान

हाँ, हमारा कांग्रेसी मंत्रिमंडल अपने शासनकाल में एक अंडमान भी बसाने जा रहा है। क्या करे? बिना ऐसा किए उसका अस्तित्व जो खतरे में आ गया है? अंडमान बसाने का उद्देश्य था, उन दागी राजबंदियों को ऐसी जगह रखना जहाँ से उनकी हवा भी उनके कर्मक्षेत्र में नहीं पहुँच सके और वहाँ की आबोहवा की भी शिकायत की जाती थी, अतः कुछ मजा चखाने का भी उद्देश्य था। इन्हीं उद्देश्यों से प्रेरित होकर, खबर है, हमारे मंत्रिमंडल ने अमवारी के सभी किसान सत्याग्रहियों को डाल्टेनगंज भेजा है। हिंदुस्तान से दूर एक कोने में समुद्र के बीच का अंडमान। बिहार के एक निभृत कोने में, पहाड़ों और जंगलों के बीच का वह डाल्टेनगंज! डाल्टेनगंज को यह भी सौभाग्य प्राप्त है, कि उतनी अधिक गरमी बिहार में कहीं नहीं पड़ती। अतः इस गरमी के जमाने में इन बदमाश, उपद्रवी कैदियों के लिए इससे बढ़कर उपयुक्त स्थान कौन चुना जा सकता था? राहुलजी इन बंदियों के लिए, उनके समालोचकों के शब्दों में ही, स्वर्ग बसाना चाह रहे थे। लीजिए यह स्वर्ग—पृथ्वी से दूर, बंधु बांधव से दूर, किसी की पहुँच से दूर। मौज कीजिए। कोई कांग्रेसी हेनरी क्रुक भी निकल ही आवेंगे, जो कहेंगे, बिहार का अंडमान कौन कहता है इसे; यह तो बिहार का स्वर्ग है! अभागे वे लोग जो इस स्वर्ग में पहुँचकर एक तरफ गरमी से और दूसरी ओर अपने घर से इतनी दूर रहने की कल्पना से बाल-बच्चों के नाम पर तड़पेंगे! क्योंकि बेचारे किसानों के बाल-बच्चों को इतने पैसे कहाँ मिलेंगे कि वे इस स्वर्ग का टिकट भी कटा सकेंगे! खैर, वे भी चीखें, चिल्लाएँ। हर नए शासक को एक नया काम चाहिए, जो उसे और उसके नाम को अमर करे।

हमारे मंत्रिमंडल ने यह कोई नया काम भी नहीं, महज अनुकरण किया है और शास्त्र भी कहता है—महाजनो येन गतः स पंथा ।

जमींदारी ज़िंदाबाद !

वृंदावन से सरदार वल्लभभाई पटेल ने जो रस्सी खींची, उसके बाद क्या मजाल कि हमारा मंत्रिमंडल जमींदारी के उठाने, खरीदने या उसके बारे में कुछ चीं-चीपड़ करने की भी हिम्मत करे... ! जिस खास काम के लिए दो दिनों के लिए असेंबली बुलाई गई, सरकार द्वारा जमींदारियों के खरीद लेने का वह प्रस्ताव पेश तक नहीं किया गया । जिसको लेकर मंत्रिमंडल के समर्थकों ने वाहवाही की झड़ी लगा दी थी, वह बेचारा बच्चा दुनिया का प्रकाश भी नहीं देख पाया—गर्भपात हो गया ! अच्छा ही हुआ । उस प्रस्ताव को हम धोखे की टट्टी समझते थे, अतः हमें उसके लिए दुःख नहीं, हर्ष ही है । किंतु इसके बाद एक मजेदार बात और हुई है । बड़े-बड़े जमींदारों के दस्तख़त से प्रधानमंत्री के पास एक दरखास्त दी गई है, जिसमें दुखड़ा रोया गया है कि तीन सालों से उनकी वसूली कम होती जा रही है । तीन वर्ष पहले पचहत्तर सैकड़े की वसूली हुई, उसके एक वर्ष बाद पचास सैकड़े ही और इस वर्ष तो पच्चीस सैकड़े पर ही मुहाल है । अतः—त्राहि माम् पुडंरीकाक्ष, रक्ष रक्ष महाप्रभो ! प्रधानमंत्रीजी इनकी रक्षा का क्या उपाय करते हैं—हम बड़ी उत्सुकता से इसकी प्रतीक्षा कर रहे है । एक चौथा कांग्रेस-जमींदार समझौता क्यों न हो ?

पुलिस की गुंडई !

मोटर लॉरियों की हड़ताल एवं गया कॉटन मिल की हड़ताल के समय गया की पुलिस ने जो डायरशाही मचाई, उसे हमारा मंत्रिमंडल चुपचाप पी ही नहीं गया, उसका प्रकारांतर से समर्थन भी किया । किंतु उसी बहकी, बिगड़ी पुलिस ने गत दंगे के समय गया में जो कोहराम मचाया और असेंबली में खासकर मुसलमान सदस्यों ने जब शोर मचाया, तब उसे भी जरा होश हुआ और हमारे प्रधानमंत्री साहब खुद दौड़े-दौड़े जाँच को गए हैं ! उस दंगे के अवसर पर पुलिस की गुंडई की एक खबर हमें मिली है । पं. यदुनंदन शर्माजी की दोनों पुत्रियाँ उस समय गया में ही थीं । वे एक दोमंजिला मकान के ऊपरी मंजिल में रहती थीं । एक दिन पुलिस के कुछ लोग निचली मंजिल की एक पान की दुकान पर बैठे कुछ निरपराध लोगों को बड़ी बेअदबी और निष्ठुरता से घसीट-घसीटकर थाना ले जाने की कोशिश कर रहे थे । उनकी इस कार्रवाई पर वीर पिता की इन वीर पुत्रियों को बड़ा रंज हुआ और उन्होंने ऊपर से ही कहा कि सीधे पकड़कर इन्हें ले जाइए यों घसीटते क्यों हैं? पुलिस की शान में लड़कियाँ बोलें? चट, जमादार साहब एक पुलिस को लेकर जीने से ऊपर धड़धड़ाते चढ़ गए, लेकिन किवाड़ बंद होने की वजह से खूब धक्के लगा, अंटसंट बकते लौट आए ।

पं. यदुनंदन शर्माजी उन दिनों डिस्ट्रिक्ट बोर्ड के चुनाव में थे । जब उन्हें यह बात मालूम हुई, मोटर से सीधे गया पहुँचे और दोनों लड़कियों को साथ लेकर थाने में आए और लड़कियों को गिरफ्तार कर लेने को कहा । तब तो पुलिस की सिट्टी गुम हो गई, दाँत निकालकर क्षमा माँग ली । कांग्रेसी मंत्रिमंडल में पुलिस की यह गुंडई ! किंतु प्रधानमंत्री ने ही तो तारीफ कर कर के उनका सिर गरम कर दिया है ।

डिस्ट्रिक्ट बोर्ड

डिस्ट्रिक्ट बोर्ड के चुनाव का जो नतीजा हुआ है, हम चाहते है, हमारे कांग्रेस महाप्रभु उसकी ओर खासकर ख्याल करें। नीचे की कमिटियों और कार्यकर्ताओं को भुलाकर, ऊपर-ऊपर से, कोई चीज लादने की चेष्टा का क्या कुफल होता है, इस चुनाव ने साफ प्रकट कर दिया है। उम्मीदवारों के चुनाव में बिलकुल धाँधली हुई। ऊपर के कुछ लोगों की पार्टीबंदियों के आधार पर सब कुछ हुआ। हमारे नेताओं ने बंदरबाँट लीडरी का एक खासा चित्र उपस्थित कर दिया। इतना बोझ लादा गया कि हमारे कार्यकर्ता बरदाश्त नहीं कर सके। उनमें बहुत ने अन्याय को मानते हुए भी राजभक्त की तरह सिर झुका लिया, किंतु कुछ विद्रोही सिर तने रहे। वोटरों के निकट अजीब-अजीब नजारे आए। लेकिन एक बात स्पष्ट रही। जहाँ कहीं कोई गैर कांग्रेसी उम्मीदवार कांग्रेस के उम्मीदवार के खिलाफ खड़ा हुआ, उसकी प्रायः हार हुई; किंतु जहाँ-जहाँ कांग्रेसी कार्यकर्ताओं में ही द्वंद था, वहाँ प्रायः स्वतंत्र कांग्रेसी उम्मीदवार ने बाजाब्ता कांग्रेस उम्मीदवार को पछाड़ा। इससे यह मालूम हुआ कि जनता को जहाँ कांग्रेसी और गैर कांग्रेसी के बीच चुनाव करना है, वहाँ वह आज भी कांग्रेस के साथ है। किंतु कांग्रेस के नाम पर जैसे-तैसे उम्मीदवार खड़े कर दिए जाएँ तो वह उसके मुकाबले में खड़े अपने सच्चे कार्यकर्ता को इसी लिए नहीं छोड़ सकती कि उसे ऊपर के लीडरों ने व्यक्तिगत आकांक्षाओं की सिद्धि के लिए टिकट नहीं दिया? यानी, कांग्रेस के नाम पर भेड़ियाधसान में वह अब बहने को तैयार नहीं। मुजफ्फरपुर की हार तो किसी की आँख खोलने के लिए काफी है! इसके विपरीत गया में कांग्रेस की सोलह आना विजय इस बात का सुंदर उदाहरण है कि कार्यकर्ताओं का जहाँ बोलबाला है जहाँ ऊपर से चीज लादी नहीं जाती, वहाँ जाति-पाति के नारे लगाने और अनेक षड्यंत्र किए जाने पर भी कांग्रेस की विजय निश्चित है।

(25 मई, 1939)

पटना में गुंडा राज

बिहारीजी मिल्स की हड़ताल के सिलसिले में, बिहार की राजधानी ने दो दिनों तक—27-28 मई को जैसा गुंडा राज देखा, इस कांग्रेसी मंत्रिमंडल के जमाने में क्या उसकी संभावना की कल्पना भी किसी ने की होगी? शहर के अधिकारी, मालूम होता था, यह बिलकुल भूल गए थे कि वे 1939 ई. में हैं—उन्होंने पुलिस को खुल खेलने की ढील दी और उसने ऐसी गुंडाशाही दिखाई, जिसके सामने 1930-'32 की गुंडाशाही भी मात।

1930-'32 में पुलिस जब हमारे स्वयंसेवकों को लॉरियों में भरकर सूनी जगहों, जंगलों, बयाबानों में छोड़ आती थी, तो हमारे मन में कैसा रोष और क्षोभ पैदा होता था। किंतु हम उसकी परवाह नहीं करते थे। क्योंकि हम जानते थे एक विदेशी सरकार से इससे अच्छे सलूक की गुंजाइश ही क्या हो सकती है? लेकिन जिस पुलिस की इज्जत को हमारे प्राइम मिनिस्टर अपनी इज्जत समझते हैं, जिन्हें वे भगवान के सेवक समझते हैं, उन लोगों ने 27 मई को क्या किया? बयालीस आदमियों को एक लॉरी में ठूँसा गया और उन्हें तेरह-चौदह मील दूर सूनी जगह में ले जाया गया। शाम का वक्त था, स्त्रियाँ, व बच्चे क्या करते, कहाँ जाते? उन्होंने कहा, या तो हमें जेल ले जाओ या घर वापस कर दो। लेकिन पुलिसवालों को क्या परवाह? उन्होंने मर्दों को धक्के देकर निकाला, बच्चों को उछाल कर पटक दिया और स्त्रियों की टाँग पकड़कर घसीटकर नीचे किया और इसके बाद लॉरी ले भागे! संयोग से एक मजदूर कार्यकर्ता को यह बात सूझ गई, उसने एक लॉरी भेजकर उन्हें वापस बुला लिया? अगर लॉरी न जाती तो क्या हालत होती? उनमें नौ आदमी घायल थे—जिनमें दो औरतें और तीन लड़के थे। उनके घाव कलक्टर को दिखा दिए गए थे। उन्हें अस्पताल में ले जाया गया, जहाँ तीन को एडमिट कर लिया।

हम पूछते हैं, यह क्या चीज है ? क्या यह चीज एक मिनट के लिए भी बरदाश्त करने की है ?

किंतु बात तो इससे भी आगे बढ़ी है । उस दिन गिरफ्तारी और इस बदसलूकी के बाद लोगों में सनसनी होना स्वाभाविक था । लेकिन संयोग से श्री योगेंद्र शुक्ल वहाँ हाजिर थे—उन्होंने उत्तेजित जनता को किस प्रकार शान्त किया, यह कोई भी ईमानदार पुलिस अफसर बता सकता है । भोर से लेकर शाम सात बजे तक शुक्लजी ने लोगों को शांत रखा । इसके बाद वह नहाने-धोने गए । इसके अंदर कुछ लोग सड़क पर—जो आम सड़क और उस तरफ की एक मात्र सड़क है—आ जुटे और नारे लगाने लगे । मालूम होता है, दिन भर शुक्लजी के चलते पुलिस को लाठी चलाने का जो मौका नहीं मिला, इससे उनके हाथ खुजला रहे थे । बस, उस रात को ही लाठियाँ बरसने लगीं और साधारण जनता को तो पीटा ही गया, मजदूर संघ के कार्यकर्ताओं को तो चुन चुनकर मारा गया । डॉक्टर अयोध्या प्रसाद मजदूरों के पुराने सेवक हैं । आप बीमार थे, लेकिन यह घटना सुनकर वहाँ जा पहुँचे थे । उनके दुर्बल शरीर पर खुद इंसपेक्टर ने आठ-दस लाठियाँ चलाईं, जिससे वह बेहोश तक हो गए !

किंतु इस कहानी की ही नहीं, पुलिस की गुंडाशाही की पराकाष्ठा तो दूसरे दिन हो गई ।

दूसरे दिन सरदार रामसिंह अकाली जत्था लेकर 144 तोड़ने गए । उन्हें गिरफ्तार नहीं किया गया । तब वे वहीं बैठ गए । उन्हें उठाकर दूर ले जाकर पटक दिया गया और इंसपेक्टर ने ही कहा—'चल बे, तुम्हें कौन गिरफ्तार करता है ? तेरे ऐसे नेता तो पैसे में तीन-तीन बिकते हैं ।'

किंतु पराकाष्ठा यही नहीं है ! डॉक्टर अयोध्या वहाँ इस नीयत से गए कि साधारण जनता को जत्थे से अलग रखा जाए और शांति रक्षा की पूरी जिम्मेवारी निभाई जाए । गिरफ्तारी न होने के बाद वह वहाँ से अपने एक दोस्त के साथ लौट रहे थे तो उन्हें बहाने से बुलाकर थाने में ले जाया गया । थाने में वह एक कुरसी पर बैठे थे कि एक गोरा सारजेंट और एक पुलिस पहुँचे और उन्होंने आते ही अयोध्याजी को चप्पत मारना शुरू किया, फिर ठोकर मारकर कुरसी से गिरा दिया और इतने पर भी जब क्रोध शांत न हुआ, तो तरह-तरह की गालियाँ बकने लगे । गुस्ताखी की हद तब हो गई जब उसने कहा—'कायथ का बच्चा, कभी न सच्चा ।' इस पर अयोध्याजी भी बिगड़े और कहा, 'चुप रहिए, नहीं तो हम अब जान देकर भी अपनी इज्जत बचाएँगे ।' तब कहीं जाकर वे पुलिस अफसर बाहर गए ।

कायथ का बच्चा, कभी न सच्चा—कहनेवाले उस पुलिस अफसर को क्या मालूम नहीं कि एक कायथ के बच्चे श्रद्धेय राजेंद्र प्रसादजी के हाथ में आज आठ सूबों के मंत्रिमंडल का सूत्र है और उसके ऐसा नाचीज अफसर उनके नजदीक एक पतिंगे से अधिक की हस्ती नहीं रखता । यह गाली और एक जिम्मेवार कांग्रेस कार्यकर्ता को थाने में बुलाकर यों पीटना—इसके लिए सिर्फ गुंडाशाही शब्द का इस्तेमाल ही काफी नहीं है । उसे सबक मिलना चाहिए और कांग्रेसी मंत्रिमंडल को आगे बढ़ना चाहिए । गया के काटन मिल की धाँधली का समर्थन और राहुलजी पर हुए प्रहार को पी जाने के कारण ही पुलिस की यह हिम्मत हुई है और यदि इस बार इस पर लीपा-पोती की गई, तो न जाने क्या हश्र बरपा होगा ?

144 की दफा जिस ढंग और जिन शब्दों में लगाई गई है, वह भी कम झूठ और शरारत से भरी नहीं है । वह आम नोटिस नहीं है, जैसाकि ऐसे अवसरों पर हुआ करता है । यह आठ व्यक्तियों को चुनकर उन पर और उनके सहकर्मियों पर लगाई गई है । यह काफी उत्तेजित करनेवाली है और यह यूनुस मिनिस्टरी के रवैये को याद दिलाती है, जब उसे 1937 की पहली अप्रैल को इसी तरह की नोटिस श्री जयप्रकाश नारायण आदि पर तामील की थी । हद तो तब हो गई है जब कहा गया है कि उनका वहाँ इकट्ठा होना शांति में बाधा देता है ? छः दिन वहाँ वे लोग इकट्ठे होते रहे, किंतु शांति में बाधा हुई ? शांति में बाधा तो तब हुई, जब वहाँ पुलिस का 'खोरन रविंद' पहुँचा । पुलिस पहुँची और मार-पीट से लेकर गाली-गुफ्ता शुरू हुआ और न जाने कब तक यह जारी रहेगा ? कुछ लड़कों ने एक दिन हाय-हाय की, इसका बड़ा तूल दिया गया है ! किंतु जिन लोगों ने बंदूक निकालने का हुक्म दिया, जिनके गुंडों ने पुलिस के सामने लाठियाँ भाँजी—उन्हें तो स्वतंत्र विचरण को छोड़ दिया है । श्री योगेंद्र शुक्ल, बेनीपुरी, रामसिंह अकाली, रामेश्वर गुप्त आदि पर 144 की नोटिस हुई, क्योंकि इनकी उपस्थिति से शांति में बाधा होती है, और

भागलपुर, गोंडा आदि से बुलाए गए गुंडे पुलिस के सामने लाठिया भाँजने पर भी शांति के अवतार के रूप में मान लिये गए हैं, वहाँ अपनी उपस्थिति से पुलिस को 'शांति की रक्षा' में मदद दे रहे हैं ! क्या कहने हैं ?

गिरफ्तार कर के खाना नहीं देना, मार-पीट करना, सड़क पर भी लोगों को चलने से रोकना, गंगा-स्नानार्थियों से भी छेड़छाड़ करना, गाली के मुँह से ही बोलना, बात-बात पर उद्दंडता दिखाना आदि आज पटना के पुलिस के लिए आम बात हो गई है । समझ में नहीं आता कि वे 1930-'32 में सीखे हुए अपने सबक का मश्क कर रहे हैं या आगे आनेवाली लड़ाई में हमारे साथ उनका क्या व्यवहार होगा, उसका यह रिहर्सल किया जा रहा है । यह तो स्पष्ट हो ही गया कि दो वर्षों की हमारी कांग्रेसी सरकार के बाद भी पुलिस जहाँ-की तहाँ है । हमारे प्राइम मिनिस्टर ने उन्हें सुधारने के लिए क्या-क्या न किया—उन्हें खुदा के बंदे बताया, उनकी इज्जत को अपनी इज्जत बनाई, लेकिन—धोयोहू सौ बार के काजल होय कि स्वेत ।

बेतिया राज

बेतिया की मैनेजरी की समस्या आखिर सुलझी और हमारे प्रांत के सुप्रसिद्ध कांग्रेस नेता श्री विपिन बिहारी वर्मा उस पद को सुशोभित कर रहे हैं । इस अंक में इस संबंध में एक शिकायत जा रही है । हमारा खयाल है, जाति-पाति या रिश्ता-संबंधी का प्रसंग उठाकर कीचड़ उछालना एक नीचतापूर्ण काम है और इसे हमारे राष्ट्रीय जीवन में स्थान नहीं मिलना चाहिए । साथ ही, हम विपिन बाबू से निवेदन करते हैं कि इन मामलों में सजग रहें और शिकायत का मौका नहीं आने दें । हम विपिन बाबू के इस पद का गुरुत्व किसी मिनिस्टर के पद से कम नहीं समझते । हमारा खयाल है, यदि उन्होंने दूरदर्शिता से काम लिया तो प्रांत में एक आदर्श उपस्थित कर सकते हैं । बाकी मालगुजारी की माफी, मालगुजारी में कमी, पंचायती खेती, सहयोग-समितियों द्वारा कर्ज से मुक्ति—आदि किसानोपयोगी बहुत से काम वे चुटकियाँ बजाते कर सकते हैं और किसानों के दिल को जीत सकते हैं । बेतिया राज साहित्यिक कार्य के लिए नामी रहा है, उस ओर भी विपिन बाबू को जल्द ही ध्यान देना चाहिए ।

जवाहरलाल

एक समय था, जवाहरलाल के पीछे देश—खासकर नौजवान—पागल थे । वे प्रगतिशील शक्तियों के एकछत्र नेता थे । लेकिन अब वह बात नहीं रही । क्यों ? उनकी उज्ज्वल देशभक्ति में, उत्कृष्ट बलिदान में, उन्नत विचारों में और उन विचारों को कार्य में परिणत करने की उत्कट ईमानदारी में लोगों को संदेह हो गया है ? नहीं, यह बात हर्गिज़ नहीं । तब, तब का जवाब साफ है । प्रगतिशील शक्तियों के एकछत्र नेता वे नहीं रहे—क्योंकि उन्होंने नेतृत्व करना ही छोड़ दिया है । उनके दिल और दिमाग में जो द्वन्द्व है; सिद्धांत और भक्ति में जो विषमता है, उसने उन्हें एक अजीब परिस्थिति में डाल दिया है । वह साम्यवाद उपासक हैं, लेकिन पूजक हैं गांधीजी के । उनका दिमाग क्रांतिवादी है, लेकिन हृदय भक्तिवादी । जब तक इन परस्पर विरोधी भावनाओं में सामंजस्य की गुंजाइश थी, वे दनादन आगे बढ़ते गए, लोगों को बढ़ाते गए । लेकिन इधर के छः-सात वर्षों की राजनीतिक प्रगति ने असंगतियों को इतनी पैनी बना दिया है कि सामंजस्य की गुंजाइश नहीं रही । सामंजस्य के बल पर जीनेवाले जवाहरलाल आज अथाह समुद्र में तैरते दीखते हैं । उनकी अंतर्वेदना का वर्णन नहीं हो सकता, कल्पना ही की जा सकती है । त्रिपुरी और कलकत्ते की घटनाओं, अग्रगामी दल की रचना और राजकोट की समस्या पर

आपने जो कुछ लिखा है, वह इसका सबूत है। लेकिन क्या जवाहरलाल से हम इन अंतर्वेदनाओं के प्रदर्शन की ही उम्मीद करते हैं? देश चाहता है उनसे एक साफ नेतृत्व! वे अंतर्द्वन्द को गोली मारें, आगे आएँ, फिर ऐसी चीजें नहीं होने पाएँगी—ऐसी हमारी धारणा है!

शर्माजी का अनशन

किसान और मजदूर कैदियों को राजबंदी करार दिलाने के लिए राहुलजी ने अनशन किया। उसको लेकर बिहार की सरकार ने जो विभीषिका खड़ी कर दी, उस अप्रिय प्रसंग को यहाँ दुहराना हम नहीं चाहते। राहुलजी छोड़ दिए गए और सरकार ने समझा, मामला खत्म हुआ। यह उसकी भूल थी। अभी ही फिर बड़हिया टाल के सेनानी श्री कार्यानन्द ने जेल से प्रधानमंत्री को यह अल्टिमेटम दिया है कि यदि राजबंदी संबंधी राहुलजी की माँगें स्वीकार नहीं की गईं तो वह 1 जून से अनशन करेंगे। सरकार को तो चाहिए था कि राहुलजी को छोड़कर वह किसान और मजदूर कैदियों की समस्या को गंभीरतापूर्वक लेती और उसका एक हल निकालती। पर वह टालमटोल की नीति अख्तियार करती है, जो कमजोरी है, धोखेबाजी है। यह भी सुनने में आया है कि शर्माजी अनशन शुरू करने के पहले ही छोड़ दिए जाएँगे, पर एक राहुल और कार्यानंद ही इन खुराफातों के स्रष्टा नहीं हैं। किसानों और मजदूरों की यह न्यायोचित माँग है, अतः प्रांत के साढ़े तीन करोड़ किसानों और मजदूरों की यह अपनी लड़ाई है। इसे वे यों ही क्यों जाने देंगे। यहाँ तो हथेली पर प्राण और सिर से कफन लगाए, एक नहीं सहस्रों, मिट्टी के नहीं, प्राणों के दीप जला करते हैं। और जातीय प्राणों का यह एक दीप बुझता-बुझता भी अपनी शिखा दूसरे से छुआकर नया दीप जला देता है। इन दीपों को कौन बुझा सकता है? तो क्या सरकार कुछ दूरदर्शिता और हिम्मत से काम लेगी?

(1 जून, 1939)

गंदगी के नाम पर

जिस समय त्रिपुरी कांग्रेस में काग्रेस से गंदगी दूर करने के लिए जल्दी-जल्दी एक प्रस्ताव पास कराया गया और अखिल भारतीय कांग्रेस कमिटी द्वारा ही उसकी सिफारिशों को स्वीकार किए जाने की बात भी जोड़ दी गई, उस समय यद्यपि सब दलवालों ने उस प्रस्ताव का हार्दिक अभिनंदन किया, किंतु कुछ लोगों के दिल में यह शक जरूर रहा कि कहीं गंदगी के बहाने कांग्रेस से प्रगतिशील ताकतों को निकालने का षड्यंत्र न किया जाए। किंतु इसके लिए जो कमिटी बनी, उसमें पं. जवाहरलाल नेहरू और आचार्य नरेंद्रदेव के नाम देखकर लोगों ने समझा—शायद, यह मंशा नहीं हो!

किंतु अब जब कमिटी की रिपोर्ट निकल चुकी है, ऐसे लोगों की धारणा की सत्यता स्वतः प्रमाणित हो रही है। जैसी उम्मीद की जाती थी, कांग्रेस से गंदगी दूर करने के लिए बैठी इस कमिटी की रिपोर्ट भी सर्वसम्मत नहीं हो सकी। गांधीवादियों का बहुमत था, उन्होंने ऐसे निर्णय किए कि आचार्यजी और नेहरूजी को अपने मतभेद अलग प्रकट करने पड़े और उन मतभेदों ने ही सारा भंडाफोड़ कर दिया है।

नेहरूजी और आचार्यजी के इन मतभेदों के पढ़ने से यह स्पष्ट हो जाता है कि गंदगी दूर करने के नाम पर कौन से अनर्थ कांग्रेस के अंदर घुसेड़ने की चेष्टा हो रही है। साम्प्रदायिक संस्थाओं के सदस्यों को कांग्रेस में

आने की मनाही थी (यह बात दूसरी है कि इस धारा को काम में कहाँ तक लाया जाता रहा है।) किंतु, अब साम्प्रदायिक संस्थाओं के साथ 'और दूसरी संस्थाओं' का पुछल्ला भी उसमें जोड़ा गया है और इसका उद्देश्य साफ यह है कि किसान सभा, मजदूर संघ आदि पर भी आवश्यकता पड़ने पर इस अमोघ अस्त्र का प्रयोग किया जाएगा और यों इन संस्थाओं में काम करनेवालों के लिए कांग्रेस का दरवाजा बंद कर दिया जाएगा। यों ही, कांग्रेस के अंदर काम करनेवाला एक बच्चा भी जानता है कि 'सिंगल ट्रांस्फरेबुल' वोट की प्रणाली के चलते-चलते छोटे-से-छोटे अल्पमत को भी अपना प्रतिनिधि अखिल भारतीय कांग्रेस कमिटी में भेजने का मौका मिल जाया करता था। किंतु अब जो विधान बनने जा रहा है, उसमें इसकी भी गुंजाइश नहीं रहेगी—सिर्फ एक-तिहाई मेंबरों के लिए इस प्रणाली को रखकर आँसू पोंछने की कोशिश की गई है।

कांग्रेस के अंदर गंदगी है। इस को अवश्य दूर करना चाहिए। हमारा खयाल है, इस गंदगी का शिकार प्रगतिशील शक्तियों को ही सब से ज्यादा होना पड़ा है। कांग्रेस मिनिस्टरी कायम होने के बाद अवसरवादियों और स्वार्थियों की जो सेना कांग्रेस की ओर टूटी, उसने प्रगतिशील शक्तियों पर ही हमला किया, क्योंकि गांधीवादियों से तो उन्हें अपना काम ही निकालना था। अतः हम सदा से चाहते रहे हैं कि इस गंदगी को जल्द-से-जल्द दूर किया जाए। किंतु आज गंदगी दूर करने के नाम पर यह दूसरे हमले की बड़ी तैयारी होने जा रही है। क्या हम इसे चुपचाप बरदाश्त करने जा रहे हैं? यदि नहीं; तो हमें इसके विरुद्ध जबरदस्त आवाज उठानी पड़ेगी। इसमें हमारा नेतृत्व न केवल आचार्य नरेंद्रदेव करेंगे, बल्कि जवाहरलालजी भी सहायता देंगे।

गंदगी दूर करने के लिए जो दूसरे उपाय बताए गए हैं, उनमें से कई की उपयोगिता के बारे में भी हमें शक है। सदस्यों के स्थायी रजिस्टर तो रहेंगे, लेकिन, उन्हें हर साल दरखास्त देनी ही पड़ेगी। यह दरखास्तों वाला मजमून ही बेढंगी चीज है। एक आदमी उठेगा और हजारों हस्ताक्षर दरखास्तों पर लेकर उन्हें सदस्य बना डालेगा या सदस्यता को आगे के वर्ष के लिए जारी करा आवेगा। फिर, ज्यादा गंदगी तो मिनिस्टरी के बाद हुई है। अतः तीन वर्ष की अवधि देने से तो नतीजे में कोई अंतर नहीं आ सकता, जिन लोगों ने देश के लिए कष्ट सहे हैं या जो अपना पूरा समय देश के लिए देते हैं, उनके लिए काफी रियायत देकर अवसरवादियों को रोकने के लिए उन्हें लंबी मुद्दत की जंजीर में जकड़ना लाजिमी था।

हम बड़ी उत्सुकता से इस कमिटी की रिपोर्ट की प्रतीक्षा में थे। किंतु हमें निराशा-ही-निराशा मिली। कुछ दिनों से कार्य समिति में एकमत के लोगों के रखने की बातें हम सुना करते थे, अब चेष्टा यह होने जा रही है कि कांग्रेस को भी एकमत के लोगों का अखाड़ा बनाया जाए। गांधीजी या गांधीवादी इसमें देश का कल्याण समझते हों, किंतु हम तो उस कांग्रेस की कल्पना भी नहीं कर सकते, जिसमें संगठित किसान, मजदूर, नौजवान-विद्यार्थी के लिए दरवाजा बंद हो और वह फिर भी देश को पूर्ण स्वराज्य दिलाने का दम भरती हो। हमारे गांधीवादी नेताओं की सबसे बड़ी असफलता तो यह रही कि अपनी इन सिफारिशों पर वे पं. जवाहरलाल नेहरू और आचार्य नरेंद्रदेव को भी सहमत नहीं कर सके—जिन्हें वे प्रगतिशील दल में सब से ज्यादा नरम और दूसरे विचार के लोगों के साथ मिल-जुलकर काम करनेवाले समझते हैं। भला, जो विधान इन दो नेताओं के मतभेदों के बाद तैयार किया जाएगा, उससे देश में कहाँ तक गंदगी दूर हो सकेगी और काम अच्छी तरह चल सकेगा?—हमारी समझ में तो यह नहीं आता!

प्रकाश या आँख-मिचौनी!

जिस समय श्री सुभाषचंद्र बोस ने अंग्रेजी राज्य को चुनौती देने का नारा बुलंद कर, देश का बहुमत अपने पक्ष में ला, राष्ट्रपतित्व का सेहरा प्राप्त किया, गांधीजी सीधे राजकोट पहुँचे और वहाँ समाँ कुछ ऐसा बाँधा कि मालूम

होने लगा, तुम चुनौती की बात कहते हो, लो, मैंने युद्ध ही छेड़ दिया। गांधीजी का जादू चल गया। चुनौती की बात हवा हो गई, सेहरा छिन गया—कलकत्ते की शर्मनाक बात बहुत दिनों तक याद रखी जाएगी। किंतु उसके बाद की एक अजीब बात हुई—एक के बाद एक ऐसे प्रकाश हमारे बुढ़ऊ बाबा को मिलते गए कि आज देश में कहीं प्रकाश की रेखा नहीं—अंधकार-ही-अंधकार दीख पड़ता है। एक प्रकाश हुआ, उपवास करो। दूसरा प्रकाश हुआ, यह उपवास हिंसामय था। तीसरा प्रकाश आया—देशी राज्यों की लड़ाई बंद, प्रजाओ, नरेशों की शरण में जाओ। और अब ताजा प्रकाश प्रकट हुआ है—मैंने तो सलाह मात्र दी थी, देशी राज्यों के नेता 'नेतृत्व' करें! पंडित नेहरू ऐसे लोग भी प्रकाश की इस आँख-मिचौनी से ऊब उठे हैं, तो साधारण जीवों की क्या हालत? देखना है, हमारे राजनीतिक आकाश पर यह प्रकाश की आँख-मिचौनी कब तक चलती है?

आगे बढ़ो, साथियो!

इस शंखनाद के साथ वह वक्तव्य समाप्त होता है, जिसे श्री जयप्रकाश नारायण और कामरेड जोशी ने प्रकाशित किया है और जो अन्यत्र छपा है। जितने प्रगतिशील दल हैं, उन्हें एक साथ ले चलने के लिए होनेवाला प्रयत्न नया नहीं है, किंतु श्री सुभाषचंद्र बोस के अग्रगामी दल की स्थापना के बाद इसकी आवश्यकता और भी स्पष्ट हो गई है। अग्रगामी दल का उद्देश्य यह बतलाया गया था कि वह सभी प्रगतिशील शक्तियों को एक मंच पर एकत्र करने की चेष्टा करेगा; किंतु उसके कार्य कुछ दूसरी ही दिशा में बहे जा रहे हैं। प्रगतिशील दलों में आपस का ही तू-तू मैं-मैं शुरू हो गया है और कांग्रेस के अंदर जो छिट-पुट प्रगतिशील व्यक्तित्व हैं, उन्हें एक जगह लाने के बदले जो संगठित दल हैं, उनमें ही फूट डालने की चेष्टाएँ हो रही हैं। यह प्रगतिशील शक्तियों के लिए ही नहीं, देश के लिए भी घातक है। त्रिपुरी में राष्ट्रीय माँग और उसकी तैयारी का जो प्रस्ताव पास हुआ, वह कागज़ में ही रखा है और युद्धविरोधी प्रस्ताव का क्रियात्मक रूप क्या हो, इस पर पूरा मौन साध लिया गया है। प्रगतिशील दलों का ही यह काम था, कि इस कार्यहीनता और मौन से कांग्रेस को ऊपर उठाए और उसे तत्पर होने और आगे बढ़ने को बाध्य करे। लेकिन हो रहा है, ठीक इसके विपरीत। अतः, हमारे इन दो साथियों ने, जो देश के दो प्रमुख प्रगतिशील दलों के नेता हैं, बड़े ही मौके से हमारा ध्यान इस ओर आकृष्ट किया है और सभी प्रगतिशील दलों की एक संयुक्त बैठक बंबई में करने का आमंत्रण दिया है! उन्होंने इस बैठक में पेश किए जाने के लिए जिस कार्यक्रम और उसे काम में लानेवाली जिस संस्था की तजवीज रखी है, हम उसका हार्दिक समर्थन करते हैं और आशा रखते हैं, इस समय कांग्रेस में जो जड़ता है, वह दूर होगी और हम विजयपथ पर तेजी से अग्रसर होंगे।

हड़ताल और सजा

इधर हमारी प्रांतीय सरकार ने एक अजीब रुख अख्तियार किया है। साधारणतः होता यह है कि ज्यों ही हड़ताल खत्म होती है, सरकार उन हड़ताली मजदूरों को रिहा कर देती है जो हड़ताल के सिलसिले में गिरफ्तार होते हैं। डेहरी में यही हुआ और हरिनगर में भी यही नीति बरती गई। मुनासिब भी यही है। हड़ताल के सिलसिले में जो उत्तेजना होती है, तनातनी होती है, वह मजदूरों को कानून की सीमा लाँघने या उसे तोड़ने को मजबूर करती है। शांतिमय पिकेटिंग क्या है—इस संबंध में कहीं कुछ स्पष्ट उल्लेख नहीं होने के कारण स्थानीय अफसरों के

अनुचित दवाब के चलते भी कानून तोड़े जाते हैं। अतः जब तनातनी खत्म हुई, उत्तेजना की जड़ कट गई, अफसरों के हस्तक्षेप का कारण ही नष्ट हुआ, फिर मजदूरों को जेल में रखने या सजा देने का क्या मानी? सजा देने से मजदूरों के मन में यह धारणा भी पैदा हो ही जा सकती है कि सरकार पूँजीपति की मदद करती और उसी की रक्षक है। सरकार का काम यह भी देखना है ही कि हड़ताल के स्थान पर शीघ्र-से-शीघ्र स्वाभाविक अवस्था आ जाए। लेकिन सजा देने, हड़तालियों को जेल में रखने या जुर्माने करने से यह कैसे संभव हो सकता है? लेकिन इधर दो हड़तालें ऐसी हुई हैं, जहाँ हमारी प्रांतीय सरकार ने यही गलती की है। गया के काटन मिल की हड़ताल के सिलसिले में हड़तालियों को सजाएँ हुईं और एक बैच को तो तुरत सजा हुई है। स्थानीय बिहारीजी मिल के बारे में भी यही नीति बरती गई है। नौ हड़तालियों को आठ रुपए से बारह रुपए तक का जुर्माना हुआ है। यह सर्वथा अनुचित और अनुपयुक्त है, जैसा कि हम कह चुके हैं। हम अब भी सरकार से, खासकर प्राइम मिनिस्टर से निवेदन करते हैं कि वह इन सजाओं को माफ कर मजदूरों के दिल की खटक और असंतोष को दूर करें। आशा है, हमारी यह प्रार्थना अनसुनी नहीं होगी।

प्रवासी भारतीय

बिहार के ही एक सुपूत श्री स्वामी भवानीदयाल दक्षिण अफ्रीका से भारत आए हैं और वहाँ के भारतीयों पर जो संकट आनेवाला है, उसकी पुकार देश को सुना रहे हैं। स्वामी ने हमें बतलाया है कि किस प्रकार महात्माजी का वह प्रथम सत्याग्रह वहाँ के गोरों की वादाखिलाफी और बेईमानी से व्यर्थ गया और आज किस तरह वहाँ के भारतीयों के सिर पर नंगी तलवार लटक रही है। अफ्रीका प्रवासी भारतीयों के इस संकटकाल में किस भारतीय का हृदय उनके साथ नहीं है? किंतु हमारी सहानुभूति रूखी और छूछी तो नहीं ही हो। यदि उस ज़माने में गोखले की नरम नीति के युग में भी, एक व्यापक आंदोलन करके हम वहाँ की सरकार को झुका सकते थे, तो कोई कारण नहीं कि प्रांतीय स्वराज के इस युग में हमारी आवाज़ उनके कर्ण कुहरों में क्यों नहीं प्रवेश कर पाएगी? स्वामीजी एक कुशल प्रचारक और आंदोलक हैं। जाग्रत भारतीय जनता का बल पाकर वह अपनी मिशन में अवश्य सफल होंगे—हमें इसकी पूरी आशा है।

दरभंगा का किसान-संग्राम

दरभंगा प्रांत का एक गरीब जिला है—आर्थिक लिहाज से। वहाँ की भीषण गरीबी कहावत-सी हो चली है। इसलिए हम देखते हैं गया और बड़हिया टाल के बाद सबसे अधिक व्यापक लड़ाई आज दरभंगा जिले के किसान लड़ रहे हैं। देकुली, राघोपुर में और जगदीशपुर में उनके मोरचे गड़े हैं। युगों के इन मूक मजलूमों ने अब आज सिर उठाया है, तो उनके शोषक इसे बरदाश्त नहीं कर सके। फिर देकुली धाम में किसान सेवकों पर बरछे तने, जगदीशपुर में तो बंदूकों से ही शिकार किया गया! जमींदार खुलकर खेले। उन्होंने व्यापक हिंसा की—इससे बढ़कर क्या होगा कि गोलियाँ तक चलीं। लेकिन आज तक एक भी उदाहरण नहीं जहाँ किसी अपराधी जमींदार को सजा दी गई हो। दूसरी ओर वैसे-वैसे किसान जेल में गए जिन पर जमींदारी मार भी पड़ चुकी थी। देकुली और नेहरा गोली कांड में पुलिस ने जो मुकदमे जमींदारों के विरुद्ध चलाए हैं, उनमें सरकार की ओर से कुछ भी पैरवी नहीं हो रही। जिले में कुछ ऐसे मजिस्ट्रेट हैं जो ख्वाहमख्वाह किसानों से 'प्रेजुडिस्ड'

रहते हैं, और उपर्युक्त मुकदमे जाने क्यों ऐसी ही इजलास में भेजे जाते हैं ! ऐसी हालत में यह जानकर हमें संतोष हुआ कि बिहार सरकार ने श्री रघुनंदन पांडेय को स्पेशल अफसर बनाकर राघोपुर और देकुली की समस्या सुलझाने को भेजा है । रेवरा की लड़ाई में सुलह कराने का यश पांडेयजी को मिल चुका है । आशा है, वे वहाँ भी ऐसा ही कर अपनी निष्क्षता का परिचय देंगे ।

विद्रोही के चरणों में

इंगलैंड का एक बादशाह—जिसका नाम था जॉर्ज तृतीय—अमेरिका के सुप्रसिद्ध विद्रोही जॉर्ज वाशिंगटन के सिर के लिए इनाम बोला था और इंगलैंड का ही एक बादशाह—जॉर्ज छठा—अभी उस दिन उसी जॉर्ज वाशिंगटन की मूर्ति के निकट पहुँचा और उसके चरणों में श्रद्धांजलि अर्पित की ! इतिहास का कैसा मज़ाक ! सफल विद्रोही की पूजा होती है, विफल विद्रोही लांछन का पात्र समझा जाता है । वाशिंगटन ने अंग्रेजी साम्राज्यशाही से विद्रोही किया और सफलता पाई । अमेरिका एक स्वतंत्र राष्ट्र हुआ और स्वतंत्र अमेरिका ने ऐसी उन्नति की कि आज वही इंगलैंड युद्ध की घबराहट में उसकी शरण गिर रहा है, उसका बादशाह उस विद्रोही के चरणों में फूल-माला अर्पित करता है । एक पराधीन राष्ट्र के लिए यह खबर बहुत ही उपदेशपूर्ण है । विद्रोह करो, सफल बनो—फिर तो संसार तुम्हारा चरणवंदन करेगा ! संसार—और वह सरकार भी !

(15 जून, 1939)

आंदोलन बनाम संगठन

आंदोलन की आवश्यकता है, उपयोगिता है । इसे कोई अस्वीकार कैसे कर सकता है ? आंदोलन वह तूफान है, जो जनता के सुप्त हृदय-सागर में लहरें पैदा करता, उसे तरंगित और उमंगित करता है । आंदोलन वह चाबुक है, जो शासन-संकट के अलमस्त बछेड़ों का होश दुरुस्त करता, उन्हें राह पर लाता और चलाता है । आंदोलन का खत्म हो जाना एक अभिशाप, एक कहर है । फिर जो जनता का कहीं ठौर-ठिकाना न रहे, शासकों की मनमानी का आर-पार न हो ।

किंतु जिस आंदोलन के साथ संगठन का गठबंधन न हो, वह उस दीवार की तरह है जिसकी नींव न हो । दीवार—बालू की दीवार । झीसी-फुही की एक फुहार की क्या बात, जोर से बहनेवाली हवा का एक झोंका ही जिसे जमींदोज़ कर सकता है । या वह उस नौका की तरह है, जिसमें न डांड हो, न लंगर—प्रवाह पर ही जो बही जा रही हो । वह घाट पर न लगकर भँवर में डूब जा सकती है—प्रायः डूबती ही है ।

× × ×

बिहार प्रांतीय किसान सभा लगभग दस वर्ष से काम कर रही है । जहाँ तक आंदोलन का सवाल है, उसने वह सफलता प्राप्त की है, जिस पर किसी भी संस्था को ईर्ष्या हो सकती है । बिहार के गाँव-गाँव में किसान सभा की धूम है । सभा के सभापति स्वामी सहजानंद सरस्वती का नाम आज बिहार में सब से अधिक जनप्रिय नाम है । किसान सभा के नारे बच्चों तक की जुबान पर हैं—इंकलाब जिंदाबाद, अंग्रेजी राज नाश हो, जमींदारी प्रथा नाश हो, किसान राज कायम हो—आदि के गगन भेदी नाद जहाँ जाइए, वहीं सुनिए ।

बकाश्त सत्याग्रह के रूप में उसने प्रांत के भिन्न-भिन्न जिलों में कितने मोरचे भी लिये और विजय-पर-विजय उसे प्राप्त होती रही ।

किंतु कोई भी किसान सभावादी यह छाती पर हाथ रखकर तो कहे, इस आंदोलन के परिमाण में संगठन भी हमारे पास है । क्या गाँव-गाँव में किसान सभाएँ कायम हो चुकी हैं ? वे किसान सभाएँ बाजाब्ता काम करती हैं ? हम जानते हैं कितनी ही 'थाना किसान कौंसिलें' बड़ी तत्परता से काम करती हैं । किंतु हर थाना किसान कौंसिल को अपना मकान हो, उसमें जिम्मेवार कार्यकर्ता स्थायी रूप से रहें, बाजाब्ता रजिस्टर और फाइलें हों, रिपोर्टें लीं और दी जाएँ, एक सुदृढ़ किसान सेवक दल उससे सम्बद्ध हो—ये बातें उनमें से कितने को नसीब है । दुखः की बात तो यह कि अभी ऐसी 'जिला किसान सभाएँ' तक हैं जिनके अपने मकान नहीं, जहाँ स्थायी कार्यकर्ता नहीं, जहाँ कागज पत्र का कोई टौर-ठिकाना नहीं । और सब से शर्मनाक बात तो यह कि अभी प्रांत में कई जिले ऐसे हैं, जहाँ बाजाब्ता किसान सभा का संगठन तक नहीं हो पाया है ।

ये लच्छन अच्छे हैं ? अगर हम किसानों के भाग्य के साथ खेलवाड़ नहीं करना चाहते, उन्हें उनका जन्मसिद्ध अधिकार दिलाना चाहते हैं और उनका उपयोग अंग्रेजी राज्य के नाश और पंचायती राज की स्थापना में करना चाहते हैं, तो यह रवैया बदलना पड़ेगा ।

लड़ाई वह चाहे आर्थिक हो या राजनीतिक, चाहे हिंसामय हो या शांतिमय, बिना संगठन के चल नहीं सकती । हमें भावुकता के आसमान से उतरकर ठोस जमीन पर पैर रखना होगा ।

× × ×

हमने किसान सभा के इस संगठनवाले अंश पर बार-बार ध्यान दिलाया है । हमें प्रसन्नता है, इस साल की नई प्रांतीय किसान सभा ने सब से पहले इसी पर ध्यान दिया है । स्वामीजी का ध्यान इस ओर सबसे अधिक आकृष्ट हुआ है, यह और भी सौभाग्य की बात है ।

अगर गाँव-गाँव नहीं, तो हर थाना में किसान सभा का स्थायी ऑफिस तो होना ही चाहिए । सब डिवीजन के हर शहर में भी किसान सभा का बाजाब्ता ऑफिस चाहिए । जिले का ऑफिस तो खूब ही चुस्त और दुरुस्त हो । उसी जगह से संगठन का स्रोत निकलकर सब-डिवीजन, थाना या गाँव को प्रवाहित करेगा, अतः उसकी उत्तमता पर तो पूरा ध्यान देना ही है ।

ऑफिस से हमारा मतलब है—(1) खास मकान हो, चाहे अपना हो या भाड़े का । संभवतः मकान ऐसा हो, जहाँ बाहर से आए किसान एकाध शाम ठहर सकें ।

(2) आलमारी और कुरसी, टेबुल, बेंच या टाट, दरी आदि का प्रबंध हो । अच्छा साइनबोर्ड लटक रहा हो ।

(3) मेंबर-रजिस्टर-बही, कार्यवाही-बही, हिसाब-बही, खत-खिताबत-बही—ये चार बहियाँ जरूर हो । आवश्यकतानुसार फाइलों का भी इंतजाम किया जाए । वाउचर की प्रणाली जरूर जारी की जाए ।

(4) मंत्री या सहकारी मंत्री और उनकी अनिवार्य अनुपस्थिति में कोई जिम्मेवार कार्यकर्ता चौबीस घंटा ऑफिस में जरूर रहे ।

(5) किसानों की दरखास्तों पर तुरत कार्रवाई हो; ऊपर के ऑफ़िसों से बराबर पत्र-व्यवहार रहे, सामायिक रिपोर्टें ऊपर के ऑफिसों और अखबारों में बराबर भेजी जाएँ ।

यदि इसी तरह सुचारु संचालित ऑफिस जिलों, सब-डिवीजनों और थानों में हो जाएँ, तो फिर किसान सभा के कार्यों में तो चार चाँद लग जाएँ । अभी 15 जुलाई के अंदर ऐसे ऑफिस हर जिले में कायम हो जाएँ, इसकी माँग प्रांतीय किसान सभा ने की है । किंतु इतने ही से काम नहीं चलने का—यह तो हमें याद रखना ही है । फिर इधर तीन वर्षों से जिस किसान सेवक दल की स्थापना का प्रस्ताव हम करते आए हैं, उसको काम में लाए बिना तो सारा संगठन लुंज-पुंज ही रहेगा ।

× × ×

हम अपने व्यापक आंदोलन को संगठन का जामा पहनाएँ । यह तभी संभव हो सकता है, जब किसान सभा से

संबंध रखनेवाले सभी व्यक्ति सम्मिलित कोशिश करें। धूमधाम से एक सभा कर ली और उसमें स्वामीजी या जयप्रकाशजी को बुलाकर दो घंटे व्याख्यान दिला दिया, यही किसान सेवा है,—जब तक यह धारणा हमारे दिल में रहेगी, तब तक किसान संगठन एक सपने की बात होगी। हमें इस मनोवृत्ति पर विजय पाना होगा।

मजबूत संगठन की नींव पर खड़ी नहीं होने के कारण आज कांग्रेस छिन्न-भिन्न होती दीखती है। किसान सभा का संगठन तो उससे भी ज्यादा लचर और ढीला-ढाला है। फिर हम उससे कांग्रेस से भी एक कदम आगे बढ़कर राजनीतिक स्वराज्य ही नहीं, आर्थिक स्वराज्य कायम कराने का भी जो सपना देखते हैं, वह क्या कभी संभव हो सकता है, अगर हम इस दिशा में जी-तोड़ परिश्रम नहीं करें?

(22 जून, 1939)

ये राजबंदी हैं

क्या किसी यतींद्रनाथ दास के बलिदान बिना यह मसला हल नहीं होने जा रहा है—यह सवाल है, जो बिहार के किसान-मजदूर बंदी की समस्या को देखने पर मन में पैदा होता है।

अब कांग्रेसी मंत्रिमंडल है, अतः इस सवाल पर सहृदयतापूर्वक विचार हो सकेगा, ऐसा समझ बिहार प्रांतीय किसान सभा शुरू से ही इस पर जोर देती आई है। लेकिन दिल्ली-शिमला के देवताओं से पटना-राँची के देवताओं में, कम-से-कम इस बारे में कोई ज्यादा फर्क नहीं है—हमें शुरू से ही इसका स्पष्ट प्रमाण मिलता रहा है।

अधबहरे को सुनाने के लिए डंके की आवाज चाहिए, इस कहावत के अनुसार, राहुलजी ने अपने अनशन के द्वारा सिंहासन को हिलाने की कोशिश की। वह हिला था। लेकिन अजीब है वह सिंहासन। यह हिल डुलकर फिर स्थिर होना जानता है। राहुलजी को रिहा कर दिया गया और कान में तेल डालकर लंबी तान लिया गया।

सरकार ने इस समस्या की कम उपेक्षा नहीं की। राहुलजी को छोड़कर इसने समझा: मामला तय हुआ। यह उसकी भूल थी, राहुलजी ने यह स्पष्ट कर दिया था। और वही हुआ, खबर मिली है, वह जो गिरफ्तार किए गए, तो उन्होंने उसी समय अपने पूर्व घोषणानुसार फिर अपना अनशन जारी कर रखा है। इसलिए किसान और मजदूर कैदियों का झगड़ा जहीं-का-तहीं है। उधर भागलपुर जेल में पं. कार्यानंद शर्मा अलग इसी के लिए पहली जुलाई से अनशन शुरू करेंगे। पहली जुलाई को ही सारा प्रांत किसान बंदी दिवस मनाने जा रहा है। क्या उस रोज हमारी सरकार पिछली नौकरशाही की तरह जनमत को ठुकराकर ही अपना औचित्य साबित करेगी?

लेकिन यह आँख-मिचौनी कब तक जारी रह सकती है? जब तक यह समस्या हल नही होती, राहुल और कार्यानंद—और इसके बाद भी बहुत से लोग—इसे लेकर बढ़ेंगे ही और यह भी निश्चित ही है कि आज या कल इसे हल होना ही है।

गोरी सरकार झुकी, तो हमारी भूरी सरकार कब तक डटी रहेगी! और यह डटना है—छिः।

विगत कल तक जो अपने साथी थे और आगामी कल भी जिनके साथ कंधे-से-कंधा भिड़ कर चलना है, उन पर सिर्फ अपनी जिद के कारण वह उत्पीड़न क्या कभी भी वंदनीय हो सकता है!

राजनीतिक जुर्मों के कारण, जिस सिद्धांत के चलते, खूनी और डकैत को भी राजबंदी माना जाता और उनके साथ खास सुविधाओं का सलूक होता है, वही सिद्धांत किसान-मजदूर बंदी पर क्यों न लागू किया जाए, जब कि वे उद्देश्य एक हैं!

जिस लोक-कल्याण की भावना ने किसी श्री कृष्णसिंह को सुख-ऐश्वर्य की गोद से हटाकर पत्थर की दीवारों और इस्पाती सींखचों के अंदर रखा, क्या उसके अतिरिक्त कोई दूसरी भावना है, जिसमें विश्व विश्रुत

विद्वान राहुल को तिब्बत की गुफाओं और प्राचीन हस्तलिपियों से हटाकर उसी पत्थर की दीवारों और इस्पाती सींखचों के अंदर ला पहुँचाया। बसावन, यदुनंदन, कार्यानंद, राहुल, बेनीपुरी अगर इस कांग्रेसी मंत्रिमंडल में भी जेल में जाते हैं, तो सोचना होगा कि हमारे समाज में कोई गड़बड़ जरूर है, जिसके प्रतिकार के लिए इन्हें अपने को और अपनी सरकार को भी जोखिम में रखने को बाध्य होना पड़ता है। यदि यह नहीं है तो ये पागल हैं और इन्हें जेल में नहीं, पागलखाने में भेजना चाहिए।

क्या तमाशा है? वही योगेंद्र शुक्ल जब एक हाथ में पिस्तौल और दूसरे में बम लेकर देशमाता के बंधमोचन के लिए हत्याएँ करते, डकैतियाँ डालते, तब वह राजबंदी हैं, किंतु वही योगेंद्र शुक्ल जब शांतिमय उपायों से किसानों-मजदूरों का संगठन देशमाता के बंधमोचन के उद्देश्य से ही करते और उनके हक के लिए जेल जाते हैं तब उन्हें साधारण चोर और डकैत से भी बदतर हालत में रखा जाता है? इसमें कौन सा गूढ़ सिद्धांत है, जिसे हमारा मंत्रिमंडल ही समझ सकता है?

हमारे मंत्रिमंडल ने इस ओर एक बार, राहुलजी की तपस्या से, अमवारी के कैदियों के बारे में आगे कदम बढ़ाया भी तो 'व्यक्तिगत स्वार्थ' की वजनी जंजीर ने उसे आगे बढ़ने से रोक दिया!

कहा गया, जो 'व्यक्तिगत स्वार्थ' से प्रेरित होकर हम काम में पड़े हैं, उन पर सहूलियतें लागू न होंगी।

हम कहते हैं, यह कोई तर्क नहीं, वरन् एक घातक सिद्धांत है, जिसका बड़ा दुरुपयोग हो सकता है।

जो आजकल मिनिस्टरी की गद्दियों पर हैं, उन्होंने इसी लालच में, इसी 'व्यक्तिगत स्वार्थ' में कष्ट नहीं उठाए, इस तरह का सवाल अगर अंग्रेजी सरकार उस समय उठाती और आगे उठावेगी, तो हम क्या उत्तर देते या देंगे—हम जरा सोचें तो?

हम जानते हैं कि जिन्होंने 1921, '30, '32 में अंग्रेजी सरकार से लड़ाई लड़ी, उनमें बलिदानी वीरों की ही अधिकता थी, लेकिन क्या ऐसे लोगों की भी हममें कमी थी जो इस युद्ध में इसीलिए पड़े थे कि इसके द्वारा उनके व्यक्तिगत महत्त्वाकांक्षा की पूर्ति की संभावना थी। राष्ट्रपतित्व से लेकर लोकल बोर्ड की चेयरमैनी तक पर हमारी एक नजर थी; निस्संदेह एक नजर भारतमाता के चरणों की ओर भी और यह महत्त्वाकांक्षा भी एक तरह का व्यक्तिगत स्वार्थ न थी—ऐसा कहने की किसमें हिम्मत है?

अतः हम निवेदन करेंगे, हमारा मंत्रिमंडल अपनी जिद छोड़े, और इस प्रश्न पर शीघ्र ध्यान देकर प्रांत में उत्पन्न होनेवाली एक गंभीर परिस्थिति से हमें और अपने को बचाए।

किसान-मजदूर समस्या जिस तेजी से उग्र होती जाती है, किसान-मजदूर बंदियों का सवाल भी दिन-दिन टेढ़ा होता जाएगा। इसलिए इसका शीघ्र निर्णय आवश्यक है।

और राहुल तथा कार्यानन्द के प्राण तो—जो राष्ट्र की अमूल्य निधि है—बचाने ही होंगे।

राजबंदियों की परिभाषा ऐसी बनाई जा सकती है, जिसमें वे भी आ सकें। ऐसी परिभाषा भी पेश की जा चुकी है, हमें इसकी खबर है। तो फिर विलंब केहि काज!

विलंब प्रायः ही विपदजनक होता है।

सौ वर्ष भी नहीं बीते

अपमान पीने की भी हद होती है। अभी उस घटना के सौ वर्ष भी पूरे नहीं हैं। इसी सुदूरपूर्व में चीन के एक तट पर एक मामूली अंग्रेज अफसर को चीनी व्यापारियों ने दो-एक चपत जड़ दिए थे और एक इसी बात को लेकर अंग्रेजों ने तीन जबरदस्त लड़ाइयाँ चीन से लड़ीं। जिन्हें इतिहास 'अफीम युद्ध' के नाम से जानता है। उन्हीं लड़ाइयों के फलस्वरूप आज भी चीन के पाँच सुप्रसिद्ध बंदरगाहों पर यूनियन जैक उड़ रहा है।

और आज उसी पैसिफिक के पानी में तिनसीन अंग्रेजों की एक छोटी सी बस्ती है। जापानियों ने चार चीनी अपराधियों को अंग्रेजों से माँगा। अंग्रेजों ने इनकार किया। इसी बहाने पर जापानी सेना ने उस बस्ती को ही घेर लिया है। भोजन सामग्री वहाँ पहुँचने नहीं दी जाती। उस बस्ती में रहनेवाली गर्वीले ब्रिटेन की ही संतानें आज भूखों मर रही हैं। इसके ऊपर से जापानी सिपाही उन्हें रोज लांक्षित-अपमानित कर रहे हैं। रोज एक-दो अंग्रेजों की कपड़े उतारकर तलाशी ली जाती और तब चीनी जनता की बड़ी भीड़ के सामने ला, उन्हें नंगे खड़ाकर कपड़े पहरने दिया जाता है। रोज एक-दो अंग्रेज घंटों धूप में खड़े किए जाते हैं। यहाँ तक कि स्त्रियाँ भी इस लांछन से वंचित नहीं है।

और उधर बूढ़े चेंबरलेन की सरकार—हैलिफैक्स की सरकार—अपनी बेकसी में सिर्फ एक-दो प्रोटेस्ट (विरोध) देकर रह जाती हैं! यह ब्रिटिश—सिंह—ये अपमान की घूँटें! अच्छा होता इससे तो ज़हर की घूँट पीकर वह अपना केंचुल छोड़ देती और यह किस बात के सूचक हैं?

सिंह—जो जर्जर बुढ़ापे में शक्तिहीन हो चला, दाँत टूटे, पंजे भोथे पड़े हैं और वह कंकाल की तरह जगह छेंके पड़ा है।

बेतिया राज

बिहार प्रांतीय किसान सभा ने बेतिया राज पर एक प्रस्ताव पास किया है जिस पर ध्यान दिया जाना चाहिए। बेतिया राज आज कांग्रेसी मंत्रिमंडल की मातहत की चीज है और उसका शासनसूत्र प्रांतीय कांग्रेस कमिटी के भूतपूर्व प्रधानमंत्री के हाथों में सौंपा गया है। अतः, यदि उसका संचालन साधारण जमींदारी की तरह ही हो तो न तो यह कांग्रेसी मंत्रिमंडल के लिए शोभाप्रद है और न विपिन बाबू ऐसे व्यक्ति को उस जगह फँसा रखने की कोई उपयोगिता है। फैजपुर कांग्रेस ने जो किसान कार्यक्रम बनाया उसका क्रियात्मक रूप बेतिया राज में दिया जाए। किसान सभा ने यह आशा प्रकट की है और ऐसी आशा रखना स्वाभाविक ही है। बिहार के मंत्रिमंडल के लिए यह सौभाग्य की बात है कि बेतिया ऐसी एक विशाल जमींदारी उसके सुपुर्द है, जहाँ वह फैजपुर के किसान कार्यक्रम का प्रयोग कर सकती है। मालगुजारी कम करना, कर्ज से छुटकारा, दिलाना, सिंचाई का प्रबंध करना पंचायती खेती का प्रयोग करना, गाँव-गाँव गोचर भूमि निकालना आदि बातों को काम में लाकर वहाँ दिखलाया जा सकता हैं कि यदि इस कार्यक्रम को सही तौर से प्रयोग किया जाए तो कहाँ तक किसानों के भाग्य में परिवर्तन किया जा सकता है। विपिन बाबू से हमारा निवेदन है कि इस महान कार्य का शीघ्र प्रारंभ करें और तत्परता से उसे पूरा कर अपनी कार्यक्षमता का प्रमाण दें।

राघोपुर, देकुली

यह खुशी की बात है कि दरभंगा जिले के राघोपुर और देकुली का बकाश्त संघर्ष भी रघुनंदन पांडेयजी की मध्यस्थता से, दोनों दलों की संतुष्टि देनेवाले ढंग से समाप्त हुआ। हम इसके लिए सबसे पहले इसके नेता श्री यमुना कार्यी और पं. रामनंदन मिश्र को बधाई देते हैं, जिनके उचित और साहसपूर्ण नेतृत्व के कारण ही यह मसला इस तरह सुलझ सका। राघोपुर, देकुली के इस निपटारे से बिहार सरकार भी सबक सीख सकती है। उसके मन में अगर यह धारणा हो, जैसाकि प्रायः मालूम पड़ता है कि बकाश्त संघर्ष कुछ मनचले किसान नेता

और कार्यकर्ताओं की खुराफात है और वे दिन-रात किसानों को लड़ाने की ही फिक्र में रहते हैं, तो देकुली और राघोपुर की घटना से उसका यह भ्रम दूर हो जाना चाहिए। राघोपुर और देकुली में किसान अपने वाजिब हक पर थे, जिस हक की उपेक्षा सरकार के अफसर श्री रघुनंदन पांडेय भी नहीं कर सके। सत्य ही, जिस तरह वे लड़ने और मरने की तैयार थे, उसी तरह वे किसी निष्पक्ष व्यक्ति की पंचायत मानने को भी तैयार थे, भले ही वह सरकारी अफसर भी क्यों न हो? किसानों के हक और उनकी न्यायप्रियता का इससे बढ़कर क्या सबूत हो सकता है? हम पं. रघुनंदन पांडेयजी को भी धन्यवाद देते हैं और आशा करते हैं, उनके भाई अफसर उनका पदानुसरण करेंगे।

बूढ़ा साहित्यिक

'जनता' के इस अंक में हम चंपारण के वृद्ध साहित्यसेवी श्री इंद्रदेव नारायणसिंहजी के बारे में एक लेख छाप रहे हैं। उस लेख को पढ़कर हमारी आँखों में आँसू उमड़े हैं और अपने इस बदकिस्मत देश के साहित्यिकों के अंत पर हमने उसाँसें ली हैं। यह अंत सिर्फ इंद्रदेव बाबूजी का ही नहीं है, न जाने हमारे प्रांत और देश में कितने ऐसे साहित्यिक होंगे, जो इसी तरह का जीवन व्यतीत कर रहे हैं। कौन उनकी ओर देखे—किसको फिक्र? किसको फुरसत! खैर, जिनकी विपद-गाथा, हमारे सामने आ गई है, उनकी ओर ध्यान नहीं देना तो मनुष्यता का अपमान करना है, चंपारण के धनी-मानी सज्जनों और खासकर पं. प्रजापति मिश्रजी और विपिन बाबू का ध्यान हम इस ओर आकृष्ट करते हैं। साहित्यिकों का सम्मान और भरण-पोषण बेतिया राज का बाना रहा है। विपिन बाबू इस ओर ध्यान देकर उस राज्य के बाने का ही निर्वाह करेंगे।

दूसरा प्रहार

क्या सारन में कोई सरकार भी है? यह सवाल पूछना जरूरी हो गया है राहुलजी पर हुए दूसरे प्रहार की खबर को पढ़कर, जो अन्यत्र प्रकाशित है। मालूम होता है, वहाँ जमींदारी, गुंडाशाही को नंगा नाच करने के लिए बिलकुल उन्मुक्त छोड़ दिया गया है। अमवारी में जो हमने कल देखा, आज उसे छितौली में देख रहे हैं। राहुलजी तो संयोगवश बचे, किंतु सूद सहित चुकाना पड़ा उनके सहकर्मी और अनुगामी श्री रामभवनजी आदि को। अमवारी की घटना के कारण वहाँ की पुलिस की जो बदनामी हुई, उसके चलते सारन की पुलिस साधारणतः राहुलजी से चिढ़ी रहे, यह स्वाभाविक है। किंतु यदि इस घटना को उसने फिर तह देने की कोशिश की तो उसकी बदनामी पर मुहर ही लग जाएगी, यह उसे याद रखना है। साथ ही, सरकार को भी हम आगाह कर देना चाहते हैं कि वह सारन की ओर सतर्कता से देखे और जिस अमन-कानून पर उसे घमंड है, उसे जमींदारों के गुंडों के हाथों में नहीं जाने दें। सरकार इधर जमींदारों के अत्याचार को जिस तरह नजरअंदाज करती आई है, उसका ही यह नतीजा है कि वे इस तरह सरेआम खुल खेलने लगे हैं। मौका है, इस पर अब अंकुश लगे—नहीं तो नतीजा अच्छा नहीं होगा।

(29 जून, 1939)

मरण त्योहार

हाँ, इसे मरण त्योहार ही तो कहा जाएगा।

हज़ारीबाग़ जेल में श्री राहुल सांकृत्यायन 23 जून से ही अनशन कर रहे हैं। उनके चार अमवारी के साथी उसी जेल में उनके आने के पहले से ही अनशन की धूनी रमाए हुए हैं। छपरा जेल में ब्रह्मचारी रामवृक्ष और जगन्नाथजी 3 जून से अनशन की मरणसेज पर हैं। मुंगेर जेल में श्री कार्यानंद शर्मा और सुनिल मित्रा ने पहली जुलाई से उसी पथ पर पैर रख रखा है।

एक-एक महीने से अनशन। राहुलजी की भीषण प्रतिज्ञा। कार्यानंदजी का दृढ़ निश्चय और प्रांत के भिन्न-भिन्न जेलों में जो दूसरे किसान-मजदूर बंदी हैं, वे कब तक अपने को इस मरण त्योहार से अलग रख सकेंगे?

किंतु हमारा मंत्रिमंडल? वह अचल, अडिग खड़ा है। खड़ा?—नहीं; बैठा है, राँची की ठंडी हवा के मजे ले रहा है!

ब्रह्मचारीजी के साथियों और परिवारवालों को भी उनसे भेंट नहीं करने दिया जाता। अमवारी के अन्य बंदियों के साथ राहुलजी की इन दस दिनों में क्या हालत हुई, उसकी कोई खबर तक नहीं दी जाती। कार्यानंदजी ने पूरे एक महीने का समय मंत्रिमंडल को दिया था, क्या उसका जवाब भी उन्हें मिला?

पर, हम निहायत अदब के साथ पूछते हैं, यह बैठना कब तक? ये राँची की सैर कब तक?

क्या आप विश्वास करते हैं, ये लोग तिल-तिल कर मरते रहेंगे और आप शांति और सुख का निर्बाध उपभोग करते होंगे?

यदि आप यही समझते हैं, तो हम कहेंगे, आपकी जगह राँची का सरकारी राजभवन नहीं, उसके निकट की वह सुप्रसिद्ध जगह है, जहाँ बिगड़े दिमाग की दवा होती है।

राहुलजी का खून आप पचा नहीं सकेंगे! कार्यानंद या रामवृक्ष की क्या बात, एक मामूली किसान-मजदूर बंदी का बाल भी बाँका हुआ, तो आप एक मिनट के लिए भी उस जगह टिक नहीं सकते, जहाँ जाकर आज आप अपने को कर्ता-हर्ता-विधाता समझते हैं!

आज दो वर्षों से प्रांत के किसानों के भाग्य के साथ खेलवाड़ किया जा रहा है! किंतु अब प्याला भर गया। वह छलकने जा रहा है! उसकी एक-एक बूँद जहर का काम करेगी, जनाब!

दो शब्द प्रांत के किसानों, मजदूरों और उन सभी प्रगतिशील शक्तियों से, जिन्हें 'प्रांतीय स्वराज्य' या 'संघशासन' नहीं, वरन् पूर्ण स्वतंत्रता प्रिय है और उस पूर्ण स्वतंत्रता के लिए जो जन आंदोलन की आवश्यकता समझते हैं!

क्या आप राहुलजी को यों ही मरने देंगे? क्या कार्यानंद की जान आपको इतनी सस्ती मालूम पड़ती है कि आप उसे मोम की तरह घुल-घुलकर बुझ जाने देंगे? वे वीर जो छपरा, हज़ारीबाग़ और मुंगेर में मरण त्योहार रचा रहे है, वे तमाशे की चीज मात्र हैं या इनके उद्देश्य के प्रति आपका कोई कर्तव्य भी है?

तो फिर आप चुप क्यों हैं? हमारा मंत्रिमंडल बहरा हो गया है, उसके कानों के परदे के नीचे अपनी बात तो हमें घुसाना ही पड़ेगा! ऊँची आवाज—जो जमीन को थर्रा दे, आसमान को थर्रा दे। जो राँची की उस निभृत-निकुंज तक को थर्रा दे और थर्रा दे उन हृदयों को जिन पर कभी हमारी छाप थी, किंवु आज उस झंडे की छाप है, जिसके नीचे बैठकर वे प्रांतीय स्वराज्य का खेलवाड़ कर रहे हैं—वह झंडा, अंग्रेजी झंडा, यूनियन जैक! हाँ, यूनियन जैक के नीचे बैठते-बैठते आज वे उसीके रंग में रँगे-से मालूम होने लगे हैं।

हम उस रंग को फाड़ देंगे या उस झंडे के नीचे से हम उन्हें अलग करके ही दम लेंगे! फिर उनको साथ लेकर उस झंडे को भी फाड़ फेकेंगे—निकट भविष्य में ही!

किसानो मजदूरो प्रगतिशील शक्तियो उठो, तुम्हारी परीक्षा का दिन आया है।

एक-एक पल हमारे राहुल, हमारे कार्यानंद, हमारे अन्य वीरों का एक-एक बूँद सोख रहा है, सुखा रहा है ! रक्तबिंदु, जीवन-बिंदु ! उफ, कितनी मर्मांतक वेदना, कैसी भीषण पीड़ा—तिल-तिल कर मरना नहीं, गलना । हमें इसे रोकना है, उन्हें बचाना है, तब देर क्यों, हिचकिचाहट कैसी, बोलो—

राहुलजी, जिंदाबाद
कार्यानंद, जिंदाबाद
किसान बंदी, जिंदाबाद
मजदूर बंदी, जिंदाबाद !
किसान बंदी—राजबंदी ! मजदूर बंदी—राजबंदी !

ये इस्तीफे

कांग्रेस साम्यवादी पार्टी की कार्य समिति से सर्वश्री मसानी, डा. लोहिया, अच्युत पटवर्धन और अशोक मेहता ने इस्तीफा दिया है और जैसाकि इन्होंने अपने वक्तव्य में लिखा है, अब पार्टी के साधारण सदस्यों—रैंक एंड फाइल—में ही इनका स्थान रहेगा । ये चारों भाई पक्के साम्यवादी हैं, अतः पार्टी से अलग होने की बात कैसे सोच सकते हैं भला,—हाँ, इनका मत पार्टी के वर्तमान निर्णयों के खिलाफ पड़ता था, अतः कार्य समिति में रहना, इन्होंने वाजिब नहीं समझा । इनके कार्य समिति से हटने से हमें दुख है, किंतु दूसरा चारा ही क्या रह गया था ? इधर इन भाइयों ने जैसा रुख अख्तियार कर रखा था, हमारा खयाल है, पार्टी का अत्यधिक बहुमत उससे सहमत नहीं था । इनके खिलाफ पार्टी के रैंक एंड फाइल में बड़ा ही असंतोष था और यदि पार्टी का विशेष अधिवेशन होता तो हमें शक है कि ये बिना किसी दबाव के फिर कार्य समिति में पहुँच भी पाते । इन्होंने इस्तीफा देकर बुद्धिमानी का ही काम नहीं किया है, लोकतंत्र की भावना का भी निर्वाह किया है, जिसकी साम्यवादी पार्टी ऐसी क्रांतिकारी संस्था के सदस्यों से उम्मीद भी की जाती है । इन्होंने जो वक्तव्य दिया है, वह इनके विचारों का हलकापन साफ प्रकट कर देता है । किसी पार्टी से इसीलिए सहयोग नहीं किया जाए, क्योंकि वह पार्टी किसी अंतरराष्ट्रीय पार्टी से संबंध रखती है, एक भोंडी दलील है । साम्यवाद राष्ट्रीय नहीं हो सकता, राष्ट्रीय साम्यवाद तो नाजीवाद है । साम्यवाद एक अंतरराष्ट्रीय विचारधारा है, जिसके लिए एक अंतरराष्ट्रीय संस्था का होना लाजिमी है—हाँ, उसका हेड ऑफिस मास्को में न होकर बंबई में ही क्यों न हो ? यों ही, एक ओर संयुक्त मोरचे के नाम पर गांधीवादियों तक से मिलकर काम करने की लंबी-लंबी बातें करना, जिनसे हमारा साफ सैद्धांतिक मतभेद है और दूसरी ओर, अन्य साम्यवादी या उग्रपंथी दलों से किनाराकशी रखने की नीति अख्तियार करना, न तर्कसंगत है, न कार्यक्षेम । खैर, हमारे लिए खुशी की बात यही है कि हमारे ये साथी अब नेतृत्व की ऊँची सतह से उतरकर रैंक एंड फाइल की ठोस धरती पर आ खड़े हुए हैं और यदि दिमागपेशा लोगों में पाई जानेवाली बौद्धिक अहॅमन्यता को अलग रखकर रैंक एंड फाइल की भावनाओं को समझने में ये समर्थ हो सके तो वह दिन दूर नहीं, जब हम इन्हें अपनी कार्य समिति में फिर देख पाएँगे । वह दिन निकटतम हो !

बोलो मत, बढ़ो मत

बंबई में अखिल भारतीय कांग्रेस कमिटी की बैठक हुई थी खासकर इसलिए कि कांग्रेस की गंदगी दूर करने के उद्देश्य से उसके विधान में परिवर्तन किया जाए। निस्संदेह विधान में परिवर्तन हुए, किंतु उनका उद्देश्य कांग्रेस से गंदगी दूर करना है या कुछ दूसरा ही—इसका प्रमाण तो हमें कुछ दिनों में प्रत्यक्षतः मिलेगा। अगर प्रगतिशील विचार ही गंदगी हैं तो यह विधान पूर्णतः सफल होगा—यद्यपि इस संबंध में कई और भयानक परिवर्तनों के मसूंबे बाँधे गए थे, जिन्हें पेश करने की हिम्मत भी नहीं दिखलाई गई। किंतु हमारे महाप्रभु कच्चे खिलाड़ी नहीं, जो एक बाजी हारने पर ही थुसककर बैठे जाएँ। जो चीज विधान के परिवर्तन से नहीं प्राप्त कर सकते थे, उसे उन्होंने प्रस्ताव द्वारा प्राप्त कर लिया है। वहाँ खासकर दो प्रस्ताव ऐसे पास हुए हैं, जिन्हें लेकर प्रगतिशील दलों को कांग्रेस से मजे में निकाल बाहर किया जा सकता है। एक प्रस्ताव द्वारा हिंदुस्तान के किसी भी प्रांत में कांग्रेसी सदस्यों द्वारा सत्याग्रह संयोजन या प्रयोग करना मना कर दिया है और एक दूसरे प्रस्ताव में कांग्रेसी मंत्रिमंडलों की आलोचना करना तक जुर्म मान लिया है ! हमें याद है, पंडित जवाहरलाल नेहरू तक ने एक बार कहा था कि आप मंत्रिमंडल के कामों पर नजर रखें और उनकी आलोचना करें, नहीं तो, ये सो जा सकते हैं या गलतियाँ करके हमें-आपको जहन्नुम भेज सकते हैं। किंतु नहीं, दो वर्ष उस गद्दी पर विराजमान रहने के बाद, अब हमारे मिनिस्टर साधारण जीव नहीं रह गए, वे देवता से भी ऊपर उठ गए हैं, अतः चुपचाप सत्याग्रह पर बंदी लगाकर तो मानो किसानों और मजदूरों की लड़ाई की रीढ़ ही तोड़ने की कोशिश की गई है। जमींदार आप का खेत जोतने को हल चढ़ा चुका है। आप वहाँ मत जाइए, पटने का टिकट कटाइए और सदाकत आश्रम में तब तक धूनी रमाइए जब तक प्रांत के कर्णधार अपने सैलानी मिजाज की तमन्ना पूरी कर लौटते नहीं, इकट्ठे नहीं होते और कोई निर्णय नहीं करते। आपने हड़ताल की है। मिल मालिक ब्लैक लोग को घुसाकर मिल चालू करना चाहता है, किंतु आप पिकेटिंग मत कीजिए, प्रांतीय कांग्रेस कमिटी के सभापति, मंत्री और कार्य समिति के मेंबरों के दरवाजे खटखटाइए। सबसे मजेदार बात तो यह है कि यह केवल कांग्रेसी मंत्रिमंडल वाले प्रांतों पर ही लागू नहीं, सर सिकंदर के पंजाब और फजलुलहक के बंगाल पर भी लागू है। हाल ही में, सब प्रांतों के गृहसचिव शिमला में इकट्ठे हुए थे। सब ने मिलकर सम्प्रदायवादियों के साथ साम्यवादियों के दमन के लिए संयुक्त मोरचा बनाया है—ऐसी खबर निकली थी। इस प्रस्ताव द्वारा मानो कांग्रेस ने भी उस संयुक्त मोरचा पर मुहर लगा दी है। होना भी चाहिए। आज की कांग्रेस तो कांग्रेसी मंत्रिमंडलों की दुम है—उसे उसका अनुसरण तो करना ही है। यह प्रस्ताव कितना घातक है, इसका प्रमाण है श्री जयप्रकाश नारायणजी द्वारा दिया गया उसके विरोध का भाषण। उन्होंने स्पष्ट कह दिया कि यह प्रस्ताव हमारे नजदीक साफ करके रख देता है कि या तो हम कांग्रेस में रहें या किसान-मजदूरों की सेवा करें। लेकिन वह कांग्रेस कैसी जो हमें किसान-मजदूरों की सेवा से वंचित करे और हम किसान-मजदूरों को तो किसी भी हालत में छोड़ नहीं सकते !

मिश्रजी, शर्माजी !

पिछले सप्ताह बकाश्त की बलिवेदी पर हमारे प्रांत के दो प्रमुख राष्ट्रकर्मियों ने अपने को अर्पित कर दिया है। उनमें एक हैं पं. सुरेशचंद्रजी मिश्र और दूसरे पं. धनराज शर्माजी। सुरेशजी मुंगेर जिले के ही नहीं, हमारे प्रांत के चोटी के कांग्रेस कर्मियों में हैं। उनके चलते गोगरी ने प्रांतव्यापी ख्याति और कीर्ति प्राप्त कर ली है। मिश्रजी में ऐसा चुम्बकत्व है जो खींचता है और खिंचता भी। मिश्रजी के इर्द-गिर्द जितने बलिपंथी और मतवाले युवक हैं,

और वे जिस घनिष्ठता के सूत्र में गुंथे हैं, उतने युवक उस तरह हिले-मिले कम ही लोगों को नसीब हैं। फिर जहाँ अत्याचार होता हो, जहाँ वीरता और बलिदान-भावन का प्रर्दशन करने का मौका हो, वहाँ जाने से मिश्रजी अपने को रोक नहीं सकते। मिश्रजी किसान सभा के आलोचकों में रहे हैं, किंतु गरीब किसानों की पुकार को वे अनसुनी नहीं कर सके और आज हम उन्हें लगार के बकाश्त संघर्ष के चलते अपने साथियों के साथ जेलखाने में पाते हैं। यही नहीं, गोगरी थाना कांग्रेस कमिटी के प्रायः सभी पदाधिकारी और प्रमुख सदस्य या तो जेल में हैं या जेल जाने का टिकट कटाए बैठे हैं। मिश्रजी और उनके साथियों ने लगार के गरीब किसानों का पक्ष लिया है, तो अब वहाँ सफलता निश्चित है। बिहार की सबसे बड़ी जमींदारी दरभंगा राज्य में होनेवाले बकाश्त संघर्ष में गरमी लाने के लिए पं. धनराज शर्मा जैसे लड़ाके वीर का जेल जाना आवश्यक था। पं. रामनंदन मिश्रजी देकुली संघर्ष में लगे हुए हैं और कार्यीजी को राघोपुर से अभी छुट्टी नहीं मिली है। किंतु दरभंगा राज्य की साधन-सम्पन्नता को देखते हुए, हमें उम्मीद है, हमारे ये साथी इस और ध्यान देंगे और दरभंगा के किसान कार्यकर्ता एक-एक कर इस मोरचे पर डटेंगे। हमारी विजय निश्चित है—समय की प्रतीक्षा मात्र है, जिसे अपने बलिदान की प्रखरता से हमें निकट लाना है। बढ़े चलो, साथियो।

नीचता की पराकाष्ठा !

जबकि राहुलजी जेल में हैं और अपने ऊपर लगाई गई लांछनाओं और पैदा की गई गलतफहमियों का कोई प्रतिकार भी नहीं कर सकते, हमारे इस पावन प्रदेश के कुछ संभ्रांत पत्रकार उन्हें बदनाम करने के लिए नीचता की पराकाष्ठा पर उतर आए हैं। जो संपादक अपने पूज्य माता-पिताजी के दिए हुए, सही अर्थ में उनके रूप को प्रकट करनेवाले 'द्वन्द्वात्मक' नाम को भी नहीं चला सके और एक बनावटी नाम पर अपने को बेच रहे हैं, वे इस तलाश में परेशान हैं कि किसका पहला नाम क्या था; और जिस सम्पादक के स्कैंडल उनके दफ्तर तक ही परिमित नहीं रहकर हर टमटम और फिटनवालों तक पर प्रकट हैं, वे इस परेशानी में हैं कि कौन कहाँ पर कैसे रहता और क्या खाता था। खुद शीशे के घर में रहनेवाले दूसरे पर ढेला क्यों फेंकें ? यदि व्यक्तिगत, खानगी बातों का उदघाटन किया जाए, तो जिन महान व्यक्तियों के संरक्षण और सहायता पर ये दो पत्र जीवित हैं, उनमें से कितने की लाशें दीघा घाट के बगीचे की डालों पर लटकती या कदमकुआँ के बचे-कुचे कुंओं में उतराती नजर आएँ—क्या इस बात का खयाल हमारे इन दो पत्रकारों ने कभी किया है ? किंतु ये गंदी, घृणित, बेहूदी बातें इन महानुभावों को ही मुबारक !

(6 जुलाई, 1939)

शहीद हजारा सिंह

शहीद हजारा सिंह की पुण्य स्मृति में हमारा मस्तक आज नत है।

प्रांत के शोषित वर्गों में आज जो जागरण दीख रहा है, उस जागरण की यज्ञाग्नि को और भी प्रज्वलित करने के लिए एक पवित्र प्राण का होम चाहिए था, हजारा सिंह उसे देकर आज अमर शहीद बन चुका !

धन्य है उसकी जन्मभूमि पंजाब ! धन्य है उसकी कर्मभूमि बिहार !

पंजाब, जन्मभूमि—जहाँ उसने बचपन बिताया; जहाँ जवानी मे बलिपंथ की तलवार की धार पर उसने

पैर रखे और कालापानी से लौटने पर भी जिसके दर्शनों की उसे आज्ञा नहीं थी ।

अपनी जन्मभूमि को एक बार भर नजर देखने का अरमान लिये हुए मरा !

किंतु कर्मभूमि बिहार ने उसके वह अरमान पूरा किए, जिसके लिए वह बन-बन मारा-मारा फिरा किया !

शहादत के सोमरस का वह शौकीन !

शहादत, पहले मातृभूमि के नाम पर, पर पीछे जिसने मातृभूमि को शोषितों के रूप में देखा !

दुखिया भारतमाता—सामंत और पूँजीपति उसका प्रतिनिधित्व नहीं कर सकते । उसके सच्चे प्रतिनिधि तो हैं—अधनंगे, भूखे किसान-मजदूर !

उसने उन्हीं के लिए अपने को बलिदान कर दिया—शहादत का अमृत छक-छककर पीया !

मरते-मरते भी उसकी नजरों में मजदूर-किसान राज्य के दृश्य घूम रहे थे !

"अरमान था, जरा उसे स्थापित हुए देखूँ । किंतु मैंने तो अपना कर्तव्य पूरा कर लिया—अब जिम्मेवारी तो उन साथियों पर है, जो अभी बचे हैं ।"

ये थे उसके आखिरी शब्द !

उसके साथी—हम-आप जो किसान-मजदूरों में काम करते हैं—क्या उस जिम्मेवारी को अच्छी तरह समझते हैं, समझेंगे ?

क्या मजदूर-किसान राज का सपना हम दिन-रात देखते हैं और उसके लिए अपनी एक-एक घड़ी लगाते हैं ?

आइए, आज उस शरीद के नाम पर हम प्रतिज्ञा करें ।

हम प्रतिज्ञा करें—'तब तक दम नहीं लेंगे, जब तक अपनी मातृभूमि पर हम किसान-मजदूर राज कायम नहीं कर लेते ।'

और जमशेदपुर की इस हड़ताल को तो सफल बनाना ही है ।

शहीद हजारा सिंह को श्रद्धांजलि अर्पित करने का सबसे अच्छा तरीका यही है ।

शहीद की श्रद्धांजलि—आँखों में आँसू, गले में हिचकियाँ और हाथ में फूल ? नहीं, आँसू की जगह शहादत का जुनून; गले में प्रतिज्ञा की गंभीर वाणी और कर्म में रत होने की उत्सुक भुजाएँ ।

इसका नाम है शहीद की श्रद्धांजलि !

हजारा सिंह जिंदाबाद !

मजदूर-किसान राज्य कायम हो !

रग-रग फड़क रहा है !

मालूम होता है, कांग्रेस के 'महाप्रभु' प्रगतिशील शक्तियों को कांग्रेस से निकालने को तुले पड़े हैं । बाबू राजेंद्र प्रसादजी ने वक्तव्य निकालकर, पटेल-प्रस्ताव के विरोध में 9 जुलाई को की जानेवाली सभाओं में शामिल होने से कांग्रेस संस्थाओं और कांग्रेस पदाधिकारियों को रोक दिया था । इस रोक को, रबर जैसा खींचकर लंबा बना, बंबई कांग्रेस कमिटी ने सभी कांग्रेसियों पर लागू करने की घोषणा की है । और कांग्रेस कमिटियाँ भी यही करेंगी, यह निश्चित है । लेकिन क्या रोक मानने की चीज थी ? नहीं । समूचे देश में यह विरोध दिवस धूमधाम से मनाया गया और प्रगतिशील विचारों के सभी कांग्रेसी इसमें शामिल हुए । श्री सुभाष बोस को खासकर चेतावनी दी गई, क्योंकि वह बंगाल प्रांतीय कांग्रेस कमिटी के अध्यक्ष भी हैं । इसका नतीजा यह हुआ कि बंगाल प्रांतीय कांग्रेस कार्य समिति ने ही इस विरोध का समर्थन कर दिया है । इसके नतीजे क्या हो सकते हैं ? सब से पहले

तो श्री सुभाष बोस को कांग्रेस से निकालना, उसके बाद बंगाल प्रांतीय कांग्रेस कमिटी को भंग कर देना, फिर देश के प्रगतिशील विचारवालों को एक-एक कर कांग्रेस से निकाल बाहर करना और यों जहाँ पहले एकमत की कार्य समिति बनाई गई, बाद में एक मत की अखिल भारतीय कांग्रेस कमिटी बनाने की चेष्टा हुई, वहाँ अब एक मत की कांग्रेस भी बना ली जाएगी। यों, एक ही ढेले में किस्सा तमाम! कांग्रेस के लिए यह महान अनर्थ होगा; लेकिन जिनके हाथों में कांग्रेस का सूत्र है, वे यदि इसी पर उतारू हैं, तो किसी दूसरे का क्या चारा? हम किसान-मजदूरों की लड़ाई तो छोड़ नहीं सकते। अनुशासन-अनुशासन की पुकार सुन रहे थे; जरा उसका मजा भी देख लें—

'रग-रग फड़क रहा है, नया रंग देखकर,
कातिल भी है, छुरी भी है, मेरा गला भी है।

बेचारे पंडित नेहरू

राजेंद्र बाबू के इस फतवे की पं. जवाहरलाल नेहरू ने व्याख्या की है। आपका कहना है, कांग्रेस के इतिहास में ऐसा कभी मौका नही आया था कि अखिल भारतीय कांग्रेस कमिटी के निर्णय का इस प्रकार खुला विरोध किया जाए। हमें यह सुनकर आश्चर्य हुआ! बड़े अदब से हम पूछेंगे, अखिल भारतीय कांग्रेस कमिटी की क्या बात, कांग्रेस के खुले अधिवेशन (गया) के निर्णय को जो उनके पूज्य पिताजी ने पैरों से रौंदा और अंत में उसे मटियामेट कर के ही छोड़ा, वह विद्रोह नहीं तो क्या था? फिर कलकत्ता कांग्रेस ने जब औपनिवेशिक स्वराज्य का प्रस्ताव मंजूर किया, तो उसके खिलाफ आवाज उठाने और जनमत को अपने पक्ष में करने के लिए जिस स्वाधीनता संघ का जन्म उन्होंने खुद दिया था, उसे विद्रोह के अलावा क्या कोई दूसरा नाम भी दिया जा सकता है? कांग्रेस यदि लोकसत्तात्मक संस्था है, तो उसके निर्णय को बदलवाने के लिए प्रचार और आंदोलन करने का हक सभी कांग्रेसियों को है। यह हक दिया जाता रहा है। यदि यह हक न हो, तो जो दल एक बार बहुमत में आ जाए, वह कभी अल्पमत में आ नहीं सकता। वह सदा निर्द्वन्द राज करेगा। हमें दुख है, पंडित जवाहरलालजी ने एक ऐसे केस को हाथ में लिया है, जिसके औचित्य में उन्हें खुद संदेह रहा है। लेकिन इसी का नाम तो है जवाहरलाल। जब-जब कोई संकट (क्राइसिस) आता है, उनका दिमाग उनका साथ छोड़ देता है, हृदय की भावुकता उन्हें जहाँ घसीटकर ले जाए और वह ज्यादातर उन्हें काँटों में ही घसीटकर ले जाती है। बेचारे पंडित नेहरू।

सासाराम में गुंडा राज्य

सासाराम (शाहाबाद) के बारे में प्रांतीय किसान सभा के सभापति स्वामी सहजानंदजी ने यों वक्तव्य दिया है—

"मालूम पड़ता है, शाहाबाद जिले के सासाराम थाने में न तो अंग्रेजी सल्तनत है और न कांग्रेसी सरकार। वहाँ के जमींदारों को, जान पड़ता है, लाइसेंस मिल गया है कि लाठी, भाले, बरछे, बंदूकें और हाथी लेकर गुंडों की सहायता से किसानों और किसान सेवकों को ऐसा सबक सिखाएँ कि उनकी कमर ही टूट जाए और वे जमींदारी जुल्मों के सामने सिर उठाने की हिम्मत कर न सकें। ऐसा जान पड़ता है, वहाँ पुलिस है ही

नहीं। नहीं तो जून के अंत और जुलाई के शुरू में ही वहाँ दरिगाँव और सिकरिया गाँवों में आतंक राज्य फैलाने की भरपूर तैयारी जमींदार कैसे कर पाते और श्री हरिहर प्रसाद, मंत्री नगर कांग्रेस कमिटी, श्री देवेंद्र कुमार, श्री शिवपूजन सिंह और श्री यदुनंदन मिश्र जैसे राष्ट्र तथा किसाना के तपे तपाए सेवकों पर, जबकि वे पूरी शांति के साथ सभा और किसानों का पथ-प्रदर्शन कर रहे थे, इनके शरीर, खासकर सिर, लाठियों, भालों या गंड़ासों से चूर-चूर क्यों कर दिए जाते? फिर भी वहाँ पुलिस का पता तक नहीं। गरीब का कोई पुर्साहाल नहीं। कांग्रेसी राज्य में है यही नागरिक स्वतंत्रता का नमूना। आखिर इसका मतलब क्या है? किसान सेवक मारते-मारते मुर्दे बनाकर छोड़ दिए जाएँ और हफ्तों तथा महीनों अस्पताल में रहने के बाद मौत के मुँह से बच सकें, इसका क्या अर्थ है? सरकार किसकी है? जमींदारों की या कांग्रेस की?

हमें खुशी है कि हमारे जनसेवक और किसान कार्यकर्ता फिर भी डटे हैं और उनकी हिम्मत और भी बढ़ी है। आशा है, हर हालत में शांत रहकर वे और किसान इस गुंडा राज्य का मुकाबला पूरी तैयारी और हिम्मत से करेंगे। फिर तो जीत उनकी होगी"

क्या इस संबंध में कुछ और लिखने की जरूरत है?

अजेय चीन

7 जुलाई—इसी तारीख को चीन-जापान युद्ध का दूसरा वर्ष समाप्त हो गया। इसके अंदर दस लाख चीन सैनिक खेत रहे, कैन्टन, आमोंय, शांघाई, नानकिंग शिंगतऊ, हांकाऊ, पेपिंग (पेकिंग), तीनसीन ऐसे प्रमुख शहर जापानियों के कब्जे में आए, सूती उद्योग-धंधा चौपट हो गया, कई प्रमुख रेलवे लाइनें भी हाथ से निकल गईं। यों चीन ने इन दो वर्षों में कुछ कम नहीं खोया है। लेकिन इतने पर भी चीन अजेय है। युद्ध की सालगिरह पर बोलते हुए प्रधानमंत्री चांग काई शेक ने कहा है—'जापान से सुलह हो नहीं सकती। चीन अजेय है, जापान को एक दिन हार मानना ही पड़ेगा।' युद्धमंत्री ने कहा है—'आज चीन की सेना का बल ड्योढ़ा है।' यह केवल धमकी की बात नहीं है; इधर लगातार जापान हारता रहा है—किसी भी मोरचे पर उसने कोई उल्लेखनीय विजय नहीं प्राप्त की, यह तो सर्वप्रकट है। युद्ध ने विश्रृंखलित चीनी राष्ट्र को एक सूत्र में पिरोकर उसको अभेद्य और अछेद्य बना दिया है। चीन के बहुमत से पिछड़े प्रांतों में उद्योग-धंधों की अपूर्व तरक्की हुई है और युद्ध सामग्री बनाने और प्राप्त करने का विपुल आयोजन किया जा चुका है। चीन के साम्यवादी नेता माओ त्से तुंग ने आज से चार वर्ष पहले जो भविष्यवाणी की थी, वह सही निकल रही है। चीन के दलदल में फँसकर यह जापानी हाथी कहीं खुद सियारों-कुत्तों की खुराक न बन जाए, यही अंदेशा है। इस लगातार युद्ध से जापान की सेना भी ऊब-सी रही है और ताजा खबर है, एक-दो जगह सेना ने विद्रोह कर दिया है। जो चीन हार-पर-हार खा रहा था, साम्यवादियों और राष्ट्रवादियों के संयुक्त मोरचे ने मानो उसमें नवजीवन फूँक दिया है! काश, हमारे नेता चीन से सबक लेते।

दरभंगा से मोरचा

प्रांत की ही नहीं, देश की सबसे बड़ी जमींदारी दरभंगा से आज सकरी और उसके आस पास के किसान मोरचे ले रहे हैं! कहाँ दरभंगा नरेश, कहाँ वे भुखमरे! एक ओर करोड़ों की संपत्ति, उस संपत्ति से पैदा हुई

ताकत—सरकार मुट्ठी में, संसार पैरों पर। उनके ट्रैक्टर हड़-हड़ करके किसानों के खेतों को पस्त करते, उनकी आर-बाँध को मटियामेट करते; उनके सिपाही किसानों के सिर तोड़ते, उन्हें दिन दहाड़े लूटते। पुलिस की क्या ताकत जो बोले—मजिस्ट्रेसी जिसकी भवों के बल पर नाचती है। तो भी, किसान डटे हैं—क्यों न डटें? अपनी जमीन खोकर जिंदगी भर बाल-बच्चों के साथ तड़प-तड़पकर मरने के बनिस्पत तो जमीन पर लाठियाँ खाते हुए या जेल में पेटभर खाते हुए मरना कहीं अच्छा है? हो सकता है, दरभंगा नरेश जीत भी जाएँ और उनके खेत में बोई गई सनई बड़ी हो, उससे रेशे निकाले जाएँ, रस्से बँटे। किंतु जैसा कि पं. यदुनंदन शर्मा ने वहीं बोलते हुए कहा, 'हमें डर है, कहीं वह रस्सा जमींदारी प्रथा के गले की फाँसी न बन जाए।' बाबा कबीर दास ने भी कहा है—

'दुरबल को न सताइए, जाकी मोटी हाय,
मुए चाम की साँस से, सार भस्म हो जाय।'

यह हत्या!

बहरे को सुनाने के लिए ऊँची आवाज भी किस काम की? तो भी, हमें बिहार के मंत्रिमंडल से निवेदन कर के अपना कर्तव्य पालन करना है ही। सरदार हजारा सिंह की जिस तरह हत्या की गई है, वह किसी भी सरकार के लिए शर्मनाक बात है, जनता की सरकार के लिए क्या कहना? आश्चर्य तो यह है कि अभी तक हत्याकारी पकड़ा भी नहीं गया? फिर उस कंपनी का मालिक इंदर सिंह ही क्यों स्वतंत्र छोड़ा जाए, जिसके इशारे और आज्ञा से ही ऐसी बात हुई—नहीं तो, उस बेचारे ड्राइवर को क्या पड़ी थी! इंदर सिंह और उसके साथियों को स्वतंत्र छोड़कर तो मानो, मंत्रिमंडल इस जनधारणा पर मुहर लगा रही है कि वह हमेशा मालदारों का ही पक्ष लेती है। इधर बकाश्त संघर्ष में जमींदारों को जिस तरह मार-पीट करने को स्वतंत्र छोड़ा जाता रहा, उसका नतीजा ही है जमशेदपुर की यह घटना। जमींदार और पूँजीपति समझ गए हैं कि वे चाहे जो जुल्म भी किसानों-मजदूरों पर कर सकते हैं, सरकार उन्हें पकड़ेगी नहीं। यह धारणा बड़ी खतरनाक है और भयंकर रूप ले सकती है। इसे तुरन्त ही रोकना चाहिए। इंदर सिंह के पास पैसे हैं, वह पुलिस को मुट्ठी में कर सकता है। अतः मंत्रिमंडल इस मामले को खुद अपने हाथ में ले और तुरन्त जाँच कर अपराधी को उचित दंड दे। यदि वह इतना भी करने को तैयार नहीं तो किसान-मजदूरों की दुर्गत का क्या कहना—प्रांत के अमन-चैन का भी खुदा ही मालिक है। वह इस भ्रम में न रहे कि किसान-मजदूर ये जुल्म हमेशा शांतिपूर्वक बरदाश्त करते रहेंगे। उनके नेताओं ने कितनी कोशिश से उन्हें शांत कर रखा है—किंतु, हर चीज की एक सीमा होती है!

(13 जुलाई, 1939)

बकाश्त संघर्ष : दूसरी मंजिल

बकाश्त संघर्ष की पहली मंजिल ख़त्म हो गई, अब दूसरी मंजिल शुरू हुई है।

संघर्ष शुरू हुआ 1937 में, गया जिले से; और उससे सटा मुंगेर भी उसके प्रभाव से बच नहीं सका। गया जिले के सहबाजपुर, साँडा, तारढ़ी, लखाउर, माली और सोनभद्र में यह छिड़ा। और जगह तो मामला आसानी से सुलझ गया, किंतु साँडा में 107 का मुकदमा, गया के किसानों के एकछत्र नेता पं. यदुनंदन शर्माजी एवं कुछ

किसान सेवकों और किसानों पर चला और सोनभद्र में जमींदारों ने गोलियाँ चलाईं, एक किसान मारा भी गया। मुंगेर के बड़हिया टाल में शुरू होते ही इसने भयंकर रूप धारण किया, पं. कार्यानंद शर्माजी के साथ लगभग दो सौ किसान जेलों में ठूँस दिए गए, उनमें लगभग पचास पर तो बाजाब्ता मुकदमा चला।

ये संघर्ष हुए थे सर गणेश आदि के मंत्रिमंडल के जमाने में। जब कांग्रेसी मंत्रिमंडल शुरू हुआ, किसानों ने दिल खोलकर उसका स्वागत किया। उन्होंने समझा, उनके दुख दूर हुए। काश्तकारी कानून में सुधार की बातें होने लगीं, बकाश्त के सवाल को हल करने की चर्चाएँ चलीं। किंतु और सुधारों के साथ बकाश्त का सवाल भी अधर से लटकता रह गया।

1938 ने रेवरा का वह महान संघर्ष देखा, जिसने भारतव्यापी ख्याति प्राप्त की। बड़हिया का संघर्ष भी रबी की बुआई आते ही शुरू हुआ और आज तक चला जा रहा है।

रेवरा की विजय और कीर्ति ने सारे देश का ध्यान इस ओर आकृष्ट किया और 1939 के प्रारंभ में ही प्रांत के कई हिस्सों में बकाश्त संग्राम की आवाज सुनाई देने लगी। महापंडित राहुल सांकृत्यायन ने राजनीति में प्रवेश करते ही अमवारी के सवाल को हाथ में लिया और उनके महान व्यक्तित्व के कारण सारन जिले का यह छोटा सा गाँव कुछ ही दिनों में भारत प्रसिद्ध हो गया। शाहाबाद का मुड़ियार, मुंगेर का लगार, दरभंगा का राघोपुर और देकुली भी बकाश्त संघर्ष के केंद्र बने। बड़हियाटाल की समस्या नहीं सुलझी, पं. कार्यानंद शर्माजी ऊबकर 'रेल सत्याग्रह' तक पर उतर आए और आज जेल के सींखचों के अंदर बंद मरण त्योहार के व्रती हैं।

किंतु अब तक बकाश्त संग्राम अपनी पहली मंजिल पर ही था। बिहार ऐसे बड़े प्रांत में आठ-दस जगहों के ये संघर्ष कोई महत्त्व नहीं रखते। खासकर, किसान सभा ने हमेशा इन संघर्षों को स्थानीय बनाए रखने की ही कोशिश की और सरकार की नीति बरती गई। बीच-बिचाव और समझौते के लिए सदा जगह थी। किसानों ने कई बार किसी एक ही निष्पक्ष सरकारी अफसर के हाथ में अपना भाग्य देकर अपने पक्ष के न्यायपूर्ण होने का प्रमाण दिया। रेवरा का मामला इसका प्रमाण है।

पर अखिल भारतीय कांग्रेस कमिटी की बंबई की बैठक के बाद, मालूम होता है, जैसा तख्ता उलट गया, जिसका सबसे बड़ा प्रमाण दरभंगा राज के पंडौल सर्किल का संघर्ष है। पंद्रह दिनों के अंदर ही दो सौ पचास किसान गिरफ्तार हो चुके। सर्वश्री यमुना कार्यी, रामनंदन मिश्र, धनराज शर्मा ऐसे व्यक्तियों को भी नहीं छोड़ा गया। इन्होंने सत्याग्रह नहीं किया था, तो भी इन्हें पकड़ा गया है।

आज दरभंगा में जोर-जुल्म की धूम है। लाठियाँ और गँड़ासे बरस रहे हैं। नागरिक स्वतंत्रता का भी अपहरण हो रहा है। सचमुच, मालूम होता है, जैसा कार्यीजी ने अपने वक्तव्य में कहा है, वहाँ हैलेट साहब या श्री बाबू का राज्य नहीं, दरभंगा के मैनेजर मि. डैंवी का राज्य है।

दरभंगा की कहानी अभी उस दिन गया के अगंदा में दुहराई गई। स्त्रियाँ भी नहीं बचने पाईं। उन्हें लाठियों से पीटा गया, उन्हें टाँग पकड़कर घसीटा गया, उनकी देह पर हेंगा चलाया गया!

अमवारी में पिछले दिनों खून की होली खेली गई है। लगार के अत्याचारों ने पंडित सुरेश मिश्र ऐसे कट्टर कांग्रेसी को भी किसानों की ओर घसीट लिया है। सासाराम के जमींदार काली माई का झंडा लिये साक्षात काली कराली बने फिर रहे हैं।

किसानों, किसान नेताओं पर 107 और 144 दफाएँ लगाई जाती हैं; उन्हें चोरी, डकैती आदि की दफाओं में गिरफ्तार किया जाता और उन्हीं की तरह जेलों में रखा जाता है। किंतु इन खूँरेजी करनेवाले जमींदारों के साथ क्या कार्रवाई हो रही है? सरकार की समूची मशीनरी आज जमींदारों के हित की रक्षा करने और किसानों को कुचलने में लगा दी गई है।

सरकार की इस नीति के बावजूद किसान अपने हक पर डटे हुए हैं। आज प्रांत में सौ मोरचों पर वे लड़ रहे हैं।

निस्संदेह यह बकाश्त संघर्ष की दूसरी मंजिल है, जिसके बाद ही तीसरी और आखिरी मंजिल आएगी!

बकाश्त का सवाल किसानों के इतना पक्ष में है कि 'सर्चलाइट' भी किसानों के हक को नजरअंदाज नहीं कर सका। वह बार-बार इस पर जोर दे रहा है कि सरकार ऐसा प्रयत्न करे कि किसानों की हल-रसाई हो। वह अपना कालम-का-कालम इस पर रँगे जा रहा है।

लेकिन किसानों का हक कैसे मिले? यहीं आकर एक बड़ा प्रश्नचिह्न खड़ा हो जाता है। और इस प्रश्नचिह्न के परदे में एक बहुत बड़े षड्यंत्र की नींव डाली जा रही है।

सोचा यह जा रहा है कि एक बार अब भीषण दमन के द्वारा किसानों में आतंक फैला दिया जाए और उनके नेताओं को लंब-लंबे अरसे के लिए जेलों में ठूँस दिया जाए। फिर कांग्रेस के नरमपंथी नेताओं को 'मसीहा' की तरह, ईश्वर-पुत्र की तरह उनके निकट भेजा जाए और उन्हें जमीन दिलाकर संतुष्ट कराया जाए और उन पर यह साफ कर दिया जाए कि तुम्हारे पहले के नेता बुरे थे, जल्दबाज थे, उद्दंड थे, स्वार्थी थे, इसलिए तुम्हें तकलीफ उठानी पड़ी, अतः उन्हें छोड़ो—

सर्व धर्मान् परित्यज्य मामेकम् शरणम् ब्रज।
अहं त्वां सर्व पापेभ्यो मोक्षयिष्यामि मा शुच।

'सर्चलाइट' बार-बार इस ओर इशारा कर रहा है और दरभंगा के बाबू सत्यनारायण सिंह ऐसे प्रथम 'मसीहा' बनने की धुन में कभी पंडौल में चाय-पानी उड़ाते, कभी कलक्टर के बँगले पर चंचु सम्मेलन करते और कभी पटना के टेलर रोड की धूल फाँक रहे हैं।

किंतु सवाल है, क्या वे इसमें सफल होंगे? सर सैमुअल होर ने 1932 में इसी नीति का अवलम्बन किया था। एक ओर, लोगों पर लाठियाँ बरसाता, गोलियाँ चलवाता और स्त्री-पुरुष, बच्चे-बूढ़े सबको जेलों में सड़ाता था, दूसरी ओर, कुछ लोगों को लंदन बुलाकर दावतें खिलाता और उनमें स्वराज्य की किश्तें बाँटता था! क्या वह सफल हुआ?

हमारे मिनिस्टर, हमारे कांग्रेसी दोस्त, हमारे विद्वान संपादक कुछ ही वर्ष पहले का यह ताजा इतिहास क्या भूल गए? क्या उनका दिमाग इतना कुंद, उनकी आँख इतनी धुँधली हो गई हैं?

किंतु विजय की निश्चितता हमारी आँखों को ही चकाचौंध में न डाल दे। हमें अपनी जिम्मेवारी को समझना है और उसके लिए जान लड़ाना है।

प्रांतीय किसान सभा अब तक इन संघर्षों की निगरानी भर करती रही, अब उसे इनके संचालन की जिम्मेवारी लेनी होगी। 22 जुलाई को प्रांतीय किसान कौंसिल की बैठक हो रही है, उसमें एक निश्चित कार्यक्रम और निश्चित युद्ध प्रणाली का खाका हमें तैयार कर लेना चाहिए। पं. रामनंदन मिश्र ने अपने वक्तव्य में जिन शर्तों का उल्लेख किया है, उनके आधार पर संघर्ष की तैयारी का अच्छा-खासा नियम बन सकता है और इसके संचालन की युक्तियाँ भी हमें सोच-समझ लेनी चाहिएँ। पंडौल में जो नादिरशाही है, वैसी परिस्थिति के अंदर हम अपना संगठन किस तरह कायम रख सकते हैं, इस पर नहीं सोचना तो गड्ढे की ओर बढ़ना होगा।

हमारा विश्वास है, यदि हम लोगों ने पूरी शक्ति लगाई तो जिस तरह हमने इस संघर्ष की पहली मंजिल हँसी-खुशी तय कर ली है, उसी तरह यह दूसरी मंजिल भी तय हो जाएगी। और इसके बाद की आखिरी मंजिल तो हमारी है ही।

दमन हमें आगे बढ़ने को प्रेरित करे! दूसरों के षड्यंत्र और नीच प्रयत्न हमें उच्चता और पवित्रता की ओर बढ़ाए।

हम अपने हक की लड़ाई लड़ रहे हैं। हम सच्चाई की राह पर हैं। हमारी विजय निश्चित है—निश्चित है।

चिनगारी से खेलवाड़

महापंडित राहुल सांकृत्यायन को बिना शर्त रिहा कर देने के लिए हम बिहार सरकार को धन्यवाद देते हैं; किंतु इसके साथ ही हम उस हृदयहीनता पर अपनी नाराजी प्रकट किए बिना नहीं रह सकते, जिसका उपयोग दूसरे अनशनकारियों पर किया जा रहा है। उनमें से दो के अनशन के पचास दिन से ज्यादा हो गए; पंडित कार्यानंद शर्मा के अनशन के भी ढाई सप्ताह हुए। ताजा खबर है, पंडित धनराज शर्माजी ने भी 12 जुलाई से अनशन शुरू कर दिया है। किंतु अभी बिहार सरकार इस समस्या की ओर मौन साधे हुए है। श्री वीरेश दत्त सिंह एम. एल. ए. ने एक वक्तव्य निकालकर बतलाया था कि छपरा जेल के अनशनकारियों की कैसी बुरी स्थिति है और उन्हें किस प्रकार निर्दयतापूर्वक नाक से जबरदस्ती खिलाने की चेष्टा की जाती है। इसके जवाब में सरकार ने एक लंबा वक्तव्य निकालकर बतलाया है, दोनों अनशनकारी बड़े मजे में हैं—एक बैठ सकते हैं, दूसरे पढ़ लेते हैं। क्या लाजवाब जवाब है? जवाब यह देना था कि कि जबरदस्ती खिलाने के समय उन पर ताकत का प्रयोग किया जाता है कि नहीं और जिन माँगों के लिए उनका अनशन है, सरकार उस पर कुछ करने जा रही है कि नहीं? अगर वह बैठ लेते हैं, पढ़ लेते हैं, तो यह उनकी आत्मिक शक्ति का सूचक है—वह आत्मिक शक्ति, जो सूली पर भी संगीत छेड़ती है, न कि सरकार की मेहरबानी का। आप या तो उनकी माँग कबूल कीजिए या उन्हें शांतिपूर्वक मरने दीजिए। बकौल एक मित्र, यह 'गाय-डाढ़' तो ठीक नहीं? सोहराई के दिन सूअर को बाँधकर मवेशियों के सामने रखते और उनकी सींग और पैर से उसकी दुर्गत कराते हैं। जब बेचारा सूअर अधमरा हो जाता हो जाता है, तो फिर उसे पानी पिलाते, जरा सुस्ताने देते और पुनः मवेशी के सामने लाकर रखते हैं। निस्संदेह हमारा मंत्रिमंडल किसानों के इन लाड़लों के साथ यही नीति बरत रही है। यह असह्य है, अमानुषिक है। खबर उड़ी थी, बिहार मंत्रिमंडल कांग्रेस के महाप्रभुओं से इस बारे में राय कर रहा है। हम इसके तथ्य पर नहीं जाते, लेकिन इतना ही कहेंगे, देर करके सवाल को और पेचीदा नहीं बनाया जाए। अपने रामवृक्ष ब्रह्मचारी, जगन्नाथ प्रसाद, कार्यानंद शर्मा, धनराज शर्मा आदि को किसान इस तरह घुल-घुलकर मरते ज्यादा दिनों तक नहीं देख सकते। फिर अगर कोई दुर्घटना हो गई, तो ऐसी आग धधकेगी जिसमें मंत्रिमंडल की गद्दी को भी स्वाहा हो जाने का खतरा है। बहुत ही नम्रता से हम अर्ज करते हैं—चिनगारी से खेलवाड़ मत कीजिए!

साक्षरता दिवस

हमारे मंत्रिमंडल में डॉक्टर महमूद साहब एक ऐसे व्यक्ति हैं, जिनकी कल्पनाशक्ति की दाद हर आदमी देगा! आपने कई ऐसे काम किए हैं, जिनकी ओर न केवल प्रांत का, वरन् देश भर का ध्यान गया है। और साक्षरता-प्रचार का उनका आंदोलन तो अंतरराष्ट्रीय ख्याति प्राप्त कर चुका है। 14 जुलाई को समूचे प्रांत ने उसकी पहली सालगिरह मनाई। इस एक वर्ष में, कहा जाता है, छः लाख बालिग अनपढ़ पढ़ना-लिखना सीख गए हैं, तीन करोड़ की जनसंख्या जिस प्रांत की है, उसकी निरक्षरता दूर करने के लिए इस हिसाब से लगभग पचास वर्ष लग जाएँगे। इस दृष्टि से इस आंदोलन की प्रगति पर हमें फूलना तो नहीं ही है। लेकिन यह एक ऐसी चीज की शुरुआत हुई है जिसके नतीजे अंकगणित के हिसाब से नहीं कूते जा सकते। प्रारम्भिक अवस्था है, इसमें कितनी ही त्रुटियाँ हैं—लोगों में मिशनरी-सी धुन नहीं आई है, जो कुछ हो रहा है, ज्यादातर अफसरों को खुश करने या अपनी तरक्की की उम्मीद में किया जा रहा है। किंतु हमारा खयाल है, डॉ महमूद साहब से यह बात छिपी नहीं है। वे इस त्रुटि को दूर करने में सचेष्ट होंगे और इस आंदोलन को एक सुदृढ़ नींव देने के प्रयत्न

में कुछ उठा नहीं रखेंगे। सबसे विचित्र और बुरी बात यह हुई है कि यह आंदोलन सिर्फ शिक्षा विभाग का पुछल्ला बन गया है। इस स्थिति को तुरन्त बदलना चाहिए। कांग्रेस कमिटियाँ, बालचर संस्थाएँ, पुस्तकालय इत्यादि संस्थाओं को साक्षरता प्रचार का केंद्र बनाने की कोशिशें होनी चाहिएँ और सरकार के हर महकमे में निरक्षता के विरुद्ध एक प्रबल जेहाद शुरू हो जाना चाहिए। इस आंदोलन का संचालन गैर सरकारी ढंग से होना चाहिए और नौकरशाही प्रवृत्ति को एकदम दूर करना चाहिए। हमें उम्मीद है, अगर ठिकाने से काम हो, तो थोड़े ही दिन में बिहार निरक्षरता के अभिशाप से मुक्त हो जाए !

टाटानगर

हमें खुशी है कि हमारे प्राइम मिनिस्टर ने शहीद हजारा सिंह की दर्दनाक और बर्बर हत्या की ओर ध्यान दिया है और आई. जी. पुलिस तथा पार्लियामेंटरी सेक्रेटरी वहाँ जा रहे हैं। हमारे हिंदुस्तानी आई. जी. अपनी धातु का परिचय वहाँ देंगे और वह अपराधियों को दंड़ दिलाने एवं पुलिस को पूँजीपतियों का साथ देने से रोकने में समर्थ होंगे, ऐसी हमें आशा है। कृष्णबल्लभ बाबू का जाना हड़ताल में उचित समझौते का भी कारण बनेगा, हमारी यह भी उम्मीद है। किंतु बिहार के मजदूरों और मजदूर सेवकों की भी उत्सुकता से टाटानगर की ओर देखते रहना चाहिए और यदि वहाँ की स्थिति शीघ्र नहीं सुधरी तो हर तरह सहायता देने को भी तत्पर रहना चाहिए। शहीद हजारा सिंह के खून से जो पवित्र हुई, उस हड़ताल को हम यों ही व्यर्थ नहीं जाने देंगे।

(20 जुलाई, 1939)

यह बागी !

एक अरसे तक वे बिलकुल चुप-चुप रहे और उस दिन एकाएक देश के दो-दो बार के चुने राष्ट्रपति को बागी करार दे दिया। इस चीज ने देश की तरुण पीढ़ी को जो गहरी चोट पहुँचाई है, इतिहास इसके लिए उन्हें क्षमा नहीं देगा। वे बूढ़े भी इससे क्या कम उदास होंगे, जिन्हें अपना व्यक्तित्व नहीं, न्याय प्रिय है, अपना गिरोह नहीं, देश की आजादी प्रिय है और सबसे ऊपर प्रिय है इस जंगेआजादी में अपने सिर से कफन बाँधे फिरनेवाला प्रत्येक बलिपंथी सिपाही !

कौन नहीं जानता सुभाष बाबू विद्रोही हैं ! उनके जीवन के साँझ-बिहान विद्रोह की साँस लेकर सोते-जागते हैं। विद्रोह उनके रक्त का प्रतीक है और इसकी जो क्रूर कीमत होती है, उसे वह अपने सम्पूर्ण जीवन से चुकाया किए।

कल तक दुनिया की सबसे बड़ी संगठित ताकत अंग्रेजी साम्राज्यशाही उन्हें अपना दुश्मन मानती रही।

आज उनकी अपनी संस्था कांग्रेस की बड़ी अदालत ने भी उन्हें बागी घोषित कर दिया। दोनों जगह अपराध एक ही थे ! मातृभूमि को शीघ्र-से-शीघ्र जंजीरों से मुक्त करने की बेचैनी से उन्होंने अंग्रेजों को अपना दुश्मन बनाया। आज भी उसी व्यग्रता ने उन्हें कांग्रेस के महाप्रभुओं का कोपभाजन बना दिया है।

"मैंने देश को वैधानिकता और सुधार की तरफ बहकते जाने से सावधान किया था, कांग्रेस की क्रांतिकारी मनोवृत्ति को नष्ट कर देने का उपक्रम करनेवाले प्रस्तावों का विरोध किया था, उग्रपंथियों के संगठन

का प्रयत्न किया था और आनेवाली लड़ाई के लिए तैयार रहने की देश से अपील की थी"—उनके ही शब्दों में ये ही हैं उनके अपराध, जिसकी उन्हें इतनी बड़ी कीमत देनी पड़ी।

कांग्रेस के अंदर सुभाष बाबू से अधिक किसने शहादत झेली है? जो दस-दस बार एक से दूसरे कैदघरों में घूमते फिरे। जिन्हें अपनी मातृभूमि से दूर प्रवास में निर्वासन भोगना पड़ा, अपने घर लौटकर भी जो वर्षों नजरबंद रहे; यक्ष्मा में जीवन और मरण के बीच झूलते हुए भी जिनकी गर्वपूर्ण गरदन झुकी नहीं, उस नर-केसरी के उत्सर्ग और बलिदान को कौन चुनौती देगा? मुलायम गद्दियों का जब आमंत्रण आया था, जिस घड़ी कांग्रेस ऊपर-ऊपर थोड़ी सफेदी लिये मंत्रित्व के कालिखघर की ओर जाने की उल्लासपूर्ण तैयारी कर रही थी, उस समय—1937 के मार्च महीने—सुभाष बाबू को अंग्रेजी सरकार ने आखिरी रिहाई बख्शी।

और आज भी जैसा विश्वप्रसिद्ध पत्रकार जान गुंथर ने अपनी हाल की पुस्तक 'इनसाइड एशिया' में लिखा है—'ब्रिटिश साम्राज्यशाही कांग्रेस में सबसे अधिक सुभाष बाबू से ही खौफ खाती है।' आज सबसे बेहद खुशी भी उसी को होगी। 14 अगस्त वाला इस संबंध के गोरे पत्र 'स्टेटसमैन' का अग्रलेख देख जाइए। ब्रिटेन तो दो चीजों से खुश होगा। एक तो कांग्रेस कमजोर पड़ी, दूसरे उसका सबसे बड़ा दुश्मन सुभाष मात हुआ।

जब तक स्वराज्य नहीं होता, कांग्रेस लड़ाई के लिए है। श्री सुभाष बोस वैधानिकता और सुधारवाद का विरोध कर लड़ाई माँगते थे, तब तक वह कांग्रेस के उसूली आधार पर खड़े थे। किंतु जिनकी मनोवृत्ति ही बदल गई है, जिन्होंने वैधानिकता और वजारतों को जन्म दिया, जिनकी आँखें फेडरेशन की ओर लगी हैं, जो सुलह-समझौतों में स्वराज्य का सपना देखने लगे हैं और जिन्हें समाज की वर्तमान विषम प्रणाली ही कबूल है; उन्हें उनसे संघर्ष जरूर होगा, जो समझौता नहीं, युद्ध माँगते हैं, मुलायम गद्दियाँ नहीं, शहादत चाहते हैं जिनकी आँखें सतत् माँ के चरणों की ओर लगी हैं और जिन्हें समाज का वैष्मय रोज काटे खा रहा है।

उधर भारत के लिए ही ब्रिटेन जहर का घूँट पी-पीकर भी अपने पैर दृढ़ कर रहा है। संघ शासन को संगीनों की सवारी पर चढ़ाकर लाने की तैयारी हो चुकी। सरहद पर स्थित नई फौज और नोमच में बननेवाला फौजी अड्डा हमारे सामने हैं। राष्ट्र के जीवन के ऐसे संक्रांतिकाल में कांग्रेस के भीतर नाशकारी फूट गर्जन कर रही है, व्यक्तिगत द्वेष और प्रतिहिंसा का हलाहल फैल रहा है। बंधन-मुक्ति के लिए एक मोरचे में लगे फौलादी कंधे अलग किए जा रहे हैं। यह राष्ट्र के आत्मघात के लक्षण हैं। मगर उन्हें कौन देखे?

आखिर महाप्रभु कांग्रेस को किधर घसीटे जा रहे हैं? क्या वे इन युद्धप्रिय सेनानियों को कुचलकर फेडरेशन तथा अंग्रेजों से वैधानिक लड़ाई का मार्ग प्रशस्त नहीं कर रहे हैं? केंद्रीय असेंबली के बायकाट का स्वाँग रहने दीजिए।

जाने, खुराफातों के जनक मंत्रित्व के लिए कौन-कौन से अनर्थ करने बाकी हैं? आज सुभाष बाबू की, तो कल नरेंद्रदेवजी की, जयप्रकाश बाबू और स्वामीजी की बलि चढ़ेगी; सदाएँ यही कहती हैं। किंतु इनसे प्रतिहिंसा की ही तो जहरीली गंध आ रही है। याद रहे, कल जो भी स्वाधीनता के लिए रण-आह्वान होगा उस पर थिरककर अपने शीश चढ़ानेवाले ये ही होंगे, पदों के लालच में जो गिनती के असंख्य लोग तिरंगा के नीचे जुड़ रहे हैं, वे नहीं।

हम पूछते हैं, यह संकट किसने उपस्थित किया? 'प्रोवोकेटिव' की सृष्टि किसने की? वजारतों को सर्वेसर्वा बनानेवाले उन दो जनतंत्र घातक प्रस्तावों के पास करने की क्या जरूरत थी? कांग्रेस से उग्रपंथियों को हटाने को क्या जरूरत थी? कांग्रेस से उग्रपंथियों को हटाने की क्या कोई संगठित साजिश नहीं चल रही है! लेकिन वे जानें, किसी सुभाष, स्वामी या जयप्रकाश की हस्ती वे मिटा नहीं सकते। वे लोहे के चने हैं जिन्हें चबाना आसान नहीं।

आज लगता है, हिंदुस्तान 1907 में लौट गया है। सूरत की वह कांग्रेस! नरमपंथी लोकमान्य तिलक के उग्रपंथ को जब बरदाश्त नहीं कर पाए, तो उन्हें और उनके साथियों को कांग्रेस से अलग कर दिया। मगर तिलक के लिए जमाने ने दूसरा फैसला दिया था। हमें भी, कार्यसमिति के फैसले की क्या, युग के उसी फैसले की प्रतीक्षा है।

मृत्यु के द्वार पर

दिन-पर-दिन, सप्ताह-पर-सप्ताह और जब महीने-पर-महीने बीत रहे हैं। वे भी ऐसे जिनका एक-एक क्षण कितनी मर्म की पीड़ा लिये आता है। इन अनशनों के अब तीन महीने भी पूरे होने चले। मृत्यु के द्वार पर हमारे चार रणबाँकुरों के कंकाल अपना कफन अपने हाथों में लिये खड़े हैं। कब का उनका महाप्रयाण हुआ रहता। लेकिन उन्हें नाक से जबरदस्ती पशुओं की तरह दूध पिलाया जाता है। नतीजा है उनके मुँह सतत् खून उगलते रहते हैं, छाती दर्द से फटती रहती है। 'ग्रह-ग्रहीत पुनि वात बस, तापर बीछी मार' वाली उनकी दशा है। इससे अच्छा होता उन्हें शांति के साथ मरने दिया जाता! मगर सरकार को अपनी पिछली पीढ़ी की विधियाँ तो दुहरानी ही हैं शायद! सब से आश्चर्य की बात है कि हमारे इन साथियों की क्षण-क्षण की बिगड़नेवाली हालत की खबर तक जेल की कठोर दीवारों के बाहर नहीं आने दी जाती। यह कितना क्रूर व्यंग्य है। अभी बंगाल के राजबंदी अनशन करते थे और हक की पतित सरकार भी उनकी हालत की बुलेटिन रोज निकालती थी। देशमाता के इन सपूतों के प्राणों के साथ यह खिलवाड़ जिसकी सपने में भी हम कल्पना नहीं कर सकते। मगर हमें जो न देखना-सुनना पड़े। खबर है, शर्माजी का वजन 28 पौंड घट गया है और वे बिस्तर में जा चिपटे हैं। युवक अनिल की हालत तो और भी चिंताजनक है। कहते हैं, ब्रह्मचारी और जगन्नाथ यदि छोड़ भी दिए गए तो उनकी जान का भरोसा नहीं। सरकार को उनकी माँग मान लेने में कठिनाइयाँ हैं, उनको छोड़ने में भी कठिनाइयाँ हैं, लेकिन उनकी जान लेने में, उन्हें घुल-घुलकर मरने देने में उसे कोई दिक्कत नहीं सूझती। वाह री, अहिंसा! तो क्या मातृभूमि को अपने इन लालों को खोना ही पड़ेगा! प्रांत के किसान अधीर हो रहे हैं। बूढ़ी माँ—युग-युग की दुखिनी बूढ़ी देश माँ को—कितनी यंत्रणा होगी। लेकिन माँ, होम करते किसके हाथ नहीं जले?

श्रीबाबू से

सौ से अधिक मोरचों पर सूबे के किसान दो महीने से बकाश्त जमीन पर जिंदगी और मौत की लड़ाई लड़ रहे हैं। कोई बताए कि हिंसा के लिए बदनाम किसान ने कहीं भी एक कंकड़ भी उठाया। दूसरी ओर ऐसी एक भी जगह नहीं जहाँ जमींदारों ने खुलकर हिंसा नहीं की, गँड़ासे और भाले निर्बाध नहीं चला किए, किसानों के निर्दोष खून से सूबे की मिट्टी लाल नहीं हुई। हमें कहना है, हमारी अपनी कहलानेवाली सरकार की पुलिस ने इसमें कम योग नहीं दिया। दरभंगा से जो समाचार आए हैं, वह बड़े सनसनीपूर्ण हैं। पंडौल सत्याग्रह के समय तो पुलिस राज के अमलों से भी बदतर रही। सबसे दुखद है पं. यमुना कार्यी का मुकदमा! कार्यीजी सूबे के किसानों के एक प्रतिष्ठित नेता होने की अपेक्षा प्रांतीय असेंबली के एक सम्मानित सदस्य भी हैं।

उन पर वहाँ की पुलिस ने लूट तथा चोरी जैसी घृणित दफाएँ लगाई हैं। यहाँ तक कि उन पर यह भी मुकदमा चलाया गया है कि जब वह मधुबनी से दरभंगा जेल लाए जा रहे थे, गाड़ी में वह एक जमींदार को धमकाते हुए पाए गए। ये चीजें ऐसी है, जिन पर हम आप कुछ न कहकर सिर्फ उनकी ओर श्रीबाबू का ध्यान खींचते हैं। क्योंकि हमारी आशंका है, पुलिस अपनी इन हरकतों से उन्हें भी गलत जगह पर रख देना चाहती है।

युद्ध और भारत

सभी कहते हैं आसमान पर महासमर के बादल अब बहुत घने घिर चुके हैं। चारों ओर इसकी घनघोर तैयारी लगी है। इटली, जर्मनी, इंगलैंड में सामूहिक सैनिक कवायद शुरू हो गए हैं। ब्रिटेन के आसमान पर तो एक दिन कृत्रिम लड़ाई भी लड़ी गई। आज, न कल, डैनजिंग के भाग्य का निपटारा हुआ ही जानिए। यदि रूस, ब्रिटेन और फ्रांस के बीच संधि हो पाई तो युद्ध कुछ दिन के लिए टल भी सकता है। मगर उसकी भी उम्मीद नहीं दीखती। हिंदुस्तान में ब्रिटिश सरकार की बहुमुखी तैयारी उसी पैमाने पर जारी है। हम पढ़ते हैं, भारतीय सेना की टुकड़ियाँ बाहर भेजी जा रही हैं। किसान और मजदूरों के ये बच्चे साम्राज्यशाही के लिए भेड़-बकरियों की तरह जा कटेंगे। लेकिन क्या यह हिंदुस्तान की अपनी तैयारी हुई? उसकी तैयारी तो कुछ भिन्न होगी। कांग्रेस इस दिशा में अधिक सजग नहीं दीखती! उसे वजारतों से कहाँ फुरसत? लेकिन आज की यह भूल कल के लिए हमारी फाँसी होगी। कांग्रेस ने अपने केंद्रीय असेंबली के सदस्यों को अगले अधिवेशन में जाने से मना किया है। लेकिन यह तो अर्थहीन लगता है। यह तो शासकों को अपने मन के अनुसार असेंबली से बहुत कुछ करा लेने का मौका देगा। सौदा करने के लिए यह बनिए का तरीका-सा जँचता है। चाहिये तो यह कि हम देश में युद्ध विरोध का एक तूफान खड़ा कर दें। अपने लोगों से कहें फौज में भरती मत होओ। बिटेन से बिना किसी मुरव्वत के हम कह दें—हम तुम्हारी मदद कर कतई अपनी जंजीर की कड़ियाँ बढ़ा नहीं सकते। जब तुम युद्ध में फँसोगे तो हम उससे फायदा उठाएँगे। देश में युद्ध के खिलाफ प्रबल जनमत तैयार करना हमारी पहली महान आवश्यकता है।

दूषित प्रचार

'नवशक्ति' इधर किसान सभा, सभा के हमारे नेताओं के पीछे पड़ी-सी लगती है! अभी उसने राहुलजी के बारे में अपने समाचार के कालमों में ही जो नीचतापूर्ण छींटाकशी की वह थोड़ी भी सुरुचि के व्यक्ति के लिए असह्य थी। फिर उसने यह उड़ाया है कि पंडौल और शेखपुरा में स्वामीजी की फजीहत हुई, उन्हें काले झंडे दिखाए गए। 'नवशक्ति' जानती होगी, पंडौल और शेखपुरा के प्रदर्शन जमींदारों द्वारा आयोजित थे। उसे चाहिए था जमींदारों को इसके लिए डाँटती-फटकती। आखिर बहुत खतरनाक चीजें हो रही हैं। ये ऐसी उत्तेजनाएँ हैं, जिनमें पड़कर किसान भी अपना संतुलन खो बैठ सकते हैं। हमें खुशी है स्वामीजी और किसान सभा ने इस अवस्था में उन्हें शांत रहने की कड़ी हिदायत दे दी है। 'नवशक्ति' तथा अन्य अखबारों के ऐसे दूषित प्रचार से जमींदारों को प्रोत्साहन मिलता है। रही स्वामीजी या राहुलजी को नीचा दिखाने की बात, वह तो आसमान पर थूकने की चेष्टा होगी।

शाबाश!

टाटानगर की वायर प्रोडक्ट्स कंपनी के मजदूरों की हड़ताल रंग लाकर ही रही। राष्ट्रपति श्री राजेंद्रप्रसाद ने समझौता कराने की कोशिश की। लेकिन पूँजीपति की अकड़ के सामने वह भी विफल रहे। उधर पुलिस अपने

सच्चे गुण में कंपनी के भाड़े के गुंडों से संयुक्त मोरचे बनाकर उत्पात कर रही है। दो-दो बार लाठी चार्ज हो चुके। स्त्रियों के खून से शहीद हजारा सिंह की रक्त-रंजित मिट्टी फिर लाल हो रही है। उस दिन हड़ताल के प्रायः सभी संचालक—कामरेड बसावन सिंह, नैना सिंह, जमियत सिंह, अवनिसेन (यूनियन के मंत्री) और देसा सिंह (सभापति)—गिरफ्तार कर लिये गए। इसके पहले उन पर लाठियाँ भी बरसीं। फिर भी हड़ताल शान से जारी है। हम इसके लिए मजदूरों को शाबाशी देते हैं। हमें एक शब्द सूबे के मजदूर और मजदूर नेताओं से कहना है। वायर कंपनी के मजदूर आपकी भी लड़ाई लड़ रहे हैं। उनकी सबसे बड़ी कठिनाई पैसे की है। हर मजदूर यूनियन को तथा अन्य लोगों को भी जो मजदूरों से हमदर्दी रखते हों, पैसे भेजकर उनकी मदद करनी चाहिए। नहीं तो, आप अपने कर्तव्य से चूकेंगे।

रणचंडी

जब कोई व्यापक उथल-पुथल मचती है; उसके साथ हमारी कितनी ही कड़ियाँ एक साथ टूट जाती हैं। सदियों से परदे के रौरव में देश का महान मातृत्व मिट रहा था। '30- 32' में लड़ाई में हमारी माँ-बहिन परदा फाड़कर मैदान में आईं और बता दिया, वह किसी भी चीज में मर्दों से पीछे नहीं। बिहार तो इस दिशा में अधिक रूढ़िग्रस्त माना गया। लेकिन जो चीज़ें कितने ही वर्षों के नारी आंदोलन से नहीं होती, उसे कुछ ही दिनों की किसानों की लड़ाई ने कर दिखाया। रेवरा, देकुली, मँझियावाँ, लगार, पंडौर के मोरचों पर हमारी किसानों की माँ-बहनों नें जो जौहर दिखाए, उससे हम स्तब्ध हैं। सैकड़ों के झुंड में वे अपने घरों से निकलती हैं। गोदी में उनके सुकुमार बच्चे रहते हैं। एक हाथ में लाल झंडा और दूसरे में हँसिया लिये वह खेतों पर सत्याग्रह करती, लाठियाँ सहतीं और विजय पाती हैं, जब मर्द नहीं करते, वे युद्ध का नेतृत्व करती हैं। उनकी यह बहादुरी लकीर के फकीर समाज की आँखें खोल देने के लिए काफी है। घरों की देवियाँ और मैदान की इन रणचंडियों के सामने हमारा पुरुष मस्तक भी नत है।

(17 अगस्त, 1939)

ठंडी फाँसी का यह सिलसिला

कांग्रेस कार्य समिति ने अपने विरोधियों को दंड देने का जो सिलसिला शुरू किया है उसे एक ही नाम दिया जा सकता है—ठंडी फाँसी।

राजनीतिक विरोधियों को कठोर दंड देने, उन्हें जड़-मूल से खत्म करने की नीति इतिहास में कोई नई बात नहीं है। हिटलर की जर्मनी ने खासकर इस संबंध में वे दृश्य दिखलाए हैं जिनकी कल्पना ही किसी भी स्वाभाविक मनुष्य के रोंगटे खड़े करने के लिए काफी है। मुसोलिनी ने क्या-क्या न किए? 1914 के महायुद्ध के बाद जापान के पाँच प्रधानमंत्रियों को अपने प्राणों की भेंट देनी पड़ी है। संसार में समता, स्वतंत्रता और संस्कृति का संदेश देनेवाला रूस अपने स्वच्छ दामन को खून के इन धब्बों से बचा न सका। किंतु हमारे यहाँ जो कुछ हो रहा है उसके लिए चीन का इतिहास हमें देखना पड़ेगा।

चांग काई शेक 1925 में विजयाभियान को निकला। उग्र विचारों के सभी चीनियों ने उसका एक स्वर से साथ दिया। साम्यवादी उसके कंधे-से-कंधे भिड़ाकर लड़े। किसानों ने उसके रास्ते में फूल बिछाए। शांघाई के

मजदूरों ने उसके आने के पहले ही उसके रास्ते के काँटे चुन लिये थे। किंतु ज्यों ही चांग काई शेक ने हाथ में हुकूमत की बागडोर अच्छी तरह आ गई, उसने केंचुल बदला।

एक-एक कर साम्यवादी, जो उसके हाथ में आए, गोली के घाट उतरे या फाँसी के तख्तों पर झूले। किसानों के गाँव-के-गाँव उजाड़ डाले गए। शांघाई के मज़दूरों की बस्तियों में खुलकर खून की होली खेली गई।

कहने का मतलब यह कि हम जिस ओर नजर उठाते हैं, राजनीतिक विरोधियों के कत्लेआम का आम दृश्य देखते हैं।

भारत में भी वह शुरू हो गया है और चूँकि भारत ने स्वतंत्रता के युद्ध में एक नए हथियार—अहिंसा की सृष्टि की है, इसलिए राजनीतिक विरोधियों के दंड का भी एक नया तरीका निकालना ही था।

दूसरे देशवाले फाँसी देकर या गोली मारकर अपने विरोधियों का काम तमाम करते रहे या कन्सन्ट्रेशन कैम्प में रख के सदा के लिए बाहरी दुनिया से उन्हें निश्चिंत कर देते थे। भला, अहिंसा के पुजारी ऐसा 'क्रूर कर्म' क्यों करने लगे? यहाँ तरीका यह रखा गया है कि तुम्हें जिंदा रखेंगे, तुम्हें घूमने-फिरने की भी आजादी रहेगी, लेकिन वह चीज तुमसे छीन लेंगे जो तुम्हारी जिंदगी थी, जिसके लिए तुम जिंदा थे: जिसके सबब तुम पागल हो मारे-मारे फिरते थे। तुमने आज तक जो त्याग किए, जो तपस्याएँ कीं, जो बलिदान किए, उन पर एक मोटा काला परदा डाल देंगे। संक्षेप में, तुम्हें ठंडी फाँसी देंगे। अगर तुम्हारी आयु है, जिंदा रहो, लेकिन जिंदगी खोकर! कितनी दयापूर्ण यह दंडनीति है। विशुद्ध गांधीवादी, अहिंसक, और साढ़े सोलह आने भारतीय।

कल यह ठंडी फाँसी सुभाष बोस को मिली, आज अखबारों से खबर मिलती है, बंबई में उग्रराष्ट्रवादी नरीमन, कांग्रेस साम्यवादी श्री नारायण स्वामी और कम्युनिस्ट नेता श्री अधिकारी को भी इस तख्ते पर झुलाया जाएगा। पं. जवाहरलालजी ने 'आग लगाकर जमालो दूर खड़ी' की नीति अख्तियार कर अपने प्रांत को तो बचा लिया है, लेकिन मध्य प्रांत से कुछ ऐसी ही खबर आ रही है और गांधीजी का 'पौष्यपुत्र' प्रांत हमारा यह बिहार ही क्यों पीछे रहेगा? दूसरे प्रांतों की भी खैर नहीं। यों ठंडी फाँसी का यह जो सिलसिला चला है वह कहाँ जाकर रुकेगा, वह या तो सातवें आसमान के महाप्रभु जानें या इस धर्मक्षेत्र-कुरुक्षेत्र के महारथी हाई कमांड जानें।

कुछ नास्तिक सवाल उठाते हैं, देशबंधु दास, पंडित मोतीलाल नेहरू ने भी तो विद्रोह किया था। फिर उन पर अनुशासन की कार्रवाई क्यों नहीं की गई? ऐसे लोग भूल जाते हैं कि वह 1922 था और यह 1939 है। उस समय कांग्रेस स्वराज्य के लिए लड़ रही थी। और इस समय कांग्रेस आठ सूबों में 'प्रांतीय स्वराज्य' का उपभोग कर रही है। दुनिया का इतिहास बतलाता है, विरोधियों को दंड तब दिया जाता है जब हुकूमत हाथ में आती है। इस समय हाथ में शासन है, इसीलिए अनुशासन की आवश्यकता है, मौका है। अनुशासन शासन का अनुगामी है न!

किंतु हमें भय है, चीन का इतिहास हमारे यहाँ भी न दुहराया जाए।

हिटलर, मुसोलिनी या स्टालिन ने विरोधियों को जो दंड दिया, वह तब जब संपूर्ण शासन उनकी मुट्ठी में था। इसलिए उनकी कोई हानि न हुई।

लेकिन चांग काई शेक आधी सफलता में ही आपे से बाहर हो गया। उसके सभी सामुद्रिक बंदरगाहों पर भिन्न-भिन्न साम्राज्यशाहियों के जंगी बेड़े खड़े थे और उसे गृहकलह की सूझी, अपने उग्रपंथी साथियों को नेस्तनाबूद करने की सूझी। वे उग्रपंथी साथी भी मूली-गाजर नहीं थे। मनुष्य थे—वीरता और साहस के पुतले थे। नतीजा हुआ एक भीषण गृहयुद्ध।

और इससे फायदा उठाया जापान ने। चांग काई शेक जिस समय अपनी सारी ताकत लगाकर किआंग्सी और शेंसी के सोवियत साम्यवादी राज्य को ध्वंस करने पर लगा था उसी समय जापान ने मंचूरिया पर कब्जा किया तथा लेहोत चहार पर धावा बोला और आज समूचे चीन की स्वतंत्रता ही संकट में है। चांग काई शेक आज जमीन-आसमान के कुलाबे एक कर रहा है, साम्यवादियों से उसे सुलह करनी पड़ी है, जिनके सिर पर

कभी दो-दो लाख डालर के इनाम बोले गए थे। उन्हीं के हाथों में आज लाखोंलाख फौज की बागडोर दी गई है, लेकिन "अब पछताए होत क्या, जब चिड़िया चुग गई खेत।"

आज आधा चीन पर जापान का झंडा फहरा रहा है और आधा चीन अपनी जिंदगी और मौत की लड़ाई लड़ रहा है।

क्या भारत में यही बात नहीं दुहराई जाएगी ?

शुरुआत तो हो गई है। जिस समय हमारे राष्ट्रपति वक्तव्य-पर-वक्तव्य निकालकर और पंडित नेहरू उनके सूत्र की बड़ी-बड़ी व्याख्या करके 9 जुलाई के प्रदर्शनों को रोकने की चेष्टा कर रहे थे और न माननेवालों को अनुशासन की धमकियाँ-पर-धमकियाँ दे रहे थे, उसी समय ब्रिटिश साम्राज्यशाही अपने वचन को रद्दी की टोकरी में फेंककर हिंदुस्तानी सेना को बिना किसी से पूछे-ताछे सिंगापुर और मिस्र के सैनिक मोरचे पर भेज रही थी। क्या हमारी इस आपसी लड़ाई ने उसे इस गुस्ताखी के लिए नहीं प्रोत्साहित किया होगा ? जो वायसराय कल तक छोटी-छोटी बातों के लिए गांधीजी और उनके अनुयायियों से मिलने के लिए परेशान रहता था, उसीने क्यों इतने गंभीर मसले पर यों सीधे अँगूठा दिखा दिया ? यह सोचने की बात है।

लेकिन यह तो अभी शुरुआत है—"आगे-आगे देखिए होता है क्या !"

'उनके' भगवान हमारे 'इन' महाप्रभुओं को सुबुद्धि दें। हमारा यह प्यारा देश चीन के दर्दनाक इतिहास की पुनरावृत्ति से बचे।

यह दमन

हमारी यह धारणा दृढ़ हो गई है कि महाप्रभुओं ने सोच-विचारकर कांग्रेस के भीतर प्रगतिशील दलों के लिए नौकरशाहीवाली घोर दमन की नीति अख्तियार की है। आप ढोल पीटते हैं कि हमने नागरिक स्वाधीनता दे दी। बोलने का अधिकार इस स्वाधीनता का छोटा टुकड़ा है किंतु बंबई की कांग्रेसी सरकार ने भी डांगे, श्रीमती डांगे, श्री पाटकर और श्री मीरजफर ऐसे प्रसिद्ध मजदूर नेताओं को भाषण देने के अपराध में गिरफ्तार कर लिया है। यह काम तो अब तक बंगाल सरकार का था। हमारे अपने ही घर में पं. यदुनंदन शर्मा पर यही दफा चल रही है। इसी अंक में अन्यत्र दरभंगा की हमारी खास चिट्ठी आप पढ़ें। कार्यीजी बिहार के पौने तीन करोड़ किसानों के पुराने नेता हैं, अपने निर्वाचन क्षेत्र के चार लाख लोगों का व्यवस्थापिका सभा में प्रतिनिधित्व करते हैं, स्वाधीनता संग्राम के तपाए सैनिक हैं और उन पर चार मुकदमे और नौ दफाएँ चल रही हैं। उनसे जेल में किसी को भेंट करने नहीं दी गई। जमानत तक में रोक डाली गई। आखिर, ये चीजें किस चीज के सूचक हैं ?

लगार की पंचायत

एक सज्जन लिखते हैं—'सुना जाता है, अब लगार (गोगरी, जिला मुंगेर) के संबंध में दूसरी पंचायत होने जा रही है और श्री रफीउद्दीन रिज़वी साहब को जिला कांग्रेस कमिटी और जमींदार ने पंच मान लिया है। किसान पक्ष के बारे में पक्की बात कही नहीं जा सकती है कि उन लोगों ने भी माना है या नहीं, हालाँकि कहा जाता है कि उनकी ओर से श्री सुरेशचंद्र मिश्र ने भी उन्हें पंच मान लिया है।

लेकिन एक सवाल है। जिला कांग्रेस कमिटी ने कुमार साहब को उस केस की जाँच के लिए नियुक्त

किया था और उन्होंने रिपोर्ट भी पेश की है जो हाल ही जिला कांग्रेस की कार्यकारिणी में पेश हुई थी रिपोर्ट के बारे में तरह-तरह की बात कही जाती हैं। श्री रिजवी साहब भी उस कार्यकारिणी के सदस्य हैं। ऐसी हालत में पहले सीधा प्रश्न है कि कमिटी ने उस रिपोर्ट को माना या न माना, हर हालत में वह रिपोर्ट उनको निर्णय के बारे में प्रभावित करेगी ही—कारण, उनके एक जवाबदेह सहयोगी की रिपोर्ट जो ठहरी। दूसरा प्रश्न है कि चाहे जिस रूप में कमिटी ने उस रिपोर्ट को माना हो या उस पर निर्णय किया हो, उसके खिलाफ वह अपने फैसला दे कैसे सकते हैं। उनके लिए दिक्कत है—जिला कांग्रेस की प्रतिष्ठा का प्रश्न है और वह उसके जवावदेह सदस्य हैं। एक योग्य सदस्य ने, सुना है, यह प्रश्न उठाया था कि या तो रिपोर्ट कमिटी में पेश ही न हो या कम-से-कम रिजवी साहब को कतई उसकी जानकारी न कराई जाए। मगर किसी ने ध्यान न दिया। ऐसी दशा में रिजवी साहब की निष्पक्षता पर कोई शंका न करके यह बात साफ-साफ उठती है कि वे पंच हो कैसे सकते हैं और यदि उन्हें पंच रखना था तो यह रिपोर्ट कमिटी में क्यों आई और अगर आई भी तो रोकी क्यों गई या कम-से-कम उन्हें इसकी जानकारी न होने का पूरा प्रबंध क्यों नहीं हुआ, क्या फिर भी वे पंच का काम कानूनन कर सकते हैं।" आशा है इसकी उपेक्षा नहीं की जाएगी।

जीवित शहीद

कहीं आनंद और जश्न मनता है, पर हमारी किस्मत को क्रूर मरण त्योहार ही मनाना है। पं. कार्यानंद शर्मा और अनिल मित्र अड़तालीस दिनों के अनशन के बाद छोड़ दिए गए। ब्रह्मचारी रामवृक्ष को तो तिरासी दिनों तक मालिकों के कोप का मूल्य चुकाना पड़ा। बेचारा जगन्नाथ शायद अभी भी मरण-शय्या पर ही पड़ा है। मरे, न मरे, ये तो शहीद हो चुके, इसीलिए हमने इन्हें जीवित शहीद कहा है। कभी अपने प्रिय साथियों की यह तसवीर हमारी आँखों को भिगो देती है। लेकिन क्रूर कर्तव्य की यह चेतावनी है—अपनी मंजिल जब तक पूरी नहीं होती, शहादत की ऐसी मशालें तो हमें बारनी ही होंगी, क्योंकि तूफान और अंधकार की घाटी में किसी मिट्टी के नहीं, अस्थियों और प्राणों के ही दीप ज्योति-दान देंगे।

बधाई

ये कहते हैं, विद्यार्थियों को सक्रिय राजनीति में भाग नहीं लेना चाहिए। किंतु मातृभूमि के बंधन को इस असाधारण घड़ी में जिन थोड़ों ने इस तर्क को अस्वीकार कर दिया, साथी इंद्रदीप उनमें एक हैं। और आपने उस दिन पटना यूनिवर्सिटी की एम. ए. की परीक्षा के प्रथम दर्जे में प्रथम आकर उनकी आँखें खोल दी हैं। आपकी सूझ पैनी है, आपको असाधारण प्रतिभा मिली है। दूर से युग की पुकार को सुनकर इस ओर चलने की आप में क्षमता है। बिहार के विद्यार्थी आप से प्रेरणा पाएँ। आप एक उगते राष्ट्र के भविष्य- स्रष्टाओं में एक हों, यही हमारी अन्यतम कामना है और विश्वास भी।

(24 अगस्त, 1939)

यह गुंडाशाही

श्री सुभाष बोस का जैसा स्वागत पटना शहर और देहात, मुजफ्फरपुर और आरा ने किया, वह इस बात का सूचक है कि हमारे इस प्रांत में उग्रपंथी नीति के प्रति लोगों में कितनी श्रद्धा और विश्वास है। इस स्वागत के द्वारा मानो बिहार ने साफ घोषित कर दिया कि वह ब्रिटिश साम्राज्यशाही से सीधे-सीधे मोरचे का पक्षपाती है। वह सुधारपंथी राजनीति बरदाश्त नहीं कर सकता। वह कांग्रेस के वर्तमान नेतृत्व से ऊब उठा है और उग्रपंथी नेतृत्व को सिर-आँखों पर लेने को बेचैन है, भले ही वह नेतृत्व किसी की नजरों में अपराधी हो, दंडनीय हो। यह स्वागत सिर्फ श्री सुभाष की उज्ज्वल देशभक्ति और बलिदान-भावना के प्रति अर्पित की गई श्रद्धांजलि मात्र ही नहीं था। यह सुधारपंथी राजनीति को एक चुनौती था। सुधारपंथी राजनीति को और वह जिसके माया-जाल में पड़ गई है, उस साम्राज्यशाही को भी।

किंतु इस स्वागत समारोह के बीच कुछ ऐसी बातें भी हुई हैं, जिन्हें नजरअंदाज करना, आनेवाले एक बड़े संकट से आँख मूँदना है और एक समय पर मिली चेतावनी से फायदा न उठाकर अपने भविष्य को गहन अंधकार के नाम करना है।

जहाँ पटना, मुजफ्फरपुर और आरा की जनता, किसान, मजदूर ही नहीं वरन्, विद्यार्थी, दूकानदार दिमागपेशा श्रेणी सब के साथ इस स्वागत समारोह में दिल खोलकर शामिल हुए, वहीं एक मुट्ठी लोगों ने जो गुंडापन प्रदर्शित किया, वह भूलने-भुलाने की चीज नहीं है। हम इसे यह कहकर नहीं टाल दे सकते कि यह कुछ गुंडों का काम था। मौके पर वही लोग थे जिन्हें गुंडा नाम दिया जा सकता है, लेकिन उसके पीछे बड़ी ताकतें काम कर रही थीं। गांधीटोपी और विलायती अचकन ऐसा संयोग शायद ही कभी हुआ हो। इन दोनों के प्रतिनिधि रूप प्रांत के जो दो दैनिक अखबार सूबे की इस राजधानी से निकलते हैं; उनके कलम ही हमारे इस कथन के सबूत हैं। इन दोनों ने जहाँ स्वागत आयोजन के समाचार छापने से कसम खा ली थी (निस्संदेह इसमें बाजी कांग्रेसी दैनिक की ही रही।) वहाँ इसके विरोध में की जानेवाली हर छोटी-बड़ी शैतानी को बड़ा-से-बड़ा रूप देने में जरा भी कोर-कसर नहीं रखी जाती थी। कांग्रेसी दैनिक ने बंगाली-बिहारी सवाल का घृणित-से-घृणित प्रचार अपने संपादकीय द्वारा किया और 'महराजी' दैनिक ने तो काले झंडे का ऐलान बहुत ही सज-धज से छापा। पटना में जो लाल और उजले पर्चे तिरंगा झंडा उड़ा-उड़ाकर बाँटे गए, हम जानते हैं उसका प्रोत्साहन किस कोने से आया और हमें यह भी खबर है कि यह काले झंडे कहाँ बनाए गए और इनके पैसे कहाँ से आए। इन दोनों अखबारों ने, संक्षेप में कहा जाए, तो रोड़े फेंकने से लेकर डंडे चलाने तक के लिए लोगों को कम प्रोत्साहित नहीं किया। एक मुट्ठी बिगड़े दिमागों को, जिनकी स्टेशन पर एकत्र उस महान जन समुदाय में कोई स्थिति नहीं थी 'तरुण बिहारी' का वीरोचित आस्पद 'कांग्रेसी' दैनिक ने दिया तो 'महराजी' दैनिक ने इस समाचार पर ऐसा शीर्षक दिया मानो स्टेशन पर काले झंडे ही थे। इन दो दैनिकों के इस प्रोत्साहन और इनके समर्थकों की साजिशों के कारण पटना ने दूसरे दिन यानी 27 अगस्त को वह दृश्य देखा जो पटने के ही इतिहास में नहीं, प्रांत के इतिहास में भी लामिसाल है।

जिस समय सुभाष बोस खगौल और पटना शहर के उस शाही स्वागत को देख विह्वल हो रहे थे और उनके स्वागत समारोह के प्रमुख कर्ताधर्ता उनके साथ ही थे, वहाँ लॉन में अजीब दृश्य हो रहा था। यह निस्संकोच कहा जा सकता है कि किसान रैली को छोड़कर पटना लॉन में इतना बड़ा मजमा कभी इकट्ठा नहीं हुआ था। भद्र परिवार की महिलाएँ भी बहुत बड़ी तादाद में उपस्थित थीं। इस बड़े मजमे की जनसंख्या लाख की तादाद को छूती थी। सभी चुपचाप बैठे सुभाष बोस की अधीर प्रतीक्षा कर रहे थे। इतने ही में गुंडों का एक जत्था आया। उनकी तादाद सौ में कूतना भी ज्यादा है। उसका सबसे प्रमुख पोस्टर था 'गांधीवाद जिंदाबाद' और उनका सब से जोरदार नारा था 'राजेंद्र बाबू की जय'। आते ही उन्होंने ऊधम मचाना शुरू किया, चीखना-चिल्लाना, लाठियाँ भाँजना, जूते फेंकना और पत्थर के रोड़े बरसाना। उन्हें समझाने को हमारे प्रांत के

प्रमुख गांधीवादी पंडित प्रजापति मिश्रजी मंच पर खड़े हुए थे, लेकिन यह गांधीवादी 'तरुण बिहारी' अर्द्ध वयस्क गांधीवादी की बात क्यों सुनने लगे। उलटे उन पर भी प्रहार की चेष्टा हुई। बेचारों को चुपचाप मंच छोड़ना और खिसकना पड़ा। जब सुभाष बाबू स्वामीजी के साथ पहुँचे, काफी अँधेरा हो चला था और इस पत्थर की वर्षा में रोशनी रखी नहीं जा सकती थी, तो भी उन पर लक्ष्य करके जूतों और पत्थरों की वर्षा होती रही और यह संयोग ही था कि उन्हें ये चीजें स्पर्श तक नहीं कर सकीं। हाँ, वहीं अगल-बगल जो जूते और पत्थर गिरते, उन्हें हँसकर एकत्र करते और गांधीवादी तरुण बिहारियों की इस अपूर्व भेंट को पाकर कृतकृत्य होते।

सबसे अजीब दृश्य था पुलिस का। वह इन एक मुट्ठी गुंडों की इन शैतानियों को देखती, लेकिन उन्हें गिरफ्तार करने या काबू में लाने की कोई कोशिश नहीं करती, उलटे घेरा डालकर उन्हें मंच तक पहुँचा आती और जो कोई उन गुंडों को रोकने की कोशिश करते उनका सिर डंडे से तोड़ती। उस दिन पटना जनरल हॉस्पिटल में जो भरती हुए उनमें वे थे जो या तो इन गांधीवादी गुंडों के पत्थरों से बुरी तरह घायल थे या पुलिस के डंडों से जिनके सिर चूर-चूर हुए थे। श्री सुभाष बोस ने डी. एस. पी. और एस. पी. को बुलाके कहा भी कि अगर आप शांति रक्षा नहीं कर सकते तो कम-से-कम आप यहाँ से हट भी तो जाइए। किंतु वे तो शायद कांग्रेसी मंत्रिमंडल के आदर्शानुकूल शांति रक्षा ही कर रहे थे।

आखिर सभा न हो सकी। अधिक रात बीती देख सभा समाप्त कर दी गई, लेकिन सुभाष बाबू ने ऐलान कराया, मैं पटना में जनता को बिना अपनी बात सुनाए कलकत्ता लौट नहीं सकता, फिर परसों सभा होगी। खैर, जो कुछ हो, उस दिन न हो सकी। पत्थर बरसाए गए, जूते फेंके गए, लाठियाँ चलाई गईं। सभामंच और उसके इर्द-गिर्द खून के फव्वारे फूटे। और यह सब हुआ 'गांधीवाद जिंदाबाद' के पोस्टर के नीचे और 'राजेंद्र बाबू की जय' के नारे की बीच में और इनमें हाथ किनका था, किन महोदयों ने तीन-चार दिन पहले से इसके लिए सामान जुटाए थे, किनके वरद करों की छाया में यह साजिश पाली-पोसी गई थी और किनके थैले ने इसकी खुराक जुटाई थी, इसका जवाब इतिहास देगा। हम इतना ही जानते हैं—आज बिहार की राजधानी के सिर पर कलंक का टीका लग गया है। आज समूचा बिहार लज्जा से सिर झुकाए है। लेकिन हमें केवल पश्चाताप करके रह नहीं जाना है। हमें आगे आनेवाले खतरे से सावधान होना है।

अब गांधीवाद शायद उस जगह पहुँच गया है जब उसकी रक्षा गुंडाशाही से ही हो सकती है। कम-से-कम उनके रक्षक यही समझते हैं। नहीं तो जो 'कांग्रेसी' दैनिक शांति पर इतना नारा लगाया करता था, वह काले झंडे दिखलाए जाने की बात छापकर पत्थर-रोड़े चलाए जाने की खबर रखते हुए भी क्यों एक अक्षर भी इसके विरोध में न लिख सका, न छाप सका। उलटे उन्हें 'तरुण बिहारी' कहकर 'हीरो' बनाता रहा। हमारा अंदाजा यही सही मालूम पड़ता है कि जिन्होंने एक बार अपने को सुपर-हिटलर कहा था, वे और उनके चेले-चाटियों ने अब गांधीवाद की रक्षा हिटलरी ढंग से ही करने का निश्चय किया है। हमें या तो सिर झुकाकर कबूल कर लेना है या सिर पर कफन बाँधकर इसके मुकाबले की तैयार करनी है। इसकी ओर से आँख मूँदना आत्महत्या करना है। अतः, ठंडे दिमाग, अचंचल हृदय और मजबूत हाथों से इसका सामना करना ही होगा।

क्या महायुद्ध ?

रूस और जर्मनी की संधि ने दुनिया की तसवीर ही बदल दी है। जर्मनी शेर की तरह अपनी माँगों को बढ़ाते आ रहा है। एक साथ ही उसने डैनजिंग, कोराइडर और उपनिवेशों की माँग कर दी है। पोलैंड की ओर उसकी सेना कूच करेगी ही। ब्रिटेन ने यदि चेकोस्लोवेकिया की तरह पोलैंड को भी हिटलर के सुपुर्द कर दिया तो भी उसके प्राणों की खैर नहीं। उपनिवेश का प्रश्न तो रहेगा ही और यदि उसने पोलैंड के लिए हथियार उठाया तो महायुद्ध

उसके दरवाजे पर है। यह विसूवियस किसी भी क्षण फूट सकता है। जमीन, आसमान, अखबार के कालम, नेताओं की वाणी, सेनापतियों की भवें—सभी गंभीर हो रहे हैं। चतुर्दिक एक अजीब संकट-त्रास छाया है। विनाश की घड़ी क्षण-क्षण निकट दीखती है। हो सकता है, दो-चार दिन के भीतर ही हम सुन लें, महायुद्ध छिड़ गया। सभी सावधान, सतर्क और चौकन्ने हैं। अंग्रेजी सरकार ने भारत में भी जोरों की युद्ध तैयारियाँ शुरू कर दी हैं। वायसराय का आर्डिनेंस नं. 1 निकल चुका। लेकिन ऐसा दीखता है कि कांग्रेस जैसे इससे अछूती हो। उसके यहाँ एक गृहयुद्ध छिड़ा है। उसके नेता अभी श्री बोस से अंतिम तक निपटने की चालें गढ़ रहे हैं। लेकिन यह अभागे हिंदुस्तान के बुरे दिनों के सूचक है। आज समूचा बिखरा देश एक हो जाता। हम एक कंठ से बोलते, हम लड़ाई में ब्रिटेन का साथ नहीं देंगे। हम अपनी स्वाधीनता की माँग की दुहराते, उसके लिए लड़ाई शुरू करने की घोषणा करते। हम अपने उन ऊँचे के नेताओं से क्या कहें, लेकिन निचली सतहवाले नौजवानों, विद्यार्थियों, किसानों, मजदूरों से पूछते हैं, किसी भी घड़ी ब्रिटिश सरकार फौज में भरती कर हमें जहाजों में ठूँस सिंगापुर और मेडिट्रेनियन में भेजने लगेगी; आपके आसमान पर तरल गैस लिये वायुयान उड़ने लगेंगे; उस घड़ी के लिए आप क्या कर रहे हैं?

संसार का नेता रूस

अगस्त की तेईसवीं तारीख संसार के इतिहास में बड़े महत्त्व की जगह पाएगी। उसी रात को नाजी जर्मनी और साम्यवादी रूस में अगले दस वर्षों के लिए एक-दूसरे पर नहीं आक्रमण करने के लिए संधि पत्र पर हस्ताक्षर हुए। इस चीज ने दुनिया के समस्त प्राणों में कम्प पैदा कर दिया है। लोगों को ताज्जुब हो रहा है—भला साम्यवादी रूस ने अपनी प्रतिकूलता के देश नाजी जर्मनी से कैसे मैत्री की और की तो यह उसकी एक गलती है! उन्हें मालूम होगा रूस का जितना बड़ा दुश्मन जर्मनी हैं, इंगलैंड और फ्रांस के पूँजीवादी जनतंत्र उससे रत्ती भर भी कम नहीं। यह किसे भूला होगा कि म्यूनिख के समझौते में चेम्बरलेन ने रूस का नाम तक लेना पाप समझा था, जबकि रूस चेकोस्लोवेकिया की रक्षा के लिए ब्रिटेन से कंधे भिड़ाकर लोहा बनाने को तैयार था? अभी ही एक ओर ब्रिटेन अपने मुल्क के जनमत को शांत करने के लिए रूस से संधि की बातें करता था और दूसरी ओर जर्मनी द्वारा रूस के विनाश की कल्पना भी करता; वह जर्मनी से सुलह की गुप्त चर्चा करता था! और अनगिनत विश्वासघातों के स्रष्टा ब्रिटेन पर कौन यकीन करने जाए! अतः यह चाल चलकर रूस ने अपना भला सोचा है, दुनिया के मेहनतकशों की कौम का भला सोचा है। जर्मनी, जो कल तक यूक्रेन लेने के सपने देख रहा था, आज भली तरह समझ गया कि वह रूस से लोहा लेकर कुछ पा नहीं सकता। और उसे तो अपने उपनिवेशों के लिए ब्रिटेन और फ्रांस से निपटना है। यदि ब्रिटेन की रूस से संधि हुई रहती तो हिटलर के हाथ-पैर बँध जाते! लेकिन अब तो हिटलर के विजयी रथ के लिए एक प्रशस्त मार्ग है। डैनजिंग की समस्या खत्म हुई कि पोलैंड उसके चरणों पर है। स्पेन, इटली और जर्मनी के रहते क्या जिब्राल्टर और मेडिट्रेनियन कभी ब्रिटेन के हाथों रह सकेंगे? ब्रिटेन के प्राण सब से अधिक संकट में हैं। खबर है, इटली भी रूस के पास अनाक्रमण संधि के लिए जा रहा है। कानों में कोई यह भी कहता है कि जर्मनी कुछ ले-देकर फ्रांस से सुलह कर लेगा! फिर बेचारा ब्रिटेन अकेले बचा रहेगा, जिसके साथ हिटलर अपनी 'मेन केम्फ' के कार्यक्रम के अनुसार असानी से आखिर में निपट लेगा।

और जिस तरह पिछले महासमर के समय तटस्थ रहकर अमेरिका समृद्धिशाली बन गया, आज उसके ऋण के बोझ से दुनिया के सभी देशों की गरदनें झुकी हुई हैं। अगला जो महासमर छिड़ेगा, उसमें रूस भी इन पूँजीवादी देशों का घर फूँक तमाशा देखता अलग खड़ा-खड़ा अपने उद्योगों का अशेष विकास कर लेगा। दूसरी

ओर ये पूँजीवादी देश या तो आपस में लड़कर मिट जाएँगे यह बेहद कमजोर पड़ जाएँगे। फिर रूस को कौन छू सकेगा। आज यदि रूस, ब्रिटेन और फ्रांस की संधि हुई रहती तो ब्रिटेन दुनिया की राजनीति का नेता होता। पर आज हम देखते हैं—दुनिया की राजनीति का सूत्र स्टालिन के हाथों में हैं। किंतु यह भी नहीं समझा जाए कि रूस निरापद हो गया, अतः उसे पग-पग की राह फूँक रखनी होगी। पर खूँरेज़ी जापान की अब खैर नहीं।

(31 अगस्त, 1939)

'येई रणबाजा बाजे घननन्'

हाँ, युद्ध का मारूबाजा बज उठा। नगाड़े की चोट ने यूरोप के आकाश मंडल को ही प्रकम्पित नहीं किया, सात समंदर पार हमारे देश के कोने-कोने को भी गूँजा डाला। खेतों पर के मरते-खपते किसान और गलियों में टख-टख करते एक्केवान, सबकी जबान पर है—लड़ाई शुरू हो गई।

यह लड़ाई तो शुरू होनी ही थी। पिछली लड़ाई के तुरंत बाद से ही नरसंहार के जो व्यपक आयोजन सभी राष्ट्रों द्वारा किए जाने लगे थे, उसका एक यही नतीजा होना था। 'को बड़ छोट कहत अपराधू'—न किसी एक पर इसका अपराध लगाया जा सकता है और न आज यह सवाल है कि किसने, किस परिस्थिति में वह लड़ाई छेड़ी!

यद्यपि इंगलैंड और फ्रांस ने भी बाजाब्ता लड़ाई की घोषणा कर दी है, तथापि यह सवाल अभी है ही कि क्या यह लड़ाई ज्यादा दिन तक चलेगी? क्या म्यूनिख के किसी संशोधित संस्करण की उम्मीद नहीं की जाए? किंतु हमें इसकी उधेड़बुन में दूर तक नहीं जाना है। हमें इतना ही देखना है, एक लड़ाई शुरू हो गई है, इंगलैंड उसमें शामिल हो चुका है, हमें क्या करना चाहिए?

इस संबंध में वर्षों से कांग्रेस का रास्ता बिलकुछ साफ है। वर्षों से कांग्रेस लगातार प्रस्ताव-पर-प्रस्ताव पास करके यह साफ कहती रही है, कि ऐसी लड़ाइयों में हिंदुस्तान अंग्रेजों की मदद नहीं कर सकती, वरन् इस स्थिति से फायदा उठाकर अपने को आजाद करने की कोशिश करेगा!

इंगलैंड प्रजातंत्र की रक्षा के लिए इस युद्ध में आया है, अतः उसकी मदद होनी चाहिए—ऐसा कहना तब तक धोखेबाजी है जब तक खुद हमारे मुल्क को ही प्रजातंत्र से वंचित रखा गया है। हिटलर तानाशाह है और तानाशाही मुर्दाबाद—यह नारा भी तब तक बेमानी है जब तक गवर्नरों और गवर्नर जनरल के रूप में एक दर्जन हिटलर हमारे सिर पर बिठाए हुए हैं। अगर इंगलैंड प्रजातंत्र की रक्षा के लिए बेचैन है और तानाशाही का खात्मा चाहता है, तो वह अपनी इस नीति का क्रियात्मक परिचय दे—भारत में प्रजातंत्र की स्थापना होने दे, अपने इन तानाशाहों को फौरन वापस बुलाए। क्या इंगलैंड यह करेगा?

वह क्या करेगा, वह जाने। हमें अपना काम देखना है। कांग्रेस के प्रस्तावों को काम में लाने का मौका आ गया है। हमें उसकी तैयारी करनी है। सभी भेद-भावों को भूलकर एक दृढ़ संयुक्त मोरचा बना लेना है और सेनापति के कमांड की प्रतीक्षा करनी है। जो लोग अपने को क्रांतिकारी, ज़बानी उग्रपंथी, अग्रगामी आदि नाम देते रहे, उनकी तो धातु की परीक्षा का समय है।

रण का बाजा बज चुका। दिशाएँ प्रकम्पित है। आकाश थर्रा रहा है। आजादी के सैनिको, एक पंक्ति में खड़े हो जाओ। 'राइट-लेफ्ट' के झगड़े को भूल अपने पैरों का 'राइट-लेफ्ट' शुरू कर दो और 'तेज कदम' के मार्चिंग आर्डर की प्रतीक्षा करो। यूरोपीय लड़ाई और हमारी आजादी की लड़ाई साथ-साथ लड़ी जाएगी।

हाँ, अनुशासन !

जिस दिन अखबारों में खबर छपी कि जर्मनी ने पोलैंड पर चढ़ाई कर दी, उसी दिन, इसे संयोग ही समझिए, प्रांतीय कांग्रेस कार्य समिति ने अपने ही वामपक्ष पर धावा बोल दिया और कलम के एक सर्राटे में स्वामीजी ऐसे प्रांत के सर्वश्रेष्ठ जनसेवक को भी कांग्रेस के सभी चुनाववाले पदों से वंचित कर दिया। बिहार साम्यवादी पार्टी के प्रधानमंत्री श्री किशोरी प्रसन्न सिंह, जिनकी उज्ज्वल देशभक्ति और प्रखर बलिदान-भावना का लोहा उनके कट्टर दुश्मन भी मानते हैं, भी इस अनुशासन-चक्र से न बचे; फिर अन्य साथियों की क्या चर्चा जो इसके शिकार बनाए गए हैं। जयप्रकाश बाबू से कैफियत माँगी गई है। गुस्ताखी की हद हो गई। जो व्यक्ति कांग्रेस के दक्षिणपक्ष और वामपक्ष में पुल का-सा काम करता रहा, आज भी जिसे कांग्रेस कार्य समिति में शामिल होने का निमंत्रण मिला है, उससे कैफियत ! समझ में नहीं आता, हमारे यह दक्षिणपंथी नेता किस दुनिया में रहते हैं। तीन दिनों तक प्रांतीय कार्य समिति की बैठक होती रही, लड़ाई का धुआँ घना हो रहा था, किंतु इस पर विचार करने की किसे फिक्र थी। चिंता थी प्रांत के वामपक्षी कांग्रेसी नेताओं को अनुशासन के चक्र में डालकर अपने लिए नेतृत्व की निश्चिंतता प्राप्त करना और साथ-ही-साथ डिस्ट्रिक्ट बोर्डों और म्यूनिसिपलिटियों की चेयरमैनी वाइस चेयरमैनी का तिकड़म भिड़ाना। इस पतनशील नेतृत्व को खुदा हाफिज। लेकिन स्वामीजी या किशोरी बाबू पर होनेवाले इस अनुशासन की कार्रवाई से या जयप्रकाशजी और अवधेश्वरजी से माँगी जानीवाली कैफियत से किसान सभा, साम्यवादी पार्टी या दूसरी प्रगतिशील संस्थाओं में काम करनेवाले कार्यकर्ताओं को दिमाग का संतुलन नहीं खोना है। इस अविवेक पर दया करनी चाहिए। क्रोध करने की तो कोई बात ही नहीं। स्वामीजी का वक्तव्य इस समय पथ-प्रदर्शन करे। हम कांग्रेस के हैं, कांग्रेस के रहेंगे। पदाधिकार का लोभ हममें कभी न रहा। उसे तो हमने सेवा का एक साधन समझा था और सच्चे सेवक के लिए सेवा का मार्ग सदा उन्मुक्त है।

(7 सितंबर 1939)

क्या जनतंत्र के लिए ?

आज मध्य यूरोप का सुकुमार शरीर साँय-साँय करती विनाश की लपटों में जल रहा है। नीले आसमान के नीचे चतुर्दिक क्षितिज का कैदी मानव कितना बेकस और असहाय है, उसका प्रत्यक्ष दर्शन आज यूरोप की निरीह मिट्टी कर रही है। इस युद्ध की विभीषिका रचने में जिनका कोई हाथ नहीं था; इसके कुसूर का थोड़ा भी अंश जिनके कंधों पर नहीं लद सकता, जो आज तक अपनी घर-गिरस्ती के दुख-सुख सिर पर लिये हँसी-खुशी जिंदगी के दिन काट रहे थे, वे ही आज मिट रहे हैं, यह चीज कितनी दर्द भरी है। ऊपर आकाश से गोलेबारी होती है, नीचे धरती के सहस्र-सहस्र मानवी पुतले लाशों का ढेर बन जाते हैं। युग-युग की प्रतिभा और श्रम से बना पेरिस, लंदन, और वारसा नगर खाली किए जा रहे हैं, चमन से वीरान बन रहे हैं। और उन सैकड़ों अबोध बच्चों का क्या कसूर कहा जाए जो खेलते-खेलते धरती की गोद सो जाते हैं। विज्ञान का उत्कर्ष आज मानवता तथा उसकी कला और संस्कृति को मिटाने में लगा है। कौन कह सकता है, यह भैरवी मनुष्य का कितना रक्त पीकर प्यास बुझाएगी; इस कपाली की बलि चढ़ने से कौन बच सकेगा ! आज जुबानें बंद, दिशाएँ स्तब्ध और आसमान थर्रा रहा है। उनकी जगह तोप, गोले और गैस हैं। बम का जवाब बम, गैस का गैस—यही युग की वाणी बनी है।

युद्ध छिड़े दो सप्ताह बीत चुके। यूरोप के तीन प्रबल राष्ट्र जर्मनी, ब्रिटेन, और फ्रांस और दो अबल राष्ट्र पोलैंड और टर्की जूझ रहे हैं। अमेरिका, रूस, बेलजियम, होलैंड, डेनमार्क, स्वीडन, नार्वे आदि छोटे-बड़े राष्ट्र

तटस्थ हैं। लेकिन मृत्यु की छाया सभी पर छाई है, कोई इसके बाहर नहीं। अभागा पोलैंड तूफान का केंद्र बना है। उसके दर्जनों शहर वीरान हो चुके। उसकी पुरानी राजधानी वारसा तक जर्मनी सेना पहुँच चुकी है। जर्मनी का कहना है कि वारसा हमने ले लिया, लेकिन इस समाचार का जोरों से खंडन हो रहा है। नई राजधानी लुब्शिन पर खतरे के बादल घिर रहे हैं। जो हो, इतना मानना पड़ेगा, जर्मनी पोलैंड की छाती चीर रहा है। पोलों की बहादुरी जग-जाहिर है, अपनी सारी कमजोरी के रहते भी जर्मनी की विराट ताकत का वे साहस से मुकाबला कर रहे हैं। उन्हें ब्रिटेन और फ्रांस का भी भरोसा है। फ्रांस की सेना जर्मन किलेबंदी का विध्वंस करने में लगी है। ब्रिटेन जर्मनी का तटविरोध करने में लगा है। युद्ध की यही प्रगति है, जो हम सैकड़ों 'सेंसर घरों' पर सलामी बजाकर आए समाचारों के आधार पर समझ सकें हैं।

पिछले वर्षों में अबीसिनिया, चीन, स्पेन, आस्ट्रिया, चेकोस्लोवेकिया, के बेकसूर जनतंत्रों पर बर्बर फासिज्म के पंजे गड़े। हम बेकस की तरह उनका मिटना देखते रहे। कुछ गर्म आहें छोड़ने के सिवा हम क्या कर सकते थे? कभी-कभी जनतंत्र का दम भरनेवाले ब्रिटेन और फ्रांस की हरकतों पर खींज लेते थे। क्या कोई इतिहास यह कहने का साहस करेगा कि इनके खून से ब्रिटेन के हाथ कम लाल हुए। दुनिया में साम्यवाद और उसकी प्रथम जन्मभूमि रूस के नाश का स्वप्न देखते वे अपने हितों का बलिदान कर भी फासिज्म को बढ़ावा देते रहे। 'बुझा रहे ज्वाला साँसों से, कर से आँच लगाते हैं', के अतिरिक्त और इन्होंने क्या किया?

आज पोलैंड के जनतंत्र के लिए हमारी वैसी ही गहरी सहानुभूति है। बर्बरता की निशानी फासिज्म को मानवता का हम सबसे क्रूर दुश्मन मानते हैं।

पर सत्य के प्रतिकूल चलकर हम कैसे मानें कि ब्रिटेन और फ्रांस जनतंत्र की रक्षा करने की नीयत से लड़ाई में गए हैं। सच्चाई की थोड़ी तह में जाकर हम देखते हैं, जब नाज़ी खतरे अंग्रेजी और फ्रांसीसी स्वार्थ के मर्म पर आघात करने लगे तो ये आत्मरक्षा के लिए विकल दौड़े हैं।

तो सही-सही यह साम्राज्यवादी जंग है। क्या यह सत्य नहीं है कि मानवता का सबसे बड़ा हिस्सा आज भी पराधीन होकर ब्रिटेन और फ्रांस के साम्राज्यवादी पंजे में कराह रहा है। भला, इतनी बड़ी मानवता को गुलाम बनाये रखनेवाले ब्रिटेन और फ्रांस जनतंत्र, स्वाधीनता और आत्मनिर्णय के अधिकार के लिए कैसे लड़ सकते हैं? फिर भारत ऐसे एक गुलाम मुल्क को इस साम्राज्यवादी जंग से क्या वास्ता?

यदि ब्रिटेन और फ्रांस को जनतंत्र और आजादी की सही चिंता है तो उनके लिए एक सीधा रास्ता यहाँ कुछ आत्मात्याग की जरूरत है। अपने कब्जे के उपनिवेशों और पराधीन मुल्कों के लिए आत्मनिर्णय के अधिकार की घोषणा कर दें, उन्हें बंधनमुक्त कर दें और सारी मानवता—इटली और जर्मनी की भी—उनकी कदमबोसी करने लगेगी। तब एक हिटलर क्या, हजारों हिटलर और इससे भी खूँखार फासिज्म का वध एक दिन में हो जाएगा। तब लड़ाई साम्राज्यवादी न रहकर विश्व-स्वातंत्र्य की लड़ाई बन जाएगी। पर, क्या इतना कोमल और भावुक सपना पशुता के पथ पर चलनेवाली दुनिया में सच हो सकेगा? तब?

राष्ट्र की किस्मत

जिस समय ये पंक्तियाँ लिखी जा रही हैं, वर्धा में बैठकर हमारे कर्णधार राष्ट्र की किस्मत पर फैसला लिख रहे होंगे और जिस घड़ी में ये पंक्तियाँ पाठकों के सामने होंगी, उनका निर्णय भी निकल चुकेगा। वहाँ क्या होगा, ऐसा कुछ कहना अभी न संभव हैं, न वांछनीय। हम चाहेंगे कि उनके सामने यदि पोलैंड की मिटती हुई आजादी का प्रश्न रहे तो अपनी भी डेढ़ सदी की दयनीय गुलामी उनकी आँखों से ओझल न हो। जब उनसे कहा जाए कि यह लड़ाई जनतंत्र और आत्मनिर्णय के अधिकार के लिए लड़ी जा रही है, तो वे देखें कि वर्धा में बैठे

भारतीय राष्ट्र की आत्मा का सच्चा प्रतिनिधित्व करनेवाले हमारे पन्द्रह-बीस रहनुमा क्या वह अधिकार रखते है ! फिर हमें इस लड़ाई से क्या करना है ? हमारी इतनी ही कामना है, हमारे रहनुमा चतुर्दिक देखकर हिमालय से कन्याकुमारी तक फैली अपनी जन्मभूमि पर भी एक नजर रखें ।

(14 सितंबर, 1939)

वर्धा का निर्णय

लड़ाई के मौके पर हम सभी भेदभाव को भूल सकते और एक निश्चित निर्णय करके देश को तैयार होने का आह्वान कर सकते हैं, इसका प्रमाण वर्धा ने दिया है ।

पं. जवाहरलाल नेहरू के सभापतित्व में तीन आदमियों की जो युद्ध समिति बनी है, उसका हम हृदय से स्वागत करते है । पं. जवाहरलाल नेहरू के हृदय और मस्तिष्क के द्वन्द्व से हम काफी परेशान रहे हैं, किंतु उनकी युद्ध प्रियता और बलिदान-भावना का कौन कायल नहीं है । वे उन विरले लोगों में हैं, जो अपने आदर्श पर एक छलाँग में ही अपने को भट्टी में झोंक दे सकते हैं । आज हम जिस संकटकाल में हैं, उनसे बढ़कर सेनापति हमें दूसरा मिल नहीं सकता । मौलाना आजाद उनके अन्यतम प्रशंसकों में हैं और उनकी प्रगतिशील विचारधारा से भी देश अपरिचित नहीं । वह सदा जवाहरलालजी के विचारों का अनुमोदन करेंगे, इसमें तो शक ही नहीं है और अन्य बातों के बारे में जो मतभेद हो, जहाँ तक लड़ाई का सवाल है, सरदार पटेल की सरदारी पर शक करना बेशक बेबुनियाद है ।

हमें पूरी आशा है, उस तूफान की बेला में हमारे ये कर्णधार देश की नैया को सफलतापूर्ण किनारे लगाएँगे ।

कार्य समिति ने इस युद्ध समिति के निर्माण के साथ ही जो विज्ञप्ति निकाली है, वह भारतीय स्वतंत्रता युद्ध के इतिहास का एक अमर मसविदा समझा जाएगा । यह जवाहरलालजी का लिखा हुआ है और बकौल गांधीजी जवाहरलालजी तो इस बारे में कलाकार हैं । वैसे कलाकार नहीं, जो रुनझुन के गीत गाते; वरन् जो आग की कलम से राष्ट्र के जीवन युद्ध का अमर इतिहास लिखते हैं । उनकी लिखी हुई कांग्रेस की चुनाव घोषणा जिस तरह स्वतंत्रता के लिए लड़नेवाली भारतीय जनता की पवित्र धरोहर है यह विज्ञप्ति उसी तरह इस संकटकाल में दी गई अंग्रेजी साम्राज्यशाही को चेतावनी और चुनौती, दोनों हैं ।

बिना हिंदुस्तान की राय लिये ही हिंदुस्तान की ओर से युद्ध घोषणा कर दी गई और जर्मन तो हमसे सात समुद्र तेरह नदी पार है, किंतु, आर्डिनेंसों की एक लंबी फौज हमारे दरवाजे खड़ी है—इस स्थिति पर घोर नाराजगी प्रकट करते हुए विज्ञप्ति शुरू होती है और भारतीय जनता से संसार की व्यापक स्वाधीनता के अंदर भारत की स्वाधीनता के दृढ़ निश्चय के साथ तैयार रखने का शंखनाद करते हुए समाप्त होती है । इसके बीच वे अक्षर और पंक्तियाँ हैं, जिन्हें पढ़ने और तदनुसार काम करने का निश्चय अगर अंग्रेजी साम्राज्यशाही नहीं करती, तो उसके पूरे नतीजे की जिम्मेदारी उस पर है ।

अंग्रेजी साम्राज्यशाही क्या करेगी, यह उसका सवाल है, वह जो करे । लेकिन हम छाती पर हाथ रखकर सोचें तो कि इस विज्ञप्ति ने हमें तैयार रहने के लिए जो कमांड दिया है, हम उसके अनुसार बरतने को तैयार हैं ? 7 अक्तूबर को अखिल भारतीय कांग्रेस कमिटी की बैठक वर्धा में ही होने जा रही है । उसमें हमें अपनी कार्य पद्धति तय कर लेनी होगी । बीच का यह तीन सप्ताह का समय, वह अमूल्य मौका है जिसमें हम अपनी कमी को पूरा करने की चेष्टा कर सकते हैं । कांग्रेस इस संकटकाल में तुम्हारी ओर देख रही है, देशवासियो, अपने को तैयार करो !

रुधिर स्नान

नई सभ्यता और संस्कृति के चकमक वस्त्रों से सुसज्जित यूरोप का सुंदर शरीर आज रक्त स्नान कर रहा है। मनुष्यता के सिर पर बैठकर महामृत्यु का दैत्य चिंघाड़ कर रहा है। इस सप्ताह के समाचार बताते हैं, यह लड़ाई अधिक दिनों तक टिकने आई है। स्वयं ब्रिटिश मंत्रिमंडल ने इसे तीन वर्ष तक चल सकने की संभावना के आधार पर अपना भावी कार्यक्रम बनाया है। लोग कहते थे, जर्मनी को भी घमंड था, कि नाचीज़ पोलैंड उसकी विराट भूख के लिए एक सप्ताह से अधिक का भोजन नहीं रह सकेगा। पर उसे जो अपने ही घर में फ्रांस और ब्रिटेन से लोहा लेना पड़ा है, उसकी पश्चिमी सरहद की अभेद्य मानी जानेवाली प्राचीर—मेगीनट लाइन—फ्रेंच सेना के रोर से हिल रही है। वर्षा भी आने को है। अतः जर्मनी पोलैंड में अपनी बढ़त धीमी देख बौखला उठा है और गाँवों और कस्बों की निरीह जनता को अपने संगीनों का निशाना बनने पर उद्यत हैं। उसकी चाल तूफान बन गई है। जर्मनी ने राजधानी वारसा को बारह घंटे के भीतर आत्मसमर्पण कर देने का अल्टिमेटम दे दिया है। पोलैंड को गया ही समझिए। उधर जर्मनी में लुक्जेम्बुर्ग नगर तक तोपों की आवाज सुनाई पड़ने लगी है। कहते हैं, 'किसी के भी नहीं देश में' फ्रांसीसी सेना बढ़ रही है। अभी ही इस युद्ध में जो भीषण नरसंहार हो रहा है, वह रोंगटे खड़े कर देता है। पोलैंड में एक दिन में बमवर्षा कर एक हजार पाँच सौ धरती पर सुला दिए गए। उसके आसमान से भीषण मृत्यु वर्षा की जा रही है। यदि यह लड़ाई अरसे तक टिकी और जिसकी पूरी संभावना है, तो यह कितनी बलि लेगी, क्या इसका कल्पना भी हो सकती है? मालूम होता है, आज समस्त मानवता वेदिका की भेंट बनी है। दुनिया में कितना रक्त बहेगा, कितनी खूँरेजी होगी, कौन कहे? क्या इस विनाश की कब्र से एक नया युग पैदा होगा? किंतु, इतनी विराट सृष्टि का नाश देखना क्या सही है? तब, नरमुंड, हड्डियाँ और लहू से लथपथ कुरुक्षेत्र की मिट्टी पर किसी धृतराष्ट्र के चरण सिहर कर ही क्या करेंगे? कहते हैं, पराधीन और लांछित मानवता के लिए यह विनाश एक गौरवपूर्ण सृष्टि लाएगा! यह भावुक कल्पना सत्य हो, हमारी यही कामना है।

यह जिद !

अंतरराष्ट्रीय संकट की इस छाया में हम अपने घर के विवादों को भुला देना चाहते थे, समेटकर उन्हें किसी कब्र में गाड़ देना चाहते थे। लेकिन यह दोनों ओर से हो तब न! तीन सप्ताह से डाल्टेनगंज और हज़ारीबाग़ जेल में हमारे आठ-आठ किसानसेवकों ने फिर मरण त्यौहार सजा रखा है। (अभी-अभी मालूम हुआ है कि पं. यमुना कार्यी के आग्रह पर डाल्टेनगंज जेल का अनशन स्थगित हो गया है।) उनकी वह सादी माँग है—हमें राजबंदी बनाओ। इतना ही नहीं डाल्टेनगंज जेल में किसान कैदियों के साथ बहुत ही बुरा सलूक होता है। उन्हें स्वास्थ्यप्रद और पूरा खाना भी नहीं मिलता। एक अनशनकारी को इस पशुपूर्ण तरीके से जबरदस्ती भोजन दिया गया कि उसका एक दाँत ही टूट गया! कभी सुना था डाल्टेनगंज जेल में किसान बंदी अंडमान का मजा लूटने भेजे गए हैं। शायद वह सच था। जाने क्यों हमारी सरकार आदर्शों के शीर्ष पर भी अपनी अकड़ और जिद को ही बिठाए रखना चाहती है! नहीं तो आजादी के इन बहादुर सिपाहियों को घुल-घुलकर मरने देने में उसे क्या आनंद है? सरकार से हमारा नम्र निवेदन है कि वह आज भी तो अपनी पिछली नीति को छोड़े और अपने इन साथियों की उचित माँगों की सम्मान करे।

(21 सितंबर 1939)

नाजीवाद

कांग्रेस कार्य समिति ने अपने ऐतिहासिक वक्तव्य में नाजीवाद के नाश की कामना कर राष्ट्रीय भारत की सच्ची मनोवृत्ति प्रकट की है ।

नाजीवाद की बर्बरता और पाशविकता को देखते हुए सिवा कुछ बदमिजाज लोगों के कौन उसकी विजय की इच्छा रखेगा ?

जिस शासन पद्धति ने आइन्स्टीन और फ्रॉयड ऐसे विद्वानों को देशनिकाले के लिए बाध्य किया; जिसके अंदर शत-सहस्र देशभक्त और समाज सेवक, कवि और कलाकार या तो आत्महत्या के लिए लाचार हुए या कंसंट्रेशन-कैम्पों में तड़प-तड़पकर मरे या मर रहे हैं; जिसके फौलादी शिकंजों ने एक पूरी जाति (यहूदी) को ही , उसके संस्कृति और ऐश्वर्य से ईर्ष्या कर, तहस-नहस कर डाला; पाशविक शक्ति को ही जो सर्वेसर्वा समझता है; क्रूर हिंसा ही जिसका आधार है, संसार की शक्ति के लिए जो शनिग्रह साबित हो रहा है—उसका नाश जितना जल्दी हो जाए, उतना अच्छा है । उसके नाश में भारत का भी हाथ हो यह निंदनीय नहीं, एक सराहनीय बात है ।

किंतु—

किंतु एक बड़ा 'किंतु' उसके बाद सामने खड़ा होता है, जिसका स्पष्ट उल्लेख भी इस वक्तव्य ने कर दिया है । और इस किंतु के समझने के लिए कुछ गहरे छानबीन की जरूरत है ।

आखिर यह नाजीवाद है क्या ? क्या यह हिटलर नामक एक पागल आदमी के सड़े दिमाग की सनक मात्र है या इसके कुछ ऐतिहासिक और सैद्धांतिक आधार भी हैं ?

नाजीवाद के उदय के पहले, कैसर के पलायन की नींव पर, जर्मनी में जो शासन पद्धति कायम हुई, उसमें नरमपंथी साम्यवादियों का बोलबाला था । बोलबाला ही नहीं, कई बार तो उन्हीं की सरकार भी कायम हुई । किंतु ये नरमपंथी साम्यवादी रूस के साम्यवादियों की तरह निर्भीकतापूर्वक अपने कार्यक्रम को पूरा करने को तैयार न थे । मजदूर उनसे नाराज हुए, पूँजीवादी उनकी ओर सशंक थे ही । अतः हिटलर ने जब सिर उठाया, पूँजीवादियों ने उसकी पीठ ठोंकी और मजदूरों ने इन नरमपंथी साम्यवादियों की चिता पर दो आँसू भी नहीं बहाए ! जर्मनी में नाजीवाद का दौरदौरा हुआ ।

नाजीवाद पूँजीवाद की ही एक संहारकारी संतान है और इसीलिए वह कल तक साम्यवाद के नाम से ही भड़क उठता था । अतः, हम एक ओर नाजीवाद के विनाश के नारे लगाएँ और दूसरी ओर पूँजीवाद की रक्षा की कामना करें—यह अजीब बात है ।

भारत में पूँजीवाद ने साम्रज्यवाद का रूप लिया है । साम्राज्यवाद की जंजीर में जकड़ा भारत नाजीवाद के संहार में स्वतः क्या हिस्सा ले सकता है ? हाँ, जबरदस्ती जो करा लिया जाए—उसके नाम पर युद्ध की घोषणा कर दी जाए, उस युद्ध के नाम पर आर्डिनेंस की सैकड़ों धाराएँ बनाई जाएँ और उन आर्डिनेंस के बल पर जो भी न किया-कराया जाए । कार्य समिति ने इस चीज पर नाराजी प्रकट करते हुए, उस स्वतंत्र भारत की ओर इशारा किया है, जो नाजीवाद का सब से बड़ा दुश्मन होगा । आजाद हिंदुस्तान संसार की वह बड़ी शक्ति होगी जिसके सामने नाजीवाद को घुटने टेकने होंगे, जिस तरह रूस के सामने आज सिर झुकाना पड़ा है ।

हिंदुस्तान की आजादी और नाजीवाद का नाश निश्चित है । किंतु कार्य समिति ने इंगलैंड की राजनीतिज्ञता को परीक्षा में रख दिया है । देखें····

पोलैंड का पतन

पोलैंड का अस्तित्व स्वतंत्र देश की तरह नहीं रहा। जर्मनी ने उसे जीत लिया और रूस और जर्मनी के बीच उसका दस आना छः आना बँटवारा भी हो गया। पोलैंड के इस पतन का जिम्मेवार कौन? निस्संदेह पोलैंड के वे नेता, जिन्होंने इंगलैंड, फ्रांस और रूस में चलनेवाली संधि चर्चा के समय रूस की मदद लेने या अपनी सीमा के अंदर से रूस की सेना के आने-जाने का विरोध किया था। चोर की दाढ़ी में तिनका। इन नेताओं को शायद भय था कि रूस की सेना हमारी सरहद से जाएगी, तो रूस के वे लगभग सवा करोड़ लोग, जिन्हें 1921 में जबरदस्ती पोलैंड में ले लिया गया था, शायद पुनः रूसी शासन में ले लिये जाने को उत्सुक हों। किंतु हुआ क्या? सिर्फ वे सवा करोड़ रूसी—यूक्रनी और सफेद रूसी—ही नहीं, पोलैंड की जनसंख्या का दस आना आज रूस के साम्यवादी शासन के अधीन है और उन नेताओं का कहीं नामोनिशान भी नहीं। यदि इन नेताओं ने दूरदर्शिता दिखाई होती, तो आज युद्ध का रुख ही दूसरा होता। वारसा के संहार के बदले आज बर्लिन अपनी खैर मनाता। लेकिन समय चूक फिर क्या पछताने।

रूस का कार्य

इधर पोलैंड के बँटवारे का जो वर्णन आया है, उससे लगता है, रूस का पोलैंड के आधे से कहीं ज्यादा हिस्सा पर कब्जा है। पोलैंड पर रूस ने क्यों चढ़ाई की इस संबंध में अन्यत्र बिहार साम्यवादी पार्टी के मंत्री का लेख है, जो विरोधियों के तर्कों का अच्छा जवाब देता है। पोलैंड पराजित हो चुका था, उसकी सरकार भाग चुकी थी। सवाल था, समूचे पोलैंड पर नाजियों का स्वस्तिक फहराए या इन हिस्सों को जो पहले रूस के थे, नाजियों से बचाया जाए। रूस ने उन्हें बचाया और आज वहाँ साम्यवादी राज्य है। गाँव-गाँव रेडियो लगाए जा रहे हैं, लाखों की, तायदाद में साम्यवादी पुस्तिकाएँ और स्टालिन की तसवीरें बाँटी जा रही हैं। जरा मौका मिलते ही, सम्मिलित खेती और पंचायती कारखानों की बारी आएगी। साथ ही, रूस ने यह भी घोषित कर दिया कि शांति की बुनियाद पर देशों के सीमा-निर्धारण के लिए जो पंचायत बैठेगी, उसके निर्णय को वह मान लेगा। रूस को न किसी देश को जीतना है, न उसे साम्राज्यवाद कायम करना है। वह तो साम्यवादी प्रजातंत्र कायम करने का उसे मौका मिला है, तब वह उस मौके को छोड़े क्यों? यह तो संसार की जनता के प्रति उसका विश्वासघात होता।

अनशन

आठ किसान बंदी इधर दो-तीन हफ्तों से डाल्टेनगंज और हजारीबाग के सींखचों के भीतर अनशन कर रहे थे। अधिकार तो प्राणों की कीमत माँगता है न। किंतु राष्ट्रीय जीवन की इस संकटपूर्ण घड़ी में घर के झगड़े, चाहे वे सिद्धांत के पवित्र मैदान में लड़े जाते हों, चलना श्रेयस्कर नहीं। इसी उसूल पर पं. यमुना कार्यी ने डाल्टेनगंज के और स्वामीजी ने हजारीबाग के अनशकारियों को तार भेजे और उनसे प्रार्थना की कि वे अपने अनशन बंद कर दें। इस तरह कार्यीजी और स्वामीजी ने प्रांतीय सरकार को एक बड़ी परेशानी से उबार दिया है। और यही चाहिए भी था। लेकिन इस अवसर पर एक शब्द हम अपने कांग्रेसी मंत्रिमंडल से कहे बिना नहीं रह सकते। हमारी माँग औचित्य की ठोस चट्टान पर खड़ी है, यह उसे बताने की जब जरूरत नहीं रह गई, अब उसके सगे

भाई—सी. पी. के मंत्रिमंडल—ने ही उस दिन समेर किसान सत्याग्रह में कैद सभी बंदियों को राजनीतिक करार दे दिया है। फिर 'जिद' और 'मूँछ' की लड़ाई का तो यह अवसर भी नहीं। हम समझते हैं, हमारे बुजुर्ग इतना काम कर जाएँगे। इतने दिनों तक वे इस अहम प्रश्न को टालते रहे, मंत्रिमंडल के जीवन का यह भी एक महान अपराध गिना जाएगा। लेकिन अब भी तो वे हमें यह कहकर संतोष करने दें—देर आयद, दुरुस्त आयद !

(28 सितंबर 1939)

बिदा, दूसरा वर्ष !

'जनता' अपनी जिंदगी के दूसरे वर्ष को बिदाई दे रही है।

सोचा गया था, पहले वर्ष की कठिनाई के बाद यह दूसरा वर्ष सुगम और सुखकर होगा, सानंद कटेगा। किंतु ऐसा नहीं हुआ। शायद होना भी नहीं चाहिए था। 'जनता' कोई व्यापाराना उद्देश्य तो रखता नहीं। इसका जन्म तो एक खास आदर्श पर चलने के लिए, एक खास कर्तव्य का पालन करने के लिए हुआ था और आज की दुनिया में आदर्श का पथ तो काँटों से बिछा है, कर्तव्य की पुकार सिंहासन के बदले वनवास का पैगाम देती है।

'जनता' के लिए संतोष की बात यही है कि उसने आदर्श को नहीं छोड़ा, कर्तव्य के पालन में कोई कसर नहीं की।

दूसरा वर्ष शुरू हुआ बकाश्त संघर्ष के बीच। बकाश्त संघर्ष बिहार के इतिहास में वही स्थान रखेगा जो पंजाब के इतिहास में, गुरु का बाग का है। जमींदारों ने गोलियाँ चलाईं, लाठियाँ बरसाईं। बरछे की नोक और गंड़ासे की धार ने जमीन को खून से रँग डाला। भयानक-से-भयानक उत्तेजना के बीच भी किसान पूर्ण अहिंसक बने रहे। कांग्रेस मंत्रिमंडल इनकी रक्षा को न दौड़ा। उलटे उसने किसानों, उनकी स्त्रियों, बूढ़ों और बच्चों को जेलों में ठूँसा। राहुलजी जैसे विश्ववंद्य विद्वान के साथ चोर-डाकुओं का-सा व्यवहार हुआ। फलतः 'किसान बंदी-राजबंदी' इस माँग के साथ राहुलजी ने जो अनशन यज्ञ आरंभ किया, वह कल तक जारी ही था। कितना मांस गला, कितना खून सूखा—लेकिन, अहिंसात्मक सिंहासन न डोला, न डोला।

इस अपूर्व इतिहास को लिपिबद्ध करने में, 'जनता' ने जो कुछ किया है, उसके लिए वह कम गर्व अनुभव नहीं करता।

प्रांत के मजदूरों में जो महान जागरण हुआ—डेहरी, झरिया, गया, पटना, हरिनगर, बिहटा, सरकी, मुंगेर, जमशेदपुर आदि के मजदूरों ने अपनी गई-गुजरी स्थिति को सुधारने के लिए जो हड़तालें कीं, जिनमें से अधिकांश हड़तालों ने बड़े ही भीषण रूप धारण किए—उनका इतिहास लिखने में भी 'जनता' पीछे नहीं रहा।

विद्यार्थियों और नौजवानों की हलचलों की कहानी से अपने कलेवर को रँगने का सौभाग्य भी इसे ही प्राप्त है।

इस दूसरे वर्ष ने 'जनता' का यह दावा सिद्ध कर दिया है कि बिहार के जन आंदोलन का एक मात्र मुखपत्र यही है।

और अब तीसरा संघर्षमय वर्ष उसका दरवाजा खटखटा रहा है।

संसार महायुद्ध के बवंडर में पड़ा है। तोपें गरज रही हैं, गोले बरस रहे हैं। सदियों के प्राचीन प्रासाद धूल में मिल रहे हैं। संहार-संहार—चारों ओर इसी की पुकार है। स्वाभाविक स्थिति खत्म हो चुकी है। एक अजीब जमाने से हम गुजर रहे हैं। युद्ध की वेदी पर नागरिक स्वाधीनता की बलि हो चुकी है। फिर साधनों का अभाव—मूल्य का चढ़ाव।

लेकिन हमारा दूसरा वर्ष इस तीसरे वर्ष के लिए हमें प्रेरित और अनुप्राणित कर रहा है।

दिल्ली की ओर ?

भारतमंत्री लार्ड जेटलैंड ने पार्लियामेंट में जो भाषण किया है, यदि उसे ही हम अंग्रेजों द्वारा दिए गए कार्य समिति के वक्तव्य का जवाब मान लें, तब तो कुछ कहना-सुनना रह नहीं गया। हमें अपने कर्तव्य की ओर ही ध्यान देना है। हमसे बिना पूछे ही आप हमारी ओर से लड़ाई घोषित कर दें, सात मिनट के दरम्यान कानून बनाकर जो एकाध आने का स्वराज्य दिया गया उसे छीन लें, आपकी फौज आज तक एक महीने के बाद भी—युद्ध भूमि का स्पर्श तक नहीं कर सकी, लेकिन ऑर्डिनेंस-पर-ऑर्डिनेंस जारी कर हमें सभी नागरिक अधिकारों से वंचित कर दें—आप इतना करें तब तो कोई हर्ज नहीं। लेकिन ज्यों ही हमने कहा, जरा लड़ाई के मकसद को साफ कर दीजिए, खून बहाने के पहले हमें बताइए तो कि आखिर यह अपनी कुर्बानी किस उद्देश्य से, जिससे मरने के समय थोड़ा इत्मीनान तो हो, तब आप कहते हैं, यह तो बे-मौके बात हो गई ! ठीक तो। नादान बच्चे ये हिंदुस्तानी मौकामहाल का हाल क्या जानें ?

यह खुशी की बात है कि खुद महात्मा गांधी ने लार्ड जेटलैंड के इस वक्तव्य का विरोध किया है और जवाहरलालजी ने भी बीस वर्ष पहले की इस मनोवृत्ति के लिए फटकार बताई है। हमारा खयाल है, लार्ड जेटलैंड का यह वक्तव्य अंग्रेजों की ओर से, हमारा नब्ज टटोलने के लिए पेश किया गया था और उन्हें उसका पता सही-सही चल गया। 1914 के हिंदुस्तान और 1939 के हिंदुस्तान के बीच पच्चीस वर्षों का जो कड़ुवा अनुभव पड़ा हुआ है, उसे शायद वे भूल गए थे। लेकिन अंग्रेज अपने मौके पर सस्ते पिंड छोड़नेवाले नहीं। बड़े लाट साहब ने हमारे राष्ट्रपति राजेंद्रप्रसादजी और हमारे युद्ध समिति के अध्यक्ष पं. जवाहरलालजी को बुला पठाया है और जिस समय ये पंक्तियाँ हमारे पाठक पढ़ते होंगे, दिल्ली में बातें चल रही होंगी। हिंदुस्तान के कमांडर-इन-चीफ से पं. जवाहरलालजी की बातचीत होगी, इससे इस बातचीत की फौजी महत्ता प्रकट है। आज सारे देश का ध्यान दिल्ली की ओर है। तरह-तरह के अनुमान लगाए जा रहे हैं। लेकिन दिल्ली की ओर देखना उसी तरह का सिद्ध होगा, जिस तरह प्यासे मृग का मृगजल के पीछे दौड़ना। हमें तो अपनी ओर देखना चाहिए। कार्य समिति के वक्तव्य को निकले दो सप्ताह हो गए, हमारे प्रांत की कांग्रेस कमिटी अभी सोई पड़ी है।

हमारे यहाँ अभी चेयरमैन के झगड़े हो रहे हैं। यही प्रवृत्ति हमें दिल्ली की ओर देखने को प्रेरित करती है। यह निंद्य है, त्याज्य है। हमें तो कार्य समिति के कथनानुसार अपने को तैयार करना है, उसके लिए जुट पड़ना है। नेता बातें करें—जनता अपनी तैयारी करे।

(25 अक्तूबर 1939)

किसानों का यह नेता

कुछ ठिगना कद, ताँबे का रंग, मुंडित मस्तक, हाथ में दंड, शरीर पर गेरुआ वस्त्र—अपनी स्वाभाविक चाल में भी जो डबल मार्च करता दिखता है, वही है आज संपूर्ण भारत का एकछत्र किसान नेता—स्वामी सहजानंद सरस्वती।

कमर से ऊपर बिलकुल खुला बदन, भुजाओं को अपनी वाणी के ताल पर उछालते शोषण और उत्पीड़न के खिलाफ अपनी घोर घृणा को भवों के बल पर लादे, जब वह समूचा मुँह खोलकर—जिससे उसके आगे के दाँत एक-एक कर अंदर दिख पड़ते हैं—बोलने लगता है, मालूम होता है, हिंदुस्तान का क्रांतिदेवता अपना पैगाम दे रहा है।

उस दिन उसके व्याख्यान के बाद लौटते समय एक वकील मित्र को कहते सुना—साधारण समय के सभामंच पर जो कोई अपना रंग जमा ले, क्रांति के दिनों में तो अकेला यही आदमी जनता को अपने साथ ले चलने में समर्थ होगा।

जनता को अपने साथ ले चलने में समर्थ होगा—क्योंकि वह जनता का अपना आदमी है। वह रहता है जनता के बीच, उसी की तरह। वह बोलता है जनता की बात, उसी की वाणी में।

वह रहता है जनता के बीच उसी की तरह। दाढ़ी और सिर के अधपके बाल प्रायः ही बढ़े—क्योंकि वह हफ्ते में एक बार ही हजामत बनाता है। सफाई का वह शौकीन जरूर है, लेकिन जो न साबुन लगाए, न तेल और दिन-रात धूल धक्कर में दौड़ता रहे उसे देखकर अगर कोई गांधीवादी सरदार 'दिस डर्टी स्वामी' कह उठे, तो आश्चर्य क्या? साबुन की जगह साफ मिट्टी से अपना सिर धोते उसे देख, किसको कुतूहल नहीं होगा!

और उसका बोलना—मालूम होता है, जनता का युग-युग का प्रतिशोध और क्रोध स्फुलिंग बनकर बरस रहा हो! जनता अपनी इस आग में स्नान कर कुंदन-सी निखर उठती है। जनता के दुश्मन सोचने लगते हैं, क्या अग्निप्रलय के दिन आ गए। मध्यवर्गीय संस्कार में पले लोग, उसके भाषणों में कछ 'भद्दापन' भी पाते हैं—किंतु जनता का रोयाँ-रोयाँ कहता है—अरे, यही तो हमारी बात है!

फिर उसका यह बोलना अनवरत जारी रहता है। कभी किसी मौके पर गांधीजी ने भारतव्यापी दौरा किया था, कभी किसी उत्तरदायित्व के सिलसिले में जवाहरलाल ने देश भर में धूम मचाई, किंतु इस तरह दिन-रात, सप्ताह-पखवारा, महीना-बरस एक करने की अथक ताकत तो इसी ने पाई है।

कभी रावी का तट उसकी वाणी से गूँजता है, कभी नर्मदा का पुलिन। कभी गंगा की लहरों में वह तूफान पैदा करता है, कभी यमुना की तरंगों में। पद्मा और महानदी के कछार भी उसकी ध्वनि से प्रतिध्वनित हो रहे हैं। उसके अनवरत दौरे का ही यह फल है कि हम आज एक भारतव्यापी सुसंगठित आंदोलन करते हैं।

निस्संदेह, वह भारतीय किसान आंदोलन का एकछत्र नेता है। उसे बाद दीजिए, अखिल भारतीय किसान सभा बिना प्राण का शरीर मालूम पड़े।

भारतीय किसानों की विद्रोह भावना का वह प्रतीक जिनकी ताकत पर उसे इतना विश्वास है कि यदि कभी हम उसके मुँह से यह सुन लें कि अकेले किसान हिंदुस्तान में स्वराज्य स्थापित कर सकता है, तो हमें आश्चर्य नहीं होना चाहिए।

बचपन से ही विरागी। लल्लो-चप्पो न सुन सकता, न सह सकता।

युद्ध के नाम से ही उसके खून का जर्रा-जर्रा नाच उठता है। उसकी सारी जिंदगी ही एक अविराम युद्ध की कहानी है। यह गुण उसने उस कुल से पाया है जिसे उसने बुद्धदेव की तरह चढ़ती जवानी में ही छोड़ा तो किंतु बुद्धदेव की तरह जहाँ एक बार जाने की भी इच्छा नहीं की।

वह प्रतिभाशाली विद्यार्थी

अभी दूध के दाँत धुले नहीं थे, घुटनों के बल चलना छुटा नहीं था कि माँ चल बसी। मुश्किल से तीन-चार वर्ष की उम्र रही होगी।

किंतु माँ खोकर भी इस बच्चे को मातृ-स्नेह से वंचित नहीं होना पड़ा। इसकी माँ की सगी बहन पिता के सहोदर भाई श्री विश्वेश्वर रायजी को ब्याही थीं। मौसी भी, चाची भी। इस स्त्री-रत्न ने अमर मातृत्व पाया था। अपने एक मात्र पुत्र पर ही वह इसकी वर्षा कर तृप्त नहीं हो सकी! इस बच्चे को भी उसने नहलाना शुरू किया!

मौसी की वरद छाया में वह बच्चा बढ़ने लगा। दस वर्ष की उम्र का अब वह एक भला-चंगा मस्त लड़का था।

किंतु अभी तक इसने खड़िया तक नहीं पकड़ी थी। किसानी का घर। पिताजी खेती-बारी को ही सब कुछ समझते। उनका कागज थी जमीन—उनकी कलम थी हल। हरी-हरी फसल जब फूल और दाने से लद जाती—उसके सामने कागज के काले अक्षरों की क्या बिसात ! जरा भर दस्तखत करना भर वह जानते थे। अतः अपने बच्चे की पढ़ाई की ओर यदि शुरू में ध्यान नहीं दिया, तो यह कोई आश्चर्य की बात नहीं ?

किंतु ज्यों-ज्यों इस बच्चे की उम्र बढ़ती गई, इसकी बुद्धि का कुछ ऐसे विकास हुआ कि परिवारवालों की हल-कुदाल अक्ल में भी यह सूक्ष्म बात समा गई कि इसे पढ़ने-लिखने का मौका जरूर मिलना चाहिए। 1889 में दस वर्ष की उम्र में इसका नाम गाँव से दो मील दूर के जलालाबाद अपर प्राइमरी स्कूल में लिखाया गया।

प्रारंभिक कक्षा से अपर तक का कोर्स छः वर्ष का होता है, किंतु इस प्रतिभाशाली बच्चे ने तीन वर्षों में ही पूरा कोर्स खत्म कर दिया और 1902 में अब अपर प्राइमरी की परीक्षा हुई, तो पंचान्बे सैकड़े नंबर इसी ने प्राप्त किए और स्कॉलरशिप हासिल की। यही नहीं, इसी स्कूल में एक शिक्षक से, जो उर्दू-फारसी के अच्छे जानकार थे, केवल देखा-देखी में ही इसने उर्दू भी सीख ली और उसके व्याकरण से भी अपने को अवगत कराने से बाज नहीं आया।

इसी समय एक बूढ़े स्कूल सब-इंसपेक्टर ने इस लड़के की प्रतिभा देखकर कहा था—जिंदगीभर मैं बच्चों के ही बीच रहा, किंतु आज तक ऐसा प्रतिभाशाली बालक मैंने नहीं पाया था।

मिडिल स्कूल गाजीपुर में ही था। वहीं आकर तहसील स्कूल में नाम लिखाया। दो वर्ष में वहाँ की पढ़ाई भी खत्म की और जब परीक्षा में बैठा, तो समूचे युक्तप्रांत में पाँचवाँ स्थान इसका था। फिर स्कॉलरशिप मिली।

गाजीपुर में एक जर्मन-मिशन हाई स्कूल था—जो 1914 के महायुद्ध के बाद 'सिटी-स्कूल' के नाम से मशहूर है। एंट्रेंस में इसका नाम उसी में लिखवाया गया। उसकी प्रतिभा का वह विकास जारी रहा। उस समय की परिस्थिति के अनुसार एंट्रेंस के बीच में, दो वर्ष की पढ़ाई के बाद, फिर स्कॉलरशिप की परीक्षा होती थी। इस बार भी यह प्रांत भर में पाँचवाँ आया और स्कॉलरशिप मिली।

किंतु एंट्रेंस के फर्स्ट क्लास में ही था, कि पढ़ाई एकाएक रुक गई। क्यों ?

पर, इसके पहले उसकी पढ़ाई को एकाध बातें और।

यह प्रतिभाशील ही नहीं, बड़ा मेहनती और संयमी विद्यार्थी भी था। अपने सद्व्यवहार से अध्यापकों को सदा प्रसन्न रखता। पढ़ाई-लिखाई के आठ-नौ वर्षों में न तो इसकी पीठ पर कभी बेंत पड़ी, न कान में ऐंठन। न ही, शिक्षकों की डाँट-फटकार भी इसे कभी नहीं सुननी पड़ी। पढ़ने-लिखने में यह इतना तल्लीन रहता, कि उसकी एक कहानी है।—

एक बार छुट्टियों में यह अपने घर गया। फसल के दिन थे। खलिहान में अन्न की रास पड़ी थी। दावन-ओसावन चल रहा था। एक दिन घरवाले किसी काम से बाहर गए और इस पर खलिहान की रक्षा का भार रखा। तैयार अन्न पड़ा था। हजरत ने दो-चार मिनट तो खलिहान को देखभाल में बिताए, फिर अपनी किताब खोल उसमें मग्न हो गए। इधर पशुओं का एक झुंड आकर अन्न पर जुट गया और बात-की-बात में सफाया कर दिया। अन्न की इस बरबादी पर परिवारवालों की कितनी नाराजी हुई होगी—कल्पना कीजिए ! लेकन यह तो अपराधी की तरह उनकी सारी बातें पीता गया।

(4 मई, 1937)

इंकलाब जिंदाबाद

[अपनी गिरफ्तारी के पहले श्री बेनीपुरीजी का वक्तव्य]

"जहाँ आप हैं, वहाँ कोई गांधीटोपीवाला हाकिम होगा, जहाँ पब्लिक प्रोजिक्यूटर हैं, वहाँ मैं हूँगा, किंतु यह मेरा मुवक्किल उस दिन भी उसी डौक में होगा, जिसमें वह आज है, इंकलाब जिंदाबाद का यही अर्थ है ।"

ये शब्द हैं बाबू बलदेव सहायजी के, जो उन दिनों मेरे वकील थे और आज बिहार सरकार के एडवोकेट जनरल हैं । 1932 की बात है । मुझ पर 124-ए का मुकदमा चल रहा था । सरदार भगतसिंह की फाँसी पर मैंने 'इंकलाब जिंदाबाद' शीर्षक एक लेख अपने 'युवक' में लिखा था । उसी पर यह मुकदमा चला था । सरकार का कहना था, इंकलाब का अर्थ ही है 'हिंसा' मेरे वकील बाबू बलदेव सहाय का कहना था, नहीं, इंकलाब का अर्थ है राज्य परिवर्तन । वह शांतिमय ढंग से भी हो सकता है । लेकिन उनका कहना था, चूँकि हमारा मुवक्किल इंकलाब को हमेशा जिंदा रखना चाहता है, अतः वह उस समय भी उसका विरोधी होगा । इसी बात को उन्होंने एक चतुर वकील की तरह इस चमत्कारिक ढंग से ट्राइंग मजिस्ट्रेट से कहा था ।

और उनका कहना कितना सत्य हुआ । जब अंग्रेजी सरकार थी, मुझे उसके कटघरे में खड़ा होना पड़ा । चार दिनों के लिए मि. युनुस की अंतरिम मिनिस्टरी हुई, मैं फिर कठघरे में ! और आज अब कांग्रेसी सरकार है, गाँधीटोपीवाले हाकिमों का बोलबाला है, और उस सरकार के कानूनी सलाहकार श्री बलदेव बाबू हैं, मैं फिर 107 में कठघरे के अंदर खड़ा होने जा रहा हूँ ।

× × ×

साहित्य अगर दिमागी ऐय्याशी का ही नाम नहीं है, तो साहित्यिकों को जीवन और उसके संघर्षों में दिलचस्पी लेना ही होगा । आज हमारे देश में इतने बड़े पैमाने पर जो जीवन संघर्ष चल रहा है, उसकी उपेक्षा कर कोई अपने को साहित्यिक कैसे कह सकता है, मेरी समझ में नहीं आता ।

परिस्थिति ने शुरू से ही मुझे जीवन संघर्षों में रखा है । उसी में पला हूँ, बढ़ा हूँ और आज सच कहूँ, बिना उसके मेरी हालत 'जल बिन मीन' की हो जाती है । और मेरा यकीन है, मेरी लेखनी में जो जोर, बल, तेज, आदि मेरे प्रशंसक पाते हैं, सब उसी का प्रसाद है ।

साहित्यिक अपने को भाव-प्रवण बताते हैं । बात भी ठीक है । फिर उनके अगल-बगल, चारों ओर, जो हाहाकार होता है, उच्छ्वास उठते और आँसू उमड़ते हैं, उनके प्रभाव से वे अपने भावुक हृदय को कैसे वंचित कर सकते हैं ? और जब वे हाहाकार आपकी पुकार करते हों, वे आँसू आपको आमंत्रित करते हों—आप कैसे अपने को रोक सकते हैं, भला ।

बिहार की इस राजधानी में ऐशो-इशरत, शौक-मौज, हिकमत और हुकूमत की इस लीलाभूमि में ही मानवता चीख रही है, तड़प रही है, रो रही है, पुकार रही है ! मिलों के धुएँ से, कारखानों के हो-हल्ले से, प्रेसों के टिक-टिक और हड़-हड़ से, सवारी गाड़ियों के 'हट जाइए बाबू' से दलित-पीड़ित मानवता की चीख निकलती रहती है—सुननेवाले को कान तो चाहिए !

'जनता' ऑफिस से कुछ मील दूर, इसी राजधानी में, पीड़ितों की एक पूरी बस्ती है । एक-तिहाई सदी से वह बस्ती दुख-तकलीफ सहती आई, सहती आई । लेकिन न जाने हम सबको कहाँ की हवा आकर उसे झकझोर गई । वे जगे, उठे, संगठित हुए और पुकार की—बेनीपुरी तुम्हें आना चाहिए ! हम तुम्हें अपना सरदार बनाते हैं !

और बेनीपुरी अपने को रोक न सका—उसका यही कुसूर था ! किंतु, इस कुसूर पर उसे नाज है । वह अपनी लेखनी को जला देगा, जब वह उसे ऐसी पुकारों पर जाने में व्यवधान डाले ! हाँ, यह सच कहता हूँ ।

× × ×

मैंने कितनी कोशिश की कि यह मामला शांति से सुलझ जाए—मैं ही जानता हूँ । किंतु आज सरकार और

पूँजीवादी पत्र मुझे ही सब अनर्थों की जड़ बता रहे हैं, मैं अपनी बदनसीबी की क्या कैफियत दूँ ?

किंतु आज बारह दिनों से मैंने जो कुछ देखा-सुना, उसने इस बदनसीब के सारे दुःखों को भुला दिया है।

मैंने देखा—संगठित मजदूर किस तरह उठते और लड़ते हैं। उफ ! इस कांग्रेसी सरकार के अंदर भी क्या-क्या न अत्याचार उन पर हुए ? बस में ठूँसकर उन्हें दूर बयाबान में ले जाया गया। वहाँ औरतों को टाँगें और बाल पकड़कर और बच्चों को फुटबॉल से उछालकर और पुरुषों को धक्के देकर बस से अलग किया गया। कितने घायल हुए। और यदि उस दिन यूनियन की तरफ से बस नहीं भेजी जाती तो उन स्त्रियों, बच्चों घायलों की तकलीफ की क्या सीमा होती !

किंतु वे तो अच्छे रहे। जो यहाँ रहे, उन पर निर्मम लाठी-चार्ज हुआ। थाने में बुलाकर पीटा गया, बेइज्जत किया गया। इधर लाठी चार्ज हल्ला होने पर बंद हुआ है, तो अब लाठी के हूरे से संघातिक चोटें दी जाती हैं। प्रायः रोज ही खून के पनारे बहते हैं।

किंतु इतने पर भी मजदूर डटे हैं। वे मिल की सीमा में जत्थे बाँधकर जाने की कोशिशें करते हैं, वे पीटे जाते हैं, घायल होकर लौटते हैं। गिरफ्तारियाँ जारी हैं !

मैं इस दृश्य को देखता हूँ और कल्पना करता हूँ, उस दिन की जब हिंदुस्तान में आजादी की जंग छिड़ेगी, और उसमें ये संगठित मजदूर इसी तरह कमाल का साहस दिखाएँगे।

ये दृश्य भावी इंकलाब की एक झलक तो दिखाते ही हैं।

× × ×

जो लड़ाई, रेवरा, बड़हिया टाल, अमवारी, देकुली, राघोपुर, लगार और मुड़ियार के किसानों ने लड़ी है या लड़ रहे हैं, वे क्या हैं ? जपला डेहरी, हरिनगर, अमरौरा, गया, सकरी और पटना सिटी में मजदूरों में ने जो जंग छेड़ी या छेड़े हुए हैं, उनका महत्त्व क्या है ?

हमारी कांग्रेसी सरकार आज तक बकाश्त लड़ाई का सिद्धांत नहीं समझ सकी। शायद वह हड़तालों की बुनियादी बातें भी आज तक नहीं जान पाई है।

वह जान पाती, तो राहुलजी ऐसे विश्वविश्रुत विद्वान को ज़लील करने की कोशिश नहीं करती, ठीक राजधानी में इस तरह गुंडा राज कायम नहीं होने देती।

लेकिन जिनकी आँखों में अभी प्रभुता का चश्मा नहीं लगा है, उनके लिए ये बातें साफ मानी और मंशा रखती है।

हमारी जो बड़ी लड़ाई आनेवाली है, ये छोटे-छोटे मोरचे उसके लिए जमीन तैयार कर रहे हैं चैंपियनशिप के बड़े रंगमंच पर उतरने के पहले हम छोटे-छोटे अखाड़ों में जोर-आजमाई कर रहे हैं। महायुद्ध आनेवाला ही है। उधर हिटलर और इधर इंगलैंड नकली लड़ाइयाँ कराकर अपनी सेना की घात की जाँच कर रहे हैं। हम अपनी सेना की कूवत की असली लड़ाई के ही एक छोटे दायरे में क्यों जाँच करें !

यदि इस दृष्टि से देखिए, तो छोटी-छोटी लड़ाइयों का महत्त्व स्पष्ट हो जाए !

× × ×

किंतु देखे कौन ? जो पुलिस के कान से सुनते हैं और फाइलों की आँख से देखते हैं, वे तो देखने-सुनने से रहे।

बिहारीजी मिल्स छोटी सी मिल है और केवल चार सौ मजदूरों की यह लड़ाई है।

किंतु राजधानी में होने के कारण और यहाँ के अधिकारियों ने जो रुख दिखलाया है, उसकी वजह से इसका खास महत्त्व हो गया है।

इसकी हार-जीत का प्रभाव प्रांत के पूरे मजदूर आंदोलन पर पड़ेगा।

यह कहना भी अपने साथियों का अपमान करना है कि वे इसको अच्छी तरह समझते होंगे।

मैं जेल जा रहा हूँ। इन बारह दिनों में जो परेशानियाँ और दौड़धूप हुई, उसके बाद मुझे विश्राम मिलना ही चाहिए।

मुझे विश्राम मिल रहा है, मेरे साथियों पर इसका बोझ जा रहा है। साथी जयप्रकाश, किशोरी प्रसन्न, बसावन सिंह और किसानों के बीच काम करनेवाले वे अनेकानेक भाई— उनके नाम कहाँ तक गिनाऊँ।

भैया योगेंद्र शुक्ल तो आज कल में मेरे साथी होंगे ही। 144 का यह नापाक बंधन वह कितने दिनों ढोएँगे? बिहार का शेर कोई बंधन नहीं मान सकता।

विजय तो मुझे साफ दीख रही है।

और इन छोटी-छोटी विजयों की झिलमिली को छेदकर मेरी आँखें आकाश में लिखे उन चमकते अक्षरों को भी देख रही हैं।

वे अक्षर—कितने सुंदर, प्यारे आकाश में चमचम कर रहे हैं—

'इंकलाब जिंदाबाद।'

पटना की आत्मा की पुकार रही है—

'इंकलाब जिंदाबाद!'

(8 जून, 1939)

प्रकाशित-अप्रकाशित कुछ अन्य लेख

जनतंत्रवाद का खोखलापन

अब, जब कि यह सर्वस्वीकृत बात हो चली है कि हमें एक नई शासनपद्धति कायम करनी चाहिए, यह जरूरी हो गया है कि हम प्रचलित शासनपद्धतियों पर एक बार गौर कर लें।

सभी शासनपद्धतियों पर आज तक जनतंत्रवाद (Democracy) को तरजीह दी जाती है। जनतंत्र, प्रजातंत्र, प्रतिनिधि शासन—ये नाम ऐसे हैं, जिनके सुनते ही भावुकों के दिल उछलने लगते हैं। इसमें कोई शक नहीं है कि जनतंत्रवाद के सिद्धांतों के प्रकट होने के पहले जितनी शासनपद्धतियाँ थीं, उनसे यह कहीं अच्छा था। आज भी इसकी अच्छाई में सिद्धांत कोई उज्र नहीं कर सकता। किंतु इधर सौ-डेढ़ सौ वर्षों तक इसके प्रयोग करने पर इसमें जो त्रुटियाँ नजर आई हैं, उनकी अवज्ञा नहीं की जा सकती। और ये त्रुटियाँ इतनी संगीन हैं कि यह पद्धति एक ढोंग (हिपोक्रेसी) मात्र रह गई है।

जनसाधारण सुख से रहें, शांति से रहें—सभी शासनपद्धतियों को इसी कसौटी पर जाँचा जाना चाहिए। भारत में जो शासनविधान प्रचलित किया जाए, उसके लिए तो इस विशेषता का होना अत्यावश्यक है क्योंकि भारत के जनसाधारण अत्यंत ही गरीब हैं। राजतंत्र (Monarchy) के स्थान पर जिन लोगों ने जनतंत्र की स्थापना पर जोर दिया, उन्होंने भी जनसाधारण की हीन-कामना की सिद्धि को ही इसकी मूलभित्ति बताया था। जनसाधारण ने भी जनतंत्र के लिए जो अपना और अपने सरपरस्तों का इतना खून बहाया, वह इसी उम्मीद पर कि इसके चलते वे सुख से, शांति से रह सकेंगे। आज भी भारत में जो लोग जनतंत्र शासन कायम कराने का स्वप्न देखते हैं, उनमें से कुछ स्वार्थियों को छोड़कर शेष सब ऐसा ही विश्वास रखते हैं।

किंतु क्या जनतंत्र जनसाधारण ही इस उम्मीद की पूर्ति करने में सफल हो सका? क्या अन्य देशों में इसने कुछ सुफल दिखलाएँ हैं, जिन्हें देखकर हम अपने देश के लिए इसका आह्वान करने में आनंद अनुभव करें?

इस प्रश्न का कोई अमूर्त उत्तर देने ही अपेक्षा हम मूर्त उदाहरणों से काम लेना चाहते हैं। शायद यही अच्छा भी होगा। अपने उदाहरण के लिए हम तीन उदाहरण लेना चाहते हैं—पहला इंगलैंड, दूसरा अमेरिका, तीसरा जापान। इंगलैंड की पार्लियामेंट जनतंत्र की शासन की नानी कही जाती है। साथ ही, यह देश अनेक उपनिवेशों का राजा होने के कारण खूब संपन्न भी समझा जाता है। अमेरिका संपन्नता में इससे भी बाजी मारे हुए है और पूर्ण जनतंत्र शासन के लिए उसे घमंड भी है। जापान एशियाई देशों तक अगुआ है और इंगलैंड की तरह एक सम्राट् रखते हुए भी वह जनतंत्र का अनुयायी समझा जाता है। अतः ये तीन उदाहरण हमारे लिए सबसे अधिक उपयुक्त हैं।

इंगलैंड के इतिहास से पता चलता है कि वहाँ जनतंत्र शासन की स्थापना के उद्देश्य से जनसाधारण को कितने बड़े खतरे उठाने पड़े थे। उन्नीसवीं सदी के प्रथमार्द्ध में चार्टिस्ट आंदोलन के नाम से वहाँ जो कुहराम मचा था, वह भी एक अमर घटना है। सभी बालिगों को वोट देने का हक मिले—यही इस आंदोलन की मुख्य माँग थी। खूब जद्दोजेहद रही; मार-पीट, जेल, गोली—सब कांड हुए। आखिर जनसाधारण की विजय हुई; उन्हें वोट देने का पूरा हक मिला। कहा जाता है कि चार्टिस्ट आंदोलन में भाग लेनेवाले गरीब जनसाधारण उत्साह से गाते थे—हमारा चार्ट मंजूर करो, क्योंकि हम इसके द्वारा अपनी रोटी का सवाल हल करेंगे। क्या उनका सवाल हल हुआ? इंगलैंड के जनसाधारण के सुख-दुख के बारे में हमें बहुत ही बुरा ज्ञान है। अर्थशास्त्रियों द्वारा तैयार किए गए आँकड़ों को पढ़कर हम मान लेते हैं कि वहाँ के हर आदमी की औसत आमदनी पचास पौंड से ज्यादा है—छः-सात सौ रुपए जिनकी आमदनी हो, उनके सुख का क्या कहना? किंतु इस आँकड़े की भ्रांति पर हम ध्यान नहीं देते। हम मानते हैं कि आज इंगलैंड संसार के कोने-कोने से धन बटोरकर मालामाल बना हुआ है।

किंतु यह धनराशि कितने घरों में एकदम बंद पड़ी है, क्या हमने इसे जानने की कोशिश की है? 'ए केस फार सोशलिज्म' के विख्यात लेखक श्रीयुत् एंडरसन ने लिखा है कि इंगलैंड के हर नौ व्यक्तियों में आठ व्यक्ति दरिद्र हालत में मरते हैं। चार करोड़ सत्तर लाख की आबादी में केवल पचास लाख ही ऐसे हैं, जिन्हें संपन्न कहा जा सके, बाकी नितांत निर्धन हैं। हमारे यहाँ से जो इंगलैंड जाते हैं वे लंदन के पश्चिमी मोहल्लों की तड़क-भड़क, वैभव-विलास, आमोद-प्रमोद की कहानियों से हमारे कानों को भर देते हैं। किंतु जिन्हें सत्य ढूँढ़ना हो, वे जरा उसी लंदन के पूर्वी मोहल्लों को देखें—उन गंदे, तंग, बदबूदार और धुआँकश मोहल्लों को देखें, जहाँ वहाँ के जनसाधारण बसते हैं। इंगलैंड के किसी भी औद्योगिक शहर के मजदूरों के जनसाधारण की स्थिति के दो करुण चित्र दिए हैं। एक में उस अभागे की कथा है जिसे सूअर के घर में सोने के कारण जेल की सजा हुई थी। सफाई के दारोगा का कहना था कि यह सूअर के घर में सोता है, जो आदमी के रहने लायक नहीं है, अतः 'गंदे ढंग से रहने के लिए' इसे सजा मिलनी चाहिए। उस बेचारे का कहना था कि वह क्या करे, यही एक छोटा सा घर उसके पास है, पेट पालने के लिए सूअर पोसना भी जरूरी है और इतने पैसे भी नहीं हैं कि वह दूसरे घर की शरण ले; अतः उसे क्षमा मिलनी चाहिए या उसके लिए घर का इंतजाम कर देना चाहिए। हाँ, मजिस्ट्रेट ने उसके लिए घर का इंतजाम कर दिया—कई सप्ताह के लिए वह बेचारा 'बड़े घर' में भेज दिया गया। अब चलाता रहे जेल की चक्की। दूसरी कथा और कारुणिक है। एक दिन 'टाइम्स' अखबार में दो समाचार छपे और संयोग से दोनों एक-दूसरे के अगल-बगल—लेखक ने उसकी प्रतिलिपि भी दी है। एक कॉलम में छपा था कि—"चूँकि इस साल आलू की पैदावार ज्यादा हुई है, अतः इंगलैंड के आलू के व्यापारियों के संघ ने आलू का बाजार भाव कायम रखने के लिए आधा आलू समुद्र में डाल देने का निर्णय किया है।" ठीक इसके बाद के कॉलम में छपा था कि "आज लंदन के मजदूरों के मोहल्लों में एक शोकजनक घटना हो गई है। एक स्त्री अपनी छोटी, दूधपीती बच्ची के साथ एक मकान में रहती थी। आज मकान की मालकिन भोर में बहुत देर तक उस मकान को बंद देख संदेहवश उसके निकट गई और दरवाजा खटखटाया। उत्तर नहीं मिलने पर जब दरवाजा उघाड़कर भीतर देखा गया तो वह स्त्री मरी पड़ी थी और उसकी अर्द्धमृत कन्या उसकी छाती पर मूर्च्छित लेटी थी। डॉक्टरों का कहना है कि लगातार उपवास के कारण—अन्न के अभाव में भूख के कारण उसकी मृत्यु हुई है।" एक तरफ लाखों मन आलू समुद्र में फेंका जाए, दूसरी ओर पावभर आलू के बिना लोग भूखों मरें!

आशा है, इंगलैंड की जनसाधारण की स्थिति के बारे में अब ज्यादा सुनने की जरूरत नहीं रह गई होगी। हाँ, हम मानते हैं कि जनमत के जाग्रत हो जाने के कारण वहाँ जनसाधारण के फायदे के लिए भी जब-तब कुछ उपयोगी कानून बन जाते हैं, जिनके कारण उन्हें थोड़ी-बहुत सहूलियत (भारतीय जन साधारण के दृष्टिबिंदु से) मिल जाती है। किंतु जैसा कि स्टुअार्ट मिल ने कहा है—"जब जनसाधारण की स्थिति को स्थायी रूप से उन्नत करना हो, तब छोटे-छोटे सुधार केवल कम काम के ही नहीं होते, उनसे कुछ भी काम नहीं चलता।" इन छोटे-छोटे सुधारों का प्रमाद भी इंगलैंड के जनसाधारण पर नहीं के बराबर ही हुआ है।

अब अमेरिका को लीजिए। अमेरिका के जन साधारण ने भी जनतंत्र शासन के लिए कम लड़ाई नहीं लड़ी है। अपनी 'स्वाधीनता घोषणा' में इस राष्ट्र ने गर्व के साथ घोषित किया—

'ऑल मैन आर बॉर्न इक्वल' अर्थात् जन्म से ही सब आदमी समान हैं! किंतु अमेरिकन समानता कैसी चीज है, इसके जानने के लिए एक ओर वहाँ के अरबपतियों का विलास भवन देखना चाहिए और दूसरी ओर मजदूरों के आवास स्थान। स्वामी सत्यदेव की पुस्तकों ने बचपन में दिमाग में यह घुसा दिया था कि अमेरिका पृथ्वी का स्वर्ग है और वहाँ साधारण मजदूर भी हमारे यहाँ के नवाबों के कान काटते हैं। हो सकता है, कुछ मजदूर आज भी खूब कमाते हों। किंतु वहाँ के मजदूरों की हालत देखनी हो तो सुप्रसिद्ध अमेरिकन लेखक अप्टन सिंकलेयर की पुस्तकें—खासकर 'जंगल' नामक पुस्तक देखिए। उनकी दुर्दशा पर आपके रोंगटे खड़े हो जाएँगे। हमने तो पढ़ा है और रो पड़े हैं। प्रोफेसर डैविस ने अपनी सुप्रसिद्ध पुस्तक 'कंटेम्परेरी सोशल मूवमेंट' में हिसाब लगाकर बताया है कि अमेरिका में अपार धन है, इसमें शक नहीं, किंतु वहाँ 20 प्रतिशत सैकड़े पीछे

एक व्यक्ति का अधिकार है और 40 प्रतिशत पर सैकड़े पीछे दस का; जबकि सबसे गरीब 25 प्रतिशत व्यक्तियों को केवल 3½ प्रतिशत पर गुजारा चलाना पड़ता है। एक ओर वह हैं जो 20 पर कब्जा किए हुए है, दूसरी ओर वह है जो 1/8 पर ही जिंदगी बिता रहा है। बहुत तो ऐसे हैं जिनके पास अपनी कोई चीज है ही नहीं। वहाँ के मजदूरों की जो दुर्गति होती है इसका अंदाज आप इसी से लगा सकते हैं कि उनमें से अधिकांश अधिक परिश्रम करने के कारण पैंतीस से चालीस वर्ष की उम्र में ही इस संसार से चल पड़ते हैं। जहाँ बाल पक गए कि अमेरिकन कारखानों में नौकरी मिलनी मुश्किल हो जाती है। इस कारण बेचारे मजदूरों को अपने बालों को बनावटी रूप से काला किए रहना पड़ता है। किंतु बाल काला करने के लिए कीमती खिजाब कहाँ से लावें, पैसे उतने कहाँ! अतः लाचार होकर बूट पर पालिश करनेवाली स्याही से ही अपने बालों को वे रँगते फिरते हैं। करखानों में उनसे इतनी मेहनत ली जाती है कि अपने में ताकत लाने के लिए और मेहनत भुलाने के लिए उन्हें सस्ती शराब प्रचुर परिमाण में पीनी पड़ती है। यही नहीं, हिसाब लगाया गया है कि एक अमेरिकन मजदूर महीने में दो पौंड अरसेनिक (संखिया) उत्तेजना के लिए खाता है। इस भयंकर नशाखोरी का परिमाण शीघ्र बुढ़ापा और जवानी में मृत्यु के अलावा और क्या हो सकता है? एक लेखक ने इन मजदूरों को लक्ष्य करके कितनी करुण वाणी में कहा है—

"यह अमेरिकन मजदूरों के लिए भाग्य की बात है कि वे जवानी में ही चल बसते हैं। क्योंकि, ऐसा होने से वे भीख माँगने, आत्महत्या करने, पागल बन जाने या चोर-उचक्के होने से बच जाते हैं। यदि निराशा में मरती हुई मनुष्य जाति का जीता-जागता चित्र कोई देखना चाहे तो वह शिकागो के कारावास सिटो या क्लर्क स्ट्रीट के आवास स्थानों को देखे। पादरियों द्वारा संयोजित भोजनगृहों के सामने दो या तीन हजार की संख्या में एक कतार में बैठे हुए मरभुखों को एक टुकड़ा रोटी और थोड़े शोरबे के लिए धीरता से अपनी बारी की प्रतीक्षा करते देखकर कौन नहीं आश्चर्य-स्तम्भित रह जाएगा।"

यह है संसार के सबसे धनी देश अमेरिका के जनसाधारण की दशा का चित्र! अब चलते-चलाते अपने एशियाई दोस्त जापान को भी देख लें। आज जापान के सस्ते कपड़े देखकर हम कितना आश्चर्य प्रकट करते हैं! किंतु क्या हम कभी यह सोचते हैं कि जब तक मजदूरों का पेट बाँधकर नहीं कमवाया जाए, तब तक सस्ती चीज पैदा कैसे हो सकती है? जापान ने दूसरे देशों की अपेक्षा कोई नई मशीनरी नहीं तैयार कर ली है। रुई भी वह दूसरे ही देशों से खरीदता है। फिर उसके कपड़े सस्ते क्यों? गत 5 अप्रैल के साप्ताहिक 'विश्वमित्र' में इस संबंध में निम्नलिखित विवरण छपा है। आप इसे ही इस प्रश्न का उत्तर समझें—

"जापान के मजदूरों को बहुत गंदे और सर्वथा अस्वास्थ्यकर काठ के घरों में रहकर अपने दिन बिताने पड़ते हैं। मजदूरों और मजदूरिनों को कम-से-कम दस घंटे रोज टोकियो के कारखाने में काम करना पड़ता है। बाहर के स्थानों में बीस-बीस घंटे तक काम करना पड़ता है। मजदूरों के बच्चों—पाँच-पाँच वर्ष के बच्चों को भी बारह-बारह घंटे तक दियासलाई के डब्बे, खिलौने आदि बनाने का काम करना पड़ता है; पर वेतन उन्हें नहीं मिलता। नए आदमी को एक-एक वर्ष तक 'अप्रेंटिस' की हैसियत से मुफ्त काम में जोता जाता है। जापान में तीस लाख मजदूर ऐसे हैं, जिन्हें बारह-बारह घंटे रोज काम करना पड़ता है। महीने में केवल दो दिन की छुट्टी रहती है। बूढ़े मजदूरों या प्रसूतिका में पड़ी मजदूरिनों की सहायता का कोई प्रबंध नहीं है। कारखाने में काम सीखनेवाली स्त्रियों को दिन-रात बिना मजदूरी के काम करना पड़ता है। उन्हें कारखाने के अंदर गंदे और वायुहीन कमरे में रहना होता है और कारखानों का मालिक उनसे जब चाहे काम ले सकता है। घायलों की रक्षा का कोई प्रबंध नहीं है। 1930 में मजदूरों को एक येन मजदूरी मिलती थी; अब आधा या पौन 'येन' ही मिलता है। स्त्रियों को इससे कम मिलता है।"

यों जापान के जनतंत्र के अंदर भी जनसाधारण की दुर्गति-ही-दुर्गति है।

ये तीन देश तो उदाहरणरूप हैं। जनतंत्र शासनवाले सभी देशों में जनसाधारण की स्थिति संकटापन्न है। राजतंत्र में जहाँ एक आदमी (राजा) और उसके परिवार-कुटुंबवाले या सामंत और सभासद सुख-चैन से रहते

थे, तो आज मुट्ठीभर लोगों का एक दल ऐसा हो गया है, जो जीवन का आनंद लूटता है; बाकी लोग दुर्गति भुगत रहे हैं।

अब यहाँ एक गंभीर प्रश्न उठता है कि जनतंत्र शासन होने पर भी इन देशों के जनसाधारण की ऐसी दुर्गति क्यों है? जनतंत्र शासन में शासकों के चुनाव का अधिकार तो जनता के ही हाथ में रहता है और जनता में जनसाधारण की ही संख्या अधिक है; फिर वे लोग ऐसे लोगों को ही क्यों नहीं चुनते जो इन्हें सुख और शांति से रखने का प्रयत्न करें, उन्हें अत्याचारों और उत्पीड़नों से बचाएँ?

हाँ, सुनने में तो यह बहुत ही युक्तिसंगत मालूम पड़ता है। जनतंत्र के लिए जनसाधारण ने इतनी कुर्बानियाँ कीं, सो भी इसी उम्मीद पर कि अब हम देश का शासन करेंगे, हमीं जिसको चाहेंगे उसे राजा बनाएँगे। किंतु इन डेढ़ सौ वर्षों के इतिहास ने उनकी उस उम्मीद और इस युक्ति पर पानी फेर दिया है।

ऐसा क्यों हुआ और हो रहा है? जनतंत्रवाद में यह खोखलापन कहाँ है, जिसके चलते उसका मूल उद्देश्य ही नष्ट हो रहा है?

तत्त्वदर्शियों ने अनुसंधान और मनन द्वारा इसके खोखलेपन को हम लोगों पर प्रकट कर दिया है। उन्होंने हमें बताया है कि जब तक धन की यह विषमता है, तब तक जनतंत्रवाद एक खोखला पदार्थ बना ही रहेगा। जनतंत्र शासन सभी बालिगों को शासक के चुनाव में अपना वोट देने का हक देता है। इसमें कोई शक नहीं कि जनता को शासन चक्र के संचालन में सहयोग देने और शासकों पर अंकुश रखने का इसके द्वारा बहुत बड़ा अधिकार मिल जाता है। वोट एक ऐसा अंकुश है, जिसके द्वारा जनता अपने शासकों को उठा-बिठा सकती है, उन्हें मनमानी जगह पर ले जा सकती है। किंतु देखा गया है कि चाँदी-सोने की चमचमाहट के निकट इस अंकुश की तीक्ष्णता न जाने कहाँ लोप हो जाती है, यह बिलकुल मोम-सी नरम बन जाती है। वोटर और मोटर में जो तुक है, उसकी करामात हम अपने देश में भी देखने लगे हैं। हम आए, दिन चुनावों में देखते हैं कि जिसके पास मोटरें हैं, अच्छे 'कनवासर' है, 'कनवासर' रखने के लिए रुपए हैं, पोलिंग बूथ पर गरमा गरम कचौड़ी और जलेबी खिलाने के लिए और वोटरों की जेब गरमाने के लिए साधन है, वह लस्टम-पस्टम जीत ही जाता है। संसारभर में अब वोटर की खरीद-बिक्री शुरू हो गई है। अमेरिका आदि देशों में तो वोटों की दलाली एक खासी आमदनी का जरिया हो गई है। हमारे देश में भी ऐसा होने लगा है। जब पैसे की कीमत पर वोट मिलते हैं तो फिर जनतंत्र शासन कैसा? किंतु जब तक कुछ लोगों के पास अरब-खरब रुपए रहेंगे, और कुछ लोगों की झोली में भूँजीभाँग भी नहीं रहेगी, तब तक यह खरीद-बिक्री चलेगी ही—चाहे लाख कानून बनाकर इसे रोका जाए। हाँ, पूछा जा सकता है कि धनी लोगों की बात छोड़िए, आखिर गरीब अपने इस अमूल्य अधिकार को कुछ चमचमाते चाँदी के टुकड़ों के दाम पर क्यों बेचते हैं? इसके जवाब में एक देहाती कहावत पेश की जा सकती है कि कंगाल आदमी पापी होता है—बुभुक्षितः किन्न करोति पापं! जरूरत की मार कंगालों में, गरीबों में, जनसाधारण की विवेकशक्ति नहीं रहने देती। उसका बेटा बीमार है, वैद्यजी दो रुपए माँग रहे हैं; उसकी स्त्री की देह पर कपड़े नहीं, सवा रुपए में एक साड़ी हो जाएगी; घर में कुछ नहीं है, कल से उपवास की नौबत आनेवाली है; मालिक मालगुजारी का तकाजा कर रहा है, परसों तक नहीं दिया तो गले में जूते की माला और पीठ पर कुछ बेंत की वर्षा होगी;—इतने ही में कोई वोट का भिखारी हाथ में रुपए उछालते उसके निकट पहुँचता है, बताइए वह क्या करे? ये एक-दो रुपए नहीं हैं, इनके पीछे हैं बेटे की प्राण रक्षा; पत्नी का लज्जा-निवारण, उपवास का टालना, बेइज्जती और भय से मुक्ति। वह वोट न बेचे तो क्या करे? इस पर यदि कहीं अपना जमींदार उम्मीदवार है या जिस कारखाने में वह काम करता है, उसका मालिक या मैनेजर खड़ा है; या जिससे वह समय पर कर्ज लेता है, वह महाजन ही उम्मीदवार है, तब तो उसके लिए कोई चारा ही नहीं। यदि उन्हें वोट नहीं दे तो उसकी जमीन जाए, उसकी रोजी जाए, उसकी साख जाए। अतएव यह दावे के साथ कहा जा सकता है कि जब तक यह धन की विषमता है, जब तक कोई जमींदार और कोई रैय्यत, काई पूँजीपति और कोई मजदूर, कोई महाजन और कोई सूदखोर, कोई अरबपति और कोई नितांत निर्धन रहेगा, तब तक यह जनतंत्रवाद एक मखौल

है, मजाक है, एक खिलौना है ।—मखौल है जनतंत्र शासन का, मजाक है गरीबी का, खिलौना है धनियों का ।

आप कहेंगे—नहीं साहब, हम जनसाधारण को शिक्षित करेंगे कि वह वोट देने के अधिकार को अपने बेटे के प्राण, अपनी पत्नी की लज्जा, अपनी इज्जत-आबरू, जमीन और जिंदगी से भी कीमती समझें और उसका उचित उपयोग करें; इस प्रकार कुछ दिनों में हम अपने को सुधार लेंगे । हम कहते हैं कि आपकी यह आशा व्यर्थ है । रुपया वोट देने के समय ही—'कनवासिंग' या 'पोलिंग बूथ' पर ही अपना कमाल नहीं दिखलाता; वह हमारे-आपके साधारण जीवन को भी धनीपरस्त बनाए रहता है । आप कहते हैं—हम जनसाधारण को शिक्षित करेंगे; किंतु आप तो साल में दो-चार दिन जाकर उन्हें अपने ढंग की शिक्षा देते रहते हैं । समूचे शिक्षा विभाग पर ही उनका कब्जा है और वे बचपन से ही आपके और हमारे बच्चे को अपनी गुणगाथा रटाना शुरू कर देते हैं ! शिक्षा विभाग से स्वीकृत पाठ्यग्रंथों को देखिए; उनकी गौरव-गरिमा की कहानियों से भरे पड़े हैं । फिर आप उन्हें किस तरह शिक्षित कर सकेंगे ? शिक्षा विभाग के अतिरिक्त और जिन साधनों के चलते हम किसी की पूजा और किसी से घृणा करते हैं, उन साधनों पर भी आज धनियों ने इस प्रकार कब्जा कर रखा है कि आप ख्वाहमख्वाह उनके भक्त बन जाते हैं ।

अपने इस अंतिम कथन को हम कुछ विस्तार से कहना चाहते हैं ।

किसी आदमी से हम घृणा और प्रेम क्यों करते हैं ? उसकी बुराई या भलाई के चलते, यह तुरंत ही कहा जा सकता है । अच्छा, अब बताइए कि किसी आदमी की अच्छाई और बुराई जानने के कौन-कौन से साधन हैं ? साक्षात् परिचय—व्यक्तिगत जानकारी— यह सबसे पहला सोपान है । किंतु इसके प्राप्त करने का सौभाग्य बहुत कम लोगों का होता है । अपने अड़ोस-पड़ोसवालों से ही इस साक्षात् परिचय का सुयोग हमें मिल सकता है । किंतु हम केवल अड़ोस-पड़ोसवालों को ही घृणा और प्रेम से नहीं देखते, किंतु बहुतसे ऐसे लोगों से भी हम घृणा या प्रेम करते हैं जिनकी सूरत भी हमने नहीं देखी । ऐसा घृणा या प्रेम किसके चलते होता है ? 'आज' अपने जमींदार मालिक और 'प्रताप' अपने मध्यवर्गीय बुर्जुआजी ट्रस्टियों के हित और प्रवृत्ति की जान बूझकर नहीं तो अनजाने में भी उपेक्षा नहीं कर सकता । यही स्वाभाविक है । आगे भी यही होगा अखबार सदा धनियों का पक्ष करते आए हैं और करेंगे—उनके यश के गीत गाएँगे, उनके नाम मोटे-मोटे अक्षरों में छापकर हमारे सामने रखेंगे और चुपके-चुपके हमें उनके भक्त बना लेंगे । फलतः पोलिंग बूथ पर धनियों की ही चाँदी रहेगी । सभी देशों में गरीबों के अखबार हैं; भारत में भी होंगे । किंतु नक्कारखानों में तूती की आवाज कौन सुन सकता है ? 'टाइम्स', 'डेलीमेल' आदि दर्जनों पूँजीवादी अखबारों के रोर-शोर के बीच बेचारे 'हेराल्ड' की क्या चलती है ? अखबारों के अलावा पुस्तकें, पर्चे, पोस्टर आदि के द्वारा भी धनी लोग हमारे दिमाग में अपनी प्रशंसा के भाव जाग्रत और उद्दीप्त किए रहते हैं । रंग-रंग की किताबें, तरह-तरह के पर्चे, पोस्टर; तिस पर अखबारों के दिन-रात के धावे; जनसाधारण का दिमाग कहाँ तक इन प्रचारों का सामना कर सके; उसमें धनियों के लिए जगह बन ही जाती है ।

छापाखाना के बाद 'मंच' पर आइए । हमारी घृणा या प्रेम के सृजन में इसका भी पूरा हाथ है । सभा मंच, रंगमंच—सब पर ही कुछ लोगों का कब्जा है । अमेरिका और यूरोप में जितने सभाभवन हैं, उन पर कुछ लोगों का अधिकार है और उसकी आज्ञा पाए बिना उनमें व्याख्यान नहीं दे सकते । प्रारंभ में वहाँ के साम्यवादियों को अपने प्रचार में इसके चलते कितनी ही बाधाएँ होती थीं । वे सभा भवन नहीं मिलने के कारण पार्कों में, गलियों के नुक्कड़ पर खेतों मेंढ पर व्याख्यान दे-देकर जनसाधारण को साम्यवाद के सिद्धांत समझाया करते थे । भारत में अभी सभा भवन की ही कमी है । बड़े-बड़े शहरों में जो कुछ ऐसे भवन हैं, उन पर धनियों का हाथ है । खैर, अभी किसी प्रकार जगहें मिल जाती हैं जहाँ जनसाधारण की आँखें खोलनेवाली बातें आप बतला सकें । किंतु व्याख्यादाता का भी तो प्रश्न है । जहाँ दो-चार जनसाधारण के सच्चे हितैषी व्याख्याता हैं, वहाँ धनियों और उनके पिट्ठुओं की गिनती ही नहीं । रंगमंच तो धनिकों के शौक की चीज ही ठहरी । उनके द्वारा भी जनसाधारण के दिल में धनियों के प्रति गुपचुप श्रद्धाभाव उत्पन्न करने की सतत चेष्टा की जाती है ।

यों, इन सभी साधनों पर प्रभुत्व करने के कारण जहाँ-जहाँ जनतंत्र राज्य है, वहाँ-वहाँ ये मुट्ठीभर धनी वर्ग चाँदी काट रहे हैं। आज अमेरिका और इंगलैंड में जनसाधारण की संख्या 85 फीसदी से कम नहीं है। इन्हें वोट देने का अधिकार भी मिला हुआ है तो भी अमेरिका में दो बार वहाँ के जनसाधारण वर्ग के लोग प्रेसिडेंट के लिए खड़े हुए, किंतु वे बुरी तरह हारे। इंगलैंड का मजदूर दल अपने सिद्धांत से हटकर भी हारता चला जा रहा है। इसी प्रकार की हालत संसार के और सब जनतंत्रशासित देशों की भी है। शायद इसी पर बिगड़कर बर्नार्ड शॉ ने कहा था कि जनतंत्रवाद जनता के नाम पर, जनता के लिए, जनता द्वारा की गई लाठीशाही है!

शासकों के चुनाव में जनता का हाथ रहे, यह बड़ी अच्छी बात है; किंतु तभी, जब इसको प्रहसन बना देनेवाली धन की विषमता का नाश हो जाए। जनतंत्र शासन तब तक एक खोखली चीज है, जब तक कि धन के संबंध में कुछ विचारपूर्ण व्यवस्था नहीं हो जाए और सबसे प्रमुख बात यह है कि इस खोखलेपन में एक ऐसा ढोंग छिपा है। जिससे जनसाधारण भ्रम में पड़कर पीछे अनेक कष्ट उठाते हैं।

जनतंत्रवाद—धन की विषमता = सुंदरतम आदर्श।

जनतंत्रवाद + धन की विषमता = अति विषाक्त ढोंग।

भूदान-यज्ञ—इसमें क्रांति का बीज है !

1930 की बात है । देशभर में नमक कानून तोड़ा जा रहा था; किंतु पटना सोया पड़ा था । हममें से कुछ लोगों ने इस गत्यावरोध को दूर करने की ठानी । स्वयंसेवक भरती किए गए और सत्याग्रह के लिए अंततः श्रद्धेय राजेंद्र बाबू से आज्ञा भी प्राप्त कर ली गई । बड़ी उमंग से उस दिन की प्रतीक्षा होने लगी, जब प्रांत की राजधानी भी सत्याग्रह के जयनाद से गूँज उठेगी ।

उन दिनों आचार्य कृपलानी यहाँ आए हुए थे । हम उन्हें सत्याग्रह के लिए आयोजित एक सभा में ले गए । बड़ी ओजस्वी वक्तृता दी उन्होंने । जब हम सभा से लौट रहे थे, मैंने उनसे पूछा—'दादा, जब हम कानून तोड़कर सत्याग्रह ही करने जा रहे थे, तो फिर किसी भारी-भरकम कानून को तोड़ने का निर्णय क्यों नहीं किया गया—नमक कानून ! अरे, कहाँ स्वराज्य, कहाँ नमक ?

आचार्य हँस पड़े । उन्होंने कहा, सुनो भाई, उनकी (गाँधीजी की) बहुतसी बातें मैं भी नहीं समझ पाता । किंतु हमेशा यह पाया है, उनकी छोटी बातों में भी बड़ी बातों का बीज छिपा रहता है । हम-तुम स्वयंसेवक हैं, चलो, उनकी बात मानते चलो और देखो, क्या होता है ? अरे, उस दीवाने फकीर से कौन बहस करे ।

और हमने आश्चर्य से देखा, नमक बनाकर कानून तोड़ने के इस छोटे से काम ने पटना में ही क्या कमाल कर दिखलाया ? हमारा जत्था नमक कानून तोड़ने के लिए प्रस्थान ही कर पाया था कि रास्ते में ही पुलिस से मुठभेड़ हुई । एक तरफ जत्थे-पर-जत्थे स्वयंसेवक सड़कों पर 144 की धज्जियाँ उड़ाने लगे, दूसरी तरफ घुड़सवार पुलिस ने ज्यादतियों की अति कर दी, जब उसने स्वर्गीय प्रोफेसर अब्दुल बारी साहब को भी कोड़े लगाए ।

स्वर्गीय हसन इमाम साहब, जो 1921 के आंदोलन में हमसे पृथक् थे, इस आंदोलन में शामिल हुए । प्रांतभर में तहलका मचा और अंत में पटना में अधिकारियों ने राजेंद्र बाबू से सुलह की और अंततोगत्वा भारत सरकार को भी उस अधनंगे फकीर के नजदीक झुकना पड़ा ।

यों ही आज जब संत विनोबा भावे भूदान-यज्ञ के लिए देश के कोने-कोने में अलख जगा रहे हैं, तो अपने को क्रांतिकारी विचार के मान लेनेवाले भाई यह कहते नहीं थक रहे हैं कि इस छिट-फुट दान से क्या होगा ? भला कट्ठे-दो कट्ठे या बीघे-दो बीघे के दान से भूमि की विराट् समस्या का समाधान हो सकेगा ? यहीं तक नहीं, वे यहाँ तक कहते नहीं हिचकते कि यह तो जनता की आँखों में धूल झोंककर उसे एक गंभीर समस्या की ओर से पराङमुख करने का प्रयास है । वे महान यज्ञ को प्रतिक्रियावादी काम कहते हुए भी संकोच नहीं करते । जब-जब मैं ऐसी बातें सुनता हूँ, मुझे बरबस 1930 की वह घटना याद हो आती है ।

जिन्होंने कभी क्रांति देखी नहीं, जो सिर्फ किताबों में पढ़कर ही क्रांति की कल्पना करते हैं, जिन्होंने मान लिया है कि क्रांति जैसी महान चीज के लिए उसकी शुरुआत भी खूब लंबी-चौड़ी यों कहिए कि भभड़-भड़कीली होनी चाहिए, उनको किस प्रकार समझाया जाए कि चाहे फ्रांस की क्रांति को देखिए या रूस की क्रांति को या चीन की क्रांति को देखिए या अपनी भारतीय क्रांति को, क्रांति का वातावरण होने पर एक छोटीसी शुरुआत भी उसे भयानक रूप दे देती है । फ्रांस की क्रांति स्त्रियों के एक जुलूस के गर्भ से पैदा हुई, रूस की क्रांति एक कारखाने की छोटीसी हड़ताल से भड़क उठी, चीन की क्रांति को रूसी क्रांतिकारियों ने राइफल आंदोलन कहकर बदनाम किया था और भारतीय क्रांति का प्रतीक तो तुच्छ चरखा था । क्रांतिकारी कदम का अर्थ राक्षसी कदम कभी नहीं होता । काश, हमारे तथाकथित क्रांतिकारी मित्र इस छोटे से सत्य को समझ पाते ।

भूमि की समस्या, यों स्पष्ट कहिए तो भूमि के पुनर्वितरण की समस्या इस समय भारत की सबसे प्रमुख समस्या है, इस देश का हर विचारवान व्यक्ति मानता है और हर दल ने इस समस्या के समाधान पर जोर दिया

है। किंतु प्रश्न यह है कि इस समस्या के सुलझाव का श्रीगणेश कहाँ से किया जाए। संत विनोबा ने अपने गुरु गाँधीजी के श्रीचरणों का अनुगमन करते हुए इसका एक शांतिमय समाधान हमारे सामने प्रस्तुत किया है। वह गाँव-गाँव घूमकर लोगों से कह रहे हैं कि वे उनके इस भूदान-यज्ञ में अपनी हविषा समर्पित करें और क्या यह सचमुच आश्चर्य की बात नहीं है कि उन्हें इससे आशातीत सफलता मिली है?

किंतु उनकी सफलता का माप हम बीघे-एकड़ की माप-जोख से ही नहीं करें। उन्होंने सबसे बड़ा काम यह किया है कि वर्तमान भूमिव्यवस्था की असंगति और अन्याय की ओर लोगों का ध्यान सबसे अधिक आकृष्ट किया है और उसके समाधान के लिए लोगों की क्रियात्मक सहानुभूति को उभाड़ा है। उन्होंने बार-बार चेतावनी दी है कि यदि इस प्रकार शांतिमय तरीके से इसका समाधान नहीं हुआ तो फिर देश को हिंसा के प्रवाह में बह जाने से कोई रोक नहीं सकता? उन्होंने तो कई जगह रूस और चीन का उदाहरण भी दिया है और भूपतियों से आग्रह और अनुरोध किया है कि वे इतिहास से सबक सीखें। इतने पर भी यदि देश ने उनकी पुकार नहीं सुनी; तो यह उनकी जिम्मेवारी नहीं होगी—वैतालिक ने जागरण-गीत गा दिया है, जो इसके बाद भी सोया रहेगा, वह खोकर रहेगा।

अपनी सफलता से उत्साहित होकर और बिहार की प्राचीन गरिमा का स्मरण कर उन्होंने बिहार से वह माँग की है, जैसी माँग उन्होंने कहीं नहीं की थी। उन्होंने सभी भूमिधरों से प्रार्थना की है कि वे अपनी भूमि का षष्ठांश तो उनके यज्ञ की झोली में डाल ही दें। बिहार के लिए यह परीक्षा की घड़ी है, देखें, वह इसमें कहाँ तक सफलता प्राप्त करता है? बिहार में भूमि की समस्या सबसे अधिक संगीन है, उसका समाधान भी उसके अनुरूप ही हो सकता है।

जिन्हें क्रांति में विश्वास है, उनसे मैं साग्रह निवेदन करूँगा कि विनोबा के इस क्रांतियज्ञ की सफलता के लिए कुछ उठा नहीं रखे। वे संदेह को छोड़ें और श्रद्धापूर्वक इस काम में जुट जाएँ। जो आज बीज रूप में दिखाई पड़ता है, वह एक दिन वटवृक्ष के रूप में फैलेगा ही—वह दिन निकट आवे, इसके लिए वे एक बार जी-जान से जुटकर देखें तो।

च्यांग काई शेक

(चौथे दशक का उत्तरार्ध)

बेनीपुरी को चीन पर सिर्फ 'लाल चीन' पुस्तक लिखकर ही संतोष नहीं हुआ। उसके तुरंत बाद उन्होंने च्यांग काई शेक की 'जीवनी' लिखी। इस जीवनी के अंत में उन्होंने चीन के तत्कालीन दस प्रमुख व्यक्तियों का परिचय भी लिखा। इस परिचय से च्यांग के करीबी लोगों का व्यक्तित्व सामने आता है। अपने ढंग की यह अनूठी जीवनी अब तक अप्रकाशित थी। बेनीपुरी ने न मालूम क्यों अपनी रचनाओं की सूची में इस रचना का उल्लेख भी नहीं किया है। अब बेनीपुरी की यह लगभग अज्ञात कृति सामने है।

—संपादक

च्यांग काई शेक का जन्म चीन के चिकियांग प्रांत के एक गाँव में 1887 ईस्वी में हुआ। यहाँ के लोग समुद्र के नजदीक रहने के कारण स्वभावतः साहसी, यात्रा-पसंद, व्यापार में मन लगानेवाले और मछुआ आदि के पेशे में जिंदगी बसर करनेवाले होते हैं। च्यांग का खानदान कोई वैसा धनी नहीं था, लेकिन गरीबी से चूर भी नहीं था। च्यांग के पिता बचपन में ही मर चुके थे, पर हिटलर, स्टालिन, कमाल आदि संसार के कितने ही महापुरुषों की तरह उसकी माता ने ही उसका लालन-पालन किया और शिक्षा-दीक्षा में भी कोई कसर न की। शिक्षालय में च्यांग की प्रतिभा कोई वैसी जाज्वल्यमान न थी। उन्नीस वर्ष की उम्र में सैनिक शिक्षा प्राप्त करने के खयाल से च्यांग जापान गया, लेकिन वहाँ के सैनिक विद्यालय में उसकी भरती न हो सकी, क्योंकि उस समय की चीन की मंचू सरकार की सिफारिश उसे नहीं प्राप्त हो सकी थी। जापान से लौटकर च्यांग ने पेकिंग के निकट के पार्वातंग सैनिक विद्यालय में नाम लिखवाया और वहाँ से सार्टिफिकेट लेकर वह फिर जापान पहुँचा और जापान के सैनिक कॉलेज में भरती हुआ। वह कई वर्षों तक जापान की सेना में बाज़ाब्ता सैनिक की हैसियत से काम करता रहा। कैसा तमाशा, जिस जापान में उसने सैनिक शिक्षा प्राप्त की, जहाँ के सम्राट् की सेना का वह एक सैनिक था, उसी जापान के साम्राज्य से आज उसकी ऐसी ठनी है कि यदि जापानी उसे पाएँ तो ज़िंदा चबा डालें।

जापान में रहते हुए, उसकी भेंट डॉ. सुनयात सेन से हुई, जिसकी संगत ने उसके जीवन की धारा ही बदल दी। डॉ. सेन उस समय चीनी नौजवानों के हृदयों में स्वतंत्रता की धूनी सुलगा रहे थे और एक गुप्त समिति बनाकर चीन की निकम्मी और निरंकुश सरकार—मंचुओं के शासन—को उलट देने का प्रयत्न कर रहे थे। यही गुप्त समिति पीछे चलकर कुओ मिन् तांग नाम की संस्था बनी, जो चीन की एकमात्र राष्ट्रीय संस्था है और जिसकी धाक, संगठन और ताकत की तुलना भारतीय कांग्रेस या रूस की कम्युनिस्ट पार्टी से की जा सकती है। डॉ. सेन की इसी संस्था ने 1911 में मंचू शासन का खात्मा किया और चीन में प्रजातंत्र की स्थापना की। उस समय च्यांग जापान में ही था। इस क्रांति की खबर पाते ही वह अपने प्यारे देश को दौड़ा और उतावली में यह भूल गया कि ऐसा करके वह जापानी सेना से पलायन का अपराध कर रहा है, जिसके लिए सैनिक कानून में सख्त-से-सख्त सज़ा है। हाँ, चीन में पहुँचते ही उसने सबसे पहला काम यह किया कि अपनी वरदी और तलवार पार्सल से जापानी सेनापति के पास भेज दी।

पाँच वर्षों तक च्यांग चीन की राष्ट्रीय सरकार की ओर से वहाँ के विद्रोही सेनापतियों और दकियानूस सरदारों से लड़ता रहा। एक बार उसके सैनिक दस्ते ने डॉ. सुनयात सेन की जान बचाई, इससे च्यांग की बड़ी

कीर्ति फैली। उसकी सूझ और वीरता की तारीफें होने लगीं। डॉ. सुनयात सेन उसे बहुत ही मानने लगे और वह उनके गिने-चुने सहायकों और प्रिय पात्रों में हो गया।

लेकिन 1917 में च्यांग ने एक ऐसा निर्णय किया, जिसे देखकर सभी भौंचक रह गए। उसने अपनी सैनिक वरदी उतार दी और राजनीति को भी प्रणाम कर लिया और वह रुपया कमाने की धुन में लग गया। ऐसा क्यों? च्यांग ने इन पाँच वर्षों की अपनी राजनीतिक जिंदगी में ही देख लिया था कि रुपए के बिना राजनीतिक जिंदगी ठीक से चल नहीं सकती और उसकी स्वाभिमानी तबीयत भिखमंगी पर जीने को तैयार न थी। वह चीन के एक सुप्रसिद्ध दलाल के दफ्तर में क्लर्क हो गया। उसके व्यक्तित्व ने तुरत ही उसकी ओर बड़े व्यापारियों का ध्यान आकृष्ट किया और उनमें से दो तो उसके संरक्षक ही नहीं बने, उन्होंने उसे दत्तक बना लिया। उनमें से एक तो स्वयं देशभक्ति में चूर था, अपना धन देश-कार्य में ही लगाता था और बेचारे की इसी 'अपराध' में हत्या तक कर दी गई। दूसरे ने अपना पूरा धन च्यांग को उसके भविष्य-निर्माण के लिए अर्पित कर दिया।

1921 में च्यांग फिर राजनीति में दृढ़ निश्चय और दूने उत्साह के साथ लौटा। डॉ. सुनयात सेन से एक जहाज पर उसका छप्पन दिनों तक परामर्श चलता रहा। डॉ. सेन ने इसके बाद उसे रूस भेजा। रूस में उस समय की सोवियत सरकार के युद्ध सचिव और परराष्ट्र मंत्री ट्राट्स्की से उसकी बातें हुईं। ट्राट्स्की ने उसे बताया—धैर्य और कार्य ही दो चीजें हैं, जो किसी पार्टी को सफल बनाती हैं, इनमें से एक-दूसरे की पूरक भी हैं। निस्संदेह, च्यांग ने अपनी बाद की जिंदगी में इन्हें कार्यरूप में परिणत कर दिखाया, जब लोग अकुला रहे थे, वह सब्र किए रहा और साथ-ही-साथ अपनी कार्रवाई भी जारी रखी, जिसका फल हुआ, चीन का एक महान ताकत के रूप में उदय।

रूस में च्यांग काई शेक छः महीने रहा। च्यांग की राजनीतिज्ञता के कारण रूस ने चीन की राष्ट्रीय सरकार को स्वीकृत किया और अपना राजदूत भेजा। यही नहीं, सेनापतियों और राजनीतिज्ञों से भी मदद देने का निश्चय किया। कहा जाता है, उसी जमाने में एक दिन जब च्यांग साइबेरिया की रेलवे लाइन में यात्रा कर रहा था, उसकी भेंट रूस के प्रसिद्ध सेनापति जनरल ब्लूशर से हुई और च्यांग ने उसे चीन में आकर राष्ट्रीय सेना के संगठन में मदद माँगी। ब्लूशर लाल सेना से छुट्टी लेकर चीन आया। वाम्पा में चीन की राष्ट्रीय सरकार ने सैनिक विद्यालय खोला। च्यांग उसका प्रिंसिपल बनाया गया। ब्लूशर 'गै लिन' के नाम से वहाँ के नौजवानों को सैनिक शिक्षा देता रहा। इसी विद्यालय के सैनिकों का करतब था कि च्यांग चीन को दिग्विजय कर संसार को विस्मय-विमुग्ध कर सका। इसी विद्यालय के अफसर आज उसके निकटतम व्यक्ति हैं, जिन्हें लेकर वह जापान का मुकाबला कर रहा है। आज भी च्यांग को बहुत से सैनिक 'प्रिंसिपल' कहकर ही पुकारते हैं।

लेकिन चीन में अपने स्वप्नों को मूर्तरूप में देखने भी नहीं पाए था कि डॉ. सुनयात सेन 1925 में चल बसे। डॉ. सेन के मरने के बाद च्यांग चीन का सर्वेसर्वा बन गया। डॉ. सेन अपनी वसीयत में चीन के लिए तीन कार्यरूप बना गए थे—(1) राष्ट्रीयकरण, (2) प्रजातंत्र (3) जनता की जीविका। समूचे चीन को पहले एक सूत्र में गूँथा जाए, फिर प्रजातंत्र के अनुसार चुनाव करके शासन किया जाए और ऐसा प्रबंध किया जाए कि चीन में सभी को जीवनोपयोगी सामग्री प्राप्त हो; संक्षेप में डॉ. सेन की यही अंतिम मनोकामना थी। उनकी मृत्यु के दूसरे ही वर्ष, 1926 में च्यांग ने सबसे पहले उनके पहले कार्यक्रम को पूरा करने के लिए कूच का डंका बजाया।

उस समय च्यांग ने वह पराक्रम और सैनिक योग्यता दिखलाई कि समूचा संसार स्तब्ध रह गया! उस समय के उसके सैनिक करतबों को संसार में किसी समय कहीं पर किए गए सबसे आश्चर्यजनक सैनिक कारनामों में गिनती की जाती है। उस समय राष्ट्रीय सरकार या कुओ मिन् तांग की शक्ति सिर्फ दक्षिण चीन के एक छोटे से हिस्से में ही जम पाई थी। शांघाई में इन देशभक्तों को लाल डाकुओं का गिरोह समझा जाता था और च्यांग काई शेक एक आगबबूला बोलनेवाला माना जाता था। डॉ. सेन की इज्जत एक स्वप्नदर्शी महापुरुष की हैसियत से ही थी, जिनकी पूजा की जा सकती है, लेकिन जिस पर भरोसा नहीं किया जा सकता है। समूचा चीन टुकड़ों में बँटा था, जिनके एक-एक हिस्से पर एक तानाशाह सेनापति बैठा, लोगों को अफीम

खिला-खिलाकर खुद ओज-मौज और रंगरलियों में जिंदगी बिताता था। इन्हीं उपकरणों को तोड़-फोड़कर समूचे चीन को राष्ट्रीयता के साँचे में ढालने के उद्देश्य से च्यांग काई शेक अपनी सेना लेकर विजयाभियान को चला। उसके पास सेना थोड़ी थी, लेकिन थी उसके दिल में हिम्मत, दिमाग में सूझ और भुजाओं में ताकत। उसका उद्देश्य तो पुनीत था ही। विजय-पर-विजय प्राप्त होने लगी। 1926 के अक्तूबर में वूचांग पर उसका कब्जा हुआ, 1927 की फरवरी में उसने हांगचाऊ को जीता; एक महीने के बाद ही शांघाई और नानकिंग उसकी मुट्ठियों में थे और 1928 की जुलाई में चीन की पुरानी राजधानी पेकिंग पर भी राष्ट्रीय पताका फहरा रही थी! संसार के युद्धविशारद् उँगलियाँ काटने लगे। संसार के राजनीतिज्ञ चक्कर में आए। यूरोप, अमेरिका और जापान के पूँजीपति घबराए! अरे, एक वृहदाकार राक्षस जो सोया था, जग गया और जगते ही उसने अपनी ताकत का वह परिचय दिया कि न जाने आगे क्या करेगा? यह सच कहा गया है कि चीन एक महादेश था. च्यांग ने जिसे एक देश में परिणत कर दिया!

यह तो हुआ, लेकिन संसार, खासकर पूँजीपतियों का जो भय था, वह सार्थक न हो सका। इसके बाद ही चीन में फूट पड़ गई। रूस के सम्पर्क के कारण चीन में एक साम्यवादी पार्टी बन गई थी, जो धीरे-धीरे मजबूत हो चली थी। डॉ. सुनयात सेन ने उन्हें प्रोत्साहित किया था। च्यांग भी पहले उनके समर्थकों में से था। लेकिन पीछे उनमें और राष्ट्रीय विचार के लोगों में मतभेद हो गया। च्यांग ने अंततः राष्ट्रीय विचारवालों का साथ दिया। मतभेद गृहयुद्ध में परिणत हुआ। गृहयुद्ध—भीषण, रक्तिम! दस वर्षों तक यह ज्वाला चीन में धधकती रही। च्यांग का पूरा समय अपने प्रतिद्वंद्वियों के दमन में ही लगने लगा। अजीब प्रतिहिंसा के रंग में वह रँग गया। इधर गृहयुद्ध चल रहा था, उधर जापान मौका देख उत्तरी चीन में अपना पैर पसार रहा था। मंचूरिया लिया गया, जेहोल लिया गया, चहार भी नहीं बचा। लेकिन मालूम होता, च्यांग को उस ओर ध्यान ही नहीं है। वह सेना-पर-सेना भेजकर साम्यवादियों का दमन कराता रहा।

इस गृहयुद्ध का अंत इस नाटकीय ढंग से हुआ कि उसकी मिसाल भी संसार के इतिहास में मिलना मुश्किल है। च्यांग काई शेक के दमन से ऊबकर साम्यवादी चीन के सुदूर उत्तरी प्रान्त शेंसी में जा जमे। उन्हें वहाँ से भी जड़-मूल से हटाने के लिए च्यांग ने अपने एक निकटतम सहकारी जनरल चांग स्यू ल्यांग को भेजा। चांग स्यू ल्यांग का पिता मंचूरिया का अध्यक्ष था। पिता की मृत्यु के बाद वह जब किशोरावस्था में च्यांग काई शेक की संरक्षता में था, जापान ने मंचूरिया ले लिया था। इसकी कलक उसके दिल में जरूर थी। लेकिन वह च्यांग काई शेक का अनन्य भक्त था। उसे अपना बड़ा भाई मानता था। उसके हुक्म से वह साम्यवादियों के दमन को उत्तर दिशा को चला। कुछ दिनों तक पूरी सख्ती दिखलाई। लेकिन जब उसे मालूम हुआ, साम्यवादी अपनी पूरी सेना लेकर च्यांग काई शेक की अधीनता में भी जापानियों से मंचूरिया छीनने के लिए लड़ने को तैयार हैं, तो उसके दिल में अपने प्रान्त का प्रेम हिलोरें लेने लगा। उसने ढील-ढाल शुरू कर दी। उसे डाँटने और तम्बीह देने जब च्यांग काई शेक सियान पहुँचा, जहाँ उसकी सेना का हेड क्वार्टर था, तो उसने अपने को एक दिन कैदी पाया। वह जिस घर में थां, खिड़की से कूदकर बाहर निकला, लेकिन पकड़ लिया गया। उसने पकड़े जाते ही कहना शुरू किया—मुझे गोली से उड़ा दो। चांग ने कहा—आप साम्यवादियों से सुलह कीजिए, वे आत्मसमर्पण करने को तैयार हैं, आप उन्हें साथ लेकर संयुक्त मोरचा बना, जापान से लड़िए। लेकिन कौन सुनता है? वह कहता रहा, चीनी क्रांति का प्रतिनिधि मैं हूँ, मैं जानता हूँ कि चीन के लिए मुझे कब क्या करना चाहिए, मैं कोई सलाह सुनने को तैयार नहीं, मुझे गोली मार दो। कहा जाता है, उस कैद के समय च्यांग की डायरी विद्रोहियों को मिल गई थी। उस डायरी को पढ़कर उनकी आँखें खुल गईं—जिसे वे एक दम्भी, ढोंगी हत्याकारी और क्रांति-विरोधी समझे थे, उस डायरी से पता चला, वह कुछ दूसरी ही धातु का है। साम्यवादियों के नेता भी उससे मिले और यही प्रस्ताव रखा, लेकिन उसने उन्हें भी फटकार बता दी। उसी समय च्यांग की पत्नी वहाँ पहुँची, च्यांग के आस्ट्रेलियन मित्र डोनाल्ड भी पहुँचे। चांग से, साम्यवादियों से, च्यांग काइ शेक से और इन दोनों से परामर्श चलते रहे और आखिर ये समझौता हो गया। च्यांग ने कोई लिखित प्रतिज्ञा तो नहीं

की, किंतु जापानियों से तुरंत लड़ाई छोड़ने को राजी हुआ। साम्यवादियों ने अपनी वरदी हटाकर, अपनी सेना को उसकी मातहत में रखने और लड़ने की तत्परता दिखलाई। जिसके अनुसार आज चीन में संयुक्त मोरचा है। साम्यवादियों की सेना आठवीं रूट आर्मी के नाम से लड़ रही है। समूचा चीन च्यांग काई शेक को अपना एकछत्र नेता और त्राता मानता है।

अब पता चला है, इस गृहयुद्ध के समय भी च्यांग काई शेक जापानियों से बेखबर नहीं था। 1934 में उसने अपने सभी प्रधान सैनिक और मुल्की अफसरों को अपने निवास स्थान पर बुलाया था और उनमें एक गुप्त व्याख्यान दिया था, जिसका आशय था, जापान से हमें एक दिन लड़ना है, अपने छीने हुए प्रदेश को उससे छीनना है और हमेशा के लिए उसे एक सबक सिखाना है। जिससे वह फिर हमारी ओर आँख न उठाए, इसके लिए आप सब लोग तैयारी कीजिए। लेकिन कई सबब से वह जापानियों का यह अत्याचार बरदाश्त करता जा रहा था। यही नहीं, इस गृहयुद्ध के सिलसिले में भी वह समूचे चीन को एक करने, उसमें राष्ट्रीयता की भावना भरने तथा भिन्न-भिन्न क्षेत्रों में नई प्रगति लाने में संलग्न था। इसी के सिलसिले में उसने कितने ही अन्य बिगड़े दिल विद्रोही सरदारों का दमन किया। ऐसे-ऐसे बीहड़ स्थानों में जाकर उसने राष्ट्रीयता के बीज बोए, जहाँ पहले इसकी चर्चा तक नहीं पहुँची थी। हवाई जहाज पर उसने चीन के कोने-कोने की यात्रा की। एक ऐसा दिन भी आया कि चीन के बाईस प्रांतों ने उसकी अधीनता स्वीकार की, उसे टैक्स देना शुरू किया। उसने विदेश की सरकारों से अपनी घनिष्ठता बढ़ाई, चीन की स्वतंत्र सत्ता कबूल करवाई। अच्छे-अच्छे विदेशी विशेषज्ञों को बुलाकर देश की आर्थिक स्थिति सुधारने के लिए आवश्यक चेष्टाएँ कीं। नई सड़कें बनवाईं; पुरानी की मरम्मत कराई। अकाल को रोकने और उसमें मदद करने के आयोजन किए। अपनी पत्नी की देख-रेख में उसने 'नवजीवन आंदोलन' के नाम से एक रचनात्मक आंदोलन शुरू किया जिसने चीनियों में शिक्षा, सफाई और संयम के जीवन की नींव डाली। अफीम को रोकने के लिए उसने सख्त-से-सख्त व्यवस्थाएँ कीं। राष्ट्रीय सेना का संगठन किया और सैनिक पेशे को लुटेरी वृत्ति से उठाकर प्रतिष्ठा की चोटी पर पहुँचाया। सबसे बढ़कर उसने चीनियों में राष्ट्रीय चेतना भरी, उनमें वह राष्ट्रीय भावना जाग्रत की, जो हजारों प्रहारों को भी हँसते-हँसते झेल लें।

जब च्यांग काई शेक पंद्रह वर्ष का ही था, उसकी शादी उसके परिवारवालों ने कुमारी माओ नाम की उसी जिले की एक लड़की से कर दी। इस स्त्री से च्यांग को एक लड़का हुआ, जो उसकी एकमात्र संतान है। उसका नाम है चिंगकाओ। वह कट्टर साम्यवादी है और गृहयुद्ध के जमाने में रूस में ही रहा, जहाँ उसने एक रूसी लड़की से शादी की, जिससे च्यांग को एक पोता भी नसीब हुआ है। किंतु पहली स्त्री से च्यांग की निभी नहीं—1921 में ही उसने उसे तलाक दे दिया। वह अपने पिता के घर रहती है और च्यांग उसके पालन-पोषण की ओर पूरा ध्यान रखता है। इस तलाक के बहुत दिन बाद च्यांग काई शेक का ध्यान एक सुप्रसिद्ध सुंग परिवार की एक लड़की पर आकृष्ट हुआ, जिससे बहुत दिनों के बाद 1927 में उसकी शादी हुई। यही सुप्रसिद्ध श्रीमती च्यांग काई शेक हैं, जो संसारभर में अपनी चातुरी और बहादुरी के लिए मशहूर हैं। योग्य पति की सुयोग्यतम पत्नी! किंतु इस स्त्री से च्यांग को कोई भी संतान नहीं है। जिस समय च्यांग सियान में गिरफ्तार हुआ, उसने अपनी इस प्यारी पत्नी को यों लिखा था—

"मैंने निश्चय कर लिया कि यदि देश के लिए जरूरी हुआ, अपना बलिदान सानंद करूँगा। मैं ऐसा कोई काम नहीं करूँगा जिससे मेरी प्यारी पत्नी शर्मिंदा हो और मैं डॉक्टर सुनयात सेन के अनुयायी होने से अयोग्य सिद्ध होऊँ। मेरा जन्म क्रांति के लिए हुआ था और उसी के लिए मृत्यु भी वरण करने में मुझे हर्ष होगा। घरेलू मामलों में मुझे कुछ कहना नहीं है, सिर्फ यही चाहता हूँ कि मेरे दोनों बेटों को तुम अपनी संतान की तरह ही मानकर मेरी आत्मा को आनंद पहुँचाना!"

यह दूसरा बेटा कौन? यह है च्यांग का एक पौरुष पुत्र जिसका नाम है वीकू। वीकू के पिता कुओ मिन् तांग के एक माननीय सदस्य थे। जब मरने लगे, अपने बेटे को च्यांग के हाथ सौंप दिया और च्यांग ने अपना

पूरा प्रेम देने में कोई कसर नहीं की है। वह बीस-बाईस का नौजवान विदेशों से सैनिक शिक्षा पाकर लौटा है।

च्यांग काई शेक छरहरा, सीधा, कसे हुए शरीर का, लेकिन कोमल आकृति का आदमी है। वह शान से तनकर चलता है। जिसकी ऊँचाई पाँच फीट नौ इंच है, किंतु उसके पैर शरीर को देखते कुछ छोटे हैं। वजन लगभग एक सौ चालीस पौंड। हमेशा खाकी वरदी में वह रहता है—मानो हमेशा लड़ने को तैयार। आँखें कालिमा लिये हुए भूरी, गहरी, चमकीली और नुकीली भी। चेहरे और आवाज में कुछ रुखाई—लेकिन आँखें उन्हें काफी प्रदीप्त और प्रेमल बना देतीं। स्वास्थ्य बहुत ही अच्छा।

वह भोर में बहुत सवेरे जगता और रात तक कड़ी मेहनत करता है। उषा और जलपान के अंदर का समय सबसे अच्छा वक्त मानता है। दिन के भोजन के बाद वह झपकी लेता और प्रायः थोड़ी देर के लिए गहरी नींद में सो जाता है। दिन में सोने के पहले वह ग्रामोफोन पर रिकार्ड चढ़ा देता है और जब ग्रामोफोन बंद हो जाता है, तो लोग समझ जाते हैं सेनापति सो गए। उठकर वह चाय पीता और काम फिर शुरू करने के पहले प्रार्थना करता है। रात में वह सवेरे सो जाता है। लेटे-लेटे काम करना कुछ ज्यादा पसंद है। वह बहुत-सा काम सोफा पर ही कर लेता है।

वह संयमी स्वभाव का है। सिगरेट या शराब से उसे पूरा परहेज है। यहाँ तक कि कॉफी और चाय से भी बचने की कोशिश करता है। चीनी और यूरोपियन, दोनों तरह का खाना उसे पसंद है। वह अपनी नियमित डायरी रखता है।

कविता, पहाड़ और अपनी पत्नी—ये तीन चीजें उसे सबसे प्यारी हैं। पहाड़ की घाटियों में टहलने में उसे मजा आता है। टहलते समय वह कविताएँ गुनगुनाया करता है। कुलिंग नामक पहाड़ी स्थान में उसने अपने लिए एक कुटीर बना रखा है, जहाँ वह अपनी छुट्टी बिताया करता है। अपनी पत्नी से उसे अजहद प्रेम है। विवाह के पहले जो प्रेमोन्माद उसमें था, वह अब तक बना हुआ है।

जनरव और कोलाहल की अपेक्षा उसे एकांत पसंद है। वह उत्सवों और भोजों से भागता है। 1938 में तेया चुआँग की विजय मानने को जनता की अपार भीड़ उसके मकान के सामने आ जुटी। वह उन्हें यों ही लौट जाने का हुक्म देने जा रहा था, सहकारियों की बड़ी मिन्नत के बाद वह थोड़ी देर के लिए उनके सामने हुआ।

यों उसकी सुरक्षा के लिए काफी प्रबंध रहता है। वह जिस मोटर में निकलता है, उस पर गोली कोई असर नहीं कर सकती। उसकी खिड़की के शीशे एक इंच मोटे हैं। लेकिन वह प्रायः सड़कों पर पैदल भी, चुपचाप निकलता है। उसके अंगरक्षक उससे कुछ फासले पर साधारण पोशाक में चलते होते हैं। उसका प्रधान अंगरक्षक एक जर्मन है और उसके हवाई जहाज का चालक एक अमेरिकन।

उसके कई नाम हैं, लेकिन वह साधारणतः सेनापति कहकर पुकारा जाता है। राष्ट्रपति (Mr. President) कहकर भी लोग उस पुकारते हैं और जैसा लिखा जा चुका है, प्रिंसिपल कहकर भी उसके पुराने शिष्य उसे पुकारते हैं। श्रीमती च्यांग काई शेक उसे च्यांग कहकर ही पुकारती हैं।

च्यांग चीनी भाषा के अलावा सिर्फ जापानी भाषा जानता है। वह अंग्रेजी भी समझ लेता है, किंतु किसी से अंग्रेजी में बातें नहीं करता। उसने चीनी भाषा और साहित्य के प्रचार के लिए भी प्रयत्न किए हैं। सड़कों पर अंग्रेजी अक्षरों में लिखे साइनबोर्डों को उसने हटवा दिया है।

च्यांग में कोई व्यसन नहीं है, न कोई शगल है। वह कोई खेल नहीं खेलता। फुरसत के वक्त सिर्फ पढ़ता है। चीन के प्राचीन ग्रंथों से उसे विशेष स्नेह है।

इस सुकुमार शरीर के अंदर कितनी कठोर फौलादी प्रवृत्ति छिपी है, यह कौन अंदाजा लगा सकता है। उसके इरादे चट्टान की तरह मजबूत और ठोस होते हैं। वह बुलडॉग की तरह किसी काम या व्यक्ति के पीछे पड़ सकता है। लड़ाकू सरदारों का किस कठोरता से उसने दमन किया! साम्यवादियों का किस तरह उसने पीछा किया! खूनखराबा, क्षय-विध्वंस वह किसी बात की परवाह नहीं कर सकता, एक बार जब उसने निश्चय कर लिया। उसका शारीरिक और नैतिक बल अदम्य है। उसने कई बार सिद्ध कर दिया है, मरने से वह जरा भी नहीं

डरता।

लेकिन ऐसे मौके भी आए हैं, जब उसने अपने शत्रुओं का अच्छे-से-अच्छा उपयोग किया है। जिसने उसे धोखा दिया है, शरण आने पर उसे भी क्षमा कर देने में जरा हिचक उसने नहीं दिखलाई।

धैर्य उसमें कूट-कूटकर भरा है। वह जल्दी घबराता नहीं और न उतावला होता है। विशेषज्ञों का कथन है कि इतने दिनों तक जापान के लड़ने में उसने जो ढील दिखलाई, वह उसकी सैनिक दूरदर्शिता को ही प्रकट करती है। उस समय तक चीन में एकता नहीं थी, उसकी तैयारियाँ नहीं थीं, लोगों में राष्ट्र के नाम पर मरने की दुष्कर भावना जाग्रत नहीं हुई थी, अंतरराष्ट्रीय परिस्थिति भी सब्र की ही ओर इशारा करती थी। लेकिन वह 1934 से ही अपनी तैयारियों में लगा था और उसने सोच रखा था, 1938 से वह जापान से लड़ाई छेड़ देगा, किंतु जापान ने एक बरस पहले ही लोहा बजा दिया। वह डटा, लेकिन शुरू में उसे भीषण हार उठानी पड़ी। दूसरा होता तो धैर्य छोड़ देता, बैठ जाता, आत्मसमर्पण कर देता। लेकिन हर हार उसे और उत्साहित करती रही और आज विजय का पलड़ा निश्चय ही चीन की ओर झुका दीखता है।

च्यांग काई शेक गंभीर प्रवृत्ति का आदमी है। हँसी-दिल्लगी से दूर रहता है। खुलकर बहुत कम हँसता है।

उसे एक हजार चीनी रुपए मुशाहरे में मिलते हैं। ये रुपए उसके लिए काफी होते हैं। वह बहुत ही सादगी से रहता है। नानकिंग में उसके लिए एक विशाल महल बनाया गया था, लेकिन वह एक साधारण बँगले को भाड़े पर लेकर उसमें रहता था। अपने जन्म के गाँव में उसने एक छोटासा मकान बना रखा है। कुलिंग में भी एक कुटीर है। सौभाग्य, उसकी पत्नी भी उसी के अनुरूप मिली हैं। जिससे वह छोटी जगह में भी मजे में रह सकता है। लेकिन कहा जाता है, उसके पास कुछ रुपए जमा हैं और अपने ससुराल के सुंग परिवार की अपार सम्पत्ति का उपयोग भी वह वक्त पर मजे में कर सकता है।

च्यांग काई शेक ने 1930 में ईसाई मजहब कबूल कर लिया। उसके ससुरालवाले ईसाई हैं। जब श्रीमती च्यांग पर उसका दिल रीझा, तो उसकी सास ने शर्त रखी कि ईसाई हो जाओ तो शादी होगी। शादी के लिए धर्म बदलने से उसने साफ अस्वीकार किया। हाँ, वचन दिया कि ईसाई धर्म का वह अध्ययन करेगा और यदि उसमें अच्छाई मालूम पड़ी, वह स्वीकार करेगा। शादी के तीन वर्ष बाद वह ईसाई बना। वह नियमित प्रार्थना करता और ईसा के बताए मार्ग पर चलने की कोशिश करता है। इस धर्मपरिवर्तन का कोई प्रभाव उसकी प्रसिद्धि पर नहीं पड़ा, क्योंकि चीन में धर्म व्यक्तिगत चीज समझी जाती है। हाँ, सभी चीनियों की तरह, ईसाई होने पर भी च्यांग अपने पूर्वजों का पूजक है और कन्फ्यूशियस के ग्रंथ से ही वह अपने जीवन का आदर्श लेता है।

च्यांग काई शेक चीन की सेना का कमांडर-इन-चीफ है। जलसेना और वायुसेना की बागडोर भी उसी के हाथ है। वह सुप्रीम बार कौंसिल और नेशनल मिलिटरी कौंसिल का भी प्रेसिडेंट है। चीन की एकमात्र राष्ट्रीय संस्था का वह डायरेक्टर जनरल है, यह पद हाल ही में खास इसी के लिए सृष्टि किया गया है। चीन की पैंतालीस करोड़ जनता श्रद्धा से उसके सामने सिर झुकाती है। लेकिन इन प्रधान पदों और सम्मान ने उसका सिर कभी नहीं फिराया। वह अपने को डॉक्टर सुनयात सेन का तुच्छ अनुयायी और उनकी वसीयत का एक्जीक्यूटर मात्र समझता है। वह जहाँ कहीं हो, हर सोमवार को एक अजीब दृश्य होता है, जो इसका प्रबल प्रमाण है—

चीन के जितने प्रमुख व्यक्ति हैं—मंत्रिमंडल के सदस्य, सेना नायक और मुल्की अफसर—प्रायः छः सौ की संख्या में राजधानी के विशाल सभामंडप में एकत्र होते और पंक्तियों में खड़ा होकर प्रतीक्षा करते हैं। उन्हें ज्यादा प्रतीक्षा नहीं करनी पड़ती, क्योंकि च्यांग समय की पाबंदी के लिए मशहूर है। वह आता है और सभामंच पर खड़ा हो जाता है। सैनिक बाजे बजने लगते हैं और लोग सावधान की हालत में चुपचाप खड़े रहते हैं। बाजा बंद होता है और सभी अपनी टोपियाँ उतार डॉक्टर सुनयात सेन की मूर्ति के सामने सिर झुकाते हैं। एक-दो-तीन। बड़े ही तपाक और नियम से सिर झुकाए जाते हैं। फिर सब अपनी टोपियाँ सिर पर रख लेते हैं। इसके बाद च्यांग काई शेक डॉक्टर सुनयात सेन की वसीयत पढ़ना शुरू करता है। वह एक-एक शब्द कहता

जाता और सभी उसे मंत्र की तरह उच्चारते जाते हैं। इसके बाद सब तीन मिनट तक मौन ध्यान करते हैं। तब च्यांग व्याख्यान देना शुरू करता है, जो दो घंटे तक भी चला करता है। अपने व्याख्यान में सैनिक परिस्थिति को व्यक्त करता, सैनिक अफसरों और मुल्की हाकिमों से अधिकाधिक प्रयत्न करने का अनुरोध करता है, ढील दिखानेवालों की तम्बीह करता है, गलतियों पर पुकारी डालता और नैतिक नियमों पर जोर देता है। जब तक व्याख्यान होता, लोग ध्यानपूर्वक खडे-खड़े सुना करते हैं। व्याख्यान की समाप्ति पर वह शिष्टाचारपूर्वक किसी को धन्यवाद तक भी नहीं देता 'समाप्त हुआ' बस, इतना कहकर चल देता है।

चीन के दस विशिष्ट व्यक्ति

आधुनिक चीन के दस विशिष्ट व्यक्ति कौन हैं? इसका जो सबसे सही जवाब हो सकता है, वह यों होगा—1. च्यांग काई शेक, 2. श्रीमती च्यांग काई शेक, 3. श्रीमती सुनयात सेन, 4. डॉ. कुंग, 5. टी. वी. सुंग, 6. सेनापति चांग स्यू ल्यांग, 7. माओ त्से तुंग, 8. चू तेह, 9. ली सुंग जेन, 10. पाई चुंग सी। तमाशा यह कि इन दस व्यक्तियों में पाँच व्यक्ति एक ही परिवार के हैं। वह परिवार है—सुंग पारिवार।

सुंग परिवार

चीन में एक सौरमंडल हैं, च्यांग जिसका एक ग्रह मात्र है। सौरमंडल है सुंग परिवार ! दुनिया में इस परिवार का जोड़ा नहीं मिल सकता। इतिहास में ऐसा परिवार नहीं देखा गया और शायद न देखा जाएगा। यह परिवार एक महादेश पर शासन कर रहा है, यह मजे में कहा जा सकता है। अचरज यह कि एक पुश्त पहले इस परिवार का कोई नामोनिशान तक नहीं था।

साधारण हैसियत के एक चीनी सज्जन थे। वह ईसाई हो गए थे। नाम था, चार्ल्स जॉन सुंग। सुंग महाशय किसी तरह अमेरिका पहुँचे। वहीं स्कूल और कॉलेज की शिक्षा ली, फिर एक पादरी की हैसियत से चीन लौटे और शांघाई के वाई. एम. सी. ए. में बाइबिल और पुस्तकों के विक्रेता के रूप में काम करने लगे। सुंग महाशय की धर्मपत्नी का नाम था, श्रीमती नी। इसी देवी की कोख से छः रत्न पैदा हुए—तीन लड़कियाँ, तीन लड़के। इन तीन लड़कियों ने, मानो एक महादेश से ही शादी की। चीन के संस्थापक डॉक्टर सुनयात सेन, चीन के त्राता च्यांग काई शेक और चीन सरकार के प्रधानमंत्री डॉक्टर कुंग—ये तीन सर्वश्रेष्ठ महापुरुष इन तीन लड़कियों से ब्याहे गए। जो तीन लड़के हैं, उनमें टी. वी. सुंग चीन का सर्वश्रेष्ठ अर्थशास्त्री और बहुत से विदेशियों की नजरों में च्यांग काई शेक के बाद सबसे बड़ा आदमी है। शेष दो भाई टी. ए. और टी. एल. सुंग भी काफी प्रतिभाशील और प्रभावशाली व्यक्तित्व हैं।

तीन बहनें

बड़ी बहन का नाम है, आइ-लिंग—उसका हिंदी रूप होगा प्रेमा या प्रेमवती। निस्संदेह सुंग परिवार की वह सबसे बड़ी शख्सियत हैं। संसार की श्रेष्ठतम प्रभावशाली औरतों में उनकी गिनती हो सकती है। दृढ़ इच्छाशक्ति, दुर्दमनीय कार्यशीलता और उच्चतम महत्वाकांक्षा की साक्षात् मूर्ति—दक्षता, चतुराई और होशियारी में भी लासानी। चीन के महामंत्री, अपने पति डॉक्टर एच. एच. कुंग को उन्होंने मुट्ठी में कर रखा है। सुंग परिवार की असीम समृद्धि—जिसकी गिनती करोड़ों डालरों में की जाती है—का केंद्र भी यही महिला है। उन्हें अर्थसंग्रह में मजा आता है और इसकी योग्यता भी उन्हें मिली है—व्यापारिक और औद्योगिक दाँव-पेंचों में वह किसी को भी मात कर सकती हैं।

शिक्षा अमेरिका के कॉलेजों में हुई है। शिक्षा समाप्त कर वह लौटीं और डॉ. सुनयात सेन के स्वाधीनता आंदोलन में हिस्सा लेना शुरू किया। वह डॉ. सेन की प्राइवेट सेक्रेटरी बन गईं और कहा जाता है, डॉ. सेन उन पर आशिक हो गए और शादी करने का प्रस्ताव भी रखा। लेकिन वह अपना दिल डॉ. कुंग को दे चुकी थीं, जिससे उसकी भेंट जापान में हुई थी। डॉ. सेन ने उनकी छोटी बहन से शादी की। उन्होंने डॉ. कुंग को ही वरण किया, जिससे उन्हें चार संतानें हैं। तीनों बहनों में सिर्फ उन्हें ही संतानें प्राप्त करने का सौभाग्य प्राप्त है।

डॉक्टर कुंग मोटा-ताजा और स्नेही स्वभाव का व्यक्ति है। चीनी पितृपूजा के लिए मशहूर हैं और डॉ. कुंग को तो चीन के सर्वश्रेष्ठ दार्शनिक और आराध्यदेव कन्फ्यूसियस के सीधे खानदान से होने का गर्व प्राप्त है। चीन के अधिकांश निवासी कन्फ्यूसियस के मत को ही मानते हैं, लेकिन यह आश्चर्य है कि सीधे उस खानदान से आनेवाले इस व्यक्ति ने उस मत को छोड़कर ईसाइयत स्वीकार की। किंतु चीन में मत-परिवर्तन कोई महत्त्व नहीं रखता।

डॉक्टर कुंग बीस वर्षों से चीन के राष्ट्रीय आंदोलन में क्रियात्मक भाग लेता और उसके महारथियों में गिना जाता रहा है। आज वह राष्ट्रीय सरकार का प्रधानमंत्री ही नहीं, अर्थमंत्री भी है। 1937 में जब इंगलैंड के सम्राट् का राज्याभिषेक हुआ था, तो उसमें चीन का प्रतिनिधित्व डॉक्टर कुंग ने ही किया था।

श्रीमती कुंग अपनी अन्य दो बहनों की तरह सार्वजनिक कार्यों में खुलेआम भाग नहीं लेतीं, लेकिन परदे के पीछे रहकर वहीं से रस्सी हिलाया करती हैं और उसी के अनुसार बहुत से कठपुतले नाचा करते हैं। धनियों और महत्त्वाकांक्षियों का एक बड़ा-सा गुट श्रीमती कुंग के पीछे मँडराता फिरता है, जिससे चीन के कुछ पवित्रतावादी उससे चिढ़ते हैं। कहा जाता है, उनके कारण चीन के आर्थिक क्षेत्र में कुछ अनैतिकता भी रहती है। लेकिन किसकी हिम्मत, जो जबान हिलाए। च्यांग काई शेक को जब कभी राष्ट्रीय कार्य के लिए रुपए की जरूरत होती है, तो वह कुंग पति-पत्नी के पास ही पहुँचता है। रुपए तो टी. वी. सुंग के पास भी बहुत हैं, लेकिन टी. वी. से च्यांग की हमेशा नहीं पटती।

श्रीमती कुंग का सबसे बड़ा बेटा डेविड कुंग बाईस वर्ष की उम्र में ही सरकारी खरीद-बिक्री की एकमात्र संस्था सेंट्रल-ट्रस्ट कंपनी का संयुक्त मैनेजिंग डाइरेक्टर है।

श्रीमती कुंग से छोटी यानी मँझली बहन का नाम है चिंग लिंग—जिसका हिंदी रूप आनंदी या आनंदमयी हो सकता है। यही बहन डॉ. सुनयात सेन से ब्याही गई। श्रीमती सेन सभी बहनों में खूबसूरत और सबसे शांत और गंभीर समझी जाती हैं। यदि श्रीमती कुंग बाघिन हैं, तो श्रीमती सेन हिरन हैं। यदि श्रीमती च्यांग काई शेक (सबसे छोटी बहन) मुकुट की मणि हैं, तो श्रीमती सुनयात सेन कुंज में छिपा एक फूल हैं। निस्संदेह इस परिवार की सबसे प्रमुख शख्सियत यही हैं, क्योंकि शक्ति का उद्‌गम इन्हीं से होता है। यदि इनकी शादी चीनी क्रांति के पिता डॉ. सुनयात सेन से नहीं हुए होती, तो आज सुंग परिवार को वह महत्त्व नहीं प्राप्त हुआ होता।

श्रीमती सेन छोटे कद की लेकिन प्रभावशाली आकृति की स्त्री हैं। चेहरे पर सुकुमारता। बोली में प्रेम। उम्र पचास वर्ष की, लेकिन देखने में तीस वर्ष की मालूम होती हैं। यों चीन के लोग अपनी उम्र के लिहाज के छोटे दीख पड़ते ही हैं, लेकिन श्रीमती सेन के संयमपूर्ण और विरागी जीवन ने उनके चहेरे पर एक अजीब आभा कायम रखी है। उनके चेहरे को देखकर कोई समझ नहीं सकता कि यह हर महान क्रांतिकारी महिला हैं। उससे मासूमियत टपकती है।

अपनी बड़ी बहन की तरह शांघाई में स्कूली शिक्षा समाप्त कर यह अमेरिका गईं। वहाँ से लौट डॉ. सुनयात सेन की प्राइवेट सेक्रेटरी बनीं और अंततः उनसे शादी भी कर ली। दोनों में अपार और अगाध प्रेम था। डॉ. सेन की मृत्यु के बाद, जब कुओ मिन् तांग में फूट पड़ी, तो इन्होंने साम्यवादियों का साथ दिया। गृहयुद्ध के दिनों में यह रूस चली गईं और कई वर्षों रहीं। यदि यह चाहतीं तो च्यांग काई शेक इन्हें क्या नहीं दे सकता था—लेकिन इन्होंने सबका त्याग कर दिया—परिवार, संपत्ति, पद। शायद ही किसी स्त्री ने इतना

दे सकता था—लेकिन इन्होंने सबका त्याग कर दिया—परिवार, संपत्ति, पद। शायद ही किसी स्त्री ने इतना त्याग किया हो।

रूस से लौटकर इन्होंने हांगकांग में रहना शुरू किया और राष्ट्रीय मुक्ति दल नाम की एक संस्था खड़ी की, जिसमें वे सभी लोग शामिल हुए जो जापान को चीन से भगाने की हिमायत करते थे। यह दल साम्यवादियों से अलग, प्रधानतः जापान विरोधी देशभक्तों का ही जमावड़ा था। च्यांग काई शेक की सरकार ने इस दल के सात प्रमुख व्यक्तियों को—जिनमें एक स्त्री भी थी—शांघाई में गिरफ्तार किया, इस आरोप में कि ये जापान विरोधी कार्य करते हैं। अब श्रीमती सेन से चुप बैठना मुश्किल हो गया। जब उन लोगों का मुकदमा सुचाऊ में खुला, श्रीमती सेन वहाँ पहुँचीं और अदालत में धरना देना शुरू किया। अजीब सनसनी मची और उन गिरफ्तार व्यक्तियों को छोड़ देना पड़ा।

हांगकांग का इनका जीवन बहुत ही एकांत और शांत था। पहाड़ की एक चोटी पर एक कुटिया में रहतीं। कभी-कभी बहनें इनसे मिलने जातीं, लेकिन इनका दिल उन लोगों से जल चुका था। दोस्तों और हितैषियों और प्रशंसकों ने कई बार मोटर खरीद देने की चर्चा की, किंतु इन्होंने हमेशा ही उसे अस्वीकार किया। जब कभी पैसा मिलता, उसे चीन के उद्धार के कार्य में ही खर्च कर देतीं।

जब से संयुक्त मोरचा कायम हुआ, इन्होंने राजनीति में दिलचस्पी लेना शुरू किया है। वह कुओ मिन् तांग की कार्य समिति में ली गई हैं। इनके सहयोग से राष्ट्रीय सेना में उत्साह बढ़ा है। श्रीमती सेन का प्रभाव उनके भाई श्री टी. वी. सुंग पर बहुत ही अधिक है।

श्रीमती च्यांग काई शेक बहनों में सबसे छोटी लेकिन सबसे ज्यादा प्रतिभाशाली और सुप्रसिद्ध हैं। उनका नाम है मी लिंग, जिसका हिंदी रूपांतर सुंदरी या सौंदर्यमयी हो सकता है। गरचे यह नाम सबसे अधिक उपयुक्त 'मँझली' बहन के लिए होता, लेकिन श्रीमती च्यांग भी कोई कम खूबसूरत नहीं। उनके हाथ और पैर मँझली बहन की ही तरह बहुत खूबसूरत हैं। चेहरे पर चमकता आब है। बोली में झंकार है। उन पर अमेरिका का बहुत असर है। अमेरिकन स्त्रियों की तरह सज-धजकर रहने, सभा-समाजों में भाग लेने और अपने काम बड़ी योग्यता से संपन्न करने का गुण उनमें है। अपनी योग्यता और बुद्धि के कारण चीन में उनके पति के बाद, उन्हीं का स्थान माना जाता है। कहा जाता है, कई मौकों पर उन्हीं की सलाह ने चीन की राष्ट्रीयता की रक्षा की है।

लेकिन अपनी योग्यता या बुद्धि अपने पति पर, अपनी बड़ी बहन की तरह, वह लादने की कोशिश नहीं करतीं। वह सिर्फ सलाह देती हैं, निर्णय खुद ही च्यांग काई शेक करता है। एक सलाहकार, एक मंत्री, एक प्राइवेट सेक्रेटेरी का काम वह अपने पति के लिए करती हैं। विदेशों के जो प्रतिनिधि आते हैं, उनका स्वागत-सत्कार करने और उनसे घनिष्ठता कायम करने का काम उन्हीं का है। एक बार एक विदेशी पत्रकार ने उनसे पूछा—च्यांग काई शेक की इस महानता का रहस्य क्या है! उन्होंने कहा—चीन के राष्ट्र के प्रति उनका सच्चा कर्त्तव्य ज्ञान। उस पत्रकार की पत्नी भी वहीं थी। उसने कहा—या आपका व्यक्तित्व! श्रीमती च्यांग आश्चर्य और आनंद के लाल हो उठीं!

श्रीमती च्यांग में स्त्री-सुलभ सभी गुण हैं। वह उसकी मर्यादा का तोड़ना नहीं चाहतीं। लेकिन उन्होंने शासन में जो योग्यता दिखलाई है, वह किसी भी पुरुष के लिए गौरव का कारण हो सकती है। इधर के चीन के इतिहास में ऐसा कोई निर्णय नहीं हुआ है, जिसमें उनका हाथ नहीं रहा हो। चीन की वायुयान सेना उन्हीं के हाथ में है। हिम्मत की तो साक्षात् मूर्ति हैं। युद्धक्षेत्र में जाना, घायलों की देख-रेख करना, उनका साधारण काम है। जब जापान के लड़ाकू हवाई जहाज आते और खतरे की घंटी बजाई जाती है, कहीं छिपने के बदले वह झटपट वहाँ पहुँच जाती हैं, जहाँ बम गिराए जाते हैं। ऐसे मौके पर वह पोशाक की भी परवाह नहीं करतीं। हवाई जहाज पर सफर करने का उन्हें शौक है। जिस समय च्यांग काई शेक सियान में कैद कर लिया गया था, वह हवाई जहाज पर दौड़ गईं और यह मजे में कहा जा सकता है, उन्हीं के चलते मामला सब

शांतिपूर्वक निबट गया। वह तो यहाँ तक कहती हैं कि यदि मैं उनके साथ गई होती तो यह घटना होती ही नहीं।

चीन के सैनिक अफसरों का कहना है कि युद्ध के टेक्निकल सवालों को वह च्यांग की अपेक्षा ज्यादा जल्द समझ जाती हैं। च्यांग तो अपनी हिम्मत और बहादुरी के सामने किसी चीज की परवाह ही नहीं करते।

उनकी उपमा अमेरिका के राष्ट्रपति मि. रुजवेल्ट की पत्नी से दी जाती है। बहुत अंशों में वह उससे भी आगे हैं।

चीन के 'नवजीवन आंदोलन' की तो वही माता समझी जाती हैं। गाँवों का सुधार और चीन की भाषा को आसान करने में उनका बहुत बड़ा हिस्सा रहा है। चीन के गाँव-गाँव में यह नवजीवन आंदोलन फैला हुआ है। ग्रामीणों को संगठित जीवन के फायदे बताए जाते, बच्चों को तालीम दी जाती। व्यवस्था, सफाई और परिश्रम के आदर्श सामने रखे जाते। भीड़ मत लगाओ, कतार में खड़े हो, थूको मत, सफाई बीमारी को मार भगाती है, जुआ, व्यभिचार, शराब से परहेज करो, अफीम से बचो—ऐसे नारों को देश के कोने-कोने में प्रचार किया जाता। श्रीमती च्यांग का कहना है कि नवजीवन आंदोलन कुओ मिन् तांग की सबसे बड़ी देन है।

श्रीमती च्यांग को कोई संतान नहीं। अपने पति पर आपका अगाध स्नेह है। सियान की घटना के समय श्रीमती च्यांग से पहले उसके छोटे भाई टी. वी. सुंग भेजे गए थे। टी. वी. के मार्फत श्रीमती च्यांग ने झट संदेश अपने पति के लिए भेजा था—"अगर टी. वी. तीन दिन के अंदर नहीं लौटा तो मैं खुद वहाँ पहुँचूँगी और आपके साथ ही रहूँगी और मरूँगी।" संदेश सुनते ही च्यांग काई शेक की आँखें छलछला उठी थीं। लेकिन इस पतिपरायण के लिए तीन दिन भी बड़ी अवधि थी—दूसरे ही दिन दोपहर होते-होते वह वहाँ वायुयान से जा पहुँची।

तीन भाई

सुंग परिवार के तीन भाइयों में सबसे बड़ा है टी. वी. सुंग और इसमें शक नहीं कि इस परिवार का सबसे बड़ा रहस्यपूर्ण व्यक्तित्व भी वही है। मोटा-ताजा शरीर। साफ-सुथरा रहने का शौकीन। गंभीर, लेकिन बेलौस बातें कहने में भी कभी नहीं हिचकनेवाला। मेहनती और ईमानदार। अडिग और कभी-कभी घमंडी भी। बहुत ही योग्य, चीन ने इतना बड़ा अर्थशास्त्री शायद ही पैदा किया।

अमेरिका की यूनिवर्सिटियों में पढ़ा। अर्थशास्त्र का पी-एच. डी.। नौ वर्षों तक वह लगातार चीन का अर्थमंत्री रहा। उसने चीन की मुद्रा को ठीक किया, बैंकिंग का विकास किया, आयात-करों का सिलसिला बाँधा और विदेशों में चीन की साख कायम की। बजट का रिवाज कायम कर उसने मनमाने खर्चों और दूसरी आर्थिक दुर्नीतियों को दूर करने का अथक परिश्रम किया। चीन की अर्थनीति पर टी. वी. की स्पष्ट छाप है।

किंतु 1933 में टी. वी. च्यांग काई शेक की सरकार से हट गया। वह च्यांग की जापान संबंधी शुरू की नीति का विरोधी रहा है। जापान से उसे घोर घृणा है। 1938 में शांघाई में उसने अपनी निजी फौज लेकर जापानियों का मुकाबला किया। उसकी फौज नष्ट हो गई, च्यांग अलग से तमाशा देखता रहा। लेकिन जब संयुक्त मोरचा कायम हुआ, वह फिर लौटा और फिर अपनी योग्यता से च्यांग और चीन को अपार लाभ पहुँचा रहा है। जापान से लड़ने के लिए जो कार्यक्रम चीन के सेनानायकों ने बनाया, उसी के घर में बनाया गया। जापानी तो उसके नाम से ही जल जाते हैं।

मँझला भाई टी. एल. सुंग भी एक सुशिक्षित युवक है, जो राजनीति पर अर्थनीति को ही तरजीह देता है। वह चीन के राष्ट्रीय बैंक का डायरेक्टर रह चुका है। अपनी औद्योगिक और व्यापारिक कुशलता से उसने भी काफी पैसे इकट्ठे किए हैं। जापान युद्ध में युद्ध सामग्री पहुँचाने की बड़ी जिम्मेवारी का काम उसे सौंपा गया है। सबसे छोटा भाई टी. ए. सुंग हारवार्ड यूनिवर्सिटी का प्रतिभाशाली ग्रेजुएट है और नमक का नियंत्रण उसके हाथों में दिया गया है।

नौजवान सेनापति

च्यांग स्यू ल्यांग साधारणतः नौजवान सेनापति के नाम से पुकारा जाता है। एक अजीब किस्म का आदमी है वह। दुनिया में इने-गिने विचित्र व्यक्तियों में उसकी गिनती की जा सकती है।

सूरत का ही खयाल कीजिए। अधिकांश चीनियों की तरह उसका शरीर काफी आकर्षक है—उसमें प्रबल चुंबकत्व है। उसकी लचकदार अँगुलियों में बिजली है, तो भी देखने में वह बदसूरत है। उसके होंठ मोटे, ढीले और कामुकता को प्रकट करनेवाले। नाक चीनियों की नाक से बिलकुल पृथक्—चोंच की तरह। आँखें भी कोई सुंदर नहीं, लेकिन बड़ी-बड़ी और दिल को खींचनेवाली। शांत, लेकिन जिंदादिल। आवाज में फसाहत। चलता है तो मानो अपने हर डग का उसे खयाल है—शान से, अकड़ता हुआ। कभी वह कमजोरों में भी कमजोर था—आज उसकी ताकत का अंदाजा नहीं लगाया जा सकता। उसके भविष्य के बारे में कल्पना नहीं की जा सकती।

नौजवान सेनापति मंचूरिया के नामी सरदार च्यांग शी लिन का बेटा है। उसका जन्म 1898 में मुकदन में हुआ। शैतानियत और नटखटपन के लिए बचपन में मशहूर।

उसके बाप ने अपने राज्य के योग्य अधिकारी बनाने के लिए पूरी चेष्टाएँ कीं। लेकिन क्या वह बाप की इच्छा पूरी कर सका? बाप एक बार उसे चीन के तत्कालीन राजकुमार के पास ले गए और उसे घुटने टेकने को कहा। लेकिन उसने घुटने टेकने से अस्वीकार कर दिया, बढ़कर सिर्फ हाथ मिलाया। इसके लिए वह खूब पीटा गया। शुरू से ही उसमें लोकतंत्रात्मक भाव विद्यमान रहा है।

लेकिन हर चीनी की तरह उसे अफीम की लत जवानी आने से पहले ही लग गई। इस अफीम ने उसे बरबाद किया। जब 1926 में बाप की मृत्यु के बाद सरदार बना, उसकी नशाखोरी से फायदा उठाकर उसके दो सेनापतियों ने उसे गद्दी से हटा देना चाहा। इसकी गंध उसे मिली। उसने दोनों को एक दावत में बुलाया और गोलियों से उड़ा दिया। हाँ, उनकी बीवियों को लगभग तीन-तीन लाख रुपए भिजवा दिए।

वह बड़ा दृढ़ और साहसी आदमी है। भय तो उसे छू नहीं गया है। हाँ, वह अपने मित्रों के लिए भी प्रतिष्ठा का कारण बन जाता है। जब वह ताश खेलने लगता है, अपनी रिवाल्वर भरके सामने रख लेता है। ताश, टेनिस, गोल्फ का वह अच्छा खिलाड़ी है। वह सोहबतपसंद आदमी है। मित्रों के लिए वह सबकुछ कर सकता है।

हवाई जहाज पर खतरनाक यात्राएँ करना उसे बहुत ही रुचता है। उसने कई अविष्कार इस संबंध में किए हैं।

1928 में उसकी दोस्ती आस्ट्रेलियन सज्जन मि. डोनाल्ड से हुई। डोनाल्ड ने उसकी अभिभावक की तरह देखभाल की। अफीम खाने की उसकी आदत छुड़वाई। उसकी भेंट च्यांग काई शेक से कराई। दोनों में दोस्ती हुई। च्यांग काई शेक ने उसे अपना छोटा भाई माना। डोनाल्ड की प्रेरणा से ही उसने यूरोप की यात्रा की।

जिस समय जापानियों ने उसकी जन्मभूमि को लूटा और उस पर कब्जा किया, वह बीमार होकर पेकिंग में पड़ा था। उसके पास बहुत धन था। उस धन में से कुछ तो जापानियों ने ले लिया, कुछ उसके पास भेजवा दिया। जिस महल में वह रहता था, वहाँ आजकल जापानी पुलिस के कुत्ते रखे जाते हैं।

अपनी जन्मभूमि का यह अपमान उसके दिल में बराबर खटकता रहा, लेकिन च्यांग काई शेक की बात मानकर वह चुप रहा। जब जापानियों के पंजे चीन पर बढ़ने लगे, वह रह-रहकर तमतमाता लेकिन च्यांग उसे रोकता गया। आखिर च्यांग ने उसे साम्यवादियों से लड़ने का उत्तर भेजा। सियान पहुँचकर साम्यवादियों से

लड़ने के बदले, वह उनके प्रभाव में आ गया और च्यांग काई शेक को उसने कैद भी कर लिया। आखिर समझौता हुआ। च्यांग काई शेक ने जापानियों से लड़ाई छेड़ी। लेकिन चीन की सरकार के सर्वश्रेष्ठ अधिकारी को इस तरह कैद करने के अपराध (?) में उस पर मुकदमा चलाया गया और आज वह उसकी सजा नजरबंदी के रूप में भुगत रहा है।

लेकिन यह भी सर्वविदित बात है कि वह च्यांग के प्रति अतिअनुरक्त है और यदि वह नहीं होता तो च्यांग की जान उस मौके पर शायद ही बच पाती। उसने कई बार च्यांग की अपूर्व सेवा की है। जब उसके बाप मर गए, उसने अपनी राजधानी मुकदन पर राष्ट्रीय झंडा फहराकर च्यांग की धाक बहुत ही बढ़ा दी। जब 1930 में उत्तरी सरदारों ने मिलकर च्यांग की फौज को लगभग तबाह कर दिया, तो उसीने च्यांग की मदद कर उसकी रक्षा की। 1931 में च्यांग ने मतभेद होने पर तैश में आकर राष्ट्रीय सरकार से इस्तीफा दे दिया, उस समय उसने च्यांग का साथ दिया, जिससे प्रभावित होकर विरोध पक्षवालों को दबना पड़ा। 1933 में जेहोल के पतन को उसने अपने सिर पर लेकर च्यांग की इज्जत बचाई।

इस नौजवान सेनापति से जापानवाले बहुत ही नाराज है क्योंकि वे समझते हैं, उसीने च्यांग को लड़ाई के लिए मजबूर किया। लेकिन वे दिन भी भूल नहीं सकते हैं, जब वे उसकी सहानुभूति के भिखारी थे और उसे 'उगते सूरज' की सनद दी थी।

वे दोनों

साम्यवादियों के नेता माओ त्से तुंग और चू तेह की प्रसिद्धि संसार में आज बहुत ही ज्यादा है। च्यांग काई शेक द्वारा घोर दमन किए जाने पर भी, जिन्होंने चीन की छाती पर सोवियत शासन का एक मूर्त उदाहरण रखा, लाल सेना का संगठन किया, उस सेना को एक नवीन युद्ध पद्धति दी, 'महाअभियान' के रूप में एक अपूर्व सैनिक कर्त्तव्य दिखलाया और आज जो अपनी आठवीं रूट आर्मी के कारनामों से जापान को तबाह और संसार को चकित बना रहे हैं, उनकी प्रसिद्धि तो होनी ही चाहिए।

माओ त्से तुंग साम्यवादी पार्टी का अध्यक्ष है और चू तेह सैनिक नेता। दोनों एक-दूसरे से इतने घुले-मिले हैं कि बहुत लोग दोनों को एक ही समझते और माओ-चू या चू-माओ से पुकारते हैं।

लेकिन दोनों के चरित्र और गुण में काफी अंतर है। माओ एक दार्शनिक, एक बुद्धिवादी व्यक्ति है; चू तेह एक कार्यशील और सैनिक प्रवृत्ति का पुरुष है। माओ दिमाग है; चू तेह दिल है। माओ किसान का बेटा है—स्वप्नदर्शी, विधायक वृत्ति का। वह कभी चीन से बाहर नहीं गया। चू तेह कभी अमीर था, आज भिखारी बना है, लेकिन उसके स्वभाव में ज्यादा गरमी है। उसने विदेशों की काफी यात्रा की है। माओ बुद्धिवादी लोगों में अपनी योग्यता की धाक जमा सकता है, चू तेह बोलता बहुत कम है। माओ का व्यक्तित्व चू तेह की अपेक्षा बड़ा समझा जाता है, लेकिन अगर चू तेह नहीं होता, तो माओ वहाँ नहीं होते, जहाँ आज हैं। माओ की तुलना लेनिन से की जाती है और चू तेह को लिंकन मानना पड़ेगा।

माओ का जन्म 1893 में हूनान प्रांत के एक गाँव में हुआ। उसका बाप किसान था और छः वर्ष की उम्र से ही वह बाप के साथ खेत पर काम करने लगा। उसका बाप बड़ा सख्त आदमी था—अपने बेटे को अंडा या गोश्त भी नसीब नहीं होने देता था।

लेकिन माँ काफी दयालु और बुद्धिमती थी। माओ की इच्छा पढ़ने-लिखने की ओर थी, माँ के प्रोत्साहन से ही वह कुछ लिख-पढ़ सका। जब वह सत्रह वर्ष का हुआ, भागकर वह चांग्सा पहुँचा और वहीं तरह-तरह की तकलीफों के अंदर पढ़ने-लिखने लगा। कोर्स की किताबों के अलावा वह लाइब्रेरी का कीड़ा था। परिश्रमी विद्वानों की क्रांतिकारी किताबें पढ़ीं, क्रांति के इतिहास पढ़े। पढ़-लिखकर उसने पत्र संपादन का पेशा अख्तियार किया। राजनीति में भी उसका प्रवेश हुआ। चांग्सा अब उसे छोटी जगह मालूम पड़ी। उसके पास सात रुपए थे। उससे जूता और छाता खरीद वह भ्रमण में निकला। अपने देश की गरीबी और गुलामी उसने नजदीक से

की फूट—साम्यवादियों और राष्ट्रवादियों का झगड़ा—शुरू नहीं हुई थी। 1821 में वह अखिल चीन किसान संघ का सभापति था।

फूट शुरू होने पर, चीन के जितने साम्यवादी नेता थे, हिम्मत खो बैठे। रूस से जो साम्यवादी नेता और सेनानायक बोरोदिन, ब्लूशर आदि भेजे गए थे, वे भी भाग गए लेकिन माओ ने हिम्मत नहीं हारी। अपने जिले में जाकर उसने किसानों की सोवियत कायम की। चू तेह की सहायता में लाल सेना का संगठन किया। च्यांग काई शेक ने दमन के लिए कुछ उठा नहीं रखा। माओ के सिर पर उसने दो लाख डालर का इनाम बोल रखा था। माओ की पहली स्त्री और बहन को पकड़कर फाँसी पर चढ़ा दिया गया। लेकिन माओ अचल और अडिग रहा!

चू तेह की उम्र इस समय बावन-तिरपन वर्ष की होगी। वह एक बड़े जमींदार का लड़का है। उसकी शिक्षा-दीक्षा अच्छी तरह हुई। वह जर्मनी से भी पढ़ आया था। पढ़-लिखकर सैनिक अफसर हुआ। जवानी उसने आमोद-प्रमोद में काटी। रंडियों का झुंड रखता, अफीम खाकर मदहोश बना रहता। लेकिन 1927 की क्रांति ने उसकी आँखें खोल दीं। उसने रंडियों को हटा दिया। अफीम छोड़ दी। रूस गया। वहाँ मार्क्सवाद की शिक्षा ली। चीन पहुँचकर साम्यवादियों का साथ दिया। लाल सेना का संगठन उसी की युद्ध कला का नमूना है। 1931 में वह लाल सेना का सेनापति चुना गया, जो आज तक है। उसके सिर पर भी दो लाख डालर का ईनाम च्यांग ने बोला रखा था।

चीन की लाल सेना सात वर्षों तक क्यांग्सी में ही च्यांग काई शेक का मुकाबला करती रही। च्यांग ने धावे-पर-धावे किए एक लाख की लाल सेना पर पाँच लाख सैनिकों तक को भेजा, लेकिन सफल नहीं हुआ। आखिर क्यांग्सी से तंग आकर माओ त्से तुंग और चू तेह अपनी सेना लेकर उत्तर की ओर चले, जो महाअभियान (Long March) के नाम से मशहूर है। यह महाअभियान संसार की सैनिक कर्तृत्वों में अपूर्व हैं।

इस महाअभियान में तीन सौ अड़सठ दिनों के अंदर छः हजार मील की दूरी तय करनी पड़ी। बारह सूबों को उन्हें लाघना पड़ा। अठारह पहाड़ों की चोटियाँ और चौबीस बड़ी-बड़ी नदियाँ उन्होंने पार कीं। कहीं मीलों दलदल, कहीं घनघोर जंगल, कहीं आदिवासियों की खूँखार बस्तियाँ। तारीफ यह कि आगे-पीछे च्यांग काई शेक की सेनाएँ घेर और खदेड़ रहीं। रास्ते-रास्ते पंद्रह बड़ी-बड़ी लड़ाइयाँ हुईं और तीन सौ छोटी-छोटी मुठभेड़ें। अपने साथ वे अपने पूरे सामान भी लिये जाते, छापाखाना है, रेडियो है, कारखानों के पुर्जे हैं। जब वे तातू नदी के किनारे पहुँचे, च्यांग काई शेक आनंद से चिल्ला उठा—हमने इन्हें लिया। लेकिन उसके आश्चर्य की सीमा न रही, जब उसने मालूम किया, वे वहाँ से निकल गए। शेंसी पहुँचकर उन्होंने फिर सोवियत कायम की। इसी सोवियत को कुचलने के लिए नौजवान सेनापति चांग स्यू ल्यांग भेजा गया था, जहाँ च्यांग काई शेक खुद गिरफ्तार हुआ।

माओ और चू तेह की सबसे बड़ी खूबी रही है, चीन का संयुक्त मोरचा। च्यांग की, यदि वे चाहते थे, हत्या करा सकते थे, लेकिन ऐसा होने से गृहयुद्ध और बढ़ेगा; यह समझ, उन्होंने उसे मुक्त ही नहीं कराया, वरन् अपने झंडे हटाकर, अपनी वरदी हटाकर, अपनी सेना और सोवियत का नाम बदलकर, च्यांग काई शेक के नेतृत्व में जापान से लड़ रहे हैं। चू तेह की 1937 में संयुक्त मोरचा कायम होने पर, पहली बार च्यांग काई शेक से भेंट हुई। 1938 में फिर एक बार चू तेह ने हवाई जहाज से जाकर च्यांग से भेंट की। च्यांग भी सब पिछली बातों को भूलकर चू तेह को सब तरह की स्वतंत्रता और सहूलियत दे रखी है।

जुड़वें भाई

दोनों के जन्म अलग, धर्म अलग, उम्र में भी काफी फर्क, लेकिन दोनों जुड़वें भाई कहे जाते हैं—वे हैं क्रांति के दो सेनापति ली और पाई। दोनों में इतनी समता और एकात्मता है कि लोग दोनों को प्रायः एक ही समझते और माओ त्से तुंग और चू तेह की तरह एक ही नाम से ली-पाई कहकर पुकारते भी हैं।

इन दोनों की प्रसिद्धि का कारण साधारण है। ये दोनों च्यांग काई शेक के सर्वश्रेष्ठ सेनापति समझे जाते हैं और इनकी सेना चीन की सबसे अच्छी—बहुत अंशों में लाल सेना से भी अच्छी समझी जाती है।

ली का पूरा नाम है, ली सुंग जेन और पाई का पाई चुंग सी। ली का जन्म 1890 में क्यांग्सी प्रांत में हुआ। जीवन की प्रथमावस्था में वह व्यायाम शिक्षक का काम करता था। 1925 में चीन की क्रांति में शामिल हुआ और थोड़े ही दिनों में च्यांग के सर्वश्रेष्ठ सैनिकों में गिना जाने लगा। ली में स्वार्थ जरा भी नहीं छू गया है। वह चीन का सबसे ईमानदार आदमी समझा जाता है। पाई का जन्म 1893 में हुआ। पहले उसने बाजाब्ता सैनिक शिक्षा ली, फिर क्रांति में शामिल हुआ। वह मजहब से मुसलमान है और चीन-भर में घूम-घूमकर उसने मुसलमानों की सहानुभूति चीन की राष्ट्रीय सरकार की ओर खींची है।

ली और पाई गरीब घर के लड़के हैं। बहुत ही ईमानदार, बहुत ही मेहनती बड़े ही देशभक्त। दोनों की बड़ी अच्छी जोड़ी है, दोनों एक-दूसरे के पूरक हैं। ली बहुत ही खरा और बगैर लल्लो-चप्पो का आदमी समझ जाता है। पाई ठीक इसके खिलाफ चतुर और मधुरभाषी आदमी है। ली अगर फौलादी पंजा है, पाई रेशमी दस्ताना है। ली उम्र में बड़ा है और सैनिक पद में भी—पाई का मुख्य काम युद्ध क्षेत्र में सैन्य संचालन और उसका नेतृत्व है।

च्यांग काई शेक ने अपनी 1927-28 की जिन विजयों से संसार को चकित कर दिया था, उन विजयों में प्रमुख हाथ इन्हीं दोनों के रहे हैं। असल में समझिए तो लड़ने का काम तो इन्हीं दोनों का रहा है।

दोनों ने साम्यवादियों के दमन में भी च्यांग का साथ दिया, लेकिन 1935 में जब च्यांग बार-बार जापान से लड़ाई टालता रहा, तो नाराज होकर वे अपने प्रांत में चले गए और वहीं स्वंत्रत सेना तैयार कर स्वंत्रत शासन करने लगे। लेकिन ज्यों ही वर्तमान चीन-जापान युद्ध शुरू हुआ, दोनों च्यांग से आ मिले। लड़ाई की खबर मिलते ही पाई हवाई जहाज पर उड़कर नानकिंग पहुँचा और च्यांग से वर्षों के बाद हाथ मिलाया। च्यांग ने उसी दिन उसे राष्ट्रीय सेना का चीफ-ऑफ-स्टाफ बना दिया। कहा जाता है, चीन में एक यही आदमी है, जो रणभूमि में च्यांग के हुक्म को भी बदल सकता है। वह चीनी सेना का सर्वश्रेष्ठ मोरचाबंद समझा जाता है।

चीन में यह आम धारणा है कि च्यांग काई शेक के बाद उसका सैनिक उत्तराधिकारी पाई ही होगा !

और दो देशद्रोही !

जापान ने अपनी नई नीति के अनुसार चीन के अपने जीते हुए भूभागों पर चीनियों की ही तथाकथित सरकारें कायम की हैं और उन्हीं के नाम पर अपने साम्राज्यवादी शोषणों को वह जारी किए हुए हैं। एक सरकार है नानकिंग में और दूसरी मंचुकायी में। नानकिंग की सरकार का हेड है वांग चिंग वी और मंचुकायी की सरकार का नामधारी शासक है हेनरी पू यी। चीन के इन दो देशद्रोहियों का चरित्र भी कम मनोरंजक नहीं है।

वांग चिंग वी को ही लीजिए। यह सुनकर किसे आश्चर्य न होगा कि यह चीन के निर्माता डॉ. सुनयात सेन का दाहिना हाथ था और अपना राजनीतिक उत्तराधिकारी वह इसे ही बनाना चाहते थे, च्यांग काई शेक को तो वह सेनापति मात्र रखना चाहते थे। संसार के उन महानुभावों में इसकी गिनती हो सकती है जो अपनी एक जिंदगी में कितने रूप धारण करते और कभी पूजा एवं कभी घृणा के पात्र बनाते हैं।

वांग का जन्म कैन्टन में हुआ, जो चीन की क्रांति का केंद्र रहा है। उसने जापान में अपनी शिक्षा समाप्त की। वहीं उसकी भेंट डॉ. सुनयात सेन से हुई और उसने उसके अधीन क्रांति का काम करना शुरू किया। पहले वह एक पत्रकार और पार्टी संगठनकर्ता की तरह मशहूर हुआ, पीछे तो अपने आतंकवादी कार्यों के लिए महाप्रसिद्ध हुआ। वह चीन लौटा और 1910 में चीन के युवराज (हेनरी पू यी के पिता) को मारने के लिए बम से एक पुल को ही उड़ा दिया। साधारणतः ऐसे अपराधों के लिए उसे फाँसी होती, लेकिन राजमाता इस आगबबूले नौजवान की अपूर्व रूपराशि से इस तरह प्रभावित हुईं कि उसे आजन्म कैद की ही सजा दी गई। 1911 के सफल क्रांति के बाद वह रिहा हुआ।

नौजवान की अपूर्व रूपराशि से इस तरह प्रभावित हुईं कि उसे आजन्म कैद की ही सजा दी गई। 1911 के सफल क्रांति के बाद वह रिहा हुआ।

वांग सीधे कैन्टन पहुँचा, डॉ. सुनयात सेन की सेवा में हाजिर हुआ और उसकी मृत्युपर्यंत वह उनका प्रधान सहकारी रहा। वांग ने ही डॉ. सुनयात सेन की आखिरी वसीयत लिखी, जो आज चीनी राष्ट्र की धरोहर है। उस समय वांग कुओ मिन् तांग के वामपक्ष में था और 1927 में हांकाऊ में जो वामपक्षी सरकार कायम हुई, उसका प्रधान वही बनाया गया।

च्यांग काई शेक ने इस सरकार को खतम कर दिया। वांग फ्रांस गया और वहाँ से दक्षिणपक्षी बनकर लौटा और च्यांग काई शेक के साथ मिलकर काम करने लगा। लेकिन यह चंचल चित्त पुरुष फिर भी स्थिर नहीं रहा। च्यांग से लड़ बैठा। फिर प्रवास। फिर प्रत्यावर्त्तन। अब की च्यांग से ऐसा घुला-मिला कि राष्ट्रीय सरकार का प्रधानमंत्री बनाया गया। 1935 में इस पर गोली चलाई गई अजीब ढंग से। एक अखबारनबीश ने इसकी तसवीर लेने की प्रार्थना की। जब वह तसवीर के लिए बैठा, कैमरा के अंदर से ही उसने रिवाल्वर छोड़ा। वह बुरी तरह घायल हुआ। संयोग से ही बचा। कहा जाता है, उसका मत कुछ जापान के पक्ष में था, इसीसे उस राष्ट्रप्रेमी नौजवान ने उस पर यह वार किया था।

लेकिन एक बार फिर वह च्यांग काई शेक से लड़ा और विदेशों में चला गया। सियांग में जब च्यांग कैद किया गया और छुटकारा पाया तो वह फिर लौटा। 1937 में वह कुओ मिन् तांग का डिप्टी लीडर बनाया गया। लेकिन यह भी ज्यादा दिनों तक नहीं चला। 1938 के दिसंबर में उसने वह छलांग ली कि आज वह जापान की गोद में रहकर अपनी राष्ट्रमाता के उस स्तन को दाँतों से कुतर रहा है, जिसकी जीवनधारा ने उसे पाला-पोसा, बड़ा बनाया।

दिसंबर का महीना था। 1938 का साल। च्यांग काई शेक अपनी कैद के दो साल बाद, उसी सियांग में सैनिक मोरचे का निरीक्षण कर रहा था। उसी समय येनान के गवर्नर ने उसे तार से खबर दी कि वांग वायुयान से वहाँ आया है और जापानियों से सुलह की चर्चा कर रहा है। क्या आपको इसके बारे में कुछ खबर है! च्यांग ने तुरंत जवाब दिया, यह सब वांग की खुराफत है और जब तक वह उसके प्रति कोई कार्रवाई करे, वांग ने चीन छोड़ दिया था।

वांग की इस कार्रवाई पर चीन की राष्ट्रीय आत्मा अत्यंत क्षुब्ध हुई। उसने उसे देशद्रोही नाम से पुकारा। यही नहीं, कुछ नौजवान उसके पीछे लगे और फ्रेंच-इंडोचीन तक पहुँचकर उसे अपनी गोलियाँ का निशाना बनाया। लेकिन वह इस बार भी बच गया! जब वह आराम हुआ, जापानियों ने नान्किंग में एक कठपुतली सरकार बनाई और वांग को उसका हेड बनाया!

वांग बहुत धनी आदमी है। शांघाई में उसका अपना बड़ा मकान है। अपने परिवार से उसे बड़ा स्नेह है। नौकरों के प्रति उसका बड़ा अच्छा व्यवहार है। समय का पूरा पाबंद। घर में सभी को दस बजे रात में सो जाना और छः बजे उठ जाना चाहिए। वह नास्तिक है, लेकिन माता की स्मृति में एक छोटा सा सुंदर, वैज्ञानिक साधनों में संपन्न, बौद्ध मंदिर फुलवारी में बना रखा है। वह कवि है, उसकी कविता का अंग्रेजी में भी अनुवाद हुआ है। कविता में प्राकृतिक दृश्यों का बड़ा सुंदर वर्णन पाया जाता है। उनका व्यक्तित्व सुंदर है, मोटर है—जहरीले गेहुअन साँप की तरह!

मंचुकायी का सम्राट् (?) हेनरी पू यी देशद्रोही नंबर दो है। यही आदमी है, जिसे अपनी जिंदगी में तीन बार सम्राट् होने का सौभाग्य (?) प्राप्त है!

पेकिंग में उसका जन्म 1906 में हुआ। दो वर्ष की उम्र में ही वह चीन का सम्राट् बनाया गया। लेकिन 1912 में प्रजातांत्रिक क्रांति हुई और यह गद्दी से उतार दिया गया—हाँ, प्रजातंत्र ने चार लाख चाँदी का डालर हर साल उसे देना तय किया और उसे उस 'वर्जित नगर' में ही रहने की आज्ञा दी। 1917 में राजसत्ता चलानेवालों ने बलवा किया, वे सफल हुए। इसका भाग्य चमका और दूसरी बार स्यूआन तुंग के नाम से चीन का सम्राट्

बनाया गया। 1922 में उसने एलिजाबेथ यूआंग नाम की एक लड़की से शादी की, जो एक अमेरिका मिशनरी द्वारा पोली-पोसी गई थी। 1924 में फिर उसे राजगद्दी खोनी पड़ी और कर्नल दोयतारा नामक जापानी मित्र ने उसे तिन्स्तीन पहुँचाया। जब जापानियों ने मंचुकायी पर विजय प्राप्त की, तो उसे वहाँ ले गए और 1934 में वह बाजाब्ता सम्राट् घोषित किया गया।

इस नामधारी सम्राट् की शिक्षा-दीक्षा एक अंग्रेज सर रेजिनाल्ड जौंसन द्वारा हुई थी। जौंसन ने इसे परिश्रमी राजनीति में ही उस्ताद नहीं बनाया, यह हेनरी नाम भी उसी का दिया हुआ है। अंग्रेजी बादशाहों में उसे अपने लिए नाम चुनने को कहा गया और उसने हेनरी आठवाँ को चुना। जापानियों ने अब उसका नाम बदलकर सम्राट् कांग तेह रख दिया है।

हेनरी लंबा आदमी—छः फीट लंबा है, लेकिन उसकी तौल सिर्फ एक सौ दो पौंड है। जापानियों ने जो उसे मोटर दी थी, उसमें वह अपनी लंबाई के कारण ठीक से बैठे नहीं पाता था। लेकिन मोटर पर बहुत कम निकलने का उसे मौका मिलता है। वह तो जापानियों द्वारा एक तरह से किले में कैद है। उसके एक नौकर ने कहा था—सम्राट् जापानियों से मुझसे भी ज्यादा घृणा करते हैं, लेकिन उन्हें इस घृणा के लिए काफी इनाम मिलता है !

हेनरी को कोई संतान नहीं है। जापानियों ने कहा था, दूसरी शादी कर ले, लेकिन उसने नामंजूर कर दिया। इससे जापानी उसे चिढ़े रहते हैं क्योंकि वे चाहते थे कि उससे एक पीढ़ी का निर्माण हो जो उनके लिए राज करती रहे। उसका स्वभाव नरम और मिलनसार है। उसे आप संसार का वैसा सम्राट् कहें, जिसके नाम पर राज तो होता है, लेकिन राजसत्ता क्या चीज है, इसका स्पर्श भी उसमें नहीं होने दिया जाता !

बेनीपुरी द्वारा संपादित 'जयप्रकाश की विचारधारा' पुस्तक की भूमिका और उसकी विषय-सूची

दो शब्द

जब मेरी लिखी जयप्रकाशजी की जीवनी प्रकाशित हुई, तभी से मित्रों का आग्रह आने लगा कि उनके विचारों और सिद्धांतों पर भी एक पुस्तक प्रकाशित होनी चाहिए।

सबसे जबरदस्त आग्रह था बनारस राज्य के उस जमींदार का जिसने अपने खून से एक खत लिखकर कहा था—

"आपकी इस जीवनी ने तो मुझे पागल बना दिया। गरीबों के जिस नेता की मुझे तलाश थी, वह मुझे मिल गया। लेकिन मैं उसे सिर्फ देखकर संतुष्ट नहीं हो सकता। मैं तो उसके विचारों पर चलना चाहता हूँ। क्या कोई ऐसी किताब नहीं लिखिएगा कि मैं अपने नेता के विचारों से पूरी तरह वाकिफ हो सकूँ? आपको मेरी कसम—मेरे खून की कसम। इसीलिए अपने खून से ही यह खत लिख रहा हूँ आपको।"

मैंने तभी से इस किताब की ओर ध्यान दिया। चीजें जहाँ-तहाँ बिखरी पड़ी थीं। कितनी चीजें मूलतः अंग्रेजी में थीं। सबका संग्रह करने में देर हुई और काफी देर हो गई।

खैर, अब यह लोगों के सामने हाजिर है। मैंने कोशिश की है कि इसमें जयप्रकाशजी के विचारों का पूर्णतः संकलन हो जाएँ। उनके सभी प्रमुख लेखों, पुस्तिकाओं का ही संग्रह इसमें नहीं है; उनके कितने ही व्याख्यानों को भी दे दिया है, जिनके नोट मैंने ही लिये थे। फिर जयप्रकाशजी जेल में जो छिट-फुट नोट लिखते रहे, उनमें से भी बहुत चीजों को दे दिया है। कई चीजें तो ऐसी हैं जो पहले-पहल यहीं छप रही हैं।

राष्ट्रकवि श्री मैथिलीशरण गुप्त ने लिखा था—"सचमुच आपका जयप्रकाशजी से मस्तिष्क का ही नहीं, हृदय का संबंध है।" लेकिन इस पुस्तक का संपादन सिर्फ हार्दिक प्रेम से ही प्रेरित होकर नही हुआ है।

देश में जो असंतोष है, बेकली है, उसमें देश की जनता, देश के नौजवान जयप्रकाश की ओर ही ध्यान लगाए बैठे हैं। ऐसी हालत में यह आवश्यक था कि उनके विचारों को एक साथ संग्रह करके उनके सामने रख दिया जाए जिससे वे समझें कि जयप्रकाश क्या चाहते हैं और उन्हें कहाँ ले जाना चाहते हैं।

अंधभक्ति हमेशा ही बुरी है; किंतु किसी नए संदेश के मसीहा के प्रति अंधभक्ति तो उसके साथ विश्वासघात और अपने साथ धोखा है।

विजयादशमी

—श्रीरामवृक्ष बेनीपुरी

पुस्तक में संकलित जयप्रकाश नारायण के लेख, भाषण और पत्रों का अनुक्रम :

प्रथम खंड
समाजवाद : क्यों और कैसे ?

1. समाजवाद : सामाजिक संगठन की एक पद्धति
2. समाजवाद की रूपरेखा
3. समाजवाद—किस रास्ते ?
4. मार्क्सवाद : अनुभव से छनकर
5. समाजवाद और भारतीय संस्कृति
6. समाजवादी एकता
7. सोशलिस्ट पार्टी : सिंहावलोकन
8. समाजवादी कार्यक्रम

द्वितीय खंड
क्रांति की लपटों में

1. आजादी के सैनिकों के नाम—पहला पत्र
2. आजादी के सैनिकों के नाम—दूसरा पत्र
3. आजादी के सैनिकों के नाम—तीसरा पत्र
4. अमेरिका के अफसरों और सिपाहियों के नाम
5. अपने विद्यार्थियों से

तीसरा खंड
सींखचों के अंदर से

1. देवली के मशहूर खत
2. क्या युद्ध अविभाज्य है ?
3. लाहौर किले की यंत्रणाएँ
4. कुछ फुटकर चीजें

कुछ पत्र

जयप्रकाश नारायण के नाम

पटना

28 अक्तूबर, 1959

कल मन में एक उफान उठा। जयप्रकाशजी के नाम एक पत्र लिखा। पत्र कुछ विचित्र हो गया; दो-एक मित्रों को सुनाया है, सभी ने पसंद किया है कि भेजा जाए। भेजूँ? क्या कुछ काम करेगा? जो हो, मन तो कुछ हलका होगा! पत्र यों है :

प्रिय जयप्रकाशजी,

27 अक्तूबर, 1959

यह पत्र बड़े हृदय-मंथन के बाद लिख रहा हूँ। मैंने अपने को राजनीति से तटस्थ-सा कर लिया है। प्रिय महावीर (जपला) की हत्या के बाद तो मैं राजनीति से बिलकुल निराश हो चुका हूँ। आपने भी तो राजनीति छोड़ ही दी है। अतः राजनीति के विषय में मैं कुछ लिखूँ और वह भी आपके नाम; यह उचित है या नहीं, मैं निर्णय नहीं कर पाता। तो भी समय-समय पर आपको अपनी हार्दिक भावनाएँ कहता या लिखता रहा हूँ। उसी अभ्यासवश यह पत्र लिख रहा हूँ।

'प्रजा सोशलिस्ट पार्टी' भारत में समाजवाद की रजत जयंती मनाने जा रही है। सुना है, अखबारों में पढ़ा है, उसमें आप भी सम्मिलित किए गए हैं। आप जाएँगे और वहाँ आपके प्रवचन भी अवश्य होंगे। मैं चाहता हूँ, जब आप वहाँ बोलें तो कुछ स्पष्टता से काम लें। यानी, 'संतों' की तरह शुभाशीष ही नहीं दें, 'चिंतकों' की तरह स्पष्ट बातें भी कहें कि पार्टी के लोगों को पार्टी और अपने बारे में कुछ सोच-विचार करने का सुअवसर मिले।

मुझे 'प्रजा सोशलिस्ट पार्टी' की दुर्गति पर बहुत क्षोभ होता है। मैंने एक बार आपसे कहा भी था कि पार्टी को इस स्थिति में लाने का श्रेय सिर्फ लोहिया को नहीं है, आपका इसमें सबसे बड़ा हाथ है। यों तो हम सभी दोषी हैं, किंतु हमारे गुण-दोष की क्या हस्ती! यह पार्टी आपने बनाई और आज जो इसकी स्थिति है, उसमें भी आपका उतना ही बड़ा हाथ है, जितना इसे भारत में प्रमुखतम स्थान दिलाने में। मेरे खयाल से इसकी उन्नति और अवनति का श्रेय मुख्यतः आपके दो 'पलायनों' पर है। एक बार आपने हज़ारीबाग़ से पलायन किया और यह पार्टी उन्नति की चोटी पर जा पहुँची। दूसरी बार आपने बोधगया में पलायन किया और यह पार्टी गड्ढे में जा गिरी!

खैर, अपनी-अपनी तकदीर। इस पार्टी को यही बदा था। किंतु मुझे यह देखकर बहुत दुख होता है कि जो पार्टी इतनी शानदार रही, इतने शानदार काम किए, उसकी यह दुर्गति हो, जो कुष्ट के रोगी की होती है। इस पार्टी की मौत भी एक शानदार होनी चाहिए थी! आपने इससे ऐसी मौत भी छीन ली। आज इससे अंग-अंग गल-गलकर, कट-कटकर गिर रहे हैं। पीप से, मवाद से, दुर्गंध से जी मिचलाता है, नाक फटती है। आपके लिए उचित था कि आप पार्टी के साथियों को एकत्र करके इस पार्टी को भंगकर देते, फिर राजनीति से संन्यास लेते। हो सकता है, कुछ साथी आपकी बात नहीं मानते, किंतु मेरा विश्वास है, उस समय आपकी जो स्थिति थी, अधिकांश लोग मान ही जाते। जो लोग नहीं मानते, वह दूसरा रास्ता लेते या इसकी लाश को थोड़े दिनों तक ढोते। किंतु आप तो इस दोष से बच गए होते और आपके नेतृत्व में एक सही किस्म की राजनीति पर जो आस्था रखते थे, वे बेचारे तो सोचने-समझने और कोई रास्ता ढूँढ़ने को विवश होते। किंतु आप अपने उन साथियों को

नरककुंड में छोड़कर अकेले भूदान की बछिया की दुम पकड़कर उस पार निकल गए। आप आज उस तथाकथित 'स्वर्ग' में रहने की कल्पना कर रहे हों, किंतु मेरा विश्वास है, आपकी आत्मा वहाँ शांति नहीं पा सकी होगी—

'कभी भूली हुई मंजिल भी याद आती है राही को !'

भगवान करें, आप में इतनी आत्मवंचना आ गई हो कि आप वहाँ सुख और शांति—दोनों पाने की कल्पना करते हों। किंतु क्या यह उचित नहीं था कि मेरे ऐसे व्यक्ति के सुख और शांति के बारे में भी सोचते, जिसने कभी आपको इतना ऊँचे स्थान पर देखा था और जो आज भी आप पर से अपनी आस्था को हटा नहीं पाता !

खैर, व्यक्तियों पर क्यों ध्यान दीजिए, किंतु जिस पार्टी को आपने जीवन के बीस उत्कृष्ट वर्ष दिए—1934 से 1954 तक—उसकी मिट्टी नहीं खराब हो यह तो आपको सोचना ही था। अब तक नहीं सोच सके, तो अब भी सोचिए—प्रायश्चित्त के रूप में ही सही। सोचिए और स्पष्टता से काम लीजिए।

आज यह पार्टी क्या है, एक ऐसी सेना जिसका न कोई 'सेनापति' हो और न जिसमें कहीं 'सैनिक' ही दिखाई पड़ते हों; जिसमें सिर्फ 'लफ्टंट' ही 'लफ्टंट' (लेफ्टिनेंट) बच रहे हों। 'लफ्टंटों' की यह सेना बड़े-बड़े खूबसूरत स्वप्न देख ले, लंबी-चौड़ी बातें भी कर ले, जो तर्क की दृष्टि से अचूक और अकाट्य सिद्ध हों, किंतु यह सेना क्या कभी विजय प्राप्त कर सकती है ?—न भूतो, न भविष्यति। अतः आज आवश्यक यह है कि कोई समर्थ पुरुष इस लफ्टंटों की सेना के आगे खड़ा होकर कहे, 'ओ लफ्टंटों, यह ढोंग छोड़ो, इस स्वप्न को तोड़ो, अरे, अपने-अपने घर जाओ; जाओ और तुरत !' ऐसा कहकर आप देश का कल्याण कर लेंगे, अपने नए धर्म के लिए अच्छी पृष्ठभूमि बना लेंगे और सबसे बढ़कर अपनी पिछली गलती के लिए प्रायश्चित्त भी कर लेंगे।

आपने जिस समय इस पार्टी का संगठन किया, उस समय इसकी आवश्यकता थी। आप देश के लिए बिलकुल नए थे, किंतु सारा देश आपके पीछे खड़ा हो गया। वह समय की पुकार थी, जो आपके कंठ से निकली थी। अब इस पार्टी की जरूरत नहीं रह गई, यह तो आपने उस दिन ही सिद्ध कर दिया, जिस दिन आपने इसे छोड़ दिया ! गांधीजी ने 1934 में कांग्रेस त्यागी थी, उसमें और आपके पार्टी के त्यागने में कितना अंतर है, आप स्वयं समझते होंगे। 1934 में कांग्रेस के 'सत्य और अहिंसा' वाले संशोधन को ठुकराकर (हम लोगों का इसमें जबरदस्त हाथ था।) उन्हें कांग्रेस से हटने को विवश किया गया। वह सदस्य नहीं रहे, किंतु तो भी कांग्रेस से चिपके रहे, एक अस्त्र की तरह उसका प्रयोग करते रहे। हाँ, जब देश आजाद हुआ, इस अस्त्र ने वह सिद्धि दे दी, जिसके लिए इसकी रचना हुई थी, तो गांधीजी ने स्पष्ट कर दिया, इसे फेंको, कांग्रेस को तोड़ो !और आपने तो पार्टी रूपी इस अस्त्र को उसी समय फेंक दिया, जब आजादी के बाद समाजवाद की विजय के लिए ऐसे अस्त्र की नितांत आवश्यकता थी। सच बात तो यह है कि 1952 के चुनाव की असफलता और उसके बाद पार्टी के अंदर की तू-तू, मैं-मैं ने आप पर यह प्रकट कर दिया कि इस पार्टी की अब आवश्यकता नहीं रह गई ! आपमें उसी दिन यह साहस होना चाहिए था कि अपने साथियों से यह बात कहते; खैर, अब इस जयंती के अवसर पर एक मौका आया है, अतः आपको साफ-साफ कहना चाहिए।

मेरा विश्वास है, 'प्रजा सोशलिस्ट पार्टी' यदि अपने को इस प्रकार तोड़ दे, विसर्जित कर ले तो लोगों की आस्था आपकी पार्टीविहीन राजनीति की ओर बहुत बढ़ जाएगी। यदि पार्टीविहीन राजनीति ही आज देश की माँग है, तो क्या तब तक धैर्य धारण करके बैठना चाहिए जब तक एक सुनहरे प्रातःकाल में सभी पार्टियाँ एक जगह एकत्र होकर अपने को भंग न कर लें। ऐसा सोचना तो मूर्खता की हद ही समझा जाएगा। हृदय परिवर्तन धीरे-धीरे होता है। पार्टियाँ भी धीरे-धीरे टूटेंगी। क्यों नहीं सबसे पहले आप उसी पार्टी से शुरू करें जिसे आपके द्वारा जन्म पाने का सौभाग्य मिला है ! यह टूट तो रही ही हैं, आप तो उसे वीरगति मात्र देंगे। एक पार्टी के विसर्जन के बाद दूसरी पार्टियाँ सोचना शुरू करेंगी। छोटी-छोटी पार्टियाँ टूटने लगेंगी और अंततः दो पार्टियाँ ही बच जाएँगी; जिनमें से एक-दूसरे को निगलकर पार्टीविहीन राजनीति के लिए पथ प्रशस्त कर देगी।

एक दिक्कत जरूर हो गई है कि आपने हाल ही में स्वतंत्र पार्टी को शुभाशीष देकर अपनी स्थिति नाजुक कर ली है ! किंतु इमर्सन के अनुसार, 'कॉन्सिस्टेंसी' तो छोटे दिमागों की उपज है । कम-से-कम आपके पुराने साथी तो आपकी बात अवश्य स्वीकार कर लेंगे !

आपने एक बार कहा था, अगली लड़ाई तानाशाही और जनतंत्र के बीच होगी । तानाशाही दिन-दिन बढ़ती जा रही है । अतः क्यों नहीं आप सभी जनतांत्रिक शक्तियों को एकत्र करने की दिशा में प्रयत्न करें ! आज देश भी यही पुकार कर रहा है । 'प्रजा सोशलिस्ट पार्टी' को यदि इस क्रम की पहली कड़ी बनने का सौभाग्य आप दिला सकें तो इतिहास आपकी इस सेवा को कभी नहीं भूलेगा—जनतंत्र का एक मसीहा ही मानेगा ।

आप पूछ सकते हैं, यह सलाह मैं स्वयं ही अपनी पार्टी को क्यों नहीं देता ? उसका कारण यह है कि यह मेरे लिए छोटे मुँह बड़ी बात होगी । ऐसा कहने का एक हक उसी को है, जो इस पार्टी का जन्मदाता हो । फिर मैं तो एक 'कलाकार' हूँ या 'साहित्यिक'—मेरे गोत्र द्वारा की गई प्रशंसा तो सभी सुनना चाहते हैं, किंतु उसी की 'राय' को तो 'बहक' ही मानते आए हैं और मानते रहेंगे ! और अंत में आप जानते ही हैं, मैं तो व्यक्तिगत आचरण में 'सती धर्म' का माननेवाला ठहरा; जिस किसी से एक बार हाथ बँध गया, बँध गया । मैं तो अपने को इस पार्टी का अंतिम सदस्य सिद्ध करना चाहता हूँ और शायद प्रारंभ के एकाध दर्जन सदस्यों में ही मेरी गिनती है । लेकिन इस पार्टी की दुर्गत देखकर मेरा कलेजा पसीज-पसीज उठता है—कई रातें मेरी अनिद्रा में ही कटी हैं, आप मेरी इस बात पर, आशा है, यकीन करेंगे । अतः चाहता हूँ कि कहीं इसकी मिट्टी को शरण मिल जाए । आप इसे यदि शरण दिला सकें तो फिर क्या कहना ? इसके लिए एक शुभ अवसर भी आ गया है ! पच्चीस वर्षों के बाद अपने को समेटकर यह पार्टी उन पार्टियों के निकट एक आदर्श भी रखे, जो दिन-दिन छीजती हुई अंत में अपनी मिट्टी तक खराब कर लेती हैं ! इसी आशा में यह पत्र आपकी सेवा में भेजकर थोड़ी शांति का अनुभव कर रहा हूँ ।

सस्नेह,

पुनश्चय—यह पत्र 26/10/59 को ही लिखा, किंतु इन पाँच-छः दिनों में सोचता रहा, इसे भेजूँ या नहीं । कुछ अंतरंग मित्रों से भी राय ली । अंत में सोचा, अपने हृदय की इन अछूती भावनाओं को आप तक पहुँचा ही दूँ । कहीं-कहीं कुछ कठोर वाक्य आ गए हैं, क्षमा करें । यह विश्वास तो है ही कि आप मुझे गलत न समझेंगे ।

•

श्री बसावन सिंह के नाम

पटना

23 नवंबर, 1959

प्रियवर,

आपका कार्ड मिला । मैंने फोन किया तो पता चला कि आप गोरखपुर गए हैं । फिर सोचा, क्यों न अपने विचार लिखकर ही भेज दूँ ।

आपने पार्टी ऑफिस में बुलाया है । और साथियों को भी बुला रहे हैं । निस्संदेह ही पार्टी संबंधी बातें होंगी । यदि मुझे इन बातों में दिलचस्पी रह गई होती, तो मैं आपकी कार्यसमिति में ही रहता । मैंने आपको पत्र लिखकर मना किया कि मुझे अपनी कार्यसमिति में न लें । आपने कृपाकर मेरी विनती स्वीकार की । फिर आगे मुझे क्यों काँटों में घसीटना चाहते हैं ?

मुझे पार्टी की वर्तमान स्थिति पर हार्दिक दुख है । पिछले वर्ष मैंने चाहा था कि पार्टी को आगे बढ़ाने, दलदल से निकालने के लिए जो कुछ संभव हो, करूँ । आपसे बातें की थीं (जब आप मुजफ्फरपुर से ट्रेन में मेरे साथ आ रहे थे) । शिशिरजी और कौशलेंद्रजी से भी बातें की थीं । गंगा बाबू से बातें कीं । जयप्रकाशजी को लिखा ।

जयप्रकाशजी ने हम लोगों को—आपको, गंगा बाबू को, कर्पूरीजी को और मुझे अवधेश बाबू के घर पर बुलाया। आपने स्पष्ट कह दिया, जब तक महावीर और जपला का सवाल हल नहीं होता, तब तक आप कुछ न कर सकेंगे।

उसके लिए, उसके हल के लिए एक तरीका भी निकाला गया। किंतु वह तरीका जहाँ-का-तहाँ रहा। हाँ, वह समस्या अब हल हो चुकी है। अतः स्वाभाविक ही है कि अब पार्टी की ओर पूरा ध्यान जाए।

लेकिन मेरे लिए दुर्भाग्य की बात यह है कि यह मैंने उसी समय तय कर लिया कि मुझे इन प्रपंचों में नहीं पड़ना चाहिए, और एक नए काम में अपने को जोत दिया है। मुझे खुशी इस बात की है कि आपने भी मेरे उस काम का महत्त्व समझा है, उसमें सहायता देने का आश्वासन भी दिया है।

मुझे पार्टी की स्थिति से कितना दुख है, क्या बताऊँ ! कल ही मैंने जयप्रकाश को एक पत्र लिखा है। मैंने उसमें कहा है कि जब आप बंबई के जयंती उत्सव में जा रहे हैं तो एक काम कीजिए। वहाँ सलाह दीजिए कि इस पार्टी को भंगकर दिया जाए। क्योंकि पार्टी की हालत एक कुष्ट रोगी की हो गई है। इसके अंग-अंग गलते और कटते जा रहे हैं; मवाद, पीव और बदबू फैल रही है। बहादुरों की यह पार्टी की मौत शहीदों की होनी चाहिए, न कि कुष्ट के रोगी की। मैंने उस पत्र में यह भी कहा था कि यह पार्टी एक ऐसी सेना है जिसमें न सैनिक है, न कोई सेनापति है—सिर्फ लफ्टंट-ही-लफ्टंट हैं जो सिर्फ विजय का दिवास्वप्न देखा करते हैं। पत्रों में पढ़ा है, जब बंबई में बोलने को खड़े हुए तो भाई मेहर अली की याद पर आधे घंटे तक मौन रह गए, कुरसी पर बिठाए गए। मेरा खयाल है, उस समय उन्हे मेरा वह पत्र भी अवश्य याद आया होगा।

मेरे लिए सबसे दुख की बात यह है कि बिहार में पार्टी की इस दुर्गत में आपका हाथ सबसे बड़ा रहा है। जब आप चेयरमैन चुने गए थे, मुझे बड़ी प्रसन्नता हुई थी, मैंने आपसे प्रेसींडेंट चेंबर के आगे, सड़क पर, पेड़ के नीचे संध्या को भरे गले से कहा था, इस पार्टी को ऊँचे उठाइए, मैं आपको सदा सब प्रकार की सहायता दूँगा। लेकिन आप शुरू से ही 'तुच्छ त्रिगुट' के फेर में पड़ गए। उनके पास सेवा, बलिदान, त्याग नाम की कोई चीज नहीं थी, किंतु वे होशियार थे। समझते थे कि बिना किसी की दुम पकड़े वे वैतरणी पार नहीं कर सकते। उन्होंने आपको पकड़ा, आपके पीछे लगे। आतंकवादियों की जो आपकी ट्रेनिंग रही, बचपन की वह ट्रेनिंग क्या अपनी छाया छोड़ सकती थी? गुपचुप, कानोंकान होटल के किसी कोने में, किसी गुमटी पर, दो-चार छोटे-छोटे 'शिष्यों' को लेकर क्रांति का हवाई किला बनाना आपको भा गया, आप फिर उस चक्कर में आ गए तो आश्चर्य की क्या बात ! क्रांति पूरा रोमांस गया। एक क्रांतिकारी पार्टी उस 'रोमांस' मन को भेंट हो गई।

पिछले चुनाव के ऐन मौके पर क्या-क्या अनर्थ न किए गए। उसके बाद के चुनावों के नतीजे भी आपके सामने हैं। इन असफलताओं ने सिद्ध कर दिया है कि आप जिस 'त्रिगुट' के फेर में हैं, वे आप सहित इस पार्टी को जहन्नुम में पहुँचाकर ही दम लेंगे। आपके लिए एक ही रास्ता था कि आप इन असफलताओं पर ध्यान देकर सभी साथियों को बुलाते, चेयरमैन पद से इस्तीफा देते, गलतियों के लिए क्षमा माँगते ! आप में वह ऊँचाई है, जो ऐसा करने में आपको मदद देती। किंतु तब इस तुच्छ 'त्रिगुट' की क्या दशा होगी? वे बेचारे कहाँ रहेंगे? अतः वे आपको न हटने देंगे और न कुछ करने देंगे—त्रिशंकु की तरह बीच में अटकाकर अपना उल्लू सीधा करते रहेंगे। आपके नाम पर घृणित-से-घृणित कुकर्म करेंगे और कराएँगे; मेरा खयाल है, आप स्वयं भी कभी-कभी सोचते होंगे, पछताते होंगे, इस दलदल से अपने को निकालने को भी आतुर होंगे, किंतु क्या आप ऐसा कर सकेंगे? आपके हाथ-पाँव में ही उन्होंने जंजीरें नहीं डाली हैं, आपकी नस-नस को उन्होंने जकड़ लिया है—अब आप अपना 'तड़पने का तमाशा' देखिए !

आप कुछ साथियों को बुला रहे हैं, बुलाइए; किंतु क्या आप उसमें कुछ कर सकेंगे, कुछ कह भी सकेंगे आपको यही कहना होगा जो वह 'त्रिगुट' चाहता है और करने की तो बात अलग, उसकी मरजी के बिना क्या एक डग भी आप इधर-उधर जा सकेंगे? फिर इस तमाशे में सम्मिलित होने को क्यों सोचा जाए? क्यों आपका अपमान देखा जाए और क्यों अपने अपमान को निमंत्रण दिया जाए?

क्षमा कीजिए, कुछ स्पष्ट बातें कह दीं। आज आपको ऐसे लोग प्यार और सम्मान देने लगे हैं कि पुरानी

बातों को याद दिलाकर अपने प्यार और सम्मान की चर्चा करना भी इन दो पवित्र शब्दों को अपवित्र बना देना है। आप में आज भी वह शक्ति है कि इस पार्टी को फिर सही रास्ते पर ला सकते हैं, पुराने साथियों को योग्य कामों में जोत सकते हैं, नए लोगों को इस पार्टी की ओर खींच सकते हैं! किंतु आप कुछ ऐसे फँसे हैं कि मुझे विश्वास नहीं होता कि आप कुछ कर सकेंगे! मैं तो आपकी इस गोष्ठी में नहीं आ सकूँगा, किंतु चाहूँगा कि उस दिन उस 'त्रिगुट' की छाया से आप कुछ दूर हटकर अपने एकत्रित साथियों से खुलकर बातें करें, एक अच्छा कार्यक्रम बनाएँ और फिर उसे पुरानी लगन और धुन से पूरा कर दिखाएँ। मेरा रोम-रोम आपको आशीर्वाद देगा और आप पा सकेंगे कि मैं इस गोष्ठी में शामिल हुए बिना भी आपके लिए कितने काम का सिद्ध हुआ—आप जो कहेंगे, अपने लिये हुए कामों को करते हुए भी, उसे पूरा करने की कोशिश करूँगा।

क्षमा कीजिए, मैं कुछ कठोर बातें भी कह गया। मैं उन लोगों में से नहीं हूँ जो सामने एक बात और पीछे दूसरी बात कहते हैं। मैं जो अनुभव करता हूँ, कह देना उचित समझा। साठ साल का हुआ; मुझे जो कुछ बनना बनाना था, बन-बना चुका। मेरे सारे अरमान पूरे हुए।

देश में एक समाजवादी शासन बने, एकमात्र यही आकांक्षा पूरी नहीं हो सकी। इसके लिए जब तक जिंदा हूँ, कोशिश करूँगा। हाँ, उस कोशिश का मेरा अपना तरीका हो सकता है। रही पार्टी की बात, तो मैं तो 'सती धर्म' का माननेवाला हूँ, जिसकी बाँह एक बार पकड़ी, पकड़ी। जब जवानी में यह धर्म नहीं छोड़ा तो बुढ़ापे में गुनाहे-बेलज्जत करने की बेवकूफी क्यों करूँगा। भगवान न करें कि ऐसा हो, लेकिन यह स्थिति आई भी तो मैं तो अपने को इस पार्टी का अंतिम सदस्य सिद्ध करूँगा और आदि के पाँच-छः सदस्यों में से एक तो हूँ ही!

•

पुत्र जितेंद्र कुमार बेनीपुरी के नाम

पटना

6 नवंबर, 1954

प्यारे बेटे,

क्या संयोग होता है, तुम्हारा यह पत्र जिस दिन मिला, जिस दिन मैं घर से एक गंभीर निर्णय करके चला था!

तुम्हारी शिकायत है, मैं तुम्हें बेनीपुर में बाँध देता हूँ और वहाँ कोई दिलबस्तगी का सामान नहीं।

दुलहिन की भी यही शिकायत रही है!

किंतु मैं जो करता रहा, वह सिर्फ तुम्हारी माता की भावना पर ध्यान देकर। वह बेचारी चाहती है, अपने बेटों को देखे, पोतों को देखें। रोते-रोते उसकी जवानी गई, बुढ़ापे में उसे यह सुख कुछ मिलता रहे, यही मेरी मंशा थी।

दुलहिन ने तय कर लिया है, वह बेनीपुर नहीं रहेंगी। उनकी यह भी इच्छा है कि देवेंद्र उनके साथ रहें। मैंने कह दिया है, आप दोनों जहाँ चाहें रहें। जब तक देवेंद्रजी कुछ कमाते नहीं हैं, अपनी कमाई से उन्हें पैसे भेजता रहूँगा!

तुम सोच सकते हो, यह निर्णय करते समय मुझे कितनी पीड़ा हुई होगी! लगा है, जैसे जीवन का एक तंतु ही टूट गया। न खा पाता हूँ, न सो पाता हूँ। तो भी दिन-रात काम करना ही पड़ रहा है, क्योंकि मैं काम करना छोड़ दूँ, तो तुम लोगों का पालन-पोषण कैसे चले?

बुढ़ापे में यही बदा था! 'होता है वही जो मंजूर-खुदा होता है!'

खैर, मेरे लिए चिंता न करो। तुम वही करो, वहीं रहो, जहाँ तुम्हारी इच्छा हो, जो तुम्हारा मन भावे!

रुपए भेज दूँगा क्योंकि अभी कमा सकता हूँ।

यही निवेदन करूँगा, अब थोड़े दिन रह गए, मन से पढ़ो कि सफलता के साथ निकलो। देवेंद्रजी को तो

समझाकर थक गया।....यदि वह मेरी उस आरजू-मिन्नत पर भी ध्यान दिए होते, तो आज ऐसी बात नहीं होती। कहीं अच्छी जगह पर बैठ गए होते, कमाते, खाते!

अब सारा भरोसा तुम्हीं पर है। यदि तुम कहीं अच्छी जगह पर लग गए तो फिर तुम्हारे परिवार का ढाँचा बदल जाएगा! मैं वह दिन देख सकूँगा, ऐसा सौभाग्य मेरा शायद नहीं है। किंतु मेरी आत्मा तुम्हें सदा असीस देती रहेगी।

तुम्हारे लिए जो मैं नहीं कर सका, उसे मेरी लाचारी मान लो और क्षमा कर दो। मैं कुछ ऐसा विकल हूँ कि अधिक लिख नहीं सकता।

तुम्हारा स्नेही पिता,
श्री राम बेनीपुरी

•

पटना
18 मार्च, 1954
बेनीपुरी प्रकाशन

प्यारे बेटा, मस्त रहो।

अभी ग्यारह बजे घर जा रहा हूँ। क्या करूँ, जब-जब होली आती है, तुम्हारी याद सताने लगती है। छः होली बीत गईं; खैर अब दो ही रह गई हैं। फिर तो जैसे हो हम साथ मनाएँगे—चाहे तुम आया करोगे या हम तुम्हारे पास पहुँचा करेंगे।

संस्कृत का वह श्लोक बार-बार याद आता है। जिसका अर्थ है—

'सारी रात बीत चुकी है, अब तो थोड़ी बाकी रह गई है—इसलिए अवसाद छोड़ो, सभा का मनोरंजन करो!'

इस श्लोक के साथ एक कहानी है। एक राजा के दरबार में नाटक खेला जा रहा था। रातभर नाटक होता रहा। बेचारी नटी थक गई थी। तब नट ने ऊपर का श्लोक कहा। यह सुनते ही राजा की बेटी ने गले का हार नटी को पहना दिया, राजा के बेटे ने अशर्फियों से नट की हथेली भर दी। राजा को बड़ा आश्चर्य हुआ! यह क्या बात हुई—इस कथन में क्या खूबी थी कि मेरे बेटे और बेटी ने ऐसा किया।

राजा ने बेटे और बेटी को अलग-अलग बुलाया। दोनों ने उसके पैर छुए और आँखों में आँसू भरकर सारी बातें कहीं। बेटी जवान हो गई थी। किंतु उसकी शादी नहीं हुई थी। उसने तय किया था, नाटक की इस भीड़-भाड़ में, जब थोड़ी रात रहेगी, लोग थककर सोने का उपक्रम करेंगे, वह एक नौजवान के साथ भाग जाएगी। बेटे को दुख था कि बाप मरता नहीं। वह राजा कब होगा? उसने तय किया था आज पिताजी जब थककर सोने जाएँगे उनकी हत्या करा देगा और कहेगा किसी दुष्ट ने ऐसा किया।

किंतु इस श्लोक ने दोनों की आँखें खोल दीं!

तीन-चौथाई कट गई तो एक-चौथाई के कटने में कितना समय लगेगा। लेकिन देखा यह गया है कि अंत में लोग ऊब जाते हैं और अकर्म कर लेते हैं। फिर पछताते हैं, दुख पाते हैं!

किंतु यह तुम पर लागू नहीं। मैं तुम्हें जानता हूँ।

खैर, लो अबीर की एक चुटकी, जो इस पत्र के साथ भेज रहा हूँ। अपने सिर पर लगा लो। मेरा रोआँ-रोआँ तुम्हें आशीर्वाद दे रहा है। तुम्हारा जीवन मंगलमय हो।

सदा सुभैषी
श्री रा. बेनीपुरी
(तुम्हारा प्यारा बाबूजी)

•

बेनीपुरी प्रकाशन
पटना-6
14 अगस्त, 1954

प्यारे बेटा, मस्त रहो ।

तुम्हारा पत्र । अलार्म घड़ी परसों भेज दूँगा । मन से पढ़ो, मन खुद एक अलार्म घड़ी है । थोड़ा दृढ़ निश्चय—तन तो मन का सेवक है ! देखते हो मेरी गाड़ी कभी नहीं छूटती !....

लगता है, इस साल भी हम मुजफ्फरपुर में जमीन नहीं ले सकेंगे । पैसे आते ही बेरहमी से खर्च शुरू हो जाता है । लानेवाला एक हाथ । खर्च करनेवाला बीस हाथ । क्या हो ?

किंतु तुम चिंता मत करो । भाग्य सदा मेरा साथ देता रहा है ! देगा । व्याकुल होने से क्या होता है—समय पाई तरुवर फर रे कतबो सिचु नीर ! जब मैं सोच चुका हूँ तो मुजफ्फरपुर में घर बनकर रहेगा । स्नेह,

तुम्हारा बाबूजी

कैडेट जे. के बेनीपुरी
डी स्क्वाड्रन
जे. एस. डब्ल्यू
क्लेमेंट टाउन, देहरादून

•

राष्ट्र भाषा प्रचार समिति
नागपुर
19 सितंबर, 1955

प्यारे बेटा, मस्त रहो ।

यहाँ 14 सितंबर को आया, हिंदी दिवस का उद्घाटन करने । बस, मेरा एक भाषण और सारे शहर में शोर मच गया । हालत यह है कि सुबह सात बजे से रात ग्यारह बजे तक बैठने-सुस्ताने की भी फुरसत नहीं मिलती । अभी जब रात के बारह बजने जा रहे हैं, तुम्हें पत्र लिख रहा हूँ ।

सभाएँ हैं, मालाएँ हैं, जय-जयकार है, तालियाँ गड़गड़ाहटे हैं—फिर मुख्यमंत्री, शिक्षामंत्री, शिक्षा सचिव, जज, वकील किन-किन के घर नहीं जाना पड़ता । सभी जगह सम्मान-आदर ! भोजों और पार्टियों के कारण पेट तक खराब हो रहा है । समझ में नहीं आता यह सब क्या हो रहा है । न जाने, कब कौन सी तपस्या की कि यह सब अनायास पा रहा हूँ ।

ग्रंथावली का भी थोड़ा काम हो रहा है । सी. पी. की सरकार तुरंत एक सौ सेट खरीदने जा रही है । दो-तीन सौ सेट और खरीदेगी । सौ रुपए, वाले बीस-पच्चीस ग्राहक भी अवश्य बन जाएँगे । यहाँ से वर्धा जबलपुर, सागर, रायपुर, रीवा जाऊँगा । आशा करता हूँ, तीसरे खंड की छपाई के पैसे लगभग दस हजार रुपए यह प्रांत अवश्य दे देगा । फिर कॉलेजों और स्कूलों में अपनी पुस्तकें लगाने का प्रयास कर रहा हूँ । कुछ इससे भी होकर रहेगा ।

आशा है, तुमने अतिरिक्त भोजन लेना शुरू कर दिया होगा । जितना खा सको, पचा सको उतना खाओ । मन से पढ़ो, लिखो । पासिंग आउट परेड में अवश्य शामिल होऊँगा सपरिवार !

सदा सुभैषी
तुम्हारा बाबूजी,
श्री रा. बेनीपुरी

•

बेनीपुरी प्रकाशन
पटना-6
21 मार्च, '59

प्यारे बेटा, मस्त रहो।

विजय की खबर मिली ही है। क्या कहूँ, उसी दिन भीड़-भाड़ में रंग, अबीर और पुष्प-मालाओं में मेरा चश्मा खो गया। अतः लिखना-पढ़ना बंद। आज पटना में नया चश्मा लेकर तुम्हें यह पत्र लिख रहा हूँ।

खूब लड़ाई रही ! खूब लड़ा ! खूब जीत मिली। पग-पग पर युद्ध ! हमारे लोगों ने तन-धन की बाजी लगा दी थी। फलतः विजय मिलते ही वे पागल-से हो उठे। मैं समूचे क्षेत्र में हो आया। जहाँ गया फूल और अबीर से बोथ दिया गया। एक यह अपूर्व विजय, फिर होली की उमंग। ऐसी होली तो कभी नहीं देखी थी।

इस विजयोल्लास के बीच तुम बार-बार याद आते रहे ! बार-बार मैं सोचता था, हमारा सैनिक बेटा इसी प्रकार कहीं से लड़ाई जीतकर शान से लौटे और हमें उसका ऐसा ही स्वागत करने का सौभाग्य प्राप्त हो।

बेनीपुर ने जैसा स्वागत किया, वह तो देवताओं को भी ललचानेवाला था।

पितौझिया से भरथुआ तक लोगों का ताँता बँधा था। लोग पागल-से, सचमुच पागल-से नाच रहे थे, उछल रहे थे, गा रहे थे, रंग और फूल की वर्षा कर रहे थे।

मुजफ्फरपुर में जब साढ़े नौ बजे रात में मेरे विजय की घोषणा की गई, लोगों ने मुझे आधे घंटे जमीन के ऊपर रखा। पता नहीं लगता था; मैं कहाँ हूँ। फूल और अबीर के मारे साँस लेना मुश्किल था। फिर जुलूस निकला तो एक बजे रात तक शहर के कोने-कोने में घुमाते रहे। बाजे बज रहे हैं, अबीर उड़ रही हैं, मालाएँ दी जा रही हैं, उफ ! यह होली हो रही है और मैं बुत की तरह जीप पर खड़ा हूँ।

खैर, रागरंग खतम हुआ। बार-बार सोचता हूँ, जिन आशाओं से आबद्ध होकर लोगों ने मुझे जिताया है, उन्हें किस तरह पूरी कर सकूँगा। यह तो तय कर लिया है कि मुझे जो माहवार मिलेगा, उसका उपयोग कुएँ बनवाने और नलकूप बिठाने में करूँगा। इसकी घोषणा भी कर दी हैं। यदि पाँच वर्षों के अंदर पचास कुएँ और नलकूप बनावा दिए तो बहुत दिनों के लिए एक निशानी छोड़ जाऊँगा।

सुना, तुम्हारी तबीयत सुस्त है ! आशा करता हूँ, अब अच्छे हो चले होंगे।....

सदा सुभैषी, बाबूजी
श्री रा. बेनीपुरी.

•

पटना
20 अप्रैल, 1957

प्यारे बेटा, मस्त रहो।

तुम्हारा पत्र मिला। तुम समझते हो, यह तुम्हारा सौभाग्य है कि मेरे ऐसे पिता तुम्हें मिले हैं। क्या यह मुझ पर भी लागू नहीं हैं—तुम्हारे जैसा बेटा पाना भी क्या सब पिता के भाग्य में होता है ?

मेरा अभाग्य रहा कि पिता की छत्रच्छाया कभी पा नहीं सका। अकेले घूमघाम में चला किया। अतः इच्छा रहती है कि तुम लोगों को धूप-धूल से बचाऊँ, कभी शारीरिक और मानसिक कष्ट नहीं होने दूँ। भले अपने पर कुछ कष्ट भी उठाना पड़े। किंतु जानता हूँ, अब धीरे-धीरे तुम लोग उस उमर में आ गए हो कि मेरे लाख चाहने पर भी उन उलझनों से बच नहीं सकते, जो यह उमर ला देती है। तुम्हें स्वयं अपना मार्ग बनाना पड़ेगा, स्वयं लड़ना पड़ेगा, स्वयं आगे बढ़ना पड़ेगा। मैं इतना ही कर दे सकता हूँ कि जिन काँटों को तुम्हारी अनुभवहीन आँखें नहीं देख सकें, उन्हें आगे बढ़कर चुन दूँ !

किंतु इसमें भी दिक्कत यह है कि मेरे और तुम्हारे बीच उम्र की खाई ही नहीं है, दूरी की खाई भी है।

बचपन से ही तुम सदा मुझसे दूर रहे । यह दूरी तुम में स्वावलंबन की भावना भी भर सकी होगी, यह अच्छा हुआ । किंतु निकट रहने से जिन काँटों को मैं चुन सकता, उसकी चुभन भी तुम्हें बरदाश्त करनी पड़ती होगी । कभी-कभी तुम तिलमिला उठते होगे, किंतु चारा क्या है ? अजीब है यह दुनिया; बीच में समय का प्रवाह है । दो किनारों पर दो आदमी खड़ें हैं, एक-दूसरे की मदद कर नहीं पाते । हाँ, एक-दूसरे की तड़पन देखकर तड़प उठते हैं !

शास्त्रों में कहा है, सोलह वर्ष का बच्चा हो जाए, तो उसे मित्र समझो । मैंने कोशिश की है, तुम लोगों से मित्र भाव रखूँ । किंतु क्या तुम्हारे लिए भी यह संभव है ? बाप-बेटे में कुछ बातें तो स्पष्ट कही नही जातीं, दोनों घुलते हैं, एक-दूसरे को प्रभावित भी करते हैं, किंतु मुँह खुलता नहीं । भावनाएँ घुट-घुटकर रह जाती हैं ।

खैर, यही कहूँगा, मैंने दुनिया बहुत देखी है । मेरे अनुभवों से फायदा उठाना चाहों, तो मजे में उठा सकते हों ।

एक जगह कबीर ने कहा है, दुनिया में मोक्ष सब पा जाते, किंतु मोक्ष के पथ पर दो पहाडियाँ हैं—दो उत्तुंग शिखर । एक कंचन, एक कामिनी । आज का विज्ञान भी यही कहता है कि आर्थिक परिस्थिति और सेक्स भावना—इन्हीं दो सीमा-रेखाओं के बीच मानव जीवन भटका फिरता है । मार्क्स और फ्रॉयड इन्हीं दो विषयों के आचार्य हैं और संसार में इनका बोलबाला है ।

जहाँ तक कंचन का प्रश्न है, आर्थिक सवाल है, तुमने एक निश्चित राह पकड़ ली है । हम लोगों की शुभ कामना सफल हुई तो फरवरी में कमीशन मिल जाएगी और तुम स्वावलंबी हो जाओगे । यदि भगवान ने तुम्हें सकुशल रखा तो मेरा विश्वास है, तुम दिन-दिन उन्नति ही करते जाओगे ।

यों एक प्रश्न तो हल होने पर आया है । रहा दूसरा प्रश्न, जिसका उत्तर है विवाह । मैं तो तुमसे कह चुका हूँ, सब लोग जानते भी हैं कि विवाह के बारे में तुम स्वतंत्र हो । हाँ, एक बार मैंने कहा था कि बेटा बिहार में विवाह नहीं करना और भूमिहार में विवाह नहीं करना । किंतु यह मेरा आदर्शवाद था और मैं आज भी समझता हूँ, देश और समाज के लिए एक दिन आदर्श को अपनाना पड़ेगा । जातीयता और प्रांतीयता के विष से सारा राष्ट्र मरणोंमुख है । मैं जरूर चाहता हूँ कि मेरे बाल-बच्चे इस आदर्श को यथासाध्य अपनाने की चेष्टा करें । किंतु तुम पर यह आदर्श भी नहीं लादना चाहता है । तुम स्वतंत्र हो, जहाँ चाहो, जिससे चाहो, विवाह करो ।

लेकिन दुनिया का जो मेरा अनुभव है, मैं कहूँगा, इस संबंध में आदमी को बहुत सोचना-विचारना चाहिए । नौजवान यहाँ प्रायः भूल करते हैं । जल्दी में भूल कर बैठते हैं और जीवन-भर पछताते हैं । यह यूरोप तो है नहीं कि जब चाहा संबंध-विच्छेद कर लिया । बर्टेंड रसेल ऐसे महाविद्वान भी वहाँ चार-चार शादियाँ कर चुके हैं । यहाँ तो जो गले पड़ गई, पड़ गई ! अब छटपटाते रहिए, चिल्लाते रहिए । समाज सिर्फ हँसता रहेगा, संवेदना कहाँ तक दिखाएगा, तालियाँ पीटेगा !

मेरा विश्वास है, तुम ऐसी भूल नहीं करोगे । मैं जात-पात नहीं मानता, किंतु खानदान मानता हूँ । जिस वातावरण में आदमी पला होता है, उसका असर जीवन-भर रहता है । शिक्षा-दीक्षा सारी चीजें ऐन मौके पर क्राइसिस के समय दब जाती हैं, बचपन का संस्कार प्रबल हो उठता है । अतः इस बात पर सदा ध्यान रखना । तुम चाहोगे, तो मैं इस संबंध में तुम्हारी सहायता कर सकूँगा । यों तो मैं चाहूँगा कि तुम स्वयं चुनाव करो । किंतु चूँकि यह एक भूल जीवन-भर के लिए दुखदायी होती है, अतः तुम गुरुजनों की सलाह ले लो, तो तुम्हारे लिए भला ही होगा । अब एक वर्ष के अंदर ही यह प्रश्न तुम्हारे सामने आएगा, अतः इतना लिख दिया ।

एक प्रश्न—आर्थिक—हल होने जा रहा है, इसलिए दूसरे प्रश्न की ओर मैंने इशारा कर दिया है । मैं नहीं जानता, तुम क्या सोच रहे हो ? किंतु सोचना ही पड़ेगा, तुम्हें । किंतु इतना ही कहूँगा कि जब तक तुम पहले प्रश्न को अच्छी तरह हल नहीं कर लो, तब तक इस दूसरे प्रश्न पर माथापच्ची मत किया करो । दुनिया में कभी-कभी चमत्कार भी होता है । हो सकता है, जो तुम्हारी बगल में बैठनेवाली है, अब तक तुमने उसकी झाँकी

भी नहीं देखी हो। प्रसिद्ध लेखक मेटरलिंक ने इस संबंध में एक बड़ा ही अच्छा नाटक लिखा है। 'टिलटिल की शादी' नाम से मैंने उस नाटक की कथा लिखी है जो मेरी किसी पुस्तक में छपी है, बड़ी दिलचस्प कहानी है वह !

मैं यही चाहता हूँ, तुम्हारा जीवन सुखमय हो, शांतिमय हो, आदर्शमय हो, उत्कर्षमय हो। इसलिए अपने पर कष्ट उठाकर तुम लोगों के पढ़ाने-लिखाने तक इतना अधिक ध्यान दिया है। मैंने जीवन में ऐसा कोई दुष्कर्म नहीं किया है जिससे मैं सोचूँ कि तुम लोगों को कभी कोई कष्ट हो। 'बाढ़ पूत पिता के धर्मा !' यदि यह लोकोक्ति सही है, तो तुम्हारा जीवन सदा मंगलमय होगा, यह विश्वास रखो।

तुमने अपने गुस्से की बात लिखी है ! वेद में भगवान के अनेक रूपों में क्रोधमय रूप का भी निर्देश है। क्रोध एक स्वभाविक मानवधर्म है। लेकिन सब धर्मों का सदुपयोग और दुरुपयोग—दोनों हो सकते हैं। सदुपयोग—हाँ ! दुरुपयोग—नहीं ! जैसे तुम्हारे सामने सवाल आते हैं, हमारे सामने भी तो आते होंगे, ऐसा सोचो। हम लोग कभी तुम्हें भूल सकते हैं, किंतु कभी-कभी ऐसे प्रपंच आते हैं कि उन्हीं में उलझ जाते हैं, सामने बैठे आदमी से भी बाते नहीं कर पाते, दूर में रहनेवाले के पास पत्र लिखने की कौन-सी बात, अतः हमें क्षमा कर दिया करो—

फिर दूसरे पत्र में—

सदा सुभैषी
तुम्हारा बाबूजी
श्री रा. बेनीपुरी

•

पटना-6
3 मई, 1957

प्यारे बेटा, मस्त रहो।

तुम्हारा यह आठ पृष्ठों का पत्र मिला। किसने कहा कि तुम अपने मन के भावों को भाषा से प्रकट करने की क्षमता नहीं रखते ! यों तो, मेरी समझ से भाषा में इतना विकास नहीं हो पाया है कि बड़ा-से-बड़ा साहित्यिक भी अपनी भावनाओं को सही रूप में प्रकट कर सकें। लेकिन तुम्हारा यह पत्र ही कहता है, जहाँ तक साधारण रूप में अपने भावों को भाषा में प्रकट करने की बात है, तुमसे ऐसी योग्यता प्रचुर मात्रा में है। रही अंग्रेजी की बात; तो मुझे शक है, देश में सौ-पचास लोग भी ऐसे होंगे, जो सही अंग्रेजी लिख पाते होंगे, यों तो सभी अंग्रेजी में लिखते, पढ़ते और बोलते ही हैं।

हाँ, तुम्हारी भाषा में कहीं-कहीं व्याकरण की त्रुटियाँ रहती हैं। वे इतनी कम हैं कि मैं चाहता हूँ, तुम जरा भी ध्यान दे दोगे, तो फिर क्या कहने ? मेरे बेटे की भाषा में त्रुटि हो, क्या यह शोभनीय है। मैं चाहता हूँ कि तुम्हारे साथी समझें, हिंदी के एक महान लेखक का यह सुपुत्र हिंदी भाषा की शुद्धता के लिए प्रमाण है। इसीलिए मैं कई बार तुम्हारा ध्यान इस ओर खींच चुका हूँ।

अब इस पत्र में जो प्रसंग है, उसके बारे में—

शुरू में ही कह दूँ, तुम्हारी शादी के बारे में मेरी कोई शर्त नहीं है—तुम कब शादी करोगे, कहाँ शादी करोगे, तुम्हें स्वयं निर्णय करना है। तुम्हारी दीदी ने तुम्हें जो प्यार दिया, क्या उसका प्रतिदान विवाह ही से चुका सकोगे ? यदि ऐसा सोचो, तो तुम्हें झंझट में पड़ना पड़ेगा क्योंकि वह सिर्फ यही नहीं चाहेगी कि तुम्हारा विवाह हो, बल्कि यह भी कि तुम्हारी बहू ऐसी हो जो उनकी सेवा करे, जो उनके हुक्म पर चले, जो उनका घर चलाए, आदि-आदि ! बहू के बारे में तुम्हारा और उनका विचार एक हो नहीं सकता। फिर उनके विचार पर चलकर अपने जीवन को दूभर क्यों बनाओ ? तुम्हारी दीदी तो बुझता हुआ चिराग है, दो-चार वर्षों में चल देंगी। उनके

लिए तुम अपनी लंबी जिंदगी की सारी-सारी कामनाओं की बलि क्यों चढ़ाओ ? यदि उनके विचार पर चलकर तुम उनके मन के लायक बहू ले आओ और फिर ऊबकर उसे छोड़ दो तो उन्हें कितना कष्ट होगा, यह भी सोचो। अतः विवाह में सदा अपनी रुचि की ही प्रधानता दो, इसी में तुम्हारा कल्याण है और अंततः इसी में उन्हें अधिक सुख मिलेगा। माँ एक विचित्र प्राणी होती है, अपनी इच्छाओं की बलि चढ़ाकर भी वह संतान की कल्याण-कामना करती है। तुम सुखी रहो, यही उनके लिए सब-कुछ है। प्रारंभ में उन्हें थोड़ा कष्ट भी हो, किंतु 'अंत भला तो सब भला !'

इस पत्र के बीच एक लड़की की चर्चा तुमने कर दी। इस साफगोई पर, स्पष्ट कथन पर, मुझे कितना आनंद हुआ, क्या बताऊँ ! किंतु इस चर्चा द्वारा तुमने मेरी बात का ही समर्थन किया है। मैं मानता हूँ, सिर्फ खानदान ही सब-कुछ नहीं है, अच्छे घरों में भी बुरे लोग होते आए हैं और कीचड़ में भी कमल खिलता रहा है, हम आएदिन देखते हैं ! किंतु कीचड़ ठेलना कितने सुरुचिवाले लोग पसंद करते हैं ! और मनुष्य सिर्फ कमल नहीं है ! यह मस्तिष्कधारी जानवार कुछ अजीब होता है, वातावरण का इस पर प्रभाव पड़ता है। बचपन से जिस समाज, जिस परिवार में पला उसका असर उसे अभिभूत किए रहता है ! कभी-कभी उस असर से, प्रभाव से वह अपने को ऊपर भी कर लेता है, किंतु प्रायः ही उसकी चपेट में वह अनजानते भी पड़ जाता है। और मेरा मतलब 'अच्छे' खानदान से 'ऊँचे' या 'बड़े' खानदान का नहीं था। 'ऊँचे' या 'बड़े' खानदान् से मेरा भी संपर्क हुआ है, मैंने वहाँ जो घृणित वातावरण देखा, कल्पना करके ही सिहर उठता हूँ ! अतः मेरा जोर 'अच्छे' खानदान पर है ! और मैं चाहूँगा, तुम भी इस भेद को, 'अच्छे' और 'बड़े' अथवा 'ऊँचे' के भेद को ध्यान में रखो।

लेकिन मैं जानता हूँ, मनुष्य का बेटा बहुत ही हठी और जिद्दी होता है। यह जब तक अपना हाथ जला नहीं ले, चिनगारी को पकड़ने के लिए टूटता ही है ! यह दूसरों के अनुभव को तुरत स्वीकार कर लेने को तैयार नहीं होता। यदि मनुष्य ने पिछले मनुष्यों के अनुभव को अपनाया होता, तो अब तक समाज बहुत आगे बढ़ गया होता ! लेकिन तो भी मनुष्य में इतनी अपार शक्ति है कि वह आगे बढ़ता ही जाता है ! हाथ जलाता है, रोता है, किंतु रो-धोकर किंकर्तव्यविमूढ़ नहीं बन जाता, फिर सँभलता है, चिनगारी पर कब्जा करता है, उसे नाना प्रकार के काम लेता है। अतः मनुष्य को गलती करने का भी अधिकार दिया गया है। इस अधिकार से कोई किसी को वंचित कैसे कर सकता है; हाँ, चेतावनी देकर अपने कर्त्तव्य को पूरा करता है। बस।

तुम्हारी पत्नी में वह सब गुण हों, जिनकी चर्चा तुमने की है, यह तुम्हारे लिए ही नहीं, मेरे लिए भी सौभाग्य की बात है। मैं कलाकार हूँ, मेरे आँगन में कला थिरकती रहे, इससे बढ़कर मेरे लिए और कौन-सी अच्छी बात होगी ! लेकिन बेटा, दिक्कत यह है कि जो आँखें मंच पर नृत्य की भाव-भंगियों पर मुग्ध होती रहती हैं, वे ही आँखें घर पर पहुँचकर अच्छी थाल, अच्छे भोजन के लिए लालायित हो उठती हैं ! बढ़िया-से-बढ़िया नृत्य देखकर या संगीत सुनकर आओ, लेकिन घर पहुँचते ही जली रोटी या कच्ची तरकारी पाओ तो सारा गुड़-गोबर बन जाए ! इसीलिए पत्नी के लिए 'गृहिणी' होना भी आवश्यक समझा गया है ! सौंदर्य, नृत्य, संगीत, सबसे वह भरी-पूरी हो, किंतु यदि उसमें गृहिणी की योग्यता नहीं हो, तो फिर घर से ही ऐसी वितृष्णा हो जाया करती है कि आदमी कुछ-का-कुछ कर बैठता है। भगवान बुद्ध ने इन्हीं बातों पर ध्यान रखकर मध्यम मार्ग—मज्झिम निकाय पर चलने का उपदेश दिया है ! मुझे विश्वास है, संसार का अनुभव धीरे-धीरे तुम्हें भी इस मध्यम मार्ग की उपयोगिता की ओर घसीट लाएगा ! लेकिन यह तुम्हारे अनुभव से आवे, मैं तुम्हारी छलांग में कोई बाधा नहीं डालना चाहता।

सैनिक जीवन की उपमा तुम्हारे साथी जिस घृणित जिंदगी से देते हैं, मैं उनसे सहमत हो नहीं सकता। यदि मैं इसे मान लूँ, तो मुझसे बड़ी गलती हो गई कि तुम्हें उस ओर जाने दिया ! मैं एक आदर्शवादी व्यक्ति हूँ, उसी आदर्शवाद ने मुझे प्रेरित किया कि तुम्हें सैनिक शिक्षा दिलाऊँ। जिस देश की आजादी के लिए मैंने इतना किया, उसकी रक्षा में मेरा एक बेटा लगा रहे, यह कल्पना मुझे प्रिय लगी। और संसार के बड़े-बड़े सैनिकों और सेनापतियों की जीवनी जहाँ तक मैंने पढ़ी हैं, वहाँ तक उसमें ऐसी बात नहीं पाई। आदमी में कमजोरियाँ होती

हैं; सैनिकों में भी हैं, साधारण लोगों में भी मैं कहूँ तो साधु-संतों में भी। सैनिक जीवन की कठोरता में, अनुशासन की लौह-शृंखला में, जी-जान को सदा हथेली पर लिये चलने की क्षणभंगुरता में यदि उन कमजोरियों को थोड़ी तरजीह दी जाए, तो यह स्वाभाविक ही है। यद्यपि ऐसे सैनिक भी हुए हैं, जिनका जीवन साधु-संतों के जीवन से भी अधिक पवित्र रहा है ! अतः तुम्हारे साथियों में जो यह भावना है, वह बिलकुल भ्रांत है, भूल भरी है ! अपनी कमजोरियों को वे बढ़ाकर देखते हैं। वैसी कमजोरियाँ जीवन के हर क्षेत्र में दिखाई पड़ती हैं। मेरा खयाल है, चूँकि सैनिक जीवन बाहर के संसार से कुछ अलग-थलग है, इसलिए वे समझते हैं कि वे ही इन कमजोरियों की खान हैं ! नहीं बेटा, नहीं ! अपनी सारी कमजोरियों के बावजूद तुम लोगों का जीवन बहुत ऊँचे स्तर पर है !

अंत में तुम्हारे निर्णय पर—अमुक अवधि तक तुम विवाह नहीं करना चाहते ! कोई भी अवधि तुम बना लेने के लिए स्वतंत्र हो। जरूर तुम्हारी माँ को यह जानकर दुख होगा, लेकिन मैं उसी को ध्यान में रखकर तुम्हें कोई निर्णय करने से रोक नहीं सकता। सिर्फ यही कहूँगा, जिस घटना के कारण तुम ऐसा सोचने लगे हो, वह ऐसी बात नहीं कि कोई बड़ा निर्णय लिया जाए। बेचारी वह लड़की—वह अपना चारों ओर के वातावरण से ऊपर नहीं उठ सके, तो उसमें उसका क्या कसूर ! भारत की कुमारी लड़कियों की स्थिति बड़ी बुरी होती है। बेटे ! उस पर दया करनी चाहिए। कविवर रवींद्रनाथ टेगौर ने इस पर एक बड़ी करुण कविता लिखी है—"उड़ने की साध इतनी, किंतु पंख नहीं ! !" और इस स्थिति पर ध्यान दिए बिना, उससे उत्पन्न परिस्थिति पर कोई ऐसा निर्णय क्या उचित है ? अपने को पीड़ित करने की यह भावना मनोविज्ञान के अनुसार दूसरे को पीड़ित करने की भावना का ही प्रतिरूप है तुम्हें तो बहादुर के समान, वीर की तरह, इस बातों को लेना चाहिए। बात का बतंगड़ बनाना तो दुर्बल मनोबल का सूचक है। वह बात वहीं समाप्त हो गई, जब दूसरी ओर से अस्वीकृति मिली। इस अस्वीकृति के पीछे अनेक कारण हो सकते हैं ! क्यों उन पर सरपच्ची की जाए? क्यों उसी के आधार पर अपने जीवन पर कोई खरोंच पैदा की जाए? और उसी खरोंच को खोद-खोदकर घाव बनाया जाए? फिर तड़पा जाए? जीवन के आनंद पर कुठाराघात किया जाए? प्यारे बेटे, अपने मस्तिष्क को इस भूत से मुक्त करो ! अपने को देखो, अपने जीवन को देखो, भविष्य को देखो। कौन कहें, यह घटना तुम्हारे जीवन को, अधिक आनंद देने के लिए, अधिक उन्नति देने के लिए नहीं घटी हो ! मैंने अपने जीवन में पाया है, जो घटना उस समय मेरे लिए अत्यंत दुखदायी मालूम पड़ी थी, उसी के फलस्वरूप मेरे जीवन में इतना आनंद मिला और मिल रहा है।

तुम्हारा जीवन उसी प्रकार आनंदमय, सुखमय, विकासमय और अभ्युदयमय हो, मेरे रोम-रोम की शुभकामना है और वह सार्थक होगी, ऐसा मेरा विश्वास, परम विश्वास है !

सदा हितैषी तुम्हारा बाबूजी,

श्री रा. बेनीपुरी

पुनः हाँ, क्वार्टर तो मिल गया है, किंतु एक सज्जन वहाँ आसान जमाए बैठे हैं। ज्यों ही असेंबली की बैठक शुरू हो जाएगी, मिल जाएगा। क्वार्टर बहुत अच्छा····'आर' ब्लाक में, न्यू फैमिली टाइप का है।

श्री राम. बेनीपुरी

•

बेनीपुरी प्रकाशन

10 दिसंबर, 1964

प्यारे जित्तिन, मस्त रहो।

तुम्हारा पत्र आज पहुँचा, इसे पाकर कितनी प्रसन्नता हुई—क्या बताऊँ ! कितने दिनों से तुम्हारा पत्र न पाकर मन में जो ग्लानि होती थी, मैं ही जानता हूँ। खैर तुमने पत्र पाते ही उत्तर भेजा। इसी से तुम्हारा अपराध

क्षमा करता हूँ।

मेरी जन्म-तिथि यहाँ 23 दिसंबर को मनाई जा रही है। पारसाल से यह निश्चय हुआ और इस वर्ष भी मनाया जा रहा है। उस दिन तुम नहीं रहोगे पर मेरे लिए कोई सुखद प्रसंग नहीं है। तो भी सोचता हूँ, जहाँ भी रहो, आनंद से रहो यही मेरी इच्छा है।

दोनों बच्चों को मेरा प्यार कह देना और अपनी रानी से मेरा क्षमाशीर्वाद कह देना।

सस्नेह
श्री रा. बेनीपुरी

•

छोटे पुत्र प्रो. महेंद्रकुमार बेनीपुरी के नाम

बोरिंग रोड, पटना-1
24 अगस्त, 1957

प्यारे बेटा, शुभाशीष।

तुम्हारा पत्र। जो पुस्तकें वहाँ मिल सकें, वहीं खरीद लो। जिन चीजों की जरूरत हो, अपने फूफाजी (दीक्षितजी) से कहो। वही प्रबंध करेंगे। जितने रुपए की जरूरत हो, मुझे लिख दो। तुम निश्चित होकर पढ़ो-लिखो। दीक्षितजी मुझे लिख दिया करेंगे, उसी के अनुसार मैं रुपए भेज दिया करूँगा।

तुम्हारे परमेश्वर, फूफाजी का पत्र आया है। वह भी घर तुम्हारा ही घर है, आया-जाया करना। इधर मेरी तबीयत अच्छी नहीं रहती है। वही पुरानी बीमारी है—सोचता था, अब अच्छा हो गया कि अचानक फिर उसके चपेट में आ गया। लेकिन चिंता नहीं करना। मैं इसका अभ्यस्त हो गया हूँ।

आज देवेंद्रजी की परीक्षा समाप्त हो रही हैं। जित्तिन के दो पत्र आए हैं। प्रभा भी काशी पहुँच चुकी है। बच्चे सब मजे में हैं—

दीक्षितजी से पूछकर लिखो, तुम्हें तत्काल कितने रुपए चाहिए—

श्रीराम बेनीपुरी

अभी मैं घर से बाहर नहीं जाता। तबीयत अच्छी रही तो सोमवार को खुद आकर दीक्षितजी के बारे में दरयाफ्त करूँगा।

•

बोरिंग रोड, पटना-1
27 अगस्त, 1957

प्यारे बेटा, शुभाशीष।

तुम्हारा पत्र मिला। शिवकुमारजी के यहाँ हमारे रुपए हैं। मैं उन्हें लिख रहा हूँ। तुम एक सौ रुपए उनसे ले लो। किताबें, कापियाँ, कपड़े, खरीद लो तकलीफ उठाने से कोई मतलब नहीं—मतलब है मेहनत करने से, सदा जिंदगी निभाने से, मर्यादा का पालन करने से। यहाँ सब लोग मजे में हैं।

सुभैषीः बाबूजी
श्रीराम बेनीपुरी

•

बोरिंग रोड, पटना-1
17 सितंबर, 1957

प्रिय सुरेंद्रजी,

आशा है, आप सपरिवार सानंद होंगे। हम लोग भी मजे में हैं। मैं परसों मुजफ्फरपुर गया था। डेवलपमेंट कमिटी की बैठक की—क्षेत्र का कुछ काम था। प्रकाशन का काम भी देख लिया। किसी तरह चल रहा है। कम-से-कम बरबादी तो नहीं है। देवेंद्रजी को राँची नहीं भेज सकता हूँ। परीक्षाफल शीघ्र ही निकलनेवाला है। मैंने भी तब तक के लिए बाहर जाना बंद कर दिया है। सब कुछ अच्छा रहा तो विजयादशमी में वैद्यनाथधाम की यात्रा रहेगी। हाँ, एक बात। शिवकुमारजी से कहिए, वे रुपए शीघ्र भेजें। उन्होंने महेंद्रजी को रुपए दे दिए होंगे, ऐसी आशा तो है ही—

सुभैषी
श्रीराम बेनीपुरी

•

प्यारे बेटा,

तुम्हारी दीदी, तुम्हें आशीर्वाद भेज रही है—आज जितिया का व्रत है न! संतान का व्रत।

सुभैषी—श्रीराम बेनीपुरी

•

बोरिंग रोड, पटना-1
19 सितंबर, 1957

प्यारे बेटा, मस्त रहो।

तुम्हारा 16 सितंबर का पत्र मिला। तुम्हारी माँ भी तुम्हें देखने को छटपटा रही हैं। जब सुरेंद्रजी यहाँ आए थे; तय हुआ था, हम लोग इस साल पूजा की छुट्टी वैद्यनाथधाम में बिताएँ। मैंने जसीडीह के अपने एक मित्र को भी लिखा है। अभी वहाँ से कोई समाचार नहीं आया।

इधर एक दिन के लिए मैं मुजफ्फरपुर गया था। वहाँ बसंत, भरथुआ आदि गाँव के लोग मिले थे और उन लोगों ने प्रार्थना की थी कि मैं तुरत बेनीपुरी चलूँ। कल अपने गाँव से बैजनाथजी का पत्र आया कि मैं बेनीपुर आऊँ। इधर वर्षा नहीं हुई है। लोग चाहते हैं कि हम वहाँ इस साल फिर बाँध बँधवा दें जिसने धान को पटाया जा सके।

इस तरह मैं अजीब दुविधा में पड़ गया हूँ—बेनीपुर जाऊँ या वैद्यनाथधाम! फिर पता चला है कि देवेंद्रजी की परीक्षा का फल 28 तारीख तक ही निकल जानेवाला है। सोचता हूँ, परीक्षाफल जानकर ही पटना छोड़ूँ। खैर, दो-चार दिनों में ही तय कर लूँगा कि कहाँ जाऊँ और कब? तुम्हें इसकी सूचना तुरत मिल जाएगी।

खूब मन से पढ़ो। सुरेंद्रजी की संगति का लाभ उठाओ। हम सब लोग यहाँ सकुशल और सानंद हैं।

सदा सुभैषी बाबूजी,
श्रीराम बेनीपुरी

•

बोरिंग रोड, पटना-1
15 अक्तूबर, 1957

प्यारे बेटा, मस्त रहो ।

यह क्या बात—तुमने पहुँचने की चिट्ठी नहीं भेजी । ऐसी गलती क्यों हो गई ? कहीं से जाना-आना चाहिए । तो सानंद पहुँचने की खबर जरूर कर देना चाहिए ।

अपने फूफाजी से कहो, मैंने जो पत्र भेजा है तुम्हारे हाथ; उसका जवाब भेजें । मुझे मालूम होना चाहिए कि प्रतिमास कितने रुपए मुझे भेजने हैं ।

अपना कुशल-समाचार भेजो । देवेंद्रजी रविवार को दिल्ली गए । वीरेंद्रजी आए थे; उन्हीं के साथ गए ।

सदा सुभैषीः बाबूजी
श्रीराम बेनीपुरी

•

पटना-1
11 नवंबर, 1957

प्यारे बेटा, मस्त रहो ।

तुम्हारे पत्र मिले । आज तुम्हारी दीदी, भाभी, भैया और भतीजे—सबके-सब आ गए हैं । मैं इलाहाबाद गया था; लौटा, तो फिर बीमार पड़ गया । यह ब्लडप्रेशर से अजब पाला पड़ा है ।

तुम्हारे लिए पैसे दो-चार दिनों में भेज दूँगा । क्या करूँ—मेरे पैसे अजब ढंग से चारो ओर फँस गए हैं । राँची में ही पौन हजार फँसा है; यदि वे लोग दे दें तो तीन-चार महीने के लिए निश्चिंत हो ही जाऊँ ।

खैर, तुम्हारे लिए तो प्रबंध करना ही है—चाहे जिस तरह हो, जहाँ से हो । एक शुभ संयोग समझो कि तुम्हें सुरेंद्र जी ऐसे अभिभावक मिले हैं । उनकी सुसंगति से लाभ उठाओ ।

अंग्रेजी के मामूली शब्दों की स्पेलिंग में भी गलती करते हो; अंग्रेजी पर ध्यान दो ।

सदा सुभैषीः बाबूजी
श्रीराम बेनीपुरी

सुरेंद्रजी की माता वगैरह नहीं आ सके—क्या बात हुई ?

•

बेनीपुरी प्रकाशन, मुजफ्फरपुर
23 नवंबर, 1957

प्यारे बेटा, मस्त रहो ।

मैं चार-पाँच दिनों से यही हूँ; 29 नवंबर को एक दिन के लिए पटना जाऊँगा; फिर 9 दिसंबर तक यही रहूँगा । अशोक मेहताजी के चुनाव के लिए दौड़ धूप कर रहा हूँ । परसो बेदई गया था । वहाँ लोगों से मिला । लोग पक्ष में हैं; यदि उचित समझें, तो मेहमानजी एक-दो पत्र वहाँ लिख दें । 27 नवंबर को मैं फिर उस ओर जाऊँगा । बेदई में मेहमानजी की माता के दर्शन किए; घर के लिए नई ली गई और भराई गई जमीन भी देखी । अच्छी जमीन है ।

आशा है, तुम्हें रुपए मिल गए होंगे और सूट बनने को दे दिया होगा ।

बेटे, खूब पढ़ो, मन से पढ़ो । पढ़ने के साथ लिखने पर पूरा ध्यान दो । रोज दो पृष्ठ हिंदी में और दो पृष्ठ अंग्रेजी में लिखो—कुछ भी लिखो, किंतु लिखो जरूर और लिखकर यदि संभव हो, तो मेहमानजी को दिखला दिया करो । लिखो, यह कार्यक्रम कब से शुरू कर रहे हो ?

सदा सुभैषी
श्रीराम बेनीपुरी

•

बेनीपुरी प्रकाशन
बोरिंग रोड, पटना-1
18 दिसंबर, 1957

प्यारे बेटे, मस्त रहो ।

तुम्हारा पत्र मिला । दीक्षितजी का पत्र भी मिला है । परीक्षा निकट है; तो नहीं भी आ सकते हो । मन से परिश्रम करो । जित्तिनजी स्वयं भी जाकर तुमसे मिल आ सकते हैं ।

हम लोग सब कोई सानंद हैं । अशोक मेहता की विजय ने हमें बहुत ही आनंदित किया है । कल से विधान सभा बंद हो रही है । जित्तिन आ जाएँ, तो उनके साथ बेनीपुर जाऊँगा ।

सदा सुभैषीः बाबूजी
श्रीराम बेनीपुरी

•

बोरिंग रोड, पटना-1
12 दिसंबर, 1957

प्यारे बेटा, मस्त रहो ।

चि० जित्तिनजी यहाँ सानंद पहुँचे । हम लोग कल जा रहे हैं । मैं तो सिर्फ एक दिन वहाँ रह सकूँगा । फिर पटना आना है, 4 जनवरी को लखनऊ जाना है । लखनऊ से लौटकर फिर बेनीपुर ।

जित्तिनजी 25 जनवरी को फिर कोयम्बटूर लौट जाएँगे; 2 फरवरी से उन्हें सर्विस ज्वाइन करना है । 10 को वह तुम्हारी प्रतीक्षा में पटना रहेंगे । हो सकता है, बीच में वह बेनीपुर ही रहें । मैं भी कोशिश करूँगा कि 10 को पटना रहूँ । तुम्हें देखना चाहता हूँ ।

सदा प्रसन्न रहो; चित्त लगाकर पढ़ो, लिखो ।

सदा सुभैषीः बाबूजी
श्रीराम बेनीपुरी

•

बोरिंग रोड, पटना-1
11 अगस्त, 1958

प्यारे बेटा, मस्त रहो ।

तुम्हारी चिट्ठी मिली । एक पत्र मेहमानजी के नाम से भेज चुका हूँ । मेरे लिए जरा भी चिंता नहीं करो । यहाँ आने से मेरे लिए बहुत अच्छा हुआ है । मुझे अपने शरीर पर पूरा विश्वास हो गया है ।

कोई खास रोग नहीं । छाती, फेफड़ा, अंतड़ियाँ—सब अपनी जगह पर काम ठीक से कर रहे हैं ।

सिर्फ पेट में एमोबिक डिसेंटरी के कीड़े हैं । उन्हीं के चलते कभी-कभी उत्पात हो जाया करते हैं । ये कीड़े भी अपने देश के तीन-चौथाई आदमियों के पेट में पाए जाते हैं । चूँकि मेरा शरीर कुछ अधिक सेंसेटिव है, इसी से मुझे तंग करते हैं । दवाएँ चल रही हैं । आशा करता हूँ, शीघ्र ही अच्छा होकर यहाँ से बाहर चला जाऊँगा ।

चाहता तो था कि कुछ दिनों यहाँ रहकर पूरा आराम करूँ । किंतु क्या कहूँ, आज चाँद साहब चल बसे । जिंदगी में पहली बार किसी को अपने सामने मरते देखा । चाँद साहब मेरे दिली दोस्त थे; कितने नेक, कितने अच्छे । उन्हीं के आग्रह से अस्पताल आया था । वे चले गए; सारा अस्पताल सूना और शोकपूर्ण लगता है ।

अतः अब यहाँ अधिक दिनों तक ठहर नहीं सकता।

तुम मन से पढ़ो। आज अभी प्रभा आई है, दामाद साहब भी पधारे हैं। सब लोग सानंद हैं—

सदा सुभैषीः बाबूजी

•

बोरिंग रोड, पटना-1

7 अक्तूबर, 1958

प्यारे बेटा, मस्त रहो।

मैं बेनीपुर गया था। वहाँ का समाचार अच्छा है। धान दह गया था; फिर नई रोपनी हुई है। तुम्हारी दीदी वहीं हैं। किंतु आजकल में यहाँ आनेवाली हैं। आज बड़ी दुलहिन अस्पताल गई है। वहीं ऑपरेशन कराना है। दोनों बच्चे मस्त हैं। बेटी का नाम 'प्रतिभा' रखा गया है—प्रभा के नाम की समता पर। बेटा का नाम—रमन! क्यों, ये दोनों नाम पसंद हैं न?

जित्तिनजी का पत्र आया है कि वह कभी भी अचानक आ सकते हैं। कल रात में मैंने मुंगेर फोन किया तो पता चला। जित्तिनजी कल रात ही मुंगेर पहुँचनेवाले थे। लेकिन अब तक मुझे कोई सूचना नहीं दी गई है। रात में इन्हें फोन करूँगा।

पुनः विजयादशमी के एक दिन पहले ही बेनीपुर पहुँच जाऊँगा। विजया-दिवाली की छुट्टी तुम लोगों के साथ कटेगी। हो सकात है, मुंगेरवाली दुलहिन जित्तिन के साथ यहाँ आवे तो उन्हें भी छुट्टी-भर के लिए रोक सकूँ।

सुभैर्ष, बाबूजी

श्रीराम बेनीपुरी

•

बोरिंग रोड, पटना-1

20 अगस्त, 1958

प्यारे बेटा, मस्त रहो।

मैं परसों ही अस्पताल से लौट आया। अब तबीयत अच्छी है। यहाँ भी दवा चल रही है, यदि यहाँ दुलहिन की झंझट नहीं होती तो मैं आराम के लिए राँची ही चला आता। बात ऐसी है कि तुम्हारी माँ उन्हें छोड़कर श्रावणी घड़ी में बेनीपुर नहीं जा सकी हैं।

दीक्षितजी के बारे में मैंने परसों ही रामेश्वर बाबू से फोन पर बातें कीं।

आज संध्या को उनके घर पर भी जाऊँगा; यद्यपि मैं बाहर कहीं नहीं निकलता।

दीक्षितजी की बदली मुजफ्फरपुर हो जाए तो इसमें मेरी भी सुविधा हो जाए। अतः जो संभव होगा, करूँगा।

तुम्हारे लिए रुपया कल भेजवा दूँगा। सौ प्रति 'विजेता' परसों राज्य ट्रांसपोर्ट से भेजवा दूँगा। शिवकुमारजी से कहो, प्रति मास सौ-पचास दे-देकर के भी वे कर्ज सधा दें। उनका पता क्या है? आजकल कहाँ रहते हैं, क्या करते हैं?

सदा सुभैषी

बाबूजी

•

बोरिंड रोड, पटना-1
19 अगस्त, '57

प्यारे बेटे, मस्त रहो !

तुम्हारा पत्र मिला। यह जानकर आनंद हुआ कि तुम्हारा नाम लिख गया। बड़ी चिंता थी। खासकर इस बात से कि पहली बार तुम घर से निकले और यह विघ्न आ गया। क्या तुम सोच रहे होगे, कितना उदास होगे ? यों तो यह प्रसिद्ध बात है और अनुभव ने भी इसे सिद्ध किया है कि हर शुभ कार्य में विघ्न आते ही हैं और जब विघ्न आए तो धैर्य रखना चाहिए, सफलता मिलती ही है।

खैर, अब मन से पढ़ो। दीक्षितजी ऐसे अभिभावक तुम्हें मिले हैं, इसलिए इस संबंध में मुझे कुछ कहना नहीं है। मेरे स्थान पर उन्हें समझकर उनकी आज्ञा के अनुसार चलो। घर से पहली बार तुम बाहर निकले हो। प्रारंभ के एकाध साल में तुम जैसी आदत बना लोगे, यही आदत अध्ययन काल तक चलेगी। अतः अपने को सदा अच्छी संगति में रखने की कोशिश करना, जिस काम से गए हो, उसे कभी नहीं भूलना और ऐसा परिश्रम करना कि क्लास के चोटी के लड़कों में तुम गिनती पा सको, न कि लस्टम-पस्टम पास करने-भर में ही संतोष कर लो। एक बात सदा याद रखना कि तुम अपने व्यवहार और अध्ययन से जितना ही अधिक अपने कॉलेज में यश पाओगे, मेरी प्रतिष्ठा उतनी ही अधिक बढ़ेगी।

बेटा मेरे, बड़े बाप का पुत्र होना सौभाग्य की बात है; किंतु उसके साथ जिम्मेवारी भी बड़ी है। चूँकि तुम बेनीपुरीजी के बेटे हो, इसलिए सबका ध्यान तुम्हारी ओर होगा और यदि तुम से थोड़ी भी भूल हो जाएगी तो लोग तिल का ताड़ बनाएँगे। तुम्हारी बदनामी तो होगी ही; लोग मेरा भी नाम धरेंगे—'देखो, यही बेनीपुरीजी का बेटा है, कैसा बुरा निकला; अरे, बड़े बाप के बेटे ऐसे ही होते हैं', आदि-आदि कहने लगे हैं। यद्यपि इतिहास में ऐसे लोगों की लंबी सूची है जिन्होंने अपने पिता से भी अधिक कीर्ति अर्जित की है। पं. नेहरू उनमें एक हैं। तुम नेहरू की राह पर चलो, मेरी तो यही कामना है।

नेहरू की बात सुनकर चौंको मत ? कोई बच्चा कहाँ तक बढ़ सकता है, कौन बता सकता है ? गाँधीजी या नेहरूजी की आत्मकथा पढ़ो। क्या तुम्हारी उम्र में वे लोग तुमसे अच्छे थे ? लगातार की कोशिश ने उन्हें इतने बड़े स्थान पर पहुँचा दिया। 'बिंदु में सिंधु समान'—हर बूँद में समुद्र छिपा हुआ है। सच्चरित्रता और परिश्रमशीलता आदमी को ऊँची-से-ऊँची चोटी तक पहुँचा देती है।

यहाँ सब लोग सानंद हैं। प्रभा को कल काशी भेज दिया। शरद प्रयाग से आए थे; उन्हीं के साथ। देवेंद्र की परीक्षा अच्छी तरह चल रही है। दुलहिन और उनके लड़के ल. म. र. छो. रं. सबके सब प्रसन्न हैं। मेरी तबीयत भी अच्छी है। पत्र लिखा करना। परमेश्वरजी के घर पर भी आना-जाना। बेनीपुर अपनी दीदी को पत्र लिखना मत भूलना। अपनी दोनों फूआजी को मेरा शुभाशीष; बच्चों को प्यार कहना।

सदा सुभैषी, बाबूजी,
श्रीराम बेनीपुरी

प्रिय शिवकुमार,

किताबें भेज दी गई हैं, आज ही राज्य ट्रांसपोर्ट से। आशा है, तुम्हें मिल चुकी होंगी।

अजंता प्रकाशनवालों ने किताबें माँगी थीं। तुम उनसे बातें कर लो और उन्हें किताबें दे दो—अब राँची के सोल एजेंट तुम्हीं हो। मैं किसी को अलग पुस्तकें नहीं भेज सकता। पुस्तकें तुम्हारी, जिम्मेवारी तुम्हारी।

रुपयों की बड़ी जरूरत है। इसी के कारण घर नहीं जा रहा हूँ। कृपा कर ड्राफ्ट तुरत भेजो। ड्राफ्ट बिहार बैंक से भेजो, तो अच्छा हो। मैं ड्राफ्ट की प्रतीक्षा में हूँ—तुम्हारे ही भरोसे बैठा हूँ।

सस्नेह
श्रीराम बेनीपुरी

प्रिय सुरेंद्रजी,

मैं शनिवार को ही विश्वविद्यालय के ऑफिस में गया था। वहाँ पता चला, आपको भी कन्फरमेशन की चिट्ठी भेजी गई है। किंतु डीलिंग क्लर्क दस दिन गैर-हाजिर थे। अतः कल वि. वि. का ऑफिस खुलने पर फिर जाऊँगा, तब पता चल सकेगा कि किस पते से भेजी गई और क्यों देर हुई। रह गई परमेश्वरजी की बात—सो अपनी ओर से निबाहते जाना है; दूसरे के व्यवहार पर कितना सोचा जाए।

सस्नेह
श्रीराम बेनीपुरी

•

मोतीझील, मुज. (बिहार)
7 दिसंबर, 1957

प्यारे बेटा, मस्त रहो।

तुम्हारा पत्र मिला। मैं तो आजकल दिन-रात देहात में घूम रहा हूँ। तीन बार बेरई गया था। एक विचित्र बात देखी, बैठाजी (बेरई के) साथ उनके प्रभाव के लोग कम्युनिस्टों के चक्कर में पड़े थे। पुस्तकालय में कम्युनिस्ट झंडा लहरा रहा था—वहीं कम्युनिस्टों का अड्डा था। खैर, मैंने बहुत समझाया; मुझसे वादा भी किया—लेकिन मुझे दुख हुआ कि वे लोग किस कुचक्र में फँस गए थे?

दो दिनों का बखेड़ा और है। फिर मैं पटना चला जाऊँगा। जाने के पहले बेनीपुर एक दिन के लिए टिकूँगा। एक बार बीच में वहाँ गया था। रानी स्वस्थ तथा प्रसन्न हैं। तुम्हारी 'अंबे' माता बनने जा रही है और 'अरुण' पिता बनेगा। पेड़-पौधे सब हरे-भरे और फले-फूले हैं। समूचा घर जैसे तुम लोगों की प्रतीक्षा में है।

अभी जित्तिन का पत्र आया है। वह 27 दिसंबर का पटना पहुँच रहा है। शायद प्रभा को भी छुट्टी रहेगी; जित्तिन कोयम्बटूर से पहले बनारस जाएगा और शायद प्रभा के साथ ही लौटेगा। रानी भी पटना पहुँचेगी। क्या यह संभव नहीं कि तुम भी 27 दिसंबर को पटना आ जाओ और जित्तिन से मिलकर फिर राँची लौट जाओ। दो दिन बरबाद तो होंगे; किंतु क्या यह संभव नहीं कि इसकी क्षतिपूर्ति में पहले से ही जरा जमकर पढ़ लो! मेरी यह इच्छा-भर है; जो उचित समझो, करो। पढ़ाई तो सबसे ऊपर है ही।

तुम्हारे कपड़े बन गए, ठीक! अजंतावालों से शेष रुपए वसूल करो। सबसे परेशानी है शिवकुमारजी के रुपए की? एक पत्र इसके साथ भेज रहा हूँ। सौ-दो सौ करके भी वे रुपए दे दें, तो मैं निश्चिंत हो सकूँ।

अपने फूफाजी तथा फूआजी को मेरा शुभाशीष कहो। बच्चों को मेरी और से चुम्मा दे दो? मैं 13-14 तक पटना पहुँच रहा हूँ, पत्रोत्तर वहीं के पते से—

सदा सुभैषीः बाबूजी

•

बोरिंग रोड, पटना-1
2 फरवरी

प्यारे बेटा, मस्त रहो।

आज आ नहीं सका। इधर कुछ दिनों से मेरी तबीयत अच्छी नहीं रहा करती है। डॉक्टरों ने कई बार कहा, आप अस्पताल में भरती हो जाइए कि हम लोग एक बार आपके शरीर का पूरा चेकअप कर लें। टालता रहा। सोचा था, तुमसे भेंट कर आऊँ, तब अस्पताल जाऊँगा। किंतु अचानक इधर छाती का दर्द बढ़ गया है। आज तो भर-दिन मैं बिस्तर पर पड़ा हूँ। कल अस्पताल जाऊँगा—कॉटेज में एक कमरा भी रिजर्व करा लिया गया है।

किंतु अस्पताल का नाम सुनकर घबराओं नहीं, कोई खास बात नहीं है। इधर-उधर बहुत दौड़धूप की। शरीर थोड़ा आराम चाहता है। एक बार पूरी जाँच-पड़ताल हो जाए। इसी से अस्पताल जा रहा हूँ। घर पर ही दवा कराई जा सकती है, किंतु यहाँ इतने लोग तरह-तरह के काम से आते हैं और इधर-उधर घसीटकर ले जाते हैं कि यहाँ आराम मिल नहीं सकता, दवा-दारू भी फिजूल जाता। इसी से भागकर अस्पताल जा रहा हूँ कि एक पंथ दो काज हो जाए—आराम भी और पूरी जाँच-पड़ताल एवं अच्छी चिकित्सा भी।

यह जानकर प्रसन्नता हुई कि तुम्हें फिजिक्स और केमेस्ट्री में भी अच्छे नंबर आए थे और अब ट्रांसलेशन आदि पर नियमित रूप से ध्यान दो, तो फर्स्ट डिवीजन तुम्हें मिलकर रहेगा—फिर तो तुम्हारे लिए उन्नति और विकास के कई दरवाजे खुल जाएँगे, जिस और चाहोगे, जाओगे।

सोचता हूँ, अस्पताल से निकलकर आराम के लिए कुछ दिन राँची में रहूँ। किंतु दुलहिन का शरीर जब तक हलका नहीं हो जाता, पटना छोड़ना मुश्किल ही है। हम लोग आशा करते हैं, उस महीने के अंदर ही दुलहिन भी फुरसत पा जाएँगी।

बच्चे सब बड़े मजे में हैं। देवेंद्र को इस महीने में कहीं प्रोफेसरी जरूर मिल जाएगी। कई जगह कोशिश कर रहा हूँ। चाहता हूँ कि पटना के आसपास ही रहे तो अच्छा रहे। रानी की तबीयत भी अब ठीक है। डॉ. शाही की दवा चल रही है।

प्रभा ने फोन किया था, वह कल से कॉलेज जा रही है। उषा ने फोन किया था, उसे भाई हुआ है—आखिर 'बेटी ना' घर से संबंध करने का कोई असर तो होना ही चाहिए।

तुम मन से पढ़ा करो। क्या 'विजेता' पार्सल से भेजवा दूँ या स्टेट ट्रांसपोर्ट से। क्या बर्द्धमान कंपाउंड में किसी के पास फोन नहीं है? हो तो नंबर लिखना कि कभी जरूरत पड़ने पर फोन कर दूँ। अगले सप्ताह रुपया भेज दूँगा—कितना चाहिए? शिवकुमार का हिसाब भेज रहा हूँ; थोड़ा-थोड़ा करके भी जाकर वसूल करो। फूफा-फूआ को मेरा शुभाशीष कहो, बच्चों को चुम्मा।

सुभैषी बाबूजी

•

बोरिंग रोड, पटना-1

प्यारे बेटा, मस्त रहो।

मैं कल बेनीपुर से लौटा—तुम्हारी दीदी भी आई। सब लोग यहाँ सानंद हैं। बेनीपुर का हाल भी अच्छा है। कुत्ता अच्छा हो चला, मुरझाए पेड़ हरे-भरे हो चले हैं। खेती-बारी चल रही है—वर्षा भी हुआ करती है। मेरे क्षेत्र के लोग भी सतुंष्ट हैं। दो दिन क्षेत्र में समय दिए हैं। फिर जाऊँगा। जब क्षेत्र के लिए भी अधिक समय देना है।

इस समय थोड़ा निश्ंचित अनुभव करता हूँ। अब चिंता है तो तुम्हारी ही। वह भी इसलिए कि यह एक वर्ष तुम्हारे भविष्य जीवन के लिए बहुत ही महत्त्वपूर्ण सिद्ध होगा। तुम्हें फर्स्ट डिवीजन लाना ही है; यदि नहीं ला सके; तो फिर सारे दरवाजे बंद मिलेंगे। इसी विश्वास से तुम्हें साइंस में भेजा कि तुम इसमें बहुत ही अच्छा कर सकोगे। मैट्रिक में तुमने अच्छा किया भी था। कॉलेज में पहुँचते ही तुम्हारी प्रगति कुछ धीमी पड़ गई। यह स्वाभाविक भी था। क्या वातावरण; फिर अपेंडिक्स ने भी तुम्हें परेशान किया होगा। खैर, वह कमबख्त भी अलग हुआ; ऑपरेशन सफल हुआ और मैं आशा करता हूँ, अब तुम जमकर पढ़-लिख सकोगे। और यदि जमकर काम शुरू किया तो फिर क्या मुश्किल है।

सबसे पहली बात तो यह है कि तुम अपने स्वास्थ्य पर ध्यान दो। सवेरे जगना और कुछ टहलना आवश्यक है। संयोग से तुम्हें फुफाजी ऐसे गार्जियन मिले हैं, जो संयम और नियमितता के अवतार हैं। इसीलिए तुम्हें उनके साथ रखा भी है। तुम उनकी संगति का पूरा उपयोग करो। नियमित जीवन बनाने में

शुरू-शुरू कुछ कठिनाई अनुभव तो होती है; किंतु तुम्हारे भविष्य पर पूरा विश्वास रखता हूँ और आशा करता हूँ, उसे पूरा करोगे ।

पढ़ने के साथ लिखने का भी पूरा अभ्यास करो । परीक्षा में यह नहीं देखा जाता है कि तुम जानते कितना हो, वहाँ तो जो कुछ लिख सकोगे, उसीके आधार पर नंबर पाओगे । मैंने पाया है, अच्छा-से-अच्छा विद्यार्थी परीक्षा में असफल हुआ है और दोष परीक्षकों पर लादा है । किंतु परीक्षक बेचारा क्या करे ? उसके सामने विद्यार्थी तो होता नहीं है, होती हैं कापियाँ । और कापियों में जैसा लिखा होता है, उसी के अनुरूप वह बेचारा नंबर दे पाता है । और लिखना भी अभ्यास खोजता है, अतः प्रतिदिन लिखने का भी अभ्यास किया करो । यदि यह अभ्यास नहीं रहा तो तुम्हारी मेहनत पूरा फल तुम्हें नहीं दे सकेगी ।

यह उम्र है, जब आदमी दोस्ती, गप-शप, खेलकूद, मनोरंजन आदि की ओर ज्यादा आकृष्ट होता है । मैं यह कैसे कहूँ कि इन सबसे परहेज रखना । लेकिन यह अवश्य कहूँगा कि चूँकि यह एक वर्ष तुम्हारे जीवन के लिए बहुत ही महत्त्वपूर्ण है, अतः जी-जान से जाँत के मन पर अंकुश रखकर, पढ़ने-लिखने की ओर ही ध्यान देना । फिर तो ये सारी चीजें अगले पाँच वर्षों तक तुम्हें मिलती ही रहेंगी । लेकिन यदि इस साल गए, तो जीवन-भर तुम्हें अफसोस होता रहेगा । मैं आशा करता हूँ, तुम ऐसा नहीं होने दोगे, अगले साल शानदार सफलता प्राप्त करोगे । 29-30 तक राँची पहुँच रहा हूँ । एक सप्ताह तक रहूँगा ।

सदा सुभैषीः बाबूजी
श्रीराम बेनीपुरी

•

विधान सभा
पटना-1
25 दिसंबर, 1957

प्यारे बेटे, मस्त रहो ।

तुम्हारे पत्र राजमंगलजी के हाथ मिला । बड़ी प्रसन्नता हुई । अब बहुत शुद्ध और साफ लिखने लगे हो । यों ही लिखने का अभ्यास करो; फिर तो आप-से-आप शुद्ध और स्वच्छ लिखने लगोगे ।

तुम्हारी दीदी आ गई है, जित्तिनजी इलाहाबाद पहुँचकर तार देंगे, तब उन्हें बाबा विश्वनाथ का दर्शन कराने दीदी काशी जाएँगी । प्रभा ने लिखा है, उसकी भी परीक्षा है, अतः वह वहीं आ रही है ।

जित्तिनजी यहाँ पहुँच जाएँ तो उनका प्रोग्राम लिखूँगा । चाहूँगा कि दो-चार दिनों के लिए वह राँची जाएँ, तुम्हारे फूफाजी से भी हिल-मिल लेंगे, उनका दिल भी बहल जाएगा ।

खूब पढ़ो, मन से पढ़ो, प्रतिदिन लिखा करो, शुद्ध और स्वच्छ लिखा करो ।

सदा सुभैषी
श्रीराम बेनीपुरी

•

बोरिंग रोड, पटना-1
7 अप्रैल, 1958
सदस्य
विधान सभा

प्यारे बेटा, मस्त रहो ।

हाँ, किसी तरह जीत गया । शुरू में तो चारों ओर से सहायता के ही वचन मिलते रहे, किंतु ज्यों-ज्यों

चुनाव का समय निकट आता गया, बात लटपट होने लगी। अंत में तो काफी आशंका हो गई थी। किंतु अपनी सेवा और श्रम पर मुझे सदा विश्वास रहा है। वह विश्वास फिर एक बार सार्थक सिद्ध हुआ। पता नहीं, कितने वोट से जीता। सात में पाँचवाँ स्थान मेरा रहा। और डॉ. विजय नारायण सिंह ऐसे धक्काड़ को हारना पड़ा।

सुरेंद्रजी की प्रतीक्षा अंत तक रही। यों तो यहाँ कई लोग प्रयत्नों में लगे थे। खासकर पं. छविनाथ पांडेय और नवल किशोल गौड़ ने बड़ी तत्परता दिखाई। यदि उद्देश्य अच्छे हों तो कहाँ से कब सहायता मिल जाएगी, कहा नहीं जा सकता।

जित्तिनजी की शादी के लिए 19 मई और प्रभा की शादी के लिए 28 मई की तारीख तय की गई है। दो-दो शादियाँ—कैसे संपन्न होंगी, मेरी समझ में नहीं आता। रुपए हैं नहीं, कहीं से किसी तरह अधिक पैसे मिल सकें, इसकी भी संभावना नहीं। गरमी का मौसम है, दौड़धूप कर नहीं सकता। दो-चार चिट्ठियाँ लिखता हूँ, तो सिर में दर्द उठ जाता है। अकेला ही सब करना-धरना है। किसी तरह निभ जाए, तो अपना भाग्य समझूँ।

तुम्हारा कॉलेज कब बंद हो रहा है? सुरेंद्रजी से पूछो, क्या कॉलेज बंद होने पर वह मुझे इस काम में सहायता दे सकते हैं? प्रभा 13 अप्रैल को बनारस से आ रही है।

एक दिन भोर-भोर तीन तार एक साथ मिले—राँची से। तीनों के उत्तर इस पत्र के साथ ही भेज रहा हूँ। शिवकुमारजी ने मुझे बहुत ही पचड़े में डाल दिया।

ऐसी आशा नहीं थी।

खूब मन से पढ़ो। फर्स्ट डिवीजन से कम में पास होने से पढ़ना, न पढ़ना बराबर है। इसे सदा याद रखो।

सुभैषी बाबूजी
श्रीराम बेनीपुरी

मैं बेनीपुर गया था, इसी से पत्रोत्तर में देर हुई।

श्रीराम बे.

•

बोरिंग रोड, पटना-1
20 जनवरी, 1958
सदस्य
विधान सभा

प्यारे बेटा, मस्त रहो।

तुम सवेरे चले गए। जरा जगा देना था। तुमने सोचा होगा, बाबूजी को कष्ट होगा। लेकिन बाबूजी का मन तो तुम लोगों पर टँगा रहता है। तुम लोग खुश रहो, तुम्हारा हँसता हुआ चेहरा देख लूँ, तो फिर कष्ट का अनुभव भी कहाँ हो पाता है!

तुम्हारी परीक्षा में अब डेढ़ महीने भी नहीं रह गए। सदा चिंता रहती है कि देखें तुम कैसा कर पाते हो। फर्स्ट डिवीजन तुम्हें लाना ही है। और यह तुम अवश्य लाओगे, ऐसा मेरा पूरा विश्वास है। शर्त सिर्फ यह है कि इन चालीस-पैंतालीस दिनों का अच्छा उपयोग कर सको।

मेहमानजी (सुरेंद्रजी) के इस छोटे से घर में तुम्हें कष्ट होगा, यह मानता हूँ। किंतु सब तरह से सोचकर देखा है, तुम्हें सुरेंद्रजी के ही अभिभावक (गार्जियनशिप) में रहना चाहिए। उन्होंने दो साल निभा दिए हैं। हमें बीच धार में नाव नहीं बदलनी चाहिए।

एक बात और भी है। तुम्हारे मेहमानजी (महेशजी) बड़े आदमी हैं। शादी के पहले ही लोग सोचते थे, बेनीपुरीजी अपनी बेटी की शादी महेशजी से इसीलिए करना चाहते हैं कि उनकी (महंतजी की) संपत्ति का अपने

काम में उपयोग करें । यदि तुम उनके यहाँ रहना शुरू कर दोगे तो लोग यही बात दुहराएँगे । यह मेरी इज्जत का सवाल है, इसीलिए तय किया कि थोड़ा कष्ट भी हो, तो भी सुरेंद्रजी के यहाँ रहो ।

और कष्ट भी क्या है ? तुम ज्योंही पढ़ने में पूरा समय लगाना शुरू करोगे, सारे कष्ट भूल जाओगे । विद्या के लिए तपस्या ही ठीक है । शौक-मौज तो बाद की चीज है । डेढ़ महीने के बाद खूब छककर, छूटकर आनंद-मौज मनाना । यदि इच्छा हो, तो मद्रास (ताम्बरम्) चले जाना ।

अंग्रेजी पर ध्यान दो । जो विषय अच्छे हों, उनकी उपेक्षा भी मत करना । ऐसा न हो कि जिन विषयों में कमजोर हो, उन्हीं पर ऐसा जोर लगा दो कि मजबूत विषयों में पिछड़ जाओ ।

पढ़ने के साथ लिखने पर जरूर ध्यान दो । तुम्हें कितना याद है, इसकी जाँच इस बात से की जाती है कि तुम कितना लिख सकते हो । लिखने का अभ्यास नहीं होने से याद की हुई बात भी परीक्षा में पूरी कामयाबी नहीं दिलाती । या तो आदमी भूल जाता है या बेतरतीब ढंग से लिखता है, जिसके कारण अच्छे नंबर नहीं ला पाता ।

सौ बात की एक बात यह है कि घबड़ाओ मत । पढ़ने में या परीक्षा में जहाँ आदमी घबड़ाया कि गया । अपने पर विश्वास रखो, अपनी मेहनत पर विश्वास रखो, अपनी बुद्धि पर विश्वास रखो । फिर सबकुछ आसान हो जाएगा—असंभव भी पलक मारते संभव हो जाएगा ।

जब तक यह पत्र तुम्हें मिल सके, तब तक मैं ही मुजफ्फरपुर पहुँच जा सकता हूँ । यह इसलिए लिख दिया कि तुम इन बातों पर खयाल रख सको ।

भोला बाबू से बातें हो चुकी हैं । आने पर बताऊँगा ।

तुम अपना कर्त्तव्य किए जाओ, फिर तो चारो तरफ से तुम्हें मदद मिलेगी ही ।

'गॉड हेल्प्स दोज हू हेल्प देमसेल्फ्स' बस, अपने पर भरोसा, फिर संसार मदद को दौड़ता है

मुझे तुम पर पूरा भरोसा है । मेरा विश्वास है कि तुम अच्छा करोगे ही ? तुम्हारे उज्ज्वल भविष्य पर भी मेरा विश्वास है ।

तुम्हारे पत्र से पता चला है, तुम्हें बीमारी की चिंता हो गई है । तुम्हारी बीमारी कुछ नहीं है । ज्यादा-से-ज्यादा पाँच-छः इंजेक्शन से यह बीमारी काफूर हो जाएगी । अच्छा हुआ कि प्रारंभ में ही यह पकड़ ली गई । तुम इससे तो निश्चिंत रहो ही ।

सदा शुभैषीः बाबूजी
श्रीराम बेनीपुरी

•

बेनीपुरी प्रकाशन
मोतीझील, अशोक मार्केट,
मुजफ्फरपुर
दिनांक 9 दिसंबर, 1964

प्यारे बेटे, मस्त रहो ।

एक काम से यह पत्र लिख रहा हूँ । मेरे सामने बसंत के मेरे मित्र के लड़के श्री राज किशोर सिंह बैठे हुए हैं । यह चंद्रधारी मिथिला कॉलेज में ही पढ़ते हैं, अब इनकी इच्छा है कि लंगट सिंह कॉलेज में नाम लिखावें । इन्हें यहाँ के लिए अपने प्रिंसिपल से कहके सर्टिफिकेट दिलवा दो, बड़ी कृपा होगी ।

सस्नेह
श्रीराम बेनीपुरी

•

कुछ और पत्र

20 फरवरी, 1966

प्यारे बेटा, मस्त रहो !

तुम्हारा पत्र मिला। हाल मालूम हुआ। तुम सब लोग मजे में हो यह जानकर बड़ी प्रसन्नता हुई। हम लोग भी सब लोग सकुशल हैं। राजीव का जनेऊ है, और हम लोग विदेश में हैं। यही जानकर कुछ दुख होता है। यह सोचता हूँ, फिर उससे मिल ही लेंगे। जनेऊ हो गया, तो बड़े मजे की बात है। तुम ज्यादा समय उसके पास ही होगे। तुम ऐसा व्यवहार रखना कि जो लोग तुम पर सभी लोग प्रसन्न रहें। यही चिंता है।

मेरा खयाल है, तुम अगर उसके जनेऊ में जाओगे तो मेरी बेटी के लिए एक अच्छी साड़ी लेते जाना। जरूर कोई उपाय करना। मेरी बेटी के लिए एक साड़ी ले जाना तुम, कोई कष्ट नहीं होगा।

और सब लोग मजे में हैं। मेरी दवा चल रही है। यही एक काम जोरों से चल रहा है। हम लोग सब जून-जुलाई तक वहाँ पहुँच जाएँगे। तब तुम लोगों के साथ होंगे।

तब तक तुम्हारा समय भी हो जाएगा। तुम लोग सब लोग प्रसन्न होंगे।

और क्या लिखूँ? सब लोग मजे में हैं। तुम्हारी माताजी सानंद हैं। यहाँ के सभी लोग भी प्रसन्न हैं। तुम्हारी बीवी और बच्चा भी मजे से होगी। ऐसी आशा है।

तुम्हारा पिता
श्रीराम बेनीपुरी

हाँ, एक बात के लिए निवेदन है—तुम लोग कोई उपाय करके तीन सौ रुपए मेरे पास भेज देना, जरूर ही, बड़ी आवश्यकता है। रुपए किसी प्रकार प्रबंध करके मेरे पास भेज देंगे, जरूर ही, अवश्य ही।

[यह पत्र बंबई में लिखा गया था। जब बेनीपुरीजी अपने मँझले बेटे जित्तिन के पास थे। इस पत्र में उनकी मानसिक अस्थिरता का पता चल जाता है। इस पत्र के बाद बेनीपुरीजी पत्र लिखने की शक्ति को भी खो देते हैं।]

•

ओंकार शरद के नाम

सीतामढ़ी
27 अगस्त, 1945

प्यारे शरद, मस्त रहो।

तुम्हारी दोनों किताबें जेल में मिली थीं, उनके साथ दो पत्र भी। किंतु तुम्हारे पास पत्र लिखने की लाचारी थी। तुम्हारे पत्र पाकर कितनी खुशी हुई, क्या बताऊँ? अब पत्रोत्तर देने का मौका मिला। अब जाने मिलने का मौका कब आता है?

मेरी रानी और चिरंजीव अब धीरे-धीरे अच्छे हो रहे हैं। डॉक्टरों की राय हो रही है कि उन्हें कहीं चेंज में ले जाया जाए। इसी के बारे में प्रबंध करने को मैं 30 को पटना पहुँचता हूँ और वहाँ चार दिनों तक रहूँगा। क्या वहाँ तुम आ सकते हो? संभव हो तो जरूर ही आओ।

जेल से छूटते ही मैंने पूज्य चतुर्वेदीजी को खंडवा पत्र भेजा था। कोई जवाब नहीं मिला।

तुम्हारा श्री रा. बेनीपुरी
बेनीपुर,

•

25 सितंबर, 1945

मेरे प्यारे शरद, मस्त रहो ।

जब तुम्हारा यह खत मिला, मैं सीतामढ़ी से घर आकर पढ़ा और मेरी तबियत ठीक से सुधरी भी नहीं है कि मँझला लड़का बीमार पड़ा हुआ है । फिर मेरा पेरोल 25 को ही (यानी आज) पूरा हो रहा था, अतः अधिकारियों से मिलने-मिलाने की दिक्कतें भी रहीं । अतः तुम्हें पत्र नहीं लिख सका । परसों जिला मजिस्ट्रेट ने अभी बेनीपुर में ही रहने की इजाजत दी है, तब थोड़ा आश्वस्त होकर लिख रहा हूँ ।

मेरी परेशानियों को मत पूछो । डेढ़-दो महीने की चिकित्सा के बाद भी परिवार स्वस्थ नहीं हो सका है । श्रीमतीजी की पील्ही बनी हुई है, बच्चा रोग-शय्या पर है, खुद नीम-बीमार हूँ, साढ़े तीन वर्षों के जेल-प्रवास के कारण घर का सारा शिरजा बिखरा पड़ा है, आर्थिक झंझटें, पेरोल के बंधन—उफ ! मानो संकट के पहाड़ को मेरे ही सिर पर फट पड़ना था । लेकिन मेरे लिए चिंतित मत होओ, मैं इसका अभ्यासी हो गया हूँ ।

प. माखनलालजी (दादा) ने बिना माँगे ही सौ रुपए भेजकर मुझे चकित कर दिया है—उनकी कृपाओं का बदला नहीं दिया जा सकता । जब तक सरकारी ऑर्डर नहीं मिलता, चेंज की क्या बात ? हाँ, अभी वैद्यनाथधाम जाने की सोच रखी है । अपना स्वास्थ्य-समाचार दो ।

श्री रा. बेनीपुरी

•

पटना,
25 अप्रैल, 1950

प्यारे शरद, मस्त रहो ।

तुम्हारे कई पत्र मिले । उत्तर न दे सका, इसके लिए खिन्न हो । स्वभाविक ही है । अभी जित्तिन का पत्र देहरादून से आया है । वह लिखता है—आप पत्र नहीं भेजते, तो मैं ही कष्ट क्यों दूँ । अब छुट्टी में आकर ही चरण छुऊँगा । अपने बच्चों के ऐसे गुमान भरे उलाहने कितना आनंद देते हैं ? तुमने भी लिखा है, यदि उत्तर दें, तभी मैं आगे कोई काम करूँगा, नहीं तो विराम ।

अरे, इस बुड्ढे पर मेहरबानी भी करो । यों न रूठा करो, मेरे बच्चों ।

बिहार सम्मेलन के कामों में बेतरह व्यस्त रहा । गया अधिवेशन सानंद समाप्त हुआ, अब तुम्हारी उपेक्षा कराए, ऐसे काम हाथ में लूँगा ही नहीं, क्षमा करो ।

तुम्हारी कार्य तत्परता ! क्या तारीफ करूँ उसकी ? तभी तो अपनी बगल में तुम्हें नहीं पाकर सदा दुख अनुभव करता हूँ । वीरेंद्र ने सारा काम सँभाल लिया है जरूर, किंतु तुम्हारा अभाव तो खटकता ही रहता है ।

प. हजारीप्रसादजी द्विवेदी वाला रजिस्टर्ड पैकेट मिल गया ! मेरे घर पर डाकिया दे आया था, मैं यहाँ ऑफिस में ढूँढ़ रहा था । उसी में पांडेयजी एवं माचवेजी की कविताएँ भी मिलीं । ऐजाज साहब का लेख भी मिला । निरालाजी की कविताएँ भी ।

तुमने अपनी कहानी क्यों नहीं भेजी ? कितनी बार लिखूँ ? 'नई धारा' तो तुम्हारी है । तुम उसमें न रहो; फिर, यह निकली ही क्यों ?

बच्चों को प्यार ! रानी की आशी....

श्री रा. बेनीपुरी

•

डरहम, उत्तरी इंगलैंड
8 मई, 1951

प्यारे शरद, मस्त रहो।

जल्दी में आया। कितने ही प्रियजनों से पत्राचार तक नहीं कर सका। खैर, बड़े मजे में हूँ। पंद्रह दिनों तक लंदन का मजा लूटा। अब पंद्रह दिनों तक मुफस्सिल का मजा लूटने आया हूँ। फिर पंद्रह दिनों यूरोप का। नई भूमि, नए लोग, नया वातावरण। आनंद-ही-आनंद। प्रतिदिन डायरी लिख रहा हूँ—'पैरों में पंख बाँधकर'—यह पुस्तक पहुँचते ही प्रेस में जाएगी। पढ़कर खुश हो जाओगे। मित्रों से वंदे कहना।

श्री रा. बेनीपुरी

•

पेरिस,
24 मई, 1952

प्यारे शरद, मस्त रहो।

तुम्हें ज्ञात होगा कि मैं यहाँ आया। शिवाजी और उनकी पत्नी भी हैं। हम सब लोग बड़े मजे से हैं। आशा है, तुम भी अपनी रानी के साथ सानंद होगे।

फिर पेरिस—फिर रंगीनियों का हुजूम। आना चाहिए यहाँ तुम नौजवानों को, तो आना पड़ता है बुड्ढ़ों को। लेकिन यहाँ एक अजीब प्रवृत्ति देखी है शरद। यहाँ की छोकड़ियाँ बूढ़े को पसंद करती हैं। व्यक्तिगत अनुभव नहीं, रोज जो आँखों से देख रहा हूँ। क्या बात है कि पंद्रह-बीस साल की कच्ची लड़कियों को चालीस-पचास साल के अधवयसों को बगल में प्रायः घूमते पाता हूँ। क्या उन्हें अनुभव चाहिए? और यों ही बुड्ढियों को जबान छोकड़ों के पास अठखेलियाँ करते देखकर अजीब-सी उद्विग्नता होती है। यह पेरिस है।

इस बार, किंतु पेरिस को ऊपर-ही-ऊपर नहीं देख रहा। इसके सांस्कृतिक जीवन को समझने की कोशिश में हूँ। इसके लिए काफी समय मिला और अवसर भी। एक तो यह आयोजन, जिसके लिए बुलाया गया हूँ—'बीसवीं सदी की सर्वोत्तम कृत्तियाँ।' संगीत, नृत्य, चित्रकला, मूर्तिकला, साहित्य—सबके लिए एक अद्‌भुत आयोजन। साहित्य विभाग के लिए पच्चीस देशों के बड़े-बड़े लेखक, कवि, समाजशास्त्री, दर्शनशास्त्री पहुँचे हैं। ओडेन-स्पेंडर, लुई मेकनीस—अंग्रेजी की नई कविता के तीनों आचार्य पधारे हैं। स्पेंडर का व्यक्तित्व बड़ा ही भव्य। फिर फ्रांस, स्पेन, इटली, स्विटजरलैंड, डेनमार्क आदि के कवि, लेखक। दिक्कत यह है कि प्रायः यहाँ के काम फ्रेंच में होते हैं। हाँ, कान में ऑटोमेटिक फोन लगाकर किसी के भी भाषण का अंग्रेजी अनुवाद साथ-ही-साथ सुन सकोगे। किंतु उससे तसल्ली कहाँ होती है?

नाटक, संगीत, नृत्य—मेरी रातें प्रायः इन्हीं में गुजरती हैं। दिन-भर संग्रहालयों और स्मारकों को देखता-फिरता हूँ। प्रतिदिन दो-तीन लंबी-लंबी चिट्ठियाँ, डायरी और फिर पेरिस पर एक नई किताब। बड़ा ही व्यस्त जीवन है।

सोचता हूँ, इस बार यहाँ से लौटते समय एक दिन के लिए जरूर आऊँगा। तुम्हें खबर करूँगा। यहाँ काम 30 मई को समाप्त हो जाएगा। फिर इंगलैंड, स्विटजरलैंड, इटली होते भारत।

सभी मित्रों को मेरी याद दिला देना।

स्नेह
श्री रा. बेनीपुरी

•

पटना
8 जनवरी, 1954

प्यारे,

गो मैं रहा, रही न सितम, हाय रोजगार,
लेकिन तेरे खयाल से गाफिल नहीं रहा।

यह भी संयोग की बात है कि बार-बार की चेष्टा के बावजूद हम दोनों साथ नहीं हो पाते हैं। ग्रंथावली निकल गई। कल तुम्हारे पास उसकी प्रति जाएगी।

कुंभ में स्नान कर रानी अपने को अवश्य धन्य समझेंगी और फिर तुम्हारे साथ का रहना। सोने में सुगंध। यदि बंबई न गया तो आऊँगा।

घबड़ाना नहीं, तुमने तो सदा काँटों में बसेरा लिया है। काँटे फूल बनते रहे हैं, फिर बनेंगे। बच्चों को शुभाशीष। उनकी माँ को भी।

स्नेह,
श्री रा. बेनीपुरी

•

पटना,
29 मार्च, '59

प्यारे शरद, मस्त रहो।

लो, यह 'नई धारा'। तुमने तो मझधार में छोड़ ही दिया था, राम-राम करके किसी तरह नाव को किनारे ला सका। तुम्हारे 'नई धारा परिवार' में शामिल न होने से क्या-क्या परेशानी हुई। काश, तुम कल्पना कर सकते! कितने दुष्ट हो तुम। मैं तुम पर आश्रित था और तुम्हारा प्रयाग तुमसे चिपटा है। काश, तुम आ जाते। शिवाजी ने तुम्हारे लिए मकान की भी व्यवस्था कर दी थी। खैर!

यह याद रखो 'नई धारा' तुम्हारी अपनी पत्रिका है। इसे सजाना, सँवारना, इसके प्रचार और प्रसार के लिए चेष्टा करना तुम्हारा परम कर्त्तव्य है।

और हाँ—

अगले अंक में पंत, निराला और महादेवीजी की रचनाएँ जरूरी हो जानी चाहिए। नई रचनाएँ हों या सबसे प्यारी रचनाएँ। अश्क की कहानी भी तुम्हारे ही भरोसे मैंने अगले अंक के लिए विज्ञप्ति कर दी है। तुम्हारे कौशल और साधन-संपन्नता पर मुझे पूरा विश्वास है—इसीलिए ऐसा किया है।

आशा है, तुम्हारी तबीयत अब अच्छी होगी। तुम बहुत दौड़धूप करते हो—मौसम खराब है, जरा होशियारी से रहना।

श्री रा. बेनीपुरी

•

श्री गुरुप्रसादजी के नाम

बोरिंग रोड, पटना
29-4-58

प्रिय गुरु बाबू,

आपका संदेह और लोगों की शंकाएँ ठीक ही हैं। काम करने के अलग-अलग ढंग भी हो सकते हैं।

संदेहों का शमन हो, शंकाएँ दूर कर दी जाएँ; मिलकर एक कार्यक्रम ठीक कर लिया जाए—यह तो सर्वोत्तम स्थिति है। लेकिन सवाल है, शुरू कहाँ से किया जाए? फिर 'श्रेयांसि बहु विहनानि' वाला आर्षवचन भी है। और 'परहित हानि लाभ जिनकेरे' वाले उन विशिष्ट पुरुषों की भी कमी नहीं जिनकी वंदना सच्ची भावना से तुलसीदासजी ने सबसे पहले की है—

'प्रथम बंदि खल-गन सति भाएँ।
जो बिन काम दाहिने-बाएँ॥'

लेकिन इन सारी बाधाओं के परे एक चीज है—वह है लगन, सच्ची भावना, दृढ़, निष्ठा, अनवरत परिश्रम। दुनिया में ऐसे उदाहरण हैं कि एक या एकाधिक व्यक्ति किसी सिद्धांत या सत्कर्म को लेकर पिल पड़े हैं, डट गए हैं तो देर या सबेर कुछ-न-कुछ हो गया है। पूरा स्वप्न सत्य में परिणत हो सका, यह तो नहीं ही कहा जा सकता, लेकिन वे कुछ कर गए, कुछ लकीर छोड़ गए, यह बात तो है ही।

मैं इधर मानसिक उलझनों में था। परिवार से सब तरह निश्चिंत हो चुका। लिखना है तो वह तो मरते दम तक चलेगा। किंतु मेरी गाड़ी दो पटरियों पर चलती रही। एक पटरी राजनीति की थी। आज की राजनीति मेरी पसंद की नहीं, रुचि की नहीं, प्रवृत्ति की नहीं। तो फिर जंगल चला जाऊँ या बैठकर बेटों को लखपति बनाने का कार्यक्रम चलाऊँ? मैं इन उलझनों में था कि यह कॉलेज का कार्यक्रम आया। आप जैसे स्नेहभाजनों से परामर्श किया, आसपास की जनता को टटोला और अंततः तय कर लिया कि मेरा शेष जीवन इसी कार्य में लगेगा। कोई कह सकता है, इस निर्णय में जल्दबाजी की गई, किंतु आप मेरे अति निकट हैं, विश्वास कीजिए, बहुत सोच-समझकर ही मैं इस निर्णय पर पहुँचा हूँ और अब पीछे पैर रखने का प्रश्न ही नहीं उठता। अब तो आगे ही बढ़ना है।

कल यहाँ से चल दूँगा और रविवार से चंदावसूली और गृह निर्माण का काम कर देना है। वैशाख शुक्ल तृतीय को कॉलेज की नींव पड़ जाएगी। कॉलेज का काम आप लोग चलाते रहेंगे और मैं दूर-दूर के गाँवों में, शहरों में, राजधानियों में घूम-घूमकर इन संस्थाओं के विकास के लिए भिक्षा माँगता रहूँगा। पाँच वर्ष भी स्वस्थ रहा तो 'एक चीज' बनाकर छोड़ूँगा।

तरह-तरह की बातें होंगी, तरह-तरह के संदेह और शंकाएँ आएँगी, कोई पार्टी की बात लाएगा, कोई निजी स्वार्थ की बात लाएगा, कोई चालबाज कहेगा, कोई ढोंगी कहेगा—कहने दीजिए। आप छोटे हैं तो भी मेरे लिए शुभकामना कीजिए कि तुच्छ भावनाएँ मेरे हृदय में स्थान न बना पाएँ—और सब तो अकेले झेल लूँगा। रविवार तक बेनीपुर आइए।

सस्नेह
श्री रा. बेनीपुरी

•

श्री क्षेमचंद्र सुमन के नाम

बेनीपुरी प्रकाशन, पटना-6
7 अगस्त, 1954

प्रियवर,

सस्नेह वंदे!

अचानक यह बीमारी हुई और मुझे दो महीने तक बिस्तर पर लिटाए रही। एक दिन बाएँ कुल्हे में दर्द हुआ। टालता गया और उसी ने यह भयानक रूप लिया।

अब मैं अच्छा हूँ। चलना-फिरना तो अब भी मना है। हाँ, चित्त प्रसन्न रहता है।

श्री रामलाल पुरी (संचालक आत्माराम एंड संस) जब आएँ, मुझे सूचित कीजिए। मैंने सोचा है, अभी चार, बच्चों की किताबें और चार साहित्यिक पुस्तकें दिल्ली से प्रकाशित कराऊँ। आप क्या सोचते हैं? दिल्ली पर धावा तो जबरदस्त ही होना चाहिए। वहाँ एक-दो पुस्तकें तो खो जाएँगी।

ग्रंथावली पर सम्मति भेजिए। यही नहीं, आलोचना में एक अच्छी आलोचना कीजिए। एक बार आपको मेरी चीजों पर विस्तार से बोलना चाहिए।

सुभैषी
श्रीरामवृक्ष बेनीपुरी

•

बेनीपुरी प्रकाशन, पटना-6
25 अगस्त, 1955

प्रिय सुमनजी,

आश्चर्य है, महान आश्चर्य है।

आपका कोई पत्र नहीं मिला। इधर उन पाँचों पुस्तकों को शीघ्र प्रकाशित कर देना है, जिनकी पांडुलिपियाँ आपको दे आया था। कृपया इस पत्र के पाते ही उन्हें भेजिए। मैं समझता हूँ, आप प्रयत्न में होंगे, किसी तरह दिल्ली से निकल जाएँ। निकल जातीं तो अच्छा था। किंतु मैं तो स्वयं भी कोई-न-कोई प्रबंध कर लूँगा। अतः आप परेशान न हों। कृपया पांडुलिपियों को शीघ्र भेज दें।

आपका पत्र नहीं पाने से कितनी चिंता होती है। क्या बताऊँ?

सस्नेह
श्रीरामवृक्ष बेनीपुरी

•

बेनीपुरी प्रकाशन, पटना-6
18 मई, 1957

प्रिय सुमनजी, मस्त रहिए!

आपका पत्र मिला। मैं दिनकरजी को लिख रहा हूँ कि वे आपके मंत्री महोदय से पहले बात कर लें। यदि उनकी सहमति मिल जाए तो मैं बाजाब्ता आवेदन पत्र भेज दूँगा। दिनकरजी कार्यव्सस्त रहते हैं। आप भी उन्हें फोन द्वारा खटखटाते रहिए कि वह इस ओर अविलंब ध्यान दें।

जिस तत्परता से आप अनुवाद का काम करा रहे हैं, उसके लिए किन शब्दों में धन्यवाद दूँ!

सस्नेह
रामवृक्ष बेनीपुरी

•

1934 में बिहार में भयानक भूकंप हुआ। जन-धन की अपार हानि हुई। बिहार का यह संकट-संवाद सुनकर महात्मा गाँधीजी पधारे। जहाँ-जहाँ भूकंप की भयानकता थी वहाँ-वहाँ स्वयं पहुँचकर उन्होंने लोगों को सांत्वना दी।

उसी दौरे में वह मुजफ्फरपुर-सीतामढ़ी के ठीक बीचोबीच, 'भरथुआ चौर' के किनारे पहुँचे और बाढ़, बीमारी और संहार से प्रपीड़ित जनता को संकट से उद्धार का संदेश दिया। आश्चर्य की बात; उनके आगमन

के साल से ही बाढ़ का वेग थम गया, बीमारियाँ भगीं, खेतों में फसलें लहलहाने लगीं। उजड़े गाँव बसने लगे!

गाँधीजी के इस चमत्कारपूर्ण उपकार को क्या यहाँ की जनता भूल सकती थी? किंतु राष्ट्रपिता की स्मृति में क्या किया जाए, अभी तक नहीं यह निश्चय नहीं हो पाया था। गाँधीजी को यहाँ बुलाने में मेरा हाथ था। अतः मेरी जिम्मेवारी सबसे अधिक थी। किंतु 1934 से 1947 तक तो मैं स्वाधीनता संग्राम में ही रत रहा, अधिकांश समय जेल में ही बीता।

फिर साहित्यिक एवं पारिवारिक कार्यों में समय देना पड़ा।

गाँधीभूमि का परिपत्र

पिछले साल मैंने तय किया, अब मेरा समय मुख्यतः इसी कार्य में लगना चाहिए। अतः सबसे पहले मैंने स्थानीय प्रमुख व्यक्तियों को अपने घर पर बुलाया, फिर एक छोटी-सी जनसभा बुलाई, जिसमें चालीस गाँवों के लोग पधारे थे। संयोग से जनाढ़ में लगभग बीस एकड़ जमीन परती थी, जिसको लेकर मुकदमेबाजी तक चल रही थी। मैंने उन लोगों से बातें कीं और उनकी सहमति प्राप्त होने पर इस जनसभा में यह प्रस्ताव रखा कि इस जमीन को 'गाँधीभूमि' नाम देकर सर्वप्रथम यहाँ एक कॉलेज खोला जाए। इस 'गाँधीभूमि' में कॉलेज की स्थापना के अतिरिक्त हस्तशिल्प प्रतिष्ठान तथा पुस्तकालय, दुग्धालय, चिकित्सालय तथा लोक रंगमंच की स्थापना के विचार भी लोगों के सामने रखे। गाँधीजी ने जहाँ खड़े होकर यहाँ की जनता को उद्धार का संदेह दिया था, ठीक उस भूमि पर एक गाँधी स्वाध्याय मंदिर और एक गाँधीस्तंभ की स्थापना का भी सुझाव दिया। यह कितने आनंद की बात है कि स्थानीय जनता की सहायता से 'गाँधीभूमि' में कॉलेज का श्रीगणेश भी हो चुका है और 'गाँधी स्वाध्याय मंदिर' का शिलान्यास 7 अक्तूबर, 1959 को अपने हाथों से संपन्न करने के लिए महामहिम राष्ट्रपति डॉ. राजेंद्र प्रसादजी ने स्वीकृति भी दे दी थी। तूफानी वर्षा के कारण राष्ट्रपति का उत्तर बिहार का सारा दौरा स्थगित हुआ, किंतु इस शिलान्यास के लिए वह दूसरा सुअवसर अवश्य देंगे। 'गाँधीभूमि' की अन्य प्रवृत्तियों की दिशा में धीरे-धीरे कुछ किया जा रहा है।

श्री बागमती कॉलेज

गाँधीभूमि में सर्वप्रथम श्रीगणेश किया गया श्री बागमती कॉलेज का। बागमती नदी के तट पर ही यह 'गाँधीभूमि' है। अतः इस कॉलेज का नाम उस पुण्यतोया सरिता के नाम पर ही रखने का निश्चय किया गया, जिससे हिमालय से निःसृत होकर गंगा में विसर्जित होनेवाली इस नदी के दोनों तटों के संपूर्ण अधिवासी इस कॉलेज को अपना कॉलेज मान सकें। इस कॉलेज के लिए एक विस्तृत भवन का निर्माण भी हो चुका है और 15 जून, 1959 से योग्य प्राध्यापकों की नियुक्ति कर कॉलेज की पढ़ाई का भी शुभारंभ कर दिया गया है। भवन के निर्माण तथा कॉलेज के संचालन के लिए स्थानीय जनता ने जिस उदारता से दान दिया है, वह अत्यंत उत्साहप्रद और सर्वथा अनुकरणीय है।

इस कॉलेज के लिए जो स्थान मिला है, वह परम रमणीक और प्रशस्त है। सीतामढ़ी और मुजफ्फरपुर की मुख्य सड़क पर यह कॉलेज है। देहात की शांत स्वास्थ्यप्रद जलवायु में, कम-से-कम खर्च करके ही, यहाँ विद्यार्थी अच्छी-से-अच्छी शिक्षा प्राप्त कर सकते हैं।

एक लाख की माँग

किंतु इस कॉलेज को स्थायित्व देने और सुचारु रूप से संचालित करने के लिए आगामी वर्ष में एक लाख रुपए की आवश्यकता है, जिसमें पचास हजार रुपए तो विश्वविद्यालय में ही स्थायी कोष के रूप में जमा करना है। छात्रावास तथा प्राध्यापकों के अधिवास के लिए भी इस साल के अंदर ही स्थायी भवन बनवा लेना है। इसके संचालकों का विश्वास है कि यह रकम भी साधारण रूप से देश की विद्याप्रेमी जनता तथा विशेष रूप से बागमती क्षेत्र की जनता की उदारता से एकत्र कर ली जा सकेगी। बागमती नेपाल की राजधानी से निःसृत होकर तराई होती हुई तिरहुत-प्रमंडल के बड़े भूभाग को सदियों से अभिसिंचित करती आई है। अतः संपूर्ण तिरहुत तथा नेपाल और तराई से भी हम सहायता और सहयोग की बहुत बड़ी आशा रखते हैं।

इस कॉलेज को हम धीरे-धीरे पूर्णतः आवासीय तथा निःशुल्क कॉलेज बनाने का प्रबंध करेंगे। नालंदा

का दिव्य आदर्श ही हमारा पथ प्रदर्शन करेगा !

हस्तशिल्प प्रतिष्ठान

कॉलेज के बाद ही 'गाँधीभूमि' की सबसे प्रमुख संस्था होगी—हस्तशिल्प प्रतिष्ठान। जब तक हम देहात की जनता तक, उनकी कुटियाँ तक हस्तशिल्प को नहीं पहुँचा देते हैं, उन्हें सिर्फ कृषि पर ही निर्भर रखते हैं, तब तक देश से गरीबी और बेकारी को हम दूर कर नहीं सकते। अतः यहाँ बहुत बड़े पैमाने पर एक हस्तशिल्प प्रतिष्ठान की स्थापना का हमारा आयोजन है, जो उत्तर बिहार की इस संबंध की सबसे बड़ी संस्था सिद्ध होगी। पुआल, बाँस, बेंत, काठ, मिट्टी, सीप, सींकी आदि देहाती साधनों से नाना तरह के शिल्प-उपादानों का सृजन कराना और उनकी खपत का सुचारु रूप से प्रबंध कर घर-घर पहुँचाना इस प्रतिष्ठान का प्रमुख उद्देश्य होगा। कताई, बुनाई, रंगाई, सिलाई, कढ़ाई को पूर्णतः अपनाकर गाँवों को वस्त्र-स्वावलंबी बनाने का भी हमारा प्रयत्न रहेगा।

इसके अतिरिक्त गाँधीभूमि में गोवंश के विकास के लिए दुग्धालय, शाक-सब्जी तथा फलों की उपज की ओर जनता का ध्यान आकृष्ट करने के लिए फलोद्यान, रोगों की सुलभ चिकित्सा के लिए निःशुल्क चिकित्सालय आदि की स्थापना के लिए भी हम अभी से प्रयत्नवान हैं।

मैंने अपना निजी पुस्तकालय गाँधीभूमि को अर्पित कर दिया है !

पूर्णिमा पर्व

कभी देश का ग्रामीण जीवन नृत्यगीत से उच्छ्वसित रहता था। आज वहाँ मुर्दनी-मुर्दनी छाई हुई है। शहर में कोई भड़कीला खेल-तमाशा आया कि देहात की जनता उस ओर उमड़ पड़ी—स्त्रियाँ तो जैसे पागल बन जाती हैं ! शहरों में उनकी तरह-तरह की दुर्गत होती है; किंतु कौन माने, कौन मनाए? इस प्रवाह को हम तभी रोक सकेंगे जब देहात में भी विशुद्ध मनोरंजन का साधन उपलब्ध करें।

इसीलिए गाँधीभूमि में 'बागमती लोक रंगमंच' का शुभारंभ किया गया है जिस पर हर पूर्णिमा को मनोरंजन के कुछ-न-कुछ कार्यक्रम रखने का निर्णय किया गया है। गत भाद्र पूर्णिमा को प्रथम 'पूर्णिमा पर्व' मनाया गया, जिसमें नृत्य-गीत का एक सुंदर कार्यक्रम उपस्थित किया जा सका। संगीत, नृत्य, उपदेशप्रद चित्रपट के अतिरिक्त स्थानीय प्रतिभा को प्रोत्साहित कर एकांकी, नाटक, रासलीला, रामलीला तथा लोकनृत्य एवं लोकगीत के सुंदर-से-सुदर कार्यक्रम उपस्थित करने की दिशा में यह लोक रंगमंच एक उत्तम आदर्श उपस्थित करना चाहता है।

गाँधीभूमि की प्रवृत्तियों को जनता के सामने सम्यक् रूप से रखने के लिए 'बागमती' नाम की एक पत्रिका निकालने का भी निश्चय किया गया है।

गाँधी स्वाध्याय मंदिर

श्री बागमती कॉलेज, हस्तशिल्प प्रतिष्ठान बागमती लोक रंगमंच, दुग्धालय, फलोधान, चिकित्सालय, पुस्तकालय आदि 'गाँधीभूमि' के भिन्न-भिन्न अंग होंगे; किंतु उसका हृदय स्थल तो होगा 'गाँधी स्वाध्याय मंदिर'। स्थानीय जनता ने इस मंदिर के लिए ढाई बीघा जमीन और पाँच हजार रुपए की थैली राष्ट्रपति को शिलान्यास के शुभ अवसर पर समर्पित करने का निश्चय किया है। यह विश्वास किया जाता है कि स्थानीय जनता तथा देश की गाँधीवादी संस्थाओं और निधियों से भी इस मंदिर को पूरी सहायता मिल पाएगी।

अभी मंदिर की कल्पना में यह है कि गाँधीवाद संबंधी सभी प्रवृत्तियों के संबंध में अध्ययन, अनुसंधान, तथा प्रयोग के सभी साधन यहाँ एकत्र कर दिए जाएँ। उन प्रवृत्तियों के संबंध में अध्ययन, अनुसंधान तथा प्रयोग के सभी साधन यहाँ एकत्र कर दिए जाएँ। उन प्रवृत्तियों के प्रोत्साहन के लिए व्याख्यान मालाएँ तथा प्रदर्शनियों एवं मेले का भी प्रबंध किया जाए। साल में एक बार एक बहुत बड़ा गाँधी मेला तो यहाँ लगाया ही जाए, जिसमें

देश-विदेश के अहिंसा और सत्य के प्रचारक गाँधीवादी विद्वानों को विशेष रूप से आमंत्रित किया जाए। गाँधी मंदिर के सामने एक 'गाँधी स्तंभ' खड़ा करने और उस पर गांधीजी की एक शुभ्र संगमरमर की प्रतिमा स्थापित करने की भी अभिलाषा है।

सहयोग दीजिए

अभी हमारी ये ही कुछ कामनाएँ तथा कल्पनाएँ हैं, जिन्हें मूर्त रूप देने की ओर हमने कदम भी बढ़ा दिए हैं हमें जनता पर पूर्ण विश्वास है और विश्वास है जनता द्वारा दी गई दान की छोटी-बड़ी रकमों पर—'बिंदु में सिंधु समान', हमारे लिए यही प्रेरक पंक्ति हैं। अतः हम सभी भाइयों और बहनों से निवेदन करेंगे कि वे इस पुण्य आयोजनों के लिए छोटी-से-छोटी जो भी रकम भेजना चाहें, उसे तुरत भेजकर हमें चिर अनुगृहीत करें।

विनीत सेवक

श्रीरामवृक्ष बेनीपुरी

गाँधीभूमि, जनाढ़, मुजफ्फरपुर

• • •